復刻版

記録映画

第2巻

第2巻第6号〜第3巻第4号
（1959年6月〜1960年4月）

不二出版

〈復刻にあたって〉

一、復刻にあたっては、日本記録映画作家協会にご協力いただきました。また、底本は阪本裕文氏の所蔵原本を使用しました。記して深く感謝申し上げます。

一、本復刻版は、より鮮明な印刷となるよう複数の原本にあたりましたが、原本自体の不良によって、印字が不鮮明な箇所があります。

一、資料の中には、人権の視点から見て不適切な語句・表現・論もありますが、歴史的資料の復刻という性質上、そのまま収録しました。

＊弊社では『記録映画』復刻に先立ち、あらかじめ執筆者及び著作権継承者の方々に、復刻のご了解を得たうえで製作・販売にあたっております。しかし、現在のところ連絡先が不明の方もいらっしゃいます。お心あたりのある方は、弊社編集部までお知らせいただければ幸いです。

（不二出版）

〈第2巻　収録内容〉

巻号数	発行年月日
第二巻第六号	一九五九（昭和三四）年六月一日発行
第二巻第七号	一九五九（昭和三四）年七月一日発行
第二巻第八号	一九五九（昭和三四）年八月一日発行
第二巻第九号	一九五九（昭和三四）年九月一日発行
第二巻第一〇号	一九五九（昭和三四）年一〇月一日発行
第二巻第一一号	一九五九（昭和三四）年一一月一日発行
第二巻第一二号	一九五九（昭和三四）年一二月一日発行
第三巻第一号	一九六〇（昭和三五）年一月一日発行
第三巻第二号	一九六〇（昭和三五）年二月一日発行
第三巻第三号	一九六〇（昭和三五）年三月一日発行
第三巻第四号	一九六〇（昭和三五）年四月一日発行

『記録映画』復刻版と原本との対照表

復刻版巻	原本巻数	原本発行年月
第1巻	第1巻第1号（創刊号）～第2巻第5号	1958（昭和33）年6月～1959（昭和34）年5月
第2巻	第2巻第6号～第3巻第4号	1959（昭和34）年6月～1960（昭和35）年4月
第3巻	第3巻第5号～第4巻第3号	1960（昭和35）年5月～1961（昭和36）年3月
第4巻	第4巻第4号～第5巻第1号	1961（昭和36）年4月～1962（昭和37）年1月
第5巻	第5巻第2号～第6巻第1号	1962（昭和37）年2月～1963（昭和38）年1月
第6巻	第6巻第2号～第7巻第2号	1963（昭和38）年2月～1964（昭和39）年3月

教育映画作家協会編集

記録映画

THE DOCUMENTARY FILM

昭和三十四年二月十日国鉄東局特別承認雑誌第四六号
昭和三十三年九月五日第三種郵便物認可

「二十四時間の情事」

6月号

記録映画

1959　6月号

第2巻　第6号

時評

創刊一周年を迎えて

「記録映画」は、本月で創刊一周年を迎えた。

私たちの力で、果して続けることができるかどうか、当初は甚だ危ぶまれたのであったが、協会員ならびに、関係各方面の、予想以上の、支持と協力と激励を得て、ここまで来ることができたことを、喜びたい。

私たちが、どうしても機関誌をほしいと考えたのは、年間数百本に及ぶ短篇映画が生産され、殆んどすべての作品が、教育映画作家協会員の手によって、製作されているにも拘わらず、理論が極めて貧困であり、また、いつも散らばつて仕事をしているために、各々の間の意志の疏通に欠けていること、また、観客とのコミュニケーションが稀薄であることなどを、痛感したからである。記録映画、教育映画等を扱っている誌紙が、ほかにないわけではないが、それらはすべて、主として普及関係が中心となっており、私たち創作活動に従事する者にとって、いま一息、物足りないものがあった。その上、ドキュメンタリィの方法理論は、単に記録映画だけの問題に止まらず、他のジャンルの諸芸術にとっても、極めて重要な意義を持っており、まして、現在の政治状況のもとでの、ラジオ、テレビなど、視聴覚によるマスコミのメディアの、異常なまでの発展は、ますますドキュメンタリィの方法の探求をうながしていると思われる。

また一方、わが国の教育の問題は、いま、極めて重要な段階にさしかかっている。教育行政に関する矢継早の当局の措置は、教育全般に対して、容易ならぬ影響を及ぼしつつあり、教育映画もまた、そこからまぬがれることはできないし、その創造方法の探求は、ドキュメンタリィの方法の問題と、無関係であるとは思われない。

その上、P・R映画の隆盛もまた、それに対するわれわれ作家の態度について、さまざまの問題を投げかけている。

協会は、つねに創作活動を続けている多数の作家たちを擁している。そのことは即ち、創作の実践の場から生きた理論を生み出し、また理論を実践の場に移すことに大へん有利であることを物語っている。そのために「記録映画」は必要である。必要なものは、続けねばならぬ。発展の中に一年をおくることのできた「記録映画」を、私たちはさらに思いを新たにして護り育てて行きたいと希うものである。

もくじ

表紙の写真

アラン・レネエの第一回劇映画　日仏合作「二十四時間の情事」（原題「ヒロシマ・わが恋」より、主演女優エマニュエル・リバのスナップ。

子どもに「悪」を！

通俗児童映画の現在性《アクチュアリティ》

佐藤忠男

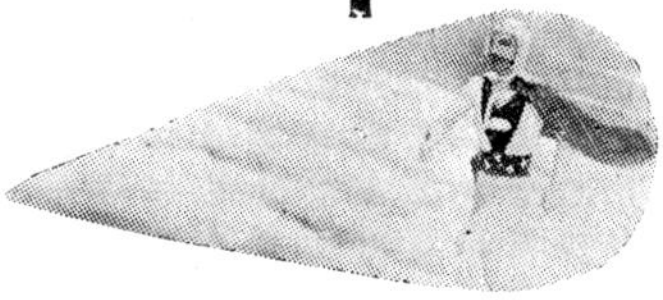

今井正の「キクとイサム」で、日本にいる混血児をアメリカの家庭に養子縁組の世話をする団体の人を演じていた滝沢修は、ミス・キャストである、という批評が多かったが、私には、あれはなかなかの名演技に思え、印象が鮮やかであった。

たとえば、はじめて村へやってきたとき、イサムを見つけて、ごく何気ない態度で語りかけ、写真を一枚撮ってやろう、と言ってカメラをのぞくが、ふと難しい顔になって露出計を出し、光線の具合を見る。「それ、なんだあ？」とイサムがたづねるが、滝沢修は、その瞬間ニコリともしない。仕事柄、子供にやさしい態度をとってはいるし、いい人らしいが、子供に向って強いて笑顔をつくる必要など必ずしもない、という瞬間には、彼の一挙手一投足は、くっきりと子供の感情から断絶してしまっているのである。

その一瞬の冷たさが、イサムの心に微妙な不安を伝えてゆく、という演出・演技の計算のこまかさ。実にうまいものだ。せっかくの写実的な作品なのだから、あんなちょい役など、もっと素人くさい無色の人を使ったほうが自然で良かった、などという意見もあるようであるが、混血の子供たちが、自分の身の上に不安を感じはじめるキッカケとして、あのうまさはやはり必要なものだったのだと思う。

ところで、あの、滝沢修のニコリともしなかった一瞬。あれは、混血児ならずとも、多くの子供たちが、日常、学校の先生や、その他さまざまな場所で接する大人たちに対して感じる印象の一断面を、全く見事に定着し得ていたのではないか。大人たちは、どんなにやさしそうな表情をして子供たちに近寄ってきても、その底に、何か自分たちとは断絶した世界をもっているものだ、という自明の事実を、子供たちもまた、はっきり知っている。だから、過度にやさしそうな顔をした、過度に思いヤリの深そうな顔をした大人に対しては、子供たちは却ってくすぐったい思いをするものだ。そして、その大人が、必ずしも親切の塊りみたいな人でない印象を一瞬示すと、子供たちは、ああ、やっぱり、と思う。ところがある種の大人は、そう見破られたあとでもなお、いや、見破られればなおさら、いっそう満面をほころばせて子供を追いまわそうとするのである。つまり、子供たちへの媚態。

日本では知らないが、外国には、よく、がらくたの材木だけを積んでおいてあと何もない公園があるらしい。やれブランコだ、すべり台だ、ジャングル・ジムだと、ところせましとばかり並べたてるよりも、確かによほど子供たちに喜ばれる方法だ。なぜなら、そこには子供たちの自由があるから。どういうふうに遊ぶか、ということは子供たちの創意工大にまかされているのだから。これで遊べ、と、子供たちの遊び方をきめてしまうくらい愚かしいことはない。大人たちの任務は、子供たちの環境をとのえてやることだ。あとは子供たちの自由にしてやればいい。さまざまな遊び道具を並べたてて、おかげで野球をする空地もない、というのでは子供たちには却って迷惑だろう。そして私には、多くのいわゆ

る教育映画は、やたらにブランコやすべり台をならべたてて、とうとう子供たちから勝手に野球を愉しむ余地をなくしてしまった親切過度の公園のように感じられる。

多くの教育映画は、子供たちに対して過度にやさしく、そして親切そうな態度で作られている、と私は思う。文部省関係の推選なしには商売にならないそれらの映画には、あたかも、大人たちというものは常に子供のためを思っていてくれるものだ、といった甘い独善的なムードがたいていある。中に悪い大人がいるにしても、学校の先生か親か、誰か一人か二人ぐらいは、子供に対する不変な愛情を持っている人物が必ず現れる。そして、難しい問題はたいていその大人が解決してしまうか、あるいはその大人に相談しなければ解けないのだ。それは要するに、大人に都合のよいように作られたものにすぎない。

そこで語られていることは、要するに、子供は大人に対してどうあるべきか、という命題であるにすぎない。あるいはまた、子供は子供の分際を守っておれ、ということであるにすぎない。子供とは、日一日と大人になってゆく存在だ。子供にとっては、未来は現在の一部であり、未来をぬきにしては現在の意味が半減してしまうような存在だ。未来は想像によって子供の心の中に、その不可分の心理的な事実としてあるのだ。それをぬきにした教育映画は、まず、子供たち自身に愛されない。

ところがある種の大人は、過度に親切そうな顔をした大人は、悪についてひたかくしにかくそうとし続ける。また、ひたかくしに隠そうとすればするほど、その顔はいっそう満面やさしさにみちてきて、この世界は愛と善とに充ち充ちている、と、あたかも自分でもそう思い込んでいるかのようによそおわなくてはならなくなってくる。幼稚園の先生は、あらゆるものごとに「お」の字をつけて、そのやさしさに充ちた心情を子供たちにのみ込ませようとするものだが、一度でもイタズラをして叱られれば、子供にとって、その神通力はいっぺんに零になってしまうものなのだ。

子供たちが期待していることの一つは、明らかに「悪」についてである。子供は無力であり、その心情はさまざまな為体の知れぬ事象への恐怖の前に無抵抗でさらけ出されている。それに抵抗するためには、まず、悪について知らなければならない。また、悪は調伏され得るものである、という勇気をもたなければならない。いわゆる教育映画は、ただ猫撫で声を憶面もなく繰り返すばかりであって、そういう、子供たちにとって心理的にもっとも切実である問題と殆んどかかわり合わない。だから子供たちは、「月光仮面」を見、「少年探偵団」を見る。

少くともそこには、あの嘘っぱちであることが見えすいた過度のやさしさや猫撫で声はない。そこには明確な形をもった「悪」が存在し、明確な形をもった「善」が存在する。親や先生が、ひた隠している「悪」が、そしてそれに対するたたかいが。

過度にやさしそうな顔をした大人は、この世は愛と善に充ち充ちているのだからお前たちは「悪」について心配などしなくてもいいという顔をいつもするし、そのことによって子供の心は天使のように美しく保護され得るのだ、と誤信しているが、どっこい、子供は子供なりに、「悪」を実感し、体験しながら生きているのだから、それでは子供は承知しないのだ。

たとえばいじめっ子。たとえば先生への密告。子供もやはり、「悪」について考える充分の資格をもっている。「悪」をぬきにして「善」や「愛」についてだけ語りつずける大人は、その話が高尚すぎるためではなく、その話が真面目であるためではなく、実は、子供たちにそうした能力を認めていないことによって、子供たちの精神を軽く見ていることによって、子供たちから見離されているのである。

では、「月光仮面」や「少年探偵団」や「スーパーマン」や「風小僧」の作者たちは、子供たちに対してふさわしいすぐれた教育者であり、芸術家であるだろうか？　むろんそうではない。彼等の想像力は貧弱でありすぎるし、彼等が語る「悪」や「善」は、あまりにも、どうせ子供向きなんだからこれくらいでいいだろう、というふうにいい加減でありすぎる。「ハックルベリイ・フィンの冒険」で、無実の罪に問われた酔っぱらいのおじさんを助けるため、いたずら小僧どもが命がけで真実を発表するような、そういう力がこもっていないし、どうせ子供向きなんだから、そこまでムキになって考えるこたあない、といった安易さが見えすえている。ただ、「少年探偵団」などで、怪人二十面相がどんな苦境におち入っても必ず逃げてみせる、という趣向は仲々面白いものだ。「悪」とはまさにそういったものではないか。あれは単に話をえんえんとのばすための苦肉の策というのでなく、本格的に考えていいことであると私は思う。

現実の社会に「悪」の存在が、子供たちもそれを重々承知している以上、大人が子供に語りかけるときだけ、それに知らぬ顔をすべきだなどということはいけないことだ。この世の中でどういうことが悪であり、どういうことが許せないことであり、どういう種類の人間に対しては断乎対決しなければいけないものであるか、といったことは、子供の時にこそしっかりと教えておくべきことである。そして子供たちもそれを期待しているのだということを忘れてはいけない。それを語ることに、作者は情熱を持つべきであるし、持たなければいけないと思う。興味性をもたせるため、余儀なく、などというのでは勿論ダメだ。「月光仮面」や「風小僧」の作者たちがせめられなければならぬとしたら、その第一は、理想的人間像・英雄像の追求に、肉体的偉力だけが誇示されていて、精神の輝きが足りないこと、であると思う。古い古い「鞍馬天狗」の作者でさえ、スーパーマン鞍馬天狗は単なる剣の達人ではなくて精神の輝きをもった〝人間〟であった。

（筆者は映画評論家）

作家の■主体とドキュメンタリーの方法

倒錯者の論理

■主体論の再検討のために（1）

松本俊夫
（演出家・フリー）

（一）なぜこの論文を書いたのか

機関誌「記録映画」が発刊されてから丁度一年になる。幾度かデッド・ロックにのりあげながらも、よくここまで続けてきたと、編集委員の一人としてはやはり感無量である。

思えば協会が有名無実の解体状態に瀕し日本記録映画史上まれにみる沈滞と無気力の季節におおわれていたとき、そのような状況にはげしく抵抗しながら、なんとかその荒廃の地をきり開き、火を燃やし組織しようと苦斗を続けてきた何人かの作家たちの手によって機関誌の発行が実現していらい、「記録映画」は、当面私たちが不断に対決してゆかねばならぬ「作家主体」の問題と、「創作方法」の問題を常にその枢軸に置きながら、その理論と実践の方向を明かにしてゆこうと努力してきた。執拗なまでに行われたこの問題提起は、まさに私たちが全身を賭してかかわってきた傷だらけの歴史の、その発生と展開と消滅のすべてを批判的に総括することのなかから生まれてきたものであり、なによりもその中にあって、多かれ少なかれ、疎外され、解体し、挫折した惨めな作家の戦後体験を冷徹に凝視し、理論化することによって、この危機からの脱出路をみいだそうとする血みどろの格斗にもとづいてうち出されてきたものであった。現実に対する洞察の眼を失い、痴呆的な楽天主義に酔いしれて大衆から孤立し、遂には運動内部に天皇制封建主義のおどろくべきピラミッド意識を蔓延させて腐敗の極に達していた前衛の実体を、その底の底から抉り出し、真に強靱な変革主体を確立するためには、なにを主要なモメントとしてこの内部斗争を開始すればよいのか権威に追随し、与えられた現実認識の図式的観念を、既成の平板な描写類型によって、素朴に絵ときすれば事足りるとしてこれを疑問ともせず、恥ともしなかったわが作家たちの堕落と疎外の状況を、どうすれば徹頭徹尾打破し、克服することが出来るのかそもそも「主体論」の提起は、このような具体的な過去の歴史と体験の具体的な分析の上に、まさに今日の実践的な課題としてなされたのである。

すべての論に先だち、このことの意味ははっきりと理解されておらねばならぬ。野田真吉や私の発言は、終始一貫このような観点からなされたものであった。

しかしその後ようやく開始された野田・松本批判をみると、どうも私には、それらの論者が、提起された問題の意味をほとんど正確にうけとめておらず、したがってその対立からは、更に私たちをより一歩前進させてゆく契機は、まず生まれてこないのではないかと思われてならないのだ。そこには理解力の低さからくる錯誤とひとり相撲があるだけでなく、しばしば歪曲と欺瞞すらうかがわれるのである。

そのような点を具体的に明らかにし、生じ得る混乱と、問題の自然消滅を事前にくいとめるため、私は、特徴的と思われる三つの批判、即ち、花松正卜の「《主体性論》への提言」（本誌二・三月号）、丸山章治の「作家の内部世界をどうとらえるか」（本誌五月号）、吉見泰の「創作への条件」（本誌五月

号）の三論文に再批判を加え、開始された論争をより発展的な軌道にのせてゆきたいと思う。

（二）花松論文への反駁

1

花松正トの論文をよんで、私が最初に思い浮べたのは、あの喜劇的なドンキホーテの姿であった。

「主体性論への提言」という副題のもとに二号にわたって連載した花松の論文は、いたるところひとりよがりな解釈と、デタラメな論理の強引なおしつけが散在していていちいちその誤りを指摘していてはきりがないほどだが、根本的な誤謬は、彼が「主体」と「主体性」を全く混同していることと、主体の問題を客観的な現実と機械的に対置させ、主体の問題の追求を、科学的な現実の認識と実践に、およそ非弁証法的に対立させているということに要約することができる。

花松の論文は、その副題の示すごとく、「主体性論」なるものへの挑戦であった。たしかに、私などの論に同調しているかにみえるものの中にも、実は一向に問題の所在やその本質の理解もなく、「主体性」の確立だなどといい加減なことを口走っては、いかにも深刻に自己検証をしているかのように錯覚している軽卒な傾向があることも事実である。だが「主体性」とか「自主性」ということは、そもそもあるものへのかかわり方、それが自分の判断と意志により、責任をもつて積極的になされたかどうか、といったような、対象に対する自己の関係の様態、いわば「姿勢」という内容をしか示すものではない。むろん、それはそれなりに一定の範囲での問題追求にとっては意義のあるカテゴリーにはちがいないが、それだけでは、客観的な現実そのものの内容も認識の内容も、実践の内容も、すべて不問に附され、いちぢるしく倫理的・宗教的な色彩を帯びてくることはいうまでもない。

それに対し、「主体」の概念は、それが個人であると組織であるとを問わず、なによりも、現実の矛盾にたちむかい、その矛盾を認識し、それを正しく解決する方法をもち、その変革の実践を行うものそのものの「実体」を示す概念である。「主体性」とか「自主性」とかいう概念は、「主体」概念の一側面を特殊的に対象とした概念にほかならず、したがって花松が書きしるしたように「主体意識＝主体性」などという等号は決して成り立たないのだ。

野田真吉や私は、「作家主体」の問題を強調しこそすれ、「作家の主体性」とか、「自主性」などということを論じたことは本誌上であると否とを問わず、かって一度もなかつたのである。

ところが花松正トは、他人の発言を慎重に読みとることもせず、無礼にもそれを自分にとって都合のいいように歪曲し、それこそどこかで覚えたばかりの「レディ・メイドの破片の積木細工」のような言辞をものものしく並べたてて、「自己の戦後責任に唯《主体性の欠如》というレッテルを張ることによってごまかし――」といった具合のデタラメなきめつけをいたるところでくりかえして平然としているのだ。そして更には野田や私などの問題提起が、「内部の現実を引合いに出し、外部の現実を避けて通ろうとしているにすぎぬ」ものであり、「私達の運動の展開に際して――有害である」ばかりか、遂には腐敗しきったエセ革命家に「役立つのみ」だと糾弾するのだから全く笑わせる。

しかし、正常な理解力をもったものなら誰でも判断できるように、事実は逆に、私たちの思想こそ、「戦争中非転向のまま獄中にあり終戦を迎えた人々が、自己の非転向の優越感にひたり……自己と大衆との意識の断絶を検討しようともせず戦後の革命運動を指導した」という事実や、またそのような人たちを「再び超人か何かの如く祭りあげ、前衛党を超人の組織に仕立てあげようとするもの」たちの、まさにそのような革命主体の疎外の現実を、それこそ「客観的、科学的に問う」思想なのだ。だからこそ私たちは、終始一貫、私たちの戦後責任を明かにする上での緊急な課題として、その斗いを非妥協的にやり抜くことが、正しい現実認識者と実践者としての革命主体を確立する唯一の保証となるものだと主張し続けているのである。

したがって、「おそろしくピントの狂った論客」とはむしろ花松自身であり、「随所に論理の転倒、逆立ちが散見する」のはそれこそ花松の「内容空疎な」「オシャベリ」の中にであることは、誰の眼にも明かであろう。逆立ちして立っている自分自身に気がつかぬものには、正常に立っているものが逆立ちして立っているように見えるものなのだ。

2

だが花松の誤りはそれだけではない。その誤りは、「主体」というものを「主観の産物」と断定し、これを「客観的現実」と「実践」に機械的に対立させるとき決定的なものとなるのである。

だいたい花松の言葉の使い方には、その言葉の概念も知らずに、強引に自分勝手な解釈をほどこして、その前提の上に論を進めてゆくというひとりよがりなデタラメが多すぎるが、そもそも「主体」と「主観」の区別もつかず、「主観」と「客観」、あるいは「主体」と「客体」の唯物論的な規定も知らないとあっては、私たちの対立もまた、対立に値いするほどの対立になりようがない。くどくどくりかえす必要もないと思うが、「主体」概念は、あくまで「実体」概念であって、それ自身まったく「客観的」な「実在」なの

である。たとえば革命運動の主体とか、記録映画運動の主体とかいうものは、私が存在しなくなり、私の主観が消滅しても、それと関係なく客観的に存在しているし、私の主体もまた、私の存在が客観的な事実であるのと同じくらい確実に、やはり客観的な実在にほかならないのだ。だから「主体」もまた「客観的な現実」なのであって、客観的な現実であればこそ、その主体喪失の状況を「客観的に、科学的に問う」ことによって、その教訓から、この現実を創造的に変革しようとしているのだ。

「主体」と「客観」が対立した概念でないとするなら、「主体」に対立する概念は一体なんであるのか。それは「客観」一般ではなく、「客体」である。「主体」は「客体」に働きかけ、また逆に働きかけられて、これを認識し、再び「客体」に働きかけてこれを変革し、同時にそのことによって、「主体」自身がより強固な主体に変革されるという弁証法的な関係をむすんでいる。「主観」とは「客体」そのものや「主体」そのものあるいは「客体」と「主体」の関係の総体という、それら「客観」の世界が、「主体」の意識に反映されたものにほかならない。むろんその場合、「主観」が「客観」に基礎づけられているように、「主体」もまた「客体」に基礎づけられていることはいうまでもない。「主体」のあり方は常に「客体」によってきまり、「客体」の正しい認識なしに「主体」を論ずることは無意味である。

しかし、花松の論理が先硬で幼稚なのは具体的な条件の変化に応じて、諸矛盾の構成が刻々と変化していくことに対する考察が全く脱落しており、やたらマルクス主義の古典的な公式をふりまわすだけに終始している点にある。主体の問題など論じていても前進しない、問題は客観的な現実（客体のこと）を検討することであり、実践の方針を確立することだというのが彼の根本主張なのだが、このような言い草こそ、花松自身も否定している、堕落した革命家たちの常に拠りどころとしたテーゼにほかならなかったのだ。彼等は、それ自身としては妥当な「客観」情勢とか「実践」とかの優位概念をたてに、運動主体の「意識」や「体制」などの脆弱さに対する徹底的な検証を常に回避し、更にはそれをひたすら陰蔽することによって、遂には運動を挫折させ、解体させてしまったではないか。だが、実践面にあらわれ、誰の眼にも明らかとなった矛盾と失敗を、結果的にやれ極左冒険主義だった、右翼日和見主義だったと解釈的な自己批判をするだけで、専ら現象的な実践面でなしくずしに方向を転換し、それで何とか事をすまそうとしてきた主体の構造をこそ、今や完膚なきまでに粉砕しなければ私達の前進など絶対にあり得ないのだ。

したがって、そのような論理をうち立てそのような斗いをおし進めようとする動向を逆に批判し、これを阻止しようとする花松正卜の論理こそ、意識するとしないとにかかわらず、自分自身否定してかかっているはずのエセ革命家たちの論理につながり彼等に役立ってゆくばかりだということを知るべきである。要するに彼の論理もまた動脈硬化した単眼的俗流マルクス主義を一歩も出ていないのだ。

だが、真に複眼的なマルクス主義の理論は、事物の矛盾を把握する上において、相対立する二項の主要な側面が、ある特定な条件と一定の段階のもとでは、それぞれ相互に転換し合うものであることを常に明かにしてきた。例えば、「理論」と「実践」という対立する矛盾の両側面においては、「実践」こそが「理論」を規定してゆく主要な側面ではあるが、ある特定な条件のもとでは「理論」の方が主要な側面となり、矛盾を解決するにあたって、まさに「理論」を明確にすることこそその場合の主要な課題となることがあるということを確認してきたのである。上部構造と下部構造、主体と客体といった矛盾を理解するうえにおいても、問題は決して別個のものではない。戦後私たちが歩んできた具体的な歴史を批判的に総括し、その深刻な失敗の経験をつぶさに検討するならば、そこにある「マイナスをプラスに転化させ」、私たちの運動を、真に革命者の名に値いするものに作りあげてゆくためには、少くとも私たちをこのような窮地に追い込み、その失敗の本質を真剣に自己批判しようともしない、無責任でくさり果てた思想と体制が、私たちの運動内部において基本的に克服されるに至るまで、矛盾の主要な側面を「主体」の検証と変革にみなければならないことは全く明かなのだ。

だが、この観点は、むろん花松が歪曲して判断したように、主体が確立すれば一切が解決し、主体が確立するまでは一切を待つ、などというおよそバカげたものの考え方とは云うまでもなく無縁である。私たちが、常にその時の認識を基礎に実践し、実践の中から理論をきざみあげてゆくという原則的な立場をとらねばならぬことは自明の理なのであって、その前提の上に立てばこそ、革命的実践を可能にしてゆく主体革命の目的意識的な推進を、今度こそ日常の実践の中に解消したり、自然成生論を信用したりなどせずに、これを断固として「実践」することが必要だと強調しているにほかならないのである。

3

もし以上の観点が間違いだとするなら、花松正卜自身は、政治の面でも、芸術の面でも、その主体の疎外という歴然とした事実を、一体どう克服しようとしているのか。彼によってなされた具体的提案は皆無である。少くとも私にとっては、私の思想を修正させるだけの何ものをも与えられなかったことだけは確かである。

もっとも、彼は現実の正しい科学的な分析と方針こそが、今なによりも必要なのだということであろう。しかし、「原則」だけをふりまわす公式主義者の空手形を、私は信用することはできぬ。例えば、彼が本誌二月号の「修正主義に反対し、二、三の

原則を論ず」という共産党の機関誌にでも載っていそうないかめしい題の稚拙な論文の中で、「言う迄もなく、協会とは、この芸術的課題と、これに重ね合わすことの出来る政治的課題とを、あわせ持つた組織体なのであり、私たちが結集しているのも、この共通の課題に媒介されているからであって、それ以外のなにものでもない」などというのをみると、このヤロウ、こいつは一体協会の実体をどこまで真剣にみているのかと腹立たしくなるのである。少くとも現在の協会は、政治的にはもちろん、芸術的にだって、共通の課題に媒介されて結集しているなどとは、絶体に言えないのだ。そもそもザイン（そうあるということ）とゾレン（そうあるべきだということ）の区別さえつかぬものが、科学的な分析だの方針だということ自身、笑止である。協会総会においてなされた吉見前委員長の報告が今日私たちのおかれた地点に対する分析を全く欠いたものであったことも事実だが、それと対立した花松の意見も、専ら国際国内情勢の分析から、したがってこうあるべきだ式の、およそ観念的な公式論のおしつけた終始し、現在協会員がぶつかって苦しんでいる具体的な問題や、その要求、またその意識や組織の実体に対する分析を、これまた全く欠いたものであったことも事実なのだ。そのとき議長をしていた私は、花松によれば「妥協的処置」をしたのだそうだが、私が両者の一面性を指摘して、その弁証法的な統一の必要を説いたにほかならなかったことは、総会に出席した人たち全員のよく知るところである。

しかし、ここで私が最も重要視するのは組織や個人の内部的現実を無視し、いたずらに原則論をふりかざして、それを強引に相手におしつけてゆく花松の思想である。このような主観主義と公式主義が、大衆団体をいかに毒し、運動をいかに困難にしてきたかは、花松自身も知らぬとはいわぬであろう。現実の諸矛盾の具体的な分析から出発するのではなく、既に自明の真理として認められている公理や観念から出発してそのメガネを通してすべての現実を解釈しようとする主観主義は、彼の言動のいたるところに指摘することができる。彼も触れている、記録映画製作協議会の研究試写会の席上で、彼が、自分でみてもいないという、五四年メーデーや五五年メーデー記録映画を、その当時の社会情勢から判断してたぶん歌えや踊れ式の内容を表現しているだろうが、とか云って、その推測を前提としてメーデー映画批判をしていたのを記憶しているが、それなども彼という人間を示す一つの例であろう。そして自分の主張が認められなくなると、あんな研究会は出てもばかばかしいと来なくなるのが彼の実践なのだ。むろん出ようが出まいが自分の勝手だが、良い意味でも悪い意味でも、ドキュメンタリーを論じ、その運動をおしすすめようとするものが、一度は必ず対決して通らねばならない記録映画製作協議会の運動の足跡を、少くとも試写をみるだけでもみて、問題を作品に即していっそう具体的に追求してゆこうとすらせず、またそのような研究会から運動の可能性を少しでも作り出そうとする努力すらしないものに、どうして、「科学的」だとか「実践」だとかを口にすることができようか。

いかに大言壮語しようとも、私たちの歴史に責任もったかかわり方をしようともせず、自分の内部を現実にてらして検証しようともせず、そこからさまざまな教訓を理論化して、一つ一つ足もとの具体的な問題から実践していくことをしようともしないものに、戦争責任や戦後責任を云々する資格は断じてない。「自己の戦後責任すら唯の一度も正面から対決しようともしないもの」、それもまた倒錯者花松正卜、彼自身にほかならないではないか。要するに、メーデーなどのカンパニアで、ほとんど大衆的な基盤ももたないくせに、腕章などをまいて得意気にデモの指揮をしてみせたりするのが「実践」などではないということを、よくよく胸に刻みこんでおくべきであろう。

死《しに》体《たい》解《かい》剖《ぼう》と生《いき》体《たい》解《かい》剖《ぼう》

ドキュメンタリー方法論批判

石子順造
（日本美術会々員）

（一）創造者と批評家の目

ぼくなどのように独創力に乏しい者が、誰れかの大胆明快なエッセイにぶつかったりすると、いろいろとないちえをしぼって

みる恰好な手掛りを与えられたようでうれしい限りです。野田真吉・松本俊夫両氏の本誌に発表された文章もそうした意味で大いに参考になりました。そこでぼくは、雑誌「映画批評」や「美術運動」などにも載っている両氏の見解もぼくなりに勉強させてもらったわけです。

一読したかぎりでは、両氏の意見は多小のディテールのちがいこそあれ、共に極めて論理明快、正にサツ爽の切れ味です。なる程なとそのメスの冴えに感歎したわけですが、さて、やや精読してみるとこんな風にも感じられて来ました。このサツ爽の切れ味は「死体《しにたい》解剖」のせいなんじゃあないだろうかと言う事です。御存知の様に、相撲の勝負の判定に、「死体《しにたい》」「生体《いきたい》」と言う言葉があります。前者は、例え外見はどの様であれもう運動体としての活動の再生力を喪失してしまった体勢であり、後者は、未だ活動源を残して運動体としての生命を保持しているものの謂です。花相撲などでよく幕内中堅どころの巧者と言われる関取二名により、解説づきで各種のきめての型をやってみせるのがありますね。いとも鮮かに〃上手投〃〃下手投〃から〃小股すくい〃〃あみうち〃〃ずぶねり〃〃素首おとし〃などの珍らしいわざをみせます。あの場合のわざをかけられる方は、正に「死体《しにたい》」であり、わざがきれいにかかります。ところが「生体《いきたい》」同志が相互にぶつかり合い、わざをかけ合う本場所の勝負の場では、花相撲の時にみられる様な、型どおりのわざは滅多にみられません。時にはわざのお手本以上に決まる事もありますが、極くまれです。栃錦・若の花と言う「名人」、「異能」の力士が、相手の巨体を宙にうかせ、土俵の上にうづめる事があつても、それは烈しい「生体《いきたい》」同志の力と力とが、ぶつかり合う運動中で、相手の示す力の程度、方向、時間に自分のそれらを合理的に配分、対応させ、両者の力のずれの（必ずしも差ではない）微妙なポイントを利用して、相手の力の程度を減じ、方向を変えさせ、タイミングをくるわせて、自分の力の程度、方向時間の中に組みとらえる事に成功するからでしょう。これらが一つの決め手に合理的に集中、再編成される時、稀には花相撲の場合の型以上の切れをみせますが、「死体《しにたい》」相手に型をやつて上手な力士は、「生体《いきたい》」相手ではそうはうまくいかず、又所謂四十八手とかではとても説明出来ない決まり手が、実際にはいくらも出てくるわけです。若の花なぞ、ふだんの稽古場では、一見型を無視した様な、烈しい「生体《いきたい》」としての闘志とタイミングと体力の養成に努めている様です。〃一見型を無視した様な〃と書いたのは、必ずしも滅茶なと言う意味ではなく、むしろ合理性をふまえて、しかも既成の型には一切とらわれないと言う程の意味からです。

どうもぼくは相撲が好きなものですからついつい長くなつてしまいました。要するに、野田・松本両氏の所見にみられる、鮮かな切れ味は、花相撲の場合の型のお手本の様な、「死体《しにたい》」相手の解剖分析のせいではなかろうかと思うわけです。どうも全体に論理としてもスタティックに過ぎる様です。ぼくは両氏が共に記録映画作家である事はよく承知しておりますが、その発言には、作家が口にする、ややあいまいとも思える程の運動の生理感に乏しく、明快すぎる硬たさがありすぎます。何も字句の難解さでは勿論ありません。シャルル・デュ・ボスの言う「創造者的資質」の批評なり、論理ではなく「批評家的資質」のそれ、又はティボーデの言う「大学教授の批評」の様でさえあります。私はだからと言って両氏の演出された映画が、さぞスタティックで、つまらぬものだろうと直ちに推察する気はありません。あくまで今は両氏の文章について言っているのです。例えば次の諸点などにぼくはひっつかかるわけです。

（二）「事実」の「新しい意味」
それを獲得する方法は何か

両氏とも、「事実」を「もの」と「意味」と言う単位に分解して考える柾木恭介氏と同じ様な立点から、「事実」のもつ日常性のヴェール=意味をはぎとり、アクチュアルにとらえられた裸形のものを、主体的にドラマに再編成し、記録すると言うドキュメンタリーの方法を、今日のリアリズムの方法だと言われるわけです。ぼくも原則的にはまつたく同感なのですが、どうも微妙なところでいくつかの疑問が残るのです。

ぼくは柾木氏の様には生理学の知識を持ち合わしておりませんが、「事実」を「もの」と「意味」の単位に分解して考えてみる事などは、常識としても理解出来ると思うんです。佐々木基一氏なぞも柾木氏の文章を長々と引用して感心したりもしていましたが、どだい「事実」が「もの」を本位とし、それをとらえる立点によつて実に多様な「意味」又は「効用」を併有しうるのは自明だと思います。或る「事実」の意味が、「本質的内容」とかなんとか粉飾されて、手前勝手に理解され、方向づけられる実例はいくらもあります。「事実」は「もの」それ自体より、その「もの」に即してどの様な立点から「意味」をとらえるか、その立点の次元こそが問題です。一つの「事実」が、成る立点からは全然無意味であったり、又他の立点からは直接生活のプラスやマイナスを具現する「意味」を持ちうる事があるからです。更に、「事実」が運動である以上、その「意味」も当然ながら方向をもってあらわれます。立点によっては「事実」の「意味」の方向が、逆向きにとらえられる事も、又方向をもつその事自体さえ理解せずにとらえられる事もあるわけです。

何よりも先ず「事実」をその様に運動として考えてみた後で、「もの」の運動性、

「意味」の方向性などを問題にしていかないと一向に議論も具体的になつて来ないと思います。

現代の矛盾に満ちた人間疎外の状況下でまつたく無意味でしかない「事実」に、有効な方向と意味とがあると信じ、それと融和的に相関連し合い、その調和的安定感を軸として組立てられている人間像＝内部世界をあばき立て、つきくずす為に、「事実」を「裸形のもの」として捉える事が先決だと言われるわけでしょうが、一体「裸形のもの」とか、「裸形のもののドラマ」と言うのは、方向をもつ運動体としての「事実」の具体性とどの様に関連し合うものなのでしょうか。その様な、「意味」から全く自由な、「もの」それ自体の提出、再編成と言う事が、具体的な現実の、雑多な矛盾と激しくわたり合い、その克服、統一の指向で、未来への組みかえに行動をもつて参与しようとしている者達に、どれだけ切実な方向をもつた「意味」の恢復として有効であり、それこそ具体性をもちうるかに疑問があるわけです。「事実」から「無意味な意味」をはぎとる事だけでは駄目で、そこから新たな今日の我々の存在に不可欠な、具体的に方向をもつた〟「新たな意味」を発見、確認させる、附加のオペレートが、ドラマとしての再編成の目的である事は言をまちません。両氏ともその辺のところはもうとっくに御承知と思いますが、作家としてその最終の新たな方向をもった意味の発見、附加のオペレートの方法それ自体にはあまりふれず、「裸形のもののドラマとして再編成する」とか言われているのは残念です。完全にあらゆる「意味」から自由な「もの」それ自体であるばかりなら、一体「ドラマ」をどの様にして作り上げるのか、その再編成の仕方が一向具体的でありません。「もの」それ自体が空転し、放り出されっぱなしの、おそれはありませんか。「もの」それ自体が、又すべて「新たな意味」の発見、確認の為のオペレートに即有効なものとばかりもかぎらないでしょう。選択は当然方向に立った視点と基準を前提とします。剝奪・破壊が直ちに再生・建設ではない様に、「新しい意味」の発見、確認にこそ力点がおかれ、そのオペレートとして主体と方法の問題が問題とされねばならないでしょう。すなわちぼくは、ここで「事実」の「意味」の方向をもったくみかえにこそ方法の問題がしぼらるべきだと言いたいわけで、「もの」それ自体の「無意味さ」のかぎり、静的観念の域を出ないと思うわけです。「裸形のもののドラマとして再編成する」事の方法、およびその具体性がぼくには良くわからず、それ自体で自己充足し、運動を停止した「もの」となり終らないと言う保障がないと思えるのです。シュールリアリズムの主体意識や方法を否定的媒介とすると言う様に言われるのですが、どうも言われる方法論のかぎりでは一向「否定的媒介」となってない様にも思えます。現実の多面的で複雑な矛盾群の集中的表現としてある「事実」を摘出

し、そのもつ「意味」を「もの」を本位として価値転換する形で方向づける「新らしい意味」の確得の方法が、即ち「事実」の示す運動性向が、「意味の方向性」としてとらえられていないので、両氏の文章からスタティックな感じをぼくがうけたのではないかと思うのです。この点をはっきりさせないと、言われるところの「プロパガンダ」もひどく一面的なものになると思います。「プロパガンダ」も、事実の示す運動の方向を指摘し、その今日の状況下での、我々の存在と直結する方向との偏差を明示し、くみかえの方途を提出する事がなくては、プロパガンダに何の質的変化もおこって来ないのではないでしょうか。「現実否定のイマージュ」として「映画における物語性の否定」を強調されるのは、両氏の文章のかぎりではわかるのですが、ぼくはぼくなりに、「現実変革のイマージュ」として、「新たな物語性の恢復」を申したいわけです。両氏の言われる物語性とは、歴史的事実に基礎をおいてまったく解体しつくしているはずの古典的な人間像＝その様な内部世界にのみ通用する物語性を否定し去るべきだと言われるのはその通りなのです。内部と外部のするどく深い断絶を主体的に凝視し、それを埋めることで疎通を計るのではなく、断絶を否定的媒介にしてのりこえる為には、勿論主体と不可分な統一として、方法の問題が考えられねばなりませんが、それにこそ「新らしい物語性」が「事実」の「意味」の「もの」をてことした方向づけとして要求されてくるのではないだろうかと思います。

（三）大衆内部を変革するイメージ

次には、言われるところの「もの」と人間との問題です。運動である「もの」を、映画に個有なモンタージュの方法によって今日的なものとしてとらえるにしても、そこで人間と言う最も厄介な「もの」と、それ以外の「もの」との関連のとらえ方と、そのうけ手である人間との問題についての疑問です。

我々「人間」は、日常生活の場で、物に対するとまったく同様に人間に対する事は出来ません。映画の創造しうる時間と空間では、この人間も他の物と同様にとらえうる事はわかりますが、しかし物と人間との関連で、人間を否定的に「もの」としてとらえ、又物も同時否定的に「もの」としてとらえるとすると、受け手である人間には先記した様な恢復の現実的指向が与えられない様な気がするのです。このところ久しくやかましい組識又は機械と人間の問題もその両者の間の矛盾を、一方的にペシミスティックに考えるのも、又はオプテミスティックにとらえるのも間違いであると思われます。組識や機械のもつ非人間化の側面と、又同時に現実にはそこに生活の足場をもち、その場から恢復されていくしかない人間の具体性を、即ち「事実」に対する否定的視点と肯定的視点とが、一つの矛盾する運動体の中で、統一的な克服の指向として把握されぬ事には、受け手である「人間」は、その具体性を自分達の問題として正しく理解する事が出来ないのではないでしょうか。この際申しそえておきますが、両氏とも観衆の側からする観点が大へん不足している様に思えます。まあ作家であるから止むを得ないと言ってしまえばそれまでですが、それでも〝買手の気持になって売る店〟の方が、買手には好かれるのは当り前です。〝ゼロの観衆を相手にして創作する〟と言う様な意味の事を言った有名な詩人がおりますが、それも字義通り解釈する馬鹿もありますまい。大体映画の分野だけではなく、他のすべての芸術ジャンルでも現代における創作主体、方法の問題ばかりが言われすぎ、享受・鑑賞に関する理論的整備が全然と言って良い程なされておりません。作家・批評家・享受者を大宰治じゃありませんが、正三角形の三頂点に立置するもの、と考えてみても、享受・鑑賞論が大担に創作論と平行して研究され、整備されねば片手落と言わざるをえません。その点、両氏が共に、「作品が観客を変革し、その主体を確立させていく関係も、作家と作品の関係の逆過程として成立するものだ」と片ずけられるのは安易にすぎ創作論も一ぺんに色あせてみえます。「逆過程」と言うのを両氏は充分に説明しておらず、ぼくはぼくなりに考えてみたのですが、どうもそうではないと思うのです。作家や、日頃そうした問題に充分に関心をもっている意識的にもすすんだ人が観衆の一員として、他のすぐれた作家の作品に接する場合と、およそ創作それ自体とは何の関係も直接にはもたない、一般人衆が鑑賞する場合では決定的にその受け力がちがい、前者の場合でなら「逆過程」の具体的な意味もわからないわけではありませんが、後者の場合には殆んどわかりません。享受主体の変革、恢復が方法として又作家主体の変革、恢復が方法としてと同様、論理の中にもちこまれていなければおかしいと思うわけです。「映画批評」一月号で松本氏が大衆芸術にふれておられるのは、その点で面白かったですが、それもただふれたと言う程度でした。大衆芸術を否定的媒介としてと言う点で先頃も、花田清輝、吉本隆明氏間で一寸とした論争めいたやりとり（どう甘くみても論争とは言えなかった様です）がありましたが、両氏にこの問題をもっとつっこんでほしいと思いました。

一寸前にもどりますけど、享受大衆の意識にオペレートして、新たな世界を感じ考えさす事によって、その行動決定の意志に参与するのがプロパガンダの目的であるとするなら、それは先ず機能的には、物なら物について、大衆の素朴な内部がそれを保っていた融和的交流を、作品を通じて遮断する事……それは大衆にとっては、先ず最初は不可能なショックとしてうけとられる

でしょう……のつみかさねから始められる事も確かです。作品上では、大衆の素朴な内部が有する一切の予見・期待をむしろ不断に裏切りつずける事によって、即ちその観念＝意識内容と無意識に分裂をひきおこさせるつみ重ねによって、そしてその矛盾の統一を、行動を通じておし進めさす衝動を与える形で、古い内部の止揚の経移が考えられます。その際、無意識と言っても、フロイトの言う様な自然生成的、個的体験的なもの、更にユンクの言う集合的なものなどの既有の潜在的部分を手がかりとして、更にそれらと当初は相結抗する形をとる場合もありえようところの、新たな現実の否応ない提出によって、掘りおこされ、附加されるはずの無意識部分を重視する必要があるのではないでしょうか。芸術において新たに提示された現実のオペレートによって、無意識部分を増殖する事を手がかりとして意識との間に分裂をひきおこさせる形で、止揚をはかると言うのはおかしいでしょうか。大衆はこじつけだとか、一方的な押しつけの理窟には、決してついてはいきませんし、根拠のない奇異さだけにもすぐあきてしまいます。大衆に充分アトラクティヴなショックを、ドラマとして与えつずける事は極めて困難とも言えます。歴史の前進の担い手として、本来反動的でありえないが、又大へん保守的な殻をかぶりつずけようとする大衆に対して、個有な時間・空間の論理を以ってして新らたな現実を提出してみせ、その与えるショックをてことして、具体的な現実に対する批判の目を掘り出させる事が重要です。大衆は生活の場で、さまざまな不安や矛盾にさらされており、生活上のショックには敏感であり、又いつかなれており、そうする事で無力感を諦めに結びつけて自足している事もあります。こうした大衆のショックに対する反射感を、新たな現実の具体性を軸に受動の姿勢から能動の姿勢に転化させる事がなされねばプロパガンダは意味がありません。事実のもちろう運動の意味の多様性から、大衆の今日の、そして未来の生活に結びついて来ざるをえない決定的な方向を選択、附加し、主として大衆の無意識部分の増殖効果を手がかりとする、映画的言話を以ってなされる新らたなイメージの提示の重要性を言いたいわけです。新らたな現実の提示によってひきおこされるショックを媒介としてと言っても良いわけです。

（四）方法と結びついた
流動的な創作主体の確立を

さて大分長々と書きましたが、最後に両氏の言われるところが、ぼくにはスタティックに感じられる今一つの点を略記して、とりあえずのこの文を終える事にします。

それは最も主要な論点である主体の変革又は恢復に関してです。作家主体の問題が方法の問題と不可分に分析され、つっこまれる事と、作品を通じてなされる享受主体、方法の問題とも不可分に関連づけられて問題とされねばならないはずだとは先にも一寸書きました。

松本氏がいみじくも言い当てている様に主体と方法と言う問題は、「主体の確立と言う事が、およそ没主体的に叫ばれたり、新らしい方法なんて言う事が、すぐ型として受けとられてしまう」「やっかいなやつ」であるわけです。今更桑原武夫の、コケのはえつつある理論や、単細胞質の佐古純一郎のお題目を引き合いに出す気は毛頭ありませんが、次の様な事だけは言えると思います。不断に進行する疎外状況下で、主体の恢復、確立は常に目的的運動の論理として設定されこそすれ、固定化された思考の形式で捉えられてはならない事は言うまでもありません。「驀進中の急行列車の車上で、その車輪をとりかえる如きもの」として主体恢復の問題は考えられねばならぬと思います。主体とはこうであり、かくして恢復し確立しうると信じ、又そうなしえたと思うその正に同じ瞬間で、再び疎外と喪失は始まっているのだし、又常に同じ型としての自己批判も全然無効であるのも自明です。不断に変貌し、発展しつずける外部現実と対応に、流動性をもちながら、しかも本質的に不動な人間主体の恢復と、創作主体の確立、確保はいかに困難であるか。どうもその辺もやや図式的なきらいがあります。主体の変革を対象の生産との対応においての交互再生産、再変革の形でとらえられているのは適切としても、その対象の享受を通じて逆作用される享受主体の変革の論理が不充分であるため、一面的となり静的となって、運動の論理として徹底をかく事になっているのではないかと思うのです。

両氏の見解に感じた切れ味は、「死体《したい》」解剖にみられる鮮かさではないかと申したわけですが、その意味では、それも不充分にしろ、過去の諸事情の分析にも最も発揮されているわけです。この点は大いに参考になりました。参考になったと申しても、ぼくは全面的には同意見ではなく、ここでいくつか書きました諸点や、まだ他に大衆芸術の問題、更に個と集団の問題、アクチュアリテイの問題、等についても多小異論がありますが、又何かの折にでも致したいと思います。俗論と一笑されるかも知れませんが、あえて私見の一端を申しのべた次第です。

誤植訂正・本誌五月号三十二頁、最下段、十六行目「他の一面であることによって」とあるのは「**他の一面である非現実性を排除することによって**」のまちがいでした。筆者の野田真吉氏と読者の皆さんに深くおわびいたします。

映画は現実の子どもをとらえているか

■古田足日
（児童文学評論家）

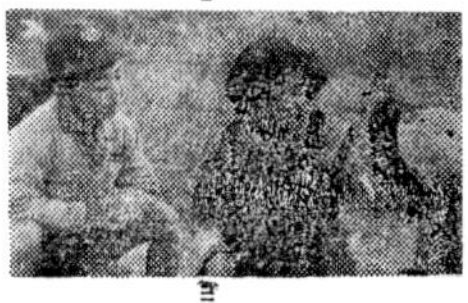

「エミールと少年探偵団」でもっとも印象深いシーンは、少年たちのどろぼう追跡のところである。その少年たちの数の多さである。

どろぼうのうしろにくっついて少年たちの一隊が歩いて行く。ちがう町かどで自転車に乗った機動部隊が出発のあいずを待っている。アパート団地のようなところにも一隊が集まっている。またローラースケート部隊。

どろぼうは最初へんだなという顔つきで、うしろの少年たちをふりかえる。少年たちはなんともいわない。その数が増す。

どろぼうは走りだす。少年たちも走りだす。最初おとなたちはこの奇妙な一隊をふしぎそうに見ている。だが、少年たちが走りだすと、そういうぐあいにはいかない。おとなたちは街路を横断することができず、自動車はとめられる。

「エミールと少年探偵団」の性格をできるだけ簡明にいうと、中流家庭のお子様用保守的娯楽映画一級品である。こうした性格はもちろん好ましくない。この性格を抜けようとするところが、この追跡場面にはあった。

少年たちはたいてい親に保護されている。彼らは弱者である。ところが、ここでは無能なのはおとなである。少年たちは数によっておとなを圧倒した。といっても、百姓一揆のようなものではない。

もちろん類似点はある。自転車が機動部隊の主力であって、この少年探偵団はオートバイに乗るまぼろし探偵や、乱歩原作の少年探偵団には及びもつかず（乱歩の少年探偵団は明智小五郎の車を使い、その事務所には無電装置も持っている）、その点、くわやかまの百姓一揆と似ている。

だが、本質的な差は少年たちにとって、どろぼう追跡はスポーツである点だ。このスポーツ意識は全作品をつらぬいている。エミールは海賊団にはいるために魚屋からオットセイを盗みだして、海に放す。ガラスの水槽のなかでのオットセイとの格斗、そのオットセイを郵便局の小包運搬車に積みこんでエミールと海賊団は夜の町と砂浜を走る。完全なスポーツであり、だから映画の最後は警察のスポーツ大会で終っている。

警官がどろぼうを追う時、彼の眼は責任感に満ちているだろう。正義感、また群衆心理でもよい。集団がひとりの人間を追う時、彼らはののしり、さわぎ、眼が血走っているにちがいない。だが、この映画の少年たちは彼らの遊びのひとつとして犬を追うようにどろぼうを追う。

彼らはラッパによって遊び場から集められた。新しい遊びに参加した。個々ばらばらの遊びは集団スポーツに変化し、ここに示されたのは子どもがいかに新しい遊びに熱中するかということである。この集団的熱中はこの映画の保守的ふんい気を変質させるものをはらんでいたと思う。

だが、それにはおそらく新しい方法が必要だったろう。集団的熱中に目もくれず家で本を読んでいる少年、道ばたで彼らを見送る靴みがきの少年――こうした少年を視界に入れてみると、彼ら少年探偵たちはめぐまれているのだ。

しかし、監督はそのようなことは考えてもしなかったろう。なぜなら、この映画はおとなの子どもに対するサービスだからだ。どんな少年たちも夢を持っている。一度どろぼうをつかまえてみたいという夢を。この夢をかなえてやろう。そして子どもを楽しませてやろうというような意図。

このような意図と、子どもをスポーツ好き、遊び好きの存在としてとらえる眼とは切離せない。子どもの夢を実現させてやろうという愛情――その愛情の感じられる豊かな画面にぼくは不満であった。出てくる少年は常に愛情で見守られており、このように見守られているかぎり彼らは安全だが、真実をさらけだすにもいくまい。子どもをスポーツ好きと見るのは、おとなの愛情だ。

「アルプスの少女」はなんともひどい映画である。テレビ映画を

見ている感じがしたのは、黒白、標準型の大きさ、声のふきかえというようなことだけではない。第一アルプスの風景が全然出てこない。いや出てくるには出てくるが、そのあたりの山のようなものだ。

主人公ハイジは村人とけんかして、村を離れて住んでいるじいさんのいわば生きがいのようなものだ。原作の天真らんまん、子どもは天使である式のおもかげはいくらか残っているが、この映画では人間としてのハイジの像がまったく結集しない。

ただ収穫はハイジによってすべてがよくなっていくというようなとらえ方は、いかにもばかげているということの再認識である。

以上二編はなんの用意もなしに見たが、「**コタンの口笛**」では、ここを見たいという準備があった。ただし、それは積極的に見たいというのではなく、「文芸映画」と名づけられるものは、何か心がまえをしないかぎりは腰があがらぬからである。

見ようとしたところは二ヶ所あった。ひとつはユタカがゴンに決斗を申しこむところである。原作では第一部「あらしの歌」の最後にあたり、もっとも迫力があった。

東宝映画「コタンの口笛」より

映画には出てこないが、ユタカの心のなかには火の玉が住んでいる。

「不安がつのってきたとき、悲しみにたえかねているとき、怒りに満ちたとき、——そんなときには、火の玉がからだじゅうをかけめぐり、耳もとでささやいてくれる。からだのどこかに住んでいる火のかたまり。（略）今ではこの心の生きものを信じており『コロッポ』という名をかってにつけました」

心のなかの火のかたまりに名をつけることは、実にアイヌ的といってよかろう。というのは、遍在するカムイ——クマもカムイであり、フクロウもカムイである——の一種としてコロッポは存在し、汎神論的な世界に住むアイヌの姿がこのことばには、はっきり現わされている。ただ原作はこのコロッポを追求してはいない。

そして、このコロッポが身ぶるいしていったい、いつまでそうなんだ。おまえは、中途はんぱにしているから、だめなんだとユタカを責めるとき、ユタカは決斗を決心した。

しかし、このコロッポ的世界はシナリオにも出ていなかった。が、監督があるいはこの世界を作るかもしれぬと思ったとき、ぼくはもうひとつの可能性もこの映画にはあると思った。

キネマ旬報の二月特別号で、ぼくは橋本忍のシナリオを読んでいた。このシナリオはコタン道路にはじまり、コタン道路に終る。コタン道路は原作によれば「一本道で、定規でひいたように、東西へのびていました。」シナリオでは、タイトルバックが北海道男払原野の大俯瞰からはじまり、やがて千歳の飛行場、千歳の町、そして町外れのコタンの道路となる。

この千歳飛行場とつながるコタン道路を見たかった。一直線のコタン道路と飛行場、原作にはジェット機の轟音も出てくるが、この文明世界のなかに住んで、コロッポを信じる原始心性を持ち、しかも頭脳優秀というアイヌの少年をとらえる可能性が、原作及びシナリオにないではなかったのである。

この千分の一の期待をもって、映画を見、映画はそれにこたえなかった。コタン道路は印象に残らず、川が残った。ユタカ一家の家の前を流れる川は奇妙におだやかであり、荒れ狂う火のかたまりのコロツポとは縁遠い。久保賢のユタカ少年も原作のイメージに近く、ぼくの抱くイメージとは遠い。しかし、彼はたしかに好演なのであって、幸田良子のマサがな人のイメージもよびおこさないのとはちがう。

原作でもマサのイメージははっきりしない。ユタカ少年がアイヌ人としての自分の生き方を模索しているのにくらべて、マサにはアイヌ人だからといっていじめられることに身をふるわす程度の考えしかない。

必要だと思うのは、このふたりの考え方を描きわけることである。きょうだいの父イヨンが死に叔父の金二とその息子の幸次がやってくる。金二はきょうだいの家を自分の家だといい、翌日になるとふたりを町へ連れて行かねばならぬという。ふたりを町の知人の家で働かせようというわけだ。とすれば、この家はどうなるというきょうだいの質問に対して、金二はこの家は自分の家だと答える。真実かどうかとユタカがつめより、金二は「うそだと思ったら登記所へ行ってこい」とどなりつける。「よしっ、調べてくる」というユタカは金二になぐられ、金二は土地家屋の権利書をたたきつける。名儀人は畑中金二となっている。

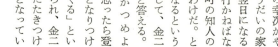

こうして事件のあと、幸次がユタカに言う。幸次「白老の海岸で、ぼくは君にシャモにはなんでもかんでも抵抗しろと言ったな……覚えている？」

ユタカ「ああ」

幸次「しかしアイヌにもぼくのおやじのように血も涙もないヤツがいる」

ユタカ「……」

幸次「結局、アイヌも和人もない。ようするに世の中にはいろんな人間がいるんだ」

以上シナリオによったが、映画もかわりなかった。そして、この幸次の「アイヌも和人もない」という考えを、だれかが何かでほめていたが、ぼくはこのことばにうんざりし、憎悪さえ感じる。

そして、このだれかがほめたことに現われているように、この箇所は迫力のある箇所なのだ。一般的なヒューマニズムという線がここに強調されてくる。「ようするに世の中にはいろんな人間がいるんだ」というのは、アイヌをいじめるのは悪いという考え方となんの差もない。

しかし、現にユタカの心のなかにコロッポが生きている。カムイの世界と体系がユタカの心の奥深く食いこんでいるのであり、その点ユタカはアイヌなのである。アイヌにも血も涙もないやつがいるから、和人もアイヌも区別がないというのは、この事実を無視し、あるいはすりかえた論理である。

マサのイメージが原作でも映画でも明確に出てこないのは、作者の立場が一般的ヒューマニズムの上に立ち、マサもまたその立場にしか立っていない。その混同から来たものと思う。

だから、この映画はいじめっ子の物語とさほど差はない。生かされるべき部分も、この全体の流れのなかに埋没してしまう。生かされるべき部分というのは、イカンテ婆さんをめぐる話だ。婆さんは自分の孫のフエを田沢先生のむすこの嫁にもらってくれと、先生に頼みにいく、田沢先生は差別をしないカムイのような人だ。その人は婆さんの願いをことわり、フエは家出し、婆さんは病気になって死ぬ。

このイカンテ婆さんの行動は突飛である。アイヌであろうがなかろうが、突然、結婚申しこみに行けば、あいてがあわてるのは当然だ。だから「お婆さんの早とちりね」というフエのことばが出てくるし、清――久保明、田沢先生のむすこの「ぼくに関することはぼくにもそうだんしてください。ぼくももうそろそろ自分の問題は自分でしまつしていきたいんです」という父へのことばに続く「イカンテ婆さんだってそうなんだ。フエちゃんにひとことそうだんしてくれたらよかったんだ」ということばも出てくる。

これらのことばは、イカンテ婆さんの行動に対するごくひかえめの批判である。彼女のとっぴょうしもない行動はもっと批判されてよいのであって、フエの家出は婆さんの責任である。田沢先生のほうでは、むすこにそうだんしなかった点だけが悪いので、そのほかとやかく言われるすじあいはない。ところが、婆さんは見舞いに来ていた田沢先生を発見すると「先生……フエを返して……」と迫っていく。

この不自然さがそれほど不自然に見えないのは、三好栄子の演技力によるのだろうが、田沢先生がまた婆さんのいうとうり自分の責任だというようなかっこうで、婆さんの墓の前をいつまでも動かない点にもよる。田沢先生は婆さんに屈服しているのであり、対決しているのではない。

水野久美、久保明になると、彼らのことばはそれなりにいい。つまり無理解な婆さん、父を批判しているので、たしかにここではアイヌも和人もないのである。だが、婆さんの無理解、非常識のなかみは何なのか。アイヌ的体系だと、ぼくは思う。

田沢先生はカムイである。カムイは食物を与え、すまいを与えてくれる。カムイに願えば和人との結婚も成立されるというのが、婆さんを動かした力である。婆さんの行動はその論理に支えられていて、すこしも突飛なところはないのである。

ここには、ひとりのアイヌ人がいきいきと描かれる可能性があった。そして、次にはこの事件についてのマサとユタカとの対話。マサが、田沢先生は「まさか、清さんのお嫁さんに、フエちゃんをもらってくれなんて……そんな話を切り出されるなんて夢にも想像できなかったのよ」と言うと、ユタカは「どうして夢にも思わないの」と言う。マサが答えずにいると、もう一度くりかえす。ふたり、まくらを並べたふとんのなかだ。雨と風の音がしている。マサはカッとなって言う。「それを姉さんに言えって言うの。」

ユタカはマサに対決を迫ったのである。ふたりの生き方の相違が出ていれば、この場面はもっとちがった意味を持ったにちがいない。言えないマサと、はっきりさせようとするユタカのアイヌ人としての自覚が出てきたはずなのだ。しかし、一般的ヒューマニズムという文脈のなかでは、このシーンも生きてこない。

「コタンの口笛」のユタカは深刻である。子どもむき映画ではなかったせいかユタカは他のおとなと同じ次元でとらえられている。「エミールと少年探偵団」の、たとばえ小包運搬車がなくなった時の警官の動きが子どもむき動きを感じさせることと、同じなのかもしれない。だが、ユタカにももっとエミール的要素、いたずらとかスポーツとかがあるはずだと思うのだが、それが出てこない。子どもに特有の行動の型にとぼしいのだ。「キクとイサム」はその点、子どもの外形だけはとらえている。

だが「キクとイサム」も「エミール」も「コタンの口笛」も、ぼくは子どものもっとかんじんな部分が抜けているような気がしてしかたがない。偶然（かどうか）児童文学（それも名作）を原作にした映画三本にぶつかったわけだが、児童文学に影響を及ぼす児童映画が生まれていないこととも関係があろう。

ここまで書いて、やっとぼくは気がついた。「エミール」で気に

かかっているショットのひとつ、銀行へ逃げこんだどろぼうは紙幣を両替しようとする。追跡してきた少年たちはなかへはいれない。エミールと教授君がはいる。ふたりはどろぼうのそばに立ち、銀行員のおじさん（たしかにおじさんという印象だ）に「こいつはどろぼうです」という。

この時、ふたりの少年の顔は興奮している。その表情、口調、おじさんにいいつける以外の何者でもない。ここで、それまでの集団スポーツの力はがくっとくずれた。

原作ではどうであったか、集団追跡の場ではエミールは集団のなかに解消されている。そのためにこそ少年群の力が出ているのだがこのショットでの二人はその力の持主とはどうしても思えない。

子どものエネルギーは彼らの主観的なものであり、彼らは弱者である。このふたつの真実の落差を統一した文学が児童文学の名作として残っているような感じを、ぼくは最近持っている。文学のなかの子どもは子ども以上の何物かを賦与されているように思うのだ。

「エミール」の集団追跡の場合、この文学的統一を打破ろうとする契機があったのではなかろうか。しかし、その根底にはスポーツというしかも市民的スポーツという文学的統一があった。

そして、「コタン」のように文学的統一が完全にできていない作品がそのまま映画化されると、いっそうその分裂は甚だしい。原作によりかかりすぎているのはこの三本の映画の共通の傾向である。

少年俳優の問題もからんでいるが、映像的統一はいったいどのようにしてできるものなのだろうか。必要なのは、文学とはちがう眼だ。

宣伝部員としての作家

■感動的なものの少ない 1959年度P・R映画祭

大島正明■
（演出助手・東京シネマ）

一九五九年度「P・R映画祭」が、去る五月十三日から同二十二日まで（ただし十五・六・七日は休み）一週間にわたって、東京銀座の山葉ホールで開催された。

これは産経新聞社が昭和二十八年から「全日本P・R映画コンクール」として主催して来たものであるが、今年から発展拡大して、一般にも広く開放し、あまり知られていない、P・R映画を、一つの知識源として提供しようとするものである。教育映画製作者連盟などの協賛、文部省外七省の後援により盛会であった。　**編集部**

記録映画作家の多くが、P・R映画を作っている。動く看板書きなのだ。創作意欲というようなものは初めから問題にならない。ただ職人的な技術が、どれだけうまく生かされているかということで作品の成否がきめられる。流麗な画面、あざやかな編集、耳ざわりの良いアナウンス。今年のP・R映画祭、わずか二日間しか見ていないのだが、見た十数本の中では技術的に成功していると思うものはなかった。しかし、これは当然のことだろう。作家が無感動な作品に技術の新しい探求発見が生れるはずはないのだから。今まで習得してきた技術を条件反射的に投げだすことだけになるのだ。

また、これらの作品の中には、よしこの限界の中で作家としての主張を、と意欲に燃えて製作されたものが、後でスポンサーの干渉によってズタズタにされてしまって説明に困るような作品になってしまったものもあるのだろう。そうなるとさっきの技術の問題にしても、ここにはたとえタイトルに名前は出ていても作家は不在なのだから作品として話をすることは意味のないことになる。このことを暗示してか、スタッフタイトルのないものが多かった。

P・R映画の中で、記録映画作家が作家として存在しうるということは錯覚なのではないか。画家と看板屋との違いに近いのではないか。だからP・R映画をとる時は、その会社の宣伝部員であることをキモに銘じた方が気が楽だろう。

記録映画の古典的な作品の多くが、いずれかの形でのP・R映画だったのだ、しっかりせいと言われるかも知れない。もちろんこれは検討に値いしよう。だが、現在の映画に参加している作家とスポンサーとは、作家とパトロンという関係でさえもないことだけは、はっきりしている。たとえパトロン的なスポンサーが、ありうるとしたってまちぼうけの寓話ではあるまいし、ウサギが木の根っこにぶつかるのをじっと坐って待っているわけにはいかない。

こんな感想は別として、「こうして米は運ばれる」には、日通という民間会社の国家的な性格をまざまざみせられて溜息が出た。運輸独占資本と政府との表裏一体という生易しい表現ではない癒着の仕方、しかもそのぼう大な組織網が山奥まで毛細血管のように伸びて、日本全土にヒルのようにへばりついている。運送される一俵一俵の米俵の動きに、まるで自分の血が吸いとられていくような貧血的印象におそわれた。それが米という主食であるだけに。

そりゃそうだろう、運賃は税金、つまりわれわれのフトコロから出ているのだから。

そんな風に見えるのはよほど厚い色眼鏡をかけていたのだろうといわれるかも知れないが、私は左右の視力は一・五、眼鏡はかけていないから念のため。

新作映画紹介

らくがき黒板

近代映画協会作品

教師の実践記録の映画化でらくがき黒板の設置から、新しい子どもの可能性を発見する。

演　出・新藤　兼人
脚　本・新藤　兼人
　　　　勝目　貴久
撮　影・黒田　清己

畑地かんがい　■記録映画社作品

新しい畑地かんがいの実際を具体的に示し砂地の畑作に一つの示唆を与える。

演　出・上野　大梧
脚　本・上野　耕三
撮　影・高尾　　隆

すみ子先生　■東映作品

ある女子中卒者が山間部落の託児所の保姆として、子どもたちに生きがいを発見する児童劇映画。

演　出・今泉　善珠
脚　本・片岡　　薫
撮　影・高山弥七郎

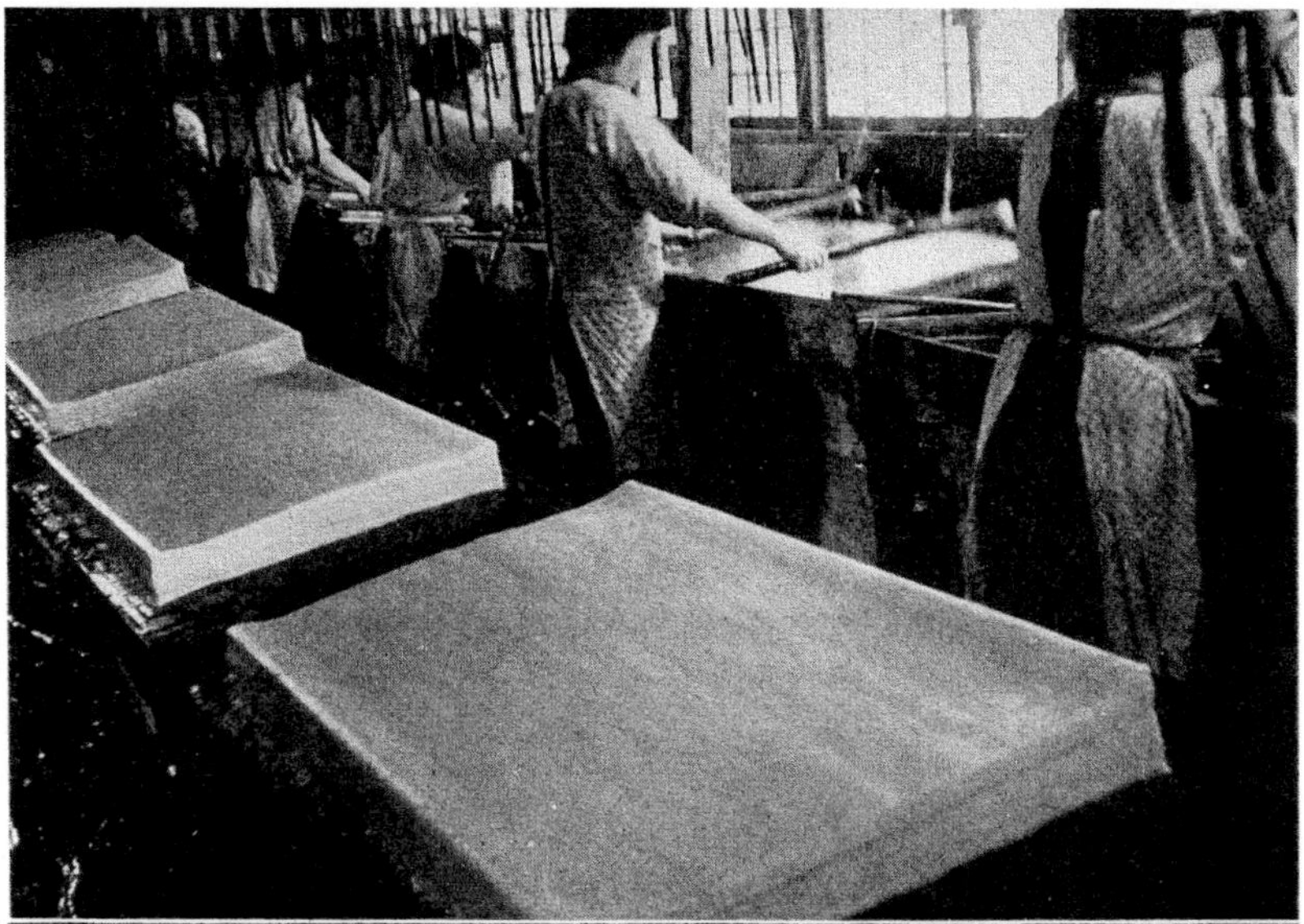

日本地理映画大系 ■ 山陰の生活

日映新社作品

山陰地方に住む人々の生活はどう行なわれているか。産業は、風俗は？（現場通信参照）

演　出・西沢　豪
撮　影・坂崎　武彦

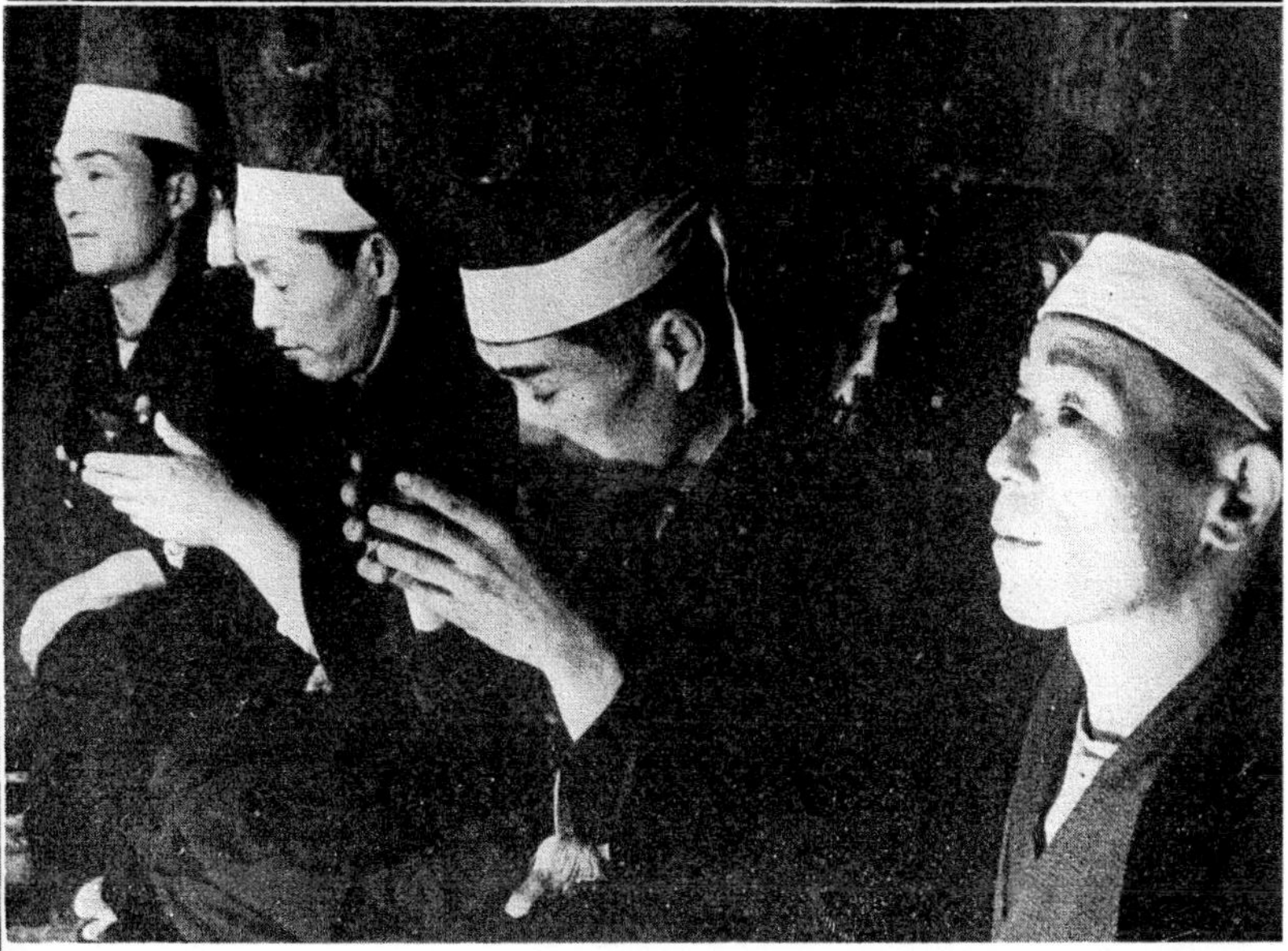

東海の春

日映新社作品

東海地方の民俗芸能を興味深く紹介する。

演　出・山添　哲
撮　影・杉崎　理

おんぶ ■ 日経映画社作品

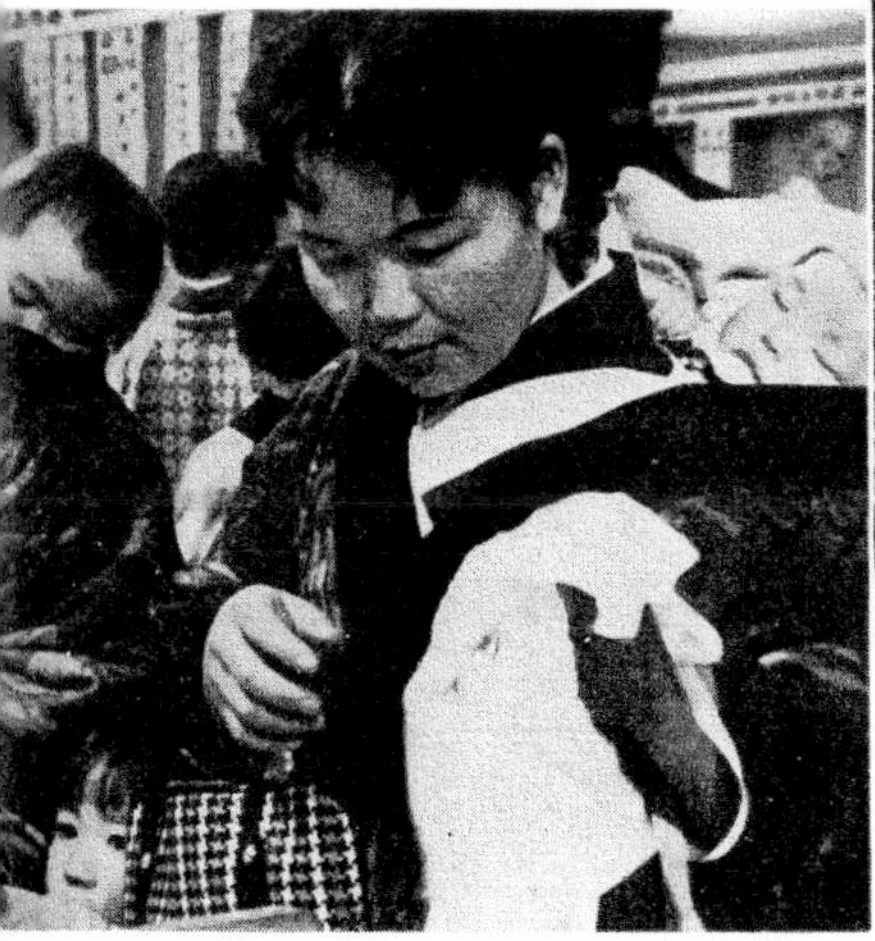

ド・ファスナー ■ 岩波映画作品

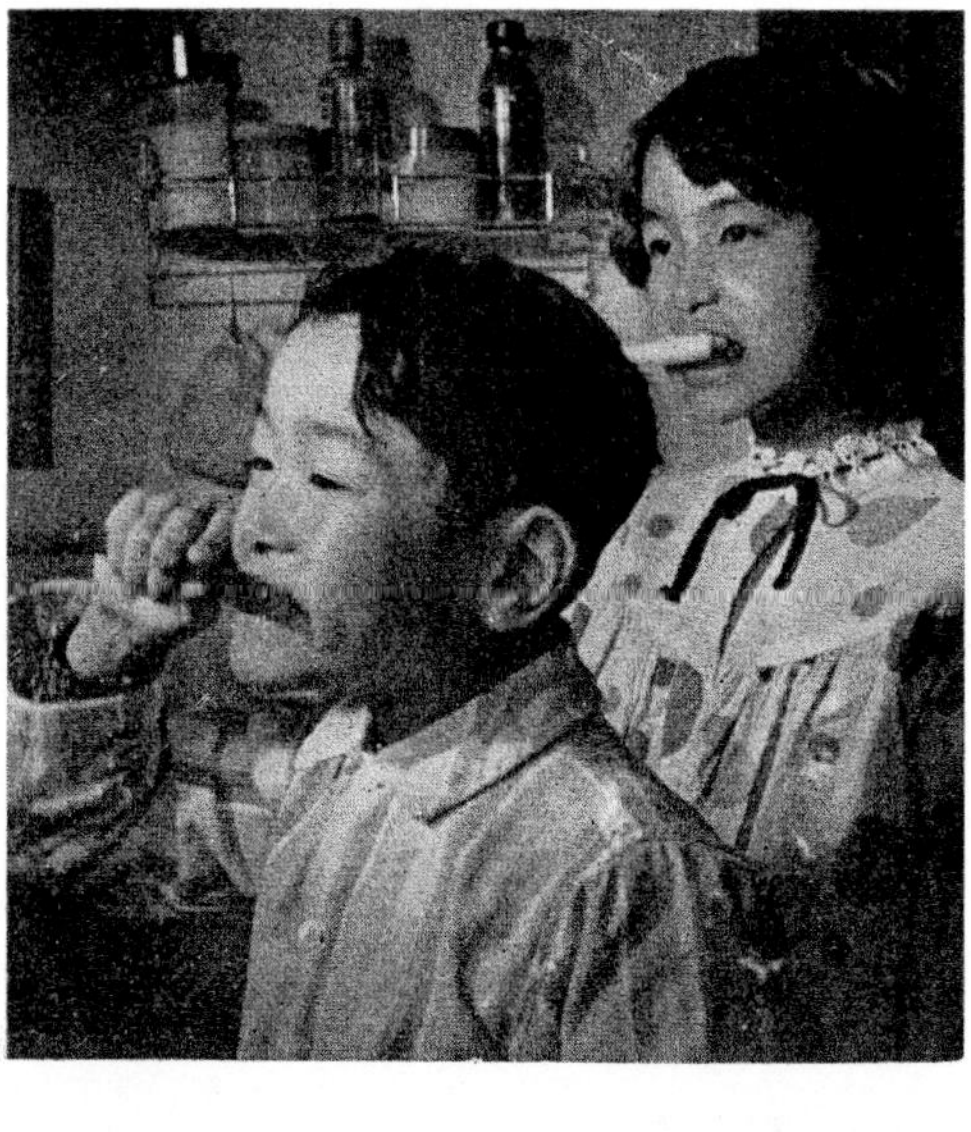

三十二人のきょうだい

日本短篇映画作品

虫歯はなぜできるか、どうしたら予防できるかを劇形式で説明する。

演　出・山本　昌典
脚　本・大住　勉
撮　影・佐藤　利明

セーヌの詩

仏・ガランスプロ作品

セーヌの流れに託した芸術家の喜びと悲しみ。光と影の映像の中に、ジャック・プレヴェールの詩がとけこむ。

演出・ヨリス・イヴェンス
原案・ジョルジュ・サドゥール
撮影・A・デュメートル
F・ブュラン
東和映画提供

ポーランド国立映画カードル・プロ製作

灰とダイヤモンド

アンドルゼイ・ワイダ作品

昨年「地下水道」で話題をさらつた、ワイダの第三作。第二次大戦直後のポーランドを背景に暗殺者として生きる若者の死と恋を描く。

N・C・C提供

脚本・イエルズィ・アンドルゼイェウスキィー
アンドルゼイ・ワイダ
撮影・イエルズィ・ウオイツイ

ネンネコ

我国の伝統的なネンネコおんぶの弊害と改善への道を示す。

脚・演・河野　哲二
撮　影・高橋　佑次

伸びゆくスライ

新しい企業スライド・ファスナーの原理と製造工程を紹介、今後を暗示する。

脚・演・樋口源一郎
撮　影・江連　高元

■注目される二つの劇映画■

二十四時間の情事　アラン・レネエ作品

原題「ヒロシマ・わが恋」

本誌第5号（昨年12月）と第7号（2月）ですでに紹介して来た、フランスのドキュメンタリー作家アラン・レネエの最初の劇映画。ヒロシマの男とネヴェルの女の広島での24時間。ふたりは民族と歴史の中で愛しあつた。

原作・脚本・マルダリット・デュラ、撮影・高橋通夫
S・モリー　大映・パテ・オーバシーズ合作

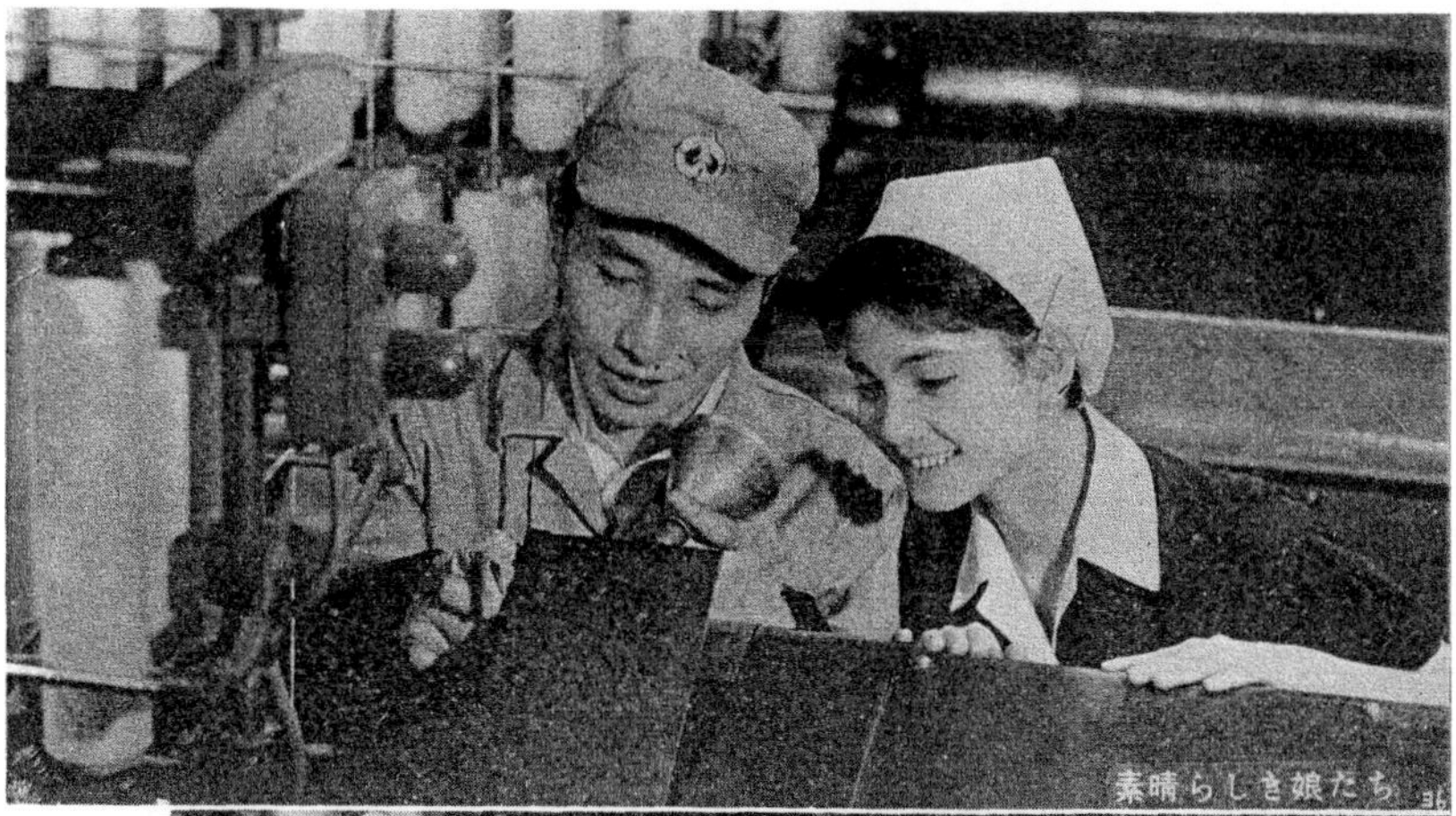

■素晴らしき娘たち■

東映・家城巳代治作品

昨年、かまたきの青年の生活と感情を明るい歌でつずつた家城巳代治が、今年は紡績工場の中へ入りこんだ。操短という悲劇の中でそこに働らく若者たちの青春を力強く謳う。

脚本・棚田吾郎・広渡常敏　撮影・藤井　静。

座談会■記録映画のカメラマン

記録映画での、カメラマンの立場は、劇映画と違った思いがけない困難があり、また作品に決定的な役割を果すことが少くない。数すくない記録映画専門のベテランカメラマン二人の出席を得て、一夜、放談してもらった。

■出席者

白井　茂氏

一八九九年生れ。ことし還暦を迎えた。小山内薫の松竹キネマ研究所で撮影助手となった。ニュース映画、記録映画カメラマンの草分けである。関東大震災の記録は歴史的に貴重なもの。代表作「南京」「医者のいない村」「小林一茶」現在日映新社取締役。

林田重男氏

一九一一年生れ。戦前の「朝日ニュース」戦後の「日本ニュース」「朝日ニュース」きっての名ニュースカメラマンといわれている。また記録映画では「カラコラム」「黒部峡谷」「南極大陸」「アフリカ横断」など多数を手がけている、日本の代表的な記録映画カメラマンでもある。現在日映新社技術部長

司会■岩佐氏寿

（演出家・フリー）

記録映画むかしむかし

岩佐　白井さんは記録映画をお撮りになって何年ぐらいになりますか？関東大震災のころからですか……。

白井　その前です。当時は実写といってたね。

岩佐　関東大震災は長いものにまとめたんですか？

白井　五巻ですよ、たしか。ところがはじめから五巻にするつもりはなかった。地震が起ったから撮ろうじゃないかということで、やらせる方はもうけようと思ったんだろうし、やってる間に文部省が手を出し始めた。それをきっかけに社会教育課に映画製作が始まったのです。星野辰男さんが現場監督で途中から編集演出を引受けた

岩佐　そのころカメラは……

白井　パルボなんだ。今みたいにアイモがなかったから。フィルムはまだオルソ・クロマチックです。パンクロマチックは未だなかった。イーストマンです。それよりなかった。

林田　そうですね。パルボとイーストマンがほとんどですね。

白井　オルソだから赤いものはたいがい黒く写っちゃった。

岩佐　芸術的にまとまったものを作ろうという機運が熟してきたのはいつごろですか。

白井　それは、「**アラン**」というのはいつだろだったろう。僕が英国へ行った時、「**怒濤を蹴って**」のころ、「**アラン**」はあれよりあとかな？〈注・「**怒濤を蹴って**」（一九三七）、「**アラン**」（一九三四）〉

岩佐　あれより前ですね。僕の記憶では。

白井　あの時はとにかくなにか撮ってきてこさえようじゃないかと、それもきわめてばく然としてた。シゲさん（林田重男氏のこと）と二人で朝日ニュースにいた。お前もよく働いたから御苦労だ、英国へ日本の軍艦足柄が戴冠式に参列するんだから、それへ乗って英国へ行ったりドイツへ行ったり方々へ行くから、見てきたらどうだ。バカだからすぐのっかっちゃった。ところが多分に計画的でもあったんだな。その時はアイモがありましたよ。アイモぐらい持ってなにか少し撮ってきたらどうだ、それもそうだなと思って、（笑）

いいでしょう、あったら撮っときましょうといったら翌日、フィルム三万フィート持込まれた。(笑)これは容易なことじゃない、三万持ってきてなにもできなかったというわけにはいかないだろう。三万持ってくんなら大きい機械持ってかなきゃだめだから、なにを撮ってきたらいいのかしらということになって、まあまあ、船で行くんだから長いこと乗っていくうちになにか見当がつくだろうということで、大きい機械を持って助手も連れて行っちゃった。ですからあれが日本で記録映画の長いののできた最初でしょう。常設館で封切ったものでは。

林田　僕のボルネオの方が早い。小倉清太郎さんのポケットマネーで撮った「**バンサ**」

岩佐　もはやそのころから、へんなところ歩くくせがあったんだね。(笑)横シネの青地忠三さん、芥川さんなんかが撮ってたのは…

白井　青地忠三さんの方が早かったですね。「**南十字星は招く**」とか、まだあったな。

林田　もう一つあったね。「**北進日本**」という題か。

岩佐　戦争と一緒にわっと出てきてるような感じですね。

林田　ボルネオは松岡さんが国連を脱退して帰ってきた時撮ったんだ。僕が行ったのは一九三三年だから、脱退の翌年行った。

白井　だいたいどっちにしても戦争になりかかる時だ。僕なども英国の帰りに芦構橋の戦争が始った。いちばんはなはやはり教育映画ですよ。これは古いですよ。震災の前から、劇形式を借りた教育映画、それから今の米さん(小林米作氏)のやってるようなやつの貧弱なやつ、伝染病の病原体だとか、そういうようなものはありましたよ。「**アラン**」なんてのはたいへんな刺激だね。羨しいと思った、見た時は。

(林田重男氏)

林田　僕はついに見てない。長く旅行していて公開している時いなかった。

岩佐　白井さんなんか、やはり劇映画より記録映画の撮影の方がおもしろいですか?

白井　僕は劇映画をやめた理由はいろいろあるけれども、プロダクションが阪妻なんかつぶれちゃったとか、そのつぶれるという不安定な仕事場と云う事も一つあったけれども、あまり名前を上げちゃ悪いが、うまくない監督と組むことが多かったんですよ。こっちもうまくないから(笑)そういう配合になったんだろうが、仕事をして、こちらが情熱がもえ様としてもだめなんだなあ。非常に形式的にどんどん仕事をするんだ。そいつがなにかこう、いやな気がしたんだ。たまたま自分が文部省の注文映画なり、何か撮って、監督がついてるけれども、まるきりしろうとみたいな監督なんだな。わりあいこっちの意図を聞いてくれたりするわけだ。それをやってるうちおもしろくなったわけだ。

林田　僕の場合なんか、劇で一本になったでしょう。助手時代に、そんなはっきりした形じゃなかったけれども、あのころたしか村尾(薫)さんかな、鉄道省かなんかで劇でない仕事がおもしろいんじゃないか……それで一本にしてもらって二年ぐらいやってるうちに不二映画がつぶれかかった時、今の「バンサ」の話でまとまったもの作っちゃったでしょう。それの編集の途中でPCLの方へ朝日ニュース作るために入った。結局、はっきりしたことではなくて、ずるずるべったりに入ってやってしまった。劇の場合、いいカメラマンといっても作品がまずよければ誰れが撮ったんだろうと云うことになる。いくらカメラがよくてもバリュウのない作品撮った人は価値判断されない。いずれにしても従の立場だ。ニュース・カメラマンをやってるうちにわかってきて、おもしろくなったというよりも、そういう意識は多分に持ってた。劇の方のカメラの人はどっちかといえば、ニュースはだれでも撮れるというふうに考えているのではないかと感じていた。僕達はそういう時でもニュースの方がむずかしいと思っていた。戦争前に日本カメラマン協会、ニュースカメラマン協会と二つに分れてたというのは、なんかの形でそこにあらわれていたんじゃないかと思う。

劇と記録のカメラマン

岩佐　きのう、こういう座談会やるんだけれどもと、今僕の仕事やってもらってるカメラマンに聞いたんですよ。白井さんや林田さんになにを聞きたいか彼は劇出身なんだが、劇のカメラと記録映画のカメラと、どう違うかということがいちばん知りたいというんですが。

白井　技術的な点を突っ込むと、かなり監督の分野にまで乗り出さなければいけない。劇映画だってその表現力を監督の分野まで考えないわけじゃないけれども、かなり監督の希望というものがその場その場で具体的に出てくるでしょう。第一に脚本というものができて、行動が起され、こまかいコンテもできてくるでしょう。撮る時にあまり迷よいの出る事はない。コンテにうまく当てはまらない様な場合は比較的少ない。ところが記録映画の場合、大ざっぱな狙いというものは考えられるけれども、コンテなどというものをこさえることは始めから出来ないと思う、僕の考えとしては。その場に行って見つけだもの、それでいろいろに判断をしなければいけないでしょう。そこから、浮べていたイメージが変ったり、こう云う表現の方が非常に好いなどと云うのが生れてくる。だから監督がいてもいなくてもコンテはこさえにくいと云える。それが劇映画のカメラマンと違う。その勉強をふだんからしておかなければだめだ。それだけですよ。そこから自分が納得したものをどう撮るかということです。

岩佐　劇でずっと育ってきた人は、そういうことはとても不安でしょうがない、どうつながるのかわからないものを撮るのはかなわんといいますね。

白井　それはあるでしょう。

岩佐　そういう場合、記録映画のカメラマンはどう考えてますかね

白井　一人で行くのか監督と行くのかということによって違う。

岩佐　林田君にしても瀬川(順一)君にしても、一人で出かけることが最近多いでしょう。カラコラムにしても南極にしても一人で出かけて行ったけれども、その問題とも関連していきますね。

林田　劇は、ドキュメンタリー形式にしても、やはりいったんなんかの形で一つの本ができちゃう。監督さんのイメージがある。カメラマンがやるポジションだって、盛督さんとはずれた形では考えられない。イメージにあるものを形にするというのが劇の場合でしょう。ところがニュース、記録映画時に分けませんが、ニュースは流れてるわけです。そこを百フィートなら百フィートでまとめる時だって、どこをとるかで性格が変ってくる。これを三秒切るか五秒切るかで、そこの切り方で違う。ポジションになってからでも、ロングの方がいいかアップの方がいいか瞬間的に判断しなければならない。劇とニュースのカメラマンは全然違う。劇のカメラマンよりも記録映画の方がむずかしいという考えです。

監督との関係

岩佐　そういう観点から、あなたは監督と一緒の仕事もずいぶんやっておられるが、記録映画で監督に対する注文みたいなものがあるでしょう。

林田　僕の場合、一人のちえより二人のちえの方がいいから、監督さんのイメージがどういうことかとわかった場合、僕はこれで表現できると思うがどうだろうかと相談する。意見が分れる時、それなりに全体としてつないでみなければその場でこれがいいということはいえない。撮ることもあるし、あるいはこうした方がいいんじゃないかと、そういうことでもめたことは一つもないですがね。

岩佐　南極へ一人で行かれたわけだけれども、これはやはり監督がいた方が、僕らの側からいうといいと思うんだけれども。

林田　それはいいでしょうね。やはり一人のちえよりは二人のちえの方がいいと思いますね。

白井　しかし監督でもなかなかわかりにくい時があるよ。亀ちゃん(亀井文夫氏)なんかはじめはわかりにくかった。はじめの「**小林一茶**」撮ってる時、「亀ちゃん、どうするの」というと、「いや、まあそれ撮っておこう」はじめの構想がなにもない。あの人はそういう人だから歩きながら考えてるうちに、「向うからお嫁さんが来たから撮っておこうよ」ということで、これがどこにどうなるんだろうと思っても、ああいう人は演出しながら構想をどんどん良い意味で変えて行く。編集があれだけうまいから、「これどういうふうにするんだ」といったら「うんまあとにかく撮っておこうよ」というだけで、わからないんだよ。

(白井茂氏)

岩佐　カメラマンによってはそれではとてもかなわないという人もいる。

白井　それはいいんだよ、無駄にしても。そういったもので使ってないところもあるし、使ってるところもある。使ってるところはすばらしく生きてる。

岩佐　だいたいこれを撮れば使えるということはカンでわかることが多い。その程度のものでしかないことはずいぶんある。

林田　ずいぶんあります。そのものずばりのものは事件がひっぱってってくれる。たいがい半分撮った時に、こういうふうにまとまるんじゃないかとか、あとこうすればいいんじゃないかとか、わかる。フィルムでいけば三分の二ぐらい、内容的には半分でも。あとの三分の一で内容的に半分ぐらいなものを撮らなければいけないのでみみっちくなる。そういうケースはずいぶん多いですね。

岩佐　例えばカラコラムの場合。

林田　特にそうです。

岩佐　新しい村なら村へ着くと、そこだけで一応まとまるようなつもりで撮ったんですか。

林田　いや、ワンカット、ワンカット、ここの部落で一応ロングとアップと、まとまっていない。ほとんどばらばらに撮っています。

白井　だから、あのカットのどこへどう入るんだから撮りにくいというカメラマンは、まだ劇映画を撮る一つの妄執にとらわれているといってもいいんじゃないか。

岩佐　ところが今おっしゃるようなことは僕らもいちばん望ましいし、やりもしてきたけれども、そういう条件はなかなか与えられないですよ。最近。

白井　ありませんな。

岩佐　フィルムは制限される、これ撮るとあとでフィルムが足りなくて困るんじゃないかというような問題とか、プロダクション側にしてみればそういう撮り方は不安で、なにができてくるかわからないから、そういう条件を与えてくれるプロダクションは非常に少ないですね。

白井　それはしかし監督を信頼するよりしょうがないんじゃないかね。

岩佐　科学映画、美術映画みたいなものはどういうものになるかということがはじめからわかってますから、いいけれども、人間相手の記録映画は最近非常に少ないですね。そういうもの、僕ら非常にやりたいんですけれども。

南極などの経験

林田　南極の方は、一応僕は僕なりに全体の構成の中で、色の統制とか、撮影手法とか考えてますが、大きな目安としては接岸までに半

分ぐらい、接岸以後半分ぐらいになればいいという目安立ててやっても、実際には接岸までに半分以上使うとか、そういうことはありますね。一応編集というか構成というか、山なんてものは日本の山でもそうだが、上るに従ってよくなる。そんなら現在のよい景色を捨てられるかどうか、その場ですぐ思いきってできるかどうかという、その辺ですよ。これは捨てて大丈夫という決心にいちばん、いかなる場合でも神経使いました。南極にしても、カラコラムにしても、はじめて見るものばかりですよ。これがどういうふうに使えるかということを眼の前にして、体力的にもフィルム的にも、全部撮れば問題ないが、捨てる方の判断が重要問題だと思う。思いきってぱっと捨てられるようになれば成長するが、なかなか結果的に見ればまだ捨て方が足りないといえる。

白井 だからフォトグラフィーそのものではそう苦労するということはないんじゃないですか。というのは、自分のやれる限界というのはわかってるから。いろいろなエフェクトを写真の調子で出すというようなことは、そんなにたいしたものすごい苦労というほどにはならないんだな。われわれの場合には……。たとえば今いったように、これ捨てちゃっていいのか、これを撮らないでおいたらば、もうこれよりいいものがこれから先ないんじゃないかとか、そういう判断はやはり大変な苦労だな。

岩佐 南極とかカラコラムは日本と非常に自然条件の違うところですが、それに対していろいろ出る前に技術的なテストをやられたでしょうけれども、そういうテストの結果と向うへ行ってからの結果のくい違いはあったか知ら。

林田 条件のテストは、違うと思わないし、心配しなかった。ただカラコラムの場合は暑いところだということと湿気をどうするか、フィルムの保存の問題、それだけですよ。南極の場合も太陽の緯度そのものが変っても問題ない。都会はごみが多いとか山の上は光線が強いとかはあるが、太陽自身はどこへ行っても変らない。別にどこへ行ったらどうだということは世界中、変ってないと思う。今までの経験でデータとってますからテクニックの問題は一つもないと思う。

岩佐 カメラは三十五ミリはなにを？ 南極では。

林田 アイモ二台、十六ミリを一台、カラコラムはアイモ二台。

岩佐 アイモがいいですか？

林田 いいとは限らない。

白井 限らないね。不便ということはないが。自分一人で歩かなければいけないという条件が。

林田 カラコラムの場合は山だから、バッテリーを持っていけないとか、軽量でなければ行動できないとか、自分が歩けるか歩けないかというのがいちばん大きな要素でしょう。やはり軽量とかいろいろなことからアイモに絞られる。カラコラムは足さえ元気で撮る意思さえあれば、ほとんど自分の意思で撮れるんですよ。ところが南極の方は照明使わなければいけないとか、二百呎のフィルムと百呎のフィルムと間違えたらあとの操作が具合悪いわけですから、全部百呎を入れる。撮ったものは全部入れてしまうと絶対間違わない。黒部渓谷の撮影の時一カット百フィートはどのくらい効果があるか、アイモ回して撮ってみた。一分間のカットはパンにしてもなんにしても相当長い。そこで南極の方は一カットに二百呎ぐらい回せればそれに越したことはないけれども、まあまあ一分間（九十呎）使えばある程度表現できる。欲ばって間違ったりするよりも、絶対間違いはない方がよい。だから、東京を出る時フィルムは全部百呎巻にした。それが機械整備の根本ですよ。全部百呎巻です。

白井 それと、アリフレックス（注 西ドイツ製のカメラ。いま記録映画ではいちばん使われている）はいいんだけれども、バッテリーのチャージがちょっと厄介ですよ。といって発電機みたいなの持ってくのは厄介だし。

林田 山とか極地は機械が複雑でないもの、最後には手回しでできるものがいい。モーターで回さなければならないものは、動かなければ上ったりですから。

当面の技術的な問題

岩佐 内地で撮るようなものの場合技術者として技術上の問題で当面してることは？

白井 一般に、アリフレックスで撮ることがあらゆる点で便利でしょうね。ただ、今カラーでわれわれがやってて、いちばん気に入らないのはフエードアウトであるとかオーバーラップであるとかを、必ずあとからケミカルでやるということですね。色が違う。外国ほどうまくいかない。というのはインターネガをその前後の一カットとってみても色が違う。われわれの映画だと、フエードアウトはその場でやっても間に合う時もある。そういう時はなるたけそういうもののできる機械で、といってミッチェルは重くて不自由だけれども、そういうものをなにか一つほしいと思うのと、このごろはアリなんかワイドの玉も一つの玉で接写ができるような装置だとか、いろいろなものができたから。

岩佐　アリフレックスで、僕らの立場から不便だと思うのは、カメラ自身でそういう操作ができないことですね。

白井　ところがほとんどのカメラできないですよ。

岩佐　それと、リバースできないでしょう。それがちょっと不便だと思う時ありますね。たとえば非常に早いトラック・アップなんか逆に回してひっぱった方が効果がある。それができないこととか。

林田　パララックスがないところが長所だが。

白井　それは逆回転でやった方が止りがきれいな場合がずいぶんありますね。

岩佐　現像の問題、フィルムの問題は。

白井　いちばん気に入らないのは十六ミリの縮写がうまくいかないことだ。これはもっときれいにいくはずのものなんだけどね。特にカラーの縮写に至っては。あらゆる神経を使ってやってるけれども絶対にごみが入ったようなできばえになってくる。これはわれわれだけで解決できないですよ。カラーの現像が東洋の独占事業みたいなものだから、あまりほんとうに乗ってくれないんだ。しかたがないみたいなことだな。これは大きな問題で、そのために十六ミリが注文主に納まらないでキャンセルされてるものがいっぱいありますよ。カラーだと一本が相当高い。ずいぶん問題になってる。

岩佐　僕らも十六ミリになってがっかりすることがよくあります。

白井　三十五の方はある程度いけますよね。だが、それが十六ミリになった時その精度が下るというのは、外国じゃ上ってるからね。日本だけ下るというのは、われわれの撮影なり元のネガの悪いということもあるかもしれません。また整理室の完備してないということもあるかもしれない。だけどもそれだけじゃないですね。

岩佐　ほかに記録映画の監督に対する注文は……。

白井　監督が自分の表現したいもの、全体の構想とか、つまりこうしたいんだということをよくいってもらうことだな。どうもおかしいなと思う時ありますよ。その時は、じゃとにかくあんたのやる意図はこうだろう。じゃあこう撮る、しかしもう一つおれのを撮らせてくれないか、あとで捨ててもいいから。年とったからそういういい方して、しかしたいがい僕の撮った方を切りますけれどもね。（笑）それでもそれをやらしてくれるとね。フイルムさえ許せば。そんなに対立するようなことはないけれども、こういう意図なんだとか、ここではこう持ってきてクライマックスをおきたいんだとか、そういう説明をじゅうぶんにしてほしい。ところがはじめにそう説明を全篇にわたってしてくれる監督は非常に少ない。

林田　やはりそういうことですね。われわれはオペレーターとしてどういうふうに表現できるか考えながら監督の考えを撮ろうとする。その中で自分は自分なりにこれよりこっちの方がいいんじゃないかということが出てくる。そういう時は適当に話し合って撮り直し、あとはいい方使ってもらえばいい。

白井　僕は途中で、どうも自分で監督やってみた方がいいと考えたことがあるんだよ。それで一本やってみたんだ。そうするとうまくないんだな、でき上ったものは。（笑）これはやるべきでないと決心したんだよ。カメラもなにも散漫になっちまう。どっちかにしてやるべきだったらカメラマンの方がいいということで、以来監督をやろうなどという考えは起さないことにした。（笑）

岩佐　前にカメラマンルーペ説というのがあった。

白井　あったあった。それはわかるよ。亀ちゃんも気の強い方だし、相手も強い方だから彼はあの辺から監督しようという気を起したんだろう。おれはそう思うね。映画というものは監督一人だけでも、カメラマン一人だけでもないし、いろんな力が加わって完成するんだから、そのことを写真をこさえる前に忘れてはいけないということだな。監督だけうまい方はいくらか見ていいけれども。（笑）自分の意図をうまく汲んで表現させるようなメンバーを選んでやるということですね。監督は。

岩佐　最後に、若いカメラマンでうまい人が出てきてるわけですがどうですか。

白井　沢山一生懸命に経験をつむ事だが若い人がそろそろ目立って来た。ニュースの方の人に対してはさっき話したような問題でいえるんですが、短篇の方の若い人は。

林田　いちがいにいえないんじゃないですか。

岩佐　このごろの若い人で、なにか特徴ありますか。

白井　むしろないんじゃないですか。順ちゃん（瀬川順一氏）とかオコちゃん（大小島嘉一氏）とか米さん（小林米作氏）にしても、これはちょっと若い人とはいえない。四十から五十だから（笑）。そのくらいにならないと、うまくならないんじゃないか。そんなにやさしいものじゃないんだな。オコちゃんにしても順ちゃんにしても劇から転向したんだよ。あれは大転向だよ。しかしやはりいろいろなものがわからないとカメラマンもうまく撮れないんじゃないか。同じ悲しみでも子どもをなくした時と失恋では違う。僕なんか子どもなくして焼き場に行って、煙突から煙が出てるのを見て、多分おれの子どもが今焼かれてる煙だろうと思うんだ。自分が見てると胸迫る感じなんだが、もしこれを映画に撮ってたら煙を見ててどうだろう。それだけで同じ気持にならないだろう。おれと同じ気持に見せたい時はどうするんだろうと考えてた。それには前からいろいろ見せて、それから焼き場の煙を見せてはじめてお客もそういう気持を汲んでいくとか、いろいろ覚えてくるということが表現がうまくなることなんじゃないかな。それは監督がやるものだといってしまうことはいけないんじゃないかな。自分がやはりわからなければ。監督にいわれたって、理解できなければだめですよ。それですね、若い人にいうとすれば。

岩佐　それではこの辺で、どうもありがとうございました。

（この記事は五月六日に行ったものを約三分の二に縮めました）

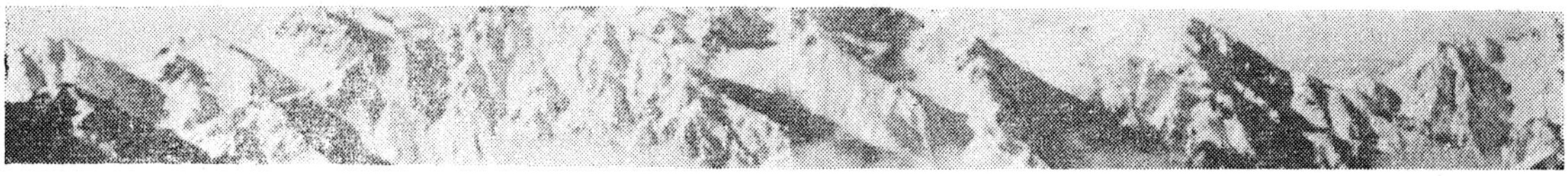

ドキュメンタリー映画論・2 ドキュメンタリィはどこに行く

ポール・ローサ、シンクレア・ロード共著 厚木たか・訳
（シナリオライター）

（一）一般的発展（その一）

前の各章が一九三五年に書かれてから世界情勢が急速にうごいたと同様に、プロパガンダの武器も急速に鋭いものとなった。それらの武器は戦争への予備的段階の、戦争につきまとわれた時期の、前よりも一層集中的に用いられるようになって来た。電気による表現の手段は、当惑した共同体の目のまえの鋭い焦点の中へ事件をもちこんだ。全く突然に危機についで危機がやってくるので、民衆の理解力が出来事におくれをとらないでいる事は困難になったほどである。時には見せかけの事実が民衆にあたえられた。また別の時には、真の事実が与えられずに保留された。民衆が明確な答えをのぞんで様々な疑問を問いかける事がなお許されていた英国やアメリカの両国においては、真実に対する要求が増大していた。ニュースを提示する際のドラマティックなファクターは新鮮な技術を呼びおこした。特にアメリカにおいては、ファクト・コミュニケーションの最も現代的な形式――ラジオ新聞、映画、演劇――はドラマティックな叙述をもって現実を提示するために使用されて来た。演劇におけるダイナミックな**「リヴィング・ニュースペーパー」**やラジオや映画における**「マーチ・オブ・タイム」**や絵入り雑誌の最良のものなどのような形式が民衆に与えられ、そのうちのあるものは、暗中模索的ではあったが、娯楽とは別個に情報を良く受け入れている。

事実を知ろうとするこの増大する民衆の関心の結果は、たとえそれが一部分一時的な恐怖心の結果であるにせよ、映画の領域に鋭く感じとられた。われわれが思考して来た映画産業のこの一分野も、民衆の要求におけるこうした変化を素早く感じ取ったのではあったが、そうした機会を生かすことに失敗した。おそらくは、その機会はより正確に、認識はされたが、あからさまに回避されたと言うべきだろう。ニュース映画の編集者は論争をさけるというその方針を保ちつづけている。この方針は英国映画検閲局の長官によって一九三七年の映画配給者協会々議に卒直に与えられたままである。「映画は災危を喰いとめるために論争をつねに抑制する必要がある」とロード・タイレルは言っている。彼は彼の云々する災危の性質を問いもしなければ説明もしなかった最近の最も華やかなスペクタクル、ジョージ六世の戴冠式が国王によって自ら行われた時にさえ、ニュース映画は失敗している。ニュース映画の編集者は、式典が現わす象徴を理解しえなかった。そのニュース映画は余りにもインスピレーションを欠き不充分なものであったので、民衆は嫌悪の情を示し、もっと良いものを求めたのであった。想像的なニュースセンスを欠き、宮側の出所によるヒントに指導されているので、現在の英国のニュース映画はこの産業の中で最も平凡な部門となっている。それは（その公言する如く）不偏不党でもないし、映画の形式による効果的な、理解しやすいニュース提供を行っているのでもない。それは民衆のしもべとしての仕事を理解する上で、新聞にはるかに後れをとっている。

ニュース映画の誤ちのあるものは「マーチ・オブ・タイム」によってつぐなわれている。ニュース映画においては事実は、丁度よい時にその物質的な外観を通して提示される（あるいはされねばならない）。現在それは〃ニュース〃であるが（こうして英国映画検閲局の支配をのがれる）、やがてそれは〃歴史〃となる。ニュース映画のドラマは事件そのものにあるのであって、表現の方法にあるのではない。〃ドラマタイズ〃された、あるいは〃自説を固守する〃ニュースの形式に発展の見透しがあった事は、ルイ・ド・ロシュモンの**「世界の叫び」**（一九三一年）やギルバート・セルデズとフレデリック・アルマンの**「これがアメリカだ」**（一九三三年）などのようなアメリカのニュース映画編集作品によって示され、後ではマックス・イーストマンの**「ツアーからレーニンまで」**によって示された。T・N・ウィリアムズがロンドンで作った**「ドイツよいずくへ？」**は、一九三五年において同列のものであったが、一方ゲッベルス博士は**「流血するドイツ」**を指示を与えて作らせたが、それはアルフレド・バー氏によると「古いニュース映画のシークァンス、官製のドキュメンタリィ映画、予め用意された言葉、歴史的事件をスタジオで再現したもの若干から構成された」年代記であった（「猟犬と角笛」一九三三年刊）。

一月ごとに上映される「マーチ・オブ・タイム」は一九三五年アメリカにデビューしたが、その製作は、その協力者「タイム」誌と「フォーチュン」誌、幾つかのニュース放送番組の仕事と関係している。ニュース映画の仕事の永年の経験者である、ルイ・ド・ロシ

ユモンとロイ・ラーセンがその担当者であった。その成功は〝ニュースのかげのニュース〟に対する要求に合致し、又そうした要求を作り出すそのドラマティックな方法に帰するものであろう。その製作者は、それが世界中の一万二千の劇場で現在上映されていると報告している。この映画はジャーナリズムという点から現在の事件の背後にある不偏不党の〝内輪な〟物語の提供を要求する報道的な目的に合致している。それはフィクションという点からその作品に表現のドラマティックな方法を許容している。一部分はニュー映画の材料と同じに自然に撮影された素材を用い、又一部分は実在の人々と俳優との両方によって演じられたシーンを用い、それは事件をその背景との関連において示し、事実の充分に考えられた再叙述を要求するアプローチを現わそうとしている。映像は情緒的なコメントを説明するため用いられ、コメントがスクリーンへの説明として働く事はむしろ少い。ニュース映画のように、「マーチ・オブ・タイム」も又〝個人的インタービュー〟を含んでいるが、個人を編集目的に従わせている。もし新聞の技術との比較が正当であるとすれば、「マーチ・オブ・タイム」は、ニュース・イヴェントの単なる報告に対するものとしての解説者のコラムと比較されよう。もっともスポンサーは不偏不党の意見という方針を守る事を要求するのであるが。こうした要求にも拘わらず、この映画は英国映画検閲局による徹底的なカットやある場合には完全な発売禁止をこうむるようなことを敢てしたのであった。この事を書きとめておく。一九三八年の世界的危機を扱った項目「**英国のディレンマ**」や「**ナチ・ドイツの内幕**」などはその著しい例である。

技術的に見て「マーチ・オブ・タイム」は直視すべき重要な問題をもっている。その親しみ易い表現方法——調子の高い声がやがて活動しつつある不吉な前兆を見つけ出すといった、単純なある項目の始り——はすでにその新しさを失つている。新しいアプローチと表現方法を発見しないかぎり、それはその鋭さを失う危険な状態にある。しかし、「マーチ・オブ・タイム」が、ここ三年間にわたってスクリーンへのニュース提供に高いレベルを保ちつづけ、そして映画産業と民衆に対してユニークな寄与をした事は認めなければならない。

この本の主要な部分が書かれた頃、英国におけるドキュメンタリィ映画、あるいは現実的映画の運動は、なおその道を見出している最中であった。今やそれは一つの産業の確固とした部門である。その産業の娯楽部門は重大な、だが必ずしも不当とは言えない挫折を経験した。「タイムズ」紙は一九三九年のニューヨーク万国博覧会に結びつけて英国ドキュメンタリィ製作について、次のように書いていた。「それは第一に英国が映画芸術に対して行った明らかなる寄与である。英国のフィクション映画のプロデューサー達は、最初にハリウッドで発達した技術をマスターしているという事を、アメリカ以上に示す事は到底出来まい。一方、事実についての映画を作っている人々は、ニューヨークへ教えに行くのである」(一九三八年十二月八日)

スポンサーを製作の経済的基盤としながら、英国ドキュメンタリィ映画はあらゆる面に拡がって行った。スポンサーをもっているという事は、この運動のいちじるしい特徴である。殆ど例外なしに、英国におけるあらゆるドキュメンタリィ映画は、政府の機関、国家団体や協会、あるいはある主要産業や公益事業のためのプロパガンダとして作られて来た。こうしたスポンサー製作がなかったら、英国ドキュメンタリー映画運動はありえなかったろう。というのは、こうした短篇映画の商業的公開からえられる収益額は利益のための資本投資を許さぬ程度のものだからである。ドキュメンタリィ映画が映画館で上映されないというのではない。「**夜間郵便**」「**Cover to Cover**」「**北海**」「**The Futures in the air**」などの映画は、かえって良く上映されたのである。前述の事は英国においては短篇映画に対して上映者が支払う平均値段がやすいという原因によるのである。ドキュメンタリィ映画は時間となす可き実験を要求する。それらは特に安価に出来るわけではないが、フィクション映画と比較すれば、安価である。しかし一、二の会社の経験した所では、映画の質を危険にさらすくらいに始めのコストが低くないかぎり、スポンサーなしのドキュメンタリィから利益をうるのは殆ど不可能である。他方多くのドキュメンタリィ映画の〝娯楽〟的なアッピールはそれらを多くの聴衆にポピュラーなものとした。ドキュメンタリィ映画がいつ、どこで上映されているかを知るのは今でも難しいという事は、上映者の誤ちである。彼等は、いつもではないにしろ、殆ど短篇映画をタイトルで広告しないのである。

一九三八年の新しい映画条例はノン・フィクション短篇映画の商業的配給を援助する事を殆どしなかった。古い条例にある、題材の制限は取り除かれたが、配給業者に課せられた、短篇映画の割当高《クオター》は非常に少いので、業者は殆どそれを利用していない。条例が論議されていた当時映画企業で繁栄していた唯一つの部分であるドキュメンタリィ映画を新聞や議会が支持したにも拘わらず、発布された条例は、この種の映画製作を鼓舞しようという政府の配慮を反映していないし、そうした点で、英国映画産業全体を援助するために大した事もしていないのである。

この本の前の所で、ドキュメンタリィ映画の配給のための大きな領域は、劇場以外のマーケットとして知られている所で発展させられるだろうと示唆しておいた。これは、実際におきている。G・P・O・ユニット、英国商業ガス連盟、大英教育映画、労働者旅行連盟、石油映画ビューローなどにおける配給担当職員は、特別に組織された映画会における観客会衆の印象的な数字をえがき出すことが出来る。例えばガス工業はその一九三七・三八年の映画プログラムを

百五十万の人々に公開し、一方G・P・Oユニットは英本土において一年間に二百五十万の観客をもつと概算している。こうした種類の配給はおそらく成長しつづけるだろう。スポンサーやプロデューサーはそれを普通の映画館での上映以上とはいわないまでも、それと同じくらい重要なものと考えている。一般の映画館では、短篇ドキュメンタリィ映画は、せいぜい、主な長尺映画の補助的なプログラムにすぎない。一方劇場以外の上映においては、観客は特別の題材の映画がみられるという事を知っている。娯楽映画と比較する事をしないでこうした映画を受け入れる（又は拒絶する）心構えが出来ているのである。こうして、ドキュメンタリィ映画が特に劇場以外での公開のために作られているのだ。これはドキュメンタリィ映画の質が劣っているという事を意味しはしない。逆に、題材はもっと深く、印象のみにもとづかずに扱われうる事を意味しているのである「**ビル・ブリュイットの救助**」とか「**昔に代る新世界**」とかいう映画は劇場以外の観客だけを心において作られたのである。

（つづく）

（みすず書房八月刊行予定）

社会主義社会を建設する映画作家たち

——ソ連映画人を囲む座談会報告——

シュネイデロフ 氏

去る五月十一日、羽田へ二十三人のお客さんが到着した。一行は日本観光を目的にやってきた、ソ連の映画人たちである。

団長は、かって（昭和七年）日本で、記録映画大東京を撮ってなじみの深い、記録映画監督ウェ・シュネイデロフ氏。その他キャメラマン、女優、評論家など、多士多彩なメンバーであった。

ソ連映画人観光団観迎委員会の一つの団体として、教育映画作家協では、五月十四日、教育映画製作連盟などと共催で、東京大手町の産経会館で座談の一夜を持った。これはそのレポートである。なお当日、協会からは、中村敏郎、富沢幸男、厚木たか、吉見泰、西沢豪、大沼鉄郎、編集部として山之内重己が参加した。

当夜、わたしたちが囲んだシュネイデロフ氏とレイズマン女史は、ともに、かっぷくのいいエネルギッシュな印象でした。わたしたちというのは、金指さんをはじめとするプロデューサーのグループと、白井さんたちキャメラマンのグループ、そして中村敏郎さんを中心に作家協会の人々、ということになります。阿部慎一さんが日本側を代表して歓迎の挨拶をのべると、シュネイデロフ氏が自己紹介をしました。彼は、戦前日本にきて「大東京」という記録映画をとったことで、日本にも友人が多いそうですが、今はいわば「科学普及映画」ともいうべきフィルムの演出家だといいます。ただし、と、シュネイデロフ氏は笑って私は一般の理論家が規定したがるのとは意見を異にして、この映画もドキュメンタリーフィルムと違うものではない、と考えています。もっともこれは私個人の見解ですがね、とつけくわえて云いました。これをきいて、作家協会の一人が、よろこんで、ささやかな拍手をおくりました。それが映画であるからには、必ず芸術的でなくてはならず、美的感動と教育的効果を同時に持つべきものだというのです。最近作った中ソ合作の「アルマアタ・ランシュー鉄道」はヨリス・イヴェンス氏が高く評価としたいうこともあり、大いに自信のあるフイルムらしくぜひ見ていただきたいということです。このまえ、ヨリス・イヴェンスの「セーヌの詩」を見て、そのモンタージュの古さを指摘していた作家協会の人の顔を思い浮べて、小生はニヤリとしました。ともかく、このシネイデロフ氏に限らず外国作家のフィルムが自由に見られるようになりたいものです。抑揚の大きい、時には韻をふんだようにきこえるロシヤ語を表情ゆたかに話すこのシュネイデロフ氏は、ほんとうに好人物といった感じで、更に男性的エチケットを発揮して、彼のまことによき協働者であるキャメラマンのレイズマン女史を紹介してくれました。この、まことによき協働者であるということは、彼が彼女の手をとって立たせ、その握手した手を、また左手でやさくたたいたことでわかります。

当のレイズマン女史は、わが協会の山之内氏がパチパチと記念写真を撮るのに、すっかり照れて、私は撮影するのにはなれているけれども、こう被写体になると精神のバランスが狂っていますから、と

レイズマン女史

赤い顔をして言いました。しかし仲々視線のきつい老練のドキュメンターキャメラマンの風ぼうは一かどのものです。ところで、彼女は、記録映画中央撮影所に属するキャメラマンで、今まで「忘れられない生命」「モスクワ芸術座の歴史」等々を撮ってきたそうです。

さて、座談会に許された時間が少ないというので、日本側は、プロデューサー、作家、キャメラマンがそれぞれにまとめた質問を出し、それをまた、まとめた所で二人に答えてもらうことにしました。

作家側の質問は次のようなものです。

○どんな主題で映画を作ろうとしているか？

○創作や製作にあたって、どういう障害があり、課題になっているのは何か？

○ソ連のいい記録映画を日本でも見たいがそのためにどうすればいいか話しあいたい。

キャメラマンの方からは、

○作家共は難しい事を聞くが、われわれの質問は具体的です。まず、企画を立てるのはプロデューサーだけか、他の人が企画を出す場合はどうなるか？

○どんな順序でスタッフを組むか？

○演出家とキャメラマンは仕事をどう分担し、各々の権限や協力のしかたはどうなっているか？

○日本でも記録映画に婦人のキャメラマンを欲しいと思うことがあるが、ソ連ではどういうふうに養成し、どんな仕事をしているか？

プロデューサーは

○一年にどれ位作品につくか？

○短篇映画の上映はどこでどんなふうに行われるのか？

○外国の短篇の輸入はどうなっているか？

○日本でソ連の短篇を購入しただけ日本のフイルムも購入してくれることになっているが、それが守られていないが？　といった点でした。

――。

これについてシュネイデロフ氏は

ソ連では映画製作は三カ年計画によって進められます。企画は各種の団体や映画人からの提案で始まり、計画部というところで、これらの企画が実際に有益なものであるかどうか、また各撮影所でプランが重複しないように、検討されます。面白いのは、全作品数のうち、二五％の予備がとってあって、専門映画人の自由なプランで、ただしそのテーマが面白く、何らかの役に立つものであれば、何を作ってもいい事になっているそうです。内容は教育映画的なもの、フロニカ的なもの、何でもいいのですが、それでもシュネイデロフ氏らは、作家にフイルムの数量のみをあたえ、内容について規定されないようにという点を現在、争点にして、がんばっているといっていました。

記録、教育映画の上映には政府が大きな援助を与えており、学校や公共団体では無料で、劇場でも格安に上映できます。また専門の上映館もありテレビには多数流されています。しかし、もっと沢山のファンに見せたいという作家達の希望がつよく、シュネイデロフ氏を議長にした映画人同盟が、今、人民映画大学のプランを立てて、多くの人々に映画の講座と作品を見る機会をあたえるため努力しているとのこと。

当面の課題は、ソ連七年計画の遂行と、並んで観客の文化的水準をあげていくことだ、といったのですが、そこには、ソ連の映画人が、観客というものをどう見て、また、観客が映画をどう見ているのかという問題を含んでいるように思え、もっとつっこんで話し合いたいで話い合いたいでした。

製作は、日本で言えば、出資者プロデューサー、スタッフ、というところが、ソ連では、政府―キノ・スタヂオの長（撮影所長）―スタッフという関係になるらしくその長が、テーマにあった演出家に仕事をたくし、演出家がキャメラマンをえらぶという点は日本と同じようなものでしょう。そしてキノ・スタヂオの長の代行者として映画製作主任が加わる点もにているようです。シュネイデロフ氏がハリウッドにいった時、プロデューサーとは何であるかときいたそうです。すると、私は音楽についちゃあサッパリだが、タララタッタ、タララッター、こういう調子の音楽を使え。また、私は芸術については弱いけれど、これとこれのスターを使え、と、こういう命令を出すのがプロデューサーであるとのこと、所がソ連では、キノスタヂオの長というのは我々の年長の友人なのです。このへんはシュネイデロフ氏は大分得意そうでした。もっともな事です。

短篇の上映は、上映する側では別に注文はつけないが、作家の方は、どの映画にもこれを併映しろと要求しているとの事で、今や、農村では問題ないが都市で映画館が足りなくなってきている。十三万台の映写機をもちながら観客の需要に応えられず、お客の回転を良くするためにフイルムの番組を縮めようとするものだから、というあたりで、今度は日本のプロデューサー諸子が大いにニヤニヤしました。

外国フイルムは、イタリアの「青い大陸」など大分輸入されているそうで、交易については今後の話し合いできっと解決できるだろうという意見でした。

次にレイズマン女史が、各共和国にそれぞれスタヂオがあるが、私はモスクワのことを、と話を始めました。昨年は、全体で五〇〇本のフイルムが作られ、その内容は、長篇、短篇、スポーツ、ニュース、ピオニール（少年団）等です。特にシネスコが多く、人工衛星の記録映画は成功したものの一つです。

モスクワには一〇〇名の演出家と四〇名のキャメラマンがいるのですが、それは、とりもなおさず、一四〇人の演出家がいるということだそうです。演出の中には、モンタージュ専門の人も含まれます。自分達でも大いにアイデアをまとめてテーマを出し、提案して、シベリヤへ、北極へ、どこに

でも出かけていくのです。スタッフは、原則的にはシュネイデロフ氏の言ったような組み方になるのですが、実際の所は私の経験では、ところで私はもう二十五年もキャメラマンをやっているのですが、と言ってレイズマン女史はまた、あかくなって笑いました。するとシュネイデロフ氏も、そのことはどうも私から皆さんに言えなかったので、とあいの手を入れました。ここで（笑）です。ともかく長い間には大たいのグループができ、コンビが作られるそうです。グループに入ると、キャメラマンもシナリオの検討から最後の仕上げまで、ずっと意見を出し仕事に参加することになります。技術の教育もどんどん程度が高くなって、昔はそんなことはなかったが、今では、映画大学を出て、技師の資格を持ったものが助手につくことも珍らしくないとのこと。

彼女自身も映画大学を出て、一緒に卒業した数人の女性キャメラマンは今も各分野で活躍していますが、中には、一年も二年も北極で仕事をして「北極海の沿岸にて」を作ったニーナ・ユールシュキナ女史のような人もおり、女でもどんどんキャメラマンになれる立派な成果を上ているわけです。フロニカだけでも、十人位の女性キャメラマンが働いているとのことです。

あと、一問一答になったのですが、作家側からは吉見さんが代表して、今まで日本にきたソ連の記録映画には、多く、官報的つまらなさがあったが、そこからぬけ出そうとする作家の努力がきかれました。これについては、何といっても作家の能力のなさを指摘し、創造力を発揮して形式的なセレモニー的なものを避け、現実の真の姿をうつす映画を作りたい、とのべ、一つ一つの作品について、スタヂオや、映画の家、工場、その他芸術門の各セクションから批判がだされるようになっており、ある場合は実にきびしい批判を受けることもあるそうです。企画やシナリオも、たとえば教師の家、学者の家で意見をきくのですが、ここでも批判があります。そうしたからといって良い作品が生れるとは限らないが、目標としては何とか良いものを多く、悪いものを少しょうとしています。ここでは、第一に作家自身の問題、第二に大衆の映画を見る目、ファンのレベル、という二つの要素が問題になってくるが、努力して解決するつもりだと語りました。

座談会の終りに、金指さんが次のようにあいさつを送りました。

「今、全世界の人々は平和を求めています。この平和のための第一歩は、世界中の人々がお互に真の姿を知り合うことです。そして、日本には百聞一見に如かずという言葉がありますが、（シュネイデロフ氏は、言葉をはさんで、われわれは百万べん聞くよりも一回見る方がいいと考えている、と言いました）そのためには、映画をもってするのが一番いいと思います。どうかあなた方が、日本を表から裏からも見てゆかれ、また我々と語ったところをお国の人々に伝えていただきたい。そしてお互いに映画を作る者として手をとり合つて行こうではありませんか」

文責・大沼鉄郎

■作品評「おやじ」

何といじらしいこのおやじ

西本祥子
（演出助手・日本視覚教材）

日本の社会の仕組みの中では、おふくろや嫁さんばかりが苦労しているのではない、その貧しい暮しを背負ってたつ、おやじこそ、苦労は女子供などはかり知ることは出来ないもの……という。そのおやじさんの生活を、或る一人を通して広く、全般の姿に及ぼそうと描かれた作品。

灰色の空と、真黒い土に二分された北陸の一毛作田――おやじさん達の、一人一人の二本の腕がべっとりとした田の土を、重いテンポでかきあげていく。そして笑顔で仲間のおやじに挨拶したあと、家に帰るとまるっきりのしかめっ面。

家の中では、娘がラジオに聞き入っている。途端にラジオが消される。その歌が、ロシア語で高らかに唱われているカチューシャ。

さて、どんなことに相成るのだろう。生活の貧しさや、労働の中の矛盾や、おやじに対する家族たちの一種の恐怖のような感情が地味に映画の底を流れ動いている。これは面白い……と思った……がそれは後援続かず。以後は、一貫して、あまりにもいじらしいおやじの姿が描かれる。女房を愛し、娘を、息子のことを常に想う破綻のない優等生のように――。いわゆる教育映画そのものの、きれいごとに――。

こうした一面的な物のみかた、描き方は、腹もたってこなければおかしくもならない、およそ感銘とは遠い。そこに大きな不満を感じる。

現実生活での、おやじの労苦は正に、女子供の知る所ではない、と映画のアナウンスが語るように並々ならぬものだろうと私も思う。然しそうした、内外の労苦は聖人でもない限りいつも整然と、一人の胸の中へ修められて終るものでもあるまい。

娘の為に牛も売らねばならん……そして旦那の顔をたてて安く売りとばしてしまう口惜しさ、藁ない代金、僅か二五円のばかばかしさにも、常にもくもくとしているおやじ――。

何をどう思案し生活に対決しているのだろうか――アナウンスでは語ってくれるものの実感として、その動作や表情のなかから、それを感じとり、引出すことは出来ない。

娘に作文を読ませて、おやじ批判をしているあたりも、そした意味で、一つのテーマを安易に片付けてしまっている。

一人のおやじにしぼられた焦点を十分に生かして、普遍的なおやじの話ではなく、リアルな一人の人間として、主人公のおやじが描き出されていたなら、おやじを理解する度合も深まったのではあるまいか。

この、おやじの持つ独善的な面を、不平を、不満を、複雑な、一人の人間の内面に喰い込んで描き出し、訴えようとする力に乏しい。

そうした底力が、フイルムの中に根を張っている時、女房も、およめさんも、息子も娘も、深い次元でこの映画を受け止め、おやじさんの、暗い気持の中へ、飛び込んでもくるのではあるまいか。

そして、およめさんたちが、女房たちが、みんな、おやじさんとおなじレベルにたって生活できるそうした糸口をおやじさんが開いてくれるなら、おやじが一人で一家の重荷を支えているんだから、気難しいのも当然だといった暗い空気から、日本の農村の家庭にも、笑いがやってくるのだろうに。又、このおやじさん自身も宿命のこりかたまりのような生き方から、社会の矛盾に、前向きに歩み始めるおやじさんに変っていくのではなかろうかと、女である私はこの映画を通して泌々と感じる。

リアリティに乏しい児童劇

■「らくがき黒板」

川本博康
（演出家・日経映画）

小学生の自主性、それは大変尊重しなければならないものの一つである。しかしそれに伴う行動の選択を考える時、まだ大分不安なものがある。

小学校に於けるホームルーム活動では、担任教師のテーマの与え方、リードの仕方が、子供達の行動に大変密接につながっているのが常識である。

この話は、ホームルーム活動のあり方を取り上げたのではないが広い意味で、ホームルーム指導をも含めた教師の一つのあり方を教えて呉れている。

これは広島県三原市にある一小学校教師の教育実践記録の映画化である。私は残念ながらその実践記録（新光閣書店発行、青木博著「らくがき黒板」）を読む閑がなかつたのでこの映画が事実にどの程度忠実であるかは判らない、唯、試写会のパンフレットで新藤兼人自身が云つている『らくがき黒板は青木先生の実践記録を素材にしたもので実際にあつたことを忠実にドラマ化したものだ』と云う言葉をその儘信用することにする。

この作品が、今迄数多く作られた児童劇映画、或は劇形式の教会教育映画と比べて、著しくその趣を異にしている点は、従来の作品には不可欠の如き観を呈していた押しつけがましい教育臭がないこと、つまりこの作品には御説教がないことである。

塀でも、壁でも、電柱でも、ポストでも、その他ありとあらゆるものに書きなぐる子供達の大好きなラクガキ、これを一クラスの先生が、ラクガキ専用の黒板を子供達に与えることに依つてやめさせそのラクガキ専用の古い黒板を利用して、生徒達が書きたいことを何でも書くことによって、彼等の自主性をひき出し、その中の問題を生徒達自身で考え、実践することによって、集団生活をよりよいものにしていった話、これがこの映画の概略である。

詩性に富み、キャメラも大変美しく一応面白く見られる作品ではあるが、リアリティに乏しいことがこの作品の最大の欠陥である。

最初に、あれ程好きだったラクガキを、単にラクガキ専用の黒板を与えたことによって、子供達がピタリとやめたと云うことは、極めて常識的に考えても不自然な成行である。子供達は天真爛漫、どこでもかまわずに、書きたい処に書きなぐることのみにスルリと喜びを感じるのであって、狭い小さい黒板に、みんなの見ている前で公然と書けると云うことは、ラクガキ本来の面白さではなく、この黒板だけで彼等が満足する筈のものでもない、いくら『この黒板を君達にあげるから、もう外のラクガキはやめなさい』と云う先生の言葉があったにしても、素直にうなづけないもののようである。唯ラクガキは気持がいいと云う子供達の意見を聞いて、先生がラクガキ黒板を設置したことは素晴らしいアイデアではあるが、教室にラクガキ黒板を置くことによって、外のラクガキがピタリとやんだという話の推移は、押しつけがましい教訓をなくするためには役立っているであろうが、話の進め方を簡略化するための手段とすれば、決して旨い方法ではない。

次に、黒板に書かれたパタンコ（メンコ）をやめましょうと云う女の子の意見から発展し、男の子達がラクガキと同じ位好きなプロマイドのパタンコをやめ、代りに単語カードを使ってパタンコをやる様になったと云う話は、いわゆる映画の『お話』としてはたしかに面白いかも知れないが、現実に考えた場合、どうも勉強に無理にこぢつけようとする作意が感じられ、旨く出来過ぎた話の様に思えるのは、私一人の思い過しであろうか、事実であるとすれば、それは新藤兼人自ら云っている「ドラマは人間を書くことである』と云う人間像の画き方が足らない、画けていないという証拠であり、コンストラクションにのみとらわれて子供達と先生の生活像がとらえられなかったことになる。『これはうなぎとり』『一粒の麦』『裸の太陽』等、新藤兼人一連のシナリオに共通した、計算と作為の目立つ観客にアッピールしないと云う欠陥と同じ理由である。

最後の話になっている、足の悪い女の子がラクガキ黒板の活動に啓蒙され、自分もそれに書くことによって希望を披攊し、クラス全員の温い眼に囲まれて山に登るというくだりは、この映画の中で、最も素直に吾々が受け入れられる部分であり、その演出も妙なお芝居をさけ、特にその少女が、山頂にいよいよ登りつめる所は、泥臭いサスペンスをさけ、極くサラリと撮っているのは好感がもてる。

全体として詩情をねらうためかキャメラアングル、コンポジション、等にとらわれ過ぎ、ディティールに至るまでのキャメラ技術の滲透が、コンストラクションにのみ追われて、生活像を画けなかったという演出の弱さにプラスにならず、逆にマイナスになってしまい、キャメラの美しさだけが浮いてしまったのは、残念である。

教育臭のない、お説教のない教育映画（私はこの言葉が大嫌いではあるが）の一つのあり方を示すものとして、教育映画作家、就中、児童劇映画作家と称せられる御人には、一応見せたい作品である。

■作品評「飛鳥美術」

黒の階調の美しさ

——欲しい芸術社会学的筋金——

■樋口源一郎
（演出家・岩波映画）

この日本にはじめて大陸文化が齎らされた飛鳥時代はいろいろな意味で私たちを引きつける。政治的なみにくい闘争にあけくれした当時の原始的なこの国に、和の精神を基本とした聖徳太子の指導原理がそのまま造型化されたような法隆寺の建築様式、数々の金銅仏などいまも新鮮な美しさをたたえているからである。

美術映画「飛鳥美術」（企画製作・東京国立博物館、製作・岩波映画製作所、脚本・演出岩佐氏寿撮影大小島嘉一）も当然この二つの相反した時代様式を取扱っていて興味深い。

女性的な大和三山を中心にした飛鳥地方の自然からこの映画は始まる。この抒情的な自然とは凡そ反対な古墳に見る巨石の重々しさは民衆の上に力を誇示するかのような豪族達の威圧感を物語っている。

石像、石舞台、石棺などの表現も適確である。美しさのなかに重量感を感じさせているし、表現困難な石の巨大さを示すために自然に人物を配して対照させるなど細心に気を配って成功している。

道祖人の怪しい石像も夜間撮影によって、原始宗教をしのばせるような撮影方法をもって不気味な雰囲気をかもし出している。こうした苦心はいたるところに見られ地味な金銅仏なども細心に追及しその素朴さと新鮮さをあますところなく表現していて、美術映画の宿命ともいうべき単調さを救っている。殊に薬師寺本塔の水煙、そのバックに動く白い雲など詩情豊かであった。

然し伎楽面のドラマチックな表現は、演出撮影の苦心にかかわらず却って逆な効果を表したように思う。動かないものを動かそうとする無理が感じられるからである

もう一つ作品全体として、慾を云えば、巨石時代の原始性と当時としては革命的な和の文化とをもっと強調して対立させたら、芸術の社会学的な方向へ更に前進出来たのではないかとも思われた。もっともこれは博物館企画の限界かもしれぬが。

私はこの映画を二度見た。一度は天然色シネスコPR作品と一緒だった。もう一度はこの批評を書くために十六ミリ版で見た。けんらんとしたカラーシネスコの間にはさまれた「飛鳥美術」は逆に黒の美しさを輝かせてカラーに対決していた。この黒の階調の美しさは、たしかに演出も撮影も意図したものに違いないと思う。どうしても色彩の必要な江戸時代の芸術は別として、飛鳥時代の場合などは却ってモノクロームの方が適しているようにも思われる。十六ミリ版で観た印象では、三十五ミリ版の黒の美しさは大分失われ、本物と印刷との違いであったが、映画の持っている基本的な線は決してくずれてはいなかった。作家のまじめな製作態度が調子を越えて訴えるからだ。作品の格調は失われていないことになる。

ともすれば単調に落入り易い美術映画を盛沢山な解説によっておぎなおうとすれば説明過剰になって消化不良になり勝である。その意味では伎楽の部分を除いて「飛至美術」は適切であったと思う。

しかし芸術社会学的な筋金がもう一本欲しい気がしてならない。

現場通信

カニ船同乗記

西沢　豪（演出家・フリー）

地理大系「山陰」の中に松葉ガニの漁獲シーンを挿入することは原案の時からの予定でした。松葉ガニは本来の名をズワイガニと言い、冬の山陰の食膳をにぎわす美味です。漁期は十一月から翌年三月まで、東は能登半島から西は隠岐島までが漁場で、鳥取近海がその本場と言われています。

はげしい季節風の吹き荒れる冬の日本海で、みぞれまじりの寒風をついてのカニの水揚げは、山陰の貧しさときびしい風土を表現するのに恰好の題材と考えました。

ロケハンの途次、鳥取県庁にもカニ漁船同乗の斡旋を依頼しました。但し、カニ漁船の多くは大型船（と言ってもせいぜい三十トンどまり）は一航海約一週間、その間時化にでも出会うと隠岐の島の西郷港に避難することもあると言うので、このために十日近い日数を見込まねばならず、何とか二、三日で帰港出来る船を選んでもらうことにしました。

十二月初旬からはじめた第一次ロケでは、カニ漁を最後のヤマ場の撮影に予定していましたが、これは完全に失敗でした。と言うのは、県庁から通達された現地の役場が、カニ漁をしている漁場まで別の船で行き、撮影して帰るというバカに手廻しのいいプランをきめてしまいました。ところがいざ現地の漁港へ行つて見ると、この別な船は海上自衛隊の救命艇、絶対に沈みはしないが、恐ろしくローリングをするので、到底この救命艇からの撮影は不可能性で、又操業している漁船に移乗するにしては舷の高さがちがいすぎて危険であると言われて、止むなく断念することにしました。いろいろな交渉を先方だけに任していたためで、これはまことに痛い教訓でした。

第二回ロケは二月中旬からはじめましたが、前回の失敗にこりてカニ漁は最初に撮り終えることにし、現地の役場、漁業会の奔走で、適当な漁船に交渉して乗組の許可を得てもらいました。今度の船は十七トンの中型船、二日がかりで出漁する我々にとっては適当な船でした。但し、海が荒れる場合は出漁しないということで、当初想定した荒天の日本海での操業というプランは、改めなくてはなりません。キャメラは手持ちのアリフレックスにアイモ。スタッフの船酔いも計算に入れて、なるべく第一日の中に水揚げ状況を撮ることにしました。フィルムは四百呎を予定しました。

作品全体の割り振りからも他のシークェンスとのバランスからも、許容呎数の中では四百呎しか割けませんでした。

日映新社・日本地理映画大系「山陰の生活」

出港の前夜、鳥取市から車で一時間半の大岩部落へ宿泊、多少は荒れても出られるように祈りながら就寝しました。

翌朝六時船からの連絡で出漁ときまり、氷を積んで七時すぎ出港しました。演出一、キャメラ二の三名です。天気は曇天、海面は凪とは言え冬の日本海、船の舳先ではじっと立っていられない位上下します。先づこの分なら、いくらかイメージに近い画面が撮れると一安心しました。

港を出て真直ぐ北へ約四時間、第一回の網入れです。陸地はまだ見えています。

この船の乗組は船長以下八名、殆どが親子、親類の同族スタッフです。漁場について巾着網を下すと、約一時間網を引いてから引上げるのです。第一回の網が上げられたのが二時頃、網の中にはおびただしい小さなヒトデ、カニはその中に混つています。第一回の収獲は二箱分、約三十匹程です。カニ以外のものは海に捨て、甲板の掃除、網の始末をして次の漁場へ向うわけです。こうして網の投入、曳舷、引揚げ、整備、更に漁場の捜索と作業は帰港するまで繰返されます。船員たちはこうしたはげ

しい労働を昼夜の別なく続けますが、休息と食事は網下しをしてから引き上げる間の四五十分を充てるのです。船員達の食事は各自オいマルによく似た弁当箱に一日分の飯や漬物を入れ、網に入つた魚やカニを煮ておかずにします。二日目は持参した米を炊くのです。一番若い十七八の少年は漁の手伝いは元より、炊事一切を受持っています。

我々はこうした忙しい作業を、三回分の水揚げまでに狭い船の上でニュース撮りに等しい撮影を終えました。持参したフィルムはすつかり使い切ってしまいました。撮影は終了したとは言え、陸へ帰るわけにはきません。仕事をつずける漁船が帰港した翌々日の夜の十二時まで三十時間以上を為すことなく、せまい休息室の中で過しました。

大型船とちがつて、我々の乗組んだ船は二日で帰港するわけですが、この漁船が所属する大岩部落はどれもこの船同様の小型船ですそして殆どがカニ漁一本に頼り、カニの漁期が過ぎると沿岸の小魚を捕るしかありません。

一年の大半の収入はカニ漁に負っているわけで、そのカニも近年の乱獲によって、年々減少していると言われています。レーダーを装備していないこれらの船は、長年のカンで漁場を探すのです。船員の収入は勿論歩合です。その生活は決して楽なものではありません。帰港すればすぐカニをゆでて市場に出します。市場が終るのが大体朝の二時、天候さえ良ければわずかな睡眠をとって朝の七時頃には又、沖へ出て行くという生活です。

精密な調査、周到な準備、漁をする人々との深い接触によってこうした人々の生活を、描きつくせば、一篇の記録映画が出来ることでしょう。それがわずか四百呎の水揚げ描写しか撮ることは出来ない状態です。この四百呎も作品完成の段階では恐らく百呎内外に整理され「人々は冬の海でも働いています」と解説される場面になりそうです。そこにはカニをとっている漁師の動きは表現出来ても、山陰のわびしい漁村で生活する人々の体臭を伝えることまでは恐らく出来ないでしょう。

すでに完成した十数本の地理大系の中、この「山陰」まで含めて六本の作品を演出して来ましたがどの一篇を取っても、必ずその中にいくつかの記録映画を仕上げる素材が含まれています。しかし、教材映画としての地理大系では、その中の一つの素材だけを深く描くことが出来ません。立派な記録映画はそれだけで立派な教材になり得るとしても、地理大系には描かねばならぬ教材があり過ぎます

数カットにまとめられたカニ漁が、その土地の人々の生活を感動的に伝えるためには一カット一カットの撮影に記録精神に貫かれた鋭い眼と演出力を必要とするでしょう。持参したネガをニュース撮りのように撮り終えてから、せまい船室に横たわり、働く人々の音を身近に聞き乍ら、教材映画のむづかしさを痛感しました。

プロダクションニュース

（文中略号・EK＝イーストマンカラー 35・16＝35ミリ・35ミリ、脚＝脚本、演＝演出、撮＝撮影、編＝編集、構＝構成）

記録映画社

○準備中「オートメーション中篇」EK、35、三巻、脚・演―日高昭、撮―金山富男

○撮影中「YEW見学」EK、35二巻、脚・演―上野耕三、撮―高尾隆、「貴族のくらし」「京のみやこ」「東山文化」各白黒16、一・五巻、脚・演―上野耕三、撮―藤洋三

○完成「花のこころ」白黒、35、三巻、脚―厚木たか、演―菅家陳彦、撮―広川朝次郎、「武士のくらし」白黒、16、一・五

読売映画社

○編集中「ラテン・アメリカ」カラー、35、三巻、脚―大方弘男撮―三輪正・湯浅正次

○撮影中「東パキスタン」カラー35、三巻、演―入江一彰、撮―日向清光、「宇宙の言葉」カラー、35、三巻、演―入江一彰、撮―飯塚一十郎、「少年法」B/W、35、二巻、演―盛野二郎、撮―大源寺喜作「川崎」カラー、35一巻、演―八木仁平、撮―伊藤義一

○完成「立教大学改定版」カラー35、三巻、演―伊達、撮―日向清光、「心電図」カラー、35、二巻、演―広木正幹、撮―吉田豊、「イメージ・スコープ」B/W16、一巻、演―戸塚秋生、撮―飯塚一十郎、「もう一人の私」B/W、35、五巻、演―蛭川伊勢夫撮―高山弥七郎、「シンクロ・リーダー」カラー、35、二巻、演―八木仁平、撮―日向清光、「セメント」カラー、35、二巻構・撮―日向清光、「昭和三三年度電々公社一年の歩み」B/W、35、三巻、構・撮―手塚次男

社会教育映画社

○準備中「白蟻」白黒、35、二巻脚―浜田英雄

○撮影中「みんな看護婦さん」白黒、16、二巻、演―島田耕、撮―東原潔

北海道放送映画株式会社

○準備中「躍進する北海道拓殖銀行（仮題）」カラー、35、ワイド、二巻、脚―志尾恭子、撮―伊藤哲夫、「観光くしろ（仮題）」カラー、16、二巻、脚―新木晴子撮―佐藤輝志、「みどりのこだま（仮題）」カラー、35、ワイド脚―志尾恭子、撮―伊藤哲夫

○編集中「冬の祭典」カラー、16二巻、脚―佐々木公男、撮―佐藤輝志

○撮影中「オホーツク物語」カラー、35、ワイド、二巻、脚―斎藤作蔵、撮―伊藤哲夫、「北洋の幸をもとめて（仮題）」カラー・白黒、16、三巻、脚―志尾恭子、撮―志尾一・加々爪義夫

○完成「北の護り」白黒、16、二

巻、脚―佐々木公男、撮―佐藤輝志、「HBC月刊ニュース・NO25」白黒、16、一巻、脚―馬淵豊

三井芸術プロダクション

○準備中「新らしい家族のくらし」黒白、35、二巻、「ガンの征服」黒白、35、二巻、「特殊鋼」カラー、35、三巻、演―柳沢寿男

○編集中「伸びゆく神鋼・改訂版」カラー、35、三巻、演―金子敏二

○撮影中「パーライト」カラー、16、二巻、演―水木荘也、撮―高尾隆

○完成「鉄をつなぐ火花・第二部」カラー、35、二巻、演―上野大梧、撮―高屋隆、「新しい働き着」カラー、35、二巻、演―高井達人、撮―藤井良孝

新映画実業株式会社

○準備中「しいたけ」カラー、35三巻、撮―福井徳夫

○撮影中「プラント輸出記録」カラー、16、二巻、演―後藤誠、撮―福井徳夫

○完成「ペギーの日本便り」カラー、35、三巻、演―滝光雄、撮―福井徳夫、「海を渡る機関車・タンク車」「サルベージ機材海を行く」各カラー、16、二巻演―後藤誠、撮―鈴木孝、「しいたけ」白黒、16、一巻、撮―福井徳夫

銀座さくら屋

○準備中「デスク」カラー、16、二巻、演―風見利次郎、構―大野、撮―山本守正

○編集中「久里浜」カラー、16、二巻、演―香取義高、撮―荒井章八

○撮影中「畑薙」カラー、16、三巻、構―種谷清、演―香取義高撮―小川重男

○完成「地下鉄」カラー、16、三巻、脚―根津重男、監督―風見憲璋、演―香取義高、撮―古沢俊之

日本映画新社

○製作中「山陰の生活・新日本地理映画大系」B／W、二巻、演―西沢豪、撮―坂崎武彦、「高速道路」EK、一巻、演―落合朝彦、撮―橋本竜雄、「稲を護る人々」EK、二巻、演―苗田康夫、撮―山口武郎、「東北の農村・新日本地理映画大系」B／W、二巻、演―中村敏郎、撮―藤田正美、「エラブの海」EK、ワイド、演―西尾善介、撮―汐田三代治・正木凌、「靖国神社」EK、二巻、演―山添哲、撮―稲垣浩邦、「愛知用水」EK、演―西沢豪、撮―稲垣浩邦・杉崎理、「黒部峡谷・第三部」EK、演―西尾善介・山添哲、撮―藤田正美、「東海の春」白黒、パートカラー、三巻、演―山添哲、撮―杉崎理、

日経映画社

○準備中「商店経営シリーズ・生れかわる商店街」白黒、35、三巻、脚―八幡省三、演―間宮則夫、撮―木塚誠

○撮影中「日本の農業シリーズ・越後平野の米つくり・その一単作地方の春」白黒、16、二巻、脚・演―河野哲二、撮―浅岡宮吉

○完成「暮しを工夫する主婦たちシリーズ・ネンネコおんぶ」白黒、35、二巻、脚・演―河野哲二、撮―高橋佑次、「親と子の教育シリーズ・道徳を育てる生徒たち」白黒、35、二巻、脚・演―間宮則夫、撮―浅岡宮吉、「商業のはたらきシリーズ・デパート」白黒、16、二巻、脚・演―かんけまり、撮―男沢浩、「前同シリーズ・小売店―かんぶつや―」白黒、16、二巻、脚・演―かんけまり、撮―男沢浩

岩波映画製作所

○製作中「戸畑建設」カラー、七巻、撮―刈谷篤、編―伊勢長之助、「メタルフォーム」カラー、二巻、演―伊勢長之助・富沢幸男、撮―藤瀬秀彦、「パンザーマスト」カラー、二巻、演―藤江孝、撮―瀬川順一、「コルゲートパイプ」カラー、二巻、演―安部成男、撮―坂爪栄雄、「奥只見ダム・第二部」カラー三巻、撮―西尾清、「有峰ダム・第四部」カラー、三巻、演―肥田侃、撮―西尾清、「横須賀火力」カラー、十巻、演―黒木和雄、撮―加藤公彦、「新名古屋火力」カラー、三巻、演―肥田侃、撮―柳武夫、「原子力発電」カラー、十巻、演―矢部正男、撮―小松静夫、「東芝―水車」カラー、演―喜渡正男、撮―賀川嘉一、「三菱造船」カラー、演―富沢幸男、撮―牛山邦一、「青い焰」カラー、一巻、演―京極高英、撮―江連高元、「ガス・地下貯蔵」カラー、二巻、演―矢部正男、撮―小村静夫、「サントリーの故郷」カラー、一巻、演―征谷茂、撮―藤瀬孝彦、「バルチャン建設」カラー、六巻、演出―高村武次、撮―加藤公彦、「三井日比谷ビル」カラー、三巻、演―喜渡正男、以下「年輪の秘密シリーズ」のうち、「歌舞伎の小道具」二巻、演―武市好古、撮―清水一彦、「鷹匠」二巻、演―田中実、撮―竹内亨、「将棋のこま」二巻、演―瀬川晃、撮―清水一彦「黒島の踊り」二巻、演・撮―長野重一、「花火」二巻、演―田中実、撮―賀川嘉一「行司」二巻、演―清水一彦、「みこし」二巻、演―瀬川晃、撮―武内亨・清水一彦、

編集後記

どうなることかと思っていましたが、とうとう創刊一周年を迎えることができました。

記念号ということにしようか、どうしようかと、編集委でいろいろ討議したのですが、雑誌の性格からいっても、そうしたハデなことは、ガラではなかろうということになり、特別になにもしないことにきめました。

少しずつですが、長期の固定読者と、書店での読者が、ふえていっています。東京では、読者を中心とする「記録映画」を見る会が発足しました。そういうことに力づけられ、一層がんばって行きたいと思います　（岩佐氏寿）

東映スコープ 総天然色
東映
素《す》晴《ば》らしき娘《むすめ》たち
若い魅力に胸ふくらます素足の娘たち!!
家城監督が贈る美しい感動大作!!
製作・大川博
脚本・棚田吾郎
〃・広渡常敏
監督・家城巳代治
撮影・藤井静
丘さとみ
中原ひとみ
今井俊二
江原真二郎
岡田英次
星美智子
山東昭子
東野英治郎
山形勲
田中絹代
映画は東映

記録映画　六月号
昭和三十四年六月一日発行
第二巻 第六号
通算 第十一号
編集・発行人　中村敏郎
発行所　教育映画作家協会
東京都中央区銀座西八の五（日吉ビル）
電話東京（57）五四一八番
振替口座東京九〇七〇九番
定価　七十円

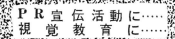

教育映画作家協会編集

記録映画

THE DOCUMENTARY FILM

昭和三十四年二月十日国鉄東局特別扱承認雑誌第四六号
昭和三十三年九月五日第三種郵便物認可

「春を呼ぶ子ら」

7月号

記録映画

1959 7月号

第2巻 第7号

時評

科学の進歩について

私たちの頭上高くいくつかの人工衛星が飛びかい、教育にあまり熱心とは云えない日本の政府すらが科学教育の振興を叫ぶ時代になって来ました。

あるいは原子力時代と呼ばれ、或いは宇宙時代と云われて、人類凡ての眼が今日程新しい科学の世界に向けられている時代はないと考えてもよいでしょう。

事実米国ソ連を始め先進の科学者たちの研究業績や科学技術の進歩は、新聞その他に毎日のように発表されて、私たちの科学への関心を高めています。動力の問題に関しては、原子力が既に在来の動力の観念を打ちやぶり、医学者は人類最後の敵ガンに対してあらゆる方面から研究の触手をのばして、その実体に触れようとし、また人工衛星に乗せられた精密な観測装置からは、宇宙の謎が一つ一つ解かれようとしています。

ところで、このように急速に高まった科学の進歩を支えているのは、一口に云って科学技術の進歩、研究手段の発達だと結論しては過言になるでしょうか。

勿論理論の進展が基礎になっていることは事実でしょう。しかしその理論の進展も又新しい研究手段の発達によって、展開された分野を構成する必要から組立てられているのだと思われます。

顕微鏡一つを取って見ても、低倍率の顕微鏡から高倍率顕微鏡へ——そして電子顕微鏡へと進歩し、計算方法も自動計算器、電子計算器と変ってきました。

この考え方については、単なる手段の進歩に過ぎないではないかとの反問もあることでしょう。しかし此処でそのことについて私たちは良く考えて見る必要があるのではないでしょうか。それらの手段を用いて捉えられた新しい発見、新しい視野が在来の次元を越えて科学の飛躍的な着想をもたらすということも少くないでしょう。私も先日学者の撮影した肉体深部の状況を捉えた8ミリカラー映画を見る機会がありましたが、その優れた技術が産み出すであろう、近い将来の医学的発展に対しては大きな期待を持たずにはいられませんでした。

今や研究手段の進歩こそ即ち科学そのものの進歩の不可欠の要因だと考えることが出来ます。

私たちの仲間の優れた技術者小林米作氏の顕微鏡撮影技術が、専門の学者たちに刺激を与え、いくつかの問題を投げかけた事実を私たちは知っています。私は小林キャメラマンの仕事を支えているのは単なる技術者精神ではなく、一人の科学者としての自然追求だと思います。

私たちが科学映画を作るためには、まず私たちの科学的認識を深めてゆくことが必要なのではないでしょうか。教材映画の分野でも、科学的認識を育てる映画が生れてよいと思われます。

表紙の写真

新世界プロ作品「春を呼ぶ子ら」（松本俊夫脚本・演出）より、雪山で働らく東北の子どもたち。

もくじ

衝撃的モンタージュの回復

瀬木慎一

アーノルド・ハウザーの「芸術の歴史」全三巻が完結した。今度出た第三巻をみて、ちょっとおもしろい、とおもったのは、二〇世紀というこの一時代が、それ以前の「自然主義と印象主義」から区別されて、はっきりと「映画の時代」というふうに特徴づけられていることであった。「けだし、同時性をその根本特性とし、時間の空間化をその本質とするところのこの新しい時間概念が、このもっとも新しい映画美術、ベルグソンの構想と時を同じくして生まれたこの最新芸術におけるよりも、ものの見事に表現されている芸術ジァンルは、どこにもないからである。映画の技術的諸手段と、新しい時間概念の特徴との間に有する一致は、実に完璧なものであって、現代芸術の時間範疇は、映画という芸術形式の精神が生み出したのではあるまいかとおもうほどであるし、また映画そのものは、なるほど、質的に深い現代芸術ジァンルだとはいえないまでも、様式史的にいうと、現代の代表的なジァンルだといいたくなるほどなのである。……」

たしかに、これは大胆な概括である。ここで注意しなければならないのは、現代芸術の全領域に映画の影響が決定的にいきわたっている、という指摘だが——一方、映画そのものに関していえば、その芸術的水準は、かならずしも高いものではない、とかなりシンラツな批判が行われている点を見逃してはならぬ、とおもう。これは、いったい、どこからくるのか？

ものの見方は、思考の順序のいかんによって、まったく異った結論へ、われわれを導くことがある。そこで、わたしの考えをのべるとすれば、現代芸術の全領域に映画の影響がいきわたっているという観察は、むしろ逆のようにおもえて、根本的に反対なのである。たとえば、ハウザーは、未来主義、キュビスム、心理主義、シュールレアリスムなどを例にとって、そこに、映画的方法に対応する要素を認めようとしているわけだが——しかし、映画という若い芸術をそだててきたものは、文学、演劇、美術などで、すでにこころみられ、たしかめられた美学であって、その上に、はじめて、映画独特の言語が確立した、と見る方が正しいのではなかろうか、と考える。わたしは、映画言語を、言語による一般的な思考からそれ自体独立したものとするのには賛成できない。

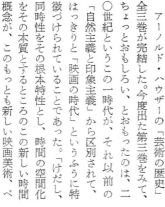

もちろん、今日の芸術において、映画が占める特異な位置を強調するのに、やぶさかではない。ハウザーのいうように、様式史的には、現代の代表的なジァンルだ、ということもできよう。ただ、その強力な役割りを重要視するあまり、映画を万能化することは、他のジァンルを不当に評価するばかりでなく、映画自体の誤解へ陥る危険がありはしないか、という気がするのだ。そして、ハウザーの考えに、わたしが不満なのは、このように、映画の優位性を説きながら、映画そのものは、けっして質的に深いものではない、と註釈を付けずにはいられない矛盾なのである。この辺に、どうやら、進歩主義者に似あわぬ古風な芸術感覚が伺われる。映画というものは、いちいち弁明しなければならぬほど見下げたものであるか？

つまるところ、映画の優位性の主張は、現代芸術の全領域に、ある種の大きな変革がおこっていることを象徴的に示すものだ

ろう。ひとつは、ラジオやテレビに代表される新しいメディアの採用であり、それにともない、他の既成のジァンルの内部にも、多かれすくなかれ、表現方法の変化があらわれざるをえない、ということがもうひとつある。文学、演劇、美術の面で、最近、しきりに、視覚的ないしは記録的効果を意図する傾向が見られるのは、後者のばあいである。

考えてみれば、映画というジァンルにはいまのべたように、既成のジァンルでたしかめられた美学の上に、独特の言語をくみ立てているという意味で、現在、きわめて複雑な局面に立っているようにおもわれる。先頃、佐々木基一は、映画的思考あるいは表現を前提にして、文学作品をこころみるならば、文学におけるひとつの実験的な企図が実現できはしないか、という趣旨の提案をおこなっていたが、なるほど、芸術の古典的ジァンルともいうべき文学、美術、演劇からみれば、前進的な性格をもつ映画も、とくに、テレビのような新しい視聴覚芸術に対置すると、ある程度、既成美学を根抵にもっていることが、おのずからあきらかになるにちがいない。（ハウザーの口真似をすれば、テレビそのものは、現在のところ、かならずしも芸術的に深いものではないが……）

それはさておき、芸術における古典的ジアンルと、新しいメディアとの両方に挾まれて、いまくらい、映画美学に、統一的な原理を求めることが困難なことは、かってなかったろう。そうかといって、旧態依然たる純粋映画論を焼き直してみても、もはや、どうにもならないのだ。われわれの困難は、たんに劇映画と記録映画の分裂といったような現象上の問題にあるのではない。

映画固有のこれらふたつの分野がまだ分化していなかった活動写真から、映画芸術へと発展した段階において、グリフィスの「大写し」と、プドフキンやエイゼンシュテインの「ショート・カット」が果した大きな役割りについては、あらためて説明するまでもない、とおもうが――大雑把にいって、前者が劇映画に、後者が記録映画に、それぞれ別個に流れこんでいったところに、そもそもの不幸の原因があった、といえる。もっと精密にいえば、その後、「大写し」として発達した劇映画の方が、むしろ意慾的に、反対の分野からさまざまの成果を吸収して自らを豊富にしていったのに対して、記録映画が、いわゆるモンタージュ論のいきづまりとともに、しだいに衰退していった事実は、どうしても、否定できない。それに活気を与え、再生をはかったのが、戦後のイタリアでつくられた一連のリアリズム映画であった。それは、一九二〇年代におけるロシアのモンタージュ論の基盤に立って、さらに数歩の前進を可能にした、と考えられるものだ。しかし、それもまた、ここ数年、リアリズムとしての鋭い部分を稀薄にして、いかんながら、通俗的な劇映画の一面に同化しつつあるように見える。

視点をごく卑近な場所に限定してみても、幾多の例がこのことを証明しているだろう。このところ、わたしは、かなり足まめに、日本の記録映画をみてみたのだが――最近の大衆社会論の反映であるかどうか、劇映画が、かなり、記録的要素を活用しているにもかかわらず、本家本元のこの方が、一向にふるわない現状を知って、非常に残念におもった。プドフキンやエイゼンシュテインのきづいたモンタージュは、卑俗の形をとっているにせよ、かえって、劇映画にもっていかれてしまったままに放置されているではないのか？エイゼンシュテインの「ポチョムキン」以来、記録映画は、ほとんど進歩していないのだ。わたしの考えでは、記録映画がひとつの強力なジァンルとしてより以上に自己主張するためには、当然、新しいモンタージュ論を根拠としなければならないのにもかかわらず……。

そこから、ハウザーに典型的にあらわれているような映画への批判が、ある種のリアリテイをもつことになる。「この新しい映画様式は、映画以外のいかなる芸術によっても達成されがたいような新しい効果を可能にした。しかし、モンタージュ技術の革新性は、本来、カットの短さという点にあるのではなくて、また、画面転換のテンポやリズムにあるのでもなく、そうかといって、また、映画的に描写可能なものの限界を拡大した、という点にあるのでもなく、これによって、もはや、同質的対象世界の諸現象ではなしに、全然、異質な存在要素が互いに対決せしめられた、という点にあった。」というところのモンタージュの不在がもういちど問題になる。

わたしのみた限りでは、ほとんどすべての作品が、良心的な作家の良心的な態度にもとづいて製作されていながら、「異質な存在要素が互いに対決せしめられる」という肝心の点が、作品の主題、もしくは、ストーリーの範囲内で処理されていて、個々の画面やシークエンスの直接的な衝撃にまで達していない、とおもえるのだ。新しい素材の探求、興味ある主題とストーリーの構成は、もちろん、必要にちがいない。しかし、記録映画に、われわれが望むものは、なんの不思議もなく眼のまえに存在しているものを現実にくつがえし、あるいはまた、とうてい存在しえないものすらをいきいきと現実化することであって、それ以外のものではない。記録というものは、今日、このように多様で高度でなければならぬ。それ以外のものは、劇映画にまかせておけばいいのである。「ポチョムキン」をみて感じることは、記録映画は、最少限度のナレイションで成立し、それに反比例して、画面とそのシークエンスから受ける衝撃が、最大限度に強くなければならぬという、一事に尽よう。腕をふりあげ、「いざ、オデッサへ！」と号令がかかれば、たちまち、いっせいに、みなの眼がその方向へむくような作品がほしい。ご存知のとおり、オデッサにおけるたたかいは、事実としてはあの映画が示したような楽観的な結果にはおわっていない。それどころか、惨たんたる敗北だった。しかし、このことは、映画的感動を、いささかも疑わせるものではないのである。

（詩人・美術評論家）

特集・科学映画は変革への行動を開始する

日本の自然科学映画的思想について

渡辺正己
（演出助手・東京シネマ）

日本の自然科学映画の発展の歴史は、私の考えによれば、作家の思想の発展の歴史などではなく、あの暗い時代のイデオロギー的反映にほかならないものです。戦後の天降り民主々義が企画の自由を謳ったとしても、自然科学映画は、原則的に社会的時代的な制約の中で、旧体依然。停滞しているのです。

吉見泰は、生態観察映画や医学映画、理科教材映画などの科学映画は、撮影技術の面ではまことに進歩しているけれど、内容や題材の扱い方についてはマンネリズムに陥つているとして、それを作家の思想性の問題として提起し、そして、自然科学の思惟の方法ないし理論によって裏づけられた作品こそが、自然科学映画を発展させるものだというように考えています。

けれども、私は、先にもいった社会的時代的な制約に働きかけて、これを変革してゆくという、原則的な観点をふまえなくては、停滞を脱して発展的な方向をうち出すことが出来ないように思われます。そのためにもまずまつわりついている旧いきづなを手近かなところからたち切るべきでしょう。

(一) 俗流科学大衆論について

科学的な知識の普及とか、科学の大衆化とかいう思想が、大嫌いです。こんな思想のまつわりついている限り、日本の自然科学映画は発展しないと思います。うけうり的な解説主義のマンネリズムを脱せないのだと思います。

科学の大衆化という思想は、私の考えるところでは、昭和十四年の映画法の精神をうけついでなされた理論であります。

それが今日いまだに、自然科学映画のまわりに、まつわりついている。

自然科学映画というものは、自然科学がそうであるように、政治的な命題をもたない。自然科学の智識の普及のために作られて、活用される。これらの映画をみる事によって大衆の日常生活の中に科学的智識が活かされるとすれば、これが科学の大衆化である。迷信や封建的な偏見にとらわれずに、大衆が科学的な態度で物事を判断できるようになることが科学の大衆化なのだ、というような一見大衆的科学映画の思想の根底になにがあるのかを考えてみる必要がある、と思うのです。

(二) 原則的なこと

日本の生態映画の発展の歴史は、すなわち日本の科学映画作家の思想性の発展の歴史であつたことは明かです。しかしその歴史はまた科学映画に対する確固とした考え方が作家に欠けていることを語っているように、思えてならないのです。

これは「自然科学映画の発展のために」という吉見泰のエッセイの中の、日本の自然科学映画の歴史についての見解の一節です。

(三) 自然科学映画の転向の背景

日本では、赤羽小学校が科学映画の発祥の地になっている。

この赤羽小学校の仕事が十字屋映画部につながる。

そして十字屋映画部で理科教材映画のシリーズがつくられた。

「日本のしいたけ」「もんしろ蝶」「蟬の一生」「蛙の一生」など。

もちろんみんなサイレントだったが、よくあの頃に地味な仕事をつづけたものです。（日本の科学映画　対談　石本統吉）

本法は国民文化の進展に資する為、映画の質的向上を促し、映画事業の健全なる発達を図ることを目的とす。

主務大臣は命令を以て映画興業者に対し国民教育上有益なる特定種類の映画の上映を為さしむることを得。　（映画法）

昭和十四年　映画法施行
昭和十五年　内閣情報局開設
昭和十六年　文化映画の強制上映

文化映画とは、映画法もいうように国民智能の啓培を目的とし国民精神の涵養に資するが如き映画である。（戦争と映画　今村太平）

一、劇映画と文化映画の毎月の製作本数を四本づつとして、それだけのネガ・フィ

ルムを配給する。但し、文化映画四本の中の一本は日本映画社がニュース映画以外に製作する啓発宣伝映画とする事。

三、配給統制の公益法人を設定し、劇映画文化映画の一切を配給せしめる事。一本の劇映画及び文化映画作品のプリントを各五十本づつ作製しうるようにポジフィルムを配給する。

（映画新体制）

文化映画界は幸か不幸か、十五、六年度の濫作の結果、配給統制開始当時は、未封切の約百数十本の完成作品をもったのである。それで実情から云えば、日本の文化映画界は一年か二年半はたとえ製作を中止するとも、上映作品にはこと欠かぬといった、まことに珍妙な現象を呈した。

しかし、これらの既成文化映画の中には、たとえ文部省認定作品でも、相当に粗製品が混じているのみならず、「日本の椎茸」とか「竹刀」とか云った類の、平和時代的な企画による作品が大半を占め、時局の緊迫に応じて国民に訴え、且つこれを指導するにふさわしい迫力を持った文化映画はすこぶる乏しかった。

（映画政策論　津村秀夫）

㈣　一つの科学大衆化論について

近代戦の遂行に必要な国民生活の科学的再編成のためには国民大衆の科学水準はきわめておくれていたといえる。それだけ科学の大衆化は焦眉の問題となった。上は政治経済の科学から、下は台所の科学に至るまで、すべてが科学的な合理化を必要とした。

このことは、科学ジャーナリズムの発生や、科学出版の流行としてあらわれた。文化映画の流行はまさにこれらに対応するもので、その根底には、事変による「国民生活の科学的再編成」と「科学大衆化」の欲求があるのである。

しかし一口に科学映画といっても、それには二通りある。一つは専門家相手の全然研究室用のものと、今一つは大衆相手の科学映画である。大衆相手の科学映画であるかぎり、それは無味乾燥だったり難解だったりしてはならない。面白くてわかりやすいものでなくてはならない。ところで面白くわかり良く見せるということは、その根拠があくまで科学的正当性におかれている場合でも、それは科学そのものの仕事ではなく、科学とは別な、表現の問題である。云いかえれば、それは芸術の問題である。

（映画と科学　今村太平）

この批評家は失格です。

日本の暗い谷間の中で、自然科学の分野でも、軍事科学が強制的に研究させられていた事でしょう。日本の科学は、国際的階級的な要求と民族的な要求とから、断絶した地点で研究されていました。

この断絶を是認して固定化したところから科学大衆化の論がはじまっています。国民智能の啓培のために、科学映画は役に立ちますが、近代戦の遂行という目的にそって、国民生活を再編成しようというわけです。そこに批評家として失格している以為があります。

批評精神とは、ある意味では、反時代的な精神であります。すぐれた批評家は、つねに時代の矛盾を如何に克服するかという点で、未来を語っているのです。権力に迎合し、その政治的な命題にそって、国民を教育するために、かれは智識の限りをつくしている。このことで、実は国民を裏切り科学映画の方法をあやまらせています。

科学はヒューマニズムという美名にかくれて、支配者の要求に応じて発展しまた奉仕している面が大きいのです。しかし自然科学の発見した法則は、人類全体が遺産として相続するべきものです。科学をとじこめて、国民を断絶させている事態に働きかける必要があるのです。

国民が労働の中で、生活の中で、感覚的に得ている自然科学の現象についての認識を、科学的な認識に高め上げる仕事を恒常的に積み重ねてゆく中で、国民の側から、科学に働きかける要求を作り上げてゆくのが、科学映画の基本的な方向でなければならないと思います。

それは、もはや科学的な智識のうけうり的な解説主義とはまったく別の、創造的なドラマツルギーに発展するものです。そこに科学の芸術化があると思います。

自然科学映画の芸術化ということは、決して面白おかしく表現する技術の問題ではありません。芸術の一つの条件は、その作品が、今日民族の当面している問題にいかに切り込むかということであり、その中から、どのような回答を用意したか、ということです。

たとえば、今村は自分の科学映画の芸術化の主張が「或る日の干潟」ではいく分正当化されているといっていますが、これはその一節です。

従来の文化映画の没主観性の明白な否定である。その結果、ただの自然の風景、たとえば、風が海辺の草を吹いていたり、小波がたったりする場面にも、寂寥感が表わされているのである。この感じはあきらかに作家の主観によるものである。

しかしこの作品の、風物詩的な表現は、私の考えでは、科学をゆがめているのです。この風物詩を形成している詩精神が、東洋的な諦観であります。元禄時代に背を向けて、枯野をさまよっていた芭蕉の自然観照の態度と共通したものです。その意味で、この作品に於ける作者の態度は、非科学的であります。けれども、科学的に事象を見きわめる事の許されなかった時代にあって、かれは一つのすぐれた才能ではあります。

㈤　方法論の中で変革の方向を

今村太平はディズニーの「自然の驚異」のシリーズを評して、自然を、商業主義が不自然に見世物にしてしまっているといっています。芭蕉なら非科学的でも、芸術的

だからいいとでも云うつもりなのでしょうか。

　権力に迎合する才能というものは時代と共に良くもわるくも、変貌してしまうのかも知れません。

　しかし変貌を見せたのはかれだけではありません。俗流科学大衆論が、映画法に呼応した、科学的智識の普及の理論の変貌であることの方がより重大です。

　戦後の一つの反省が国民大衆の暮しの中に科学的な智識をもち込む方向をとつたのではないでしょうか。けれどもそれでは、根本的な反省ではないのです。

　国際的階級的連帯性を基底にもつ民族的な意識のない、したがって変革の方向をそれ自体の方法論の中に持たない、日本の自然科学映画は、それ故停滞しているのです。

科学映画論のために

■シンポジウムへの報告

吉原順平
（岩波映画・企画部）

(一) 科学映画の感動

　じっさい「科学映画」という言葉ほど、あいまい模糊とした言葉もすくないでしょう。現在のところ、「科学映画」と称される作品の大半は自然科学の映画ですが、ディズニーの『ペリ』と『ミクロの世界』のあいだには、自然に対するアプローチの根本的なちがいがあるにもかかわらず、自然に眼をむけているという共通点から、何となく両方とも劇映画と対立するジャンルのものと考えられています。そして、このへんから、科学映画のジャンルについてのあまり役に立ちそうもない議論が生れてくるのでしょう。

　私は、科学映画に詳しい定義を与えることは何の役にも立たないと思います。バナールは「歴史に於ける科学」の冒頭で「……社会進化の唯一のくり返しの出来ない過程の不可分な一面であるにすぎないところの人間活動に対しては、定義などというものは厳密には適用しない」とのべて、科学を性急に定義することに反対していますが、科学映画についても同じことがいえるでしょう。

　もっとも、芸術的な認識と科学的な認識とのちがいは、やはりはっきりさせておかなければならないので、その意味では、ズグリジの『北極物語』に於ける母親をうばわれた子供のあざらしの「歎き」の表現のような疑人化の方法は、ディズニーならともかく、すくなくとも「科学普及映画」という看板をかかげている限りは、ゆるされるべき性質のものではないと思います。疑人化によるドラマは自然の論理の表現とは、なんのゆかりもありません。

　しかし、「科学映画」は感動を完全にシャット・アウトするものではありません。このことは、ファラディの『ローソクの科学』やブラッツの『物とはなにか』で、実験の表現自体が強い感動を呼びおこすことをみてもわかります。この場合、これらの全く天才的な実験を通して、われわれは自然と本質的な対応関係にあることを自覚するのです。科学映画が若し感動をよびおこすとすれば、それはこの自覚に基くものでなければなりません。それは観察という作業に支えられてはいますが、単なる観察の喜びを越えたものです。このような感動のみが芸術的な表現とならびうる可能性を持っています。

(二) 科学映画の作家について

　科学映画の作家の立場は、芸術的な映画の作家のそれとは大いに異ります。劇映画の監督は一人で仕事をするいわば完全な芸術家ですが、科学映画の作家は常に専門家との協働作業という型で仕事をします。そして、製作中の作品のテーマについては一応は勉強しますが、もちろん専門家になるわけではありません。

　それでは、この協働関係に於いて、科学映画作家の主体性はどのように表現されるのでしょうか。もちろん彼は映画という現在のところ操作のかなり複雑なメディアの専門家です。したがって、彼は学者の持っていない表現技術を提供することが出来ます。けれどもそれでは単なる技術者にすぎません。

　私は映画なら映画、組写真なら組写真という表現手段には、それを与える物質的な構造から規定される論理が内在していると思います。映画作家にとって大切なことは、学者に対してこの論理を自信をもって表明することです。つまり映画的にはこの表現がいいと思ったら、それをせまい意味での技術上の主張としてではなく、理屈の上でも掘り下げながら、学者の理屈と対決させてゆくのです。この場合の完成した表現は、両者の理屈の積のようなものです。名取洋之助氏はこの関係を歌合せにたとえておられましたが、私は大変適切なたとえだと思います。学者の詠んだ上の句のあとに作家の個性にあふれた下の句をつけようではありませんか。そこに予期しない優れた表現の生れる可能性もあるというものです。

一個の社会的な人間である科学映画の作家が、自然科学映画を逃避の場として考えたく思わないのは当然です。しかし、物理学でのコペルニクスの時代や生物学でのダーヴィンの時代とちがつて、今や自然科学は錦の御旗として異常な神通力を持っています。そして、自然科学はしばしば政治を越えた「共通の場」としてとらえられ、ほんとうは科学と不可分の関係にある技術までが「鬼子」としてきりはなしてとらえられることが多いようです。ですから、その気になれば自然科学映画は逃避の場たり得るし、またその可能性を身近かにひしひしと感ずるからこそ、良心的な作家はこの問題に真剣にとりくんでいるのです。

科学映画の作家が、その作家活動に於いて社会的責任を回避しないひとつの方法は、科学なしいは技術と社会的現実との直接のつながりをテーマにすることです。たとえば、結核のすぐれた予防・治療法が存在するにもかかわらずそれが必ずしもすべての民衆のものにはなっていない現実、それを発想の起点にして、結核の治療の純粋に科学的な問題に及んでゆくのです。こうなると科学映画というより社会的なドキュメンタリイといった方がいいかも知れません。もちろんこの様な作品があっていけない理由はありません。それどころか社会的なドキュメンタリイの説得力を強くしてゆくうえで、自然科学や技術の認識を役立ててゆくことは、これからますます必要になってゆくにちがいありません。亀井文夫氏の『世界は恐怖する』などもこのような試みのひとつでしょう。

けれども『世界は恐怖する』にも認められるように、このような場合、自然科学的なショットの意味を厳密に考えてゆくことは大変困難です。映画がひとつの明瞭なプロパガンダを持つばあい、ひとつの影像の意味づけを最初の段階から発展させてゆくことは技術的に困難な仕事なのです。もちろん、それは取組まなければならない困難ですが、作品の長さや撮影条件など避けることの出来ない外的な制約のために、ショットの意味がある程度天下り的になることは止むを得ないこともあるわけです。そして、この種の映画の大きな意義にもかかわらず、自然科学の方法としてはゆるすことの出来ないショットの意味づけの過程も現われて来るのです。

科学映画の作家の試みなければならないことは、自然科学が現在おかれている表面的には平穏無事な状況をぶちこわすような作品を、自然科学自体の問題意識のなかで追求してゆくことだと思います。科学映画の作家がダーヴィンのような受難者の精神を失って、教科書的な公共精神のとりことなっては、社会的なドキュメンタリイのために有効な方法を生み出すことは出来ません。異論の多いテーマと大いに取りくんでゆきたいと思います。

㈢ 科学映画の表現について

自然科学の進歩は、概念やモデルをそれの基礎となる観察された事象から非常にはなれた地点で使うことをわれわれに強いています。たとえば太陽系のモデルですが、現在のわれわれの感覚でも地球が止り天空が動いているにもかかわらず、プトレマイオスの精密な努力をとびこして、ケプラーのモデルを小学生にいきなりおしえることが当然のこととなっているし、それを一応天下り的に教えられることが、かえって後々のために有利なのです。

このことは天文学のような巨大な世界だけではなく、物性論のような場合にもあてはまります。たとえば熱のような問題は、熱と物質との関係の現象的な観察を通して理解させるよりも、分子の運動という概念をはじめから与えた方がある意味ではわかりやすいのです。前にあげたブラックの本はこの方法で成功しているよい例だと思います。科学の発達がひろく一般民衆のものになりつつあることを、ここにみることが出来るのです。

科学映画のシネマトゥルギーも、このような現在の状況を考慮に入れなければなりません。実写と線画の関係も考えなおされる必要があるのです。線画やモデルを「必要悪」とするような消極的な方法では、どうにもならない世界が沢山あるのです。

私の考えでは、科学映画は下手をするとひとつの岐路に直面することになりそうです。ひとつは線画やモデルを現象から無限に遠い地点で使用した天下り映画（題名は忘れましたが、前にみたEB映画で時だか季節だとかを扱った映画にそんなのがありました）もうひとつは観察すればそれでよしとする映画です（この世界では対象を擬人化し、感情を与えることが思想性の表現だなどというとんでもない思いちがいがおこり勝ちです）。

このような状況で科学映画が新らしい方法を発見してゆくためには、現象と最高度に概念化された法則との間にいろいろな段階の法則なりモデルなりが連なっていることを意識的にとりあげ、法則化の最も微細な過程も逃すことなく、シネマトゥルギーの契機にしてゆくことが大切だと思います。この現象と法則との間の微分化という発想だけが、実写と線画の間に真にシネマティックな関係を樹立し、映画の形式が科学の発展にピッタリと対応してゆく基本的な条件になるのだと思います。

ここで、副次的な問題かも知れませんが、実験の問題を考えておきたいと思います。映画との関連で実験を考えてみるとき一応三つに分けてみるのが便利でしょう。ひとつは科学者にとっても実験である本当の実験、つまりどうなるかわからない実験です。二番目は小学校の理科の時間でやる実験、つまりデモンストレーションとしての追試です。この両者の場合はとにかく本当のことが行なわれるわけで、その映画的な処理も、なるべく雑挟物を排除し、うそにならないように留意すれば良い程度ですから、映画自体としてはあまり深い問題はありません。

私がここで問題にしたいのは、一般にモ

デル実験と呼ばれているもの、つまり似たようなことをしてみせることです。これには原子内の原子核と電子の配列を示すために水盤の中央に陽極を上にした磁石を固定し、そのまわりに陰極を上にした磁石をいくつか小さな舟にのせて浮べる。舟は、数がすくないときは陽極を中心とする円周上にならぶが、数が多いと同心円を描くといった事物の本質に肉迫する天才的な実験から、結晶内の分子の排列になぞらえて校庭に生徒を整列させ、自由電子になぞらえた生徒にその間をはしりまわらせるという、モデルではあっても実験とはとうてい呼べないようなものまで、様々な試みがなされています。そして、ここに例としてあげた二つの実験の質的なちがいは、文章よりも映画においてヨリ鮮烈に表現されるでしょう。すなわち、後者の実験は文章やさし絵でみれば一応もっともらしく見えるので、説明として役に立つことが出来ます。しかし、映画では、生徒たちが自由意志で整列し、はしっているということが、映像の最も主要な意味として正面に出てしまうのです。

映像をたとえに使うことはたしかに困難な仕事にちがいありません。しかし、作家が概念化の進んだ科学の分野をあつかう決意を固めるならば、ここをさけて通るわけにはゆきません。モデル実験の真に映画的な解決は、むしろこれからの問題に属します。そして学者と作家の協働関係における作家の比重はあつかわれる科学が高度に概念化されるほど重さをまして来るのです。

(四) 特殊撮影の論理

科学映画に於ける特殊撮影の処理の問題については「映画批評」の十二月号にふれました。或はそのくりかえしになるかも知れませんが、ここでは問題の解決につらなる技法上の問題にふれたいと思います。

A 顕微鏡撮影

顕微鏡撮影にかぎらず、肉眼の日常の視野からいちじるしくはなれたサイズの映像は、観客に対して肉眼的なサイズのショット以上の精神的な負担をかけることになります。このようなショットでは平面的な映像から映像の真の意味――それは必ず三次元的な構造を持っていなければなりません――をひきだすことが非常に困難だからです。それは、肉眼的な世界ではわれわれの生活経験が充実していて、二次元（画面）から三次元（画面の意味）への飜訳の通路が確保されているのに対して、顕微鏡撮影のような場合は、この通路が必ずしも観客一般のものでないからです。

もちろん、顕微鏡撮影に於てもある程度立体感を出すことは出来ます。光線のあて方とか、ある場合には偏光フィルターを使うとか、様々な手段が現に使われて、かなりの効果をあげています。「映画批評」で指摘した『ミクロの世界』の場合――顕微鏡撮影のショットとコメンタリイとの橋渡しが必ずしも説得性あるものではない――にしたところで、顕微鏡撮影のショットがもう少し立体感をもってとらえられていたら、コメンタリイももっとショットに密着したものになっていたかも知れません。

しかし、顕微鏡撮影がいかに立体感をもったところで、本来平面なものは平面なので、それをシネマトゥルギーの契機としてあまり大きく考えすぎることは危険なことであります。そこで、私は、最も倍率の高い顕微鏡撮影のショットと肉眼的・日常的な世界との間に、その中間にあって論理的なつなぎの役目をはたす部分を導入することが必要だと思うのです。『ミクロの世界』の場合でいえば、マスとしての結核菌と人体の組織との問題になるでしょう。こういう問題の導入は作品の形式的な統一性を確保するうえで不利に働く場合が多いし、そのために作家の側に意識的にあきらめることが多いのは当然といえば当然ですが、やはりこの壁を乗りこえないと、本当の意味での形式主義からの脱却は難かしいと思うのです。

B 高速度・微速度撮影

高速度撮影はとにかく肉眼よりは細かい観察を可能にするわけですから、観察手段としての生得の意義をもっています。これに対して微速度撮影の場合、問題はずっと複雑です。確かに、微速度撮影も観察手段として大きな意義をもっています。非常に緩慢な運動の肉眼による観察は、理論的には可能ではあっても、実際には全く不可能なことも多いからです。安倍博士が富士山の周辺の雲を微速度で撮影し、上層の気流を動きを知る手がかりにされたのは、微速

度撮影が観察手段として有効に使用された典型的な場合でありました。

しかし、すべての観察結果が終局的には人間の感覚によって検証されなければならないとするなら、人間の眼よりもあらい観察の結果である微速度撮影されたフィルムと事実との関係は、映画的な処理にあたって更に慎重にあつかわれる必要があるのです。

こうして極端な場合にはひとつの現象から、全く異なる映像（見かけ上連続した現象）が生れることがあるわけです。もっとも、現象の動きが大きい場合は撮影の密度を充分に大きくとらないと映写したときに像がぼけてしまうので、実際には映像は現象にかなり近いものになるのです。

微速度撮影が原理的に持っているこのような危険な事情は、「このショットは○分間に一コマの割合が撮影されました。ですから実際の動きはもつとおそいのです」といったコメントだけではどうにもならないものです。映写された微速度撮影のショットは立派に動いている以上、そしてこの動きが異状な迫力で肉眼に訴えかけている以上、「○分間に一コマ」といった合理的な説明には何の力もないのです。また、『ミクロの世界』でも使われていましたが、「実際はもっとおそい」という説明は少し困ります。微速度撮影のショットは、単に現象の時間軸を圧縮したものではなく、現象の一面にすぎないのです。そして、このことをしつかりとふまえた微速度撮影の使用方法、つまり現象のコピイとしてではなく図式としての処理が要請されるわけです。

顕微鏡、微速度、高速度といった特殊撮影の処理の方法を具体的に考えるにあたって示唆を与えるものにテレヴィジョンがあります。テレヴィジョンで放送された科学映画をみるとわかりますが、このような特殊撮影のショットと普通のショットとの視覚的な落差はブラウン管上の方がスクリーン上よりはるかに大きいのです。そしてこの落差の大きさが特殊撮影のショットの現実感をうすくしていわば線画化し、スクリーンに映写された場合は当然画面の迫力で「もつ」と思われるところが、案外冗長に感じられるのです。

この落差はテレビジョンの普通のショットの持つ映画よりははるかに強い、というより異質な観るものと写るものとの同時性の感覚に基いています。私は科学映画に於ける特殊撮影の処理の問題のひとつの解決の方向として、普通のショットの同時性を強める事を考えてみたいと思っています。特殊撮影のショットは、観客に対していわば二重に映像化される必要があるのです。

(五)　空想科学映画について

終りに科学映画と社会的現実との問題を総括して考えてみるにあたって、頭に浮んだのは空想科学映画のことでした。空想科学映画の面白さは科学乃至は技術と社会体制との対応関係を、意識的に無視したところに成り立ちます。この無視のされ方が際立っているほど面白いので、空想された科学なり技術なりは現状から飛躍していればいるほど、興味は増すのです。

このような空想科学映画の意味は、いってみれば、社会科学の思考実験が行えるという点にありましょう。怪獣なり、宇宙人なりに向って自衛隊がロケット砲を放つと、作者が意識したかどうかはさておき、ともかく観客は笑うのです。

科学映画が自然科学と社会科学を表現の上で何とか統一しようと努力するとき、必要なことは、科学を、科学的な現実が提示されるだけで観客との間に空想科学映画のようなおかしみが成立つほど深く、追求してゆくことだと思います。これはなにも高級な科学をあつかわなければならないということではありません。日常的な事象でもそれが際立って深く追求された場合、そしてひとつの映像の意味が厳格に評価された場合、観客は、単にひとつの事実を知らされたという以上に、映画が行っている認識と自らの認識とを比較するでしょう。ここに提示された科学的な事象は、観客との間に最初の社会的な連帯関係を結びます。そしてこの関係は確実にひろがります。特にテレビジョンの場合のように、たがいに話合う複数の観客が一つの画面と対応している場合は尚更です。科学映画の社会性といった問題を考える際も、このような観客との絶えず変ってゆく関係に眼を向けそれをプラスに捉えてゆかなければ、説得性の薄いプロパガンダ映画を生むだけでしょう。

シンポジウム

科学映画を科学する

司会・長野千秋（演出助手・日映科学）
報告・吉原順平・吉見　泰（脚本家・東京シネマ）・矢部正男（演出家・岩波映画）・岡本昌雄（演出家・日本視覚教材）・吉田六郎（カメラマン・東映）

長野　まず、吉原さんに報告をお願いして、それから討論に入りたいと思います。

吉原　科学映画の形式でもって天降りはいけない、映画的に処理しなければいけないといわれる。実写により幾つかの事実を提示して、それから一つの概念を観客に自主的に引き出させるような方法が映画的であり、天降りじゃない方法として推奨されてきた。しかし、よく思うんですが、僕達がいろいろな科学についての知識を学ぶ場合、現象から入っていくことが必ずしも楽じゃないような段階にあるということを考えます。たとえば太陽系のようなものについての知識は僕達の視覚的な認識は天動説なんだが、太陽系という一つのモデルを教えることが抵抗がなくなってるし、そういうふうに天降り式に教えてもらった方が、あとの現象の理解がやり易いというようなことがあるわけです。ブラックの「物とは何か」でも、天降りに教えて、それに合う現象をあとから並べている。そういう入り方が今の段階では重要になってきてる。映画というメディアがどういうふうにそれに対応していくかということが、科学映画の将来の一つの問題じゃないかと思います。科学映画は、大げさにいえば一つの岐路に立ってるわけで、映画的であるという表現を捨てて、どういう表現法をとっていくか、あるいは映画的な処理の可能な題材に閉じこもるか、いわば岐路に立ってるんじゃないかそれでそういうものを扱う場合重要になってくるのは実験の問題だろうと思います。そのものズバリの実験は問題は簡単です。しかし、原子のモデルとか、太陽系のモデルという問題を扱っていく場合は問題です。モデルを映画的に処理するには映画としてどのような形で受入れ表現するかを考えなくてはならない問題が残る。学者から、こういう実験がいいだろうというのでするのじゃなく、作家の方で本質を表現するためのモデルを考えなくてはいけないんじゃないかということが一つです。それから、特殊撮影の論理の問題ですが、たとえば二つの面があると思います。一つは私達が平面の、肉眼的なスケールのスクリーンを見る場合、三次元に頭の中で考えて、どういう現象かを組み立て直すわけですが、われわれの生活経験の集積は直覚的にそういうことをします。「ミクロの世界」では、平面を立体的に解釈し直して、立体的な論理(生命現象はすべて三次元的にしか理解されない)に理解し直すということがたいへん困難です。あの場合細胞の上に結核菌が乗っかっただけなのかということですね。顕微鏡撮影のショットを撮る場合、普通のスケールの世界のショットとの関係が、構成の中で問題になってくる。一個の単核細胞と一個の結核菌と、肉眼的な世界というものの間をつなぐ、たとえばマスとしての結核菌と人間の組織ということが抜けてるんで、平面から三次元の生命の論理を引き出すことが観客としては困難だったんじゃないかというふうに考えます。もう一つは、微速度あるいは高速度の問題ですが、高速度の場合は分析的な技法なんで肉眼よりはよく見えるという事で問題はないが、微速度の場合ですと、たとえば「ミクロの世界」の場合、何秒に一こま撮ったということと、画面の上で結核菌が動くというアクチュアリティの間のつながりが一般にはわからないんじゃないか。何もいわないよりはいいと思いますが。これは吉田さんに話したら反対されたんで、独善的な意見だろうと思うんですけど、一つ一つの、こまの間に重要な現象があるかもわからない。現象のブレが大きい場合、画面に正確に写ってるということは、重要な現象を落してないということの証明になるのかも知れませんが、それにもかかわらず抜けてるかもわからない。そういう物の一面なんだという扱い方、一つの現実から抽象されたいわば図式だというようなことを、映画的に処理しなくてはならない問題が残るんじゃないか。それからもう一つ、科学映画でもって作家の社会的な関心というか、思想性というか、そういうものを表現しなくてはいけないといわれますけれども、イデオロギーを持って、それに合せて現実を処理していく場合、記録映画の記録的なショットというものが、不自然に人工的に使われる危険がある。それからもっとそういうものを避けようとしていくと、記録的なショットから無理な意味が引き出される恐れがある。それをどうやって避けるかを考えないと、思想性みたいなもの、社会性を入れていくことがむずかしくなってきます。結核の治療の問題を扱ったとしても結核の治療法自体には科学的な意義があるが、同時に治療を受けられない人もいるというようなことが問題になってくる。前後を集団検診か何かで挟んで、真ん中を顕微鏡撮影でごまかしてるという作品が生れる可能性を恐れな

くてはいけない。そこで、やはり科学史の時間的な系列を平面に、社会的な開きを空間に置き直してみる努力（映画の形式としてはストーリー的なものの問題とつながると思いますけれども）が必要なのではないか。発想としては科学史という縦のものを、現実の社会という横のものに置き換えるという発想方法が必要なんじゃないか。そこに一つの社会科学の映画と自然科学の映画の接点が出てくるわけです。どうも説明不足ですが……。それからもう一つ、純粋の科学映画じゃないんですが、空想科学映画の問題があります。空想科学映画の特徴は、技術の進歩と社会体制の発展と対応して、片方を押えて片方を伸ばすというところに成立していると思います。それ自体にしてはナンセンスですが、しかし必ずしも技術をそれだけ架空で進歩させたんだから、社会体制もそれだけ架空で進歩させろというんじゃなく、並行して架空に進歩させてもいいんですが、技術だけ進歩させて社会体制は現状のままおいていくビッコの形がとられたとしても、ビッコなんだということが意識されて、それがドラマの契機になるならば一種の社会科学映画における思考実験のような意味を持つ可能性があると思うんです。

㈠ 何をどう表現するか

長野 これから、吉原さんの報告をもとに今までの科学映画に対する批判、事実と表現というふうなもの、さらに進んで作家の主体と方法、さらに現実と空想というような形で論旨を進めていきたいと思います。

吉見 最初に、天降り式のやり方という問題だけれども、これはわかりよくするとか、させにくいとかいうこととして出されてくる問題じゃないような気がするんだがね。天降り式にする場合はどういう場合かということをもっと考えてみたい。自然科学映画は大きく分けてみて現代に至るまでの科学的遺産の蓄積を継承し伝達していく面では、天降り方式というやつの席があるんじゃないかと思う。しかし科学映画をやる場合のもう一つの興味というのはそれだけではなしに、一口にいってみれば自然の法則性とか真実の問題とか、そういうところへどういうふうにして到達しようとするのか、そういう科学的思考の訓練というか、それは作家も観客も訓練し合うという立場でやって行くということもあるんじゃないかと思う。この場合は天降り方式だけではいかない。だから天降りの方がいいとか悪いとかいうさっきのような出され方だと違うんじゃないかと思う。

長野 吉見さんは科学映画の根本的な考え方として、科学的遺産の継承の伝達の問題と法則性の問題を出されたわけですが、その二つの間の関係を、もう少し詳しく話していただけませんか。

吉見 いま法則性といわれたけれども、法則性そのものの問題でなしに、その法則性にどう近づくかという思惟の方法のことを僕は言ったのです。具体的にいえばアルキメデスの原理とかああいうことを解説し説明しちゃうという時に、ある場合には天降り方式でやらざるを得ない。けれども、もう一つの法則性の追及という場合、今度のミクロの場合でも、結核菌は結核菌で生きなくてはならんわけだし、片方の細胞の方でも生きなくてはならん。それぞれの生き方は違うわけです。その二つのからみ合いの瞬間の法則性をつかもうとする。はっきりどういう法則性がその時出たかどうかは別にしても、そういうところへ近づいていくための考え方の展開というやつに興味を持って、それに近づこうとしたわけなんだ……。

矢部 先ほどの二つの方法、天降り的と、現象を映画的につかまえていくという方法と二つ考えた場合、本質的には後者の方をやりたいわけですよ。天降り的なものは生理的に反撥する感じがあるんですよ。科学映画の本質というのは法則うんぬんの後者の方じゃないかという気がします。前の方のは、そういうものが全然無価値だとはいわないけれども、たいして本質に触れた問題じゃないような気が、今はしてますけれどね。

長野 その点、岡本さんいかがですか。

岡本 そうですね。一般の人々のレベルというものをある程度考えないわけにいかない。そうなると、日本人の科学的な常識のレベルを土台にして考えた場合、ある意味では天降りというような考え方にもなりますけど、どの辺から問題が展開されていくかというようなところに科学映画に限らないけれども、日本の映画を位置づけている基礎があるんじゃないですか。その辺を土台にして素材なり処理が生れてくるから、作品の傾向は説得するとか解説とか解きほぐすというような、科学の常識的な問題のレベルからそれほど遠く離れたところへ行ってない感じがするんですよ。ただ作家がどんな科学映画を狙ってるか、考えてるかとなったら、いろいろ出てくる。

長野 先ほど吉見さんがいわれた科学的な遺産の継承というのはいわゆる概念を映画化するというもので、法則性の問題ということは、ある意味では自然現象を追求しながら法則を発見していくという形だと思いますが。……

岡本 わかりきってるものでももう一回自分で取り出してみる喜びみたいなもんですね。

吉見 その観点からいえば、新しい遺産、科学的な知識を伝達していくという表現の中にも、法則探究の面白さということはあり得るんじゃないかと思うんだけれどもね。わかりきってるものでも、なぜわかったか、そのプロセスに重点をおいて描くということだと思うんだ。

吉原 私はさっき、二つのタイプの映画があるというよりも、むしろ概念というかモデルを扱う可能性がふえて、その場合創作方法というか、形式の問題を考えないと、両極端に分れるんじゃないかという心配があると思うわけです。

吉見 それはそうね。科学映画の基本的な態度は常に実証だから

ね。だから、そういうところから直訳して、あくまで実物でなければいけないという考えがある。それの問題でしょう。この作品では何を展開しようか、何を主張しようかというところで自由に変ってきていいと思う。その辺のけじめがきちんとすれば、今のモデルを活用するという自由さが駆使できると思う。（吉田氏着席）

岡本　実験という話があったが科学者のやる実験というものと、普通教室でやってる実験、映画の中で行なわれる実験というような問題、この辺だけから話し出してもずいぶん問題の幅が広くなってくる。つまり学校でやってる実験は決められた概念を実証してみる、答えが出てるものを実証する。学者の場合は実験しながらまた別の法則に近づこうという問題がある。映画はいったいどういうことになるのか。押しつけで済むものかどうか。それから、意図したものが出ない時、あるいは眼の前に現れないものは、映画の表現なんて問題どころじゃなく、意図したものがどこまで表現の可能性があるのかというようなことが、非常に処理されないんですけれどもね

吉見　今私は「癌」をやろうとしてるが、学者と話し合ってみると、癌の本体についてははっきりしたものは出てきてはいないけれども、だんだん本体に近づこうとする方向は出てきてる。やってることは、本体に近づく道をせばめるための実験なんだよ。だから僕らが映画の中で扱おうとする場合でも、道をせばめようとするための実験、ある場合には先覚者がやった形で取材し追試して、それを再現する場合もあるかも知れないが、新しい作家としての実験の独創性というやつがほしいと思うんだよ。そしてその場合、予想のコースから全然はみ出しちゃって失敗するというようなことが、かりに起ってきたとしても今実験する方向、目的意識的な方向はこれだということがはっきりしてる場合には、派生してきた新しい事実というやつは、それはそれでまた新しい意味を持って発展させて行くことができると思う。それが無目的、乃至は目的性がただいろいろな面から生態を見ればいいんだというような態度の中では、新しく派生して出てきたやつの意味づけやそれを発展的にとらえて行くことができないんじゃないか。

吉田　私は映画の世界に入って十六年、入った時から何か知らんが科学のために映画を使おうという側に奉仕させられた。北大の中谷さんの仕事を、入った時からやってましたから、学術映画というような仕事が多かったんですが、現在私が一番関心を持ってることは、どうしたらおもしろく、ためになる映画が作れるだろうか、この二つの問題に終始してると申し上げていいんじゃないかと思います。科学映画の中での実験は、いうなれば手品ですね。（笑）ほんとうのことをするだけのことで。と

㈡　科学者の方法と作家の方法

吉田　学者の研究の方法論としての映画技術と、また作家が取扱う表現の方法としての映画技術。

矢部　「ミクロの世界」なんか、たまたま一致したという形じゃないですか。

吉田　一致したところもある。一致したといえないところもある。たいへんしあわせであるということです、作家にとっては。（笑）

吉見　偶然に一致したんじゃない。

吉田　本質的に、このことをやっていけば一致するということをやったわけですよ。おそらく。バクテリアの動きを見ることは科学者の十分興味を持つことであり、存在してる世界が科学者の興味と一般の人との興味が決して離れない世界であったということじゃないかと思う。

いうことと学術研究の方法論として映画を作ってる場合とは、おのおのが違う。それは明確にしたといた方がためになると思うんですけれども。

岡本　その点、学術映画というものと、科学映画と一般にいってるものと分けていかないと、誤解が起きる。

矢部　吉田さんなんかもそうだったと思うけれども、小林米作さん（「ミクロの世界」のキャメラマン）自身が本質的には研究者であるということじゃないかな。

吉田　科学実験の方法論としては、ものによっちゃ映画技術を駆使することが最高の方法です。こういうことになったら映画の専門家の方が、しろうとの学者が映画を作るよりずっとうまい。けれど映画を撮るということには専門家的な現代の学者の方法論がなければできないことなんです。一番困ることはこういうものを撮りたいと思う時、学者が研究してる事項があっても、画にできない時だ。こっちが方法論組み上げなければできない。

吉見　学者は考え方はわかっても映画でとりあげる方法と技術を持ってない。たとえば癌細胞がどんどん増殖していくシーンだが学者の方ではこれは撮れないというんだ、まず。

吉田　必ずそういうんだ。だからわれわれ商売になるわけだ（笑）

吉見　こっちが考えるわけだよ。しろうとのあさましさもあるかも知れないが、あらゆる可能性を考えるわけだ。そこで仕事が始まるようなもんだ。

吉田　そうですよ。生物なら生物の姿を刻明に記録するんですから、見る人の解釈いかんによって価値が出てきます。表現とか何か以前の問題として。ですから学者と一致しないなんてことは絶対ないと思う。

吉見　一致し得る点を、学者は学者でやってる。その過程のどこかの一点に作家が興味を持ち、そこで仕事がはじまる。それ以外にないな。

長野　そうしますと、たとえば「ミクロの世界」では、作家と学者の両者の方法がどのような形で関連されていったか、吉見さん。

吉見　食細胞と菌とが格闘する。まず食細胞を培養しなくてはならない。その方法はやはり学者におんぶしなくてはならない。それをミクロスコープで、菌と食細胞とを同一の画面で捕まえるよう

な技術は、これは撮影技術だよ。一匹の結核菌を培養して繁殖させる技術、これも学問の技術だ。それがコード状にふえる、これも学問の発見だ。しかし、それをもの凄い形相として表現する方法、これは映画の方法だ。そして、そうした映画の方法を駆使して、単に個々の画面だけでなく、菌と食細胞との関係の真相を探究しようとする、その探究ということを全体として構成し表現しようとする、これも映画の方法だ。つまり、学問の理論と方法とに基礎をおいて、作家が関心を持ったテーマを表現してるわけだ。

長野　今までお作りになった作品の例を上げて話していただきたいと思いますが、作家の方法と科学者、あるいは科学の方法というものと、どれだけその中で作家の主体的なものが生かされてるかというようなことを……。

吉見　そこがむずかしいところなんだよな。まだ僕らの今の限界では、というより今までの経験の範囲では、科学映画の中で作家の主体というやつがしっかり羽を伸ばし得たかというのは疑問に思うな。

岡本　芸術だとか創作とかいうことが、科学映画の場合にはどういう位置にあるのかという問題が出てくるんじゃないでしょうか。

吉田　探険といったら簡単ですね。学者と活動やの混成部隊なんです。さっきの「ミクロの世界」だって、ああいう風になる見とおしは初めからはたたないでしょう。大きなイメージは持ってるでしょうけれども、過程の中で個々のイメージが出てきて、修正され、あるものは残され蓄積されるという形で、最終的にあの映画はああなったということだと思うね。だから探険だと思う。それはやはりたいへんすばらしいことだと思う。

岡本　ただ作家が科学映画の場合、それは手探りなのかどうか。

吉田　手探りということはないですね。昔は手探りやってたんじゃないかと思うが、今はやらないでしょう。写るか写らないか全然わからないようなところでカメラ担ぎ込んだりしませんからね。学者は絶えず顕微鏡を研究に使ってますから見ればフイルムの映像は出てきます。

吉見　だいたいの探険の手がかりと、キーポイントになり得るいくつかのある手がかりは持ってるわけだ。その辺は作家主体に関係している所だ。その手がかりをつかんで、その時にどんな世界がデテールにわたって展開するかが、予想がつかない。

「ミクロの世界」より

吉田　ですから探険だということですよ。

吉見　「ミクロの世界」で一匹の菌が雲の如くに伸び拡がる。あれは表現だよ。それができたのはそういう風に伸び得るものだという手がかりを持っての上の話だ。

吉田　あれはああ写したということは、わかってるからできたということで……

吉見　普通、研究室ではあそこまでやらないよ。だけど手がかりだけで、その先がよく分んない場合には学者にふりまわされる。

岡本　ある学者に、われわれが、いろいろ質問すると「やったことはない、しかし知識としてはこうなると明記されてる、実験したことはない」という。映画の方ではそれを写さなければいけない、そういう問題が絶えずあるわけです。一人の学者の世界じゃなく、幅の広い積み重ねや何かが必要になってくる。そうなるとわれわれが一人の作家であっても、一人の学者以上の仕事をさせられる立場に置かれてるんじゃないか。その辺に主体的なものがあるような気がします。

吉見　そう。学者との共同作業の中で、作家は学者ほどは知らない。しかしたとえばガンの本態を突き詰めたいという意欲があるわけだ。その意欲を生かすために学者の持つ可能性を、作家の立場で引っ張り出そうとするわけだよ。その辺に単なる追随ではない共労関係が出てくると思う。しかし、その辺までは当り前なことだと思うんだ。問題はそこから先だ。

吉田　学者は科学というものに奉仕してるわけです。作家は大衆に奉仕しなければならないはっきりした立場をとってる。作家の主体性は大衆の潜在的な要求、趣味嗜好感覚を敏感に反映して、それで大衆に奉仕するわけですから、映画作家の場合は主体性はどこにあるかというと、大衆の要求を最も敏感に反映してるチャンピオンが作家である。そういうふうに考えるとはっきりするんじゃないかという気もします。

吉見　お客さんを意識するかしないかというわけだ。そいつはやはりおのれの中にある。お客さんはおのれの中にある、その場合の大衆性もおのれの中にあるという自信が必要だし、そういう訓練が作家には大切なんだ。

吉田　絶えずそれをバランスさせようとし努力している。それに

近いことをやろうとし、かつやってる時に、いい気持になってるわけで、その間の食い違いがどうしようもないという時にはスランプということになる。主体性という問題は重要だと思う。

㈢ 科学映画における作家主体の問題

吉見　科学映画のらち内では、主体的な探険の方法が重要になってくる。たとえば「緑の魔境」は一種の探険的なかっこうはしてるけれども。……

吉田　「最後の楽園」なんかも探険映画でしょう、イタリアの。

吉見　科学的な方法論と探険の思想性が一番問題になってくるんじゃないかな。

矢部　こういうことじゃないかな。おもしろそうだから行ってみよというんじゃなくて、探険してみたら非常に感動して、ぜひ何とか表現しようというところから始まるんじゃないかな。逆にいうと天降りの話になるけど、アルキメデスの原理なら原理という周知の事実があって、水の中へ何かが沈もうとして浮び上るという現象見た場合、単純な法則に支配されてることに感動して描いてみたくなる。そういう場合、描き方のいかんは別として、探険じゃなくわかりきった事実を取扱うにしても、一つの作品になるし、わりあいに本質的なものなんじゃないかな。一口にいえば、天降り的なものも作家のかかわり方いかんによって作品になるか、パンフレットになるかの境い目になるんじゃないかという気がしてきた。

吉田　それたいへん同感です。身の回りの探険がたくさんあるわけです。

長野　もう少し問題を拡げてやりたいと思います。先ほど吉田さんは作家は大衆に奉仕しなければならないといわれたわけですが、大衆が何を欲しているかを作家がつかむ事が問題点だと思います。どういうテーマを選ぶか、作家がどう生きるかというような問題が、あると思いますが。

矢部　大衆に奉仕するという気持に、どうもなれないな。(笑)

吉田　おもしろいですね。

矢部　大衆なんてものは別にあるとは思ってないし。

岡本　これは、吉見さんよく使う、自分を含めてじゃないか。

吉見　そう、自分自身の中にそういう大衆性があるかどうかというところにきちんと立脚しない限りは、自分自身の興味にずいぶん不安は感ずるが、奉仕しなければならないとか何かで物事が始まるんじゃないらしい。

矢部　そういうことに不安を感じないから、いい写真できないかも知れないが。

吉田　僕なんか、大衆それ自身ですよ。人民とか大衆とかいうものは暇があれば自由意志によって映画見たりバスに乗る。自由意志でもって乗るけれども、バスは予定されたコースを走って、自然も宇宙も何もかも窓の外を通り過ぎて行くに過ぎない。そういう中で、なまの自然や宇宙に、立ち止らせるだけでもいい。いつの時代も立ち止らせるところから科学は始まってたんじゃないかという気がするんです。立ち止らせるためには、並たいていのことじゃない。ほかのものにかけ換えのないくらいに自然とか何かはおもしろいものだと感じさせるような、映画だけでなくあらゆる方法をとらないと、全く実用的な資本主義の仕組みの中で人間が埋没してしまうんじゃないか。

長野　戦後科学映画を作るということが、ある意味では思想の逃避という形でなされてきたというような問題があるのですが、吉見さんが書かれている思想を持つということはどういうことなのか、作家の主体と方法。又現実との対決、そういう問題を含めて話し合っていただきたいと思うんです。

吉見　たとえばスプートニクとかロケットとかいうことになってきてるけれども、核爆発の実験にしても、ああいう技術を可能にしてる法則というものは、右にでも左にでもどっちにでも転び得るものだよ。だから平和利用か、兵器として発展させるかという、常に岐路にあるわけだよ。その限りでは自然の法則は中止的なものだと思う。それをコントロールしようとする人間の側の思想性いかんで、乃至社会態勢いかんでどっちにでも転び得るものだ。だから作家の思想性とか或いは主体性の問題が重要になってくる。このごろ非常に疑問を持ち出したのは、結核菌と細胞との関係はどうだということをやって、こういう関係だということがわかったとしても、そのわかった事柄が社会的に普遍的に活用されてるかどうか、科学の成果が偏在してるかどうかという問題にぶつかってくる。この前、結核にかかってる田宮虎彦が「ミクロ」を見て、「これはこれで興味深く見た。結核菌の異常な根強さに感を新たにしたが、自分が病院に通うと気の毒な施療患者がたくさんいる。そのことと、今ここで見せられた科学の成果というやつは、どう結びつくんだ」という疑問を出してる。科学の成果をどう普遍的なものにしていくかという対し方が出てくると思う。そういう自然に対するかかわり方、乃至科学の世界に対する人間の対し方に、作家としては大きな関心を感じる。だがそれがなかなか作品にできないということに、いら立ちを感ずるし、そういう面をこの辺で切り開いていかないと科学映画そのものが、社会関係から抽象された自然の法則性という世界にだけ追いやられてしまうような気がする。

㈣ 社会性の獲得

吉田　今のお気持、たいへん同感ですが、問題の立て方で、科学的な真理みたいなものは抽象的であるということがあるようですが、科学技術が歴史的に進んできた過程は、階級的であったんじゃないかという……。科学技術を推し進めたのはブルジョアジーでしょう。そういう意味じゃ完全に、ある階級のために発展してきたんじゃないかと思う。その結果、今日になってる。

吉見　だからさ、われわれが今発見し、乃至探求しようとする法

則をどう活用するんだという、コントロールのしかたが今日の課題として出てくる。そこでわれわれの立場というものがはっきり出てくるんじゃないかと思う。その辺を作家がつかまないと、さっきの科学映画をやってることが思想的な逃避だとか何とかいわれる批判も成り立ち得る要素を持ってるし、また事実そういうふうな傾向だってなきにしもあらずという気がするけど。

吉田　思想的な逃避であったというのは、当然そうなり得る条件があったと思う。ガリレオが科学をやる時は命を賭けなければならなかったけれども、戦争中、科学映画を作ることは、少なくともやってることはそうでないという自己満足が得られますし、逃避であったというのは特殊な時じゃないかと思います。科学ということに対する考え方で、ソビエトの科学教育のテーゼみたいなものをちょっと読んだが、三つのことに絞ってる。存在してることは変遷する。第一の意識である。第二の意識は、変遷には法則がある。第三は、法則を利用すれば人間はしあわせになれる。こういうふうに三つの組み立て方で、そういうふうに解釈すると、科学映画なら科学映画というものをこれからもやっていこうという場合の考え方として、身近なものを感じた。

矢部　吉見さんのさっきおっしゃったこと、逆のような気がする。「ミクロの世界」のような、ああいう題材にぶつかって、これをこのまま自然科学のある事実として放り出すだけじゃあきたらないという悩みがあるわけです。だから、そういう施療で来てる人達に役立つような方向に展開させるにはどうするかという発想でしょう。それが映画を作る場合の発想としては逆のような気がするんですよ。逆に、施療の人達に今の技術がちっとも使われてないとすれば、それはどこに欠陥があるんだという発想の方が普通じゃないの。

吉見　僕はそれをいうわけだ。たとえば結核症に対して化学剤という、新しい、ほとんど決定的な武器が出てきたことによって、逆に結核症の階級性のようなものが出てきてる。それを買うことのできる、自分の健康管理を自立的にできる環境にある人達は、化学剤を有効に活用して、寝やしないんだ。大会社の委託ベッドというやつはどんどん空いてくるんだってね。薬を飲んで働いてるんだ。ところが施療患者というような、あいう界隈へ行くと自宅でごろごろ寝てる。化学剤の恩恵には浴さないわけだよ。今度は発想の方法が全然違ってくる。科学の成果が偏在してるんじゃないかという事実に焦点を合わしていくわけだ。それの矛盾を分解して行くわけだ。今までのことばでいえば、ソシアル・ドキュメントということになってくる。

矢部　そういうことだと思う。

吉見　そういうことは、今までの歴史をふり返ってみても、なされなさ過ぎる。

矢部　つまり次元のちがい――自然科学現象だけを狙ったものに

は、ソーシャルなものが当然生れて来ない。そういうことじゃないですか。

吉原　自然科学映画のテーマとして望ましいとか望ましくないというより、社会的なドキュメンタリーで自然科学的な認識が有力な契機となっているというようなものが、もっとこれから起ってくるんじゃないかと考えるんです。自然科学プロパーとしては、立ち止ってゆっくり見ることの珍しさみたいなことが重要な局面になってくるんじゃないかという感じで。

吉見　自然科学的な知識乃至方法というやつを契機にして、社会生活の中に切り込むわけですよ。さっきはじめに吉原さんが、科学の歴史を社会体制乃至社会的な条件の中に、縦と横の関係としておいて見たら、何か新しい問題が出てくるんじゃないかといわれたけれども、それが単に科学史そのものを縦糸としておくんじゃなしに、自然科学的な方法とか知識を今の社会的な人間生活の条件の中に織り込んで考えてみて、人間生活乃至社会体制というものがどう発展し得るかということを見たい。情緒的ではない、法則性の支配を社会生活の中にえぐり出してみたいのだ。

岡本　一般的な要求も科学的知識の普及というもので、作家の方もそういうものを作ってきた。反論的に、これはそういうものではないというものがやりたいんだということが、個人にあるわけですよ。

吉見　自然科学なら自然の法則性に近づこうと努力して近づき得たが、それが人間生活の発展の方向にどう関係してるかという点が、抜けるんですよ。また自然科学がせっかくそこまできたものを、映画それ自身の表現の限界で遂にせばめてるんじゃないかと思う。自然科学の成果は、もっと広く作品の中で消化し活用しなければ……。そこに作家の思想性が問題になってくる。

㈥　空想科学映画と作家の想像力

長野　空想科学映画みたいなものが、いろいろアメリカなんかで作られてますが、日本では少ないし、科学という言葉がつくのが妥当かどうかという映画が多いわけですが、作家の想像力と関連して……。

岡本　これは学問専門の人もそうだと思うが、ある意味ではいつも夢というものが学問の発展にともなってると思う。映画になると、よけい夢とうまく結婚する性格なんですよ。日本に空想科学映画というものが出ないのがおかしいというのは、学問的な科学というもので、生活的とか社会的とかいうものから別な学問としての科学に密着し過ぎたんじゃないかという感じがする、映画は夢と結びつきやすいはずなのに、日本の科学思潮というものがかえつて垣根になつてた。

矢部　一つは科学の後進性だよ。追いつくのにやっとだよ。(笑)

長野　そうばかりとは思えないんですが。一つはアメリカのように技術が進み過ぎて、人間の思想や社会体制が追いつけず、技術の進歩が逆に人間生活を押え人類をおびやかす方向にきます。しかし結局は機械がヒューマニズムみたいなものを発揮して解決されるとか安易な空想科学映画が多い。又一方放射能の影響を受けて、ある種の生物だけが一方的に変化して、対応する社会制度や人間の質というものは変化しないで両者の間に闘争が行われるというようなちゃちな作品が多い。私は、空想科学映画は、作家の天才的ひらめきによる空前絶後なものが考えられるだろうし、又一方現実のあらゆる事実をふんまえ、作家の想像力を従横にはつきした予想の空想科学映画も考えられると思う。つまり科学の世界では現実の世界がどう動いているかということをはつきり知ることによつて、将来を予測することができると思うわけですが、ウエルズは「世界未来史」という本の中で、日本に原爆が落ちる、日本はこのように戦うと予想しそれがだいたい行なわれた。林克也氏の「恐怖を作る人々」という本がある。科学技術の資料を集めて現在の社会状勢を分折し、さらに将来どうなるかというような形で予測的なものを描いてるわけですが、この作者は、ソヴェートのＩＣＢＭが飛ぶ三カ月前に飛ぶというラジオドラマを作っている。これは科学技術に対する確実な資料と研究によって作者の想像力が将来を予測する事ができた例ですがこのように予測する空想科学映画もあると思う。

矢部　最も映画的ですものね。

吉原　空想科学映画は、一応主人公は技術だけれども、社会体制と技術の跛行みたいなもののおもしろさでしょう。空想科学と技術みたいなものがテーマだけれども、ほんとうはああいうジャングルで追求しておもしろいのは、社会科学の、頭の中での実験みたいなものがテーマじゃないかと思います。

吉田　なぜ日本に科学映画があまりないかというと、作家の貧困の責任みたいなことも考えるが、技術以前に興行映画ということになり、興行面からの制約を受ける要素が多いんじゃないか。

矢部　しかし、売れるんじゃないかな。

吉田　ゴジラというようなのは興行的に成功らしいですね。

矢部　あれ科学といえないよ(笑)

吉田　ともいえないような気がするんですよ。

岡本　現在、宇宙的なものの関心が高くなつて、スプートニクとか、そういう世界を扱つたソヴェートの映画とか、ディズニー・ランドでかけてる映画なんかありますけど、空想には違いないかも知れないけど、一昔前のとはだいぶ基盤が違ってますね。単なる夢じゃなく、はっきりしたものがあるような。荒唐無稽は空想科学映画というものと、現在ないけれどもこうであろうというふうな映画と、名前は同じようだが質が違う

吉原　単なる荒唐無稽じゃなく、合理性みちみた空想で、ゴジラか何かが出てきてロケットを射つところがある。(笑)

長野　では時間もありませんのでだいたいこの辺で。

新作映画紹介 ■

栗の木と昆虫

理研科学映画作品

植物を荒す害虫は数多いが、栗の木を例にとって害虫と天敵との関係を描く。

構成 撮影　三橋　毅
編　集　永井清治

鉄をつなぐ火花・第二部

三井芸術プロ作品

電弧熔接工が正しい作業の出来るように指導し、欠陥と対策について説く。

演　出　上野大梧
脚　本　古川良範
撮　影　高尾　隆

稲を護る人々

日映新社作品

農薬パラチオンの使用法と危機予防を描く。

脚・演　苗田康夫
撮　影　山口弐朗

道徳を育てる生徒たち

日経映画社作品

ホームルームで学級でおこる種種の問題を解決して行く記録。

脚・演　間宮則夫
撮　影　浅岡宮吉

高速道路

日映新社作品

名神高速道路を例にとり高速道路の機能を説く。

脚・演　落合朝彦

撮影　橋本竜雄

武士のくらし

記録映画社作品

江戸の武士生活を再現し、具体的にその存在要素を描く。

脚・演　上野耕三

撮影　金山富男

X線撮影法の進歩

日映科学作品

名古屋大学放射年科のX線による病理解剖の解説

演出　岡野薫子

奥山大六郎

脚本　奥山大六郎

撮影　鈴木武夫

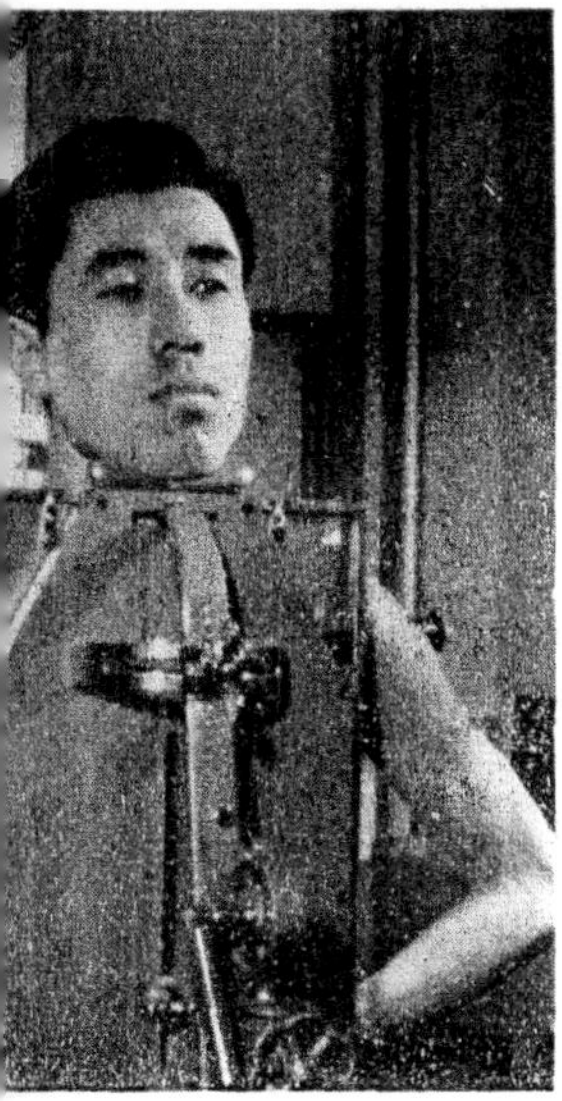

雨水のゆくえ

日本視覚教材作品

地上にふった雨水を追って、人間の生活との係りの中で描く

演出　西本祥子

脚本　岡本昌雄

撮影　野村又新

うわさはひろがる

科学映画社作品

デマの心理、デマの対策を描いた社会教育映画

脚・演　岩堀喜久男

撮影　岡田三八雄

話のしかた

東京フィルム作品

国語教室シリーズの一つとして、正しいコトバのやりとりを指導

脚・演　岩堀喜久男

撮影　高尾　隆

かんぶつや

日経映画社作品

小売店の機能と消費者との関係を解説する学校教材。

脚・演　かんけ・まり

撮影　男沢　浩

お母さんの耳は買えない

東映教育映画部作品

貧しさの中で母と子、兄と妹の暖い愛情をえがく児童劇

演出　豊田敬太

脚本　古川良範

撮影　赤川博臣

春を呼ぶ子ら

新世界プロ作品
中学を卒業する子らに捧げる明るい進路の指導映画。
脚・演　松本　俊夫
撮　影　上村　竜一

馬のおいたち

日本視覚教材作品
仔馬から三才馬までを描いて動物への愛情を高める
脚・演　樺島　清一
撮　影　関口　敏夫

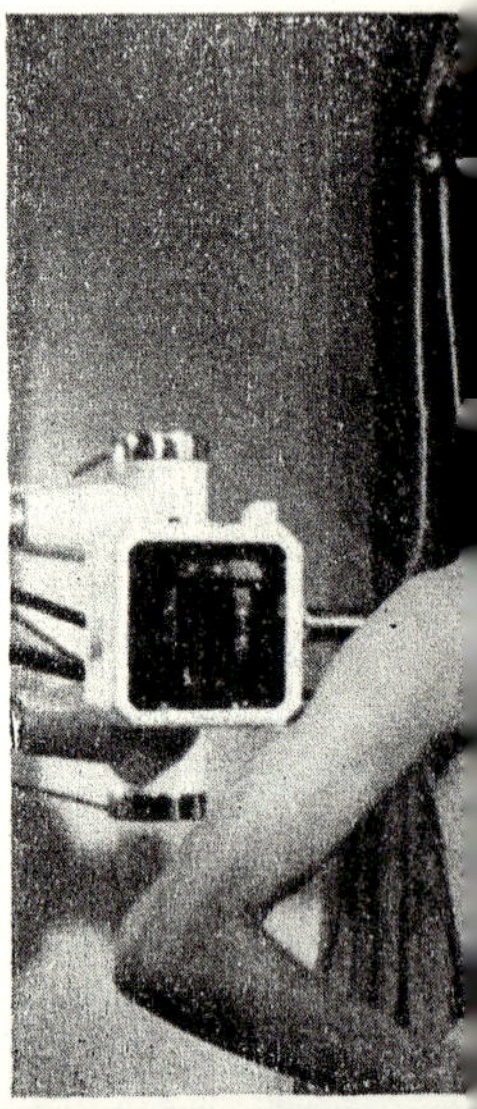

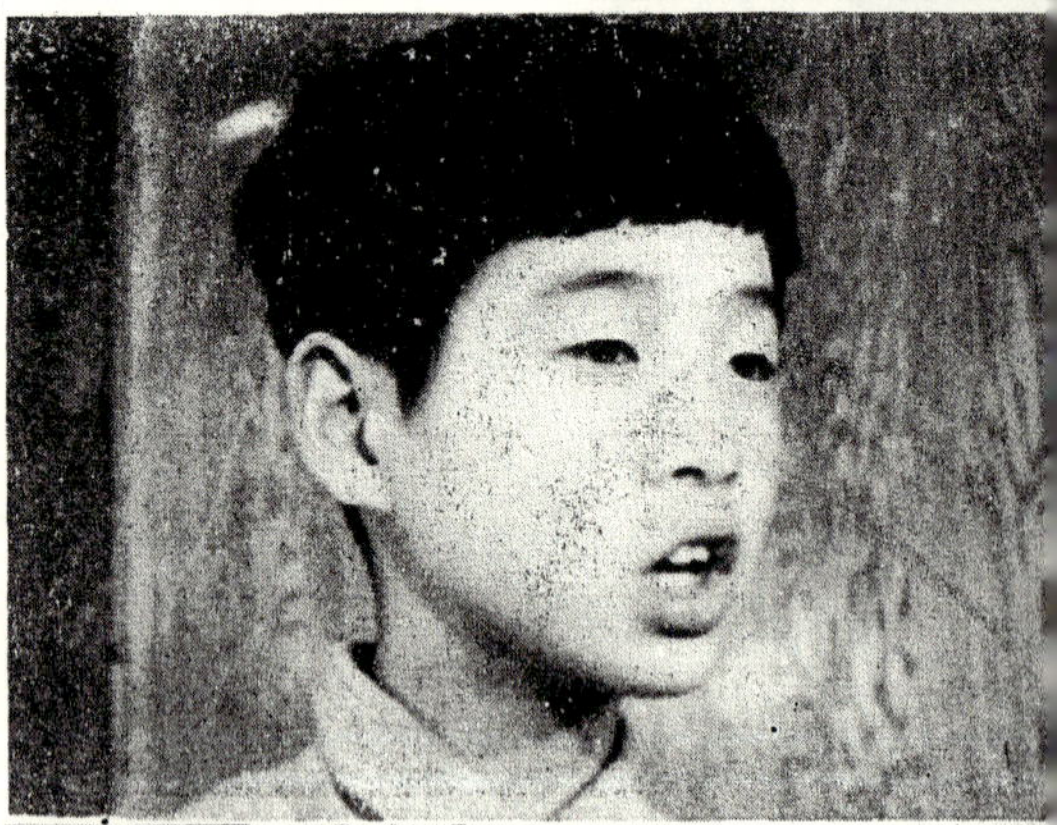

外国長篇児童劇・南十字の下（イタリーフィルム提供）

ダヴィド・フィルム＝モンディアル・チネク・ロドゥツィオーネ作品
「クオレ」の「母をたずねて三千里」に材をとり「最後の楽園」「青い大陸」の記録映画作家フォルコクイリチが描く児童劇映画。

演　出　フォルコ・クイリチ
脚　本　ジュゼッペ・マンジョーネ他
撮　影　ティーノ・サントーニ他

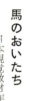

外国長篇記録映画二つ■

アルピニスト
岩壁に登る
仏・フィルマルティック・プロ作品
映配株式会社配給

実際アルプスで起った出来事をもとに、山にいどむ男の勇気とヒューマニズムをうたう。

演出　マルセル・イシャック
脚本　ジェラール・エルゾーグ
　　　マルセル・イシャック
撮影　ジョルジュ・ストルーブ
　　　ルネ・ベルナデ

黄色い大地
伊・レオナルド・ボンツィ作品
東和映画提供

六億の人口を有する大中国の姿を捕え、新しい中国の明日への力をえがき出す。

演出　カルロ・リツァーニ
撮影　ピエトルドヴィーコ・パヴォーニ
編集　マリオ・セランドレイ

最近の劇映画から■

お染久松
そよ風日傘
東映作品

「一心太助」「殿様弥次喜多」で時代劇に新風を送った沢島忠の最近作

演出　沢島忠
脚本　鷹沢和善
撮影　伊藤武夫

十二人の怒れる男
米・オリオン・ノヴァ・プロ作品
松竹・ユニオン共同配給

ひとりの非行少年の罪の有無をめぐって十二人の陪審員の姿をヒューマニズムの観点から描く

演出　シドニー・ルメット
脚本　レジナルド・ローズ
撮影　ボリス・コーフマン

■自主映画「釘と靴下の対話」を用意したもの

日本大学芸術学部映画学科映画研究会33年度作品について

平野克巳
（日大映画研究会々員）

日本の或る電車の中には、様々の日本人が乗っている。日本の或る電車の外には、沢山の米兵がいる。電車は、右から左へ動いている。外の一人が鉄砲を撃つ。窓に小さな穴が開く。中の一人が倒れる。死体を前にして、他の日本人達は途方にくれる。そして、その小さな電車の小さな窓の穴を通して、広い外の景色を盗み見る。それは、すでに異郷である。……日常的な因果では説明のつかない、しかも、余りにも日常的な外観をもって行われたこの惨酷劇の被害者には学生が選ばれた。が、実際にはその選別は任意であり、被害者の資格はサラリーマンでも、主婦でも、子供でも、農民でも、何でもよく、要するに、日本人でありさえすればよかったのだ。この一例すらが、〔目に見えない現実〕という奴が、諸々の肩書（断っておくが、階級の意味でなく）の下に様々の仕方で位置付けられている全ての日本人に対して、如何に公平に支配するかを物語っている。

我々がこの最初の自主映画制作の出発点で、その制作意図を〔現代日本の学生の或る一つの主体的な表現〕というような意味での非常に抽象的な形で規定したのは、参加スタッフの大多数が、自主、非自主を問わず、製作そのものに未経験、未熟なためであったが、それだけに、これを漸次具体化していく過程に予測される困難さというものは、主として作品以前とも云えるスタッフ主体の問題と大きく関連していることが自覚された。即ち、本来我々自身の含まれている筈のものを、我々自身の含まれていない向岸のものとして理解する、いわゆる観念的な誤りは無限に我々の内部に発生する危険性があった。前述の一例で自明の通り、〔学生〕と〔現実〕の間に一線を引いて、学生問題を現実的に把握、表現しようなぞできよう筈もないのに、従来作られて来た大部分の学生映画というものが、一応真面目であったであろうその意図に反して、この誤りに陥ってしまっているのはどうしたことか。これは、主体意識の貧困に由来する観念的な誤りであって、〔とかく、学生は観念的であるが故の誤り〕ではないに違いない。我々自身の問題を、我々に対する世間の表面的な評価に代弁させたところで、何の役にも立たない。……要するに、全ての成否は、製作における自主をその根源的な次元で把握し得るか否かにかかっていた。自主は、勝ち取るものであって、与えられるものではない。しかも、内部的に勝ち取る点に価値があり、同時に外部的にも勝ち取らねばならないようなものである。製作費、機材等に於ける製作態勢の自主性に万全を期すれば、後は自然発生的に自主的な表現が可能であるとするのは誤った二元論である。事実、この我々の自主製作の初期では、まだ各主体の自覚が共通のものではなかった。「意欲的な作品を創ろうとするのも良いけれども、我々はまだ学生でもあるし、地味に映画のABCにのっとった従来のシネマツルギーで自由な内容を表現すればよいではないか。それに、我々はまだ技術的に未熟であるから、その方が勉強になる」という発言もあったのである。しかし、これから我々の作ろうというのが自主映画を指向していた以上、この種の発言は創作方法の一つの本論とはなり得なかった。この発言の裏には、従来のシネマツルギーをマスターしさえすれば意欲的な作品が創れるようになれるという錯誤が含まれていること、最初から〔意欲的な作品〕という亜流を目指すのではなく、否定的な対象（従来の商業映画的な内容・形式等の全てに関する）を確認しながら、〔意欲的に〕作品を結晶化しなければならないということ、等々を指摘し合い、討論し合いする中に、次第に製作参加の立場をはっきりさせていったのである。この辺の事情で、我々学生としての、しかも映画学科生としての独自な立場を、より具体的に論証し得たのは、〔アルチザンの自覚的な否定〕であった。我々

映画学科生は、映画そのものが〔芸術目的〕であり、〔生計目的〕であつて、本来、映画ディレッタントたることができない。これは、はっきりしていて良い。いずれにしても、両方の目的を同時に満足しなければ、芸術運動は成立しない。が、本来我々にとって、〔職〕とは次のように理解される。……例えどのような場所に居ても、我々は、現に我々の置かれている立場に対しては、最高最大の忠誠をもって仕えなくてはならない。その意味では、真の職人たるべき自覚が必要である。しかしながら、自分の〔職〕に対して徹底的に忠実であることを、芸術目的を意識した言葉で置き換えるならば、自分の〔職〕を徹底的に否定しつづけることでもある。というのは、〔職〕とは、同時にその内部に時間性を持つものであって、運動、変化するものとして把えられ、考えられねばならず、或る一人の人間が一つの職を持っている状態は、その〔職〕を規定している社会とその〔職〕に参加している主体とが、その〔職〕の時間的な移行に呼応して絶えず相対的な関連性を保持して動いて行く状態のことであるから、〔職〕はもともと与件的な世界の時間軸を一直線状には進行せずに、主体の内在する意識の程度によって屈曲しながら動き、従って、主体の側面の〔職〕が、もう一方の客体の側面の〔職〕の遅れを常に否定的に是正しなくてはいけないからである。いわゆるアルチザンは、この〔職〕を静止した側面でしか理解しないことより生じる。しかも、ここでいう静止した側面とは、時間の皮相的な意味での静止ということではなく、本来運動していく〔職〕に対しての主体意識が全く無く、客体の側面の自動的な操作のみによってそれが与件的世界の時間軸を一直線状につっ走るにまかせる状態のことであり、主体の〔職〕に対するこのような関り方は〔職人状態〕の最も悪いものである。云い換えるならば、〔職〕に噛み付き、〔職〕を否定すること、これは、客体の側面の〔職〕が全能になろうとするのに対する、主体の側面の〔職〕の自己主張であり、主体が〔職〕を媒介として現実と斗争することである。〔職〕が外見上非常に静的であるだけに一層、この斗争は忍耐強く、地味に、続けられねばならない。今日の〔職〕への忠誠の図式が、明日の〔職〕への忠誠にもなると誰が保証し得ようか。主体は、特定な〔職〕に対して、現実と対応して、正に固有な仕方で関り合わねばならないのだ。まして、具体的に己が身の映画のことに関して考えると、我々が映画固有のイメージを厳しく追求しなくてはならないという立場は〔食うための職業の縄張を他から厳然と区別するため〕なぞという皮相的な条件を超えた〔多くの敗北した主体の積み重ねが従来自ら作ってきたマンネリ化した表現図式を、この職に主体的に参加している映画人が、当面の現実の一つ一つに対応した生きるための実感に支えられた誠実で正確な表現欲によって、新しく塗り変えるため〕の条件の上で理解されねばならないのだ。……

「釘と靴下の対話」撮影スナップ

従って、本来〔職〕そのものは一つの主体に対して雑多・多様な機会を偶然にまかせて与えるようなことはない筈のものであって、〔職〕の確立は主体の意識に規定されると云って良い。少くとも我々にとっては、学生である現在を映画芸術に対する職意識を抜きにしては生活し得ないし、その立場を、将来学生でなくなる時を待って、非主体的に特別扱いをしようなぞとは思っていない。こうしてみると、学生の自主映画製作は、その芸術運動の観点に立つ以上は、広い意味の映画人一般の自主製作と全く同一線上で理解せねばならないのだ。自主の含蓄は豊かになり、それに、広い展望を与える自覚が要求され、同時にその自覚故に厳しい自己批判の精神を強要される。自主性は、非当事者の忠告・助言によって侵されるというようなことはなく、むしろ、その無関心によって侵される。

ところで、我々は、本来の在り方として、学生自主映画を一般自主映画のルートの上に敷衍して規定し得たが、これが具体的な可能性を保証する論理として常識化するには、当然今後の計り知れない多くの苦難が予測されよう。それを獲得するには、各々の立場の集団が、各々の状況とし主体的な闘争を通じて一つ一つ具体化して行き、同時に、各々の状況に共通する問題を足掛りに、それ等が統一的なものに高まらねばならないが、同時に、お互い同志、状況に伴う条件の相違を理解し合って、当面の具体的方法のための示唆を発見する必要がある。その意味で、我々の条件と我々の努力との間に、結果的に素朴に産み出された数字を報告いたします。

全製作費　約二〇万円（人件費と機材借用費の大部分を除く）

撮影日数　約一ヶ月（中、徹夜三日）

さて、作品以前の我々の立場を説明している中に、作品自体から少し遠ざかり過ぎたようである。内容の説明はセルロイドに委せるとしても、実験の要点は明らかにする必要があるし、原作者の観点のボソボソ話に過ぎなくとも、案外、そこから何か「意余って、力足らぬ」部分を発見していただけるかもしれない。読者の皆さんに、批判・非難のための正当な口実をより多く与えることは、我々の意図するところである。

何にしても第一作はそうであろうが、この作品も、その出発点からして明確に自覚し得た実験意識は、表現上の問題においてよりも、まず、製作を遂行するヴァイタリティーというようなものの中に発見することができた。即ち、一度原作が決定されるや否や、それを錬磨、具体化していく過程における各スタッフの原作検討のやり方を、全て、テーマの確認と細部の検討との間の往復運動の無限的な繰返しの中に見出そうとしたことは、その後の製作プロセスに予測し得る表現上の諸々の困惑を妥協や感情的背反の中で曖昧に残していかずに、不明確な点として飽く迄も全員の共通した知的な理解の中に記録しておくための、この自主製作における意識された最も重要な実験であった。この意識は、「テーマへの肉迫」という多少抽象的な合言葉になって、製作プロセスの到る所に充満することになったが、結果的には、大多数のスタッフが、その色々な意味合いでの有効性を実感している。これはつまり、最後には各パートに散って行く個々のスタッフ全部の内部にでき得る限りの柔軟性に富んだ理性的配慮を満たすことによって（今度の製作では十分には徹底し得なかったが）、セクト主義を排そうとしたのである。要するに、創作のための方法討議の場には、科学的認識の領分のものと、芸術的認識の領分のものとが混合した形で問題提起される傾向があるのを指摘して、その混同を避けるために、予め、表現方法論に先立つ科学的な認識の分野のみに関する討論の場、研究の機会を、随時設けたのが良かったのだと思う。数々の映写会や講演会が、シナリオ会議やコンテ会議に対応する形で催されたのはそのためであった。以上のようなあり方は、云ってしまえば、当り前ということにもなるが、商業映画は勿論のこと、どのような製作の場合でも、そのようなやり方を少しでも徹底させるのなら非常に難しいものであるし、又、下手するといわゆる「船頭多くして……」の思わざる破綻を招く危険性もあるというようなことの意味をよく検討してみると、実は、このようなスタッフのあり方は、はっきりした独自な立場を持たなくてはならないことに気が付く。即ち、根本的に、スタッフ個人の才気の審美的な可能性が否定されているにもかかわらず、他のスタッフはスタッフ個人のそのパートにおける表現の最終的決議権を侵害できないという関係を持ち、各スタッフ間の表現上の論争は、一歩科学的な認識に退いてから逆説的効果で行われ、それが何回も繰返されるのであり、要するに、これ等全ての傾向が、彼等全てのスタッフをして、ある・・・リスト集団を指向させずにはおかなくなるのだ。

ところで「釘と靴下の対話」の原作者として〔現代日本の学生の或る一つの主体的な表現〕という予め規定されてあった大前提となる製作意図をどのように具体化したかを述べてみたい。まず〔学生〕という身近な事実であり、同時に、曖昧な観念でもあるものに、或る単一なイメージの断を下すことができなかった。不思議な程に、直ぐ様帰納的に鋭く響きかえってくるものがなかったのである。逆に演繹的に上の方から重たるく下って来たらしいイメージが陰気に去来する。一方、自分がそれに含まれているのだと自覚した〔学生〕は、イメージとしてではなく、論理的にははっきりしだす。この論理は大分でしやばりである。例えば文頭例の、死体が偶然に学生であったということは、「同時に、〔学生〕がその死体であるという必然性を意味する」といった具合に。或いは、〔学生〕がその死体なら、「〔学生〕は電車内の他の生存日本人の一人と置き換え得る」といった具合に。或いは、「すれば〔学生〕は、窓の穴を通して外の異郷の様子を観察しなくてはならない」といった具合に。……要するに、上の方から重たるく下ってきた〔学生〕のイメージと、己れが加入して雄弁になった〔学生〕とが統一されて原作のバックボーンになった。形の上では明らかに劇映画であり、内的リアリズムを指向した。概念的な映画になるのを怖れて、観念の強い映画にしたかったが、結果的には十分ではなかった。尚題名「釘と靴下の対話」は、一歩跡み出すと釘が当って痛い、じっとしていれば痛くはないが何もできない……といった象徴的なニュアンスを、その言葉の音調の中に封じ入れたものに過ぎない。

最後に、極く簡単に概括してみよう。作品の結果的に明示しているものによって、製作プロセスにおける我々の諸々の錯誤を指摘されるところ大であるが、作者達自身が、自分等の表現したものに感情移入してしまっているような所を発見して、特に胆に銘じた。思うに、このような映画の作者、即ち、最後に一つの結晶となって出て来る作品の作者は、特定のスタッフでもなければ、スタッフ全員でもない。それは、スタッフの個々を超えた倍音的な主体のものである。この倍音的な主体を高めることによって作品も高まり、作品を高めることによって、その主体も高まる。そしてそれには〔自然主義的な誤ち〕が、不断の危険性であるのを知らなくてはならない。それは、歴史の時間経過に対応して動く作家主体につきまとう影法師のようなものである。とまれ我々は、自主製作を毎年持続させて行かねばならないから。

×　×　×　×

新鮮な残像が愉しい・「潮の合い間」
作家内部が知りたい・「蜂の国の驚異」

岡本昌雄

英国トランスポートフイルムの色彩映画「潮の合い間」は海辺に棲む生物たちの姿をたんたんと記録した小品。ウェールズの西南海岸のデール・フォート・フィールドセンターの協力により作られた。なおこの映画には生物学者二名が指導に当っている。

海岸の生物は、潮の干満による激しい環境の中で、さまざまな生命の営みを続けている。

映画はそうした大小色とりどりの生物を軽いタッチでごく平凡に見ていく。テクニカラーは、精巧な図鑑のようにシャープで、立体的である。次々に登場する生物は、それこそどこにでも見られそうものばかり、特に生物どうしの関係も追求はしない。全体を通して一言いえば、鳥類の描写が一番みごたえがある。

レヴューのように登場しては消えていくので、呆然と見てしまうほどである。このような映画も捨てたものでもない。私はもっと徹底したムード的な映画というようなものが、この世の中に現われてもいいとさえ考えている。

「潮の合い間」で扱っている生物は、魚類、貝類、海藻、浜辺の植物、鳥類など、甚だ種類が多い。生物に限らないが登場者が多いことは映画にとって不利である。誰もが知っている事でもそういう条件に迫られる場合がある。この映画でも生物の諸相を十分に伝えることは不可能であった。やはり羅列的になり「動いている標本映画」と呼ばれる弱点も出ている。それにしても「動いている標本映画」とか「電気紙芝居」「動くスライド」などという悪意のみなぎっている週刊誌的な言葉は、短篇映画界が自虐的に口にしている感がないでもない。切り捨て御免式に他人の作品を整理しているぐらいでは、どうにも大人気なくて心の隅から語る気持にもなれない。

「潮の合い間」の残像は新鮮で愉しい。その原因は何だろう。色彩技術の成功した撮影の美しさ。それは底ぬけに明るい……。そうした決定的な写真効果による健康的な自然讃美。生物映画には常踏的な斗争シーンのないこと。記録映画では慣習的な特殊なシチューションを導入しなかったこと。それらが複合して理屈のないスマートな作風になったと思える。

映画製作の立場から、よく他人の作品を自分の仕事と比較しながら見ていることがある。

これは私だけかもしれんが悪い習慣だと思っている。いつも理屈っぽくて映画を映画として愉しく見る技術を忘れているわけだ。

どんな映画も、自分のペースと同列にしてジメジメした環境で映画を考えてみる。するとドギツイ活劇映画や、かび臭い教材映画が強く浮きだしてくる。日本の短篇映画の代表的なサンプルが記憶の網にかかってくる。――教育映画のカタログの中には、そうした作品が列んでいて、とても「潮の合い間」のようなおおらかなものは発見されない。

まずこの私自身がそういう映画が作れるのかしらと、自問してみたくなる。

ある型にはまった商売のための映画として作る限り、あのおおらかさは遠いだろう。自分の身についた型紙からは、とてもニューモードはできあがらない。

「潮の合い間」は太陽の輝いている海岸の歌だ。そこに何がいようと、そんなことだけではないだろう。

*

動物や植物を題材にした映画を作るには、その世界の学者なり研究者が映画を完成できれば都合のよい話である。私などはあまりに自然科学も何も知らないので、本来ならこんな仕事は適任ではない。仕事中は苦労の連続である。「科学映画は映画人であるとともに科学者でなければいけない」とか「教育映画を作る人は教育の現場をよく知っていなければならない」と誰もが言う。誠にそのとおり――まともに反対する信念もないし、下手すると自分の力不足を証明してしまうことになりかねない。

映画で扱う素材は動植物に限定されてるわけではないから、専門家が相当数集っても満足な状態は遠い。専門家が専門分野の中で映画を作っていられるなら何も苦労はないが、少くとも日本の学界や映画界にそんなフィールドがあるだろうか。

映画はたった一人で作るものではないし、多くの場合スタッフ以外の人々の協力を必要とする。科学映画ではとくに各専門分野の学者に指導してもらう以外に、目下のところ方法がないのかもしれない。

それにしても外国短篇を見ていて、何時も痛感することは映画の撮影以外に相当の準備があることだ。基礎調査や仕上げに無理のないスケジュールを組んでいることは日本の場合皆無に等しいからである。

*

ハンガリーの「蜂の国の驚異」は題名通りの自然科学映画である。これを見た瞬間私は戦前のドイツのウーファで作った同類の映画を思いだした。勿論両者の態度は似て非なるものがあるが、何かそこに自然をみつめる眼にヨーロッパ人の共通なものも感じられる。それにしてもハンガリーの記録映画は東欧共産圏の国々の中でも最も水準が高いといわれている。

その中でもこの映画の監督アーゴシュトン・コランニと、その師であるイシュトヴァン・ホモキリナギイ博士の二人が中心で、完全に他を圧倒しているそうだ。コランニは「少女と山猫」という映画で動物生態と児童劇の要素を組合せた異色篇（これは日本でも公開された）も手がけている。なおコランニの作品には「山は動く」「色彩の神秘」「熱帯魚の生態」「生命の探究」などがある。

「蜂の国」は蜂が幼虫を育てるために住家（巣）と食物をどのように用意するか——ということを、進化の順を追いながら生態記録したものである。ドロハムシの簡単な葉の上の成長。ハマキのように大きな葉をまくチョッキリゾウムシなどの甲虫なども出る。ハナダカバチ・ジガバチなどは幼虫の食物あさりと巣づくりに苦労する。大家族生活のハチ類は社会組織のように分業化している。その中でも極度に発達しているのがミツバチである。映画は、「これら昆虫の複雑な動作は、誰からも教わらないで、上手にやってのけられる。人間の知能とは違って、本能はこのような芸当をやりとげる力である」と言っている。

忠実に描いているが、とくに困難な撮影でもないしこういう技術の映画は始めてでないだけに題名ほど驚異でもあるまい。

自然の姿を凝視する者は、学者だけではない。まして小さい昆虫の世界を探ることは専門外の人でも少なくないから、この映画で見られる生態はごく普通に観察できる。

＊

コランニという人が教師になるつもりで物理と数学を専攻したという経歴だけをみると、「蜂の国」と至極ウマが合う。だがコランニは一九四七年にふとしたことから宣伝用の漫画映画を作りはじめたのである。演出なのか作画なのか不明だが、どちらにしてもとんでもないひっかかりがおきて、映画の世界に入った人なのである。

その後前述のナギイ博士の許で記録映画の製作に入ったというから、人間は分らないものである。

そんなことから「蜂の国」をみるのも一興だが、私はもっと違った興味をもつのは作家の頭の中である。「蜂の国」を作ったコランニが、蜂の生態をみつめながら、あるいは漫画を考えていたとしたら、どうだろう。勿論コランニは漫画映画を作らずに実写を生んだわけだが、頭の中でそんなことは絶対に考えないとは誰が断言できよう。

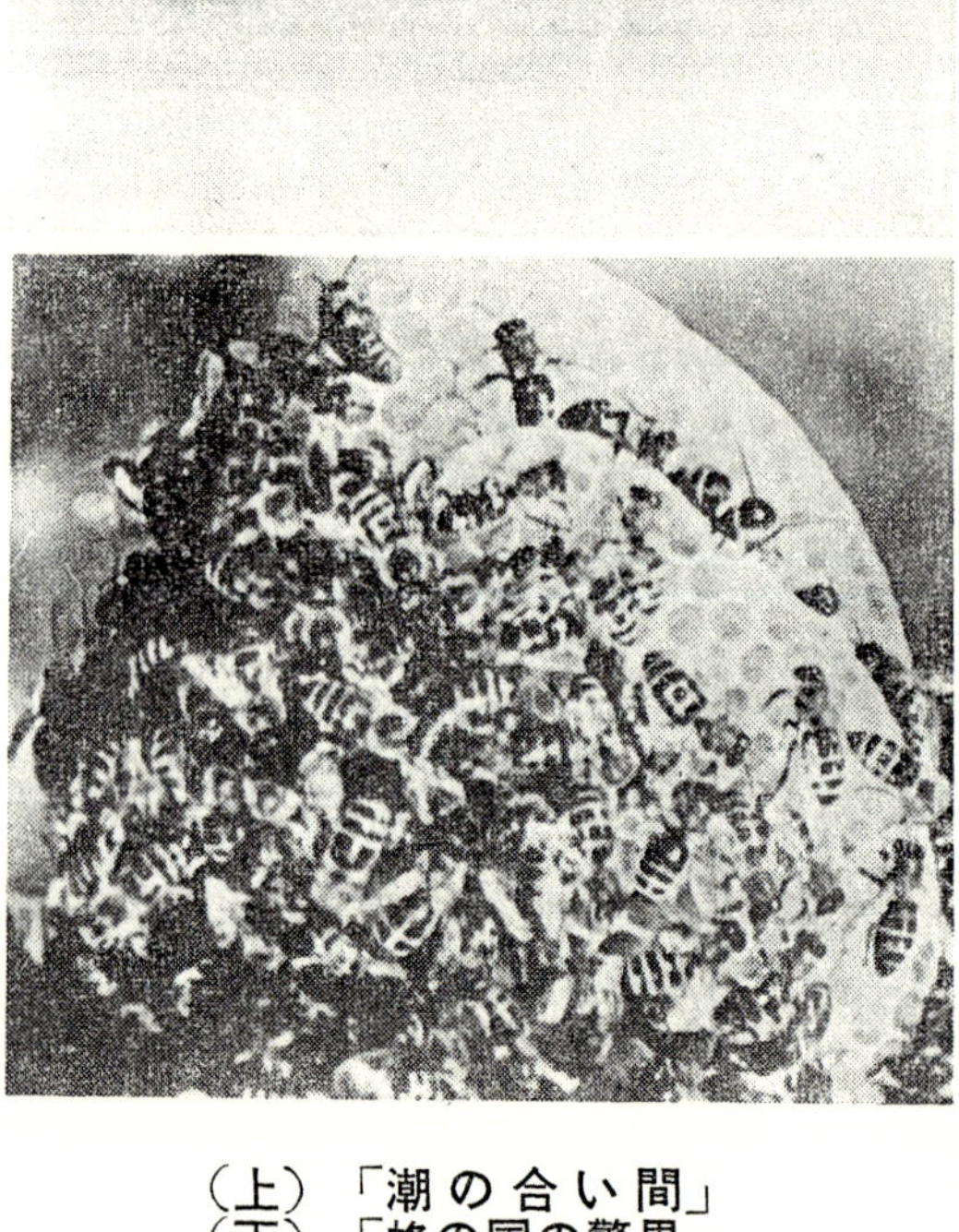

（上）「潮の合い間」
（下）「蜂の国の驚異」

科学映画が、科学的であることに異論もなかろうが、科学的な解釈や法則だけでコランニが映画を作ったかどうか。科学と芸術の関係は価値判断だけで白黒はつかないから、映画というものが複雑な仕事になるのだろう。そんな点からみると、「蜂の国」は日本の科学普及映画と誠に類似している。うっかりすると、日本のどこかの会社で作った映画ではないかと錯角してしまう。私がいまこんなことを考えた瞬間——気づいたことがある。それは本項の始めに述べたように「蜂の国」とドイツの作品との比較である。その答えがここで始めてでてきた。

御承知の人も多いが、戦前のドイツの文化映画には、自然科学映画が数多くあり、その題材、構成、技術が日本の映画によいお手本となった。そして自然科学映画は今もその影響が強く残っているわけだから、私たちの国の映画がヨーロッパに似たのは当り前な次第である。どうも主客顛倒の論理がムクムクと湧くところには、こんなナンセンスな誤りもあるものなのである。

＊

自分の映画とよく似ているなどという嬉しい考えかたが、他人の作品をみていると私の頭にもどうかするとでてくることがある。私の悲哀なのか分らないが、よく考えてみると滑稽である。

もう一つ私たちがよく口にする言葉がある。〃あれは大人の遊びさ〃という何気ない達観した言い方——ちゃんと批評でもする時は、同じ考え方が、きっと違う言葉で語られるのだろうが、これも滑稽である。作品を遊びだと思う作家もいないのだし、作家がそんな解釈では頼りない。しかも「蜂の国」のような科学的な作品には誰もそんなことは言わないが、作家の主体が謳歌されてるような場合には、チェッという替りに、でてくる言葉だと思う。これはどうにもたまりませんという、羨望のようなものかもしれない。「蜂の国」はそんな映画ではございませんから、御安心下さい。

作品研究

平和のイマージュ
「同じ空の下に」について

野田真吉
（演出家・フリー）

(1)

「同じ空の下に」はポーランドの記録映画です。

一九四〇年、ナチス占領下のワルシャワでは五十万人のユダヤ系住民を「危険きわまる代物《しろもの》」としてナチス軍は彼等をゲットーという地区に隔離しました。いや、ナチスの総督ハンス・フランクの命令によつて石屋という石屋、左官があつめられ、壁をめぐらしたのです。映画の解説はそこで、こういつています。

《こんどユダヤ人たちを集めるのは、ただみなごろしにするためだとは、つけ加えませんでした。総督は、それをいい忘れたのでしょうか？ そこで、この五十万人を壁の中に生き埋めにするというのです。待つてくれ！ この壁の向うから、出口のない壁の向うで、苦しみ悶える声がきこえだすのです。……》

こうして壁の中にとじこめられた五十万人のユダヤ人たちは寒さと飢えと悪い病気のために、つぎつぎとたおれました。絶望と恐怖と孤独の重い空気のなかに日記をつづつた人たちもいました。その日記には四一年九月九日にチフス患者が数千人でたとあり、十月十日にはフランクの命令で、食料の配給がまつたく停止されたとあります。彼等はこのようなはげしい迫害と残虐行為をうけました。また、死の収容所、アウシュヴィッにも送られました。しかし、一方しつように抵抗組織による武力抵抗がつづきました。ナチスは彼等に容赦なく銃殺をもつてたちむかいました。

だが、ついに、ナチスは四三年四月、かの有名な「絶滅」作戦にでました。突撃隊、警察軍、戦車隊をくりだし、空爆、砲撃をもつてゲットー地区の男も、女も、子供もみなごろしにしました。街は完全に瓦礫の廃墟となりました。

映画はこうした数しれない人々の血と涙にあらわれた土の上に、墓地となつた地に、いま、その同じ空の下に、再建された新しいワルシャワ——そのワルシャワの立派な住宅街の人々の生活、とくに子供たちのたのしそうな生態と悲惨をきわめたナチス占領当時のニュース映画をつみかさね、かかわらせあいながら構成しています。今次大戦のはげしい戦争体験と今日の平和な生活とが、うらはらになり、明暗の性格をあたえながら、平和にたいする願いと、戦争にたいする憎しみをうつたえています。ある人は、アラン、レネエの「夜と霧」にくらべられる作品だといつていました。「夜と霧」をみていないぼくにはひきあいにだせませんが、それはそれとして「同じ空の下に」は記録映画として最近みたもののなかで最もすぐれた作品だと思いました。それはたんに、素材のアクチュアリティとか、テーマの積極性とかということだけではありません。作者が対象によりかかつたり、感情移入による同化作用でうつたえようとするのでなく、映画固有のかかわり方をもつてきびしく対象にせまり、対自化していることです。

(2)

占領当時の場面はニュース映画や写真をつかつています。

《あぶらじみた石だたみ》の上を《生きる気持をすてわしなかつたものの、その希望は草さえ生えぬ道ぞいに、やつとの思いで託されているだけで、もはや地平線も望みえない》ゲットー地区の人々の重苦しい歩み、彼等の表情、目ぼしい日用品をもちだして、食料にかえようとしている飢えのせまつた子供たち、などのニュース映画のショットのなかに、苦しみをたたえた人たちの顔やミイラのようにやせて死んだ子供、何ものもはいつていない買物籠、路上の死体等の写真のクローズアップが挿入されます。写真は接写、または拡大によつて写真面のアラビを積極的に利用しています。まるで点描的な効果を加えています。そうした写真によるクローズアップがニュース映画のショットとともに使用されてショッキングです。ゲットー地区の人々のうけた惨苦が、それらの映像はみる者の心に錐をもみこむようにくいこんできます。というのは——それらの映像はたんにストップショットによる解説、解明としての使用でないのです。またニュース映画のショットの不足を補足するために使用されているのでもありません。たとえば前半のゲットー地区のあぶらじみた石だたみの道路にあふれるように寒さと飢えと恐怖にさいなまれた人々が、うごめくようにゾロゾロあるいているニュース映画のショットは内容的には現象的ですし、とらえ方は静的です。こうしたニュース映画のショットに、前にあげたような写真によるクローズアップのショットがうごめく人々の、内心の苦痛とさけびのように、とむすびあわされます。写真による静止したクローズアップのショットの内容はまさに動的なとらえ方です。

このように、ニュース映画のショットのもつている、物理的な意味での動的な（時間と空間の一致した）本来の意味と写真によるショットのもつている、静的な本来の意味（時間を捨象した空間）を否定的媒介としています。

そのようにとらえたショットをさらにたがいに否定的媒介とすることによつて（モンタージュによつて）高次元で、あのショッキングな映像を組織しています。

両者のショットがなんの異質感もうけず、しかも、ショッキングな映像をうけとらすのは以上のような作者の方法にあると思います。

ここで、ぼくは写真などという非映画的素材の有効な使用と導入による映画的世界の拡大、深化の一つのよい示唆をうけたことをつけくわえておきたいと思います。レネエの「ゲルニカ」もその一つ

ですが、「同じ空の下に」には、そうしたものの導入、消化についての問題をぼくたちになげかけていると思います。当然、それと関係する作者の方法意識や方法の問題をあたえてくれていると思います。

(3)

写真によるショットとニュース映画のショットの以上のような意識的、積極的な使用は全篇、いたるところにみられます。そして見事な成功をしめしています。この映画のそれは特色といえます。

その一つはゲットー地区の人々が銃殺されるところです。壁にむかって手をあげて立された銃殺される人々の写真がつかわれています。キャメラは機銃の音とともにしづかに人々をパンしていきます。銃殺、しかも、銃殺された人々はたおれない。この不合理な異常感は写真による、たおれない銃殺された人々と機械的な機銃の連続音の対置によって、銃殺される者と銃殺する者とのイマージュが二重にかみあい、みる者に、銃殺者へのふかい憎しみをうけとらせています。いうなれば、この異常な視聴覚的映像の組織化に、ぼくはモンタージュを軸とするドキュメンタリー方法における、デペズマンやオブジェの方法の止場をみるのです。このことは前にふれた方法としてのモンタージュと関係し、そのなかにくみいれられているのですが、同じようなことはつぎの例でもいえると思います。

ぼくが「同じ空の下に」で、もっとも印象的だったのはゲットー地区の人々が、銃や棍棒、猟犬によって、まるで獣のように狩りだされ、死の収容所、アウシュヴィッツに送られていくところです。

アウシュヴィッツの収容所に送られていくボロをまとった老人や婦人、栄養失調の子供たちが死の旅立ちとはしらず貨車にのりこんでいく場面があります。のりおわると貨車の扉がしめられます。そこで、鉄のカンヌキのクローズアップとなり、外からガチャンと、カンヌキがかけられます。その閉められた鉄のカンヌキのクローズアップの画面に次々と他の貨車のカンヌキがしめられていく音が、数をますにつれて遠くなってきこえてきます。はるかな機関車の始動の音。つづいて貨車はうごきだします。キャメラはそのままです。貨車のカンヌキは画面からきれていきます。ペンキの剝げおちた貨車の板がところどころに木目をみせながらクローズアップされて画面にあらわれてきます。そうした貨車のいたんだ板のえがく模様はもう貨車の板でなく、貨車に閉じこめられた人々の声なき声です。はじめはゆっくりと流れていた画面は列車の速度がますにつれて流れがはやくなり、映像は急速にくずれて「流れ」てしまいます。流れがたちきられるようにカットがかわるとアウシュヴィッツの収容所に山とつまれた彼等の遺品となった靴の山です。キャメラは急速に靴のクローズアップにトラックアップします。つづいて眼鏡の山です。

鉄のカンヌキの大写しにはじまるショットから眼鏡の山までのショットの映像と音との映画的表現は見事であり、アウシュヴィッツで殺された人々の叫びを、どんな言葉や文章よりもよくききとれるようでした。

こうしたシュールレアリスムでのオブジエやデペズマンの方法を否定的媒介として新しくモンタージュを方法の軸とした「同じ空の下に」は全体の構成においても一貫性をもっています。

(4)

映画は《晴れわたった朝—青空の子供たちの上に、ワルシャワの太陽がたわむれかけています》《幸福が風の髪の毛の中で笑っています。彼等の親たちが石を一つ一つつんで建てた、この光の背景には子供たちが明るい時をすごせるようにと、戦争の影はみじんも残されていません。さまざまなすがたで、おなじ屋根が子供たちをかくまっているのです。そしてワルシャワの屋根のすべてが一様に、おなじ空、人々の空の下で、彼等の骨折りと喜びの時をくり返しているのです》といった解説によって新しいアパートの中庭であそぶ子供たちの平和な姿からはじまります。

そして、キャメラはアパートの立派な部屋をうつしだします。そこにある一家の写真が壁にかかっています。《……私どもにヒットラーはこうした写真しか残してはくれなかったのです。彼等はまず死なければならなかった。彼等はユダヤ人だったのです》

そこで、かってのゲットー地区の壁の中に《生き埋め》にされた場面になります。

そして、ゲットー地区の人々の言語に絶する迫害と恐怖の生活が展開されます。

再び、アパートの中庭にかえります。あかるい陽ざしをうけて、子供たちはバスにのって幼稚園にむかいます。

アパートの窓から親たちは子供たちを笑顔で見送っています。

再びナチス占領下のゲットー地区の人々の生活の場面にかわります。

構成は今日の平和な日々をたのしんでいる子供たちの姿とゲットー地区の場面が交互に組合されながら、アウシュヴィッツの死の収容所送り、そして、最後は「絶滅」作戦のせいさんな戦闘、たたかっている抗戦者たち。《焔の束》とゲットー地区はなり、瓦礫の原となります。フランク総督はヒトラーから勲章をもらいます。廃墟から狩りだされたユダヤ人の最後のものたちが壁にはりつけられて銃殺されます。

一本の木も草もない瓦礫の街ワルシャワ、ながいながい瓦礫の廃墟のパノラマ。パノラマの最後にたった一人の男がキャメラに背をむけて廃墟の道をとぼとぼと歩きさっていきます。《十字架とはりつけにあった人たちとの地平線に人の足音がきこえてくると、その時私どもはその人の心を深く理解せずにはいられぬでしょう。……そこに埋もれた人々に心をつくす唯一つの手だてなのです》といって映画はおわります。

ところで、ゲットー地区の各シークェンスは過去の回想としてとりあつかっていないのです。又、現在の平和な生活と過去の悲惨な戦争中の生活をたんに対比的に組

合せていないのです。それはまずこの映画が現在の平和な生活の姿からはじまり、廃墟となったワルシャワのパノラマによっておわるところでもわかります。この映画の今日の平和とかっての戦争の各シークェンスはたがいに否定的な媒介となることによって今日の平和のイマージュは戦争の悲惨なイマージュにささえられ、戦争のイマージュは今日の平和のイマージュをささえるものとしてモンタージュされています。そこで平和な今日は暗い戦争体験によって光をあてられ、暗い戦争体験は平和な今日によって影をあたえられています。逆に、同時に、暗い戦争体験は平和な今日に影をあたえ、平和な今日は暗い戦争体験に光をあてています。こうした方法として新らしく止揚したモンタージュはこの映画を構造的にささえています。両者のもつ明暗の二面性がたがいに否定的媒介となって、二重のイマージュをうちたてることによって、平和を立体的にとらえています。それは戦争体験を今日の平和のなかにとらえ、平和への希求を――今日の平和を戦争体験のなかにとらえ、今日の平和にたいする危機感と平和よう護への熱意を――ぼくたちにあたえます。作者たちのそうした平和にたいするまた、戦争体験にたいするかかわり方は、ファストシーンの平和な子供たちの笑顔とラストシーンの廃墟と化したワルシャワの瓦礫の原は一つのイマージュであると思います。

「同じ空の下に」の立体的で重層的な平和のイマージュは作者たちの戦中戦後のはげしい体験の対象化によって、そこからうまれた今日的な現実意識と芸術方法によって、うらづけられていると思います。

ぼくたちは同じポーランドの映画「影」や「地下水道」「灰とダイヤモンド」などのなかにも同様な方向をもとめ新しい方法をみることができます。

「同じ空の下に」のスタッフ、脚本構成ウイエルニック、解説ルージエヴィッチ、撮影ウエーベル、音楽バイルド、一九五五年製作。

作品評「素晴らしき娘たち」（家城巳代治作品）

人間性への信頼に好感

かんけ・まり（演出家・フリー）

働く娘たちがもつ健康な清潔さ――映画「素晴らしき娘たち」は、そうした清潔さに溢れています。所謂ハイテーンといわれる娘たちの多くは、健康な美しさと、社会を前進させる無限の可能性をもっている、と、この映画は訴えているようです。若い世代へのこうした信頼を基調にして作られている映画は少い。紡績工場に働く娘たちの姿を、その職場と寮生活を通して克明に描いています。ですから作品全体に、娘たちの生活感情がかなりよく流れていると思いました。それが、ふき出るような若さのエネルギーとしてせまって来ない。作風というか、作家のお人柄とも言うものかも知れません。

繊維産業にいや応なしにくりかえされる操業短縮――映画はこの操短の宣告を出発点にして展開してゆくのですが、残された者の安堵と帰休組の絶望のなかで、働く者にシワよせされる操短の不合理と悲しみを感じとるキチ。帰休組の玉枝は恋人との結婚によって救われようとする。しかし恋人の労働者は「紡績女工は嫁にできない」という父親を説得できない。とり残されて、夕暮れのなかに立ちすくむ玉枝の姿には、「紡績女工」の長い悲しみの歴史を深く感じさせます。

「紡績女工の何が悪い……」と怒るキチ――紡績工場で働く娘たちは、ほとんど農村の娘たちです。娘たちは際限のない労働と、見透しのない貧乏、そうした農村の生活からぬけ出して、「独立した生活」にあこがれています。工場生活は一応、娘たちの「あこがれ」をみたしてくれるのです。そして「独立した生活」は娘たちに大きな喜びと誇りを与えます。――キチの怒りにはそうした労働者の誇りがこめられています。

また、工場生活はキチに、激しい労働に対して低い賃金への疑問や反抗心をも同時に芽生えさせるでしょう。その発展が、同郷の仲間ヨネの職場転換を阻止する行動にもなり、父の決めた結婚を断るという自己確立へもつながっていると思うのです。しかし、キチの人間的な発展では、充分感動をもりあげていないと思われます。所謂劇的展開をとらない構成のためでしょうか。この構成は作品全体に写実味というか現実感を出すことに成功していると思うのですが、もう一歩、テーマを太く通す何かが足りないのです。従って、後半では特に各シーンが芝居臭くなっています。娘たちが保善工の上村を共通の友人とする協定――仲間をだしぬいて恋愛はしないという誓約を結びます。協定がやぶれ、キチが仲間はずれにされて和解するラスト。こうした、仲間意識がどう育ってゆくかという点で大切な部分が、単に話をすすめるための設定に終ってしまっているのは残念です。

昨今、映画の新しい手法が問題にされ、「新しい映画」といわれる作品はいずれも、心理的リアリズムの否定だと云われています。そしてそれらの作品は、一様に人間性の信頼感も、思想性も失っているように思えます。それでいて私も結構一種の共感を覚えるのです。こうした「新しい映画」にくらべると、「素晴らしき娘たち」は、人間性の信頼の上に立っています。私のなかにある二ツの異質の共感は、私自身の混乱ですが、私だけだろうか、と反問してもみるのです。

創作方法の停滞が問題になっている折から、どんな方法であれ、じっくり腰を据えて現実を追及する態度を失いたくないと思うのです。

作品評■「春を呼ぶ子ら」（松本俊夫作品）

外側からの貧しさの展望

苗田康夫（演出家・フリー）

　私はこの映画を見終ったとき、重苦しい気分をどうすることも出来なかった。この映画から激しいショックをうけたためでも、意外な現実をまの当り見せつけられたためでもない。いわば作者が真正面から取組んだ社会問題に私もまた身動きがつかなくなってしまったせいだ。

　これは中学を卒業するとすぐ社会へ出て働かねばならない年少者たちの、進路指導を意図して製作されたもので、いわば彼らの進みうる実社会の職場を紹介し、その心がまえを説くといった風につくられている。

　義務教育の中学を終えて、高校へ進学するものと、社会へ出て働くものと、人生の方向に第一の別れ目がやってくる。しかし社会へ出ると言っても、その殆どは家庭の貧しさから、高校進学の望みをむりやり絶って、働きに出るものたちであるが、彼らの多くは東北の農村を始め日本中の貧しい村々の、次三男たちである。

いわば農村からはじき出される運命にある年少者たちで、夥しい数にのぼるこれらの中卒者たちが働き口を求めて都会都会へと流されてくる。しかし乍ら、このあり余る年少労働者を受けいれる働き口とは殆んどが大企業の片隅であえぎつづけている中小企業、零細企業、個人商店といった、将来に余り希望のもてそうもないところばかりである——この様な現状を前提にして中卒者の進路指導をやろうという、企画者たちの意図は相当なものがあったにちがいない。

　上野へついた集団就職者たちが係員につれられてぞろぞろと行進を始める。その長い列が都会の家並の中へ消えてゆく。この子供たちの表情は固く、何も語らない。（この映画のトップシーンに出てくる高校の入試発表を見に集まってきた子供たちの真剣な表情とは全く対象的であった。

　その上、入試発表の場の描き方が、少いカットの中でよく表現されていたのに反して、この集団就職の場面は、平凡で、ありふれた感じしか与えないのは何故だろう）

　彼らのたどりつく職場の姿を、大企業から中小企業、零細企業、と丁寧にその特徴を説明しながら見せるのだが、ここの処は平板で面白くない。極く当り前の紹介にとどまり、その職場で働く人の感情すらも伝えない。「大企業は安定していて設備もよく環境もいいが、仕事が単純でなれるとあきやすく面白くない……中小企業は、仕事は複雑で割合と興味がもてるが、設備も悪く環境も良くない。中には封建的な気風がある……」解説は大体このような事をしゃべっていたが、こういうことを説明されても、判断の仕様のないことだ。これがこの映画をもって進路指導をやろうという先生たちの解説的立場かもしれないが全く無責任な態度だ。

　話と違った労働条件にたえられなくなって職場を逃げ出した少年、家へ帰えるに帰えれず不良化する話などは、警告のつもりだろうが指導にしてはやはり無責任な表現だ。

　また山間部で親の無理解から、そのまま定職にもつかず、流れ人夫になってしまうということも、警告のつもりかもしれないが、私には優等生の忠告じみてきこえた。

　ラストの盛岡駅を出る就職列車の見送りのシーンは唯異様であり、すさまじい光景であった。映画はここまできても製作の意図を語ろうとしないと考えているうちに白い空間を子供たちをのせた列車が流れ去ってしまった。

　全篇暗いムードをたたえた中に松本作品らしいカットの輝きが処々に目をみはらせたがこの作品からは残念ながら、前作「伸びゆく力」（新しいエネルギー源としての電力の発展を描いもの）程の感銘すら得られなかった。作者は中卒者の就職問題の現実のきびしさの前に全くとまどってしまって、唯なすことなく悲しい目を向けているだけで、働く年少者の中へ入りこもうとしない。だから年少労働者たちは暗く悲しい運命にある子供たちとして、観念的にとらえてあるだけで、エネルギーとしての環境との対決を捉えようとしない

　最後の就職列車の場面が唯とってつけた様で感銘がつたわらないのはそのためではなかろうか。

　中卒者の就職問題は社会問題でもあり政治の問題であって容易に解決しうるものではないが、いやおうなしにそうした場で生きなければならない者たちは、問題の前でとまどい解決をまってはいない。彼らなりの現実との闘いをすすめている。彼らが生きた人間としての怒り、悲しみ、喜びを通じて、都会の底辺に位する進路の現実が描けなかったものか。——そうすることが、再び不安に満ちて上京してくる子供たちにとって、真の励ましともなるのではなかろうか。

P・R映画スポンサーの側から■作家宣伝部員説に物申す

柳田　守
（日本通運・広報課）

本誌六月号一七頁で「宣伝部員としての作家」と題し、東京シネマ演出助手大島正明氏のものした、一九五九年度PR映画祭についての感想を読み、当社業務に関して読み捨てることのできない暴言があり、さらにPRを担当するものにとって将来のPR映画製作について強く感じることがあるので、あえて筆をとることとした。

まず、前段に見られることで「PR映画は動く看板書きで、創作意欲というようなものは初めから問題にならない」とし、「PR映画の中で、記録映画作家が作家として存在しうるということは錯覚なのではないか、画家と看板屋との違いに近いのではないか」と論じ、「だからPR映画をとる時は、その会社の宣伝部員であることをキモに銘じた方が気が楽だろう」といっている。

このことはわれわれスポンサーの立場から見る場合、極めて重大かつ心すべきことであって、今後の企画ならびに製作に当ってこのような考えをもち、このような意欲に乏しい者が、スタッフの中にかりに一人でもあったとしたら、折角の企画が何等の効果をもたらすことなく、かえって逆のものとなるのではなかろうかと心配される。

もっともこれまでに数本のPR映画を製作して、このような意欲に乏しい者を見たこともないし、製作中においても、シナリオの段階から、ロケ、編集、ダビングにいたるまで、スポンサーと徹底的に話し合い、納得するまで検討し合って、よりよいものに仕上げたいと努力する人達ばかりであっただけに、この大島氏の作文が極めて心外であり、誇張にみちていることを疑わないが。――

さらに大島助手に聞きたいことは、PR映画といい、記録映画というが、本質的にはまるで別のものではあり得ないし、どこまでが記録映画で、どこまでがPR映画かと伺いたいものである。また同氏の作文では所謂、宣伝とPRとのちがいにも何等の心づかいが見られない上に、殆ど混同して考えていることにも問題がありそうである。いまではどのような企業においても宣伝とPRをはっきり別のものに使い分けていることを、勉強して頂きたいと思うのである

ここまでは当社にとっても一応さしたる利害もなく、活動屋仲間の話として、今後の企画に当りスタッフの選定に心すればよいことで、読み捨ててもよいが、最後に、当社の本年度PR映画祭出作品である「こうして米は運ばれる」について当社業務に関するとんでもない暴力的言辞を弄していることは、何としても読み捨てにできない。

それは「そのぼう大な組織網が山奥まで毛細血管のように伸びて、日本全土にヒルのようにへばりついている」といい、さらに「運送される一俵一俵の米俵の動きに、まるで自分の血が吸いとられていくような貧血的印象におそわれた」といっていることは、これはもう、よほど悪質な含みがあるのか、あるいは何かためにする狙いでもあるのかと思われるのである。しかもごていねいに「そりゃそうだろう、運賃は税金、つまりわれわれのフトコロから出ているのだから」という捨てゼリフまでついているのである。

まるで当社が全国的な組織網をもっているのが怪しからん。米を運んで運賃を貰うのが怪しからん。といわれているようで全く何と申しましょうか、悪女のヒステリーにからみつかれたような論旨でおそれ入るが、この映画から受ける感想が、このようなことであったとはどうしても思えないのである。

もしかりに同氏の感想が一般的なものであるとしたら、この映画の企画そのものが失敗でなければならないが、これまでに集められたアンケートと批判では、このような悪意的なものはまるで見られず、かえって輸送の苦労に感謝され、好評であり、持に米どころの新潟、仙台方面では圧倒的な好評を得ているのはどうしたことであろうか。

物の輸送ということが、どのような価値を生むかということは、たとえば木材にしても、石炭にしても、鉄その他すべてのものが生産されて消費するまでに、輸送があってはじめて価値を生じることは誰しも判ることであり、米の場合も同じことがいえるのである。

原始時代ならばいざ知らず、高度の文化生活を営む現代の経済機構においては、ますます輸送の重要性は増大するばかりで、その合理化はより一層推進されなければならず、当社をはじめ真剣な努力がなされているとき、このような作文が憶面もなく活字にされるのではとてもたまったものではない。持にその表現が「日本全土にヒルのようにへばりついている」などという悪意にみちたことではなおさらである。

輸送が大きな組織をもち、日本全土にくまなく行きわたることが、どれほど国民生活にとって利便を受けるかということは、逆に、輸送の恩恵に浴さない、絶海の離れ島や、人跡未踏の山奥の生活を考えても想像できることであって、一例を郵便制度で考えても判ることであろう。

しかもなお、われわれのフトコロから出る税金だから運賃は払えないとでもいいたいのだろうか。

企業として当然の労働に対して当然の価値が生じることは明らかであり、この映画でも国民の全部におしなべて公平に、しかも安く米が配給できるように努力していることが表現されているはずではなかろうか。

ともあれ、大島助手の悪意にみちたこの作文は別として、「こうして米は運ばれる」は当社にとって予想以上の多大の効果をもたらし、運輸大臣賞をも獲得して、企画に当ったわれわれも大いに意を強くしているが、これは一にかかって製作スタッフの熱心な創作意欲と努力の結果であり、感謝しているが、とりわけこの映画のシナリオが、大島助手と同じ東京シネマに籍をおき、教育映画作家協会の、当時委員長であった「吉見泰」氏の力に負うこと多大であったことをつけ加えて、この皮肉な廻り合わせに筆をおきたい

引かれものの小唄

——岩堀喜久男氏に答える——

日高　昭（演出家・フリー）

「記録映画」五月号の現場通信欄にのっていた「創作日誌から」（岩堀喜久男）に書かれてある文の中で「作家協会員H」とあるのは、どうやら私のことを指しているらしく、しかもたいへん感情的に私をののしり非謗しているのでひと言お答えしておこうと思う。

まずああいった文の中で何故岩堀氏は——彼には判っていることでありながら——私をHなどと書かれる必要があるのだろうか。協会機関誌の中でしかも同じ協会に属する私をあえて匿名にし、読む人をして好奇心を誘うが如き文章法はそれ自身一種のバクロ記事、中傷記事であって、決して公論とはなりえないものである。今後ああいった記事は「内外タイムス」か「アサヒ芸能」へでも投書して原稿料を稼いだ方がいいでしょう

しかもああいう文に題して「創作日誌」という人の神経から出てくる創作の内容もほぼ察しがつくというものである。

さらに、あの文について私がこれが明らかに中傷記事であり、機関誌掲載の公平を欠くことを吉見編集委員に詰問したところ、彼はあの文が「作家活動の前進と主体性の確立に寄与すべきもののある」ところからそのまま載せたという返事であったが、果してそういう質の文であろうか。

ところであの文に書かれてあることのいきさつであるが、昨年の日本貿易振興会（ジェトロ）が行った「日本の化学肥料」をテーマとして貿易振興のためのシナリオのコンクールに際して、私は東京フィルム社（岩堀流にいうとT社）からシナリオの依頼をうけた。コンクールまでの期限は一週間余り、しかも私は当時別の作品の準備中でもあり、とくに私が化学肥料に関して全く何も知らないところからしばらく躊躇したがとにかく引受けた。コンクールはたいへんな難関である。引受けた以上は入選をめざして書かなくてはならない。そして書いた。——それだけである。

このことについて岩堀氏は私が「勝手にわり込んできて書いた」とか「雑貨屋」だとか「ゾッキ屋」だとかあらん限りの悪口をいわれる。まあ私がゾッキ屋ならゾッキ屋でいいとして、問題は作品（とくにPR映画、スポンサー付映画について）を作るに当っての作家のこれに対する態度である。岩堀氏の態度である。

あの文章から察せられるように、何故彼はこのPR映画をいやいやながら消極的にしか受けとめられなかったのか。いいかえると、現に今PR映画によってしか大半生活を糊塗することができない作家としての自我を反省できないのか。「……それにしてもリベート五〇万に対して脚本料五万はケタが違いすぎる。骨折ってバカをみるのは、なんだっていつも作家なんだ？……」というような自嘲ともグチともしれぬ下らないタメ息をつくような態度なら始めからPR映画を止した方がいいと思う。PR映画はもともと現在の資本主義社会の組織の糸にがっしりと結びついておる以上、多かれ少なかれ制約（自由な立場で記録映画を作ろうとすることを基準として）があり、その製作条件の中に現代の腐敗したもろもろの商業上の悪徳が食い込んでいるであろうことも想像されるが、こういった環境の中で私たちが疎外されることなく常に自己である場は皆無とはいえない。——私が今更いう必要もないことである。

リベートが五〇万だろうが百万だろうがかまわないではないか（私はリベートなる悪徳をみとめるのではない）。与えられたPR映画の製作条件の中で積極的に自己を押し出せばいいのだ。どうにもならないものであれば始めから断った方がましだ。そして自主作品でも作る方がどんなに立派か。

とどのつまりがそのどちらにも積極性がもち切れず、「リベートに比べて脚本料が安いのは情ない」というふうな陰にこもったグチをつぶやいている限り作家の主体性など無縁というべきである。

そこで思い出したが、彼、岩堀氏はかって「岩堀経済白書」なるものを公表した。そして自分の苦しみ（ことわっておくがこれは精神的苦しみではない）を公けに訴えた。何という純粋なる私小説的精神！　しかしざん念ながら互にキズをなめ合う私小説的発想をもってしては現代は生き切れないし、作家は行動できない。かえって現実から疎外されるだけである。「記録映画」創刊号において松本俊夫が提出した私たちにとってもっともアクチュアルな課題の解決の方途に水をさしたのも彼、岩堀氏であってみれば、凡てむべなるかなである。

ドキュメンタリィ映画論・3

ドキュメンタリィはどこへ行く・2

ポール・ローサ　シンクレア・ロード共著
厚木たか・訳（シナリオライター・フリー）

(一)　一般的発展（その二）

一九三六年一月、スポンサーだけを基盤としたドキュメンタリー映画製作の最初の会社が、ロンドンのストランド映画会社で作られた。それについでリアリスト・フィルム・ユニットができた。そこでいまや、英国にはドキュメンタリィ映画の製作ができる四つのユニットができたのだ。というのは、G・P・Oユニットと大英教育映画（ゴーモン・ブリティッシュ映画コーポレーションの分社）がすでに活動していたからである。後者は一九三三年以来教育映画製作を専門に行つてきた。「コーチ・オブ・タイム」は、製作をドキュメンタリー人の一人にゆだねて、一つのユニットをロンドンに創設した。その後、シェル商会はそのユニットを再編成し、プログレシブ・フィルム・ユニットは全く政治的な目的の映画を製作、配給するために創立され、そして様々なドキュメンタリィ映画の独立プロが旗印をかかげた。

しかし、ある場合には、ドキュメンタリィの分野の拡大にともなつて、主要な勧告機関がこの運動全体に対する諮問機関として、働くように望まれたことは明らかであつた。ジョン・グリアースンが一九三七年六月、G・P・Oユニットを辞した時に、彼はこの要求に応えるべく、フィルム・センターを作つた。フィルム・センター自身は映画を製作せず、製作を監督し、忠言を与え、配給のためにさまざまな手配を行い、シナリオを引きうけ、製作の新しい分野を振興し、そして、全般的にこの運動の大部分に対して、方針や目的に指導を与える、これがそのアイディアであつたし、今でもなおそうである。

ドキュメンタリィ映画製作における労働者の増大は、一九三六年リアリスト・フィルム・プロデューサー協会を形成させるにいたつた。英国のドキュメンタリー映画の分野ではたらく殆どすべての人が――プロデューサーであれ、監督であれ、カメラマンであれ、教育担当者であれ、配給監督者であれ――、どのような団体のために働いているかを問わず、この協会のメンバーなのである。その目的は、運動に統一をあたえ、そのデモクラティックな関係をまもり、不必要な競争を排し、ドキュメンタリィ映画全体のためにP・R前線として働くことにあつた。科学、美術、音楽、建築などの分野の指導的人物、海外のドキュメンタリィ製作者や教育者が、名誉会員として協会に協力している（協会は一九四〇年の春に一時廃止され、現在なお復活していない）。

さて、映画自身にかえると、事実をあつかう映画における技術の発展は、題材・素材の変化によつて大きく規制されている。大ざつぱに言うと、ドキュメンタリィ映画をもつと人間らしくする試みがなされた。E・M・Bの最初の作品が共同労働の主題をドラマタイズするという難易さまざまな仕事を行つたことが想い出されよう。

こうした仕事からE・M・Bの作品は近代工業の題材へ移行し、人間と機械の働きという背景に対しておこうと努めたのであつた。製鋼炉や造船所を扱つて、これらの映画はあまりにもそのアプローチにおいてロマンティックであり、様式において印象派的であつた。しかしG・P・Oユニットの設立と共に題材が変つた。工業的な環境は市街のオフィスやビジネスの組織に道を譲つたが、例外的に時には特別郵便や報送機関が題材となつた。デスクで仕事をする人間は燃えさかる炉口で働く人よりもはるかにドラマタイズしにくいのである。にもかかわらずG・P・Oユニットは実験にたいするその名声を保ちつづけた。グリアースンが指導した最後の八ケ月に、カヴァルカンティやその他の人々の想像力は、多くの技術的革新を、殊に言語、音響、音楽の用法にもたらした。「**石炭の顔**」においてカヴァルカンティは作曲家のベンジャミン・ブリテン、詩人のW・H・オーデンの助けをかりて、サウンド・トラックを新しい方法で用いたが、その方法は「**夜間郵便**」で発展させられ、成功を収めたのであつた。後者においても、ハリー・ワットの民衆の扱い方は表面的な描写以上のものであり、それはその若い練習性の扱い方によつて例証されている。この映画はあらゆる種類の観衆によつてひろく愛好された。この時期のあらゆる映画の中で、小説家J・B・プリストリー氏とのカヴァルカンティの談話映画「**われわれは二つの世界に生きている**」はおそらく技術的に最も成熟したものであろう。その副産物たる「**チェルヴァ・ハットへの道**」と共に、それは撮影、編集、音の想像的用法の手本であつた。この二つの映画は、その精妙な技術を認識するためにはある認識を要求するが、一見その技術は非常に単純にみえるのである。

「夜間郵便」はこの運動に参加している他の人々の作品に影響をあたえた。例えばショツの「**Cover to Cover**」。それは又〝物語〟や俳優を用いる方向に発展の方向をあたえた。この方向はカヴァルカンティとワットが「**ビル・ブリュイトの救助**」と「**北海**」において追求したものである。それは〝見えない〟解説者の殆んど完全な消滅と、従つて自然な、直接に録音された、言葉を多く使用することを意味していた。この技術はそれが適用された殆ど全ての題材で成功していたし、ドキュメンタリィのフィクション映画の領域への直接

的な発展なのである。「北海」は船舶から沿岸の無電サーヴィスを扱って、まさに劇映画になろうとしていた。だが、この技術は、題材や主題の中に、海での嵐とか疾走する汽車といった形での、既成の刺激物をもつ時には最も成功をおさめるものだということを注意しておかねばならない。

G・P・Oユニット以外に、技術上の別の発展が行われた。教育、住宅問題、社会事業、公共の健康問題や失業などの新しい題材が表現上の新しい問題を提起した。ドキュメンタリィ映画製作者は、社会の再建という国民的な事業から直接うまれるさまざまな主題に初めて直面したのである。一九三五年アーサー・エルトンは労働者のために「**労働者と仕事**」という謙虚な一巻ものの作品をつくった。その中には自然発生的な、練習されない会話が沢山あつた。それはドラマティックなカメラ操作、構成的編集、語られる解説などの馴れ親しんだ技術に殆どよっていなかった。それは当時うけいれられていた意味でのドキュメンタリィよりもむしろニュース映画の項目を拡大したものに近かった。それより少し後、同じ年のガス連盟の映画の一つは貧民窟撤廃と家屋の再建を扱っていた。この仕事の技術者ジョン・ティラーとラビー・グリアトスンは、製作のアンスティとエルトンと共に、カメラとマイクロフォンを南ロンドンの労働者階級の居住地域にもち込み、教えたり練習させたりせずに、そこの住民に彼ら自身の言葉をかたらせたのであった。「**住宅問題**」には空想的な仕上げなどない。それはじかに探訪したものの一例なのである。人びとの信頼をうるラビー・グリアースンの能力は、以前人々を扱ったロマンティックな方法と鋭い対象をなしている〝インタービュー〟に、自然さと忠実さを与えていた。(ラビー・グリアースンは一九四〇年九月十七日、ベネアーズ市号船中において死亡した。彼女はカナダへの途中にある疎開児童を扱った映画を製作中であった)観客はこの映画に深く感動した。その冷いまでの真実性は観客にショックをあたえた。それは、映画においては、おそらく初めて、観客を不愉快な事実に直面させたのである。〝リアリスト〟という用語がドキュメンタリィのボキャブラリーにはいったのである。

「マーチ・オブ・タイム」の急速に動くテンポは、全ての項目に鋭さを見出そうとする配慮と共に、英国ドキュメンタリィ映画の技術に影響を与えたのであった。ジャーナリスティックなスタイルで事実を上手に表現しようとして「**煙害**」のような映画は、このメディアの視覚的重要性にはあまり注意を払わなかった。個人的インタービューによってあちこちバラバラにされた解説を、図解するためにスクリーンを用いていた。いつもドキュメンタリィ映画と組合わされて考えられる撮影の絵画的美しさは全くなかった。この方式はそれが全てであったから、監督の個人的様式をつぎつぎと制約した。例えば、繊細な美しさと固有の作品の質をもった「**カイロンの歌**」を作った監督が、後に「**学校の子供達**」をつくりうるとは考えがたい。しかも、後者は前者よりも重要な作品と考えられたのである。実際に、英国のドキュメンタリストは社会再建の仕事を扱った映画を作ることは、労働の象徴としての鋼鉄労働者や漁夫のドラマティゼーションよりもはるかに困難である事を発見していたのである。絵画的にみれば、この素材自体はインスピレーションに欠けたものである。新しい題材は新しい処理の方法を要求する。「マーチ・オブ・タイム」の様式は明らかに借用すべきものである。失業と協同生活を扱い、ラビー・グリアースンの民衆の取り扱い方の恩恵をうけた作品「**今日われわれは生きている**」は、「マーチ・オブ・タイム」様式を題材の背景として用いると共に、〝物語〟の方法を発展させようとした。ただ一人の探検者の成果である(ティラーは、前には、アランでフラハティーと、セイロンでライトと、カヴアルカンティとスイスで一緒に働いていた)。ジョン・ティラーの「**イランの夜明け**」はその全ての方法と形態を明らかに「マーチ・オブ・タイム」に負うている。しかしそれはアメリカのこの映画にしばしば欠けている処理の確実さと、その年の多くのドキュメンタリィにおけるより美しい撮影をもっていた。

最近では、スコットランド委員会映画のために企画されたシリーズは、様式の混淆を示していた。ライトはきわめて情緒的な「スコットランドの顔」において、その映画的質を幾分とり戻した。ドナルド・アレキザンダーは「**国民の富**」という素早いジャーナリスティックな仕事をしたが、それは彼の「**東部盆地**《イースタン・ヴアリー》」をそのまま発展させたものであった。ショウは「子供の物語」において前よりも地についた仕事をした。メアリー・フィールドは「**彼らは土地を作る**」においてその田舎の映画化を一歩前進させている。この作品の解説はペア・ロレンツの「**河**」にインスパイアされた。

しかし新しい映画の中で最も重要なものは、ガス産業会社によってロンドン州参事会五十年祭のために作られた、ジョン・ティラーの「**ロンドン児**」であった。それは解説、詩句、個人的インタービューを結びあわせたが、しかしもっと興味のあるのは、その最初の一巻が大部スタジオ製であった事である。ディケンズの小説にあるようなロンドのあばら屋、学校、救貧院や裁縫師が再び登場したような、そしてパプストの「**歓びなき街**」の頃のドイツのスタジオ映画を想い出させるような仕方で撮影されていた。それは又絵画的観察の、見つめ、待ちつづける人々の感覚をもっていた。それには、「マーチ・オブ・タイム」が若干の英国ドキュメンタリイに横行させた息をもつかせぬスピードは全くなかった。「北海」「今日われらは生きる」「ロンドン児」によって、ドキュメンタリィ製作者はスタジオの演出にしばしば結びついた不自然さをさけうることが示された。

一九三五年以来製作されたイギリスの事実に関する多くの映画に

ついて、これ以上語ることはスペースの関係で許されない。しかしロンドンとホイプスネードの動物園の十二の魅力的な映画、ガス、航空路、石油についてのいくつかの映画、そして精巧と創造的な技術を示した多くのG・P・O映画(殊にイヴリン・スパイスの人間味豊かな観察にみちた**「百万人の仕事」**)などや、アーサー・エルトン、チュアート・レッグ、カヴアルカンティなどのような人びとの製作監督のエネルギーなどについて一言あるべきだろう。スペイン戦争の映画を作ったプログクシブ・フィルム・インスティテュートの仕事も又興味あるものである。特に**「スペイン語A・B・C」**と**「スペイン戦線のかげに」**など。

(つづく)

(みすず書房で刊行予定)

書評「P・R映画年鑑」(日本証券投資協会刊)

一見非の打ちどころない集大成

だが内容に幅が欲しい気もする

■　加藤松三郎
(シナリオライター・フリー)

昨五八年の短篇界総作品はテレビ自体の製作をのぞいても七六七篇といわれ、ゆうに世界一なわけだが、その半数ちかくは何らかのいみでスポンサー映画なのである。いや量ばかりか質においてもちかごろのPR映画はたいへん向上したといわれる。すぐれた作品があるばかりでなく、すくなくともクズがなくなったことは事実のようだ。それなのにPR映画をみる側も、またつくる側も——作家族などは、いまだにPR映画に対して「偏見」をもつとすれば、これはひどく皮肉な話といわねばならない。……こんなところに日本証券投資協会から〝PR映画年鑑〟が刊行された。

　これまでも同協会のリスト的なものは年々あったのだが、あらためて集大成され、PR映画では初めての年鑑が誕生したわけだ。本文約三〇〇ページのアート紙A5版、各篇ごとに写真入りで近々一〇年以内の作品五七六篇をおさめる。これには「あらすじ」と称する内容紹介がつくが、ほかに内容紹介のない付録として官公庁の作品二六九篇もあり、よほど意地にでもならないかぎりは、たいていの作品があることになる。たとえば海外むけのジエトロ作品はもとより、石油関係などではオーストラリアのスタンダード・バキュームや、イギリスのシエルといった海外ものなどの国際作品もあり、またどこの教育映画会でもみられない日本生産性本部の、いわゆるトレーニング・フィルムの一連(国内と海外の産業用教材)もおさめられてある。

　さらに巻末の付録としては、映画のつくり方と見せ方、映画つくりのポイント、通産省の映画産業白書による映画資料、短篇プロダクションの一覧、集会のしおりという映画会開催の心得、貸ホールのリストまでもある。むろんスポンサー側への配慮なわけで一応の参考にはなり、なかなか親切である。こうしてみると一点の非のうちどころもない満点のできばえみたいだが、あえて文句をいう気ならないわけではない。

　ひとつも製作スタッフがないというのはどんなものか(あながち作家協会発行の誌上だからいうのではない)。もともとスポンサーはプロダクションをめあてとするものだし、また絶対にその作家でなければならないというはずもないのだから、もちろん実害はないわけだ。めんどうだからはずしたにはちがいないが、やはり脚本、監督、撮影の責任者ぐらいは、年鑑というからには一つの記録なのだから、あるのが建前だろう。

　もう一つは官公庁の作品群が一覧表だけの付録として扱われていることだ。いえば株式会社の官公庁などはないのだから証券投資協会さんとしては「一覧表」だけでもサービスにはちがいあるまい。しかしそこをひとつグッと大きく出て、すなわち「スポンサード・フィルム」として、ほかの会社なみの本欄あつかいはできなかったものか。ちと大げさにいうならばこのようなむしろ色分けをすることが、およそPR映画とは営利宣伝だけを唯一とするかのような(事実はともかくもだ)あえて損なタケワケをあたえることにもなる。いや現実の問題としても、いまどき自社の宣伝広告だけに終始するPR映画などは、とても成立たないのである。いまさらながら「PR」の語義は、いったい何をいみするかが思われよう。この〝PR映画年鑑〟発刊の理由も、また証券投資協会の使命自体が、もっぱら映画作製によって投資勧奨を期するものとすれば、それぐらいのいわゆる「見識」はぜひともほしいところである。

　われながら「PR映画のPR」となる感だが、とにかく、この年鑑がPR映画をめぐるスポンサーやプロダクションなどにとって、唯一の案内書であることはふしぎはない。ところが地方の県庁方面や学校関係などにあっても、これは便利だとの声があるという。それはつまりPR映画も社会教育や学校教材に利用されていることをいみするふうである。問題の当否はともあれ、その事実なら何もいまさらのことともいえまいが、この年鑑がそのようにまで活用されるとあらば、もっと発行者も冥利につきるというものだろう。

・八月号予告・

☆戦後意識の問題　**武井　昭夫**

☆作家は戦後をどううけとめたか
京極高英、厚木たか、桑野茂、楠木徳男、高島一男、間宮則夫、長野千秋、花松正卜、他

☆「二十四時間の情事」を分析する。(座談会)**柾木恭介、大島辰雄、野田真吉、松本俊夫、高島一男、大沼鉄郎。**

――現場通信

超大《マンモス》・超々遅々《トレーラー》

高島一男
（演出助手・フリー）

「三〇〇トンの積載力をもつ重量品輸送車の話だ」と、いきなり云われて、さて、見当がつかない。

続けて担当プロデューサーの話を聞いて――近来、産業の発展とともに重量品輸送の需要が激増してきたこと。これまでは、一八〇トンの能力をもつトレーラーが最高であったが、これでは応えきれなくなったこと。そこで、三〇〇トントレーラーの製造が計画され完成間近いこと。その第一回の運搬状況を撮るのだ。ということが摑め、その説明の限りでの納得はいったものの、依然、被写体である「三〇〇トントレーラー」なるものについてのイメージがどうも湧いてこない。

その後、さらに詳細な話を聞くにおよんで、想像以上に馬鹿デッカイものであり、運行も容易でないことがよく理解できた。

トレーラーの全長、三三・四メートル、巾、五・五メートル、高さ、四・四メートル、自重、一二〇トン、車輪の数だけでも計四八個、前後に牽引車があって運行するのだが、そのさいの全長は約四五メートルに達する。そして、確実に指揮系統を握り、万全の処置を期するために無線車がつく。急坂などに備えて、さらに予備の牽引車がつき、レッカーがつく。

積載物の重量三〇〇トン、自重が一二〇トン、計四二〇トンという超重量車が、まともにこの国の道路を走れようはずがない。運搬する神奈川の橋本から西東京変電所までの一二キロ間、ところによっては、かなりの護岸工事を必要とするという話も当然である。

そして、走行のさいは、道にもよるがスチールマットをおき、その上に、材木を敷きつめて漸く進むのだと云う。さもなければ、至るところ、水道管が破裂し、暗渠が潰れてしまうだろう。橋梁も特製が必要であり、『曲り角』も問題だ。場合によっては邪魔な建造物のとりこわしも考慮せずばなるまい。

どうやら、設計の際は平均して時速五キロという計算であったのが、実際には二キロが精々であるらしい。

この超巨大、超々遅々のマンモス・トレーラーが、動き、はいづるように走るさまは、さぞかし、奇観であろう。

なにやら、得体の知れぬものの外姿が漸くにして浮んできた。

そしてまた、そのことが判ってしまえば、あとは別に、とりたてて知恵のふるいようのないことでもある。要するに運搬の模様を写す話なのだ。しかし、やるなら、それなりの形式的実験でも試みてみよう。

知り得たこと――恐しく大きくて、恐しく遅い――このことで触発されるイメージがある。装飾性を排し、骨格だけがむきだしにされた不格好なトレーラーが圧倒的な重量感をもって、きわめて徐々に歩んでくる……。それをたんにA地点からB地点へ運行するトレーラーとして、説明的にのみ描こうとすると、いきおい、風光明媚な地理的環境描写などが必要となり、緊張に漲った現場の人たちの四肢、表情も、意外に干からびた精彩を欠くものと化する。説明のための道具だてにすぎないからだ。いわんや、歩行速度の1/3の程度でしか走らないトレーラーの捉え方では、五秒で済ませたいショットが二十秒、三十秒もかかって全く音をあげることになろう。

ぼくたちは、おおよそ次のように考えてみた。地理的な雰囲気描写などを避け、悪路、橋梁、曲り角、坂道等を、スタニスラフスキーシステム的に云えば、巨大なトレーラーとの反対行動、対立物として捉え、それらが、この作業（炎天下、七月。これも反対行動の重要なファクターだ）をすすめる人間に対して、強度な障害となり、努力、苦闘を強制してくるこのことを主眼として形象化してみたいと思ったのである。

具体的に云えば、説明性を避け、対象との平衡的な調和感の否定のため、フレーミングとしてはミディアムショットを意識的にきらい、もっぱら、ロングショットとアップショットとし、さらにそのことのために、アングルは、仰角とフカンを基本とする。また、全体として持久的な威圧感を強調するため、例えばトレーラーの緩漫な動き――いくつも、グロテスクに並列された車輪のアップがフレーム（画面）を横切る場合も、耐え得る限度の持続感を表出するために、広角レンズでのジョットを狙ってみたい。

レンズに関して、焦点深度のことで云えば、長焦点、短焦点のそれぞれの特徴を、十分生かすように使用してみたい。

モンタージュとしては、ここでも、中間的な時間（長さ）を避けて、アップショットを長く、そして、数おおく積み重ね、クッションとして、ロングショットを短く、はさみこんでみたいと思っている。

さいわい、プロデューサーも、ぼくたちの意図を諒として、予算面など限度があるとはいえ、積極的な援助を与えてくれることになっている。

本番の際には、ヂリヂリと灼きつけるような陽射しが続いてほしいものだ。

記録映画を見る会

（読者招待）

7月例会案内

日時は七月十九日。（午後一時、三時）会場は、伊勢丹七階婦人ルーム
◇話題作、一〝**雪国**〟四巻、監督石本統吉（日映科学）戦前の記録映画の話題作。二〝**春を呼ぶ子ら**〟二巻、監督松本俊夫（新世界プロ）新しい作家の話題作として。
◇山の映画、一〝**尾瀬**〟イーストマンカラー一巻、監督西沢豪（東京シネマ）尾瀬の高山植物、二〝**丹沢**〟ワイド二巻監督深江正彦（神奈川ニュース映画協会）
その他です。希望の会場をお知らせ下さればその招待券をおおくりします。又友人で希望の方があれば事務局まで申込み下さい。
読者を御招待する「記録映画を見る会」も、四月から始めて、今月で四回目になります。ようやく内容もととのい、軌道にのった感じです。どうか読者の皆さんの御希望、御意見など、どしどしおよせ下さい。

プロダクションニュース

（文中略号、脚＝脚本、演＝演出、撮＝撮影、編＝編集 構＝構成、16・35＝16ミリ・35ミリ、EK＝イーストマン・カラー）

科学映画社

○完成「たのしい絵日記」パートカラー、16、一・五巻、構・脚・演—岩堀喜久男、撮—岡田三八雄、「ウワサはひろがる」白黒、16、二巻、スタッフ前同、

共同映画社

○準備中「母と子」35、三巻、脚—山形雄策・杉原せつ、演—小林千種、「部落の子」35、五巻、脚—八木保太郎、「小工場の話」35、三巻、スタッフ未定、

記録映画社

○編集中「(歴史教材映画)貴族のくらし・京のみやこ・東山文化」各白黒、16、一・五巻、脚・演—上野耕三、撮—藤洋三
○撮影中「のびゆくオートメーション」カラー、35、三巻、脚・演—上野耕三、撮—金山富男
「横河電機紹介」カラー、35、二巻、脚・演—上野耕三、撮—高尾隆
○完成「おやじ」白黒、35、二巻「花のこころ」白黒、35、三巻「(歴史教材映画) 武士のくらし」白黒、16、一・五巻、スタッフ各脚・演—上野耕三、撮—金山富男

東邦プロダクション

○完成「テトロンとみなさま」EK、35、二巻、脚・演—鮫島亀禄、撮—中沢廉治、「伸び行く昭和電機」コダクローム、16、三巻、脚—鮫島亀禄、演—木村孝次、撮—中山巧二郎

三井芸術プロダクション

○準備中「持殊鋼の世界（仮題）」EK、35・16、三巻、脚—古川良範、演—柳沢寿男
○撮影中「三井パーライト」アンスコ、16、二巻、脚・演—水木荘也、撮—城所敏夫・森隆司郎
○完成「新しい働き着」EK、35・16、二巻、脚—田口誠、演—高井達人、撮—藤井義孝、「鉄をつなぐ火花・第二部・欠陥と対策」EK、35・16、二巻、脚—古川良範、演—上野大悟、撮—高尾隆

日映科学映画製作所

○準備中「チーズ」EK、35・二巻、脚—岡野薫子、演—丸山章治、撮—弘中和則、「カナマイシン」EK、35、二巻、脚—奥山大六郎・飯田勢一郎、「日本住血吸虫」黒白、35、「雪氷シリーズ」EK、35
○編集中「東洋の旅」EK、シネスコ、巻数未定、撮—川村浩士
弘中和則、「クレーンとコンベア」EK、35、三巻、脚・演—諸岡青人、撮—後藤淳・野見山務、
○撮影中「楽しさは暮しの中に」EK、35、二巻、脚・演—舟生正、撮—佐藤登、「ドック井3」EK、35、三巻、脚—中村麟子、演—松尾一郎、撮—高山富雄、「花のジプシー」EK、35二巻、脚—丸山章治、演—諸岡青人、撮—鈴木武夫、
○完成「日立ミルモーター」EK35、二巻、脚・演—松尾一郎、撮—佐藤登、「日本の建築」EK、35、二巻、撮—瀬川浩、「X線撮影法の進歩」白黒、16、二巻、演—奥山大六郎、撮—鈴木武夫、「工業デザイン」EK、35、二巻、脚・演—中村麟子、撮—黒田清巳、「ヤマハエレクトーン」白黒、16、二巻、演—坂谷英男、撮—後藤淳・野見山務

神奈川ニュース映画協会

○準備中「都市の緑化（仮題）」白黒、16、一巻、脚—西村孝昭演—深江正彦、撮—未定、「河の砂防（仮題）」白黒、ワイド35、一巻、脚—深江正彦・西村孝昭、演・撮—未定、「明日を呼ぶ街」白黒、16、二巻、脚・演—深江正彦、撮—未定
○撮影中「相模川」EK、ワイド35、二巻、脚・演—深江正彦、撮—久村守、「城ヶ島大橋建設記録」EKパート、35、四巻、スタッフ前同、「おやじ飼育法（仮題）」白黒、35、二巻、脚・演—吉田和雄、撮—藤岡進

編集後記

今月は科学映画の特集にしました。とくに、「映画と批評の会」のご好意で「映画批評」にのせられる予定だつた、吉原順平氏のエッセイと科学映画についてのシンポジウムの記事をのせることになりました。同会および、吉原氏に御礼申し上げます。

日本大学芸術学部の映画研究会で、実験映画「釘と靴下の対話」を製作しました。いずれみなさんに研究会、映画会でおみせしたいと思いますが、その前に、今月は同会の平野克己氏に製作報告をよせていただきました。意気さかんなところをおうけとり下さい。

五月号の「現場通信」にのつた岩堀喜久男氏の報告にたいして、日高昭氏が一文をよせられました。また、六月号のP・R映画祭についてかかれた大島正明氏の論文にたいして「日通」の柳田守氏より、岩佐氏寿氏を通じて反論が投稿されました。ともにいろいろな意味をもった大切な問題をふくんでいるのでのせました。

尚、松本俊夫氏の「主体論の再検討のために(2)」は誌面の都合上、来月まわしになりましたで御了承ねがいます。来月号は敗戦をむかえて十四年目の八月なので、戦後体験を作家たちはどううけとめ、そのなかにどんな可能性を発見し、また行動しているか、という問題を多角的にとりあつかつた特集をくむ予定です。（野田）

第二巻　第七号　編集・中村敏郎　発行所　教育映画作家協会　電話東京(57)四一五七番　定価　七十円

昭和三十四年二月十日国鉄東局特別扱承認雑誌第四六号
昭和三十三年九月五日第三種郵便物認可

教育映画作家協会編集

記録映画

THE DOCUMENTARY FILM

8月号

「アルピニスト・岩壁に登る」

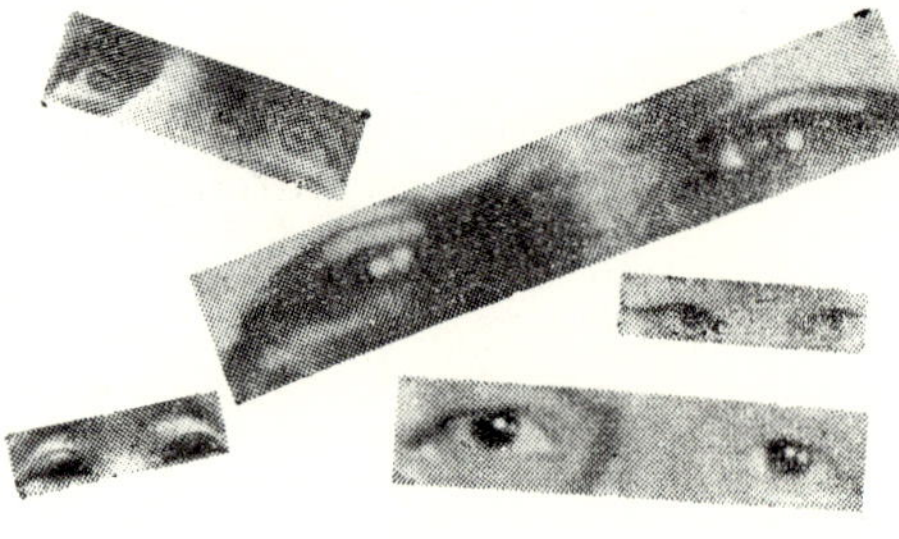

記録映画

1959　8月号

第2巻　第8号

時評

安保条約改定と記録・教育映画

平和は脅かされつつある。

沖縄県石川に墜落した米軍ジェット機のひき起した惨事が、最も象徴的にそのことを示している。学童十六人が死に、百二十人が負傷したその沖縄は、今、死刑法を以て基本的人権が侵害されようとしている。

安保条約改定のもくろみは、日本全体をそこへ導こうとしている。

アメリカとの軍事的相互援助関係は、今までより以上に積極的となり、アジアに紛争が起った場合、日本もまた否応なしに軍事行動に巻きこまれることを要求している。日本における米軍基地は拡張されつつあり、かりに核兵器が持ちこまれ、また、自衛隊が核武装をおこなっても、それを阻止することができないような、改定が行われようとしている。

すなわち、日本国民の平和への切なる希いは、岸内閣の安保条約改定方針によって、むざんに踏み破られようとしているのである。

改定案はアメリカに従属する再軍備をますますつよめるものであり、その結果は、当然、警職法改正、秘密保護法、防諜法などの立法を招くであろう。戦前の映画法もまた、軍備の強化にともなって生み出されたものであった。基本的人権、言論、学問、思想が侵害されることは、火を見るより明らかである。

記録映画・教育映画の製作の自由は、いまでさえ、さまざまの形で狭められつつある。安保条約改定は、さらにそれを狭め、窒息させるに至るであろう。

私たちは、人類を戦争の惨禍から救い、平和をうち樹てることを切にねがうものである。すべての作品は、ひたすらそのためにつくろうと念願されて来たといっても過言ではない。

私たちは、重大な危機にのぞんでいる。

警職法の改悪のもくろみに対して、各文化団体は一致協力して反撃を試み、一応の成功をおさめた。安保条約問題は、さらに大規模な、日本国民の不幸への第一歩であることを思えば、一層強力にこれを阻止し、廃棄する方向へ、各団体、各組織、挙げて協力し、闘いを進めねばならぬであろう。

表紙の写真

仏フィルマルティック・プロ作品、映配配給、マルセル・イシャック演出による「アルピニスト・岩壁に登る」の一シーン。

もくじ

ヤンガー・ジェネレーションの戦後意識

武井昭夫

1

先日、『新日本文学』八月号の座談会で、『灰とダイヤモンド』に対する、花田清輝の徹底した否定論を聞いた。かれは、監督のワイダが主人公の青年マチェックに注いでいる愛惜の情といったものに、はげしい反撥を示していた。――戦争と抵抗の時代が終わり、新しい革命と建設の時代が始まろうとするとき、そうした歴史の曲り角をのりきれず、ために現状変革のたたかいから脱落したものになんの価値があるか。まして、状況の変化に対応できず、反革命に転落したものなどは、非情に突放して断罪すればよい。ところがワイダは、おのれの青春へのノスタルジアから、このテロリストの末路に惜しみなく慟哭の涙をそそいでいる。その結果、かれは、新生ポーランドを真にささえ、その建設を推進した積極的エネルギーを描きだすことができなかったのだ。そこには、今日、すなわち五六年十月政変後の状況下におけるコミュニストとしての責任に欠けるものがある。――これが、わたしなりに整理してみた、花田の『灰とダイヤモンド』批判の要旨であった。要するに花田は、ワイダがおのれの青春をいささかナルシシズム的に追憶していると解釈し、そこに『地下水道』からの後退を感じとっていたらしかった。それは、いかにも花田らしい発想であり、なまなかの肯定論より、わたしにははるかにおもしろかった。

　しかし、わたしは、この花田の『灰とダイヤモンド』批判はいささか強引にすぎるという気がして、賛成しかねた。そこでわたしは、さかんにワイダ擁護の役を演じたのだが、そのうち、花田の攻撃の鋒先は『灰とダイヤモンド』そのもののみにむけられているのではなく、実はこの映画によって惹き起こされるであろう、甘ったれた青春追憶のムードにむけられているのかもしれないと思いあたった。なぜなら、批評の卓越した戦術家である花田の論法には、たえず裏があると見なければならぬからである。なるほど、そう推察してみると、かれの否定論は、すでにこの作品をとりまきはじめたうじゃじゃけた讃美論へのアンチ・テーゼとして、ひときわ光彩を放っていると思えないこともないようであった。

　ここでわたしがうじゃじゃけた讃美論というのは、たとえば、『映画評論』七月号の日野啓三『「灰とダイヤモンド」論』などをさしていうのである。日野は悲壮な口ぶりで次のように言う。

「少くとも私は、私の八月十五日を思い浮かべながら、ワイダの五月八日を実感できる。われわれには、戦争の終結とともに始まる日々のイメージがなかった。戦争しか知らなかったからだ。同時に戦争が終ったいま、確かに終ったものとして戦争ももはや消え去ったものでしかない。行手と背後の実態をもちえないそうしたいわば現在という虚点の中で、われわれは何ものへともない憤りに似たはげしい想いをこめて、ただ視たのである。視る必要のないもの、視てはならぬものまで、視たのである。少くとも、そこにはわれわれでなかったら恐らくこういう風にみるであろうと思われる一切の見方に対する頑くなな拒否がある。」

　わたしは、こういう言葉をみると、わが世代の恥部をむきだしにされたようないやらしさを感じる。日野は断じてワイダの五

月八日を実感できるはずがない。この無反省な感傷的自己主張がそれを証明している。かれは、ワイダが主人公マチェックのなかに封じこめたおのれの青春への愛惜のみを視て、にもかかわらずワイダがそれをいかに厳しく否定しているかを見ることができないのである。たしかにワイダは、マチェックのなかに、戦時下から戦後にわたるポーランドの青春のなかにはげしく燃えていたエネルギーを発見している。だが、ワイダがそれを発見したのは、かれがおのれの青春を一度は否定しつくすことによって手に入れたものであり、かれはこの自己否定を通過することによって、否定さるべきエネルギーのなかに、今日再生し再組織すべきものをよりわけようと試みたのである。ここにワイダ作品の今日性がある。日野はそれをみようとしない。見えないのである。そしてかれは、おのれのとるにたらぬ戦争体験で、ワイダの描いたポーランドの五月八日をまるごと実感できると錯覚する。とるにたらぬというのは、日野の、もっとひろくは日本の青年の戦争体験をいやしめて言うのではない。戦後の実践のなかで再検討されつくして、なおかつとりだすにたるまでにうちきたえられた戦争体験は貴重である。だが、さきに引用したような、たかがしれた戦争協力少年の感傷的告白などは、それ自体には、三文のねうちもない。しかもそれを、主張するにたるなにかとでも思っているらしい日野に、わたしはわが世代の恥部を感じるのである。要するに日野は、おのれの青春を、ナルシシズム的斜傾をもってしか追想できない不毛の戦中派である。だから、こういう日野の手にかかると、あのアクチュアリティにみちた『灰とダイヤモンド』も、一篇の通俗的メロ・ドラマに変形されてしまうのである。

「最後に主人公が、ごみ捨て場のような廃墟の中で悶死するシーン。体を折り曲げ、両脚をすり合わせ、晩秋の昆虫のように彼は死ぬ。ひくひくと最後まで動いていた脚の動きが止まるとともに、幕が降りるのだが、その一種非人間的なまでに凄絶な描出は、完全に言葉で語りうるものを越えている。この主人公の行動は正しかったか間違っていたか、あるいは彼が党の地区委員長を殺した憎むべき反共テロリストだったということさえ、もはや意味をなさない。はげしく生を願いながら死なねばならなかった一人の若者の死、いや死という人間の最も根源的な事実の無限の重さがそこにあった。」

ワイダがこれを読んだら、冗談じゃない、と叫ぶだろう。このラスト・シーンでかれがわたしたちにつきつけているのは、決して、「はげしく生を願いながら死なねばならなかった一人の若者の死」というようなものではない。まして、「死という人間の最も根源的な事実の無限の重さ」などという甘ったれた感傷ではない。ここには、歴史のなかに出口を見失ったエネルギー、誤まった信念の限界が、どのように現実の中でむなしく、かつみじめに崩壊しなければならなかったかということが、わたしたちになげつけられているのである。ここにはワイダのおのれの青春に対する苦汁にみちた、それゆえにはげしい否定の精神がある。「この主人公の行動は正しかったか間違っていたか、あるいは彼が党の地区委員長を殺した憎むべき反共テロリストだったということさえ、もはや意味をなさない」ではない。その意味をこそ、ワイダは、マチェックにごみ捨て場のごみ屑としての死を与えることによって、画面にやきつけたのである。そしてこれが、『灰とダイヤモンド』をつらぬく一つの主要なテーマであったとわたしは思う。

2

『灰とダイヤモンド』の主人公マチェックは、四四年夏のワルシャワ蜂起において地下水道でたたかい、生き残った対独パルチザンの青年である。「国家」への忠誠が、あるいは「民族」への愛情がかれを対独レジスタンスへかりたてたのであろう。かれはロンドン亡命政府派に属する旧国軍系統の抵抗部隊に属して、数年間祖国のためにたたかってきた。そして四五年春、かれらの愛したポーランドはナチスの支配から解放された。しかし、それはマチェックたちの考えていたような戦前のポーランドへの復帰ではなかった。全領土にわたるソ連軍の進駐、社会主義ポーランドの建設というプログラムをもった労働者党（共産党）を中心とする臨時政府が出現した。マチェックたちは、「祖国を愛し、そのためにたたかって、むくわれなかった」ものとして、五月八日の終戦をむかえ、戦後のポーランドの現実に対さねばならなかった。マチェックとともに何十万というポーランドの青年がそうした思いで、この歴史の転換点にぶつかったのであろう。対独闘争のなかで、すでに戦後の政権をめざしてはげしく全ポーランド民族解放戦線（労働者党・社会党左派・農民党左派）と競いあっていた旧ポーランド支配階級側のロンドン派指導部は、この青年たちに、ソ連軍と労働者党に対する抗争を指令した。マチェックたちの精神のなかにあった悲劇は、こうして現実のなかに姿を現わしてきたのである。青年のエネルギーがかくして再び不合理に、余りに不合理に燃えつくされてゆく。「再び」というのは、一年前にワルシャワ蜂起があったからである。

ワイダはその不合理な悲劇を『地下水道』で描いた。それは希望のないたたかいであった。抵抗部隊のどのような英雄的行動もその悲劇的性格をかえることのできないものであった。ワイダ自身が語っているように、『地下水道』の英雄たちはどこまでも個人的英雄であって、スターリングラードの戦士たちのように成功の栄冠をかちえ、社会的英雄とよばれうることはできなかったのである。地下水道の抵抗者たちをそこにおいつめたものはなにか？　それは抵抗者たちの「祖国」への忠誠心であり、ナチスへの「憎悪」であり、「民族」への愛情であつたろう。しかし、なによりも、その忠誠心、憎悪、愛情を利用した、ロンドン派の階級的エゴイズムをわたしはあげねばならぬ。

ワイダは『地下水道』ではそれを暗示にとどめた。そして、社会的価値をもちえなかった泥水のなかのたたかいのもとで、きらきらと光ったいくつかの人間的エネルギーと行動の美しさに照明を与えたのである。傷ついた恋人を背負って生きぬこうとするディジーという少女のなかのエネルギー、隊員を求めてもう一度死の地下水道に入ってゆく隊長に示された指導者の責任感、それらの映像はいまだにわたしの網膜に色濃く焼きつけられている。このエネルギーを無為に解体せしめたものへのプロテストと、さらにはそのエネルギーに出口をあたえ、それを再組織すること、それがワイダの『地下水道』にこめたねがいであったろう。

『灰とダイヤモンド』において、ワイダは、「地下水道」で生き残った青年たちを再びおそった非合理なエネルギーの燃焼をとりあげたのである。四四年八月のマチェックは非社会的な英雄であった。しかし、四五年五月のかれはすでに反社会的な英雄としてとらえられる。そこでは、歴史の方向から決定的にそれてしまい、歴史の法則に対立する、誤った信念が、どれほど無意味に人間のエネルギーを燃えつくさせるかを、ワイダは非情にわたしたちにつきつけるのである●

トップ・シーンにおけるマチェックとアンジェイによるセメント工場の労働者の誤殺がそれである。かれらは、二人の息子を対独戦で失った父親と、ナチの収容所から帰ったばかりの青年を射殺するのである。それはまったくなんの意味も持ちえない殺人であった。意味を持たないのは誤殺であったからではない。その晩マチェックはめざす労働者党地区委員長シュチューカを倒す。しかし、それもまた恐ろしいまでに空しい行為でしかない。シュチューカはスペイン革命を経験した老ボルシェヴィキであり、対独戦中モスクワにあって、いま解放された祖国に帰ってきた指導者である。帰ってきてかれは、国に残してきた十七歳の息子マレックが昨日までナチスにむけていた銃を今日は自分たちにむけている反共パルチザンの隊員として捕えられたことを知る。シュチューカの胸は、そうしたポーランドの戦後状況をどうするかという、悲しみや苦しみや心配でいっぱいになっている。しかし、かれにはまだそれを解決するプログラムがない。ただ、かれには、息子たちを必ず自分の方にとりかえそう、とりかえしてみせるという、願望と決意があるのみである。マチェックは、そのシュチューカが捕われた息子に会いにゆく途上でかれを射殺してしまうのである。シュチューカは暗殺者の腕にもたれかかるようにして倒れる。その瞬間、ナチス降伏を祝う花火が真夜の大空一面を彩り、そこに、マチェックとシュチューカの屍の奇妙な抱擁が浮きあがる。それはマチェックの行動のむなしさを鮮かに象徴したシーンであった。

だが、マチェックにもこのむなしさが予感されていないわけではない。たとえかれの錯覚であったにしろ、地下水道でたたかった時代には、かれらがなにを欲し、なんのために闘っているかが把えられていたとかれは想い出す。いまのマチェックにはそれさえもない。さらにまた、ホテルのバーで出会ったクリスティーナとの一夜の恋を通じて、遠い昔に捨て去ってきた日常的生活を想い出し、ふとそこへ脱出したい要求につき動かされさえもする。しかし、みずからの歴史に規制され、誤った信念にしばられたマチェックは、僚友アンジェイの「それを君は自分で望んだんだ。君は自分の約束を守らなきゃならん。」「君はわれわれ共通の仕事を裏切る権利はない。」「ワルシャワで行動していたときだったら、女とともに逃げると考えるか。」という言葉をはらいのけることができない。そしてマチェックはシュチューカを射殺するのである。

このとき、ラスト・シーンは必然のものとなる。かれはごみ捨て場のごみ屑として死なねばならぬ。そして、ワイダはそのように描いたのである。

3

マチェックが燃えつきたあとに、その灰の底に、はたしてダイヤモンドの結晶が残るであろうか。わたしは否と答える。ワイダも同じくそう見ていると確信する。そこにわたしはワイダ自身の戦後体験に裏づけられた批判精神の貫徹を読みとるのである。しかし、この『灰とダイヤモンド』がすぐれてアクチュアリティをもちえているのは、このマチェックへの批判だけにあるのではない。ワイダは、マチェックのエネルギーを四四年八月には非社会的行動として、四五年五月には反社会的行動として、むなしく燃えつくさせてしまった、戦中から戦後へわたる十数年の政治に対して、鋭い批判をなげかけているのである。

マチェックのエネルギーを使いつくし、それを踏台にして新政府の要職にありついた市長の祝宴を、ワイダは酔いどれた青年ドレウノフスキーの手でめちゃくちゃにかきまわさせずにはいられないのである。市長秘書のドレウノフスキーはみずからこの宴会の準備をし、そしてそれを破壊する。そしてかれは、出世の道をみずから棒にふるのである。この卑小な出世主義の青年にも、出口を見失った青春のみじめな苦しみがたたえられていた。また最後のシークエンスで、旧ポーランドの支配階級につながる連中が、新生ポーランドの夜明けにおのれの古き夢をえがいてショパンのポロネーズを踊る姿を、ワイダはみるにたえない醜悪な化物として象徴的に描きあげている。アンジェイとマチェックに指令を下す旧国軍少佐の非人間的な本質も僅かなカットのなかに鮮かにとらえられている。

最も重要なことは、シュチューカが息子のマレックを敵に廻し、さらにはマチェックに射殺されるというシチュエイションである。これは単なる父と子の世代的断絶というものではない。真に統一されねばならぬ二つのものが逆方向で対立せざるをえなかった悲劇の意味がここに集中的に表現される。そしてその政治責任を、指導者シュチューカは死をもってつぐなわねばならなかったのである。

この作品でワイダは、青年のエネルギーはあとにかたいダイヤモンドの結晶を残すように燃やせと、ポーランドの青年に対し、ポーランドの政治に対して、問題をなげつけているのである。そこにはワイダの戦争体験と戦後体験がぎっしりとつめこまれ、さらにまたかれの五六年十月政変後の現実認識＝危機意識が反映していると、わたしは思う。

花田清輝の『灰とダイヤモンド』批判は、すでにのべたように、うじゃじゃけた讃美論へのアンチ・テーゼとしてひとつの意味を持ちえよう。だがしかし、かれの批難が次のようなものとしてワイダにむけられるとき、それはもはや、たわいない偏見と、批評における戦術的誤謬と言わねばならないだろう。

「『地下水道』において、日の光りもささない、悪臭のたちのぼる、どぶ泥のなかで、ポーランドの抵抗のあえなく解体していくありさまを描くことによって、指導者の責任を問題にしたときのワイダには、すでに多少ナルシシズム的な傾向がみとめられないことはないとはいえ、まだ現実の政治を、正しいプロポーションにおいてとらえるセンスがあった。しかし『灰とダイヤモンド』のなかで、不条理な運命にもてあそばれるテロリストの末路に、惜しみなく慟哭の涙をそそいでいるかれは、もはやかれ自身、スクタレーフスキイの息子と同様、若くして追憶のとりことなり、新生ポーランドの支配者たちのすがたを、極度に矮小化しながら、例のリフレインを——あの当時は、青春とロマンチックの時代だった。ところが、いまはどうだ。国家と法令の時代なのだ。——を、たえずくりかえしているようにみえる。……」（『映画評論』七月号『無邪気な絶望者たちへ』）

『新日本文学』の座談会でも花田はこれをくりかえしていたが、マチェックの末路に手ばなしで感傷的な涙をそそいでいるのは、日本の「無邪気な絶望者たち」であって、ワイダその人ではない。そして、日本のすべての肯定論者が「無邪気な絶望者たち」とは限らないことを、花田は知るべきである。また、わたしに言わせれば、花田こそ、新生ポーランドの担い手としての戦後派を極度に矮小化しているようである。

花田は、複雑な抵抗期と戦後の革命期をくぐりぬけ、さらに五六年の危機をもきりぬけて、社会主義を前進させているポーランドのヤンガー・ジェネレーションに対して、過小評価におちいっているのである。かれは、『灰とダイヤモンド』のワイダを、『真昼の暗黒』のケストラーや、レオーノフの『スクタレーフスキイ』の息子と同列に扱おうとしているが、土台、革命に裏切られたからといって、みずから革命を裏切り、その泣きごとをならべたてるケストラーと、戦後の社会主義建設の途上でおかされた誤りの重みを全身でうけとめながら、なおも革命の旗を守りぬいているワイダたちとの区別もつかなくなったとは、なんともなげかわしい話ではないか。アンチ・テーゼはテーゼによって規制をうけざるをえないというが、花田の『灰とダイヤモンド』批判は、日野のようなうじゃじゃけた讃美論の裏がえしのように、わたしには思えてならない。

花田はまた、ワイダが、積極的な人間像を提示しなかったのは、十月政変後のコミュニスト作家としての現実認識に甘さがあり、責任に欠けると主張する。これは一種のないものねだりである。ワイダが『灰とダイヤモンド』で試みたのは、異なった状況におかれたならば、まさに積極的エネルギーとなったであろうおびただしいポーランドの青春が、いかに無意味に灰と化したかを描くことによって、真の青春の燃え方を逆に照しだすことであった。さらにまた、それは、このエネルギーをいまだに再組織しえぬ現実への批判でもある。それは言いかえれば、十月政変のなかでゴムルカ政権が青年のエネルギーに注目し、アナーキーな拡散をくいとめ結集し、再生の道を切りひらこうとした政治コースへの、側面からのバック・アップであったとわたしは思う。それは、十月政変後のポーランドの進路決定にとって、アクチュアルな問題提起でなかったかどうか。そこには、花田のいうような積極的人間像はないが、積極的な主題がある。それ以上のなにをわたしたちはのぞめるか。花田のアンチ・テーゼは、ここに至って完全なゆきすぎといわざるをえない。

わたしは、花田の戦術転換を強くねがう。

（筆者は評論家）

特集・記録映画の戦後体験

敗戦の年から十四年目の八月十五日を、われわれは迎えようとしている。「もはや戦後ではない」ということがしきりと叫ばれた頃からも、はやくも数年の年月が過ぎた。だが、はたして私たちにとって「戦後」とはすでに過去のものとなったのであろうか。

あの戦争の深い傷痕を背負うことによってはじめられた戦後の歩みは、私たちにとって文字どおり苦汁にみちた道のりであった。私たちは、とにもかくにもその歴史を生きることによって、今ふたたび各自の「戦後」を反芻し、その意味をまさぐらねばならぬ地点に立っている。

己れの体験の深層に鉛錘をおろしてつかみとってきたものは、私たちの広場においてつき合わされ、たしかめ合わされねばならないのだ――。

それは挫折したがこれからだと思う

京極高英
（演出家・フリー）

いまなにをしているかと誰にきいても、いやつまらんPRをやらされてうんざりしていると、いつもきまっていうから妙である。それはこんな風にもとれる。実は思うような作家らしい世間にはずかしくない自分の仕事がしたいんだが、生活のためにはどうにもならないんだという無気力なあきらめの言葉にもとれそうである。

これは強ち作家としての処世術の見栄坊からでた言葉とばかりいえない理由はあるのだが、一面それは作家としての創作態度の安定感ともつながってくるのではなかろうか。

つまり、その意にみたないPRの仕事の中でも充分に作家として闘える場所もあり、それを見つけ出していくことが一番大切なことだとする論理、その中でこそ闘わなければ、それこそ作家の主体意識はまるっきり失われてしまうという創作態度から、その条件の中でその質的変革の可能性を積みあげていくことが現実に即した創作意識であり、そうした創作方法こそ追求すべきであるとする無原則的平和論理への発展につながるそれである。

しかし、その条件と限界は、その作家をしていかにその可能性に努力しようと、やがては追いつめられ無気力な創作に陥し入られてしまうことは、戦前からの私たちの作品がどのような経験をたどり、どのような奉仕に終ったかを考えればはっきりすると思う。

それはそれとして、事実、見栄や外聞をきにしていわれる言葉として作家の生活をゴマ化そうとする程、自分で突込んでやろうとすることはなかなかどうして大変なことで、家族ぐるみの勇気が必要だということは大袈裟ではない。勇気などというなにか宗教的で精神的な作家の姿勢にとられそうだけれど、作家の意識を問題にする抽象的な主体性とはちがった行動の勇気がいる仕事だということは、こちら側のしくみということで充分に考えなくてはならないことだと思う。

では、その作家の生活が充分かなえられればそうした勇気も自然とでてきて、思う存分の仕事ができるかといえば、そうした仕事は向うから自然と湧いてくるなんて事はないし、さて生活が安定したからそれじゃボツボツ発想と創作に着手しようなんてことも恐らくあるまいということははっきりしているだろう、それは一口にいってしまえば、作家の階級的な姿勢が日常的にどうなっているかということになるのだが、そうした困難な実践活動にその創作活動を常に踏み入れなければその仕事はできないということが分りすぎる程よく分っているだけに、そうした

勇気をカムフラージした作家態度ともなってくるのだろうと思う。

戦後私たち一部のものが、こうした原則めいたことをふんまえて、ガムシャラに仕事を始めたものである。ガムシャラなどというとそうでなかったものからやられるかもしれないが、少くとも私の場合はガムシャラであった。ことに私の生い立ちや戦前の私の仕事の無批判な規程にいたっては、それこそ百八十度の転換こそ私の唯一の生き道であると、心の底から戦前の自分の姿を振りかえってそう思った。

終戦の前の日まで、本当に前日まで米英撃滅火の玉となって当れとか、自分が喰ってもいないものまで喰っているような振りをする南方向けの日本よい国等々の映画、数えればきりがない多くのフィルムを作っていた私。このミイラのようになった現実感覚と認識を、体ごとぶつかり変革しようとした。それより他に方法はみつけ出すことが出きない程のコンプレックスの中から、それこそ家族ぐるみぶつかったのである。

しかしそのことが今日私のどこを前進させ元気づけているのか自分には分らないが、それでも少しでも作家として永生きしている今日の自分を考えれば、そのガムシャラも私には大切なことだったのかもしれない。

少し横道に入るようだが思い出すことがある。終戦の知せをロケ先の航空隊報道班で受けた時、その瞬間真先にワーッと小踊りして喜んだのは谷川君であった。――当時彼は私の助監督をしていた――それこそ茫然自失の感じだった私にはこの谷川君の喜びようが、終戦ということよりもなによりも、私のいままで死んでいたかのような人間的意識を蘇生させてくれた導火点でもあった。本当にこれはこたえた。ああこれが本当だったということのショックである。いままで撮影したフィルムをネガといわずポシといわず、焼野原のビルの残骸の蔭で二晩もかかって燃しつづけたのもそれから幾日かたっての日のことだったか。勿論やはり軍政府からの命令であったのだが、赤々と空を焦すその色は、焼夷弾のサクレツし燃えるその色よりももっと美しく、ポンポンと音をたててよく燃えた、燃えるフイルムを消しとめたい気持と、それでいて妙に体の中の鉛のような重荷がすーっととれた、何年来のすっきりした晴々とした気持とが入り乱れてながめていたその時の状景をいまでもはっきり思い出すことができる。私の作家生活は本当はここから改めて出発したといっていいのかもしれない。それ程の反省であった。

たとえそれが如何にヒューマニスティックな発想であったとしても私の社会認識が、いかに力のない根底のない個人的なヒ弱なものであったことか。大きな圧力の前には、それこそいつのまにかその無原則性をバクロしへなへなと崩れ去ったのである。しかもそれが無意識の、誠にナサケナイ代物であることが私には強くこたえた。

終戦という歴史的事実の前には、少くとも作家としての責任ということから、その崩れさったエセ認識を根底から変革することが第一の戦後にのこされた私の仕事であったのである。したがって自然主義的表現にまつわる詠嘆調ということも私にとっては何がなんでもまずぬけ出したい問題でもあった。

このところ「記録映画」の編集員諸兄が中心になって戦後の反省を、ことに製作協議会作品の仕事振りやその作品を通して、作家主体の創作方法の面から自己批判しはじめられ明確になろうとしていることは、このような私にとっては誠に幸というものである。

終戦のときとはまるっきりちがった意味での自己批判が、再び新しい方向に向って前進できることの反省だとすれば、それから十年たった今日とはいえ作家にとってこんな感動が他にあるだろうか。

しかし、その自己批判がはっきりされはじめたとはいえ、私が通ってきた仕事の過程で考えたいことがある。それは現実認識が外部世界とのかかわり方として、その具体的実践に踏みこむこちら側の自覚と用意のしくみが、作家主体というような実体のガイ念の中に抽象化され過ぎてはいないかということである。つまり私の血のめぐりの悪さをカンベンしてもらうとすれば、いままでのような、作家の対決と認識のし方ではならないとする、馬鹿々々しいような一般論としてそのこちら側のいたわり方の用意が、不明確なまま受けとめられそうで、そうなると正直のところ、もう二度と再びという奴が頭を持ちあげてくるのは私ばかりではないような気がする。

せっかくの自己批判を単なる認識の技術論として解消させたくないし、本質的には実践を含めた提起だけに心配になる。(協議会の中心にいた野田君の明解な提起の中にも、その点が深く示されなかったのは残念だが、それは私の性急さか。それとも、その創作に対する作家の生活経済、私流にいえば勇気のことなどは、その方法論の前にはおそろしく小さな問題なのか。その創作の対照となる労組等の経済的基盤の条件の中に、その都度しみ込まして克服していくより他に方法が考えられないことを前提としているのか、野田君よもう少しそれを語ってくれ)

疲れきり敬遠されて挫折した協議会だったが、それでも全く数少いものたちによってかなり沢山の作品を作ってきた。

外部の現象を唯一の事実として忠実にとらえる自然主義的方法論がそのまま戦後にひきつがれ、したがって作家の階級的人間変革は不充分なままのその創作方法を基盤として、製作協議会の国民映画運動に入ったことによる私たちの挫折と解体という明確な自己批判。それはそれなりに私たち実践したものにとっては、その経験を通して技術の面からばかりではなく、個人々々のみのりとなることはたしかであろう。

つまり、勇気などという、こちら側のいたわりあい方が、何も具体的に提起されなくても、その実践の各々の解決が、実は協議会という集団的解決でなく、すべてが個人的解決に根ざしてきただけに、各々当事者には各々個人の状態の補足をあわせて別々に理解す

る事ができるということである。

しかしそうしたことの反面この仕事に直接たづさわらないものにとってはあまりにも一般的に抽象された創作方法論として受けとられ、その創作運動とは切り離したところで問題が流されてしまう懸念がなかろうかとも思うのである。まして協議会の運動が、各々の教育映画の中に分散した今日を見るならば、その自己批判をどこまで教育映画の創作方法論として具体化できるかは、各作家の受けとり方によることだが、それが幅広く私たち各作家の糧となるよう望みたいものである。

協議会の中でさえ、そうした具体的ないたわり合い方が、まったくかえりみられなかったことは、すべて私たち作家が既成の創作方法と作家のあり方から抜け出し得ないでいた理論的な低さがそれを拒んでいたのだろうか、その仕事はすべて、個人が技術中心主義に落ち込んでいった結果にもなったのである。自然主義的認識の中で何とか変革への抵抗をこころみようとする作家主体の認識が、当然その技術の面からだけに入り過ぎてしまったが、各々の作品はそれでも一応の技法の発展をみることができたことはたしかである。そしてそれが教育映画の限界の中でもそれを一歩の前進をさせたことも事実である。

しかし、その自然主義的技法は、逆にその社会変革の目標をおきざりにし、その技術やそれが当然もたらす修正主義的要素だけを教育映画がすいあげる結果となったことが、逆に教育映画を後退させたということが、はっきりしてきたことは、なんといっても私をしてこれからの新らたな方向に向わせようとする要素であろう。

矛盾の中から

桑野茂（演出家・岩波映画）

編集部からの出題――〝戦後をいかに受けとめたか〟

しかし、これを書くには、やっぱり、少しばかり勇気がいった。余っ程やめようかと思った。でも書かなければ、自分に対して大変卑怯な気もする。最初のラブレターを投函するような気持ちで原稿承諾の通知を出した。

しかし、いまだに迷っている。

矛盾だらけの自分が、理路整然とした大論文など書けるはずはない。又、そんなものを書いて、今後の自分に、身動きのとれないワクをはめたくもない。ただ、戦後の自分のいくつかの変化に対して、一応それぞれの清算をやって見たいと思うばかりである。

戦争責任について

私は自分の戦争責任について、あまり深く考えたことはない、むしろ、戦争責任など感じていないと言った方がいい。

私も戦争中、何本かの映画を作った、かくす必要もないから、主なものを明記しておこう。あるいは見て覚えておられる方もあるかもしれない。海軍報道班員として作った〝基地の建設〟在支軍報道部の大日方伝氏に協力して作った〝大陸新戦場〟〝在支米空軍〟。どの映画も軍の協力で――というより軍に協力して――作ったものだから、もち論、戦争反対などはしていない。むしろ戦争に協力している。

しかし、その何れの作品の中にも、私には私なりの感情がこめてある。爆撃の熱風とビフテキのように油のにじみ出した人間の死体と、そんなあけくれの中に日々を送った〝生きた、血のかよった人間〟としての感懐がこめてある。特殊に人一倍涙っぽい私の深い思いがしのばせてある。きっと、当時あの映画を見た多くの人々も、あの血なまぐさい戦争下を同じように生きた人々である限り、画面の裏から、私の思いを感じとってくれたにちがいない。

あの戦争の時、特殊な一群の人々を除いて、これ以外の生き方は可能でもなければ、あり得もしなかった。だから、そういう私と同じような九十九パーセントまでの日本人に対して、私は〝お互いに、まあ、よく生きのびたものですナア〟と肩を叩き合って慰め合いこそすれ、その人々に対して、いささかの戦争責任も感じない。その人々は、責任を感じなければならない相手ではなくて、私の仲間である。私は仲間としての思いをこめて映画を作った。

しかし、つけ加えなければならないことがある。二年程前、私は仕事にゆく途中で、マニラの飛行場に降りた。はじめての海外旅行で気持はフワフワしていた。飛行機から降りて税関の建物に入った時、私はハッとした。振り返って私を見つめた税関吏の一人は、おそらく、どこの国の税関吏にも特有な、冷たい事務的な態度を示したに過ぎないだろう。しかし一瞬、私はその二つの眼の中に、〝憎悪〟を見たような気がした。日本軍のマニラ大虐殺の写真の数々が、低い唸りで私の頭の中を横切った。私はあわてて眼をそらした。胸の底の方から恥しさと、いたたまれぬ気持が見る間に噴出して来た。

待合所の喫茶室のボーイたちは、何処の国でも見る、気のよさそうな男たちだった。いろいろ話しかけて来た。片語の日本語もつかった。でも私は文字通り、穴があれば入りたい気持だった。一刻も早く飛行機が出発してくれないかと思った。そのボーイたちの無遠慮な話しかけの底の方に、殆ど無意識に近い軽蔑――われわれ日本人に対する軽蔑がひそんでいるよ

な気がした。片語の日本語は、戦争犯罪人日本人に対する決定的な証拠提出であった。

仲間である日本人から、眼を一歩でも海の外に移す時、もう、私たちは戦争犯罪人をしての自らの責任からどうしても脱れることは出来ない。

もう一つ、つけ加えなければならぬ。自分の生命を賭して戦争に協力せず、或は反対した一群の人々に対してである。そのことに関する限り、私は、深く畏敬の念を感じる。自分も今後、自己の信念に対しかくありたいと思う。

私は、同じ仲間である日本人に対しては戦争責任などは感じない。ただ、日本人のために苦しんだ異邦の人々と、そして何よりも、この私自身に対して深く責任を感じる。

戦後混乱期の私について

敗戦後間もなく、私は共産党に入党した。当時、私は日本ニュース製作の責任者の位置にあった。

昭和二十年一月から、三鷹、下山、松川事件の起った昭和二十五年八月まで、私は多くの同僚と共にニュース映画製作を押し進めて来たが、いまふりかえって見て、そのことには少しも後悔はない。

私は共産党員ではあったが、当時部内で、〝ニュース映画はアカハタとは違うのだ〟と主張し続けて来た。アカハタは、たとえ、それが如何なる種類の党であれ、単なる一政党の〝私的〟機関紙に過ぎない。しかしニュース映画は、すべての日本国民のもの、――反共であれ客共であれ、すべての日本人のためのものである。次々に生起してくる政治問題、社会的事件の真実の意味を、一刻も早く、その日本国民――同胞に解明する処にニュース映画の役割があると思った。

又、ニュース映画は決して芸術ではなし、芸術作品にはなり得ない。しかし、常にその中には記録映画芸術に発展する芽をふくんでいるものだと思った。だから、政治問題にしろ社会的事件にしろ、それを担当する編集者やキャメラマンが、自らの全人間をあげて、その喜びも悲しみもこめて、フィルムの中に描くように要請した。

当時ＣＩＥが〝報道はすべて主観をまじえてはならない〟と命令していた時、私たちは、主観をまじえて描くこと、そうでなければ事件の真実の意味を、誰にもわかる形で直感的につかむことは出来ないと考えた。もし、そのようなニュース映画が観客から嫌われるなら、それは作っている私たちの人間性の方にゆがみがあるのだ。主観をまじえる――自分の全人間的感情をこめて描く――という方法自身の誤りではない。

もち論成功したニュースもあり失敗したニュースもある。だが、あのような時代に、そのような方針をとり、それに従ってあのようなニュース映画を作って来たことに、いま私は後悔はない。私自身に対しても、同僚の誰彼に対しても〝お互いによくやったね〟と言いたい気持ちである。

しかし、今思い出しても、顔の赤らむ思いのする事件もある。昭和二十二年一月三十日の夕方――あの二・一ゼネストの前夜である。騒然と湧き上っていたニュース部のデスクに、当時日映の重役だった渾大防五郎氏（だったと思うが）がフラリとやってくると、

〝多分、僕はストにはならんと思うね、君はどうかね〟

その時、私の気持は甚だ不満だった。私はゼネストは必ず起ると、すっかり信じていたからだ。まもなくマックアーサーの中止命令のニュースが入った。それでも私は、それを押し切ってゼネストに入るものと見透し、キャメラマンの非常配置態勢を解かなかった。伊井弥四郎のあの涙の放送が聞えはじめた時、私は全くすっぽかされたような気持になった。

ニュース製作の責任の地位にいながら、この馬鹿見たいな見透しの甘さ――というより常識的判断さえ欠除していたことが、私にはいまでもこそばゆい程恥しい。それは、全く一方的な見方――期待から生れたものである、客観的な事態を正確に見ようとせず、対立する一方から流れてくる偏よった情報源だけに眼がくらみ、その中でいい気になっていた天罰である。

後年、私は、地下に潜った共産党の幹部たちが、朝鮮戦争のさなか〝革命近し〟との判断をもったという話をきいた。社会にいて、日日の〝ブルジョア新聞〟を読んでいるものには信じられない程の常識はずれである。だが私は、それがわかるような気がする。そしてこのことは、自分のあり方を見直す一つのきっかけとなった。

もう一つ忘れられないことがある。同じく二一ストの前後、日映は経済的に行き詰って七〇名ばかりの従業員の首切りを行った。私はその時、首を切られる方でなく切る方に廻った。私はニュース部責任者をして、自ら、馘首すべき人を選定し、決定し、そして自分の職場から街頭に放り出した。

少し事情を説明しておく必要があろう。当時、日映は主導権を所謂アカが握っていた。私もアカの一メンバーである。しかし一方に反共的といわないまでも、アカのグループになじまない一団がいた。私たちの製作方針に対してその都度冷やかな批判も出た。どうせ人員整理するなら、この際その一団を切るべきだというのが、主導的アカグループの主張であった。私も当時、それが正しいと信じた。社会の正しい発展のために必要な手段だと思った。〝そして泣いて馬ショクを切る〟等という甘悲しい言葉を思い出しながら英雄気分にひたってそれを敢行した。

この行為だけは、いまだに私は自分自身に対して許すことが出来ない。それは不遜である。潜越である。人間に対する侮辱である。

例え万一、それが〝社会の正しい発展のための必要手段〟であったとしても、人間性に対する許すべからざる暴行であることに変りはない。まして〝社会の正しい発展のためだ〟などという判断は凡そ手まえ勝手な、思い上った空想に過ぎなかった。一たい当時のアカ・グループが何ほどの貢献をこの日本にしたというのだろう。

その後、私は、出社する駅のホームで、時々、当時の私の直接の

犠牲者K君に会うことがあった。K君は当時ニュース部で企画の仕事をしていたおとなしい青年であった。何処か芸術家肌であったから、当時の横暴極まる私たちアカグループに反感をもっていたとしても少しも不思議はない。私に首切られてのち普通写真の仕事をして来られた由である。私に会っても、ホームの人ごみの向う側から静かに挨拶されるだけで殆ど口数をきかない。

会う度にその人の頭に白いものがふえていくような気がした。そしてもうかれこれ十年たつ。しかしいまだに、私は、自分から積極的にそのK君に話しかけてゆく勇気をもたない。

ある私的事件について

だんだん私の筆は重くなる。このことはほんとに書きたくない。しかし、私的事件ではあるが、もし、私という人間の戦後に於ける変化を自ら本気で見つめようとするなら、書かないわけにはゆかない。

戦後、私は、ある女性と恋愛問題を起した。(恋愛〝問題〟〝起した〟などというのは、私にはとてもいやらしい言葉だ。しかし適切な言葉がない)もち論、当時、私には妻があり、三人の子供があった。その一方で、その女性との関係(これもいやらしい言葉だ)が昭和三十年まで、約九年間続いた。

具体的なことを書く必要はないだろう。私も〝告白〟する気はないし、おそらく相手の女性にとっても迷惑にちがいない。ただ、その渦中で、私が何を感じたかだけしるしたい。

いままで、私は、人間の中における理性の優位を信じていた。人間が理性の判断とその命令に従って行為することが可能でもあるし、一番正しくもあると、少しも疑わなかった。だからこそ、おそらく、私は、〝社会の正しい発展のため〟にという理性の判断と命令で同僚を首切ったのにちがいない。

ところが、この恋愛事件は、私のその意識を次々に、しかもことごとく、コッパミジンにうち砕いた。私の理性は、九年間ただの一日もかかさず、夜も昼も、私に対して、次のように命令した。〝直ちに、妻か、その女性か、どちらか一方をえらべ!〟この理性の判断の正しさには一点の疑いもなかった。しかし、それが実行出来なかった。理性を宿す大脳皮質の下側にかくれていた皮質下中枢が強力に反撃に出た。その女性に対する私の恋愛感情は、断じてその女性と別れることを拒否した。恋愛である以上、おそらく性慾という人間の本能がその物質的基盤になっていただろう。その本能と直接結びついた。理性よりもより本源的な感情が、人間という生きものの中で、如何に、強引に自己主張するものであるか、徹底的に思い知らされた。

それなら妻や子供たちと別れることが出来るか、別れたあと、子供たちがどのようになるか、眼の前に見るように想像出来た。何としても子供たちを捨てる気にはなれない。おそらく親としての育児本能が、理性の判断よりもより生物的に本源的なものとして働いたのだろう。では、妻とは、妻は子供たちにとってのただひとりの母親ではないか。それにあの爆撃と熱風の中を、ともに助け合って生き続けて来た人。誰よりも苦労とともにした人間ではないか。肉親の一人にも変ってしまったひとではないか、かって同僚を首切ったように、妻をその生命の場から追い出す権利が私にあるのか?

これを読まれる方は、あるいは私がユウジュウフダンで勇気のない男と見られるかもしれない。客観的にはそうにちがいない、しかし、私は失礼だが、もしその人が同じような場に身をおいて見なければ、私のような矛盾に充ちた経験は、判ってはいただけないものと思っている。

結局とどのつまり、この事件は当然行きつくべき破局に来た。私はその女性と別れた。そして、同時に私のとった行動は、共産党から離党の手続きをとることであった。私は再び、ただの、ひとりの人間に帰った。

何故、私はこのような事件を契機に共産党をやめたのか。

私にはもはや理性の万能が信じられなくなったからである。人間というものは、そもそもの出発点から大きな矛盾をはらみ、矛盾にみちた行動しかとることが出来ないと考えたからだった。恋愛事件が終ってもこの思いは去らなかった。却ってますます大きくなった。

私はいままで、党員であることを口実に自らの矛盾を追求することをさけ、逆に矛盾をおおいかくしていた。組織にべったりともたれかかり、組織の一員であることによって、自らの正しさも自動的に保証されているような気になっていた。自らの理性を感情もふくめて全人間をあげて判断し、全人間をあげての責任をもって行動するのではなく、組織からの借りものの理論で考え、借りものの倫理で行動した。だからこそ、あの二・一ストの時の責任者にあるまじき見透しの甘さが生れ、同僚を首切るという不遜な人間侮辱が可能だったのである。

その一方で、私は無意識に自由を望み、強圧をきらい、自分の矛盾をもてあましながら口実のつく限り党の会議などサボった。そのクセ、そのすぐあとで、自分が正しくないことをしたとして、自らを責めさいなみ、その揚句に劣等感に追いこまれた。

もうこんなことは一切ごめんにしよう。組織にもたれて一方で正しさを他人に保証してもらいながら、他方で自分の劣等感にさいなまれるなんて愚の骨頂である。

よし、私は矛盾にみちた人間だ。だから、まともに一つの理論などに従って判断したり行動したりしようとしなければいい。矛盾にみちている自分を敢てかくそうなどとしなくていい。矛盾にみちたままに行動すればいい。

ただ、大切なのは、他人の理論や判断でなく、自分の判断と内心の欲求に基いてだけ行動すること。そのことから当然出てくることだが、他人や組織に対してでなく、ただ自分に対してだけ、あくまで忠実であり、とことんまで人間的責任を負うこと。

こうして、私は、又、ただのひ

とりの人間に帰った。サバサバした気持ちだった。しかし何か不安定なものがまわり中に漂っているような気がした。でもこれが現代に生きるものにとって脱れられない運命だと考えなおして、又歩き出した。

今の私

こうして今、私は一九五九年を生きている、満四十七歳である。もうきっと、人生の半ば以上を失ってしまっているにちがいない。今の自分に対して、一応、しめくくり的状況判断をしておきたい。今の私には、比較的大きな矛盾が二つある。

さっき私は、あくまで自分に忠実でありたいと書いた。そのつもりで今も作品を作っている。しかし、映画というものは、私の作品であるとともに、無数の観客、多くの日本国民のための作品である。そこには、客観的な評価がなければならない。作者の意図や感情や人間性から離れた、客観的価値がなければならない。その客観的価値と、作家の意図や意慾とはどんな関係があるのか。もち論、作品に客観的価値があれば作者は職人でも良いなどとは私には思えない。だからといって例えば私が自己にあくまで忠実だったからと言って、作品は客観的価値が出るわけでもない。この二つが自動的に結びつくなどと考えるほど、私は呑気でない。しかも、いまの社会には、この二つを矛盾したもの、関係しがたきものとして、間に深淵を作っている断絶がある。どうしたらいいのか、いまの私にはわからない。ただ自分に忠実でありたいとだけはとことんまで念じているが、これが矛盾の一つである。

私はこの頃しきりに体力の衰えを感じる。もう、一昔も前のように三脚をかついでダムサイトを馳けずり廻るなどということは出来そうにない。ロケがいささかオックウになった。私はこれから、どの位働き続けることが出来るのだろう。もちろん、三人の子供はもうすぐ自分たちで働き稼ぎ生きるようになるだろう。しかし、かっての父親族のように年をとったら子供の厄介になるという気持ちは私には卑怯に思える。子供だって自らに対してのみ責任を負う一個の人間である。私もやっぱり生きている限り、その生きていることに対して、終始自分だけで責任を負わねばならない。子供の厄介になるなど卑怯である。

しかし、これから私の前途に何があるのだろう。もち論私は、資本主義のもたらす幸福を信ずる程甘くはない。だからといって現在の新中国やソビエト社会が最大の幸福だとも思わない。たしかに唯物弁証法にもとづく社会科学――社会的動物としての人間の把握は正しいだろう。又パブロフを出発点とする大脳生理学――生物学や生理学からの人間把握も正しいにちがいない。しかし、この二つの科学の中間に大事な結節点が欠けているように思える。人間学、人間の全体的把握の科学がないような

気がする。そうでなければ、社会主義社会ではもう少し人間が尊重され、自由が支えられ、芸術の不毛がなくなるはずである。第二回ソ連作家大会についての石川達三氏の意見に私は賛成である。

どうも私は子供の時からペシミスティックであったようだ。母親が早く死んだためかもしれない。しかしそのペシミズムがこの頃、次第に心の中に大きくなって来たような気がする。これはいかん、と痛切に感ずる。これがいまの第二の矛盾である。

ともあれ、私の当面の目標は、もう一本自分の気のいくような映画を作りたいと言うことだ。それも出来るだけ早く。その映画の最後のロールの録音にOKのマークが出た時、過労で死んでも少しも悔いないような作品を。

それがどのような作品であるか、私に見当がついているような気がする。

ひとつの感想

厚木たか
（シナリオライター・フリー）

さあ、戦後体験といったところで、相かわらずの模索模索で、べつにどうといって書くようなことないのですが。

ただ戦後は、というよりわたし自身年齢のせいかもしれないのですが、自分自身、女であることの自覚がふかめられたことくらいなものかもしれません。わたしは一人の映画をつくる人間であって、いやそれ以前に一人の普通の市民であって女である、ことの自覚がね。

戦前そのへんの自覚が稀薄だったといえば妙にきえるでしょうが、むしろそれは「女であること」から逃げて、意識しないようにしていたといった方がいいかもしれません。ちょうど、ひと昔もふた昔も前の自由をもとめた婦人たちが、青踏社時代の婦人解放論者のように、髪を短くきりズボンをはき、まるで男のような太い声で男の話し言葉をつかってタバコをプカプカ――といった具合に「女であること」を忘れようとしていたようにね。

しかし逃げきれるものでないその問題に、戦後わたしはまともにぶつかり、そこから仕事をしてゆこうと思うようになりました。「女の問題」というのは今の世の中の矛盾のいちばん根深いものをもっているのでね。そこに、自分の主体の問題をまでチャンと腰をすえようと思ったのです。

ただ誘われたからというばかりでなく婦人団体などに関係するようになったのもそんなことからなのでしょうね。

女であって一人の市民である自分が、この人生をどう生きてゆくのか、どう生きずにはいられないか、ぬきさしならない主体の問題のみきわめ――わたしね、いままでの映画って、どうもあまりそういう主体の問題とよその所でつくられてきている感じがしているんですがね。

いわゆる劇映画は劇映画で、見世物から出発しただけにいつも手練手くだで人をおもしろがらせようと段どりの芝居をつけ、それをつくる人間の肉体や人生とはあまり関係のないところで、手さきでこねまわしている感じだし、記録映画その他は、とかく、足でつくる映画をということで、「事実」の中をやたらに歩まわっている感じなのですがね。魂ぬきの足ばかりでね。

まア云ってみれば、ほんものの画かきならアトリエの中にとじこもっていたって、ちゃんと世の中の動きをふんまえ、現実をみとおした絵がかける筈でしょ。ほんものの画かきならのことですけれどね。

アトリエの壁をぶちぬいて、画をかく人間の主体と外部の現実とがはげしくぶつかり合って火花をちらす、それがまア作品だってわけでしょうが。つまりね、アトリエの中にいる画かき主体が強いなら、外部のもろもろのものは吸いよせられてアトリエの中になだれ込んでくるようなものでしょうが。

その辺をわたしはいつも自戒するのです。

しかし、それにしては、映画をつくっていて人間の主体って、あなんと影のうすい、かぼそいものなんでしょう。

戦争中、それを痛感しましたね。それや、ごくごく小数をのぞいて日本の文化人とかいわれるもの、みんな戦争にひきずられましたよ、恥しい戦争協力をしましたよ。しかし映画の場合は、芸術のほかの分野、ことに文学の場合などとくらべると何かちがう……、たしかに、少しちがう――。悩んでいないようなところがある、のんぺらぼうで無感覚で――そのかわり、また戦後は、なに、こんどは民主主義？　じゃあ、それでゆきましょう、それで、といったようなところもあったりしてね。――しかし、戦後十五年、映画界もいろいろな試練をへてかなり変ってはきましたがね。そして戦前派の良心的な人たちの中には、戦年、ファシズム、自由を束縛するもの、いずれにたいしても、もうこんどこそは、この前の轍をふまぬという心がまえはできているように思いますけれどね。

戦争中、ひそかに、良心的な人たちの心と心をむすぶような組織がどこかに息をしていたら、ああまではならなかったんでしょうがね。日本人の試練の歴史の浅さ。

組織って大事だと思います。ほんものの画かきとしてアトリエの中にひとり沈潜することとこれは楯の両面みたいなものだと思います。この二つは矛盾するようだが決してそうではない。

「とかくメダカは群れたがる」と、平林たい子女史はのたまわれたとのこと。いみじくもエリートは云えり、です。しかし、そのエリート族ってのが案外もろい存在なのでね。

幸にしてわたしなどはエリート意識をもとうとしたって何の根拠もないような存在だから、何の躊躇もなく「群れたがって」いる方なのですが、みんなと一緒にいる、ということにわたしは偽りないしあわせを感じるのです。

実際、これは少々内緒の話だけれど、人間たまにはさ、生きてることも面倒くさくなるような感情におちこむこともあるというもんでしょう。しかしね、みんなのことをやっぱり考えてね、救かるんですね。生きているってことは動かしがたい現実なんだし、その現実を、みんななんかかんか少しでもましなものにしようとして一生懸命な顔つきをしてやっているんですものね。自分ひとり、投げた気持になったりするのは、ほんとに傲慢だ、と思いなおします。ことに婦人団体なんかにいて、みんな女のひとが、男のひとにはまだわからない苦しみを苦しんでいるなかに一緒にいますとね、自分も一緒にやらなければいけないっていう気持になりますね。

その辺がわたしの戦後の生活で、ここにわたしの足場がある、ここで映画をつくろうと思うのです。まだ残念ながら戦後十五年にこれという映画をつくっていないのですが、この足場が、わたしには少ししっかりしてきたように思うので、これからやってゆきたいと思っているところです。

主体を瞶めること

高島一男
（演出助手フリー）

散戦の日、例の蚊細い、ききとりにくい声にしがみつくように耳をそばだて、漸く無条件降伏を理解したとき、ぼくは十四歳であった。

あのときから、ぼくなりに戦後体験の歴史を経てきたわけだ。それは確かに、戦後の名を冠する体験の日々であったのだが、十四歳という漸く自意識が形成されようとする年齢であったことを考えると、あのときから、ぼくの自己意識の生成、発展が始まったのだと思う。

しかし、その形成にあたって、すでに基礎となるべき意識構造は、かなり固められ培かわれていた。つまり、天皇中心の軍国主義的教育と封建的家族制度的な思想と生活が、叩きこまれ、詰めこまれ、または無意識のうちにも深く泌みこまされていた。

いかんともしがたいほど、それらの意識はぼくの内部に沈潜し、はびこっていた。

敗戦によって、社会は表面的には百八十度的転換をとげ、この国は「民主主義」の咲き乱れる風土と化した。しかし、少年のぼくでも、それまで育ぐくみ、踏み固めてきた思想と一夜で訣別し、民主の思想の持ち主たりえよう筈がなかった。

その意味では、ぼくにも戦中があり、戦後があるといえる。図式的にいえば新旧二つの思想が、旧は骨肉化されたもの、新は輸入されたものとしてぼくの内部で対立し、はげしい矛盾、葛藤となって、一貫して揉みあい、絡みあい続けてきたといえる。

ぼくのみならず、おおくの人の内部矛盾としてそのことは存在したであろうが、ぼくの戦後体験はその基本的な矛盾、葛藤の歴史としてとらえられる。そのことを㈠ 実生活の端々で感じざるをえなかったにもかかわらず、異常な困難さを恐れて積極的に触れようとせず、ただもう、激動する外的現実に触発されたイデオロギーだけが、ひたすらに馳けずり廻ることを自分に命じた時期と、㈡ 進歩的運動が挫折し、我が身に鞭打っての行動が、客観的には進歩と革新に貢献するどころか、むしろ、停滞と混乱を招いた事実に動揺し、自己への深い疑惑を感じて逡巡、模索を続けた時期、㈢ 漸くそれらの自分を、主体喪失の姿としてとらえ、何よりも自己の内部の世界の矛盾を追求し、成熟させる可能性を求めたこと。そしてそのことが内部を現実にかかわらせ、検討し、論理化していく過程にこそ求められることと考え、また、それが、創作の方法意識とも不可分の関係であることを知ってぼくなりに努力し今日に至る時期、とに大別できる

㈠

敗戦によって、既成の権威の一切が見事に崩壊したとき、そして、新しい秩序が樹てられようと胎動を始めたとき、――歴史的にみれば確かにそうであったし、歓迎すべき時代に遭遇したといえるが、少年のぼくにとって、極端な、正反対の変貌からは混乱と動揺しか与えられなかった。出征を見送ったさい、誇らしげに胸をはって「死

んでくるぞ、日本のために死んでくるぞ！」と、走りだす汽車の窓から絶叫した教師が、再び教壇にもどり、照れくさそうに民主主義を訓ずるさまは、不愉快であり、素直にうけいれ難いものであった。

多感な時期であっただけに、一層そうであったのだと思う。勉強など、可笑しくて身が入らず、馬鹿馬鹿しかった。どうせ日本は、もっと滅茶苦茶になるに相違ない――。

しかし、社会は複雑な矛盾をはらみながらも、一応の安定の兆しをみせはじめ、漸くぼくにも従来の前近代的な思想と生活が誤ちであり、社会に新しい思想の息吹きが台頭しはじめたことが、理窟として摑めてきた。そして、それこそが正しい思想であると思われ、ともかくも、これからは自分の個性をのばし、欲することに傾注できる。ぼくは自由なんだと、急に世界がのびのびと感知されてきた。

だが時代は激しくゆれ、反動化は急速にすすみ、ぼくがえた新しい希望はおおくの障碍にぶつかった。またもや戦争の危機が叫ばれだした。無気味に冷い気流がしのびよってきた。となると、漸く自我にめざめ、なにか欲する道に徹しようと考えていただけに、怒りは強かった。

ぼくなりに十分考えたすえ、その怒りをこめて、新しくえた思想を貫こうとがむしゃらに、一途に動きまわり、駈けずりまわる時期に至った。その行動を抜きにして自分の存在価値はないと考え、どんなに苦難に満ちていようと、今歩んでいるこの一歩一歩が、社会の革新と前進に連なっているのだと信じた。生れてはじめて生甲斐を感じた。

まもなく冒険主義の時代に至り周囲から浮上り、ハネ上ったことを半ばさとっても、ますますファイトを燃やし、悲愴に自分の行動の意志を貫ぬこうとした。

ぼくは、あのころのエネルギーを貴重だと思う。あれこれと屈折を経ながら今日に接続するエネルギーとして、大切にしたい。

しかし、なんと徒らな浪費であったことだろう。正義と信じ、力の限り傾注したことが、自分の意向とは全く逆に、社会の前進を躓かせ、おおきな損害を与えてしまったのである。

やがて運動が頓挫よぎなくされ反省の時期に入ったときも、ぼくは、自分たちは運動の指針どおりに活動した、その結果、方針の誤謬が明らかになった、それらをふまえて新しい段階に入ったのだと、皮相的に、現象の推移のみをとらえ、自分をも含めて、事態は弁証法的に発展してるのだと自慰する考えが支配的だった。

自分にも他にも、重い責任を感じれば感じるほど、必要なことは問題の核心に触れるために自分の内部追求こそ不可避の課題であったのだ。事実、運動の過程で方針にそわ〝ねばならぬ〟と激しく人を批判したあとなど一体自分にその資格があるのかと内部を追求しようとするのだが、深刻な、イデオロギーと生活感覚の背反を察知し、その困難な矛盾に恐れをなして強いて眼をつむり、ともかくも方針にそって前進一途と思いこんでいた。そのことの方が優先すると信じていたのである。

㈡

しかし、激動の時期を経て、漸く自分の本当に為したいこと、終生の仕事と欲することに取り組みたいと考えられるようになり、それを可能とする条件もできてきた。

そしてそのころ、初めて記録映画製作協議会のいくつかの作品――「轟ダム」「日鋼室蘭」などをみる機会をえた。漠然とではあったが、映画の未来への可能性をさまざまに感じて、すでに独立プロの一部門にいたぼくは、これらの作品をみて新鮮な驚きを喫し、強い刺激をうけた。

何よりもそれらの作品が現実の最もはげしい局面に積極的に立ち向っている姿勢に触れて感銘をうけたのだ、と思う。

記録映画以外に現実をアクチュアルにとらえ、表現することはできないとも感じ、このような映画を創るためにこそ、自分の全てを傾注したいと考えた。

しかし、そのときはすでに記録映画製作協議会は活動を実質的に停止し、ほぼ解体していた。意欲に燃えても、もはや創造の場は失われていた。そうした状況を目前にしてぼくは為す術もなく、呆然たるていたらくであった。すでに、自分の望むような映画の創作条件が消滅し、製作といえばPR映画ばかりの状態においこまれると、勃然として過去の活動の矛盾葛藤の一切がどっと押し寄せ、そのよじれた糸玉をどうほぐせば、一本の糸に直せるのか、判らず摑めないまま惑乱するのみであった。

イデオロギーそのものへの疑義ではなかった。しかし、主観的には変革の意欲に燃えての行動が、結果的客観的には停滞と混乱しか招かなかったそのはねかえりが今更のようにおそってきた。

あの思想的行動が停頓したさいにも、殆んど自己の内部検証をなさず、依然「借りもの」のイデオロギーが現実と接触し、そこから触発されていたぼくは、いったん停滞の泥沼にはまりこむと、容易にはいあがれなかった。一体、どうしたら恢復できるのか。

しかし、自己に対する疑惑、不信がつのるばかりで、原因が明確に分析され、把握されないままでは、現実の困難な状況に対処できず流れに屈したのは当然だった。

創作の場にいながら、勉強にも身が入らず一方に焦慮の念を抱きつつも、助手としての段どり仕事におわれ、酒をのんでは自慰的に談論するというデスペレートな時期が続いた。再起の契機を求めて焦りながら、いかようにもならなかった。

㈢

どこに再出発の地点を求めたらいいのか。

そうしたとき、作家協会会報に「作家の主体ということ」と題する一文が掲載された。(松本俊夫、五七年十二月)

それは、殆んどの記録映画作家が沈滞と無気力をきわめていた実態を容赦なく衝いたものであった。

「戦争中は無批判的に戦争協力の映画をつくり、全く外在的な力で

進路を転換されると、深刻な内部批判もせぬまま他動的に方向を変え、一寸した政治的高揚期には、すぐヒステリックに芸術を政治に隷属させるような小児病的偏向を犯し、一般的後退期には無節操にフィルム宣伝業に順応する」と指摘し、「ここには終始一貫主体欠如の奴隷がいるだけで、作家は始めから不在ではなかったのか」と厳しく批判し外的条件を唯一の理由に安穏とあぐらをかいていた生活態度にこそ「おそるべき主体喪失と内部腐敗を戦中戦後にわたって温存し、漫性化させた主要な原因があるのだ」と要するに作家主体の自己疎外の状況を抉りだし、そのような没主体の姿勢からは創作方法の問題が遅々として前進しなかったのも当然である。なぜなら、創作方法は創作主体の問題に深く根ざしているからとして、資本主義的疎外が何よりも自己の内部の物質化、主体解体の過程であることを理解すべきであり、それら自らの内部を自覚せず、外部を唯一の実在と素朴に信ずる意識からは「外部を内部を手がかりとしてとらえるとか、内部を外部との厳密な対応でとらえるなどという弁証法的な方法意識」等はもちあわせていようはずもないが「内部のドキュメントということを媒介として現実の総体的把握にすす」むべきだというのであった。

創作方法に関しては、その後発刊された本誌創刊号その他でさらに詳細に論ぜられているが、作家の没主体的な内部構造に関するこの批判の一矢には、重要な問題提起があると直観しながらも、ぼくは、慎重にまさぐりつつ確かめいと考えた。自己への深い疑惑、自信喪失から、頑なくらい妙に懐疑的であった。

しかし、繰りかえし読み、ぼくなりに考えているとき、論者の松本に直接話をする機会にめぐまれた。疑問点をただし、その答えに疑問が湧けばさらに意見をだして問う、というぐあいに話した。

そして〝戦中戦後を一貫して常に奴隷的職人がいただけで作家は始めから不在だった〟とする指摘から、ぼくの思想と生活を省察し、すみずみまで照明したさい、漸く自己を主体喪失した姿として認めることができた。

まさしくそれこそ、ぼくの終始一貫した状況であり本質的な問題を抉りだした批判として肯定せざるをえなかった。

きわめて手痛い批判であった。しかし、真の原因を知ったことは喜びにも通じた。そして、明らかにされたことを判然と自覚し、追求することからしか恢復の道はありえない、とも思った。

しかし、そのことと彼のいう創作方法との関連についてはどうしても納得がいかなかった。

なるほど、ぼくらは徒らに走狗と堕す結果を招いた。そして主体を失った虚ろな自分の姿との対決を、どうしても、避けられない破目におちいっている。

しかもそのことをも複雑に複合される資本主義的な疎外が、ますます人間の疎外、内部の物質化を強制し、主体解体の危機をせまってくる現実――。指摘されればそのとおりであり、そのことを危機として自覚しなければならないことまでは一応判る。だがそのことと方法意識との関係について、素朴実在論的な自然主義を否定し云々となると理解できなかった。

ぼくが創作方法として知っていたものはいわゆる社会主義リアリズムであり、それも経文のようにただ信奉しているだけで深く考えようともせず、ぼくの知るかぎりその方法を具体的に追求しようとした独立プロの作品が不毛に終ったことについても、検討を加えようとせず、要するに経験主義的な勉強だけで、芸術的形象化についての系統的綜合的な勉強が全然といっていいくらい不足していたのだから、理解できるはずがなかった。

しかし、ともあれこのことが契機となって、立直るための問題の核を摑んだように思い、同時に著るしい立ちおくれを感じて積極的な勉強と努力の必要を痛感した。

それは、主体解体を意識したことから、粘り強い主体を築くということの生活態度と実感はどうして求められるのか、それと創作方法との関係についてであった。

そして、漸く自分を決定的な主体の喪失として評価できたぼくは、そのことを次のような理論を基礎としてうけとめることが納得がいった。そして、実践的に確かめたいと思った。――矛盾が一層深まっていくこの社会では必然に、人間内部の解体、物質化をよぎなくされる。それと複雑に絡みあって、内部には前近代的な意識とイデオロギーとが異質のものとして雑居しており、それらを否定し、真に強い主体意識を形成していくということは、文字どおり不断の自己否定を契機としてこそ可能であり、決してスタティックなものではないこと。何よりも「主体の確立」のために必要なことは、絶えず内部意識を現実にかかわらせ、検討し論理化していく過程にこそ、つまり、常に進行形としてとらえようとしてこそ可能性を求められること。

そして、こうした強い主体意識を前提として方法の問題が考えられるのではないか。主体と、現実と、表現との基本的な関係において、複雑怪奇な現実を正確にとらえ、作品として対象化するには、外部世界の日常的、表面的な意味をうばい、これを裸形の物体にまで解体して自己の内部を客体化し、さらにこの外部と内部の関係を弁証法的な往復運動としてとらえることによって、一層現実の実相に肉迫することが可能になるのではないか。この方法意識こそドキュメンタリーを追求するとき、不可欠なものではないのか。

しかし、大切なことはこの考えもまた、パターンとしてうけとめ、スタティックに理解し、新しき経文として奉ずることに終ってはならない、ということである。

ぼくは、それらの傾向を極度に警戒することを自分自身に課したいと思う。

そして、困難な状況にもまけず、新しい条件を主体的能動的に作りだすべく傾注したい。それは決して容易なことではない。

しかし今度は終始、自分の内側から全てを瞶めていきたいと思う。

なぜわれわれは安保条約反対の映画を作るか

富沢幸男
（演出家・岩波映画）

安保条約改定反対の運動のすすめ方について、各文化のジャンルでも真剣な討議が始められているようだ。

私たち作家協会でもこの安保条約改定反対の論議がなされ、我々記録映画作家としての態度をハッキリとうちだす事になった。

この前の警職法改悪反対のときとちがい、この安保改定の問題は大変にむつかしいように思う。

つまりこのむつかしいというわけには、たいていの人々は安保を知らず、さらに安保改定反対という文字をかかげても、さつぱりリアリティをもたないという事であるらしい。

しかし、この安保改定をよく分セキしてみるとむつかしいからほうっておいていいという問題ではなさそうに思う。

私たち記録映画を作る者にとって、この問題はそうとうに大きな比重で考えるべきではないかと思うのである。

それで、私達の協会では、安保改定反対の映画の製作委員会に参加して、これを積極的にすすめる事になった。

安保条約と我々の生活とどうつながりがあるのだ。安保反対の態度をするからといって仕事に何のかかわりあいがあるのだろうという、きわめて、素朴な声を文化人、職場、様々なところから、きくが、これは私達のまわりをとりまいている、さまざまなものが、むしろ無関心でいたほうが有難いというだけで、けっして無関心であってはならないはずだ。

警職法反対の場合は、ひかく的に我々の生活のわく中の問題であるだけに、わかりやすくその実態をつかめると思うが、この安保の場合はむしろうっかりしているとその本質をみうしなうように仕組んでいるようになっている。

一口にいえば、安保条約改定とは、

「君らの生命、財産みんな含めて、日本の国をアメリカにあずけよう」という事である。

これを我々のような仕事をしているいわゆる芸術界の各ジャンルにたずさわる人間が、大変に正しく、一ぱんの人々にわかってもらうべく、表現しなければならないという責任と義務をもっているのではないだろうか？

映画というものは、現代の各芸術ジャンルの中でももっともメカニックな手段をもって、大衆にうったえるものをもっている。

これは行動または心理の葛藤をひとつの画面として、客観的にうったえる場合にもっともてきしていると言えよう。

その場合に、記録するという事、すなわち、記録は現実のそのままを写すという事にはあてはまらない。

記録するという意味は、正しい現実の認識の中で、現実を分セキし、かつ、現実をもう一度作家の意志の中で、再構成する手段がなければおこなわれなければならないはずだと思う。

あくまでも作家の主体性の中で、くみたてられなければならない。

それはつまりもっとも具体的に言えば、安保反対の問題でも、今の現実の中でそのような外的条件を、われわれの内的な意識が、いかに正しく対照をとらえられるかという問題である。

もっと言えば、この安保改定の問題をめぐって、現在おこっている日本の現実をあらゆるかくどから、もっともアクチュアルにハアクし、表現する事にあるのだと思う。

それは一つには、観る方の側の、現代の危険におちいっている人間性を回復するためにも、正しい立場から我々は、こうした記録映画を作らなければならない。

今我々が正しい立場からこの安保改定反対の映画を作るという事実は、我々の作家側の主体性の内部発展を促進するものだと思う。

芸術はつねに新しい外的条件が、作家の内的条件を基礎づけてゆき、さらに新しく起る技術手段が、適合した表現形式を生んで行くものだ。

その場合に表現手段の過剰が先行することを、われわれはさけなければならない。

あくまでももくてきである一つの問題、たとえば現在目の前にたちふさがっている安保反対をみうしなうことのないように積極的に主体性をかくりつし、さらに発展してゆくべきである。

新作映画紹介

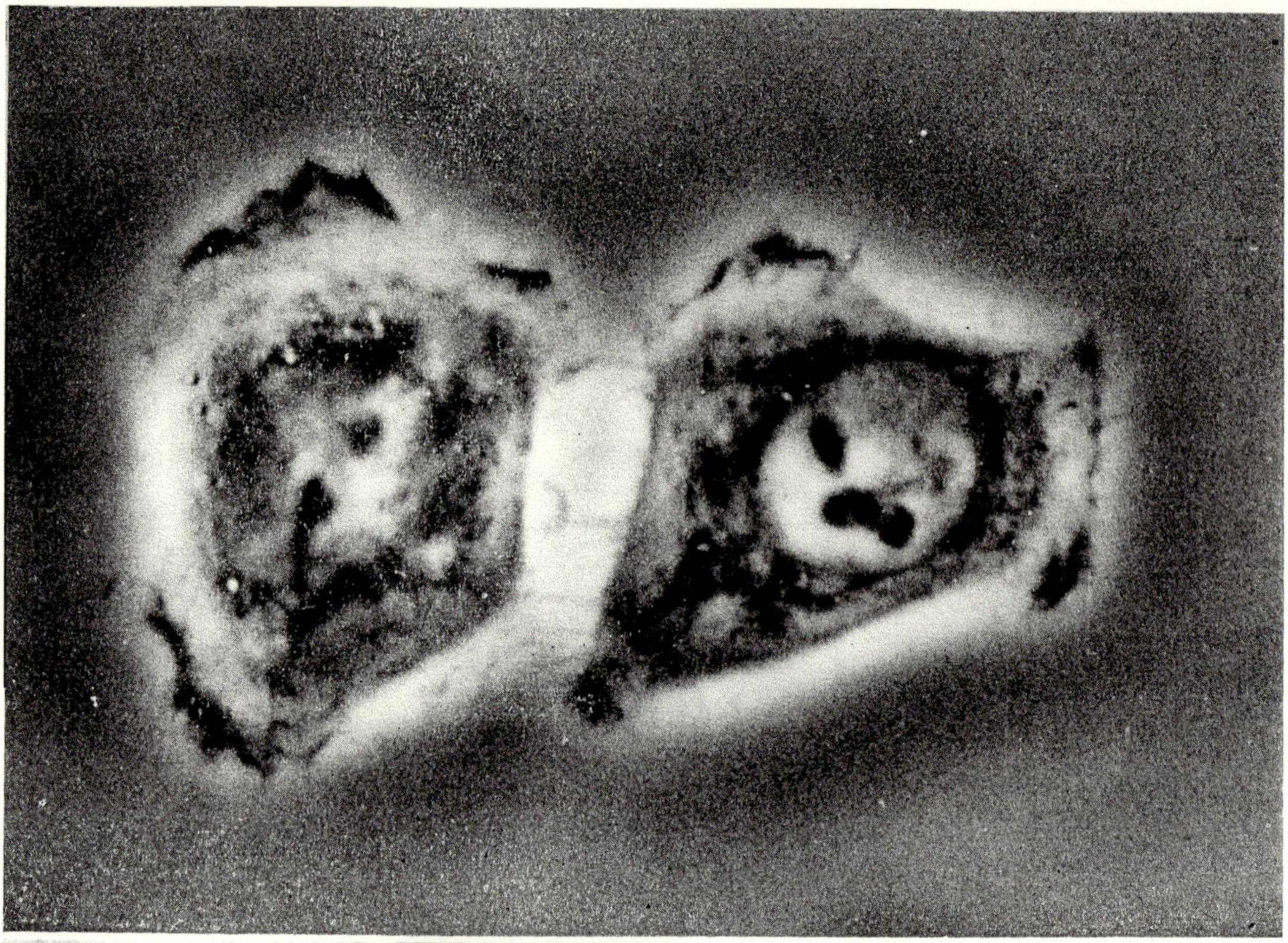

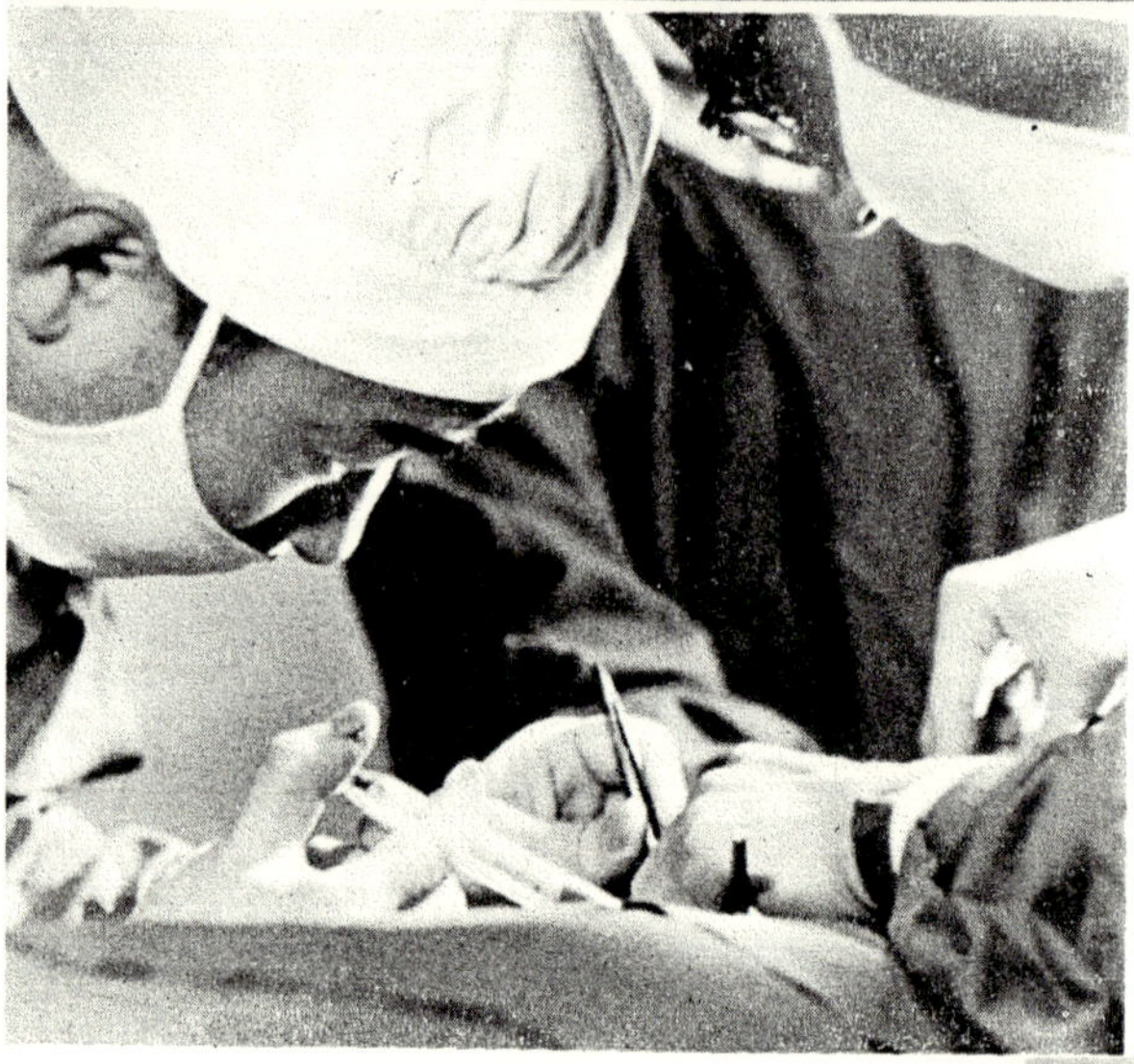

ガン・1

ガン細胞　三巻

ガンの本能追求の第一篇としてガン細胞についての基礎観察を試みる。

演出・渡辺正己
脚本・吉見泰
撮影・小林米作

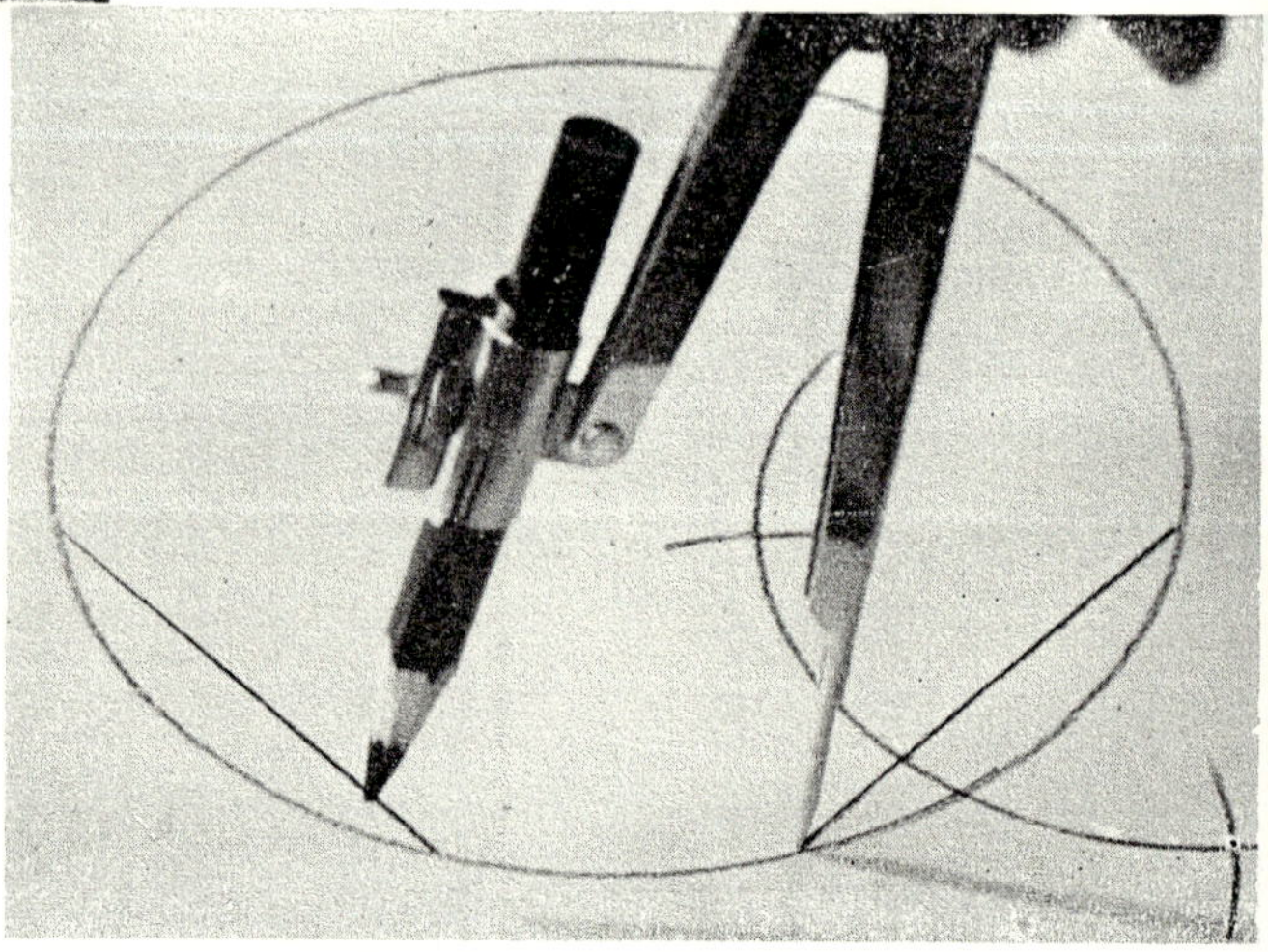

円の研究　二巻

16ミリ映画社作品

数学を楽しく興味をもつて学べるように、まず円の性質について追求する

演出・杉山正美
脚本・工藤充
撮影・藤井良孝

発明ハツちゃん新案シンちゃん　五巻

山本プロ作品

一人ひとりの「考える」ことの大切さを、学童発明工夫展にヒントを得て劇形式で描く。

演出・武　田　敦
脚本・柳　沢　類　寿
撮影・前　田　実

新しい働き者　二巻

三井芸術プロ作品

働く人々のための新合成繊維の役割を描く。

演出・高　井　達　人
脚本・田　口　誠
撮影・藤　井　良

たのしい科学シリーズ　岩波映画作品

私たちの水泳　二巻

浮力、浮き方、泳ぎ方の基本を、科学的に手ほどきして行く。

脚本演出・棒葉　豊明
撮影・今野　敬一

コンクリートを科学する

コンクリートが固まる原理からその性質まで、実験その他により解説する。

脚本演出・桑　野　茂
撮影・根　岸　栄

雛の上手な育て方　一巻

世界文化映画社作品

畜産映画シリーズの第四篇。ヒナの育て方をくわしく示す。

演出・山　口　順　弘
撮影・大牟礼周次

シンクロリーダー　二巻

読売映画社作品

時代の花形シンクロリーダーをその構造原理働き等の面から多角的にとらえる。

脚本・八木仁平
演出・八木仁平
撮影・日向清光

ぐちっぽいおかあさん

東映教育映画部作品

子どもの世界に親のなにげない愚痴がどんな影響を与えるかを劇形式で描く。

演出・田代秀治
脚本・古川良範
撮影・村山和雄

みんな看護婦さん

社会教育映画社作品

家庭看護法について正しい知識と技術、その要領を解く。

演出・島田耕
脚本・松原茂
撮影・東原潔

私はキャプテン 三巻

新東宝教育映画部作品

空に生きる男のよろこびと悲しみ、その知られざる苦労を描く

演出・千葉胤丈

撮影・高野潤

日本の郵便 二巻

三木映画社作品

一日の休みもなく働く郵便のしくみをその種々の仕事を通して描く

演出・脚本・岡本昌雄

撮影・関口敏雄

深海三千米の神秘

日映新社作品

バチスカーフにのってさぐった三千メートル下の海。そこの実態を探る記録映画。

演出・西尾善介

撮影・林田重男

山口治朗

日本のあけぼの 二巻

学研映画部作品

日本の祖先とその歴史に興味をもたすべく原始生活を再現し、イメージを育てる

演出・脚本・森田純

影撮・佐竹荘一

シンポジウムのためのレポート

ヒロシマ・わが想い

大沼鉄郎
（演出家・フリー）

僕はこの作品を二度見ました。

そして、これをどう受取っていいかわからない。主語と述語を持った一つの定言としてつかみ切れないわけです。つまりテーマは何かということ。忘れたつもりの戦争が実は忘れられないものだ。あるいは、戦争も恋愛も人間にとって或る根源的なものに由来するのだといったことなどを感ずるのですが、はっきりAはBであるといったものに僕の場合ならない。これは一つに、僕などは戦争についてある固定された観念がある。つまり、戦争とはひどいものだ。非人道的なものだ、だから反対すべきものである、さあ皆んな反対しろこういった観念です。これがどうもこの作品の場合、あてはまらないと思います。もう一つは、テーマ主義というべきものか。作品が人を動かす契機を、テーマによりかかった所で探し求めていた。こういったことで僕は、この作品に接した場合まごついたのだと思うこれは何も、この作品を高く評価するために無理に反省したというのではなく、この映画を見終った地点で、見る前の自分を考えたとき、こう考えさせられたのです。

このこと自体に、この作品のもつ鋭角的な性質が考えられると思います。そこで僕は、この、人の心を千々に乱すものとして受けとった作品を僕自身の感動から出発して考えてみたい。（今まで、他人の判断をそのまま自分の判断としてしまうくせがあったが、この引用的、更に言えば孫引き的思考方法をなおすためにも。）

トップシーン。部厚い灰か砂のようなものでおおわれた丸い立体感のあるものがうごめいている。それが男と女の裸体の一部分であると判断されるまでの時間を、僕はかって見たことのない物を目の前にした、異様な緊張感ですごす。がそれが、何々であると判断された瞬間、異様な緊張は、解除されずに、むしろ昂進される。自分の中にひそんでいて、しかも自分から切りはなすことの決してできないだろうと感じられる、あるもの、が暗闇の中からさらけだされた思いがする。

これはつまりバクロです。いわば人が決して他人に立入ることを許さない世界であり、同時にすべての人にとって実は共通している世界のバクロ。ですからこの表現は人々を各々の個室にひきこもらせる方法。つまり情感による訴えの方法ではなくて、人が、自分の個室の中のいとなみの立会人の眼を持つとすれば、そのいとなみはかくの如きものである、といった表現です。立会人から見れば異様なものであることを、異様なものに表現しているのでしょう。いわばこの異様さは、自己の個室にずかずかとふみこんでくる自己の中の他者の面貌でもある。

そして広島が、女の、私は見たわという言葉で登場してくる。突然カットで登場してくる。それも真昼の明るい広島が。想念は何かのキッカケで次第に（オーバーラップで）過去にさかのぼるのではなく、ベッドの上に女自身がいることと同じ確実さで、同じ瞬間にそこにある。原爆病院も患者も、あらゆる原爆のつめあとも、彼らが抱擁しあうのと同時にそこにある。原爆と抱擁の間には、へだたりがなく何か共通のものがある、と僕はそこに予感をあたえられる。

何が共通なのかが問題です。そして実際共通なものがあるのか。よくわからない。

ここで男の「君は何も見ちゃいないんだ」という言葉をきくまでもなく、女の見たヒロシマはそらぞらしいものです。原爆患者はもとより猫でさえ一べつをあたえるだけ。とは言え、僕は女と共に実に沢山のものを見た。マグロも雨も漁夫も。人間襤褸も死もデモもつまり原爆にかかわる一切のものを見たのに、男はしつように何も見ないと断定してやまない。

では何を見ればいいのか？

ポーランド映画の「影」はこの作品とこの点で似ています。ミステリーであるという点。トップシーンの異様さでバクロ者として立ち現れたこの作品は、ヒロシマにおいて見るべきものをあくまで追及する姿勢を示したことになります。

ヌベールという町の名がでてくる。ベットの傍のランプがともされる。何かに照明があたり始めた寝おきの男の手がピクピク動く。動く指さきのクローズアップが急にパンすると、異様なイメイジがあらわれる。

何か、誰か。口から血をふいている男の顔とそれにおおいかぶさっている女の頭。この一瞬のイメイジは一瞬であり、一瞬であったためにむしろ忘れられないで僕の中にのこります。これは、ここでは解答をあたえられない。こういった強烈なイメイジの断片は、これに限らず、何回か後で現われてくるのですが、それは、段々に意味深長なものに変っていくのは面白いと思われます。普通のミステリーは、解きあかされるに従って見る者の緊張感を解除していくのですが、この場合はむしろ昂進していく。次第に深く心の中に突きささっていく。

さて、ここヒロシマは女にとっ

て何を意味しているのか。計り知れない恐怖、無関心という恐怖の始まりだという。無関心という恐怖。何故無関心が計り知れない恐怖であるのだろう。

　これは僕に沈黙の共犯という言葉を連想させます。たとえばアウシュウイッツをして人間の（僕も人間だ！）賭殺場たらしめるのに力をかしたドイツ国民の沈黙。同時に原爆と抱擁との間のへだたりの無さ、共通性を予感したことの想い起し。更にこれにつながってトップシーンの抱擁によって呼びおこされたこと、つまり僕自身と他人との間にある奥深い地点での共通性。これらの想念の連鎖反応によって、僕は無関心の共犯ともいうべき問題にズルズルとさかのぼるようにひきずられていきます。

　だからイメイジの断片が一つ一つ伏線であって、ただふつうの伏線と違うところは、疑問が解かれるに従って投げ捨てられてしまうどころか、またそのイメイジにもどっていく、意味を更新しながら一段上の地点で到達点にもなっているという伏線であることでしょう。そしてこれが、イメイジの断片についてばかりでなく、コンストラクションについてもいえる。ヌベールの正体が明かになるとそれはドイツ兵と小娘の恋です。女をとらえていた狂気がはっきりしてくる。その狂気は本当に、去ってしまうと、もうどんなものだったかわからない地点で想像された狂気ではなく、急にやって来て自分が狂気で一ぱいになると始めてわかる狂気なのだ。女のうわ言を、男のピンタが中断し僕につたわってくると、僕は、その狂気と今ある姿との断絶の大きさにおどろく。その驚きがショックだ。女は現実に適応しようとする。あの苦しみは考えないようにしたいという。もっともだと思う。しかし女は考えたのだ。ぼくも自分自身の中の断絶を考えたのだ。

　こうして僕は僕自身の戦争体験に足をふみ入らされる。とすればミステリーは、この作品に接する者の内部に新しい宇宙を見出し、そこを舞台にして、新しい展開を始めなくてはならないわけです。見る者に、こういう作用をあたえる。

　この効果はすばらしい。しかもこれが、カミソリが目玉を切るイメイジによってではなく、今日性をもった原爆や戦争のイメイジと生々しい抱擁のイメイジによってであればなおさらです。

編集部から

大沼鉄郎氏による、シンポジウムのためのレポートは、誌面の都合から、当日発表されたものの、約三分の二に縮めていただいたものです。

　このシンポジウムは去る六月二十日に、東京築地の中央会館で行ないました。

　シンポジウムには長谷川竜生氏も御出席いただく予定でしたが、氏の都合で突然欠席のやむなきになりました。来月号に「『二十四時間の情事』批判」を御執筆いただくことになっています。

いない――

■大沼鉄郎（記録映画作家）■高島一男（記録映画作家）

戦争体験を見つめる「眼」

松本　非常に新しい映画だと思いますね。ただその新しさというものを、よく検討して見なければいけないと思うわけですが、ぼくはこの作品の新しさは何よりもレネエが、あるいはデュラが、戦争体験を見つめる眼の新しさ――、つまり、戦争という事実が人々にどのような意味を与え、戦争が人々の意識の奥底にどのように食い込んでいっているのか、そういうものを見きわめる、作家としての眼の新しさだと思うんです。この作品が構成上の問題から細部の形象化に至るまで、方法的に非常に新しい要素を、たくさん持っているということは、やはり状況を内側から見据えようとする、そういう作家の眼から出ているのだと思います。たとえば、今までヒロシマというものを、これほど深い戦争体験の内奥の意味として、表現できた作品はなかったんじゃないですかね。この映画にデュープされている、亀井さんの「生きていてよかった」にしても、関川さんの「ひろしま」にしても、ヒロシマをその直接性においてしかとらえることができなかった。その同じショットが、全然ちがった意味をもって、ものすごくヴィヴィッドにモンタージュされているんだから、皮肉というか、ちょっと驚異ですね。これは決定的に作家の眼の問題です。つまり、原爆の事実というものから生み出されたヒロシマの惨劇に、いわば外側からアプローチしていくというふうな迫り方ではなく、ひとりひとりの戦争体験をかいくぐって、その奥底にヒロシマを見出していく、こういう眼だと思うんです。だからこそ、彼女はヒロシマとヒロシマでの恋人を媒介として、ヌヴェールとヌヴェールでの恋に新たな照明を浴びせてゆき、彼女にとって決定的な意味をもったその体験を対自的に反芻することのなかから、ヒロシマとその恋の意味を新らしくとらえなおしてゆく。云うなれば、その両方の面からの交錯のしかたと、そのプロセスの中に戦争というものの体験とその意味をまさぐっていこうとする、そういう非常に立体的な構成になっているという点が、新しさの問題を

シンポジウム
「二十四時間の情事」
（「ヒロシマわが恋人」）

——君は何も見て

撮影スナップ・中央がアランレネエ

出席者■（ABC順）

柾木恭介■松本俊夫■大島辰雄

（詩人・評論家）（記録映画作家）（評　論　家）

とり上げる場合、まず問題になってこなければいけないんじゃないかと思うわけです。

大島　映画表現ということでは、全くといっていいほど、今までの映画では見られなかった、新しい時間と空間を作り出してるということがまずいえる。これがもしテーマと密着して切っても切り離せない関係にあるものとして、とくに「ゲルニカ」や「夜と霧」を通して高められたレエネ独自の技術的な面だとしたら、つまりその両者が一つになって松本さんのいわれたようなアラン・レネエの眼、——ぼくはよくヴィジョンということばを使いますが——そういう視覚構造として、鋭く出てきているのだと思う。それが、この映画の新しさということの焦点でしょう。それから、これはむしろ皆さんにお聞きしたいんだけれども、もしこの映画のテーマというかテーマ性というか、そもそもの発想をさぐろうとすると、ぼくには「エスポワール・デゼスペレ」といった表現が考えられる。直訳すれば「望みなき希望」というようなことになっちゃうけれども、そうじゃなく、絶望のどん底を描くことによって、そこから湧き出てくる痛切な根強い訴え——直接的な印象として、そういった意味での「悲願」を感ずる。

松本　その場合にその絶望的な状況を前にして、映画の中の主人公たちがどのようにこの絶望を「見る」ようになっていくのか、その意識のプロセスこそが重要だと思うんです。つまり、その意識のプロセスがこの映画を構成してるわけですよ。たとえば、最初に女と男の抱擁のアップ・ショットとともに、ヒロシマのいろいろなアトラクティヴなショットが交錯的にモンタージュする。女が「私は広島の病院も見た、博物館も見た。ニュース映画も見た」というふうにして、原爆のもたらしたさまざまな悲劇を「見た」という。それに対して男はただ「君は何も見てないんだ」とくりかえしますね。

大島辰雄氏

事実、女はヒロシマというものをあらゆる角度から、実によく「見て」はいる。しかしその時女が「見た」というその見かたは、やはりヒロシマでの原爆の事実と、それがもたらした惨劇に対して、外側から同情と恐怖の念をもってアプローチしているにすぎないわけですよ。だから日本人である相手の男は、原爆が日本人の中にきざみつけた、深い傷というものは、旅行者の外側からのアプローチではわかりっこないという意味で、「君は何も見ていない」というわけでしょう。ここには、最も肉体的、本能的な人間の結合がありながら、同時に、どうにも埋めることのできない、最も深い断絶がある。ちょうどカイヤットが「眼には眼を」で描いた、ワルテルとボルタクの関係のようなものです。しかし彼女のヒロシマへのかかわり方、あるいは彼との関係は、それを契機としてよみがえるヌヴェールでの体験を、現在再び生きることによって変質していく。「どーむ」という洋酒喫茶店で、彼女がヌヴェールでの自己の戦争体験をとことんまでみつめていく、あのすばらしいシーンを頂点として、ヒロシマとヌヴェールは、はげしく交錯し、遂に彼女の中に一つの新しい意識をつくりあげる。それはまぎれもなく、ヒロシマの中にヌヴェールを見、ヌヴェールの中にヒロシマを見る意識なんですね。デュラとレネエは、ここで「見る」ということがどういうことなのかを、みごとに表現している。「ヴォワール」（見る）は、ランボオの「ヴォワイアン」（見者）となることによって、真の意味を獲得するといってもいい。だから、最後に女が男に対して「ヒロシマ、それはあなたの名前だ」といい、男が「そうだ、ぼくの名前はヒロシマだ、そして君の名はヌヴェール、フランスのヌヴェールなんだ」という。このディアローグは、奇妙なことに最初の撮影台本にはなかったんだけれど、この作品を生かすか殺すかを決定するくらいの、重要な意味をもっていると思うんです。ヒロシマとヌヴェールは、ここに至って一つのイメージ

のもとに完全に結びつくわけです。このラスト・シーンではファースト・シーンとは対照的に、女は男を「忘れてしまうわ」と、その直接的な関係を拒絶しながら、同時に人間体験の最も奥深い部分で二人が一つに結びついたことを確認しあっている。そういう意味では少くとも、女主人公にとっては、この二十四時間は情事のそれではなく、十四年間もちつづけてきた、戦争体験の苦しみの直接性を、対自的なものにして、その個人的な特殊な体験を、普遍的な体験に結びつけ、そこに共通の意味を発見してゆく二十四時間であったわけです。その辺が、ぼくはこの映画を問題にするポイントになるんじゃないかというように思うんですけど、どうですかね。

大島　同感ですね。戦争体験を通してのヒューマン・インターコース、もしくは心理の深層部での直接的コミュニケーションということだと思うんですよ。

「彼」の内部について

柾木　松本君、大島さんがいうようなことで、つまり戦争の直接的なものじゃなくて、たとえばキャパの焼津の裏街の子どもの写真を撮って帰ったという撮りかたがあるわけです。ドキュメンタリストというものは、そういう眼を持つということが考えられるわけです。この映画のレネエの撮りかたは、たいへんおもしろいと思うが、ただ、そこでちょっとひっかかるのは、この日本の男性の方の内部というものが、あまりつかめないんです。大島さんのようにシナリオをよく読んで研究してないからわからんが、彼は直接ヒロシマにはいなかったわけですね。だからその内部体験というものがあの場合、ピンとこないんですよ。むしろフランスの女性の方はよくわかるんですね。つまり、ヒロシマの体験とヌヴェールの体験がどうして結びつくかよくわからない。そこがシナリオではどういう具合になっているのかというようなことは、よくわからんわけです。

柾木恭介氏

大島　シナリオでいえばたしかにそれが重要なポイントだと思う。ぼくのいちばん考えさせられたのもそこですが、結論を先にいうと、さっき戦争体験の共通性ということをいいましたけれども、この問題でやはり彼を描いてないことはない、ただ断片的に出してるわけですね。最初の方で「あんたはヒロシマにいたの？」と女がきくと「いなかったさ、もちろん……」と答えたあと、「でもぼくの家族はいたんだ」そして自分は「戦争をしていた」といっている。ところで、今は何してるのかというと「建築。それに政治もさ」といっており、しかもフランス語が上手なのは「フランス革命史を読むため」といって二人で笑う。この笑いは重要ですね。いうならば、まあこうしたヒントだけで彼をあらわし、それが「どーむ」の場でのクライマックスで、彼女の話にききいる彼のあの映像、つまりヌヴェールの彼イコールヒロシマの彼となってくるのだと思うんですがね。たしかに柾木さんのいわれたように、非常につかみにくい、しかもきわめて重要な問題点だと思うのです。あきらかに終始、彼女の方をずっと深く追ってるのだけれども、だからといって彼の方はいわば副主人公にすぎないというようなおきかたはしてないと思うんです。

柾木　それはそうですね。そこをぼくなりに考えたが、彼女の方は個人的に戦争体験を追求してる。ヒロシマというものに象徴される日本人の方は、彼の個人体験というものはあまり追求してないわけですね。非常に集団的なものでしか出てないんじゃないかというような、むしろそういう具合にしかできないほど、原爆体験というものが巨大なもんじゃないかともいえるわけです。

高島　彼女は映画に出演する女優として来日した、ヌヴェールという平凡な町で生れ育った女という設定でしょう。ところが非常に苛酷な戦争体験をしている、そのことをどうにも抜き差しならない体験として、今日まではらみながら生きてきてる。それが、第二次世界大戦での決定的な破壊、殺りくという点で象徴的な意味を持つヒロシマに来て、でくのぼうでもいいといっていいすぎなら、結果としてそういう形象の浅さを感ずる日本の男との関係の中で、愛を軸としたドラマの展開がなされてるんじゃないか。

松本　ぼくは、やっぱり、デュラのシナリオの欠陥だと思いますね。女の意識の追求の鋭さにくらべて明らかに男の方のそれは弱い。たしかにフランス人としてのデュラやレネエから見れば、この男が、ただ原爆を投下された国の人間というだけで、あるいはこの男の家族が原爆で死んだということだけで、戦争や原爆に対して、ある絶対的な体験と意識をもった人物に前提してしまおうとする安易さがあったといえないこともない。だから男の描き方は非常にスタティックなんだ。つまり具体的に男が女とかかわり合った二十四時間の関係の中で、女の意識の変化とからみ合いながら、自分自身の意識の変化をたしかめていくプロセスが、シナリオの問題として充分追求されていないという気がする。これは岡田英次の演技のまずさからもきてるんだと思うけれども、それだけではないと思うんです。云いかえれば、フランス人から見たヒロシマの意味の回復ということはあっても、日本人としてのそれはない。ところが実際には日本人自身の中に、被爆者たちへの同情とか、あるいはその悲劇を二度とくりかえすまいという形でしかヒロシマにかかわれない限界が多分にあるわけですよ。その壁が平和運動の内側からの壁ともなっているだけに、この映画での日本人の意識の追求のしかたに不

満を感じるということは、否定できないですね。

柾木　男の「きみはなにも見てない」というセリフに対して、それじゃなにが見えるのか、という反問がなりたつわけだ。その反問に、デュラとレネエが懸命にとりくんでいるのは、よくわかるのだが……。

大島　そう、それがどこまで追求されてるかということになると、やはりつきつめていけば、結局、全編が彼女のモノローグといっていいような展開のしかたになっているということはいえますね。じつはぼくもそこがいちばんひっかかって、さんざん考えさせられたところなんですよ。ただ、それにもかかわらず、戦争体験の共通性ということは、彼のうちにあくまでも主体的にすえられてるということね、それがなければ彼女の話は彼に通ずるわけないんだ。つまり彼は日本人の彼であり、また同時にもう一人のヌヴェールの彼でもあるという超越的自我が、彼女の「催眠状態」の中でダブル・イメージというよりは一元化されるばかりでなく、彼自身において同一性をもち、またそうした「ぼく」として、あれほどまでの内的人間像をうったえかけてこないと思う。「どーむ」の場の彼の映像は、彼女に劣らず迫力のある、すぐれた形象づけだと思う。また、そのあと、表へ出てから――「あたしたち、おそらく、もう二度と会わないで死んじゃうわね?」という彼女に対して「おそらく、そうだろうね、たぶん、いつか――戦争でもないかぎり……」というのも、あきらかに彼の内部の奥底から絞り出された声になっていた。そして、これに対して彼女が「そうね、戦争が……」というとき、ぼくは、〝異邦人〟同士をめぐりあわせ切実な愛で結びつけるのは戦争しかないのか……平和――それは、あの盆踊りや「頭の上を通る」ラ・マルセイエーズ(国歌・国民解放歌)にすぎぬものなのか、という深淵の叫びを、ひしひしと感じた。最初のほうで、看護婦すがたになった彼女が「あやふやな道徳感」といい、彼の問いに答えて、それは「他人の道徳を疑うこと」とそらすようにいって二人が笑い出すのも、見逃せない重要点だ。その軽い調子の中に、この情事が戦争と平和の問題を背景とし、そこにひそむ大きな不条理性と、ぬきさしならぬ状況で強く深くからまりあっていることを暗示している。要するに「愛のモラル」というわけで、デュラの意図は、つまり、いわゆるモラルを否定したうえでのモラルの形象化ということでしょう。

柾木　その愛のモラルという奴がくせものだ。

松本　同じことになるかもしれないけれど、全体を通じて、時間を超え、場所を超えて愛は絶対だとでもいいたげな、愛の永遠化みたいな思想にひっかかりますね。

ロケシーンの持つ意味

高島　広島で映画撮ってるシーンね、あすこで彼の演技が単なるいざないみたいなところに堕ちちゃって、でくのぼうみたいに見える。つまり、あすこでデモしてる、あるいは見てるヒロシマの日本人イコール彼、としてとらえられている視点が不明確だと思うんです。

高島一男氏

彼の内部をえぐり出すということよりも、次のシーン、彼の家へらつって行く段どり的なアクションに終ってると感じたんですけど。それとも、レネエはもっと別な狙いをあそこの彼にはもたせているのかな。

大島　岡田の演技が問題になってるんで、ちょっといっておきたいんですがね。彼のフランス語がいちばん耳ざわりで演技にひっかかってくるのは、つまり、セリフと演技が硬直して一種の分裂症状をきたすのは、ほかにもあるがいちばんひどいのは、ホテルの浴室の場ですよ。しかもリヴァの「あなた、フランス語お上手ね」という調子が見事にそれを救っている。岡田も彼の限界内で演技力を最高度に発揮している。というよりは、彼のマスクが人物にぴったりといえるのだろうが、演技力の問題が問題にならぬほどの演出の強靱さに注目すべきじゃないか。また、あのシーンの彼女について考えてみると、「私は博物館に四度も行った、ニュース映画も最初の日のから半月目のものまで、ずうっと見てる」というような、外側からのアプローチもしくは接触が、さっきから話に出てる彼における内的表現の不十分さということと、対応すると思うんだけども、彼女のほうもはじめて自分の内部の戦争体験がひらめくのは、まだ眠っている彼の手が「夢の中でのように、かすかに動く」のを見た瞬間でしょう。そこにドイツ兵の手の瞬間的なショットが入るわけです。それからだんだん彼女の内部も動き出すわけでしょう。ロケの場になると、プラカードやエキストラは当然、直接的な響きを何ひとつ彼女にもたらさない。彼女だけでなく彼にも。だから、いくつものプラカードも、あのように空間を多くしてプラカードだけを出すような撮りかたしてるんだと思う。またグロテスクなボロ服の男も、からだをすり合っているのに彼らには何でもないし、ロケ見物の群れも同様で、その男に無関心であるばかりか、だいいち、このエキストラ自身、見物人の一人にすぎない。この画面でグロテスクな存在に目を向けるのは、観客席のわれわれだけなのだ。ところで今いったベッドの上の彼のぴくぴくしてる手を見た瞬間と内面的につながるものとして、プラカードがどんどん通りすぎたあとに、少年と少女が出るわけだ。そのとき彼女の表情が変ってくるわけですよ。それがあとに「どーむ」の場での、あのふり絞るような叫び、「ああ、あんなに若かったときもあるんだわ!」という叫びになるのだとぼくは見るのです。それは

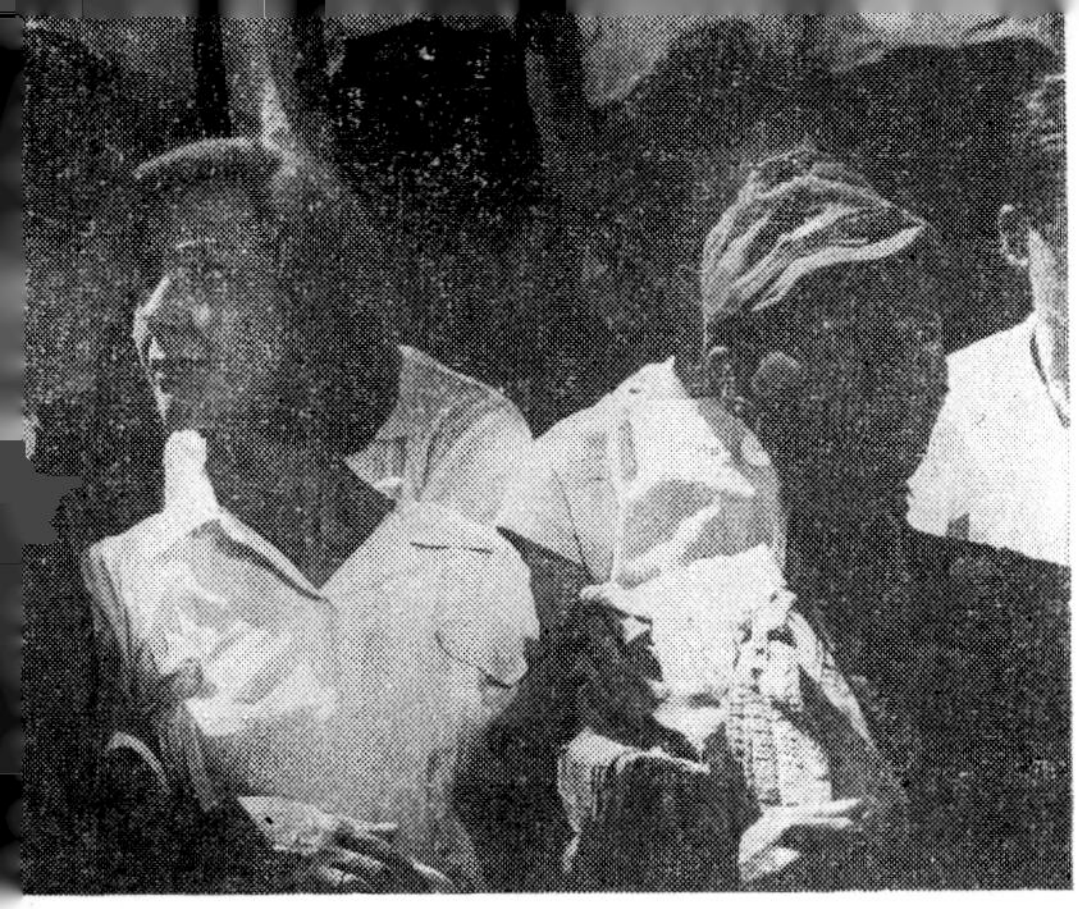

また、ホテルの部屋から出てきたときの二人の何でもないような調子のやりとり――「あたしが一生でいちばん若かったのはヌヴェールでなの」、そして「ヌヴェールでは若かった」――「そう、ヌヴエールでは若かった。それにね、あるとき、ヌヴェールでは気ちがいだった」とまるで口ずさむようにいっていた彼女のメーキャップ（仮面）をひっぺがえすものでもある。もちろん同一平面から出発しているとは断じきれないかもしれぬが、ひとたび「愛のモラル」から、いわば二人三脚でスタートした以上、メタモルフォーズは彼のばあいも彼女のばあいも、同様なプロセスで、つまりは同一次元での展開をしているんじゃないかな。最初からの〝ぶっつけ本番〟や〝ハイ、スタート！〟というんじゃなくて……。

松本　あの撮影の場面は、フランス人が日本でヒロシマの映画を撮ってる、その撮りかたは、最初の場面で、あれも見たこれも見たという、フランス女の外側からの見かたと同じ次元のものとして、従来の表面的な平和高揚映画を象徴させ、ファースト・シーンで亀井さんなんかのストック・ショットを批判的にアウフヘーベンしたように、ここでもこの種の映画を、この作品全体で批判的にアウフヘーベンしている。

大島　ロケの場で二人がおかれている状況は、つまり〝戦争の中の平和〟の場だと思うんですよ。ここでは「期待と混乱の入りまじった雰囲気」の中での平和の主張、そしてその中での二人だと思う。二人だけにしか通用しないようなアムール（恋・愛）というものが、そういう中で、平和高揚映画の平和デモにもまれたり、さえぎられたり、引離されたりしながらも、常に語り続けらるということじゃないかと思うんですよ。

松本　もっとはっきりさせなければいけないのは、「どーむ」の場面だと思う。最初と最後のシーンを結ぶ「どーむ」のシーンがこの映画の鍵じゃないかと思うんです。たとえば朝のシーンで、女はベッドにねている男の手から、射ち殺された恋人の手を連想する。わずか三秒くらいのそのフラッシュ・ショットは彼女の記憶の中に十四年間秘められていた彼女の戦争体験の、非常に直接的・反射的な交錯だと思うんですよ。それからロケーションの場面で、死んだ友だちの写真を胸に下げた少年たち、折鶴を手に持った少女たちの前で、彼女が苦痛の表情を浮べて下をうつむくが、その時彼女をおそったものもやはりまだ連想を契機とした、戦争体験の感覚的な蘇生でしかない。次に男の家にきて男にきかれるままヌヴェールの話をする。ここでもまだ、それはヌヴェールとヌヴェールでの恋人のいくぶんノスタルジーを含んだような、追想にも似た体験の即自的な反復に終っている。つまりそのことの意味をいわば対自的につきとめてゆく交錯にはなってないと思うんですよ。彼女の戦争体験が対自化されていくきっかけになるのは、その場面の対話の最後で、「なぜ彼のことばかり話すのかしら」と、彼女が突然ぎくっとしたように自分を意識して男にききますね。あの時からだと思うんです。

大島　そうだ、まだあそこでは偶然が必然にならない。なろうとはしてるんだが……。

愛を絶対化・神秘化すること

松本　そういういくつかの積み重ねが前提となっていって、遂に「どーむ」へ結晶してくるわけですよ。「どーむ」のシーンで特徴的なことは、日常的な時間と空間がばらばらに解体され、体験の意味をまさぐり、明確な意識を構成していくプロセスとしての時間・空間にモンタージュされているということだ。だから、ヌヴェールやヌヴエールでの恋人は、いま、ここでの、ヒロシマやヒロシマでの男と同じくらいのたしかさで自由に交錯し合い、一つのもののように展開してゆく。女は眼の前の男とヌヴェールで死んだ恋人とを同一化しているかのように、男を前にして、死んだ恋人に話しかけているように話す。三人称が二人称化されているわけですね。つまりここでは、彼女は過去の戦争体験を、現在、もう一度生きることでその意味をたしかめるわけで、だからこそ「彼」は「あなた」として現前するのであって、回想の現在進行形とは全くちがったものだと思うんです。しかもそれは主観描写としてではなく、客観描写として表現されているので、ぼくたちもまたそのモンタージュの論理に誘導されてその追体験に参加を迫られる。ランボオの表現をかりれば、ぼくたちもまた、彼女の狂気と錯乱を共に生きることによってヴォワイアンとなり、「見る」ことの意味を知るわけです。

大沼鉄郎氏

大島　追体験はつねに文法上の「歴史的現在」をたどる。大沼さんのレポートは全編見る者の作品の世界への参加という姿勢で、「フィルムの冒頭から、ぼく自身のうけた感動をたどろう」とし、そしてそのようにまとめられてると思う。

松本　それはぼくもそう思いますよ。でも、大沼さんに聞きたいのは、このレポートでは要するにこの映画の最初から終りまでを、一つ一つ順を追いながら、その都度その感想を告白することに終って

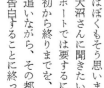

いるわけだけど、ぼくがいちばん聞きたいのは、むしろここから先の問題なんですよ。

大沼　ぼくはむしろこれからそこのところを考えていくというところなんだけれども。疑問としては持ってるわけですよ。答を自分で用意してということじゃなくて。

柾木　ぼくは、あの「どーむ」の場面は、要するに、あのあたりまでの二人のなれそめが、行きずりの一夜だったわけだ、それが徐々に深まっていき、あの時になってやっと二人の間に本当の愛情、というとロマンチックになっちゃうけど（笑）、そういうものが出てきた。と同時に各人の戦争の体験というものが、徐々に明るみに出てくる。抽象的にいえば、われわれの現在における戦争体験というものが、なんらかの、デュラによれば本当の愛というものがないところでは、もはや戦争体験さえも出てこないほど、意識の奥底に押し込まれてる。人間が本当に結び合う愛のモラルというものの上に立った上で、はじめて戦争体験というものが自分のものに蘇ってくるというようなことを、デュラは言いたいように思うんです。愛と戦争体験というものを、そういう具合に結びつけて出してる。これがこの映画の基本的なトーンだと思うんですよ。そこのあたりで物足りないと思うんですよ。したがって、回想のナラタージュに対応した画面よりも、そうでない無意味なカット、たとえば、ヒロシマの町をカメラが自動車で走り回るようなところがいいね。

松本　デュラには愛を神秘化する危険性はあるけれど、愛をとおしてはじめて戦争体験にふれることができるとは云ってないんじゃないか。むしろその逆のことは云おうとしているようだけど……。

絶望と忘却の問題

大沼　さっき大島さんがいわれた絶望の問題ね……。

大島　どん底からの、〝深き淵より〟の訴えということですね。へたすると実存主義的な解釈一方で押し切っちゃうような——実存的人間像というか、人間の実存というか、そういう角度から割り切っちゃうことになるけれども、サルトルの哲学と奥深くわたりあいながら、それをもっと超えようとしていると思うんですよ。ひいきの引き倒しになるかもしれないけれども、その姿勢が映画でなきゃ表現できない表現で出てるということね。非常にカット数の多い映画だし、じつはいちいちの意味形象を理念的にとらえるよりは、全体のモンタージュから出てくるものを感性的に受けとめることが必要だといえる。むしろ、それが必然的であるような、時間芸術としての新しさ——。そこに観客参加の問題があるのだと思う。

松本　絶望ということと関連してどうもひっかかってくるんですが、この作品の中に一貫して流れている忘却という思想ですね。デュラ自身の書いたシノプシスの中にも「生きてゆくためには忘れなくてはならない。ヒロシマを、原爆死を、あの恋も、この恋も」というのがある。女主人公にも同じような意味のセリフをいわせてますね。ヌヴェールの恋人に対してもヒロシマの男に対しても、「あなたを忘れるわ」と云う。最も癒しがたい傷であるがゆえに、生きるためには忘れなくてはならない。しかし、忘却が可能なのは、その絶望の体験をみきわめて、それに耐えることによってだ。デュラはそんなふうに云っているようにも思える。だからデュラにとってはヒロシマとは何よりも忘却の町でもあるわけです。幾年月をあらわす大田川の潮の満ちひき、それをはさんで原爆の惨劇は、博物館の中に客体化され、モニュマンに刻みこまれて、日常性をとりもどした生きる町に転化する。この映画では大田川だのロワール河だの、しょっちゅう川が出てきますが、そこには記憶と忘却を意味する時間が象徴されているのではないかと思うんです。「どーむ」にはいる前に五カット夜の大田川が出て来ますね。そこでは、老人だの、母親や子どもだのが、あれから十四年の時間を反芻しているかのよ

松本俊夫氏

うにじっとたたずんでいる。続く「どーむ」でのシーンが、その川に面した窓辺で行われるのは明かに意図的なものですよ。彼女が過去の決定的な体験を回復するとき、彼女は常に忘却の川のきらきらした水面の反映の中にいるわけです。そして最も鮮明に記憶を生きたとき、女は「私はあなたを忘れはじめたわ」という。また「そのうちなにもかも忘れてしまうのね」ともいうんです。一切が記憶と忘却の間を、永遠にくりかえしてすぎ去ってゆく。このデュラの歴史観にぼくはものすごくニヒリスティックなものを感じますね。鋭く照明をあてられた戦争体験を前にして、デュラは人間とその歴史に、宿命的なペシミズムの刻印を押すわけです。それはデュラの思想に階級斗争の視点が欠けているからでしょうが、そんなところから愛の絶対化や神秘化が生れ、それを存在の支柱に据えようとする傾向がでてくるんだと思いますね。そういうデュラのシナリオに対して、レネは何とか戦争体験の共有性とヒロシマの意味の追求の方に力点を置こうと努力してるんじゃないでしょうか。

柾木　つまりこの映画が、要するに二人が会わなければ二人とも原爆の体験とか、ヌヴェールの体験というものを、一生しゃべらずにすんでしまったかもわからん。しかしここで偶然に行きずりの一夜から始まった二十四時間の情事で突如として自分のおのおのの体験の中へくぐり込んでいったというそういう愛情というものがきっかけになって、逆に二人の間の深淵みたいなものをかたちづくっていくというふうに、デュラは作っていると、ぼくは考えたのだ。

内部を外部の一環としてとらえる

松本　それから方法上の点でちょっと問題提起だけしておくと、一般に新しい映像とか映像言語というふうなことでいわれてるものの中に、一緒くたにしてこの映画が論ぜられてはいけないんじゃないかということをはっきりさせたいですね。たとえばカワレロウィッチの「影」なんかとは内容的にもいろいろな点で違うけれども、方法意識や現実意識としては同質のものをもっていると思うんですよ。しかし、アストリュックやマル、あるいはフェルリーニやアントニオーニなんかとははっきり違う。やはり全体のコンストラクションから部分の形象に至るまで、一貫して新しいモンタージュが方法化されていると思うんだけれども、これは柾木さんにぜひこの辺で締めくくってもらいたいな。

柾木　そういう答えにならないと思うんですけど、ぼくはレネエのやつは「ゲルニカ」しか見てないんです。手法としてはやはり「ゲルニカ」と同じように、あの場合はエリュアールの詩が後に力強く流れていく、それと同じように映画がモンタージュされていく、この撮りかたがレネエの新しい、今じゃ新しくないかもしれないけれど、一つの方法になってるんじゃないか。レネエの「ゲルニカ」以来持ってる一つの方法だと思う。「夜と霧」は見てないが、聞くと同じような方法だというんですね。つまり、内部を内部としてだけでとらえたり、あるいは内部を描くために外部を利用するのではなくて、内部を外部の一環としてレネエはとらえているわけだ。

松本　作家の現実に対するかかわりかたというのは、作品の中にしか具体的には見出だせないわけで、いちばん最初にその問題を提出したんだが、つまり、ここにうち出されている方法というのは、今までのこの座談会でずっと問題にされてきたような、作家の現実意識に基礎を置いていると思うんですよ。その意味でも、「ゲルニカ」以来のモンタージュの方法が一貫していると思うし、それが現象を外側からせめていくんではなくて、状況を外と内から相互媒介的にえぐり出していく立体的な方法としてとらえられている。彼の現実を見る眼という時に、そういう点が一貫して摸索の課題になっているということを、ものすごく強く感じるわけですよ。ただぼくは「ゲルニカ」の場合と同じように不満だったのは音楽なんですよ。音楽の無神経な使いかたはとても不満だった。これは彼の画面相互のモンタージュとか画面とディアローグとのモンタージュなんかにみられる非常に複眼的なイメージにくらべて、音楽はどうも説明的でつまらない。

大島　モンタージュについては、エイゼンシュテインにおける映画の文法としてのモンタージュというものから、全く変った形で出てきてるモンタージュであり、そういうことで新しさということがいえるんだと思う。また、そういうことで、最初に時間と空間、映画表現における新しい時間と空間ということをいったつもりです。

松本　エイゼンシュテインのモンタージュと全く違った形というふうにいうと、まちがいだと思う。むしろレネエのモンタージュは、エイゼンシュテインが築き上げて来たモンタージュを、シュールレアリスムのデペイズマンやオブジエの方法を否定的な媒介として、これをもう一つ新しい次元へおし進めたものというふうにぼくは見るんですがね。

大島　そういうことですよ。つまり今日ではあらゆるもの、あらゆる事物、対象、存在の中に、つねにアンビヴァランスが見出される。そのような今日的な状況はもはや形式化され俗流化された〝衝撃のモンタージュ〟ではとらえられない。エイゼンシュテインが、「わたしはエイゼンシュテインではない」というようなモンタージュ論——「内部」といえば十九世紀的な心理小説と同じようなことになってしまうし、「外部」といえばぼくらがさんざんつまずいてきた一辺倒なリアリズムの断層というか、そこから結局は一歩も抜けきれてないようなプアな形式論理学——そうした素朴な現覚からの大巾な飛躍を、この映画は的確に示している。まさにレネエの大論理学ですよ。外的な状況から内的な状況へ転化していくというか、両者の否定しあう「ゼロからゼロへの移行」過程というか、そういうメタモルフォーズの文法を持ってると思うんですよ。

高島　いろいろいわれるように、要するにこの映画からはさまざまな角度から、新しい映画の可能性を探れるわけだけど、映画独自のイマージュという点から見て、「影」とか、「おなじ空の下に」などと比較して、どういう点で共通し、あるいはどう違い、またその差をどう評価するかは、今後に残された大きな課題ですね。

戦争責任の脱落

柾木　それからきょう考えてきたことは、つまり、この映画には一人の日本人とフランス人の戦争体験はあるんだ。しかし、日本人としての戦争体験の角度からではなくて、その問題を、つまりフランス人から見た視点のようだ。つまりヌヴェールの少女の方も、ある意味では対独協力者でしょう。ヒロシマの男は軍隊で戦争に行っていたというわけだな。そこから一般的に戦争体験だけ、あるいは戦争を抽象してしまうなら、戦争責任の問題はどうなるのだろう、という疑問がぼくにはあるのです。

松本　なるほどそれは大切な指摘だな。この作品の中の否定面としてさっき問題にした、ペシミスティックな歴史観とか、時間の神秘化、愛の絶対化、などの観念性は戦争責任意識の欠如という点から分析していくと、一層はっきりしてきますね。むろん、これはアンチ・ロマン派としてのデュラの方の限界だと思うんですが——。

柾木　もしレネエがそういうことを考えていたとしたら、どういう具合に考えていたか、「ゲルニカ」や「夜と霧」のような眼で、ヒロシマの一日本人の男を見ればどう

うなったか、このことを抜きにして「愛のモラル」なんてチャンチャラおかしいよ。デュラは前に「海の壁」というのがあったがつまらんね。ひいきのひきたおしかもしれんが、レネエはデュラに妥協したように思われるのだ。

大島　「夜と霧」の最後の方に戦犯裁判のインサート・カットがあり、コメンタリーがこうのべる。「私に責任はありません」と下士官がいい、将校がいう。「私に責任はありません」――では、誰に責任があるのか？　これがレネエの眼で、ぼくらのいってるいみでの「戦争責任」という言葉が彼らにそのまま通じるかどうか……

高島　ヌヴェールが解放された日、地下室に彼女がいて、そのおくを沢山の足が横切っていくショットがありましたね。あのショットでは抵抗の末、ナチスを倒したものの溢れるような喜び、エネルギーのかたまりみたいなものと、愛情という、そのこと自体はとがむべきではないんだが、ドイツ兵との恋におちたために裏切者として、丸刈りにされた少女とが同一画面にいて、単なるコントラストということばでは表現しきれない、一体、その現実に作家はどう対決してるんだという点で、微妙な姿勢を感じましたね。

柾木　これまでの原爆をテーマにした文学や映画は、むしろ、良心派や「ヒューマニズム」のものばかりだから、これは原爆の新しいとらえかたとして、高く評価するわけですが、松本君がいったように「眼には眼を」の問題の視点が、原爆をテーマにした作品にあってもよいのではないか。それにはデュラのようなヨーロッパ的優越感のある奴はだめだ。「きみはなにも見ていない」というセリフに、一番ぴったりするのはデュラだろうね。

松本　もっとも一番責任を感じなくてはならないのは日本の映画作家なんだ。「素晴しき娘たち」なんていう、軽薄で胸くその悪くなる映画をでっち上げて、働くものたちの健康な友情を歌いあげたなどと錯覚している、堕落した日本の左翼作家たちこそ、全く「なにも見ていない」メクラとして糾弾さるべきですよ。デュラを刺す刃はなによりも、自己陣営内部のもっと腐敗した病巣をこそ同時に刺す刃とならなくちゃいけない。ぼくはデュラとレネエのつかみとったものとつかみとれなかったものをはっきりさせることを通して、ぼくらの作家としての課題をもっとはっきりさせることができたと思いますね。

産業文化映画祭開く
八月十三日～九月四日

「産業文化映画祭」が、日本証券投資協会の主催で、七月十三日から九月四日までの長期間にわたって、東京日比谷の東宝演芸場で開催されている。

これは昨年後半期から、今年度前半期にわたって製作された、P・R映画の中から、優秀なものをえらんで上映するものだが、製作意図、内容、あるいは技術の面からも、すぐれたP・R映画が量産されているにもかかわらず、それが一般の人たちの目にふれる機会が少ないというのが現状であるため、一人でも多くの人に見せようという意図の下に企画されたものである。八週間（日曜日は休み）四十八日のうちに、合計五十五本が上映されることになっている。

毎日十二時開場、十二時半開映で入場は無料である。今後上映されるものから主なものを拾うと、

八月三日―八日、「地底の凱歌」「す」「雅楽」、八月十日―十五日、「人工衛星のはなし」「大井川」「人類の敵」、八月十七―日二十二日、「愛することと生きること」「幸せは愛の鐘の下に」、八月二十四日―二十九日、「教室の子供たち」「伸びゆく神鋼」「東芝」、八月三十一日―九月四日、「瀬戸内海」「東北のまつり一、二、三部」「青い淡」などである。

第一回児童文学全国集会の試み

児童文学の不振が叫ばれている折から児童文学全国集会が同実行委員会の主催日本児童文学者協会の後援で、来たる八月八日(土)九日(日)の二日間、東京神田の明治大学で、その第一回集会を持つことになった。「創作方法の前進のために」と「研究方法の確立をめざして」との二つの分科会によって討論がなされることになつているが、スタティックな児童文学界の新しい試みとして、各方面から注目され、その成果が期待されている。

マス・コミは反動化する

――その送り手と受け手の問題

国民文化会議映画部会マス・コミ研究会レポート

彼は東京の郊外に住む平凡な一市民であるとします。一週間のうち六日は、彼は私鉄にのって都心にある会社に通います。彼の家族は一週間に一ぺんや二へんは、必ず同じ私鉄を利用して、終点にあるターミナル・デパートに買物に行きます。日曜日、晴れた気持のいい午後、彼は子供たちをつれて近くにある球場にプロ野球の試合を見にいきます。もし天気が悪ければ皆でつれだって、かのターミナルデパートのある街に映画を見にいきます。

この時、この私鉄と、デパートと、プロ野球と映画館とを、ある一つの大資本が支配しているとすれば、天気がよかろうと雨がふろうと、彼の経済的生活の重要な一面が、この大資本によって支配されているといえるでしょう。

このようなネットワークは、すでに経済生活において既存の事実であると同時に、マス・コミによっても拡げられつつあり、従ってわれわれの思想生活に対しても、絶え間ない働きかけが系統的に行なわれている。これをわれわれはどう考え、どう対処したらいいか。

――という問題意識から出発したマス、コミ研究会が、国民文化会議映画部会主催で開かれて、今月はその第四回になろうとしています。ここでは、第一回から第三回までをふりかえつて問題点をひろっていきたいとおもいます。

全体的な問題のつかまえ方として「マスコミにたいする対策が重要だという声がしばしばきかれるが、四月十日の御成婚という事態を中心に、マス・コミが組織的に権力のがわで動員されようとしている。そこで、マス・コミの正常な機能が停止することがおこると考えられる。いままでは受け手の受けとり方、観客の反応に重点があり、肝心の権力との結びつきからみていくことが欠けていたのではないかと思われる」（第一回南博氏の報告）

それは「警職法反対運動の際、マス・コミが民主主義を守るうえで予想以上の積極的な役割を果したことから、労働者階級をはじめ、国民一般にマスコミの信用度が増大していく傾向がある。しかし、これと全く逆比例に日本のマスコミは昨年から今年にかけて大きく右旋回をはじめている。

支配者の危機意識が、日本のマス・コミをこれまでのままでおかせようとしない方策をとらせていることがその基本的要因である。財界のマス・コミ首脳の一人足立正（日商会頭・KR社長）はさる二月九日、帝国ホテルで自民党首脳部を前に、最近の日本には急進的な社会改革を主張する学者、労働者たちが目立ち、ジャーナリズムの中にもその傾向がある。このままで推移すれば今後非常に憂うべき事態だ。とのべているが、ここにいまの支配者のマス・コミ対策の考え方があきらかにされている」（第三回、新聞労連の報告）ことによってもはっきりしてくる。

だから、四月十日の御成婚に際し新聞では、「大宅壮一氏が、うちの娘がミッチーは可哀想だといっている、という書きだしをしたらオミット。佐木秋夫氏の宗教問題が某紙でオミット。浦松佐美太郎氏が成婚の日の馬車行列の御者がかぶる帽子は、イギリスの真似で、イギリスにとつては意味があるが、日本の皇室にとってどんな意味があるか、書いてオミット」（社会心理研究所二木宏二氏の報告）ラジオ、テレビでは「フジ・コンツエルン傘下（ニッポン、フジテレビ、文化放送、産経、東京タワー）では御成婚報道の統一方針がでているとみられ、文化放送などは正午の御成婚の瞬間から皇太子殿下、美智子妃殿下という表現を使うよう指示され、新聞協会の用語法にさえ平然と違反している。参列者のインタビューには水野成夫と前田久吉の上からの指名による取材てさせ」（第二回新聞労連の報告）ているというように、何より問題なのは安保条約改定問題を、四月十日のドサクサまぎれに進めようとしていることだと指摘された。

こういったことは、マス・コミ各経営の系列化と、権力によるマス・コミ全体の統制という二面によって進められていると考えるべきだろう。

マス・コミ各企業の系列化については「経団連は独占資本の政治的圧力団体であり、経済再建懇談会はその法規上のパイプである。日商はビジネス、日経連は労働対策センター……。以上のほかに、マス・コミ対策委とよばれているのが文化対策部ともいうべきものの中におかれているのは確かであり（新聞労連の報告）これらの背景のもとに、「永田雅一――河野一郎――ラジオ関東の線とか、ラジ

オ東京――足立正――藤山愛一郎教育テレビと毎日など、政治家との個人的つながりが日本では重要な役割をする。五島慶太や水野成夫はそれぞれの線上の重要人物。五島――曾禰益―西尾末広ということも考えられる。カラーテレビをめぐっての鮎川義介――正力松太郎の線もある」（南博氏の報告）

映画に関しては、東映はテレビスタジオを四つもち、主として日本教育テレビにむけている。松竹大映、東宝もテレビ室をつくり、フジテレビと契約。東宝、東映は電鉄資本とはっきり結び、東映は映画、電鉄、百貨店で情報連絡して大衆の動きをしらべ方針をたてる。全体として映画資本は昔から孤立していて、松竹、新東宝など今でもその傾向だが、日活は金融資本、大映は政治的に動いている。大型化、ワイド化の時は電鉄資本とむすんだ東宝、東映がのびた。（第一回の討論）映画、テレビの系列化には金融資本の役割が大きく、松竹、東宝、大映、日活の四社が富士銀行を取引銀行にし、株の面ではここが松竹の百分の一大映の三百分の一を持っているが、発言力は相当大きいものになっている。（第一回の討論）といわれている。

こういったことから、われわれは次のような意見を立てることができると思われる。つまり、――一方的マス・コミはよりいっそう娯楽面を拡め、よりいっそう反動化し、受け手を支配することによって、コミュニケーションの本質的構造を持ちえず矛盾をはらんでくるが、その方向はよりいっそう強まる一方であろう。ここで受け手である労働者がマス・コミについてどう考えているかを明らかしなければならない。マス・コミはブルジアの道具といいながら、それにのっている姿勢が一番問題だと考えている。批判しながら当てにしていることが、今では危険になっていることを知ってもらいたい。そのことの上に立って、受け手側が送り手から送られてくるものを待っているのではなく、創造への方向として、労働者が自分たちは生産者であるという意識を持つこと、労組を中心とするサークル、それはみんなが生産者であるという意識化こそ重要な要素となってくる。

疎外されている大衆、即ち労働者がオートメ化されている中でどう闘い、どう闘っているか、という問題、ここに受け手との結びつきがある。受け手と送り手とは同じ立場に立っているのだということもそこからいえる。いろいろの闘いの中でぶつかっている共通の利害関係をもっと宣伝して行くことがなによりも必要とされてくるのだ。

独占資本によるマス・コミ支配の波は大きく、全くくらい、くらいのだということから初まらなくてはならない。

ここに下からのマス・コミの問題が出されてきている。受け手の組織化である。そして、受け手の立場に立った送り手と手を結んで更には、今日のマス・コミのインサイダーになることによって、送り手はそうした受け手の組織化に呼応して、内部から変革することも忘れてはならない。――これについては、更に、「支配者たちがコミュニケイションのささえとしているところのもの（支配者たちが自己の立場を守る思想的基盤であるところのもの）つまり受け手である大衆の意識構造をよりどころとしている。問題をとりあげないといけない」（第三回野田真吉氏の報告）という、問題の提起もされてきた。すでにマス・コミの渦中にあって、仕事をしている私たち作家にとって、関心をもたざるを得ぬ研究会であることをつけくわえて、レポートをおわります。

文責　山之内重巳
　　　大沼鉄郎

記録映画を見る会
八月例会案内
■平和をテーマとして
毎土曜日西武デパートで

先に美術映画特集を行なった西武デパート七階リーディングルームで、記録映画を見る会の八月例会を行ないます。

八月は敗戦記念日のある月、そして原水爆禁止世界大会のある月でもありますので、それにちなんで「平和をテーマとした記録・短篇映画」を特集しました。

また、八月は特に毎週土曜に上映することになっています。御希望の番組をえらんでお越しください。時間は一時と三時の二回上映いたします。なお、八月は特別に会員券は発行いたしませんから、自由に御来場ください。

■内容
八月八日　「無限の瞳」「永遠なる平和を」
八月十五日　鳩ははばたく」「警鐘」
八月二十二日　「原爆の図」「九十九里浜」
八月二十九日　「基地の子」「未定」
（なお上映作品の変更が多少あるかもしれません。御了承ください）

■主催　教育映画作家協会、共同映画社城北映画サークル協議会

「記録映画を見る会」第二回研究会のお知らせ

六月に第一回研究会を開きましたが、十分討論が出来ませんでした。今度までの「記録映画を見る会」の総括と今後の方針について、本誌読者の皆さん、映画サークルの方々、それに作家をまじえて、討議したいと思います。

■時　八月十日（月）午後六時～九時

■所　新聞労連会議室（中央区京橋二の一、田口ビル四階・(56)二二七〇・地下鉄、都電京橋下車パイロット裏）

■研究会内容
一、試写「日鋼室蘭」（二巻）
「おやじ」（二巻）
二、討論
「おやじの日曜日」（二巻）
（当日社会問題を扱った映画のリストを配布いたします）

この会合で九・十月の「記録映画を見る会」の内容を決定したいと思います。積極的参加して下さい。なお会場費として二〇円御持参下さるようお願いいたします。

「敗戦」と「戦後」の不在

主体論の再検討のために

(2)

松本俊夫
（演出家・フリー）

「作家の内部世界をどうとらえるか」（本誌五月号）と題した丸山章治氏の論文は、氏が「作家の内部世界」ということに一片の省察ももちあわせていないことを、はからずも露呈したものにほかならなかった。

そのふぬけたような一語一語を、私はほとんど砂を嚙む思いで読んだ。

だが、それはなにも氏の論旨が、花松正トのそれにもまして、より素朴であり、よりピントはずれであったということを指しているのではない。私にとって見逃すことが出来なかったのは、記録・教育映画の世界において、最も思慮深く、最も良心的とも思われている部分においてすら、あいも変らず不毛の思考が根強くはびこり、空しいオプチミズムがいまだに色濃く支配しているという事実であったのだ。私は、氏の論文の中に、自己の腐敗を自覚していない戦前派の意識構造の典型を、まざまざとみせつけられる思いがしたのである。

1

まず丸山氏は、「僕は主体の喪失などという事件は一度も起らなかったと考える」という。なぜか。その理由として氏は、「文字どおり主体を喪失してしまっていたら、当然主体的責任などもてよう筈はあるまい」と述べ、したがってこれは主体の喪失ではなくて、実は主体の不確立を指しているものと解していい」と、提起された問題を自己流に修正し、これを全然別個な命題にすりかえてしまうのである。

だが、主体が喪失しているといいながら主体的責任をもてというのは自己矛盾じゃないかといわんばかりのこの論法は、あたかも古代ギリシャにおける後期ソフィストたちのそれに似て、およそ人を愚弄した詭弁であり、ヘリクツであるにすぎない。

もしこのような論法が是認されるなら、そもそも「自己喪失」などという言葉すらそれ自体で自己矛盾しているということにもなりかねないのだが、それもナンセンスと一笑しきれない危惧を感ずるのはどうしたことであろうか。事実、作家協会が存在し、映画を作っているものが在続していたかぎり、「作家喪失などという事件は一度も起らなかった」とマジメにいうものさえチラホラするのが、今日この頃の現状である。なるほどカツドウ屋という名の職人は掃いて捨てるほどうようよといたし、今もいる。しかし、映像をきざみあげてゆく創作行為の中に、創作主体が、自己の内部世界と対象的現実との、あるいは意識と物との、その緊張したダイナミックな関係を、人間と社会の変革というパースペクティヴからひたむきにみきわめてゆこうとする熾烈な格闘を疎外しているかぎり、いかにカメラがまわり、いかに鋏がフィルムをきざもうとも、そこに「作家」はあくまで不在といわねばならないのだ。

要するに、「電子顕微鏡でなければ存在のわからないようなヴィールスやリケッチャでも、これをないといってはいけないことをツクヅク痛感している」とかいって、およそ次元のかけはなれた異質の現象を、全く機械的・形式的に対応させ、そのアナロジーから、主体はミクロの微生物のように在在していたなどと、とてつもないスコラ的なコリクツをこねまわしているうちは、私たちの戦争・戦後体験を徹底的に再検討し、歴史を縦貫する変革主体の疎外と不毛の構造を、その根源にまでさかのぼって克服しようとする、既に開始された闘いの意

義も、氏にとっては遂に自己の内部的現実的課題となることはないにちがいない。

だが、ここで私たちは、いま一つの興味ある事実に眼を向けるべきであろう。それは、戦中・戦後の状況と作家および運動の問題を省察するとき、ここに質的な自己否定と変革を必要とする一つの一貫した負の構造があることを認めず、それを単に不充分であったというおきまりの自己批判にすりかえてしまおうとするものに、ほとんど共通して、「主体」と「主体性」の混同が認められ、しかも実質的には問題を「主体性」というカテゴリーでしかとらえておらず、「主体」に対する洞察は全く欠如しているという事実である。

この二つの事実の合致は偶然ではない。「主体」と「主体性」の区別については既に花松批判の中で触れたのでここではくりかえさないが、いずれにしても、「確立」とか「不確立」とかいうことを、意識上の積極性とか自発性、あるいは自覚とか目的意識性とかいう意味でしか考えていないものが、「主体」を「主体性」ととりちがえその喪失の事実はなかつたと異口同音に主張するのは理由がないことではない。なぜなら、私が一面において無慘な自己崩壊と自己疎外の歴史でもあったと敢えて批判してきた、民主主義映画運動や国民映画運動の中にも、当時、能動的・自発的に、自分の意志と判断を通して活動してきたといえる人は、決して少くなかったからである。だが、そのような意味での「主体性」ならまさに戦争中にも、滅私奉公だの特攻精神だのという形で厳然としてあったのだ。いついかなる場合においても、単に内発的・積極的に判断し行動したということだけをもって、私たちが歴史において果すべき任務、すなわちプロレタリアートの解放、したがってまた人間全体の疎外からの回復、それを物質的にも精神的にもおし進めてゆく変革主体の、その存在と実践が客観的に果した役割に換えることはできぬ。

すでに確立さるべき主体に対し、どのようなヴィジョンをもっているかという点で私と丸山氏の差異は決定的である。それは戦争責任と戦後責任というカテゴリーによって、私たちの戦争・戦後体験を貫くネガティヴな思想構造を苛酌なく検証することの中から、いわば絶望的な頽廃ともいうべきその重苦しい事実の認識を、今度こそ妥協を許さぬ不断の自己否定と変革のエネルギーに転化させようとするとき生み出されてくるそれと、そのような内部の格闘を回避し、その没主体の状況を、客観的・構造的に変革するのではなく、不充分であった「主体性」を確立するという命題を立てて主観的・現象的に超越しようとするとき生みだされてくるそれとの、ほとんど革命と修正、ないし不連続と連続とに対応するほどの差異にほかならない。

2

しかし、私が主体意識の欠如を烈しく批判するのは、かならずしもその思考の粗雑さにおいてではない。ましてや表現の混乱とその稚拙さにおいてではない。私が絶望をすら感ぜざるを得なかったのは、なによりも私たちの歴史を自己検証することによって私たちの現在立っている地点を全面的に明かにし、私たちをとりまくこの厚い壁をつき抜けて、なんとか事態を前進させようとするきわめて重要な今日的課題を論ずるに当って、氏が全く自己を第三者的な位置にすえ置き、あたかもクイズかパズルでもてあそぶかのように文字づらでのタウトロギー（同義語反復）をもてあそぼうとする、その自己偽瞞的なおどろくべきオプチミズムなのだ。一体、あの論文のどこに戦前・戦中・戦後を映画に生き、そこに作家としての歩むべき道を模索してきたものの、肺腑を抉るような生きた言葉があるというのか。あの論文から、そのエセ合理主義的なソフィスティケーションの空々しい仮面をひき剥いだとき、一体どこに、己れの体験を力一ぱいぶっつけて論敵と対決しようとするきびしい批判精神があるというのか。——論者の不在、私がそこに見たのは、それ以外の何ものでもない。

それにもかかわらず、氏が「責任」の名において主体喪失の事実を否認するとき、現在まさに責任の名において主体の変革を遂行しようと決意している私には、その無責任きわまる発言を黙って容認するわけにはゆかないのである。

そもそも、敗戦後ほぼ五年間というものを、いわゆる占領下革命の幻想にひたって民主主義革命を挫折させ、更にコミンフォルム批判後の五年間を、いわゆる「劉少奇テーゼ」の無批判的公式的適用による極左冒険主義の採用と、醜悪な分裂と抗争の体制化による組織の自己破壊とによって、遂に大衆からの孤立と、労働戦線の混乱および敗退を導いたという事実、その間、革命に身を献じたおびただしい情熱的エネルギーを、歪め、引き裂き、空無と消散させた事実、これら誤謬と頽廃の政治によって、大衆の生活意識の深層に横たわる厖大な動力を組織し得ず、その解放への願望をほぼ完全に裏切って、根強い不信を植えつけてしまったという事実、そのような戦後十数年の歴史に対して、私たちがその失敗の原因を、ただ単に情勢分析と方針の誤りという、相も変らぬ紋切型の客観主義的自己批判にこれをとどめることなく、およそ大たんに変革主体の思想と体制と実践の内部構造にまでメスを加えることによって、苛酌なき自己否定と主体の変革を、現在と将来へ向っての方針と実践の中に論理化し、具体化してゆくプログラムをもたぬかぎり、「責任」ということが正当に語られることは、いついかなる場合においても絶対にあり得ないのだ。

誤まれる政治にもたれかかり、その走狗となって映画を政治に隷属させ、事実との素朴な交渉に安住して、類型的で涸渇した政治至上主義的創作に終始したものたちが容赦なく批判され、また自ら徹頭徹尾自己批判せねばならぬのも、またこのような地点においてである。だからいやしくも現代の作家と呼ばれるべきものたちが、第一に政治的アヴァンギャルドの眼をもちえず、従って政治を正しく認識し行動する主体的

なアンガジュマンの論理を喪失しており、第二に、芸術的アヴァンギャルドの眼をもちえず、従って政治と芸術の相互規定的な関係を歪曲し、既成の観念や感性をうちこわして、状況を外部と内部から弁証法的にアプローチしてゆく方法の探求を疎外していたということを、まさに作家として致命的な躓きを二重に犯していたという問題として、これをなによりも作家主体の解体と、作家の戦後責任の放棄という視点で自己批判し、克服しようとしないならば、それは、もはや救いようのない第三の躓きと新たなる戦後責任の問題として完膚なきまでに糾弾されねばならぬことはいうまでもないのである。

しかし、丸山章治氏の世界はあたかも痴呆のように楽天的である。私は、氏が本誌四月号の「教育映画よさようなら」という奇妙なる一文の中で、「教育」と「啓蒙」のちがいなどということをさもさも重大事であるかのように云々しているのをみて、実はあいた口がふさがらなかったのである。氏は「僕は、そういう〈教育〉と対立する〈啓蒙〉こそが教育映画作家としての自分のやるべき仕事だと考えている」と書いているが、私にいわせれば、そんなことは、ちょうど目くそが鼻くそをせせら笑っているようなもので、バカバカしいかぎりとしか思えないのだ。しかし、氏が終戦のとき以来、一貫して啓蒙映画を作ろうと考えてきたと語り、「終戦をきっかけに、我国は新しい啓蒙の時期にはいった」などといっているのをみると、これはちょっと笑殺してやり過すというわけにはいかなくなってくるのである。

だいいち、今から十四年前の八月十五日、敗戦という現実を前にして、誰が一体、これからは「啓蒙」の時代だなどと思うことが出来たであろうか。丸山章治氏にとって、「敗戦」とはそもそも何を意味したのか。私はこう問いたい。

思えば、映画の世界においては、亀井文夫をのぞいて、作家という作家のほとんどすべてが、日本軍国主義の干渉と弾圧の前に次々と屈服し、またすすんで時局の馬に乗り遅れまいとみにくく狂奔した。しかし忘れてはならぬことは、彼等とても、単にあざむかれ、強制され、被害を受けたものだったのでは絶対になかったということなのだ。占領各地をとびまわり、奴隷の映像と言葉をもって、聖戦と皇軍を讃美し国民を欺瞞したその行為は、その戦争権力がアジア各地にもたらした数限りない残虐行為と同質の犯罪以外の何物でもなかったのである。丸山章治氏もまた東宝航空教育資料製作所において、帝国陸海軍の国策映画製作の一端を加担していたという点では、決してその例外ではなかったはずである。

だからといって、私は氏の戦争協力をそれだけ切りはなして批難しようとは毛頭思っていない。自己の戦争責任を内部に向って追及することを回避し、啓蒙の時期が来たなどとうつつをぬかすことによって始められた、氏の戦後責任をこそ私は問うているのだ。戦争期における映画作家たちのあまりにもみじみな敗北と自己崩壊――その戦争体験の深い傷痕とその意味するものに眼をふさぎ、いとも安易に時流に順応してゆこうとするそのダルな没主体の意識こそ、かつて「敗戦」を流産させ、今また「戦後」を流産させようとしている癌であることを重視するがゆえに、私はこの問いを問わねばならないのである。

したがって、丸山氏が提起された問題に自己の内部を相わたらせることもなく、エロ・グロ文化に反対しながらエロ雑誌に読みふける組合役員の話などつまらぬ引例をながながとひきあいに出しながら、主体と客体は統一する必要があるとか、外部条件や大衆路線を軽視してはいけないなどと、自明の常識をもっともらしく「啓蒙」してくれているのをみると、私は怒りとも悲しみともつかぬうずきを感じて、わが国における革命が、いかに困難にみちているかをあらためて思わないわけにはゆかないのである。そして、一度でもそのきびしい外部条件の圧力と血みどろになって闘ったことのあるものなら、また一度でも大衆の奥深く自己をかかわらせて、その背離感と信頼感との間に苦悶したことのあるものなら、どうしてこのような不毛の論理に屈服することが出来ようかとも思ったのである。

問題がなにであるかははっきりしている。それは、「敗戦」の事実から何ものをも得ようとせず、そのことによって「戦後」を挫折させたものたちが、戦後十四年を経た今日、敗戦を「敗戦」たらしめ、戦後を「戦後」たらしめることによって、現実変革のプログラムとその実践主体の革命をなそうとすることをまたしても拒否しているということでありそのような傾向に対して、私たちが、断固非妥協的に闘いぬくことによって、私たちの戦後史に責任を負わねばならぬということである。

私の思想ははたして精算主義的であろうか。私はそうは思わぬ。むしろ過去の歴史と対決することを常に避け、これをうやむやにしたまま、ずるずるとその没主体的構造を温存するものこそ精算主義的である。いうまでもなく現在のこの混沌は、一刻も早く新しい方針の確立とその実践によってのりこえられねばならず、そのプログラムの提示こそは、歴史の前衛に課せられた緊急の任務である。だが、そのことが、妥協のない自己検証と歴史主体の構造的変革によって内側からがっしりと支えられていないかぎり、将来同じ誤謬を犯すことは火をみるより明かなのだ。

ともあれ、闘いはすでに始められている。それは苦悩にみちた燃焼と解体の戦後体験の亀裂のどん底から、身をよじるようにして始められた。そして、もろもろの誤謬によって満身傷だらけとなりながらも、その歴史を受けとめ、その重みに耐えて、なおも革命の火を燃やし続けようとするものの手によってのみ、それは成し遂げられるものなのである。「敗戦」と「戦後」をなしくずしにおし流そうとする堕落した思想と闘いながら、私はいま除々におし開かれていく重い扉のことを、抑えきれないほどの記憶とともに思わざるを得ないのである。

花嫁の峰　チョゴリザ

杉山正美
（演出家・フリー）

ロケハンをしたり脚本をつくったりする事が出来ないこういう種類の映画のキャメラマンの苦労は並大ていのものではなかろう。まして、この作品の前に「エベレスト征服」とか「マナスルに立つ」などという作品がある事も、別な意味での苦労であるとも言えよう。

この映画は、京大山岳会が昨年八月日本隊として始めて、ヒマラヤ高峰、チョゴリザ（七六五四メートル）を征服した記録である。

スカルドという、ヒマラヤ征服の根拠地から百五十人もの、苦力を従えて出発するところから始まり、危い吊橋を渡り、羊の皮のイカダで急流を越え、大氷河の上を通り、危険な氷壁を越えて、文字通り一歩一歩登頂するさまが、丹念によく捉えられている。途中アメリカの登山隊が訪れたり、名登山家ヘルマン・ブールの遺品を発見し、あとから訪ねて来たイタリヤ登山隊のなかにいた、友人にそれを渡すなど挿話も多く、又登頂にあたって、望遠レンズで克明にそれをとらえてある。35ミリのフィルムを使い、編集や、構成も、とって来たフィルムを充分生かしたまとまりのあるスッキリした映画となっている。

「マナスル」は、時おり画面に光線が入ったり、途中長々と道中が入って、あきあきする所があったり、技術的な点では、確かに大きな違いがある。

しかし、「マナスル」の時には、途中の部落で登山隊が遭遇した災難が、克明に描かれていて、その事が映画マナスル征服をユニークなものとしている。

勿論、マナスルの場合、そこの部落は二回目であったという好条件があったと言えよう。しかし雨期にせまられて、一刻も早く頂上を征服しなければならないという、切迫感が、感じられた。

チョゴリザの場合は、当時より登山技術も発達したためか、何となく、楽に登った様な、印象を全体から受ける。

しかし、コメントで強調されていて、画面ではよく捉えられていないシェルパ達の賃上げ闘争や、それに対する、隊員達の考えや、対処の仕方がもっと細かく描き出されていたら、ヘルマン・ブールの死が、いつ自分達の運命になるかも知れない、という感じ方で描いていたら、この映画は単なる、登山記録映画を、越えていたかも知れない。映画館のなかで作られた映画の上にたって、勝手な事を言うのと違って、実際の状況のなかで、あれだけの画面をとらえるだけでも、大な変努力であったと思うし、又画面の一つ一つにその努力がうかがえる写真である。

アルピニスト　岩壁に登る

林田重雄
（カメラマン・日映新社）

「アルピニスト岩壁に登る」は大変恵まれたよい条件での撮影といえると思う。こうした山登りを主題にした映画でカメラの位置、視点をどうしたかが我々の関心事である。アルプスの山の事情はよく分らないが、山によっては日本の山よりも高さの割りに、足の便、宿泊の便がよいとも聞いている。恵まれた条件とは主題上撮影位置が考えられ、よい条件の山を一流の登山家が登っているといえると思う。岩登りそのものは大変な技術と訓練を要する危険な場所を登っている。広角、望遠、ズームレンズを駆使してよく撮影されている。挿入されているアップサイズでカメラを据える余地のないような場所でのカットもないではないが、いずれの場合も撮影機械を荷上げして、視点を設定して撮影したスタッフの努力は敬服に値いする。岩壁登りの技術、山の高さの表現など一応考えられる撮影技術を駆使して効果を上げている。撮影位置からズームレンズの使用など予知されるカットもあるが、視点設定への努力、統制ある撮影技術として効果を発揮している点は高く評価されてよいと思う。

エチエンヌペリの佳篇

ビュッフェの芸術

大島辰雄
（評論家）

《孤独と寂寥の画家》ビュッフェは、また大作・多作で有名な青年画家だが、この二巻の短篇映画は彼の面影（昨年冬のアンナベルとの結婚以前）と同時に、彼の芸術における世界像と人間像を見事にとらえている。クラヴサン協奏曲の音楽が、はじめは強すぎるほどにひびくのだが、制作中のビュッフェのタブロオはよくそれに対応し、しっかりと受けとめつつ、ひとつになって印象を高め深める。

アトリエにおかれた自画像と対決しつつ、かずかずのタブロオ（一九五五—五七年頃の作品）が「一つの世界」をかもしだす美術＝映画の次元。見事だ！　製作中のすがたとして一枚の絵だけにしぼったことが、かえって力強さをましている。

さいごにあの有名な《考える葦》のようなサインをペンキ屋みたいに書入れるのもおもしろく、またこの映画のよき終止符となっている。この若い映画作家が新しい感覚の持主としてコクトオに認められたのも当然とうなずかれる。

プロダクション・ニュース

（文中略号、演＝演出、脚＝脚本　撮＝撮影、構＝構成、16・35＝16ミリ、35ミリ、EK＝イーストマンカラー。）

関西映画株式会社

○準備中「躍進する日鍛」16、二巻、「教団大祭記録」35、一巻
○撮影中「製紙機械」白黒、16、二巻、脚・演—山田清、撮—橋元国盛
○完成「重油バーナー」白黒、16、二巻　脚・演—山田清、撮—橋本国盛

科学映画社

○完成「うわさはひろがる」白黒、16、二巻、癌・演—岩堀喜久男、撮—岡田三八雄、解説—丸山章治、「たのしい絵日記」白黒、16、一・五巻、構—堀田幸一、演—村上雅英、撮—岡田三八雄

CBCテレビ映画社

○製作中「紀勢西線を訪ねて」二巻、演—小林幸雄、撮—杉浦要、「日本の笛」二巻、演—安東斉、撮—鵜飼進一「版画教室」二巻、演—青木徹、撮—鵜飼進一、「名古屋城」二巻、「陸上競技」三巻（スタッフ未定）「地下鉄」白黒16、演—青木徹、撮—鈴木章方、「トヨコンロ」二巻、カラー、演—安東斉撮—鵜飼進一

新世界プロダクション

○完成「強く明るいできる子に（学校保健シリーズ）」白黒、16、二巻、脚・演—谷川義雄、撮—吉田清太郎

マツオカプロダクション

○準備中「日比谷に建つ日生ビル……」EK、35、三巻
○編集中「石油の国・クウェイト」EKコダクローム、16、二巻
○撮影中「立坑」EK、35、二巻、「橋梁建設」EK、35、二巻

株式会社・電通映画社

○準備中「コロンボプラン」カラー、35四巻、脚・演—田中喜次、撮—入沢五郎、「T7型万能自動旋盤」カラー、16、一巻、脚・演—森田実、撮—尾崎照男、「耕転機」白黒、35、三巻、脚・演—湯原甫、「川崎工場建設記録」
○編集中「嵐山橋建設記録」カラー、16二巻、脚・演—湯原甫、撮—尾崎照男「コロンボプラン・海外篇」白黒、35二巻
○撮影中「大いなる歩み」カラー、35、二巻、脚・演—浅野辰雄、撮—江連、「日本の動脈」カラー、35シネスコ、二巻、脚・演—田中喜次、撮—入沢五郎、「明電舎の全貌」カラー、16、二巻、脚・演—松本治助、撮—尾崎照男

世界文化映画社

○準備中「集団養鶏」白黒、16、二巻、脚・演—山口順弘
○完成「養鶏物語」白黒、16、三巻、「雛の上手な育て方」白黒、16、一巻各脚・演—山口順弘、撮—大伴礼周次解説—青木一雄

三井芸術プロダクション

○撮影中「パーライト」アンスコ、16、二巻、脚・演—水木荘也、撮—高尾隆森隆四郎、「伸びゆく神鋼・改訂版」EK、35、三巻、脚—古川良範、演—金子敏、撮—仲沢廉二

中部日本ニュース映画社

○撮影中「新しい中部日本」EK、35ワイド、二巻、演—西沢周基、撮—井上雅夫、進行—小高美秋
○完成「宇宙の教」アンスコ、16、三巻演—鈴木章友、撮—芥川和敏、編集—江守義夫、「御在所ロープウエイ」アンスコ、16、二巻、演—廉田裕一、撮—酒井一満、解説—宮田輝

ファースト教育映画社

○準備中「和牛の肥育」パートカラー、35、二巻、脚—鈴木悠一郎、「鶏は産卵器ではない」白黒、16、二巻、脚—古川良範
○編集中「富士の地質と植物」白黒、16二巻、演—鈴木悠一郎、撮—金山富男
○撮影中「動く教室修学旅行東京」白黒16、三巻、演—水村靖。撮—杉木健三
○完成「人工流産の障害」白黒、16、三巻、演—下村健二、撮—杉木健三

神奈川ニュース映画社

○準備中「都市緑化」白黒、16、一巻、脚—西村孝昭、演・撮—未定、「河は生きている」白黒、ワイド、35、一巻脚—西村孝昭・深江正彦、演・撮—未定、「明日を呼ぶ街」白黒、16、二巻脚—深江正彦、演・撮—未定
○撮影中「城ケ島大橋」EK、35、四巻脚・演—深江正彦、撮—久村守、「相模川」EK、35、二巻、スタッフ前同「がんこ親爺」白黒、35、二巻、脚・演—吉田和雄、撮—藤岡進、「根岸湾埋立」白黒、ワイド、35、二巻、脚—吉田和雄・深江正彦、演—吉田和雄、撮—久村守・高坂

三木映画社

○準備中「エチケット」白黒、35、二巻演—三木茂、脚—秋元憲、「職場の中の個人（仮題）」白黒、35、脚—秋元憲、「小さなお米やさん」白黒、35、脚—倉島久子、「親孝行の話（仮題）」白黒、35、三巻、脚—片岡董、「小集団活動（仮題）」白黒、35、納—厚木たか、演—柳沢寿男、「私の願い」白黒、35、脚—倉島久子、「ユニットシール」35、二巻

株式会社・新潟映画社

○準備中「信濃川風井記」カラー、35、16、三巻、脚・演—羽田昭、撮—近藤保、「パキスタンの日本の化学」カラー、35、五巻、スタッフ前同
○編集中「赤い羽根の働き」白黒、16、二巻、脚・演—羽田昭、撮—小黒昇一
○撮影中「新しいスキー」カラー、16、三巻、脚・演—荒木稔、納—弓納持福夫、「奥只見電源開発」カラー、16、七巻、脚・演—山田護、撮—近藤保、
○完成「会津の四季」カラー、35・16、六巻、脚・演—相川信雄、撮—鈴木鉄男、「柳都の消防」スタッフ前同

記録映画社

○編集中「貴族のくらし」白黒、16、一・五巻、脚・演—上野耕三、撮—藤洋三
○撮影中「オートメーション・第二部」EK、35、三巻、脚・演—上野耕三・日高昭、「YEW見学（仮題）」EK35、三巻、脚・演—上野耕三、撮—高尾隆

東映教育映画部

○準備中「子鹿物語」35、脚・演—岩佐氏寿、「花あればこそ我あり」35、脚—高木俊朗、演—西原孝、「こづかい手帳」35、脚—増尾信江、演—津田不二夫、「村の休日」35、脚—古川良範演—田中徹、「中国地方」16、脚・演—大岡紀、撮—江川好雄、「東北地方」16、脚—石田修、演—田中穂積、撮—吉田正治、「地表の変化」16、脚—尾山新吉、演—平松幸彦、撮—浅野正博「地殻の岩石とそのでき方」16、スタッフ前同、「火山」16、スタッフ前同「川と海のはたらき」16、スタッフ前同
○撮影中「母の鐘（仮題）」35、脚—片岡薫、演—関川秀雄、撮—福井文彦、「沼辺の微生物」16、脚・演・撮—吉田六郎、「商業のうつりかわり」16、脚—安藤由紀光、演—斉藤正之、撮—白石彰「昆虫のすまい」16、脚—尾田道夫、構成・撮—小林一夫
○編集中「あぶない年ごろ」35、脚—皆川滉、演—今泉善率、撮—大塚晴郷、「映画のできるまで」35、脚—岡田山仁、演—今泉善珠、撮—大塚晴郷、「漫画映画のできるまで」35、脚—前田一・島田太一、演—島田太一、撮—大塚晴郷、「漁獲法の発達」16、脚・撮—白石彰、「政府のしごと」16、脚—清水信夫、演—宇田頼弘、撮—有村弘、
○完成「二枚の絵」35、脚・演—堀内甲撮—大山年治、「つり銭物語」35、脚—田代秀治、演—津田不二夫、撮—大山年治、「うわさ」35、脚・演—岩佐氏寿、撮—黒田清巳、「日本の祭り・春祭りの部」16、脚・演—平松幸彦、撮—佐藤透、「温室の村」16、脚—大岡紀、演—石田修、撮—有村弘、「電話局ではたらく人たち」16、脚—島田太一、演—尾山新吉、撮—有村弘、「いもの工業」16、脚—安藤由紀光、演—石田修、撮—島本義誠

編集後記

戦後体験と作家についての特集をしました。武井昭夫氏から特集にふさわしい力作をいただき巻頭をかざりました。「作家は戦後をどう生き、それをうけとり、そのなかになにをみ、今日、その体験をもとにどう行動しているか」という課題に京極、桑野、厚木、高島の諸氏のエッセイをのせえました。なお、八木仁平氏、楠木徳男氏、花松正卜氏からも同問題について原稿をいただいていますが残念ながら紙面の都合で九月号にのせさせていただくことにしました。ここで、おわびいたします。

『ヒロシマ・わが恋人』のシンポジウムは同映画にたいする正しい評価の規点をうちだしているとともに特集の意図にもそくしていると思います。

同記事は約二時間にわたるぼう大なものでしたが編集委の責任において約半分に整理しました。出席者ならびに読者に御諒察をねがいます。

なお、今月号にのせる予定でしたヨーリス・イヴェンスの「前衛記録映画に関する若干の考察」（大島辰雄氏訳）、佐野美津男氏の「東映児童劇映画」についての論文は次号にのせます。筆者におわびするとともに、読者のみなさんに御期待をねがいたいと思います。

読者のみなさんへ御願い。

雑誌の内容その他について、御意見をどしどしいただきたいと思います。

それに今月号の記事は発展さすべきいろいろな問題を提起していると思います。みなさんの積極的な討論参加を願います。

（野田）

映配
LES ETOILES DE MIDI
驚異的なスリルと最高の技術で話題に湧く！
アルピニスト
総天然色・長編記録映画
岩壁に登る
文部省特選
東京都教育委員会特選
日本山岳会推薦
映配提供
迫力と感動！この映画はモンブラン山群のバレー！ブランシュにそびえる三八七〇米の大岩峰の東壁を登はんする模様を空前のカメラ・ワークで描いた山岳映画史上最高の話題作！
リオネル・テレー
他世界一流アルピニスト
マルセル・イシャック監督
ジョルジェ・ストループ撮影
8月下旬ロードショウ・スカラ座

新文化映画ライブラリー

・社会教育映画・

1. 日本のデンマーク農場　2巻
2. 本の中の世界　2巻
3. 赤ちゃんの四季　2巻
4. 労働と姿勢　2巻
5. 村でも町でも　2巻
6. 村に生きる　2巻
7. 空の港　2巻
8. 子どもの予算生活　2巻
9. 明日天気になあれ　2巻
10. 渡り鳥　2巻
11. 食中毒　2巻
12. ことばと態度　2巻
13. こどもたちの目　2巻
14. 新しい職場　2巻
15. 誰かがやるだろう　2巻
16. 町の政治　3巻
17. 約束はしたけれど　2巻
18. その後の夫婦　2巻
19. 叱るもの叱られるもの　2巻
20. 技能と経験　2巻

新作完成
21. うわさはひろがる　2巻

×

この券をお切りとりの上下記へお送りください。教配レポート・新作案内など資料お送りいたします。

（K・8）

記

東京都中央区銀座西六の三
朝日ビル
教育映画配給社・普及課

株式会社　**教育映画配給社**

本社・関東支社	東京都中央区銀座西6の3朝日ビル	(57)9351
東北出張所	福島市上町66糧運ビル	5796
関西支社	大阪市北区中之島朝日ビル	(23)7912
四国出張所	高松市浜の町1	(2)8712
中部支社	名古屋市中村区駅前毎日名古屋会館	(55)5778
北陸出張所	金沢市下柿の木畠29香林坊ビル	(3)2328
九州支社	福岡市上呉服町23日産生命館	(3)2316
北海道支社	札幌市北2条西3大北モータースビル	(3)2502

第二巻 第八号 編集・ 発行所 教育映画作家協会 電話東京（57）五四一八番 定価

教育映画作家協会編集

記録映画

THE DOCUMENTARY FILM

昭和三十三年九月五日第三種郵便物認可

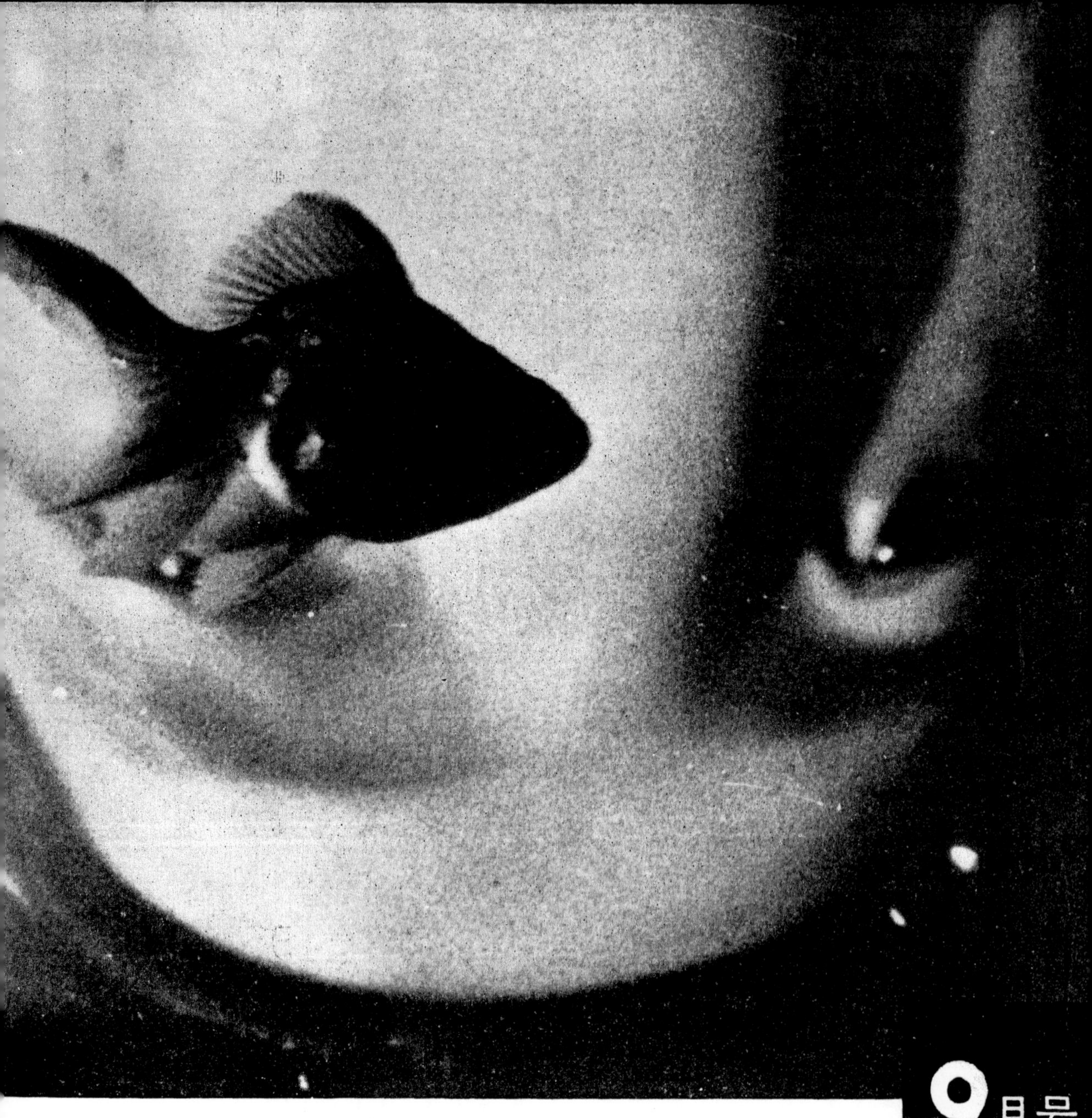

「釘と靴下の対話」

9月号

記録映画

1959　9月号

第2巻　第9号

時評

松川裁判から安保改定まで

私たちは、昨年の大会で、松川事件の真実の斗いの支援を決議しました。今度の最高裁判決は、最後の勝利への第一歩です。

しかし、判決をきめた七対五。――その少数意見を見るとき、私たちは憤激を覚えずにはいられません。

私たちはここに日本の政治の縮図を見ます。

一審、二審を通じて、松川裁判の中軸は共同謀議の立証に集中していたことは誰の目にも明らかです。それが立証によってくずれたのです。それも、諏訪メモ一つでもろくも崩れるあたり、デッチあげの性格を露呈しています。あの手帳一冊がなかったらと思うと、慄然とせざるを得ません。

この事件のくささは、はじめから良識によって見抜かれていました。その点、今回、良識の勝利の一つの立証がなされたわけです。

にも拘らずなんら根拠のない自白による実力行為だけを切り離して、それにしがみつき、あくまで有罪を主張し、死刑を主張する少数意見判事。――しかもこれが最高裁という権力の座にすわっているのです。

私たちは薄氷をふんで生きているようなものです。私たちはいつ、彼らに命を奪われるか知れない。いつ、私たちの真実がふみにじられるか分らない。

彼らの偏見には、真実を見抜こうとするひとかけらの努力すら認められないのです。しかも彼らは白昼堂々と、偏見に根ざした有罪と死刑とを主張できるのです。

ここに、私たちは権力による暴力を見ます。

権力はどのような偏見をも押しつけて来るのです。

砂川裁判もこのような偏見で裁断されるのでしょう。偏見でないと言うならば、それでもよろしい。そのかわり彼等に政治意図のあることがますます暴露されるばかりです。

安保問題しかりです。

こうして真実はふみにじられ、まげられて行くのです。

真実を離れて芸術はありません。政治から遠いところで芸術をするという白昼夢を私たちは見ているわけに行かないのです。

表紙の写真

日本大学芸術学部映画学科映画研究会自主作品「釘と靴下の対話」より、はじめのシーン。金魚ばちにうつった学生の顔

もくじ

記録映画と政治

佐々木基一
(評論家)

記録映画と政治という題を与えられて、第一に思い出すのは、戦争中のことである。戦争のはげしくなるとともに、劇映画よりも記録映画への関心が高まり、それと同時に、映画政策への関心が高まった。ナチス・ドイツがフランスを破って、大へん意気上っていたころ、ドイツから送られてくる戦争ニュースを、わたしは毎週のように文部省の試写室でみていた。平ぜいは試写室にあまり顔を出すことのない局長とか課長なども、ドイツの戦争ニュースのときは大ていやってきて、試写室には人が一ぱいあふれるのがつねだった。よほどあの戦争ニュースは人気があったらしい。

そういえば、戦争になる前に作られたナチスの大宣伝映画「民族の祭典」「美の祭典」もまたわが国では大へん人気を呼んだ。映画など頭からバカにしてかかっていた、小林秀雄のような評論家までが、あの映画についてエッセイを書き、思想というものもあの映画の中のスポーツマンが砲丸を投げるように投げなければならぬといった文章を書いた。ドイツのもつ最高の技術を総動員して作られたあのオリンピック映画は—ベルリン・オリンピックの演出とともに——ナチスの宣伝に大へん重要な役割をはたした。敢然としてあの映画を否定する人間は、わが国の進歩主義者の中にもあまり見当らなかった。

ところで、日本の記録映画は戦争と、戦争中の文化映画強制上映政策とによって、従来にみない盛況を示したわけであるが、戦後にはそれが一旦非政治的な民間のP・R映画に変ってきた。つまり、P・Rの必要と、映画によるP・Rの効果を人々がはじめて覚ったのは、戦争によってだった。そして、記録映画やP・R映画を大量に作るための技術者もまた、戦争によって準備された。これが良くも悪くも、わが国の記録映画の歴史である。戦争のさまざまな影が今日の記録映画の上にもおちていることは否定できない事実ではないかと思う。その方法の上に、そのテーマの上に、戦争中に生まれた方法は主題意識がいまなおつきまとっているように思われる。戦争中の映画と戦後の映画は、イデオロギーが一見正反対のようにみえながら、その間にはきわめて密接な関連が存在する。いわば断絶の契機としての自己批判が脱落しているため、のっぺらぼうの連続性だけが目立つのである。

それはどういうことか。連続した要素の一つは、一種の生産力理論である。これはかっての文化映画に顕著な傾向だった文化や技術の啓蒙主義と結びついて、戦後の記録映画にそのまま持ちこされている。明るく、合理的で、建設的なものを謳歌すること、そして部分の善、成功をあたかもそのまま全体の成功や善につながるものであるかの如く描くこと——そこにはショットによる現実の凝視、凝視による批判のかわりに、バカバカしく明るい、呑気な楽天主義があり、ショットはリアリティの断片であるよりも、たんに人為的に作りあげられたテーマの函数、テーマの運搬器、テーマを解説する挿絵にすぎない。それが、戦前と戦後の記録映画に共通する第二の要素である。

近代技術や工場や建設工事をとった記録映画に、この生産力理論と文化啓蒙主義的方法がとくに顕著にみられる。たとえば「佐久間ダム」を見てわたしの感じた第一の不満はここにあった。巨大な機械によって削りとられて、一面に赤い肌をみせているあの工事現場のすさまじい雰囲気、あるいはまた、砕かれた石塊を山と積んで猛牛のように走るダンプトラックやジープの疾走とその道の脇を歩く労働者の姿といったものが、鋭く凝視された山肌のショットや内的にモンタージュされたショットによってなされたなら、それらのショットは平板な解説や紹介には終らなかったろう。工事そのものの意味を、わたしたちは明確な概念の形においてではなくとも、名状しがたい一種の音楽的体験としてそこから感じとったにちがいない。しかし、わたしたちは、一瞬現実を蔽う帳がもち上げられて、ハッとするような画面を見せられるかわりに、あまりに滑らかにつながってゆくシークェンスを見せられる。そして機械の性能のすばらしさを、効能書きのように解説されるだけである。

戦争中と戦後の記録映画に共通する第三の要素は、映画作者の側における技術者意識である。わたしは戦争中にみた中国大陸作戦の記録映画と、戦後に作られた南極探

検映画とのあいだに、一体どれほどのちがいがあるか疑問に思う。戦争があれば戦場に赴き、南極探検が行われればそれに随行する。何でも日常的なものをこえた事件の現場に出向いて行って、それを記録し、報道するのが悪いと言っているのではない。ただ、それらの事件に対する作者の態度、意識が問題だと思うだけである。探検映画は一見きわめて文化的な、平和なテーマを扱っているように見える。しかし「南極大陸」という映画は、案外、日章旗を立て、戦車を先導として中国大陸や東南アジアの島々を荒しまわった皇軍の進撃と同じテーマを、ただ変形したものにすぎないかも知れないのだ。イデオロギー抜きの記録映画がえてして陥りやすい危険は、生理的な、あるいは情緒的な愛国主義を無意識のうちに鼓吹することである。作者は一介の技術者として事件に参加し、技術者として忠実な報道を意図したにすぎないかも知れない。けれども、まさにその技術主義の中に、慣習的な生理や情緒が無意識のまま混入する危険があるのだ。映画作者がカメラを通して発見したものによって、自分自身の生理と情緒を批判し、発見が同時に新しい現実と新しい自分への目覚めである場合にのみ、記録映画の内容はまたわたしたち観客の中に眠っている意識をよび醒まし、わたしたちの眼を新しい現実に見開らかせることが出来るのである。最近作られる多くの探検映画がたんなる絵葉書映画の段階に止まっていて、イメージによる新しい現実の発見がないのは、既成の概念に安易に身を委ねる技術主義のためではないかと思う。

ここで、わたしはカメラと意識の関係について述べたベラ・バラージュの言葉を思い出す。バラージュは、戦死した従軍カメラマンや、スコット大尉の南極探検映画や、シャックルトンの北極探検映画や、難破した砕氷船のそばの氷原にキャップしたチェリュースキン号乗組員たちの記録映画を例に引きながら、人間がカメラと一体となることによって生まれる意識の新しい形式について述べている。意識の内面的プロセスが、映画においては撮影という身体的行動に転移される。そのことによってカメラマンの意識は、より冷静に、より明晰に保たれる。カメラは機械であるから、一種の無神経さをもって、あらゆる事象を客観的に凝視する。氷が船を砕き、乗組員の最後の希望を打砕く。――彼らはそれを撮影する。彼らの足もとの氷が溶けはじめる――彼らはそれを撮影する。沈没する船の船長のように、無電機のキイをうつ技師のように、カメラマンは最後の瞬間まで自分の持場を守るのである。このようにして、意識の心理的プロセスは逆になる。カメラマンは意識を保っている限り撮影を行なうのではない――彼は撮影している限り意識を保っているのだ。

今日の記録映画作者を支配している技術主義は、これとまったく反対のプロセスを辿っているように思われる。彼らはカメラが忠実な再現の道具であると考えているが、このカメラが彼らの意識の形式を変化させることについてはまったく無自覚である。いいかえれば、カメラの新しい、本当の使用法を知らないで撮影している。カメラは彼らの生理と感覚と、ものの見方を変えるものとしては少しも機能しないで、相も変らず、持って生まれた素朴な自然の感情に身を委ねているのである。

わたしはいわゆる進歩主義的映画についても同じ現象がみられるように思う。イデオロギーやエモーションが、まったく素朴に、自然発生的に映画に移され、それによって現実の解釈が与えられるが、それはカメラによる新しい現実の発見にまでは高まらない。何故なら、それはカメラという技術に媒介されたイメージではないからだ。

カメラが意識過程に介入することによって、意識の形式を変える――そのような連続と断絶の契機を含んだ弁証法的関係がそこには皆無だからだ。カメラは人間のためにある、人間がカメラを使うのであって、人間がカメラに使われてはならない。こういう、いわゆる「自己疎外」への警戒心が強くはたらく結果、逆に、技術による自己疎外のもつ深い、生産的な意味がとらえられないことになるのだ。そこで、カメラはたんに再現の道具と考えられ、発見のための技術だとは考えられないことにもなるのだ。

わたしは、最近の記録映画が停滞している原因の一つは、カメラの再現機能にたいする無条件の信仰にあると思う。或る意味では、これは初期の「撮影された演劇」への逆行である。記録映画は舞台をスタジオから野外に移すことによって、演劇的映画を広い舞台に解放したが、いまや再び、その方法において素朴な「撮影された演劇」にかえっている。トーキーのリアルな再現能力が、多くの劇映画をきわめて安易な、非構成的なスタイルに固定化させているのと同じ現象がそこにみられるのである。

映画作家も、スポンサーも、一度、カメラへのあの信仰を放棄する必要があるだろう。カメラは客観的に現実を再現するものであり、映画のショットは、すべて現実の本当の姿を伝えるものだというあの信仰を――。映画の撮影をはたからみていると、実に滑稽なものだ。自白のもとで、暗がりの中に写るイメージの断片を切りとっている光景は、まるで白昼夢のような、幻想的な光景だ。映画作者はこの滑稽さに堪えてイメージを創り出さねばならない。わたしは「二十四時間の情事」の中で、ヒロシマの平和デモを、劇中劇として描いたアラン・レネの演出に感心したが、そこには明らかに、映画の創り出すイメージにたいして、アイロニカルな意識が働いているように思われた。事実をもっぱら直接法で伝え、素朴に再現し伝達するカメラを、もう一つのカメラが監視しているのである。そこで、写し出された原爆反対のプラカードやデモ行進が二重の意味を含んでみえてくる。直接法の方法だけでは割切ることのできない、また発見することのできない現実の裂目が、画面の上にあらわれてくるのである。

進歩的映画もまた、この裂目をのぞきこむことを恐れてはなるまい。何故なら、この裂目こそ、現実を動かしてゆく挺子となる矛盾にほかならないのだから。

政治的現実と作家の問題・1

政治と作家

創作への条件（2）

吉見　泰

（脚本家・東京シネマ）

「政治は生活の中にある。」もっともである。「政治は台所にも反映する。」これもまたもっともである。しかし、それだけでは、政治をとらえる手がかりはほとんどない。おおむね、政治は、その場合、生活の中、台所の中に埋没している。

台所の野菜や米が値上りする。そして、おしゃもじのデモとなる。しかし、そこまででではまだ、政治の本体は顔を出さない。おしゃもじが、目指す相手をつかまえて強談判となる。要求をかかげて、イエスかノーかを迫る。そのとき、はじめて政治はその本体を現わしてくる。

許されたデモ。許されぬデモ。――政治は生活の中にあるという意味では、許されたデモの中にも政治は反映しているだろう。しかし、そこではまだ政治はその本体を現わしては来ない。

米が値上りし、野菜が値上りする――ただそのことだけの中ではまだ、政治の本体は埋没しがちである。値上りと食えないという事実、値上りと死との対決の中に、政治はその本体を露出する。

肯定と否定との対決――政治が生活の中にある限り、政治は本質的にそのようなものとして、様々に変貌しつつ、各地点に露出する。

その一つの露点をつまみあげれば、それにつづいて埋没していた政治の脈絡がぞろぞろとひきずりあげられて来る。

どこにその露点を求めるか――これが作家の課題である。

○

政治は客観でもあり得る。しかし政治が客観視されたとき、当代の政治は、その座にあぐらをかいてほくそ笑む。

実は、どこの誰も彼もが生きるために、連日それぞれの政治をやっている。あるときには順応し、あるときには妥協し、あるときには抵抗しつつ。それはすべて闘いである。そしてそれはまたすべて主体内部の問題である。個人にとっても、団体にとっても、国家にとっても、そして階級にとっても。

どこの誰でも本質的に政治を放棄したとき、彼は主体喪失者となって現われる。そしてそのとき、彼は、どこかの誰かの政治に身を売ったのだ。私はそのようなものとして政治を見る。

したがって作家が政治を放棄することは、作家主体の喪失を意味する。それはどこかの誰かの政治へのれい属である。

○

政治は現実認識に根ざす。これが弱いと作家（作品）の政治性も稀薄になる。それは生きる主体の無力化の方向である。イデオロギーの場での政治権力との闘いはこの現実認識をめぐる闘いである。

現実認識は、言葉を駆使しての現実解釈とは本質的に違う。言葉が解釈（観念）を産み、解釈が言葉を呼ぶ傾向は決定的に無力だし、そうした傾向には私は骨の髄から反撥する。何故その言葉が産まれたのか、その底辺への理解をサボる限り、すべての闘いは崩壊し戦列は解体するだけだ。

階級的に最も進歩的な思想を知っているからと言って、その作家の思想性はたしかだと言えた義理はない。そうした思想で現実解釈をやって、その思想が一般的に進歩的だと認められているが故に安心している作家よりも、生活的（実践的）に根をおろして、生活的な哲学を身につけている作家の方がむしろ信頼できようというものだ。自ら政治をし、生きる主体の形成が着実だからだ。このことを私は自分自身に痛感する。

現実認識の弱さは、作家にとって決定的である。そのとき彼の発想はアット・ランダムとなる。好むと好まざるとにかかわらず、彼はそのとき、政治放棄の道を必然的に歩むことになる。身売りの道だ。

○

作家にとっても、政治は作家の内部の問題である。作家にとってもというのは、両階級主体の政治のはげしい対決を頂点とする政治のもみ合いの渦中にあって、作家だけがそのらち外にあり得るわけはないからである。もちろん、作家は政治家ではない。にも拘らず作家は、現実認識の課題をめぐって、またあるいはイデオロギーの闘いの場で、政治権力と深いかかわり合いを持っている。極端に言えば、そのことが作家の本質なのだ。政治を主体内部の問題としてとらえぬ限り、闘いははじめから負けだ。またあるいはその力が弱ければ、抵抗しつつも、全体として政治権力にひきずりまわされる。抵抗しているつもりだけとなる。

あらゆる利害、あらゆる材料を綜合し、駆使して、主体の生きる道を切りひらくと意味で、政治はすべてに優先するだろう。しかし作家は、テーマの政治性や政治スローガンを他から与えられて仕事をするものなのだろうか。現実認識

に根ざした主体意識が、彼のテーマの政治性を決定し、政治スローガンを具体的に決定する以外に、彼の政治性はあり得ない。あてがいぶちは、例の現実解釈——言葉が言葉を産むあの空虚な世界への道だ。解釈なら、身を売れば、どうにでもつく。戦中の体験が如実にそれを語っている。

作家の内部には肯定と否定の対決の場として政治がある。そこに作家の政治責任が生れてくる。そしてそれはまた現実認識の深さを要求してくる。

○

記録教育映画製作協議会の運動系列の一つの作品である「米」に私も参加して脚本を書いているときのことである。第一稿ができたとき、柳沢寿男が評して言った。戦中の「一億総進軍」の裏返しではないかと。貧乏を描き、貧乏を組織して、日常生活の要求をつきあげるという描き方が、まるで一億総進軍の裏返しだ、という意味だったと覚えている。もちろん私は裏返しのつもりは毛頭なかったし、それほど画一的な描き方もしていなかったつもりであった。しかしその評言はなにか私の基本をついたようで、今でもその言葉は私なりに理解して私の中で生きている。

貧乏が貧乏として観念的にしか解釈されていなかったのである。貧乏についての生活的な認識の深さに欠けていたのだ。欠けていたのではあるまい。現実認識と現実解釈との大きな断層が露呈していたのだ。本質的な問題であった。その作品活動を通じて自分自身の傍観者的解釈が、どの程度まで自己改造されたかよくは分らない。

けれども自分の中にもある傍観者というものの、無力さと無責任さをくっきり分析できたし、それとの妥協点も、いつ、どんなときにあるかということも、いつも明らかにしていられるのである。作家の政治責任と現実認識の深さが、作家の本質として要求されるのだと敢えて記したい。

○

すべてどの作品でもそうなのだろうが、現実認識の程度が「米」ほどよく反映している作品はない。仕事をはじめるに当って、演出を担当した京極高英とよく話しあったことは、作品に対する批判はそのまま俺たち自身への批判であるような、それだけ全身を投入し、あらわにした、そのような作品を作ろうということであった。戦中以来、自分自身をさらけ出して主張する、そのような場を持たなかった。自分自身とはなんだ、自分自身にはどのような思想性があり、どれだけの力があり、どんな怪物がひそんでいるのか——自分自身をためし、自分自身を文字通り裸にしての体当りをやることであった。それにまた、貧乏の中から、貧乏を通してつきあげるエネルギーを描きたかった。自分自身にも逞しさがほしかった。もちろん当時の政治的指導者たちの助言もあり、撮影地の選定もわれわれ自身が積極的にえらんだものではなかった。当時活ぱつに行なわれた一連の山林解放闘争の一つとして有名な長野県の田口村の闘いが一段落したところで、問題はなおくすぶり、再び農民の立上りがあり得るというので、そこが選ばれたと記憶している。しかしどのような政治スローガンの要請があったにせよ、それは言わば聞きおく程度であった。私たちの関心は、貧乏の中から要求をもって立ちあがる農民のエネルギーとその闘いの典型を描きたいというところに集中していた。お前は作家でありながら、主体を失って政治スローガンの要請にひきまわされたのかと詰問されて、否、否と子供っぽく首を振るという風なことではなしに、私たちのスタートは、描きたいものを描くということに尽きていたのである。田口村を選んだこと自体、政治に追ずいしたのではないかという言い方もあるけれど、私たちとしては、拒むべき理由を持たなかっただけである。今だってそういうチャンスに恵まれれば、その闘いとエネルギーとは描きたいと思う。そのことは正しいと思う。問題はむしろ、そんな所にあるのではなくて、貧乏とそこからの出口を求めるエネルギーについての認識の浅さにあった。認識の方法、認識の質によって、発想の方法や表現の形質は支配されるものだ。

とにかく、田口村を中心にした三ヵ村の実態をつかもうとして農村にとびこんだのははじめての経験だし、見ず知らずの農家に飛びこんでは、新たなつてを求めての調査である。その暗中模索の中から出てくる話は、農村の階級的な生活構造の深さと複雑さを示すものばかりである。

なかなか焦点をつかみきれずにいるうちに、貧しさをめぐっての日常的なエピソードは集まった。私たちはこのエピソードを具体的な足がかりにして構成をたてることになったわけだが、貧乏物語としてのエピソードだけでは、どうにもエネルギーを感じない。そこで農村の不満をブチまける姿勢に重点が置かれることになったわけで、肥料価高への不満、税金への不満、山林への欲求が、ブチまかれた。それらは農村の奥深くひそむ政治的欲求であったことは確かだが、政治的欲求を語ることそれ自体がいきなり生活的乃至政治的エネルギーの表現とはなり得なかった。その辺は直感的に京極にも私にも分っていた。そして京極はその穴を埋めるために、ホントらしく見せるという演出技術に苦心した。

極端に言って、闘争という形の中にだけしか表現すべきエネルギーを求めず、その二番茶として、政治的欲求の表白をとりあげたところに、私の弱さ、甘さが逆に露呈したのである。

この認識の甘さを暴露した話がもう一つある。再び立ち上る可能性があると言われた田口村の農民は、不満は事実あったのだが、全く立上りの気配を見せなかった。私は最後までそれを期待した。農民のエネルギーと、肯定と否定の対決の場に顔を出す政治を捉えたかったのだ。しかし期待はついにはずれた。私にとって今日、この田口村での打撃は大きい。作品のラスト・シーンがなくなってしまったなどという打撃はおろかなこと、作家の内部に政治がなかったということを発見した打撃であ

る。階級主体が生きるための突破口を主体的に認識するという客観性の欠除だ。私自身が闘っていないとき、そこに政治があるわけはない。マリにじゃれつく猫のようなものだ。そのようなところで、真実は語れないし、認識できないし、ひいて表現にまで至れるわけはない。

○

貧乏は決して美しいものではない。

しかし、その中で生活を放棄せず、毎日を支えて行くエネルギーは無限の可能性を持っている。そのことを理解している筈だったのに、それを直視できなかった。当時の闘争中心主義が私の目をくらませた。そのことを、外部の政治にひきずられ、追随したとは考えたくない。作家的な訓練の問題だ。私はもう一度「米」でとった方法をさらに進めたい。そして自身と作品とをさらにきたえてみたい。

○

私自身（作家）が闘っていないとき、そこに政治はない、現実認識もない、ひいて表現もあり得るわけはない。

しかし私自身、たくさんの弱さを持っている。私は絶えず自身をきたえ、訓練しなければならない。けれどもいま私は具体的な方法を知らない。しかし、少なくとも私は、私の内部に肯定と否定の対決の場をつねに築きあげて行くことを訓練しなければならない。

私はこの間の「悪法」の製作に参加した。

限られた画とプロキノ時代の歴史的な東交の闘争記録などを材料にするという条件はあったにせよ、一連のタイプ化された闘争記録の叙述から結果的には脱けきれなかった。闘争記録そのものが悪いというのではない。作家自身の肉体的、全身的な政治的な訓練からは次元の違うところで、また作品ができたという所に自己批判がある。

作家は常に完ぺきで、教師で、せん動者だという構えが、作品の背後にある。

よたよたしながら、きたえあげようとしている作家自身の自己批判によって、裏打ちされていない。従って、歴史は叙述されたが、説得力が欠けている。

作家自身も観客とともに、自らをきたえあおうという相互交流の構えに欠けているのだ。ああいう場合は、もっと観客と語りあう作品であっていい。

意識的な人間や組織の闘いを一層昂揚させるというよりは、直接、間接に、もっと多くの層を結集させることの方が重要なのだ。そういうとき私たちは、自分の真実を吐露して語りあおうではないか。労働者やその組織が闘うとき、歴史的には、それによって直接、間接に私たち自身が守られているのだということを、そしてそれが裸に武装解除されたとき、攻撃は直接、私たち自身の上に仕かけられて来たし、また、くるということを語り合う必要がある。真実をこめて、それを語り合うことそれ自身が、私たち作家の日常の訓練と自己批判にも通じようから。

政治的現実と作家の問題・2

不毛の論理・《主体論》からの解放

花松正卜
（演出助手・岩波映画）

1

『地下水道』のアンドルゼイ・ワイダが監督した『灰とダイヤモンド』をめぐって、私達の周囲には、戦争・戦後体験の問題についてのさまざまな論議が聞かれたが、それらのなかでも、『危機的状況と作家精神』と題する座談会（キネマ旬報二三六号）で『灰とダイヤモンド』を、積極的に支持した武井昭夫氏と、「映画評論」（五九年八月号）に『無邪気な絶望者たちへ』を書いた花田清輝氏とが、「新日本文学」（五九年八月号）の座談会『危機意識と新しい人間像』で示した全き対立は、最近の論争や座談会に見られぬ緊張感に満ち溢れたものであり、その一語一語には、映画『灰とダイヤモンド』以上の学ぶべきさまざまな教訓がある。そして両氏の間に当然あって然るべきこの劇的な対立は、強固なリアリティによって支えられており、甚だ重要な問題を内に含んでいる。

要約すれば、〈戦争と抵抗の時代は過ぎ去った。事態は大きく転換して革命と新しい建設の時代に移っていく。この歴史の転換を把えることが出来ずそれに自己を対応させることが出来ず、現実変革の戦列から脱落していったものにいったいどれ程の価値が見出せようか。まして反革命の徒と堕したような奴は断罪されて然るべきである。そして現在のような状況にあっては、そうした歴史の転換に際して生れて来る積極的な人間像、——オールド・コミュニストに代って、ポーランドの革命と建設を真に支え、それを積極的に推進していったヤング・コミュニストの積極的な面を描き出さねばならないのだ。にも拘らずワイダは、

こうした積極的な人間像の把え方が足りず、己れの青春へのノスタルジアに溺れて、不条理な運命に弄ばれる、テロリストの末路に惜しみなく慟哭の涙をそそいでいる。ワイダの熱っぽく描いているような、青春に特有のナルシシズムに対しては、キッパリと対決せねばならぬ〉という花田清輝氏の否定論に対して、武井昭夫氏は、十月政変後のポーランドの状況を基礎にして、〈積極的人間像を描くことのみが十月政変後のポーランドに於けるコミュニストの唯一の活動ではない。それは一種のないものねだりである。ワイダは戦争と抵抗の時代から革命と建設の時代に転換していった第二次世界大戦直後の政治状況と、十月政変後のそれとをダブらして把え、戦中・戦後の歴史の中で、コミュニストの側に組織されるべくして組織されなかった莫大な量の青春のエネルギーが、それ故に如何に無意味に費されたかを描き出すことによって、逆に青春のエネルギーの真の燃え方を浮び上らせようと試みたのであり、そのことは、未だに青春のエネルギを把え得ないでいる現実への一つの批判となっている。戦中・戦後を通して、本来肯定的な方向へ向けられねばならなかった若いエネルギーが反革命の方向に転化してゆき、労働者党地区委員長シュチューカの息子マレックが反革命のパルチザン組織に入っており、更にシュチューカがマチェクに射殺されるという設定にもあるが如く、本来統一されねばならぬものが全く逆の方向で対立せざるを得ないような状況を愛惜の情をもって見つめながらも窮極的には否定するというワイダの思想には、現在の危機意識をもとにして自己の戦争・戦後体験を深く掘り下げ、過去に埋没してしまったエネルギーに今改めて着目し、それを再生させて新しく組織し直おすという積極的な主題がある。そして現在、果してこれ以上のことが望めようか〉と、『灰とダイヤモンド』を花田氏の否定論から擁護した。そして武井氏は、この「新日本文学」誌上での対立を土台として書いた『ヤンガー・ゼネレーションの戦後意識』（本誌五九年八月号）では、一歩論を進め、花田氏の『灰とダイヤモンド』批判の鋒先は、「この映画によって惹き起されるであろう、甘ったれた青春追憶のムードにむけられているのかもしれない」とし、そうした点では、「うじゃじゃけた讃美論」への一つの「アンチ・テーゼとしての意味を持ちえよう」が、「映画評論」誌上の花田氏の如く、これが、ワイダに対する非難として展開されるようになると、それは最早や「たわいない偏見」に堕すると主張している。そして「マチェクの末路に手ばなしで感傷的な涙をそそいでいるのは、日本の『無邪気な絶望者たち』であって、ワイダその人ではない。そして日本のすべての肯定論者が、『無邪気な絶望者たち』とは限らないことを花田は知るべきである。またわたしに言わせれば、花田こそ、新生ポーランドの担い手としての戦後派を極度に矮小化しようとしているようである」という論は、全く納得のいくものであることに間違いはない。しかし、花田氏の『灰とダイヤモンド』論を、「批評の卓越した戦術家」の「批評における戦術的誤謬」であるという見方や、「花田の戦術転換を強くねがう」という考えに、私はある種の疑問を抱かざるを得ない。

確かに花田氏の『灰とダイヤモンド』論は、高度な戦術的配慮の下に展開されていることに疑いはないし、その戦術的狙いであったいいかげんな肯定論に対しては、一定の効果があり、「ひときわ光彩を放っている」に違いない。そして又、ブニュエルの『忘れられた人々』と比較したラスト・シーンに対する意見や、「だから受けるんでしょう。殺して抱きとめる。ああいうところはおれは嫌いだね。ぶっ倒してしまえばいい。とにかく非情さが足りないね。すべての描き方が……」という評価は「客観的評価」としても当っているように思われるし、こうした点では『灰とダイヤモンド』は『地下水道』よりも一歩後退しているといえないこともない。例えば、主人公マチェクによって射殺された労働者党地区委員長シュチューカの死体が翌朝路上で発見されそれに対する、労働者党の反応と民衆の反応といったようなシーンは当然なければならぬと思われる。私は、それが全然ないことによって、全体に何か物足りなさを感じた。更に花田氏が、この映画に、クルウゾの『スパイ』を対置したのは、極めて卓抜した見方なのであって、これは充分に論議されて然るべきものなのである。しかし花田氏の発言がこうした点で的を射たものであるにも拘らず、これを以て、『灰とダイヤモンド』の否定に傾むこうとする時、氏は武井氏の当然の批判を受けねばならないのだ。しかし問題は、果して花田清輝氏の『灰とダイヤモンド』論が、「うじゃじゃけた讃美論」に対するアンチ・テーゼとして提出されたために、〝否定するものの性格は否定されるものの性格によって決定される〃という公理に従って、必然的にヤンガー・ゼネレーションの過小評価に陥らざるを得なかったのであろうか、という点にある。それは果して戦術的誤謬であろうか。

具体的現実のなかにあっては、ごくわずかな戦術的誤謬が、事態を決定的なものにし、それによって多くのものを失うことは、当然あり得るし、そうした場合まずその戦術の誤謬から是正していかねばならぬことは言う迄もない。しかし、私は、花田清輝氏と武井昭夫氏の全き対立の核心に、現実へのプログラムの相違が存在し、この対立を、何よりもプログラムの相違として、読んだ。「新日本文学」誌上での座談会では、両氏が期せずして、「エネルギーに方向を与えるプログラムを出さねばならぬ」という点で一致しているにも拘らず、座談会はそこで終っている。

私は、両氏の対立の底にあるプログラムの相違の方により注目せねばならぬと思うし、花田氏の戦術的誤謬や、アンチ・テーゼのゆきすぎも、そこから由来する或る程度、当然なる産物といってよいような気がしてならない。従って

武井氏が「戦術転換を強くねがう」とした点に或る種の疑問をいだかざるを得ないのである。

2

ここ一年余り諸般の情勢を鑑みるに、事、現実変革のプログラムの樹立という点に関する限り、今や私達は、政治家や芸術家が一致してそれに当ることが可能であり且つ必要な段階に到達しているように思われ、この混沌とした現実を打破する一切が、この点にかかっているといっても差支えなかろう。そして、このプログラムの前提ともなるべき問題点の討論は緊急に開始せねばならぬ性質のものである。勿論、こうしたことが、政治論や芸術論プロパーの論議によって強力に支えられねばならぬことはいうまでもない。

しかし、私達にとって甚だ残念なことには、プログラムの樹立とか、実践的活動の展開ということばを聞くと、その具体的論理の現実に対する有効性や、実践の内容をよく検討することよりも先に、こうしたことは「エセ革命家」しか口にしないものと決めてかかるような、逆にいえば、「エセ革命家」の「理論」や「実践」しか知らぬような人々がごく少数であるとはいえ存在していて、プログラムの樹立とか、有効且つ適切な実践的活動の展開、という積極的発言に全く対立するような形で、例えば、「無責任でくさり果てた思想と体制が、私たちの運動内部において基本的に克服されるに至るまで、矛盾の主要な側面を『主体』の検証と変革にみなければならないことは全く明かなのだ」（『主体論の再検討のために(1)』松本俊夫・本誌五九年六月号）といった具合の全く無意味な発言がなされることである。そして、プログラムの樹立などという発言は「エセ革命家たちの論理につながり、彼等に役立ってゆくばかりだということを知るべきである」とも主張する。

「矛盾の主要な側面を『主体』の検証と変革にみなければならない」という言葉に代表される運動論が全く時代遅れであることはさておいて、現在の情勢にあって、「矛盾の主要な側面」が『主体』の検証と変革にある」というような見解は、現在の客観的諸情勢が私達に与える極めて有利な諸条件を、全くマイナスにしか受けとめようとしない現在緊急に打倒されねばならぬ主観主義以外の何ものでもない。

「無責任でくさり果てた思想と体制」をことある毎に引合いに出し、それにヒステリックな罵倒を浴びせることによって自己の旗色を鮮明にすることのみに浮身を費す前に、「エセ革命家」の「理論」や「実践」につながるプログラムや実践もあるならば、誤まれる指導理論の是正を自らの内に包括したプログラムや実践もあり、誤まれる指導理論や、指導体制を是正して行く場は、現在では主として、現状変革のプログラム樹立のための具体的論議と、現実の具体的な実践の中にこそあるのだということを知るべきである。

この無責任に近い悪罵に色どられる《主体論》という論理は、総じていえば、運動方針の樹立に先行して「組織方針」や「経済方針」が確立されねばならず、具体的闘争に於ては、「外部に対する闘争の力は、内部の闘争の深化の度合いによって決定される」（『迫りくる危機と作家の主体』松本俊夫・本誌五八年十二月号）といった言辞に代表されるような、人間革命が社会革命に先行するという俗論にすぎず、こうした俗論に対抗するには、黙殺するか、一笑に付してしまうのが唯一の方法であることを知らぬでもないが、私に与えられたこの稿の課題とは、「情勢論や、戦争戦後体験の問題を離れて、松本俊夫のエッセイを批判せよ」というのである。そして昨年来の私達の状況を考慮に入れるならば、今後展開されるであろうさまざまの論議に際して、必要以上の混乱や曲折を予め取り除いておくという意味に於て、この《主体論》の論理を徹底的に批判しておくということは、あながち無意味なことでもないようである。何故なら、松本俊夫氏が自ら名付けた《主体論》というものの客観的論理は運動が一旦挫折し、その運動の指導理論の誤りが明らかになるにつれ、必ず一度は蔓延する俗論の一変種にすぎず、しかもそれが大衆的に広まると、それを克服するのに、かなりのエネルギーを費さねばならぬというやっかいな性質のものであるからだ。そして、もし私の体験に即して、少し乱暴な言い方が許されるとしたならば、こうした論理は、一つの指導部のもとにピラミッド形に形成された指導系統の中の小ピラミットに於て指導的役割を演じていたものが、その運動の挫折によって惹き起される、その運動を実際に担って来たピラミットの底辺の部分からの批判を、自己の責任に於て受けとめ、それらの一つ一つを検討し、それらを生かしつつ運動の総括をを行い、それらを踏まえて更に新らたなる前進のための論理を創り出すという姿勢を失って、捲き起る批判の声を、自己の責任に於て受けとめるどころか、自己をその批判者の位置に安易に移行させ、そうした批判を上層部に転化させることしか考えない人々から、特に強力に主張される論理である。

この論理の形成過程が、右のような事情に基づくことから、この論理には、一つの共通した特徴—即ち、「癒えがたい傷を負わされてきた」などという胸糞悪い被害者意識のみが濃厚であるにも拘らず、己れの体刪やその運動の実体についての考察は不正確をきわめ、全くいいかげんなものであり、それ故、上層部に対する批判は、論理としてではなく、無責任に近い悪罵となってあらわれる。—という特徴がある。私達の誤謬であるとはいえ一つの貴重な体験を踏まえ、それを今日と明日への変革に向って生かしていこうという観点など全く存在しないのである。

こうした胸糞悪い論理に、もし筆を執って抵抗しようと志すならば、それは何人によっても否定することの出来ぬ客観的事実を提出することや、或は実際に効用のある自明の理に従って、その論理を一刀両断にすることしかないのではあるまいか。

3

松本俊夫氏が「映画批評」誌や本誌上に書いた多くのエッセイの中には、一つ一つとりあげれば、きりがない程の客観的事実の誤った解釈、それとの遊離がある。そして特に戦後の複雑な政治過程の分析などは氏の否定する「エセ革命家」のそれよりも不正確でいいかげんなものである。しかしこうした客観点事実の一つ一つに於ける誤謬をとりあげて、氏を批判しようと思わない。何故なら、そうした誤謬は、氏の主観主義の前には余りにも小さく映ってしまうからだ。

しかし、客観的事実を具体的に検討することを抜きにして、戦後る複雑な政治過程を、そして私達の運動の歴史を「主体の解体」とか「主体の喪失」の歴史とみることに、或いは、「主体」と呼ばれるものを基軸に据えて総括することに、いったいどれだけのリアリティがあるのか。更に「戦後未曾有の危機」（？）に直面して、この危機を打開しようとするとき、それを「決定的な内部の危機」として把え、それとの闘いを「なによりも、この闘いを作家主体の本格的な再検討と確立の闘い」とすることが、どれ程現実に対して有効なのか。

主体とは、それが運動の組織の主体であれ、その運動に参加する個人の主体であれ、それは所詮、客観的現実を構成する諸要因のうちの一つにしかすぎず、しかも、それが客観的現実の決定に於ける第一の要因ではないとするならば過去の歴史の総括や、現実変革の第一歩を、主体の側から始めることに、どれ程の意味があろうか。そして「外部に対する闘争の力は内部の闘争の深化の度合いによって決定される」という全く顚倒も甚しいテーゼに、どれ程の生産的価値があるのか。

私は主体について論議することが無意味であると言っているのではない。《主体論》の如く、客観的現実を、客観的に科学的に分析するのではなく、主体をまさにそれを決定している諸要因から切り離して扱い、しかも主体の側からのみ、それらの諸要因を観察する主観主義的方法が無意味だといっているのである。

こうした論理は、客観的現実を客観的に分析することが出来ず、従って亦、主体を客観的に眺めたことなど、一度もないのである。例えば、氏の如く、運動の組織的主体と、それを構成する個々人の主体との差別性と統一性を無視して、無媒介にイクォールと置いたような粗雑な論理の出処は、「主体」の平面に常に眼を置いているところにある。

〈下降は上向と結びついており、外との対決は内へのふかまりなくしてはあり得ない〉とするならば同時に、〈上向は下降と結びついており、外との対決を推し進めることによって、内へのふかまりを得る〉という道もなくはない。そしてこれを具体的現実の中での思考に移すならば、外と対決してしまうことによって、内への深まりを余ぎなくさせてしまう方が、はるかに具体性に富んでおり、同じ内の世界との対決をすすめる場合にも、こうした方が、内の世界から出発するよりもはるかに効率がいいのだ。そして実際、氏が《主体論》の如き、不毛の論理を弄んでいるとき、大衆は外の矛盾の中に自己を投入してしまうことによって、内へのふかまりを進めているのである。

要するに外部の世界を手がかりとしない内部の世界の論理化などというものには三文の値打ちもないのである。

松本俊夫氏も御存知の如く、警職法「改正」反対の闘争が「奇妙な勝利」に終ったその原因は、氏によれば内への対決の度合いによって決定される外への闘争の力が弱かったからではなくて、「警職法改悪法案についてのアンケート」にも少し書いたように、外の世界を外の世界として客観的に観察することが出来ず、従って、さまざまな形で結集された大衆のエネルギーが、そのもっとも包括的なものにまでさかのぼって考察され、その得られた結果に従って、それらのエネルギーを統一的に再組織することが出来なかったからであり、その原因は何よりも政治方針にあるのである。

「主体」は「客体」によって規定され、「客体」の正しい認識なしに「主体」を論ずることは無意味であり、更に「主体」と「客体」との弁証法的関係を云々しながら何故松本氏は進んで弁証法に於ける支配的契機のもつ決定的な意味の論及を行なわず、そして「主体」と「客体」を結びつけている唯一の通路＝実践についてのより立入った考察に移らなかったのであろうか。

支配的契機を無視した弁証法などには三文の値打ちもない。

そして、「主体」と「客体」を結びつけている、両者を媒介している実践を抜きにして、「主体」だの「客体」だのという議論や、「内の世界」だの「外の世界」だのという議論は聞くに堪えない。

ましてこの《主体論》というおしゃべりが主体の確立を絶叫してばかりいて、そもそも具体的現実の何処にその立脚点を置くか、という、主体の問題にとっては頗る重要であろう問題について何一つ語っていないとなれば、「主体の確立」という空念仏が、ヒステリックに唱えられているに過ぎないではないか。

立脚点の提示なくして何の主体の確立ぞ。

こうした「主体」は夏の夜の幽霊の主体にふさわしいが、生きた人間の主体では断じてない。それはおそらく、十九世紀末葉にレーニンによって滅ぼされた、二つ目小僧のマルクス主義のお化けの主体に違いあるまい。

強靱な主体の確立とは、これを内に向ってスローガンとして叫ばれている限り、空念仏にしかすぎないのだ。逆に、まず外の具体的現実を分析—それは「迫りくる危機と作家の主体」のなかのように、内にある危機感によって分析するのではなくして、この危機は如何なる危機か、そして如何なる方法によって打開可能か、を何よ

りも客観的に分析することと、これに一切の論議が集中されねばならぬ。そして、この可能性を現実に転化するためには、即ちこの目標に向って、大衆の内部のエネルギーを最高度に組織するに際しては、その要は何か、その要は如何なる方法によって奪取可能か（それは政治の問題としても芸術の問題としても解かれねばならぬ）が探求され、それに基づいた有効且つ適切な実践がなされねばならぬ。そしてこうした強力な実践の逆過程としてのみ、強靱な主体が得られるのである。そしてこうした具体的論理の展開に際しては、「主体」とか「客体」などというコトバで、公理に属するリロンの展開にのみ頭を奪われるのでなくて、もっと正確な具体的な言葉で、具体的な論理について話をせねばならぬ。

こうした「主体」とか「客体」とかいうコトバで、自明の公理を、ことある度にくり返していることは、丁度、アメリカ帝国主義の本質は……とか日本独占資本の本質は……と、高校生にもわかるような、「本質論」を語って、現実変革の闘いを行っているかの如く錯覚している無邪気な革命家と同じで私達は今日の世界の物質的構造が根本的変化した状況の下にあっては《主体論》の如く物事を絶対的に眺める思考から解放されて、もっと相対的に眺めることが必要であり、更に、物事の本質と共に物事を機能的に観察することが必要なのである。

要するに《主体論》とは、具体的論理としては全く役に立たないのである。

4

《主体論》が、具体的現実の前には全く無効であることは、その論理によって分析された過去の歴史が如何に歪められているかということによっても実証し得る。松本俊夫氏の戦後の歴史の分析には、この戦後史―そこには氏の指適したような数々の誤謬もあったが、それと同時に輝ける勝利と、その偉大な成果が存在することも見落してはならぬ―を踏まえた上で、明日への前進を開始しようとするとき、みずからつけた「冷酷な評価」の名に値する何があるのだろうか。私達が戦後体験を問題にする場合、是非とも必要とされる態度とは、例えそれが誤謬に満ちたものであれ、荒廃の限りをつくしたものであれ、自己の体験に密着して離れず、そこから理論を抽出し創造しようという責任ある態度であり、そしてそこには、それ故現在の状況に対する意識が反映されていなければならないのだ。現実に存在しようもない絶対的座標軸の下に、それを照らして、誤謬の名の下にその成果迄否定し去ることは断じて許されないのである。戦後史のなかに潜む誤謬を掘り出すのはよい。しかし誤謬から教訓を学ぶことと、誤謬を誤謬として捨て去ることとは自ら異ったものである。自己の体験を全く疎外したところに成り立つような《主体論》の論理のサイクルを弄ぶのは勝手だが、私達の運動の歴史が、全体として誤謬の歴史と呼ばれるものであるとはいえ、誤まれる指導理論と、実際に運動を貫徹した理論とを混同して扱ってもらいたくはないし、その中にある幾多の成果は成果として確認しておくという手続きは欠かしてもらいたくはない。松本氏の如く、戦後の歴史の中から自己に都合のよい誤謬を見つけ出して来て、それを絶叫することが「堕落したエセ革命家」との対決だと錯覚しているようでは、氏の言動は無責任に近いと言われても仕方あるまい。

例えば、氏が自己の論理の展開にとって常にそのスプリング・ボードとして価値のある、「無責任でくさり果てた思想と体制」について、氏が操りひろげた論議の中には、この革命的前衛のさまざまの欠陥を一ミリでも是正していく為に有効且つ適切な論理は唯の一つも見うけられず、そこにあるのは、無責任に近いヒステリックな悪罵あるのみではないか。勿論、氏にとっては、日本の革命的前衛などは眼中にないかも知れぬが、具体的現実の世界では、如何に腐敗堕落の極致にあるとはいえ、実際に彼等は一つの無視し得ぬ力をもっている。そして結集しているエネルギーや、その大衆に対する影響力も亦、無視することは出来ぬ。この日本の革命的前衛を、腐敗とか堕落とかといって罵倒することは誰にでも比較的容易になし得ることに違いない。しかし、それではその誤まれる論理故に、ここに結集された莫大なエネルギーをいずらに浪費し、又その論理故に、本来組織されて然るべき巨大な大衆のエネルギーを裸のまま野放しにしている、このさむざむとした現状を打開することには、全くマイナスにしか作用しないではないか。

問題は、既に私が何度もくり返して主張して来たように、革命の側に組織さるべくして組織されていない、未組織のまま野放しの状態におかれている、おびただしい量のエネルギーを如何にしたら私達の側に組織し得るかという現実的可能性を探求し、それを現実に転化するための具体的プログラムと組織形態を作りあげること（これは政治の問題としても、芸術の問題としても解かれねばならぬ）にあり、こうした課題に応えられぬ日本の革命的前衛に代って、新しいプログラムを提起し、それに基づいた有効且つ適切な実践に全てはかかっているのである。松本俊夫氏のいう「堕落したエセ革命家」との対決も、それらの具体的な論争を通じて、何よりも論理の問題としてなされねばならないのである。こうした私達の唯一のとさえ言ってよい場を自から封じ、私達にとってますます有利に傾いている客観的諸情勢の私達に与えるものを、ことごとくマイナスにしか生かし得ないでいる、不毛の論理と、その無責任な言動とは、断乎として粉砕されねばならないのだ。

「無責任でくさり果てた思想と体制」と軽々しく一蹴する前に、そして最早やヤンガー・ゼネレーションの心情など少しも理解出来なくなった野次馬共の風評に耳を貸す前に、氏は、「無責任でくさり果てた体制」ではあっても、自己の置き場がそこにしかなく、更に現状では大衆のエネルギーの組織的中

核としてはそれをおいて他にないと考え、そうした体制の下に、この革命的前衛の一切の誤謬を全身を以て支え、「無責任でくさり果てた思想」の是正のため、連日連夜悪戦苦闘を重ね一方日本独占資本打倒のために必要とされる大衆運動の先頭に立って闘い抜いている、いわば「二重の困難なる闘い」を続けている多くの人々がいることを、そしてその中には氏と同じ世代に属する人々のいることを、身にしみて考えるべきなのである。

現在、松本俊夫氏自身も享受している民主主義を「いとも安直に与えられたデモクラシーのレール」などと軽べつする前に、氏はこの民主主義の旗は、第二次大戦中に続けられた諸国民の反ファショ統一闘争と、終戦後の日本に起った輝しい民主主義斗争に参加した、多くの人々の血で染められて真紅に輝い闘いるのを知るべきなのだ。

これらの事情を全く無視して、「無責任でくさり果てた思想と体制」と十把一からげに論じたて、自己の立脚点がいったい何処にあるのかと問いたくなるような、自己の体験の最も貴重なものを捨て去ったところに形成された《主体論》などという、甘っちょろい自己陶酔的な文章を眺めていると、そこに松本俊夫氏がワイダの描き出した非合理的な状況の中で、空しく燃え尽してしまった青春の名に於て、断罪されるのを見るのである。

〈付記〉――本誌六月号の松本俊夫氏の私に対する批判は、人の論理を状況との関連の下に、検討してみるといった努力を些さかでもした気配は毛頭なく、主観主義だの公式主義だのと知るの限りのレッテルを持ち出し、それでも足りぬと、既に、人を「――派」に編入することしかに興味のないような、腐れ果てた野次馬共の床屋政談まで動員して、(松本俊夫氏の論理の中にも、人をすぐ「――派」として見るような傾向がある)悪罵の限りをつくした外は、氏自身が、公式と原則との区別さえわきまえておらず、その二つ眼小僧のマルクス主義の弁証法に至っては、実のところ「理論と実践」「上部構造と下部構造」といった類の矛盾と「力学に於ける作用と反作用」「数学に於けるプラスとマイナス」といった類の矛盾と同列に扱い、前者を後者と同じように至極便利に扱えるものと錯覚したとんでもない一知半解の代物であることを示したのみであり、昨日の被批判者が批判者の論理を借りて今日の批判者に安易に乗り移ろうという詐術と、自己に対立するものの論理とエネルギーを生かしつつ前進するのではなく、対立者を運動から疎外することによって自己の道を進もうという態度がちらちらするだけである。こうした細工に耽溺する前に、昨年暮の協会第五回定例総会当時の私達の置かれた状況を今一度検討してみることが必要なのだ。そして人の論理をそうした状況と照し合わせてみて、そうした状況に対してそれが果して有効であったかどうか、今からでもよい、よく考えてみたまえ。松本氏自身にも「倫理的、宗教的な色彩を帯びてくる」ことに気づきはじめた《主体性》論が、まさに総会に提出された「方針書」を貫いていたという事実を確認すると共に、今日問題は、それがそうした《主体性》論を主張したか、しなかったか、というように設定されるのではなくて、それと如何に有効に闘ったか、という具合にたてられるべきであることを知るべきである。

更に、その「方針書」の中のいくつかの重大な基本的原則からの逸脱に対してなされた反論に対して、原則と公式との区別もつかぬ氏が、協会員個々人の悩みだとか組織的実情を引合いに出して、この原則上の逸脱を許してしまったことをよく反省すべきなのである。原則を守るか守らないかに、何の弁証法的統一があろうか。そして、如何なる事態にあろうともそして運動が小さなものであり、未熟なものであればある程、絶対に守られねばならぬもの―それが原則の名に値する原則というものだ。

原則に、原則的に異義を提出するのではなくて、協会員の「苦しんでいる具体的な問題」や「その要求」「意識や組織の実体」を持ち出して、原則を否定することは、修正主義の典型ともいうべきであり、「修正主義に反対し、二・三の原則を論ず」とは、こうした状況に、全く適切な題名なのであって、それを「共産党の機関紙に載っていそうな」と言えば、大衆に迎合出来ると思うそういう根性が気に入らぬ。更に日本のトロツキスト集団の常に用いる「国際国内情勢」の分析など私とは全く無縁である。

こうして、ありもしない人の揚げ足取りに熱中する前に、ここでは意識的に触れずにおいた《主体論》の客観的論理構造が《主体性論》と如何なる関係にあり、如何なる作用にあったかについて、今一度頭をひねってみる義務があるのだ。

私達の論議に一つの汚点を残した、松本俊夫氏のこの愚劣で不真面な―私は敢えて不真目だという―くだらぬ非批判的批判に、直接答える必要がどれ程あろう。

諸々の事情により、私の全力を傾けることが出来ず、不充分な点も多々あろうが、私達の論議が、こうした段階にある限り、私達の運動にも大きな飛躍は望まれまい。現在はより積極的なテーマでより愉快な論議がなされて然るべき時期にある。

映画「安保条約」(二巻)が完成しました。

総評を中心に当作家協会も加った製作委員会で、去る七月下旬着手した、安保条約改定反対・廃棄運動のための映画「安保条約」(二巻)が八月三十一日完成した。

脚本、演出は「春を呼ぶ子ら」で話題を投げた松本俊夫氏が担当し、特にコメンタリイは詩人の関根弘氏に依頼されたものである。

アヴァンギャルドの方法を駆使したこの映画は、すでに内外の注目を浴びていたが、九月以降全国労働組合を中心に公開される。

巷に雨の降る如く
わが心にも涙ふる

——ヴェルレーヌ

東映児童劇映画について

■

佐野美津男（児童物作家）

松本俊夫作品「春を呼ぶ子ら」を見て感動した。高校合格者発表の場面、集団就職のために集合させられている場面などで、カメラの前を遠慮なく人が通る。ために時々は群衆が見えなくなる。職業俳優を使うロケでは完全にじゃま者払いされているから、あんなふうにカメラの前を背中や手がよぎるなどということは絶対にあり得ない。そしてそれ故に白々しい。ところがあの映画では、他の映画ではあり得ないことがつぎつぎに起きる。つまり予断を許さない。その荒々しさが実に現実感を高めている。そればかりではない。カメラの前をよぎるじゃま者は、映画を過去の記録にとどめず、現在進行の記録する役割を果していた。まるでテレビの中継放送のようだと思った。あそこでは映画がテレビの機能まで併せ持つことになった。

松本俊夫は雨をふらせた。あの雨降りの長さも、他の映画に比べて異常なものだ。あの雨のあいだ、ぼくは山田今次の詩「あめ」を思い出していた。「あめはぼくらを　ざんざか　たたく。ぼくらの　くらしを　びしびし　たたく。さびが　ざりざり　はげてるやねを　やすむことなく　しきりに　たたく。みみにも　むねにもしみこむ　ほどに」

雨がやんだら、うるさくつきまとっていた指導要領的コメンタリイを完全に振切ってしまっていた。新鋭松本俊夫の映像の勝利だ。そして更に列車を現実へ、力強く出発させたのである。

さて、ぼくは東映教育映画部製作の児童劇映画について書くのだが、現在までに見たのは「わたしのおかあさん」「消えた牛乳びん」「若き日の豊田佐吉」「すみ子先生」の四本である。軍港佐世保を舞台にした「なかよし港」をぜひ見たいと思ったが果せなかった。それを見ることが出来たら、東映児童劇映画における記録の実態がある程度までわかるのではないかと考えたからだ。そしてその作家が、あの大甘の愚作「わたしのおかあさん」と同じ岩佐氏寿であるということも興味をそそる部分であった。

岩波の「飛鳥美術」を見てもわかるように岩佐氏寿は非常に計算高い画面をつくる作家である。そのタッチは松本俊夫が「春を呼ぶ子ら」で見せた荒々しさとは反対に、きちんと、じゃま者払いのされたこまやかさだ。その岩佐氏寿が軍港佐世保の子どもの友情を如何に描き出したか、風景がどのような息づかいを感じさせるのか、ぼくには興味があったというわけだ。

単純に作家を交代させてみる。松本俊夫が佐世保で仕事をしたとする。子どもたちが演技している、その手前、つまりカメラのすぐ前を自衛隊員の首や米兵の背中が通り過ぎる。そういう映画が出来上る。これを東映がそのままにして売りに出すだろうか。出すまい。軍港佐世保に雨がふる。それを松本俊夫が「みみにも　むねにも　しみこむ　ほどに」長く撮る。そういうことを東映が許すだろうか。許すまい。

「わたしのおかあさん」でも雨がふった。その雨に濡れて母親が死んだ。と思ったら間違いだ。母親が死んだ原因は日本農家の貧しさだとその夫が娘に説明した。となると、雨が果した役割はかなりアイマイなものだ。計算された画面のなかにアイマイな雨がふる。アイマイな雨はぼくらを叩かない。そういう雨なら東映は許しているのだ。岩佐氏寿の甘さの部分で東映は商売をする。その甘さを「メロドラマのメロを追求してそこに一つの突破口を」という言葉で岩佐氏寿は説明するのだが、あの雨は追求されたメロの部分とは思えない。

雨について更に考えてみる。「若き日の豊田佐吉」でも雨がふった。激しい雨だった。雨は佐吉の研究室であるボロ小屋を叩き、しみこみ、夜具を濡らす。それを見て父親が屋根にあがり雨もりを直すのだが、ぼくはてっきり父親が、足すべらして落ちるのだと思っていた。だがその期待は裏切られた。雨は父親と息子の仲たがいを直す動機となったにすぎない。従ってその雨は甘い。岩佐氏寿の雨より更に甘いのだ。

その雨が「消えた牛乳びん」となると、少年新聞配達よ御苦労さま、という雨になる。これまた甘いのだが、この雨にはさわやかさがあった。チャチな動機に使っていないところが気に入った。というふうに比べてみると、東映児童劇映画と雨は切っても切れぬ関係にあるといえそうだ。しかも共通して甘味剤的な役割を雨に負わせている。ここでワイダの「灰とダイヤモンド」の雨を考え、比べてみるのも面白いと思うが、いまは先へ急ぐ。

「土方殺すにゃ刃物はいらぬよ。雨の十日もね降ればよい」と歌うとき、雨は刃物以上の武器である。その武器を駆使して松本俊夫は指導要領を絶ち切ってしまった。天然自然さえも斗争の武器に変革させ得る作家主体のたくましさに、ぼくは感動しないわけにはいかなかった。

更にぼくは宮沢賢治の「雨ニモ負ケズ」という行分け文を思い出す。ぼくの最も嫌いな文章の一つだが、残念なことに、岩佐氏寿の「わたしのおかあさん」と「雨ニモ負ケズ」は同質のものである。あの母親にはかなりヒステリックなところがあったから、デクノボウ的存在には我慢出来なかったろうが、あの父親は完全にデクノボウである。高く売れるということで、娘の友だちがふざけて出した手さえ振り払ったくせに、それをまんまと盗ませる。そして幼児にくわえさせて、お涙ちょうだいと来るところなどは、賢治より更に甘いといえるだろう。

トマト盗人を追って露路の奥へ入りこむなめらかなタッチを、大島辰雄などは美しいというのだろうが、露路裏で美しさを見つけ出そうとする精神そのものが、すでに記録とはほど遠いものなのではないだろうか。あれは心象スケッチでしかない。

となると問題は、岩佐氏寿が東映児童劇映画で果している役割だが、これまた宮沢賢治が羅須地人協会をつくって農民のためになろうとしたことと、あまり相違なく思えるのだ。すくなくとも「わたしのおかあさん」における農民観は宮沢賢治のそれを抜きん出てはいない。あの映画は東映のワクを打破る映画、つまり東映らしからぬ映画ではなかった。それでいて沢島忠の時代劇のように東映機構そのままというところもない。まずは妥当な立場、あるいは多少の改良を加えたというところだろう。だが岩佐氏寿は児童劇作家であると同時に記録映画作家であるはずだ。だから常に関心は、如何にして記録性をつらぬくかということであるに違いない。しかし実際には村山新治の警視庁シリーズの疑似ドキュメントにさえ及んでいないのは何故だろうか。その原因は岩佐氏寿におけるアクチュアリティの欠如に他ならないとぼくは思う。

「わたしのおかあさん」の何処に、現在進行の記録があっただろうか。最新作の社会教育映画「うわさ」においても、それはなかった。ぼくらがそっと周囲をうかがわずにはおれぬような危機感への高まりが、当然あるべきなのに、それがない。だから試写帰りのエレベーター！の中で若い女たちがいっていた。「あれからどうなるのか心配ね」と。アクチュアリティとは他人の運命を気づかう精神とはいささかの関係もないものだ。「彼と彼女の運命や如何に？」という精神こそが、多くのメロドラマを支えてきたのではなかったか。

村山新治の「顔のない女」の最後にはコメンタリーが入る。殺人犯には楽しい土曜日は二度とめぐって来ないという。ここでは運命への気づかいは拒絶されている。メロドラマ否定の精神がある。そういう映画が東映で作られている。その同じ東映からメロドラマチックな児童劇映画が出てくる。

（すみ子先生）

この相違は一方が娯楽で一方が教育ということから起きるのだろうか。ほんとうにそうだろうか。メロドラマを否定することは、教育的でないと思いこんでいる製作者が教育映画部には多いのだろうか。だからメロを追求するなどという改良主義的な考え方で仕事を進めて行かなければならぬというわけだろうか。ほんとうにそうだろうか。

「なかよし港」は見なかったけれど、東映児童劇映画における記録の風態はほぼ明らかとなった。それは共通してメロドラマのための舞台装置、または背景でしかないということだ。しかもそれが児童劇映画の製作条件、つまり金をかけないことと大いに関係ありとなると、その記録の必然性は実に稀薄だ。しかも作家がメロの改良ということを考えているとなると、スリラー物の疑似ドキュメントにさえ及ばぬことは当然となる。

風景もまた物質である。しかし風景を物質としてとらえる精神は、メロドラマとはかかわりがない。そこから予想されるタッチはやはり荒々しい物質感触だ。その荒々しいタッチが東映児童劇映画には欠けている。更に日本の児童劇映画全体に欠けているのだ。

松本俊夫は「春を呼ぶ子ら」で荒々しいタッチを見せた。あの映画の製作条件は非常に苦しいものであったと聞く。その製作条件の苦しさまでが伝わってくるタッチはやはり素晴しい。それは出発当時の沢島忠が東映機構を如実に示したことにも通じるだろう。しかし残念ながら、東映教育映画部の機構を明らさまに示す作品は出てこない。何故だろう。若い作家がいないのだろうか。とにかくそのためにも、東映児童劇映画の特徴を知ることが出来ないのが現状ということになる。取り上げる機会を逸した「すみ子先生」でもそれは同じことである。そしてそれが他社の作品、例えば若杉光夫の「チビデカ物語」でも、新藤兼人の「らくがき黒板」などでも同じことだと思うと、腹さえ立ってくるのだ。児童劇映画は、最もひ弱な部分で作られているとつくづく思わざるを得ない。まるで東映児童映画の甘さの主たる責任が岩佐氏寿にあるような書き方になってしまったが、それは現在、ぼくと岩佐氏寿が共同で担当する脚本があるということに関係があるわけで、お互いにいうべきことをいう必要ありと認めたからである。もちろんその脚本とは東映児童劇映画なのである。

研究資料

アヴァンギャルド記録映画についての若干の考察

ヨーリス・イヴェンス ■ 大島辰雄・訳

I

記録映画は現実の表現であり、その現実は因果関係を示す不可避的な様相における現実である。

ぼくはまず、つぎの事実を認める――記録映画こそは、大企業とたたかうために前衛映画作家に残された唯一の手段であり、それも大きな企業としてではなく、記録映画が現実をありのままに表わすからである。一方、大企業は、一般的に、劣悪な生産の表現であり、かつ観衆の悪趣味を、それに迎合し、すなわちそこから着想を得ることによって、満足させるだけで、観衆の側に反応や活動性を起させようとはしないのである。

前衛映画は、観客の関心と反応をよび起す姿勢の映画である。

そしてぼくは、前進と護衛、映画における真剣さの旗手としてのイニシヤチヴをとる映画を前衛映画と呼ぶ。独立《アンデパンダン》映画は、じじつ、映画を前進させる自己批判をもち、企業映画は成功か否か(「当る」か「当らない」か)の批判、あやまった教育の下にある観衆の批評しかもたない。

企業映画がもたらすのは技術的進歩でしかない。前衛映画は、それに精神的進歩を附加する。

II

発声映画(トーキー)は今まさに、テレヴィジョンとラジオの将来の可能性を集中化しようとしている。――大企業を恒久的な危険に追いやる悪趣味の着想に反対してたたかう新たな理由が、ここにある。

III

記録映画は、前衛映画作家が大衆の表現、人民的表現の代表者として仕事し、自分の作品の中に自己を最高度に発揮させてくれる積極的手段である。

じじつ、記録映画は主として注文によって生れ、企業家たちの最良の広告手段なので、演出家のかかわりあう人間はただ一人――映画には門外漢の実業家である。そこで、映画の真実性と記録的性格こそが同時に唯一の基準である自分の映画の成功が、その演出家の関心事となる。

反対に、彼が大企業のために仕事するばあいは、その重役連、出演者《アルチスト》、検閲というものにひきずり廻される。彼は制約され、もはや独立を保てず、いわば一種の奴隷状態にある。この奴隷状態から脱するためには、彼は、生産関係の下で、自分の観客を納得させ、みずから企業家か一等星であるような光をもたなくてはならない。

IV

映画の現状において、記録映画こそ映画の真の道を見出す最上の手段である。記録映画は、演劇とか文学とか、あるいはミュージックホール式の、映画ではない何ものにも落ちこむはずがない。

このテーゼはじつに古めかしい、しかしそれを思い返し、自分に繰返すことを、ぼくはむだだとは思わない。というのも映画は、音と発声をえたいま、誕生期に遭遇した危険、そしてやがて少しづつ遠ざかってきたのと同じ危険に遭遇しているからだ。

映画は一つの職業《メチエ》である。独立の映画人は職人《アルチザン》なのだ。彼は、一職能人であり、精神的なもの、知的なものを損なうようなことなしに、不可欠の技術を有しているのである。それ故にこそ大きな企業がわれわれに何らかの恩恵をもたらしもするのだ。アメリカのすぐれたカメラマンは詩人以上に映画に貢献する。彼は、自分の仕事する材料《マチエール》を完全に知っているおかげで、知能者の思いついたイデー(アイディア)を大きく実現する中世の労働者に似ていることを自覚している。いいカメラマンは詩人以上にすぐれた映画をつくる、というのは、材料と技術をいっそうよく知っており、そしてこの有利さが新たな可能性を彼にひらいてくれるからである。こういってもいいと思う――詩人の思いつきは偶然にしか優秀ではありえない、なぜなら彼は不可欠な映画的思考を有していないのだから。

V

記録映画の演出家には嘘をつくこと、事実を曲げることはできない。材料が裏切りには耐えないのだ。――一つの記録映画も映画作家の人間的品性(パーソナリティー)の発達を必要とする、というのも芸術家としての人格のみが、その作品を何らかのニュースやたんなる風物誌から区別するからである。

すぐれた演出家は材料なり現実なりにとりかこまれて生きているのだ。それを解釈にうつすどの場合にも、この現実の一部しか彼は選ばない、そしてその映画の成功は彼の人格への大衆の信頼感にかかっていると同時に、この信頼感によって誘発される――つまり、自分に重要と思われる一部分、しかも残りすべてを除外して現実の一部だけを選んだ一個人の人間的品性にである。

その他の映画には、演出家の人格もしくは彼の忠実さを評価するのに、これほどリアルで重要な基準は存在しない。

VI

記録映画は、情緒的発想《モチーフ・デモシオン》、材料の美を前にしての文学的昂揚であることに満足すべきではなく、何よりも潜在的活動と反応をよび起すべきである。

個人主義や芸術精神の過剰どころか、ヨーロッパは記録映画の社会行動に逆らっている。

そこでぼくは考えるのだが、ぼくのイデー、ぼくの映画的理想の発展が達せられるのはロシアにおいて以外ない、――ロシアでは大衆が日ごとにこうした活動に慣れてきており、それは記録映画の社会的真実性を理解しつつあることにほかならない。

――『ラ・ルヴュー・デ・ヴィヴァン』
一九三一年十月号(第五巻第一〇号)より
(テクストは野田真吉氏の好意による)

(研究ノート)「セーヌの詩《うた》」(原題・セーヌはパリに出会った)の詩情にただ光と影の映像美しかみとめようとしないのは、この映画詩人の背骨を故意に軽視することであり、結果として形式主義的モンタージュ論におわるほかあるまい。ヨーリス・イヴェンスはエイゼンシュテインと同年生れ(一八九八年)の記録映画作家として、六十一才の今日まで終始一貫、反ファシズムと平和擁護に自己と芸術精神を生かし発揮してきている――「スペインの大地」(一九三七)はフランコの夢と虚言への抗戦的ヒューマン・ドキュメントとして、まさに国際義勇軍的参加作品といわるべきものだし、また「インドネシアは叫ぶ」(一九四五)は東南アジア民族の独立への叫びであるとともに、彼の母国オランダの植民地政策に対する痛烈な批判の声でもあろう。そうした叫びと声の偉大なる合唱、〝統一〟を志向する国際的な戦いの歌――それが「世界の河は一つの歌をうたう」(一九五四)という全人類的記録なのだと思う。

光と影の芸術にのみ自分の喜びも悲しみも託しうると信じた詩人の信念(例えば、橋の上をゆく人の影が水の中に消える、あのあえかな詩情!)――われわれに沈黙を強いるような映像そのものの持続の美しさ――あたかも、それに自足しきっているかのような風物誌――そのリズムにのって、われわれ自身、水と化したことを知るポエジー！ たしかに、この映画詩は、そうした純粋美にみちあふれている。そして「パロール」(話しことば)の詩人ジャック・プレヴェールが、彼もまた自分の仕事に忠実に、自らの詩観によってセーヌとパリを謳う(セルジュ・レッジアーニの呼吸の合った朝読)――それはちょうど「ゲルニカ」のばあい(アラン・レネエ、ポオル・エリュアール、マリア・カザーレス)と同様な作業で、画面とコメンタリーの関係は、映画の推移を「説明」するといういみでの直接的関連ではなく、両者の複合もしくは統一からそれ以上のもの――高次の視聴覚的統合としてのサンサシオンの中に純粋なイデーを生ずるはたらきである。

およそこうした純粋性――いわばセーヌの源流もしくは源泉として、ぼくはイヴェンスの背骨(反ファシズム精神)を見出す。それはまさしく平和擁護の闘士の主張であり、その立場から「フランスの空と岸辺の美しさ優しさ」をうたいあげたのが、この一篇の映画詩なのだと思う。だからこそ「セーヌはパリに出会った」のだ！

「フランスの空の美しさと岸辺の優しさを語るすべてのもの、フランス人民の戦い、祖国の子らの誇り、ブルジョア世界に対する怒りを呼びさますすべてのものを、フランスの財産として記入するのを知ること」――ロオラン・カザノーヴァ(フランス共産党イデオロギー部長)こうした認識なしには、このセーヌの詩《うた》の美しさ――その持続もリズムもありえなかった、といえるだろう。

この映画のモンタージュに根源的に作用しているのは、そうした詩情であって、低徊趣味的旅情は微塵も介在しないのだ。プレヴェールの詩の終りは、(私が墓場でやすらかな眠りにつくときは、微笑みながら、こうひとりごとをいうだろう……)「むかしセーヌがあった、むかし人生があった」というのだが、このイロニーを俳諧的イマージュとしてとらえるならば、それはさびしおりの日本的感性の投影以外の何ものでもないだろう。墨田川がセーヌでないように、混濁しきったこの東京はパリではありえない。シャンソンの節まわしにも似たこの水のたわむれ――「セーヌの詩《うた》」をぼくは世界の六つの大河とその流域の人々の生活のたたかい――そうした水と人のいとなみを謳った、あの「世界の大河の歌」から流れ出た美しい歌声ときく。フランス語で編集をいみするモンタージュは、この両作品において、あきらかに共通性と同一性を見せているし、それはまた編集こそがこれらの記録映画を本質的にそして見事に成立させ支えていることをいみする。

モンタージュ――それは映画の文法であり、イヴェンスの背骨である。そして記録映画を真にヒューマン・ドキュメントたらしめる骨髄なのだ。もし「内容を創造する

形式」（ヴァレリイ）であるとしても、テクニックとしての、たんなる作業や作用にとどまるものではない。

　オランダのメニーゲン生れ——ロッテルダムの商業学校卒業——第一次大戦後ドイツに赴きシャルロッテンブルグ大学で写真科学を専攻——一九二八年アムステルダムのシネ・クラブの後援により前衛記録映画「雨」を製作、これがアヴァンギャルド作家としての彼のスタート——一九三二年ソヴェート同盟で「コムソモール」を発表、帰国して自然と人間のたたかいを社会的観点から描いた傑作「ゾイデル海」（一九三三）——こうして前述の「スペインの大地」（一九三七）ついで「四億」（一九三八）など——第二次大戦直前アメリカに渡り「力と大地」（一九四〇）、カナダで「ひとり」（一九四二）そしてジャワで「インドネシアは叫ぶ」（一九四五）——戦後には東欧諸国をめぐって、そのめざましい新興ぶりを描き、一九五一年のワルシャワ、ベルリンにおける二つの世界青年会議、翌五二年の平和擁護国際大会の記録映画（平和自転車レース、東独・ポーランド合作）を監督、そして一九五三年の第三回世界労働組合大会に高潮した「世界の河は一つの歌をうたう」——その後、中世ネーデルラントの抵抗を描いた劇映画「ティル・オイレンシュピーゲル」（ジェラール・フィリップ主演）を演出、製作半ばでしりぞき中国へ……そして「セーヌはパリに出会った」というこの記録的映画詩（プレヴェールのタイプ原稿に彼はさまざまな書込みをしており、こうしてコンテをつくりあげている。）こうした略歴に誰しも、この記録映画の前衛作家の本領を推察せずにはいまい。そしてぼくは、はじめフランス語で紀行映画をいみした「ドキュマンテール」の発展史を、ここにはっきりと読みとる。——ヨーリス・イヴェンスの世界旅行記は、そのまま記録映画発達史なのだと。彼の「紀行」はそれ自体人類の「記録」にほかならなかったのである。

　周知のように「ドキュメンタリー」という言葉が、現在のいみでひんぱんに使われるようになったのは一九三〇年代の初期からである。フランス語からうつしかえられたこの用語が初めて現われたのは、一九二六年二月にジョン・グリアスンが『ニューヨーク・サン』に寄稿した一批評文中で、それはロバート・フラハーティによる南海の島の住民たちの記録「モアナ」についてであった。（〝「モアナ」は、ポリネシアの一青年の日常生活における出来事の視覚的記録であり、ドキュメンタリー的価値を有する。〟）のちにグリアスンはそれを「アクチュアリティーの創造的処理」と定義し、それが十五年ないし二十年のあいだに社会的分析のために映画を用いるという広汎で遠大な用法をあらわすようになったのである。

　この当時の記録映画における認識論と創造精神を新たな視野に立って見なおしつつ、イヴェンスの「考察」を読み返すことは、決して無意義ではあるまい。一九三〇年代の前衛意識には、この今のここの日本の記録映画界に革命的展望をもたらすような示唆は、もはや何ひとつ含まれていないとは断言できぬからである。——そこから新たな力強い問題意識をひきだしうるかどうかは、われわれの一人一人にかかっている。

　まさしくアンチ・シネマともいうべきアラン・レネエの「ヒロシマ・わが恋人」（邦題・二十四時間の情事）に接して、するどい驚愕と戦慄の中に、われわれはまったく新しい大きな展望と深い省察をせまられている。記録映画と劇映画というジャンル意識をこえた次元におけるドキュメンタリー的価値の再発見と、そうした記録性の確立——それはもはや至上命令に近い命題である。およそこのような時点において記録映画の巨人ヨーリス・イヴェンスの足どりを改めてふり返ってみることは、われわれ自身の前進がしっかりと大地を踏みしめてゆくことをいみするであろう。変革の作業は絶えず過去の業績の検討をともなう。それなしに主体の確保はありえないし、主体性の喪失は形式主義的モンタージュ観——小児病的テクニック万能主義におちいるほかはあるまい。イヴェンスの「考察」は、それへの警告でもありうるだろう。

　『ラ・ルヴュー・デ・ヴィヴァン』（生活者評論）は一九二〇年代半ばから三〇年代へかけての前衛主義的綜合雑誌だった。映画と科学、映画の魔術、映画の動向、トーキー論、検閲や独占資本の問題についてかずかずの意見を収めたこの映画特集号が幸いに戦禍をまぬかれ日本の、前衛記録映画作家、野田君の手に残った。この一文を訳出しつつ、ぼくはそのことに、ほとんど象徴的ないみを感じさえしたのだった。——訳者

「記録映画の友の会」をつくろう

　去る八月十日に行なわれた研究会（三一頁参照）において、「記録映画の友の会」をつくろう、というよびかけが、評論家大島辰雄氏から提起された。

　同会の趣意は次のとおりである。（抜萃）

「……いまや映画芸術は、こうした記録性なしには芸術として成立しないといえましょう。それが一つのヒューマン・ドキュメント（人間記録）であるとしたら、もはや劇映画と記録映画といった区別は無意味だとさえ思われます。……私たちはこういう意味でのドキュメンタリー・フィルム（記録映画）を日本でもっともっと大きく成長させ発展させたいと念願しているのです。……私たちは、戦争と平和のわかれみちである今こそ、この記録映画の友の会を力強くスタートさせたいと思います。」

　また、同会設立のための準備会では、その事業を次の如く明らかにしている。すなわち、①記録映画を見る会、②研究会、座談会、懇談会等（作家をまじえて）③新作発表会への招待、④内外の長短篇試写会への招待、⑤講習会、「自主映画大学」の開催、⑥各種の地域活動、⑦移動映写のあっせん、その他、となっている。

　組織としては、本誌の読者を中心に構成されるが、関心と興味のある人なら誰でも参加することができる。

　当作家協会も全面的協力を運営委員会で決定した。なお詳細は追って発表する。

新作映画紹介

海壁　黒木和雄作品

横須賀火力発電所建設工事記録の第一部。海への埋立てと護岸工事がこの第一部のテーマである。（岩波映画・製作）

脚本・桑野茂
演出・編集・黒木和雄
撮影・加藤和三
水中撮影・館石昭

強く明るいできる子に　谷川義雄作品

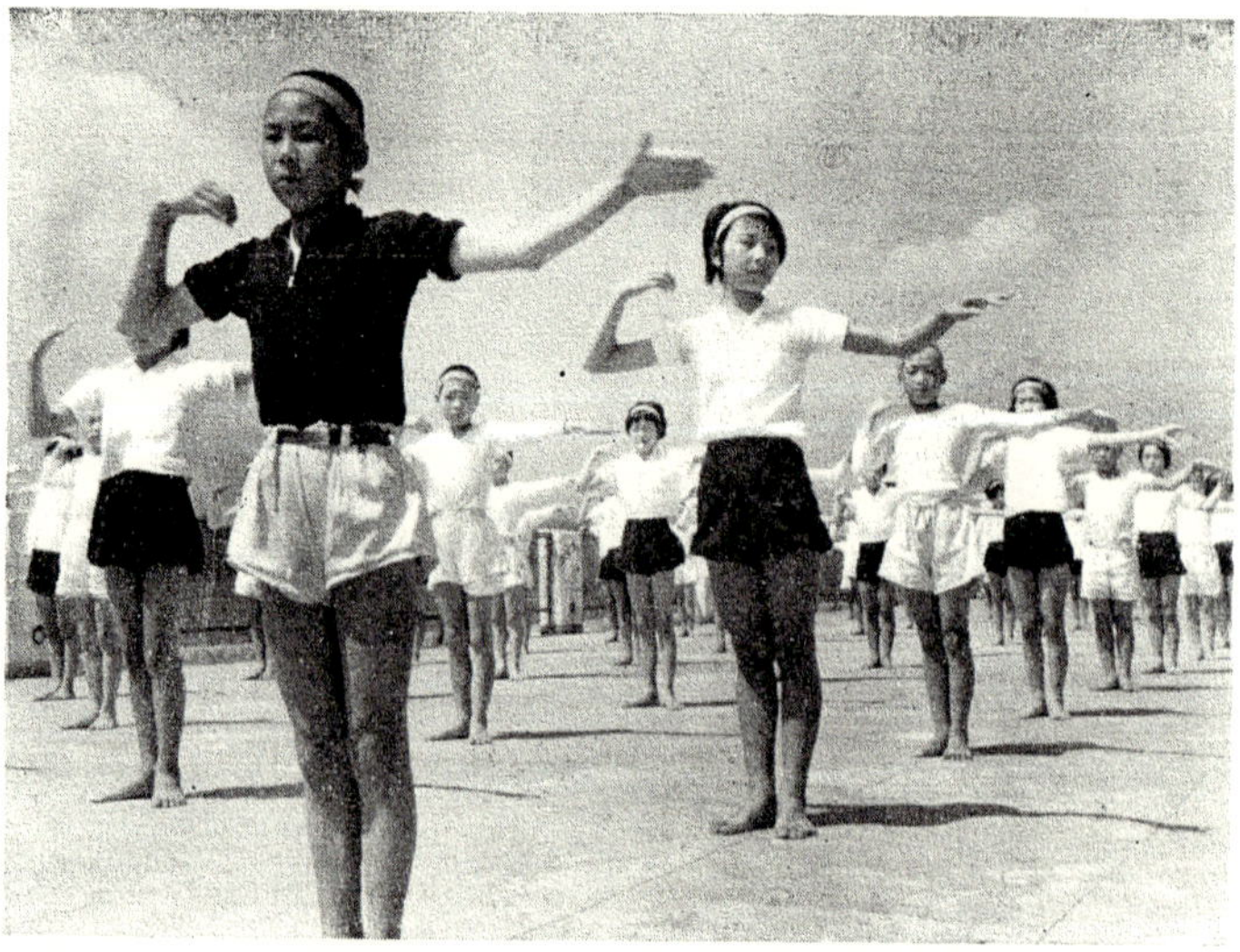

ある少年のトラホームから明るい学校、明るい村の家をめざして教師・児童・父兄一丸となつて強い村建設にすすむ。（新世界プロ製作）

脚本・演出・谷川義雄
撮影・吉田清太郎

裁判のＡＢＣ

西沢豪作品

ある交通事故をめぐつて初級裁判から最高裁まで、民事、刑事の両面にわたつて描く。

（日映新社作品）

脚本・演出・西沢豪
撮影・藤洋三

空の駅

左川凡作品

航空機及び空港の機能とその施設を多面的にとらえ解説する。

（凡ぷろ製作）

構成・演出・左川凡
撮影・久保信男

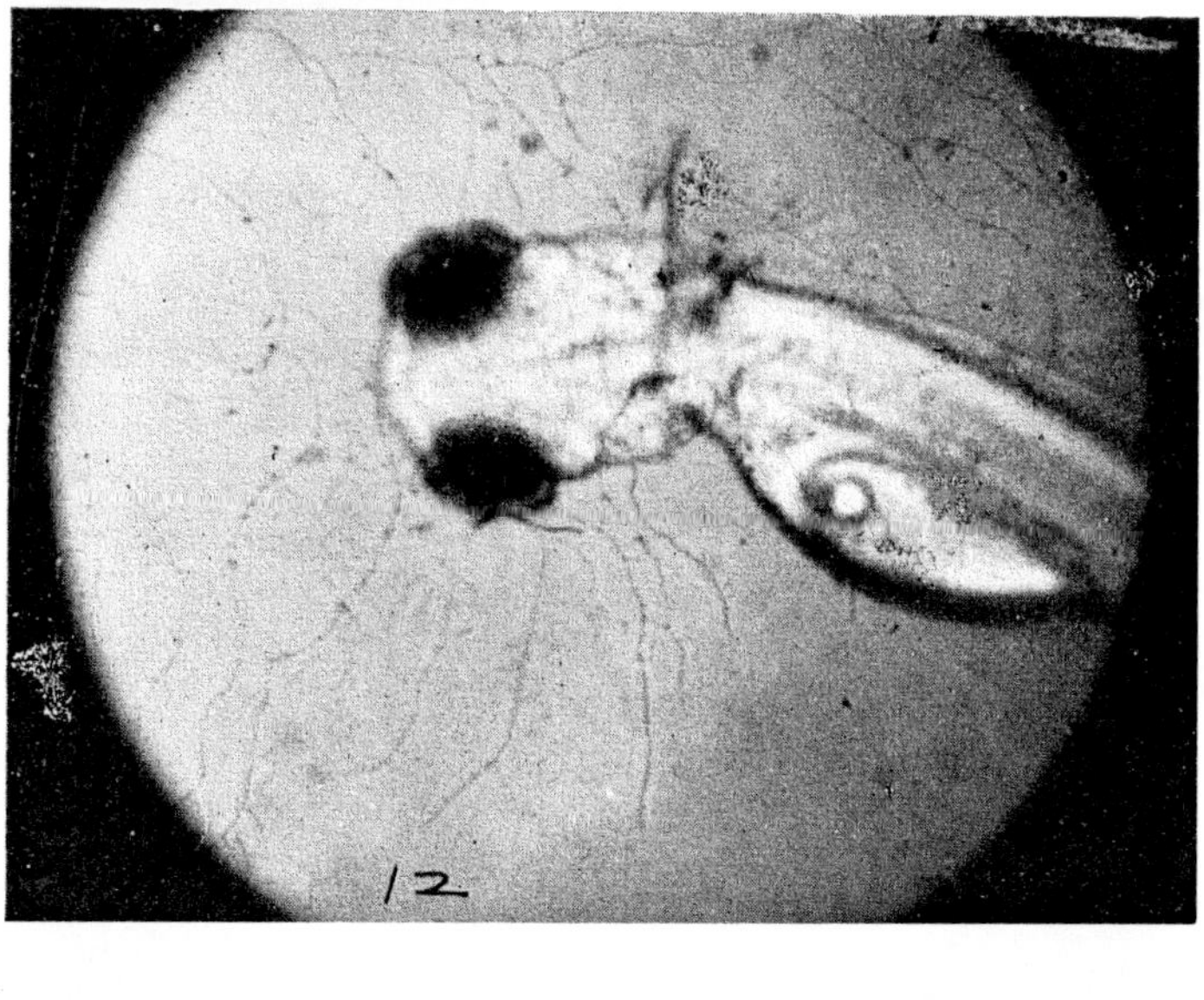

鮎の一生

映画日本社小林プロ製作

鮎の一生を水中撮影や特殊撮影等用いながら、人工養殖の問題にまでふれる。

脚本・吉田牧陽
撮影・上岡喜伝次

越後平野の米つくり

河野哲二 作品

日本農業シリーズのうち、これは春のしごとの部である。田植えまでの農家のしごとを描く。（日経映画社製作）

脚本・演出・河野哲二
撮影・浅岡宮吉

たくましい仲間

渥美輝男 作品

新しい農村を機械化によってきづき上げようとする若者たちが、人間の労働力のみを大切にする老人を説得する物語。（日本フィルム製作）

脚本・川内康範
演出・渥美輝男
撮影・八木沼宗清

東北の農村

野田真吉 作品

後進地帯東北の貧因の原因をえぐり冷害とのたたかい、林業・牧畜等多面的にほりさげる（日映新社製作）

脚本・演出・野田真吉
撮影・加茂実
平木靖

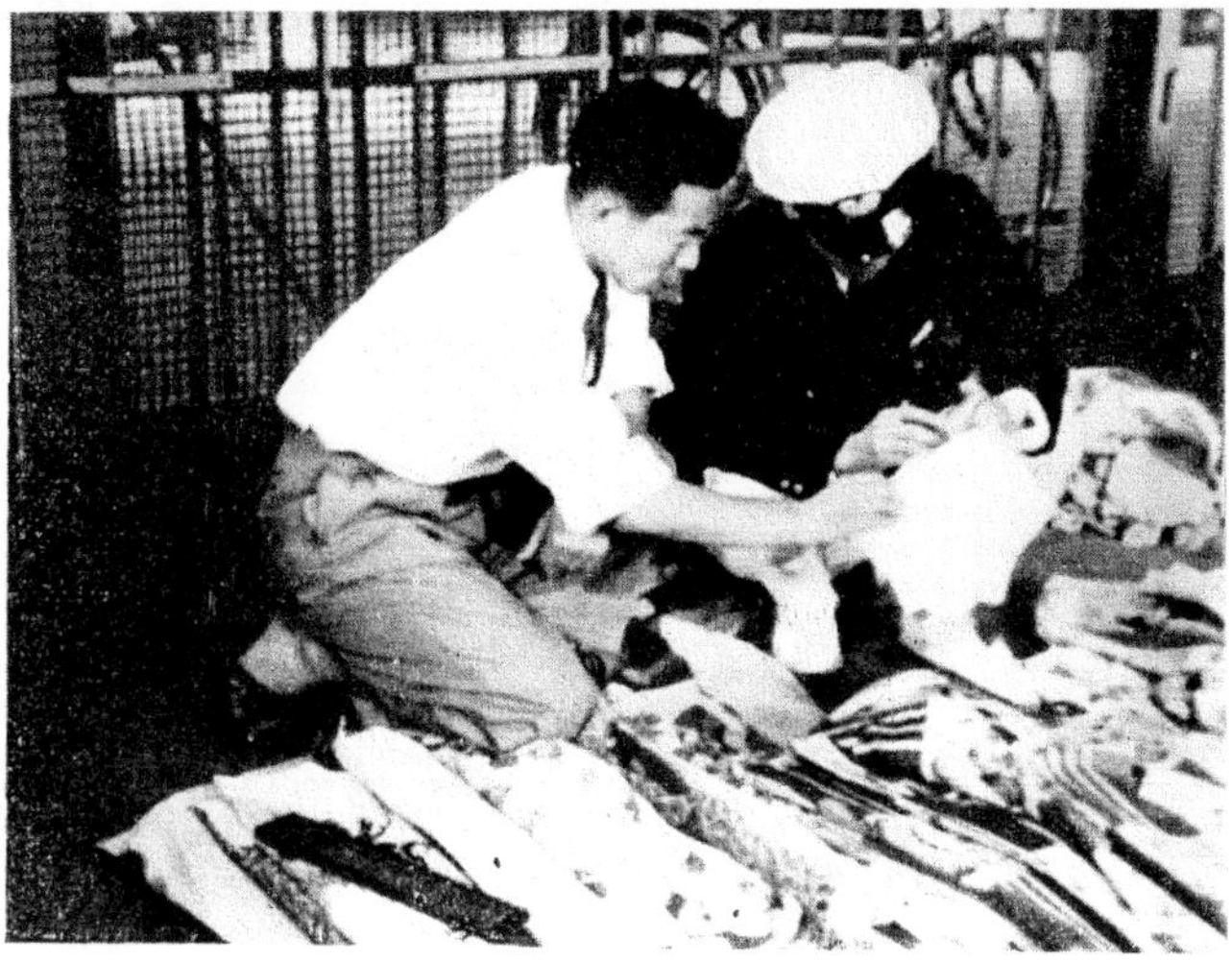

税関のしごと

八木進作品

税関のしごとの一つ一つをくわしく描きつつ、一方税関の果す役割りと我が国経済との関係を描く。

（モーションタイムス製作）

脚本
演出・八木進

撮影・森博

渡海松一

内外二つの劇映画■

浪花の恋の物語

内田吐夢作品

近松門左衛門の原作になる「梅川忠兵衛」の物語りを野心的時代劇を放つ内田吐夢が本格的人間ドラマとして描く

（東映製作）

脚本・成沢昌茂

演出・内田吐夢

撮影・坪井誠

暴力への回答

イエルズイ・パッセンドルフェル作品

「灰とダイヤモンド」につづく、ポーランド国立映画の作品、脚本は「地下水道」のイエルズイ・ステファン・スタウイニスキー、演出のパッセンドルフェルはチェコで教育映画の演出をしていたが、これは二本目の長篇劇映画である。ナチ占領下のワルシャワの大学生による抵抗運動を描いたもの。撮影はイエルズイ・リップマン。

記録映画作家の戦後体験・2

RHAPSODIA STUPIDA

―戦後意識にかえて―

八木　仁平
（演出家・フリー）

戦後意識について、或いは戦後体験について何か書けという註文であるが、困っている。一応、書く旨の返事を出しておいて、今になって書くことのないのがはっきりしたからである。その時は何かあると思っていたのであるが錯覚であった。

あり態を申し上げると、戦後、頭の中が空っぽになった。

戦争中までは、何かで頭がつまっていた記憶があるが、今はもうさらりと空っぽである。敗戦ボケとすれば、僕ほど深刻な被害者はない、ということになるが、おそらくそうではなく年令ボケだろうと思う。

第一、戦後本を読んだことがないし、ものを考えたことがない。

誤解のない様におことわりしておくが、本とは本らしい本、という意味。ものを考えたことがない、とは思想を思想したことがない、という意味である。

およそ深刻なもの、抽象的なものには不得手になった。今の流行言葉でいうとヨワくなりましたネ。

芸はわからないながら好きだった。人一倍好きだったかも知れない。今は丁度その反対である。

これにくらべると、僕と同時期、同年輩の方々が、いまだに、活潑に理論を理論されているのに畏れをなす。

ドキュメンタリー論とか、主体性とか、なかなか盛んな様子だが、読んだことがない。

読まなくともわかっているという不遜な自信があっての話では勿論ない。

読むよりも、作品そのものをいろいろ拝見する丈で充分である。いや、その前に自分のその時その時手がけている映画を何とかものにするのが手一杯である。

こんな人間に戦後意識だの、何だの、というまことしやかなものの持ちあわせのある筈がない。

いま、つらつら考えてみるのに、この戦後意識、戦後体験などというようなものは（若しあるとすれば）、おそらく若い人たちにこそ重大関心事なのだろう。それならいろいろ僕達の方から拝聴したいところである。

「朝おきて、顔を洗い、学校へ行きました。帰ってから××君たちと遊んで八時ごろねました」

小学生の頃、日記に毎日、こんなことを書いたのをよく憶えている。

今、もう一度、この頃の日常を再体験しつつあるのが現状である。

「朝、起きて顔を洗い、××シネマに行き、△△映画にまわり、帰ってから九時頃寝た」と。

尤も日記はつけていないが、つければこういうことになるだろう。きわめて簡単である。

僕は、時たま、百貨店の階段の踊り場にある水槽を覗くことがあるが、あそこにいる大きいのや小さいの中に、淡水フグがいるのである。あの淡水フグに自分がよく似ていると、いつも思う。見ていて、いとも簡単な顔をしているようである。魚の中には、冥想的なのや精かんな面構えなのやいろいろいるが、この淡水フグは一番簡単な顔をしている。

このフグに、他の魚をさしおいて、〝お前は何を考えているのか魚よ〟と詩人めいた問を発する気には一向になれない。そんな魚である。この魚と僕とはあまりちがわない。

しいて、ちがいを求めれば、このフグには本能と行動とだけがあるのに、僕には、人間の悲しさに、喜怒哀楽という余計な重荷がある。それ位なものだろう。

われわれ双方共、抽象、思弁、論議、理論、理知、そのどれもない点でよく共通している。

ボルテールの言葉かと思うが、「人間は習慣の動物である」というのがある。今の僕の様な人間にこの言葉程、ありがたい、心しずまる言葉はない。

朝おきて顔を洗い、他人が行くからそっちへ行き、みんなが帰るから僕も帰るのである。

さて、こんなごたくをならべたてていると、さすがに、多少の罪のおそろしさを感ぜぬでもない。書いてはならぬまずいことを書いたのかも知れない。この思想と理屈がハンチングを冠っているみたいな商売仲間の中にまじって、何も考えたことがない、などと白状するのは敵前で武装放棄するに等しいことになるのかもしれない。しかし、仕方がない。なにもないのだから――。

いま、喜怒哀楽だけはあるといったが、これはある。はっきりある。人一倍あるかも知れない。

年令がかさんでくると（年令が寄ってくると、と書きたくない）気が短かくなると世間ではいう

が、これは喜怒哀楽の反応しか残らなくなるという意味ではないか、と思う。

考えることなく喜び、哀しみ、怒るのである。

仕事の報酬をもらったときは「喜」であり、うまいものを食った時は「楽」であり、よい映画やよい文学を読んだときは「哀」である。この「哀は」なかなか複雑で深い。

朝起きて田中最高裁判長の顔を新聞の中で見出したときは「怒」である。記事をよんで益々「怒」だ。訳をきかれても言えない。不思議な「怒」である。

子供が泣いているのをみると「哀」。乙女（こんな単語はもうはやらんか）の美しきかんばんを東京の中でみればこれ又「哀」。

スプートニクがあがったときは「喜」だった。朝、五時頃、母娘と一緒に庭に出てみていた。二号目のやつだ。獅子座あたりから、突然とび出して東側の空に消えて行った。三人でインディアンの様に踊って喜んだ。訳を訊かれても言えない。説明出来ない。

あの中にライカがいるか、と思うと「哀」であった。若しや後向きに飛んでいるのではないかと思うと益々「哀」であった。

パチンコで二百円まきあげられた時は「怒」。

あたりさわりのない映画評論を読むと「哀」。

沖縄のことをきかされると「怒」。「大怒」である。基地のことが出ると一切「怒」だ。無性に「怒」になって頭にくる。

明日のことを考えると「哀」。世の中が一向にはかばかしくないので「哀」。わが身が特にそうだから特に「哀」。

こういう風に万事喜怒哀楽に解消して甚だ妙である。思想や意識というものが無い。

気が短くなり、感情っぽくなると、理屈をうとみ、ややこしいことが苦手になる。むずかしい、ということにへきえきする。

若し作品があるなら、その作品に接し、それに関する論説は又の日にまわしたい。

何か余計なものが一杯ある様な気がしてならない。

人があって影がある。これはよくわかる。

しかし影はあるが、人がない、などということになると頭がおかしくなる。

チェシャーキャットの大きな顔がニヤリと笑をうかべると、見る間に空中に消えて行き、あとはその微笑だけがのこる。

「あたし、笑いなき猫っていままで見たことがあるけど、猫なき笑というのはこれがはじめてだわ」とアリスが言う。この「不思議の国のアリス」はまことに意味深長である。

――思想のないところには言葉がちゃんときてくれる。――

ゲーテは「ファウスト」の中でこういった。

これをさらに、さかのぼれば、――作品のないところには思想がかわりに来てくれる――ということになるか。

世の中には事実があってその報道がある、ということに一応なってはいる。しかしこの報道たるや、ウソがまじり、誇張にふくらみ、悪意で歪められる。その中から真実を知り出すのは時間がかかり、苦い経験の末のことである。

魚のエラは水の中からたくみに酸素を摂取する。しかし汚れた水では魚も苦しかろう。

ましてこのエラの如くには機能しない僕の頭がウソ八百の世の中から真実を選び出すのに苦労するのは無理もない。

まとまった意識のもちあわせがなくても、そこは大目にみてもらいたい。

大体のことは、しかしわかるものである。

人相をみて、そいつが好いやつか悪いやつか見当がつく様に、世の中の動きというものは、見ていてわかるものである。

人にまじり、もしくはその後からついて行く方であるから、これで充分である。

先の見通しがきいて人を指導したり、どさくさまぎれに一儲けしたりする様なスマート族ではない。淡水フグである。

先日、テープレコーダーを買いに秋葉原へ行った。そこでゆくりなくも隣接した青果市場のセリのすんだ後片附けを眺めた。

トマトを売り、キャベツを売り、大根をさばいた後の人々の充足した表情を見ているとうらやましくなった。

その顔は自信に充ちている。

「明日も又ここへ人参を持って来てやるんだ。売れるぞ」

そんな呟きが聞える感じである。

俺のもってくるトマトや大根は革命家から反動に至るまで誰も食わずにおれない。――そんな自信が聞えてくるのである。

僕はその時、自分のつくっている映画のことを考えた。残念ながらわが仕事にはこの様な自信がない。

牛肉屋だって自信たっぷりである。

魚河岸の兄貴連のセリの姿をみるがいい。

彼等の屈託のない、てらてらひかった顔色をみていると、全くこちらはいうすべがない。

誰もが間違いなく好いものを取扱っているのだ、というその自信をくつがえすことが出来ない。

映画（つまり、われわれの）にこの様な自信があるだろうか。

自信の代用品に何かの理屈をもって来るのではないだろうか。

この間、サイクリングで大垂水を越え、相模湖から中野、大久保駅へと走った。

道志川の荒川橋、相模川の小倉橋で釣糸を垂れている人たちを沢山見かけた。

大公望の昔から何とこの釣の人間の心をとらえてはなさないことよ。

釣には別段理論めいたものはだきあわせになっていないが、自家用車も自転車も、期せずして河原にあつまってくる。

永い人間の世界の変転をかいくぐって、釣の伝統はれん綿とつづいている。

この釣の面白味は自分が参加できるからにちがいない。

この釣の群ばかりではない。途

中、ハイカーの群をいくつも見た。汗をかきながら僕をおいこして行く若いサイクリングの群をいくつも見た。

みんな自分にできること、自分も参加できることに夢中であり、没入している。

映画はこれにくらべると見るだけでしかない。

だから余程人をひきつけるものをつくらないかぎり見てくれないのは当然である。

ラジオやテレビののど自慢コンクールがはやるのはクダラないからはやるのではない。自分が参加できるからはやるのである。

映画館は空っぽでも八ミリがはやるのをみてもわかる。

「ノーヴォエ・ヴレーミヤ」（新時代）二十三号に、ソヴレミエンニクがイギリスの詩人クリストファー・ロウグや歴史小説家ロバート・グレイヴスの言葉を引用している。

ロウグはイギリスの文壇に終末の日来たると、嘆き、グレイヴスは、この頃の書物の大部分は、刷ってある紙を赤面させる程劣悪であり、大衆が読書を放棄し、背を向けるのは無理もないといっている。

これに対し、ソヴレミエンニクはソヴェトの読書界を誇示し、テレビやラジオのひろがるのにつれて、読書界も同様発展しつづけていると報告している。

これはソヴェトの作家が大衆と密着し、大衆に要望されているからだと結論している。

これをみると世の中がまっとうになると、物事はまっとうに進み、まっとうでないと、まっとうに運ばないということがよくわかるのである。

話の方向がそれて行く。まとまりがつかぬからこれ位でやめることにする。

或る三十代の歴史

—戦中派としての発言

楠木徳男

（演出助手・日本ドキュメンタリーフィルム）

僕にとって戦争の記憶は昨日のことのように新しい。そしてその傷痕は痛のように癒ゆることがない。戦後十四年間、僕は一日として戦争の追憶から逃れることは出来なかったし、その憎しみは日一日と加わり、可逆的に生き残った者の、戦後責任を痛感させられている。

× × ×

僕たちには青春はなかった。そのモラルバックボーンとされていたのは教育勅語であり、そこでは代々の天皇を最大の父として尊敬させられ、家にあっては家長目上に従順でなければならないとされ、一旦事あらば国のために身を鴻毛の軽きに重んぜねばならないとされた。少年時代の最大の夢は軍人であり、戦場で華々しく散って靖国神社に祭られることが英雄とされていた。総ての教育はこの一点に集中され、規格化された非人間的な人形が国をあげて製造されていたのである。自由な空気を吸ったことのなかった僕たちの青春は、こうして没我的、没個性的、非近代的な性格に形造られていった。恋人を愛することすら戦争のためにはあきらめなければならなかったのだ。こうして憧れた軍隊はどうだっただろうか？

そこで見たもの、そこで体験したものは何だっただろうか？

果して戦争は彼等の言うような聖戦だっただろうか？

僕が見たもの、僕が体験したもの、その総ては凡そ僕たちが子供のころから教え込まれ、信じ込まされて来たものとは全然別の悪魔の世界であった。自らも傷つき、命永らえて祖国の土を踏んだとき、僕は「もう二度とこんな誤ちはくり返させてはならない！」と心の底から強く叫ばざるを得なくなっていた。

× × ×

青春は二度と還って来ない。人間としての自己形成の基礎が完成する二十二才迄の成長期を僕は戦争の嵐の中で過した。その人間性は歪められ、未来にのびようとした青い芽は踏みにじられ摘みとられていった。愛する同世代の僕たちの親友の失われた命はもう取戻すことが出来ない。平和の日を見ずして他国の戦場に散っていった彼等の霊を誰が慰めるのであろうか……。僕は敗戦の廃墟の中に立って、幾度か彼等のために涙を流し、友の墓を尋ねてその場にひれ伏した。それがセンチメンタルであろうと何であろうと、僕には当時そうするより身の置き所がなかったのである。今も尚この悲しみは原爆被害者の肉親を失ったと同じ気持で僕の心の中に生きている。

× × ×

その悲しみはやがて戦争への憎しみとなり、こうした青春を送らされた偽政者への激しい怒りとなり、そうした社会構機への鋭い批判として僕の心にはね返ってきた。総てはこれからの出発だと自分自身に言い聞かせた。

先づ僕が自らも改造しようとしたのは、過去の一切の封建的教育勅語的モラルとの断絶である。天皇制批判は勿論のこと、今までの家族制度への不信、国家概念の変革、全体と個の問題、精神主義と物質主義の対決、神との決別、実存の認識、個人愛と社会愛の相関々

係、その他にも古き倫理感から新しき社会感への転化のために、僕はあらゆる機会を捕えて研究し自らもその解決のために行動した。

戦後今日までの僕のささやかな体験は、すべてがここを出発点とし、今もそれは続きつつあり、常に二元的倫理（戦前の教育で受けた封建的モラルの残骸と戦後の教育で受けた民主主義的モラル）の相剋の中で苦しみ悩み乍らも前進を続けている。

× × ×

終戦からの一時期、共産党が地下に潜るまでは、彼等の主張が確かにいろいろな欠点はあったにしろ、当時の青年に一つの明日への指針を与えたことは事実である。戦争中、十数年間獄中にあって節を曲げずに斗い続けた党員の幾人かは、数少い日本の思想家として、われわれの尊敬に値いする人物だったし、謙虚な立派な党員もたくさんいた。

僕は復員後の学生時代、大学の教授を含めたこれらの人々から多くのものを学んだ。社会科学の面から、人文科学の面から、芸術の面から、それらのことごとくは僕にとっては常に新しい知識であり、過去への反省であり、今日生きるための大切なエネルギーであった。

そうした中から幾人かの親しい新しい友が生れ、彼等とも研究グループを通じ、演劇活動や学生運動を通じ、真剣に日本の再建のことを考えあった。或る時は占領下の米軍に反抗し、彼等の撤退を叫んで幾度か検挙されかけたこともあった。

× × ×

僕が映画界に身を置くことになった動機は、一九五一年の「どっこい生きている」を走りに、各企業をレッドパーヂされた芸術家たちが独立プロで活躍し始めたことに刺激されてである。当時演劇関係の仕事をしていた僕は、一九五二年の「真空地帯」、「原爆の子」、一九五三年の「にごりえ」、「雲ながるる果てに」、「女ひとり大地をゆく」等に、今までにない新鮮な感動を受けた。それは作品の内容的な良さもあったが、何にも増して僕の胸をうったのは、日本の映画人としての良心の灯を掲げたことである。大企業の作品と違った、そこには、みんなの映画芸術創造への激しい意欲がみなぎっていた。

当時こうした新しい映画界の動きの中にあって、今一つ非常に活溌になっていたのは自主映画製作運動である。全逓の「赤い自転車」、全銀連の「若い人たち」、日教組の「ひろしま」等が生れたのもそれから間もなくである。

そうした中で僕は中央文化映画社にあって桑木道生氏を助けて夜学生の自主映画製作運動に奔走した。働きつつ学ぶ夜学生の実状を訴えようと全国から彼等の生活記録を集めた。それはささやかな文集としてまとまり、それをもとにスライドを作るまでに進んだ。だが、残念にもこの運動はその後進展をみせず、遂に挫折の止むなきに到り、陽の目を見ることなく終ってしまった。だが僕はここで多くのことを学び、この経験はこれからの長い映画生活の中で何時か生かしてゆきたいと思っている。

一方、記録映画作家たちが記録教育映画製作協議会を中心に活溌な創作活動をやっていたのもこの頃である。中でも一九五三年に作られた「月の輪古墳」は、当時の文部大臣から選定を拒否されて話題になり、記録、教育映画界に大きな波紋を投げかけた作品である。この作品はその翌年に作られた「日鋼室蘭」、「朝鮮の子」とともに、僕の記録映画への目を開かせてくれた作品でもある。何れも生々しい素材をリアルに追求し、ナマな人間の声を僕に聞かせてくれた。これらの作品は僕にとってそれが映画を始めた初期であっただけに、かなりの影響を与えてたようである。だが、何にも増して、ドキュメンタリーの真随を見せられたのは、一九五六年亀井文夫が作った「生きていてよかった」である。僕はここでほんとうの記録映画を見せられた、という感銘で胸が一杯になった。モンタージュの何であるかを知らされ、作家の主体が何処になければならないかを知らされ、映画人は何を描かなければならないかを、しみじみと知らされた。この試写を見た夜はこの作品のことを考え乍ら遂に寝つくことが出来なかった。戦前の未公開の傑作「戦う兵隊」「小林一茶」見ていなかった僕は、亀井さんのドキュメンタリストとしての思惟の深さをこの作品を通じて胸の奥底に強く感じさせられた。その翌年に作った「流血の記録・砂川」、更に一昨年の「世界は恐怖する」と、一連の現代日本の直面している問題と四つに組んだ亀井さんの作家態度は、僕の心を強く揺さぶらずにはおかなかった。

× × ×

かくしてそれまでPRに開け、PRに暮れていた僕は、若干の教材映画や文化映画を自分で演出したりもしたが、作家であることの恥を知り、再び日本ドキュメントフィルムで助監督としての勉強をやり直すことにした。

今、日本ドキュメントフィルムにあって今年も第五回原水爆禁止世界大会の記録を撮っている。焼けつくような炎天下を平和行進の人々と行動を共にし乍ら前になり後になりしてキャメラマンと走り廻っている。亡き肉親のことを思い出してか、広島の沿道では涙に目を泣きはらし乍ら行進を迎えた人々、「お父さん」と書いた燈籠を流す孤児たち、「もう二度とこんなことはごめんです！」三ヶ月程前に亡くなった夫の写真の前に泣き伏す被爆者のお婆さん……。戦争は僕だけではない。終戦後十四年を経た今日、今尚日本のあらゆる人々の胸の中に深い傷跡を残して生きているのだ。或る被爆者はこうも言っていた。「八月六日を思い出せる人はまだ仕合せですよ、私なんか思い出す処か、毎日毎日この日のために苦しめられているようなもんですからね。一日としてあの日を忘れた日はありませんよ……」と。

× × ×

この被爆者の言葉に僕は強いショックを受け、戦争の齎らした今日性を痛感した。事実この人たちには生きるための何の保証もなく、あきらめと不安と何時死ぬるやら明日の命も約束されない恐怖

があるのみである。そこには甘っちょろい同情だとか、千羽鶴を贈るようなことで解決つかない、冷酷非情なる現実が横たわっているだけである。

死んだ多くの人々の命は還ってこない。この人々の被爆したことも今更元に戻すことも出来ない。同じ戦禍の中から生き残った僕たちは、このままでじっとしていていいのだろうか……、日一日と進められてゆく再軍備や日米安保条約改正に黙っていていいのだろうか……。

もう一度、あの〝きけわだつみのこえ〟に僕たちは耳を傾けようではないか。

死んだ人々は、還ってこない以上、
生き残った人々は何が判ればいい？

死んだ人々には、慨く術もない以上、
生き残った人々は、誰のこと、何を、慨いたらいい？

死んだ人々は、もはや黙っては居られぬ以上、
生き残った人々は沈黙を守るべきか？

（ジャン・タルジュー）

東独記録映画「アンネの日記」

監督　J・ヘルウィヒ
音楽　W・ホーエンゼー

アンネ・フランクは生きていれば今年の六月に三十才の誕生日を迎えたはずだった。一九四四年、ちょうど十五のとき彼女は、かくれていたアムステルダムの屋根部屋でドイツのファシストたちに見つかってしまった。彼らの手にかかったユダヤ民族の感動的記録である彼女の日記が、後世のために残された。この本は十九ヵ国語に翻訳刊行され、世界中の各都市で劇化・上演されている（日本では民芸）。この東独記録映画は、劇では見られぬもの、またアンネが日記に書きつけられなかった事柄を示してくれる。

アンネははじめウェスターボルクのユダヤ人収容所に送られ、ついでアウシュウィッツに、さいごにベルゲン＝ベルゼンの強制収容所にまわされ、そこで短かい生涯をとじた。だが彼女の声は生きつづけ、全世界に人類への大犯罪を語ったのである。それを犯したドイツ人たちは人種的偏見と殺りくのために訓練された者たちだった。この映画はその殺人者たちを追跡し、彼らの名前と現住所をあばき、彼らの犯罪の記録的証拠を提出している。監督のヨアヒム・ヘルウィヒはこの映画を「アンネ・フランクのための日記」と名づけた。このことはドイツ民主共和国の青年たちがアンネ・フランクと彼女を殺した者たちをどう考えているかを示し、また古きナチスと新しきナチスの危険について全世界、とりわけドイツ人民に警告しているのである。

監督のヨアヒム・ヘルウィヒはＤＥＦＡスタジオのニュースおよび記録映画の有能な若手監督の一人であり、緊迫感と深い人間愛にみちたこの「日記」を二十七才でつくりあげた。

十九のときＤＥＦＡの録音スタジオに入り、ついで二年間、ニュースおよび記録映画スタジオでアンドルー・ソーンダイクの助監督をつとめた。監督として一本立ちとなった最初の仕事は「幸福な子ら」（一九五四）である。第二作はドイツ民主共和国政府が地方で実施した保健方策の記録「助けあう人々」、ついで一九五六年の色彩映画「ドレスデンの絵画」は世界的に有名な同美術館の蒐集を写しとっている。この映画はエジンバラの第十回国際映画祭とオーバーハウゼンの第三回西独文化映画週間で好評を博した。そのあとの映画的実験「綜《ジン》合《テーゼ》」は、ベルリン放送局の建設を描きつつ人間、空間および人間活動の綜合のすがたをとらえようとした試みである。最新作「アンネ・フランクのための日記」について彼はこう語っている。

――「ぼくの願いは、この映画が多くの人々に見られ、そして今日ふたたび西独に擡頭される反ユダヤ主義の兆候が全世界にとっての脅威であることを知ってもらうことだ。」

「月の輪古墳」から考えること

杉山正美
（演出家・フリー）

お前も戦後の経験から何かつかみとって来たのではないか、と詰問されても、全く当わくの他はない。まだ自分のなかで充分消化されていないからである。現在の私に出来る事は、今まで報告した事のない「月の輪古墳」の経験を、可能なかぎり詳細にやって見る事が、私にとっても、飯岡の村の人にとっても又当時の記録映画製作協議会に対しても、いつか果たさなければならない義務だと考えて、又あの時ああだったこの事こうだった式の文章でしかこの事は私にとって表現出来ないのですが敢えて駄文を弄する次第です。

一九五三年の夏、長い梅雨が開けたあとの暑さは、格別だった。新聞は、何十年振りの暑さ、などという記事をトップに飾っていた。その八月十四日の朝、私と大沼君は日吉ビルの四階で、岡山県の田舎から上京して来たという色の真くろながん丈な体をした中学の教頭さんと会っていた。

朴納で、口べたなその教頭さんの話は——。

その村で村の人皆んなで古墳を掘っていて、その記録を映画にしたいと思い、予算五万円を準備して、東京の記録映画製作協議会に申し込みたい、場所から言って京都の映画人を紹介されたが、誰にも会う事が出来ず、その足で東京へ出掛けて来た。村の人達からどうしても映画の人を引っぱって来いと言われて来ているのでこのままでは帰れない、どうか村へ来て下さい——。という話だった。

その頃は記録映画製作協議会は、「京浜労働者」の仕上げにいそがしく、手のあいているのは私一人だけだった。

その私も、二、三日後に行なわれる筈の、妙義山での基地反対闘争の撮影に待機していた。困った事だと思いながら、先ずそんな予算では映画として人に見せる事は出来ない事と、古墳の映画だったら教材映画として番線に乗せられる可能性があるから、二十万円位で、とりあえず撮影を全部すまして編集する迄出来る様にした方がよいなどとこん切ていねいに説明して、この無ちゃな先生の頭を少し冷やしてやろうとした。

しかしこの先生は余っ程、村の人から厳しく言われたと見えて、二十万円なら、私が村へ帰って皆に話してなんとかするから、どうしても来てくれ、とがんばって聞かなかった。仕方なしに、誰かそこに行く人を見付け様という事になった。

〈桃源境〉

五日ばかりたって私がそこに出掛ける事になった。妙義山の基地反対の撮影計画は、その後さっぱり進まず、二、三日調査して来る位の余裕があったからである。

当時の政治情勢は、朝鮮動乱がやっと調印され、国内的には、五二年メーデー事件の余波がまだ続いていた。記録映画製作協議会もこんな情勢を反映して、「五三年メーデー」「京浜労働者」といった労組と結んで、映画を作って行く運動を進めていた。私もこの運動に加って映画が、革命の武器になるものを作りたいと思い、そして烈しい政治闘争の場に自分を置きそれを記録して行く事が、唯一つの道だと考えていたので、古墳を掘るなどというど教材映画的なにおいのするものに対して余り魅力を感じなかった。

ただ、「月の輪古墳」という呼び名から来る何とはなしのロマンチックさと、恐らくそんな発掘をしよう、としている村の豊かな状態、果樹園や牧畜を想像し、ゆっくり考古学という学問でも調べて見る事も悪くはないな、といった程度の気持であった。

汽車が山陽線から分かれて中国山脈に向って走り出す頃から、この桃源境の夢が、少し破れた事を感じた。川に沿って山あいを走って行くまわりの風景は、果樹園も牧畜も全く見られなかったからである。

山陽線から約一時間ばかり川が二またに分かれ、盆地の様に開けた所に、飯岡《ゆうか》村があった。

飯岡駅の手前からはるか向うの山の手に、ちらりと、白い旗の様なしるしを見たのが、私が「月の輪古墳」を見た最初であった。飯岡村は、私の想像と、大分違ってはいたが、静かで、平和な村のように感じられた。役場と学校とを中心とした五、六十戸の集落が、この村の中心地である事は、どこにでも或る状景として素直に受け入れられるものだった。

人の出払った、がらんとした発掘本部で、国防婦人会の様な白いうわっぱりを着た村のおばさん達に、なまのなすと、なすの味そ汁で昼飯をごちそうになった私は、例の教頭先生である重年《しげとし》先生と、三百米の山の上にある「月の輪古墳」に登る事になった。

「月の輪古墳」は山を登っている

途中からは全く見えず、やがて眼の前に表われる神秘な姿を期待して、炎天下の山道を、あえぎながら登っていった。

　がやがやと人の声のする方向に、人が群がって山にへばりついている様な状景が見えてきた。あれが「月の輪古墳」ですと言われた時、あそこのどこかに、「月の輪古墳」が、あるんだな、とこんな風に思っていた。

　やがて、その大きくて、平凡な山が、「月の輪古墳」であると知った。その山は、まるで学校の運動会でも開かれているのではないかと思われる程、中学生や高校生が群がって、がやがやと騒々しいものだった。近づいて、一部姿を表わしている葺石《ふきいし》とか、埴輪《はにわ》、を見ていても、この山が古墳であるという認識を得るには、充分ではなかった。

　埴輪といっても、博物館に並んでいる様なものではなく、出来の悪い素焼きのびんをこなごなにくだいた、そのかけらがところどころにある、といった風のものだし葺石といっても、特別違った立派な石ではなくただの石ころが、何となく普通の山より多いな、と思う程度で、若しそこに、考古学者という、物好きな人が、糸を張りめぐらし、そのばらばらなかけらを図に書いている様な事がなかったら、この山は古墳と呼ぶにふさわしくない様に思えた。

　その頃唯一人の発掘指導者であった、近藤先生は、真黒に陽にやけた精悍な風貌の持主であった。古墳について若干の説明を行なった後、私を古墳の頂上につれて行った。そしてはるか、北の方、中国山脈の山なみのなかに一きわ高い山を指さして、「あれが那岐山です。あのふもとには、日本原平原といって、古代人の住居跡があります。そこが今自衛隊の演習場になろうとしています……。――」眼鏡のおくの白い眼がきらりと光った――。

　今、あそこの村の人達は、全村あげて、その反対運動を行なっています。

　今度の映画には、是非この事をとり入れて、貰いたい」

　唯、古墳の記録を撮るものだとばかり思ってここにやって来た私には、今見た、発掘の印象といい、この近藤先生の言葉といい、混乱を起させるに充分だった。「古墳と軍事基地」、蟻の様な人の群れと古墳が全くつながらないまま、ただはるか彼方の、日本原なる平原をもっともらしく眺めているより他はなかった。

　山を下りて、夕食が終ってから重年先生と先ず予算の事がどうなっているか、打合せをしようと考えていると、若い学生が、今晩「第二回シナリオ委員会」があるから是非出席して下さい、と言って来た。

　「シナリオ委員会」だって!!　そんな事頼んだ憶えはないし、それに第二回というからにはもう第一回は済んでいるという事になる。不平満々な気持でとに角、役場の二階で行なわれる会議に出席する事にした。

　会場には、近藤先生を始めとして、高校生、中学生が十五、六人、重年先生始め、中学校、小学校の先生、それに村会議員で診療所の医者である石川先生などが、ずらりと並んでいた。

　大勢の大人にまじって、中学生や、高校生が発言するのには、ちょっと驚かされた。司会者が学校の先生だからな、こんな風に解釈しながら、私も、しかつめらしくノートを開いて、「歴史の真実を究める私達の努力を写して欲しい」「村の人の団結している姿を写して欲しい」などと言う事を一々ノートにとっていた。

　そのうち話がだんだん具体的になり、学校の先生あたりから、八月十五日に行なわれた発掘式を撮って貰えないだろうか、写真が撮ってあるのだが、と私の答えをうながす様な質問が出て来た。

　発掘式というのは、私がここに来る五日ばかり前に行なわれてしまったし、学校の講堂は暗くて、こんな田舎までライトを持ち込んだら大変な費用になるので、私はこの映画について出発の時に考えていた、古墳の記録をとる事、そして出土品の説明とか、歴史上の意味の解明に重点を置いた方がよいと思う、という主張をした。

　すると突然、診療所の医者が立ち上った。「この発掘は、村の人自身がやるという事に大きな意味がある。そこを映画で説明して貰わねばいくら出土品を並べて貰っても、何の役にもたたない。そういう所を映画に収めて貰うために村の衆に呼びかけて、皆で山を登る、そこを撮って貰おうじゃあないか」

　会議は一瞬ざわめいた後、この医者の発言に同調し、二日後に、三方の口から、一せいに山に登ろうという様な話にまでなって来た。石川医者の発言で衝撃をうけ完全にダウンを喫した私は、ここでやっと体制を持ち直すためにあわてて立ち上った。

　そして、ここに来た目的とキャメラは一台である事と、それもどうしても今写さなければ間に合わない時の用意のためである事。それに村の人の要求は欲ばり過ぎていてとても二十万円の映画の話ではない……。

　こんな事をかなり早口でしゃべったためかシナリオ委員会は、そのまま解散して、村の人と、私が明日予算の事で話し合う事になった。

〈教材映画はMSA〉

　こんな事から翌日朝からもう一度、古墳に登った、石川医師も一緒だった。

　石川医師は、映画については独特の意見の持主だった。この発掘運動を映画にとって、全国の人に知らせ、この文化運動が、全国の人に拡がる様な映画、即ち、武器としての映画を作りたいというのだった。

　当時の私には、この議論は理解のいかないものだった。武器となる映画は、闘争のなかにしかないし、それも、政治問題に限ると考えていた。第一古墳発掘に敵がるい様な事は考えられなかったし、唯物史観〈この言葉が古墳の場合具体的にどうだという事はさっぱり分っていなかったが〉に基づいた解明をすればこの文化運動の目的は達せられるのではないか、そんな考えから、又具体的に村の人が団結している、苦労していると

いったって、それが、映画として表わすと、人が集って会議ばかりしている映画になって、さっぱり効果がないんじゃあないか、この疑問は、月の輪古墳の始めから終りまで私について廻っていた。

午後、山を下ってから、石川医師と私、それに教育長、角南《すなみ》の文《ふみ》さんを加えて、真けんな予算の検討が始まった。

文さんは、美術学校に合格したが、親がどうしても反対したため村に止まったという経歴の持主で発掘本部などの看板を達筆を振って書くなどの才能に恵まれていたが、その人柄は、残念な事には政治と経済には余り向いている様ではなく、この点に関しては石川医師と全く対照的であった。

「御承知の様に飯岡村は、貧乏村で、どえらい金は出せませんが、一体どの位あったら、この映画は出来ますものですらい、その辺の所を一つ先生に教えて戴きたいと思いまして……」

文さんはぼそぼそと岡山弁でこんな風な事を云った。

私は文さんに痛く同情し、重年先生に東京で話した教材映画として作るなら、そこから三十万(?)の援助、（当時そんな事が行なわれていた。）但し、学視連の審査をパスすればの話で、かなり色々文句が出るという話をした。

「それはおえん（いけない）」

石川医師はいきまいた。

「内容につっついて干渉してくる、ヒモ付融資ならば教材映画はMSAと同じだ、この古墳発掘運動は、村の青年団、婦人会、文化財同好会の衆が全村あげて発掘している、その姿を、全国に紹介する映画を作りたい。」

「それでもなあ、そがいな金はとても出やしまい。ここん所は杉山先生に一つお願いして、教材映画の方からお金を借りる算だんを何んとか、一つ……」

角南教育長は、大分弱気になっていた。

MSA論と、お願い論とが論争している間に、この二日間の経験から考えて、この映画がとても教材映画として、番線に乗せられるかどうか、甚だ疑問になって来た。

しかし二十万円以上の金は、村の財政としても困難であろうと考えて、東京を出る時、製作協議会から指示されたもう一つの方法を思い切って提案して見た。それは、発掘に参加している先生方の組織である教員組合と、村の教育委員会、又県の教育委員会（当時は選挙で選ばれていた）などを含めて映画製作の一つの組織を作り、そこでシナリオの検討や、資金の調達を行なう、という、記録映画製作協議会が発足以来、やっている映画製作委員会について説明して見た。

お医者さんは早速賛成し、そして胸算用を始めた。

「うん教員組合なら、四、五十万は楽だ。それに部落解放委員会は、あそこはいざ金となるとしぶるけれど三十万は出すだろう……」

五三年のメーデー映画を作った時、足を棒の様に各労働組合を廻った経験がある私には、石川医者の楽観説にはついて行けなかったが、ともかく方向は決った。

もう一度、文化財同好会の面々、村長、青年団、学校の先生などの前でこの話をくり返し、結論として、先生方は手わけして、郡の教組や、県教組に働きかけ、お医者さんは、部落解放委員会に交渉をし、発掘本部では、まわりの労働組合に全部アッピールを出し、私は東京に帰って、教材映画の線をもう一度たしかめる事に決った。

この二日間、ぐるぐると廻された私は、桃源境の夢はすっかりふきとばされ、この映画は一体どういうものになるか、この先どうなるのか、全く見通しがつかなくなってしまった。ともかく一つ製作の方向が決ったのだから、私の任務は一応終ったし、誰かあとを引きついで貰おうと思っていた。

こんな事を考えている時、又石川医師がやって来た。そして、「今晩、講堂で発掘の報告大会があるから、その席上で今度の映画の事について、貴方から話して呉れないか」と今度は一番苦手の大勢の前でしゃべる事になった。

講堂は村の人達で一杯だった。近藤先生のユーモラスな発掘の状態の説明に皆満足している様だった。

私がたって、特に映画の資金の面の説明をすると、今まで笑い興じていた村の人達は、水を打った様に、しんとした。そして一人々々の、これは大変だという、気持が私の中途半端な精神をすっかり洗い落し、「もう一度この人たちの所へ来て、どんな事があっても映画を作ってやらなければいけない」という風に変えていた。（未完）

記録映画を見る会

九月例会案内

社会問題を扱った映画を中心に
（その一）

第二回の研究会は八月十日「日鋼室蘭」「おやじ」「おやじの日曜日」を映写したあと、懇談を行なった。社会問題をあつかった右の作品について「日鋼室蘭」の迫力、作品ならびに作家の時代をおっての後退について話されそのあと九月例会について討論された。その後共催団体である中部映画友の会との話し合いで、社会教育映画と他のものもまじえたレパートリーが組まれた。

1 **〝南国土佐〟**三巻　井上プロ
高知県の観光と産業と郷土舞踊を紹介する。それがだめの場合
〝美しくなるために〟三巻、日米映画、資生堂
たのしみながら、美しくなることができる夢のような話。

2 **〝あゆの一生〟**神奈川ニュース映画協会。映画日本社小林プロの二本。アユの特徴ある産卵から、ふ化をして海にたった稚魚が人の力を借りて川に放流されるまでを追ったものである。

3 **〝うわさはひろがる〟**二巻、第一映画
デマの心理、デマの対策を描いた社会教育映画、脚本・演出、岩堀喜久男、一九五九年作品。

4 **〝日本刀物語〟**カラー三巻、教育映画配給社提供、日本のもっともすぐれた美術品である日本刀のできあがるまでをくわしくえがき、時代とともにかわっていった日本刀の歴史にふれ、又鑑賞にもふれたもの

5 **〝荒野に生きる〟**三巻、日本ドキュメントフィルム、遠く南方水域まで出漁する、マグロ漁船が日夜の区別なき荒海との苦闘を描く社会教育映画、演出亀井文夫、一九五八年作品。

6 **〝段々畑の人々〟**三巻、新理研映画。
急傾斜地帯と呼ばれる地方の農民達が、恵まれぬ立地条件の下で米麦や甘藷等の作物を作るのにどれ程の苦労をしているかという社会教育映画、一九五四年作品、一九五五年教育映画祭特別賞、キネマ旬報ベスト・テン入賞。

と　き　**九月二五日（金）後六時**
ところ　**京橋公会堂**（中央区築地二丁目中央区役所裏、TEL(54)〇〇九二
都電、築地二丁目下車三分、西銀座二丁目下車七分）

世界の記録映画作家研究
五日、二六日（土曜日）西武デパートにて

八月の〝平和をテーマとして〟につづき〝世界の記録映画作家研究〟を開きます。時間はいずれも**十二時三〇分、二時**の二回です。

〇九月五日、〝エイゼンシュテイン研究〟解説山田和夫氏（現代通信）「〝エイゼンシュテインの生涯〟又は〝エイゼンシュテイン研究フィルム〟」

〇九月二六日〝シュパイデル将軍〟（東ドイツ）**解説大島辰雄氏**（評論家）〝

ところ　**西武デパート八階リーディングルーム**

×　×

「シュパイデル将軍」について

この映画は東ドイツで一九五〇年に作られた。わが国では今までに大阪で公開されたのみで、今度の西武デパートの封切は、東京の初公開である。

ヒトラーの忠実な配下、ハンス・シュパイデル将軍を中心に、ナチス高官の手による、一九三四年からほぼ二十年にわたる犯罪行為を、さまざまな証拠物件により論証したものである。

原題は「暗殺計画〝チュートンの剣〟」である。原案及び監督は、トルソディーケ夫妻、テキストはギュンター・リュッカー、撮影指導にはヨーヘン・ランゲとアルベルト・シュルツ、音楽はパウル・デッサウがそれぞれ担当している。

この映画は全ヨーロッパに異常な反響をよび、NATO加盟の一部の国々では上映が禁止された。この映画の本人シュパイデルは現在、NATOの最高司令官として、再びヨリ以上の犯罪行為に手を染めている。この映画はまた「記録映画」に対する我々の概念の改変を迫っている。

ドキュメンタリィ映画論・4

ドキュメンタリィはどこへ行く・3

ポール・ローサ，シンクレア・ロード共著

厚木たか・訳
（脚本家・フリー）

（一）一般的発展（その三）

題材と技術の両面において、英国ドキュメンタリィ映画は興味ある発展段階に達した。現在製作中の三つの作品、「タイムス」紙のためのイギリスの新聞に関する作品、ガス産業会社のための建築と共同体の社会的関係についての作品、中央郵便局のための産業保健に関する作品はそれぞれ技術上の新しい変化をもっていることだろう。これら三つの題材は以前の多くの作品よりも規模においてはるかに大きい。これらは、ドキュメンタリィ映画製作者が普通支はらう以上の費用をつかっている。これらのうちの少くとも一つに対しては、品質と社会的意義の新しい水準に達していることは期待できるだろう。イギリス映画産業のフィクション映画の殆ど完全な崩壊を考えて、ドキュメンタリィ人の若干名が、そのスポンサーづきの短編映画をすてて、フィクション映画製作をはじめるべきだとしばしば示唆されている。一・二の多く経験をつんだドキュメンタリィの監督が長尺映画を扱うことは可能であろう。しかし、スポンサー制度をすてるならば、彼らは創造の自由の多くと、彼らの映画製作についての社会的概念のための出口を失うだろうことを想い出さねばならない。英国の撮影所の多くのものの財源と実務にたずさわる人びとは、ドキュメンタリィの監督が技術の自由製作の時間の二つながら与えられているような……監督はそれに馴れているのだが……信用を与えはしない。一方、長尺映画の製作会社は、本質的にドキュメンタリィ・アプローチを要請するような題材を一二度試みてきた。ドキュメンタリィ・アプローチとは、私はとっては、その背景と社会的生存との関係におかれた普通一般人の理解を意味する。しかし「**一般公休日**」「**オード・ボブ**」「**世界の端**」「**南方区**」などはその努力は賞讃すべきであるが、英国の生活を忠実に描き出す事に失敗していた。それは、それらがいかにしっかりと英国の土に足を下していたかには関わりなく、それらの俳優が多くその背景から浮いていたからである。これらの映画の監督のなかの幾人か、彼らが映画化する題材に充分深く共感していたかどうか、それも疑わしい。ドキュメンタリィの監督にとっては、ブライトンの休日の群衆の気分をロンドンのスタジオで再現しようとすることは不可能でもあり馬鹿げてもいる。ドキュメンタリィ監督が物語と俳優を用いて長尺映画を作ろうとする場合には、彼は「炭坑」におけるパプストのようにしっかりと題材をつかみ、理解し、感じ、そして製作の自由をもっていなければならない。そうした条件を提供されるまでは、彼自身つくり上げたこのドキュメンタリィ映画の領域を発展させていた方が確かにずっと賢明である。この領域では、今の所、最も貴重なもの——四ケタ数字の経常費という重っ苦しい負担のない実験の時間と思考の時間——がもてるのである。

最近除々に行われてきた英本国とアメリカの提携は、全ドキュメンタリィ運動の将来にとって重要な意義をもつものと信ずる。三年前には、われわれ英国人は合衆国にドキュメンタリィ映画のプロダクションのあることを知らないでいた。以来、ハリウッドの影響下を逃れてリアリスティックな映画の製作を確立するために、数年間にわたって、発作的な努力がされたようである。映画、写真連盟は一九二八年には早くも、労働争議、スコッツボロの少年たち、飢餓行進などのニュース映画に没頭していた。一九三一年頃、セイマー、スターンはカルフォルニア果樹園での労働搾取を示すために「**帝王の谷**」を作った。金も財源もほとんどなしに作られた「**タクシー**」「**シェリフ**」「**対照的な市**」などの映画がつづいて現われた。一九三五年には、前にあげた連盟のメンバー中の反対派によって新映画同盟が形成され、この新しいグループは「**石炭採掘**」「**新しい天地**」などの作品をもってアメリカに最近やってきたヨリス・イヴェンスの作品の公開のスポンサーとなった。古いグループの一部門であるナイキノは、明白な労働党的傾向をもって、「マーチ・オブ・タイム」的なシネマガジンの一種である「今日の世界」を発行した。一九三五年の終りに、レオ・ハーウィッツとラルフ・スタイナー（以前から映画に関心をもっていたスティール写真家）は、最初の合衆国政府のドキュメンタリィ映画の製作を行っていたペアーロレンツのユニットに合同する事を申しでた。

アメリカの事実に関する映画は、一九三六年に再植民管理委員会（現在は農業保証管理委員会）のために作られた「**平原と耕す鋤**」で始ったというのが便利であろう。ある点でこれは真実である。現実主義的な映画は以前からアメリカで作られていたが、私の知っているかぎりでは「**鋤**」は、前か

らイギリスで行われていたと同じやり方で、スポンサーを土台にして国民的な問題を生々と描くために映画の手段を用いた最初のものであった。有名な映画批評家であるペアーロレンツは、素晴らしいユニットの援助の下に「鋤」を作った。そのユニットは普通写真家であるポール・ストランドを含んでいた。ストランドのメキシコの映画ペスカドス——後に「**波**」として封切りされた——については前にふれておいた。ストランドの影響は「鋤」の始りのシークェンスに明らかにみられるが、ストランドは製作の間じゅう仕事をしたのではなかった。最初の作品として、この映画は、今日われわれの見るところでは初期の英国ドキュメンタリィの特徴でもあった多くの欠点をもっていた。即ち、余りにも複雑な編集、人間的な触れ合いのなさ、型にはまった解説、そしてプロパガンダの観点からすれば最も罪のあるものだが、木で竹をついだように何故映画が作られたかを説明する結末などである。とはいえ「鋤」は重要な作品としてつねに評価さるべきである。というのは、「**流綱航**」のように、一つの道を指し示していたからである。それは洞察力と野心をもっていた。その題材は視覚的に興奮させるものであった。それはドキュメンタリィ映画はもはやヨーロッパの独占物ではなくなったことを示した。

ヨリス・イヴェンスはその間に現史家の団体——ジョン・ドス・パソス、アーネスト・ヘミングウエイ、アーチボルド・マクレィシュやリリアン・ヘルマンなどを含んだ知識人のグループ——に身をおいた。イヴェンスとヘミングウエイをスペインに送るための資金が募金された。彼らは内戦についてのドラマティックな、人間的な物語である「**スペインの大地**」に形成された素材をもち帰った。演出されたシーンと現地で撮影されたニュース映画タイプのものの間にある矛盾にも拘わらず、それはイヴェンスが充分誇ってもよい映画製作の勇敢な一例であった。ヘミングウェイの解説をめぐって意見がわかれた。海外の戦争は、直接に素材をうるよう他のカメラマンをもつきうごかした。「**スペインの心**」と「**中国反撃す**」は両方ともニューヨークにある非利益的製作グループであるフロンティア・フィルムによって編集されたものであるが、現地で撮影された。二つとも担当する監督のないことで困ったが、編集者はそれぞれのために素材の許すかぎりの良い仕事を行なった。この制作グループがアメリカでつくった唯一つの映画は「**カンバーランドの人々**」であった。報道に従って、この映画は英国人やスコットランド人の開拓者を先祖にもつ孤立した人びとの貧困と後進性からの脱出を扱っていた。現在合衆国で論争中の問題である連邦主義がその主題のなかで重要な役割を演じていた。その扱い方はドキュメンタリィとフィクションの混淆であり、俳優としての人間の扱いという、現在われわれが英国で直面していると同様の問題を提示していたと思われる。

近代美術館のフィルム・ライブラリィの賛助の下に、一群の英国ドキュメンタリィ映画が合衆国で公開されていたと同じ頃、ペア・ロレンツの第二作の映画が封切された。英国と米国において広く論争された「**河**」は、「平原を耕す鋤」よりもはるかに重要な作品である。それは、人間の欠除、〝分りにくい〟音楽、そしてまたまたプロパガンダの教訓をつけ足した結果という同じような欠点をもっていた。(ロレンツがプロパガンダをもてあましているかのように彼の二つの映画はエピローグにプロパガンダをもって来ていると考えるのは誤りである。)これにひきかえ、多くの英国ドキュメンタリィ映画においては、プロパガンダンは始めから終りまで作品に固有のものとなっているのである。しかし「**河**」は真にアメリカ的であるという点で偉大さをもつが、同時にまた、解説を長びかしたり、同一の地名を熱狂的にくりかえすようなセンティメンタリティももっていた。それは「鋤」には欠けていたロマンティックな性質のモメントをもち、また、雨に濡れた木の切株といったような、現実的なシークェンスをもっていたが、それに対してはカメラマンが名誉をうけるに値いするだろう。それは他のいかなる映画よりも、アメリカにおいてドキュメンタリィ映画についての一般の認識を獲得したのであった。そして、何よりもこの映画は、合衆国における社会再建の緊急の必要を表現する役割を演じたのである。その後、われわれはローレンツのラジオドラマ「**なすべき仕事**」を聞いたが、それは失業に関する新しいドキュメンタリィ映画への試作品だと言われる。それは人間的感情に富み構想は大きく、ロレンツの次の作品が成熟したものとなり、われわれの期待するアメリカの生活についてのドキュメンタリィ映画を与えてくれるだろうと示唆するものであった。

一九三八年には、二つの英語国の間で、ドキュメンタリィの分野において多くの契約がつくられたのであった。ロックフェラー財団の一般教育会議（これはアメリカにおいて映画の教育的利用をすすめるために多くのことを行って来た）からの許可によって、アメリカ・フィルム・センターは、英国のフィルム・センターと似た方法でこの分野に忠告を与え、いくぶん推進する仕事をはじめた。ラルフ・スタイナーとウィラード・ヴアン・タイク(彼は「河」を撮影した)はアメリカ・ドキュメンタリィ・フィルム社という製作ユニットを創設したが、このユニットはペア・ロレンツのスクリプトによって「**都会**」を製作している。この映画のためには、素材は英国において英国の技術者によって撮影されているが、その一方でアメリカのグループが道路輸送に関するある英国映画にとり入れられるアメリカの道路についての一シークエンスを撮影したのであった。英国ドキュメンタリィ人は、講義したり映画を公開するために合衆国を訪れている。アメリカ人は英国のユニットを訪問した。観点を拡げ新鮮な態度を教えるという点で人物や作品のこうした交換が二つの民主国におけるドキュメンタリ

ィ映画の将来に重要な役割を演じることは可能である。両国のプロデューサーは、相手から学びとるべき事柄をもっている、双方が批判を受け入れる心構えが出来ていればの事である。

私はこのことを殊更にいう、というのは、ドキュメンタリィ映画が英国にはじめて関係した産物であるとうけ取られて来た所から、若干のドキュメンタリィ人が過敏になっているようにみえるからである。これが歴史的にみて正しくないのは前に（第二章で）扱ったドキュメンタリィ製作者の様々の流派からも、作品についてのこの本の附録からもわかるであろう。英国においては、現実生活のドラマティックな叙述たるドキュメンタリィ映画は、一つの運動として他のどこよりも広く発展して来たということが主要な点なのである。その結果、英国の製作量は、製作が今まで発作的であり個人主義的であった国々よりもずっと多かったのである。われわれ英国人は、始めから、一人一人の人物のバラバラの仕事よりも、もっと重要性をもった運動を考えたのである。われわれは、また、教育に劇的要素が必要であるとつねに信じ他の国々よりもずっと広範に映画の刺激的な方策を用いようとしてきたのである。英国の映画の大部分は、特に英国の観衆にみせるために製作されてきた。各々の映画は一つの要求を、ある場合には実用的な目的を満したが、それは必ずしも外国に存在するような要求を、ではなかった。外国でそれらの製作が公開されると、その製作者たちは、それらの作品が国際的な関心に値するという賛辞を受けたようである。こうして「河」のような作品と「**北海**」のような作品を対比することによって小さな目的が果されたと思う。各々は異った目的をもって作られた。各々はその題材の特徴を身につけていた。技術的な根拠で判断した場合を除いては、両者とも優劣をつけがたい。そうした判断は二次的な重要性のものであり、どんな場合でも全く個人的なものである。われわれは、英国で、現在は他の国民よりも多くのドキュメンタリィ映画を製作することができる。しかしこれは、これらの映画が他国のものよりも優れていることを意味するものではない。われわれは今日まで製作をつづけることができ、そして個人的な製作よりも重要性を感じさせるにちがいない映画製作者の運動を発展させて来たのであるから、われわれの映画が民衆の間により深く浸透しているそういった事だけを意味するのである。英国ドキュメンタリィはその性格が充分に〝政治的〟でないという党派的な批評は、英国ドキュメンタリィ人の目的である広い目的を知らない観察者だけがなしうる批評である。

英語を話すドキュメンタリィ以外には、ミュンヘン協定以前のチェコスロヴァキアにおける、小さいが烈しかった運動を除いて、大きな目的に向ってドキュメンタリィ映画芸術を発展させている国民はない。チェッコのグループの典型的な作品は、ジリ・ワイスの「**われらの国**」である。それは処理法において印象主義的であるが、非常に良く撮影・編集され、詩的な解説がついていた。一時興味ある作品を製作したフランスは最近の数年は殆んど何もわれわれに示していない。というのは、おそらくそのフィクション映画の製作が健全なルネサンスを経験しているからであろう。ジアン・テデスコの「**ブリキの魔術**」はおもしろい巧妙なものであるが、新しいものは何もない。キルサノフの「**フランスの顔**」とモリーヌ・クロシュの「**愛の土地**」は、事実美しく撮影された輝かしい旅行映画であるが深い意味をもっていない。オランダやベルギーには小さいが熱狂的なドキュメンタリィ映画運動がある。前者では、一時イヴェンスの協働者であったマヌス・フランケンに「Reading」と「De Trekschuit」を製作しオランダ領東インドで仕事している。ジェラルド・ルッテンの「Dood Wasser」は重要な性格と力をもった素人俳優と物語ともった長尺の映画であり、注目に値する。ベルギーではアンリ・ストルクは「**貧困の家**」において現実と物語を結んだが、それは貧民窟と家屋再建計画を扱った映画であった。一方シャルル・ドクークレールは、アマ及びリンネル工業を扱った映画「**リンネルの歌**」を作った。エジプトからはヴィクトール・ストロフの監督した立ちいり禁止の荒廃した町を扱った知的に作られたドキュメンタリィ、「Siwa」が来た。これは彼の最初の作品で豊かな未来を予想させた。ストロフの素人俳優の扱い方は良くコントロールされ、その技術は素晴らしかった。というのは、ストロフはその遠征をはじめる前に英国とフランスのドキュメンタリィ映画を徹底的に研究したのであった。

ドイツからは、精巧な点で失ったものを長さで取り戻したような二つのドキュメンタリィがやって来た。レニ・リーフェンシュタールの二つの映画「**意志の勝利**」と「**オリンピア・民族の祭典**」のうち、最初のものだけが英国とアメリカで私的に上映された。最初に見た時には、その規模と調子の高さは圧倒的であった。二度目に見ると、その技術的な欠点が浮びあがって来た。二度みた時には、それがいかに群衆のスペクタルと音に依存しているかを理解することができた。四回見るとナチの会議は一体何に関するものであり、ともかく誰が会議しているのかを疑問と思った。機械的には、この映画は非常によく撮影されていたが、編集はニュース映画の水準程度であった。それでも「意志の勝利」はプロパガンダのために組織された仮構的なスペクタルのドラマタイズされた物語として、映画史にユニークなものであった。一九三四年九月五日から十日にわたって、ニュールンベルクで開かれた会議を演ずるためにあらゆる努力が惜しまれなかったので、群衆のパレードという点ではどんなハリウッドの大作をも上まわった事件から作品が作られていた。ヒットラー自らが製作を監督した。三十六のカメラがそれを撮影した。数百万フィートのネガが使用された。その結果は全く冗漫であった。

一九三三年、ゲッペルスはプロ

パガンダの方法を研究するためにイタリィを訪れ、同じ年ワルター・ルットマンは、イタリア鋼鉄工業についての映画、「**鋼鉄**」を作った。つづいて彼は、デュッセルドルフとコローニュのために、自分の「**ベルリン**」をモデルにした「**都会交響曲**」をつくり、ドイツで別の鋼鉄に関する映画をつくったが、それはその美しい撮影に拘わらず、連絡に欠け表面的であった。イタリィからは、「**英雄たちの道**」のような映画を見たが、それはエチオピアの殺戮をイタリアの観点から語ることを目的としていた。それから旅行の宣伝のための見栄えの良い旅行映画が見られた。ソ連からは、ドキュメンタリィの性質をもった重要なものは何一つ英国に輸出されていないし、情報はますます入手しにくくなって来た。「**アビシニア**」「**英雄たちの道**」とは反対の観点を示している。ロンドン映画協会はこの二つの映画から代る代るにリールを写すという素晴らしいアイディアを想いついた。このように映画は、政治的、社会的プロパガンダの手段としてかくも広範に用いられているので、業者が民衆に信じさせたがっているように、映画はまさに〝娯楽の一形式〟であるなどとはもう云う事が出来なくなっている。

作品評・「ネンネコおんぶ」（河野哲二作品）

常識的な社会改良主義

杉原せつ
（演出家・フリー）

もう一月も前になりましょうか確か記録映画研究会の席上でこの映画を見たのだと思います。試写後作品批評に入った時、司会者に指名された厚木さんが「まあ、いい映画と思いましたね」と一言。私は、さてこの種の映画は一応こんな風にほめねばならぬものなのかな、と一寸妙な気がしました。私は見終った時、この映画をいいとも思わなかったし、これを見るお母さん達にとって大して役に立つとも思えなかったからです。

〝暮しをくふうする主婦たちシリーズ〟の一つとして作られたこの「ネンネコおんぶ」という作品は

①何故、日本のお母さん達はネンネコおんぶをしなければならないのか。

②そのネンネコおんぶの赤ちゃんに及ぼす悪影響と注意。

③最後のしめくくりとして、お母さん達のくふうのあり方。

というところで大体の構成が出来ています。私の感じたままを順を追って申上げれば、先ず①のくだり、あれこれいろいろと例をあげてお母さん達がネンネコおんぶをしなければならない理由を解説（しかも非常に安易な形で画面をつくり乍ら）していますが、この部分に示された位の事は、今更映画で見せられる迄もなく今の世の中のお母さん達（但し上層階級は勿論除いて）の多かれ少かれが経験している事で、或いはおそらくこの映画を作った作者よりもそういう面ではこの映画を見せられる側のお母さん達の方がむしろ詳しいのではないでしょうか。ネンネコおんぶをしなければならない理由を若しこの映画で訴える必要があったのなら、作者はお母さん達の気のついていない角度からその源をつきつめ、見つめ、それがどんなに不合理なものであるか、映画をみてはっと始めてお母さん達が気づく様なものに迄掘り上げて示さるべきであったのではなかったでしょうか。

②のくだり、ここでは、医者の声と、解説で、ネンネコおんぶで街に出ているお母さん達に注意を与えているのですが、これも①の場合と同じ。安易につくられた画面の上に適当な解説と注意の声をかぶせているだけで、これを見るどれだけのお母さんが、実感をもってこの注意を受けとめられるかは誠に疑問です。このくだりで一点だけ光っているところがありました。街の騒音も赤ちゃんにはいけないという個所で、激しく往来する車と、赤ちゃんの顔とのカットバックをさせたところです。激しく眼前をよぎる車、それに思わずまばたき打って驚く赤ちゃんの眼、そして車、そして又赤ちゃん、そういう赤ちゃんをネンネコに背負ってたたずむお母さん…と、全体の中で生きたカットとして私が受とめられたのは残念乍らこの映画の中ではこの個所だけでした。

③のくだり、ここで一寸託児所の問題にふれていますが、これもこの映画の中で重要な話の一つである筈にもかかわらず、非常におざなりの解説しかなされていない。全く見ていて歯がゆくてかなわん気がしました。

こまごまとした事に注意をこめているらしい様で案外大ざっぱにしか凡てがとらえられていない作品。常識的な事を常識的にしか解説してない作品。私には大変不満に充ちた作品でした。

激しい現代の状況の片隅に追いやられているネンネコおんぶにくるまれた母と子、その母と子の苦しみを解く鍵は何か？この映画がその一端でも示していると云えるでしょうか。

唯やはり、作られなかったよりは作られただけよかったとは思いますが……。

批評にはならない、この映画に対する私の今の感想です。

子役の精神

「快傑黒頭巾・爆発篇」について

佐々木 守
（現代児童芸術研究会）

　東映のお子様向きチャンバラ時代劇「快傑黒頭巾・爆発編」は、なかなか面白かった。演出は前に「孔雀城の花嫁」を作った松村昌治である。佐藤美津男によればこの「孔雀城の花嫁」は上半期日本映画のベストファイブの中には、上位で入れたい作品だそうであるが、これにはまったく賛成である。徳川家の御息女が一万石の小名に御降嫁遊ばす話であるが、その身廻品だけの行列が十四日間つづく。「その間には雨も降った」コメントがのべると傘屋が大繁昌している。「風も吹いた」というと桶屋が門前市を為している。特にここの「風が吹けば桶屋がもうかる」と視覚化しているところなど見事というほかはない。いいたいことは多いが、今は「黒頭巾」についてだから、そっちへ入ろう。

　この「快傑黒頭巾・爆発篇」は外国で発明された液体爆弾をめぐって、勤皇派と佐幕派が相争う話である。女隠密、みなしごの三人姉弟、悪徳目明し、長州浪人、などのからみ合いの中に、九変化黒頭巾の大活躍となるのだが、結局爆弾は、船上で爆発し誰の手にも入らない。終りのシーンで、黒頭巾がしみじみという。「どのような兵器が発明されようと、それで歴史の歩みをとどめることはできない」と。前に松村は、孔雀城へ御降嫁になった徳川の息女に向い、山男に次のようにいわせている。「所謂お前は民百姓にくわせてもら身だ。そうとしったら民百姓のために少しでも役に立つことをしてやるこった」

　「孔雀城の花嫁」はチビ天結婚の四月、「黒頭巾」は原水禁大会の八月にそれぞれ封切られている。どうです、このタイミングのよさは——。

　そういうことも頭に入れて「黒頭巾」を見てみて、ぼくは、その子役の使い方に感心しないわけにはいかなかった。

　前にもいったとおり、これはお子様向きチャンバラで、東映でも「月光仮面・悪魔の最後」と二本立で売ろうとしていた。従ってこの映画には、みなしごの三人姉弟が出る。姉娘が花園ひろみ、弟が松島トモ子、それにちっちゃい妹がひとり。

　ところで面白いのは、花園ひろみ扮する姉娘は液体爆強を売りに来た外国人に見染められてつれて行かれ、物語に一波乱おこさせる役目を持っているのだが、松島トモ子とその妹は、ドラマの進行上何ひとつとして役割を果してはいない。

　松島トモ子といえば、今までの映画ではかなりの役割をして来た子役であったが、この映画でやっていることといったら「南国土佐を後にして」を歌っているおじさんに「黒頭巾」の歌を教えるぐらいである。

　これは今までのお子様向き映画の常識を完全に破っている。

　これまでのこういった映画は、必ずといっていいほど、思いがけないところで、子役が大活躍して事件解決に多大の貢献を為すというのが常であった（たとえば「鞍馬天狗」に出てくる杉作少年）が、この「黒頭巾」の子役たちは、ワアワア泣いて、歌って、あとはさらわれるために出ているようなものだ。しかも、その誘拐にしても、本当は花園ひろみの姉娘だけをつれて行けばよかったのだが、そばでウロウロしているので、「めんどくせえから、一緒にもってってしまえ」というわけでつれて行かれるのである。つまり、くりかえせば、劇の進展上何の役割も果してはいないのである。松村昌治にとってこの松島トモ子と、もうひとりの妹は、街頭で遊んでいて交通の邪魔をしている、そこらのガキと大してちがわない存在なのである。

　それでは、このふたりのガキどもをまったくはぶいてもいいのかといえば、そうはいかない。松村昌治は、この子どもたちに、ドラマ上の役割を与えてはいないが、大切な仕事をひとつ果させている。

　それは、この兄弟を、徹頭徹尾子役として使い切ることによって子役というイメージが、わが国の民衆に与える印象を、百パーセント利用しているのだ。たとえば誘拐シーンにしても、姉娘だけをつれて行くよりは、このいたいけな子どもたちに縄をかけてつれて行く方が、役人の非情さ無法さを強調し、黒頭巾の活躍に期待をより高めさせる。あるいはトップシーンで黒頭巾の大友柳太郎と松島が街頭で歌っていると、役人においはらわれるが、ここでも松島がせい一ぱい抵抗してみせると、何と可憐な！ということになる。そして何よりも、このことは、ドラマに何のかかわりもないのに、この兄妹はみなしごという設定であることによって強調されている。ここで黒頭巾は、可愛いみなしごにおじさんおじさんとしたわれる、「いい人」なのである。

　松村昌治は、こういった子どもたちには、ドラマの進展において如何なる役割も期待してはいないけれども、この可愛いガキのかきたてるムードには多大なる期待をもっているのである。つまり、まったくの、いわゆる子役としてのみ松村にとってこの子どもたちは存在価値があったもののようである。

　ここでぼくは、かつてのあの勤評斗争を思い出さずにはいられない。総評傘下労働者の子弟の一斉登校拒否という戦術は、ぼくにとってまことに痛快であった。にも

かかわらず、「子役を使うな」「子どもを政治にまきこむな」というマス・コミ（のいう世論）の攻勢に会うや、ヘナヘナとくずれ去ったのはみじめであった。

まったくのところ、世を上げてたたかっているというのに、何もしらずにいたずらばかりしているガキを見ていると、ぼくなどは二三発ひっぱたきたくなるのだ。こいつらは正直のところ子役としてでも使うより他に使いみちがないのだ。それに又逆に立って考えてみるがいい。「子役を使うな」ということば自身裏返しにされた子役意識であることに気づくべきであった。敵の方が一枚上手である。それとも、当事者たちは、あくまでも「子どものために」「生き生きとした児童像」などというクソったれたお子様意識を、鼻先きにぶらさげていたいのだろうか。

これは何も勤評斗争に限ったことではない、教育映画などを作っているオジサマや、子どもを守る会などに集っているオバサマたちも胆に銘じておくべきだ。おそらく、オジサマ、オバサマたちも、ぼくと同じく子役が出て来て可憐な声をはり上げると、そっと目頭をぬぐっているにちがいないのだから。母親大会の後でデモるのに童謡を歌う様ではお里が知れる。

現場通信

サービス精神の方法

—「海壁」を支えるもの—

黒木和雄

（演出家・岩波映画）

今度の作品について何か、と云われてもぼくが自分から作品について、こと新しく云うこともないようです。スポンサード映画という種々の制約があったにしろ作品は現在のぼくの精一杯の表現であってみればどうしようもありません。ただ日頃考えていることがその枠の中で計算通りに、誤っても近似値的な誤差でささやかに結晶されているか、どうかということ、その点の「後めたさ」は充分あるし、ぼくの「自負心」を継続的な不安に陥れもします。だから今は遁走あるのみ、客観点な距離への、という具合です。助監督の頃も多くのPR映画につきましたがPR映画に単純だが根強い偏見をもっていました。作りさえすればいい、つながりさえすればという根性が、つねにぼくを堕落させていたと云えます。つまり「映画」の難しさを身をもって知ろうとしなかったことです。だが反面、存在するPR映画と云われる不特定多数の作品の面白くなさ、これがなによりもこの安逸に拍車をかけていたと云えないこともありません。同じPRでもポスターとかデスプレイなどのコマーシャルデザインのジャンルでは斬新な造型性をもった今日的なアイデアがぼくらを驚ろかせています。又テレビコマーシャルも日進月歩の有様です。それに較べてPRの中でも最も機動力をもつことができると思われるぼくらの映画が、そのスタイルにおいても、その内容においても造型への貪欲な好奇心を持ち合わせていないという衰弱した光景は考えれば不思議なことです。スクリーンに展開される平板な論理、スローなテンポ、素朴な画面処理などぼくらの生活感覚を遊離した異物感はたかが二十分ものでも、やがてうんざりするほどの退屈さへとぼくらを追いやり、更にそれが被写体のつまらなさであるよりも作家自身のそれであって、画面を覆う気迫のなさが同じ穴の貉であるぼくらを何よりも悲しめます。ではどうしたらこの停滞した精神の領域からぼくらの脱出は可能なのでしょうか？——

PR映画が単純明快な論理をもつことは必要だと思います。だがその論理は映像の連続するなかで観客の心理的な論理、つまり観客の予想するものを勇敢に裏切り続けることによってはじめて、退屈させない面白さをフィルムが保証するのではないかと考えたいのです。この予想を裏切り続けるというような一見不遑なたくらみは世に云うサービス精神の本質でもあります。現実の壁をつきやぶる想像力の跳躍、仮定を恐れない大胆さというようなものはすべてサービス精神のもっている属性でもあります。PR映画にサービス精神の復興を！云ってみればそれは作家がぼくらの置かれている日常的な空間や時間の心理的な連続性をフィルム上で遮断し、粉砕して現実の断片を抽象された操作にしたがって彼個有のコンストラクションへと組みかえてゆく過程そのものにある、と云えましょう。書いてみれば平凡きわまりないあたりまえのことです。だがこの現実を再構成してゆく彼の「内部的な現実」のなかからこそ燃焼するフィルム独自の魅力、緊張する密度が感が生まれ、彼の資質も生かされると云わねばなりません。勿論、リズムもテンポもこの逆説的な方法を支えるところから自らの体質的な呎数を決定してゆくでしょう。ぼくは今、「ヒロシマ・わが恋」のアラン・ルネエの方法を必ずしも連想しているわけではありません。何よりも先ずPR映画の方法について云っているつもりです。「海壁」はこのぼくの方法を正しく適用できたか、どうかはわかりませんが、その生真面目なエチュードの一つとなります。どうも結果的には「自然」の手ひどい反撃をくらってしまったようです。この抽象への未昇華部分となりおおせた残骸をのりこえてぼくらスタッフは更に前進しなくてはならない、ということだけが今は確かなことです。

プロダクション・ニュース

（文中略号、演＝演出、脚＝脚本、撮＝撮影、構＝構成、編＝編集、16・35＝16ミリ・35ミリ、EK＝イーストマンカラー）

プレミヤ映画株式会社

○編集中「野生馬」EK、35、三巻

○撮影中「ゴルフは愉し」EK、ワイド三巻、撮—山口益夫

○完成「一九五九年オールスター戦」白黒、ワイド、三巻、「野生馬」白黒、16、三巻、

映画日本社 小林プロダクション

○完成「鮎の一生」白黒、35・16、二巻脚—吉田牧陽、撮—上岡喜伝次、「明るい海」パートカラー、35・16、三巻脚・構—山岸静馬、撮—金山富男・宮本栄司

三井芸術プロダクション

○準備中「特殊鋼」EK、35、四巻、脚・演—柳沢寿男、「奈良美術」白黒、35、二巻、演—水木荘也、「キッチンカー物語」白黒、16、三巻

○撮影中「ガードケーブル実験記録」カラー、35、二巻、演—頓宮敬蔵、撮—岡田三八雄

○完成「科学の生んだ白い砂（三井パーライト）」アンスコ、16、二巻、脚・演—水木荘也、撮—森隆四郎、「伸びゆく神鋼（改訂版）」EK、35、三巻、脚—古川良範、演—金子敏、撮—仲沢廉治

東映教育映画部

○撮影中「ある主婦達の記録」白黒、35三巻、脚—岡田山仁・酒井修・黒川義博、演—豊田敬太、撮—福井久彦、「村の休日」白黒、35、二巻、脚—古川良範、演—田中徹、撮—中町武、「原子と原子力」白黒、35、二巻、脚・演—前田一、撮—安藤八郎、「はまぐりのかんさつ」白黒、16、二巻、脚—尾田道夫、撮・構—小林一夫、「国蝶・おおむらさき」パートカラー、16、二巻脚・撮・構—小林一夫、「沼辺の微生物」白黒、16、二巻、脚・演・撮—吉田六郎、「あさがおしらべ」前同、脚—尾田道夫、演—米内義人、撮—土屋祥吾、「きんぎょの観察と飼育」前同スタッフ前同、「学校園の作り方」白黒、16、一巻、脚—曽我石雪枝、演—斉藤正之、撮—白石彰、「日本の農業のすがた」「地域による農業のちがい」「米や麦の増産のくふう」各白黒、16一巻、脚—小野春夫、演—杉森潤郎、撮—島本義誠、「農村のくらし」前同脚—清水信夫、演—杉森潤郎、撮—島本義誠、「リンゴの村」前同、脚—大岡紀、演—杉森潤郎、撮—島本義誠、「新しい農業の技術」「農業の機械化」「農地改革と農業協同組合」各白黒、16、一巻、脚—小野春雄、演—杉森潤郎、撮—島本義誠、「住いのあゆみ」前同、脚・演—石田修、撮—吉田正治「北海道地方」白黒、16、二巻、脚—永原幸男、演—宇田頼弘、撮—有村弘「中国地方」前同、脚・演—大岡紀、撮—江川好雄、「東北地方」前同、脚—石田修、演—田中穂積、撮—前同、「マット」前同、脚—島田太一、演—尾山新吉、撮—木村寛、「地表の変化」「地殻の岩石とそのでき方」「火山」「川と海のはたらき」各白黒、16、一巻、脚—尾山新吉、演—平松幸彦、撮—高橋宏「かびのかんさつ」パートカラー、16二巻、脚・撮—小林一夫、演—片瀬正弘、「動く海岸線」白黒、16、一巻、脚—横光信夫、演—平松幸彦、撮—高橋宏、「昆虫のすまい」前同、脚—尾田道夫、撮・構—小林一夫

○編集中「こずかい帳」白黒、35、二巻脚—増尾信江、演—津田不二夫、撮—村山和雄、「ガス工業」白黒、16、一巻、脚—島田太一、演—宇田頼弘、撮—有村弘、「市場のしごと」前同、脚—平松幸彦、演—斉藤正之、撮—白石彰、「地球の表面」前同、脚・演—尾山新吉、撮—伊藤貞幸、「造船工業」前同、脚・演—島田太一、撮—渡辺義夫、「近畿地方」白黒、16、二巻、脚・演—石田修、撮—吉田正治、「漫画映画のできるまで」白黒、35、二巻、脚—前田一・島田太一、演—島田太一撮—大塚晴郷

○完成「赤ちゃんと家族」白黒、16、二巻、脚—黒川義博、演—田代秀治、撮—赤川博臣、「村のおふくろ」前同、脚・演—前同、撮—前同「六人姉妹」白黒、35、五巻、脚—堀内甲、瀬藤祝演—堀内甲、撮—大山年治、「宿題」白黒、35、三巻、脚—増尾信江、演—西原孝、撮—村山和雄、「わが胸に鐘は鳴る」白黒、35、五巻、脚—片岡薫、演—関川秀雄、撮—福井久彦、「漁獲法の発達」白黒、16、一巻、脚・演・撮—白石彰、「とび箱」白黒、16、二巻、脚—島田太一、演—田中穂積、撮—浅野正博、「ポンプの実験」白黒、16、一巻、脚—勝野太郎、演—村瀬政弘、撮—伊藤貞幸

シュウ・タグチ・プロダクション

○準備中「日本の人形」カラー、16、二巻、脚・演—河合武、「日本の原子力平和利用」EK、35、三巻、脚・演—渥美輝男、「真夏のゆめ」「造船所」各EK、35、二巻、脚・演—小林大平

○編集中「水力発電」EK、35、四巻、脚・演—渥美輝男、撮—津田五郎、（電通映画と共同製作）「七つの観光地」カラー、16、三巻、脚・演—河合武、撮—坂本力康

日本フィルム株式会社

○準備中「たくましい仲間」パートカラー、35、四巻、脚—川内康範、演—渥美輝男、撮—八木沼宗清

芸術映画プロダクション

○準備中「浅間火山レース記録」EK、16、三巻、撮—増田年節・芳野光国・菅原卓・塩田繁太郎・他四名

○編集中「動物紳士録・猫の世界」白黒16、二巻、撮—芳野光国、編—永山義徳

○完成「女性による東京大阪間ヒルマンエコノミーラン」白黒、16、二巻、撮—芳野光国・永山義徳、録音—田中啓次

社会教育映画社

○準備中「村の保育所」白黒、二巻、脚—宮腰太郎、「新しき土地改良」白黒三巻、脚—八田大八、「電気アイロンのかけ方」白黒、16、二巻、脚—松江照代

○撮影中「しろあり」白黒、16、二巻、演—山崎聖教、撮—男沢浩

○完成「ミシンのかけ方と手入」白黒、16、二巻、演—浜田英夫、撮—山根重視

新潟映画社

○準備中「新潟まつり」EK、35、三巻演—小黒昇一、撮—近藤保・羽田昭・越野正次

○編集中「ガスパイプライン」白黒、16三巻、演—益子恒徳、撮—荒木忍・近藤保

○完成「田子倉ダム」EK、16、三巻、演—相川信雄、撮—近藤保

神奈川ニュース映画協会

○準備中「移動図書館」白黒、16、一巻「河は生きている」前同、各スタッフ未定

○撮影中「街を緑に」白黒、16、一巻、演—西村孝昭、撮—藤岡進、「相模川」カラー、35、ワイド、二巻、演—深江正彦、撮—久村守

○完成「がんこ親父」白黒、35、二巻、演—吉田和雄、撮—藤岡進

凡ぷろ

○準備中「道路」白黒、16、二巻、構・演—左川凡・撮—有泉潤（スタッフ予定）

○撮影中「東京駅」白黒、16、二巻、構・演—左川凡、撮—有泉潤

○完成「空の駅」白黒、16、二巻、構・演—左川凡、撮—久保信男

三木映画社

○準備中「親子文集（仮題）」白黒、16、三巻、脚—片岡薫、演—衣笠十四三、「読むべえ書くべえ話すべえ」白黒、16、三巻、脚—厚木たか、演—柳沢寿男、「願い」白黒、16、三巻、脚—倉島久子、「職場の中の個人」白黒、16二巻、脚—秋元憲、「ユニットシール」白黒、16、二巻、演—三木茂

○編集中「エチケット」白黒、16、二巻脚—秋元憲、演—三木茂、撮—岡田三八雄

編集後記

●今日は、「政治と映画」をテーマにして組みました。われわれのまわりで考えてみれば「政治的現実と記録映画作家」のかかわり合う所におきてくる問題にとりくむことです。もちろん、これが一片の特集号でかたづく問題でないことはわかっていますし、まして編集子の無能から、いとぐちをつかむのさえ容易でありません。しかし、今までの各号で論じられてきた作家主体のもんだいが、必然的に（芸術運動としての）映画運動についての見透しをみちびきだすとすれば、このあたりで、まっこうから「政治と映画」を題するのも、あながち気負いすぎではないとおもわれます。

今までの論義が、主体のもんだいにせよ、創作方法のもんだいにせよ、まだ一方の側からの問題提起におわりがちで、本当に討論する、という形になっていないのは残念ですが、これも将来ずっと続けることによって解決していきたいことです。この意味では吉見氏、花松氏の論稿をえてよろこんでおります。

前号から引き続いた戦後体験をめぐっては、八木氏、楠木氏ともにきわめてユニークな原稿をいただきました。しばらく沈黙を守っていた杉山氏も月の輪古墳の経験から現在的な問題をひもとこうとされていますが、これは、次号の映画運動論へのはしわたしとして、当時の関係者のみならず、ひろく討議を深めるべきデーターでしょう。

前月予告いたしました長谷川竜生氏の「二十四時間の情事」の批評は、氏の突然の御旅行で掲載できませんでした。おわびいたします。

誌友、大島氏から、貴重な材料を駆使して、ヨリス・イヴェンスのアヴァンギャルド・ドキュメンタリー論をいただき、ポール・ローサと並べることができました。ゆくゆくは、優秀なバックナンバーとなるに違いありません。　（大沼記）

錦之助の忠兵衛、有馬の梅川、千恵蔵の近松・巨匠内田吐夢が放つ話題の時代大作!!
東映スコープ
総天然色
浪花《なにわ》の恋《こい》の物語《ものがたり》
昭和三十四年度芸術祭参加作品
中村錦之助
有馬稲子
花園ひろみ
日高澄子
雪代敬子
中村芳子
植木千恵
白木みのる
香川良介
沢村宗之助
市川小太夫
進藤英太郎
東野英治郎
千秋実
浪花千栄子
田中絹代
片岡千恵蔵
製作 大川博
監督 内田吐夢
企画 辻野公晴 玉木潤一郎 小川貴也
原作 近松門左衛門「冥土の飛脚」「恋飛脚大和往来」より
脚本 成沢昌茂
撮影 坪井誠
東映

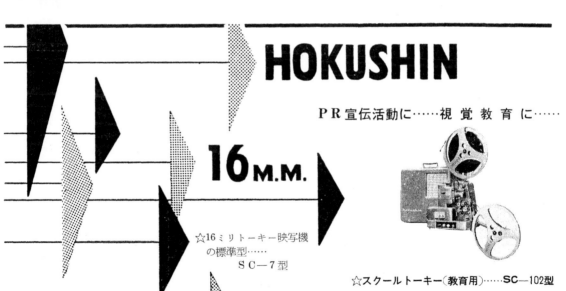

教育映画作家協会編集

記録映画

THE DOCUMENTARY FILM

昭和三十三年九月五日第三種郵便物認可

「安 保 条 約」

10月号

記録映画

1959 10月号

第2巻 第10号

時評

映画運動の発展のために

戦後の記録映画運動は、記録教育映画製作協議会を中心にして展開され、戦前のプロキノを中心とした運動を発展させたが、主として内部のエネルギーの涸渇から、一九五五年に挫折した。以来、運動としては他に見るべきものはない。

一方、上からのマスコミは、ここ数年の間に、大変な勢いで進展してきている。ところが、この一、二年、「悪法」「日本の政治」「安保条約」と、総評を中心にした映画製作が重ねられ、運動への一つの萌芽をのばしはじめてきた。萌芽の根ざすところは、現状の変革の武器として、映画の力がより一層再認され、それへの新たな期待が高まってきているところにあると信じる。

しかし今回の作品「安保条約」をめぐって闘われているもろもろの論議と、評価の仕方の中には、この貴重な萌芽を広い運動にまで発展させるか否かの重要な岐路を感じさせるものがある。

言うなればいま、われわれは、芸術運動のプログラムと政治運動のプログラムとの関係――そのかかわりあい方を正しく理解するという課題に迫られているのである。いやそれどころか、芸術運動とは何か、また芸術運動のプログラムはどうあるべきか。それを正しくつかむ課題にも迫られているのである。

しかもどこからどうして手をつけるかという困難さえある。運動をすすめ、発展させるには、われわれの周囲は壁だらけかも知れない。

しかしわれわれはすでにもう、確実な萌芽を持っているのだ。その萌芽は作家のためのものだけではない。映画の受け手、映画を活用する側にとっても貴重な萌芽なのである。

作品のアラをさがしまわっているだけではどうにもならない。作品の積極面を中にしての作り手と受けて手の意志統一こそが闘いを前進させるし、運動を全面的に発展させるべき唯一の鍵だ。

今回ここに特集した映画運動の反省と記録を、現状を広く知る一つの材料として発展の道をつかみ、運動の発展の道を切りひらきたいと思う。

表紙の写真

安保映画製作委員会が製作した安保条約反対映画「安保条約」（二巻）の一シーン。
脚本・演出は松本俊夫、コメンタリイは関根弘が担当している。

もくじ

戦後体験とドキュメンタリーの方法

針生一郎（評論家）

最近の映画には、世界的に大きな転機が訪れているといわれる。映像のもつ機能の再評価、ワン・ショットの自立性の重視、古典的モンタージュの否定論などが、そこからおこっている。

こういう変化の先蹤は、明らかに戦争直後のイタリア映画にあった。ロッセリーニやデ・シーカの初期の作品がもたらした感動は、抗独運動や戦後の廃墟のなかの群像をなまなましく描いた点だけではない。そこにはすでに、つくりもののストーリイや比喩を排して、ひとつのショットにたちどまり、因果の脈路を否定して断片的なエピソードを並列する構成があったし、強烈なカメラ・ワークによって激動し混乱する事象を即物的に定着する意図もあった。今日の映像論のモチーフが、一九三〇年代に定型に達した劇映画スタイルをうち破ることにあるとすれば､その方向はイタリアン・リアリズムによってすでに予感されていたといえる。そしてロッセリーニらは、かれらが戦争中にたずさわった記録映画の経験を大胆に活用することで、戦争体験から新しいヴィジョンをとりだすことに成功したのである。

たとえば、「無防備都市」で抗独運動の闘士フランチェスコが、ゲシュタポに連行されるシーン。アパートの窓からみおろす俯瞰のロングに、オートバイや自動車がつぎつぎにきて止り、武装兵の一隊が黒いかたまりとなって近づいてくる光景が入る。日常的な時間のなかに突如侵入してくる危機のぶきみさが、鋭い一べつでとらえられる。トラックで連れ去られるフランチェスコを夢中で追うピーナは、銃声とともにコンクリート上に転倒する。その死体にかけよる僧衣の子どもを、カメラは走るトラックからみおろしてパンする。主人公は特定の個人ではなく、人間を物と化し、死の危機にさらす状況そのものである。ショットは歴史の激動をつたえるかのように鋭く短かい。

ところが、同じ技法がロッセリーニのその後の作品では、しだいにアクチュアリティを失ってくる。「ドイツ零年」で父を殺した少年が、死を決意して焼けビルにのぼってゆく。少年の肩ごしに廃墟の街がひろがり、父の死骸を運ぶ霊柩車が遠く小さくみえる。この俯瞰のロングで、廃墟は人間を圧倒する巨大な不条理であり、少年はそこへ身を投げ、不条理のなかにのみこまれてしまう。運命の前に無力と孤独を噛みしめる個の悲劇が、もう復活している。

その後のロッセリーニが、このテーマを追いつづけて袋小路におちいったこと､デ・シーカが「ミラノの奇蹟」の空想的な善意の物語と、「ウンベルトＤ」の暗澹たる環境悲劇に分裂せざるをえなかったことは、あらためて語るにおよぶまい。イタリア派は一時、農村を舞台とした地方主義的作品で、社会的視野と野性へのあこがれを調和させようとし、また庶民生活のユーモアとペーソスを描くことに、逃げ道をみいだそうとした。そしていまや、ロッセリーニの協力者だったフェリーニを先頭とする、ペシミスチックで象徴的な作風が、イタリアン・リアリズムの遺産相続人とみなされている。

なるほど「道」や「カピリアの夜」も、独立したエピソードの連鎖から成るが、それは道化女ジェルソミーナや曲芸師ザンパーノ、売笑婦カピリアが孤独と救いのなさにめざめてゆく道行きにすぎない。風景は心象に濡れて、象徴と化している。これらのアウトサイダーをとおして糺弾されるのは、一定の歴史的状況ではなく現世そのものだ。佐々木基一流にいえば、「状況の現象学」から「存在の現象学」への移行だが、その間には一種の「転向」といっていい屈折がある。そして三〇年代の劇映画スタイルの骨格が、ほぼ完全に復活している。

どうしてこの「転向」はおこったのか。それを考えるには、戦後イタリアの政治や経済の推移をたどる必要があるが、わたしは一半の原因がロッセリーニらの方法そのものにもあったと思う。かれらは戦争によって既存の秩序の無意味さを知り、なまな事実を混乱と断片のまま映しだすことが、もっとも仮借ない告発であることを学んだ。みせかけのヴェールの下に、裸形の真実と無垢の人間性が存在することを信じた。ということは、かれらにとって不条理はいつも外部にあって、人間の内部にはなかったことだ。したがって、かれらのドキュメンタリズムは、事象の選択や価値判断、分析と再構成を放棄したアナーキーな自然主義をふくみ、ドラマの性格は純潔な人間が不条理な状況にまきこまれた、という古いメロドラマの要素を多分におびていた。この徹夜した帰納法が効果を収めたのは、日常性を剝ぎとられ、むきだしの危機にさらされた人間の姿が、現に眼前にあったからであり、また抗独運動――戦後の歴史が、社会的連帯や正義感の根拠を明白にさし示していたからだった。

イタリアン・リアリズムの指導者とされるザヴァッチーニは、かれらの信条を要約

して、「あるがままの事実そのものによって、特有の意味を生みださせること」「あらゆる陳腐な日常性のなかに、冒険を生みだすあらゆる要素を発見すること」などをあげている。それは疑いもなく正当な出発点だが、今日ではかれらの後退の弁明ともひびく。保守政権の下に経済復興が進み、戦前の日常的秩序が急速に回復したとき、イタリア派はあらためて伝統的な個我の再建をはかり、そして深い幻滅を味わなければならなかった。何よりもカトリック教会の神との対決が、かれらの困難を増大した。それにつづく東西の冷戦、スターリン批判、共産党と社会党の統一行動の崩壊などは、その幻滅をいっそう深めさせる。レンツォ・レンツィのいうように、「現実におけるわれわれの変革が、かなりお座なりで即製のものだったという疑いをのこしたこと」（映画芸術五月号）は、かれらを支えてきた社会的モラルの決定的な瓦解を意味した。そして、こうした戦後体験の屈折を究明するところから、イタリアン・リアリズムのさらに新しい地平をきりひらく可能性は、まだみいだされていない。

いわゆる映像論者は、こういうなしくずしの崩壊と転向の過程をぬきにして、フェリーニ、ヴィスコンティ、アントニオーニらを、フランスの「ヌーヴェル・ヴァーグ」や最近のポーランド映画とならべ、形式的な共通性だけをとりだそうとする。動機が何であろうと、そこからでてくるのが構図や画像やカメラ・ワークにかんするフォトジェニイ風の論議、劇映画の古典的スタイルへのいい古された反撥でしかないのは、当然だろう。もしかれらが、一種の審美主義や技術主義におちいることをのぞまないならば、当然ドキュメンタリーの方法の再検討に進むべきであり、そのさいイタリアン・リアリズムの評価が、ひとつの軸になるとわたしは考える。たとえば、イタリア映画の転回をみちびいた「日常性」の問題に、かれらはどう対処するだろうか。たしかに今日の現実は、あらゆる秩序が崩壊した断絶と危機の意識において、かえって解放感をかいまみた戦中戦後の状況とはちがう。だが、表面回復したかにみえる日常性は、秩序整然たるのっぺらぼうの連続性でもないのだ。そこにはいたるところ、危機が潜在し、断続が口をあけ、矛盾が深くわだかまっている。最近のイタリア映画は、こういう錯綜した状況にメスをいれることの困難さを、示しているようにみえる。

もっとも、アントニオーニの「さすらい」だけは、みぎのような一般的傾向といくらかちがった印象を、わたしにあたえた。わたしはこの作品が、「記録性の側面をどこまでもおし進めようとしながら、現代的リアリズムの困難さにつき当って、象徴性の靄のなかにさまよいこんだ」（並木康彦、映画芸術十月号）という見方に賛成できない。アルドのいる精糖工場の鉄塔の下へ、イルマが弁当を運んでくる。冒頭のこの一見平穏な日常性の底にひそむ亀裂の深さを、アントニオーニはしつようにえぐりだしてゆく。

七年間の同棲ののち、イルマにすてられたアルドは、社会的連帯とそのなかでの地位をすて、娘をかかえて「さすらい」にでる。一方には、社会関係のメカニズムのなかに生きる人びとがあり、他方には、生活のひとつのネジを見失ったため、この社会から徹底的に疎外されてしまう主人公がいる。画面をくぎるポー河と地平、自動車道路、三角州のバラック地帯、基地闘争の群集――これらの風景はアルドをきびしくはねつけ、容赦ない現実感でかれに迫ってくる別の世界である。しばしば論じられた遠景と近景との対比は、絵画的な構図や心象の視覚化のためというより、こうした断絶の意味を問いつめようとする姿勢からきている。ひたすら下降しながら、アルドは村と工場とイルマとともにあった社会的連帯の重さを、しだいに深くうけとめてゆく。結末で、鉄塔からよろきおちるアルドにむかって、イルマが悲痛な、空しい叫びをあげる。そのとき、基地反対の村人たちが工場の前を駈けてゆくのだ。

初期のロッセリーニやデシーカにとって、人間は無垢な真実であり、どんな悲惨と混乱にもめげぬエネルギーだったし、フェリーニにとっては絶望→救済の図式にのせられた魂の原型だった。いずれのばあいも自明な前提だった人間の内部を、アントニオーニは社会関係からはみだした部分で精細に分析する。この監督の新しさは、そうした距離と痛ましさを正確にみとどけている点にある。この距離は今のところ埋めるすべがないが、基地へ走ってゆく群集のうちにも、アルドと同じ深淵がひそむかもしれないと同時に、社会的連帯や運動がこういう疎外された個人の意識の深部まで、ふみこまなければならぬことを語っている。わたしはここで、「雪どけ」の苦い幻滅にいつまでも浸る代りに、地域ごとの調査活動などをとおして、未組織大衆をもふくむ幅ひろい統一をつくることに着手している、イタリアの革命勢力の動きを思いうかべずにはいられない。

だが、疎外された個人の意識と社会との架橋は、この方向ではたして可能だろうか。「さすらい」では、いわば時間が停止している。冒頭の鉄塔下のシーンから、ふたたびラストの鉄塔のシーンまで、その間に何年のできごとがたたみこまれていようとも、それは主人公の心理を拡大してみせただけだ。そこにこの映画の明確すぎる構図と、どのようにも感情移入しうる映像のあいまいさが生れている。現実には孤独な内部と外界は、こんなに堅固な輪廓で対峙していない。この心理的な完結性をつきやぶるには、偶然の事物や他者の侵入にたえなければならない。その意味では、アントニオーニもまた、あまりにも深く西欧個人主義の伝統に根ざしている。

わたしがそこでいつも思いうかべるのは、ルイス・ブニュエルの「忘れられた人びと」だ。ここには、にわとり、牛、小石だらけの道、まじないにもちいる鳩、辻芸人の太鼓、たちかけの高層建築などが、画像の重要な要素としてでてくる。だが、ブニュエルはこれらを風俗的な意味で記録しているのでもなく、直接心理の象徴として

いるのでもない。それらは裸形の物体として人間の行動とぶつかりあい、その残酷な暴力、サディスチックな異常さが、登場人物にひそむ抑圧の深さと抵抗のはげしさをあばきだす。しかし、ひとりの人物に同化しようとする観客の意識は、偶然と他の人物によってたえず破られ、新しい惑乱にみちびかれる。こうしてわれわれは不良少年やスラム街の人びとの抑圧され歪められた意識の背後に、不合理な社会機構をまざまざと感ずるのだ。眼にみえる外部の不条理が分解されて内部の不条理となり、もう一度眼にみえぬ社会の不条理に転化される。これはシュルレアリスムが追求した物と意識の断層を、社会と人間の断層にまで拡大したユニークな方向であり、ドキュメンタリーの方法が自然主義を決定的に克服する道も、ここに示されている。わたしはこういう方法がヨーロッパではなくメキシコという環境で、観念と肉体のギャップがまさに社会と人間のギャップとかさなりあっている、後進国社会との対決によって、生れたことを興味ぶかく思う。

「忘れられた人びと」のもうひとつの魅力は、モンタージュの方法をシュルレアリスムを媒介として更新していることだ。結末のハイボの死のシーン。うすヒゲだけがへんになまなましい死顔のアップの上を、さまざまの記憶が川のように流れてゆく。プロデューサーの反対で削られた最初の脚本には、ハイボが密告者の少年を石でめったうちにして殺すショットにつづいて、遠くにたちかけの高層建築の六階で百人のオーケストラが演奏しているショットがくる、といった構想もあったらしい。もともとモンタージュとは、時間・空間の日常的な連続性を破壊し、映画固有の新しい時間、空間をつくりだす方法だった。ただ、ブニュエルはそれを「戦艦ポチョムキン」流の単純な観念の運動から、欲望や潜在意識や映像の複雑な葛藤を描く方向に変形させたのだ。

イタリアン・リアリズムから今日の映像論に尾をひく欠点は、日常的な時間のもつ惰性にたいして弱いことである。断絶した状況に投げこまれた個体という構造は、容易に、時間の永遠な流れにたいする個人の無力という構造に転化する。これはかれらがモンタージュをせいぜいショットのつなげ方としか理解せず、したがって日常性の因果律をつきやぶる視点をもちえなかったことを意味する。結局、現実の解剖とその変革という作業を放棄し、あるがままの世界をあるがままに受容するニヒリズムから、それはきているのだ。映像論者はモンタージュ万能の時代は終り、ワン・ショットの役わりが重視されてきたという。だが、長いショットや画面の中の動きが重視されることは、映画が必然的に舞台の上の時間・空間に近づくことだ。そこで惰性にみちた因果律の構造をどう破壊するかが、いっそう切実に問われなければならない。

ブレッソンの「抵抗」にはじまるフランス映画の若い世代は、この点でわたしに多くの疑問をいだかせる。「抵抗」はなるほど、レジスタントの脱獄行為をとおして、人間の内部をデテイルにいたるまで客体化しながら、人間の根源的な証しを造形しえたといえるだろう。牢獄という限界状況のなかで、あらゆる物と行為がきびしく鮮烈な映像となり、運命とたたかう勇者の意志をうかび上らせる過程はうつくしい。だが、そのときわれわれには牢が抽象的構築物とみえ、主人公があまりにも原型的な人間像とみえてくる。状況も行為も、かれの内部にあらかじめ保たれた論理のワクを、はみだすことがない。戦争体験はブレッソンにとって、デカルト的な原理を験証するための、ひとつの素材でしかなかったように思える。必然の制約を自由の場に変えるこの原理から、ルイマルの「恋人たち」について清岡卓行がのべたような、偶然の出会いを必然の信仰に変える原理までは一直線だろう。そこにわたしはあまりにも西欧的、古典的なオプチミズムを感じてしまう。

視点を自由に転換せよ、するとみなれた日常性のなかから未知の断面が現れる――というのが「ヌーヴェル・ヴァーグ」のひとつの主張である。たしかに主体と現実のあいだの因襲的な関係は、視点の転換によっても破壊されうる。文学における「アンチ・ロマン」も、人称や話者の視点を変えることによって、意識と対象のいりくんだ事態をとらえようとしている。だが、その視点が現実の総体を顚覆するアルキメデスの点でないかぎり、そこに描かれるのはたかだかのっぺらぼうの内部世界ではないか。十八、九世紀の小説を骨子とした「恋人たち」やアストリュックの「女の一生」など、因果の必然が厳として支配し、感受性のドラマが中心となる作品で、かれらの方法がいちばん成功しているのは、そういう事情を語っているように思う。

同じくアンチ・ロマンの方法をいかしながら、さすがに戦中派ともいうべきアラン・レネエは、「二十四時間の情事」で戦争体験を今日の時点から深くほりさげてみせた。この作品の時間、空間にわたるおどろくべき冒険を可能にしているのはやはり、レネエが「夜と霧」や「ゲルニカ」以来一貫して駆使してきた、大胆なモンタージュである。過去と現在が複雑に交錯し、ヌヴェールと広島が結びつくことによって、女主人公ははじめて自己の傷痕を直視し、新しい主体を獲得することができる。ただ、ここに限界があるとすれば、他者としての日本人岡田が彼女の意識にいっこう侵入しえないことであって、それがやはり西欧的な世界像のワクを感じさせる。じじつ映画は、そのぶんだけ難解になり、小説的になっている。

われわれはレジスタントたちのように、勇者のモラルもなく、個我の信頼もなしに戦争と戦後をくぐりぬけてきた。主体性とは主体が存立しうる限度をこえてしまったところで、なお何らかの可能を生みだそうとする苦しい願望だった。その意味では、われわれこそレネエの描きのこした部分、カイヤットの「眼には眼を」がかいまみたこちら側の部分を、全面的に描きださなければならないのだ。ポーランド映画が戦後体験から戦争体験を検討しなおして、提示しているのはそういう方向だと思う。

特集

映画運動の展望

製作運動・河野哲二
野田真吉
神原照夫
普及運動・中村利一
観客運動・徳永瑞夫・高倉光夫・山田和夫

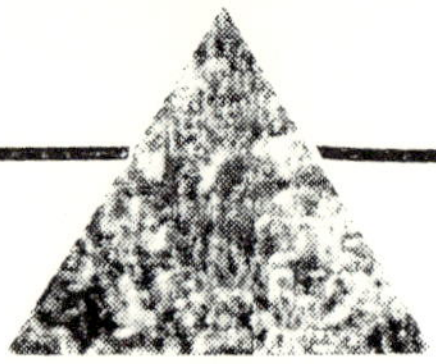

記録映画製作協議会運動の周辺

河野哲二（演出家・日経映画）

記録映画製作協議会が活動したのは、一九五三年から五五年までの三年間です。既に本誌で、吉見泰、野田真吉両氏が詳細に論じたように、困難な状況の中で製作運動を展開し、十数本の記録映画を完成しました。

(1)

この協議会の活動を今日ふりかえって理解するためには、次のような資料があります。

(イ)「協議会運動方針及組織についての検討要領」。

これは、何故協議会をつくるかを明かにするために、数人の作家が協議会の設立準備委員会の委託をうけて起草したものです。

(ロ)「記録映画製作協議会規約」。

前記の運動方針及組織についての検討要領を討論した結果、規約ができあがったのです。

(ハ) 機関紙として「記録映画製作協議会ニュース」が出ています。No1（一九五三・四・一〇）No2（一九五四・七・二五）の二回です。

(ニ) 協議会に参加した団体は、次の七団体です。

日映作家集団。新映画作家集団。日映技術集団。東宝芸術家協会。現代撮影協会。キャメラマン・クラブ。第一映画プロダクション演出者グループ。

(ホ) 作品。

これは二つに大別することができます。

①協議会が製作の中心となって、又は積極的に製作に参加して完成した作品。

②協議会が協力して完成した作品。

協力といっても、協力の仕方は多様で、脚本討議、演出の援助、製作への助言などです。

この区別に従って年代順に作品をならべてみます。

○一九五三年

①一九五三年メーデー

京浜労働者

②米

第三回世界労組大会の記録映画「世界の河は一つの歌をうたう」

○一九五四年

①月の輪古墳

松川事件「真実は壁を透して」

一九五四年メーデー

一九五四年の九州炭田

土の歌

一九五四年日本のうたごえ

②祖国の平和的統一独立の為に

永遠なる平和を

轟ダム

○一九五五年

①日鋼室蘭

世界民青代表訪日歓迎ニュース

一九五五年メーデー

日本の青春

友情のこだま

明けゆく山々

②タネまく人々

朝鮮の子

無限の瞳

一九五五年北海道メーデー

一九五五年九州福岡メーデー

ヘルシンキ世界平和愛好者大会記録映画

ワルシャワ第五回世界青年学生平和友好祭記録映画

以上、①に属する作品が一四本②に属する作品が一二本です。

(ヘ) 製作趣意書及製作ニュース。作品を製作するときに、必ず趣意書や製作ニュースをだしているので、個々の作品の製作を理解するには、これに頼らなければなりません。

(ト) 協議会について論じた文献としては、「教育映画作家協会々報」と「記録映画」誌上にのった、吉見、野田両氏などの論文があります。

(チ) その他、「国民文化会議映画部会ニュース」「自由映画人連合会ニュース」などにも、協議会の活動について報じた文章がのっています。

(リ) 以上は、直接協議会に関係した資料です。しかし、協議会についてその全体を理解するためには、協議会をめぐる映画界のうごきや、協議会と関係した民主団体、労働組合のうごき、更に、当時の政治や経済や文化運動のうごきをもしらなければならないわけです。

ここに資料を整理して列記したのは、協議会について論ずる場合に、協議会活動に参加した人にも、参加しなかった人にも、具体的な論拠となるので、明確を期する意味に於て行なったのです。

(2)

編集部から私に与えられた課題は「製作運動」です。そこで、協議会の活動をこの点から考えていってみます。

前記の資料(イ)によると、協議会の製作運動について次のようにのべています。

「われわれ短篇作家と技術者が当面している最も大きい問題は、生活と芸術の問題である。われわれの生活は註文映画の製作によって、からくも支えられている。しかし、われわれの芸術的創造意欲は、註文映画によって押しつぶされている。生活と芸術とのこの矛盾が、われわれの当面する問題である」

「生活と芸術を統一させ得るような映画製作の唯一の方法として誰しもが常に考えているのは、自主映画の製作である」

「大衆の要求に答える良い映画をつくるという問題を解決するためには、まず大衆の中にある自分たちの映画をつくろうという気運を組織し、製作母体をつくり、われわれがこれに参加し、大衆の自主性とわれわれの自主性を統一し、そうすることによってわれわれの創作方法を高め、つくられた映画はその組織によって上映してゆく、という方法をとらなければならないのだ。

これは単に製作方法だけではなく、一方では製作方法をとおして創作方法を高め映画を良くしてゆき、一方製作方法をとおして上映方法をうみだしてゆき、再生産を可能にしてゆくためのものである。

われわれは或特定の企業や個人の善意やその投資によって偶然的につくられる良い映画の製作にたよることは出来ない。たまたまつくられる一本こっきりの作品でなく、良い映画が絶えず作られてゆく様な運動と組織を生みだしてゆかなければならない。だから自主映画製作運動なのである」

そして、自主映画製作の可能性について、

「昨年われわれの手によって、一つの試みとしてメーデー記録映画(註「一九五二年メーデー」のこと)の集団製作が行なわれ、一つのデータを提供している。この映画はただ一日だけでクランクを了ったという特殊な条件はあったが、人件費をのぞいて二十万円未満の製作費で初号を完成している。観客動員は二百万人に及び、プリント費、宣伝費、興行者と二つの配給会社のとり分をのぞいても、二十万以上の金を回収している。事実上は百万円以上の金額を生みだしている。

以上の事実から考えられることは、我々が製作方法を更に改善し、もっと大衆的な上映配給の方法を生みだすなら、生活と芸術の矛盾を解決できる現実的可能性がある、ということである。この他にわれわれの進む方向はない。もしこの方向に於て、成果をあげることができたら、全短篇の作家技術者を屈辱的なスポンサーフィルム製作から解放することができるばかりか、短篇映画の発展向上とその普及はめざましいものとなるだろう」

「しかし、これらの可能性をうみだしてゆくためには、一定の成果があがるまでの、われわれの生活を何とかして確立してゆかなければならない。そのための一つの方法として、一定期間、註文映画の集団引受と集団製作を行なって、相互扶助を確立しなければならないだろう。協議会の全ての人々が各個ばらばらに、それぞれの生活のための註文映画製作に分散してしまうならば、運動を持続してゆく力の結集は失われてしまうだろう」

資料(イ)の中から長々と引用したのは、大衆と結びついた自主映画製作運動が、作家たちにとって重要な道であるとともに、極めて困難な道でもあったことがよくわかるからです。生活と芸術を統一させうる映画製作方法として、協議会が自主映画製作運動をはじめたとき、その前途に大きな希望と夢とを託していたにもかかわらず、三年後には内部から崩壊していったのです。その崩壊の原因は、協議会の運動が生活と芸術を統一し得なかったからです。勿論はじめから、生活と芸術とが統一されうるとは考えていなかったことは、引用文をみればわかるわけですが、序々にその方向に進み、遠からずその目標に近づくという期待はもっていたのではないかと思います。それが、案外遠いばかりでなく、いつかという予測もたてられないうちに三年を経過し、ついにあきらめて運動を中止したということだと思います。しかもそうした困難さは最初からもっと予測してかからなければいけなかったのではないかと思いますが、協議会の組織も、参加者もそこまで徹底できなかった甘さがあります。

例えば、自主映画製作の可能性について、前記の引用文をみる

と、「一九五二年メーデー」が人件費ゼロで、製作費約二十万です。そして収入は、事実上百万以上の金額を生みだしたとはいっても、配給諸経費を差引くと、約二十万の回収で、収支差引ゼロという計算になります。吉見泰氏が、本誌創刊号にのせた論文によれば「この作品は、予期以上に多くの人々に見てもらうことができ、予期以上の効果を残すことができましたが、にもかかわらず、製作費は回収されませんでした」とのべています。いずれが正しいにしても、人件費がゼロで、尚かつ黒字にならなかったことは、メーデー史上かってみられない流血の大乱闘を記録した作品であることを思いあわせて、自主映画製作の可能性は予測以上の困難をもっていたことがわかります。従って「製作方法を改善し、もっと大衆的な上映配給の方法を生みだすなら」可能性があると引用文ではいっていますが、いかに製作方法を改善しても35ミリ二巻の映画を二十万以下で製作することは不可能だし、上映配給の面で収入をあげることも、移動映写による非劇場上映収入は微々たるものである以上、映画館上映か、16ミリプリント販売収入に頼らなければならないので、決して容易なものではないことがうかがえるのです。この点、「一九五二年メーデー」の成果の上に立って結成された記録映画製作協議会は、その出発に於て、「一九五二年メーデー」の成果を高く評価しすぎた危険をはらんでいたと思われます。

更に、前記引用文は運動の困難さを予期してか「一定の成果があがるまでのわれわれの生活を何とかして確立してゆかなければならない。そのための一つの方法として、相互扶助を確立しなければならないだろう」そうしなければ「全ての人々が各個ばらばらに、それぞれの生活のための註文映画製作に分散し運動を持続してゆく力の結集は失われてしまうだろう」とのべていますが、このことが、徹底的に討議されずに終ったのも、「一九五二年メーデー」の成果を高く評価しすぎていたからではないかと思われます。従って協議会の規約にも相互扶助はふれられていませんし、財政についても「協議会の費用は事業収益及寄附金でまかなう（但し当分の間協議会連帯で借用する）」と規定されているだけで、相互扶助を行なう財政的な基礎もありません。野田真吉氏が本誌（五九年二月号）で、協議会の運動挫折の遠因の一つについて「プロキノの運動の継承と発展の上になければならないはずの協議会の運動は、プロキノの運動の徹底的な批判と評価がなされずにはじめられた」ことを指摘し、創作上の問題から論じていますが、それに加えて、自主映画製作の経済基盤の弱さに対する認識の不足をつけ加えるべきだと思うのです。そして、認識の不足は、「五二年メーデー」の経済的なデーターの過大評価からきたものと思うのです。

(3)

生活と芸術の統一を目標とした自主映画製作運動は、生活と芸術の両面に於て、出発当初から内部的に危機をはらんでいたのではないでしょうか。協議会は、こうして、資料(ホ)にあげたように、三年間に多くの作品をつくりました。資料(ホ)の①に属する作品をみてみると、その大部分が赤字の製作費で終っているのです。一四本のうちで、最低生活を保障するにたる人件費がでたのは「月の輪古墳」だけです。そして製作費が回収されて完全に黒字となったのは「月の輪古墳」の一本だけ。収支がつりあう処までやっとこぎつけたのは「一九五三年メーデー」「一九五四年メーデー」「日鋼室蘭」「一九五五年メーデー」「友情のこだま」「明けゆく山々」の六本で、そのうちメーデー映画三本は人件費はゼロです。「京浜労働者」など残りの七本の映画はすべて赤字に終っていますし、②に属する一二本の映画も「無限の瞳」をのぞく以外は、すべて赤字に終っていると記憶しています。運動として考えた場合、経済的に赤字をまねいて失敗しても、運動として役だてば、失敗のみとは評価できないにしても、度重なる赤字は、協議会ばかりでなく、協議会と提携して製作の中心となった民主団体や労組に影響を及ぼさないはずはありません。それら団体が記録映画製作運動に意義を認めてはいるものの、ためらいをもみせたことの原因は作品の内容よりもむしろ経済的な原因にあったと思うのです。例えば「五四年メーデー」はメーデー実行委員会で製作しましたが、「五五年メーデー」は経済的な理由によって、メーデー実行委員会製作が不可能になったばかりでなく、企画、或は協力という形でも、メーデー実行委員会は経済的な負担のかぶさるのを恐れて拒否しています。こうした例は一つだけにとどまるわけではないのですが、予定された紙数もつきかけているので略させていただきます。

もし経済的な面でわずかずつでも黒字をかさねていたら、協議会は三年間で内部崩壊することはなかったでしょうし、作品の内容ももっと欠陥を克服していたでしょう。協議会が発足する頃のPR映画の多くが、あまりにも宣伝臭の強いものが多かったにもかかわらず、協議会が崩壊した頃のPR映画は次第にすぐれた内容のものが多くなったように、協議会の作品も次第に質の高いものを製作していっただろうことを疑いません。しかし、その時期がこないままに、協議会に集った作家技術者は、生活の重荷を負って、相ついで註文映画の製作の中へ帰っていき、「運動を持続してゆく力の結集は失われてしまうだろう」（資料(イ)）と警告した状態となって協議会は崩壊したのです。

資料(ハ)(ニ)(ホ)について、もっと詳細に経済的問題を論じ、特に(ホ)の作品の内容にどのような影響を及ぼしたかを論じなければ、この稿の責任を果したことにはならないのですが、省略させていただきます。

(4)

終りに一九五三年から五五年までの間に、記録映画運動をすすめたプロダクションとして「基地の

子」などを製作した「東京キノプロダクション」をあげておかなければなりません。又、前記の「米」「タネまく人々」などを製作した「第一映画社」一九五五年に創立して直ちに「砂川」の製作に入った「日本ドキュメントフィルム社」更に「岩波映画製作所」の「一人の母の記録」も記録映画製作運動の上からは重要な意義をもっております。

又、学生の自主映画として、早大シナリオ研究会の「九十九里浜」もあげておかなければなりません。

教育映画作家協会が五五年三月に結成され発足したことも大きな意義をもっております。

挫折・空白・胎動（そのI）

記録映画製作協議会以後

野田真吉
（演出家・フリー）

(1)

記録・教育映画製作協議会（以下「協議会」と略す）の映画製作運動は、『五五年メーデー』の製作のあと、事実上、停止状態となった。その原因について、僕は僕の意見を本誌五九年二月号の「戦後記録映画運動についての一考察」であらましのべた。また『映画批評』などでも見解を発表したので、ここでくりかえしのべることはできるだけひかえる。それに僕にあたえられた課題は「協議会の運動以後の記録映画運動の展望」であるからである。そこで、協議会の運動以後、はたして運動の名にあたいする運動が僕たちにあったか、なかったか。運動はうまれる可能性があるか、うまれつつあるか。——という問題を僕なりに考えてみたいと思う。

運動というからには一つの目的意識のもとに（すくなくとも同一の問題意識のもとに）組織的に結集し、組織的に運動のために活動しなければならない。

協議会の運動は、その点戦後における運動といいうる映画製作運動であったと思う。協議会の運動は、働く者の闘争の武器となる記録映画を、大衆とともにつくるという共同の目的のもとに作家、技術者が結集し活動した。創作方法については、いわゆる「社会主義リアリズム」を指向したが、統一的な創作方法としてそれをとりあげるにはいたらなかった。

協議会の運動は五二年から五五年の間、まがりなりにもつづけられた。この時期は我が国の独占資本が、米国帝国主義のれい属と支援のもとで、たちなおりを見せはじめた時期である。我が国の政治、経済を米国の軍事体制、いわゆるMSA軍事体制にくみいれ、積極的に軍国主義化を強力におしすすめた時期である。我が国の独占資本は、そのことで支配の強化と企業の合理化、利潤の増大をえようとした。

一方、労働戦線も、二・一スト以後の分裂から、生活と民主主義、平和と独立をまもる、幾多の闘争をえて、統一への要求が下部からうまれはじめた時期である。それだけ、闘争ははげしい弾圧のなかにたたかわれた苦しい時期であった。しかし、首切り合理化反対の闘争とともに、軍事基地反対、原水爆反対の運動が国民各層にしみとおりひろがっていった。

階級的視点にたった協議会の運動も、当然困難な条件の包囲のなかですすめられた。それに、運動自体のなかに「戦後記録映画運動の一考察」などでふれたように、作家の主体と方法の欠除、あるいは喪失を中心とした、幾多の欠陥があり、運動を渋滞させた。さらにそれは、運動組織を弱化させ、ついに運動を自然解消という形で挫折にみちびく結果となった。

僕が協議会の運動を「挫折」と断定することにたいして、当時、僕たちとともに参加していた仲間やその他の人々から、運動の成果にたいする評価がたりないという批評をたびたびうけた。僕はもちろん運動の成果がまるきりなかったというのではない。協議会の運動の成果は、階級的な立場で記録映画がつくられたこと、作家と大衆組織とがむすびつくことによって、そのような映画をつくりうること、また、アクチュアルな事象を直接対象とする迫真性と効用性をもっている記録映画が、大衆の前に提出され、大衆はそのような映画の存在をしり、その製作の可能なことをしったこと、などである。一部ではあるが、労組、民主団体で積極的に記録映画を闘争のなかにもちこみ、闘争の武器として運用したこと、さらに労働者をはじめとする、働くものの手による映画製作への意欲をおこさせたこと、そして、文化の享受者から文化の生産者となって働くものが最初の映画製作の試みにふみだしたこと。——もまた、成果といいうると思う。作家は大衆とともに映画をつくる経験を学び、大衆に接し、大衆と闘争を知る機会をえた。

これらのことを僕は協議会の運動の貴重な成果といいうると思うが、それらの成果も、僕は作家として、運動の経験をうけとめる場合、作家の主体と方法の喪失という運動の欠陥——つまりは挫折の要因をあきらかにしてのみ、「貴重な経験」が、成果として今後の運動の出発と前進の契機もなりうると思うのである。

だから、僕は協議会の運動を「挫折」とみるところに、その「挫折」を否定的媒介とするところに、貴重な体験が「体験の貴重さ」と

なると思うのである。

協議会の運動についてながくふれてきたが、それは僕にあたえられた課題の答えの前提となるからである。協議会の運動にたいする、きびしい批判とただしい評価がいままでなされなかったところに、僕は以下のべようと思う今日にいたるまでの運動の空白をみるからである。

(2)

僕たちはここで、協議会の運動の挫折した五五年、次の五六・五七年の、記録映画・教育映画・短篇映画の製作状況を日本映画教育協会の調査資料によってみながら、当時の状況をみてみよう。

年度	作品数	巻数
(五四年)	四八〇	一、〇〇〇
五五年	五七一	一、二一二
五六年	七五三	一、六八八
五七年	八三三	一、九一五
(五八年)	一、〇九一	二、二八四

右の表によってみれば、五五年から急速に製作はさかんになっている。これは、官製の視聴覚ライブラリーが〝全国的に整備されたので、学校教育、社会教育用の映画製作がなされ、一方、たちなおりをみせた大企業のP・R映画が急激に増加したためである。(五七年度からはテレビ兼用映画がつくられたための増加である。また、長篇記録映画が五六年あたりからつくられはじめているのも特長的である)。

上昇期にあった五五年と五六年の作品リストからめぼしい記録映画の題名をあげてみよう。

五五年には『ひとりの母の記録』『砂川の人々』『たのしい版画』『佐久間ダム第二部』『無限の瞳』『日本の青春』。協議会の関係した作品は『日鋼室蘭』『たねまく人々』『朝鮮の子』『五五年メーデー』。

五六年には『麦死なず』『流血の記録・砂川』『生きていてよかった』『平和への前進』(五六年メーデー、新東宝労組)『絵を描く子どもたち』『鉄』『九十九里浜の子供たち』『カラコルム』『マナスルに立つ』などである。

しかし、協議会の運動の挫折した五五年以後、積極的に記録映画を社会変革の力としようとしている作品はまったく数えるほどしかない。右にあげた作品のなかにひろわれる程度である。そのなかにもっとも注目されるのは、独立プロを中心とした民主的な劇映画製作運動の挫折・解体によって、再び記録映画をつくりはじめた、亀井文夫の諸作品である。(独立プロを中心とした民主的劇映画製作運動の挫折・解体は協議会の運動と同様な消長と、本質的に同一な問題とをもっていることを附言するにとどめて、仔細は他日にしたい)

亀井文夫は自ら日本ドキュメント・フィルム社を主宰し、総評などの軍事基地反対運動のもとで、『砂川』の三部作を、原水爆禁止運動のもとで、『生きていてよかった』からさらに『世界は恐怖する』(五七年)をつくった。

彼の一連の作品は協議会運動の挫折後、もっとも社会的な問題に正面から取組んだ唯一のものといってよい作品であり、作品としても協議会の作品にはみられなかった、作家の独自性と形象性をそなえたものであった。しかし、彼の作品活動は、軍事基地反対運動や原水爆禁止運動に、一作家として参加することによってすすめられたのであって、芸術運動として、記録映画製作運動として展開されたものではなかった。

このことは彼の作品の評価とは別であるが、運動の側面からみる時、それは運動とはいえない。でも、彼の諸作品の成功は、僕たち協議会運動に参加したものや、他の多くの記録映画作家たちに反省と示唆と勇気をあたえた。

なぜなら——五五年から五六・七年の社会状勢は、本来ならば協議会の運動を前進させうる外的条件が、いままでよりととのってきた時期であった。労働戦線の統一を軸とした、生活と平和と独立、反ファシズムのたたかいが国民的な規模にひろがっていった時期であった。協議会の方針からすれば、運動が飛躍的に前進をとげねばならない、もっとも精力的に作品をつくらねばならない時期であったにもかかわらず、運動は五五年なかばで挫折し、自然解体してしまった。

協議会の運動に参加した多くのものは、運動の挫折の原因をたんに極左冒険主義にあったとし、政治的偏向とみて自己批判した。また、製作母胎である労組の経済力の不足、上映組織の弱体などの製作上映条件の不備(このことは作家の経済生活の破綻をみちびき、運動からの脱落をうながした)に問題の全部をしわよせした。そして、官製の視聴覚ライブラリーの整備による教育映画の要求、P・R映画の増大という当時の現象を企業のなかで積極的に活動すれば製作条件がうみだせる、という見方をした。あるいは、企業の外にのみ活動した協議会の運動のあやまりを是正しなければならないといった。協議会の運動のひとつのピークである、たとえば『月の輪古墳』の製作上映(上映は主として官製視聴覚ライブラリーの線でなされた)の成果は、企業にもちこまれることができ、そこにもちこんで中小企業である短篇映画会社の経営者もひっくるめた形で、製作活動を発展させねばならないといった。このようなあまい自己批判と現状分析によって、協議会の運動はただしい批判と評価をふんまえず運動のゆきづまりを、ずるずるとなしくずしに解消していった。五五年以降、僕たちはほとんど企業で教育映画やP・R映画の製作に従事した。

亀井文夫の作品活動はそうした僕たちに、協議会の運動の挫折・解体の重要な意味、責任の問題をいまさらのように感じさせたのであった。しかし、まえにもふれたような協議会の運動の挫折・解体の要因をつきつめ、あきらかにする契機とはならず、協議会の運動の成果の延長、または発展という程度にしか、亀井の作品の成功をみなかった。亀井の作家的力量と、製作をささえた軍事基地反対闘争・原水爆禁止運動の力との総和として、作家の成功をみたので

ある。

　たしかに、その面が彼の作品には見られるがゆえに、僕たちに協議会運動の挫折・解体の問題を再び考えなおさせたのである。だが、その問題の核心である、作家の主体と方法の喪失という点を触発するにはいたらなかった。そこには、僕たちが不毛な、松本俊夫的にいえば作家の没主体的な意識構造をもちつづけていたことであり、一方、亀井文夫の作品それ自体のなかに底流している、自然主義リアリズム的方法は、没主体的だった僕たちの内部に、自己否定の契機として充分に直接的に解発するにそれはいたらなかった。亀井文夫の作品に僕たちと同質なものを含んでいたからであった。

　とはいえ、亀井文夫の一連の作品は僕たちに協議会の運動を、どのようであれ、ふりかえらす一つの大さな示唆と動機をあたえた。

　五七年、松本俊夫は「作家の主体ということ」を教育映画作家協会々報十二月号にのせ、作家主体の喪失をつき、その確立とそれに即応する方法との問題をはっきりと提起した。彼の問題提起と追求は記録映画においてのみならず、無風状態の映画芸術のジャンルにおいて、記念すべきものであった。問題は教育映画作家協会機関誌『記録映画』の発刊にともない、同誌上において幾多の人々によって論争がくりかえされ、たかめられ、主体論問題として追求されるにいたった。

　協議会の運動はあらたな視点でとらえられようとしている。そして芸術運動における前衛的な運動の意義と必要性を、記録映画作家たちによびおこしつつある。

　五八年には、教育映画作家協会は、文化人や芸術家、芸術団体と労組やサークルによって結成されている国民文化会議に参加した。警職法反対闘争には総評製作の『悪法』に積極的に作家たちはくわわった。つづいて総評や国民文化会議の製作による『日本の政治』（五九年）『安保条約』（五九年）に作家たちは活動した。このように書くと、とんとん拍子に前衛的な記録映画の運動がおころうとしているようにみえるが、実はまだまだ多くの矛盾が僕たちの内外にひそんでいるのである。話は少し前にすすみすぎたので、もう一度五六年にひきかえすことにする。教育映画作家協会の設立と協議会の解体との関係について、僕の私見をのべたい。それは、これから新しい記録映画運動を発展させるために考えねばならない重要なことがあるからである。（**未完**）

学生の映画製作運動について

神原照夫
（日本大学映画研究会々員）

「日大芸術学部映研」における製作運動方針要項

会員数七〇〇という我々の組織は、形式的には自治会の下部組織として32年度より新発足をみたが、学部内（学生数約三〇〇〇）の六学科にそれぞれ単一の専門研究会を設け（映画学科には映画研究会）「全員加入を原則とする」という画一性を生ぜしめたのは、当時の自治会の内部的必然というより単なる組織がえ以外のものではなかった。むしろ単一的な組織を通じて各学科研究室が授業内容の補助的役割をその活動方向に規制したということ、つまり学校当局の御用機関化へのコースを内部的にもっていた故に、学校側との摩擦はあるはずもなく、本質的には自治会と研究室側の中間に浮いた半自治的な性格をもっていた。
　33年度始め、それまでの曖昧な規約の改正が割に容易に実現されて「学生総会を最高決議機関として、学生の手によって運営される」自治組織としての映研がここで又もや規約的には再出発した。
　運営部と十の研究部会をもつ執行部とが、新規約下第一回総会に提出した活動方針案の骨子は、「段階的に進展するわれわれの研究活動自体が、学生という特殊性をもちながら映画芸術運動への積極的な参加を意味し、われわれ相互の連帯的関連を強めるものであること、社会的位置への認識、問題意識を提出し研究テーマを設定し新しい目標を捉えること、アルチザン的経験主義をわれわれの間に滲透させないために理論と実践の活動を統一すること等」の一般方針と、「研究部会活動の積極化、連帯意識の昂揚（自主映画製作）企画の強化、等」の具体的計画であった。65万の予算案と共に通過し、ここに実質的
　ＰＱＲ現わる。
ＰＱＲ「おいおいキミキミ発展過程をこんな書き方でレポートしてもつまりは外部的な捉え方しか出来ないね　われわれ学生の映画製作運動の実体に迫るにはこんなステロタイプな表現で出来ると思ってるのかい　少くともアクチュアルな姿をとらえきれないね
Ｐ「例えば君が規約の改正が割に容易に実現されてなんて書いたり方針案を並べたりするのは安易にすぎる　わが映研が33年度に至って急速に運動の高まりをみせたのはわれわれの意識的部分の内的必然とすでに存在としてあった映研の外的偶然とがとけあって生まれたものであることをまず認めなきゃあならん　全く飛躍的に発展したんだ　経済面も32年度から確立していた入会金一千円を新入生から徴収してさ
Ｒ「ところが今年はどうだ　33年度の活動の自主性が強すぎたた

めに研究室側の非協力に会って徴収不能自主製作の資金が目下ないときてるこれはわが映研の学内位置関係から規定される非自主的本質をバクロしたものじゃあないか

Q「まあそうあわてなさんな　自治組織としての規約は現在有効なんだし十部会の自主活動が停止してるわけでもない　経済的基盤の稀薄性が活動内容を相当動かすことは現実だが　われわれの場合本質的変化を見出せない運動の側面が局部的には後退現象を起しつつ全体としては更に深化していることは確認出来る　具体的には釘と靴下の対話の自主第一作完成を媒介にしつつ直ちに三年を主力とした第二作準備委員会の発足その中心メンバーの拡大があるじゃあないか

P「たしかに第一作によるわれわれの運動意識の変化はすごいね　芸術運動への積極的参加どころじゃないまさに映画はおれたちのもの既存の学生映画の特異な存在から一挙に主流化する学生映画の枠をこえる映画芸術運動の主流となるという予見自信が生まれてきてる　これは質的転化だね

R「運動の主流を形成するのはわれわれだという意識をもう捨ててはならねェ　われわれの旗印は既成商業主義映画への反抗新しい映画的表現の獲得という概念性を脱ぎすてつつ明確な芸術運動としての主体即ち大ざっぱに云って人間の疎外的状況をつき破るためにその目的意識と相応する反自然主義的表現方法をたえず生みだしながら実作をし他方で行なわれる観客組織化運動の上下横から刺戟し刺戟されて理論的行動的な統一を計りつつ実際的に前へ前へ進むことあるのみだ　すでに確かな基本的認識に達した以上この運動全体を着実に推進させることあるのみだ。

Q「君らはどうもPR的だ僕にアジったって仕様がないだろう　あんまり簡単に運動運動と言うなよ大切なことは芸術運動と政治運動の結節点乃至部分はどんなところにあるんだということだ　更にマスコミによって媒介されている作家と観客の現状をどの様な方向にもってゆく可能性があるかということわれわれは行動を通じて可能な限り解き明さなきあならないが　とにかくわれわれのやっていくのは一つの芸術運動に違いない　社会的にはわれわれが学生という特権的猶予期間にある存在であると自認せざるを得ないところがここにわれわれ自身の主体性がある方向を指すと　もはや猶予期間じゃあなくなってしまうんだ学生運動は大体そんな形をもつ学生が作るから学生映画だと言われればそれまでだがあらゆる面で過去のそれを超えなきあならないし　われわれは超え得る契機をつかんでいる　第一作の経費は16ミリ3巻で21万4千円だった二号プリントも焼いてだ他の大学映研ではましてプロダクションでは想像もつかぬ経費だろうが　専門大学だから器材ありスタジオありで当然の外的条件だ又理論的深化はわれわれ自身学生同志記録映画休刊中の映画批評の人々等の交流によって除々に形づくられてきているものであるこれらの過程の発展の結果として映画芸術運動の主流化することもあり得ようが　今日のプログラムにはまだないじあないか　もっと具体性現実性をもとうじあないか

PR「われわれは明日のプログラムも作るべきじあないのか

R「考えてもみろ　映画界に作家と呼べる人間が何人いるのか　商業主義の御註文をうけて生活があるからと言って喜びそして悩みつつ表現したいものをどこかに忘れてしまったり見失ったりまあこれが現実だという態度ほどイヤなものはない　亀井さんのように僕はニヒルだと言うんじあ状況は打破できない　なぜ映画にはプロデューサーが必要なのか　創るということは条件も創らなきあ意味がないじあないか　金が要るなら金を得るべきだ　鉄路の闘い原爆の子ひろしま等は労働組合のバックアップがあったが　内容とは別に高い評価を与えるべきだ　しかし方法は組合だけじあない　真に作家たらんとすれば経済的基礎を獲得する実際的プログラムも同時的に実行しなきあならない

P「われわれのことを言えばわれわれは真の創造出来る外的基本条件を有していることは確かなんだどんな素材をテーマをもってきたって制約はない眼の前は全開放だ自由だ　経済方針だって可能性を拡げてゆく行動力がある　Q君　われわれの今日のプログラムは自主第二作であろうが　明日のプログラムは単に第三作製作とでも言うのか

Q「いやそんなわけじあないけどあんまり大きな声をだすなよ　たしかに映画芸術運動における経済方針のなさは致命的なものがあるが　それなら一体どんな具体的実際的プランがあるのか　人々は今迄に悪戦苦闘したに違いない　だからわれわれも苦闘しなきあならないというんではないが、さしずめ自主第二作三作と続けていく目前の問題として　経済的可能性の拡大を完璧なものに近づけるためにわれわれは今五ケ年計画を樹立すべきときじあないだろうか　考えてみても会員からの醵金学校映研映サ学連労組からの援助プロダクションを含めた資本家からのヒモなし融資以外に何がある　クロード・シャブロルを羨ましがるだけではダメだ　プランをねりあげよう　毎年一本づつ増して五年目には年間五本の作品を作ることを目標としようじゃないか考えるべき問題はわれわれの組織自体にもある半自治的な本質は変化し得るか或いは実質的な自治は既にあるのか又学校側との連繫がどの地点で可能なのか不可能なのかこれらを一つ一つたしかめつつ組織方針を更に強化しなければならない　その上で明日のプログラムを決めようじゃないか

（以下三六頁へ）

移動映写隊から
反マス・コミの闘いへ

中村利一
（労働組合映画活動研究会事務局）

(1)

「足の骨が変型彎曲しとる。ギプスをつけにゃいかんな」

医師の冷酷な宣告に、私は茫然とした。ふとその宣告が、古い情景を思いおこさせた。

――列車のデッキから、手早く数個の荷物を積おろす。他に下車するものとてもない。列車は、かん高い汽笛の音を谷間にこだまさせ、白い煙を残して去った。

列車を見送った私は、我にかえって、荷物に手をのばした。余りにも静かだ。

「私の目的地はこんなに静かなところではないはずだったが？」

疑惑が手の動きを止めさせた。すばやく目が駅名札に走る。

「×××駅――違う。私の下りる駅とは」瞬間、冷い汗が背中を伝わった。この列車に目的地の農民組合の人が出むかえにでていること――次の列車には四時間も間があること――が忙しく頭をかけめぐる。山間の臨時停車の駅に荷物もろともとり残されてしまったのだ。

東京から数十時間もへだたった山間に、ただ一人とり残された淋しさが、急に身をつつむ。蟬の声だけが、ひびいていた――

医師の宣告にはしった冷感が、このときの冷感をよびおこしたのかも知れない。

16ミリとはいえ、映写機とプリント及び附属品一式をあわせると、八十キロに近い、四個口の荷物だ。寒風の吹く冬の日でも、この運搬は、汗なしには行なえない。停車時間の極く短い田舎の駅では、荷物を積残さないように、手なれた素早い動作が必要である。こうしたことが、往々にして笑えぬ失敗を生んだ。

そして、映写会場に到着するまでにヘトヘトになってしまう重労働と精神的緊張感が、次第に体をむしばんでいく。私の場合はそれが、五年以上も後になって、足の骨の変型彎曲になってあらわれたのだ。

思いかえすと、この様な重労働の映画会を月に四〇回をこえる回数も担当したことがあったのだ。その一回々々が、東京をはなれ、しかも最低三百人から最高四千人の観客を対象とする責任の重い映画会であった。今にして思えば、よくその重労働と精神的重圧にたえられたものと思う。それどころか、私はよろこんでその仕事にうち込んだ。その重労働と重圧が、かえってよろこびでもあったのだ。それは〃大衆に服務する〃ということが、頭の中はおろか、体中にこびりついていたからにほかならない。

しかし、この大衆服務は何と都合のよい大衆服務であったことだろう。大衆服務という大義名分で、視野のせまさ、方針の貧困さをごまかしていはしなかっただろうか？

当時、私たちは、私たちが映写機をかついでまわる規模の小さい、この映画会だけが、民主勢力の前進に役立つものと考えていた。たかだか全国で二―三十人のこの移動映写隊の活動では、大きく前進しようとしている民主勢力にとっては、焼石に水にしか過ぎないことを理解し得なかった。「私は活動家だ」という自惚れと「映画は映画屋にまかしておけ」というちっぽけな考えが、大衆の中に映画活動家を、映写技術者を育て、大衆自身が映写機とフィルムをもち、もっと広い規模で運動を展開することを頑なにこばんでいた。これで、日本を支配しようとする者の反動文化攻勢を阻止できると考えていたのだから、笑止である。

(2)

「日本の教育はアメリカの占領制度の一環である」「視聴覚教育は教育の一部として、アメリカ占領制度を支えている」「従って、視聴覚教育は反民主的な教育で、われわれの敵だ」

見事な三段論法である。この論理に酔ぱらって、私たちは視聴覚教育それ自体を敵視して、ただ自らが映写機をかついでまわることのみに専念した。六年も昔のことである。

この三段論法からは、教育の民主化のために斗っている教職員の姿も、それを支援して民主教育を守ろうとしている数多くの人たちの姿も、浮彫りにはされない。これは生きた人間の運動を分析するのに、形式論理がいかに有害であるかということを実証している。

しかしながら、論理をもてあそんでいるならば「有害だ」ですむかも知れないが、このたわけた三段論法が、実は大変な結果をひきおこしている。それは、当時移動映画各社とよばれた全国の民主企業ないし運動体に属していた先進的な活動家が、積極的に視聴覚教育運動ととりくむことをさまたげたし、教職員自体の力だけで、民主的な映画活動家のたすけなしに視聴覚教育にとりくまざるを得ないところに追いこんだし、結果として、文部省を先頭とする反動勢力の視聴覚教育運動をその支配下におこうとする動きをたすけた。

そもそも、戦後発達した視聴覚教育は、戦前に十字屋映画部その他で営々と努力を重ねた先達たちの功を根にして育ったとはいえ、大きくは、アメリカ占領者たちが日本にもちこんだ面が非常に多く、ナトコ映写機の大量放出とＵＳＩＳ（当時のＣＩＥ）映画の設置に負うところ大である。それ自体はデューイの経験哲学を基礎にして、日本の教育にその理論を移植し、あわせて、アメリカ的物質

文化を讃美し、それに日本の文化を屈服させるという占領目的に合致する目標をもっていたことは確かである。

ところが、この視聴覚教育運動に賛成し、この運動の積極的なにない手として活動した数多くの教職員及びその組織としての教組があったことは何を物語っているのだろうか？ アメリカの占領制度に忠実に奉仕するためであったのだろうか？ このためには視聴覚教育運動のもう一つの側面を見なければならない。

戦後発展した視聴覚教育には別の重要な側面がある。それは――戦前の黒板と精神訓話による天皇制教育を破壊し、その廃墟の上に新たに近代的教育手段を縦横に駆使できる民主的教育を打立てる――その教育手段の近代化としての視聴覚教育の果す役割を重視する側面である。

このように視聴覚教育の手段が、天皇制教育に反対し、民主教育を確立する上で、大変重要な武器となり得るということに着目したからこそ、数多くの教職員とその組織が、この視聴覚教育運動を下から支え、むしろこれを児童に〝よい映画を見せる〟運動として発展させてきたのである。

このことに気がつかなかったこと――節穴のまなこは、私たちの運動にとって致命的ともいえるくらいのマイナスを与えてきた。

(3)

「学校でもうけて、労働組合には奉仕する」これが、二、三年前から私たちの頭を支配していた奇妙な論理である。

視聴覚教育運動のなかに民主的側面があることをおぼろげながらも理解してきた私たちは、その民主的側面を拡大再生産させることによって、視聴覚教育に全面的にたより、依存し、今までの地道な移動映写の活動はすててかえりみないか、軽視するという、見事な大逆転をやってのけた。

「学校でもうけて、労働組合には奉仕する」これが、そのバツのわるさをまぎらわすための弁明とみるのはヒガ目だろうか？

民主的側面の拡大再生産は必然的に視聴覚教育＝民主教育というドグマにおちいっていった。

視聴覚教育運動一般の発展をそのままよろこび、その発展に努力を集中している中に、大変なことがおこってしまっている。それはその運動の発展を利用して、これを文部省の支配下におき、官僚統制を強める方向にもっていこうという勢力と、同じくこの運動の発展を利用して、教育映画産業の独占集中化をはかろうとする勢力が手を握りあいながら、次第に運動全体を支配してきているという事実である。視聴覚教育運動の発展はこれらの勢力を支える恰好の培養基になってしまった。これではまるで〝自分のなったなわで自分の首をくくる〟ようなものではないだろうか？

私たちは視聴覚教育運動の発生以来、一貫してその運動の中に、民主と反動の両側面をふくんでいたことにもっと早く気がつくべきではなかったろうか？ そして、その反動的な側面と徹底的に闘いながら、民主的側面を発展させることに全力を傾けるべきではなかったろうか？

今日、全国各地の学校視聴覚部会の中に、反日教組の動きが多数見られるという報告がよせられているが、この事実の中に、視聴覚教育運動即民主教育運動というドグマのあわれな結末を見ることができないだろうか？

最近、文部省を中心に組織されていた教育映画総合協議会が改組され、その中の日本映画教育協会が昇格して、この下に全体が統合されることになった。この動きは明らかに、社会教育法改悪に伴う文部省による官僚統制の強化の意図をもっている。ところが、民主的と自負している私たちの中に、「これで教育映画の市場は拡大する。よろこぶべきことだ」とするタワケた意見があらわれたが、これこそ、視聴覚教育＝民主教育論のあわれなフイナーレであろう。おかげで、文部省のこの動きに反対する闘いには、全然とりくむことができなかった。

(4)

「文部省は視聴覚教育を教材映画利用に極限しようとしている。即ち映画を機能的に見ようとする動きである」「これに対してわれわれは、その動きに反対し、〝映画は思想である〟という方針で闘わなければならない」

これは一見もっともらしく聞えるが、よく考えて見ると、これ程おかしなことはない。

大体映画自体に、未知の事実に対する視聴覚的経験という機能的な面と、同時にその内容に従って観客の考え方、ものの見方を一定の方向に導こうという思想的な面の二面が、端的に具体化されているのである。それをことさら機能と思想に分離させ、それに反動と民主の対立を対置させて、反動＝機能、民主＝思想という方程式を立てることの意味のなさはいうまでもない。

このような空虚なへりくつをこねまわしている中に、文部省を先頭とする反動陣営は、着々と機能的にも思想的にも視聴覚教育を反動の手に握るために動いている。新指導要項の中に、〝ここには映画を用いることがのぞましい〟という指定条項が、カリキュラムの各所にみられるが、これは決して教材映画の機能を重視しているからではない。それは、指定条項のない単元から半強制的に映画を使用することを排除であり、それはまた、教育方法と教育内容と単元の解釈の如何によっては、非常に民主的な教育を徹底させ得る単元からの視聴覚的教育方法の排除を意味している。

また、「二宮尊徳の少年時代」「豊田佐吉の少年時代」等の映画が、文部省選定ないし特選となり「子どもは見ている」「千羽鶴」等の作品が選定を拒否されている事実は、文部省が映画を単に機能の面からだけ見ているのではなく、逆にその思想性を大変重視していることを示している。教材映画理論とよばれる矢口理論が文部省によってもてはやされているのは、当面、それによって単元中における視聴覚教材の利用を限定し、そこに民主的な内容をもった

視聴覚教材のはいり込む余地をふさぐのに、その理論が大変有効であるからに過ぎないのだ。

この点を見逃して、

「文部省の、映画を教材単元映画に限定しようとする動きはけしからん。これに反対して映画のもつ教養的な働きを重視し、映画は思想であるという理論を以て闘わなければならない」

と主張するのは木を見て森を見ないに等しい。〝映画は思想である〟という論拠のその思想という中に、反動と民主、保守と進歩の対立があることを知らなければならない。先の選定制度の悪用はこのことをはっきりと示している。

更には、文部省のいう教材映画理論の中での学習単元の解釈にも、反動と民主の鋭い対立があり、彼らは新作教育映画協議会という教科書展示会とも比肩し得る実質上の選定制度を巧みに運用し、教材映画の中に民主的な要素が入りこむことを防止しようとしているのである。

無内容にしゃべりまくっている〝映画は思想である〟という論拠を、もはや墓場におくる時期は来ているようだ。

（5）

数々のウヨキョクセツはあった。その途中には、主観的にはどうであれ、客観的には平和と民主主義の前進のためには害あって益のない方針をもって活動していた時期さえもあった。そして、その数多くの失敗の中から、私たちは数多くの貴重な経験を得た。

いま、私たちの前には、製作―配給―上映―鑑賞の諸活動を通じて、自主上映運動、勤労者視聴覚運動、教育視聴覚運動、自主製作運動の四つの運動分野がひろがっている。そして、私たちとしては、そのいずれをも軽視してはならないこと、また、いずれの運動分野でも、反動と民主の鋭い対立が激烈な闘いとなって展開されており、私たちは民主勢力の側に立って、活動を展開しなければならないことを知った。

更には、これらの運動の前に立ちふさがるものは、単なる映画資本ではなく、もっと大きく、マスコミの再編成を通じて、大多数の日本人の思想と、ものの見方、考え方を統制しようとし、その中でもっと多くの利潤を追及しようとする巨大な勢力であること、そしてこれらの勢力にうちかって、本当に平和で民主的な社会をつくるためには、あらゆる民主的な諸勢力が一致して、闘いの武器に映画をはじめとする視聴覚手段を活用し、マスコミの魔力から日本の人々をときはなたなければならないことを知った。

現在では、「戦艦ポチョムキン」の自主上映運動を契機に、全国的に自主上映運動のひろがりがあるし、数多くの労組で視聴覚手段を活用することが意識的に行なわれ、フィルムセンターの建設、映写機の備付、映写技術者の養成が進行しているし、「らくがき黒板」上映運動を軸に、民主的な教育視聴覚運動にとっくもうとする動きもあり、「悪法」「日本の政治」「安保条約」と続く一連の製作上映運動をはじめ、劇映画に、記録映画に、多くの自主製作の動きが見られている。

ここにいたって、やっと闘いはその緒についたということができよう。前途は明るい……前へ進もう。

映画運動・九州

徳永瑞夫
（演出家・九州共同映画）

大げさな表題は編集部からの要請ですが、この報告はそれにふさわしくないようです、とも角、不完全ながらも、この四月下旬九州各地の映画サークル代表者たちによって持たれた九映連総会、「ポチョムキンを見る会」の各地の報告、各地労組教文部、映宣部の報告、機関誌、映画活動者こん談会の記事をもとに最近の模様をまとめてみました。ただ、これが九州地方の特徴だと思われるもの――それがあるとすれば――をつかめないのが心残りです。しかしこの種のレポート、調査はそれなりに大切なものと思いますので、今後とも、より正確なものをつかみ、その都度修正し報告してゆきたいと思っています。

九州での映画運動の歴史はかなり古い。戦後何度目かのメーデー映画の仕上げのため、カメラマンの清水浩さんと、炭坑にほど近い粕屋の農村に行った頃の話である。そこはもともと農民組合の強力な組織のある所で、どちらかと云えば富農に属する農家が多いのだが、その村のキャバレー（といってもうどん屋兼業であるが）の親父さんに（彼はこの村の顔役で村会議員、農地委員などの肩書きを四つほど持っている）いきなり「岩崎はどうしてるのか？」と尋ねられた。『え？』「岩崎――アキラだったかな、俺の所のペンネームは、たしか。『……』この頃は仕事してないな、脱落（！）したのか、東京に帰ったらよろしく伝えてくれ」と叱られた。私も清水も御尊名高き岩崎昶先生のプロキノの頃からの活躍ぶりは噂に聞いていたが、はからずもそこで具体的な姿に接したわけである。警官立会いで農民組合主催の活動大写真会を開き、フィルムは市川百々之助主演の「……美男剣士録」とプロキノ製作の実写と、観兵式のニュース、「天皇の馬が出る所と分列行進の所では、俺が『銀底の柳』のレコード伴奏をひときわ

高く鳴らした」「銀座の柳と分列行進はよく調子が合ってな」そして「不敬罪のけんぎで一ヶ月はまった」といった思い出話が聞かされ、当時の映画運動の側面を知らされて感無量であった。

昭和二十一年、日映の作家を中心に海員、国鉄、電産などの各労組で組織された労映は九州でも活撥な活動をしている。移動映写に使用したプリントはソヴェト映画と古い「文化」映画（例えば「ある日の干潟」など）。ソ連映画は日本語スーパーのないもので、解説者（オルグ）がマイクで七色の声を使いわけて説明、時には画面と関係のないアジ演舌も挿入、映画が終っても二十分ばかり「世界の情勢」などの講演が続いたりしたもので、プロキノの名残りを思わせるが、今でこそ色々と批判も出るが、当時はそれなりに立派な成果をあげ、学校の講堂を超満員にするほど好評でもあった。だが余りにも政治優先であったことが災いして、次第に外部からの圧迫も強くなり、運動も困難になり、時には劇場獲得のための権力斗争に幾日もの長期斗争でエネルギーを使いはたしたり、やがては（上映にふさわしい）プリントの入手もはかどらなくなり、重い旧式の三十五ミリ映写機ではアメリカの十六ミリナトコに抗しきれず、やがて解体した。批判はさておき、その運動によって各地に育てられた映画活動者、サークル、組織動員、自主上映の方法など、その功績は大きなものであった。

現在の共同（九州）映画が設立される基礎は、その労映の無形の遺産と借金と、最後に残ったガタガタの十六ミリ映写機であった。（勿論、現在の共同は労映とは実質とも全く別個のものであるが）その十六ミリ映写機は「戦争と平和」（亀井）と民主団体による戦後最初の自主作品「私たちはしゃべることができる」など、わずかなプリントを持って九州全土百数十ヶ所を隈なく移動した。今日の十六ミリ映写機の数（九州推定五千台）に比べて隔世の感がある。

「暴力の町」「どっこい生きてる」以後の動きは全国ともに余り変らないと思うが、興業的に不成績だと云われた「女ひとり大地をゆく」は九州、とくに福岡、佐賀、長崎の炭坑都市では馬鹿当りに近い大入りで、それを配給した北星も亀井文夫氏を長崎の果ての島にまで送ったりして、それ以後も、作品ごとにそのスタッフの何人かが九州各地を廻り座談会を組織するなど、組織動員対策が可成りの成果をあげたことは事実である。

九州の場合は、地理的な関係もあっていわゆるスターの来訪はなかったが、自映連の安江氏をはじめエネルギッシュな工作、地味な態度がかえって好感をよび、映画というものをスタッフの側面から理解することを大衆が学んだことは、予期しない成果でもあった。

映画サークルはこうして最初から独立プロの作品と結びつき——やがては北星のみを支持して——幾度か消長したが、北星の解体、独立映画の弱体化にともなって性格も変り、そして急速にぼう張し、更に昨年からの劇映画六社による全国映画館一〇〇%の分割系列化、更にその均衡の崩れによって再び大きな転機をむかえた。

映サの会員の減少は全国的に共通の現象だか、九州でも福岡を筆頭に、各地とも会員の激減が目立つ。

こうした会員の大巾な減少の直接の原因となったのは、何よりも座館の割引き停止である。割引きが運動の中心となっていなかった大牟田では逆に増えているが、会員の数は目立って減っている。また運動のやり方、館とのていけいなどの技術のちがい条件の差が減少率の差になつているが、本質には変りはなく、一〇〇〇人未満のサークルでは維持してゆくのも困難な状態が報告されている。

映サ会員数

福岡	五,〇〇〇	（四〇,〇〇〇）
八幡	一,六〇〇	（三,〇〇〇）
宮崎	一,六〇〇	（三,五〇〇）
鹿児島	一,三〇〇	（一,五〇〇）
久留米	二,七〇〇	（二,〇〇〇）
直方	一,〇〇〇	（一,八〇〇）
都城	一,三〇〇	（一,三〇〇）
門司	一,〇〇〇	（——）
大牟田	四,〇〇〇	（三,〇〇〇）
若松	四,〇〇〇	（——）

四月現在（　）内は昨年

福岡の場合、会員のほとんどが商店員、事務系労働者などの未組織のものが多く、映画館の数も多く、封切館と二、三番の独立座館の対立もあり、会員証による割引も順当に行なわれたため、会員数万人と、全国でも異例な延びを示したが、会員の無制限な増加が逆に中小座館への圧迫とさえなっていたが、昨年、興業組合（会長は独立座館主）のバックアップによって映友会という会員組織の割引団体が発足、系列化に伴って映サ会員証による割引停止も行なわれたため、映サ会員は次々と映友会に鞍がえした。映友会に似た組織は各地にあり、座館が独自に館友の会のような組織をつくり、機関誌発行、スチール展、研究会など、それなりにすぐれた文化運動をすすめている。しいていえば「自主的」でないだけであるが——。割引き停止の理由として「映画観客が減った上に競争館が増え、系統化のためフィルム代が高くつき、館経営に困難を感じ——いっそのことパチンコ屋にでも——ている（座館側の主張）。一方、映サ側の組織動員もうまくゆかず、「第五福竜丸」の大成功を除いては必らずしも成果があがらず、「キクとイサム」などはまったく支持がなくみじめた成績に終ったことなどで、今まで映サが座館側に対して持ち続けていた信用も失なわれかけたことがあげられている。

——「キクとイサム」どうして見なかった？

——何となくおっくうでね、それに今井さんもえらくなったからな。

（全電通福岡のある労働者）

「良い映画を安く見る」という映サの最低綱領も「良いとは何かはっきりしない」（九映連総会鹿児島代表の意見）「良い映画を安くといっても、そのシンは何といっても良いということだ、安くみるということで会員が増えたが、ついに安いということの中に没してしまった」（若松）「良い映画をみるだけでなくつくらせる——つくることを考えないといけない」

（八幡）「映画は安い娯楽だったが、今では必らずしも安くはない、プロ野球やパチンコの方がずっと安い」（門司）「天気の良い日はうす暗い映画館に行くより、ハイキングにでも行った方がずっと健康的だ」（福岡）

映サのあり方、考え方については①文化活動が主体で割引はそれに従属する②何と云っても現状では割引きが主体③その両方とも同一比重、といった方法論議が今までにも幾度となくくりかえされ、結局、興業座館ルートの映画が対象である限りは論争もその次元から脱け出すことが出来なかったのも当然である。割引停止という外部の要因は好むと好まざるとにかかわらず、映サの方向転換を強請した。その転機のもう一つの要因は「戦艦ポチョムキン」と「荷車の歌」の上映である。「荷車」の正確な報告が入手できないので、これは全国的な立場から知らせて頂きたい。

九州では十（数）本の十六ミリプリントがほとんど休みなく日向の山の奥の隅々までも廻っている一方、都市部ではほとんど見る機会が与えられなかった。

「ポチョムキンを見る会」に組織された九州各地の数字は、次のとおりである。

三月、

佐世保一、二〇〇・八幡三、五〇〇・若松四、〇〇〇・別府二、〇〇〇・加世田（鹿児島）七〇〇

四月

直方一、五〇〇・鹿児島二、〇〇〇・福岡四、〇〇〇・宮崎一、〇〇〇

五月

水巻四、〇〇〇・飯塚一、二〇〇〇・門司一、五〇〇・大分一、〇〇〇

六月

大牟田七、〇〇〇・水俣三、〇〇〇（数字は公表、実数はこれを上廻っている）

動員した数はさして多いとはいえないかも知れないが、劇場にかからない映画を、とも角成功裡に自らの手で上映したという自覚は、今までの受身の観客運動を能動的なものに変えていった。そして何よりも重要なことは、今までともすれば遊離しがちだった映サと労組の結合が固くなったことであろう。今までも労組は地方選挙、参院選挙に「悪法」「日本の政治」を積極的に上映した経験を持ち、大牟田（地評）水俣（日窒）水巻（日炭高松）八幡（製鉄）門司（国鉄）では上映運動の主軸となつて大きな成果をあげた。

大牟田、日炭高松では観客はポチョムキンが「そんなに古い映画だとは知らなかった」と後の座談会で語り、それどころか「どこの映画館よりも早く、新しい面白い映画をみた」とさえ云っている。これは最初、映サ側が評論家諸氏の影響をうけて「内容よりは芸術性を前面に出し」「映画の古典」「モンタジーュ技法の研究」として扱おうとしたのと対照的である。

ポチョムキン上映を終った直後の九幡映サ総会、労組こん談会で目立った発言であるが、「映画のもつ機能と本質は問題があまりにも大きすぎる。映画の表現がどうこうということや、観賞体という形だけではもう対決できない。映サと労組が表裏一体となつて観客の問題を職場の中でとりあげ、映画観客の独自性を押しすすめて行かねばならない」（ママ）「映サは労働者、労組の映画文化のセンターとしての役割をポチョムキンのような映画を自分たちで上映するような運動の中で果すべきた」「映画の受け手として、新しい文化を支える勢力の中核になろう。そのための実践的な文化組織をつくらねばならない」具体的にはもっと検討を深めねばならぬが、ポチョムキン上映の体験は映サのあり方、観客運動の位置づけを明確にしたようだ。

八幡、若松では「非公開映画をみる会」が間もなく発足し、第二回例会では「ミクロの世界」「法隆寺」をとりあげ、福岡、大牟田鹿児島にも記録映画をみる会が動き出している。そして何よりも特記すべきことは映画製作のプランを具体的に出してきたことである。福岡では自民党土屋前知事の汚職を追求したオートスライドを県共斗会議、社会党で製作し、大きな成果をあげ、社会党鵜崎知事を当選させた経験を生かし、県総評を中心に「労農ニュース」を今後継続的に製作してゆくことになったほか、労組映画活動者こん談会でも製作問題が具体的な形で討議された。九州で民主団体の手で製作された作品の主なものは、

九州炭田（九炭労）
轟ダム（宮崎県労、全建労）
五五年福岡メーデー（県評）
こどもとおもちゃ（福岡こどもを守る会）
ボタ山の絵日記（九炭労協力）
日本の青春（各県地評協力）
※五四年、五六・七年メーデー記録（福岡県評）
※九炭労の斗争記録五六―九年

※印　未録音

炭労が最も多く製作の経験を持っているが、それは何よりも、最初に製作を担当し成功させた京極高英氏らの努力に他ならない。現在、九州では労組関係の三〇台の十六ミリ映写機はその殆んどが休みなく動いている。三池では「日鋼室蘭」がサウンドが消えるほど上映され、それが今日までの幾度かの斗争の具体的な力となってきた。上映活動を最も活溌にそして系統的に行なっているのは炭労関係のほかに国鉄、機労、教組であるが、こうした中で、ようやくプリントの不足が目立ってきた。

撮影機を備えているのは

三井田川（ボレックス）
三井三池（　同　）
八幡製鉄（フイルモ）
機労門司（　同　）
ほかに鹿児島、宮崎（機種、所属不明）

田川では撮影技術講習会を行ない、数人の担当者を配置、ソ連炭労代表者の訪問記録をはじめ組合の運動会、斗争記録を撮っている。またロックアウトの際に起り得る官憲の暴行の状況などを記録し、法廷斗争などの資料とするために、数多くの八ミリも動員されているが、スチルカメラが利用される程には、八ミリ撮影機は（普及はしているが）組織的には活用されていないようだ。

新作映画紹介

なかよし港

岩佐氏寿作品

軍港佐世保を背景に四人の腕白少年の行状記と、その友情を描く。

（東映製作）

脚本・片　岡　薫
演出・岩佐氏寿
撮影・赤川博臣

水族館

西本祥子作品

水族館の施設と、管理のしかたを、生物の生態を織込みながら描く。

（日本視覚教材製作）

脚本・樺島精一
演出・西本祥子
撮影・関口敏雄

王様になった狐

持永只仁作品

何でも一人でやろうとする狐が王様に化けるがやがて仲間の中にもどる人形劇映画

（人形映画製作所・電通映画社・教配製作）

脚本・中江隆介
演出・持永只仁
撮影・岸　次郎
人形・田畑精一

幼児のまね

落合元夫作品

幼児の模倣性を描きそれに応じたしつけの態度を親たちに認識させる。

（富士映画製作）

脚本・笹尾清
演出・落合元夫
撮影・横溝達也

谷間の母子

富岡捷作品

いまだにめぐまれない母子寮に住む不幸な人々を描いて社会の協力を訴える

（新理研映画製作）

脚本
演出・富岡捷
撮影・保刈富士夫

婦人会日記

小林千種作品

保育園づくりの活動を軸にして婦人会ののび悩みの原因を追求する。

（共同映画製作）

脚本・山形雄策
　　　杉原せつ
演出・小林千種
撮影・佐藤正

たくましき母親たち

金子精吾作品

吹田母子会とモデルに今日の保健・福祉地区組織育成運動をドラマ風にえがく。

（桜映画社製作）

脚本・柳沢類寿
　　　大北浜夫
演出・金子精吾
撮影・佐藤昌道

しろあり　島田　耕作品

しろありによる被害、対策を記録し、その生態を描く社会教育映画（社会教育映画社製作）

演出・島　田　耕
撮影・男　沢　浩

希望の国ブラジル　佐伯啓二郎作品

南部篇北部篇の二部に分かれてブラジルの全貌を紹介し、そこへ移住した日本人開拓団の仕事を描く。

（光・報道工芸製作）

構成撮影・佐伯啓二郎
編集・前田嗣利

エチケット　三木　茂作品

たのしい日常生活を送るための、エチケットの本質を解明する。（三木映画製作）

脚本・秋　元　憲
演出・三　木　茂
撮影・岡田三八雄

伸びゆく力　荒井英郎作品

農業共済資金はどう使われているか、その後を追いつつ農民の生活にふれる。（全農映製作）

脚本演出・荒　井　英　郎
撮影・小　松　浩

いとこ同志

クロード・シャブロル作品

いわゆる「ヌーヴァル・ヴァーグ」の中の才腕は、二十九才のクロード・シャブロルの第二作。傷つきやすい青年期の心理を鋭くえぐる。（東和映画配給）

製作
脚本・クロード・シャブロル
演出
撮影・アンリ・ドカエ

最後の戦線

フランク・ウィスバー作品

スターリン・グラードにおけるドイツ軍の敗戦記を、「鮫と小魚」のウィスバーがドキュメンタリックに描く。ベルリン映画祭・ドイツ映画部門の金賞受賞作である。（N・C・C配給）

脚本・フランク・デイメン
ハインツ・シュローテル
演出・フランク・ウイスバー
撮影・ヘルムート・アッシュレイ

人間の壁

山本薩夫作品

勤評問題を扱った石川達三の原作はあまりに有名。ふたたび文部省の攻勢激しい秋、この映画の封切がまたれる。目下撮影中、十月中旬封切り予定、日教組のカンパニヤでも話題をよんだ

脚本・八木保太郎
演出・山本薩夫

高倉光夫
（映画と批評の会々員）

映画サークルの問題点
集団批評の肥沃な土壌に

現在全国の百以上の都市又は地域に映画サークル協議会がある。その経済状態、運営方法、傾向などはみんな違っているが、何よりも映画好きの若い人達の集団であることはどこも同じである。全国の会員は多い時で約八十万人と言われていたが、一九五八年の末から各地で座館の会員証による割引の停止を受け、会員数はだいぶ減少した。これを契機に批判・自己批判が起きて映サの行きづまりということが論議されるようになった。しかし割引のためだけに入っているのではない人も沢山いるわけで、それらの会員の映画愛好ということはただ単に映画を鑑賞するということから、仲間を作って話し合いの場をひろげ、既成の映画が自分たちにかかわって来る、そのかかわり方の中から逆に自分たちの未来の映画へのかかわりを見つけようとする——そうした行動欲にひろがって行くのである。従って映サの要求は映画の革新から生活の革新をも志向している。例えば主として関西には映サとは別に労働組合の福祉文化対策としての映画割引があって、これは別の形ではあるが一つの運動につながっているのだが、それらはちゃんとした組合のある大企業にしか行きわたらない。しかし映サの単位サークル組織はそうした大企業の中にも何百人、何十人という形で存続し、かつ組合など思いもよらない中小企業の職場の中に十何人、数人という形で作られており、それが一万、二万の協議会となっている。こうなるともはや映サの問題は一つの文化運動というよりは、大きな大衆運動の成否にもつながる問題なのである。しかし映サは今までに四回の全国会議をもって各地の経験を交流したが、常設全国センターはまだ作れない状態であり、内外に山積する問題をかかえて一般的にも、映画の製作側にも大きな影響力をもてず、質量共にのびなやんでいる。この壁を打ち破る契機をどこに見出したらよいのだろうか。

しかし、現在僕らの周囲のすべてが窒息しそうなほど停滞している。抽象の観念に飛躍するか、モダニズムの中間で人の眼を奪うか、それも出来ない奴は宣伝屋になり下るか、総白痴化運動に参加しているか、泣きごとかやつあたりかだ。これは短篇映画、劇映画共通の問題である。そこに主体の危機を認めない人には運動など無縁だが、少くとも映画は私有の才能や紙きれでは作れない本質をもっている。そこに本誌八月号が「戦後体験の検討」を特集された意味もあろう。戦後十四年、あらゆることの整理整頓が内的にも外的にも要求されている。その現在、最も必要なことは運動全体の環の中であらゆる個々の動きを機能としてではなく、内的に関連する共通の問題意識でとらえ直すことである。戦後映サ運動は当時の東宝ストに集約された映画労働運動の高まりと、それに引き続く独立プロ等の製作運動の高まりと同時に生れて来ている。映画革新運動の全体は必然として映画労働運動、製作運動、観客運動、批評運動という四つの車をもっている。従って製作運動を助ける観客運動、或いは観客運動をうながす製作運動といった、機能だけしか見ない視点ではなく、映サの組織論、批評活動（未来の映画像）等の中に映画を製作する主体の問題を検討する視点が必要だと思う。

×　×　×

現在の映サの要求は〝良い映画を安く〟の一言にあらわされているが、その〝安く〟の方、つまり割引活動というのは映サの運動としての会員数の獲保や経済問題に直結しているわけで、それは具体的にはその地域の座館とどのような関係をもって行くかという問題なのである。

その関係は、提携によって割引をしている場合、その提携を一方的に破られて割引停止をされた場合、映サが一定額を興業者側に支払って割引させている場合等、地域によって力関係は複雑である。映画の製作に対して館主というものは相当の発言力をもっている。特に館主の組織が進んでいるところでは、映サが〝あの映画は良いとか悪いとか、観客を動員するとかしないとか、うるさくてしょうがない〟ということで、露骨な商業主義によって映サを弾圧して来る。これに対しては集団鑑賞等の具体的な動員力や世論をバックに、こまかい提携の技術をも活用してその商業主義を押しかえさねばならないことが、昨年の全国会議でも反省されていた。他方ではしわよせを受けて苦しい状態にある中小座館、又は座館の間に利害対立のある中小都市では、映サのヘゲモニィで提携がうまく行って、一種の地方文化運動の自覚も生んでいるようであるが、この場合は逆に映サが座館の商業主義の宣伝をしてやる結果に転落する危険もあるわけである。〝良い映画を弱い座館と提携して安く見る〟ことを考えているだけでは運動にはならないし、にせものの〝映画文化〟によって地方文化はますます袋小路に追い込まれてしまうだ

ろう。その〝良い映画〟を作ろうとしてもなかなか作れない映画労働者や作家達が、資本や座館の激烈な競走の中で低賃金にしばられ、思想的に圧迫され、悪い条件を与えられているという実態を分析して、〝より良い映画〟を見させるべく、常に座館の商業主義との批判的な対処を考えて行くことが必要なのである。その基礎は何といっても映サの動員力、組織力である。つまりあくまでも〝安く〟の経済要求を基盤とした多数観客の〝より良い映画〟の要求であるところが映サの独自性なのであって、そのじみちな方向以外に商業主義との対決は不可能だと思う。けれども、映サの動員力による地域の対決から、全体的な視点によって一挙に映画製作を変えさせる動員力、という考え方は現実ばなれをしていることをはっきりさせるべきだと思う。東京映愛連四万の圧力が割引停止によってぐらついた事実を契機として、新しい映サ運動の方向を徹底的にさぐり出さねばならないと思う。それは映サを一つのすでにまとまった運動体としてみるのではなく、映サの中に矛盾を見、映サ内部の運動を起し、かつそれを外への運動に結びつけて行くといった方向に他ならないだろう。

具体的な日本映画の革新運動として、映サが映画会社の圧力団体になるというのが現段階では夢であるならば、一方で考えられている創造参加(シナリオ、8ミリ等)というのも、映サの一専門部としての意味はあっても全体の運動方向とはなり得ない。そういうところから、最も活溌な映サ協議会の一つである神戸映サは今年の方針として〝すぐれた視覚文化の受け手となることによって、新しい文化を支える中核勢力になろう〟という線を打ち出した。これは最近の映画技法の新しい変化に伴なって、作品評価をはっきりさせるために研究活動を活溌にしようという点で、確かに具体的、かつ積極的な意味をもっている。しかし映サ全体に対して充分な方針であるかどうかについては疑問を持たざるを得ないのである。というのはこの〝すぐれた受け手〟の活動は他方の早急な創造参加活動の裏がえしに過ぎず、その両者には共通して受け手のコンプレクスが感じられるからである。送り手が作品を作り、受け手が観賞するということは、社会心理学者の考えなのであって、現実はそんなに純粋ではない。映画作家のうしろには映画資本家がおり、そのうしろには観客大衆がいる。映サの一般会員を含めての観客大衆は単なる受け手というようなワクの中に自己をとじ込めてはおかない。或る映画の終り近く、つまらなそうな顔をして客席を立って行く観客、それは受け手としてそのつまらなさを拒絶していると同時に、もの言わぬ批判者としても拒絶しているのである。しかし独立プロの多くの良心作を多くの観客が支持したが、同時に「明治天皇と日露大戦争」をも多くの観客が支持した。「明治天皇」は東映映画に代表されるような無数の娯楽映画の延長線上にのっていたから大当りをとった。そこには製作側と観客との間の複雑な相関関係がある。製作側にも送り手コンプレクスがある。両者の中にあるコンプレクスを破壊して、その相関関係の中から批判者としての観客をとり出して行く線、それをぬきにして映サの大衆基盤はないと思う。従って〝研究活動〟という中に含まれている大衆啓蒙主義的な要素を徹底的に切りすてた、つまり〝批評活動〟こそ当面する映サの基本方針であるべきだと思う。それは会員大衆のなまの声、生活の立場に直結しているだけに、とてつもない困難が予想される。しかしそうした大衆的な批評活動以外に映サの独自性はあり得ないし、そこから出て来た自主上映運動、又製作者や批評家との新しい連繫、他団体労組、組合中心の観客運動との提携等が、はじめて具体的に現実を動かす力になるだろう。

× × ×

映サの一般会員に〝研究活動をしましょう〟と呼びかけても〝研究〟などなかなか始まらないのと同じように〝批判々々〟と呼びかけても、一つの映画に対する批判の声などそう簡単に出て来るものではないであろう。研究好きの批判ということも又考えられないかも知れない。そして批評活動をして行く上で何といっても中心になるのは機関誌であろう。従ってこのあたりから映サの中に優秀な組織者であると同時に映画批評家であり、又機関誌編集のセンスをかねそなえた活動家の必要が起って来る。そういう活動家は大衆の中にあって、自己矛眉の砂をかむ思いにたえながら、なおかつ知的な処理を追求してやまないといった、全く新しい人間のタイプでもあるはずで、労働組合とは違った限定をもつ映サからこそ、まず出て来るのではあるまいか。そうした活動家を中核として、具体的にもの言わぬ批判者からどんな言葉を引き出し、どのように批評活動へ集約して行ったらよいのであろうか。ともかく一般会員の声をこまかく拾い集めること、調査することが第一歩なのだが、アンケート、単位サークル毎の座談会等を系統的に続ける他、個人的なつながりによって感想を書いてもらうこと、集団鑑賞を中心とした一本の作品についての集中的な討議、編集部の企画による座談会等もくりかえして行く必要があるだろう。一般的に映画観客の中には描かれた世界を現実と引きくらべてみる生活的な見方と、描かれたものをあくまでも架空の世界としてみる想像的な或いは娯楽的な見方との二つが共存しているわけで、これは作品創造の主題と方法の二重性とも対応する性質のものであって、本来切り離しては考えられないものである。しかし観客のなまの声としては多くの場合、その二つの見方のどちらか一方、又は両方が無媒介にとび出して来るのではないだろうか。或る人は作中人物の人生観や行動について意見を言い、更に作品がいかに現実を忠実にとらえていたかという点で批判を出し、別の人は感覚的にわからないとか美しいとか、現実ばなれだが楽しいという感想を出すだろう。こうしたいわば生活批評感覚批評といったものは、それぞれの観客自身の生活の立場、感性

のあり方から直接出て来ているだけに十人十色、特に階段的な考え方の相違は正面から対立するものであるはずだ。こうした印象批評というものは、むろんそれが自然発生的であればあるほど、所謂なまの声であり、最も率直な批判の力にあふれているわけで、大いに歓迎すべきなのであるが、その力はまだ潜在的であり、他人に読ませて説得出来る批評ではない場合が多いからだろう。これを映サの座談会或いは機関誌の中でぶつかり合せ、相互批判を引き出し、そこに弁証法的な発展、共存を見て行くのが批評活動の具体化そのものであり、そうした集団批評の中から必ずや映サに集った働く若い世代としての新しい映画批評が出て来るものと思う。例えば神戸映サでは毎月の鑑賞対策委員会で一本の問題作を選び出して、それを例会映画として、その月の機関誌で重点的に紹介し、観客動員を計っている。そして翌月の機関誌には集った感想文を一人の編集部員が編集して、二頁から四頁にまとめている。のせきれなかった意見や批判の批判が、又次の号に出ているといった調子で、これを実現させるための活動家の努力はなみたいていのものではない。その感想集には、だからその映画についての賛否こもごもの意見が出る。ただしここで問題にしなければならないのは、集った感想の中から、どのような形で取捨選択を行い、編集上どのように位置づけるかということである。これは座談会の方法にも通ずることで、結局はその映サの批評の方向を問題にすることでもあろう。これが編集部の主観で行われれば映サの集団批評はゆがめられてしまう。そこで一昨年の第三回全国会議を中心として〝良い映画とは何かの基準をはっきりさせよう〟ということが盛んに言われるようになり、大体の選定基準というものが作られた。

東京映愛連の基準は

社会性　この映画は、私たちの社会を住みよくする努力と誠実さが払われているか。

娯楽性　この映画は健康的で、私たちの生活にうるおいと明日への希望を与えてくれるか。

技術性　この映画は主題、内容を適切に表現しているか。

となっている。しかし問題はこの三点に言いつくされてはいるようなものの、個々の作品に当る段になると、その表現が〝適切かどうか〟を判断することは、結局その選定委員、又は会員の個々にまかされているわけで、この基準は基準として置いておいて、各種の異った意見が出ることを歓迎すべきだし、基準は常にもっと明確な、具体的なものに書きかえられて行くべきであろう。

大体この基準によって大きな映サ協では独自に選定活動を行なっており、その作品には会員の動員が計られ、又小さな映サではそれを鑑賞の資料に使っている。これも映サの批評活動の一環として重要な活動である。しかし試写が見れないこと、資料が不足していることなどから、問題作を逃してしまったり、「キネ旬」等の既成の

招待読者

■ 記録映画を見る会十月例会

会員券は本誌はさみこみで送ります。書店購読の方は本誌御持参下さい。

フランス美術ドキュメンタリー特集

池袋西武デパートリーディングルーム
毎土曜日　12時半，二時　の二回上映
3日　印象派，ロダン　10日　ゴッホ，ゴオガン，17日　ユトリロの世界，ル・コルビュジエ24日　ルソー，マチス，31日　ビュッフエ，マイヨール

一般社会映画特集

国鉄労働会館ホール（鍛冶橋）
10月23日　午後6時
ガン細胞（カラー）渡辺正已作品
ピアノへの招待（カラー）奥山大六郎作品
どこかで春が（上巻）
脚本・厚木たか・監督・柳沢寿男

安保条約反対講演と映画の会

（日美・平和展と共催）

小原会館（都電・青山六丁目，地下鉄・神宮外苑前）（会費50円）
10月12日（土）午後6時
講演・松岡洋子　映画・安保条約（松本俊夫）
おなじ空のもとで（ポーランド）
海壁（黒木和雄）　人形劇映画（チエコ）

ジャーナリズムに影響されたりして充分な活動が困難な現状である。この点からも全国センタ、或いは映サのための通信網が要求されるわけだ。しかし推薦した作品、又は例会にきめた作品を、会員があまり見に行かず、他の評判になっているものや娯楽性の強いものを見に行ってしまうということがしばしばある。これは映画の商業主義、或いはマスコミの前に、映サがまだまだ弱いという前述した問題に他ならないわけで、選定委員などの活動家もそれはわかっていながら、やはりほっておけないのである。映サの組織のためにも批評活動のためにも、そういう会員に対してこそ働きかけなければ、映サは中心周辺にいる会員のグループ活動と割引機関に分裂してしまって意味がなくなってしまう。そうしたところから選定委員の中にも必然的に動揺が起きて来る。つまりそれほど感心しない映画だが非常に入りそうだという場合、やはりこれは娯楽性において推薦すべきではないかという論が必ず出て来るのである。そうした一連の大衆映画の問題として神戸映サでは九月号の機関誌「泉」で東映映画を特集し、そのプラス面とマイナス面を正しく把握して観客大衆の趣好と志向をさぐった。しかしその誌面としては調査、アンケート等がしめる割合よりも編集部の分析、解説が多く、所謂東映ファンのなまの声をとらえて集団批評のルツボの中へ投ずるまでには行かなかったが、こうした追求がなされたということは実に重要な前進であったと思う。

今までの全国の映サの機関誌等によると、多くの場合どちらかと言うと生活批評の作品批評への直結という傾向が批評活動の主流をしめていたように思われる。例えば神戸の一月例会映画としてとりあげられた「人間の条件」の感想特集は、その多くが作中人物梶についての論議であり、編集もそこに方向づけられていた。従って「人間の条件」という映画の全体を浮きぼりにする点ではまだ不充分であった。「人間の条件」が社会性において良く、娯楽性においてショックを受けるほど興味をおこさせたという点はだいぶ出されたわけだが、技術性において適切であったかどうかという点では、なかなかなまの声としては出にくいものと思われる。しかし例えば「この映画はウソのつみ重ねだ」という意見などは〝今日の問題として受けとっていない〟という風に位置づけられ、軽く扱われている。これは確かに社会性というような点からみれば乱暴な意見で、この映画に対する正しい評価でないということになってしまうが、技術性をついた意見としてみれば、そのウソのつみ重ねによって、別の形で真実にせまろうとした「人間の条件」の構成を正しくとらえているわけで、こうしたなまの声と「……観る人の良心に立つ刺……」として見る別の感想とを並べてみると、そこに一つの違った角度からの作品批評が可能になって来るのではないだろうかと思うのである。

映サにおける生活批評の側面は、独立プロの後退期から言われるようになった所謂国民映画論の傾向に対応している。国民映画論は国民の現実変革に結びつく映画という前提的な方向づけから、現実そのものと、新しい積極的な生き方の追求という主題と、明るい大衆性という方法が要求されていたのだが、その明るい大衆性というのも、結局は現実の中の明るさの芽をとらえるという皮相な面でしか問題が深められなかったので、方法論に於て完全な曖昧さを残し、百家争鳴、社会主義リアリズムの水増しというあたりで停迷したまま今日に及んでいる。それが映サの批評活動にも現れていたのだと思う。未来の映画像の確立を求めてもうそろそろ徹底的な解明がされていい頃である。実践的にはすでに外国でも日本でも一部の作家が意欲的な作品を作りはじみている。しかしこれをはっきりと把握し得る既成の批評家はいない。映サの集団批評を契機として新しい日本映画の批評運動が起ることへ、大きな期待をかける理由もここにある。

以上映サについてのすべてを言うことにはとてもならないが、映サ内外に対する問題提起となっていれば幸いである。

観客運動としての「戦艦ポチョムキン」上映運動

山田和夫
（世界映画資料同人）

「〝戦艦ポチョムキン〟はいまなお日本の税関倉庫で陽の目を見る日を待っているし、輸入関係者はさらに広汎な世論に訴えて輸入実現までたたかい抜くことを決意している……」

私があるところ（「世界」一九五八年八月号）にこう書いてからちょうど一年たった。「戦艦ポチョムキン」はとうとう「陽の目」を見たし、「輸入実現までたたかい抜く」といった「決意」にもいつわりはなかった。もちろんはじめの目標だった正式の外画割当による劇場公開という方向は実現できなかったが、寄贈プリントによる非劇場自主公開という第二の目標はいま全国的にひろく成功をおさめている。その自主公開運動の集約として誕生した「自主上映促進会全国協議会」の集計によると、今年の二月二十一日横浜の県立音楽堂を皮切りにはじめられた自主上映は、六月末までに全国七

十六ヶ所にひろがり、その間に動員された観客数は二十二万三千九四九名に達している。

五ヶ月間に動員二十二万という数字は、ふつうの営業常識からいうと大したものではない。むしろB級、C級の低い数字だし、動員数拡大のテンポはかくだんにおそいといってよい。しかし、わずか二本の寄贈プリントを武器に観客自らが各地に「上映促進会」をつくり、可能なかぎり広汎な組合や団体をあつめて上映態勢をつくる、会場を確保し、組織宣伝する、プリントをとりよせて上映する……というまったくあたらしい上映形態が生み出した二十二万という数字は、決して低くないどころか、日本映画史上これほど充実した観客動員数の記録はないだろう。それはごく一部の地方をのぞいてふつうの映画興行が依存するマスコミの宣伝力とほとんど無関係に上映が行われているということ、というよりいちばん関心をもっていいはずの映画ジャーナリズムをはじめとする一切の商業ジャーナリズムに完全に無視されながら上映が行われているということを考えただけでも理解できることである。

そういう自主上映運動もすでに半年を経過したし、自主上映に先行する輸入運動の時期を加えると丸三年になる。この三年間の体験は実に多くのことを教えてくれた。一つの運動がどのような偶発的な形でスタートし、それがどのようにして意識的、組織的なものに転化し発展していくか、民衆のもつエネルギーはどのような形でもっとも有効な働きを示すか、映画運動という面では目下のところさけがたい業者と大衆団体の接触、提携はどういう矛盾を生み出し、その矛盾はどう調整していけるか等。またいわゆるマスコミがこのような民衆自身の下からの運動にどれほど無関心であるか、多くの場合敵対的なものであるか、あたらしい映画の理論を説き映画の発展を論じるもっともらしい映画ジャーナリズムが、映画史上最高の古典といわれる映画の輸入上映運動といかに無関係な存在であり、いかに浪費的で非生産的なものでしかなかったか……など。そしてもっともっと根本的な体験として、現在の国家権力が映画の面一つとってみても、民衆の欲求をおさえ、その成長をはばむためにどれほど精力的でありうるかということ。

このような多くの教訓が私の頭のなかでいまだに未整理のイメージのままうずまいている。ここではそのいくつか――とくにこれまで比較的とりあげられなかった側面について私の体験を書きとめて見たい。

まず運動一般のこと。

当然のことだが特定の運動は、特定の社会集団が自己の願望の実現がはばまれたとき、その障害をとりのぞいて自己の欲求の達成をはかろうとすることからはじまる。その願望・欲求がその集団にとって切実なものであればあるほど、そしてそれが特定の社会集団をこえて広汎な民衆全体につながりうる共通公分母であればあるほど、その運動にあつまるエネルギーは大きい。しかし、もし運動がそのような民衆のエネルギーに密着した組織形態をとらず、エネルギーの質と方向を見あやまったとき、その運動は失敗するかきわめて不充分な成果しかえられない。逆に運動が広汎な民衆の切実な欲求にねざし、適当な組織形態をとりえたとき、その成長と発展をはばむ障害はかえって民衆のエネルギーの密度を高め、抵抗力を激発する。

これが文化運動、とくに映画運動になるともっと特殊な面が出てくる。たとえば映画サークルの場合、その集団に属する民衆の欲求には「よい映画、たのしい映画を見たい」という文化的な側面と「できるだけ安く見たい」という経済的な側面がある。「よい映画を安く」という映画サークルさいしょのスローガンは、この二つの側面を統一的にいいあらわしたものだと思う。映画サークル十年の歴史のあいだには、〝アメリカ映画ボイコット〟から〝会員証による割引〟まで多くの活動方針が打ち出され、実行されてきたが、そのような方針の振幅自体が映画サークル運動の二面性――文化的と経済的――をあらわしたものだし、集団の方向が二つの性格の両極端の間をゆれうごいたことを意味している。

〝会員証による割引〟が興行組合の圧力で大はばに制限されていらい、映画サークルの間で単なる〝経済的欲求〟の充足に基礎をおく活動方針に反省がおきている。たしかに〝見たい映画を安く〟というのは広汎な民衆の欲求である。その欲求はたいへん大切なものであり、切実なものである。しかし、〝見たい映画〟が金を出しても見られない状態がおきたら、〝見たい映画を安く〟という欲求にだけ基礎をおいた運動形態は有効でなくなってくる。〝安く〟よりまず〝見たい映画〟を〝見れる〟状態にすることが問題になってくるからだ。〝文化的な欲求〟の充足が〝経済的欲求〟の充足に優先してくる。(そういう意味で、当初からなかなか見られない記録映画を自主的に上映する運動をつづけている京都の「記録映画を見る会」の経験は貴重な教訓である。)

ところが〝見たい映画〟が金を出してもなかなか見られないような状態がますますふえている。日本映画の製作と配給は六大会社の手ににぎられ、外国映画の輸入と配給は日本政府の税関検閲、輸入割当制度――米画優先・大企業尊重――のワクにしぼられている。東京のように六〇〇館も映画館のあるところなら、六大会社の系統館からボイコットされた独立プロ作品でも上映される機会は少くない。しかし映画館が十館そこそこ、あるいはそれ以下の地方都市になると、もう六社の系統館がガッチリと腰をすえてアウトサイダーの割りこみをゆるさない。外画の場合だとほとんど一館ぐらいしか封切館のないところが多い。そこへアメリカ映画の「十戒」のような超大作が二週間も三週間も居すわってしまうと、ほかの映画の五、六本はすぐはじき出されてしまう。「いくら中央ですばらしい作品だとさわぎたてても、とにか

く一館しかない劇場が番組に入れないかぎり、半永久的に見られない」というのが地方都市の映画サークルの切実な声である。そういうところでは〝会員証による割引〟以前に、どうすれば〝見たい映画〟をその土地にもってくるかが大問題なのである。「戦艦ポチョムキン」の上映運動が運動として実り多い収かくをもたらしたところには、大都市よりかえってこういう地方の中小都市に多かったことも教訓的である。(逆に東京では動員数こそ全国一だが、自主上映運動の評価については主軸となるべき映画サークル内部でさえ、見解の統一が行われていない。)たとえば、徳島の〝「戦艦ポチョムキン」を覧る会〟は会則の冒頭に「私たちは『戦艦ポチョムキン』を徳島で上映します」とうたっている。これほど単純明快に組織の目標をかかげた会則は、これまで全国の映画サークルになかったと思う。(そして徳島での「ポチョムキン」上映は、全国はじめての県教育委員会による団体鑑賞妨害をはねかえして、見事な成功をおさめた)

ここにあたらしい問題点がうかびあがってくる。たとえば徳島の〝「戦艦ポチョムキン」を覧る会〟がなぜこのような単純明快な行動目標をたてたかということである。それはこんどの上映運動が映画サークルだけの運動ではなかったということだ。このことは「戦艦ポチョムキン」上映促進の会全国連絡会議(五月二、三日)の席上における尼崎労映の発言——こんどの上映運動で映画観客運動は映画観客団体だけの運動でないことが分った——につながる。

映画サークルの運動はすでにのべたように「文化的」と「経済的」の二つの面をもっている。しかし、本来〝映画を見たい〟という欲求は〝文化的な欲求〟である。〝安く〟というのはその本来の欲求達成をさまたげる経済的な問題を解決したいという補助的な欲求である。ところが運動の重点が本来の〝文化的欲求〟の充足にうつり、〝見たい映画〟を見れるような状態にする運動となると、その規模は映画サークル本来のものをこえて他の運動集団とむすびつかざるをえなくなる。民衆の欲求は〝文化的〟なもの一つをとっても多面的だ。映画サークルはただ映画という面でだけで、その欲求を組織している。合唱サークルも演劇サークルも、それぞれの面で民衆の欲求を組織している。そして労働組合という組織は、こういう〝文化的な欲求〟もふくめてすべての生活の土台となる権利をよう護し、発展させるもっとも基本的な組織といえる。見たい映画を見れる状態にすることは、見たい映画がなかなか見られない状態にしている現在の国家権力と資本にたいして直接たたかうことを意味する。それは映画サークルにあつめられるだけの民衆のエネルギーだけでは到底不可能なことである。他方、労働組合や他の文化サークルにとっても、映画サークルの〝見たい映画〟を見れる状態にしたいという欲求は決して他人事ではない。第一、労組員も他のサークル員もすべて映画観客なのだ。とくに映画はその総合芸術という性格からすべてのマス・メディアの結節点になる場合が少くない。権力や資本がこういう映画を有効な武器として活用いる現在、労働組合がますます映画による視聴覚宣伝教育を重視してきているのもふしぎではないし、映画以外の文化サークルでもますます映画のことが多く論じられるようになっているのも当然である。

「戦艦ポチョムキン」は実はこういう事実を立証するためにいちばん適切な映画だったといえるだろう。「戦艦ポチョムキン」はまず映画史上のベスト・ワンとよばれるほどの名作である。そういう名作が日本でだけ三十三年間も上映できなかった。それは戦後の税関検閲と戦後の外画輸入制限(及びその下で育成された業者のコマーシャリズム)のためである。だから「ポチョムキン」は第一に映画専門家にとって渇望の古典であり、映画ファンにとっては幻の名画であった。そういう欲求が権力と資本の力でせきとめられてきたわけだ。さいしょはまだ「ポチョムキン」にたいする表面化された欲求はこの範囲にとどまっていたが、「ポチョムキン」という映画の意義が知られ、それが上映できない事情があきらかになるにつれて、「ポチョムキン」を見たいと欲求は、ますます映画人や映画サークルの範囲をこえてひろがっていった。「ポチョムキン」は史上空前の名作として芸術的にほとんど無条件の讃美がよせられていると同時に、革命と民衆をえがいた社会主義の映画という面で映画の専門家だけでなく、全世界の広汎な民衆に愛され、尊敬されてきた。いやむしろ、「革命と民衆をえがいた社会主義の映画」であればこそ、史上空前の名作とよばれる芸術性をかくとくしたと思う。(この点については深くふれる余裕がないので、「戦艦ポチョムキン」上映促進の会発行のパンフ「戦艦ポチョムキン」の拙稿を参照されたい。)エイゼンシュテインのノートを引き合いに出すまでもなく、「ポチョムキン」自体革命と民衆と芸術のかってない結びつきである。だからこそ世界各国でその上映をはばもうとする反動の力をよびおこし、民衆はその力をはねのけて上映をたたかいとっていったわけである。

「ポチョムキン」と広汎な民衆との血縁性は、自主上映がつみかさねられるにつれてますますはっきりしてきた。ストライキ中の労働者を興奮させた川崎での上映とその戦斗的なふんい気。浴衣がけ、下駄ばきでうちわをもった家族づれが圧倒的に多かった世田谷での上映。映画のリアリズムを考え直したという映画人のアンケートから、オデッサ港の朝の美しさについて素朴な感動を話してくれたハイ・ティーンの少女まで。「ポチョムキン」は古典である、一部の専門家しか見ないから一般上映は必要ないという、瓜生忠夫のような進歩派までふくめた反対論者の予測はことごとく外れた。もちろん、「ポチョムキン」を見る層が深くひろくひろがればひろがるほど、否定的な感想、失望や期待外れという声も正直に反映さ

れてくる。にもかかわらず、「ポチョムキン」は大多数の観客に少からぬ感銘をあたえている事実は否定しようがない。

昨年の暮、正確にいうと十二月十五日の「戦艦ポチョムキン」上映促進の会発表まで、上映運動はむしろ輸入運動であった。この映画を日本でどうしても公開したいという一小業者の運動を多数の民衆のエネルギーが支え、民衆自身の運動に転化してきた。アメリカ映画の独占を許し、ソヴィエト映画をはじめ社会主義国の映画の輸入を極端にまでおさえつけてきた外映輸入制度、これについては語られてきたことは「ポチョムキン」以前にいくどもある。しかし、この輸入制度とで面切って対決したのは「ポチョムキン」がはじめてである。私がこれまであらゆる機会に書きつづってきた「ポチョムキン」の記録は、この輸入制度の実態をあきらかにすることに捧げられてきたともいえる。全国からの報告によると「ポチョムキン」の上映運動を通じて、はじめて労働組合が映画問題に注目し、外画輸入制度のバクロに耳をかたむけてくれたという例が圧倒的に多い。労働者の組織が「ポチョムキン」の問題を通じて、映画の面にも労働者をおさえつける同じ力が働き、そのことが労働者の成長をさまたげていることをますます自覚するようになっている事実こそ、「ポチョムキン」上映運動のいちばん重要な成果であると思う。

「ポチョムキン」が、現状ではどうしても輸入制度のワクを突破することができないと判断されたとき、ソ連から寄贈された非興行用プリントを非劇場上映するという運動形態が提起され、実行に移されたが、この自主上映という運動形態は輸入運動以上に広汎な文化サークル、労組などの結集を必要とした。それは「ポチョムキン」上映の成功をかちとるためには、一切のマスコミの宣伝力にたよることができず、ただ組織された民衆のエネルギーだけが支えとなるからである。「ポチョムキン」の文字は映画ジャーナリズムの上にも、一般新聞の上にも、ほとんどあらわれることがなかったが、すべての労働組合、民主団体、文化サークルの機関紙にはくりかえしくりかえし「ポチョムキン」の紹介がのせられて、機関紙専門の印刷所をおどろかした。横浜や東京の世田谷のように、さいしょあつまった団体の代表者がほとんど「ポチョムキン」を知らないことがわかると、まず団体の代表たちが自発的に「ポチョムキン」の研究会をもち、それから上映運動にとりくんだ。

ここでどうしてもふれておかなければいけないのは、業者との関係である。瓜生忠夫などの反対論は「業者に利用されている」というのが一つの論拠だが、そんなことをいえばふつうの団体動員はすべて「業者に利用されている」ことになる。観客が自分で映画産業を一部でもにぎっていない以上、現在の映画企業と接触し、これと提携することがさけられないのが現実である。別のところ（「世界映画資料」五九年四月号――東西南北）でも書いたように、要は業者と大衆団体の力関係によって決まるということだ。たとえ中小企業でも、業者であるかぎり利潤を追求するという資本の法則に従属している。民衆運動はこれと反対に〝欲求の充足〟を直接の目標とし、そのための法則をつくり出していくものだ。両者はたしかに原則的に相容れない。しかし、映画のような〝文化的商品〟を扱う場合、資本自体の利潤追求の欲求があるていど業者個人の文化的欲求によって代表されることがおこりうる。「ポチョムキン」を輸入しようとした中央映画貿易の星野という業者も、商売と同時に個人としての文化的欲求に支配されていたことも事実である。そういう面を否定すると、中央映貿のような小企業を維持しながら三年間「ポチョムキン」の輸入をネバリつづけた理由が説明できなくなるし、独占資本時代における中小企業と労働者階級の提携というふくざつだが必要な問題を理解できなくなる。もちろん、彼はこの三年間、いくたびか資本自体の欲求を前面にもち出し、「ポチョムキン」の輸入を放棄しようとしたし、輸入運動に投じた費用の回収のために自主上映運動に切りかえられたのちも、いくたびか各地の運動組織とマサツをくりかえした。しかし、全体として見たとき、運動が広汎な民衆のエネルギーをあつめえたおかげで、こういう業者の本質的な弱点を最小限に抑制できたと考えている。

自主上映の過程で、不況になやむ映画興行者が映画館を休館して自主上映の会場に提供するという創意を生み出してきて、東京では京王名画座、テアトル・ニュース、神田南明座で計五週間の上映に成功したが、これも業者と運動組織のあたらしい形の結びつきをもたらし、運動自体としても劇場利用の「非劇場上映」というあたらしい可能性を開拓することができた。劇場利用という形態はまったくあたらしいケースだけに、失敗面も少くないが、それだけに貴重な教訓にみちているともいえる。

以上、私は三年間の「戦艦ポチョムキン」輸入・上映運動からえた体験と教訓のごく一部を整理して見た。本来なら、「自主上映促進会全国協議会」の結成とその展望についても記さなければならないし、ふれないままにのこした問題点もまだまだ少くないが、運動の進展のなかで機会を改めて筆を補いたいと思っている。筆者の意のあるところを諒とされれば幸いである。

プロキノの映画を見る

記録映画研究会十月例会

昭和三年から五年まで、労働運動と共に活躍したプロレタリア映画同盟の作品から、最近発見されたものを上映します。

① 山宣葬儀記録
② 戦前最後のメーデー記録
③ 東交市電ストライキ記録
④ 軍事教練記録

日時　十月十四日(水)　午後六時
場所　デリバリー試写室（新橋土橋際高速ビル地下、(57)2310）
試写後研究討論会、会費五〇円。

■ シナリオ

安保条約
（二巻）

脚本・監督
松本俊夫

コメンタリイ
関根　弘

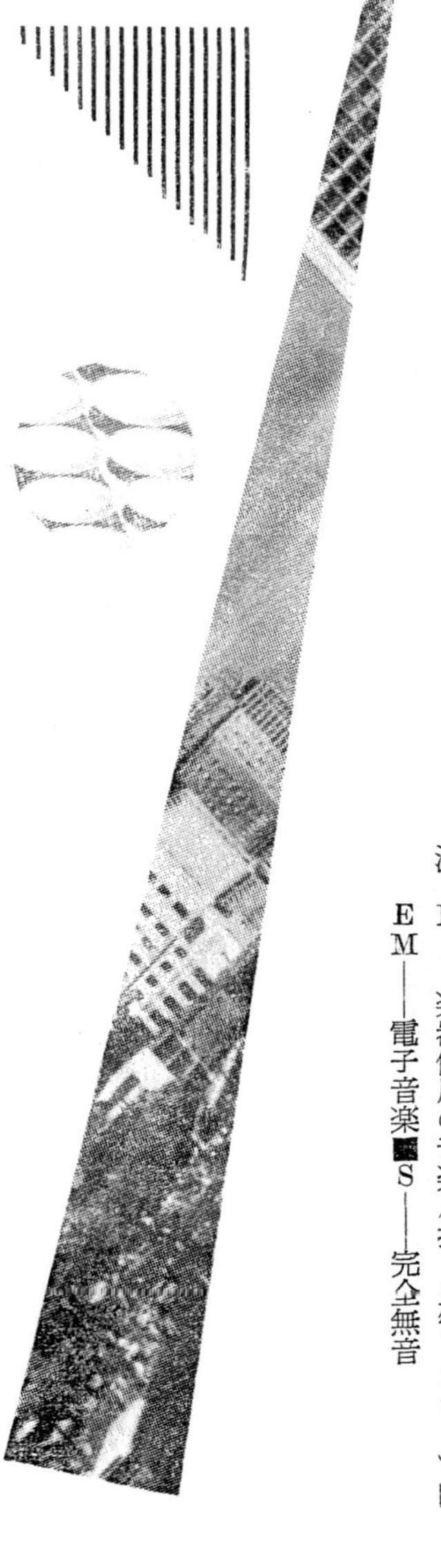

注・M——楽器使用の音楽（打・金管・ピアノ）■
EM——電子音楽■S——完全無音

画面構成	コメンタリイ	音効
○戦争の廃墟A タイトル ○戦争の廃墟B ○戦争の廃墟C。その奥から吉田茂の顔が近づいてきて画面一ぱいとなり、廃墟は消える。 突然吉田の顔はネガに反転する	戦争の跫音がまたきこえる 「日本国は、その防衛のための暫定措置として、日本国に対する武力攻撃を阻止するため、日本国内及びその附近に、アメリカ合衆国がその軍隊を維持することを希望する。——安全保障条約」	EM———— SS
○大地炸裂する ○なにやらわめきながらアメリカ兵が砲をうつ ○火をふく砲 ○巨大なアメリカの飛行機が画面一ぱいよぎる ○安保条約に吉田が調印する。（静止画面　T・U） ○反米主義者が、荒々しくMPに検束される。 ○ダレスの顔が一瞬画面に浮びあがる。（静止画面　T・B） ○頭上をグローブ・マスターが低		———— SS ——— M ——— SS ————
空で通過する ○小学校の教室では、爆音のため中断する ○米兵が機関銃をうつ ○窓ガラスがはげしく破れて、その穴にカメラが急速に近づく 真暗なそのガラスの裂け目の奥に、ロングブリー事件の断片的なショットが、チカチカするように現われたり消えたりする ジラード事件の	調印の日から始まった民族の屈辱の歴史——。 ある日、アメリカ兵のいたずらの射撃が電車に乗っていた罪もない学生を射殺した。ロングブリー事件。 「ママさん、カム・ヒア！」 薬きょうを拾い	———— SS EM ————
断片的なショットが、同様にガラスの破れ穴の向う側に点滅する ○いくつもの足によって畑がふみ荒される ○測量のヒモが張られる ○土中に杭が打ちこれる ○手をつなぐ米兵とパンパン（静止画面） 画面を汚液がよごす ○パンパンを抱き	に行って、犬のように一人の農婦が射ち殺された。 ジラード事件。 安全の名においてとり上げられた先祖伝来の四億坪の土地。 六百ケ所を超えるアメリカ軍の基地がこうしてできた。	———— ME ————

かかえる米兵
（静止画面）
画面を汚液がよごす

○警官の棍棒が猛々しくデモ隊の頭上に襲いかかり、めちゃくちゃに殴りつける
ほとんど流れ渦巻く群塊のように、暴力のかぎりをつくす警官隊のすさまじい弾圧の光景が画面一ぱいにめまぐるしくつみ重ねられる

○基地の内側で見物している米将校たち

○米軍トラックが砂ぼこりをたてて通ってゆく

○砂浜にうちこまれる砲弾、その炸裂

○見守る農民の顔

○靴音も高く、自衛隊が長蛇の列をなして行進していく

○一斉に頭右をする

安全保障とは、まず農民の頭を棍棒で殴りつけることからはじまった。
つぎに労働者を殴りつけた。
明日戦争を起そうとするものは、今日労働者階級の頭上に襲いかかるのだ。

安保条約は、自衛隊の増強を義務づけた。

EM

○国会乱闘の静止画面

○分列行進が続く

○吉田茂の顔。下半分の大写し。（静止画面）

「いかなる戦力も持つ意志はございません。」

○自衛隊が一斉にバズーカ砲を構える

○鳩山一郎の顔。下半分だけ。（静止画面）

「自衛隊は軍隊ではありません。」

○オネストジョンが発射され、火をふいて飛んでゆく

○岸信介の顔。下半分だけ。（静止画面）

「核武装はいたしません。海外派兵？　とんでもない。考えたこともありません。」

○ミサイルが兵器庫から姿を現わす

○歪んだ岸の顔。（静止画面）
突如その顔に亀裂がはいり、バラバラにひきちぎれて四散する

SS　M　M　M

と、その下から、軍服姿の岸が、その再軍備の本心をむきだしにするように現われる（諷刺マンガ）

○東条内閣時代の組閣記念写真の中にいる、かっての軍国主義閣僚、戦犯大臣、岸！

○自衛隊の猛烈な演習、機関銃の掃射、戦車の隊列が走る
大砲の発射
次々と落下傘が開いて大空を降りてくる
歩伏前進
突撃
機関銃掃射
射的の人形が倒れる
戦車が轟音を立てて画面一ぱいに迫る

歴代の政府は武力を放棄した平和憲法の精神をふみにじった。巧みに二枚舌を使いわけ、国民をだました。すでに陸海空あわせて二十六万、満洲侵略当時の十倍の戦力をもつにいたった。

○岸首相がアメリカの高官と握手している（静止画面）
急速なパン・ダウン

SS　M　SS

○靴の下にふみにじられた民衆（非現実的なパピエ・コレ）

○つるはしをふり降す線路工夫

○鑿岩する炭坑夫

○田圃の草をとる農婦

再軍備はわれわれの血と汗によってあがなわれる。

○内職の封筒貼りをしている主婦

○ビルの中の事務労働者たち

兵隊を食うために、われわれの生活は貧しい。

○農家の俵あみ

○機械のようにタイプをうつ手

○重い籠を背負って歩いてくる農婦

兵隊を養うために、われわれの生活は貧しい。

○ゴルフに興じる岸首相

○国会議員たちがもみ合いながら部屋になだれこんでくる

○画面一ぱい、汗だらけの労働者の大写し（A）

兵隊を養うために。

○自衛隊の機関銃掃除

M　M　（経済市況の放送）　SS

○画面一ぱい、汗だらけの労働者の大写し（B）

核武装するために。

SS

○戦車が轟音を立てて通過する

○画面一ぱい、汗だらけの労働者の大写し（C）

戦争するために。

SS

○一斉に大砲が連射される
発砲、発砲
空に黒ずんだ火花が重なり合うように炸裂する
（花火のネガ）
発砲と爆発の、すばやい交錯

○反共、安保改定支持の宣伝ポスター数枚が現われては消える
（アイリス・ワイプ）

「戸締りが悪いと泥棒が入るぞみな殺しにされる。敵が攻めてくるぞ。厳重に戸締りしろ。敵が攻めてくる。」

○ソ連・中国等、社会主義諸国の労働や生活、科学や文化のさまざまな姿――
紡績女工
集団農場

かれらが敵と呼んでいる国は、働く者が主人公になった国だ。この世界を作ったのは働く人達だ。資本家は釘

――M

巨大なダム
発電所
農耕機械による耕作
オートメーション
高層建築の建設
架橋工事
鉄道建設
アイソトープを操作するマジックハンド
大学に通う人々
人工衛星の発射
望遠鏡をのぞく人々
星空を飛ぶ人工衛星

一本作らない。彼等は労働者を奴隷にして搾取しただけだ。この世界に資本家がいなければ戦争はない。生産力の発展は、労働時間を短かくする。みんな生活を楽しむ。資本家のいない世界では労働者は自由に勉強できる。科学は戦争ごっこのためだけにあるのではない。戦争が好きなのは奴隷が欲しい人間だけだ。科学は労働者の夢になった。人工衛星、宇宙旅行の夢――。

――（発信音）

○体育大会。青年たちによる驚異的な集団体操

平和は労働者の財産だ。平和だけが世界の繁栄を約束する。

○世界青年平和友好祭
白人も黒人も、諸民族の青年男

国を越え、民族を越えて、われ

――M

女がお互いにしっかりと抱き合い、握手を交し続けている。喜びと希望が、すべての人の顔にみちあふれている。手をとり合う平和の意志の大きなうねり

われわれは手を握る。文明の国であろうと、未開の国であろうと、平和の歌は世界を一つに結ぶ。
「戦争がしたければ地球の外へ行ってやれ！」
「労働者と労働者は戦ってはならない。労働者は一つになれ！」
「世界の平和を労働者の力でかちとれ！」

○何千という群衆がうち振る小旗で描かれる各国語の「平和」の文字

○各国の青年たちが腕をくみ、歓声をあげながら街路を走ってくる

○「平和」の人文字

○走ってくる人々

○「平和」の人文字

南の国から
北の国から

○ヨーロッパ人も

西の国から

アジア人も一緒になって踊っている

東の国から
われわれは呼びかける！

くまれた腕
揃う足

○「平和」のプラカードを掲げて行進する人々

地球を汚すな！
砂漠にするな！

○世界平和大会で一生懸命何かを訴えている日本の婦人

○タイマツをかざし、原水爆禁止の旗を先頭に行進する人々
行進の中には各国、各民族の代表もいる

南の国へ
北の国へ
西の国へ
東の国へ
われわれは伝える！

行進が続く

地球を汚さない！

○熱烈に演説するインド代表
万場の拍手
アジア・アフリカ会議である
嵐のような拍手

砂漠にしない！
われわれは楽しくやってゆける！

○メーデー会場をうずめた何万という大群衆、なびく赤旗

○アジア各地にまきおこった民族独立闘争

外国の軍隊の支配のもとに恒久

――M

弾圧する外国軍隊
群衆が走ってゆく
疾走するジープ
走ってゆくゲリラ隊
警官隊が民衆におどりかかってゆく
武装兵が蜂起した民衆にピストルのねらいを定める。
緊張した市街戦
独立を叫ぶデモ

の平和はない！アジア各地に拡がった民族独立運動は帝国主義の植民地支配の鎖を次々とたちきり、平和の力をいちじるしく強めた。

EM

○アイゼンハウアとダレスが焦燥の色を浮べ扉を開けて出てくる（同じアクションを三度ダブラせてくり返す）
○世界地図の奥から血みどろの手が正面に向って画面一杯まで近ずき、社会主義諸国を包囲するようにアメリカからカビ状のシミ模様が広がってゆく
地図が消え、一瞬手だけが画面一ぱいに残る

「われわれも平和に反対なわけじゃない。われわれは独裁政治に反対し、自由世界の防波堤をつくっているのだ。悪いようにはしないから、まあ、われわれに委せておき給え！」

SS

○核爆発。無気味に盛り上ってゆくキノコ雲
○暗黒の空間を、白銀の灰が降る重なり合った屍の山に死の灰が降り続ける。（「原爆の図」モンタージュと灰をダブルエクスポージャーで処理する）
屍は消え、暗黒の空間と灰だけが残る

死の灰！帝国主義の死の灰は世界を覆う死の灰それは目にみえない恐怖となって世界を包む。魚のハラワタのなかに野菜の葉っぱの上に雨のなかに死がしのびよる不安が世界を覆う。

EM&M

○スエズに侵入していく英仏の軍隊
○シリアに結集していくアメリカの軍隊
○ヨルダン・レバノンに上陸する英米の軍隊
「武力介入反対」のプラカード
次々と軍隊は上陸する「英米軍撤退要求」のプラカード
上陸を続ける軍隊

一九五六年、英仏のスエズ侵略一九五七年、アメリカのシリヤ包囲、一九五八年、英米のヨルダン・レバノン進撃。

M

○沖縄地図に急速にカメラ近づく武装化された沖縄基地爆弾を積んだ飛行機の列
軍需兵器工場
基地化反対の抗議集会。
抗議デモ
警官に検束されるもの
ジェット機の墜落
タンカで運ばれる子供の死体に泣き伏す母親

そして一九五九年、沖縄は極東侵略の基地としてアメリカに自由を奪われている。ミサイルの持込み！飛行場拡張！農地取上げ！強姦！強奪！墜落！〝死刑！

M

○岸首相と藤山外相が愉快そうに歓談している
○南方占領地を進軍する、旧日本軍隊
○ダレスと藤山が会談している
○南方に侵略していく旧日本軍隊

安保条約の改定は日本全体を沖縄にする。安全と防衛の名にかくれて新しい戦争を準備する。

（「東洋平和のためならば」をくり返す）

○オートメーション化された近代的工場の機械さまざま
人のいない工場で、機械が物を作り、分類し、計算する
機械の動きだけが次々とはげしく、無機的に、つみ重ねられる

安保体制の強化——それは独占資本の飽くことなき利潤追求と固くむすびついている。かれらの合理化は、労働者も農民も、すべてをおしつぶす。流れ作業！オートメーション！かれらは科学を悪魔の爪に変える。

EM

○首切りの掲示をみつめる人々
○雨のボタ山に、主婦たちが屑を拾っている
○閉鎖された工場
○中小企業のスト色あせた赤旗が何枚かたれさがっている
○大ぜいの組合員が工場の中庭に

首切り！労働者は生きながらに死を宣告される。ロックアウト。中小企業が犠牲になる。社会不安が、軍備拡張の口実と

M

坐りこんでいる

なる。

深刻な表情

訴えをきく大群衆

○合唱がはじまる

○スクラムを組んで合唱する女工たち

○玄関前にピケがはられる

○「首切り反対」のアドバルーンが空にあげられていく

だがわれわれは起ち上った。

○ストライキ。スクラムの合唱

男も女も、若者も年輩のものもがっしりと腕を組み、団結する

合理化反対！
首切り反対！
安保条約改定反対！

赤旗がなびく

戦争政策反対！

労働者の怒りが一つの大きなうねりとなって歌と共に組合大会をつつむ

○真黒な空間を、岸、池田、藤山、佐藤、灘尾、赤城など政府閣僚の顔が、小さくなったり大きくなったり、右往左往、交錯し交代を続けて、焦燥し策動する

EM

○鎔鉱炉が火をふく

日本の独占資本は、国民の平和の願いを無視して、ふたたび戦争への道をバク進している。

○爆弾が作られている

○飛行機が作られている

○アジア各地に拡がってゆく日の丸の小旗。その地図に、日本の爆撃機の編隊がダブって現われ爆撃体制にはいる

しょう懲りもなく繰返す大東亜共栄圏の夢！

○急降下爆撃。大地が眼前に迫り民家が爆破される

○こっぱみじんになってふきとぶ家々

○死体が土手から転がり落ちる

○物のように投げだされた女の死体

○ぶすぶす煙をだしてこげている老婆の死体

EM　　　　M

○戦闘機が機銃掃射をしながら急降下する

○ヤケドでくずれた顔がうごめく

○まだ若い娘が銃弾にうち貫かれてもがいている

○冷く動かなくなった母親の死体のわきで、幼児が手をふるわせて、火がついたように泣き叫んでいる

○じっとみつめている男の顔

○じっとみつめている女の顔

いやだ！
戦争はいやだ！

○じっとみつめている労働者の顔

○「岸よ平和の足音を聞け」というのぼりをたてた行進が画面一ぱいに近づく

戦争への道は、日本民族の破滅への行進だ！

○平和、核武装反対のプラカードをもって人々は歩く

目をつむれない
口をとじられない

○労働組合の大会でシュプレヒコールが起る

戦争の危険が迫っているとき
もう黙っていられない

M　　SS　　SS

○平和行進

ニコヨンのおばさん達もいる

われわれの国の海に

農民も労働者も、平和を願って歩き続ける

招かざる外国の船が錨を下ろしているかぎり。

○怒りに燃えた記憶、MPによって手荒く検束される労働者

口にチューインガム手に銃をもち
村に街に
兵隊がいるかぎり。

○警棒で頭を割られた学生がかつがれてゆく

かれらの翼が死と闇を乗せて
国中を
飛びまわっているかぎり。

○警職法反対のデモ

○勤評反対のデモ

○坐りこみの組合員に警官隊がおそいかかる

○ひきずり出される労働者

○ぶちこわされた椅子

ころがる青カブト

○大ぜいの労働者たちが閉ざされた門に押しかける

警官ともみ合いながら門を押し

開ける

激流のように門から出てゆく労働者たち

○うねるような蛇行デモ。赤旗がなびく

画面一ぱいに走りぬける人々

やむにやまれぬ労働者の怒りがほとばしるように、デモが渦を巻く

「戦争反対！
戦争反対！」

○走ってくる警官隊

○長期スト中の主婦と生活社前でデモは激励し高潮する

○蛇行デモが爆発する

燃えあがる

○道路の紙クズが竜巻きのように舞いあがる

○制止する警官たち

○足並みを揃えて走りぬけるデモの足と

戦争の危険が迫っているとき
もう黙っていられない
目をつむれない
口をとじられない
怒りをかくせない

M

なすところなくまごついている警官たちの足

○壁に大きく貼りつけられた文字

「十六名の首切り反対！
安保改定絶対反対！」

○ぎっしり道路を埋めたデモ

「安保反対！
平和を守れ！」

○スト中の組合員たちがビルの窓から赤旗をふり手をふって呼びかける

大きくかかげられた「安保改定反対」ののぼり

○幾重にも重なり合ってデモの蛇行は続く

われわれはたちあがる
がまんできない
愛する
われらの国のために

○のんびりと釣をしている人々

○喜々として砂浜に遊ぶ海水浴の人々

○疲れ切つたような通勤時の人々

戦争の危機が近づいている。

無気力。

M

○畑の耕す農婦たち

無関心。

○競輪場の一隅。予想屋がなにやらどなっている

○夢中になってパチンコをうち続ける人々

小さな利己心。

○皇太子成婚を祝う群衆

○選挙の投票

投票用紙が箱に入れられる

マス・コミの魔術。

○自民党本部。岸を中心に万才が三唱される

それらはかれらに味方する。

○競輪場。高潮した群衆も、選手の自転車も、突然ぴたりと静止する。（ストップ・モーション）

○海水浴でまり投げをしていた人たちも、奇妙な格好をしたままぴたりと静止する

（ストップ・モーション）

○パチンコをしたまま静止している人

○通勤時の群衆も静止している

いやだ！
戦争はいやだ！

○突如、はげしい閃光が画面を覆う

核爆発

○真黒の空に、無気味な火の塊りが盛りあがってゆく

○黒こげの死体

○盛りあがるキノコ雲

○黒こげの顔

○世界の終末を思わせるようなキノコ雲

○暗黒の空間に、凝縮する火の塊り。超現実的な破滅のイメージ

（このラスト・カットのあたまで音はすべてなくなり、最後に幼児の鋭く裂けるような泣き声がはいって、画面は真暗となり二秒後にエンド・マークが出る）

SS

SS

SS

EM

（十三頁から）

R「君の言うことに承服できないのはわれわれが四年制大学生である条件をどれだけ考慮してるかという点で疑問に思うからだ　あらゆることが下級生にひきつがれるための努力オルガイナザーとしての努力それを君は言うだろうが　四年経てばいなくなるというハンデは消すこと不能だ　ああ僕は学校に八年いるべきなんだ　そうしたくてもそう出来ない理由が僕にも君にもあるとすればどうするんだ一体それが経済的理由以外の何ものでもないんだとしたら　まず僕は今のうちにいろんな手を打とう　やれるだけのことをしなければならんまずソ連中共北鮮各政府に資金カンパの電報をうとう、オヤジカネオクレ　だ僕は郵便局へ行ってくる

P「Q君　彼をとめるな　打った電報の返事はいつくるか判らんし、向うはオレのコじゃないと言うかも知れん　しかしやれそうなことならやることがかんじんさ　その一点で彼は正しいんじゃないのか

Q「そうも言えるだろうが　極めて粗野な実践的欲望にとらわれているね全くしかし彼の行動の内容はわれわれのプログラムに直ちに書き込んでよいかも知れない　そうしようよ　彼の言う八年生活も悪くないが四年で出てから異った場で同じ芸術運動を条件を獲得しながらやっていくことをどうして考えないんかな　決定的に現在より困難になるはずだが、教育映画作家協会あたりへわれわれはなだれ込んで主流をなす必要があるんじゃないかな　主流なんていうとセクト的でどうも表現がよくないが　作家側の連帯的な反抗によってマスコミの支配者にたち向うことこれは野間宏の新しい芸術大衆化の唯一の方法として提出してるものだし事態が急速な転回をみせる気配がない以上われわれが原動力たらんとする意気ごみは絶対必要だ　R君がいなくなったんで僕がP的になってきたような気がするどうしてかな

P「つまらんことを気にするな

Q「ところでわれわれの自主製作運動は映研の総力的結集になるわけだが他の学生運動又は大学映研連盟等の関連の捉え方はまだ消極策と言える　われわれの組織が強化される時他の学生運動の支持を得ながら並列的に芸術運動としてやっていくということだ東京にある学映連都映連女映連の三つの連盟その他未加入の映研東京以外のもの　それらの何校かが年間何本かの自主作品を作ってきているし観客組織運動の一環ともなっているが二年前本校で上映した学生自主作品の低級さには唖然としたね　波多野完治は学生の映画製作は映研の自己疎外だときめつけている　つまり映研映画は下手な玄人であり大衆奉仕を忘れ一人よがりなものばかりとする俗論であるがこんな考えを葬り去れない弱点が多くの映研映画自体にある　観客組織運動としてポチョムキン上映運動に参加しワーストファイブを決定したりする運動は現在発展しているがわれわれの芸術運動はこれらの組織の中に深く入り込んでそれら自身の組織としての質的向上を更に計るべきだ忘れてならないプログラムだ

P「今年の十一月下旬には第五回自主映画祭が東京で開かれるがわれわれは第一回自主作品を出そうよ　第二作は一寸間に合わないな　釘と靴下の対話試写で思い出すが日比谷図書館地下ホールで映写前官公庁映サの人々を前にして野田真吉氏がわれわれの映画を評して日本映画の一ページをかざるもの云々と話したことだ　とざされた観客意識の逆をついた意識的発言だったがわれわれの第二作においては野田氏に正常なコースで無意識的にこの言葉を再度吐かさなきゃあならないな。

Q「全くだ

R「オーイ執筆者

Q「あそこにいる　何か書かないのかい

自主第二作の素材及びテーマ及びかかえきれぬもの

準備委員会の構成は、映研委員（運営執行）及び自由参加であるが、現在十五名程度で開かれている。素材及びテーマは七月上旬に決定。A「基地問題」B「歴史の解体」C「記録とフイクションの交錯」D「疎外状況を適確に把える」である。現在シナリオ化或いは同時にコンテ化される過程にあり、頻繁な討論が行なわれている。勿論第一作「釘と靴下の対話」を媒介としつつ否定面と肯定面を明確にしわれわれの主体と方法の変化そして確立を目指している。

われわれの理論的基盤は、「映画批評」「記録映画」における野田・松本理論に負う処大であり、やがてこの理論を消化発展させるであろう未来もそう遠くない。ハンガリーの詩人イジドール・イズーの映画論「食い違いモンタージュ」は野田・松本理論前にわれわれに影響を与えた重要なものである。今のところ前衛的ドキュメンタリー方法論が最もアクチュアルなわれわれの宿題である。アラン・レネエの「ヒロシマわが恋」における実験性はショッキングであった。ポーランド映画そしてポーランド学生の作った「洋服ダンスと二人の男」これらはわれわれを更に映画製作運動にかりたてる外的要因である。シュールレアリスムの発生と発展を追求すること、日本的伝統国民性――芸術大衆化の関連、マスコミを逆手にとる又はマスコミの流れの外で闘う方法と未来、花田理論と反花田理論、芸術運動と政治運動、受け手組織化運動、組織における全体と個の関係(特に製作過程における)、それらの一つ一つを究明し関連づけ主体と方法を確立しつつ運動を進めること、かかえきれないほどあるが、われわれは今それらをかかえている。

（会話の部分は筆者の希望により句読点をわざと省きました）

× × ×

前号J・イヴェンス研究ノート補訂

頁	段	行	正文
17	二	23	「インドネシアは叫ぶ」(一九四五—六)
〃	〃	27	……合唱、働らく者同志の連帯の歌、…
〃	四	21	六つの大河(ミシシッピ、ガンジス、ナイル、揚子江、ヴォルガ、アマゾン)
18	一	4	ニイメゲン
〃	〃	8	前衛記録映画「橋」、ついで翌二九年「雨」
〃	〃	13	「ゾイデル海」を完成(一九三四)
〃	〃	15	「四億」(一九三九)——第二次大戦直前のアメリカで「力と大地」
〃	〃	17	「ひとり」(一九四三)そしてジャワからオーストラリアに渡り「インドネシアは叫ぶ」(一九四六)
〃	〃	25	一九五三年十月の
〃	〃	29	「ティル・オイレンシュピーゲル」(仏・東独合作、ジュラール・フィリップ監督・主演)に協力、一九五六年それを完成してから中国へ……そして一九五八年「セーヌはパリにめぐりあった」

とりあえず以上、補訂しておきたいと思います。なお、これは山田和夫君(世界映画資料)から教えられたのですが、同君は近く『世界映画資料』第10号(記録映画特集)に一層くわしくイヴェンスのことをまとめてくれるはずです。山田君に感謝するとともに、筆者の不十分さを読者諸氏に御寛容いただきたいと思います。

(大島記)

五九年度
教育映画祭近づく

五九年度の教育映画祭は、日本映画教育協会の主催で、十月五日から九日まで、東京山葉ホールで開催されることになった。

学校教育、社会教育、一般教養動画、児童劇にわけたそれぞれの部門では、十七日十五本の作品が入選作として決定したが、児童劇の三作品等に代表される、改良主義的傾向が若干の危惧を抱かせる

プロダクションニュース

（文中略号16・35＝16ミリ・35ミリ 脚＝脚本、演＝演出 撮＝撮影、編＝編集）

日本視覚教材株式会社

○完成「水族館」白黒、16、二巻、脚—樺島清一、演—西本祥子、撮—関口敏雄「葉の形とはたらき」白黒、16、一・五巻、脚・演—樺島清一、撮—鈴木喜代治

マツオカプロダクション

○撮影中「立坑」カラー、二巻、「マンモスキルン」カラー、二巻。「呉造船」カラー、二巻、「新己斐橋建設」カラー、二巻、

○完成「石油の国クエイト」アンスコ、カラー、二巻

三木映画社

○準備中「お父さんのこと」白黒、16、三巻、脚—片岡薫、「職場の中の個人」白黒、二巻、脚—秋元憲、「小さなお米屋さん」白黒、16、三巻、脚—倉島久子、「私の願い」白黒、16、二巻、脚—前同、「歩く人」白黒、35三巻、脚—八木仁平、「ユニットシール」白黒、16、二巻、脚—三木茂

○撮影中「書くべえ読むべえ話すべえ」白黒、16、三巻、脚—厚木たか、演—柳沢寿男、撮—三木茂

○完成「エチケット」白黒、16、二巻、脚—秋元憲、演—三木茂、撮—三木茂・岡田三八雄

北欧映画株式会社

○準備中「国民の歩み（仮題）」白黒、35、三巻、脚—岩崎昶、演—交渉中

ファースト教育映画社

○準備中「和牛肥育」白黒、部分色、16、二巻、脚—鈴木悠一郎、演—未定、「落合さんの卵づくり」白黒、35、三巻、脚—古川良範、演—永富映次郎

○編集中「富士山の地質」白黒、16、二巻脚—鈴木悠一郎、演—鈴木悠一郎・水村靖、撮—金山富男・松木健三、

○撮影中「東京都復興事業記録」白黒、部分色、35、一巻、演—水村靖、撮—松木健三

○完成「働く教室・修学旅行東京篇」白黒、16、三巻、脚—鈴木悠一郎、演—鈴木悠一郎・水村靖、撮—松木健三、

社会教育映画社

○準備中「電気アイロンの構造と使いかた」白黒、16、二巻、演—浜田英夫、「おばあちゃん子」白黒、35、三巻、脚—宮腰太郎

○完成「ミシンのかけ方と手入れ」白黒16、一・五巻、演—浜田英夫、撮—山根重視「しろあり」白黒、16、三巻、演—山崎聖教、撮—男沢浩

新潟映画社

○準備中「新しいガスの宝庫（第二部）」カラー、16、三巻、演—益子恒徳、撮—弓納持福夫

○編集中「新潟市政ニュース」白黒、16、一巻、演—相川信雄、撮—前同

○撮影中「銀行と産業」カラー、16、二巻演—小黒昇一、撮—近藤保・鈴木鉄男

○完成「田子倉ダム」カラー、16、一巻、演—相川信雄、撮—近藤保

芸術映画プロダクション

○編集中「一九五九年浅間火山レース」カラー、16、二巻、演—上村洋、撮—増田年節・川合卓・他六名、「動物紳士録・猫の世界」白黒、16、二巻、演—上村洋、撮—芳野光国・永山義徳、

○撮影中「ハーバーレーダー」カラー、16三巻、演—上村洋、撮—芳野光国・永山義徳・塩田繁次郎

○完成「女性による東京大阪間ヒルマンエコノミーラン」白黒、16、二巻、撮—今井徴、編—芳野光国

三井芸術プロダクション

○準備中「ボクの兄ちゃん」カラー、35四巻、脚・演—柳沢寿男、「奈良美術」モノクロ、35、二巻、脚・演—水木荘也、

○完成「科学の生んだ白い砂」カラー、16、二巻、脚・演—水木荘也、

神奈川ニュース映画協会

○撮影中「相模川」カラー、35、ワイド、二巻、脚・演—深江正彦、撮—久村守「城ヶ島大橋」白黒、部分色、35、四巻、脚・演—深江正彦、撮—久村守、「街路樹」白黒、16、一巻、脚—西村孝昭・深江正彦、演—西村孝昭、撮—藤岡進、「河を治める」白黒、35、ワイド、一巻、脚—西村孝昭・深江正彦、演—深江正彦、撮—高坂広、「根岸湾埋立」白黒、35、ワイド、二巻、脚・演—吉田和雄、撮—久村守・高坂広、「川崎埋立」白黒、35、三巻、脚・演—吉田和雄、撮—高坂広、

○完成「がんこ親父」白黒、35、二巻、脚—秋田嘉雄、演—吉田和雄、撮—藤岡進、編—金子安蔵

三栄社

○撮影中「大容量立て軸ペルメン水車」モノクロ、35、二巻、演—マキノ正美

○完成「強収斂形一〇億電子ボルトエレクトロンシンクロトロン」部分色、35・16、一巻、演—マキノ正美

農山漁村文化協会

○準備中「牛のしつけ」白黒、16、二巻、

○撮影中「日本一の米つくりグループ」白黒、35、三巻、脚・演—岩佐氏寿、撮—竜神孝正

東京都映画協会

○準備中「東京ニュース一〇五（エチケット）」白黒、35、一巻、脚・演—大谷俊夫、撮—喜多村幸次郎

○編集中「東京TVだより第五号（僕たちの夏休み）」白黒、16、一巻、演—円城寺進、撮—渡海松一

○撮影中『都営地下鉄工事記録』白黒、35、継続撮影「外郭提防工事記録」白黒、35、二巻、「東村山浄水場工事記録」カラー、35、継続撮影、「小河内ダム」部分色、35、三巻、

○完成『東京ニュース一〇四（海外移住）』白黒、35、一巻、脚・演—大谷俊夫、撮—喜多村幸次郎、「東京TVだより四（高校生の遠洋実習）」白黒、16、一巻、演—円城寺進、撮—長谷直道、

芸術映画社

○完成「力を伝えるしくみ」「力をとくするしくみ」各白黒、二巻、脚・演—八幡省三、撮—藤井良孝

桜映画社

○編集中「再起の療法」白黒、16、二巻、演—杉原せつ・久保治男、撮—山根重視、

○完成「たくましき母親たち」白黒、35、五巻、脚—柳沢類寿、演—金子精吾、撮—佐藤昌道

記録映画社

○編集中「古代の庶民」白黒、16、一・五巻、脚・演—上野耕三、撮—藤洋三

○撮影中「のびゆくオートメーション」カラー、35、三巻、脚・演—上野耕三・日高昭、撮—金山富男、「横河電機」カラー、35、三巻、脚・演—上野耕三、撮—前同、「嫁の発言」白黒、16、二巻、脚—厚木たか、演—道林一郎、撮—瀬川浩

○完成「貴族の世の中」白黒、16、一・五巻、脚・演—上野耕三、撮—藤洋三

×　×　×　×

「記録映画」バックナンバーあります。

本誌のバックナンバーがほしいという方が、最近ふえてきていますが、本誌は今年五九年の二月号からの全部と、創刊号、及び五八年の十一・十二月号は、あと若干の在庫があります。料金は今年七月号まで一部五十円で、それ以後は定価どおりとなります。六ケ月分以上御註文の方には送料は当方で負担いたしますがその他の方は送料（一部につき四円）を同封の上、お申し込み下さい。次に今年度在庫分の特集内容をおしらせします。

二月号　社会教育映画と戦後記録映画、
三月号　マス・コミ時代の記録教育映画
四月号　教育（児童）と映画、
五月号　創作方法と作家主体の検討、
六月号　作家の主体とドキュメンタリーの方法、児童劇映画の検討、
七月号　変革期をむかえた科学映画、
八月号　記録映画作家の戦後体験、戦争戦後体験の再検討と作家主体論
九月号　政治的現実と作家の問題、記録映画作家の戦後体験、

編集後記

先月号の「政治と映画」特集にひきつづいて、今月号は「映画運動」の特集を組んでみました。一方で私たち作家による創作運動の歴史的な概括を、他方、普及の運動と、観客の運動の現状と問題点を、いわば縦と横から綜合的に認識するならば、私たちの今日置かれている地点と、そこに投げ出されている課題をおおよそ理解することができるのではないかと考えたからです。

私たちは、創刊号以来一貫して、記録教育映画作家たちをとりまく壁がなんであるのか、それはどのようにして作られ、またいかにして打ち破ることができるのかということを問題にしてきました。作家主体の検討、創作方法の変革という問題の追求が、ある意味で革命映画と映画革命の統一という視点で貫かれてきた以上、それが政治と映画の関係をどうとらえるかという基本的な問題をふまえて映画運動のプログラムを確立する課題ととり組まねばならなかったのは当然のことでした。

しかし、私たちの現在地点はまだその課題の入口にようやくさしかかった程度にすぎません。来月は、安保映画を手がかりに創作方法の再検討を特集する予定ですが、編集方針その他の記事などについて、どうか折込んである葉書に卒直な意見を編集部宛お寄せ下さることを希望してやみません。

なお、今月号は各論文とも予定紙数を超える力作が寄せられ、ために又また全部を載せられず、映サの長岡秀子、京都記録映画の会の小野善雄両氏の活動報告、及び田畑正一氏の映画評、厚木たか氏訳のポール・ローサの論文、岩佐氏寿、山口淳子両氏の現場通信は割愛しなければなりませんでした。以上はなんとか次号に載せたいと思っていますので、どうぞ御了解下さい。筆者および読者にお詫びいたします

（松本）

教育映画作家協会編集

記録映画

THE DOCUMENTARY FILM

第二巻第十一号
昭和三十三年九月五日第三種郵便物認可

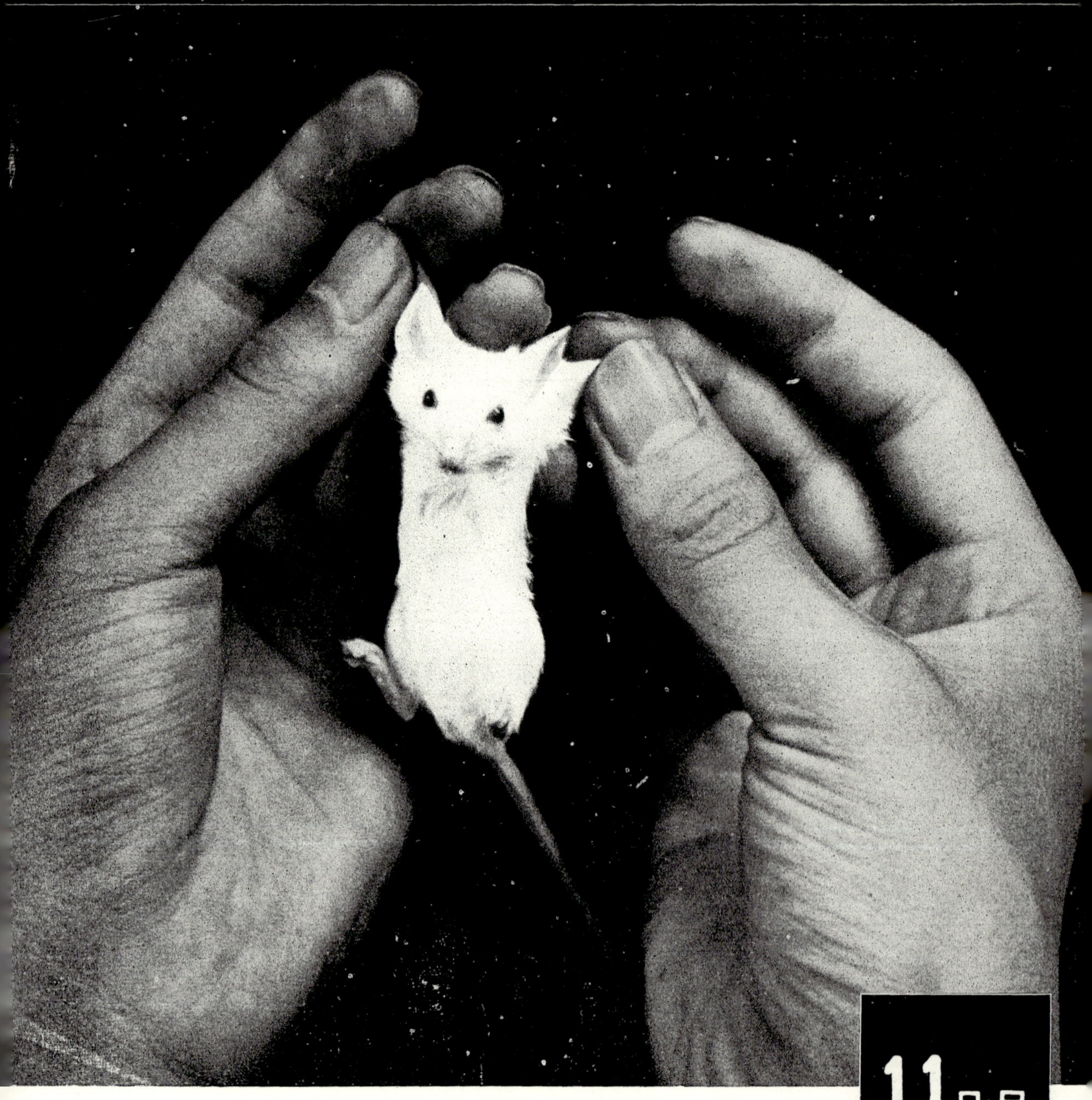

11月号

実験動物マウス

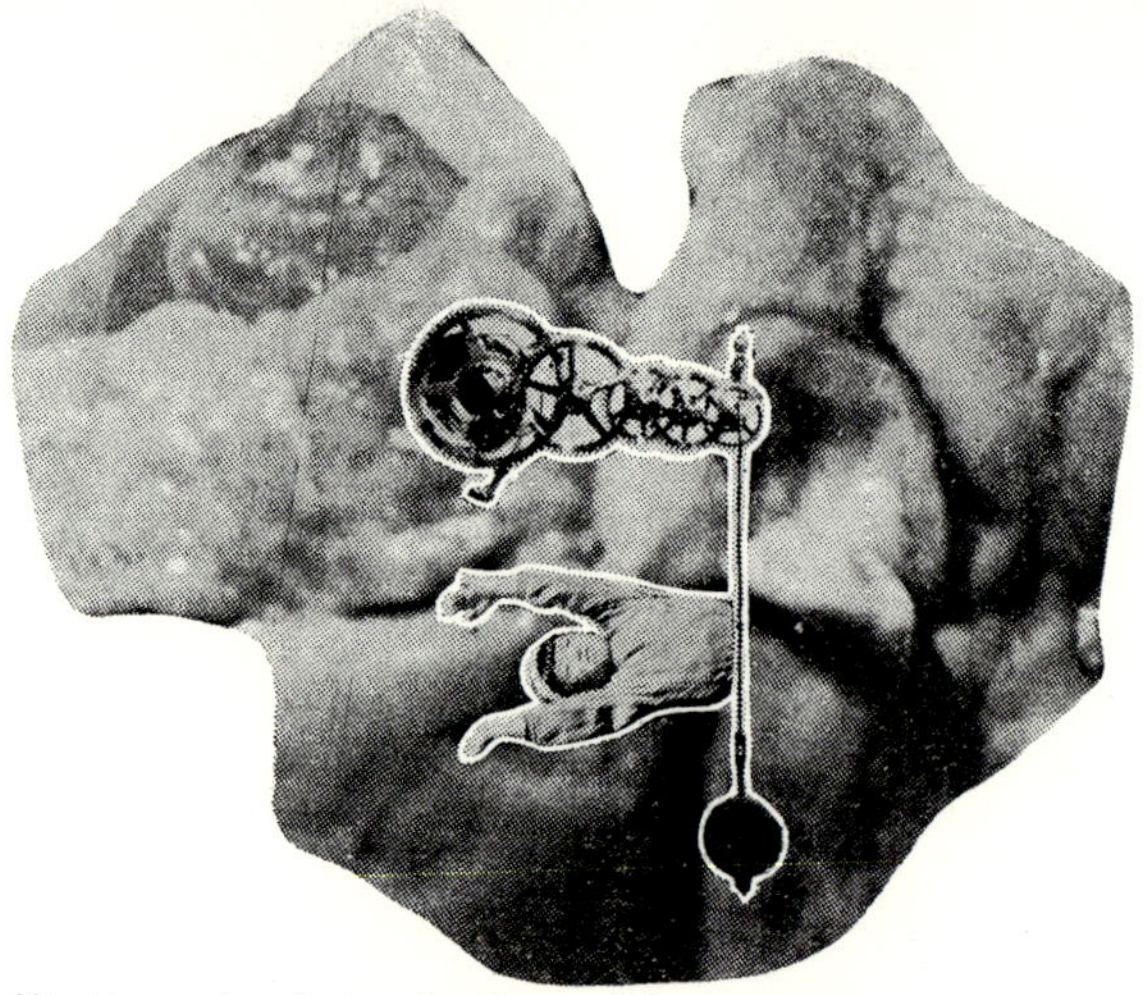

記録映画

1959 11月号

第2巻 第11号

時評

教育映画祭をふりかえって

教育映画祭が、年々、盛大になって行くことは、まことに御同慶に堪えない。フィルム・ライブラリーの増大、製作、普及関係の不断の努力が、次第に実を結んで来た結果であろう。

しかしながら、このように盛大になるにつれて、入選作品の評価基準が、甚だしく後退しているのはどうしたことだろうか。全体の雰囲気は、あたかも文部省主催の映画祭であるかのような印象をさえ与えている。

嘗て、当時の文部大臣が拒否した「月の輪古墳」に、敢然と最高賞を与えたあの烈々たる在野精神、進歩的な姿勢は、どこへ消え去ったのであろうか。また、映画祭に文部省が介入しようとしたとき、あくまでも民間で主催すべきであると主張し、その意志を貫いた民主的な精神は、どこへ姿を隠したのであろうか。

道徳教育時間の特設をはじめ、勤評その他の文教政策の、追討ちにつぐ追討ちは、日教組に加えられつつあるさまざまの強圧と相俟って、わがくにの新しい教育を、戦前の形へ根底から引き戻そうと試みつつあり、そうした逆行的行動が、すでに文部省の教育映画選定基準に、はっきりと現われつつあることは、つとに本誌において指摘したとおりである。本年の教育映画祭は、このことを、まざまざと反映しているのではなかろうか。

主催者たちが、嘗てあくまでも民間での主催を固守したのは、教育映画の自由を、官僚政治から守るためではなかったか。新しい教育を押し進めることに役立ち、児童・成人を問わず、視聴覚を通じて、民主的な、新しい人間を形成することに役立とうがためではなかったか。そのことはまた、官僚的な文教政策のもたらす教育に対して、批判的な立場にも立ち得る態度を、保留してのことではなかったか。

残念ながら、本年の教育映画祭は、そのような覇気に充ちた、はつらつさは、どこにも見られなかったようである。ただひたすら、官僚的な、また、こと勿れ的な、せいぜい改良主義的なツボを心得えた作品のみが多く選出されたような印象を受ける。新しい問題はなにも提起されず、単なるお祭さわぎであったように見受けられるのはまことに残念である。

教育映画祭に、在野精神よ、よみがえれ！

表紙の写真

ミクロ映画の実験動物〝マウス〟。すべてのミクロ映画は、まずこれをつまみ上げるところからはじめられる。（東京シネマ提供）
東京シネマスチールマン大塚弦氏撮影

もくじ

映画運動・1959

新しい映画運動への一つの提言

「荷車の歌」の教訓から

瓜生忠夫
（映画評論家）

全国農村映画協会製作、山本薩夫監督、「荷車の歌」の製作、配給、上映の過程には、いくたの良い意味での問題が現われて考えさせられた。といっても、とくにくわしいデータをわたしはそろえて考えたわけではない。せいぜい新聞に報道された程度にしか知らないのだが、その限度においてながら、わたしには参考になることがたくさんあった。

まず第一に、「荷車の歌」（山代巴原作）は農村婦人三二〇万人の十円カンパで製作されるときいたときに、全国に散在する村、部落、そこに点々と住んでいる婦人たちから、どうやって一人当り十円という零細なお金を秩序立って集め終わせることができるんだろうか、とわたしはおどろいた。

このわたしのおどろきを問題にしなかったのは、不覚にもその時まで、その何ものであるかを知らなかった全農映であった。

全農映は「家の光協会」と緊密に結びついた〃映画協会〃で、「家の光協会」と強く結びついている農協の婦人部を通して、カンパされた十円を中央に吸い上げる組織になっていたのである。そこでたとえ十円でも――田舎では決してバカにしてはならぬ金額である――何らの疑惑をもたずに農村婦人がカンパし、それが全農映に集められるということは、全国組織である農協と家の光協会の信用と組織にもとづいていた、とわたしは認識できたのである。毎年二月の終りから三月のはじめにかけて開かれる日本青年団協議会主催の全国青年研究集会にここ数年助言者として出席してみて、農協と「家の光」の力の大きさはかなり判っていたが、三二〇万婦人の十円カンパが、外見的には何らの障害もなしに行われたということには、全くおどろいた。余りにもかんたんに行われたということに、上意下達、下意上通めいた印象がなくはないが、それは農協を見直し、「家の光協会」の有する強固な地盤に改めて注意を向けることを妨げるものではない。

しかし、「家の光協会」が農協と結びついて、いかに農村に信用をもち、組織力をもっているとしても、ただそれだけで十円カンパが集るものではない。その十円が具体的にはね返ってくるのでなければならぬ。そこで第二に、全農映の配給、上映計画が問題になるのだが、全農映では「荷車の歌」を十六ミリにして、各都道府県に最低一本以上を配給し、配給されたプリントは、全農映の映写隊（映写機台数は約百台だそうだ）によってカンパした人たちの前で上映されるという仕組であった。現状では全国を一巡するのに約一年かかるそうだが、それでもこの非劇場形式による反対給付は明らかにカンパした人の利益になるといって差し支えない。ということは、全農映が、自主作品のための配給、上映組織を予め用意していたからこそ、大作の製作に乗りだすことができたということで、その点に強い注意を向けなければなるまい。

カンパはほぼ予定通りに集った。が、製作費は予定をこえ約三千七百万円かかった。赤字である。この赤字はむろん埋められねばならぬが、たとえそれがなくても、「荷車の歌」が農村婦人の目にふれるだけということを防ぐためにも、劇場上映（興行）が行われることが望ましかった。しかしそれには大きな難関がある。作品が非劇場形式で一般映画館と並行して上映されるということを、映画館が認めないという難関である。興行成績が落ちるというのが理由であるが、興行資本家や座館主の心にある奇妙な面子意識も頑なに意地張るものなのである。しかし、その難関を「荷車の歌」はとびこえた。それが第三の問題である。「荷車の歌」には新東宝と日活という大手筋の買手がついた。新東宝は千二百万円、日活は千七百万円の値をつけた。けっきょくはじめから乗り気であった新東宝のために、日活が手を引いたが、それでも千二百万円は全農映の製作費の赤字を回復し、十六ミリのプリント費をまかなえる数字であったはずである。

わたしのような欲張りから見ると、直営大劇場が多く、マーケットの広い日活が、その配給、興行網の規模に応じて、せっかく新

東宝より五百万高い値をつけたのに、その日活と全農映が契約しなかったのは、いかにももったいない気がするが、この問題を新東宝の立場から見れば、同社の一本当り製作費は七百五十万〜八百万見当だから、よくもまあ大作なみに気張ったもんだということになる。全く気張ったもんだ――それにまちがいはない――しかしだ、三千七百万からかかったものを、独占的に買占めるものではないにしても、元値のわずか三分の一弱で買い取るのである。こんなうまい商いはめったにあるものではない。

そのうまい商売で新東宝はしこたまもうけた。「大東亜戦争と国際裁判」に劣らぬもうけであったそうだが、それに気を良くして新東宝は、日教組を支援団体とする山本プロ作品「人間の壁」をも配給することになった。これが第四の問題であり、おどろきである。

さて、以上四つの問題を通して眺めてみると、この悪政の世に、こんなうまいはなしがあるのかと目をこすらずにはいられぬ。というのは、何かまともな仕事には、損がつきものだとあきらめていたのに、「荷車の歌」の場合は、製作、配給、上映を通じて誰も損をしたとは思われないからである。どこもかしこも、何も彼も巧くいったとは限るまいが、農村婦人も、全農映も、山本監督をはじめとする芸術家、技術者も、新東宝も、座館も、とりたてて損をしたとは思われぬばかりか、むしろみんなそれぞれに得をしたと信じていいのである。そしてこの作品の製作に参加した映画人にあっては、この作品に関する限り、つつましいものではあるが、いわゆる生活と芸術の統一がみられたといっていいのだ。

奇跡といえば大ゲサだが、〝不思議〟とぐらいはいえるようなことがどうして起ったのか。わたしはそのもっとも重要なものとして次の三点をあげたいと思う。第一点は「荷車の歌」という作品が、現在の日本映画としてはすぐれた作品であり、しかも山本薩夫独自の大衆性をそなえて、庶民に親しみやすい作品であった、ということである。業界語でいえば「強い」作品であった。だから新東宝は、同社としては思い切った大金を投げだすことができたし、山本薩夫がアカイことを、もはや意に介しようとはしなかった。第二点は、カンパによる資金を集める全農映の組織がしっかりしていたことと、配給上映の手順が具体的に明確で、製作はしたが、配給にも上映にも確たる見通しが立たぬという独立プロお得意の愚行を、全農映は演じなかったことである。そして第三点としては、日本映画資本の弱体性があげられる。「厚生白書」でさえ認めている日本国民の過度の貧乏の上に成りたっている日本資本主義の体内で、映画資本はとくに弱くて、自力で観客を培養することさえできない。そこでたえざる不安定の上に、せまいマーケットで観客を奪いあっているのだが、そういう競争の当然の帰結として、確実に利潤を追求し得る作品を、もはやエロ、グロ、アカ、クロの区別なく――区別していたら会社が潰れる――渇望する段階に達している。その渇望を「荷車の歌」は十二分にみたしたわけだがもし映画資本が総体として強ければ「荷車の歌」を押し潰そうとしたであろうし、新東宝の買取りを制止したにちがいない、ということを考慮の外においてはならぬのである。ということはいいかえると、子どもが大人のマネをするような独立プロ運動はつぶされるが、しかしそれは、みんなが考えている以上に弱体なる映画資本と、独立プロとが矛盾するということではない。

以上、「荷車の歌」の製作、配給、上映についてかいつまんでみたその特徴は、いわゆる映画運動を推進する上で役に立つとはいえないだろうか。わたしは大いに教訓的であると思う。映画運動というとすぐに作品の創造方法やら、観客に対する働きかけやらが問題にされる。しかし、それより先に大切なのは、配給上映の手順が具体的に明確になっていること、そうであれば、それだけ製作に腰をすえられるということと、そしてその場合には資本が弱みを露呈するということを認識することなのである。そういうことを、「荷車の歌」が判らせてくれたのは、とくに教訓的であった。そこでわたしがこの辺りで声を大にして見たいと思うのは、十六ミリ映写機の十倍化運動である。いまアメリカには約五十万台が普及しているという。それに対して日本ではタッタ二万四千台、その七割が学校、公民館、視聴覚ライブラリィ、教育委員会にあるそうだが、このおはなしにならぬ台数を相手にして、いったい、どうやって活発に「生活と芸術の統一」をはかろうというのか。本気で映画運動からの脱落を防げると思っているのか。そういうおめでたいことはあり得ないのだ。

しかし「あり得ない」ということは少しも情ない絶望的なことなのではない。「協議会が発足する頃のPR映画の多くが、あまりにも宣伝臭の強いものが多かったにもかかわらず、協議会が崩壊した頃のPR映画は次第にすぐれた内容のものが多くなった」と河野哲二が指摘していることは、無理な協議会の必然的崩壊がタダのマイナスではなくて、資本主義の胎内で「生活と芸術とを統一」させる方向で、資本主義にある影響を与えつつあることを示しているのである。

わたしは岸政府によって次々に打たれている反動的な手を十分に知っているつもりである。しかし、その手を知っているだけではダメなので、その手と斗わなければ、相手を打ち負かすことはできぬ。斗うためには場がいる。その場となるのが、映画では映写機だ。だからどうしても映写機がいる。買い手や設置場所には、わたしのこれまでの経験からいっても、神経質になる必要はない。「安保条約」を小学校のPTAの会合で上映するのは無理だと考えるのは、誰も何にも働きかけない人間なのである。教育委員会にでも小学校にでも映写機がおかれるということは、どんな映画でも上映の可能性が生れたということなのである。この自明の論理を土台として、ひどい矛盾を抱いて生きている日本人が何を求めているかを見きわめようとするところから、理論を考えて行かなければなるまい。

京都記録映画を見る会の今日

小野善雄

（同会企画常任委員）

記録映画を見る会が京都に誕生してから既に四年余りの歳月が過ぎ去った。この間におけるこの会の歩みを振返ってみて、よくもこれだけ続いてきたものという感慨にとらわれるのは私だけではないだろう。全国的にみても全くユニークな存在である記録映画を見る会のような地味な組織が、どのようにしてその存続を保つことができたのかということは、実際のところ、事務局長の浅井氏を始めとする直接会の運営に当ってきた人達の才能と努力とに非常に大きく依存してきたことであって、この点については私などもいささか不思議に感じている次第である。

従って、この雑誌に記録映画を見る会の創立以来の活動状況とその成果或いは目的意識などについて報告するということに対しては、浅井氏が最も適任である筈なのだが、彼が「客観的に書きにくいから」という理由でその仕事を私に是非やってほしいと頼み込んできて、ここに私がこの報告を書くという事態に立至ったわけである。そのような次第で、以下に述べることは私が一会員として例会その他の会主催の催しに参加して感じた事柄の報告になり、或いは編集部の意図から外れたものとなるかもしれないが、その点予め御了承願いたい。

最初の例会は、一九五五年五月三〇日に祇園のヤサカ会館（定員約一二〇〇名）でもたれ、吉見泰氏の講演の後に「真空の世界」、「蚊」、「ニホンザルの自然社会」、「谷間の歴史」、及び「月の輪古墳」の五本が上映された。当時はディズニイの「砂漠は生きている」の大ヒットによっていわゆる記録映画ブームなるものが起りかけていた頃であり、記録映画を見る会もいわばこのような気運に乗じて発足したということもできるわけだが、第一回例会ではまだ会員数も少なかったように記憶している。ともあれ、この例会は粒揃いの作品が集められてお客さんに満足を与えるという面では大変成功した会だったと思う。

なお、当時の会費は三ケ月百円（毎月一回例会）で考えてみると実に安いものだった。もっとも、この点については、現在でも半年三回例会で一五〇円という会費は全く安いといえるのだが。

こうして始ったヤサカ会館での例会は毎月順調に続けられ、最初のうちは例会に集まる観客の数も漸次増加していくように思われたのだが、やがて情勢は悪化の道を辿り始めた。その理由はいろいろあったと思われる。何よりもまず、一般の商業館にかからない地味な記録映画では如何頑張ってみても集まる観客の数は限られてしまうということ、記録映画を見る会という名称に惹かれて入会した会員の中には、或いは「砂漠は生きている」のような映画を期待していた人も多かったのではないだろうか。第二に、いつもいつも満足感を与えてくれるような例会が組めなかったこと。この点に関しては、例えば労音や労演などの例会に対しても同じことがいえるわけだが、音楽や演劇の場合には豪華な感じを与えることによって内容のつまらなさを何となくカバーしてしまえるのに記録映画ではそうはいかないという面があるように思うのだが僻目だろうか。第三に、会員数が少ないため例会が一日限りしか行なわれなかったこと。この点は現在に至るも同様であるが、労音や労演が（京都の場合）十日間とか五日間の中から自由に例会参加の日を選べるのに較べて大変不便であるのは否めないことである。その他にもまだいろいろと原因は考えられるだろうが、ともかく例会参加人員が減少し始めた。かくして、ヤサカ会館のような大ホールでの例会は五六年の六月の第十四回例会限りで一時中止のやむなきに至った。

この第十四回例会までにおいて、第一回に匹敵し得るだけにの充実した番組が組まれたのは第五回の九月例会で、そのときの上映作品は「尾瀬」、「山の祭り」、「魚の愛情」、「鋳物の技術」、「子供は見ている」、及び「西の果てに」と量と質とが揃い、しかもバラエティに富んだ、いわば満腹感の味わえる例会だった。他にも、第二回の六月例会の「結核の生態」、「高村光太郎」、「教室の子供たち」、及び「阿寒湖のまりも」というプログラム、並びに第八回の十二月例会の「霜と霜柱」、「段々畑の人々」、「ひとりの母の記録」、及び「佐久間ダム建設記録」という番組などが平均して充実した内容によって私達に感銘を与えてくれた。もっとも、いま挙げた二つの例会においては、平均した感銘というよりもむしろ「教室の子供たち」と「ひとりの母の記録」の印象が、それぞれひときわ引立っていたといえる。このような現象が更に際立って生じたのは第四回の八月例会で、このときは美術映画特集として各国の美術映画七本が集められたが、アラン・レネーの「ゲルニカ」が圧倒的な感銘を与え、他の六本は余り見るべきものはなかったにも拘らず、「ゲルニカ」だけで十分に満足できる例会となった。私にとって、「ゲルニカ」はこの時期に例会で上映された作品の中での最高の傑作であったというのに留まらず、いまなお今日までに接してきた数多くの映画作品の中でも最もすぐれた作品の一つとして留まっている。このような映画を観るチャンスが得られるという楽しみ或いは期待が、引続く沈滞期において、私を記録映画を見る会から離れさせない理由の一つになったということができるだろう。

五六年一月の例会に記録映画の父、ロバート・フラーティの「北

地のナヌーク」が上映されて、三五年前のこの作品がなおもち続けている人間讃歌のみごとな迫力に驚ろかされたが、以後六月の例会に至るまで、特にすぐれた作品は上映されなかった。こうして、記録映画を見る会の沈滞期がやってきた。例会で紹介される作品の質の低下は敏感に例会に集まる観客数に反映してくる。しかし、だからといって、事務局を非難するわけにもいかなかった。作品の質の低下は、日本の記録映画製作界の状況を正直に反映しただけのことだったのだから。おまけに、短篇ものであっても優秀な記録映画は一般の商業館で採り上げられるようになってきた。それは勿論わが国で製作される、記録映画或いは短篇映画の全体から較べればほんの一部の作品にしか過ぎなかったけれども、しかしそれで記録映画を見る会での上映作品の質に影響を及ぼすには十分なものであった。勿論、記録映画がたとえ一部にせよ一般の映画館で陽の目を見るようになったということ自体は全く結構なことであったわけなのだが。ともかく、こうして会は経済的にも困難な事態に追込まれていき、例会は小会場を借りて行なわざるを得ない状態となった。しかし小さな会場での不便な形での上映は益々会員の支持を失なっていくという結果を招くことになる。

この困難な時期に例会でとり上げられた作品の中で記憶に残るものといえば亀井文夫の「生きていてよかった」ぐらいのものであろうか。この映画は広島の原爆十一周年記念日の前日に上映された。

けれども、一方において会の主催する例会が苦しい状態に追込まれているときに、他方では会の支援の下に各所の地域、職場においても定期的に記録映画を上映する会がもたれるようになってきていた。その中でも、京都府立医大の記録映画の会が主催して毎月一回開かれる映画会は、科学映画に重点をおきながら比較的質のよい作品を集めて、同大学の一、〇〇〇人近くを収容できるホールで着実にもたれていた。この会場の条件が比較的よいことに眼をつけたのか、五六年の一二月から記録映画を見る会の例会が逆に府立医大の会に吸収されたような形で、会員はこの府立医大の会に招待されるようになった。昨五八年の十月に記録映画を見る会の例会が復活されるまで殆ど二年になんなんとする期間に亙って、府立医大の会が本家の例会の代りをつとめるという事態が続くわけである。なおここでの会費は特別の場合以外は一回二〇円だった。この間に上映された作品のリストが記録映画を見る会の機関紙「眼」第四号に掲載されているが、その中でめぼしいものを拾うと、「流血の記録――砂川」、「動物園日記」、「おねえさんといっしょ」、「世界は恐怖する」、「ミクロの世界」などが挙げられよう。ここで目立つことはこの時期における短篇映画の不振である。いま挙げた五本の中にも三十分以下の短篇ものとしては「ミクロの世界」一本があるだけである。第一八回に上映された「おふくろのバス旅行」、「地図と地形」、「ちびくろさんぼのとらたいじ」の三本は一九五七年度の優秀教育映画として、賞を受けた作品だったと思うが、この程度の作品がトップクラスでは全く情ないことだということを強く感じさせられたものである。

何といっても、よい映画、すぐれた作品がなかなか上映できないということは、記録映画を見る会のような会員組織にとって、大きな悩みの種とならざるを得ない。そのような悩みを内側から支えて会を続けていく推進力の一つとなったのは、やはり、会の出発当初から既に存在し会の成長と共に発展してきたところの映画における商業主義に対する抵抗の意識であったのではなかろうか。映画が観客を把握することなくしては成立し得ない一つの企業である以上、そこに商業主義が育ってきたのは当然のことであったとはいえ、それは屢々すぐれた作品を興行性に乏しいという理由で我々の眼から切離すはたらきをしてきた。エイゼンシュテインの「戦艦ポチョムキン」ジャン・ルノワールの「ゲームの規則」、オースン・ウェールズの「市民ケーン」、ロベール・ブレッソンの「田舎司祭の日記」等のような映画史上に重要な足跡を印した諸傑作はわが国の一般興行館のスクリーン上でお目にかかれることは遂になかった。けれども、記録映画部門に較べれば劇映画部門はまだ事情がましである。例えば、イギリスで記録映画が興隆してきた頃、つまり一九三〇年代の有名な英国ドキュメンタリイ・フィルムの諸作品は一本もわが国では公開されなかったのではないだろうか。そして多くの国々で製作されている多くのすぐれた記録映画が殆どわが国では未公開である。そればかりか、国内で製作されている記録映画に対してさえも、同様の取扱いがなされている。このような事態に対して唯手を拱いて傍観しているだけでは何もならない。やはり自分達で観たい映画を自主的に選んで観るという態度こそ重要である。そういう態度の底に流れているものが商業主義に対する抵抗の意識であるわけだが、それはすぐれた映画が集まりにくいという事情によって挫折するものではなくして、むしろそのような事情の原因とそれを打開する方法とを考えることに導くものである。

昨五八年八月に記録映画を見る会の主催で「娯楽と通俗性のそとにある映画をめぐって」と題する三日間の連続講座がもたれたのは、右に述べたような意識が会の創立以来の基本的精神ともいうべき記録芸術の発展に結び付いてのことであったのだろうと思う。この講座はヤサカ会館で開かれ、初日は岩佐氏寿氏の講演とはたらく人々を描いた記録映画、二日目は安部公房氏の講演と羽仁進作品集、三日目には花田清輝氏とルイス・ブニュエルの「忘れられた人々」他との組合せという内容だった。この講座は観客動員の点で必ずしも満足すべきものではなかったけれども、その意図は特に最終日のプログラムにはっきりしているところであって、それまでの例会その他の会の主催する催しと較べてやや異質な面を打出したということに意味があったということ

ができる。

この年の十月に記録映画を見る会の例会が復活した。例会は会の最も主要な催しとして続けていくべきものであり、それまでの府立医大の会だけで満足できない以上、これは当然の措置であったというべきであるが、毎月一回ではなく、現在では半年に三回ということになっている。府立医大の会は従来通り存続しており、記録映画を見る会の会員には案内状が送られて無料で観ることができるようになった。従って、復活した本家の例会の方は従来とはやや色彩の異るプログラムを組まなければならなくなったわけで（「ミクロの世界」や「古代の美」のようにすぐれた作品が府立医大の会と前後して上映された例もあるが）、いきおい前衛的な作品や豪華な感じを与えるような作品（一回分の会費五十円にしては）がとり上げるようになってきた。前者の例としては、アラン・レネーの「ゴーギャン」、「ヴアン・ゴッホ」、ノーマン・マクラレン作品集及びシネマ五八同人の「東京一九五八」等が挙げられるし、後者の例としては、この八月の例会に上映された「富士」と「マダムと泥棒」、次の九月例会に予定されている「シュパイデル将軍」と「エイゼンシュテインの生涯」が挙げられよう。また、四月例会の「戦艦ポチョムキン」は両方の要素を共有していたといえる。

しかし、実験的な作品は必ずしもすべての会員の支持を得るというわけにはいかないのであって、この点は最初から予想されていたことでもあったと思うのだが、そのため特にこの種の作品をとり上げて紹介していくための実験映画ゼミナール及び日本映画における種々の問題をとり上げていくための日本映画ゼミナールが例会の間にはさまれていくことになった。前者のゼミ或いは特別例会的な形で紹介された作品にはドナルド・リチイの実験映画集及びマリイ・シートン編集の「エイゼンシュテイン傑作抄」があり、ドナルド・リチイ氏が招かれたりした。一方、後者のゼミでは増村保造の「くちづけ」、加藤泰の「緋ざくら大名」及び亀井文夫作品集（「小林一茶」「砂川」など）が上映され、多田道太郎氏、加藤泰氏が講師として呼ばれた。このような催しを例会と並行してもつということは非常な経済的困難が伴うわけで（会費は大抵一回五〇円だった）、事実それらは開催の度毎に赤字を積み重ねていくため、遂に廃止されることになったのだが、それらは会の前衛的な性格を明確にする上で意義があった。今後は、この性格を更に積極的なものとするため、経済的な面を考慮して、会の中に新しく「現代の映画の会」という組織を作って、そこでこの種の映画を次々に上映していくという方法がとられることになり、その第一回例会にはポーランド実験映画作品集が予定されている。

記録映画を見る会の自主的な映画上映運動が、この四年余りを通じて最も大きな高まりを見せたのは「戦艦ポチョムキン」の上映だった。全国的に展開された「戦艦ポチョムキン」上映運動の中にあって、京都では記録映画を見る会、映サ、労映、京都市の四者共催でこの四月下旬の三日間に上映が行われ、次いで各大学で五月上旬に更に三日間の上映が行なわれたのだが、既に昨年の夏頃からこの映画を例会でとり上げる予定を立てていた記録映画を見る会では京都における上映運動の中心的存在となって、この六日間に亙る画期的上映の宣伝、動員に努めた。その結果は六日間で合計二万四千人という記録的な動員となって結実したのであって、恐らくこの数字は、京都市の人口と比較してみた場合、全国的にみても有数の成果だったといえるであろう。しかしながら、「戦艦ポチョムキン」の場合を除けば、会の主催する催しは例会を始めとしてすべて経済的な失敗を経験してきているのであって、この点は発足以来今日まで常に変らぬ障害となってきたと考えられる。その直接的な原因は会員数が少ないこと（現在約八〇〇名）にあるが、そのまた原因はとなると最初に初期の頃の状勢悪化の原因として述べた事柄がそのまま当てはまるけれども、いま一つ重要なこととして会員数増大のための効果的な努力が足りないように思える。効果的な宣伝ということはなかなかむつかしい問題ではあるけれども、私達の会の一つの大きな目標はフランスのシネ・クラブにおけるような自主的に映画を選んで上映していく広汎な観客組織の形成ということであって、現在の状態のままではいつまで経ってもそのような広汎な組織に成長していくことは困難であるように思われる。ここで会としても何等かの発展的な手段をとることが必要であって、その意味で現在記録映画を見る会は一つの転期にさしかかっているように感じられる。

映画運動・一九五九

東京映愛連は模索する

永岡秀子（官公庁映画サークル）

一、その沿革と運動

映画サークルという存在は、知られているようであって、知られていない。映画が好きで、一つ映画館に入り、隣合って腰かけていても、一人がサークルの会員であり、他の一人はそうでない。ざらにあること、当り前のことである。Aという映画を見る同じ目的で、同じ場所にありながら、二人は暗闇の中で、全く無縁な人間同士である。仮に偶然、二人が話し合える機会を持ち、一人がサークルについて説明したとしても、映サのP・R、勧誘に、これ勉めない限り、「ほう、そんなのがあるんですかねえ」という程度で終っ

てしまう。いや、現在サークルの会員であっても、映サについて深く認識する者は極く少数であるかも知れない。しかし同じスクリーンを眺め笑ったり泣いたりしながら、名前も顔も全く知らない間柄であっても、一つの共通目標を持ち、自然に一つの場所に集まって来ている観客たちがある。この人たちが映画サークルという組織を形造っている一人一人になのである。では、この共通目標とは何であり、組織とは、どんな形態であるのだろう。

「東京映画愛好会連合」（略称東京映愛連）という映画サークルは、その前身を含めて、発生当時から既に十年余りの歴史を持ち、今日に至っている。映愛連について何かを語ろうとすれば、必ず、この発展過程に触れて見ないと、正しい把握は出来ないのである。

現在の東京映愛連は会員約二万名で、六地域の協議会に分かれ、それぞれに事務局を持ち、運営にあたっている。くわしく云えば、中部映画友の会、官公庁映画サークル、山の手映画友の会、新宿映画サークル、城北映画サークルとなる。更に、映愛連としても、別の事務局を持ち、各地域より常任幹事が選出されている。

一昨年十二月十九日、東京都興業環境衛生同業組合（都興組）が、映愛連に対し、会員証による割引制度を中止するという一方的通告をして来た当時、会員数は十四万人、三千サークル、十一の地域協議会を擁する程、尨大なものになっていた。そこまで拡大された組織が、都興組の通告を境に、どうして今日見るような会員の激減をもたらし、しかも尚、活動を続けていく事に根強い意志を捨てないかという事実である。

映愛連には、その前身、東京映画サークル協議会があり、昭和二十三年一月、「よい映画を安く見る運動」というスローガンを掲げて、文化的、経済的欲求の二面を満たしながら、或いは、当時の高い入場税引き下げの働きかけにまで及ぶ、観客自体の向上を進める運動を発足させたことに始まる。しかも、その胎動は、既に二十二年の二・一スト前後から起っていたものである。終戦後、新しい日本映画の製作に、目ざましい成績を示した映画会社は東宝と松竹の二社であった。東宝労組の人達で組織された文化工作隊や、都内労組文化部が中心になり、一部座館の協力による割引活動を行なっていた団体などが、やがて何回かの準備会を経て、「良い映画を育て、くだらない映画をボイコットする」という標榜の下に集まり、サークル結成の段階に入ったのである。その半年得に東宝争議が起り、続いてレッド・パージによる独立プロの誕生。そして「日本映画を守ろう」という精神を受け継いだものとして、映画観客団体は、独立プロの作品上映運動に地味な組織活動を始めた。前年の「きけわだつみの声」の動員や、「どっこい生きている」、「箱根風雲録」などが、その対象であった。しかし、昭和二十七、八年のいわゆる独立プロ・ブームが下火になると同時に、一途に独立映画を守ろうとする映サにも危機が訪ずれる。会員の減少は目立って多くなり挫折の一歩手前までに至った。ここで会員の減少は運動の衰退であるという認識を得て、二十九年拡大強化方針により、各地域に各映画サークル協議会が確立され、同時に、大衆の経済要求を多く入れる「割引活動」が広く始められるようになったのである。この時から、各活動家が割引に追い廻されるようになる。しかし会員は増加の一途をたどり、日増しに拡大する会は、それまで稀薄な層となっていた中小企業者、主婦、婦人会、町の少数グループなどを新たに加えた。その反面、大企業の加入団体の一部では、単に映サが経済的な点のみの便宜機関に変転する傾向があることで脱退して行った処もある。だが会員証使用による割引作業の機能化が、ますます会員数を増加させた。ただし、この現象にマイナスの面として表われて来たことがある。一つは映サの内部に於いて、活動家の労働的負担と、映画そのものについて分離して行く悩みを多くし、いま、一つは外部に向かって映サ運動が、観客の強力な批判運動とはならず、日本映画の製作体に影響を与える段階にまで発展しなかったという事実である。運動のバック・ボーンなくして、安く見るだけの会員が増えたことは、逆に企業側から、彼らの作品に観客を大量動員する道具としてのサークルに利用される傾向さえ帯びて来たのである。この矛盾が、突如、先に述べた都興連旋風に依って、あまりにも早く喝破されてしまったのである。

以上を集約すれば、初期の東宝争議を経て独立プロの製作配給への支援。それ以後の割引活動と日本映画を守る運動。更に優秀映画を推せんし、安く見ようという活動に続き現在も、この線に沿い、三十二年末以来、弱体化した会員数の拡張と、優秀映画の推せん、割引活動に重点が置かれ、なお、企業ルートに乗らない一部の優秀作品や問題作、「生きていてよかった」「千羽鶴」「戦艦ポチョムキン」などの自主上映促進運動に、積極的な協力を行なって来ている。

二、選定委員会について

「働く者の手で、自ずから優秀映画を選び出し、推せんして行こう」という言葉が、映愛連の一つの目的を示すだけに、その選衡機関として設置されている鑑賞部の中の選定委員会は重要な責任を持っている。都内に限らず、試写を見る機会に恵まれぬ地方の映サの人たちに果す役割も、十分含めて考えられるからである。映画雑誌や、新聞などに載せられた批評、紹介よりも、同じ会員に依って評価されるものの方が、当然、鑑賞への、よき指標を与えてくれる筈であるという信頼さえ負わされているかも知れないのである。またそこまで意識を持つべきなのかも知れない。では、この選定委員はどのような方法で作品に対処して行っているのだろうか。

委員会の構成人員は常任幹事が四名、各地域映サ協から二名ずつ（うち一名は原則として女性）選出された代表と、併せて、十六名から成る。選定活動の第一として、月初めに、翌月の封切り番組から、

内容、スタッフ、キャスト等を基準に、邦洋合わせて五本乃至十本位の作品を選び出し、月例推せんを行う。そしてこの中から試写を見、直ぐ後に委員会を開き、作品について討論が行われる。出席者が五名以上で会は成立し、選定基準①社会性②娯楽性③技術性の各観点から、それぞれ十点満点の評点を入れ、討論を行い、最後に評価ランク、選定、推せん、特選を決定する。その結果は当日の責任者がまとめ、選定速報として事務局に送り、各地域に配布され、会員に鑑賞ニュース等を通して知らされる。

この行動によって、選定委員会は、映画サークル独自の立場から見た映画の選定、評価の役割を、映サ会員に代って果し、地域に具体的な鑑賞資料を提供し、会員には鑑賞映画選択の指標を与えるというわけである。

ここで例を上げて、選定委員会、そして選定委員会と一般会員の結びつきを具体的に述べてみよう。

昨年を通じ、選定委員会で上の五位を占めた推せん映画は、邦画＝①つづり方兄妹、②裸の大将、③巨人と玩具、④楢山節考、⑤炎上。洋画＝①サレムの魔女、②鉄道員、③モンパルナスの灯、④死刑台のエレベーター、⑤鍵の諸作品である。また年中行事として行われる一般会員全員による映画サークルのベスト・テン選出の結果は必ずしも、これと一致していない。①「無法松の一生」であり「戦場にかける橋」であったし、また一昨年の④に「明治天皇と日露大戦争」が喰い込んだことも、一つの話題を呼んだものである。このような結果から、選定委員は、しばしば二つの意見に分かれて、ケンケンガクガクの論争が行われる。

「会員が一体、どんなものを見たいと思っているのかを考えようともせず、選定委員は地域から全く浮き上った処で、自分達の好みに合うものだけを選んで推せんしている。これは大変思い上ったやり方である」

「いい映画を推せんする以上、決して作品に妥協してしまってはいけない。あらゆる方法で、あらゆる角度から討論し合い作品の中核を探り合い、たまたま難解な作品に突き当った場合は、委員自身が、それを理解出来るまで努力して、会員に伝達すべきだ」

映画の選定委員会が特せんにした映画と、ヴェニスやカンヌで○○賞を得、凱旋興業などと銘打って上映される映画と、一体会員の動員バロメーターはどう動くか。

また、事務局で一番よく売れるのは東映の映画だそうである。「灰とダイヤモンド」は一部では絶讃を得た作品であるのに客の入りがよくなくてロード・ショウ期間がぐっと短縮されてしまった。選定委員会の中でも、この作品は、さっぱりよくわからなかったという声もある。

「素晴らしき娘たち」が一人の選定委員を除き、諸手を上げて素晴らしい映画と推せんされ、会員の動員量は近来稀な成績であった。

今、ここで羅列した幾つかの例に、なまじ私の不徹底な分析や説明は加えない方がいいのではないだろうか。ただ一つ批判を云いたいと思うのは、会社側、実作者たちを含めて、これに対する、個々の選定委員のアクティヴな意識が足りないということである。これからも何らかの方法で選定委員の一人一人が現在の壁をつき破らない限り、始めに上げたような映愛連選定委員会の目的には、なかなか近づいて行けないであろう。社会性の面ではチョン。しかし娯楽性の上では合格。技術性の上ではカメラの凝り方がなかなかよろしい式の詮衡方法に流れ易い間は、映サの歴史を逆上って感じられる、あの大資本に対する抵抗意識を、どう会員の上に反映していかねばならないか、ということと遠く、かけ離れたものである。

三、現在の映画サークル活動家の状況について

本年度から総体的に、どの地域も会費が値上げされて、一人の会員につき平均一月三十円、その内二円が映愛連に送られ、それぞれの運営費に割り当てられ、又は会員に、何らかの形で還えされている。映画サークルが、他の企業者主催で開かれる映画ファンの集いや研究グループとはっきり違う処は、この共同出費による組織の存立という点である。しかし現在の二円という金額で一体、どの程度のことが出来るのだろう。これは地域の映サについても同様である。だから、サークルのエネルギー的役割を果す活動家についても、手弁当テクシーは当然のこと、いや、これは映画サークル創立以来の精神でもあるらしい。そして、この活動家たちの骨身惜しまぬ働き振りが、今まで予算面の赤字をカヴァーして活動源になっていたこと、その無理も、ここ一、二年の間に序々に表面化して来ているという事である。サークル不振の原因も、一つは、ここにある。

東京の場合、全体的に見て新しい活動家は増えていない。ということは映サ活動を推進させる新しいエネルギーが続いていないということである。映サの活動状況は活動家の増減によって、大いに影響されるものである。

大豆粒の粉を、だんごにして食べていた終戦後の何年間、戦争に依って抑圧され続けたものが解放され、急に拡げられた思想の広場の一隅に立って、私たちは、どうして映画というものに縁を持つようになったのだろうか。現在、映愛連の中核となって動いている人たちの為に、これを考えることは無駄でないだろうし、ひいては、新しい活動家を求める上にも、役に立たないだろうか。

戦争中、軍部の宣伝政策が映画を通じて、どれほど我々に深く影響を与えたか、その体験が逆に、戦後は、映画が、如何に私たちの社会権力に対する抵抗を表現し代弁してくれるかも知ったわけである。

そこで若い世代の情熱が「いい映画を守り育てて行こう」という観客としてのアクティヴな行動に凝集したのは当然であった。しかも、当時の精神的飢餓を満たし、レクリェーションの対象に映画は一番身近かなものだったからである。しかし、映画を、そのように見ないでも済ませて行かれるような新しい世代の人達に、なお、手弁当テクシー的な活動を求めるこ

とは、不可能である。いや、私たちの仲間でさえ家庭を持つようになった人達は、もはやポケット・マネーをさいてまで、この運動にかかりあってはいかれないのが実状である。みんな、ぎりぎり一杯の生活をしている勤労者であるからだ。多分、映画サークルの活動家には将来課長級のポストを約束されている人など一人もいないのではないかと思う。

しかも割引を中心とする活動の中では、無形の報酬さえ受けるものがない。活動家は、会員のために、安い入場券を持って、右往左往するだけで自分の時間を費す。そして、そのつまらなさに気がついていつか消えて行ってしまうのである。何のための映画サークル。人をただ動かしているプレイ・ガイドに過ぎない。新しい活動家を育てる為にも映愛連は、現況を切り抜けなければならない。

四、サークルと記録映画

劇映画を見ることで組織されて来た映愛連が、今後、記録映画を見る機会を増やして行くことで、新しい分野を開くことは期待もいいのではないだろうか。サークル会員に限らず、一般に、記録映画に対する、人々の認識はまだまだ浅い。多分、戦時中に使われた文化映画の域を突き抜けられない人たちが大勢いる筈である。

映愛連傘下の各地域映サも、この処、教育映画作家協会との共催などで、盛んに記録映画の映写会を開くようになった。毎月の例会を待つ熱心な人たちもいる。

私たちが現に呼吸している、なまな社会の一部から切り取って来た記録の一片が、自分たちの生活の或る一点で触れ合い、生活意識と結びついた時、そして自分達の周辺を観察し、考えるということは、きっと、劇映画を見るだけでは得られなかったものを体験する事になるだろう。ここから映画によって思考する会員、更に一つの大衆団体が生まれたら、これも映画観客団体の特性として誇り得るものが創造される事になりはしないだろうか。

また企業態勢から離れた地点で、映サ独自の事業としての映写会を多く持つことが、サークル活動に無関心な人達への働きかけともなると思う。今後とも、ぜひ続けて行きたい企画である。

五、今後の展望

今まで、さまざまに書き連ねて来た状況の中から、映愛連は、今後、どう突破口を見出し、新しい観客運動を創造し、また、して行かねばならないのだろうか。現在も、例え、少しずつであっても努力は重ねられている。映愛連の常幹は、各地域毎に、活動家たちと話し合う機会を持ち、その強化について案を練っている。当面する三つの課題として、①自主上映促進運動を発展させること。（新しい運動をやることに依って新しい活動家も生まれる）②会員をつなぎ止め、単位サークルを強くすることに依って、体勢を整える。③映愛連自身が一つの強力な旗印を掲げること（それに依って活動家にも目的が生まれ、張り合いが出来る）等の事項が、或る地域の会合の中でも出されている。

映愛連は単なるプレイ・ガイドであってはいけないし、むしろ、観客という受け身のバラバラな大衆が、組織され、一つの意識の下に動いた時に及ぼす社会への影響力、その未知数の影響力を持つことが出来るのだという事を、その可能性を覚醒させる役目を果さなければならないのである。

その為には、これからもサークルだけで企業にぶつかる前に、かって、そうであったように、映画の世界に働く勤労者の人達、或いは作家の人たちの抵抗意識と、手を取り合って行くことも、考えたい。そして映画に抱わらず、あらゆる芸術が生まれ変わる時に、芸術家のみの革命ではなく、観客、大衆としても大いに寄与し、みんなの新しい生産として考えられるようになりたいものである。

秋に開かれる日本全国映画観客団体会議に、この希望の一歩をかけたいと思う。

（なお、歴史を書くに当って作家協会事務局、山之内重己さんより資料を数多く提供して頂きましたことを、お礼を申し上げます）

映画運動1959

3

挫折・空白・胎動（その二）

■記録映画製作協議会以後■

野田真吉

（演出家・フリー）

協議会の解体の経過を、前章にのべたように、拡散的な、発展的解消として、運動の成果と体験を企業の中へもちこもうとした考え方には、いまからいえば苦しい口実がひそんでいたといえる。このような考え方のなかには、当時横行した極左冒険主義的な斗争の批判から、一転して、大衆追随主義的な、あつめろ、あつまろ式な頭なしの統一戦線論を、機械的に適用し、便乗したおもむきがあった。

五三年、教育映画作家協会の設立にあたっても同じことがみられる。協議会の主要な構成メンバーであった、日映作家集団、新映画作家集団などが解散して、両集団のもっていたと同様な作家の生活と権利をまもるという目的をもった作家協会に参加したのは、当然のことであった。だが、両集団の解散と同時に、あらたに結成される協会からセクト主義を（というより一つの目的をもった運動体をもちこむことを）とりのぞくために、協議会をも解体すべきであるという意見がでた。教育映画作家協会の設立に、統一戦線に関する誤まった考え方が同じようにみられるといったのはこの事である。

僕はいま思うのである。——協議会の運動が事実上解体状態にあったとしても、ひろく短篇映画作家をあつめ、作家の生活と権利を

まもろうという最大公約数的な綱領によって統一し、組織している大衆団体である教育映画作家協会と、前衛的な記録映画の運動体としての協議会の性格とを、無差別的に扱い、機械的に大衆団体のなかに解消したことは、協議会のもっていた内部矛盾の露呈にすぎないといえばそれまでである。だがやはりここに、僕たちの協議会の運動にたいする、ただしい批判と評価がなかったことと関連していた。それは批判と評価をただしくなしえなかった作家主体の解体、または不在という基本的な問題点を、僕たちがとらええないでいたことによるものであった。

くりかえしいうのであるが、このような協議会の運動の挫折と要因を追求し、ふかめるということは、多くのエネルギーをつぎこんだ貴重な戦後体験を、（さらにそれが多くの欠陥にみち、教訓にみちているがゆえに）否定的媒介として、今日の、また将来の運動の前進の足がかりにするためでなければならない。協議会の運動をたんなる苦労にみちた思い出話としてすぎさった歴史的な事実として、ならべたてるだけでは運動に参加した仲間だけの問題ともなりえず問題は不毛におわるであろう。

現在、総評を中心として労組、国民文化会議、教育映画作家協会、移動映写団体などによって『悪法』から『安保条約』、製作中の炭労の合理化反対映画とつみかさねられ、協議会運動解消以来下火になっていた前衛的な記録映画製作運動への積極的な意欲が、労組側、作家側の間におこりつつある。この時にあたって協議会の運動を一層多角的に解析し問題をあきらかにしなければならない。そこで、さきにふれた協議会の解散と教育映画作家協会の設立との間に僕たちは前衛的な芸術運動と大衆団体との原則的な関係をはっきりとつかんでおかねばならない問題が提起されていると思う。それは芸術と政治の関係の問題でもある。

前衛的な芸術運動は先進的な実験と実証によって、あとにつづく作家に道をしめさねばならない。社会変革をめざす前衛的な作家は内部世界と外部世界のたえざるかかわりあいのなかで、自分の内部に照明をあて、内部を通過し、とらえられた現実を構造的に創造した作品をうみだし、大衆との新しい通路を提出する。前衛的な政治工作者、文化工作者は社会変革のための政治的プログラムにしたがって、それらの作品を工作の一つの武器として運用することによって大衆を変革していく。大衆を意識化し、組織し、現実変革へむかわしめる。そうした変革の過程のなかで、前衛的作品と大衆との関係は深化されていく。前衛的な芸術運動は、また、前衛的作品と大衆と関係の深化を媒介として、相関々係をもって、後続の作家をくみいれ、拡大されていく。作家の統一戦線もたかめられていく。前衛的作家は、それだから、後続と同一線上にあってはならない。一歩前にいなければならない。困難とみしらぬ条件と斗わねばならない。現実を変革し、前進させる革命的な政治運動と、革命的な芸術運動とは、おのおのの独自な役割やプログラムのちがいはあれ、おのおのの運動での位置は同じである。前衛を必要とする。ということは、社会変革の力となる記録映画をつくるためには（――革命の芸術をうみだすためには）、芸術の革命をめざす前衛的な映画製作運動をおこさねばならない事である。

僕たちはこうした前衛的な芸術運動の原則をふんまえて、現に起生しつつある記録映画製作の意欲をただしく組織しなければならないと思う。

あえてもう一度くりかえすならば、新しい運動をただしく組織するためには、いわゆる作家主体と方法の確立の問題を同時に、徹底的にすすめなければならないことである。作家主体と方法の確立ということは、戦前、戦中、戦後の体験を今日的な視点にとらえ、将来への足がかりをつくることであり、そこには戦争責任、戦後責任がふくまれるのはもちろんである。僕は協議会の運動の挫折を、協議会解散後の運動の空白を、みるなかに依然作家主体の喪失の根づよさをみるのである。作家主体と方法の確立の問題はいまだ「おれたちはもうそんな問題を戦前に、また、戦後に通過してきたんだ」という意味によって見送られたり、「そんな問題にかかわっていてはどんどんすすむ現実の状況からはなれていくだけだ。現実にぶっつかっていって、解決する外にない。」という無理論とうらがえしされた経験主義によって通過しようとしている。

僕はいまもなお、作家主体の確立と方法の問題が重要な課題だと思う。新しい記録映画製作運動の胎動を感じる時、その課題は単に問題提出と時間の経過によるだけでは解決しないし、このままではうまれくる運動が現実の動きに対応できず流産するか、うまれでたとしてもふたたび挫折するであろう。僕はそれゆえ問題を再提出したいのである。

それに、最近できた松本俊夫の『安保条約』をめぐる賛否両論の論議は僕に問題の再提出を思いたたせたのである。問題はその論争のなかで、またまだふかまっていないことを証明したからである。『安保条約』をめぐる論議は問題の再提起と具体的な問題究明の契機とすべきであると思う。以下、所定の紙数もすくなくなったので『安保条約』をめぐる問題点にふれて、協議会の運動以後の概観の稿をとじたいと思う。

4

『安保条約』は映画作家、一部の労組幹部、サークル組織者、移動映写工作者、そして文学、美術などのジャンルの人々の試写の後、賛否両論にまっ二つにわかれている。「わからない」「おれはわかるが大衆はわからないだろう」「安保条約の内容がわからない。解説してもらいたい」「戦争反対の意味はみとれるが安保条約反対の主題がうちだされていない」「アヴァンギャルドの手法を導入するなんてもっての外だ」「一体だれに見せようとするのだ」「こんな映画をつくっては、せっかくもりあがりかけた、労組と作家とがむすびついた製作運動を後退させる。両者をひきはなさすものだ」という反対論

から「総評の金を使ってこんな実験映画をつくるとは論外である。」という酷評までとびだしている。全体としては以上のような意見が多数であった。そのような意見は特に映画作家や、労組、サークル、移動映写の工作者からきかれた。同映画を多少のちがいはあれ、たかく評価しているのは、むしろ文学、美術などの映画以外のジャンルの人々であり、映画においてはごく少数である。

このように、はっきりと作品の評価が二つにわかれたことは、同じ総評によって製作された『悪法』『日本の政治』にはみられなかったことである。

それは、『安保条約』の作家の現実にたいするかかわり方が、それらの作家とまったくちがっていることである。作品を組織し、創造する方法がちがっている事である。

『安保条約』の作者松本は、現実とのかかわりあいのなかで、自分の内部でうけとめた安保条約というものを、外部の現象の解釈としてでなく、彼の内部の記録としてとらえ、表現しようとしている。この点、従来の平面的なビラ、パンフレット、講演などの内容の解説、あるいは代用の政治宣伝映画と異質である。それは彼がビラやパンフレット、講演などではなしえない映画独自の機能をいかし、拡大することによって、安保条約のもつ問題を「外側からの解説でなく、問題に無関心でいられなくなるような、内側からの意識を掘りおこし、作りあげること」(『映画教育通信』九月号松本俊夫「新しいプロパガンダ映画」)をめざしているからである。こうした彼の意図は安保条約の問題の宣伝が大衆のなかに浸透していかない現状をまえに、映画をビラやパンフレット、講演の代用物とするのではなく、映画独自の機能の発揮による新しいプロパガンダ映画が「心や意識に働きかけ、ゆさぶるような感動をとおして、事物に対する見方を変革していく武器」であると定義づけている事でうかがえる。

さらに、彼は『安保条約』において彼の意図を遂行するために、彼がまえから提唱している「前衛記録映画の方法」――シュールレアリズムの方法を否定的媒介とした、新しいリアリズムの方法――を当然とらざるをえないことをしめしており、しかも、それは若干の未熟さはあるとしても成功していると思う。ことに前半の安保条約がもたらしたもの、安保条約がもたらすであろう破滅的な危機感は強烈なイメージとして見事に定着されている。後半に至って各所に作家と現実とのかかわりあいの不足がイメージの図式化、常識化におちいっているのがみられるのは惜しい。また全体の構成、展開の発想に解説的な図式の残ガイがのこっている。これは製作者側と作家との考えのちがいが統一されていない、妥協的な、そして段階的な現象として僕は解釈している。

作品の仔細な批判にはいれないが、松本の意図した「安保条約問題の解説もすぐに充分理解できないような人々にも直観的に突きささっていくような強烈なイメージをあたえ「安保条約問題を知っている人には知っていること以上に内発的な斗争のエネルギーをあたえ」「知らなかった人々にはそれを知ろうとし、事態に能動的にかかわっていこうとする活動力をあえる」ことにこの映画は前進的たな意義と成功を収めている。

作品にたいする僕の評価は以上のようである。だが、ここで問題となるのは、創作活動のもっている役割と任務と、作品を運用する政治的な工作の役割と任務との独自性と統一の問題である。

先にこの映画についての代表的な否定的意見を紹介したが、それらと僕の評価が対立するのは、それらのなかに芸術創作活動(社会変革のための芸術のプログラム)と政治組織活動(政治のプログラム)との、つまり両者の独自性と統一という点が混同されているか、教条主義的に前者が後者に従属するという考え方があるからだと思う。『安保条約』によってその対立は作家仲間の間にも、また、作家と労組幹部、サークル指導者との間にも右の問題についての見解が依然統一されていないばかりか、その不統一はいまや前衛的映画運動における一つの壁ともなっていることをハッキリとしめしているというべきであろう。

この問題を明確にすることは戦前のプロキノ運動、戦後の協議会の運動以来もっていた創作上の、製作運動上の、根本的な問題に関連し、将来の運動の成否にかかわるものであると思う。この問題にたいして作家と労組、サークルの幹部、工作者などがたがいにセクト主義や権威主義、利己主義をすてて、あらいざらいの意見をだしあい、ねばりづよく話しあう必要があると思う。

ちょうど安保条約反対斗争の発展にともない映画『安保条約』のプリントもすでに百本をはるかにこえ、各地で上映されている。その上映報告もあつまろうとしている。僕たちはそれらの報告を材料として討議をすればよい。ただし報告はどのような工作上の運用によって上映されたか、観客はそこでどんな反応をしめしたか、という点をとくに多角的に分析、検討する必要がある。いままでのようにあつまった、あつまらなかった。拍子がおこった、おこらなかった。といったようなズサンな印象的な報告によらず、積極的に工作上のプログラムをもち、方法をもってなされた報告によって、右の問題を討議すべきだと思う。

以上で協議会の運動以後の動向と当面している問題点を提出して、この小稿をおわることにする。

※前号(その一)の補正
十一頁・五段三四行 作品の成功
十二頁一段・二―三行(たしかに、その面が…見られるがゆえに)を「たしかに、彼の作品の成功はそこにあった。そうした意味で、僕たちに」と補正。

記録映画を見る会 ▼十一月例会

○所 西武リーディングルーム
○時 十二時半、十四時の二回
十四日ガン細胞・ポロンギター、
二一日ぼくは走らない・うわさはひろがる・こねこのスタジオ、**二八日**幼児のまね・六人姉妹
二二日・十時半・十二時・瀬戸内海・ピアノへの招待、十四時半・十六時・王様になったきつね・新しい製鉄所。 以上。

連載座談会 プロキノ運動の再検討・第一回・その沿革史的展望

話す人・岩崎　昶・並木普作（岩崎太郎）・能登節雄
（映画評論家）（演出家・全農映）（演出家・近代映協）

聞く人・大島正明・長野千秋・山岸一章
（演出助手・東京シネマ）（演出家・日映科学）（機関紙映画クラブ）

吉見　泰・野田真吉（司会）
（脚本家・東京シネマ）（演出家・フリー）

岩崎　実はこの会は明日だと思って、今日は用意ができなかったけれど、幸い岩崎太郎（並木普作）君がいて、僕と太郎君と昔は警察では間違えたりなんかして、太郎は僕の本名だと思ってたぐらい、（笑）非常に縁が深いんだと思いますが、その岩崎太郎君がプロレタリア映画運動の年表を、まだ未完成だそうだけど作って来てくれてる。僕の不正確な記憶よりも太郎君からひとつ。

並木　実は五・六年前から思い立って年表なるものを一応資料としてこしらえといた方が便利だろうと思って、こしらえかけたんですが手もとに何もないもんで、ほとんど手前一人の記憶だけでまとめかけているところです。記憶だけが頼りの編年史的な事象の羅列にどれほどの意味があるのかわからんが、ともかくもみんなの記憶を引き出すという意味で、沿革みたいなものを大ざっぱに述べてみます。僕がプロキノに参加したのは第一回の大会がすんだあとなので、草創期のことはよく知らないのだが、大体プロレタリア劇場の映画班として発足したのが一九二七年、昭和二年で、これがプロキノの前身というわけです。その年九ミリ半でメーデーが、翌年には有名な野田争議の実況が撮影されてる。その年三月、全日本無産者芸術連盟（ナップ）の成立とともに、連盟加盟の左翼劇場映画班になった。同七月、ナップ映画部として独立している。一九二九年、昭和四年日本プロレタリア映画同盟が結成大会を二月に開いてるわけです。この当時の委員長は今東光です。支部が同時に東京、金沢にでき京都に準備会ができている。同三月に山宣葬が行われて、東京では本郷の青年会館での山宣の告別式と青山の労働葬が九ミリ半で撮影され、京都では山宣葬が十六ミリと九ミリ半で撮影されてる。同年の五月、第十回メーデーが東京で十六ミリで、金沢メーデーが九ミリ半で撮影されてる。一九三〇年になって、昭和五年ですが、第二回大会が開かれておる。このころからぼつぼつと記憶があるわけですが、これまで移動映写活動をやっておったわけですが、具体的なデータがないんで、どこにいつ行ったということがいえないんです。野田の争議を撮影したということについては、その年なりそれまでに作られたメーデーの作品などが持って行かれたんではないかと思うんだけども、よくわからない。それまでには製作活動としては大体ニュース、争議の記録というようなものが断片的にこしらえられておった。なにしろ銭がないものだから製作などということはなかなかできなかったんですが、わずかにニュースなど持って回った程度だったろう。おそらく単独に映画を持って行ったんではなく、演芸隊みたいなものが組織され、つまり簡単な移動演芸隊と合唱団みたいなものもあったんじゃないかと思うが、音楽家同盟が組織されたのはもう少しあとのことなんで。

岩崎　合唱団はまだなかった。左翼劇場のトランク劇場があって移動して歩く、それにつけて十六ミリのフイルムと映写機を持って行ってやった。トランク劇場も、ほんの短かいスケッチ式な芝居をやったり、あとはシュプレヒコールが多かった。トランク劇場というとおり、トランク一つで移動して歩いた、非常に手軽な機動性のある演芸をやってた。

並木　この年から計画的な製作活動が始まるわけです。今まで製作の方にまでなかなか手が回らなかったというか、思い及ばなかったわけではないが、製作の必要は常にいわれながら力が及ばなかったんで、できなかったが、この年の四月から計画的製作活動が始まった。この年に手を着けられたのは「隅田川」（演出・滝田出）「こども」（演出・佐々元十）「田園小景」というのがある。ほかにプロキノ・ニュース第一報というのができてる。これから申し上げるのは特に挙げるもののほかはすべて十六ミリです。このうち「田園小景」はでき上っておりません。もちろんその年のメーデーは東京と大阪とで撮影されております。そしてその五月に、第一回のプロレタリア映画の夕というのを読売講堂で開いております。その時の上映品目は「隅田川」「こども」「プロキノ・ニュース第一報」「第十一回メーデー」それから同盟の作品ではないが京都のさる同伴者がこしらえた影絵映画「煙突屋ペロー」合わせて五本上映した。第一回の公開としては大変成功だったと思うんですが、お客さんは入りきれないほど入ったので、続いて六月、第二回映画の夕を報知講堂でやった。上映品目は第一回に同じ。このころから移動映写活動も作品がそろってまた一段と活発となってくる。東京で、京成電車の争議団とか落合の消費組合とか全国農民組合の支部とかというようなところに……。農村の場合は小作争議がおもなんですが、応援激励に行った。落合の消費組合などは消費組合の日常活動の一環としてやったんだし、労働組合は

争議団の慰問激励というようなことがおもなんですが、そういうことがぼつぼつと行われるようになってきました。六月の全農・東京府連小作争議では「共同耕作」というやつをこしらえております。山内光と並木とがやったわけです。同じ六月に京都で第一回プロレタリア映画の夕をやった。東京と同じものです。続いて大阪でやろうとしたんだけど、大阪はとりわけ弾圧がひどいところで、いろいろと折衝し戦いがあったあげく、ついに公開できなかった。そのかわり大阪ではまわりの地区の移動映写をやっております。中央の公開ができなかったくらいだから、おそらくおおっぴらに持って回ったんではなかろうと思うが。そういう活動を通じて大阪に支部準備会ができた。そのころ東京では小公開をやっております。寺島その他で。同七月、「プロレタリア映画」が同盟機関誌として発刊された。このころから同盟の計画的な拡張をもくろみ新しい働き手の養成をめざして八月に第一回講習会を開いた。プロレタリア映画講習会という名前で、こいつは開会と同時に解散となったわけです。けれども参加者のほとんど全部が研究生という形で組織の中へ吸収されておる。同じ月に製作活動の拠点としてプロキノ東京工場ができた。そしてそのころから第二回の製作を始めております。岩崎昶の「アスファルトの道」「アジ太プロ吉消費組合の巻」（中島信、須山計一）「俺達の広告」（中島信）、「港湾労働者」（上村修吉）、「プロキノニュース第三報」、三五ミリで「幸福」（中島信）こいつは次期まで撮影を継続したかっこうになってます。結局完成されなかった。十一月に築地小劇場で第三回の公開をやった。上映品目は「共同耕作」「アスファルトの道」「アジ太プロ吉消費組合の巻」「俺達の広告」「港湾労働者」「プロキノ・ニュース」

能登　そのころ上野の自治会館で上映したことがあるね。

岩崎　あれは十一月だった。ぶち込まれたのがお酉様だったから覚えてる。（笑）

並木　引き続き京都、大阪、名古屋、神戸、山形、新潟、富山、金沢、彦根、高知で大小の公開を開催しております。上映品目は東京の第三回公開と同じものです。このころから観客組織の問題が浮び上ってきた。キノ・リーグと称しておりますが、見せっ放しでなく観客を組織しなきゃならんというんで、組織方針が決定されて一応運動の方針として取り上げられるようになってきた。こういう活動を通じて新潟、山形、名古屋に支部ができ、岡山は支部準備会が結成された。翌一九三一年になりますと、四月に第三回大会が行なわれ、これの重要なスローガンは、「映画写真運動の基礎を工場・農村へ」「プロレタリアートのカンパニアへの映画写真による積極的参加」というようなことがあったように覚えている。そのほかもあったに違いないが覚えてない。第二回大会から岩崎昶が委員長になって書記長が上村修吉、第三回大会以後ずっと大体岩崎昶委員長で第三回で僕が書記長になった。この年の上半期に製作が開始されて、レパートリーは前期から「幸福」をもちこし、続いて「プロキノ・ニュース第五報」「進め戦旗！」「奴隷戦争」（ともに脚本・北川鉄夫、演出・並木晋作）、「土地」（演出・高周吉）「アジ太プロ吉失業の巻」（中島信・須山計一）「市電」（演出・上村修吉）「スポーツ」「第二俺達の広告」（中島信）というものが企画された。でき上ったのは「プロキノ・ニュース第五報」と「進め戦旗！」と「奴隷戦争」と「土地」、ほかのものはでき上らなかったんですが、五月に第十二回東京メーデーが撮影され、十六ミリ、三十五ミリ同時に撮影された。そのほか京都、大阪、岡山でメーデーが撮影され、六月に完成された作品で第四回公開が行なわれたけれども、そのうち「進め、戦旗！」は検閲を拒否されて上映できなかった。引き続き京都、大阪、神戸、岡山その他で公開が催されたはずだが詳細不明。上記を通じて神戸支部準備会が結成された。七、八月にかけて岡山、広島、北九州へ移動公開が行なわれた。ただし北九州は着いたとたん持ってかれちゃって、おれと土屋と行ったんだができなかった。なお詳細不明ですが北海道で「凶作地の農民」を撮影した記録があるが……。

能登　僕が高田と二人で北海道へ行った。全農の応援で移動映写しながら、その時に高田がシネコダックで撮ったニュースですよ。

並木　このころ、機関誌と同時に、つまり理論的な指導法と同時に、情勢の変化なり進展なりにもっと敏速に即応できるような機関紙がほしいというんで、「映画クラブ」というのが北川鉄夫を編集長にして創刊されている。

能登　サークル新聞だな、宣伝の……。

並木　埼玉県下、東京府下数か所に移動小公開、公然と警察へ届けを出して、お客さんを特定のところへ集めるというやり方なんですが、そういう移動小公開が持たれております。特に申し上げませんけれど、この間やはり移動映写の方は時に応じてやってるわけです。この時、第一回プロレタリア映画写真展覧会を新宿の紀伊国屋で開き、続いて大阪その他で催しておる。それから「プロキノ・ニュース第六報」「おいらの春」が製作されております。このころから製作情勢の諸困難がとみに加わり、独自の公開はほとんど不可能となって、左翼劇場、劇団新築地の公演の節、同時公開の形で上映された。一九三二年五月、第十三回東京メーデーをこしらえております。つづいて第四回大会を持ったのが築地小劇場で、これは解散されたんじゃないのかな。第二回プロレタリア映画写真展覧会が開かれ、このころ機関誌「プロレタリア映画」が「プロキノ」と改題された。七月、土浦地区巡回小公開、そのころ「プロキノ・ニュース第七報」「世相読本」「伸び行く女性線」「三吉の空中旅行」「全線」「プロキノ・ニュース第八報」が製作され「世相読本」は僕と国木田虎雄の合作、「伸び行く」はでき上らなかった。「三吉」は長尺のアニメイション映画で、漫画は若林敏郎、これもでき上ら

なかったが、スタンダードで撮影するつもりだった。「全線」も完成せず。完成した上記作品は逐次劇場公演の時公開された。十一月、日本プロレタリア写真家同盟が独立、十二月長野県下に移動公開した。十二月に「労農団結餅」（上野耕三）が製作された。一九三三年一月第五回大会、開会と同時に解散され、非合法にならざるを得なくなった。この年伊豆地区の巡回映写をやってる。機関誌「プロキノ」が再び「プロレタリア映画」に戻った。このころから会合の合法性が全く剝奪され、組織の存在そのものさえ実質的には非合法状態となって、構成員の活動も非合法に近くならざるを得なくなった。

能登　「団結餅」の時、郵便配達の労働強化を扱ってはじめてセットというものを使った。

並木　セットを使ったのは「世相読本」が最初だよ。

能登　郵便配達の労働強化をテーマにした映画を築地小劇場の舞台で、セットに組んで撮影した。

並木　一九三四年一月、もはや構成員全部が追及を受け、昭和八年にすでに第五回大会は築地で解散させられたあと、市立一中（今の九段高校）でやった。昭和九年（三四年）は小森の家でやった。次々に検挙されて指導部は壊滅状態になり、活動はほとんどできない有様で、そのころからフェード・アウトですな。

岩崎　昶氏

岩崎　左翼劇場が解散になったのは。

並木　九年のころ。しかしこちらは解散大会も解散宣言もしていない。順々にひっこ抜かれていなくなって。

能登　そのころ木村（荘十二）さんの音画芸術研究所という独立プロが出来た。

並木　昭和七、八年頃でしょう。

能登　僕がプロキノからPCLへ行けといわれたのは八年ごろだ。

岩崎　僕の家にはそういう資料が全然ない。警察に取られてしまって……。頭の中にしかないんで、並木君のアウトラインを聞いて思い出を新たにしたところもある。

並木　残念なのはわれわれが警察で書いた手記ね、あれがあると非常にはっきりする。かなり詳細に書いたよ。

岩崎　あの手記書くの困ったよ。どの会合にだれとだれが出たなんて、覚えちゃいないよ。細かいことまで。それでもいろいろでっち上げて。

並木普作氏

並木　ほかにすることないから一生懸命に思い出して、かなり詳細に書いた。

能登　僕らは後輩の方で、第二回講習会で「新興映画」という雑誌の広告を見て、どういうものだろうかと考えて、同居してたのが東大の左翼学生だったから、すすめられて行ってみた。厚木さんなんかと一緒だった。築地小劇場で一週間講習受けたんです。良範（古川）よりあとですよ。かれは第一回です。会費も払って一週間ぐらい夜通った。卒業してから、若い時やる仕事はこれだという気がした。ほとんど移動映写ばかりやった、配給部という組織に入った。

吉見　講習会は何をやった？

能登　一週間の間に理論的なことやプロレタリア映画の歴史とか撮影のしかた、映写機の操作まで教わるわけです。はじめは何だかわからなかったが、映画のことは好きだったし、いいなと思った。聞いてるうちだんだんアジられてへんだなと思う。（笑）けれども多少その気があるもんだから（笑）一週間やって卒業したといわれて、すぐ下落合のプロキノへ入り、配給部の移動映写隊に所属した。ストライキに映写機を持込みアジ演説をしたり、労組に上映に行き座談会して、そこでいい人、いわゆる連絡者を見つけてくる。又、機関誌やスチールも持って行ってサークルを作ってくる。争議がつぶされないようにとアジること、プロキノのサークルの根を作ってくる使命があるわけです。今想うと何をしゃべったか恥かしいようなものですが、若さだけでやってた。争議が崩れそうだというと映画持って行った。争議のない時は市電やバスの車掌さんの集まる時、知らん顔して映画ですといって持って行って、いい人を見つけて連絡をとってサークル工作始める。宣伝とせん動とオルグというようなことやりながら映写してくるもんですから、余程警戒しないとすぐふんづかまる。映写機は十六ミリで移動映写にはボストンバッグへ入るコダスコープ、一般上映公開はビクターという機械で、僕と松川が上映班だから公開する場合にも行ったんです。

能登節雄氏

野田　プロキノの運動に関連してプロレタリア映画の朝鮮支社というのがあったと、本にかいてあったけど、僕はプロキノの運動の性格上、あったとしたら大変重要なことじゃないかと思うんだが。

能登　朝鮮支社というより、同盟の中に朝鮮の人がずいぶんいた。

並木　朝鮮支部というのは知らない。おそらくないでしょう。

野田　プロレタリア映画の朝鮮支社があると、一九三〇年にでた「プロレタリア映画運動の展望」（新興映画社編刊）という本に書いてある。ソウルキノ映画工場は、朝鮮内地に約四十ケ所の配給所を持ち、数本の映画を三五ミリで製作している……同志が内地における暴圧といかに斗いぬくか、そして革命映画をいかに植民地の労働者、農民のものとしていくかは、朝鮮における労働者運動のたかまりと水準器として興味をひくに充分である……と書いてある。この朝鮮の運動は、日本のプロレタリア映画運動との直接関連はなかったんですね。

並木　別個の活動だ。書記長をや

ってた期間は僕がいちばん長いから、そういうことがあれば知らんことはないと思うんだが、ないですね。（**並木追記**――速記録を読み返して思い出したが、ソウルキノは朝鮮の進歩的な映画人が集って作った一種の企業体で、このころ既に幾本か長篇劇映画を作っていた。野田君の発言にある「四十か所の配給所」はたぶん民族資本の興行館のことだと思う。雑誌「プロレタリア映画」の前身「新興映画」にスティルと作品紹介を出したことがある。）

野田　独自でやってたわけですね。プロキノ友の会とキノ・リーグとは同じですか。

並木　別なものです。プロキノ友の会は著名人を対象にしてるわけだ。キノ・リーグは職場の中に組織の根を下ろそうということですよ。具体的にいうとプロキノ友の会は翫右衛門、長十郎、貴司山治、大宅壮一、中野重治など、京都では辻吉郎、衣笠貞之助さんなどもいたね。

岩崎　そういうシンパがだいぶいてカメラを貸してくれたり……。

野田　製作資金も友の会あたりからでたのですか。

並木　呼び水として友の会の果した役割は大きい。しかし基本的にはやはり大衆的なカンパニヤで集めた金です。当時の機関誌にはひんぴんと資金カンパの呼びかけ、その成績報告が載っています。いっぽうキノ・リーグなどが提唱され結成されることについては、移動なんかを通じてそういう声や機運というものが萌芽的にはあったんですね。それが土台になってキノ・リーグが具体的に日程に上ってきた。

岩崎　ドラマリーグはできてたんだろうな、芝居の方で。それを映画の方でもやろうじゃないかということで、最初の着想はドラマリーグの方からきてるんだろうな。

能登　そこのリーグへ連絡つけてだんだん大きくなると、映画サークルの方は独立する。市電やバスの車掌さんのグループにもあった。その中からプロキノへ入ってきた人もあるんです。

大島　内部的な組織はどうなってたんですか。第三回大会の報告読むと、内容が形式化してたとかいう自己批判があり、それは組織的な欠陥にあるといってますが、それをどういう面で扱ってたか。

並木　どういえば今の質問に答えられるかわからないが、組織活動の方にエネルギーが解消されてしまって、製作の活動がとかく不活発になるとかいうような批判ですか？

大島　そういう意味じゃなく、映画の内容に対する検討です。観客その他からの批判を聞くんだけれども、それを受け止める態勢とか機関誌の編集委員会の中で、作った作品に対して討論はなされるんだろうけれども、そういうものをやるような組織は別になかったわけですか。映画そのものの検討会ですね。

岩崎　作品ができればしじゅうやってた。何部がやるというんでなく、大体プロキノのメンバーは、いちばん多い時二百人ぐらい、全国でね。しかも会合ごとに全員が出席できるというわけじゃないから、東京支部の総会でも出席者は二、三十人でしょう。多い時でそれくらいで総会開いたが、それ以外にも研究会開いて、その席上で作品の検討会はしじゅうやってるわけだ。

並木　組織の問題で、今の大衆組織の概念でもって当時の文化組織を考えると少し違うんじゃないかと思われる。というのは、工場、農村に根を持ってるといっても、工場、農村の中に同盟員がいるという感じではなく、同盟員というのは職業的な革命家というか（笑）いい過ぎかも知れないけど、職業的な映画人、演劇人であるわけですよ。地方支部の場合はほかの職業持ってて、ちょこちょこと運動やってる人も実際はいるわけですけれども、一応そういう形ですよ。農村や工場に根を持ってるといっても工場、農村の中に同盟員が細胞のごとく行き渡って組織されてるというわけじゃない。ですから同盟員が東京に百人いるとしても、その人達は大体においてプロキノの組織の中で日常的に毎日働いてる、職業的に。キノ・リーグなどというものが提唱されたのはそういう形で、工場農村に根を持っていないことの、組織的な強化の方策です。サークルとはいい条、外郭の組織ですよ。組織の中の組織じゃないわけだ。

岩崎　点のだいぶ手前ですよ。

野田　やはり最後の三五年ごろの解消する時までの内的外的な条件の中でそうなったんだろうと思うのですが、その辺を顧みて当時やられた人達はどういうふうに思われるか少しお話し願いたいですね。

岩崎　それはむずかしい。というのはプロキノだけの問題じゃなく当時のプロレタリア文化運動、芸術運動全体の中でのプロキノということを考えなきゃならない。その問題については今まで、特に文学の面でいろいろ本も出てきたしそれに対する批判的な研究も出てきている。そういうものと関連させながら研究しないと、簡単にいえないと思う。従って大根《おおね》はナップだね。プロキノが始まった時はナップだから、ナップがどういうふうに動いてきて、その途中で指導がどういうふうに変って行ったか、ナップの運動理論が蔵原君の新しいテーゼによってコップに再編成されていくわけだが、映画の方は大体、そういう芸術理論の達者な人間はあまりいない。

並木　岩崎昶が唯一の理論家だ。

岩崎　そういう点では、ナップの指導方針というものを、映画にどう翻訳していくかということだった。もう少し古いところから話すと、最初の時期は個人的には佐々元十ひとりがまず始めたということだな。佐々が僕のところへ来て、さらに中島信が加わって、三人が結合してプロキノは、スタートした。ところが佐々、中島は死んでしまって、プロキノ草創期の生き残りはおれ一人になっちまった。今のうち知ってることは残しておかないと、いつ死ぬかわからない。そんなわけで、はじめは映画を好きな、しかも社会的な関心のあるインテリ三人がこの仕事に参加した。そのころパテーベビイという九ミリ半の映画でメーデー撮ったり野田の争議を撮ったりとい

うような活動を非常に偶発的にやってた。けれども大部分はまずプロレタリア的な映画の批評活動をやろうということで、最初はそれ以外に目標はなかった。製作はしなかったわけだよ。従ってプロキノ結成の初期も、きわめてまれにパテーベビイによるそういう映画は作られたけれども、大部分は理論活動だった。最初にプロキノに与えられたナップの批判というものは、日本のプロレタリア映画運動は理論だけで製作がないじゃないかという、大変な批判だった。中野重治なんかが、金がない金がないというけど、金は集めればできる、というようなこと言って、ずいぶん公式的だが（笑）そういうことが大きなむちになって、それはそうだ、とにかく金をこさえなければ……。その金はどうすればできるかというようなことを皆考えながら、とにかく製作が始まった。そういう意味では非常にいい批判があって、はじめて映画製作運動というものが始まっていくわけだ。それから今度はさっき話しが出たように読売講堂や報知講堂というようなところで上映をやる。これには検閲の問題もある。われわれが映画を作って一般に公開する場合、当時は内務省に活動写真フイルム検閲係があって、それに全部持って行って、やはり合法的に上映する権利を戦い取らなきゃいかんという立場から全部持って行くわけだ。ずいぶん切られるところもあるけれど、そういう形で第一回第二回公開やってた。

（**並木註**――当時の左翼的な出版物は、発売禁止を防ぐために、検閲の忌諱にふれそうな字句章句をあらかじめ伏字――××――にして発行したもので、ひどいのになると四分の三ページぐらい××で埋まっていることがある。それでもナップ機関誌「戦旗」などは或る時期には毎号発行即日禁止になった。）

お客さんの質を見ると、もちろん労働者もずいぶん来てる。特に交通労働者、東交あたりいちばん多かったと思うけど、やはり左翼的なインテリとか学生とかいう、かなりインテリ的な要素が強いお客さん、本当の意味でわれわれが労働者農民に結びつくという運動方針持ちながら、結びついていないじゃないかという批判が、当然ナップ全体としてはプロキノに対する批判として出てくるわけだね。今度はこちらから目標をきめては持ち込むということをやらなきゃいかん。その持ち込みのためには演劇、左翼劇場、トランク劇場あたりと一緒になって工場や農村、漁村にも少しは入って行くけれども、そういう形でこちらから入って行って、運動方針に沿うようにだんだんと変っていくわけですね。だけど何といっても演劇の場合もそうだけども映画の場合は相当の仕込みがかかる。当時日本の映画全体が非常に幼稚な段階で、もちろんサイレント映画の時代だったんで、製作費も「ブルジョア映画」とわれわれが称していたところでおそらく一万円二万円というところだろうな。しかしそれでもわれわれの作品は何百円かかるわけだ。今にしてみれば数十万円になるわけだから移動映写その他で上る入場料、あるいはカンパもあるけれども、それ以上に大きいのは何といっても大公開、都市における公開ということ、もう一つはわれわれの運動を支持してくれる人のカンパというようなことになるわけだ。従ってそういう大きな仕込みの作品をずっと製作していくというためには、われわれの運動そのものがあくまでも大衆の面前で、常に見られてその面前で作られるという形をとる必要があって、地下にもぐるというようなことは実際にできない形なんじゃないかと思っているわけですね。ところがさっきからいわれたように日本の国内の客観的情勢が非常に悪くなってきて文学の作家なんかも半分地下にもぐりながら、小林多喜二のように後には全身地下にもぐって作品を発表していくという形になる。発表した作品も発行即日発禁になるというふうになっていて、いや応なしに地下に追い込まれて来た。そうなってくると、われわれはなるべく合法的に幅の広い活動していくことを考えても、いや応なしに向うから非合法化してくる。検閲を通って、従って日本の国法において公開の権利を獲得した作品を上映するんでも、全部禁止を食う。東京でもそうだし地方に行った場合には、それを持って行った人間まで逮捕され、機械も取り上げられる。そのまま取り上げられっぱなしになった例はないけれども。向うは法律を全然無視して弾圧してくるという形になってきて、それがプロキノの運動を非常に困難な状態に陥れてくるわけですね。いちばん盛んな時に二百人ぐらいの人間がメンバーとして活動したわけだが、そのうちに旗色が悪くなれば自然に脱落するのが出てくるし、外部にいて援助してくれた人もだんだん足が遠ざかっていく。そうなるとどうしても組織そのものの中に、内部的にもいろいろ混乱が起ってくる。そして組織的に衰えてくるそれが昭和七年ごろからの状態だったと思います。僕なんか組織の看板で、合法面での活動が多かったから、しじゅうぶち込まれはしたけれども二十九日が最高だったな。書記長の岩崎太郎、それから上野耕三などは長かったかな。これは基本的な組織とのつながりを追及される立場にあったわけだからプロキノ員として非常に長い獄中生活をやらされた。そういう中心になるメンバーが持ってかれて活動が不可能になるというようなことで、最後には自然に壊滅してしまった。従ってナップ加盟のほかの組織、あとではコップだけども、あるところでは正式に解散したり、あるいは左翼劇場の場合のようにほかの団体に名前を変えて転身して、組織だけ残ったところもあるけれども、プロキノはそこまでもできなくて自然消滅の形だった。

並木　不自由な点の代表的なものとして、個人の場合をいうと象徴的にはっきりすると思うが、僕の青春は実質的には暦年の半分しかない。二十九日外にいると二十九日入ってる。半年外にいると半年入ってる。数え年二十五から二十九の間は完全に半分しか外にいない。それで全然合法的な存在なんだから。

（以下次号）

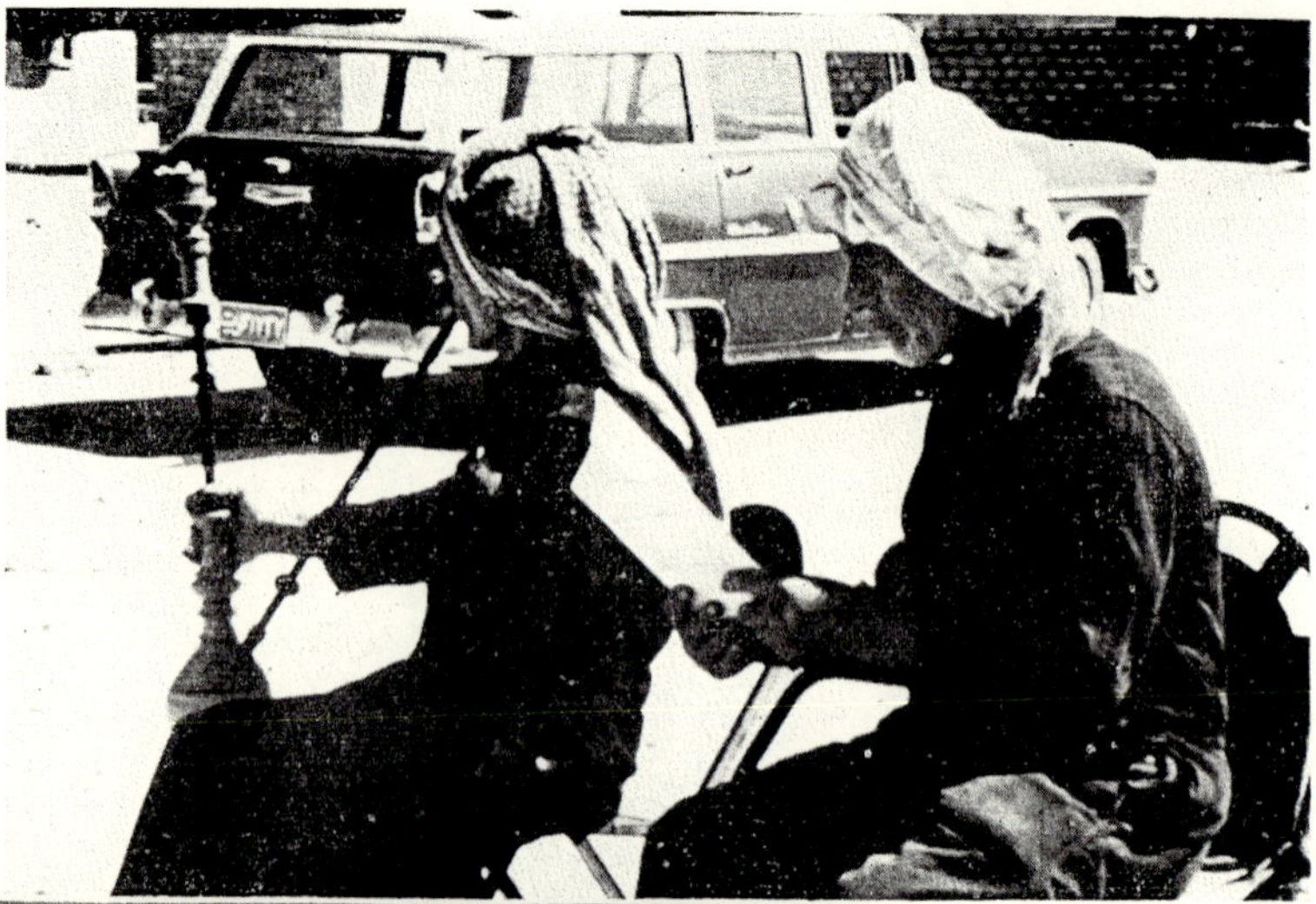

石油の国クウエイト

松岡新也作品

石油で名高いクウエイトをその石油を中心に多角的にとらえ紹介する。（マツオカ・プロ製作）

構成・松岡新也

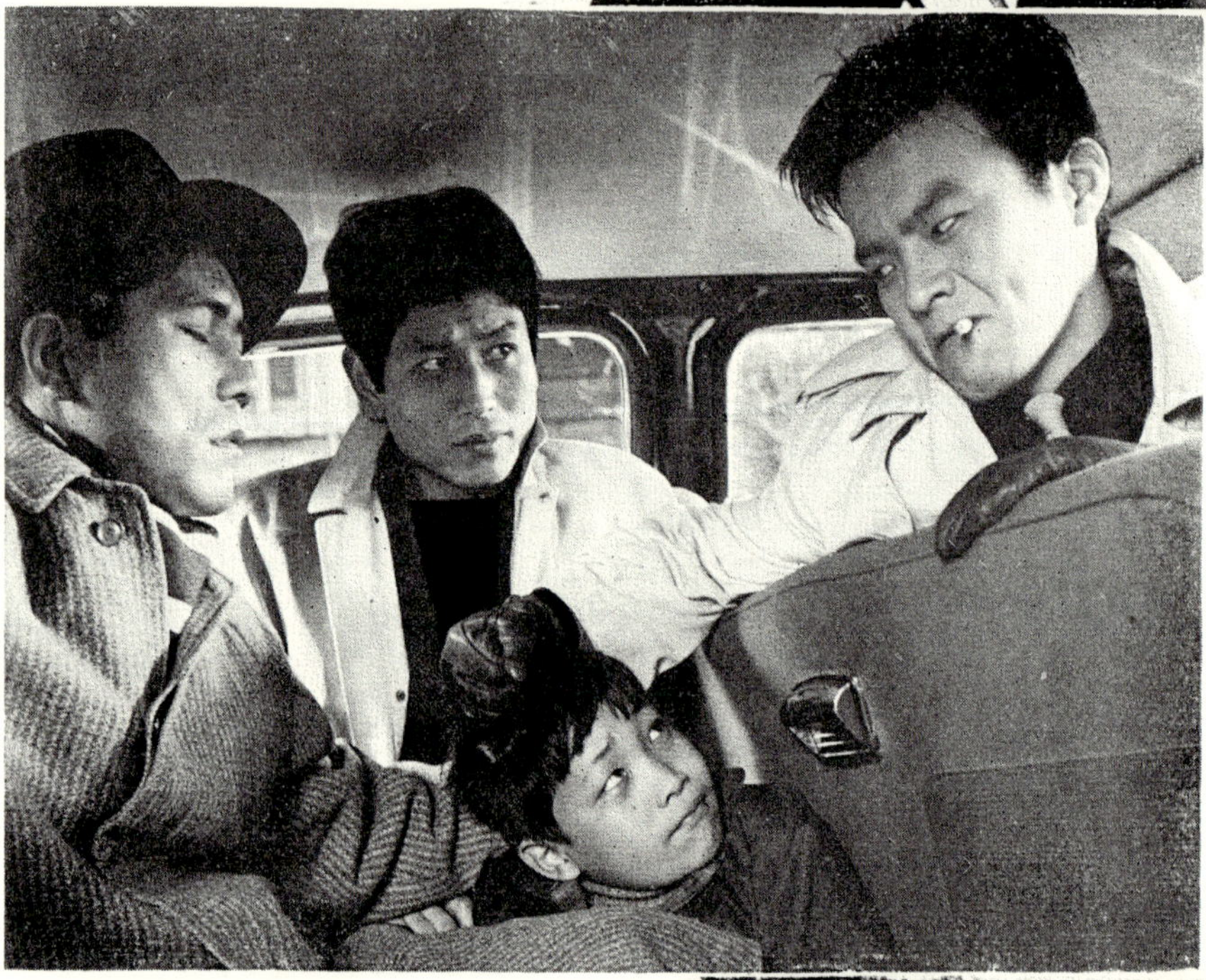

二枚の絵

堀内甲作品

何気なく描いた二枚の絵から事件のうずにまきこまれた少年たちの物語。（東映製作）

脚本・演出・堀内甲
撮影・北山年

すりばち学校

勝俣真喜治作品

僻地教育に身をささげる教師の実践記録の映画化。（渡辺プロ製作）

原作・山田修
脚本・宮川一郎
演出・勝俣真喜治
撮影・西本正

伸びゆく只見川・羽田昭作品

電気時代を迎えた日々に変貌して行く只見川を自然と人間のたたかいを通して描く（新潟映画社製作）

演出・羽田昭
撮影・近藤保

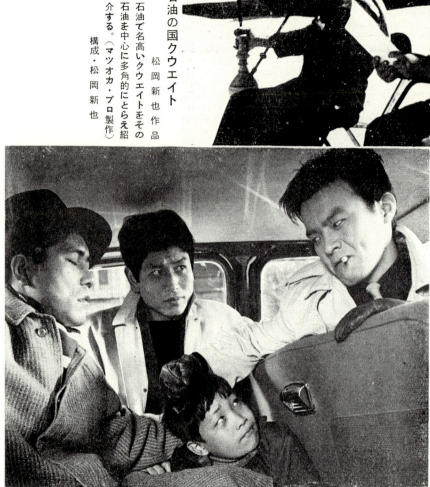

1959年度教育映画祭入選作品から

今年の教育映画祭は無事終ったが，その入選十五篇の中から本誌未紹介のものをえらんで掲載する。

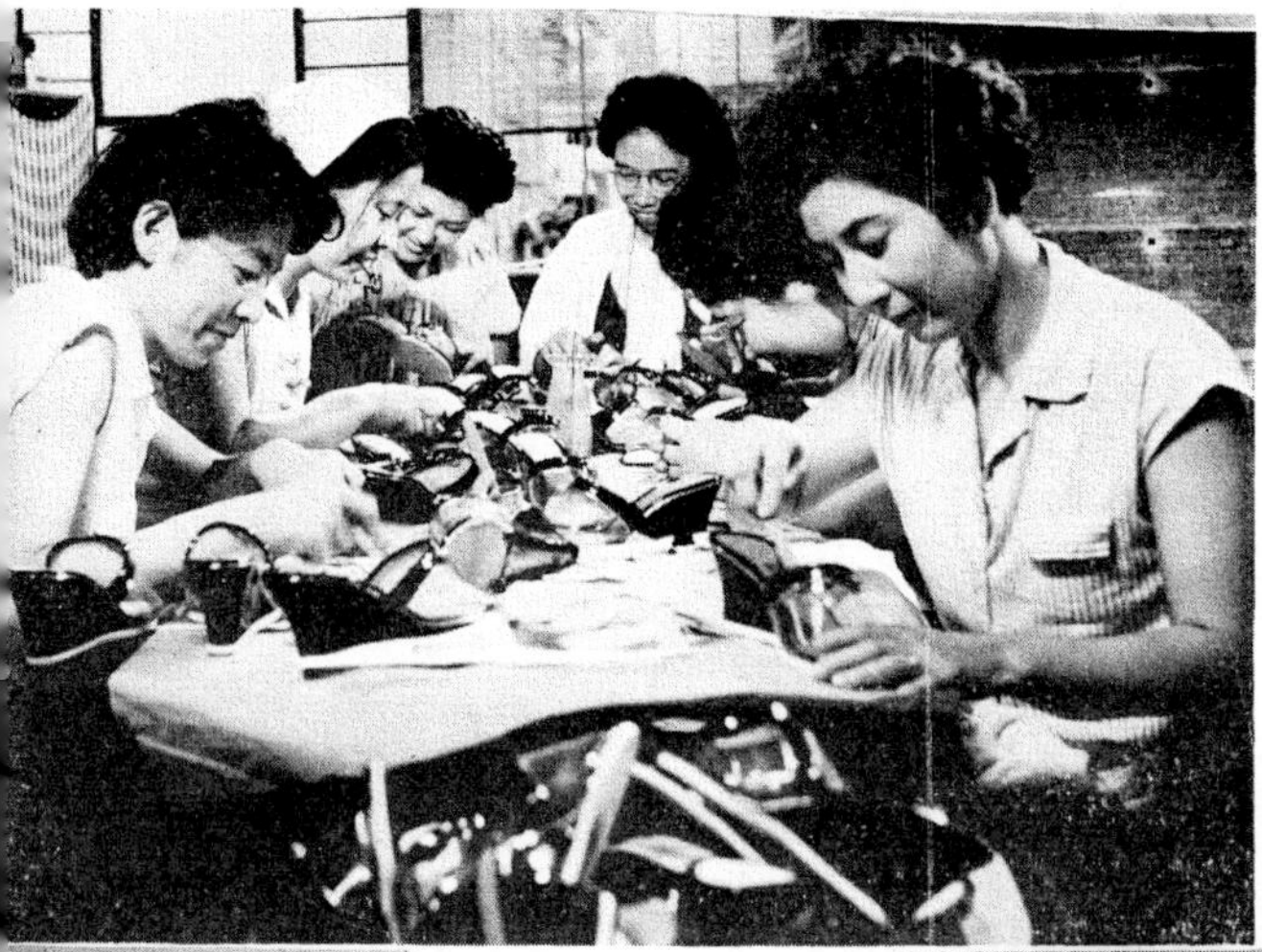

ある主婦たちの記録

豊田敬太作品

東京の実話をもとに婦人たちのグループ活動の物語。（東映製作）

脚本・岡田山仁
演出・豊田敬太
撮影・福井久彦

ポロンギター

小野　豪作品

少女とギターをめぐって人間性をうたった人形劇。（学研製作）

脚本
演出・小　野　豪
撮影・中村・平井

あさりの観察

石川茂樹作品

あさりの構造、器官等その成長にそった生態を描く。（学研製作）

脚本
演出・石　川　茂　樹
撮影・行　田　哲　夫

こねこのスタジオ

森　やすし作品

こねこスタジオがオートメーション化した時の騒動を描いた漫画。（東映製作）

構成
演出・森　やすし
撮影・石　川　光　明

ぼくは走らない

韮沢　正作品

廊下を走らないようにするためのひとつのこころみを中心に考えさせる。

（共同映画社製作）

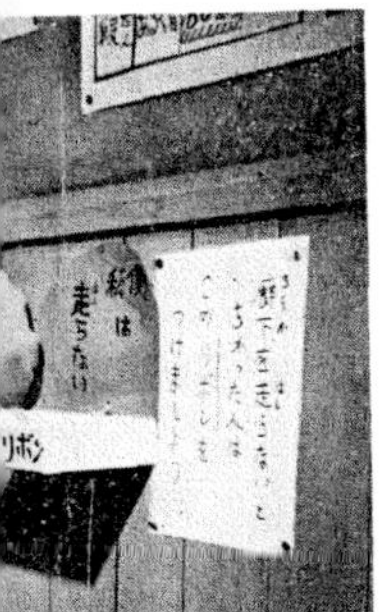

六人姉妹

堀内　甲作品

女の子ばかりの家庭におこるさまざまのエピソードを綴った作文の映画化（東映製作）

原作・葛　西　睦　子
脚本・瀬藤・堀内
演出・堀　内　甲

瀬川順一作品

新時代の製鉄所のあり方を設備・仕事・その他を通して描く

（岩波映画製作）

構成・編集・伊勢長之助
演出・撮影・瀬川順一

国際短篇映画祭のなかから

スイスのバロック芸術（スイス）

ドキュメンター・フイルム製作

17・18世紀のスイスのバロック建築や美術は独特のものを持っている。この作品はその一つ一つを紹介する

とんぼ　ボーランド

卵からかえったとんぼはまだ水の中にいる。4・5年の水中生活と一夏の成虫時そのとんぼの一生を興味深くえがく。

演出・韮沢正
撮影・岡田三八雄

鉄のリズム　イギリス

新しい機械と技術を労働者の仕事の中から紹介解説する。

わたしの家　ユーゴスラビア

ザブレブ・フイルム製作

子どもたちの絵の持つ想像力と夢はそれはそのまま世界の平和を訴えている。子どもの絵の上をカメラははいまわる。

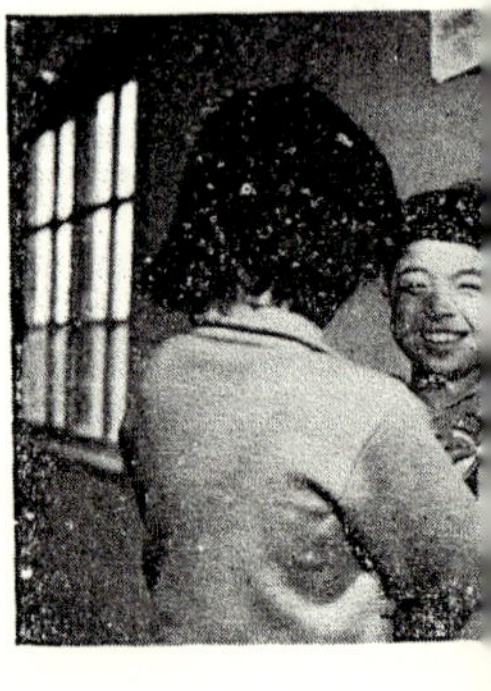

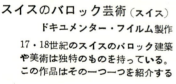

■ 世界の河は一つの歌をうたう

ヨリス・イヴェンス作品
世 界 労 連 製 作

一九五三年、世界労連第三回大会を記念して製作されたもので、ミシシッピー、アマゾン、ナイル、ガンジス、揚子江、ヴォルガの流域を中心に全世界労働者の生活とたたかいを描く。わが国では記録映画製作協議会が撮影した。

演出・ヨリス・イヴェンス
脚本・ウラジミール・ポズネル
音楽・ドミトリー・ショスタコーヴィッチ

にあんちゃん

今村昌平作品

少女の日記の映画化で、父母なきあとを生きぬく四人兄妹の物語。

（日活製作）

原作・安本末子
脚本・池田・今村
演出・今村昌平
撮影・姫田真佐久

野火

市川昆作品

戦争の中の飢餓。そこで人間はどう人間たりうるか。（大映製作）

原作・大岡昇平
脚本・和田夏十
演出・市川昆
撮影・小林節雄

人間の条件　小林正樹作品

たたかいの場に投げ出された人間梶を中心に人間の条件とは何かを追求する。　（松竹製作）

原作・五味川純平　脚本・松山　善三
演出・小林　正樹　撮影・宮島　義男

特集・映画『安保条約』（脚本・監督・松本俊夫　コンメタリー・関根弘）を批判する

観客を忘れた表現方法

川本博康
（演出家・日経映画）

ここ数年間、吾々の周囲で作られた数多くの記録映画の中で、この『安保条約』ほど、色んな意味で、さまざまな物議をかもした作品は、少なかったようである。このことは、この作品の持つ、政治教育映画としての特殊性と、更には、そこに取り上げたテーマ、即ち、「安保条約」そのものによせる、吾々の関心の度合を示すものとして、それがその儘、その創作方法云々と云う結果になったのであろう。

この種の映画を作る場合、その製作に臨んで、演出担当者としてのとるべき態度は、特に重要視されるべきものである。

先ず、その製作意図のはっきりしていることもさることながら、作家（担当者）として、いの一番に考えなければならないのは、『何を云おうか』ではなく、『誰に見せるのか』でなくてはならない。つまり、『誰に見せるのか』の次に、始めて『何を云おうか』と考えるのが、その創作方法に入る、最初の決め手であり、このことは単に、考え方の順序の問題ではなくして、大衆路線の軽視という実態となって、その出来上った作品に、歴然とした結果になってかえってきている。

極言かも知れないが、松本俊夫が、この『安保条約』を作るに当って、その念頭に真先に思い浮べたであろうことは、『誰に見せるのか』ではなく、『何を云おうか』、いや、それよりも、『如何に旨く作ってやろうか』という表現手段である、と云いなおした方が、遙かに適切のようである。

出来上った作品は、もし、この映画が、一般上映館、もしくは、特定観客のみを対象として作られた場合なら、別に文句もないし、他から苦情を云われる筋合でないことは、極めてはっきりとしている。又、作家として、『云いたいことを云った』であろう事実に関しては、その表現形式の斬新さをも含めて、作家の主体性確立の意味からも、松本俊夫自身と、その周囲で彼の創作活動を仕易いように、バック・アップした人々の、努力を買うべきかも知れない。だが、対象とする最も広い観客層を無視したに等しい作品に対し、そのような或る種のみとめ方をするのは、この映画の場合、明らかに間違いである。

この作品の中で、観客に訴えなければならぬアクチュアルな出来事。つまり、安保条約に附随しておこった数々の事件は、その画面から、観客の皮膚を通し、肉体を通し、心の底までアッピールされるべきものである。

しかし、松本俊夫は、唯、観客の視覚を横切るような、瞬間的に脳裏をかすめるような、或は、なんとなくそれを感じさせるような、そんな表現形式をもって、画面を構成している。一例をあげれば、

窓ガラスが破れて、穴の向う側に、ロングプリー事件、ジラード事件、ジェット機墜落事件、などの写真が、次々と照し出される。これなどは前者に――、

米兵とパンパンの画面を汚液がよごす。歪んだ岸の顔が破かれる。これらは後者に、その他数多くのシーンの中で、先に述べたようないくつかの表現形式をつかっている。

これらの表現形式そのものは、前衛手法とは云えないにしても、計算された、画面の構成（新撮の部分）とモンタージュによって、何か新しい表現を生み出そうとする作家の努力を感じさせ、又、確かに目先のかわった表現を導き出している。

この事実に関しては、おそらく、吾々周囲の大部分の人々はうなづくであろう。

だが、一般観客の中で、こういう表現形式の作品を見て納得するのは、或る程度の、インテリゲンチャと称せられる階級以上の人々であって、『一体、おれ達の生活と、安保条約と云うものと、どんな関係があるんだ』という、素朴極まる発言をする、色々な職場の人々、つまり、是非ともこの映画を見てもらいたい人達が、この作品を見た時、果してどの程度理解出来るか、ましてや、作家の云わんとしていることを百パーセント理解出来るかどうか、これは極めて疑問である。むしろ、大変判りにくい、と云った方が、より間違いのないところである。

彼は何故、一般大衆と云う広い観客層に見せるべき作品に、このような表現形式を使ったのであろうか。それは、私が最初に述べた如く、彼が大衆観客を無視したということ、云い換えれば、彼の主体性の内部発展の誤り、つまり、芸術は常に新しい外的条件が作家の内的条件を基礎づけてゆき、さらに新しく起る技術手段が、より適合した表現形式を生んでゆくと云う論理の中で、往々に起る、表現手段の過剰が先行したことにほかならないであろう。

もう一つ、全体の構成の中で、私が大変気になったのは、そのエピローグの部分である。松本俊夫は、それを原爆で終らしている。この表現は、『みなさんが、もし、安保条約改定に賛成したら、末はこのような原爆投下という、恐ろしい結果になってしまいますよ、だから、安保条約改定に反対しましょう』と、云っているはず

である。原爆という世紀の恐怖を、一般大衆に再認識させることは、勿論、是非の云々されるべきことではなく、始めからはっきりしていることではあるが、それは、エピローグより前のシークエンスに挿入すべきであり、それをエピローグに持って来たことに、私は大変、アナキーな感じを受けたのである。

これは、又、『吾々がいくらじたばた騒いでも、結局は、こんな風に原爆で終らされてしまうのではないか。だから、じたばたするだけ無駄なことだ』などという、解釈上、全く逆の受け取り方を、ある部分の観客がしはしないか、という懸念のおこる為からも、安保条約改定を阻止し、更に条約そのものをなくすれば、私達の生命、財産は勿論、ゆくゆくはこんな素晴らしい国造りをすることも可能ですよ、と云う意味で、社会主義国家の、明るいたくましい国造りの画面でも挿入することによって、（エピローグ以前には挿入されているが）ラストを飾った方が、安保条約改定反対という、結果は同じであっても、そこに私はよりヒューマンな、作家の物の考え方として、受けとれるのである。

最後に、『総評の中の、沢山の組合員の、一人一人が出し合った貴重な金で、こんな実験をやりやがった』と云う、一部の人の声を、全くの暴論として黙殺してしまえば、それまでの話ではあるが、それよりも、たとえ、それがとんでもない暴論にしろ、そういう考え方を、一部の人にでもい抱かせた作品を作ったということに、作家自身は勿論、吾々をも含めて、今後もおこり得る問題として、大いに反省しなくてはならないであろう。

プロパガンダ映画の真の黎明

長野千秋（演出家・日映科学）

新らしい社会情勢の変化に従って、世の中はますます複雑となり錯綜してきます。

こうした、歴史の流れの中の現実をとらえる為に、私達は新らしい表現方法を生み出していく必要があります。

松本俊夫が、ドキュメンタリーの創作理論を打立てるために、強靱な主体と、方法の確立を目指して模索して来た結果が、この『安保条約』に結晶されています。

松本俊夫はこの映画で、敗戦後十四年の間に、私達の身体の奥深く埋没してきたどうにもならない重苦しい意識を引出して、それを歴史的現実と対決させ、アクチュアルなものに転化させようと意図しています。

その為に対象に対して映画固有のかかわりあいをし、対象から日常的なヴェールをはぎとり複雑な現実に迫ろうとしています。

その為個々のフレミングに、モンタージュに、又コンストラクションに、松本の方法からひき出された独自な試みがなされています

例えば、女を抱えた米兵の写真に、なんともわからない汚水がかけられた時、それは私の心の中に沈潜していた何ものかが、この対象とぶつかりあって、何ともとらえがたいいやったらしさを喚起します。それは私達が終戦直後もたらされた、民族の屈辱の歴史を思いおこさせ、歴史的現実の中で、広く社会的な認識へと広がっていく要素をもっています。又ラストシーンは、原子雲のかたまりが凝結して、戦争という怪物を一点に集約して、不気味ないやらしさを感じさせ、更につづく赤ん坊の泣き声はそれ自体抽象化され創造された鋭い音として、内面に沈潜している危機感を再度ひきずり出すリアリティを持っています。

更にモブシーンは迫力があります。安保に対する現実の闘争の場面で、首切、中小企業ストの悩みから、団結した労働者が立上り、更に朝鮮戦争、平和行進、戦争反対の闘争が安保改定反対のデモへと進行していくシーンでは、労働者と警官のもみ合いが短いカットで次々と重ねられ、人間のつかみあいというよりは、もの自体の運動に変形されています。更に、物のように投げ出される女の死体、こげている老婆の死体からぶすぶす煙が出るカットは、対象を裸形のものとして、意味をはくだつしたものとして、モンタージュされています。だが、個々のカットがエネルギーに満ちていて、能動的なイマージュがぶつかりあって、一方的に観客にせまるので、観客がこれらを受止めて、自己の体験とかかわらせ、将来を指向していくに必要な空間がありません。それは単なる起承転結をシーンの中にもたせるという事ではなく、もっとアクティブな意味での立体的な空間を持ったカットが必要です。つまり、松本がのべているように「単独のカットとしては何の変哲もない描写的な画面であっても、それがその前後のカットないしカット群の中に、相互に全く異質の画面の逆説的な結合としてはめこまれた場合、それらの連続によってゲシュタルトされるイマージュは、描写や説明とは全く無縁の、独得な想像的世界を構成することになる」。このようなモンタージュが生かされていたら、松本の構成した立体的な世界が、観客がいまだに抱いている、現在の政治への幻影をうちくだいて、その意識構造を変革させる力強さを充分持つものと思います。

このような問題は、松本理論そのものが、まだ、観客に対する方法を明確にしていない欠陥をそのまま表わしているように思えます。

そこで思い出すのは、安保条約の仮想敵国とみなされている社会主義国の実状を明らかにしたシーンの中に、望遠鏡をのぞく科学者のカットがありました。そこには、人類の将来を指向するエネルギーが集約されて、何かステロタイプになっている社会主義国のパレードや、文化や科学の紹介が、

このカットで生き生きとしてきます。しかし、この効果は偶然的な面が強いと思いますが、カットの効果を計算したモンタージュによって更に深められるものだと思います。

所で、この映画のコンストラクションは、映画固有のイマージュを持ち、物語性を否定しようとしています。そして、安保条約がアメリカの戦略体制の一環としての軍事協定であり、それは直接戦争の恐怖につながっているという本質を強くうったえています。だが、この安保条約のもたらしたもの、私達の知らない間に、しかも朝鮮戦争のさなかに調印され、その後、日本のあり方を決定的に拘束して基地問題、自衛隊の増強、スト介入、其の他あらゆる国内紛争をまきおこしたそれこそが安保条約がもたらしたものだというつながりがしっくりこないのです。確かに作品の中には、これらの内容が沢山盛込んであります。しかし、物語性の否定が中途半端に終っているので、政治の状況を、重層的構造的に再構成するイマージュに欠けています。プロローグに出てくる吉田の顔を、ネガに反転して否定してみても、彼を代表として調印された安保条約のからくりを、その実体をえぐり、観客の意識を変革するエネルギーに迄は高められていません。

かって吉田が首相をやめた時、「あんな良い人がどうしてやめるのでしょう」という人が沢山いました。その人は、吉田の頑固さが、そのままアメリカに対しても頑固であり、国民の利益も考えてくれる人だと思ったのでしょう。そして、安保条約を結んで、色々国内紛争をひき起す原因を作った張本人とはつゆ思っていません。それは、先にあげた「パンパンを抱いた米兵」のイマージュと比較して、更に奥深いベールにかくされた間接的な、高次の認識の段階であり、この形象化には、作家の更に深められたイマージュが要求されます。その為には後半の釣をしている人々、海水浴の人々等がストップモーションで示されるシーンのような陳腐さや、世界地図に、血みどろの手がつかみかかるショットに示されるような古いアバンギャルド的手法は、完全に払いさられなければならないでしょう。そして、政治の実態を形象化する具体的な方法を更に深めねばならないと思います。

松本も述べているように、「現実の日常性の奥に、本質的な矛盾をみぬき、それを概念としてではなく、明確なイマージュとしてとらえる」事です。

この映画は、色々な欠陥をもちながら、同時に多くの問題を換起しています。

この作品は、既に確定している既知なるものとして、映像にうつしかえるような、今迄の啓蒙映画を否定しています。ここでは、未知なるものを既知にする操作の中で、その実体（既知にされた対象の構造）概念を契機として取上げ、それを作者のイマージュで形象化し、安保条約の本質をとらえ、現実を変革する方法を指向しています。

この作品はまだまだ不充分ではありますが、作家が、政治理念にひきずられていた、プロキノや、記録映画製作協議会の運動をふんまえてつくられたもので、プロパガンダに新らしい意味と質を換起する可能性を持つ作品として、高く評価したいと思います。

無理難題と道化

玉井五一（作家・評論家）

わたしは怠けものだから、記録映画に一応の関心は持ちながら、戦後見た記録映画となるとそれこそ、寒心するくらい寥々たるものである。というより、一回か二回くらいしか会っていないけれど何となく親しい野田真吉さんの作品すら、見るチャンスを失しているくらいだから、あとは押して知るべし、松本俊夫さんの作品も今度見た「安保条約」がはじめてである。

といって、そんな怠けもののわたしですらも、一般の劇映画はワリと見ている。その古い記憶と新しい記憶とは、もはや失われたかに見える生活の古いヒダの中にまでとけこんでいて、思わぬ時と処で、意外なかたちでよみがえってくる。とすれば、それはわたしのみの怠慢というよりも、その一半の理由はつとに指摘されているように、現在の日本の、商業的な映画配給制度の機構そのものにもあるだろう。街のあちこちにある映画館で一般の映画を見るようには、記録映画は見られない。これは何とか打破されなくてはならない、などと今頃わたしがいうまでもないことで、それはあるかもしれないが、現状が今なおそうであれば、今、そうでなくなる時のその「今」まで何回もくりかえし、このことは叫ばれる必要がある。

ところで、戦後記録映画の運動は、本誌一〇月号の特集や、その巻頭言にもみられるように、さまざまなジグザグのコースを描きながらも、進んできていることが知られる。怠けものの芸術家なんて土台あり得ないように、現状はたとえどのような困難があろうと、そのような障害は、持続的な努力によって序々に打ち破られつつあるのであれば、さらにそれを押し進める意味でも、わたしたちは、わたし達の仲間が、困難な製作の条件のなかで取りくんでいる記録映画運動のただなかにまで足をのばすべきであろう。「怠慢な文学というものがあるだろうか」「うごかない精神というものがあるだろうか」というのは石川淳の言葉であるが、そんな怠惰なわたしが、今度「安保条約」を見たのは、感想を依頼されて、見せてもらったからである。

この「安保条約」（二巻）は、周知のように脚本・演出を松本俊夫が担当し、コメンタリイは関根弘が担当している。はじめにもこ

とわったように、松本俊夫の他の作品は残念ながら未見であるとはいえ、雑誌「記録映画」のエネルギッシュな推進力であり、若い創造的な野心に燃える製作者である。詩人関根弘は、これまた若いアヴァンギャルドの遊撃隊長の名に恥じない。そして、このコンビでとりくんだテーマは、日本が現在ぶつかっている、もっともアクチュアルな課題である。この、現在、岸の自民党が強引に敷設しようともくろみつつある「安保条約改定」を、打ち破るか、どうかは、日本の現在と未来を左右する、せっぱづまった課題である。

しかし、松本俊夫と関根弘の共同製作になる「安保条約」二巻を見たわたしは、結論的にいって、この民族としてせっぱづまった情勢に、せっぱづめられている、と見た。その共同製作にともなう切迫した、さまざまな制約や困難な条件についても、偶然出くわした街頭での、関根弘との立ち話しで、言葉すくなに、聞いた。それはそうだったろう、と、それでも、独立プロなどの具体的製作の基盤がどれほどひどいものかジカに皮膚でもって知ることのないわたしではあるが、それでも、こちら側の運動の内幕というやつは、新日本文学会などにいるわたしには多少わかるというものだ。だから、ひとごとではない。どれだけの切迫した日時で、どんなおんぼろスタジオで、どれほどの金とどれほどの人間のチームワークで、どれほどの不眠でこれが、真剣に創られたか。わたしにはそれは決して他人事ではない。

わたしは、日本の古い言葉、「無理難題」という言葉を思い出したりする。しかし、おしなべて、それが如何なるたたかいであれ、「無理」と「難題」をともなわぬたたかいがあったとは考えられない。そして、それが表面的には何の変哲もない日常的テーマを扱っていても、事の本質において、生活のなかの「無理」と「難題」から目をそむけたドキュメンタリストを知らない、というべきだろう。もちろん、松本俊夫と関根弘は、それをさけないでこのアクチュアルな、それゆえ困難な、課題に取り組んだ。前衛的な手法と技術をもところどころに挿入して、「安保条約」の改定が、日本人の運命にとっていかに容易ならぬ、不吉なものであるかを、気味悪いまでにさし示す。それはそれで間違っているとは、決していえないだろう。事の本質は、それ以上のものだ、とさえいえるのだから。しかし、それ故に、たとえば、脚本・演出にも、コメンタリィにも部分的に見られる「世界地図の奥から血みどろの手が正面に向って画面一杯にまで近づき………」といった表現や、「悪魔の爪」式の言葉は、それとして間違いでなくとも、プロレタリア文学以来のステレオ化された安易な叫びを連想させて、もう一歩の強烈な訴えにまで至らぬ古さにともなう危険をともなっている、といえないか。もう一歩踏みこんだところでの、斬新な表現上の発見がなければ、わたしたちの眠っている部分をもう一歩呼び覚ます、静かではあっても鋭い電撃的ショックとはなり得ないのではないか。

外国のマンガで、胸にUSのマークをつけた、完全武装のアメリカ兵が鏡にむかってびっくり仰天している。鏡にはUSがSUに、つまりソビエト・ユニオンとうつっている。それが爪の先まで武装しているので驚ろいているのだが、例のガマの油のセリフと同じだよ、と丸山真男がどこかで語っていたが、どうしたことか、「絵の宿題」でユニークな政治諷刺詩を描いたわが関根弘も、ここではセリフが妙にギゴチない。「無理難題」とのたたかいに一番必要なユーモアが影をひそめているのはどうしたことか。客観的な危機との対決のうえで、こちらがわが「笑い」を殺すとき、状況の危機が心情の危機にまで転化される危機をつねにはらんでいる。しかし、この「安保条約」二巻は、すでにさまざまの弱点をもちつつ、しかも、急務にこたえようとする積極的な、わたしたちの政治と芸術の運動プログラムのうえでの一つの礎石である。笑いのたたかいは、困難なたたかいの整備のなかで一つ一つ積み重ねられ、発明される以外に手はない。

創造と組織の一元化を訴える

大島辰雄（評論家）

この作品をぼくは高く評価する。その理由は次の通りである。

（一）安保条約という日米間の条約は占領体制から「独立」への闇取引における最も暗黒な汚点であったこと、そしてその「改正」はこの黒雲を原子雲と化する戦争への準備であり、おそるべき「破滅への行進」にほかならないこと――こうして日本国民はおろか全人類の絶滅に通ずる暗黒のひろがり、そこへの驀進であるという正しい問題意識から出発し、つくられている。

（二）したがって、そうした危機感が全画面（イマージュとしてのデュープの選択）とそれをつらぬく映画的文法（テーマにもとづく各カットの設定、文脈の統一、それを一貫させるモンタージュ）によって視覚化され、絶えまない緊張と迫力をみなぎらす。つまり、ほとんど全編を通じて、ひとコマひとコマが衝撃的形象として形象づけられている。グラフィックな解説的解明であるよりは、直接のショックを通して感性的に意識のなかに浸透し、眠っている意識をゆさぶりたて、そのまどろみから一挙にめざます直接法であり、そしてそこにこそ映画の効用と映像の役割をみ、光と影の芸術の機能を見出している。

（三）こうした芸術的認識ともいうべきはたらき（精神作用）をどこまで映像化しうるか――その主張と実験性において作家と作品は、あくまでも一体化している。

その積極的ないとなみのたくましさ——それこそは記録映画に本来的な主体性を回復するテコであり、固有の面目にたち帰らせるバネである。仮睡状態から半死半生の瀕死状態に堕落しようとしている今日の記録映画・教育映画一般に活を入れるちからである。ドキュメンタリスト（記録映画作家）の名に価する芸術的自己主張と実作におけるドキュメンタリズム（記録映画精神）の貫徹——その一致点における実験性が同時にこの映画の前衛性なのだ。小刀細工の解説よりはハンマーの打撃のような衝撃的暴露と痛烈な警告の映画詩となっている。漠然たる不安について語るよりは、あからさまな危険を絶叫する。誰の、誰のための誰に対する——誰を敵視し、いかなる国を仮想敵国としての——「安全保障」か、誰と誰との何のための「条約」なのか——これはもはや不安の哲学や文学のテーマとして、それについて語っている筋合いの問題ではない。それは、われわれすべてに、生存と生活のあらゆる面に蔽いかぶさってくる死の灰なのだ！　今すぐはねのけなくてはならない。今ただちに消滅させなくてはならない。これは日本全国を沖縄にする国民的自殺への契約であり、全地表をキノコ雲の下に焦土と化する地獄作戦への第一歩だ。それをあえて誓言し再確認しあおうとする悪魔同志の握手なのだ。だからこそ作者はグラフィックな物語性にたよらず、マヤコフスキー的な詩的発想によって暴露し警告し絶叫する。作品全体にそうした詩的生命を盛りこもうと努力している。今日われわれの生きている、なまのままの不安を表現し、みずから目前の危機を警報するサイレンであろうとするとき、それは当然、激越な口調となり、ほとんど狂乱的なまでの烈しい情熱のほとばしりとなる——この作品における旺盛な実験精神は「安保条約」にたち向う作家主体に由来し、その前衛的手法は「破滅への行進」に力のかぎり抵抗する必死の姿勢から必然的にうまれ、とらえられているのだ。

（四）それは堤防の決潰を指一本で食いとめようとし、そして見事にささえおわせたオランダのあの少年の所業にたとえられるかもしれない。それはヒロイズムの高揚であるよりは絶望的な死闘にも似た極限状況のヒステリックな訴えに近くさえある。だが人々は、いわばその目からうつばりを取り去って、きわめて素朴な瞳をこの映画にふり向ける必要があろう。ベルリン問題を対岸の火事とみ、アイク＝フルシチョフ会談に「緊張緩和」の笑顔のみをみて、ソ連首脳の訪米は「わざわざお茶をのむために出かけたのではない」ことを忘れるような指導者意識は、この映画にとって不要であるどころか大きな邪魔ものである。カミナリ族からファシスト青年団へはほんの一躍身であること、台風という台風を寄せ集めたような真黒なあらしが襲来しようと、ついには人為と政治のありかたによって防ぎとめうるであろうことを見透し

えないような指導者意識で、この映画に接するならば、きっと盲目以上に見あやまるにちがいないのだ。この映画は最も素朴な人々の目に直接的に訴えかけるようにつくられている。そのことを素直に受けとりえない人は、まことにわざわいなるかな！

（五）最も素朴な地点、最も素直な受けとりかた、最も端的な感受性――この作品は作者もろとも、そうした次元に賭けている。映画固有の機能をかまえつつ、作者は自己の課題を芸術的創造のまっただなかでとらえ、あたえられたテーマとあくまでも主体的に取組んでいる。安保条約とそれをめぐる一切の動きに対決し、その現実にいどむ自己を挑戦の渦中に埋没させることなく、自他をはげしく切りむすばせ、そうした主体と客体のきびしいかかわりあいの中に超現実的手法を駆使している。投げつけるような詩的コメンタリーも、ぶつかりあうような前衛音楽も、そのために選ばれ、全体としての複合的構成を志向しているのだ。そこにひとりよがりの前衛主義を感じたり、ほしいままの実験精神をみたりする者は、芸術的良心の何たるかを理解しようとしない者であり、作者の意図と作品の生命を真向から否定することによって、故意に国民大衆の視聴覚をさえぎり遠ざける愚を犯す者といわなくてはなるまい。この映画は誰よりも、先ず僻地の「トラホームで目がしょぼしょぼしているお婆さん」の目を大きく見開かせるであろう。そしてそのお婆さんは、こういうかもしれないのだ――「アンポじょうやくちゅうはこんな空怖ろしいものかや。桑原、くわばら、おらのせがれだけは金輪際、自衛隊にはやるまいて。台風にゃどうやら生きのびたかて、こんど戦争になりゃ、もうどうもできゃせん。ゲンシばくだんではのう……」

さて、この映画は、このように、ほとんど高飛車なまでの「高姿勢」でつくられている。その点では、イギリスの「生れくる者のために」（原題・オールダーマストンへの行進）と特に民族性においていちじるしい相異を示し、また今年度原水爆禁止世界大会の記録「ヒロシマの声」とは本質的に異なる創造精神を主張している。そのいずれが今日最も記録映画の名に価するヒューマン・ドキュメントたりえているかを、ぼくはここで問おうとしているのではない。たいせつなことは、記録映画においてプロパガンダ（「わかりやすさ」を建前とする解説的解明）のみを考えアジテーション（衝撃的・端的な訴えかけ）を無視するような見かたが「安保条約」のような差迫った国民的課題の場合、果して当を得ているかどうか、という点である。そしてまさにこの点においてこそ、ぼくもこの作品に少なからぬ不満をもつ――とくに画面間の緻密な造形的配慮（ダレスの顔とグローブ・マスター機、岸の顔とミサイル、ボタ山と閉鎖された工場、等）にもかかわらず、美術面での拙劣さ（破れるガラス窓の粗悪さ、ふみにじられた民衆を示すパピエ・コレの稚劣さなど）、反共ポスターが出るあたりまでのよどみない見事さに比べ、その後の性急さと一本調子（二つの体制の相異は単に図式化されて対照のするどさを失い、そのために「かれらの合理化」も一面化されてしまい、生産手段の私有を「無機的に」断罪する無政府的機械破壊主義に通じかねない。こうして最後の「超現実的な破滅のイメージ」に至るまで画面もコメンタリーもほとんど叫び通しで、そのためにかえってモンタージュ過剰を感じさせる）、大砲と花火の交錯による辛らつな効果と対蹠的に「東洋平和のためならば」の繰返しの貧弱さなど……つまり、この作品の最も強かるべきキイ・ポイントで裏返しの弱さが露出するのだ。

だが、いずれにせよ、とくにこの映画の場合、ぼくは運動論（組織上の諸問題）が作品評（創作方法の問題）に先行すべきものと考える。そしてこれは決して二元論ではない。創造と組織の問題を運動のなかで一元化することを、この作品はわれわれ活動家すべてに要請しているのだ。この要請にこたえることが目下の急務である。歯車は動いているときにこそかみ合う。静止は死だ。文書宣伝、講演会、研究会等による啓蒙活動とともに「末端」に至るまでの安保条約反対の全運動のなかでこそ、この作品はそのための武器として正しい評価を獲得しうるであろう。そのような運動の主体的再組織（組織者の自己変革、組織体の高次化・大衆化）を通じてこそ、記録映画の創造は無限に可能となり、つねに新たな活動分野をひろげつつ前進しつづけるであろう。

記録映画「安保条約」は総評を「スポンサー」として、その教宣活動の一つとして製作された。このことは勤労大衆組織が斗争の武器として、映画製作にますます積極的に乗出した（その意味では前作に「日本の政治」がある）というよりは、むしろ一般的にマス・コミの「受け手」が創造への参加を通じて、みずから「送り手」となり両者の場を国民的路線で再組織し、変革してゆく運動ととらえるべきであろう。両者の場の統一は現在の機構内でも、すでに可能なのである。もちろんマス・メディア全体の覇権は将来の問題であるが、各種のサークル活動、労働者視聴覚センターの創設等は、その日常活動を通じて勤労大衆こそが国民文化の担い手・創造者であることを確証づけるものでなくてはならない。その一歩一歩が巨人の足どりとならなくてはならない。大衆的鑑賞の向上とはプレイ・ガイドのように動員量を目やすとするものではなく、鑑賞と創造がどこまで直結するかの受け手＝送り手関係にあり、相互媒介によるその質的変革と強化にほかならない。マス・コミの問題は産業合理化とひとしく、生産手段が誰の手に握られているか、誰が誰のために何を何の目的で生産するかにある。労働者が疎外状況の中で自己変革してゆく歴史的条件は、同時にまた勤労大衆がマス・メディアの効用を主体的に把握し、それを自分たちの武器として改造し創造してゆくことをうながす。およそこのような視野に立つとき、この作品の意義も役割もいっそうあきらかにされ、ますます重大なものとなってくるのである。

高みからの一方交通■河野哲二

（演出家・日経映画）

映画「安保条約」をみました。私は、松本俊夫氏の作品をこれ以外にはみていないので、氏の作家活動の中で、この作品がどういう位置を占めているのかわかりません。そこで、もっぱら、この映画を企画した総評が、この映画を利用する時のことを考えにおきながらこの作品についての感想をのべることにします。

＊

今回の安保条約の改定は、日本の将来にとって重大な問題をもっているにもかかわらず、一般国民のこれに対する関心は、わりあいとうすいのではないかと思われます。というのは、改定の意味するものが何か、たいへんわかりにくいからです。総評などの労働組合のほとんどが、改定反対運動をすすめていますが、組合員や家族に対して、反対運動の意義を滲透させていくのは、他の問題にくらべてはるかに困難だときいています。そうした理由だけでこの映画が企画されたのではないでしょうが、そこにねらいの一つがあったことはまちがいないと思われます。

＊

まず、この点からこの映画をみていきますと、この作品では、政府の意図している安保改定がどんなものかわかりません。松本氏はこの作品を安保改定の早わかり映画にする意図はおそらくなかったでしょう。しかし、企画の目的からいえば、てってい的に、わかりやすい解説映画にした方が、はるかに利用価値があり役立ったのではないでしょうか。この点で、この映画は損をしていると思います。

＊

安保改定がわかりにくいからといって、その解明を映画に求める必要はない、映画は万能ではないのだから、という意見の人もあると思います。おそらく、松本氏もそうした考えをもって、解説映画にすることをさけたのでしょう。

では、松本氏は、この作品で何を訴えようとしているのか。それは、ラストシーンに原爆の破裂をみせたことに象徴されているとおり、安保改定は戦争への道で、日本人の破滅につながるものであり改定反対は戦争拒否につながるものであることを訴えようとしていると思われます。このことが、わかりやすく、感動的に描かれているならば、この作品で、必ずしも安保改定の解説をする必要はないでしょうし、私もそう思います。

しかし、この点でも、この作品はたいへんわかりにくいようです。解説文（関根弘氏の担当）でも、画面の構成でも、常に戦争悪と対決しているようすがみられますが、安保改定が戦争への道（破滅への道）であり、たいへんなことなのだ、という実感がつたわってこないのはどうしたわけでしょう。私には、この実感がわからない理由を、はっきりと解明してみせるだけの能力はありませんが、感じからものをいうことを許してもらうならば、演出のテクニックが大いにじゃまをしていると思われます。私は、演出のテクニックがすべて無用だといっているのではありません。この作品の場合、次々とめずらしいテクニック（実はめずらしくないという意見もたくさんあります）がでてきて、しかも、そこにあらわれる画面は、次々と時間や空間を飛躍してめまぐるしく変化していき、個々の画面がショッキングなはげしい現象をもっており、そのために、ショット、ショットのこまぎれの映像に、みる人の感覚も知覚もうちのめされて、作者の意図するものを理解するよりもさきに、生理状態は嫌悪感（この字句では、少しいいすぎていると思いますが、適当な言葉がないので、感じをくみとってほしいのですが）をおぼえるのです。従って、松本氏の怒りや叫びにみる人はついていけないのです。怒りも叫びも、みる人の周囲をうずまいているだけで、みる人の体の中にはとびこんできませんし、怒りや叫びがみる人の内的衝動となって、作品に共感をおぼえる状態にならないのです。例えば、アメリカ兵がパンパンを抱いている写真が出て、墨汁がかけられます。その時、写真の内容と泥水のような墨汁の流れと、両方をふくめてのきたならしさに、「やりやがったな、何てきたならしい」と感じても、墨汁をかけたという行為が、アメリカ兵やパンパンを抹殺していく、ひいては安保改定を抹殺していく行為とはうけとれないし、墨汁をかける行為に共感がわかないし、拍手をおくる気にもなれません。それはあくまでもみる人の外でおこなわれた行為であります。その他の場面でも、戦争や砲撃や原子雲にしても、同じことがいえると思います。

ですから知性で理解して、安保改定はたいへんだと思ったり、感情をゆり動かされてたいへんだと思うより先に、生理的にいやな感じや重苦しい感じをうけてしまうのです。これは私のような、いわば、現実のはげしさに弱い人間だけがうけるなさけない状態かもしれません。生活力にあふれた大衆は、もっと健康な状態でこの作品をうけいれるかもしれません。が、こうした感じをあたえる面がこの作品にあることは、たいへん損をしていることではないでしょうか。

＊

こうしたことをかき並べると、この映画はたいへんつまらない作品と思う人がいるかもしれませんが、必ずしもそうとのみはいえないのです。労働組合で企画した映画は、今迄にたくさんありました。それらの作品は、斗争や集会などの大衆行動の中で、作家精神を失ったり、失いかけたりしてつくられたものが多く、類型的でした。この作品は、はっきりと松本俊夫氏の個性をうちだしている点は重大です。作家がこの作品には

いるのです。

＊

しかしながら、松本氏は、大衆のもっているエネルギーをしっかりつかんで、それをこの作品の中にぶちこんでいくという方法をとらないで、できた作品から結果的ないい方をするならば、彼の頭の中に蓄積されている知識をもとにして、それをなまのままで安易に構成してしまい、その安易さからくる弱点を、演出のテクニックでおおいきれると考えていたのではないかと思われるのです。その結果が、才走ったわりあいになっとく性も感動性もうすい作品となってあらわれたのではないかというのが、私の感じなのです。

＊

もう一つ、私がみる立場にたっての感じをつけ加えさせてもらうならば、この作品は、みる人と同じところに立ってつくられたのではなくて、一段上の方でつくられた感じがするのです。知識のある人が、知識のない人に知識をわかち与える場合でも、一段上から与えるのと、同じところに立って与えるのとでは、うけとる人の感じは違ってくると思いますが、この作品は一段上から与えているようです。そのためでしょう。たいへん冷たい、親しみのわかない作品です。人間は初対面でも肌の暖さをお互いに感じあうことがありますが、この作品とみる人との間には、こうした親しみは通じあわないで、ただ上からの一方交通のようです。この映画を大衆運動に使う場合、この点はつかいにくい要素になります。

＊

この作品の研究会のとき、ある批評家（柾木恭介氏だったと思います）が、「アバンギャルドの方法に徹しなかったから中途はんぱでいけないんだ」といったように記憶しています。この種の映画に、アバンギャルドの方法が有効であるかないかは、私にはにわかに論じられませんが、この作品にあらわれた限りの方法ならば、成功したとはいえないでしょう。むしろ、もっと素朴であっていいし、素朴であることによって、もっとみる人々のふところにとびこめるような作品が生れたのではないかとさえ思われます。

＊

最後に、この映画の製作条件について一言いうならば、約一ケ月の製作日数といい、16ミリ白黒とはいえ、二巻ものの製作費に70万円の費用では、むりな条件といわなければなりません。このことは将来、企画者側でもぜひ改めてほしいことですが、記録映画製作協議会当時の製作条件にくらべれば、はるかにめぐまれていることを無視することはできません。これは、労働組合が計画的に、集中的に映画を利用する体制や組織をととのえてきた証拠です。そうした組合側の運動の発展の中で、よい映画をつくるための製作条件が生れてくることを願うものです。運動の発展のないところで、製作条件だけを拡大しても、すぐ壁につきあたってしまうからです。非劇場上映に多くをたよっている記録映画運動にとって、このことは重要なことだと思うからです。

作家の政治意識について

朝倉摂（画家）

世界の人類の破滅を思わす原爆のキノコ雲の無気味なかたまりの中から、赤ん坊の鋭く裂けるような泣き声が、われんばかりのさけび声となって、この映画は終る。

見終って「安保条約が改定されたら、おそろしいことになる」とこの映画はまっこうからどなっていることを感じる。

この映画についてはさまざまな批評をきくが、その一つとして難解で大衆にわかりにくいという事をきくたびに不思議な感じがする。それはけっしてむずかしいものではなく、きわめて単純でわかりやすいと思うからである。

たとえば、この映画を作った演出家の製作当初の意識としては、おそらくアジ映画的要素に重点をおいてつくられたもので、けっして安保条約の改定をめぐる解説映画として作られたものではないと思うからである。

だから、この映画を見て、「安保とはこのようにおそろしいもので、どうしても国民の一人一人が、この問題を大きくとりあげなければならない。そして、この安保について、深く知らなければならない」と感じる事が大切である。そのような意識をこの映画でかきたてられると、さらに安保改定の内容についてくわしく書いたパンフレットや、講演会をひらいて、このおそろしい事態についての、内発的エネルギーを各自が認識するように意図して作られたものだと思う。

この映画一つで安保改定が今日大きな問題になっている交錯した諸内容を、一日でわかるように思って期待する方が無理な事ではないだろうか。又この映画に対して、常識的でない、新しい表現方法であるためにわかりにくいという表現形式との問題については、制約ある時間内で複雑な問題と取組む場合どうしても映画という機能の中では当然抽象化が必要であるが、それがこの作品では多少羅列的になっているように思われる。だからとくべつにこの作品が新しい手法を提起しているとも私には思われないのである。

演出家の作画以前の内容の熟しかたがなまにえのために、わからないという問題が表現に出てくるので、形象化が内容と手法との密着したものであれば、もっと単的にわかるのではないかと思う。

その一つに表現形式の問題として、たとえばショット、ショットのモンタージュ手法にしても、急速な画面全体のテンポにしても、電子音を使ってあるという事も、もはや今日の映画手法としてはすでに使い古されたものである。

わからないということや不親切だという声よりむしろ私が気にな

る点は、この映画の演出家が意図した安保条約における政治的意識の屈折が、製作以前の内部的葛藤において、どれだけ把握されたかという事である。

政治的把握の弱さという点で、もっとも私が気になるのは、この映画を構成している流れの中にある、三つのポイントについてである。

まず映画は戦争のやけあと、吉田茂の顔が画面一パイのところからネガに反転するところからはじまる。

1のポイントとして反共・安保改定支持のポスターが何枚もあらわれては消えると、ソ連や、中国等の社会主義国家諸国の生活や、労働、紡績女工や集団農場、オートメーションと働く者が主人公になった国の紹介がなされる。

2のポイントはアイゼンハワーとダレスがドアをあけて入ってくる、三度のダブリと世界地図からの鬼のような血みどろの手が画面の正面に大きくうかびあがる。

3のポイントは、のんびりと釣りをする人々、太陽の下で海水浴をする人々、通勤の人々、畑を耕す農夫、ここらのカットは国民の無気力や無関心のあらわれとしての形象化である。やがてそれらの人々のストップモーション――。

この私があげた三つの画面はこの映画の重要なポイントになっていると私は思う。

この三つの中で、2のアイゼンハワーとダレスのダブリはこの場合演出家の意図と表現が画面に美事に定着していると思うが、他の二つの場合、たとえば1であげた資本家がいなければ戦争はない、というソ連や中国の出し方は、再軍備の兵隊をやしなうためのわれわれの生活の貧しさや、核武装するためのそれら戦争を起す悪魔達を表現した、その前の画面構成に比して、まったく安易な設定であるようだ。この場合のソ連や中国を取上げるにしても、別な形であるが、たとえばわれわれの身近なところにテーゼをみいだす事も可能であったであろう。

それは、3の場合も無関心、無気力を表現するために、何故釣りをする人や、畑を耕す農婦が出てこなければならないか、無関心や無気力の形象化としては、きわめて適切でないし、無意味な画面の羅列に終っている。

無関心、無気力、利己心等の表現としては、綜合的な心理のイメージが立体的に構成されることが必要である。

以上であるが、この作品を製作するにあたって、演出家が国際緊張緩和の問題を安保改定とからみあわせて考えて作られていたら、この映画はもっと明確に今日の問題として、われわれにうったえる感銘が深かった事であろう。

映画運動の曲り角

吉見 泰
（脚本家・東京シネマ）

（一）

映画「安保条約」を、解説的な映画にするか、今回の作品がねらっているような感覚的なものにするか、それは作家の自由であり、また個性的なものだ。どっちを選ぶにしても、当面する政治的社会的な情勢の分析と判断を正確にしなければならないし、今回もそれはやられていた筈だと思う。

この作品が完成して短時日の間に、百本を越えるプリントが出て以来、鳴りが静まったかどうか知らないが、完成の直後。それだけの反響がまだ起らなかった頃には、どうなることかと思うような批判が組合やサークルの活動家などの間で百出していた。

曰く、よく分らない。

曰く、使いものにならない。

曰く、自分には分るが、大衆には分るまい。

曰く、大衆に分らせる自信が持てない。

曰く、貴重な大衆の金を使って、作家個人の好き勝手な実験（こころみ）をやるなどけしからん。

曰く、安保条約乃至安保問題についての解説版がほしかったのに、これは意表をつかれた。期待はずれだ。

見事な百家争鳴――しかし惜しらむくは無原則。これでは当面する中心課題をめぐる斗いの渦が、中心への求心力を失って、空中分解してしまう。

こうしたもろもろの意見の背後には、二つの偏見があるようにうかがえる。一つは、映画は政治の代行物、あるいは映画を政治の代行物にするという思想。これは、政治優先という言葉を、政治の側で、我田引水に直訳、う呑みにした思想で、ひょっとすると、「芝居はかわら乞食のなす業」という古い封建思想のかげがさしているかも知れない。政治は本命であり、貴いもの、芸術はしたがってその従者という、政治活動中心の聖職意識がなければ幸いだが、自分たちの政治活動がうまく行かないから、映画を動員して、全面的に新局面をきりひらこうという考えがあったとすると、これは問題だと思う。政治は政治の斗い方があるように、芸術は芸術の斗い方がある。芸術を政治の田に強引にひきずりこむのではなく、当面する共通の政治目標に対して、両者の弁証法的な統一について理解し行動することが、いま要請されている。

偏見のもう一つは、活動家幹部が、そのエリート意識で、大衆と作品との間の濾過器になっているのではないかということだ。自分には分るが大衆には分るまいというほど、今回の作品が高まい、難解な哲学的所産だっただろうか。かりにもし、そうであったとしても、活動家というものは、大学の象牙の塔の門をひらくかすがいの努力を課せられているはずである。

いずれにしても、二つの偏見があるのではないかと疑う根拠は、

百出した意見の中に、ああいう作品をもたらした芸術の側の情勢分析についての疑問という形での批判が無いところにある。そうした本質論なしに、ただ使い手として使いにくいという点だけがいろいろな言葉で、言われたにすぎないところから、偏見うんぬんという私の考えが刺戟されたのである。

よく分らない（分らない訳はないと思うのだが）と言い、使う自信がないと言う前に、どう使うかという論議が何故おこらなかったのか。映画が斗う武器として具体的に登場し、そういうものとして認識されて来ているのである。その武器をもっと精鋭なものとして運用し、仕立てあげる責任は政治の側にもあるのだ。

（二）

芸術が政治の代行物でなければないほど、芸術の側の責任はまた一方では大きいと考えなければならない。

映画「安保条約」の今日的意義に、疑いをさしはさむ余地はない。しかも作家の意図の積極性にも強くうたれる。今日の安保体制の築きあげに対する作家の抵抗の姿勢の強烈さをも、全篇をつらぬいて感じとることができる。表現の発想を、ただ安保条約の解説という形でとらえるよりも、戦争（勢力）と平和（勢力）の対置の中に感覚的にとらえようとしたのは、作家松本の個性なり傾向なりというものから言って、一番自由な自己主張の道であったのだろう。そしてそれだけに、彼の自己主張のエネルギーは全篇を通じて奔流している。作家の姿勢の強烈さを感じるのもそのためだろう。

しかしそれだけの説得力が作品にない。それは作家の中に不統一があって、それが表現形式の上にも反映しているからだろう。

作家が試みようとした方向については、私は問題にしない。価値のない試みはあり得ないし、今回の作品の試みの強烈さは、それだけの新たな価値をもっている。

ただ、その方向を何故一貫してつらぬくことができなかったのか。

彼の根底には、固定的な一つの図式があった。社会主義（平和）対資本主義乃至帝国主義（好戦）、戦争勢力対労働者勢力。——しかもこの定式は、一貫して感覚的に再編成されたのではなく（最初の発想の方向に反して）、ワンショット、ワンショットの画面が持つ複雑な日常的な意味も整理しきれずに、そのまま投げ出された。もちろん、定式が根底にある以上、その定式によって画面の意味を割切ろうとする努力は悲壮なまでに行われていた。けれども、一つ一つの画面の持つ意味とその表現力には、おのずから一定の限界があり、その限界を越えてまで、割切った意味づけができるものではないのだ。

紙面が足りないので、ただ一例をあげるにとどめるが、たとえば、国際的な青婦人の平和友好祭のシーンに、戦争を起そうとするものは地球の外へ出て失せろ！という意味の絶叫があるが、そのシーンの画面はもちろん、そこに至るまでの文脈——構成上の発展は、そうした強烈な言葉に堪えるものではないので、言葉だけが空転するのだ。そうしたいわば独善的なコメントが全篇をおおうのは計算のなさも甚だしい。

感覚的な訴えという方向を一貫してつらぬくためには、一つ一つの画面の持つ日常的な複雑な意味を分解し、整理し、最も単純、簡潔な意味だけで、感覚的に再編成するところにこそ基本があるはずなのに、画面では語りきれていない意味内容までを、新たに付加、添加して、短かい尺数の作品の中に、これ以上はつまるまいと思えるばかりの複雑多岐な要素をつめこんでしまった、作家の中の不統一はどこから来ているのか。

作品の中の要素を思いきり複雑にしているかと思うと、カットはすべて算術的に平均した短かさで連続するのだ。

作家の怒りそのものの混乱なのだろうか。短かい時間に、言いたい放題、怒りの全部をブチマケたからと言って、効果のあがるものでもあるまい。

「悪法」などから、感覚的な手法で抜け出ようとした意図にも拘らず、かえって、感覚的な混乱が残った。感覚的な積み重ね（発展）、理解の積み重ね（発展）が作品にない。観客にとっては、どこまで行っても、ファーストシーンの連続なのだ。（安保をめぐる諸批判の混乱は、恐らくその辺にも根ざしていたと思われる。）しかも作品自身のいわば、ぬけ出しようのない昴奮のるつぼ。

作家はそれが狙いだったと言うだろうか。

問題はしかし、それによって観客が、自ら昴奮のるつぼを醸成するかどうかだ。それに、観客の内部を触発するのに、観客の胸の扉を正面からうちたたいて刺戟し、ひらかそうとする方法だけで成功するのだろうか。観客の側の共通体験にもっと根ざすことを考える必要があるのではないか。

（三）

否定的であれ、肯定的であれ、大衆的な反響の現われだけで、作り手は左右されるべきものではない。まして肯定的な意見は、作り手の味方、否定的意見は、作り手の敵ではない。いずれにしても、反響の本質——なぜそのような反響が起きたかを、作り手は見きわめねばならない。映画運動の発展を目ざす作家（芸術）の側の責任の要はここにある。

作家の新しい試みは、この要を基点にして行われねばならないと思う。それは政治の側にとっても、全く同じことなのだ。

映画「安保」をめぐる諸批判も、この点でうけとめることをしなければ、映画運動は一つの危機を迎えるだろう。

九月一日に完成した映画「安保条約」に対し、教育映画作家協会では総力をあげてとりくんだ。具体的には脚本演出は松本俊夫氏が担当したが、脚本になる前のシノプシスは、**羽田澄子**、**岩堀喜久男**、**厚木たか**、**京極高英**、それに協会外の**大島辰雄**の諸氏が提出され、連日の討論の中から松本氏の作品が生まれたものである。他に**丹生正氏**の熱心な批判もよせられた。

生活の中の危機意識

「生まれくる者のために」評

苗田康夫
（演出家・日映新社）

昨年の四月、ロンドン市民たちによる原水爆反対の行進が、ロンドンのトラファルガー広場を振り出しに、西方八十キロにあるオールダーマストンの核兵器研究所を目指して行われた。この映画は、行進の初めから終りまで、四日間に亘って記録したもので、製作は核非武装運動映画・テレビ委員会。監督は「木曜日の子供」をつくったリンゼイ・アンダーソン（一九二三年生れ）である。

最初に、ロジャー・ローリンソンという一人の男が、考えついて「水爆反対」のプラカードを胸に、唯一人でコジキの様に歩きつづけた。初めのうちはバカ扱いされ、ののしられたが、それでも歩きまわったそうだ。次第に共鳴者が現われ味方は数百になったという。

行進の出発点であるトラファルガー広場には、手に手にプラカードを持った群集がひしめいた。実に素朴な短いスピーチが出る。彼らは広島、長崎のために黙禱を捧げ、それから行進が始まる。行進の合間合間に、カメラは様々な人たちをとらえ、マイクをむける。ブラスバンドの若いクラリネット吹きは「僕らはいい音楽がすきだから。水爆が爆発すれば音楽どころではなくなるからね」と語る。ある老人は「水爆は世界を滅亡させる。私は孫たちに私と同じように人生を楽しませたいと思って、この行進に参加した」という。

二日目は朝から冷たい雨が降っていた。行進はつづけられた。「水爆が道徳に反するものだってことを解らせたいのよ。考えてるだけじゃ何にもならないでしょう。手足が冷えきっても解ってもらえばいいの」レインコートのエリを立てて寒むそうに語る女子学生。

「子供たちのために、核兵器をなくしたいと思って夫と一緒に行進に加った」という若い母。

参加者たちの理由は夫々まちまちだが、自分の立場で、生活の中で考えたのだと言うことが、素朴で素直な言葉と表情の中に感じられ、胸をうつ。このような様々な参加者たちが、途中、何の波乱もなく秩序正しく行進をつづける。個人主義に徹底しながら団体行動の秩序を守る英国の国民性がこの行進の中にも表われている。

夜には、メソジスト教会や、クエーカー教徒が提供してくれた集会所に泊る。人々は床の上に思い思いの物を敷いて、まるで避難民のような惨めな姿でゴロ寝をするのだが、ピアノを弾いてダンスをしたりする若い男女の一群や、一方、まゆをひそめる老人たちや、静かに読書をたのしむ人々などもいる。また行進の合間合間で、新聞をよみ、サンドイッチをほほばる家族たち、恋人と語らいながら煙草を吸う娘、靴をぬいで疲れた足の手入れをする人々など様々な生活がとられている。彼らは決して特別な政治運動家ではなくて、平凡な楽しみを愛する市民であることを特に強調しているようだ。

だが反対者もいる。第一日目、ハイド・パークで聖書を手に反対の祈禱を捧げる牧師の一団や、三日目、復活祭の日、レディングで、反対のために鐘を鳴らしつづける教会などがある。英国の教会は、原水爆のような人類の不幸についても、やはり国家の方針を支持することに頑迷らしい。

行進中、流行歌の替え歌が唄われるが、その文句はすばらしく、痛烈である。要約すると「平和に暮らせる筈なのに、禁止すれば出来るのに、政治家たちは何もしない。それは、政治家だけの罪ではない。お前が黙っているからだ。政治家たちを威張らせて、何もしないでテレビを見ている。禁止させれば出来るのに、出来ることをしない市民の罪だ」

行進の参加者は次第にふえて、六千人にもなったという。四日目、目的地のオールダーマストンの核兵器研究所につく。ここには広島、長崎に落されたものの千倍もの破壊力のある水爆がつくられ、貯蔵されている。

映画はここが大詰であるが、別にこれといった興奮をしめさない。研究所の閉された正門前に、大群衆が集まっているだけである。解説は言う「演説も行われた」……「だが人々は考えた」

カメラは冷静に、考える人たちの顔を、次々ととらえてゆく。広島や長崎の惨状が写真で挿入される。人々は、原水爆の恐怖を思い起す「だが政治家たちは、中世紀さながらに円卓を囲んで会議のルールをもてあそんでいるだけだ」と言う。

この記録映画は、破乱もなければ、いわゆるヤマ場もない。唯「静かなる行進」がつづくだけであるが、映画は行進そのものよりも、合間に語られる参加者たちの声や、思い思いに休憩を楽しむ人たちの姿を印象的に描き出している。その人たちの地味だけど、生活を愛する心と静かなる情熱が見るものの心をとらえる。行進の合間、ダンスに興じている彼らや、芝生にころがって恋を語っている彼らの姿を見せられると、原水爆の恐怖という危機感が、おいかぶさってくる様な気がしてしまう。平和というものはかけがいのないものだと、つくづく思う。そしてこの問題がすべての人の問題であり、生活を愛するものの連帯感の上につよく支えられた反対運動であることを強く感じさせる。この点、記録映画としても、素晴らしく成功した力のある作品である。

解説もまた、いたずらに興奮することなく素直な言葉で終始語られて、一つ、一つが偏見なしに納得させられる。そして最後に「政治家たちは我々の主人ではない。公僕なのだ。政治家たちが何にもしないから、われわれは問題を提起するのだ。政治家たちは、われわれに答える義務がある」という力強い言葉で映画は終っている。

原水爆禁止世界大会を敵視し、ひそかに核武装をたくらんでいる日本の政治家たちはこの様な民衆の声に、公僕として何と答えうるだろうか。（東和映画提供作品）

予断と偏見

佐野検事の論告に対し東映児童劇を弁護する

栗山富郎
（プロデューサー・東映）

理論ばやりである。

新宿の酒場などでもよく若い記録映画作家たちが、口角泡をとばして論じ合っている。＜解体＞とか＜疎外＞とか、或いは＜主体＞＜客体＞と、解剖学の本にでも出てきそうな言葉がやたらと乱れ飛ぶ。女の子は半ば尊敬したような、半ば退屈したような顔をしながらそれを聞いている。バーテンは「＜不在＞なのはおメエさんたちのお脳じゃないのかよォ」といいたげな顔つきでシェーカーをふっている。

八木仁平氏流に表現すると、そんなところに行会ったときのぼくは＜哀＞である。理論に弱いというコンプレックスもさることながら、いままで自分なりに努力してきたつもりの仕事の数々も、この日本の＜ヌーヴェル・ヴァーグ＞の理論家たちにとっては、一顧だにも値いしない代物としてしか評価されないであろうと思うと＜哀＞である。

ぼくらは作家ではないから、個々の作品の全てに自分の個性を貫ぬくことは出来ないにしても、担当した作品を縦にして眺めた場合、そこには当然ぼくらの主張がうちだされるべきだと考えている。だから「東映の児童劇映画は……」などと、十把ひとからげにして鼻の先で軽くあしらわれたときほどこたえることはない。とくにその評が当を得ていたときは、正に背骨をへし折られたような思いだ。

しかし、このような十把ひとからげ論は多分に観念的であり、否定のための否定でしかなく「東映」だからという偏見に基づいている場合すら多い。佐野美津男氏の「東映児童劇映画について」（本誌九月号所載）もその例にもれない。

佐野氏の文章に接したとき、これまた八木式表現を用いると＜驚＞であった。＜驚＞も＜驚＞、＜驚々々＞であった。その論旨の進め方が多分に松川裁判に於ける検事の論告に似通っていたからである。それは明らかに偏見の上に立ち、臆測に臆測を重ねて強引に結論を生み出していたからだ。ぼくは佐野氏の東映の児童劇映画に対する評価を必らずしも全面的に否定しようとは思わない。その作品評についても、部分的には認めざるを得ない。しかし、その強引な結論の引出し方だけはどうしても承服することができない。いささか政治裁判のにおいすらする。佐野氏はもっぱら知人の岩佐氏寿氏の作品を通して全体をおし測っており、本来ならば岩佐氏がうけて立つべきところだろうが、しかし待てよ。彼だと佐野検事とのつながりからいって赤間被告になる虞れがある。これはどうしても極刑を求刑された形のわれわれの側から発言する必要がある。馴れない法廷に立った被告のたどたどしい陳述にしばし耳を藉して貰いたい

佐野検事の偏見のひとつは「東映資本」だから、という牢固たる予断を抱いておられることだ。その証拠には「東映は許さない」とか「東映はそのままでは売らない」とかいう独断的な文章が随所にでてくる。そして、だから大甘のメロドラマしか生れないのだ、と結論する。これは正しくない。アカ→陰謀→暴力という恐るべき三段論法と全く同じだ。尤も、佐野氏が言おうとすることが解らぬでもない。それは恐らく「資本」の意志（つまり利潤追求）によって生まれる商品だから、必然的に内容は制約され、安易な客うけのする作品しかできない、という訳だろう。正にその通り、映画もまた「商品」である。しかし、ここで早合点していけないことは、このことはひとり東映作品だけに背負わされた宿命ではない、ということだ。机一つしかないプロダクションの作品であろうと、それが再生産を持続させるためには、つまり製作コストを回収し、幾何かの利潤をあげなければならないとすれば、（売れても売れなくてもかまわない、という特攻作品は別として）それは全く同じ商品としての性格をもつ。そして製作者の作品に託したそれぞれの意識や願望とは全然無関係に、資本主義的な流通過程の中で、「商品」としての価値づけが行われる。勿論、大企業と小企業との相対的な対立関係は認めない訳にはいくまい。しかし、両者を感傷的に二つの異質の対立物として理解し、利潤追求のために俗悪作品を濫造する大資本、貧弱な経営状態の中で良心的な作品を製作する独立プロ、といった善玉悪玉式の一種の悲壮感を伴った考え方は、気分的には共感を呼ぶことができても、現実認識の点で大変な錯誤があると言わざるを得ない。

資本主義社会の複雑な経済的構造の反映が映画にどのような作用を及ぼすか、その実態を充分に把握できなければ、映画における芸術性と商品性との断層にせまることは難しいし「東映作品」という名の下に見もしない作品まで不良品のレッテルを貼りつけるような乱暴極まる結果をよぶこととなる。

次に指摘したいのはドキュメンタリイの押売りだ。メロドラマを排斥し、記録性を重要視するその主張は解るが、なにもかも記録的な手法を使わなければいけないような態度はちょっと解しかねる。例えばこんな意味の個処がある。

岩佐氏寿の「なかよし港」は観ていないが彼は計算高い画面をつくる作家である（だから大体どんなものか予想できる）。ところで「春を呼ぶ子ら」で佐野氏を感動させた新鋭松本俊夫がこの演出を担当したらどうなるか、次のようなことになるというのだ。

「松本俊夫が軍港佐世保で仕事をしたとする。子どもたちが演

技する、その手前、つまりカメラのすぐ前を自衛隊員の首や米兵の背中が通り過ぎる。そういう映画が出来上る。これを東映がそのままにして売り出すだろうか。出すまい………。」

　佐野氏は「春を呼ぶ子ら」で、「カメラの前を遠慮なく人が通るために時々は群衆が見えなくなる。職業俳優を使うロケでは完全にじゃま者払いされているから、あんなふうにカメラの前を背中や手がよぎるなどということは絶対にあり得ない。そしてそれ故に白々しい」と感心しているから、これは単なるヒユではなさそうだ。意識しない兵隊の首や背中がキャメラの前を通り過ぎることによって「軍港」佐世保を描こうというつもりらしい。さかんに軍港々々といっているところをみると、植民地日本の様相をそこに見出したいらしい底意が感じられる。そうだとしたらこれは余りにも単純すぎる。岩佐氏寿といえども記録映画作家だ。兵隊の首や背中にキャメラを向けるぐらいのことは知っているし、仮に植民地日本の縮図をそこに描写しなければならないとしても、そのような幼稚な表現に頼ることはないだろう。いまの日本のあらゆる事象の中に植民地的な様相はひそんでいるのだから——しからば「軍港」佐世保をわざわざ舞台にする必要はないじゃないか、ということになる。実は岩佐作品「なかよし港」の問題点はそこにあるとぼくは思うのだ。紙数がないし、ぼくの企画作品でもないから作品評は避ける。佐野氏はこの作品を観ていないのだから論議の外だが、もし彼が作品を観た上でこういった点での指摘がなされたとしたら、佐野氏の十把ひとからげ論も、恐らく、もうすこしは傾聴に値いしたのではないかと惜しまれる。

　このように、内容との関連なしに単に表現方法だけにこだわっているところにこの論評の虚しさがある。佐野氏は東映の児童劇映画の中での雨のあつかいの「甘さ」を指摘する。そして「春を呼ぶ子ら」で松本俊夫が長々と降らした雨を、これは新しい映像の勝利だと感激し、この長雨を軍港佐世保で降らせても東映は「許さないだろう」と独り合点している。「春を呼ぶ子ら」でナニかを象徴し得たとしても、それを佐世保で降らせたところで果して「なかよし港」のナニかを表現し得るか否か。内容を適確に表現しないような長ったらしい雨は、おそらく「東映は許さないだろう」。雨論議はまだ続く。「若き日の豊田佐吉」でも雨が降る。佐吉の研究室のボロ小屋の屋根に父親がのぼり、雨もりを直す場面がある。佐野氏はここでてっきり父親が足をすべらせて落ちると思ったらしい。しかし佐野氏の期待は裏切られて、「雨は父親と息子の仲たがいを直す動機となったにすぎない。従ってその雨は甘い。」ということになる。ところで佐野氏の期待通りに事が運んで、父親が足をすべらせ、その物音に驚いて佐吉が飛び出してきたとする。そのあとは一体どういうことになるというのか。ドラマチックな余りにドラマチックな！　ここらあたりで佐野氏の謳歌するドキュメンタリイ精神も、その正体がいささか怪しくなってくる。

　佐野検事の論告は物的証拠不充分のまま、いよいよ求刑の段階に入る。

「メロドラマを否定することは、教育的でないと思いこんでいる製作者が教育映画部には多いのだろうか。だからメロを追求するなどという改良主義的な考え方で仕事を進めて行かなければならぬというわけだろうか。ほんとうにそうだろうか。＜なかよし港＞は見なかったけれど、東映児童劇映画における記録の実態はほぼ明らかとなった。それは共通してメロドラマのための舞台装置、または背景でしかないということだ。……」

　メロドラマを理論の上で否定することはたやすい。しかし、われわれは佐野氏と違って文章で否定してノホホンとかまえている訳にもいかない。それが具体的に作品の上で止揚されなければならないとすれば、実際のところ大変に難かしい。その困難な諸条件とのぶつかりの中で日々の仕事を続けていればこそ、安易な批評に対してはムキにもなろうというもの。そしてここに是非附言しなければならないことは、その困難な第一の要因が残念ながら佐野氏が強調するように「東映が許さない」からではなくて、実に佐野氏を含めた児童劇映画の作家の貧困にあるということだ。

　幸いなことに、佐野氏がいま岩佐氏と共同執筆されている。「下町漂流記」はぼくの企画作品である。この作品の中で佐野氏の主張と岩佐氏のメロ改良論（これについては当然、岩佐氏から一言あると思うが——）がどのような形で具象化されるものか、たのしみである。それによってぼくの現実への妥協的な態度が幾分でも匡正されることになると思うと、全くもって＜喜＞である。

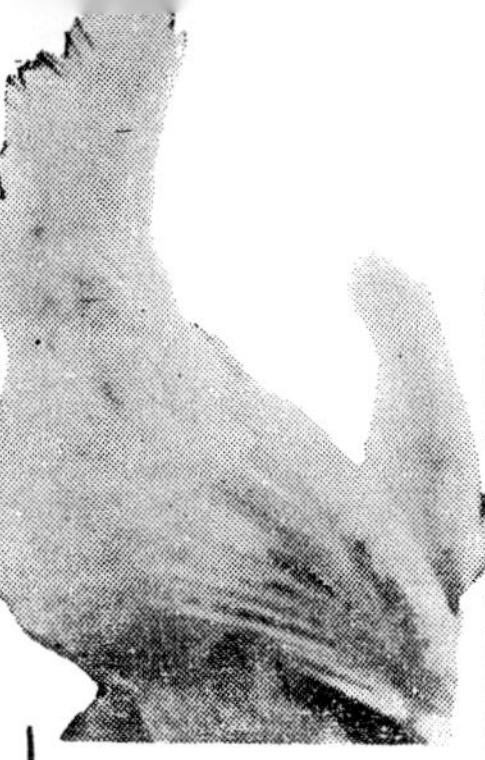

Xマン撮影顛末記

あるニュース映画の蔭の物語

大峰　晴
(演出家・朝日ニュース)

山岸会取材記というのが編集部の注文だが、目下、十五号台風の空前の大被害。日一日と全ボウが明らかになり、ニュースの眼は愛知、三重にそそがれ、われわれの神経では、山岸会の革命は、遠い昔の出来ごとで、新聞縮刷版をひっぱり出さなければ、思い出せない結果である。

さて、縮刷版をくってみると、〝農業講習会と詐り、監禁し思想教育〟という見出しで七月三日付朝刊が報じている。われわれがこれは一寸いけそうだと直感したのがこの時だ。(記事は朝日のみ)

ついで五日付朝刊では、

〝今度は五人に保護願い〟

山岸会事件、残った家族から〟

と報じ、このときはもう各社一せいに取材合戦が始まり、革命の本拠伊賀上野は数百人の報道陣が、それぞれ布陣を引いての取材合戦である。

ついで、〝Xマン〟〝世界急進Z革命〟などの不可思議な記事が連日紙面をにぎわせ、十日付には〝早暁幹部ら七人を逮捕〟と報じ、どうやら山岸会問題も山を越したのであった。

山岸会取材記といっても、私が実際に上野に着いたのは、十日の大手入れのあった夕方、スタッフが徹夜の取材を終って、旅館ですっかりのびている頃である。(大阪での短篇の仕事をすませ、帰京の途中、取材に廻ったため)

疲れたスタッフを起すにはしのびなし、やがて起きるのを待って今までの取材の模様を聞いて、最後のしめくくりの対策を始めたのである。何としても撮らなければならないのが、山岸会長のオメン。次が暴力の実体。これを画にしなければ、わざわざ上野に廻った甲斐もない。

スタッフの話では、今朝の手入れでも会長は、カメラを嫌って、遂にとらせなかった。〝今後も絶対に駄目でしょう〟とスタッフ達はいう。着いたばかりの私には、この絶対に駄目というのが気に喰わない。

絶対とは、つまり立地条件のことと、それと、会長をとりまく親衛隊組織のことらしいのだが、まだ現地も見ず、加えてこちらは、土俵に今飛びだした、闘犬の様な気持なのだから、スタッフのいう事は、素直には聞こえない。

まあまあ総ては現地を見てからという事にして、五時、再び全員で山へ向った。

名古屋支局が廻してくれた車が鬼に金棒、十日の早暁の手入れにも大活躍だったとのこと。上野市から総本山の山岸会まで車で約四十分。雇った車で、メーターのあがるのを気にしていては、連日の取材にも気をそがれたことだろう。風にはためく社旗を眺めて、こんなみみっちい考えが浮ぶ。ニュース映画の最悪の苦境時代の貧乏根性が、今でもついて廻る。

夕暮れ近い静かな田園を、つっ走っていると、Xマンの存在もピンとこないし、こんな田舎の何処に、連日チャーナリズムを騒がせた山岸会があるのか、信じがたい気持になる。

〝あそこに見えるあの山ですよ〟

運転手の阿部チャンの声で、多少感傷的になっていた気持や懐疑的な気持が、現実に戻る。

山の入口に来た。

〝山岸式百万羽養鶏所〟と三メートル程ある看板が突立ち、隣りの看板には、観覧料三百円云々のことを書いた観覧規定が書かれている。

この山の入口は、登り坂。登り切ると松林が続く。林の中の一本道を二〇〇メートル程行ったところが山岸村だそうだ。

魚とりに出かけて山へ帰る子供が二、三人、自動車がゆくとワーイと声を掛ける。誠に平和だ。

〝乗っけていってやろう〟〝ウン〟

既にカメラマンとは仲良し、子供達は同乗する。速度を落して車を進める。〝左手の方のあれが、養鶏所ですよ〟

現在の養鶏所の脇に目下建築中のものもある。金の卵を生む百万羽をめざしてのことだろう。

カマボコ形の家が見えだした、と思ったらストップ。ガレーヂの前に机を出して、ここに二、三人の人がいる。いわゆる受付なのだ。

報道と書いたリボンが渡されたのには一寸オドロキである。此処で子供とスタッフは全員下車。

いよいよ山岸村に第一歩を踏み入れる。右手に縦四メートル幅二メートル程ある、例のハート形にZをふちどった、Z革命の象徴がぶったててある。

然しオドロキは尚続く。象徴を横目でにらんで更に行くと、大勢の子供と大人が、ワイワイとバレーボールに興じている。

来る途中、私が浮べた山のイメージとは、まるでかけ離れていた。私の想像では、山はひっそりと静まり、人々は疑り深い目で、われわれを迎える筈なのだ。

〝また来たのか、もう何処の新聞もいないぞ〟人々は口々に呼んで笑っている。

ちぐはぐで異様な感じを受けたが、現実はどうひっくりかえす事も出来ない。とにかく山岸村を、つぶさに見る事にしてカメラマンの浅野君を先頭に廻ることにした。

山岸村は、カマボコ形の宿舎が二列に五つ、鶏舎が二つ、離れた松林の深いところに特別講習会場がある。

三つ並んだ宿舎の一番手前が、事務所で、その向うが炊事場と食堂になっている。

事務所は扇風機が景気よく廻りラヂオがニュースを流し、各舎に放送するマイクもある。

然しさすがに事務所は、さっき見た外の空気とは違う。ここにはあきらかに不快の眼があり、その眼がわれわれを迎える。それでも表面は不敵な笑いを浮べ、

〃逮捕された幹部は、すぐ帰りますよ〃と豪語する。

とにかく事務所で、舎内を見て廻る許可を得て外に出ると、御丁寧に案内役を出してくれた。

がこれもXマンの一人だと、浅野君が素早く囁いてくれた。二十七、八の一見おとなしそうな青年だ。私の目的は二つ。会長の部屋と、それをとりまく環境の見極め。もう一つは、田畑家財を売り払って入山した、善良な人々の話を聞くことなのだ。

〃会長の部屋はあそこです〃

その部屋というのは、縦に三つならんだ先端の宿舎の一番奥の部屋だそうだ。

左側は畑、畑から崖になっている。右側はすぐ崖になる。宿舎の先は松林の山をくだる様になっている。先ずかくしカメラは至難と解った。殊にシネスコレンズではどうしようもない。

第二宿舎のところで、三十五、六の善良そうな人にぶつかった。話を聞いてみようと心にきめる。

向側の山の頂に夕空が美しい。

〃きれいですね〃〃静かで実にいいところですね〃

〃そうですね〃〃貴方も暮してみたくなりませんか〃〃いいところですよ〃然し何かを考えている顔と私はみた。

〃ところで、今度のことをどんな風に感じました?〃

〃どんな風にって、私は一年前この会に入ったんですが、会長は立派な人ですよ。今度のことは、何かの間違いでしょう。〃

そんな話が始まると、案内役の男がすぐ聞き耳を立てて来る。こう口が固くては……。陽もすっかり落ちたので、ここでわれわれは帰ることにした。帰りがてら、真中に通路をはさんだ部屋々々では、夕食を終えて、各々寝ころんだり雑談をしたりしている。事務所の脇の大部屋では、夕刊に出た、今朝の手入れの記事を七、八人が読んでいる。然しその隣の部屋では、トリスを囲んで湯呑茶碗で汲み交し、気焔をあげている。オールXマンだ。

何とか、取材をしたい。正面から堂々と掛け合ってみた。意外に簡単にOKをしてくれた。

先幸が良い。

帰路、山岸村を出たところで、元幹部の一人、東加九一氏に出あった。この人は、現状では、山岸会はつぶれると意気込み、新聞報道が始まった頃、山へ駈けつけた人で、会長とどか談判して、会を立て直すという目的で来ている。氏については、新聞でも知り、スタッフの話で予備知識が幾分あった。

サビた声で、仲々の理論家。こちらも包みかくさず、会長を撮影したい事、特別講習会を写したい事を話す。

〃私が何とかしましょう。会長も私のいう事は聞くと思います〃何とも力強い話ぶり。

明朝の再会を約して下山。

上野の朝日通信局も今朝で一段落ついた故、静かだった。見通しは、何れ会長の身辺にも捜索の手が延びるだろう。この山岸会は、或は政治団体とも繋がりがあるかも知れない、という事だった。警察にも廻ってみたが、今夜、明朝という第二次手入れの切迫は感じられなかった。

翌朝。われわれの旅館に、入山した娘を連れ戻そうとする、母親、それに叔父さん、娘の高校時代の先生らの五人連れがいた。彼らの警察への陳情を取材、そして山へ飛んだ。

東加九一氏はいう。昨夜あれから二時間に亘って幹部連中と話をしたが、何れも取材は許されないという。

これでは約束が違う。ここで引き下っては、それまでだ。ことここに至っても、まだ受講している人々の姿。家財を売り払って、ユートピアを信じる人々の上に、あぐらをかく山岸会々長。何とか写さなければならない。

東氏に喰いさがる事約四十分。結論としては、私が道を教えるから特別講習会場は、かくしどりをしたらいいでしょう。然し会長は駄目、という事だった。

こうして話合いの結論を急いでいるとき、東氏が呼び出されて、姿を消していった。

スタッフの中、浅野君と企画の播磨君は、特別講習会場へ……。私は運転手の阿部君にカメラを廻してもらうことにして、会長の便所へ行くところを、ねばって撮してみることにした。

会長の宿舎近くに張り込むこと二十分。このときである。

下の松林の小道を、東加九一氏が一人で歩いてくる。何か様子が少し違う。私は見極めるべく近くへ飛んでいった。

東氏の左側が顔から下半身にかけて、真っ赤に染まっている。まるで赤ペンキを被った様だ。〃東さんどうした〃次の瞬間私は声を呑んでしまった。左半身が血みどろなのである。〃やられた、二人にやられた〃と東さんは叫んでいる。

偶然だったかも知れないが、こうして、あの決定的場面は撮影出来た。これこそ山岸会の暴力の実体だ。新聞カメラマンもT・Vカメラマンも居ない中で、阿部君のアイモが廻った。私は飛んでいって浅野君にも急を告げた。

やがて、大騒ぎとなり、東氏を乗せた自動車は山を下っていった。

山は再び騒然とし、再度警察官数十名が、犯人を追って登って来た。

チラリと青刺をみせるXマンは〃お前さん達があんまり、東加九一を追い廻すからだ〃という。

とにかく、金の卵を生むユートピア山岸会とはこんな所だった。その後再度山岸会長を撮影すべくねばってはみたものの、会長の身辺には、親衛隊が増員され、断念する以外に方法がなく、次の機会を狙う事にした。

十二日付新聞は、

〃東加九一氏出血多量で死亡〃

と報道。

去る六月ニュース部に変り、五年振りで出かけた現場だったが、その印象は余りに生々しく強烈そのものだった。この事件と比較するのもおかしいが、伊勢湾台風のラッシュは、更に強烈なものでもある。

プロダクション・ニュース

（文中略号、EK＝イーストマンカラー、35・16＝35ミリ・16ミリ、演＝演出、脚＝脚本、撮＝撮影、構＝構成、編＝編集）

マツオカ・プロダクション

○撮影中「立坑」EK、35、二巻、演―松岡新也、撮―上岡・清水「新しい熔接橋梁」EK、35、二巻、演―松岡新也、撮―佐藤・清水、「マンモスキルン」EK、35、二巻、スタッフ前同。

○完成「石油の国クウェイト」EK、16二巻、構―松岡新也。

ファースト教育映画社

○準備中「落合さんの卵づくり」白黒、16、三巻、脚―古川良範、演―永富映次郎、撮―松木健三。

○撮影中「和牛の飼育」白黒、16、二巻脚―鈴木悠一郎、演―水村靖、撮―松木健三「東京都復興事業記録」白黒部分色、35、一巻、演―水村靖、撮―前同。

○完成「富士山の地質」白黒、16、一巻脚―鈴木悠一郎、演―水村靖、撮―金山富男。

新理研映画株式会社

○製作中「原子力・第二部」カラー、35三巻、脚・演―秋本憲、撮―中野浩「原子力・第三部国産炉」カラー、35五巻、脚・演―秋元憲、撮―稲葉直、「北陸墜道」カラー、35、五巻、脚―秋元憲、演―島内利男、撮―岸寛身・水上正夫、「紀勢線」カラー、35、三巻、脚―古川良範、演―岸光男、撮―八柳勇三、「美しき実のりとネオンの陰に」カラー、35、三巻、脚・演―前同、撮―八柳勇三・稲葉直、「ひろしま観光」カラー、35、三巻、脚・演―赤佐正治、撮―稲葉直、「隅田川の川底トンネル」カラー、35、二巻、脚・演―原本透、撮―中島彰亮、「若戸橋」カラー、35、五巻、脚・演―秋元憲撮―岸寛身・東原潔、「若戸観光」カラー、35、五巻、脚・演―大口和夫、撮―前同、「伊豆災害復興」カラー、35、一巻、脚・演―斉藤益広、撮―保刈富士雄、「八郎潟・第二部」カラー35、二巻、脚・演―原本透、撮―中野浩、「し尿処理」白黒、35、三巻、脚―田部純正、演―荒井英郎、撮―水上正夫、「アイソトープ」カラー、35、三巻、脚・演―岩堀喜久男、撮―香西豊太、「住友九〇〇〇トンプレス」カラー、35、一巻、脚―島内利男、演・撮―前同、「牛と少年」白黒、35、三巻、脚―秋元憲・西尾泰介、演―西尾泰介、撮―富沢恒夫、「豆腐」白黒、35、二巻、脚―秋元憲、演―富岡捷、撮―保刈富士夫、「日本レーヨン」カラー、35、一巻、脚―秋元憲、演―草間達雄、撮―大源寺喜作、「癌」カラー、35、五巻、脚・演―島内利男、撮―岸寛身、「住友のMC鉄塔」カラー16、二巻、脚・演―原本透、撮―水上正夫、「御母衣ダム」カラー、35、十巻、脚・演―赤佐正治・清水進、撮―香西豊太・東原潔

三井芸術プロダクション

○撮影中「僕の兄ちゃん（仮題）」EK35、四巻、脚・演―柳沢寿男、撮―佐藤昌道、「奈良美術」白黒、35、二巻脚・演―水木荘也、撮―岡田三八雄。

記録映画社

○準備中「刈干切唄」白黒、35、三巻、脚・演―上野耕三。

○編集中「嫁の発言」白黒、16、三巻、脚―厚木たか、演―道林一郎、撮―瀬川浩、「横河電気」EK、35、三巻、脚・演―上野耕三、撮―高尾隆。

○撮影中「のびゆくオートメーション」EK、35、三巻、脚・演―上野耕三・日高昭、撮―金山富男。

○完成「貴族のくらし」「古代の人びと」白黒、16、一・五巻、脚・演―上野耕三、撮―藤洋三。

三木映画社

○準備中「ユニットシール」白黒、16、二巻、「お父さんのこと」白黒、16、三巻、共にスタッフ未定。

○撮影中「読むべえ書くべえ話すべえ」白黒、16、三巻、脚―厚木たか、演―柳沢寿男、撮―三木茂、「歩く人」白黒、35、三巻、脚―八木仁平、演―金子精吾、撮―佐藤正。

○完成「エチケット」白黒、16、二巻、脚―秋元憲、演―三木茂、撮―岡田三八雄。

毎日映画社

○準備中「名古屋風土記」EK、35、二巻、演―滝光雄、撮―中原聡、「旭特殊ガラス」EK、35、一巻～二巻、演―山岸達児、撮―田中正。

○編集中「皇室アルバム」白黒、16、TV用、「豆記者社会探訪」白黒、16、TV用。

○完成「湖畔の祭典」EK、35、三巻、演―中村、撮―中原・納・土屋、「近代産業のオートメーション」EK、35三巻、演―山岸達児、撮―田中正。

新潟映画社

○準備中「越後のおまつり」カラー、35・16、四巻、演―山田護、撮―鈴木鉄男、「北鮮帰還記録映画」白黒、16、巻数未定、演―前同、撮―越野正次。

○編集中「新潟市政ニュース」白黒、16一巻、演―相原房子、撮―鈴木鉄男、「新しいスキー」カラー、16、三巻、演―荒木稔、撮―六納持福夫。

○撮影中「観光土湯峠」EK、16、二巻脚・演―羽田昭、撮―渡辺関靖、「滝ダム（伸びゆく只見川）EK、35・16七巻、演―前同、撮―近藤保、「東北電力変電所建設記録」カラー、16、三巻、演―前同、撮―越野正次。

○完成「ダイヤメット編（オイルレスベアリング）」カラー、16、二巻、演―益子恒徳、撮―弓納持福夫、「新潟まつり」EK、35、三巻、演―小黒昇一撮―近藤保。

岩波映画製作所

○製作中「戸畑建設」カラー、七巻、脚―伊勢長之助、撮―狩谷篤、「衛生都市」カラー、演―安倍成男、撮―岩波映画撮影部、「三井日比谷ビル」カラー、三巻、演―喜渡正男、撮―前同、「有峰ダム・第四部」カラー、三巻、演―各務洋一、撮―西尾清、「原子力発電」カラー、十巻、演―矢部正男、撮―小村静夫、「東芝水車」カラー、三巻、演―喜渡正男、撮―賀川嘉一、「三菱造船所」カラー、三巻、演―富沢幸男、撮―牛山邦一、「バルチャン発電所」カラー、六巻、演―高村武次撮―加藤公彦、「日本特殊管」カラー二巻、演―樋口源一郎、撮―江連高元以下年輪のひみつシリーズ、「馬の調教師」演―田中実、撮―金宇満司、「漢法医」演―藤江孝、撮―清水一彦、「禅の修行」演・撮―清水一彦、「西陣織」演―藤江孝、撮―山崎義矩以下たのしい科学シリーズ、「赤土のひみつ」演―桑野茂、撮―中山正治、「鐘乳洞」演―前同、撮―根岸栄、「きのこ」演―渥美輝男、撮―並木菊雄「発電機」演―富沢昌一、撮―斉藤栄二、「プラスチック」演―桑野茂、撮―中山正治。

○完成、全部年輪のひみつシリーズ、「輪島塗」演―藤江孝、撮―清水一彦、「かつら」演―田中実、「野山を歩いて七十年」演―羽仁進、撮―今野敬一「伝統に生きる町・金沢」演―藤江孝撮―金宇満司、「埴輪の復元」演―瀬川晃、撮―前同、「伊予の水引」演―富沢幸男、撮―山崎義矩、「人形師」演―橋本、撮―大辻、「民謡」演―田中実、撮―清水一彦

教育映画作家協会編集

記録映画

THE DOCUMENTARY FILM

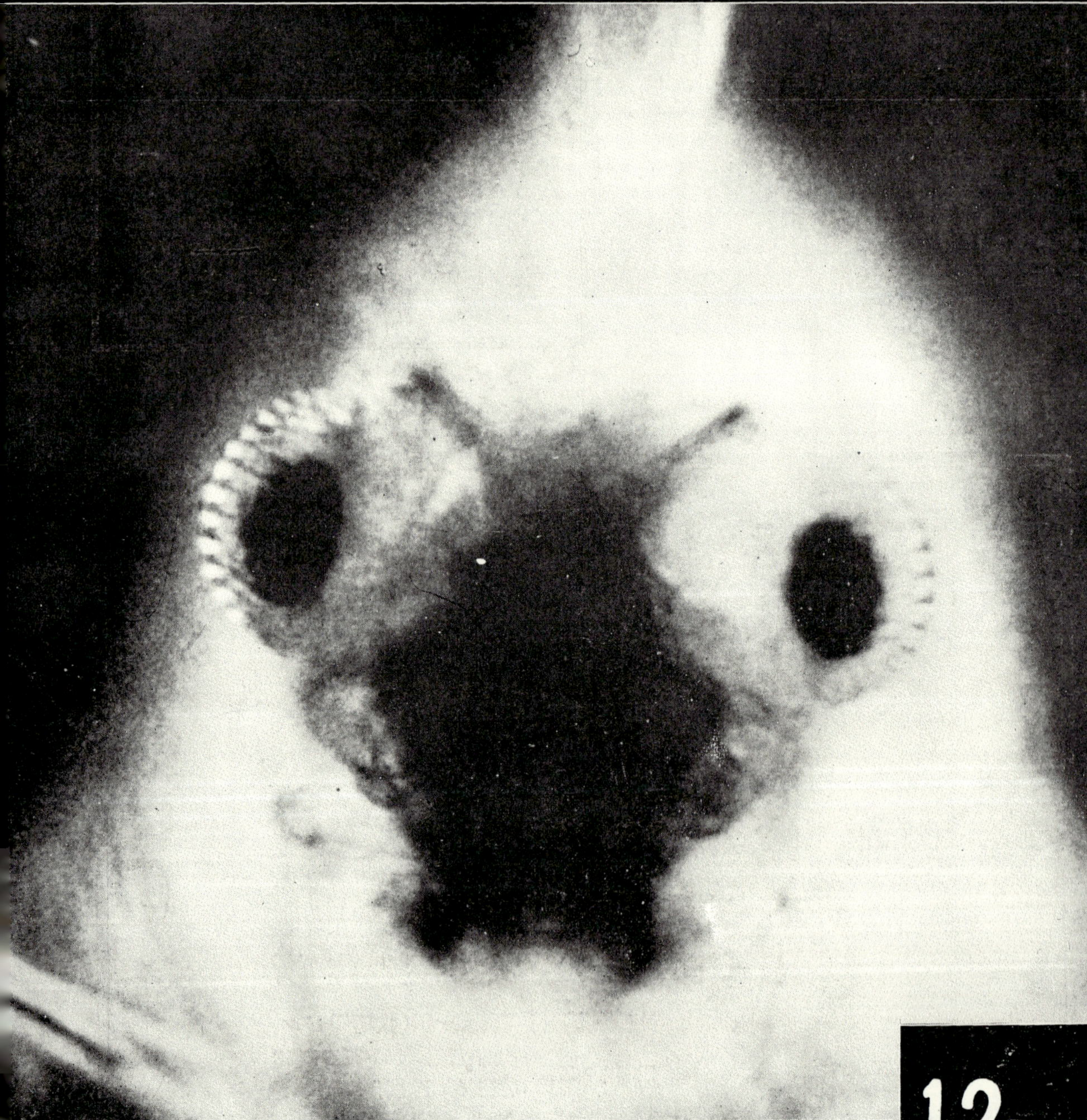

マリン・スノー

12月号

昭和三十三年九月五日第三種郵便物認可

記録映画

1959 12月号

第2巻 第12号

時評

月の裏側に何をみたか

ソ連のうちあげた宇宙ステーションは月の裏側の撮影に成功した。人類ははじめて月の裏側をみることができた。それは人間の歴史の意義ぶかい一頁をかざるに、じゅう分であった。その意義については、すでに各方面からおのおのの角度でのべられている。

ここで、月の裏側に何をみたか——というのは直接的な天文学、または科学上の意義についてのみいうのではない。われわれがついに月の裏側をみることを可能にした歴史的意義である。そこにこめられている現代的な意義である。世界史的な転換点として、月の裏側をみることである。

月の裏側の撮影成功という画期的な事件はアイクとフルシチョフ会談をなさしめた平和を愛する世界の人々のねがいときってもきれない歴史の流れの上にあると思う。だから、それは巨頭会談の内容をさらに前進さす推進力であり、恒久平和への拍車でもあると思う。

月の裏側をみたことは、同時にわれわれが、世界史の転換点に、たっていることをみることでなくてはならないと思う。

ところで、月の裏側になにもみていない現実がわれわれの眼の前にある。

日米安保条約を強化しようとし、一方、サイドワインダーをもちこみ、一〇〇〇億円という巨大な予算をもってロッキード戦斗機で軍備を増強し、戦争屋のお先き棒をかつごうとしている。

われわれはこうした現実を、お粗末な時代錯誤のファルスとして、たかみの見物をしていいだろうか。われわれはもう一度、現実をみなおし、歴史的な転換点にあることをはっきりとつかまねばならない。また、その歴史的な転換点を招来したのは、二度の大戦やながい植民地圧制をかいくぐった働らく人々のたえまない平和と独立のたたかい、生活をまもるたたかいによったことを知らねばならないと思う。

それに、われわれは、今次大戦でにがい戦争体験をもっている。われわれは、また今次大戦での戦争責任をもっている。それゆえに、ましてや、この歴史的な転機において、民族の独立、平和、民主主義をふみにじり、戦争においこむ安保条約に反対することは、われわれ自身のために、またわれわれの任務としなければならないといえる。ことに、われわれ文化関係の仕事にたずさわるものは先進的な意識をもって、問題の本質をあきらかにし、各人の仕事をとおして、また、各人のなしうる方法によって、おおくの人々に問題の本質をうったえねばならないと思う。

われわれ、教育映画作家協会は、さきに、総評とともに、記録映画『安保条約』をつくり、十一月九日には、学者、文化人、五十余団体によって結成された『安保批判の会』に参加した。それはわれわれ映画作家の創造活動のもつ社会的任務と一致する。

われわれは民族の独立、平和と民主主義の名のもとで安保条約改定に反対する。

表紙の写真

野田真吉演出・小林米作撮影・吉見泰脚本「マリン・スノー」より、（プランクトンの一種）

もくじ

被害者意識のパターン

柾木恭介
（評論家）

最近の『日本読書新聞』（十一月二日号）で、映画『ああ江田島』をめぐって討論が始められている。それはこの映画をはじめ『硫黄島』『独立愚連隊』『野火』などの一連の戦争映画にもつながる問題を含んでいるものとして期待されるが、そこでのべられている相馬庸郎の言葉によると、「従来の戦争映画は好まざるに強制された被害体験が主なモチーフであった。しかしそれだけでは、真実は何も知らされずに『正義感』にもえて参加していった多くの青年の実体は、すくいあげられてこない。結果、戦争で空費された大きなエネルギーの真の被害の深さははかられうべくもなかった」とし、それらの戦争中の青年のイメージに、現在の青年のイメージをダブらせ「あの主人公たちの、方向はとにかくとして、理想主義的情熱にてれることなくまい進する充実した若さに、無意識の中に同感しているのだ。今日の状態の中で空費されている若いエネルギーが、再びあやまった方向に組織されることを防ぐには、反省をこの地点までさかのぼらせることなしにはありえない」とする。戦争中の青年のイメージを「理想主義的情熱」をもち「正義感にもえて参加した多くの青年」というようにとらえるのは、なにも相馬氏にかぎらず、吉本隆明から大江健三郎にいたるまで共通したとらえかただ。そうしたイメージが事実であったかどうかについてはここでは論じないが、ただ、そうした青年もいたことは確かであるにしても、それはあくまで特殊な青年であり、彼らは軍事教練時間には分隊長とか小隊長とかに任命され、その他の大多数がなんとかしてサボろうとする尻をひっぱたいて廻っていた下士官的存在であった。したがって、そうした特殊な青年像を戦争中の一般的青年像とすることには、私などはどうしても承知しかねるが、そのことと、今日、そうした青年像が特に強く前面に押しだされ、現在の出口のないエネルギーをもてあましている青年像ということもきわめてあいまいなものとパラレルに置かれることは別問題だ。つまり、このような問題設定が、戦争責任意識の深化のため、あるいは再びあのような具合に青年のエネルギーを組織させないための反省として提出されるということ自体に、私は私たちの戦争責任論が徹底的に追及されることをさまたげているガンがあると思う。その問題設定の底には、「理想主義的情熱」とか「若いエネルギー」とかいう言葉であいまいにしか表現されていないが、つきつめてみれば、それらはつねに被害者意識から出発しているわけだ。そして、絶えずわれわれのこんなにも深い被害をぜひわかって欲しいという不満、ラッキョウの皮をむくように、どこまで行っても判ってもらえない不満の歎き節を歌うわけだ。それが昂じると石原慎太郎のようにあらぬことを口走るようになる。自分がかって加害者であり、現在もなお加害者であることについては全くの無反省の地点で、自己を被害者から加害者に転化しようとする「殺意」とか「刺し殺せ!」ということが甘やかされた小児病的症状であることに気づかない。

このような傾向は「怒れる若者たち」とか「打ちひしがれた世代」とかいうことをあげるまでもなく、今日、世界的にかなり一般化した現象であり、たとえば、シャブロールの『いとこ同志』の評価に共通したパターンでもあるわけだ。『いとこ同志』に自己の投影像を見出したものに欠けている最大のものは、彼自身がかって加害者であり、現在もまた加害者であるという自覚である。彼らはフランス、英国、アメリカの青年像に共感することで、自分が日本の青年であることを忘れる。そして、「戦争を知らない世代」として一般化することで、自分を純粋被害者と位置づける。

そうした意味で、私は『独立愚連隊』のなかでの驚くべきシーンを忘れることはできない。それは本隊から置き去りにされた『独立愚連隊』が、将軍廟で中国軍に包囲され

乱戦し味方も全滅するが、中国軍もまた死骸の山を築くというシーンだ。このシーンをのぞけば兄弟の死因に疑問をもった男が、軍隊を脱走し新聞記者に化けて乗りこみ、遂に仇をとるというストーリーは充分にひきつけるものをもっている。しかし、このシーンは作者岡本喜八の内部に決定的に欠けているもの、戦後から現在にいたる戦争責任論の一切が、彼の内部で何物でもなかったことを無残にもバクロしている。そのシーンをとっているカメラは、あたかもアメリカ西部劇の一つの型であるインディアンをバタバタと射殺するシーンの場合と同次元でしかない。私は中国兵がバタバタ殺されるシーンのなかに、もし加害者であった私たちの自覚の眼があったならば、そうしたシーンに特にこだわりはしない。しかし、残念ながら、そこにはそうした加害者としての自覚はまったくカメラの眼として存在していなかった。このような岡本喜八の眼は、現在の岸政府の指導層が、朝鮮人帰国問題や南ヴェトナムへの賠償にロコツに見せているアジア人に対する眼、本質的に侵略者の眼と同質のものであろう。このシーンを岡本喜八は面白おかしい見せ場として意識してとったにしろ、ついうっかりあのようなシーンにしてしまったにせよ、いずれにしても、岡本喜八の眼は戦後十五年間のなかで少しも変っていない。

東宝争議のなかで彼がどのような態度をとったかは知らないが、労働組合運動が歴史のなかで人間がかち得た民主主義の成果であり、労働組合運動なしでは民主主義は絵空事にしかすぎないのであるから、ここでは第一だったか第二だったかという色分けで評価するわけではないが、しかし、民主主義的組合運動についての意識内部の自覚は、現代の監督として芸術家としての条件であろう。しかし、このシーンは彼の内部の民主主義がいかなるものかを示している。中国兵やインディアンを無造作に射殺する眼は、自分が加害者であることについての自覚の喪失というより他にしようがない。

もちろん、だからといって、私は中国兵やインディアンを、あのいやらしいヒュマニスティックな良識派や、誠実な苦悩派の眼でとらえることにも反対だ。私は竹山道雄の『ビルマの竪琴』を見ると胸が悪くなる。そこでは被害者も加害者もいつのまにか水増しされて微温湯のような境地がひらけてくる。それをきびしい苦悩と受けとることほど甘ったれた根性はない。加害者の誠実な苦悩や心からの謝罪などが、被害者にとっては全く無用なものにすぎぬ。加害者は苦悩や謝罪などをする必要はないから、その代りさっさとこの世界から消えさるべきだ。消えさるべきだといっても消えはしないだろうから、被害者が加害者に転化することで消し去らねばなるまい。つまり社会革命だ。石原君などは自分が加害者であることを忘れて、すっかり被害者であると思いこみ、さかんに「殺したい」などと加害者に転化したがっているようだが、それはどだい無理な話だ。私たちは自分が加害者であることを意識しないで、どうして被害者の意識をもつことができよう。労働者階級が資本階級を打倒すること以上に壮大な加害者への転化はないだろう。そうした壮大な加害者になることにはまったく気がつかない石原君などは、せいぜい腕力も弱い女や老人を殺すぐらいが関の山だ。つまりチンピラというわけだ。

独立愚連隊

キネマ旬報十一月下旬号によると、『貴族の階段』を作った吉村公三郎も、やはり、はじめに書いたような「理想主義的情熱」や「空費されたエネルギー」論者らしい。そこで彼は書いている。「青年達の純潔な情熱が、常に悪るがしこい大人達によってねじまげられて利用され、汚されて来た。その上に日本の政治の歴史があった。この悲恋物語を通じて描こうとしたのは、こうした≪歴史の性格≫であった」まことに天下泰平だ。大人たちは大人になる前は青年だったし、青年はやがて大人になることをこの巨匠はご存知ないのだろうか。「純潔な情熱」をもっている青年が、どうして「悪るがしこい」大人になるのかということを問題にせず、「純潔な情熱」だけを熱病患者の妄想のように見つづけて、いまだに覚めないというのはよほどの重症であろう。武田泰淳作の小説の氷見子はなかなかひとくせもふたくせもある奇怪な女で、「情熱」はあるかもしれないが、それが果してこの巨匠のいうように「純潔」かどうか疑問だし、まして節子や「純真なる」青年将校たちになると眉につばをつけねばなるまい。映画『貴族の階段』にでてくるこれらの青年たちの、まったく自分たちが加害者であることを意識しないという痴呆状態を「純潔な情熱」と呼ぶのならまだしも滑稽味もあろうが、どうやらそんなことは論外であるらしい。

私は戦争中の青年像をとらえるのに共通したひとつのパターンをとりだしてみたが、それは戦争中だけでなく、現在においてもなお勢力をもって流通しているわけだ。そして、その流通の過程がそのまわりに産みだしているムードが、さまざまな形態をとって私たちのなかに浸透している。こうしたものの正体をはっきりつかまえないで、「再びあやまった方向に組織されることを防ぐ」ことは不可能であるし、そうした善意に対しては、被害者は必ずその横っつらをはり倒すであろう。

特集

現代の方法を探求する

P・R映画とドキュメンタリー方法論の問題

人間と胃袋のためのプログラム

松川八洲雄
(演出助手・日映科学)

……未来は文字通り今すぐ目の前に見えるが、現在の状況はすでに期限切れとなった仮りの姿、一時的なものにすぎない。……目の前に迫っている未来は、わたしが実際に見た現在よりも現実的でさえある。

シモーヌ・ド・ボーボワール
「長い歩み」より。

例えば、不可視的なミクロの世界を旅行して結核菌の具体的な証言を捉えるのと、インド象を使って母ものがたりを作るのと、どちらがドキュメンタルであるかを考える必要がある。その上で、「ミクロの世界」が国際科学映画最高賞をとったPR映画であり、「長い鼻」がどうやら記録映画と呼ばれている事実を考えあわせる場合、僕等はいささかPRとか科学とか記録とかいう区別を、コンヴェンショナルに使いすぎはしないか、という点を反省してみなければいけない……と、そもそもこんな云いがかりから問題にし始めたのは、他でもない。ドキュメンタリーこそあらゆるジャンルを通じて唯一の創作方法論であると考える僕に、編集部が「ＰＲ映画方法論」というテーマを与えたからである。しかも、「記録映画論」「科学映画論」と並んで、あたかも並立するジャンルとして「PR映画」を考えているとしたら、随分安易な態度といわなければなるまい。

柾木恭介氏は、ドキュメンタリーをジャンルとしてでなく方法として考える可きだ、と主張しているけれど、僕もその様に、記録映画なんていうジャンルを科学映画やPR映画と区別して考えるのは全くナンセンスだと思っている。分類も又、目的でなく方法である。従って方法論を問題とする場合、かくしカメラで本物を撮ったから記録とか、テレスコープでのぞいたから科学といった区別はさっぱりやめにして、強いてもうけたいのなら、自主映画とスポンサーのいる映画、位に分けるがいい。そして、これらの作品を批評する場合には、何もわざわざ科学映画方法論とか、PR映画方法論とかいった物差しをあてがうのでなく、全てをドキュメンタリー方法論の物差しで、その作品がいかに真実《レアリテ》を捉え創造化したか、そしてその中でどの程度にスポンサーが創造をさまたげ、又作家がその障害にどの様に対処したか、を批判すればよいのだ。どう分けようと構わないというものでは、決してない。例えば資本主義経済学とマルクス経済学の根本的な違いが、労働を原料なみに流動資本とするか、或いは機械、原料に対して、独自の可変資本とするかという分類の問題に集約出来る様に、ドキュメンタリーを記録映画というジャンルで捉えるか、或いは芸術全般の方法論として捉えるかで、大変な違いが出てくるのである。この点の不明確さが、具体的にはドキュメンタリーをPR映画或は科学映画と別のジャンルとして捉える事になり、従ってドキュメンタリー理論は「記録映画」というジャンルの外では問題にもならず、一方ではあたかも記録映画風といった形で相も変らぬ事実尊重の、つまりはトルー・ストーリーとしての形式として何等方法論として創造的役割を果たさぬままの存在を許す結果となっているのではないだろうか。

そこで僕は、まずドキュメンタリー方法論をあらゆるジャンルについて検討するという意味から、PR映画を見てみたいと思う。その際、当然の事ながら、多かれ少なか

れスポンサーのいるPR映画は、ドキュメンタリストの視点と衝突する問題が出てくるに違いない。が然し、絶対矛盾としての衝突に到る前の段階で作家の側がどれだけPRのワクの中で、ワクとの斗いを含めての創作活動を行なっているかを点検する必要があると思う。

そこで、例えば、技術的には実に多くの困難を克服して撮られたと思われる「新しい製鉄所」を見てみよう。教育映画祭で最優秀賞をとったこの作品のあらましは、船で運ばれた鉄鉱石が陸あげされ、熔鉱炉を経て次第に圧延され鉄鋼材になる迄を極めてオーソドックスな形で、たんねんに追う事に終始している。そこでは対象に何とかして迫ろうとするひたむきな努力こそありありと画面に出てはいるものの、一向に感動という形で僕等に訴えてはくれない。係員も生命を保証しないという程の危険を冒して撮られた熔鉱炉の熱さも、熱くない。巨大なインゴットも重くない。いってみれば、製造工程を全く忠実に、例えば一米のインゴットが八十糎に圧延され、八十糎が七十糎に七十糎が六十糎にといった忠実さで追ったシナリオの上にあぐらをかいた事実への素朴な信仰があるだけであり、従って鉄という絶好の対象の中からアクチュアルなレアリテを一向につかみ出してくれないのだ。くわしい事情は勿論僕は知らない。けれどここに見られるドキュメント精神の不在は、スポンサード映画に起因するものでなく、スクラップをスクラップとしか見ない、熔鉱炉の熱さを熔鉱炉の熱さとしか見ない作家の眼の問題なのではないか。

「新しい製鉄所」に限らず、ドキュメンタルな眼の不在を示すこの種の解説記録風PR映画は、悲しいことだが枚挙にいとまがない。

勿論、作品が結果的に通俗化してしまう迄にはスポンサー側の窓口である弘報課とか宣伝課の事なかれ主義と、それに迎合した製作会社の営業部或はプロデューサーの安易な態度に起因する事も多く、時としてはスポンサー側のそれなりの意欲をも所謂営業的感覚から手慣れたペースにもち込む場合がないでもない。又、こうした上からの安易な要請に直ちに応えるシナリオ作家の存在も問題には違いない。だが、作家の側が、これらの障害を少しでも打開してゆこうと努力する前に、主張し展開してゆく主体的な方法論を持たないために妥協している点が果して無いと云いきれるだろうか。

花田清輝は、狸に対してはむく犬の抵抗でなく狐の知恵を、と云っているがこの云い方を借りれば、せめてまずむく犬程の抵抗を、と云いたい所である。

が然し、むく犬になった所で所詮はPR映画の壁にぶつかる。何故ならPR映画は下部構造に極めて密接な上部構造の一部でありいづれは独占資本につながって私有財産がどこから生まれ、私有財産制がいかに人間生活の発展にとって主要な障害となっているか、という事をゴマ化すための手段だからである。従って私有財産制にのっとった会社なり政府なりが、PR、即ち対公共関係という形で公共との関係をあたかも公共の福祉に矛盾するどころか、恩恵を与えている様な形で結びつけようとする場合には、この私有財産制と公共、つまりは独占資本と大衆の間の絶対矛盾を、作家は何らかの形で、さし当りくぐりぬけなければならなくなる。僕はこの絶対矛盾はいづれ革命によってでしか解決するものではないと思うけれど、中には全く矛盾とも思わない「作家」達が居る事も知っている。ただもう飛行機が好きで、飛行機がある、だからそれを撮るのだ、と、サー・ヒラリーもどきに自衛隊映画を撮る作家。或は芸術を「思想の情緒的等価物《エモーショナル・エキバレント》」（T・Sエリオット）としてでなく或る種の気分と心得て、もっぱらP・Rの中でゲイジュツを楽しむ至上主義者。ETC・ETC……。

然し、創作を社会的な座標の中で科学的に捉え、創作の中に自分の「生き」を見出だそうとする作家であるならば、当然この矛盾をどう対処するかが、主要な問題となってくるに違いない。そこで或る場合には人民を人間にすりかえ、イリーン風の語り口で矛盾をとびこえるとか、（「地底の凱歌」や「海壁」など）或は自然科学的真実の追求といった形で、視野をあえて微視的に限定する事によって身をかわすとか（「ミクロの世界」）いった、態勢をとらざるを得なくなる。

けれど、いづれイリーン風にしろ、自然科学的真実追求にしろ、それは消極的な逃げにしかすぎない。そこで僕は、むしろこのPRの矛盾をこそ創作の契機として捉えてゆく所に、アクチュアルなドキュメンタリーの妙味があると思うのだ。例えば同じスクラップにしてみても資本の側では単なる原資料にすぎないが、ドキュメンタリストならば恐らく個々のオブジェとしてのスクラップの中に資本とは反対の側の者だけの共通感覚である、いわば客体化《オブジエ》した主体《スジエ》、つまりは労働の視感覚、更にはその感覚には結びつくが、スクラップとは直接的には全く結びつかない社会的意味を発見するに違いない。こうした物の捉え方の喰い違いを構造として組み入れる事によって、PRの中でアクチュアルな表現を試みる事は決して不可能ではないと僕は思う。馬糞をボタ餅にして喰わせる狐の智恵である。具体的な化け方はともかく、現実をアクチュアルに捉え、創作としてレアリテを表現する芸術の方法については、或る程度、幾つかのドキュメンタリー方法論として検討されていた筈だ。それを夫々の創作の中でこそ試みる可きであるに拘らず一向に見当らないのは、相変らずの自然主義の横行を見るまでもなく作家の怠慢と僕は考えたい。

しかも一方では、むく犬が狐になるのでなく、狐になるにはあまりに誠実であるが故に、いささか悲しい物云いで退却を始めるのである。例えば矢部正男氏のように、

「……私たちに期待されているものは、本当の作家精神といったようなものでなく多少美的な粉飾を混えた、映画製作上のある種の技術でしか」ないと嘆き、そういう「作家」は作家でなく「作家」を圧し殺された作家、或はもともと作家でなんか無かっ

た作家、と呼ぶ事を提案したり、又、大島正明氏のような、「PR映画の中で記録映画作家が作家として存在し得るという事は錯覚なのではないか」という疑問が提出されたりするのだ。

　だが、矢部氏の「本当の作家精神」、或は大島氏の「記録映画作家」が、独占資本と大衆の間の絶対矛盾をこそ暴き出すための批評精神としてドキュメンタリーを捉えている「作家精神」或は「作家」を意味するのであり、だからPR映画クタバレと断罪をこそすれ、PR映画の中で息づく事など思いも及ばぬと云うのなら、前にも触れた様に、僕はそんな作家精神、或は記録映画作家をドキュメンタリストと考えるわけにはゆかない。反抗では所詮矛盾を止揚する事は出来ないのだ。

　ちなみにゴリキーは「どん底」の終幕でサーチンに、

「……おら全体、胃の腑のことでイジイジする奴あ。軽べつしてるんだ、…人間はもっと上だ！人間は胃の腑よか高尚だあ！」

と、タンカをきらせている。

　例えば胃の腑を「ギャラ」に、人間を「作家精神」に置きかえてみるがいい。矢部氏の「作家精神」、或は大島氏の「作家」は、「にんげん！こいつあ豪勢な音がするじゃねえか！」と哄笑するサーチンにどこか似ている様に思えるのだ。事実、「どん底」と大して変りない登場人物、例えば劇映画からPR映画という「どん底」におちてきた男爵ならぬ劇映画くずれが、何とかいう有名女優を使ってメガホンをとったものだという過去にしがみついて、巨匠然とパンをいただいているPR映画界に向って、人間様（作家精神）は胃袋（ギャラ）よりも貴いんだと叫ぶ気持に共感しないものでもない。だが然しその上でサーチンも又「どん底」の住人である事を考えてみる必要がある。ゴリキーはドストエフスキーの思想にニーチェ——ファシズムにつらなる部分を指摘しているが、それを思いあわせる迄もなく、サーチンはまさに革命前夜にプログラムを失ったインテリゲンチヤの勇ましく空虚な、反抗的形象ではなかったか。

　当然の事ながらプログラムを失った時、ドキュメンタリーはドキュメンタリー方法論でなくなる。それは具体的には、例えばPR映画が作家精神にとって不毛の砂漠として捉えられる一方、アンチPR映画というジャンルで「記録映画論」が前衛の名を以て吹き鳴らされるという傾向となって現れてくる。そしてこんなドキュメンタリー方法論であればこそ、あたかもRRが作家にとって不毛である様に、PR作家にとって、プログラムの無いドキュメント論は不毛の論理でしかなく、従って、PR作家は男爵のように、「おめえは理屈屋だからなあ」と気の弱い笑いで答えるしかなくなってしまうのだ。

　且て中国の文学者たちは、その文学という創作方法のプログラムの第一として識字運動から始めたという。しかもその当時は四億の国民の殆んどが文盲であったという事実を知る時、僕は改めてそれらの文学者の、まことにふてぶてしい作家精神に舌をまくのだ。彼等の、未来を「実際に見た現在よりも現実的」に捉える状況の捉え方に較べるならば、サーチン的作家精神は、状況を現実に於て捉え、現実から零距離の所に未来を設定するという観念性がプログラムの無さとなって現れてくる。だからせっかちに「人間」に胃袋との対決を迫り「人間」として胃袋と訣別するか、胃袋として「人間」と訣別するか、サアサアサアという空恐しい話になってしまうのである。

　英語では「月を要求する」と書いて「ないものねだり」と訳するのだそうだ。だが、緻密な軌道計算と、科学のプロセスを経て月の裏側を廻る宇宙ロケットが生れた今日この云い方は適当でない。と同時に、その様なプロセスを抜きにして月を求める様に「くたばれPR映画!!」と叫ぶのは、いささか現実ばなれした「ないものねだり」と云えない事もないと思う。その意味でも僕は矢部氏、大島氏、そして僕に「くたばれPR映画」論を書けとそそのかした松本俊夫氏に、ドキュメンタリストとして、プログラムを持ったアクチュアルな方法論を、もう一度検討していただきたいと考える。

　云う迄もないが、プログラムをたてるという事は、あたかも宇宙ロケットを軌道にのせる科学だと僕は思う。そこで宇宙ロケット程正確であるかどうか、検討の必要があるけれど例えばこの秋、アメリカを去るに当って、十二年後にはソヴエットの生産力がアメリカのそれを追いこすだろうと云った、フルシチョフ氏の言葉は、PR映画をくたばらすためのプログラムをたてるに当って大いに参考になるだろうと思う。十年後とか五十年後というのでなく、十二年後、といった所が、いかにもロケットの慎重さを現すミソかもしれない。ニュース映画を作っている友達は、日本の自民党の票なんか現金なもので、ソヴエットがアメリカを追い越せばたちまち日ソ日中友好の党にくらがえするだろうから、十二年後には黙っていても平和革命が行われるだろうし黙っていなければ十年後にも可能である、と革命の予想をしたが、この予想の妥当性を認めるとしたら石本統吉氏も云う様に、「民主的な自己紹介としてのPR映画」が当分の間「多様なその製作を続ける」事に間違いない。（そして僕は、石本氏のこの云い方の中の、支持する主義を民主主義と答えるズルさの中に、且て「雪国」を作ったドキュメンタリストとしての、何かプログラムを持った確信を感じるのであるが……）

　勿論一方では、私有財産制を十五年に、二十年に、出来れば永久に、保ちたいためにますますPR映画をその戦列に動員するだろうし、或いは再編成してゆくだろう。こうしたむこう側のプログラムを正確に読み取った上で、作家は十二年を零年にでなく十年に、或いは八年にするためのプログラムを持つ事が必要になってくる。そしてそのプログラムにたった上で、まさにPR映画の中で、狸を化かす狐の智恵としてドキュメンタリー方法論は、その刃が焼かれねばならないし、又、私有財産—大衆というPRに対して、そこのごま化しこそ主要

な矛盾なのだという点を暴くための、庶民意識に対する積極的なPRが組織化されてゆかねばならない、と僕は思う。
だがプログラムのない方法論が、暗い穴ぐらにおち込むように、プログラムに引きずられた創作もまた、不毛の穴におちこむ事を、僕等は身近に経験してきた筈だ。月ロケットなら月に到達すれば目的を果す事が出来るけれど、ドキュメントを批評として捉えるドキュメンタリストにとって、道は果しなく長い事を忘れてはいけないと僕は思う。

児童劇映画論

■岩佐氏寿
（演出家・フリー）

1

子どもの内部というものは、徹頭徹尾おとなにはわからぬものだ。徹頭徹尾、憶測の域を出ない——というところで作品をつくらねばならぬというのが、児童のための芸術一般の宿命であろうと思う。

このことが、いちばん先にあると思う。その上で、現代的状況の中の人間ということでは、おとなと変りがない。

そうなると、わからぬなりに、子どもの内部へ内部へと手探りで攻めて行き、そこからとり出した特定の人間像を、現代的状況とのかかわりあいで描き出すこと以外になりようがない。

児童文学にせよ、児童劇にせよ、映画にせよ、今までの作品では、子どもの内部がわからないから、(おとなの内部ならわかるという意味ではない。わからなさが異質なのだ)作者自身の子ども時代の追憶の投映で、てっとり早く形を整えてしまう傾きがあった。自分の子どもの頃の生活体験や感覚を基礎にして、いま生きてうごいている子どもを考えようとする傾きがあった。自分が小さい時、夕焼雲をとてもきれいに思ったから、今の子どもも、きれいだと思うだろうという憶測である。夕焼雲は、今の子どもにも、きれいだろう。けれども、その思いかたは、私たちの、また、私個人の子どものころの思いかたと、違うのにきまっている。どう違うかを追求するためには、まわりの状況から攻める以外にテがないのだ。

例えば、私たちの年齢の者には、近い将来に月の世界へ行けるようになるだろうといわれても、理窟の上では、そんなものかと思うが、いまの子どもにとっては、理窟ぬきでそういうものだろう。ウサギが餅をついているという伝統的な詩は、私たちの感覚には、いまなおひどくロマンチックだが、いまの子どもは、伝統的にそれを受けとめることはできても、もはや私たちの子どものころの受けとめ方とは、余程違うのに相違ない。

ではどう受けとるかは、原子力時代における人間というところから行くより道がないのだ。

おとなが子どものころの生活体験や感覚を基礎にして作品をつくれば、だから、甘く、センチメンタルになり、それにふさわしい様式化が行われるのにきまっている。「お山の大将おれひとり」や「歌を忘れたカナリヤ」や、「カラスなぜ鳴くの」や「海は荒海……」などという童謡を、私は大へん好きであるが、これはしかし、いまいったような創り方がされているように思う。私が好きなのは、ロマンチックな郷愁を感ずるからにちがいない。だから、これらの「童謡」は、童謡というコトバ自身にも疑問がわくのだが、おとなの郷愁に通じる語感をもっている。だからこれらの「童謡」は、童謡とはいうものの、じつはおとなのシャンソンではなかろうかという疑問を、私は持っている。シャンソンというのは、音楽的に、正確にはどういう条件を持っていなければならぬのかを知っているわけではないが、いわゆるフランスのシャンソン——フランスのとくにパリの土壌に育った庶民の口ずさむ歌というふうにかりに考えれば、日本のシャンソンは「童謡」のある種のものということになるのではあるまいか——つまり、それはおとなが、郷愁をもって口吟むのにふさわしく、けれどもそれは子どものためにというつもりでつくられたものだから、子どもは教えられ、歌うけれども、つまるところ、いまの童謡とは、おとなのシャンソンなのではなかろうかと私は思うのである。いささか、暴論気味だが、それは私に音楽理論の素養に欠けるところがあるからで、感覚的にはそんなふうに思える。友人の音楽家は、いや、冗談ではない、それはあるいは卓見かも知れんぞ、ひとつ研究してみようと、ひどく真面目に私を喜ばせてくれたので、ちょっと得意だったが、尤も、こんなことは誰かがとっくに考えついて、いやそうではなかったなどということになっているかも知れないし、それはどうでもいい。

いずれにせよ、おとなが、じぶんの子ども時代への郷愁をもとにしているので、現在の子どもとの間に矛盾があるのに違いない。これだけはたしかである。

そうなると、憶測であるにせよ、ともかく、全く徒労に終ろうがノイローゼになろうが、まことに正直に、正面からまともに子どもの内部へ迫らねばならない。その方法は、はじめにいったとおりである。いままでの児童劇映画では、全部といっていいくらい、それへのサボタージュが一般的であったと私は考える。

2.

さて次に角度をかえて——というのは、私のものの考え方では、シンキクサイことにはこういう手続きを経なければ結論に辿りつけぬのだが——現に演出上ぶっつかっている技術の問題から考えてみたい。

児童劇映画を撮っていて子どもの俳優さんと一緒に仕事をしていると、以前からこうではないかと思っていたことが、少しずつ確かめられて来るように思えるのである。

おとなの演技者は、その基礎に、自分の生活体験とか、生活態度、その人をとりまいている社会的経済的諸条件と自分との対決、いわば状況の中での生き方というものを持っている。それを基礎としつつ、しかも、全く別の人格を創造しなければならぬのである。それができなければ、ギャランティを貰う資格など、ない筈である。

例えば、「にあんちゃん」の朝鮮人のおばあさんから、日常生活者としての北林谷栄は、想像できない。ほんとの年より遙かに若々しく、シャキシャキと洋装で歩いている彼女とは、全く違っている。全く、化けてしまっていて、知らない限り同一人とは思えない。上手下手はともかく、全く別の人格が創造されているのである。

子どもがいくらうまくメーキャップをしても、こういうことはできない。おとなのように、自分の生活体験を基礎にして他の人格に、ごっそりうつり変ることはできない。自分の生活体験以上には出られないのである。勿論上手下手があって、多少の振幅はあるにせよ、限界がある。その限界というのは、おとなの演技者は、その役を、論理的に理解し追求するけれども、子どもにはその能力が生理的に無く、あるいはある子どもにはあっても微弱にしかなく、従っていつも感覚的に役を受けとっているだけだからである。

別の雑誌で例にあげたことがあるので気がひけるが、「キクとイサム」のキクになった女の子は、映画の前半では、ひじょうに生き生きとしているが、後半では、俄然精彩を欠いて来る。これは当然なのであって、映画というものは内容が時間的に発展して行くものであり、「キクとイサム」でも、前半で設定されたいろいろな問題が、後半では次第に絞られてくる。複雑にからみあっていたものが高い次元へ凝集されてくる。そうなると、子どもの理解力を越えてくる。子どもの生活体験だけでは手に負えないものとなってくる。具体的にいえばキクがなぜ首をつらなければならないところへ追いつめられたのか、あの少女俳優には全く理解できなくなる。理解できない事柄を、ムリに、形で、こうしなさいといってさせれば、鼻持ちならぬメロドラマとなる。形式だけを真似たものとなる。歌舞伎、新派の子役は、もっぱらそれでお涙を頂戴しているのである。「キクとイサム」の作者たちは、それを知っていたからに違いない、決して無理強いをしていない。もっぱらおとなの俳優たちを活躍させ、いわば、まわりからキクを浮き立たせる方法をとっているのである。キクはだからデクの棒のように、じっとしているだけである。下手に動けば、内容が理解を越えているのだから目もあてられぬこととなる。

だから、後半、生彩を欠いているのは当然なのである。

さてそうなってくると、子どもの演技というものは、つねに、その子の生活体験からのみ引き出すものと考えねばならぬ。日常性からドラマをつくり上げる以外にテがないのである。その子の生活体験以上の芝居をさせようとすれば、そういう状況を、子どものまわりに設定し、その中へ子どもを投げこむことによって、新たな生活を体験させるということになる。例えば拙作「仲よし港」では、造船所の構内に古いボートのバカでかいのが転っていたので、子ども諸君を連れて行き、どうだいこの古ボートでロビンソン・クルーソーごっこをやらねえかといったら、大喜びで彼らは勝手にどんどん遊びはじめた。助監督田中徹君の助けもあって、時々助言し、おだて、遊びをますます助長した。よし、というところで、コンテをつくり——というよりは、遊びをチョンギリ、チョンギリ、コンテとした。途中で遊びが発展すると、すぐにコンテを変更するのである。

なんのことはない、これはドキュメンタリィの方法なのである。

こうなると、おとなの俳優さんがひどく難しくなる。前述の子どもは、日常的なうごきをうごいているのだから、表現技術に意識が伴っていない。けれども、おとなの演技で、意識を伴わない演技は、専門的な俳優さんにはあり得ない。つねに、じぶんの芝居を、もうひとりのじぶんが、監視している。そうなると、子どもの演技との間に、大きな矛盾がおこる。水と油というふうなことになる。水と油になりたくなければ、卓抜した演技技術が必要となってくる。おとなの演技では、子どもの芝居に加入する場合、それ以外に絶対に道はないのである。

最初にいった、子どもの内部は、憶測するより仕方がないというその手がかりは、私は、じつは、子どもの俳優から得ようとしている。その理由と、作者主体との関係を追求する義務があると思うのだが、まだじぶんでもわからない点が多いし紙数もない。それに、様式化された例えばメルヘンのようなものを除いて、リアリズムによる児童劇映画は、必然的にドキュメンタリィの方法によらざるを得ないということを、もう少し詳しく考えてみたかったが、その方向をとりたがっているなということだけは、演技を入口として、少しは、わかって頂けたかと思う。

殺人の方法

西江孝之
（演出助手・東京シネマ）

1.

労働者が殺された。ふみ殺したのは、警官である。ドキュメンタリー方法について書け、というのがわたしに課せられたテーマだが、—実のところ、わたしはいまドキュメンタリー方法についておもいをめぐらしていることはたしかだが、手さぐりの状態にあって苦しんでいることもこれまたたしかなことであって、それやこれ、いろいろ考えた末、よし、自分がいまどこまでドキュメンタリーについてものにしているか短文を書きつけてみることによってたしかめてやろう、という決意がわいてきたので書いてみることにする。そのためには、どうしても、ふみ殺された労働者のことを書かなければ、斬って斬って斬りまくって、ドキュメンタリー方法に言及できない気がするので、それからはじめる。一九五九年八月十九日朝、江東の田原製作所の正門まえで、第一組合労働者約二百名がピケをはっていた。——争議は、失業と背中あわせにたたかっている、都下三十有余の争議の代表的な一つであり、百四十日を経過して、深刻な様相をていしていた。会社側と第二組合、城東警察署と警視庁機動隊はすでにその朝、弾圧の方法について事前の協議をおえていた。午前十時二十九分、会社側のクレーン・トラックがまずあらわれて、ピケ隊を示威しつつ、いきなり正門横の石塀約十メートルをぶちこわしはじめた。ひきつづき、白かぶとをかぶった第二組合と暴力団があらわれて、第一組合のスクラムめがけて突入し、はげしく衝突した。この衝突をみとどけて、こんどは青かぶとをかぶった武装警官隊約二百名が猛烈な攻撃を開始した。まったく階級的な資本のけだもの——の本質的な、乱暴な攻撃がはじまった。スクラムは頑強に抵抗をしめしつつもどうしても後退し、傷だらけになって工場敷地内ふかく、おしこめられた。工場の壁をへだてた日だまりの道には、近所の主婦たちがお昼の買物で歩いていた。日頃よく訓練された警官隊は、さらに急激な圧迫を、つづけさまにスクラムにくわえた。一見何事もない平和な東京の一角で、呻き声がおきた。このとき、民主警察のかたい靴が、第一組合労働者、勤続十年、クレーン運転士塙治さんの胸を幾度もふみつけたのだ。

肉のなかで、血が流れた。……

2.

ドキュメンタリストが大活躍してよい時代がきているとわたしはおもうのだ。なにが起るかわからないわたしたちの時代にはドキュメンタリー方法はなかなかすぐれた効果を発揮するように、わたしにはおもえるからだ。なんていうと、なんだおまえの文体はちっともドキュメンタルじゃないじゃないか、方法にしても少しもアクチュアルなものをさぐりだしてないし、それにデペーズもないじゃないか、なんてこてんぱんにらみつけられて叱られそうだが、江戸のやつらがなに知って、わたしはおそいかかる独占ブルジョアジーとその権力がもつ殺人の方法に対置して、革命的なドキュメンタリー方法をさぐりあてたいとおもっているのだ。まさしく、わたしたちのこの時代、この社会には殺人こそが遍在しているのだ。殴殺、絞殺、刺殺、銃殺、毒殺、謀殺、自殺と大量殺りく、あげくはふみ殺しにいたるまで、まったくこの世は死臭にみちみちていて、いつ殺されるか、いつ殺すか、さっぱりわからなくなってしまいそうなのがわたしたちのおかれた現実なのだ。こんなときに、ダース単位でまとめてかぞえる方がよいとおもわれる、世界的流行の最尖端をゆく客観主義的な評論家やエセ革命家どもがやるように、たえまなく生起してくるいきいきとした殺人事件を、動機、方法、結果と、形式的に大別し、これはここ、それはそこってなぐあいに、既成の尺度にあてはめて、またたくまに分類カードに種別しながら抽出しのおくにつっこんで、ことあるごとにサラリ、質問におうじて手ぎわよく意見をだし、まいどありがとうございます、またどうぞ、てなことは、ドキュメンタリズムと無縁であるばかりかはげしく、真向から対立するはずのものなのだ。主体的ドキュメンタリストはこのような、肖像画を拝跪する諸君の解説や、殺人に加担する既成概念を排撃しつつ、意識的にうちきたえたドキュメンタリー方法を武器としていきなりたちあらわれる偶然とすらみえる殺人の、うごく諸相のおくふかくに身を挺してゆくのだ。みづからを問うとともに他を問うドキュメントは、このようにドキュメンタリストがはげしく現実へ参加することを通して、客体と主体的にかかわり格斗する中でこそとりだされるものであるし、それは、歴史と世界が音たててはげしく濃縮する、まったくアクチュアルな、物質的な運動をイマージュとしてとりだし、主体内部の豊かなフイクションをもって立体的に結晶化した、硬質の、爆発的な、独自な綜合化の高みにささえられたものであるに違いない。このようにしてとりだされたドキュメントは、ドキュメントされたことによって逆告発してくるすべてに対してたんに堅牢であるのみならず、それ自体がモノとして、みづからをふくむ一切のものにた

いして暴力的に攻撃的であるにちがいない。だからこそ、現代史における三大虐殺――日本帝国主義者の南京における大虐殺ドイツファシストのアウシュヴィッツにおける大虐殺、アメリカ帝国主義者の広島における大虐殺を創造的にとらえかえすべくひとたび、主体的ドキュメンタリストがドキュメンタリー方法を強靭にうちきたえながら身を挺してゆくとき、真に大虐殺を告発するドキュメントがとりだされることは不思議なことではないし、あらたな殺りく者どもが憎しみこめてそれらドキュメントを押収するのに躍起となるのもまことによく理解できるというものだ。しかし、それらドキュメントがすべてのみる者を恐怖の底にたたきこみ、真実に近づけ、そのことによって恐怖の根源にたちむかわせるドキュメントであるためにはすべてのみる者をして主体的に対決せざるをえぬような、能動的であり強烈な要素を充満していなければならず、主体的観客を対立的に触発しめる諸条件――共通の現在課題の現実的把握、歴史的階級的な共通体験、そして人間の内奥にひそむ意識、無意識の領域にうごめく物質的運動の顕在化を注意ぶかくみぬきとらえかえす努力がなされねばならぬのだ。このように目的意識的にドキュメンタリストが観客主体とかかわりあうということは観客のなかにみづからをみつめ、みづからのうちに観客をみつめるということでありドキュメントに意識的に階級性を附与することであって、現在課題にこたえる革命的ドキュメントを作りだすためには、主体的ドキュメンタリストのひとつのレンズの背後に百千万の観客の目を正しくふくませる努力が、目的的、階級的に要求されるのだ。現在を問いつめ表現でうちのめす、決意あるドキュメンタリストが真に強烈な、鋭い、革命的ドキュメントをうみだすためには、現在課題に主体的に対決する方向でこのことが要求されるのだ。したがって現実変革の強靭な意識にささえられた主体的ドキュメンタリストであることが要求されそれにこたえるためには、ドキュメント創造を通じて、ドキュメントの創造過程でみづからを変革するとともに、創造されたドキュメントによってみづからを変革してゆく意識的努力が必要であり、観客はこのとき、ドキュメントがはたらきかける対象であるとともに、奪取すべきエネルギー対象として把握されるのだ。こうした関係において、独占ブルジョアジーの高度に組織されたイデオロギー攻撃にたいしておこされるべき広汎なプロレタリアート・イデオロギー運動がとらえだされる必要があり、この運動にあってドキュメンタリストは階級的に主体的であり、この運動を基盤として創造するドキュメンタリストは、主体的に方法を駆使して、断絶した客体とかかわり、主体的に現実を対象化し、意識的に形象化して、骨のズイまで階級的なドキュメントを提起できるのであって、ドキュメンタリストの社会的責任はこうしたものなのだ。かって、そうした運動の背景をもたず、大虐殺の血の海のなかでドキュメントをうみだしたドキュメンタリストたちはそうした運動をおそらくヴィジョンとして描きつつ、その運動に失敗したがゆえに、ついに、みづからの主体を確認しつつ創作した者のみがすぐれたドキュメントをうみだしたのであって、しかしそのとき、主体的ドキュメンタリストの創造にたちむかう姿は、黒々と絶望的で孤独なものであったにちがいない。累々たる黒焦げの死骸をまえにして、ひとりふみこみ、異常な力感をもって迫ってくるぶちのめされた大虐殺の現実の、みづからのどの感覚、意識のどの部分でうけとめていいかまるでわからない、錯乱の嵐におそわれつつ、かれは主体と方法をきたえぬく努力を失わず、後退せず、表現の狂気となって、ついには、みづからの内部に大虐殺の黒焦げた死体を発見したにちがいない。そうした徹底した攻撃の連続的格斗によってかれらは、暗くうめくドキュメント結晶をとりだすことができたのであろうし、みる者をして、暗黒の現実の底ふかくたたきこみ、真実をつかませ、真実をエネルギー化させて爆発的な行動――恐怖と悲惨の根源を粉砕してゆく斗争へ、たたしめるひとつの有力な効力をうみだしたのであろう。しかもかくのごとくして獲得したドキュメントにおいて、ついにみづからを否定しつつ、さらにあらたな現実との格斗にたちむかうドキュメンタリストはあたかも永久革命家にも似てつねに孤独におもわれてくるが、ドキュメンタリストがドキュメントを決意しつつ格斗し、高貴なドキュメントを全身でささえてこそ、ドキュメンタリストがドキュメンタリストとしての主体と革命とふかく一体なのであって、革命的ドキュメンタリストは創造の一点にすべてを賭して、いかなる非人間的な攻撃――ドキュメントする条件を奪い、生命すら奪おうとねらってくるあの大虐殺の現実と不可避的にたたかいつつ、創造をつづけるのだ。

3

しかしわたしは安心なのだ。大虐殺、大虐殺なんていったってそれはもう過去のことであるし、死臭ふんぷんたる、ウジが湧いている黒焦げた死骸の群なぞわたしになんの関係があるものか。わたしの日常的現実にたまたま内臓をむきだした死体の一つや二つころがっているとしても、そんなことに驚いていたらこの世のなかを生きていかれるか。せいぜころがっていても、一日に一つか二つじゃないか。そんなものはいつの世のなかにだってあることだし、どうだっていいのだとわたしはおもうのだ。わたしたちは目をまえにむけなければならないとおもう。わたしたちのふかく考えなければならないことはなによりもわたしたちのこの時代の特徴をつかむことであって、梅の花の匂いすらさそいだす東風がなごやかに吹きはじめた意義をこそはっきりととらえだせばもう安心なので、現在の日本のドキュメンタリストがやるべき主要な任務は目のまえにあるものを忠実にえがきだし、フイクションだって適当にふりかけて、たのしいほのぼのとした作品をできるだけ数多くつくりだすことにこそあるのではなかろ

役か。それを主体とか客体とか小うるさく、役にもたたぬ屁理屈ばかりならべてて、深刻な顔をしてみたところでなにになるか、この世はそんなにあまいものではないはずだ。ところがこの世はあまいものではなかったのだ。ある日、わたしはルンペンを貨車につめたまま海に投げ捨てているのをたしかにみたのだ。そしてまたある朝、わたしはルンペン寸前の失業者がひしめく職安の給職係にどなりまくられるその一人だ。そしてまた今年の真夏のある時刻、わたしは失業者の群に労働者をたたき落とす民主警察が、一人の労働者をふみ殺すのをたしかにみたのだ。目にみえる虐殺ばかりが虐殺では決してない。たしかにこの社会は人間を殺している。白昼、公然と人知れず、虐殺がおこなわれているのだ。無数におこなわれている。そのことによってさらにあらたな決定的ともいえる大がかりな皆殺し計画が準備されているのだ。意識的、無意識的にしろこの大虐殺をおしすすめささえている、あらゆる没主体的な思想を行動と非妥協的に対決し、ドキュメントしてゆく仕事こそ、革命的ドキュメンタリストに課せられた、思想性にかかわる仕事ではなかろうか、とわたしはみづからに問うてみる。なにもわたしはいますぐすべてのドキュメンタリストが斗争をテーマにした作品をつくらなければならないとか、なにもかもおっぽって、なりふり乱して革命斗争に参加しなければならないとかいおうとしているのでは決してないのだ。なにを題材にし、なにをつくりだしてもいい、ただその根本における視点をこそ、たしかめふみかため確認して進まなければどうしようもないところにわたしたちがきているのではないかと問題を提出したいのだ。たとえばわたしの隣りに温和な勤人が住んでいるとする。かれはなんといっても上品で、スマートであって、誰と道ですれちがっても丁寧に挨拶をかわす、まことにわたしのみならうべき、標本とすべき青年なのだ。家庭に帰れば、妻と子供を可愛がり、手がきれいで、花をいじり、クラシックを愛し、小鳥が好きで、笑いがとまらない、――ホーム・ドラマの「典型」的主人公みたいなのだ。かれは勤務先の実験室でフラスコをいじっており、――しかし誰が一体この人物が大量殺りく兵器の基本的研究を進めている人物だとみぬけよう。顔だけみたってわからないのだ。知らずにフラスコをいじっているかれが悪いというのでもない。かれをそのようなモノにしているあるナニモノかが、温和なかれのもう一つ奥にいて猛烈な運動をしているのではなかろうかと疑いたくなるのは誰しもだ。ところが事態はもっと複雑なのだ。かれの可愛いい若い奥さんはちっともスマートでないわたしのどこをみこんだのか、もしや勇敢なわたしの性格にほれこんだのかな、と判断もしてみるが、やっぱりどうもわたしの残忍な性格に目をつけたらしく、日夜わたしに色目つかって話しかけ、かの女自身の夫を殺害しようと企んでいるらしいのだ。そのくせ、夕方、夫が帰ってくるといそいそと、にこにこ笑って出迎えたりなどして、わたしは発狂しそうになって、道路にとびだし通っている女という女どもを片っぱしから棍棒でぶち殺したい衝動にかられるのだ。いや、わたしはすでに人殺しを何回も繰り返しているのかもしれないのだ。知らずにこの前、食った夜食の肉の味など赤ん坊のふくよかな頬に似て、ゴリゴリ美味そうに喰ってしまったがどうもあやしいのだ。そしてこんなことをいっているわたし自身が明日、いやもしかするとあと五、六分で何者かによって料理されているやせた豚肉かもしれないのだ。なにがおこるかまったわからない、不気味な世の中が現在のおかれた社会ではないか。こんなときにストーリ主義の奴隷になりさがり、起承転結、序破急の苦しみを苦しむ「人間性」などによっかかっているより、アクチュアリティを足がかりにリアリティを摘出して攻撃する「物質性」の殺人的ドキュメンタリー方法によらねばならぬことは確実なことなのだ。そしてこのドキュメンタリー方法こそ、いっさいの殺人によってささえられ高くそびえたち、さらに無限の殺人をうみつづけるこの無慈悲な社会機構を根底からぶち倒すプロレタリア革命の方法と作家内部で対応しなければならぬことはいうまでもないのだ。それはかれらなりのドキュメント、独占ブルジョアジーと権力の年代的なドキュメント、たとえば経済白書に対置して力ある、ダイナミックな、いきいきとした、革命的ドキュメントを、一発、一発、とつきつけてゆくものであって、それ以外のものではないだろう。まことに独占ブルジョアジーと権力の内外呼応しての長期殺人計画は、年度ごとの予算の紙キレ一枚みても明白なことである。かれらは嘘をつきつき、見事にアクチュアリティをつかみつつ、エリコンでもH・R・B・Mでもなんでもものにして、わたしたちにおそいかかろうとしているのだ。ただ馬鹿にして、おまつり騒ぎだけをやることからは到底、かれらを凌駕して粉砕する革命の方法もドキュメンタリー方法も得られないことは、苦い経験とこの現在を照らして、充分に考えぬくだけの価値はもっているだろうとわたしは考えるものだ。すべてのドキュメンタリストのもっともすぐれたドキュメンタリー方法をひきだして、あきらかにし、それを現在課題と対置させ、さらには生れるべき革命的ドキュメンタリー方法を生みだすため、すべてのドキュメンタリストがみづからの方法をその一点に対置させて、鋭い、革命的方法を獲得することが緊急に要請されている。現実はそこまで進行し、破裂的な様相を濃密にしつつ、危機は一見おだやかな平和のなかにこそ深化しているのだ。十年前、公安条令反対デモに参加した青年労働者、橋本金二さんを二階から突き落として殺した独占ブルジョアジーと権力は、三年前、砂川基地反対斗争において参加した労働者、農民、学生を、殴る、蹴る、突き倒すなどして一挙に一千百人の重軽傷者をだし、今年にはいって、圧迫をかけておいてふみ殺すといった、なかなかの技倆を発揮するにいたった。やがてかれらはまとめてふみ殺すにいたるであろう。**（以下次頁四段へ）**

（琉球政府庁舎）

オキナワ(1)

見たまま感じたまま

■

間宮則夫

（演出家・日経映画）

〃沖縄は米国領土なのだろうか〃

現在、大半の日本人はこうおもっているにちがいありません。政府は沖縄は〃潜在主権〃があるから国際法上は日本であるといっております。それにしても日本地図の何処を見ても、社会科の教科書の何処を探しても沖縄が見当らないのは何故でしょうか。

〃潜在主権〃を口ずさむ政府は沖縄の人々が「祖国復帰運動」を島ぐるみで斗っていても〃行政権〃が無いことを口実にただソッポをむいているだけでした。そしてそれだけではまだたりないらしくすすんで分け前にあずかろうと軍備を拡張し、基地を提供して戦争の仲間入りをさせてもらい『仰山もうけさせてもらいまっせ』とお世辞たらたらの盗人根性まるだしです。

こうした〃潜在主権〃のある島とは一体どんな島なのだろうか。又そこに生活している沖縄の人々はどんな生活を営んでいるのだろうか。同じ日本人であり、同胞である彼等が〃潜在主権〃という内側からの壁によって、さまざまな手枷足枷がはめられ、がんじがらめの生活を余儀なくされている現状を、彼等の日常生活の中でその苦しみや悲しみ、悩みといった具体的事実がどのようにふれあい、対立しあって共通の壁にはげしくぶちあたっているかを私は私なりに確かめて、つかみとってきたいと思ったわけです。

渡航を申請してから五六日目。八月十日にようやく那覇にたどりつきました。私たちが現実に始めて沖縄の地に立って改めてきびしく感じさせられたことは、基地問題は云うにおよばず、すべての事柄が対米軍関係を念頭におき、それを基盤にした相関々係の上でしか物をみ、語り、はかることが出来ないということでした。その傍若無人の振舞は、住民の生存権を無視し、新たに武力をもって接収した農民の土地にミサイル基地を急テンポで建設し、経済態勢をB円から弗に切換え、那覇に自由貿易港を設定してドル地域における外商達に便を与え、植民地支配を一層強固にしようとしています。

あらまし以上のような状況下に私達（私と浅岡カメラマン）は早稲田大学八重山学術調査団の一員として沖縄に行ったわけです。調査団と行動を共にするということであったので私達の主たる撮影地も八重山群島です。滞在実数わずか一ケ月と少々。今振り返って考えてみた時、この膨大な問題をかかえた島をとらえるにしては時間が短かすぎました。報告というと大変オーバーではずかしいのですが、ともかくカメラを持って、レンズを通して、みたまま、感じたままのかけあるきを、日記をもとにして記してみたいと思います。

① 基地の島に初めて上陸して

台風六号のために貴重な九日間を無駄にして、ようやく「沖縄丸」で鹿児島港を出港したのが八月九日。一夜あけると早くも沖縄群島の北端、伊平屋島の隆起珊瑚礁特有の平べったい島蔭があざやかなエメラルドグリーンをもって私達をむかえてくれた。続いて伊是名島、伊江島と次々に現われてくる。アーニー・パイルの記念碑が島の中央に立っていて、まるで朝

（前頁より） いまかれらは政治（安保）、経済（合理化）文化（勤評）を図太く一本にこめて、全分野にわたって全面的な攻撃をかけてきている。かれらの狙いは一貫しており、計画と方法をもつものであり、集中的である。この攻撃をさけて通るわけには絶対にゆかない。まさしくこのときに、通る側は口惜しくも圧迫されれば必ず反撃するプロレタリアートの爆発的なエネルギーをもちながら、そのあらわれ方は分散化しており、斗争はコマギレであり、しかもこれを変革する方法をにぎるべき重要部分が「お天気まち」の姿勢で風によっかかり、あたりかまわず笑いをふりまいているのだ。笑うことが悪いというのではない。むしろわたしは、大いに笑って笑って笑いまくることはまことにいいことだとすら考えている。第一、健康にいい。しかし、同じ笑うにしても笑いかたがあるだろう。革命家とドキュメンタリストは、みることをエネルギーだ、と確信する者をいうのだ。断じてレアリストでなければならない。目をひらいて歩く歩き方とは、まず第一に自力で歩くことであり、方向をみきわめ、笑って笑って笑いぬいて通りかかり、かれは白痴か天才か、ニタリと敵がほくそえんで見送るやいなや、バッタリ、敵はそこに斬り捨てられていた、てな具合のものではなかろうか。そしてこのことこそ、読者や観客の正面きってずかずかと、頭脳のシンになだれこみ、いてもたってもいられぬ気にする、なにやらドキュメンタリー方法の極意のひとつに似てないこともないというものだ。わたしは非合理の表現に注目する。暴力的、破壊的、衝撃的表現、ドキュメンタリー方法はどうやらドキュメンタリーフィルムにその血路をみいだしはじめたようだ。芸術革命の尖兵としてのドキュメンタリー方法は、芸術革命を通過しつつ既成芸術と根底的に次元の異る革命芸術をうみだす第一歩をふみだしたと考えるのは早過ぎるか。

鮮人のトンガリ帽子をおもわせる島。そこで生活している島人たちにとってはたとえ苦労の多い島であっても、旅行者が通りすがりにのぞく島の外観は誠に美しく「おとぎの島」をおもわせて瞬時の間私を童心にかえらせてくれる。

左舷には沖縄本島が細長く横たわっている。大きな木々はまったくといってもよい位見当らず赤茶けた山肌をおおってわずかに緑がはいつくばっている。屋久島等とは段ちがいの島の様相を呈している。小雨に煙る本島は、一見これが基地の島か、と思う程外観は静かにたたずまっている。併し眼をこらしてよく見ると、そこの海岸、そこの岩陰、あそこの山上と、基地の建物が、施設が容赦なく眼中に飛び込んでくる。「さあ、沖縄に来たんだ！」おもわず緊張をおぼえる。

「なんでもいい、一人でも多くの日本人が沖縄に来ることでそれだけ祖国との絆が強固になるのだ」と祖国に訴えた沖縄の人の言葉をおもい浮べながら私はタラップをおりた。泊港である。むかえの琉球大学スクールバスに乗って私たちの身元引受人である文化財保護委員会にむかう。港の附近は一面草ぼうぼうの野原。その中にポツ〳〵、ポツンと建っているマッチ箱のようなグリーンのペンキをぬった規格住宅。野原をつっきって一直線にのびる、巾七〇呎のアスファルト道路。猛スピードで疾駆する、真黄色のタクシー。「あッ衝突!!」とおもったのは、バスの前部に乗っていた私の錯覚、沖縄では右側通行であった。約五分で星条旗の翻がえる行政府ビルに着く。米国が琉球政府に寄贈した建物、その銅板の証が入口の白壁に和英両文で堂々とはりつけられている。一階と二階を琉球政府が、三階と四階を米国民政府が使用している。そして鉄格子の扉が二つの世界を別けている。寄贈を受けた琉球政府のままならぬこの建物は、まるで今日の沖縄を象徴しているようなものである。

那覇市は一九五八年度で一八七、八五八人で沖縄総人口の約四分の一を占めているそうだ。首里と真和志を合併し、土地を奪われた人々が島の各所から集ってきて出来上ったこの那覇は昔日の面影を少しもとどめていない。

国際大通り――「ここを奇跡の一マイルと呼んでいるんですよ。」と同行の琉大の真栄城さんが話してくれた。「この辺一帯は昔田圃で、この道を肥桶を積んだ牛車がのんびりと往きかっていたものです。それがあの空襲と艦砲射撃の集中砲火でしょう。当時は、それこそ瓦礫の山の他はなにも残ってはいませんでしたよ。その上米軍が那覇港を中心に旧市街一帯を接収したんです。だから収容所から開放されてきた市民は、よんどころなく新しい街づくりを始めたわけなんですよ。」とさりげなく語る氏の細面の横顔をみつめながら、でこぼこの歩道を歩いていった。三分おきに停留所を発着するバスの群をみ、八百台近くのタクシーが黄色い車体を連らねて走る国際大通り――通りの両側にはスイス製、ドイツ製、イギリス製、アメリカ製、日本製の時計、カメラ、貴金属と多種多様の高価な商品を豊富に並べた商店、土産物を売る店、ナイトクラブ、映画館が建ち並んでお客のおいでを待っている。バス停には、頭に重そうな荷物を乗せた琉装のおばあさん、やせこけた、しわの多い中年男、洋装の若い女性、色の浅黒い青年たち。ざっとあたりを見渡しても通りを歩いているのは、こういった人たちだけである。みたところ大変失礼なはなしだが、どれもこれもあの立派なお店には用が無さそうである。では一体誰れの為にあるのだろうか。その時、私の前に一台の五九年型の新車が音もなく近づいてきて、中からサングラスに袖なしブラウス、ショートパンツと美しい肉体を惜しげもなくさらけ出した金髪の御婦人連が降り立ち、足どりも軽く貴金属店に入って行った。なんの変哲もない至極当り前の風景である。でも私は当り前のことながら、街のちぐはぐな現実を前にして「では一体誰のためにあるのだろうか」ということに改めてこだわらずにはいられなかった。

②さいはての島に着いて

途中宮古島に寄港して午後七時三十分調査団の根拠地である石垣港沖につく。待期していた警察ボートが「歓迎早大学術調査団」と大書したのぼりを押し立てて舷側に寄ってきた。島の文化人総出の出迎えにまず「ギョッ」とする。

棧橋から出迎えの人々に案内されてそのまま琉球政府八重山地方庁に一まず落着いた私達は早速会議室で自己紹介をかねて到着の挨拶をおこない、今後のスケジュールについて打合せをおこなった。出発当初はまず石垣島内を四、五日ロケハンし、そこで目標をしっかりととらえてから各離島への目標をたてようと考えていた。勿論当初から幾つかの目標をたててはきたのだが、果して頭でデッチあげた通りのものが現実の生活の中で真剣に取組まれている問題であるかどうか、又それが現在又は未来にわたって日常生活を大きく変革しようとしている問題であるかどうか、東京にいては発見し得ないような問題が見出されはしないかということを少しでも確認したいと思ったからである。台風六号のため鹿児島出発が九日もおくれたのでこの当初の予定は無理としてもせめて二、三日は島の中を見てまわりたいと希望を述べたが、警察ボートが明日一日しかあいていないこと、波照間島への便船があてにならず、あっても盆帰りの人々が一杯で果して調査団の人達が乗りきれるかどうかわからないし、十七日の祭に間に合わせるには明日の警察ボートで行くのが一番よいとの意見が島の文化人達から口々に述べられ、そのうちに郷土史家の喜舎場永珣氏がこれらの意見を代表するように「そうした方がいい、祭がゆっくり観られるからな。撮影班の人たちもそうしなさい。」彼はこちらの希望をきかばこそ、まるで一人ぎめである。調査団の他の班の先生方は問題が研究内容にさしさわりのない日程の事なのでさして関心がない。「今後もこのように外部事情に左右されながら撮影を続けてゆくような状態になったら困るな」と思いながら、うす暗い電灯にひかる胡麻塩頭の喜舎場老人の意見に不承々々従わざるをえなかった。

作家の主体と戦争戦後責任について

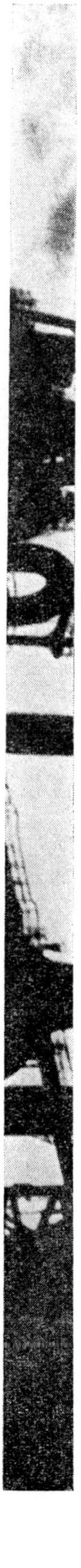

松本俊夫の毒舌に答える

■丸山章治（演出家・フリー）

論理と証拠の不在について

記録映画八月号の「敗戦と戦後の不在」と題する論文で、松本俊夫は、私を「作家の内部世界ということに一片の省察ももちあわせない」「自己の腐敗を自覚しない」「変革主体の疎外と不毛の構造を、その根元にまでさかのぼって克服しようとする、既に開始された斗いの意義も、遂に自己の内部的現実的課題となる」見込みすらない、常に「自己を第三者的な位置にすえ置き、あたかもクイズかパズルでももてあそぶように文字づらでのトウトロギイをもてあそぶ自己偽瞞的なおどろくべき」「痴呆のような」「空しいオプティミスト」であり、「修正」主義者であり「エセ合理主義者」「ソフィスト」であり「無責任きわまる発言」をする男であり「戦争権力がアジア各地にもたらした数かぎりない残虐行為と同質の犯罪」を行った戦争協力者であり「いとも安易に時流に順応してゆこうとする」日和見主義者であり「一度でもそのきびしい外部条件の圧力と血みどろになって斗ったことの」ない、「一度でも大衆の奥深く自己をかかわらせて、その背離感と信頼感との間に苦悶したこと」のない、「敗戦の事実から何ものも得ようとせず、そのことによって戦後を挫折させた」ばかりか、今も「現実変革のプログラムとその実践主体の革命をなそうとすることを又しても拒否している」そういう驚くべき、人間の風上にもおけないシロモノとして、告発しているのである。

こういうことをヌケヌケと云ってのけた男を、ついこの間まで頼みがいある友であり仲間であり同志であると私は信じていた。まことに乱世と申す他はない。きのうの味方は今日敵と変じ、ニッコリ笑えば人を切るという寸法である。

松本俊夫は、さきに記録映画に発表した私の意見を、「詭弁」「ヘリクツ」「エセ合理主義」「不毛の論理」とけなし「バカバカしい」の「あいた口がふさがらない」のと口をきわめて罵倒してみせたがしかし、彼は何故詭弁でありヘリクツでありエセ合理主義であり不毛の論理でありバカバカしくあいた口がふさがらないか、その根拠をついに一度も論証しようとはしなかったのである。私のが「不毛の論理」なら、彼のは「論理の不在」に他ならないではないか。

松本俊夫に与える教訓一号——「すべからく批判は科学的論理的でなければならない。」

次に、松本俊夫は、私を無責任な腐敗した人間であり、戦争戦後の体験から何一つ学ぼうとせず、常に安易に時流に便乗する戦争犯罪人であり、革命を拒否する修正主義者であると告発して、私の名誉をきづつけたが、しかし、彼は何一つとして具体的な証拠をあげようとはしなかった。全くもって「無責任なる発言」と申す他はない。

松本俊夫に与える教訓第二号—「およそ人を裁くには、動かぬ証拠にもとづかねばならない。」

なぜ彼は、こんなに大きな声をはりあげて吠えるのか。私は、探偵フイリップ・マーロウが云った言葉を思い出す。「なぜ、あんたが、そんなにどなりつけるか、僕にはよくわかる。僕をおどかすことが出来るとウヌボレたいんでしょう？」

友達からドロボーよばわりされて自殺してしまった少女のことが新聞に出ていたが、松本俊夫よ、僕は小心憶病で、欠点の多い、平凡な男ではあるが、たとえ多数の読者の前でののしりはずかしめられたからと云って、この少女のように死んだりはしない。僕も自分を守る牙だけは持っていることを今後知るべきである。

主体を喪失した亡者について

人間主体は、不充分不完全なものから、次第に、充分完全なるものへ変化し発展してゆくものであり、変化発展を生みだす力は、人間主体のもつ様々な矛盾（対立物の斗争と統一）に他ならない、と私は主張しているだけである。記録映画五月号の「作家の内部世界をどうとらえるか」という論述の中で、（もっともこのイカメシイ表題は編輯部が勝手につけたものだが）私は以上の主張を様々な実例をあげながら説明しておいた。（この実例が松本俊夫には「つまらぬ引例をながながとひきあいに出し」たとしか受けとれなかったのはイカンである。）そして更にあるべき主体をないなどと見そこなわないように、老婆心から、たまたま微生物学をしらべていたので微生物の存在の話をつけ加えておいた。ところが松本俊夫は鬼の首でもとったように、私がミクロ的主体の存在を主張した、などとタワケタ曲解をやってみせた。もし私が、たまたま天文学をしらべていて反射望遠鏡でしか見えない天体の話でもしていたら、それこそマクロ的主休の存在を主張したと云い出すだろうし、木を見て森を見ない例でも持ち出したら、植物的主体の存在を主張したなどと云いがかりをつけた事だろう。このように心のねじけた者を論争の相手にえらばねばならないとは不運という他はない。

私は主体が喪失するなどという奇妙な事件を信じないが、松本俊夫は喪失を主張するのである。そして、すべての失敗、挫折、敗退、腐敗の原因を「主体の喪失」という一句で説明してみせるのである。しかし、この重宝便利にして万能なる「主体喪失」も、残念ながら、これだけでは何ものも説明し得ないし、事情を少しも明らかにすることは出来ない。

主体喪失論者は奇妙にも自分自身の主体の喪失については語らない。われわれは、とか、お前たちは、とか集合名詞を使って一般化し、自分を「第三者的な位置にすえ置き」、しかるのち「主体喪失」をひとごとのように言う傾向がある。いったい松本俊夫自身は主体を喪失したのか、しなかったのか？ 喪失したとしたら、イツ、ドコデ、いかなる条件で、何故、喪失してしまったのか。ウッカリ喪失してしまったと云うなら、そのウッカリしたもう一つの主体にお目にかかれる訳だし、外部の圧力によって喪失せしめられたと云うなら、君は喪失の被害者であって、その責任はあげて外部に帰してしまうことになる。

松本俊夫よ、「誤れる政治に、もたれかかり、その走狗となって映画を政治に隷属させた」それらの行為の主体は、誰の主体なのか？アヤマチを犯した人々の主体はあるのかないのか僕はあると云い、君はないと云う。僕はあるから責任をとらねばならぬと主張するのだが、君は一体何を主張するつもりなのか？

君は「責任の名において主体の変革を遂行しよう」としているそうだが、それなら、変革さるべき主体は、あるのか、ないのか？あるとしたら、それは変革しようとする主体と同じ主体なのかどうか？もしちがう主体だと云うなら、変革しようとする主体は、イツ、ドコカラ、どんな手続きと権利で現れてくることが出来たのか？

君は主体喪失を主張するが、一度喪失した主体は、どんな手続きでとり戻されてくるのか？とりもどされた主体は、前の主体と同一の主体なのか？あるいは全く別の主体なのか？全く別だとしたら、そのような主体はどこから、どんな権利でやって来ることが出来たのか？

私は何も好きこのんで、こんなスコラ的コンニャク問題をしかけているのではない。科学的に内容のない「主体喪失」という文学的観念をもちこんで、事態をスコラ的複雑怪奇なものたらしめたのは松本俊夫であって私ではない。従って松本俊夫にはこの馬鹿げたコンニャク問答に答えねばならない主体的責任があるのだ。

コレコレかようの事情で主体を喪失しましたと主体喪失届けを出してきた亡者に今だに一人もお目にかかれないのは残念千万である。もしそういうヒョウキン者が現れてくれたら、もっと事態がハッキリした事であろう。

戦争責任について

松本俊夫はサモ事ありげに、思入れもたっぷりと、僕が東宝航空教育資料製作所に居た事実を指テキした。もっとも指テキしただけで、僕がそこで何をしたかについてはコトサラ口をつぐんでいる。彼は、僕の過去について手をつくして調べぬいたそうであるから、知らないで書かなかった訳ではない筈だ。とすれば、こういう指テキだけにとどめておく方が、いかにもウシロ暗いことが山程あったような印象を与えるだろうと、その効果を計算したのであろう。

私は中学を出ると間もなく、映画説明者をふり出しに芸人世界にとびこんだ。一家十二人の生計を我肩に背負ってゆくには芸人程割のいい稼業はなかった。しかし、戦争がはじまると事情は一変し、人様を笑わせる稼業はむづかしくなってきた。のみならず、徴用工としてしばしば引っぱれそうになった。丁度その頃、東宝航空教育資料製作所の友人たちが、徴用のがれにここへはいれ、とシキリにすすめて呉れた。月給は安かったが多少の貯金もあったので、戦争も長くはもつまいと見越して入所した。はいってみると、詩人坪野哲久君やら画家森芳雄君、難波田竜起君など変った人物が、私同様の事情ではいっていた。私は間もなく命ぜられてキャメラマン兼監督玉井正夫君の演出助手となり、その後の一年程を殆んど明野陸軍航空隊で暮らすことになった。戦斗機乗りに戦斗方法を教える八巻物（?）の教育映画をつくるためである。中年になってなれない演出助手と成った者のみじめさは申すまでもあるまい。私に生きる勇気を与えたものは戦斗的唯物論であった。その映画の完成するかしないに終戦となった。

以上が東宝航空教育資料製作所に私が入所した事情であり、同所において私の行った仕事である。「アジア各地で行われた残虐行為と同質の犯罪」を行ったなどと云われるオボエは全くない。松本俊夫よ、すぐにバレるようなウソはつかない方がいい。

戦争責任という殺し文句をふりまわして騒々しくさわぎたてるヤカラが、きまって自分の戦争責任については口をつぐんでいるのは奇妙なことである。松本俊夫よ、君の戦争責任はあるのかないのかことわっておくが、僕は自分に戦争責任があるなどと考えたこともない。

戦争を計画し実行した者も、その尻馬に乗って片棒かついだヤカラも、戦争に狩り出された犠牲者も、何もかも、十把ひとからげにする「戦争責任」というアイマイな概念は、一億総ザンゲと同じように非科学的だと僕は考えている。

松本俊夫は、私を「あたかも痴呆のように」みなして、戦争体験から何一つ学ばなかったように書いているが、私は戦争中の体験の中から平凡な真理を学んだ。それは——どれほど自分一身の主体性を確立しようとつとめたところでそれだけでは何事にもならない、組織されないかぎり外部を変革する力となることは出来ない、という事である。恐らく松本俊夫は、またしても私が「自明の常識をもっともらしく啓蒙してくれている」と云うだろう。……のをみると、私は怒りとも悲しみともつかぬうづきを感じて、わが国の革命がいかに困難にみちているかをあらためて思わないわけに

はゆかない」などと大げさにタメ息をついてみせることだろうが、私の戦後の生き方は、この実感を出発点としているのである。

目クソ鼻クソについて

戦争中私は、両の手でロウソクの火をかばうようにして、自分の中の小さな火を消さないように守りつづけた。私にはそれがせい一ぱいだった。私は自分の実感を、あやしげな戦争哲学の理論でねじふせようとしたことなどは一度もない。戦争の闇の中で未来のために独学自習しながらつけたノートが今も十数冊は残っている。（アトは二度の戦火で焼いてしまった）見たければ見せてやってもいい。

しかし、私の貧しい学力では、苦心して手に入れた哲学や諸科学の書はチンプンカンプンに近かった。人民のために必要な智識学問が人民の手のとどかぬところにあることの切ない程のジレッタサは戦後苦労なく大学まで順当に卒業できた君のような幸福なインテリには恐らく理解を絶していることなのであろう。

教育や啓蒙を、目クソ鼻クソにたとえてアザ笑う君のその高慢さは、そこに由来しているようだ。私は自分の体験から啓蒙の必要さと重大さを実感した。そしてその故に自分のやらなければいけない仕事に数えているが、それが君にとっては「バカバカしいかぎり」であって「あいた口がふさがらなかった」なら、いつまでもアングリと口をあけているがいいだろう。

松本俊夫よ、この世を住みよい世界につくり変えるには、いろいろな人々が手をたづさえて様々な仕事をコマゴマと分担しなければならないのだ。ハナバナしく大声あげて号令するために先頭にばかり立ちたがる君のようなアヴァンギャルドも必要なのかもしれないが、コツコツとめだたない教育啓蒙にとりくむ人間も片隅にあっていいのだ。だれも君に、地味で目立たぬエンの下の仕事をしろなどと云ってはいないのだ。しかし、それをアザ笑う資格は君にも誰にもありはしない。

ひとり狼となる事について

「自己の腐敗を自覚しない」ロクデナシの「典型」として私を描き出し、打倒丸山章治の殺気をたたえた松本俊夫の論文は、云うまでもなく私に猛烈きわまるショックを与えた。はじめ私は、松本俊夫が精神に異状を起じたのではないかと、疑った位である。

今私は、このような理解しがたい意識構造をもった男に、しょせんは何を云ってみても通じないだろうという絶望感を感じている。

のみならず、この論文を戦術的に有用であると判断してケイサイを支持したという編輯委員の諸君に対しても、同様の感じをいだかざるを得ない。

私には友人知己があった筈であるが、誰一人私のために広津和郎の役を買って出るものも現れなかった。

私は松本論文について人々の感想をきいてまわったが、或人は「読んでいません」と当然のことのように答え、或人はいかにも迷惑そうな顔つきをして言葉をにごした。誰も、他人のことにはかかわりたくないという風であった。

これらはすべて私の不徳のいたすところでもあろうが、私はつくづく仲間友人たのむべからず我身ひとりをたのむべき事を思い知らされた。

ここに、当分ひとり狼となることを宣してこの文のむすびとする次第である。

――文化の日――

第二回安保批判
講演と映画の夕べ

安保条約改定阻止の運動は、いよいよはげしく高度になってきました。教育映画作家協会でも安保批判の会に加盟したり、映画『安保条約』『失業――炭鉱合理化との斗い』の製作普及運動を通じて根づよいたたかいを展開していますが、その一環として、日本美術会、平和展実行委員会との共催で松岡洋子氏による十月の会につづき第二回安保批判の会を次の要領でもちます。多数御参加下さい。

日時 十二月十五日（火）午後六時
場所 日比谷図書館地下ホール
内容 映画「**太陽を独占するもの**」（チェコマンガ映画）
講演 林　克也氏
映画「**世界の河は一つの歌をうたう**」（日本語版）
会費 五十円

「世界の河はひとの歌をうたう」は、先月号の新作紹介の写真頁にもあるとおり、ヨリス・イヴェンス編集になる長篇記録映画ですが今度日本語版が完成し、その第一回公開になります。第一回の経験から、かなりの混雑が予想されます。早めにお越し下さい。

新作紹介■

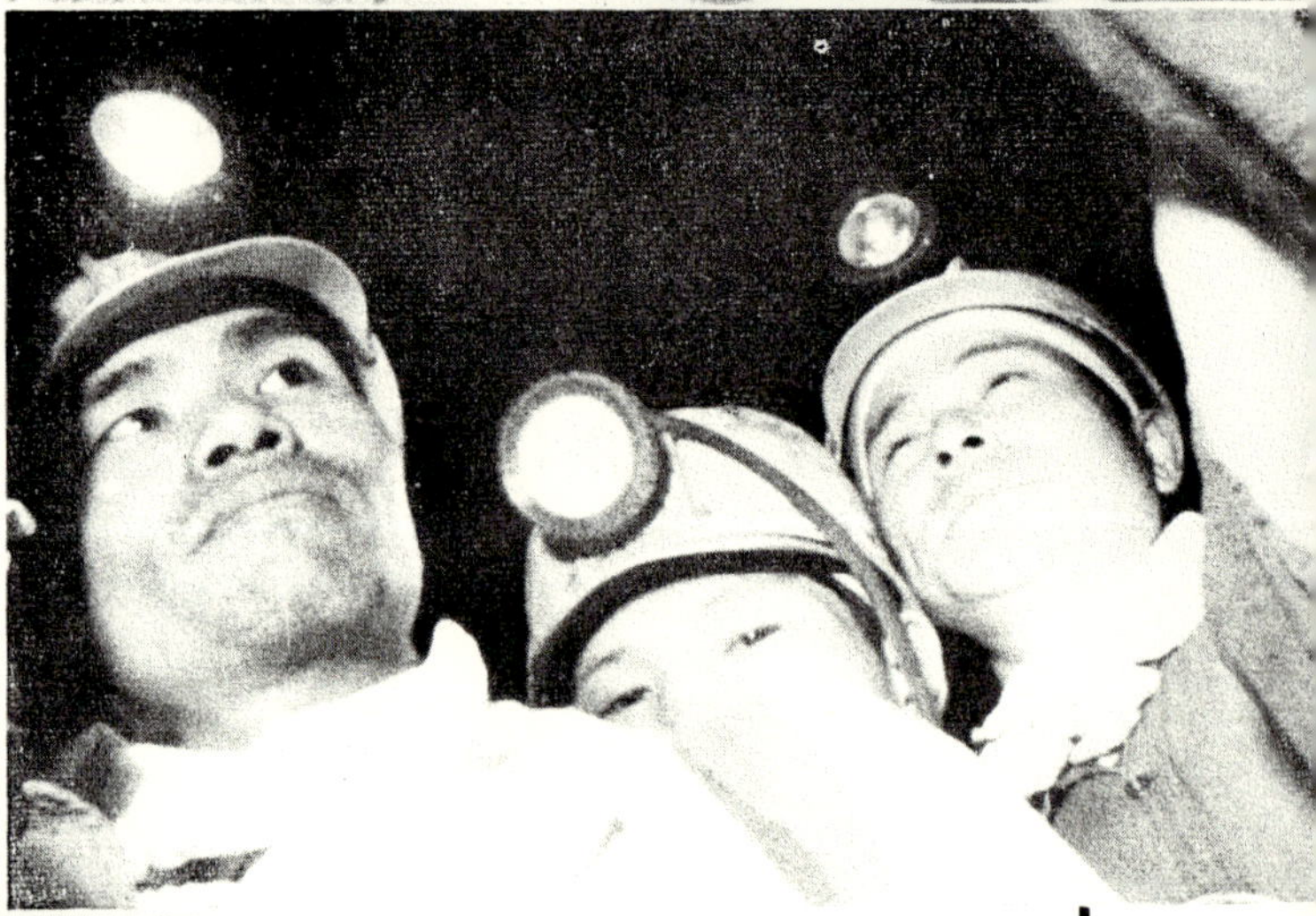

失業 ―炭鉱合理化との斗い―

京極高英作品

自民党政府の合理化政策で失業と貧乏のどん底にあえぐ炭鉱の街々。
その悲惨な状況と，たゆみなき労働者の力強いたたかいの記録。

（総評・製作委員会製作）

脚本・徳永瑞夫
演出・京極高英

ヒロシマの声

亀井文夫作品

昨年の鳩ははばたくにつづく原水爆禁止世界大会の記録映画。ヒロシマヘヒロシマヘ全世界の人々が集つてくる。被災者の現況と核兵器の禁止を強く訴える。

（日本ドキュメントフイルム製作）

脚本・演出・亀井文夫

燃える聖火

大峰　晴作品

日本がはじめて参加したオリンピツクから現在までこの世界の桧舞台における日本選手の活躍を綴る。

（日映新社製作）

編集・大峰　晴

日本一の米つくりグループ

岩佐氏寿作品

閉鎖的といわれる農民がはじめてグループによる話合いの米つくりをはじめた。

（農文協製作）

脚本演出・岩佐氏寿

撮影・竜神孝正

記憶と学習

丸山章治作品

学習の基礎である記憶。そのよい記憶のしかたを実験その他でえがく

（科学映画社製作）

脚本演出・丸山章治

撮影・清水　浩

葉の形とはたらき

樺島清一作品

植物の葉の形やつくりとその生命を保つはたらきとの関連をくわしく描く

（日本視覚教材作品）

脚本演出・樺島清一

撮影・鈴木喜代治

暮しと家具

長野千秋作品

生活に欠くことのできぬ家具を日常生活との関連の中でその機能と役割を描く

（日映科学製作）

脚本・岡野薫子
演出・長野千秋
撮影・大小島嘉一

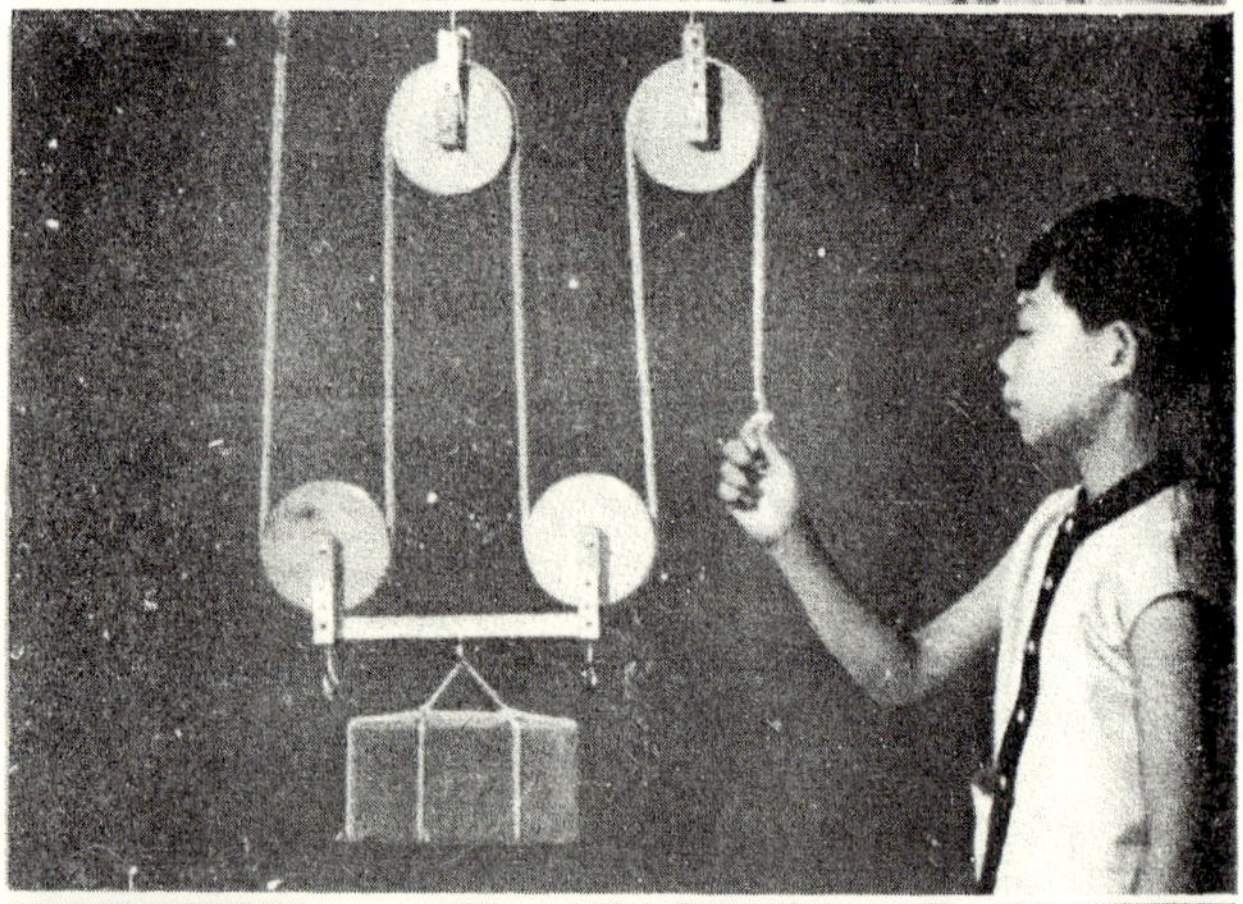

力をとくするしくみ

八幡省三作品

てこの原理から輪軸や滑車について力の大きさや方向をかえるしくみを解明する

（芸術映画社製作）

脚本
演出・八幡省三
撮影・藤井良孝

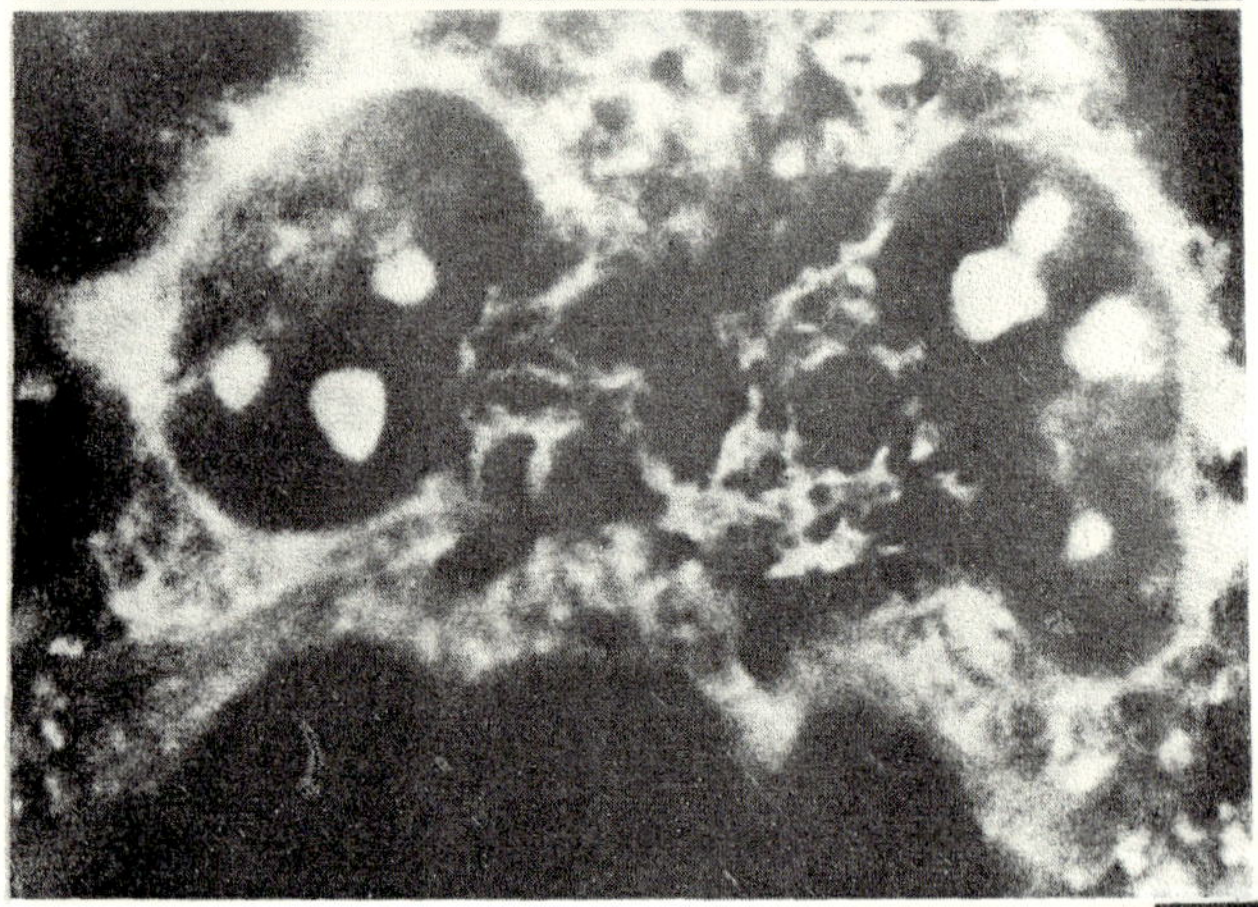

結核菌と化学薬剤

―ミクロの世界・第二部―

渡辺正己作品

「ミクロのたたかい」の改題でそのミクロの世界における菌と薬とのはけしいたたかいをえがく。（東京シネマ製作）

脚本・吉見泰
演出・渡辺正己
撮影・小林米作

鳩杖

今泉善珠作品

老婆とその孫を中心にヒューマニズムの観点から敬老の精神を呼びさます。

（東映製作）

脚本・片岡薫
演出・今泉善珠
撮影・赤川博臣

燃えさかるアゾレスの偉観

火山の驚異

アルン・タジエフ作品

ベルギーの火山学者タジエフが世界各地の火山を廻つて決死的に撮影した火山の記録映画（仏・U・G・C製作）

演出 撮影・アルン・タジエフ

（東和映画提供）

キリマンジヤロの大火口

少年猿飛佐助

籔下泰司 大工原章 作品

東映長編漫画がこんどはシネマスコープで登場する・妖怪共相手に猿飛佐助の活躍を描く。（東映製作）

原案・壇　一雄

脚本・村松道平

演出・籔下泰司 大工原章

愛と希望の街

大島　渚作品

映画と批評の会や映サで活躍している新人監督の第一作。鳩と少年と少女の物語

（松竹製作）

脚本 演出・大島　渚

撮影・楠田浩之

連載座談会

プロキノ運動の再検討・第二回・その評価と継承の問題

話す人・岩崎　昶（映画評論家）・並木晋作（岩崎太郎）（演出家・全農映）・能登節雄（プロデューサー・近代映協）

聞く人・大島正明（演出助手・東京シネマ）・長野千秋（演出家・日映科学）・山岸一章（機関紙映画クラブ）・吉見　泰（脚本家・東京シネマ）・野田真吉（司会）（演出家・フリー）

野田　プロレタリア映画運動の理論をかいた本などに出てくる人々の多くが、運動の途中、また解消とともに、転向している。むしろファシズムに協力していったというような人々の名前がめにつきます。運動の最先端にあって極左的な理論をふりまわしている者が、掌をかえすように極右的な方向へ行っている。この点プロレタリア文学運動でも同じ問題だと思うのですが、この問題を運動参加者として現在からみて、どう考えられていますか。

岩崎　一般的にはプロキノなんかたとえば文学でいえば林房雄みたいな放れ業を巧みにやって世渡りする人はあまりいなかった。松崎一人だな。

並木　要領の悪いやつばかりだよ

岩崎　最後には中島信みたいに人知れず死んでしまうようなことになって。

長野　ふり返って、当時の方針についての反省というか、こういう方針で行ったらよかったというような問題点は？

並木　多々あるが簡単には……。

能登　当時は二十代だった。いちばんいい仕事と思って僕達は張切ってやった。たとえば北海道から青森へと、移動映写をやり、プロレタリア映画を農村へ持って、全農の組織と結びついてやった。自分達のやってることは正しい、プロレタリア映画を見せて、仲間は東京や全国で戦ってるということを知らせて歩くだけでも、使命であると思った。ふつうの映画をあまり見ない奥までも入って行って見せて、農村の人からカンパもらったり、見た農民に涙を流して喜ばれた。またニュースも撮って帰って来た。当時は全くこれが仕事というように思った。自分の生きる道としていちばんいいんだと思った。警察に書かされた手記には家が片親でひねくれて、世の中をうらんで（笑）というふうに動機はごまかしたが。当時を思うと全くむずかしい勉強をさせられた。唯物史観とか弁証法とか読んで、研究会を並行してやるんですよ。わからないけれども学習をやってそれから行動と――。

長野　はじめ日本プロレタリア映画連盟というのがあって、プロレタリアシナリオの製作というようなものを先頭に押し出していったわけですね。それに対してプロキノは徹底的に批判して、プロレタリアシナリオの製作という、まず本質的にここでは映画を作るということがなされ、押し出されていなかったわけですね、最初は。あとでは解体して、プロキノじゃなくて連盟です。ナップじゃなく、日本プロレタリア映画連盟というんですね。

岩崎　中島信なんか、プロキノに来る前にいたやつだ。

野田　二つに分れたんでしょう。

岩崎　何といっても左翼の文化運動の流れというものが、だんだんわき上ってこようとした時代です。映画関係の左翼的な批評家がほかにも出てきて、それのグループもあって、あとでプロキノになったグループと理論的には戦ってた時代があります。その中には後にプロキノに合流した人もある。

長野　僕ら考えると、当時いわゆる実際の製作と、いわゆる映画批評という問題が重点的に押し出されてたわけですが、それに対してプロレタリアに対する創作理論というようなものがあまりなかったように感じられるんです。表面的に、プロレタリアに対する映画を作ろうということは押し出されてたけれども、実際的にどういう形で作っていこうかという問題が出されてなかったような。

岩崎　そのことについてじゅうぶん考えてないから、最後的な結論ではないが、感じをいってみればさっき野田さんから出た質問にも関連があるが、プロキノがどういうことをしようとしたか、あるいはどういうことをすることを要求されたかということが一つあるわけだ。無産階級解放運動の一翼としての芸術運動の、また映画の部門を担当するということが、行動綱領の第一条になってると思う。当時そういう表現をされたということは、共産党の外郭団体であるということをはっきりと基本にしているということじゃないかと思うんですよ。だからこそ岩崎太郎君なんか、そういう意味で文化運動というよりも政治運動につなが

る線で長くひっぱられてるということがある。従ってその当時、これは映画に限らず演劇でも文学でも、文化運動というものは共産党の、いいかえれば無産階級全体ということになるけれども、それの前衛党であるところの共産党の勢力を大衆の間に扶植するための補助手段という感じね、それはあとで芸術と政治の問題として、ずっと長い間もちろん解決はつかない形で、ずいぶん論議された問題です。たとえば芸術というものは進軍ラッパであればいいというような議論と、そんなばかなことはない、芸術はあくまでも芸術という形で人を感動させなければいけないんだという議論と、当然今でもあるような議論が当時あった。しかし現実にわれわれが何をやってきたかというと、あそこの争議がどうも旗色が悪い、つっかい棒に行けという場合に映画は稚拙な十六ミリだけども、煽動力は非常にある。いざという場合のつっかい棒にはいつでもつかわれるということになってきた。現実的な要求というものが片方にあって、片方では理論としても政治に従属する芸術というものが基本になっていた。そういうところから何といっても映画そのものの持つ芸術的な内容とか形式というような点ではじゅうぶんに理論が発展する余地がなかったんじゃないかな。

並木　基本的にはやはりそうだと思う。

大島　そういう点もう少し聞きたいんですが、そういう苦しい条件の中でも何本か作られてるわけです。たとえば「隅田川」作って、あとで皆が集って討論なり、欠陥があれば次の作品どうするかという、具体的な点聞きたいんですが。

岩崎　その時君がそこにいれば聞けたわけなんだが。（笑）たとえば蔵原理論、あるいは村山知義君と久保栄君が、リアリズムについて論争する場合、われわれもその後から一所けんめい勉強するわけだ。たしかにおくれていたわけだ。

能登　われわれはこの指導部の下にいたが、ゆっくり考えてることは出来ない。プロキノの会議でも非常に短縮した中で時間を区切ってやる。活動してきた報告するというのがほとんどいっぱいなんです。それではいけないというので学習をやってたんで、どういうふうに批判するかということは……

岩崎　今の人に想像つかないが、こういうように安心して一室で話し合ったということは全然ない。こういう時には必ずだれかがピケに立って、「来たぞ」というとすぐ逃げなきゃいけない。うまくいかない場合全員検束で、いつか五十人ぐらいごっそりつかまって、三畳の檻房に十二、三人ずつぶち込まれた。このくらい入るとちょっとにぎやかでいいけれども、そんな状態でいつも落ち着いて討議もできない。シンパか何かの二階を借りて、たばこを吸うと煙が出てあやしいとすぐ来るから、たばこも吸えない。煙を散らしながら吸うとか、要するにわれわれの活動というものは合法的な活動であるべきなのに、実際には完全に非合法の活動やってた。会合の中でじゅうぶんに検討するひまがない。後半は特にそうだった。

並木　すぐれた理論家がいなかったということは、そういう状態の中でものを突き詰めて考える人がいれば、方針は出たと思う。創作方法の問題なんかやかましかった問題だし、大事な問題なんで、考えないはずはないと思うんだがプロキノは理論的には弱かったね。

岩崎　申しわけになるが、一つは自分でカメラ回して撮らなければならない。蔵原君みたいにそればかり考えているという人間は存在できない。技術的な勉強と理論的な勉強、組織的な行動というようなものを一人三役ぐらいでやらなければいけない。今の映画監督でもそれがいえると思う。いまの日本の一流監督でも理論的水準は低いといわれるけれども、理論的に深く研究して片方の面で落ちてしまえば、監督として通用しなくなる面がある。申しわけだけれどもプロキノの場合にもそういう点もあるんだね。

並木　やはり申しわけだな。岩崎君の論敵がいなかったんだよ。少しおかしいぞとカンでいっても、論理的に発展させるだけの力を持った人がいなかったし……。

野田　プロキノ運動は、運動という名前にあたいする戦前の唯一の運動であり、重要な運動だったと思います。今までおっしゃったように、たくさんな作品ができている。おそらく知らない人が知ったらびっくりするようなものだ。そして、そこには現在の地点から見てたくさんの問題がみいだせます。政治と芸術の問題、革命の芸術と芸術の革命の問題、作家の主体と方法の問題――。そうした問題をもったプロキノの運動を、戦後僕達が何ら批判せず、継承せずずるずると受け継いで行ったところに、戦後の独立プロの運動とか僕たちのやった記録映画製作協議会の運動なんかも同じようなあやまりをおかしながら、つながっていると思います。そこを戦後との関連で文学の方ではプロレタリア文学運動の再批判を通して、新しく出発しなければならないという問題がすでに出されて、すすめられていると同じように、映画の方もぜひこれをやらないといけないんじゃないかと思います。

山岸　僕は作家じゃないから創作理論なんてのは全然わからない方で、むしろ普及上映の面で関心を持っているんですが、プロキノのことを読んだり聞いたりしてみると、そういう面ではちゃんとした方針ということではなく、たとえ呼びかけだけに終ったとしても映画通信員の呼びかけなんかを、北川さんの署名でしてるんですね。僕なんかそういうことを全然知らないで、あれこれと考えていることを、何十年も前に考えているんですね。びっくりしました。そういうようなことが、創作理論とまでいかなくても、戦前やろうとしてあるいはやってきたことを、戦後にある程度でも整理して生かす点は生かして、そのまま発展してくれば、むだが少なくてすんだんじゃないかという気がするんです。

吉見　その点は断層を感じる。戦後の記録映画製作協議会で、一応

の運動を僕らができたのは、プロキノの経験とその批判の上にたってやったというより、だから、プロキノの理論と経験の発展の上にあったというより、もっと、僕たちの戦後の斗いの経験に根ざしていた。たとえば観客組織にしてもさっきのキノリーグそのものを意識して発展させたというよりは、東宝争議に端を発したサークル運動に、直接的な根をもっていた。お金のない時には金を集めようじゃないかというやり方、そういうこともプロキノの経験というやつを僕らが組織的に受け継いだということよりも、前にこういう経験があったということを、少しは知っていたけれど、むしろそれより組合運動でのカンパ活動の経験から肉体的に理解できたりしたものだ。たまたま僕らの場合、大衆カンパのほかにプロダクションなどからも、フィルムや器材のカンパをあおいだが、そのプロダクションの親玉達がプロキノないし、ゲスの系統をひいた人だったりしてプロキノの血が、間接的には僕たちを助けてくれたということはある。しかし実際問題として僕らの運動をささえてきた直接的なものは、プロキノの経験そのものの発展の上にはなかった。そこに断層を感じるわけだ。製作協議会の中で僕らがやってきた作品の創作方法にしても、僕自身としては「毛沢東」の理論だとか、「茅盾」の理論とかの方がプロキノ理論よりも具体的に身近だったわけだな。今、製作協議会が進めてきた方法の総括というふうなものは、われわれ有志の間で重ねられてきてるわけだが、プロキノの人達の間ではいまのお話では、総括もしにくい条件にあったんだろうけれども今やはり総括をしなければいけないんじゃないかと思う。その総括とわれわれの戦後の経験の総括とをぶっつけ合って、新たな方針を築き上げていくことをしたいと思う。そういうふうにして断層を埋めるということで、非常に問題が一般化するんじゃないかと思う。そうでないと運動ということについての理解もなかなか深まらず、したがってひろがりにくい。

能登　当時の僕達がちょうど今の若い人達の年ごろかもしれない。あのころの僕達の行動をふり返って、行動力とプライドは生かしていかなきゃならないとは思ってる。当時の条件は今と違う悪い条件だったが、若いものは桃色にふけるか赤くなるかという状態だった。全くあの当時の世の中を見て若い者は何をすべきかと思うと、いちばん先に矛盾を感じてプロキノへ飛び込んで行った。その行動で、映画を作るということは何といっても当時具体的に大変なことなんです。若い人自身の行動力が出てきて映画を作らなければいけないんだということは大きな問題だったと思う。その以前は理論活動、批評 活動は 活発に あったが何はともあれ、映画を作るということ、これはやはり大いに生かさなければならないんじゃないかという気がする。

野田　それはもちろん大変大きな問題で、歴史的な貴重な体験であ

ったと思うが、やはり総括するというか、批判的に摂取されておれば、戦後にもっと有利な形で、それが発展的に受け継がれていたんじゃないかと思います。今からでも遅くない、洗いざらい当時のお話聞いて、本当の意味の戦後を展開する、戦後の今までの運動とともにやる時期に来てるんじゃないかということで、そういう目的で座談会開いたんですが——。

山岸　僕なんか労働者のひとりとしてそういうことを続けていく時にぜひ期待したいのは、戦前の創作理論がほとんどないといわれたぐらい弱いなかで、運動として評価しなければならないのは何かといえば、階級性と戦斗力だと思うんです。「プロレタリア映画」などを拝見すると、労働者や農民と結合することをくりかえしくりかえし訴えている。映画会の場合などでも、労働者が何割だった、というようなことをとても重視している。この点は戦後の方が弱いのではないか。この階級的な立場に立った戦斗性というか、実践性というか、そういう情熱が無我夢中みたいな形の中でも四、五年間も運動を続けられた原動力だったと思うんです。その弱さとか挫折の原因を探求するあまり、それはははっきりさせなければいけないんだが、そういうものも生かされてこないと、そういうものが正しく今の規模で大きく拡大されて、なお大きな流れになる力はわいてこないと思う。多喜二の小説読んでも幼稚だと思うけれども、やはり強く胸をうつものがある。戦後の小説家はそういう論争が盛んにおこなわれて、作品面ではどういうものがあるかというと非常に弱い。かえって石川達三が「人間の壁」をかいたりしている。その点専門家の方には異論があるかもしれないが、僕としては映画運動をそういう点で戦前と戦後と整理して受け継いでいくなかで、戦前の、やっていかなくてはいけないという燃えるようなものを消さないでいきたい。

野田　もちろん燃えるようなエネルギーそのものは大切なものだ。その大切なエネルギーを将来浪費することなく、正しい方向にむけ組織するために、現在の視点で、プロキノ運動をまた、戦後の一連の映画運動をも考えることだと思う。

山岸　そういうことを希望してるわけですが、ほかの分野でやられる場合、論争していく中で結果として弱くなってるようなことに疑問をもっています。

野田　あなたはあまり性急だ。文学の方は弱くなったとは思わない。強くなりつつあると思う。批判の一時期というものは一見後退、停滞のようにみえる。その時どのような問題意識のもとで、問題がすすめられているかどうかで、まえ向きか、うしろ向きかがきまるんじゃないか。よくなりつつあるんじゃないかと思う。

岩崎　文学というのはつまり、日本文学全体をさしていってるの？

野田　良心的な、進歩的な部分についてです。

能登　今夜は映画の話だから、映画オンリーで話していいと思う。僕達は今でも当時のことについてはプライド持ってるくらいだから今の若い人達のどこでエネルギーに火をつけると、ぱっと燃えるかどうか、受け継いでいくということはたしかにわかるんです。今の人にぜひつながりをつけなければいけないと思う。

岩崎　さっき泰さん（吉見）がいったように、プロキノ戦前の運動と戦後の映画の運動との間に断層があるということは、事実なんだ。戦前のあれがじゅうぶんに摂取されてないということは、これも疑う余地がないんだけれども、泰さんのことばの中に出てきたようにエネルギーないし一つの知識として、また歴史として、そういうものは影を落してるということが一つと、もう一つはそのころの生き残りというか、何人かの人間が人間的につながりをもってその考え方、経験というようなものが現実にわずかながらでも継承されたということはいえる。たとえば戦後の東宝の争議が終って独立プロの運動を起すというような場合われわれはじめ話し合って、ある場合、プロキノの時期の十六ミリによる非劇場運動、こういうことに全面的に移行していくということも考えられるという説も出てきたし、そういう場合にやはり今の情勢を含めて皆で検討して、そういう形じゃなく現在あるような独立プロ運動に腰をすえてやろうじゃないかというふうになった。そういう場合でもやはりプロキノにおけるわれわれの経験というものが、その結論は正しかったかどうか疑問はあるが、少なくとも、討論の材料としては経験が生かされてるわけだ。そういうふうな経験というものは、非常に部分的でしかも大変あいまいな形で、気分みたいなもので摂取されてる。もちろんそのことの欠陥の責任の一半むしろ大半かも知れないが、かってプロキノの経験をしてそれをまだ総括して戦後の人達に受け渡すことを怠たってるわれわれにあるんだと思う。当時の人間がまだ少しいるわけだから、シナリオ・ライターとかプロデューサーとかこういう連中をまとめた形で引き渡そうじゃないかということは、前からいわれながらまだやられていない。その一つの企て、試みとしてきょうの会はわれわれにとっては大変ありがたかったんで、今後ともこういうような形で、「記録映画」は、われわれの経験を後の人に伝えるという仕組みを、いろいろやってもらいたいとお願いしたい。

野田　やはり岩崎さんだけあってまとめてくださいました。これで時間もすぎましたし、終りにしたいと思います。プロキノ運動について、今回はアウトラインというところでしたが、さらに今後、座談会をかされ、問題をふかめていきたいと思います。

この座談会は去る九月二十八日東京築地の中央会館で行なったものを二回にわけて掲載した。この後当時の運動家からの参加申し込みもあり、今日的時点にたって、プロキノの運動の分析を更に深め、更に高めたいと思っている。第三回は近日中に行なう予定であるが、参加希望、問題提起されたい方は、編集部まで申し込まれたい。

教育映画祭の底にあるもの

「ある主婦たちの記録」について

■矢部正男
（演出家・岩波映画）

教育映画祭に最高賞を獲得した五本の作品を見た。その内の四本については今ここで触れないことにする。云いたいことが全く無い訳でもないが、さし当り、私は残る一本のことが気になって仕方がないのである。それは、社会教育用映画の部門の「ある主婦たちの記録」である。率直に云って、私はこの映画に大変腹を立てたのである。

映画の冒頭に一枚のタイトルが出る。この映画は、ある町に起きた事実に基いて作られた、――という意味のものである。続いて現われたファースト・シーンは、場末の住宅地。その長屋の家々から出勤の人たちが出て来る朝の風景。この人たちがまるで分列行進のように整然と出て来るところが印象的である。と云う意味は、生活の一断片とは到底受け取りにくい、まるで現実感の欠除したシーンである。すぐ前にあった「事実の記録である」というタイトルと対比して奇妙な困惑が私をとりまく。誰が見ても偽物だと分るものをつきつけて、これは本物だと云い張られたとしたら変な気持になるのは当然である。本人も無邪気に本物だと信じ込んでの強弁なのか、威圧的に偽物を本物にして押し通そうという魂胆なのか、人を馬鹿にしているのか、高級なユーモアなのか、そこの所がよく分らない内に映画は次へ進む。

ここからストーリーは数ケ月前にさかのぼる。主人公の主婦の一家が、旦那さんが失業して社宅を追われ、この長屋の一軒に引越して来ることになる。長屋の人たちは当然誰も貧しい。そこの主婦たちは、いつの頃からか一軒の家に集って内職を共同でやっている。この世にも珍らしい共同内職の成果が映画のテーマであるから、当然そこの描写には力が入る。出場人物の選定や、その庶民的な身のこなしなどには、演出上もかなり苦心している跡がある。にもかかわらず、リアリティの稀薄さは全くファーストシーンと同断である。ここには一種の井戸端会議が展開するがその設定も描写も類型の一語に尽きてちっとも面白くない。ただここで私は一寸ギョッとした。おばさん連中がしている内職仕事というのがビニールのサンダルの糊付けである。例のベンゾール中毒で有名なやつである。しかしそんなことは別にこの映画とは関係がない。

主人公の主婦は、この共同内職のリーダー格のおばさんと質屋で偶然顔を合せたのがきっかけで、内職グループの仲間入りをする。そしていろいろと共同内職の効用が現われて来ることになるが、安易な御都合主義の話は続々と踵を接してつづくのである。

夕方になると、この共同内職のグループでは、二、三人の当番がみんなの夕食の材料を一括して仕入れに街に出かける。外の人たちは仕事の手を休めなくて済む。みんなの注文を書き付けたメモを片手に街へ出た当番は、大勢の分を一とまとめに買うので値引き交渉も円滑である。それは、各人の家の食卓を意外に賑わす結果となる。主人公の家でも、今までは、旦那さんが貧しい食卓に駄々をこねたが、細君が内職グループに参加して以来、お菜が豊富になったので他愛なく喜ぶ。

内職グループの人たちは、ある一人がはじめたのをきっかけに、みんながそれぞれ家計簿をつけることになる。その結果、旦那族が思いの外酒代などの小遣が嵩んでいることに気が付いて以後自粛を誓うというような「美談」が続出する。

ある王婦たちの記録

又は、彼女たちは、毎月の手間賃の中から、何割づつかを貯金することにしている。そして主人公の子供が病気で入院しなければならなくなった時、その貯金はみんなの友情で治療費に困っている一家に融通される。涙を流して感謝する一家。

そののち、このおばさん達は子供を引き連れてみんなでピクニックに行く。そこで一同は、日に日に育って行く子供達の姿をつくづくと眺め、私たちも今度は負けないように勉強をしようなどと、大変立派な申合せをするに至る。ピクニックから帰ってみると、留守番をしてくれていた旦那たちは、子供の遊び場や本箱などを作っていてくれる。おばさんたちは驚いたり感激したり、今日は晩酌に一本つけようなどと云って一同で高らかに笑う。そして再びファーストシーンと同じ朝の出勤風景が出て、この三〇分の映画は終る。

このストーリーを見ても分るようにそこには一片のリアリティもない。作家は一体どこを見ているんだと怒鳴りたくなる位のもどかしさである。日常生活を取り巻く苦しい経済事情の中で、仲間同志が互いに手を握って行くことが何かの可能性を生む手段であることは誰でもよく知っている。

しかし、現実には、この誰でも知っていることが仲々行われないのである。そこには人間の間の複雑な心理的な問題や利害の衝突があるからだろう。だから、若しどこかの街の一隅で、たとえ不完全でもそのような共同の動きが実際に緒についたとすれば、それは確かに記録に値するものである。いわんや、この話のように、ただ経済上の補助手段を超えてより高い次元にまで共同精神が高められている実例があるならば一層そうである。ただその場合重要なのはどうしてそのような萌芽が生れ、そして育ったかという点であろう。そして、そこにこそ作家の眼が注がれなければならない。おばさんたちの持っている利己心や情疑心や虚栄心や無気力などが、どんな風に克服されたかが問題にならなければならない筈である。それともこの街には偶然底抜けの善人ばかりが集ったのだろうか。もしそうなら、その奇蹟的なユートピアを描くことに少しも異論はないけれど、そこにはやはり鋭い現実分析の眼が光っていなければならない。この作品に、そういう「眼」を認めることは遂に出来なかったのである。

　とは云うものの、私たちが置かれている条件は、たとえ「眼」を持っていたとしても、それが必ずしも自由に発揮出来るようなものではないのである。にもかかわらず、「眼」のない作品は徹底的に糾弾しなければならないと思う。少くとも私には、仲間を糾弾することによって自分自身をも鞭打つ必要を痛感しているからである。その事で私たちは、とにかく苦しみもがき足搔き回らなければならない。本誌を中心とした、絶望の中から起ち上ろうとしている運動も、そのような足搔きが前提にならなければ何の希望も託する訳には行かないに違いない。

　私は、この「ある主婦たちの記録」という映画を黙って見過してはいけないと思う。私の最も信頼出来る仲間の一人である豊田敬太の作品であるから尚更である。

前向きへの期待

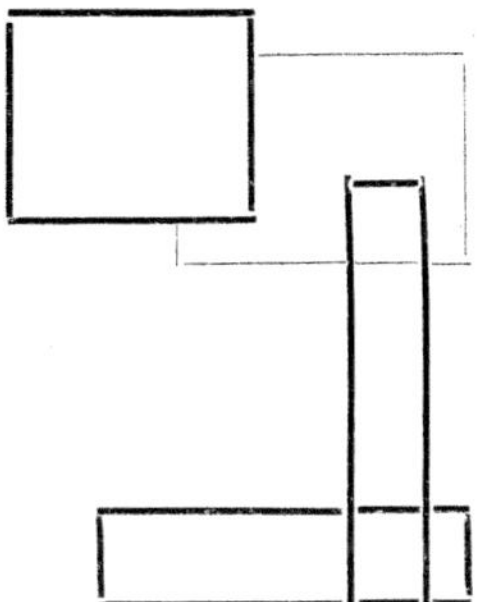

花谷晃至

（撮影・日経映画）

年ごと教育映画の製作本数がうなぎのぼりであり、千本に手が届こうと云うのにその内容たるや十年一日の如く少しも変りばえがしない。毎年期待してみる教育映画祭の入選作品がそれを如実に物語っている。とはいっても八百本の短篇映画のすべての傾向だといわれればそれまでですが……。

　現在の短篇の大部分が、大なり小なり大企業に依存していると云う変則的な製作方法の欠陥が内容と総製作本数が比例しない大きい原因なのでしょう。入選作品十五本が文部省の選定をうけているところから審査に当って教育映画を必要としない階層の人達が選び出した作品である色が極めて強いことは誰しも感ずるところでしょう。成程たまたま選ばれた作品が文部省推選であったというのなら逆も成立しそうですが、むしろ問題はそう云う表紙の色づけよりも観客は映画自体の内容を期待しているのです。

　審査基準がどこにあり、審査員がどんな人々で構成されているのかは我々は知りませんが、そういうことも観る人に知らせる必要がありそうです。上役の顔色をうかがいながらしたいことも出来ないで当りさわりのない範囲で仕事している三級サラリーマンと同じことで審査する人も何かの圧力に屈してその中で、もっともエネルギーのある作品しか選び出すことの出来ない腰くだけの人間なのに違い有りません。自分の選出した映画にどの程度の自信をもっているのか一度逢って話をききたいものです。口そろえて「この映画のどこが悪いのか、いい映画にちがいないじゃあないか」と云うでしょう。

　決して悪い映画とは私にも云えません。けれど手放しに良い映画ですとは云い切れないのです。一度あまり教育映画をみたことのない友人を連れて山葉ホールへ行ったことがあります。彼曰く「映画をみてその映画に教育してもらおうなんて気は更になかったが、成程面白くない。〃皆んなで協力すれば生活は明るくなり幸福になれる〃なんてことは教育映画の人達がくだらないと云うアチャラカ喜劇やチャンバラ映画をみても感じとることが出来るのにこんな映画と同じことをことさら〃教育映画〃とずうずうしくうたった映画でみせることはない。教育映画は人情世話バナシではない。安っぽい人間の良心の絶対的な信頼よりもそんなもので解決出来ない実際面こそ教育映画が描くべきだろう。」彼の云い分にも一方的な危険性はあるけれども、教育映画を初めてみた人の感想としては審査諸氏はもちろん、我々皆んなで本気に考えてゆかなくてはならない問題を含んでいる様です。

　その思想は劇場で封切られる多くの映画と少しも変りなく、むしろ頭から〃教育映画であります〃とおさえつける高姿勢の態度はみる人にはかえって嫌味になるに違いありません。

　それならば高い金を払っても美人や美男の出るワイド・カラーをみた方が得策だと考えられても仕方のないことでしょう。

　立派な主題もその問題意識がすべて人間の善意にばかり頼りきってしまいすべて問題は、この様にして解決されますと云ったような安易な人情小咄が果してどれだけの教育価値があるのでしょう。

　それはみる人にとっては夢物語であり極端には漫画本の如くにしか理解出来ないのです。入選作品の売れゆきが良いと云うことを考えると、その責任の大半は古くさい落語の世界に身を沈めている審査諸氏にあるのではないでしょうか？　それでも中には「ぼくは走らない」（共同映画社、文映研作品

）」「うわさはひろがる」（第一映画作品）のような新しい型の教材映画があらわれていくらかは救われた感じがします。自分達の周囲の問題を解決してゆくのに自らの手でそれを科学的に処理しようとする意欲はこの種の教材映画には絶対に必要なことだとおもわれます。資金を全く大企業におんぶして自分の腹をいためないで出来上った作品、それは技術的には中小プロには及びもつかないような豪華なものですがそれも十年一日の如く宣伝に終り、いくらオートメシスティムとは云え、人間を描くことを全く忘れてしまっている映画が一般教養部門（教材映画でない）としてどのくらいの価値があるのでしょう？常に前向きの姿勢で将来を目指そうとする努力は事実希少のプロダクションで試みられているのだし、そういうところへ眼を開かないでは結局は何時まで経っても同じ型の中にとじ込められてしまう危険性があるのです。

規模は小さくとも、色は少々きたなくとも、これからはこうなのだと云う前向きのエネルギーの感じられる映画をどんどん明るみに出してやることは、映画祭が続く限り審査諸氏に与えられた大きな役割だと云うことを自覚していただきたい。

国際短篇映画祭批判

■ 渡辺正己（演出家・東京シネマ）

これは、国際短篇映画祭の批評のつもりで始めます。だいたい、批評を私は、作品と現在との関係を、明らかにする仕事だと考えていますが、批評の奥義は、ノオに徹することだそうです。私なりにそれを解釈すると、現在に於て作品をノオと云い、これを高次で統一するのが批評の仕事ということになります。

そう考えると批評は大変な、大切な仕事です。ノオに徹する才能のない場合でも、盗賊の手口というのを使えば、批評らしくまとめることは出来るそうですが、手口についての詳細は知りません。

国際短篇映画祭については、映評とキネ旬とに記載があります。

上映された二本の科学映画について映評のは「植物の運動（チェコ）とトンボ（ポーランド）は顕微鏡下や望遠レンズを使ってミクロの世界のを縦横に追っているがどうも我々は、この種の世界でさえ不感症なのは、どうしたわけか。」と云っています。知識欲の欠如ではないでしょうか。フラストレィションかも知れません。

キネ旬のはトンボについて「これも科学映画には違いないが、同国の前年出品『魚の心臓』とまったく同様に、やはり珍奇性に終始するものだ」植物の運動について「ものを教えるというよりは珍奇な実態にあそぶものだ」としています。

私は「魚の心臓」に感心したものです。それは、単純な稚魚を材料にして、血液の循環系と心臓の働らきを実験的に解明しているのですが一つの血管の中を動脈と静脈がまざり合うことなく流れているショット、心臓を心房と心室に分けて鼓動をつくっているのがどちらかということのはっきり解るショットをみて、その実験方法に驚嘆したのです。けれどもそれは科学を上手に絵ときした範囲のものでした。科学映画の方法としてはなんら新しいものではない点、トンボと同断ですがトンボには、妙な命のはかなさ調の詠嘆があり科学的な自然観をゆがめているものと思います。「植物の運動」には明らかにこれと異なった方法があります。ここで映画は科学的な観察の方法として実験に積極的に参加しています。映画を使わなくては確められない事実が明らかにされてきます。私はこの映画を見ながら、植物の運動を観察し、その意味を考えようとしました。映画ではこれ以上の発展がなく、残念でしたが、科学がやがてその意味を明らかにするだろうという希望と自信にみちたしめくくりにも共感しました。

ノオに徹することは容易の業ではないようです。映画法の精神にのっとりながら、個々の作品については、適当にノオといっていた戦時中の文化映画の批評の否定を足がかりに批評の現在性を提起したいのですが、現在性は作品だけを問題にしていたのでは出てこないようです。

「ジェトバティックス」について映評では「この種のものは劇映画やニュースで見ているせいか、ちっともおどろかない」そうです。しかしこれなどには少し驚いた方が良いかも知れないと思いますが、ちなみにこの人はマクラレンの「ツグミ」のポンポコ踊りには、有頂天になったそうです。

美術学校の生徒であったマクラレンが、倉庫の中で彼の絵を動かす、彼の音をえがきだすことに成功したという、前評判を美術雑誌で読んで驚いたことのある私は、「色と線との即興詩」がその彼の作品であるとは不覚にも気がつかなかったのであります。映画の作家に最も要求されている豊富なイメージと空間的な感覚を駆使してマクラレンは、彼のミクロ・コスモスを描き出しています。それは楽天的な、子供の憧れるサーカスの魔術の世界です。そして奇妙なことに、現実の物質的な世界での物が動くと音がする、緊張が極限までくると物がこわれるというような法則のディテールが反映されているのです。けれどもこの世界は現在の本質的な法則が虚脱したアンニュイの世界です。彼が、斗争というような現在性のある問題にとり組むと「隣人を愛せよ」という使い古された概念を繰り返すのが精一杯なのです。

話を「ジェット」に戻します。

キネ旬では「ニュージーランドはすみにおけない。いや、お見それしました」とおどろいていますが、私のおどろきとは違うようです。二十代の青年将校達がアメリカのジェット戦斗機に乗って見事な空中アクロバットを演じる映画を東南アジア集団防衛機構との関係で把らえるときにその現在性が浮び上って来るのです。

キネ旬は「自由中国など、例によって軍事訓練の国防ぶりをひけらかしたり、ひどくあかぬけしない話だ」と云いながら、このアクロバットが痛快だというのでは、あかぬけが批評の基準になっているようにもとれます。

そういえば「自由中国の顔」のような作品がこの映画祭にとりあげられる由縁がわかりません。現に新しい中国では、ヨリス・イベンスを迎えて、モンゴールとの合作映画が出来つつあるそうです。政治的な偏見にとらわれずにすぐれた記録映画を集めるところに文化の国際交流の意義が成り立つのだと思います。

この映画祭を映評は「これらの作品が自国の文化をどれだけ歪曲せずに伝えているか」。キネ旬は「世界の横顔をのぞいてみよう」という期待で見ているのですが、はたして世界の横顔はプログラムに盛り込まれていたでしょうか。

「ひと口に云うならば、今回の作品群は、全般的にも個別的にも低調さをまぬがれない」と云うのがキネ旬です。

たしかに、プログラムを見ても去年とあまり変り映えがしませんが私はこれをもって国際的に短篇が不調だなどとは考えません。この映画祭のプログラムが、国際的な現在を正確に反映していないまでの話なのです。

ソ連の「二十世紀」、ポーランドの「同じ空の下で」、イギリスの「生まれくるもののために」、東独の「アンネの日記のために」、フランスの「セーヌ河」、思いつくだけでも、世界の横顔をはっきりと浮び上がらせるすぐれた記録映画があります。

考えるにこの映画祭が国際的な現在性を正確に反映できないまま十年一日のプログラムを組む根源は、その政治的な偏向にあるに違いありません。

歴史の大きな流れの中で停滞するものと、発展するものとを見さだめてかからないから、低調な作品ばかり集めることになったのでしょう。

戦争と、戦争を支える機構と、平和を作り上げていく機構と、そして平和の提案がなされた今、ノオの精神に徹した批評家の出現が望まれます。そしてどうやら私は盗賊の手口の方を会得したようです。

（三十三頁より）

たいして、また同時に特権、利已主義や社会的無感覚にたいして」先駆者たちが戦っているような戦いを行いつつある。アメリカは英国が他の国々よりも先に、その信ずるデモクラシイがいかなるものであるかを示してくれることを期待しているし、また当然期待すべき権利をもっているのである。こんにちの世界においては、この種の自由は、デモクラシイを保ちつづけている国でのみ生きながらえているのであるから、自由とデモクラシイは同義語であると、しばしば云われている。しかしドキュメンタリィ映画の力である刺激力に信をおく前に、自由に思考する人間として、われわれはわれわれの信頼をこの種のデモクラシイにおくべきだということを、注意して考えなければならない。

御愛読ありがとうございました。なお、来年一月号からはクラカウアの「カリガリからヒットラーへ」を二木宏二氏の訳で連載の予定です。

記録映画を見る会十二月例会

回を重ねて来た、読者を御招待する、記録映画を見る会も、いよいよ今年最後の集会をむかえることになりました。十二月は官公庁映サ協が参加して、四団体の主催で行なうことになりました。今までの例会の経験を生かして、映写後に座談会を行ないます。

日時　十二月十八日（金）
午後六時

場所　日比谷図書館地下ホール
（地下鉄・霞ガ関、都電・内幸町駅下車）

内容　(イ)映画（二時間）

1ウイスキーのふるさと（岩波映画製作・寿屋企画）シネスコ・カラー・二巻、又は、エッフェル塔征服（フランス映画）三巻

2われらのスキー（全日本スキー連盟監修指導製作・ベースボールマガジン社）二巻

3隣人（カナダ映画）一巻、前衛的実験映画作家マクラレンの作品

4安保条約（総評企画・製作委員会製作）二巻、松本俊夫・脚本・演出、関根弘・コメンタリー

5なかよし港（東映教育映画部製作・児童劇映画）五巻岩佐氏寿・演出、片岡薫・脚本、

(ロ)座談会（三十分）
松本俊夫、岩佐氏寿の両演出家をかこんで、上映映画を中心に話し合います。

◇世界の子供たち　特集映画会

とき・毎週土曜、十二時三〇分
二時

ところ・西武リーデングルーム

五日　亀の子スタニー（児童劇映画）、**蚊とんぼ教授の夢**（マンガ）、**そり**（児童劇映画）（ポーランド、ハンガリー）

十二日　子供の四季、野を越え山を越え（記録映画）（日本）

十九日　犀のフランソワ（色）（猛獣映画）、**エッフエル塔征服**（フランス）

二十日（日）前十時
后四時三〇分

二つの霜（人形劇映画）**ミイチヤーは何処へ**（マンガ）**二等兵シュベーク**（人形劇映画チェッコ）

ポール・ローサ　シンクレア・ロード共著「ドキュメンタリィ映画論」

ドキュメンタリィはどこへ行く・4

厚木たか・訳
（脚本家・フリー）

(二) 方針と目的

「ホイットマンにとってはデモクラシィは単なる政府の形態であるとは思われなかった。『もしそれが成就されたとしたら、それは民主的な政党の成果であると同様に（わたしは、おそらくそれ以上にだと考えるが）、民主的な文学、芸術（もしそれらがえられれば）の成果であると考える』と彼は云った。ホイットマンにとってはデモクラシィはそれ自身の芸術、それ自身の詩、それ自身の学校、そしてそれ自身の『社学会』すらもつべきものと考えられたのである」

アメリカの政治的理念。一八六五－一九一七年にいる。

チャールス・E・メリアム教授

あらゆる運動には、それが政治的であれ芸術的であれ科学的なものであれ、その代表者が彼らの仕事を調べてみるような時期がやってくる。英国においてはおよそ十年の間、政府の各省、大工業会社、国家機関やその他の公的、私的団体の金が、二、三百の現実主義的《リアリスティック》な映画を作るために費された。これらの映画は、一方では、「誤ったやり方で撮影され、粗野なロシア音楽をもった、夜のにわか工場の映画」というように博学の歴史家フィリップ・グェダラ氏によって叙述され、他方「大勢の民衆が現在この種の映画にひきつけられている。この分野では英国派が卓越している。ドキュメンタリィ映画を製作する方法は、本質的に、熟練した、忠実な報告《リポート》の方法であり、その成功のためそれには、日々の現実の世界でなされた仕事や生活のドラマティックな画面を作り上げるためのカメラの使用能力に依拠しているのである……」「タイム」紙、一九三五年、十一月二三日、というような文章でのべられている。〃ドキュメンタリィ〃という言葉自体は〃事実の劇的叙述〃を意味するとしてラジオや新聞によって一般に用いられるにいたっている。小さな編集室での貧しい発端から一年に五十本以上の映画を製作する運動と発展するにいたるまで、英国のドキュメンタリィ映画は、議会、出版界や大衆の注意をひきつけるような表現の形式で形成されて来た。

スポンサー制度の土台の上に製作されたこれらの映画が、もし単なる広告の要求のみを満して来たならば、明らかにそれらは国民的あるいは国際的な認識を呼びおこすこともなく、またその製作にあたって創造的努力を要請することもなかったであろう。ある場合には、ドキュメンタリィ映画の哲学が見栄えのする映画や器用に企劃された広告からの満足よりもずっと深い所にあるということは、局外者の観察者にも明らかである。それらの製作者は、かれらの映画が運動自体の成長につれて形成されて来た社会的、教育的価値をもつと信じていると声明している。国家的な生活における一つの影響力として、ドキュメンタリィ映画は今日、国家の繁栄を導くことを職務とする人びとによってある強い力をもつものと考えられている。一体、どのようにしてこの影響力が感じ取られているのだろうか。

国民の繁栄は、もしもその統制が、社会の大多数の権威も協力もなしに行動する権力をもった少数の特定の指導者に委ねられているならば、安全なものではないと深く信じている沢山の人びとがある。彼らは、さらに、民衆は彼らの政府を選ぶ唯一の、自由な、権利をもち、その政府は批判を快くうけるものだと主張している。しかしさまざまな出来事は、デモクラシイがおちこんでいる状況、デモクラシイを攻撃にさらしている状況は、多くの人びとが彼らの指導者を認める権利、あるいは責任を行使していないという状況なのだということを、暗示している。このことは、勿論、これらの指導者が、指命された時には、彼らがそのために選ばれた目的を果さないという前例によるものであろう。しかし、その改革を促進させるために手を貸すことが出来るという信念をもちつづけている人は、あるいは以前はもっていたかも知れないが、殆んどない。英国においては志願する役務が多いので、国家は本来自己の果すべき職務を避けていられるのである。他方この責任感の欠除は、社会の大部分がそれが国家の効果的な民主的な働きから引きだしえた利益や恩典について無感心であるということを暗示しているのであろう。しかし多くの人びとにとっては、投票権は比較的新しい権利であることを想い出さなければならない。英国の全ての成人男女が英国市民としての権利を与えられてからまだ二十年にならないのである。

こうして、民衆自身が、変化をもたらし改善された社会状況をひきおこす力を持っていることをもはや信じていないので、民主制度が一部衰えつつあるかのように思われる。第一章において、私は英国の教育制度がわれわれの世代の重要な責務に適切なものでないと

語っておいた。教室と外の世界の間のギャップは依然として存在する。教育制度におけるこうした障害が理解されつつあることは、最近発行された中等教育諮問委員会報告書の次に示す結論によって明白である。「イングランドやウェールズにおける十一才以上の少年少女への全時的教育にたいする現在の配慮は、現在社会の現実的構造やその状況の経済的諸事実に結びつくことを止めてしまった」。共同体にたいする市民の義務や特権を教えるためには不適当な現在の制度をあてにするならば、明確に発言の出来る、見聞の広い人間をえるには、永久に待っていなければならないだろう。このことはある人びとには明瞭である。おそかれ早かれ、民主制度を成功的に働かすことに携っているわれわれは、広い意味で、民衆のための真の教育はデモクラシイには存在してないし、今までも存在していなかったという事実に直面しなければなるまい。民衆が今もっている知識は、彼らが自分で見出したのである。簡単にいえば、民主的国民たるわれわれは、政府のある異った制度の、簡単に受けとられる呼びかけが成功するのを防ぐために、市民としての知識を与えるという緊急の責務に直面しているのである。

このような説明の仕事において自分らのもつメディアが大きな役割を演じうるというのは、ドキュメンタリィ映画製作者の信念である。あらゆる他の表現形式にもまして映画は、新聞の重大な部分を読もうとせず、公的な集会に殆んど出席しない人びとの想像力をとらえうる劇的な力をもっているのである。映画におけるドキュメンタリィ方法はそれが最善の状態における民主的市民制の意義を、生々とぬぐいがたく説明するためにそれが最善の状態に用いられることを示した。それは自分の村、町、州での生活における社会の再構成を促進するために市民がいかに活動すべきかを簡単にしかも活気をもって描きだすことができるのである。それは現在の社会におけるグループとグループの間の多くのギャップを埋めるために用いられることができる。幾つかの現在の英国ドキュメンタリィ映画はこれらを行おうとしている。なぜなら社会的概念はそれらの製作者の心に最上に保持されているからである。スポンサーのついた題材がある社会的なアプローチを示している場合には、いつでもその態度が採られる。こうした方法で、たとえ小さなものではあれ、事実に関する映画は、社会的責任感を教えるというこの国民的責務にたいしてすでに幾分をなして来たのである。

しかし今までなされて来たものは単に部分的な関心に対してのみであった。われわれが示しうる映画は国民生活の断片にすぎない。ドキュメンタリィ映画は、ただそのスポンサーが命じた方向に沿って、探究を行ってきた。たとえこれらのスポンサーが、多くの場合彼らの観点が想像力に富むものであったとしても。デモクラシイにおける教育へのこうした運動は、アマチュアの成果であって職業的教育のそれではない。英国ドキュメンタリィ映画のプロデューサーは政治家であり、まして外交官であるなどと自任してはいない。かれらの仕事は映画製作の仕事である。しかし彼らの映画が現実の人間とその生き方に関したものであるために、彼らは、デモクラシイの働きを改善しようとする現在の努力への参加を逃げようと思っても逃げることはできないのである。

さて、民主制を否定している人びとの方法を考えてみよう。全体主義的プロパガンダはただ一つの理念に基礎づけられ、その理念故に大きな力をもつのである。それは国家の利益にたいする個人の疑をいだくことのない服従を要求するのである。それは個人から黙従の義務以外の市民としての全ての義務を免除する。国家とその指導者は、デモクラシーにあっては、個人に要求されるような全ての社会的思考を行うのである。

ファシスト国家のプロパガンダは、おそらく、それがデモクラシイ諸国からの組織されたプロパガンダに殆んど出合っていないという理由だけで、その未熟さに拘わらず成功しているのであろう。デモクラシイは今まで、（それが行われた所でその事例を、脈絡もなく、バラバラに、はっきりした目的なしに示してきた。デモクラシイは、今まで教育の道具としてプロパガンダを殆んど用いてこなかった。デモクラシイは、現在ファシスト国家によって試験せられている。ファシスト国家はデモクラシイを、現在の世界事情では時代おくれの、ひ弱い、働きえぬものとして告発しているのである。もしわれわれがこの世代と来るべき世代との将来の安全を尊ぶならば、知らずにはすまされない挑戦をファシズムは行ったのである。この挑戦は力強い言葉でかかれた返答を要求している。

だがその返答は自由民主主義という古い十九世紀的概念によって書かれることはできない。それは活動しつつある社会民主主義の新しい二十世紀的概念で表明されねばならない。「デモクラシイは思考である。しかしそれは生活と行為に関聯した思考である」とトーマス・マンはいっている。（「デモクラシイの来るべき勝利」セッカー・アンド・ウァーバーグ、一九三八年刊）。デモクラシイもまた変転する社会的、経済的事件にてらして、その方法を再形成しつつあるということを、みづから宣言することが日ましに緊急となってきている。攻撃に直面して、デモクラシイは、自分が認められていると考える権利はなくなっていることを理解しなければならない。ブリトン人が再び席につき、「英国の旅」の中のプリストリー氏の言葉で「いまいましい、おれは大丈夫だ！」ということはもうできないのである。われわれの民主的理念が保持され改良されるに値することを知っている人びとは〝自由放任〟の古い態度をすてなければならない。われわれが宣言するデモクラシイは、新しい方法と変化を実現する方法をもった、そして、方向をかえ再び生気をふきこまれた新しいデモクラシイ、つまり仕事着を着、袖をまくり上げ

たデモクラシイでなければならない。

その回答を作成する点で、デモクラシイはその烈しい批判力という点で有利である。大衆の意見はファシズムの棍棒でうつような方法では、ただ短期間しか形づくることはできないのである。軍楽隊や行進、誰も協議しない会議などは、痛い足や疲れた目などの印象をのぞけば、心に残る印象を与えない。デモクラシイは、ファシスト国家には欠けているような物、つまり、目的の公正さ、思考の自由、そして人間的感情から由来する荒々しさをあたえることができるのである。こうした事情を説明するために、民主主義諸国はその命令にしたがう創造的な、知的な精神をもった多くの人びとをもっている。急速に、ファシスト国家は人びとから最も創造的な精神をパージしている。彼らの映画、彼らの本、彼らの絵は、大部分俗悪な類のものである。それらのアピールは、教育のない人びとに向けられている。民主主義の立場からみれば、そのことが彼らの主要な危険であり、デモクラシイを広く積極的に教育することが、緊急の必要事である理由でもある。この仕事において、映画産業全体は、もししようとさえすれば、その役割をつまり、ドキュメンタリィ人がすでに果そうとしてきたその役割を演ずることができるのである。

ともかく、この三年間で一つのことがはっきりした。どのような政府でも、映画が「ある国家がその特徴的な理念を全世界にわたって人びとの心にふきこむための最も力強い手段である」(「タイムズ」紙、一九三八年十二月八日)という事実を無視することは、もうできないのだ。私が「現在までの映画」で、そして再び「セルロイド」で書いたように、アメリカはプロパガンダとしての映画メディアの影響力を認めた最初の国家である。戦後の数年間、アメリカは、彼らの映画が貿易のための外交的前衛部隊として上映される外国の映画館を、抜目なくも大切に扱った。こんにちわれわれは、あらゆる種類の民主国家の崩壊を見るのがその明白な目的である国による、政治的なプロパガンダの増大に直面している。ラジオによって、映画によって、民主的理念は笑いものにされ、傷つけられている。最も意識的に攻撃されている英国は、その世界的希望がゆらぐかもしれない、いや、ゆらぎつつあると、やっと気づくにいたった。最も古い民主国である英国は、ファシストの攻撃に抵抗するためプロパガンダの最も近代的な道具を用いなければならないことをやっと今、意識しだした。様々な政府の委員会や協会――ヴァンシタート調整委員会、英国海外関係評議会、旅行産業促進協会、海外貿易省によって設立された議論の百出の連合映画委員会―、によって、デモクラシイのプロパガンダの概念が徐々には現われているが、それぞれは全ての人の――とりわけドキュメンタリィ映画製作者の信用をまねいてはいない。何を企劃する――彼らは全てサー・スティブン・タレンツの言葉を用いる(「英国の企劃」、サー・スティブン、タレンツ・フェーバー・アンド・フェーバー、一九三二年刊)――かがはっきりしないなら楽しかった英国《メリーイングランド》の古くさい象徴によりかかる事もできよう。彼らは、デモクラシーが変っていることを忘れ(あるいは理解しているのか?)、デモクラシイがファシストの嘲笑をうちかえすことのできる唯一の方法は、デモクラシイが社会的に生きたものであり、若返った、とりわけ進歩しているものだと、示すことなのだという事を忘れているのである。古い象徴がすたれたというのではない、それらが現わしている真理を考える事なしに用いられているというのである。儀式と祭典は、ある意見では、海外でなお名声をもっているという。しかしホワイトホールの近衛兵やロンドン塔の守衛は、それらがその真のパースペィティブにおいて示されないかぎり、ブリティン島の形などと同様に現代英国の忠実な象徴でないのである。

さて、われわれ国民は、われわれ自身の成果においてのみ判断されうる。そして他の国民はわれわれ自身の評価によってのみわれわれを判断することができる。もしわれわれがデモクラシイのプロパガンダのシンボルとして過去をあてにするならば、われわれはファシズムの言っている退歩的国民と言われるに値しよう。それにひきかえ、われわれの建設的プロパガンダにたいしては、全体主義国家のヒステリックな方法のための場所はない。英国ドキュメンタリィ映画プロパガンダの仕事は、遠慮深謀の仕事である。われわれの説明的方法は、あれこれの政党の鐘太鼓をうちならしてのスローガンよりも確実な道をとり深い印象を与えると信ずる。プロパガンダの興奮を与え熱狂させるような用法は、安易に露出狂へと道をそらすのである。ドラマティックな形式の確固とした、わめき立てることをしない目的は、結局、ドキュメンタリィ人が忠実で、たしなみある意識をもって果すことの出来る唯一の目的なのである。

デモクラシイのためのわれわれのプロパガンダは、社会生活のより良き目的に向っての機構について英国の行っている、あるいは行うべき、事柄についての叙述をおこなおうとした。それは、グリアースンが指摘したように、「現実的に、方法をもって、そして自由な意志をもって、自分の日々の問題に直面している自由な人びとの意識」(「スペクテーター」紙、一九三八年十一月十一日)を反映しようとしてきた。これらの問題はわれわれ自身に固有のものでないことは記憶しておかねばならぬ。例えば、今日アメリカは、アメリカ自体の多くの社会的問題、英国においては数年前に斗い勝利をえたと思われる問題、組合加入権の、未成年者労働の社会事業の拡大の、問題などにおける指導を英国に求めている。こんにちアメリカは、かれら自身の国において社会再建という大きな戦いを、聯邦劇場企劃国家支配人であるフラナガン夫人の言葉によれば、「病気、不潔、貧困、文盲、失業、絶望に

(以下三十頁三段へ)

■作品評■

エキゾチックな興味に焦点

「黄色い大地」

田畑正一　（照明・自映連）

おそらく誰でもが一度はのぞいて見たいと思う新中国を描いたこの映画は、先づローマよりの飛行機が香港の空港に着陸する画面から始まり、観客はその爆音の中にロケ隊と共に行動する感情に誘なわれる。

さすがはイタリーの名だたるスタッフによる仕事だけあって、出だしから鮮かなものだと感心する内に香港の街の風景。

そこでどう云う目的か、わざわざ追放されたと云う英国の新聞記者の宿を訪ねる。この記者は新中国に敵意をもつらしく、目下中国の内状を暴露したものを書いて発表するのだといきまいている。この場面のラストにその室に飾られたチャーチルの大きな肖像が印象的に写されている。

さて無気味な武装兵の守る国境を汽車が過ぎて、いよいよ待望の新中国。そこで何を見るか。緊張して乗り出す観客の前にくりひろげられるのは、悠久何年の歴史をたたえる南画の様な桂林の山と水

そして昔ながらの素朴な鵜飼いの作業が、ワイド画面に一幅の画となって見事である。雄大な背景の中に透けこんだイカダ舟の群、軽快なリズムに合せる様にイカダをふみならす鵜匠達の動きが実に印象的。

つづいて風俗・慣習がまるでサーカスの番組でも見る様に次から次と繰り展げられる。

ここで気がつくことは、これらの描かれているものがすべて何千年の昔から伝えられ、いまだにその生命を失なわない古い中国の姿なのである。このスタッフはこの映画に「中国の壁」と原題をつけた様に、万里の長城に象徴される古き中国の伝統と風物を促える目的の様である。フィルム六万メートルも撮影して、その中から二、六六六メートルのこれだけに縮めたときに新しい中国はふるい落され、古い中国がこの様に残されたのかも知れない。いずれにしてもこのスタッフの興味は更に古き中国の残されたものとして仏教の姿を紹介するのである。そして高山の寺院に白髭の老人がカゴに乗って上って行く場面に始まるが、ここでちょっと気になるのはこの画面の説明が（原文でもそうかはわからないが）「長い間の伝統で階級が出来て、この様に上流の人はカゴに乗り、下級の者がこれを担っている」と言う意味を述べている。なる程画面で老人が涼しげな得意の顔をしているに反し、これを担っている婦人はその急な坂道を登る辛さに顔をあからめ歯を喰いしばって頑張っている（演出をしている）。

かって周恩来首相が日本の使節団に語った言葉の一節を思い出した。「新しい中国には非常に進んだ面とまだ後れてる面をもっています。どうか進んだ面だけ見るんではなくて後れている面をも見て悪いところは指摘してもらいたい。中国はその後れてる面を改革して新しく進歩したものにして行くのだから」と。日本にもイタリーにも階級があり、新中国も革命を経たとは言え、まだ資本家は残っていると云う。しかし日本やイタリーと違うのは資本主義政策が既に姿を消して人民民主主義による社会主義政策が遂行されていることである。おそらくこの画面はこの山頂の寺院にお詣りに行くか保養に行く老人とそれを運ぶカゴかきを職業とする婦人達であろう。この婦人の肉体労働とその労働によって運搬される人を殊更に階級と呼んであたかも支配者と奴隷の様な印象を与えようとする意地悪さがあるのではないかと、いささかこの部分のナレーションに抵抗を感じるわけである。

さて話は幸福になった新中国の子供達の遊戯する場面になる。ほんとに可愛いい幸福そうな子供達の姿に、後の客席でさっきから話していた中国にかって出征してたらしい観客が、「いや、きれいになったなあ、昔は子供なんかきたなくてよせつけなかった位だからなあ」とつれの女に囁いていた。

それから新中国の農業生産物の飛躍的な収獲の数字を上げて、「これらの農村を支えているものは何か、農村のこの物語をきいて下さい」と金に買われる哀れな嫁の物語が、ドラマとして展開される。この方は香港の場面と違って俳優も演出も大変うまいので、つい現在の中国の農村に実在する事件なのかと錯覚をもたせる位。ドラマが終って「今ではこんな物語はなくなって、女性もどしどし職場に進出している」と打消すのであるがどうも後味の悪いトリックである。

そして現在女性が男性の職場にどしどし進出している場面として田舎からトラックに乗って来た学校出たての娘が、いきなり高い工事場のヤグラの上に上って作業する場面。そして危かしい足元を大写ししている演出意図は、例え善意としても作りすぎた感じを打消すことは出来ない。

ワイド一ぱいに促えた大河に豚皮の舟を浮べる風景はトップの鵜飼いの場面と共に秀逸なカメラである。竜神船、漕艇競争、そして東北地方に於ける台風時の状況は実にすばらしい描写である。氾濫する河。水に呑まれるハルピン郊外の家屋。なすこともなく呆然として残された堤防にたたずむ民衆。やがてその民衆が立てられた赤旗の下に右に左に組織されて行く。遂には群衆は大きな一つの意志をもった渦となって水魔に立ちむかって活動を開始する。老若男女、軍隊も加わって正に人海戦術である。この幾段階が、おそらくかなりの危険を冒した撮影であったろうと察せられる。

こう云う何気ない自然と人間の斗争の中に、新中国の燃える様な意気と、鉄の様な団結の姿がくみとられる。たまたまこの映画の前に上映された日本ニュースに写された日本の台風。その爪先に流さ

れた土地と家を、ぼんやりながめる農民、そしてわずか数人、十数人がささやかに石をもって運ぶ姿は、あまりにも中国のそれと対蹠的であるだけに、悲しみと共に政治の貧しさ憤りを感ぜずにはいられなかった。

この水害に示された中国民衆の力は、ラストの国慶節の一大パレードとして花展くのである。各団体の特技、各少数民族の行進、各工場別の行進。しかしここでもナレーションは「姿を現さない指導者が一年間の間に教えこみ、新中国の意気を世界に誇示する集団演技」と語り、従ってカメラはその観点からあくまでもロングから、花の波、旗の林、人の列をマス・ゲームとして促えているが近づいてその内容にくり入ろうとは決してしない。姿を表わしている筈の天安門上の指導者も、又各国の賓客も、二百五十万と云う大観衆もオミットされている。心なしか、天安門に書かれたスローガンや大プラカードのスローガンはつとめて目にとまらない様カットされている。それにもかかわらず、この雰囲気は、行進の一人々々の喜びあふれる顔、一つの心となって躍動する各パレードの波、そして空高く舞上る風船に吊された「和平万才!」のスローガンに集約されて観る人の胸を打たずにおかない。

客席のあちこちから思わず拍手が上る。

しかし映画はこれで終りにしない。

夜空を彩る花火。そしてカメラは再び香港の歓楽と魔の都にかえるのである。だがスタッフはその香港の昼の上空を飛び乍らナレーションを結ぶのである。

「長い中国の旅行を終えて、何か失なわれていたもの――。人間の自由をとりもどした――。

――彼等と吾々とは、その理念と手段とは違っている。しかし両者に共通していることは、幸福な明日の世界を目指していると云うことである。今こそ障害をのりこえてお互いが語り合うべきときではないだろうか」と。

昨年度ブリュッセル国際映画祭にグランプリを獲っただけあって構成と云い、画面と言い仲々見事である。

然し慾を言えば、奇習、絶景を追う興味本位も娯楽作品として必要であったろうが、更に新中国の新中国たる面、農村に於ける新しい生活の断面、都会に於ける状景生産部門の活動ぶり等の一面がもっと豊富に、正確に加えられてほしかった。

あまりにも東洋的なエキゾチックな珍奇さに焦点を合せようとしたために、大切な一面――新中国の今日の姿――明日への息吹きと云ったものが弱められている様に感じられる。このことはこの作品を面白くしてはいても力強くはしていない。

初めにどうした意味で挿入したのかと疑問をもった英人記者のエピソードもなるほどとわかる気がする。すなわち、この記者が内状を暴露しようといきまいたことはそのチャーチルの写真と共に、ラストのナレーションに結びついているからである。にも拘らず「我々(資本主義国かスタッフが)と違う理想と手段」については遂に具体的に画面に出て来なかった。むしろ国慶節でもあくまでも単なるパレードとして紹介し、生産との結びつき、経済的なデモ、政治的な要求の場としては正しく表現しない様に努力している。このことが、観おわって非常に物足りなく感じさせるのである。反対にもっとこの国の社会制度、経済組織の奥深く飛び込み、これを追求することに視点をおいたならば、この作品は「緑の魔境」や「失なわれた大陸」と同列に終らず、更に高い感動と迫力をもった秀れた作品になったであろう。

現場通信

シカの顔について

岩佐氏寿（演出家・フリー）

むかし信州へ映画をとりに行ったとき、村の青年のひとりが、ウシの子を見に来いという。私はウシについて、特別の興味も知識をもっているわけではなかったし、見たところでどうということはないのだが、だれにでも見せたくてたまらないというふうな、その青年の様子にまずうれしくなり、天竜川の段丘を、えんえんとのぼって、はるばる見せて貰いに行った。

「どうです。いい仔でしょう」

という。かわいかった。

「こいつはね。丸顔だから大きくなりますよ」

ウシに、丸顔と、そうでない顔があるとは知らなかったので、私はびっくりした。そして、ほかと比べてその仔ウシが特別に丸顔であるのかどうかの見当もつかないし、丸顔の仔ウシが必ず大きくなるかどうかも知らなかったので、返答に困って、

「なるほど……」

などと、ごまかした。ウシにもいろいろな顔があるらしいのである。

軍隊にいたときも、じぶんのウマの顔をおぼえるのに、大分苦労をしたおぼえがある。ウマの顔などは、みんな同じだと思っていたのに、毎日しげしげと見ていると、違うということだけはわかる。しかし、お前のウマはこれだといわれてから遠くにいても、ああおれのウマがいるなとわかる迄には、かなりの日数がかかったように思う。

今度の「子鹿物語」でやはり同じことが起った。シカの顔がみんなおんなじに見えるのである。しかし、幾日か撮影を続けているうちに、シカの顔は、各々ちがうものであり、そのちがった顔の中にやはり、美醜があり、おとなしいしとやかなやつもいれば、荒々しい点では、佐野美津男がすぐに好きになりそうなやつもいて、それぞれの見分けがつくまでには、大分日数がかかった。

シカというのは、まことに愛想のない動物で、奈良では、人間にせんべいを貰うくらいだから、かなり人なつっこいのだろうと思っ

ていたら、これは間違いであった。人なつっこく見えるのは、じつは、人にではなくてせんべいに対してだけなつっこいのであった。せんべいさえ貰えばそれ以上は決して近づかない。もっと貰おうと、ついては来るが、頭でも撫でてやろうとすればあわてて逃げる。強いて撫でようとすると、後脚で立ち上り、前脚でパンパンと叩く。無類のこわがりだから、叩くのも、積極的に攻撃をかけてのことではなく、撫でられることがこわくて、夢中になって自衛しているのである。このパンチは相当なもので、叩かれて病院にかつぎこまれた観光客もいる。その人は肋骨にヒビがはいっていたそうである。今度の撮影でも、セカンド、サードの両助監督とも、手や足にしたたかパンチをくらって、赤いアザをつくり、二、三日はビッコをひいていた。奈良のシカが、人間の中でくらしていられるのは、天性臆病で、じぶんの側から決して攻勢にでることがないからである。オスのツノも、メスを争うためのオス同志のけんかに役立つだけで、他の動物に対して、それを武器にして襲いかかるということは決してないのだそうである。

私は、かって、京都、長野、ジャワなどで幾度かシカの肉を食ったことがある。そううまいとは思わなかったが、馬肉やクジラなどよりはずっとよかった。つまり十分食用となり得るのである。もしシカを、ウシ、ウマ、ブタなどのように家畜とすることができていれば、品種の改良なども行われ、神戸肉、松坂肉などという具合に肉屋の店頭へ日常的に現われていたのに相違ない。そして遊園地では、子どもを乗せて走るようなことになっていただろう。けれどもシカは、いまだかって家畜となったことはない。なるものならば、数千年も日本にシカは棲んでいることだから、とっくの昔に、家畜になっていたのに相違ない。

要するに、テコでも人間には慣れないのである。

それを、少くとも、エサをうまく使えば、ウマやイヌぐらいには芝居をするだろうぐらいに、タカをくくって撮影にとりかかったのが間違いのもとであった。しかも群生動物だから、一頭だけきり離すと、文字どおり、気ちがいのようになり、充血した目をとび出させ、目茶目茶に暴れまわる。

まことに救いがたい動物なのである。そういえば、日本に来たソヴェトのボリショイ・サーカスにもシカはいなかった。ソヴェトの山々には、クマよりも多くシカが住んでいる筈なのである。パブロフの条件反射も、シカには通用しないのだろうか。シカのあのかなりかわいい顔はじつは、神経質で根は臆病な、都会人種に共通した、哀れっぽさなのであった。

私は、いま、もう二度と、シカの出てくる映画などはつくるまいと、かたく決心している。

まったく、こりた。

コヤシに恨みは……

西田真佐雄
（演出助手・東京フイルム）

五月にクランクインしてから、もうまる六カ月。旅館の女中さんたちとのなじみも回を重ねて来たわけだが、あと旬日にアップを控えて積る埃をふりはらってみるとその足跡の寥とした寂しさに、一瞬、身のうたれる思いもする。

—尿素—（仮題）という名のとおりに、窒素の化学肥料である尿素の映画であるが、そのねらいとするところは、過去三カ年に亘る全国各地の農業試験場などでの試験成績に基づいた、使用法のPRである。

スポンサーが、尿素各メーカーの組織する尿素研究会ということもあって、各社に集まってもらっての脚本の検討会が、それぞれの時間の都合でなかなか進まないままに、ねらいをつけた庄内平野の田植え時が来てしまっていた。

この地方の稲作は、戦後急速にのびたといわれ、いわゆる寒冷地農業の典型として、新潟とともに注目されているだけあって、農家がその技術の革新に、非常な熱意をもって当っているようである。

追っ取り刀でまずハンティングと、仙台経由で陸羽西線に身をゆだねたのだが、車窓に展がる庄内は、早や青々と方形の水面をおうばかりなのにはおどろいた。東京で調べたのより二週間も早くなっているのである。これには現地の試験場でも首をかしげる仕末だった。

寡聞、知り得たところでは、この地方は年々田植えが早くなって来ているが、それを可能にしたのは、やはり農家の勉強というか、汗によって築き上げられて来たことは間違いなさそうである。その努力が耐冷品種の導入と、苗代の工夫となって形を得たものであろう。野面のあちこちにひびく耕耘機のうなりを聞いて、それが農業近代化への表徴ではあっても、その底には農民の父親からうけついだ経験と、朝星暮星の労働の結果であることを見逃がすわけにはいかないと思った。

ところで仕事の方はそんなことで感に堪えている暇がない。庄内地方でも比較的田植えが遅いと聞いた酒田の方に来てみても、やってるわ、やってるわ、折からの雨空の下で総動員の忙がしさである。

〃アノー、コヤシをまくところがほしいんですけど〃、これを念仏にして歩いてみたが、この地方では、田に水をひく前に施肥をするので、おいそれとはみつからない。

普及事務所や農業協同組合の人たちが、自分の家も田植えで忙がしいのに、方々当ってくれたのはよいのだが、つき従がう私のたよりなさ加減。相談してもらっている言葉がわかれば割って入って、こちらの焦らだちを伝えたいのになんとも方言とは難物である。何度も聞き返すのは失礼とばかり、〃ハア?、ハア。アノー、コヤシを……〃と繰り返す。

大真面目に、真剣で、切迫つまった言い方をすると、得てして地方の人はニヤリとする。タイミングが合わない。不可解至極である。仕方がないので、こちらも吸い込んでいた息をホォッと吐きながらニヤリと返す。調子が合うのがそこだけとは情ない。

農協の人が忙がしい時には待ってもいられないので、大体の方角を聞いて飛び出した。それらしい田圃をみつけて、付近にいた女性をとっつかまえる。

最近は紹介されて情緒豊かなハンコタンナも知られているが、面と向っても顔を隠しているので年がわからない。〃アノー、オバサン〃がこれ失敗の巻である。その声音はまさしく娘。〃失礼しました、オバサンではなかったんです……。〃なんていうのは恥の上塗り、そのまま話をつづけていれば相手の女性も迷い込んだ男の観察に忙がしいものを、青年の心意気も正しく陳謝したばっかりに、横を向いて吹き出すのである。おまけに仲間を語らって、好奇の目と嬌声の集中は、広い野面の身の隠しどころもない悲しさ、ボンヤリ哄笑のやむのを待つ以外方法はなさそうである。その一分間の長さ、答えはホンの十秒で済んでしまうものを、礼をいうのももどかしくかけだすのだが、また一しきり背後で笑っているのが耳に入る。敵にうしろをみせるとはこういうことを指すのだろうか。

庄内おばこの文句は知らないがこの地方は新潟と同じで長方形の耕地整理もあって、山へ登っての大ロングなどは見事というほかはない。その一画に目的の水田をみつけて仕事をしたが、キャメラの故障や曇天に患わされて、そのあとの日程はとても忙がしかった。酒田から九州や香川、兵庫と速達便を何通も出して、その返事のみられぬもどかしさ。九州、兵庫も庄内と同じように田植えが早くなっていたので、目指したものより第二、第三候補となってしまった。これから旅立つ九州は、立派な実りが待っているだろう。

猿まわされの記録

山口 淳子
（演出助手・日映新社）

多摩自然動物園のオランウータン、ジプシー嬢と私たち（演出藤原智子、助手山口淳子、撮影白井茂、坂崎武彦、助手村上忠司、照明金子公洋）がつき合いをはじめて半年になろうとしています。

飼育担当の獣医さん渡辺氏を母親代りに、のびのび育っている三才のジプシー。

その感情生活と、類人猿としての智恵を自然動物園という環境の中にさぐり出そうと試みているわけです。

しかしジプシーに関して予測出来る事は全くなく、どうやら渡辺氏を通しての生活は観察のうちに把えて来たものの、智能テストという段になると、動物心理の本にもオランウータンのデーターはごくわずかで、同じ類人猿のチンパンジーの記録を下に、実験から加わって下さっている心理学の藤田氏と動物園の飼育の方々、そしてスタッフの観察から、ジプシー向きの実験プランを練ったのです。

八月の盛り、やっと実験撮影に入る事になり藤田氏の指導でまず装置作りからはじめられたのですが、三才のお嬢ちゃん用とは云え体重十七キロでもその腕力（歯と脚力も）は大の男の人なみ、寝箱、棚、部屋の仕切、扉、枠、その他その触れるもの皆頑丈極りなく作らないと、たちまち破壊されてしまいます。

毎晩のように宿舎で実験と撮影プランの打合せや図面引が行われ雨で撮影のない時も、スタッフ全員、藤田氏を棟梁にギコギコトントンと休む間もありません。

いろいろな場合を予想して設計しても、いざ撮影してジプシーが使って見てはじめて、手のとどく位置とか、嚙るのに近すぎるとかがわかるので、ジプシーと智恵くらべの毎日です。ジプシーはそれこそ「ぶっつけ本番」でないと、二度と同じ間違いをくり返してはくれません。

撮影中は、それこそ気を散らさないようにずいぶん注意するのですが、見学者があったり他の動物がそばを通ったり、又スタッフが一寸でもイライラしたりすると、みんなジプシーの動作に表われてしまいます。

息をつめるように全部が集中している最中、立川を飛立つジェット機のはりさけそうな爆音に、テストもそっちのけで頭をおさえておびえるジプシー。

成績がいいと渡辺氏に負けず「親バカ」になった藤原さんが、実験プランの程度が低すぎるのだと藤田氏に物言いをつけたりするのですが、冷静なる実験者藤田氏も今ではジプシーの一挙一動についい顔をほころばせている有様です。

オランウータン、ジプシーの実験を通して私たちが「道具の使用」とか「洞察力」、「記憶力」とか、毎日の生活の中にほとんど、それと意識せず行っている事がどんなに大変な事か、又、経験のつみかさなりという事が、どれほど意義のある事か、原始の人々の発達の一端を目前に見る様な気がします。

灼きつける陽ざしもだいぶおちて、熱帯産のジプシーにはにが手の冬が来ます。

これから先、新しい可能性の発見と驚異に満たされている撮影の毎日を、「猿まわし」ならぬ「サルマワサレ」で大の男（いや女も）たちがキリキリ舞いしながら続けることになるでしょう。

プロダクションニュース

（文中略号、EK＝イーストマンカラー35・16＝35ミリ・16ミリ、構＝構成、編＝編集、脚＝脚本、演＝演出、撮＝撮影）

電通映画社

○編集中「大いなる歩み」三巻、EK、35、脚・演―浅野辰雄、「TI7型万能自動旋盤」一巻、コダクロ、16、脚・演―森田実、撮―尾崎照男
○撮影中「明電舎」二巻コダクロ、16、脚・演―松本治助、撮―尾崎照男、「豊かな暮しのために」二巻、EK、35脚・演―瀬川晃、撮―宮本、「コロンボ計画」三巻、EK、35、脚・演―丹生正、撮―大根田敏夫、「日本のさんま」二巻、EK、35、脚―松尾真吾、演・撮―尾崎照男「講談社五〇周年記念」二巻、白黒、16、撮・演―山中真男「命美わし」三巻、EK、35、脚―井手俊郎、演―亀井文夫、撮―菊地周、
○完成「運ばれながらつくられる」二巻EK、35、脚―樋口源一郎、演・撮―粟林実、

新理研映画株式会社

○準備中「インキの謎」EK、35、三巻スタッフ未定、「日本の音楽」右同、「横山大観」EK、35、脚―中崎敏、演―秋元憲、撮―前田実、「伸びゆく東都製鋼（第二部）」EK、35、二巻演―草間達雄、
○編集中「ニテレのナイロン（仮題）」EK、35、一巻、脚―秋元憲、演―草間達雄、撮―大源寺喜作、「紀勢線の全通（仮題）」EK、35、三巻、脚―古川良範、演―岸男光、撮―八柳勇三「住友のMC鉄塔」EK、16、二巻、脚・演―原本透、撮―水上正夫、
○撮影中「ひろしま観光」EK、35、三巻、脚・演―赤佐正治、撮―稲葉直、「若戸橋」EK、35、五巻、脚・演―秋元憲、撮―岸寛身、「アイソトープ」EK、35、三巻、脚・演―岩堀喜久男、撮―斉西豊太、

○完成「牛と少年」白黒、35、三巻、脚―秋元憲、演―西尾泰介、撮―富沢桓夫、「し尿のゆくえ」白黒、35、三巻脚―田部純正、演―荒井英郎、撮―水上正夫、「豆腐の科学（仮題）」白黒35、二巻、脚―秋元憲、演―富岡捷、撮―保刈富士雄

桜映画社

○準備中「海の恋人たち」白黒、ワイド六巻、脚・演―木村荘十二、撮―木塚誠一

東京シネマ

○準備中「メディカルシリーズ2・ガン2」EK、35、三巻、脚―吉見泰、演―渡辺正己、撮―小林米作
○撮影中「マリンスノー・石油の起原」EK、35、三巻、脚―吉見泰、演―野田真吉、撮―小林米作
○完成「ミクロのたたかい」EK、35、三巻、脚―吉見泰、演―渡辺正己、撮―小林米作

アースト教育映画社

○準備中「落合さんの卵づくり」白黒、16、三巻、脚―古川良範、演―永富映次郎、撮―杉木健三
○撮影中「和牛肥育」白黒、16、三巻、脚―鈴木悠一郎、演―水村靖、撮―杉木健三、「東京都復興事業記録」部分色、35、一巻、演・撮―前同
○完成「富士山の地質」白黒、16、一巻演―鈴木悠一郎、撮―金山富男

インターナショナル映画

○準備中「日本の子供「東京の四季」「日本の女性」共にカラーTV用、16三巻、スタッフ・岩村三郎・山地久造杉内六郎・相馬正徳
○撮影中「真城姉妹」カラーTV用、16三巻、古城菅也・広野浩通・芦田勇・島百味・三星敏雄・若林清
○完成「山武ハネウエル」カラー、16、一巻、阿部定雄・岩村三郎・相馬正徳

科学映画社

○完成「記憶と学習」白黒、16、二巻、脚・演―丸山章治、撮―清水浩、

東映教育映画部

○撮影中「母の家出（仮題）」35、脚―服部正美・大島善助・関川秀雄、演―関川秀雄、「息子の日記」35、原案―原木たか、脚―古川良範、演―豊田敬太、撮―福井久彦、「使う者使われる者（仮題）」16、脚―黒川義臣、演―西原孝、「台風」16、脚―斎藤正之、演―永野靖忠、撮―渡辺義夫、「合奏の喜び」16、脚―三谷繁市、演―石田修「中部地方」16、脚―斎藤正之、演―田中穂積、撮―木村寛、「関東地方」16、脚―有川真也、演―盛野二郎、撮―吉田正治、「日本の農業のすがた」「地域による農業のちがい」「米や麦の増産のくふう」「新しい農業の技術」「農業の機械化」「農地改革と農業協同組合」以上16、一巻、脚―小野春雄、演―杉森潤郎、撮―島本義誠、「ぶどうの一生」16、二巻、脚・演―米内義人、撮―土屋祥吾、
○編集中「中国地方」16、脚・演―大岡紀、撮―江川好雄、「北海道地方」16脚―永原幸男、演―宇田頼弘、撮―有村弘、「東北地方」16、脚―石田修、演―田中穂積、撮―渡辺義夫、

編集後記

五九年はまさに世界史的な転機の年でした。その意義をただしくうけとめることで、五九年をおくり、むかえる六〇年を前進と発展の年としたいものです。もちろん「記録映画」も第三年目をむかえ同様な意味において内容をさらに充実していきたいと思っています。

今月号は創作方法論と教育映画祭参加作品の批評を特集としました。前者については、本誌々上でつづけられている方法論についての論議を、さらに深めるために、とくに新人の発言をもとめ、松川西江両氏の稿をえました。後者は先月号の巻頭言の視点にたって、とりあげました。

なお、八月号にのった松本俊夫氏の『「敗戦」と「戦後」の不在』にたいして丸山氏が反論をよせられました。前記、松本氏の論文を参照してよんでいただきたいと思います。巻頭には柾木氏の『被害者意識のパターン』をかざることができました。

連載していました厚木氏訳、ローサの『ドキュメンタリーはどこへ行く』が本号で完結しました。近々、同氏訳で『ドキュメンタリー映画論』（みすず書房刊）として全訳がだされます。あわせて一読をおすすめいたします。

ところで、一月号からは、ジーグフリード・クラカウアの『カリガリからヒットラーへ』――「心理学的にみたドイツ映画史」を二木宏二氏の訳で連載する予定です。同書は映画を手がかりにしてナチズムへの社会心理の移行を歴史的にあとづけた名著といわれているものです。御期待下さい。

今月号から「東販」を通じて、本誌が書店にでるようになりました。今後とも御愛読と御鞭達をねがいます。（野田）

一月号は十二月二十五日発売で岩崎昶氏の巻頭論文に、岩堀喜久男氏他による方法論の発展、及び東映の村山新治、松竹の大島渚の両氏による対談など掲載の予定。

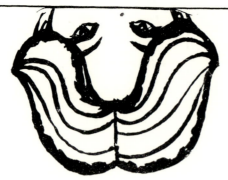

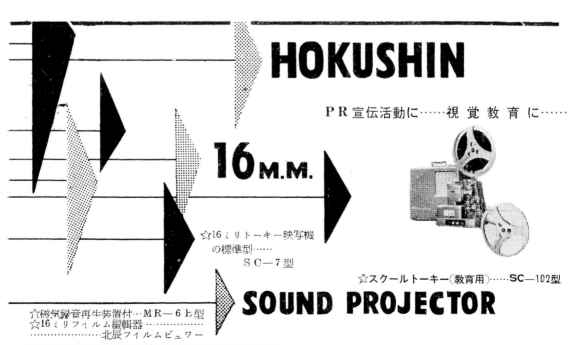

教育映画作家協会編集

記録映画

THE DOCUMENTARY FILM

昭和三十三年九月五日第三種郵便物認可

「N の 記 録」

1月号

記録映画

1960 1月号

第3巻 第1号

時評

新年にあたって

あけまして、おめでとう。

一九五九年は、内外ともに、多事多端の年であった。中でも、平和共存への世界的な方向、それに逆行する、岸内閣の、安保条約改訂への強引な推進は、わがくにの運命に関することだけに、すべては、これらの問題に集中されたかの感がある。

本年はさらに、この国外、国内の問題が、どう発展するかが、直ちにわれわれ国民、ひいては、記録映画・教育映画作家たちの、作品活動および生活にもかかわって来るだけに、ゆるがせにできぬ問題をはらんでいると考えねばならないであろう。

すなわち、われわれは、手に余るほどのたくさんの課題をかかえこんでいるといわねばならぬ。

記録映画「安保条約」「失業」等をおくり出したわれわれは、本年はさらにその発展の上でいくつかの記録映画を、おくり出すという問題に当面しなければならない。その製作の機会を、どうとらえるか、また、製作の諸条件をどうして獲得するか、およびその創作方法をどう発展させるかなど、重要な諸問題が、横たわっている。

また、教育映画にあっては、本誌でも論じられたごとく、官僚的な規格化の方向が、明らかとなってきている。さらにわがくにの教育全般を通じての、文教政策の逆行的追討ちは、本年さらに急ピッチで、広く、深く行われることが予想される。これに対する作家主体の諸問題。

また、テレビジョンその他のマスコミ・メディアは、本年さらに猛威を逞ましうするであろうし、その中での、記録映画・教育映画・P・R映画のありかたは、より一層複雑の度を加えずにはおかないだろう。

さらにまた、くに全体の中小企業に加えられつつある大資本の強圧、映画界のトラスト化に伴い、小企業プロダクションは、その経営が困難となりつつある。そのシワヨセが、次第に、製作スタッフの上にかかって来る傾向が、昨年の半ば以降、とくに顕著となっている。作家の生活権擁護の諸問題は、本年さらに大きくあらわれて来ると思われる。

こう見てくるとき、われわれのかかえている問題は、数限りなくあり、作家協会の性格そのものの再検討にまでかかわるほどの重要さをもっている。

新年を迎えるに当って、問題のありかたを、しかと見極め、目をそらせることなく前進して行きたいものである。

表紙の写真

伊勢湾台風の被害と、そこに起きた人間疎外の状況へ、実験的手法でアプローチした日大芸術学部映画研究会作品「Nの記録」の一シーン。

もくじ

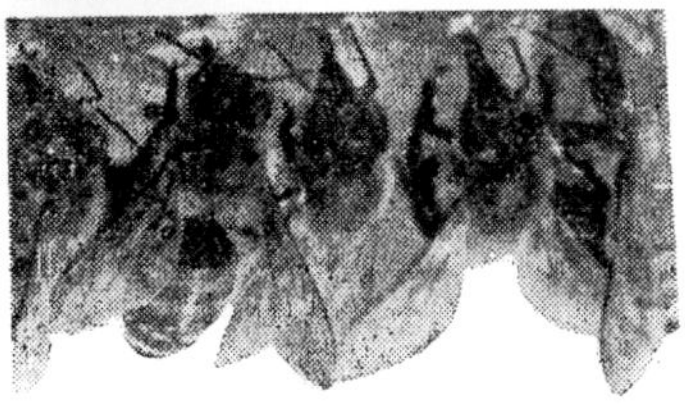

このごろの映画論と記録映画■岩崎　昶

映画論がさかんになってきたのは久しぶりのことだといえる。若い映画監督や評論家、中には映画外の学者までまじえて、映画雑誌に、映画の基礎的な理論を、しかもなかなかの力作を発表しているのはむしろ壮観といえよう。

もちろん、そのすべてがりっぱな価値のある論だということはない。そんなことは要求する方が無理というものであろうが。――ずいぶん見当ちがいな議論も横行しているし、むずかしいことばづかいで下らない内容をごまかしているといった論文もなくはない。けれども、映画のこれまでの理論や作品についてもよくしらべ、正面から映画という芸術にとっくんで、その上に自分の独特な考えを組みたてようと努力している人もいる。そういう人たちの説に啓発されるところもあるかわり、まったく意見のちがうところもある。私はじつは日本の新しい映画理論について近いうちに書こうと思っている。その文章の中で、新しい理論の中であきらかにまちがっている――と私が思う――ところをあきらかにし、それを若い人たちに考えなおしてもらったり、私自身が考えなおしたりするためのきっかけにしたい。ポツポツとやっていく前に、今日はあまりまとまりのない断片の形で、思うところを読んでもらおうというわけである。

「カメラ万年筆論」というのが始終ひきあいに出る。フランスの評論家で監督のアレクサンドル・アストリュックのいい出したことだという。アストリュックがどういう動機と目的でこういうことばを発表したのか、私はよく知らないが、カメラによる映像を新しい言語と見、思想表現の手段と考えることは四十年以上も前から世界いたるところでいわれたことですこしも新しいことではない。カメラを万年筆になぞらえるという考え方もことばづかいも、それ自体としてはまったくカビの生えたものである。アストリュックはジャーナリストとしての多年の修練で、自分の説に、人の耳にたやすく入り、いつまでも忘れがたいようなうまい標題をつけたのであるが、この標題があまりにもうまく成功し――極東の日本にまで反響を見出したほど――たのに、彼自身もたぶんびっくりしたにちがいない。彼のいいたかったことは、カメラと万年筆とのアナロジーなどという手アカだらけの主張ではなかったと、私は想像する。彼は現代という時代における映画的表現の優位を効果的に主張したかったのである。彼は、岡田真吉訳アンリ・アジェルの「映画の美学」から孫引きすれば、「いかなる分野も映画には入場禁止となりえない。……もっとよくいえば、我々は、世界についてのそれらの思想とそれらのヴィジョンは、今日、映画だけが説明することのできるようなものであると言う。」と説きたかったのである。こうして、アストリュ

ックは、デカルトをしてもし今日あらしめたら、おそらく十六ミリのカメラをもって自室にとじこもりかの「方法叙説」をほかならぬフィルムをもって著述したにちがいないと断言している。この主張はたしかに一考に値する。感情だの思想だのだけではなく、理論や哲学までも、映画の領分に入るというのである。ことに記録映画の作家にとっては野心をそそる主題である。前に、エイゼンシュテインは、やはり同じように映画が概念や理性的表現に有力無比な武器であることを言い、マルクス「資本論」の映画化を企画したことがある。彼はついにそれを実現しないうちに世を去ったし、その後まだ誰も「資本論」映画化に成功したものはない。しかし、このような新しいジャンルの記録映画は作家の意欲を大いに高める。「安保条約」という最近での問題作を私は見そこなっているが、この方向で、もっと高次な記録映画を製作することは期待できる。

「カメラ万年筆論」を発想の出発点として、「映像論」と通称されているところの一群の理論がいま日本に生れてきている。この理論が記録映画作家の間でどれほど勢力を得ているかを私は知らないが、映像の厳密さと重要性とをみとめるという一点では、それは記録映画の方法の核心となる思想である。だが、「映像論」にもいく種類かの変種があって、その一種では以前の「記録主義映画論」の特徴であったカメラにたいする物神崇拝がまた復活している。かりにいま「記録主義映画論」と名づけた理論の誤りについては、かって「映画評論」に「記録映画論」を書いたことがあるのでここではふれないが、「映像論」の中でも、私たちは「カメラの主体性」というような言葉にぶつかってびっくりする。どうせ「カメラ万年筆論」を引きあいに出すなら、ここで出したらどうであろう。「万年筆の主体性」というような思想を信ずることができるかどうか。いっぺんでわかってしまうだろう。

もう一つ、モンタージュ論の否定、そしていわゆる「ワン・ショット論」。——これも新しい映画論の特徴となっているようである。といっても、映画を作る以上モンタージュそのものを否定できないでその「論」を否定するのだから、そこに自ずから自己矛盾があるのだが、とにかく、そうである。一つの対象や情景をいくつものショットに分解して、ふたたび合成するモンタージュの操作は人工的であり、真実を拒否する、真実はカメラの前にあり、カメラをしてそれを写しとらしめよ、というわけである。

こういう論者の考えでは、モンタージュがいけないのは、どうもカメラが対象を作者の意のままに局限したり選択したりするからであるらしい。カメラは機械だから人間が意識しなかったものあるいは認識しえなかったものを記録したり発見したりすることができる。カメラのこの能力、人間が完全にはコントロールできないところの、余分なものまで画面の中にとりこんでしまうこの能力こそ、映画の面白さありがたさである。——という説である。「余計なものの美学」という流行の学説である。

映画を作る人間がいつも苦労することは、素材と表現と両面にわたって、自分が支配し形成することのできないような不確定要素を極小に保つことである。劇映画の演出ということは結局そのための努力である。記録映画の場合、ことにニュース映画や科学的実験観察映画の場合、この努力は困難になるが、しかし、余計なものが余計であり、つまり邪魔であることには変りはない。だから撮影のときに予想されずに混入したところの、中心主題をはずれた対象やショットは、整理編集のときにオミットする。「余計なものの美学」などということは、一口にいってしまえば、偶然性の前での作家の全面的武装解除でしかない。映画を見物し、机の上で考えるにはなかなか魅力的であるが、映画を作る側にとってはすこしも尊敬できない説である。スクリーンの前に坐るものの空想で、カメラの後に立つものの理論ではない。

（もちろん、劇映画の場合にしたところで不確定要素の混入は否定できない。人間が外界を完全に支配できるものではなく、たとえば、風に吹きとばされて路上をころがる帽子のコースというようなものは、何回何十回の撮影の中で、演出者のイメージにもっとも近似したものをOKとして使って我慢するほかはないわけである。）

大分前に見たドイツ映画に、一人の人気におごった画家が盲千人の大衆を愚弄するために、乱雑に絵具をのせたパレットの上に坐ったズボンをそのままカンヴァスにおしつけ、でき上ったアブストラクト（?）で世間の喝采を博するという、たぶん作者は抽象画反対なんだろうと思わせる場合があった。余計なものの重要さを説くのには、この画家はまことにうってつけの道化者であるといえよう。

新しい映画理論はいろいろな場所で、いろいろな形で記録映画の作家たちに影響をあたえ、問題を提供していると思う。その人たちが、理論の面でまた作品の実作の面で、これにどう反応するか、私は大いに期待しているのである。

（筆者は映画評論家）

■記録映画を見る会一月例会・今日の日本シリーズ・西武百貨店リーディングルーム九日・春を呼ぶ子ら・ボタ山の絵日記・十六日・暮しと家具・三〇〇トントレーラー三〇日・偉大なる建設・特急こだま・二三日・山とスキー特集・尾瀬・われらのスキー・チェコのスキー映画・当日記録映画作家の話があります。時間はいつも十二時三十分と十四時の二回上映です。

社会教育映画というもの■岩堀喜久男

（演出家・フリー）

1

社会教育映画、というものが、ある。略して、社教映画、とよばれることもあり、ひとを見れば、なにかいい社教の企画はありませんかね、というのが口ぐせのプロデューサーも、いる。販売会社の広告にも、教育映画祭の部門にも、そういう名まえがついている。理くつはぬいて、社会教育映画というものが世の中にあることは、事実である。

ただ、この理くつをぬいて、というやつが、たいへんクセモノなのである。理くつはぬいて、厳密な定義もなく、学校教育には直接関係がなさそうで、しかも教育くさいことをいうから、まあ、社会教育映画、ということにしておこう、といった調子の理解が、多い。熊さんではないから、八っつぁん、とよんでおくようなものである。

だから、人によっては、八五郎とおもい、八の助とおもい、解釈のくいちがいがおこる。教育映画祭で部門の最高賞をえた『ある主婦たちの記録』が、一方では、腹の立つほどくだらない、作りごとの、たましいのない作品のようにいわれているのも、やはり、そうしたくいちがいの一つなのである。

しかし、わたしは、おもうのである。あれはあれで、社会教育映画としては、最高賞にあたいする作品なのである、と。

その証拠には、あれの企画が、全視連であることを、みればいい。全視連、つまり、全国視聴覚教育連盟といえば、府県の社会教育の主事たちを中心に全国的に組織した強力な集まりで、いうなれば、社会教育、映画教育の実力者たちである。その企画ともあろうものが、なんで入賞しないことがあろう。部門入選のもう一つの作品も、やはり、その企画なのである。

しかし、また、わたしはおもうのである。それが、くだらない、作りごとの、たましいのない作品であることも、やはり、真実なのであろう、と。社会教育映画なんていうものは、本来そういうものなのである。社会教育映画というワク付けをわすれて、そこに本格的な生活記録をみようとして、腹を立ててしまうのは、むしろ実体を見うしなうことになる。

字づらでいえば、社会教育映画とは、社会を教育する映画、あるいは社会教育に使われる映画、ということになる。しかし、そういう字づらの解釈が混乱の原因となるわけで、社会教育映画は、社会教育映画という一つのまとまったカタチのまま、考えることが、必要なのである。

なぜなら、社会を教育する映画は、おそらく、映画の誕生とともに古い歴史をもっているが、社会教育映画というやつは、戦後の、最近の、出現なのである。そして、ついでに、社会教育というやつも、昭和の、戦争の、産物なのである。

うそだとおもう人があれば、たとえば、戦争のとき、さかんに社会を教育した一群の映画が、なんとよばれていたか、おもいだしていただきたい。それは、決して社会教育映画などとはよばれなかったはずだ。単に教育映画とか、文化映画とかいうのが、普通であった。総動員というわけで、学校だよ、社会だよ、と区別しておく余裕はなかったのである。第一、そのころは、社会がなかった。あるのは、国家と、となり組だけ、であった。

社会教育ということも、広く社会に通用しはじめたのは、昭和十年のころにすぎない。そのころには、まだ社会教化、ということばが生きていた。たとえば、ＹＭＣＡとか、禁酒同盟とか、修養団といったものの集まりが、社会教化団体といわれ、府県に連合会、文部省に中央会があった。事業の内容も、今の社会教育団体とはちがい、道徳一本の団体であったが、社会教化とみずから名のるあたりに、一つの時代がみられよう。

そんな中で、社会教育ということが一般化しはじめたのは、それを名とする課が、全国の府県にもうけられ、青年学校を管理したからである。はたらく青年たちの夜学であった実業補習学校と、軍事教育のよりどころであった青年訓練所とを、一つにまとめて青年学校が発足したのも、幼稚園から大学までの、いわば表て通りの学生たちが、すでに組織化されていると同様、のこされた青年たちも、軍の手に握りしめよう、という計算で、その世話をしたのが社会教育課なのである。

そして、もう一つ、やはり文部省の手で、府県に映画教育連盟ができ、町村の巡回映写が組織化されたのも、助産婦は社会教育課であった。助成金が出て、町村の巡回は、前よりも安く、回数もふえ、それまでは常設館以外では見ることのできなかった劇映画が、人々には無料で、たのしめるようになったが、それをサカナにして、併映されるものは、いわゆるシナ事変の戦況ニュースと、たとえばナチスが侵略戦の心理戦術に使ったともいわれる『再建ドイツ陸軍』などの短篇であった。参考までに、そうして文部省が貸しつけた劇映画をいえば、東宝の『チョコレートと兵隊』日活の『五人の斥候兵』『爆音』などである。そして、文部省が劇映画の共同製作にものりだして、『松下村塾』を作ったころには、すでに例の映画法が用意され、昭和十五年、それが実施されると、その翌年、いわゆる太平洋戦争の火ぶたが切られたのである。

映画法については、すでに悪名が高いが、その常設館の支配とともに、一方で常

設館に遠い人々の巡回映写を統制し、戦争宣伝の片棒をかついだ映画教育連盟というものも、忘れてはいけないとおもう。

映画教育というもの、社会教育というものは、そんなものであったのである。

2

そもそも、文部省が、教育活動写真というものの認定ということをはじめたのは、ものの記録によると、明治四四年、とある。

活動写真の歴史でいうと、フランスの『ジゴマ』が、怪盗ぶりを模倣させて、ついに上映禁止になった、とかいう頃である。活動写真が見世ものの域をぬけて、独自の影響力を発揮すると、同時に、教育上の対抗策が、考えられたようである。

『ジゴマ』は知らないが、おなじ趣向の『ファントマ』大正二年は、見た記憶があり、宝の所在を示す金貨の破片をうばいあう『名金』ごっこは、幼年時代のよき遊びであった。今日の『スーパー』子や、『仮面』子が、問題とされるように、怪盗談や探偵ごっこが教育上おもしろくないとして、認定もはじまったらしい。

しかし、明治四四年といえば、冬の夜がたり、父からきいたこともある、例の幸徳秋水の大逆事件というものや、赤旗事件というものが、象徴しているように、明治の社会主義が地について動きだした頃である。教育活動写真の登場も、くさい匂いが感じられる。

そして、つぎに、文部省が、推薦という制度をはじめたのは、大正九年、とあるが、大正九年といえば、シベリア撤兵の頃である。日清戦争で朝鮮を、日露戦争で満州を、侵略しえた勢いにのって、今度はシベリヤをいただこうと、革命政権への干渉をかねて、出兵はしてみたものの、パルチザンには叩かれ、国際的にもスカンクをくって、いたずらな出血におわったシベリヤ出兵。それが、大正九年なのである。そして、そのとき、ニコライエフスクで副領事以下が全滅するということがあったが、そのテンマツを描いた活動写真もでき、常設館でみたものである。もちろん、パルチザンは残虐な鬼畜である、国民よ、復仇を忘れるな、という描き方であった。劇的に表現されていたが、しかし、字幕の使い方その他、普通の劇とはちがっていた、教育映画の一つ、といっていいような記憶である。

そして、もう一つ文部省が、教育活動写真の製作にのり出したのが、大正十二年、というのも、特徴的である。

ラジオの回顧などで、枯れススキの唄がはやったから、例の大震災がきたのだ、などともいわれているが、まったく、船頭小唄とか、籠の鳥とか、らちもない唄がはやって、松竹や帝キネがその活動写真も作ったのだから、文部大臣といたしましては、みずから模範を示したくもなるであろう。

立木も焦げたままの公園の広場で、少年のわたしが見た、震災孤児が不良化したところを、お医者かなんかに拾われて、そのあたたかい愛情で、次第に明るさをとりもどしていく、題して『街の子』全何巻かも、たしか、その一篇であったとおもう。

これも、裏を見れば、震災の動揺に火をつけて、多数の朝鮮人が殺害され、大杉栄が虐殺される、という事件のあった年である。

疑心暗鬼の、コジツケならば、さいわいだが、認定、推薦、製作の、順を追った発展が、ことごとく、社会的な事件の前後であることは、どうも、くさいのである。

まして、その後の映画政策の現実をみると、教育映画というやつは、社会の革新をくいとめ、戦争を用意するために、生まれてきたのではないか、とさえ、おもわれてくるのである。

3

もちろん、戦後は、事情がかわった。

憲法は、戦争を放棄した。

労働組合は、働くものを守る。

悪名高き映画法、その他も、消えた。

そして、戦争を用意しなくてもいい教育映画、社会教育映画が生まれた。

誰の手で、か。

G・H・Qである。

すくなくとも、ナトコの映写機が配給されたことは、忘れてはなるまい。そして、民主化ということを、教育した。その間における、府県の社会教育関係の人たちの苦労は、大変なものであったろう。軍事教育と思想統制の片棒をかついだ社会教育の悪名は、この人たちの苦労によって、つぐなわれることが多いだろう。

しかし、それからも、もう十数年がたつ。

世にもフシギな話であるが、戦争を放棄した国に、戦車がとどろき、巡洋艦が走

り、爆撃機がかける。それを、また映画にして、人買いの片棒をかつぐ男さえ、あらわれている。

まったく、人買い映画は、戦争中たくさんあった。軍はもちろん、工廠、軍需工場から、紡績工場まで。

株買え映画も、威勢よく復活した。工場、会社の威容を描いて、新株をどうぞ、というやつ。植民地コトバでいうと、PR、というが、しゃれてよめば、ペケであーる、となって、社会教育には使えない。教育映画祭でも、ちゃんと、一般教養などという部門を作って、別格にあつかっている。

にもかかわらず、ある県では、そういうペケ映画ばかりの番組で、社会教育の巡回をやっている。タダだし、色は付いているし、白黒の教育映画なんぞはクソくらえ、というわけである。

社会教育映画としては、ここに、二つの危機がある。一つは、有能な作家が、ペケ映画に吸いとられていること、二つは、そのペケ映画でマーケットが食われはじめていること、である。

たとえば、かつて『月の輪古墳』や『米』の構成や解説で活躍していた作家が、今は『ミクロの世界』という広告映画で、アグラをかいてしまっている。誰が見たって、あれはクスリの広告映画でしかないし、食うか食われるかのジャングル闘争映画の亜流である。わたしは、近代版西遊記、とよんでいる。解説の、タンカク細胞、タンカク細胞、というのが、わたしには、金角大王、銀角大王、ときこえて、孫悟空との闘いをおもわせるからである。

また、『新しい製鉄所』の有力なスタッフは、軍隊時代、七年もいて、万年二等兵であったという、勇敢な抵抗者のようにきいている。軍には抵抗しても、製鉄屋にはチンドンの旗を捧げる、というわけであろうか。

なにかが、狂い出しているのである。

そして、また、昔の亡霊が、のそのそ歩き出しているように、おもえるのである。

マーケットの確保ということで、プロダクションがとびついた全視連。それが企画をたてれば、プリントが確実に府県にさばけよう、というねらいはいい。が、その予算をにぎる地方庁には、すでに、勤務評定の手がまわり、社会教育補助金のヒモもついた。文部省が選定した作品だけ、買える奨励金は、もっと早くから出ている。造船所のおやじが教育委員長にもなる県がある。早い話、ストライキの映画が、社会教育映画になるわけはないじゃないか。

はたらくものの感覚をもっていれば、見て、腹が立つほど、くだらない、作りごとの、たましいのない映画が生まれるのは、あたりまえである。

機会があって、その全視連の、検討中の新作シナリオを見たが、これがまた、農家のおかみさんがいいことを思いつくと、はじめ反対していた亭主が理解して協力するようになる、といった、あいもかわらぬお話で、十年以上も前に作られたものを一歩も出ていない。名付けて、改心する権兵衛、という型が、なんだって、こうも好まれるのであろう。改心する作家、という映画でも作らんと、ダメなのかも知れない。

もっとも、日本社会教育学会というものも、まだ六回の年会しか、ひらいていないそうである。社会教育ということが、戦争用意のそれを除けば、戦後の新しい産物である、というわたしの解釈のあやまりでないことが、それでもわかるとおもうが、しかし、それにしても、六回も総会をかさねている、その成果を、はたして幾人の社会教育映画作家が、正しくうけとり、正しく発展させているか。

実は、わたしも、そういう学会のことは、知らなかったのである。また、その学会だけが、社会教育のすべてをひらくカギでもないだろう。

教育、教育と、教育をふりまわすことが、社会教育映画の欠陥の一つであることも、事実である。

歴史を見てもわかるように、文部行政、地方行政につながるだけの社会教育、社会教育映画では、『街の子』のように、ふとめぐりあった人の愛情だけで、震災孤児の問題が片付いてしまうような、上すべりな映画しか、できないのである。

戦後改篇された社会教育法十年のあゆみとともに、社会教育映画の実体を、真剣に考えてみなければなるまい。

4

作家のたましいを、わたしも、信用したい。

地方の社会教育の人々の誠意も、信頼したい。

しかし、やはり、わたしは、あやぶむものを感じるのである。

なぜなら、かつて、わたしも、誠意を持って、東京府の社会教育課で、しかも町村を巡回する映画教育のしごとを、うけもっていた。めぐまれない農村にも、映画文化の光りを、と、当時役所がもっていた『君が代の由来』などというのは倉庫にぶちこんで、ウーフアの自然観察映画のかずかずや、泥くさい日本製マンガに代えて水兵ポパイやミッキーマウスの舶来マンガを、八丈島や三宅島から、トーキーははじめてという山上の部落にまで、重いデブライ映写機や、ぎっしりつまったフィルムの袋もかついで、巡回したものであった。

しかし、それが、戦争を支える道具となっていったのである。ファシズムの前には、小役人の誠意など、もののかずではないのである。

そして、昭和十四年、映画法の実施を前にして、わたしは製作会社へ移った。むかしの理研科学映画。だから、むきだしに戦争を煽動する映画は作らなかった。

しかし、『大型焼夷弾』とか『爆風と断片』といったものを、わたしも作った。中におさめた大型バクダンが爆風だけでぶちこわされる実験の記録は、人々に疎開への決心をうながすに役に立った、ということもきき、実験で死んだ犬のカットが内務省で切られそうになったとき、頑として改訂をこばみ、ついに、その後のクギはさされたが、やっとそのまま通検したこと、また、実験で実証される被害範囲は、国民をイシュクさせるとて、実際より数メートル狭く

して公表されていたことに、反論を闘かわせたこと、そして、いわゆる防空映画ではありながら、防空本部の承認はえられず、対立のまま上映されていったこと、などなど、裏話もあるが、全体としては、やはり戦意をあおる結果となったとおもう。

敗戦とともに、兵隊からかえったとき、残っていた作家の一人は、きみも戦犯だよ、といった。バクダン映画の中で、防空壕にいれば安全なようなことをいって、それを信じた人が、多ぜい焼き殺されたじゃないか、というのである。

わたしは、かえすことばも、なかった。

そして、そのことが、十五年のちの今も、あざやかにおもい出されてくる。

当時銀座のイトウ屋にあった会社で、労働組合の規約の草案を、まもなく新協劇団へもどっていった人と二人で、こともあろうに、となりの松屋PXの静かな屋上にのがれていっては、条文のスイコウに熱中したことが、ささやかなわたしのつぐないの出発であった、などと、社会教化団体めいたことは、いうまい。

ミチューリン農法の『タネまく人々』を作ったときに、かつての農村巡回映写の思いが、どうからんでいたかも、いう必要はないだろう。

そして、その『タネまく人々』が、作ってから数年もたった最近でさえ、せっかく新プリントをやいたのに、ついにテレビに出なかったのは、警察の干渉があったからだ、といわれている。ニコライエフスクの惨劇を怒号する思想は、あきらかに生き残っているのである。

総評がキモいりした『安保条約』や『失業』が、社会教育映画、として、使われるであろうか。

戦争教育という特別な形ではあったが、社会教育は、農村はもちろん、町工場から、大工場、デパート下うけの裁縫屋にまで、はいっていた。民主主義は、それを、すっかり否定してしまう、というわけでも、ないだろう。

すでに、紙数もつきた。もっと具体的に、多くの作品をあげて、社会教育映画の、昨日ではなく、今日と明日を考えることは、つぎの機会にゆずらせていただこう。これは、まあ、マクラなのである。

作家の発言・2

作りての少ない映画

「失業」後記

京極高英
（演出家・フリー）

日数がない、資金がないといういつもながらの制約の数々を書きならべたところで作品の不出来のいい訳と雑談の材料になるくらいが関の山で面白くもない。だいいちそんなことは「失業」をみてもらえれば直ぐ分ることで、それよりも、そんなことは分らないというところで批判をしてもらったほうが僕には大変有難い。その方がむしろ、こうした映画製作運動の悪条件を次に残さないで進めることになるんじゃないかと思う。大いにやってもらいたいものである。

だが、制約といえばこんなことはあった。考えてみれば、これが僕には一番大きな僕自身の制約だったのかもしれない。

それは松本の「安保条約」に対する批判なのであるが、その批判が激しいばかりの非難となって、まるで眠っていたところへもってきて原因もなく急に頭をドヤされたんじゃないかというような格好で、作家からも外部からも起ってきた。こいつぁ面白いぞと思っていたらなんとその次の作品「失業」が僕に廻ってきたのには驚いた。今度の映画はあんな大衆に分らない失礼な映画ではなく、もっと分りやすい親切なものを作ってくれという意見である。（もっともこれは労組からの意見で、作家からはそうした声は多いがよし今度は俺にやらせろなんて意見は薬にしたくもない。）しかも総評はこの炭坑合理化闘争の映画の出来を全面的に期待しているという。（冗談いっちゃいけない、総評の期待は炭坑合理化闘争それ自体であって映画ではない筈だと思うんだが、この出来のよしあしによって今後のこの映画運動が進むか退くかの運命にかかっているとオドかされたのにはまいった。）

そこで、それではハイかしこまりました。今度は御注文通り、大衆路線を充分わきまえた映画を作りましょうなんて僕が出ていった訳では毛頭ないし、だいいちそんな器用な真似のできる僕ではない。僕は僕なりにやるより他に方法がないではないか。その結果が映画運動を前進させようが後退させようが僕のせいではない。

だが前にもいってるように、こういった映画を作るということになると、きまったように作り手が誰もいなくなってしまうということは一体全体どういうことなんだ。

ハガキ一本でも意見を寄せてくる者は全く百何人の協会員の中の一握りに過ぎないとは悲しきかぎりである。もっとも、できあがってからあれこれ批判をこころみていた方が楽でもあり、言行不一致とはまさにこのことかもしれないなんてそう簡単にいえない複雑な作家としての心境があるのかもしれないが、実は僕もそれをやろうとしていた一人だったんだが、運の悪い時には悪いもので、ドンピシャリとタイミングがあった。PRの仕事がピタリとその日終り次の仕事まで少し時間が空いているのを知っ

ているのが矢部委員長と富沢事務局長とあっては、いやりたいが体の都合がつかない、誠に残念だが誰かやってくれないか、協力はどんなことでもしますからなんてゴマかしもきかない。悪いのと一緒に仕事をしていたもんだ。

そんな訳でＰＲの試写のその日が製作委員会、そこで徳永君たちと内容の方向などを打合せ、その翌々日現地出発というスピードである。しかも僕の体は十日間ギリギリという条件づきで、その間の雑事は矢部、富沢両君や岩波の高村君たちがバックアップするという追いつめられた仕事であった訳だ。それがだ、総評はこの映画に期待しているなんてことになっているんだからたまったもんじゃない。

炭坑合理化闘争？　一体そりゃなんだい！　なんてことにもなって勉強する時間だってありはしない。パンフレットをペラペラめくるくらいじゃいつもやっているＰＲ映画より弱い。こんなのは制約なんていうものじゃなくてムチャクチャな部類に属する。

だが、あいつならそんな条件にも慣れているし、安保の後の空気の中で無難にコナスだろうなんてホメられたのか、ケナされたのか分らない有難い協会の推薦だったのかもしれないが、運が悪いということはこんな仕事に出っくわすことである。

だが、炭坑合理化闘争、うん面白い、やってみたい！　こんな根性が妙に躰の中にあったことは運が悪いなんて義理にもいえたもんではない。そんな根性が、そのムチャクチャな条件や「安保」のその後の空気なんてことをスッ飛ばし、そこには自分の作品へ少しでも接近できる創作の衝動の方が大きかったともいえよう。まあこんなことはどうでもいい。

問題は分りやすい映画を作れということである。どうだろう、直接感動を相手に問題意識をもって受けとめてもらうということだろうが、作品であるかぎり、作家であるかぎり誰でもがそれを考えて作らざるを得ないはずである。それが「安保」の試みの中になくて別のところにあるということは一体どういうことなんだろうかである。

僕たちがいまいる場所からいえば、その場所で作っている一般のＰＲ映画だとか教育映画が一番よく分るとして、その中のてれんてくだがよく分るという路線であるということから「安保」が分る分らないの尺度が出てきたんじゃないかということだって充分考えていいように思う。

それじゃいま一番分りやすく作られているであろうその中で、そんなによく分るものが果してあるのかないのか。一つだってありはしない、ということだって考えたいものだ。

なる程、そのストーリーは分るかもしれない。その作家のひとりよがりの感動は分る、それなりに分れといわれれば分るといってもいいだろう。だがここにダムの建設があるとする。目をみはるような巨大な機械群、そして人々の自然との闘いとその感動、だがこの表現が電気料金値上げの表現であり前提だとすれば、世の中にこれくらい筋の通らない分らない話があるだろうかとさえ思いたくなる。少し極端に遡り過ぎたかもしれないが、教育映画と「安保」の姿勢の中には分る分らないが同一でないのではないかと思う訳だ。いまいる場所で闘う作家の限界と、その習慣性から出てくる方法論を通して批判し、「安保」をその方法論で固定さしてしまうことにはならないだろうか。つまりそこには修正的な創造衝動と方法が、そのまま社会変革への大衆路線だとする錯覚と自己欺瞞が無意識のうちに合理化され定着しているような気がする。

僕たちが現在いるところでの姿勢は、直接それにせまろうとする創作の姿勢とはおよそ縁遠いものではないだろうか。たとえそうありたいと願ってもそれは許されない姿勢と場所に違いない。

だから「安保」の試みが、その許されない姿勢の中から生れた方法とは同列に考えられないが、その同列に考えることが分らない不親切な方法として非難されてきたことにもなるんじゃないかと思う。

（なんだか馬鹿に松本「安保」の提灯をもっているようになったがけっして左様な魂胆では毛頭ない。）

このことは全く次元の違った姿勢の中からは前衛的なものは生れてこないという原則があり、そこから分る分らないという路線のことを煮つめてみないことには、「安保」に対して、なんの作家的感動（興味でもいい）もおこってこないことは当然であろう。

しかし、だからといってその許されない場所での作家の抵抗の姿勢は無意味であり、批判もできないことになるんじゃないかということにはならないし、それは放棄してはならないと思う。いいたいのは基本的な作家の姿勢のことなのである。（もしいまいる場所での作家の抵抗が社会変革への芸術的かまえを持つならば。）

その基本的な作家の姿勢はやはり、労働組合の運動から盛りあがってくる映画製作運動や、それを受けてたつ観客の組シキ運動の中から、我々作家が、いまいるところとは別の姿勢を発見し成長させなければ、僕たちの方法論は相変らずのものになって吸いあげられてしまうだろう。そして僕たちの創作方法の兵站基地はこの運動の中にこそ根ざしているのではなかろうか。このことが僕たちが、いまいる場所での作家の呼吸の困難さを助け、その頑強な厚い壁を発見させ、あらゆる方法論をさぐり、用意させる余裕をもつことになるのではないかと思う。

しかし、企画がいつもせっぱつまったところから出発し、あたかもＰＲ映画のシノップシスを書くように、一夜づけから作られなければならない制約は労働組合側が、作家のこの姿勢の問題は考えずに、やはりいまいる場所での創作方法をそのままスッポリとパンフレット式に当てはめればいいという映画の考え方の姿勢であり、いま百八十度に反省してもらう必要がある。そのような考えは、時間的な制約、資金的な制約を一層せばめ、作家をしてこのむとこのまざるにかかわらず、いまいる場所の姿勢

をそのまま持ち込んでくることに追い込んでしまうだろう。偶然僕たちが自主的な研究会として続けてきた「土曜会」から「安保」『失業』の二つが生れたことは、互いに共通点があるかないかは別として、このことで共通の姿勢の弱さをこの二つの中からみつけたような気がする。

　いずれにせよ教育映画の中での抵抗が、そのまま、そこから「安保」や「失業」に移行していくかどうか再検討したいものである。

　今度は中小企業の問題が企画にあがっている。いまのうちから僕たちは用意を始めたいものだ。組合の動きをいままでのように待っていては、その条件は益々苦しくなるに違いない。作り手もシナリオも用意しその体勢を整えておくことこそこの運動を盛りあげることになるだろう。

作家の発言・3

作家と現実のズレの中に—

創作への条件・3

吉見　泰
（脚本家・東京シネマ）

　このまえ、ある座談会で、二、三の記録映画演出者との間に、記録映画のシナリオの話がでた。シナリオは一口に言って、撮影にかかる前に、素材を文字で構成し、それによってテーマを明らかにし、作品の考え方を明確に方向づけようとするものだが、それ以外に、テレビで言うスクリプトにまで、シナリオの範囲を拡大して考える必要があろうと言うのだ。その意味は、シナリオは一応、撮影にかかる前に書かれるが、撮影に入ってからの情況や事態の変化で、シナリオにあらかじめ予定されたコースからそれたり、あるいは全く逆転した捉え方をしてしまう場合もあり、撮ってきたものについて、改めてシナリオを再構成し、スクリプトを作る必要に迫られる——記録映画では、このことをもっと重要に考えなくてはならないという所にあった。そのとき、たとえに出された話は——生れた子供が大きくなって、はじめて外へ連れ出し、その生長の記録をとろうとする話である。どこかの公園の動物園で猿かロバを見たら喜んでキット笑うだろう、そういう喜びの反応を記録しようとして出かける。ところが、笑ってくれれば予定どおりだが、笑ってほしいと予期したところでもちっとも笑ってくれなかったらどうするのだ。無理に笑わすなどというのは論外だが、笑うところに行きつくまでカメラはまわすかまわさないのか。とうとう最後まで笑わなかったら、結局まわさずに帰ってくることになるのか。そんな官僚的なのは作家じゃないだろう。そのときのテーマは生長の記録なのだから、笑わなければ笑わないという点から、さらに作家は追求の眼を向けて掘りさげるだけの関心と感動のはばを持ちあわせなければなるまい。笑いをとるという最初の予定（シナリオ）にしばられて手も出ないというような、フレッキシビリティのなさ、あるいは、探究精神のなさでは、ドキュメント作家はなり立たない、というのだ。

　ここからすぐシナリオ不要論はでて来はしないだろう。

　しかしこの話は、シナリオは一定不変のものとして、金輪際しがみつかねばならぬものではないことと、したがって撮影後のスクリプトの必要についてもある程度示唆していると思う。

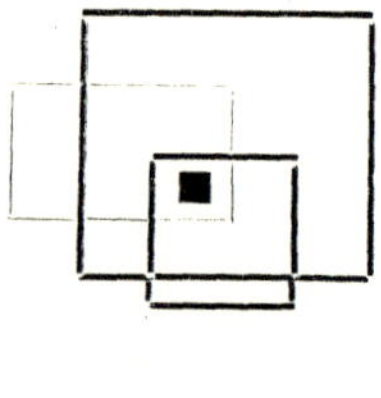

　事実、私など、ミクロ的な微速度観察映画のシナリオの仕事をするときは、最終的にはいつも、撮られたものを構成するスクリプトの仕事が山になる。撮影に入るときのシナリオは、観察の目的（テーマ）と、観察すべき対象と、その観察方法と、そのとき得られるはずだと思われる様相の大体の予想などを基礎にして、作品のリンカクを草案風にまとめたものである。撮影が進む途中で、撮られたものを見ては、そこに捉えられた現象の意味を読みとり読みとり、最初は一つの可能性として書かれた草案風のシナリオを次第に具体的なものに書め改めるということを積み重ねて行く。

　そのとき一番、見のがすまいとして留意することは予想とは、違った現象、あるいは、予想外の新事実の発見である。

　予想に忠実であろうとするよりは、予想と現実のズレに期待し、そのズレの中に、生き生きした意味をさぐろうとするのだ。そういう事態が鮮やかに捉えられればられるほど、作品は一番アクチュアリティのあるものとなる可能性を持っている。

　そして、もしそうした事態に遭遇したとすると、最初の下絵風なシナリオは、その瞬間から新局面を展開することがある。

　最初のシナリオは、そのときから、はじめの予想図としての意味を失い、いわば、この新事態発見の瞬間をとらえるために準備された肥沃な土壌であったという役割と功績を残して、次の新たな予想図（シナリオ）にその席をゆずるのである。

　いずれにしても、こうして、シナリオの地図は塗りかえられ、塗りかえられて、最終的なスクリプトとなる。

　こうした方法は、一般に、記録映画の方法として共通のものだと思っている。いや、それこそがドキュメントの方法なのである。

　本誌上に今日まで、主体論がいろいろな反響を残して展開されているが、それは、こうした地図の塗りかえのたびにまどった

り、その度に方向を失ったりしないための、一貫した思想性についての記述であった。

どんな映画、どんな作品でも、本質に迫るための、こうした地図の塗りかえは避けてはならないのだと思う。

それなのに、古くからの経験に照らすと、そういう行き方を避けて通ろうとする、記録映画の作家（演出者）がいる。シナリオができたら（あるいは与えられたら）、その一字一句を几帳面にカメラにとらえようとするのである。それが記録映画の演出であろうか。それが表現であろうか。

シナリオの一字一句をもたらした意味内容は、そのものとして、シナリオ的現実としてあるのに、そのことよりも字づらにだけしばられるというのはどういうことなのだろう。シナリオの尊重か？ それはありがた迷惑だ。

記録映画のシナリオは下絵風な予想図だ。そう言ったからといって、シナリオの価値がさがるものでもないし、無意味なものではさらにない。そのわけは、前に触れたとおりである。

芝公園から上野公園に行く道は幾通りもある。はじめて上野公園に行く（探究）のに、シナリオは、その中で一番いい道と思われる道筋と、行き先は上野公園だということを示したものだ。しかも、そこへ行く目的によって、最も特長的だと思われる道を記したものだ。記録映画という作品形成は、まずその道を目安にしてはじまる。しかし、馬車馬式に、その道を通るのでは、通る方でもおもしろくはあるまい。道はあらかじめ予定されたからと言って、安心しては作家ではあるまい。その道をさらに確かめ確かめ、さらに特長的な、さらに目的を果すべき道を意識して探究すべきだ。それが、作家がアクチュアリティに生き、本質に迫る道だ。（シナリオ作家にしても、一度決定稿を書いたからと言ってアグラをかく手はないのである。）

私たちが生きている今日の社会的な環境は、はげしく変貌し、流動している。科学技術上のイノヴェーション、政治的、経済的な力関係の変動、それらが連鎖反応を続けて、まるで地球全体が、文明の反応炉になっているようだとさえ言われ、事実、そうだ。社会環境はいよいよ多層的になる。炭労に現われた闘いが、その様相を集中的に表現している。固定した定型的なコースが今日ほど通用しない時代はない。

逆に、固定した定型を持った方が、あるいは一見、生きやすいかも知れない。しかし、その瞬間に彼は、実は、老朽と没落のコースを約束される。

私は、現実の多層を多層としてとりあげることにまず方法と勇気を持ちたい。そしてそのためには、まず、作家の側の現代についての具体的な、構造的認識の欠除を指摘したい。地球が反応炉のようにますます複雑な連鎖反応をつづけていることは事実だが、ここにも法則支配があるはずなのだ。

それへの理解の努力と、新たな秩序のための基本的な闘いを抜きにしては、いま、現代に生きる作品の可能性はあるまい。

たとえば、社会教育と銘うって作られる作品の多くが、一つの規範にはまりこんで、井の中の蛙式な低迷をつづけるのは、その定式化した製作基盤と定式化した批評にも罪はあろうが、作家が、いま言ったような現代に生きていないからだ。そして定式に安住するからではないか。道は一本ではないのだ。

それに、そうした創作態度の底に、この頃はやり（?）の狐の言葉が意識されてはいないだろうか。松川八洲雄が言うような「馬糞をボタ餅にして食わせる狐の言葉」から出発したのでは何も解決しない。

連鎖反応式に変動し、流動する社会環境への基本的な認識への闘いと、新たな秩序のための基本的な闘いなしに、いきなり狐の言葉が吐けるものとは私は信じない。

認識の方法即、創作の発想の方法とはならないだろう。けれども、シナリオを定式的なものとしてよりかかるな、と言ったのは、認識と発見のアクチュアリティ、あるいは認識と発見の驚異が作家の側に稀薄すぎるからである。作家の側の、不備な社会認識を、臆せず、利口ぶらず、ぢかに現実に打ちつけてみよう。そしてそのズレにアクチュアリティを発見して、とらえよう。あるいは、不備なという三字をとってもよい。作家の主体的な内容を、利口ぶらずに、ぢかに、現実にうちあてよう。そしてそのズレを発見し、追求しよう。

そのズレは、かならずしも作家の側の低さではない。かえって、そのズレを発見できないところにこそ作家としての問題があると思う。

作家の発言・4 ■

モンタージュの前衛

■ 方法論への試み

康　浩郎
（日大芸術学部映画研究会）

先日のTVニュースに、ソソリ上って太い二本の大理石の円柱のはるか下、階段をかけ上ってくる学生達をとらえた一ショットがあったそうである。彼曰く「〃戦艦ポチョムキン〃なんか問題じゃない。まさに革命前夜だ！」と。

〃状況突破のイメージ〃という言葉がある。私はこの言葉を想い出した。私達が今持つことのできる唯一のそれは、いずれにしてもこの一ショットでしかない。そしてそこで示された、そのプログラムは、エネルギーは、ともかくも状況突破への今私達がもっている無二のそれでもある。

柾木恭介氏は一つの図式を提示している。「被害者の加害者への転化、即ち社会

革命」

西江孝之氏は同じ出発点に立って、転化のエネルギーを殺人に求めている。

ここに、いくつかの被害者の殺人がある。いわゆる事件として私達の前にある。それら被害者の殺人が示したエネルギーとプログラムについて考える時、その卓越した能力に驚くのは私だけであろうか。一切の理由づけと断続している。

状況突破とは、破壊から出発する。その破壊がそこにある（あった）現実という外部世界を対称とする場合、それは既存の世界に対する破壊である。だからこそ、それは状況突破につながるのだが、逆の順序では、日常性の、既成概念の更には既存の体制の破壊へとつながる。ここでことわっておかねばならない事は、破壊がまさにその瞬間には、日常性の皮相下に対称（現実）をムキ出しの〃もの〃として露出させるものであるが、それは「そこにある（あった）日常性（意味）の消滅」という事であっても、だからといって意味の失くなった現実としての〃もの〃が出現したという訳ではないという事である。今迄の、そこにある（あった）日常性（意味）の範囲内では説明のつかない新しい意味（現実）がそこにはあるのかもしれない。

又破壊そのものの内部世界に関しては殺人にしても、もともと、それが一種の判断停止、錯乱の状態に成立するものであり、非合理である。この内部世界に対しても又、日常性（意味）の剝奪という事が考えられている。もちろんこの場合の日常性（意味）とは、今日では合理、不合理を示している。で日常性を剝奪された内部世界に対しても〃もの〃という名称を与えるべきかのようだが、外部世界に於ける日常性の破壊による〃もの〃とは一応区別して考えた方が良いと思われる。混乱を防ぐために別の言葉を用意しよう。しかもそれはすでにある。「意識のオブジェ化」がそれである。この事については後でふれよう。で、破壊は常に非合理としてしかあらわれない。そしてその非合理としてあらわれた破壊から、その今日の不合理な現実との断絶の間にかくされた非合理の深さの程度を出発点として、私達はまさに状況にかかわるのである。ここで始めて、内部は外部へ、外部は内部へとラセン階段上に回帰する。

破壊の対称が日常性、既成概念、既存の体制である事はすでに述べた。それは一つのショックとして、アトラクションとしての現われ方をする。しかし、日常性もその粘液の中にどんどん新しい日常性（意味）をとりこんでいる以上、ショック、アトラクションは常にそれに先行しなければならない。例えば、かつては、被害者がまず被害者を意識するだけで、それがショックであり、アトラクティヴであったが、今日ではそれはそのような現われを持ちえないでいる。すでに、それがステロタイプとなっている。その様な被害者意識を破壊する事が今日の破壊の内容となっている。原爆反対

映画が相も変らず、被爆者の涙から始まり、伊勢湾台風ニュース映画もここにそのテーマが収斂されている。ショックとアトラクションが先行せねばならないという意味では、うがった云い方をすれば「映像《イメージ》がまずショッキングで、アトラクティヴであればそれだけで現代映画の方法の半分ぐらいの内容をもっている」と云う事もできるかもしれない。

　ブニュエルは自作品「アンダルシアの犬」に関して次の如く述べている「観客を攻撃する。観客が既存の概念に満ちた社会に属している限りシュール・レアリスムはそれと交戦しなければならない」しかし、当然の事ながら単にショックやアトラクションを与えるというだけでは、それはそれだけの限界内に止る。ダダイスト達の作品にこの欠陥をみる事ができる。ジョルジュ・サドールは「アンダルシアの犬」を評して「やたらと反抗するインテリ青年のイメージ、無力な怒りのその大きな真実さが、この映画に悲壮な人間性を与えた」と云っている。例えば、野田真吉氏が云っている「事実をものと意味に解体し、日常性のヴェールをはぎ取り、アクチュアルにとらえた意味を失ったムキ出しのものを主体的に再構成する事によって記録し、新しい意味を具現する」にしても、つきつめて云えば、ダダイストの当初と同じ次元にいる様に思われる。結局のところ、野田真吉氏のこの文章は日常性の破壊を主張しているだけである。果して意味を失ったムキダシの〃もの〃として、その様に固定化して〃もの〃はあるのだろうか。それは先に云った如く、そこにある（あった）意味の消滅のみを内容としているのではなかろうか。〃もの〃が主体的に再構成されることによって新しい意味が具現される前に、〃もの〃自身に動き（ムーヴマン）があるのではなかろうか。それがそれ迄の日常性・意味によっては説明がつかないだけの事ではなかろうか。〃もの〃の新しい意味の獲得は、〃もの〃に動き（ムーヴマン）をみとめた上でのもう一つ別のオペレートを附加する必要があると思う。

　〃もの〃が外部世界とのかかわり合いの中で実現される事がいわゆる今迄のドキュメンタリイであるならば、シュール・レアリスト達はそれを内部世界でのかかわりの中で同時にやっている。もっとも、その場合先にふれた如く、私は一応、シュール・リアリストの内部世界のアプローチの仕方を、〃もの〃化ではなしに、意識のオブジェ化という言葉で表す。こういった観点に立てば、状況に対するアプローチという事では、外からと内からとの差異こそあれ、両者は同じことをやっている事になる。サドゥールの云う如く「アヴァンギャルドが生れた時から、既にドキュメンタリズムの流れは、ドイツの抽象派、純粋映画、フランスのシュール・レアリズムと並んで現われていた」と云いうる。この事は、ルイス・ブニュエルの作品系列の中でも明らかである。

　ここで摘発したい問題がある。意識のオブジェ化に関して、今日それが非常にメカニックに行われている事である。まず質問すれば、意識がメカニックに定着されて、それでオブジェが成立するだろうか。例えば、サルトルの云う様に、意識はもともと志向性をもっているものだとすれば、オブジェも又なんらかの志向性、あるいは動き（ムーヴマン）が保証されるものであると思うが果してどんなものだろう。

　今日の方法が、内部と外部との統一という事であれば、私のヒントでは今云った様な、それぞれの動き（ムーヴマン）を認めた上でのオブジェ化の方法、〃もの〃化の方法の統一がその内容である。そしてその統一の方法にモンタージュが即応する。「意味を失ったムキ出しのものを主体的に再構成する事によって記録し、新しい意味を具現する」の〃再構成〃も、モンタージュを予想しての事だろうと思う。私はこの〃再構成〃に火をつけよう。

　ふりかえって、歴史的にはモンタージュは対置の概念から出発した。そこでは枠の概念にとらわれすぎ、枠を突き破って流れ出るイマージュの流れには余り注意が払われなかった。新しいモンタージュは、単にこの対置の次元での探索では獲得される事はない。今云った如くの〃オブジェ化〃〃もの〃化を共通源とするシュール・レアリスム、ドキュメンタリスムの方法の止揚・統一の上に立つものとしてのモンタージュの内容が考えられなければならぬ。その意味で、アクション・モンタージュとして崩壊するものは別として、アトラクション・モンタージュは示唆的な内容を含んでいる。これらをふまえて考えてみるに、モンタージュの前衛とはイマージュの流れをまさにそれを燃焼させるものとして、その中で〃もの〃の動きとオブジェの動きとをデペイゼさせる事ではなかろうか。そこでは映像は二重の構造から出発して、そこから止揚されたものとして現われる。最も著しい例を私は「ヒロシマ・わが愛」の最初のあのシークエンスに見る。仏映画雑誌〃カイエ・ド・シネマ〃の座談会でジャックリヴェットが次の如くに述べている。「クロソウスキは、すでに出ている本を批評するという形でこの本を書いた。そこでは言葉は二重の意味をもち、意識の二重の動きが現わされる。一つの事柄を示しながら、作者は常にこれを批判する距離を保っているのである。レネエもこれと同じ方法によって〃ヒロシマ〃をつくった。彼がとらえたワン・ショットの映像は、外ならない現実の断片である。作品中にデュープされた古いフィルム、〃生きてよかった〃や〃ひろしま〃も同じ意味に使われる。作者は、このショットに対して一定の距離をもち、批評的な態度で全体を構成している。」（キネマ旬報十月下旬号〃新しい映画〃）映像はここで始めて二重の批評性を獲得するに至る。ダブル・イメージとは、このことであろう。

　映画を通じての、独自の、作家の現実に対するかかわり方もモンタージュのこの構造の中にくりこまれて演繹されるのではなかろうか。

オキナワ・2
見たまま感じたまま

間宮則夫
（演出家・日経映画）

（沖縄の民家）

②さいはての島について（承前）

警察ボートは快調なエンジン音を響かせて珊瑚礁の谷間をぬいながらジグザグに進んで行く。青い海、黄いろい海、赤い海、緑色の海、茶色の海、紫の海があやなす色は強烈な太陽の日差しを受けて美しく色どられて次々に現れてくる。こうして我々の眼を楽しませてくれる珊瑚礁も時には船を座礁させ、漁網をやぶき、船乗りや漁師にとっては「いやな感じ」の代物だそうである。西表《イリオモテ》島を過ぎると二〇屯あまりのボートは大きく上下左右にゆれ出した。波照間島出身の同行の地方庁長が「太平洋ですよ。ほら水平線上に見えるのが波照間島ですよ。丁度台湾の花蓮港と同緯度にあります。」と説明してくれた。

単調な海岸線の砂浜にちょこんと五〇米ばかりのコンクリートの船着場が突き出している波照間港（？）には純白な流線型の発動機船が着いている。民政府の巡視船である。学校給食にミルクとその他の栄養品を支給して子供たちの体位を測定する実験――それは離島に対して必要物資を補給するという愛情行為の発露からではなく、それによる体位の向上を善政の客観的なバロメーターとして世界に公表しようとする米国民政府の動物実験なのである。

私たちがカメラその他の機材や荷物を降ろし終った頃ようやく島の歓迎陣がやってきた。「合憎自動車が故障してしまって……、やあ荷物が沢山あるんですね…」今更同情されても始まらない。手分けして持つことにする。それにしてもこんな島によく自動車があるなと思いながら浅岡君に聞いたら「岩波が置いていったジープのことだろ」と答えた。重い機材とじりじり焼きつける直射日光とに辟易しながら、自動車、ゼネレーター、ライト、と万全の装備を持ってやってこられた岩波映画がうらやましくおもわれ、それにひきかえ我が身を振りかえったとき、これから先きもこうしてうんうんいいながら撮影を進めてゆかねばならないのかと考えると、なんだか心細くなってしまった。

船着場から島の中央、公民館まで約二十分。そこにある「ガジュマル」の木陰はとってもすずしい。そこに入ると流れ出ていた汗もいっぺんにひいてしまう。

島を歩いてみて気がついたことは、個人商店が一軒もないこと、島にある三つの売店は部落の共同所有である。島内の畑も水田もすべて石ころだらけ、作物もろくすっぽ育っていず雑草と背くらべしていること。そのままづかづかと畑にふみ込んでも気の毒だとかすまないなどという気持などとうてい起りそうもない代物である。調査団員の一人は「この島の百姓はなまけものだなァ」と歎声をもらしていた。だが併しこれはなまけものでもなんでもないことがすぐわかった。島には六つの鰹節工場があって漁期には島中の男女の殆んどがそこで働らいているからである。畑はほんの家畜の飼料と自家用で老人と手のあいた時にこれにあたり、あとは唯一の換金産物である鰹節づくりに島をあげてあたっているわけである。海岸端のわらぶき小屋のうす暗い所で赤銅色した裸の男たちや女たちが働いている姿はそのままこの島の生活の一端を少くとも現わしている。「よし、これを撮れ」と思って交渉してみたが話がなかなか通じない、ようやく知り得たところによると、去年も撮影して行ったが、鰹が揚がると鮮度が落ちるので短時間のうちに手ばやく片付けなければならないのに「待った」をかけられたり、いきなりレフをぶっかけられたりして眼を痛めたから今度は駄目だというのである。何度も押問答したが結局ＯＫの返事はもらえなかった。無理押しをして後々の撮影に支障をきたしてもいけないと思って諦らめて隣の工場でとることにした。

夕方鰹船が着いたと町会議員さん（この島は竹富町に所属している）が知らせてくれた。祭の支度で家々に帰っていた島人たちにまじって私たちも海岸にかけつける。波打際で水揚げされた鰹の頭をはねる男たち、箱につめて工場に運んで行く男たち。日頃みてきた島人たちの物うげな動作とはまるで異ったきびきびした動作で働らいている。頭を切られる鰹の血で海の水は鮮紅色に染まり折からの夕陽を受けてその凄惨な光景が大変印象的だった。

この島の生活に於て女性の占める位置は重要だ。朝宿舎にいつもの男のポーターが現れず女子高校生が二人やってきた。「よわるな、女じゃ持てないですよ。」と案内の例の町会議員さんに抗議を申し込むと、「なにこの位大丈夫ですよ。それに女の方がねばり強く、よく働らきますよ。」と平気な顔をしている。気の毒に思ったが、そうかといってその分我々が持ったのでは、いざ撮影の時に支障をきたすので事務的に分担を決め炎天の中を出掛けていった。

先程の町会議員さんの言葉ではないが、島の女性は実によく働らく。家事、畑仕事は勿論の事、漁

期になると鰹節工場で働らく。女が生活の中心になっているこの島は、家と家の争いも、部落と部落の争いもなく平和な日を送っている。そのことは台湾から引揚げてきてこの島で定年まで勤めていくという三重県出身の駐在さんが「終戦来たった四件の事件しかありませんよ。」といっていることでもよくわかる。ある日この駐在さんの言葉を証明するような事が私たちの間で起った。それは言語班の秋永さんが二、三日前、手拭と五弗紙幣を落したというさわぎがあり、たまたま船着場近くの道の傍にきちんと置いてあったのを別の班の者が見付けて持帰ってきたことである。

平和な島にも悲しい歴史がある。島の西海岸の小高い所に今もなお草のつるが青々とはびこる石垣が累々と連らなっている場所がある。島の豪族「ヤクアカマラー」の屋敷跡だといわれている。彼は琉球王朝のあまりにも過酷な人頭税に抗して一族七〇名余を引きつれ、上納船を奪って「南波照《はいはてる》間《まー》島」（昔島には南方に楽土があると信ぜられていた）にむかって逃散していったと語り伝えられている。島の老人たちに昔話しを訪ねると「わしたちが子供の時分には、親が毎日、毎日上納米の心配ばかりしていて昔話など語ってくれるどころではなかった」と当時をしのんで涙にくれていた。そして私は鰹節工場を訪れたときそこの男が言った「この鰹節がどんどん東京や大阪に送り出せたらなー」という言葉を思い出した。この人たちにとって今や東京や大阪はワシントンやニューヨークよりも遠い距離になっているのだ。

夜空は澄みわたり満天宝石をちりばめたような星空である。やもりのキュッ、キュッと愛をささやく可愛いらしい鳴声をききながら寝苦しい夜を過す。明日は西表島行きである。

■現場で見つめる

『月の輪古墳』から考えること・2

杉山正美（演出家・フリー）

＜映画事はじめ＞

そのあと、飯岡村文化財保護委員会の執行部は、連日会議で明け暮れた。

今まで営々と努力して、やっと発掘まで漕ぎつけたのに、又々大困難に直面してしまったという気持が、重々しく各委員の上に覆いかぶさっていた。

なかでも教育長・角南《すなみ》の文《ふみ》さんは、会長の村長さんが、最近さっぱり姿を見せなくなったため書記長である自分が最大の責任者であるという自覚が加わって、ひたいの上の八の字のしわが更に深まっていった。

「こりあどげんな事にしたらよいですらい、大体皆が映画を作ろうといい出した理由は二年ばかり前、近藤先生が、すぐ近くの津山の古墳を掘った時、素人の廻した無声、十六ミリの映画を見て、

＜今度の発掘も映画にとって見ようじゃあないか＞と石川さんあたりが言い出したのが始まりで、私も予算が五万円位だというから、それなら村の財政から言っても難しくはなかろうに、と思っていたのに……。

今度東京から来た映画の先生は、十六ミリで六十万だ、三十五ミリで八十万だという。それに村で二十万円出すと、石川さんは言ってしもうた。村で二十万出すのも大変な事なのに、あとの金は、皆目見当がつかん、折角村で無理しても後、金がつづかんだったら、映画は出来んという事だ。

しかしここまで映画を作ろうと宣伝し村の人達もその気になっている以上逃げるわけには行かん。

それに美作《みまさく》（飯岡村や津山周辺の地方名）最大の古墳、「月の輪古墳」を是非この村の手で発掘しようなどと郷土意識を感じて呼びかけた責任者でもあるし、第一委員を止めさせて貰いますなどといったら最後、

＜なら文《ふみ》さん、教育長も止めて貰わにあ、おえんで＞と共産党の、石川委員におどかされるに決っている。」

＜こりあおえん＞、＜これあえらい事になってしもうた＞文《ふみ》さんの気持は益々重くなって来た。

文《ふみ》さんのこの気持は彼一人だけではなく、ここに来ている大部分の委員の気持だった。共産党村議、医者、石川委員の立場は、文さんとは少々違っていた。

彼はこの発掘に、常に＜運動＞という字をつけ加えていた。

ここで行われる発掘運動は、今までの文化運動と呼ばれていたものと全く違うものだ。今までの文化運動なるものは、知識のある、偉い先生が来て、講演会を行う、こちらは高い講演料を払って、その先生の難しい御高説を拝聴し、そこで何やら〝文化〟に浴した様な気になる。そんなものと訳が違う。

今度の発掘を行うのは、村人自身、青年、婦人、教師、学生自身であり、そして自分の手で掘り、そこで考える、その事が大切なのだ。

そして正しく、この人達の考えをのばして貰うために、新しい立場に立つ、考古学者に奉仕して貰う。

これが真の意味の民主主義による文化活動である。そしてこの新しい文化運動こそ、映画に記録される価値があるし、全国にこの運動をひろめる必要がある事に固い信念を持っていた。

勿論この考えは、石川さん個人だけではなく〝飯岡村共産党細胞〟のこの運動に対する、行動綱領でもあった。

それに加えて、医者、石川個人としては、映画や文学に対する関心が人一倍強かった。この事が、上京した重年先生に、強引に映画

人をこの村につれて来させた一つの大きな理由だった。

∧今度来た映画の若造は、古墳の発掘物ばかりとる事を目的にして、がんこで話のわからない男だったが、たった一つだけ筋の通った事を言った。

それは〃映画製作委員会〃だ。

この運動に参加している、労働者や、学校の先生の組織である組合に働きかけそれと一緒に、映画製作委員会を作り、創作の問題や、資金の問題を、そこで具体的に行う、この事は、村で組織したシナリオ委員会よりずっと幅の広い優れた考えだし、可能性もある。

県教組の文化部長は、発掘式に挨さつに来ているし、部落解放委員会はこの前税金闘争の時、共同闘争をしたし、周りの労働組合全部に呼びかければまだまだ参加して来る所もあるだろう。

さし当って問題は、村で負担する金額だが、これは全村民にアッピールを流し、村会を開かせ予算を計上させる様にしよう。∨

この石川さんの考えは、文さん始め、他の委員達にも影響した。

そして徹夜の末、村会を開かせて、二十万円の映画予算を要求する事と、撮影隊が出発に必要な経費は、とりあえず、委員各自が、それぞれの責任のもとに担保を出して、一万円ずつ農協から借り出す事が決った。そして、全員悲壮な覚悟で東京への送金を行なったのは八月末の事だった。

九月に入って、発掘本部書記、秋山の延《のぶ》ちゃんは俄にいそがしくなって来た。

夏休みが終って、学校の動員スケジュールを組まなければならなかったし、毎日、発掘ニュースのガリ切りから印刷・発送、それに加えて、映画予算、二十万を是非村会にかけて、通過させる様、全村民に訴えるビラ、映画製作委員会に参加を呼びかけるパンフレットなど、この村の、共産党選挙対策部長、(といっても当時飯岡村共産党は、七、八名に過ぎなかった)で票読みにかけては、狂いのない事を自まんしているだけあって、テキパキと、処理していた。

こうしたビラやニュースの配達にはこの村独特の方法があった。

昼間のうちに、編集ガリ切り、印刷・発送の準備を精力的に行なった延《のぶ》ちゃんは、まず学校帰りの小学生をつかまえる。

そしてどこの部落は、誰々、あそこの部落は、誰々、と、小学生の通っている場所で配達先が決まる。

責任ある仕事を貰った小学生達は、喜びいさんで配達を開始する。それでも足りない所は青年団が引き受けるという仕組みになっていた。

こうして全村洩れなく、その日の発掘の状態や、吉見先生や、杉山先生が、飯岡村に到着したとか、映画に村から二十万円出さねばならぬ、とか、最大洩らさず知る事が出来た。この事は、発掘を、全村民でやっているのだという事が、基本的な点で貫ぬかれている、という事に外ならなかった。

この頃あわてて東京を発った、撮影隊、∧吉見、竜神、杉山∨や、民主主義科学者協会の、和島、久長の両先生が、続々と、発掘本部につめかけて、発掘はいよいよ軌道に乗り始めて来た。

私達が飯岡に着いた時、出迎えた石川さんは、前日までの会議と、今度来た撮影隊がこの発掘運動を充分理解して、映画化して呉れるだろうかという心配のため、ひどくやつれていた。

二度目に飯岡村についた私は、まだ村の人達がどんな思いで送金を行なって来たのか、石川さんがどんな考えを持っていたのか、その時全く理解出来ないでいた。

十日ばかり前に、初めてこの村に来た時、発掘に動員されている沢山の学生、婦人会の人達のなかから私はふと、学生時代に工場に動員されていた頃の情景がよみがえっていた。なぜそんな風に感じたのだろうか。

この発掘に、村長さん、校長さん、婦人会の会長さんといった、村の組織そのままを使った、大衆運動の、形の上の類似が、私に戦争中の光景を連想させたのかも知れない。又、労働者と違って、基本的な組織の上で共通点を持たない農村の人達のなかにこの大衆運動の出発点が、案外、「つき合い」だからとか、「誰それさんが行くから自分も行こう」「村長さんも校長さんも入っているし間違いはなかろう」といった、古い意識から出ている点もないのではなかった。

しかし私はもう一つ違った事実にぶつかっていた筈である。

シナリオ委員会で活発に発言する中学生や、高校生、近藤先生の幻灯に笑い興じる、村民大会、そしてこの発掘に異常な熱意をよせている、指導者∧重年先生や石川さん∨そして、単なる御つき合いや、物めずらしさ、郷土愛から集っている人達を、事実のなかから正しい考え方を知り、それを現代の政治に対する意識の変革にまで発展させようとしていた、飯岡村共産党に出逢っていた筈であった。

たった二日間の印象で、この色々な要素がごちゃまぜになった運動を見た印象で、大衆路線に徹した飯岡村共産党に出逢った事は、私にとって余り幸福な出来事ではなかった。

〃要求貫徹のデモ〃 〃赤旗がなびく〃

〃警官隊が現われる〃 〃MPもそのうしろにいる〃

〃スクラムを組む労働者達〃

〃歌声がひびく〃 〃襲いかかる棍棒〃 〃押しかえす労働者〃

この闘いが全国に拡がる、これが革命だ、そしてこれを記録する事が武器としての映画だ、と、こんな風に感じて、それゆえに記録映画製作協議会にも参加していた。

そして、そこに情熱を感じていくつかの闘争(火エンビンも含めて)の撮影に参加していた。しかしこのいくつかの闘争の多くは、〃襲いかかる棍棒〃 〃検束される労働者・学生〃で終っていた。

そして一向に全国に拡がらなかった。

歌一つうたうわけでもないし、旗を振って行進するわけでもないここの、村長さんを会長とする農民の運動に、「思い上った共産党」を感じていた。

私のこの考えは、二回目に到着してから序々に変らざるを得なくなった。それと同時にそれ以後の発掘運動も、大きな変化をしていった。

∧未完∨

ジューク・ボックス

謹賀新年。

愉快な欄ができた。編集部もなかなかイカせるではないか。ひとつ、腹ふくるる事柄を、思うさまぶちまけ、いささかのウップンを晴らすとするか。

☆

新年といえば、このところ、苦節二十年組のベテラン記録映画作家たちの間で、老後をどうすベェかという論議がしきりであると、洩れ承わる。老後にカスミを食っているわけにはいかん。退職金があるわけじゃなし、養老年金があるわけじゃなし。……そういえば、さんざんP・R映画をつくり、わがくに産業文化の発展に資するところ甚だ大であるから、スポンサアはよろしくこれら作家たちのために何らかの……、それ、またヒトをタヨリにする！

☆

シナリオを持って行くと、読みもせず、いきなり原稿のいちばんケツの枚数番号を見て、「あ、こりゃ少し長い！」というクセのあるプロデューサーがいるそうな。

中味を見ずに映画の長さがわかってたまるか。

提案。競輪の予想屋に転業されては如何。ヒゲでもはやして……。

☆

プロデューサーは、原稿のケツの番号読みと、ゼニ勘定と、宣伝が仕事でありますか。

少しはゲイジュツの方の勉強も……いや、失礼をば、いたしました

☆

尤も、シナリオに書いてある文字を、そっくりそのまま、フィルムに写すことが、演出であると信じこんでいる演出者もいらっしゃる。タイプライターみたいものらしいナ、演出者というのは……。

「眼光紙背に徹す」と、古人も、いうたではないか。

将棋をさすのにも「読みの深さ」というものがある。

……といって、シナリオの文字をよく読まず、とんだところへ発展させる見当ちがいの「肉付け」というものもありますがね。

☆

教育映画を撮っていて、「教育」を忘れるのも困りものだね。日本の教育というものについて、断乎たる構えがないと、それ、文部省の思うツボにはまる。

かくて、官制映画への規格化が、作家の方からはじまるということに相成り、文部大臣を喜ばせる。

天皇陛下バンザイ！

その好見本は、ホームドラマのはんらん。

親子仲よく、貧乏して、雨もりがしたら、家の中で傘をさし、たべものがなかったら、たべずにいて、そして、親子嫁姑の「話しあい」をし、なにごとにも、ガマンしていたら、いまによいことがありますよというやつ。嗚呼、ホームドラマにさいわいあれ！

そのあいだに、安保条約を改訂し、ロッキードを買い、土地をとりあげ、汚職をしてあげます。

☆

記録映画・教育映画の、ちゃんとした批評家がいないのは、どうしたことだろうね。

商売にならないからか知らね。

おそまつ極まりないね。

おそまつ極まりないから、商売にならないのじゃないかね。

ダマってる方がトクなのかね。

いや、勉強しないから批評が書けないのじゃないかね。

それだ！

☆

ナントカも立たず、屁もひらず――そのくせ、出る釘は打つ……という、靴屋のオッサンみたいな人が多いなぁ、作家協会には。

ゼンマイをまいて、今年はひとつ、大いに、ナントカを立て、屁を放とうではないですか、賑々しく。御婦人はどうするかって？

バカめ！

☆

ちかごろ、あちこちのプロダクションの、作家に対するギャランティが、ひどく低いというわさが、ちらほら耳にはいる。

値切って、安くやらせたということで、得意になっているプロデューサーもいるそうな。

作家協会で、ギャラの実態調査をはじめるというのも、うなづける。願わくは、実態調査の任に当る方々、尻切れトンボにならないように……タヨリにしてまっせ。

☆

映画が、作家の承認なしにテレビに流されるというのは、あれはオカシイのではなかろうか。

もともと、映画のためにシナリオを書き、演出したのである。プロダクションが、勝手にテレビに流し、それでゼニを儲け、涼しい顔をして、作家になんのあいさつもないのは、プロダクション側の、契約違反ではないじゃろか。テレビ放送局が、プロダクションに、ひどく安いゼニしか払っていないのは知っている。

しかし、問題は別ですぜ。

著作権は映画のためだけにしか作家は売っていないのだからな。

☆

作家協会運営委、ならびに編集委へ提案。

読者の交流と、読者と記録映画運動との結びつきのために、本誌で課題論文を募集したらどんなものだろうか。

なに？　懸賞金が出せない？

そんなら、応募規定に「但し住所氏名は明記せざること」というのを入れとけばいい……いや、これは冗談。

方法はいくらでもある。

ひとつやりませんか

（忠助・むく犬・聖ヨハネ　記）

この欄の投稿を歓迎します。但し、文体は編集部とこの欄担当者で統一しますから予め御了承下さい。

（編集部）

新作紹介■

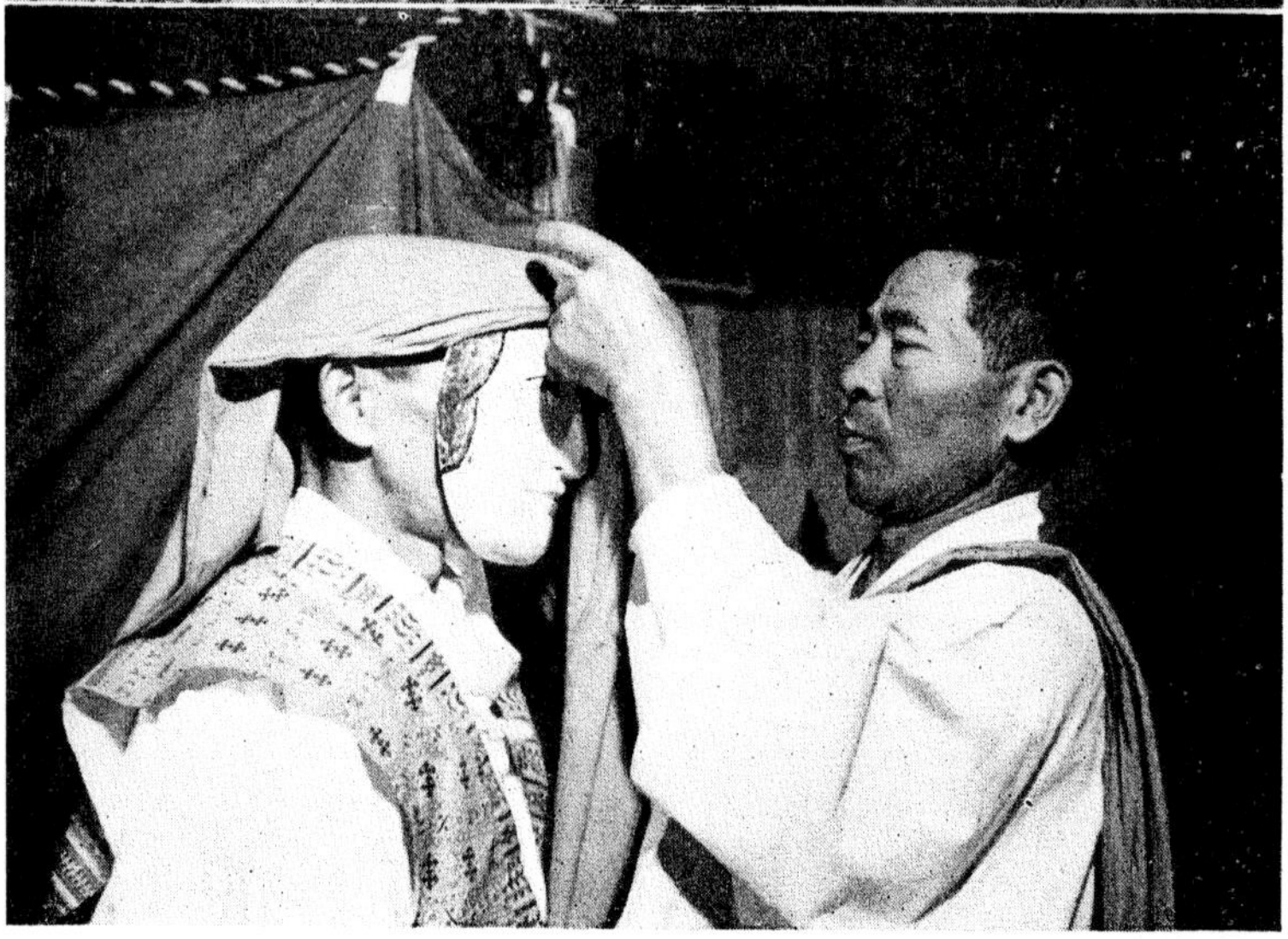

刈干切唄

脚本・演出・上野　耕三
撮影・金山　富男
記録映画社製作

うたいつがれてきたふるさとのうた。その中には農民の喜びと悲しみがこめられている。

相模川

脚本・演出・深江　正彦
撮影・久村　守／高坂　広
神奈川ニュース映画協会製作

ダム建設のため移転する人々。だがそこには人類発展への希望がある。城山ダム建設記録・第一部

ありとはと

脚本・演出・渡辺　和彦
撮　影・寺山　威
アニメーター・寺司香智子
学研映画部製作
イソップ物語に取材した教訓的なはり絵手法によるアニメーション映画。

子鹿物語

脚本・演出・岩佐　氏寿
撮　影・黒田　清己
東映教育映画部製作
シカと少年の愛情の中に科学が、詩が、芽生え成長する児童劇映画。

谷間の母子

脚　本・松浦　健郎
　　　　石井　喜一
演　出・松浦　健郎
撮　影・谷沢　一義
日映新社製作
青少年犯罪の一つの原因である家庭問題をほりさげ、理解と愛情の必要を描く。

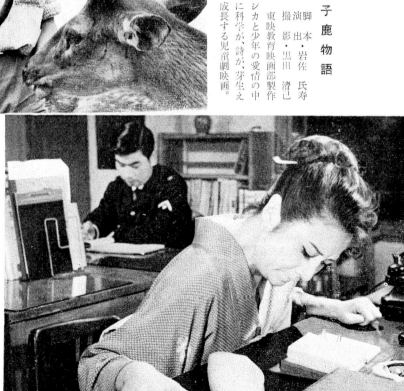

海を渡る鉄道

脚本
演出・韮沢 正
撮影・石井 敏郎
文化映画研究所製作

日本列島四つの島をむすぶ鉄道を歴史的、今日的に解明する。

300 トントレーラー

脚 本・野田 真吉
演 出・松本 俊夫
撮 影・上村 竜一
運輸新聞映画部
産経映画技術研究所 製作

東洋一の超大トレラーによる重量品輸送の記録。

雪国のくらし

脚本
演出・杉森 潤郎
撮影・島本 義誠
東映教育映画部製作

雪国の人々のたたかいと苦労を描いて生活への理解を深める。

行　司　年輪の秘密シリーズ

脚 本
演 出・羽仁 進
撮 影・清水 一彦
岩波映画製作所製作

昔ながらの行司道を紹介し，あわせて土俵上における行司の役目を描く。

渚にて

原作・ネヴィル・シュート
脚色・ジョン・パクストン
演出・スタンリー・クレイマー
撮影・ジュゼッペ・ロトウンノ
真実の愛を求め、生への情熱に燃えて、原子戦争による世界最後の日に生きる若人。
日本ユナイテッド・アーチスツ配給

ロベレ将軍

原案・ディエーゴ・ファッブリ
脚色・インドロ・モンタネリ
演出・ロベルト・ロッセリーニ
撮影・カルロ・カルリーニ
ナチズムに対する、抵抗運動に武器をとって立ち上ったパルチザンの戦士たち。デ・シーカ主演。
イタリー・フィルム社提供

第4回全日本学生映画祭から

ひとりぼっち

東北学院大学映研
孤独な少年の心を通して、汚れなさ純粋さを現代の中に追求する。

Nの記録

日本大学芸術学部映研
伊勢湾台風の災害と，それによってひきおこされた，社会的矛盾，人間性の崩壊，その中から立ち上る人間の強さを，前衛的手法で追求する。

木立の影

学習院大学映研
平和な学園にふとしのびこんだ現代の黒い影。友人の中に発見する若き苦悩と希望。

座談会■

映画における記録性

村山新治
（演出家・東映）

大島　渚
（演出家・松竹）

編集部・岩佐氏寿・野田真吉
松本俊夫

■ドキュメンタリー作家と呼ばれて

野田　村山さん、朝日映画から劇映画の方へ移られて、ニュースや文化映画のドキュメンタリーのいろいろな経験みたいなものが、今やっていらっしゃる仕事でどういう風に生かされてますか。警視庁シリーズなんかには――。

村山　自分ではちょっとわからないですね。普通に撮っているつもりなんだから。たまたま題材がああいうものだったから、セミ・ドキュメンタリーという名前つけられたんでしょう。もしほかのものから始めたら、あんな風にならなかったかもしれません。あの作品にはあのスタイルが一番いいと思ってやってるわけですけどね。

大島　劇映画におけるドキュメンタリーについて、まずこういうことがあると思うんだ。ドキュメンタリーということばを単に宣伝として使う場合もあるし、一番程度の低いのはロケーションが多いとドキュメンタリーというわけですよ。わりあいドキュメンタリーという名前を好むわけよね。いわゆる劇映画の型、日本の場合は新派から来たメロドラマと私小説からの自然主義リアリズム、そういう型を破るものをドキュメンタリーという言葉の中に期待していると思うんですよ。外側からも内側からも。そういう点からも呼ばれているというのが、ドキュメンタリーということばの一番低次な使いかただと思うんだ。

野田　なるほどね。あなたの映画の宣伝ビラにもちゃんと書いてあったな。

大島　ついうっかり、しゃべっちゃったわけよ。（笑）

野田　正体を暴露したかな。（笑）

岩佐　ドキュメンタリーということば使った時の会社で考えているイメージは、ダッシンの「裸の町」あたりのことを考えてるわけですか。

大島　そうでしょうね。宣伝部あたりで、ドキュメンタルに撮りたいというと、向うはイタリアン・リアリズムか？　と来るわけだ。一番低次な段階はそうだということをまず考えておかなきゃいけないと思うんだよ。

野田　なるほどね。

大島　つまり、さっきいったような、外からの要求と同時に作家側にも、ふつうの家庭の中とか、整然とした所でなくて、もっと荒々しい、なまな野外に舞台を求めるような傾向は出てると思うんだ。単に映画だけでなくて現代芸術の一般的な風潮として。それに安易にのっかるんだ。劇映画におけるドキュメンタリーは少なくとも現在の日本においてはそこまでしか行ってないと極言してもいいんじゃないかという所から、すべての問題は始まると思う。

村山　ドキュメンタリーといえば少しは売れるだろうという話かもしれないですね。たまたま僕が「警視庁」をやっててセミ・ドキュメンタリーというレッテルはられた。従って今セミ・ドキュメンタリーと称しているのはその程度のものだということになってくる。明確な理論があってやってるわけでもないんです。

■映画界の閉鎖性について

大島　学生のころイタリアン・リアリズムの映画を見て、それをいいと思ったりうたれたりしたというのは、アマチュアとして、一観客としてそうだったわけでしょう。そのうちに映画会社へ入って自分がそういう風に感じた映画とは全然違う映画を、現に作っているわけですよ。松竹大船調という作り方が主流になってる。その場合、アンチ・テーゼとしてかつてあったそういうものだとか、最近いろいろなところで見る記録映画とか、このあいだのアラン・レネとか、ああいう映画の作り方も入ってくる。そういうことのなかで、

作ると同時に作らされてるというなかで、ああいうことになるわけなんですがね。ややこしいかな?

岩佐　そういう伝統――東映はどうですか。

村山　現代劇の場合は決った型はないんじゃないですかね。いろいろなものをやってる段階だと思うんですけど。必ずしもできるということはないんですが、可能性はほかよりもあるかもしれませんね。こういうのが絶対に東映のカラーというのがないでしょう。いろいろやってみて失敗したり成功したりというところですからね。

岩佐　そういう点、意識的にこういう方向のものをやりたいというふうなことが話し合われたりしてるわけですか。

村山　やってます。だけど、なんといっても当りそうだとか、当りそうもないということが一番大きく支配するわけですよ。

岩佐　そのなかをかいくぐって村山さんとしては、これから東映の伝統を作って行こうということになるわけ?

村山　そういうことになるかもしれない。しかしすでにある程度伝統というものはあると思います。「ひめゆり」など一連のものを作ってきた、反面ギャング映画をずーっと作ってきた、その両方から影響されてきたものですね。

松本　また話をもとに戻すような質問ですがね――。ドキュメンタリーというとき、僕らはあくまで現実を捉える捉えかたの問題として、つまり方法の問題として考えるわけだけど、さっきもいわれたように、一般にはドキュメンタリーということばがすごく安易に使われてるわけですね。そういう混乱を自らドキュメンタリーを旗印に掲げる劇の人たちはどういう風に考えて進んでいるのか、そのへんがききたいな。

大島　つまりさっきいったようなドキュメンタリーの安易なとらえ方の中にすら、まだ革新的な意味を認めなきゃならないほど劇映画全体は古いと僕は思っている。第一の前提として。

野田　そのことは裏返した形で記録映画の方にもある。

大島　あるといえますね。記録映画にも劇映画においてドキュメンタリーといわれてることばが堕落であるような堕落がやっぱりあったと思う。

松本　同感。(笑)

大島　ただ、そういうものを越えようという動きが今あるわけでしょう、記録映画の中には。作家協会の中にもあるらしいし、アラン・レネの作品にもみられる。そういうものに対応する革新的な動きが劇映画の中にないということについて、おそらく皆さんは責めたいんだろうと思うけど――。

野田　責めやしないんだけど。

大島　そういうことだと思う。問題の中心は……。

松本　ばかにひがんだな。(笑)

野田　その両方のだらしなさをいかにして乗り越えて行くかという話だろう。

大島　だからドキュメンタリーにこだわらず、映画のつくり方ということで卒直に話をすると、今僕らが松竹なら松竹という会社で作られている映画を、変えて行こうとする場合、つまり僕ら撮影所へ入ってまず仲間達と話し合ったのは、結局シナリオ書こうということだったわけですよ。シナリオ書くということはどういう映画を作るのかということに関して全体像がある、ヴィジョンがあるということだと思うけど、そういう形で僕達修業してきたわけよ。だけどシナリオ書く方法というのが、ある程度今までの自分達のまわりで作られてる映画に規制されてるということが問題で、しかも既成の映画でないシナリオ書こうと思えば僕達が何の方法引用するかというと、一つは自然主義文学の方法引用するわけだ。つまりメロドラマに対応して。あるいは近代劇の方法を引用するわけだ。いろいろ勉強してもっとアクチュアルな方法採用するようになればいいんだろうけど、なかなかそこまでいかないわけですよ、シナリオという段階では。ともかく監督になるまでは自分自身がどういう映画を作りたいかというヴィジョンも、シナリオという形でしか表現できないし、又、自分が早く監督になって行くという方法もシナリオを通じてしかないという形が現実だと思うんですよ。ということは、ある程度これまでのワクの中で戦っているわけよ、明らかに。ワクの中で戦って、いざ一本撮る時になるとシナリオのこと以外のことがずいぶんあるわけだ。ところがシナリオを自分で書いてきたから、どういうことといおうと思っているかはっきりしてると思う。そのいい方にいろいろ問題があると思う。そこで僕がはじめて撮ることになって、何故ドキュメンタリーということをしゃべったかということになる。どういうふうに撮ってやろうかと思うわけだよ。つまりシナリオが自分で書いたシナリオだから、それが現実の中でぶつかってシナリオが変えられるというまではいかないとしても、その間の摩擦みたいなものを出してみたいと思ったわけだ、ただすんなり撮るんじゃなく。主人公、両方のセット以外はほとんどロケーションなわけですよ。それで撮って行く過程で、たいへんおもしろいと思ったのは、シナリオに書いてあるとおり撮ったときはつまらない。ところがシナリオに書いてないカットが明らかにあるわけですよ。現場で拾うカットね。それを撮ったときはごきげんなわけだ。そういうふうにして撮ったカットは大アップか大ロングなんだ。なるほど映画の演出というのはこういうものかなと思ったりもした。俳優に関することもあると思う。劇映画におけるドキュメンタリーという問題は、つまりシナリオに書いておいた人物が俳優の個性によって変って行くということがある。そういうふうにシナリオが現実に触れ合う瞬間というものを重視したい、というような形で、ドキュメンタリーということばを使ったんですけどね。

■ドキュメンタリーの方法とは何か

松本　記録映画の場合は一層そういうことがいえるけど、一般にシナリオの演繹性をなまな現実との接点で、アクチュアリティの帰納性をテコにして自己否定してゆくということは、ドキュメンタリー

にとって不可欠の条件だろうね。それだけでは充分じゃないけど。

村山　劇でドキュメンタリー撮ってるのは技術的な問題が主で、あと問題がなるべく中へ入ってきて、外側に現われたもので構成して行くといいますか、外から見て行くというか、その程度の……。僕らのやってきたことは多少、らしくなるという程度だったんでしょうね。

松本　プロットの立て方を根本から変えてゆく必要があると思うけど、実際には会社の保守的なものの考え方や、観客の方の受け入れ方のステレオタイプというものにぶつかってくるわけで、むろん性急に変えていけるもんじゃないわけだ。だからそれはもっと大きな芸術運動のプログラムの問題としていっているわけなんだよ。だけど、それと同時に、シナリオの行間に漏れた部分をどういうふうに表わすかという問題とも関連して、やはりものを単に背景や説明として使うんじゃなくて、日常性を追放したもの自体の運動を、内部にどろどろしている潜在的な葛藤の客体化された等価物として発見してゆく方法を、今の条件の中でも考えるべきじゃないかと思うんですよ。それは同時に人物をも同様なオブジェとして把える把え方にもつながるわけですね。そういう点、ブニュエルの「忘れられた人々」の中に出てくる、さまざまなものの捉え方なんかとても学ぶところ大きいと思うんだ。たとえばそこらにころがってる石ころだの、壁だの、あるいは鶏だのというふうなものが、すべて風俗的な日常性をひきはがされて、あたかもメキシコ社会に渦まく疎外と絶望を苛責なくあばきだすかのように、非情冷酷に運動しだすんですね。車からつきおとされて、アスファルトの上をもがきまわるイザリの姿なんか、それ自体で嘔気をもよおすような非合理なオブジェになっているし、ペドロが感化院で突然棍棒で鶏をめった打ちにうち殺すところなんかも、ハイボがフリアンを撲殺したときのショックが、いかに少年ペドロの内部の奥深くくい込んですざまじい歪みを形作っていたかを一挙に凝結させたような、非日常的なオブジェになっていて、それら物体と人間のはげしいぶつかり合いから生まれるアンチ・ヒューマンな即物的イメージによって鋭く社会の矛盾と抑圧を告発していると思うんですよ。そういうものの運動と、それらのぶつかり合いを、どういうふうにすくいあげていくかという中に、社会機構のワクの中に乗っていきながら、それを根本的にのりこえてゆくという芸術的抵抗の問題があるんじゃないかと考えるわけです。

大島　そういう見解はよくわかるんだ。ただ、劇映画の場合、君のいうようなドキュメンタリーの方法しか革新的なものはないというふうにはいえないわけだ。いろんな方法があるし、いろんな要素がある。だから、僕の場合はそれほど内心の要求としてドキュメンタリーの方法が必要だというふうには思っていなかったんだ。今松本君がいうようなことは、今までの劇映画の方法からは縁もゆかりもないわけですよ。でも僕はわれわれの革新というのは縁もゆかりもない異質なものを遠慮会釈なくぶっつけないと変っていかないんじゃないかと思うんだ。そういう気持で一本撮ってみて、自分の方法をつくり上げて行く上でドキュメンタリーの方法が重大な意味を持っていることは、一層強く感じたけどね。

松本　結局、さまざまなものや人間や、あるいはそれらの関係と葛藤によってひき起されるドラマの展開やということが、いわゆる日常性の座標の中でがんじがらめに固定化されていて、生活と意識の既成の秩序が、つきくずされて、変革を内発させる契機が非常に弱いんですね。ところがそれが現実のある非現実的な断面というかな、つまり日常性がぱかっと崩壊して裂け目が生じるような部分、それがさっきいった、ものの動き出す時なんで、それをアクチュアリティというふうに考えるわけだけど、そういうものをどういうふうに発見し、非日常的な座標に組織するかということにドキュメンタリーの第一の課題があるんじゃないかと思うんですよ。ぼくはそれをモンタージュの変革の問題として考えてるんですがね——。

■周囲の壁を打ち破る作家意識

村山　だんだん映画の作り方がお芝居だけになっちゃった、それなら芝居でやった方がもっといいということになったんです。映画の魅力は先ず記録するということになるわけですね。映画の失なわれかけた魅力がそういうところからも出てくると思うんですよ。

松本　会社が要するにもうけという点からその脱出路としてドキュメンタリーというようなことをいい出した。しかし会社の考えてるドキュメンタリーというものは実体のないムードみたいなもので、それだけに作家としては、それをうまく逆手にとって、つまり一見宣伝のその線に乗った形で、本物のドキュメンタリーを追求してゆく可能性が開けてきているんじゃないかな。

大島　それはそうなんだよ。われわれは何も会社の宣伝というところを肯定してるんじゃなく、つまり今流行していわれていることの低次の部分はそこにある。先ずそれを確認してそれを打ち破らなければいけないんだということをいってるわけなんだ。

岩佐　ところで、現在映画をつくる上にある二重三重の悩みみたいなものについて。

村山　現状では、本を一定の期間内に機械的に画にしなけりゃならない。ロケに行ったって、じっくり観察してる暇ないですよ。撮影のための時間がもう少しあるだけでも違ってくると思う。

大島　だから極端なことというと、僕はほんとに革新的な映画というやつ、今の劇映画の撮影所から生まれないんじゃないかということを、友達と話し合うこともあるんですよ。

野田　では、どこから出路をきりひらいたらいいか——。

大島　松本君なんかに期待してるんだ。（笑）

松本　運動だな。作家個人の資質や能力が映画界を根本的に変革し

得る時代は終っている。社会変革との正しい関係において映画革命のプログラムを集団的に着実におしすすめてゆかないかぎりだめな問題さ。

村山　実際今の会社のワク内での仕事では、監督とプロデューサー、それにスタッフぐらいわかってもだめなんです。実権を握っている会社幹部がわからなければ。

大島　つまり映画の革新は、時代と場所と作家が一致した、たいへんに好運な時でなければできないような気がする。それであきらめるというわけじゃないが——。

野田　乱世でなくてはだめだということかな。

大島　木下さん、黒沢さん、今井さんなんかいい時に新人監督になったと思う。処女作で考えてたことなんか僕の処女作に比べれば程度低いですよ。でも戦後という世の中の高揚期、乱世に、国民の新しいものを求める気持と一致した形で現われたでしょう。僕なんかの考えてることは保守的なムードからすれば、はねられることだもの。そういう場所では本質的に革新的なものは歪んだ形でしか出られない。

野田　どうも受身だな。歴史はつくられるんだということを再確認**すべきだ。それは意識的な運動によってしかつくられない。**

村山　ただ、今の六社の中では革命的なことはできないから、少しずつ認めさせていくよりしようがない。そして少しずつ変ってく結果を見て、いいことがわかれば、更に前進できるということなんだが、その間に自分を見失ってしまうことだってあるかもしれない。かんたんな話が、「死刑台のエレベーター」の黒バックで撮ったシーン、あんなことやろうと思ったら、会社は大変だと思うな。しかしでき上ったのを見れば納得し感心するわけですよ。

岩佐　そういう中で現状から突破口見つけていこうとされてるわけでしょうけれども、その方向は？

村山　ぼくの場合には、今までの映画の作りかたというのはピンとこないんです。映画には映画らしい作りかたがあるんじゃないかと思うが、それがまだはっきりわからないんです。今は記録映画風なタッチのものを作りながら、その中から何か出てくるんじゃないかということを考えてるんです。現実の場を、単なる背景やムードを作るだけのものでなく、劇の重要な要めと考えてゆく、ということなんですが……。

岩佐　「警視庁」からもうちょっと外へ出るというふうな、今年は何かあるんですか。

村山　別に。（笑）

松本　大島君、次は、この前のやつからどういう方向へ一歩進めようと思っている？

大島　そうね、あれの中で狙って狙い切れなかったものをやはり進めたいね。つまりテーマ的には今の世の中で人間が、何か状況を突破するために起す行動というものを、ここしばらく押していきたいと思う。しかもその行動がなんらかの形で非合法であり、なんらかの形で世の中に糾弾されるものであるような行動を追求してみたいような気がするんだけどね。と、手法的にはやはり、ドキュメンタルといいたいんだけど、つまり人間を撮る撮り方が即物的でありたいし、それと同時にさっき松本君がいったような、物がつまりドラマを形造っているとすれば、その物を撮る撮りかたの即物性というか、ドキュメンタルであると同時に、象徴的であるような撮り方を進めたいと僕は思うけどね。このあいだ撮ってつくづく思ったんだけど、いかにもフレームに納ってやがるの。フレームを越えてこっちへこないわけだよ。すごく自分でいやでしょうがない。それはレンズとかカメラに習熟してないせいなんだけど、そういうものをぶち破っていきたいと思うな。

■松竹と東映をながめてみる

野田　大島さんの松竹の側から見た東映観というのは？

大島　羨ましいと思うな。

村山　どういう点で？

大島　つまり、もうけるということね、当るということにわりあい徹底してるでしょう。

村山　だけど、作る方からいくと立場は逆になりますからね。もうけることとは。

大島　それはそうですよ。ただ、たとえば技術的な革新というようなことなどはやりやすいんじゃないですか。

村山　それはあるかもしれませんね。強い伝統というものはないでしょう。どこからどういう監督が来てもだれも敬遠する人もないし。

大島　うちは絶対ほかの監督入れないでしょう。大船調の撮りかたというものがありますね。上は小津安二郎先生から。それは小津先生の撮りかたであると同時に、大船の一番下手なつまらない監督もそれをやるわけですよ。小津先生はそれを自分の趣味と芸術精神、作家精神からやってるんだ。一番下手な人はつまり、その撮りかたが一番経済的なんですよ。（笑）早いんですよ。ロングに引いといてアップに寄ってパッパッというのが——。つまり経済と芸術とが大船調の撮りかたでピタッと一致してるところがある。そういうところを松竹調モラルが流れてる。それに反することが許されない。本当にうちの会社、もうけようと思ってるのかしらという批判をよくするわけですよ。ことに「二十四の瞳」というのが或る意味で悪かった。これが当って、かつ芸術的であるといわれたもんだから、みんなあれの下手くそなまねになっちゃったわけだ。ちょうど松竹が落ち目になった時とそれとが重なったでしょう。つまりいい作品だけど入らないと皆いうわけですよ。いい作品じゃないから入らないんだと僕達はいうわけです。それがどうしようもないアイ路になってるんです、うちの場合。当る当らないで論争できるんだったら、そこへ立ってやろうじゃないかという、その辺が近代的な経営のあり方でしょう。

村山　東映だって封建的ですよ。

大島　もちろん大差はないと思うんですが——

村山　ささやかなるちがいでしてね。つまり今井さんや家城さんが来て半年かかって仕事をしても通るし、十日で撮っても通る。そう

いう幅はあるかもしれませんね。

大島　だからある意味じゃ自分のシナリオで出るような条件があるということは、松竹のいい点がある。

野田　村山さんの松竹に対する意見は？

村山　ないですね。行きたくもないし——。といって東映が絶対というわけではない。

大島　だけど、第二東映に行きたいという声はありますよ。

村山　まだ海のものとも山のものともわからない。

大島　だから松竹のなかでも今の松竹映画でどうにもならないという気分はあるわけですよ、当然。それをどういうふうにやって行ったらいいか　わからない　わけですよ。ほとんどみんなわからないといっていい。

村山　だが、そこがまたやれるところでもあるじゃないですか。東映なんか今まで八方破れの形でおもしろかった。しかし、だんだん安定してくると一つの型にはめようとしている。だんだんそういう点ではばがなくなっていくんじゃないかと心配なんだ。型にはめると行きづまる。行きづまったらまた、ということを日本映画はくり返してきたのじゃないですか。だから今行きづまってる大映とか松竹とかは近い将来、おもしろくなってくるような気がする。

岩佐　そうすると京都の作品の一つの型のできたようなものを、早いとこ現代劇でも作ってしまおうというのですか。

村山　具体的にそういう考え方が出てきてますね。今年あたりそういう方向に行きそうだ。

大島　型といえばね、松竹では、極端にいうとアップでしゃべらせちゃいけないというのがあるんです、タブーが。アップでしゃべっちゃうと声を聞いちゃう。ツラが見られないからだめだ、というわけです。

村山　そういうことは知らなかったな。（笑）

大島　そういうことに至るまであるわけですよ。ちょっとしんどいですよ。その辺は——。

村山　東映の方がまだ自由だな。

■ジャンルの交流と運動の発展の為に

村山　ところで、偶然のキッカケでドキュメンタリーらしいものをやってきましたから、それを本物にしたいというところですかね。比較的そういう可能性のある題材をえらんで仕事をしてゆきたいんですが、さてどうしていったらいいか、そういう話をきょうは専門家に聞いてみたいと思ったんですよ。劇映画におけるドキュメンタリーを、どう進めていったらいいか。

野田　そういう点で今後も皆さんに見てもらいたいし、大いに交流したいという、この座談会の最初の計画もそういうところにあったわけですよ。村山さんや大島さんや、記録映画では松本君などと、新しい人が出てきはじめたし、ここで日本の映画芸術のために話し合うと少しはよくなるんじゃないかというので。

村山　その点ふしぎですね。ぼくは以前記録映画界にいたわけですが、一たび劇に来ると全くつながりがなくなってしまう。前に知ってた人が何人かいるというだけで記録映画を見る機会もない。

岩佐　そういうこと非常に必要だと思う。日常の経験もちがうし、両方でプラスになるんじゃないかと思うんですが。

大島　それぞれ閉鎖的な社会ですから。たとえば「二十四時間の情事」なんてすごく皆かってるし、われわれも注目している。うちの会社の首脳部なんか、最悪の映画だから見てこいという指令が出るわけですよ。映画というものに対して考えてるイメージがすごくそれぞれちがうし、いろいろな場所で。それを早く、革新的な部分だけでも統一する必要あると思う。それがないわけですよ。早い話が年とった劇映画の監督たちと若い監督達との間にもないし。

松本　だから「映画と批評の会」みたいな運動が必要なんだよね。けっこう、あれがあったから大島君とも交流してきたわけだ。

大島　僕なんかずいぶん「映画と批評の会」なんかには負ってるわけですよね。思いきって、自分の感覚や生理に関しても、外からいわれたものを自分の作品の中へ放り込んで見る必要あると思うんだ。

野田　そういう意味で、映画の中だけでもそうなんだし、ほかの芸術のジャンル、文学、美術、音楽なんかとの交流をすすめ、同時に少しわれわれ映画の連中があまりに閉鎖的だということを自覚してやらないと。

松本　映画っていうのはものすごく可能性持ちながら一番問題意識としては遅れてるんだ。むしろほかのジャンルでいろいろ問題を追求してゆく過程で、映画というヴィジョンが現代芸術の総合的かつ大衆的な形式と方法という点からクローズ・アップされてきてる。そういう意識がかんじんの映画作家の中に全然稀薄だということだ。

大島　それは本当に、びっくりするような面があるんじゃないの。合評会なんかでいろいろ批判うけたりして、たとえばこれが年取った監督だったら、松本君のいうこと何もわからないと思うんだ。だからそういう点では、まだ話がわかるようになっただけでもお互いに発展の芽があると思うね。それからこれは我田引水みたいだけど、大船なら大船といってみても、僕らの世代と僕らより前というのはすごくちがう。僕らの世代は映画プロパーを目指して、外のことに目をつぶって入ってきたわけじゃない。僕らの前の世代はつまりたいへんに映画青年なわけですよ。これは話にならないと思うんだ。僕らどっちかというと映画と関係のないことをやって入ってきたということで、広い問題意識というのが残ってるわけですよ。これがたいへんな可能性の芽だと思う。皆そうしてつながりたい気持持ってる。それを撮影所という壁が阻んでいる。これをぶちこわしてもっと外とつながれるようにしたいね。

野田　例によって時間切りになりました。大島さんの言葉でしめくくりとしましょう。お二人の今後の活躍をいのり、これからもお互いに話し合いをふかめたいと思います。

平衡感覚の破壊・粕　三平

(戦後映画研究会々員)

「今はむかし、武蔵の国木智庄智といふあたりに男住ひたり。鹿食をだに腹にあかず、麻衣一重だに肩を裙ふ。其の妻沽却され辛苦の極みにいたりて、常に心尖にして、唯狂人の如くなるに、男之を倦て出奔しけり。」(ゆうこくきょだん)

文語体はどうもぼくのしょうにあわないので、以下口語に改めると、何故この男はわが家を出奔したのか。それには次のような深いわけがあった。

ある風のつよい朝のことである。男は夜来の雨に濡れそぼれ、寒さのために、ちいさな身体を震わせている一匹の小猫を拾ってきた。生れたての小猫は、しかし拾い主のその男に、可愛い耳をそばだて牙をむいて、今にもとびかからんばかりの始末である。このありさまをみた男は、飼うことをいちじは止めようとさえしたが、思い直し、まだ食べものの摂り方もわからぬその小猫に、毎日すこしずつ食べ方を教えはじめた。やがて小猫はその男になつき、彼の周辺にはあいかわらず仕事のない月日が、女房の度重なる不平や愚痴の堆積と共にしずかに過ぎていった。つまり男とその妻の間に存在する貧しい生活の虚空は、おずおずと動き廻る小猫によっていくらかでも埋めつくされかけたかにみえたのである。男にとって小康状態ともいうべき時間が無限につづくかに思えた。

しかし破局は、思いがけなく早くやってきた。ある日、男は足元にじゃれつく小猫の襟首を摑んで、これという気もなく向うに放った。ところが小猫は急にぐにゃりとしたかと思うと、白い眼をいっぱいにむきだし、まるで半身不随の老人のように、上半身は動きをピタリと停止したのに、下半身ははげしく前後左右にうごくのである。あまりのできごとに男は一瞬ぼうぜんとなったが、なぜか彼の脳裡を、小猫の死をその終末まで見届けねばならぬという想いがすばやくかすめた。やがて下半身の動きも鈍いスローモーションに変り、ながい間、時間がひっそりと静止したあと、小猫は全身の死後硬直をみせて死に絶えた。男が出奔したのは、その直後のことである。

以上、大分ながながと引用したが、この平凡な説話から、ぼくはいったい何をひきだし、何がいいたいのか。ひとことでそれをいえば、被害者意識にとりかこまれた個人が、偶然、加害者になりおおせねばならなかった問題である。

くだくだしく再び話を紹介するのはこれでよすが、出奔する以前のこの男の意識には、ハズレモノイシキとでも命名してよい被害者根性がしきりにうごめいていたものとみえる。「このおれだけはちがう」というウヌボレ。劣等感のうらに、社会にいれられず、ために本来は能力のあるおのれに仕事がないのは、「すべて社会のため」とする、現在どこにでもころがっているちっぽけな根性である。ところが彼は全く突然、すべてが劣位におかれた小猫の加害者の位置に、しゃにむに坐らせられた。たちまち彼の心に被虐コンプレックスがいっぱいにひろがった。しかし彼は、小猫の死をいちぶしじゅう「念が取付くほど」見とどけることによって、被虐心理をはげしくゆり動かし、ために日頃のミスキャスト根性をかなりのていどにサディスティックな眼に変貌させることができたのである。この奇妙な運動の結果、かれが得た眼は、眠狂四郎センセイの恥部愛好症的なサディズムとはおよそ質的にことなった構造をもっている。男が「どん底」の役者のように、「みんなをどこかへ誘きだしながら……自分じゃ道を教えやがらなかった」小猫の死で、今まで順応できていた生活にすっかり適応できなくなり、出奔によって今までのおのれを積極的に行方不明にしたのもすべてそのためである。だからこの話では、猫はついに化けてでるチャンスがない。

ところで柾木恭介によれば、「自分が加害者であることを意識しないで」「被害者の意識をもつこと」は決してできない相談である。そこで柾木は、おのれのなかの「被害者」を「加害者に転化することでけしさ」るために、「労働者階級が資本家階級を打倒する」「壮大な加害者」になることをよびかけている。(本誌十二月号けいさい論文)

戦争中、幾人かの秀才下士官たちにこづき廻され、かれらに特にはげしい厭悪の情を抱いていたぼくは、この論旨に全く共感する。これは現在とくに時宜にかなった正論である。しかし戦争中、たとえなまけ者だったとはいえ、やはりファシストの一人であったぼく、しかも現在、事実へのあっけらかんとした奇妙な不感症患者であるぼくは、じつはこれから先が課題なのである。

たとえば、最近一種のハヤリ文句みたいに流行しているスローガンのひとつに「大衆の位置のエネルギーを、行動のエネルギーに置換する」という公式がある。むろんこの場合、置換をおこなう作家主体は、その内部に「加害者」の眼をもち、大衆の日常性をおもいきりひっぱたけ、というわけだ。この公式には、ぼくも異論はない。しかし、この公式の周辺には、文句としてこの定式さえもちだせば、すべてがたちどころに解決すると錯覚している手合いがごろごろころがっているのだ。そしてどうやら、かれらを居心地よく包んでいるのは、ムードとしての状況論のようである。しかし、果してそうか。

いったい、かれらのいうように、疎外された大衆は疎外されているがゆえに、ほんとうに「位置のエネルギー」とやらをもっているであろうか。あるとすればその中味は何か。更にまた抑圧された大衆のそのような「位置のエネルギー」は、日常性をひっぱたき、ひきはがすことによって「行動のエネルギー」にはたしてかえることができるものなのか。その操作は、いったいおのれの何をテコに、どのようにおこなえばいいのか。ぼくにはまずこのことが、かれらとちがって決して自明の理ではない。

「うぬら!何者だ!」という怒声を激しく相手に発するためには、おのれの正体にも同じつよさで、同時によびかけねばならぬし、いやそれにもまして、大衆の日常性をひっぱたくためには、具体的で明確な攻撃目標がいるはずである。まるでバカのひとつおぼえみたいに、状況、状況とまくしたて、そのアイマイな語感にもっぱら埋没している連中は、日常性こそが敵前上陸の橋頭堡だといいはるのかもしれないが、上陸するためには相手の日常性の陣地が何で、武装されているか、機関銃かそれとも野砲であるかを、おのれの試行錯誤によってさぐりだす強力な仮説が必要なのである。仮説が誤っていればもういちどたてなおせばよい。

ぼくは、まずなにをおいても、第一の攻撃目標を事実への不感症と考える。むろんひとくちに不感症といったところで、そのなかみはすこぶるヴァラエティに富んでいるが、ぼくがここにあげる不感症は、ひとつの強力な図式に支えられている。それは、作られたものはすべて「絵空事」と安心する意識であり、しかもその裏側にまるでメダルの表裏のように一体をなす、対象に寸分ちがわず似ていればそっくりそのまま真実だと思い込む意識である。この二つの意識は、はっきり区分けされることがいちどもなく、お互いにもちつもたれつの平衡感覚として存在するゆえに、事実に対する不感症のうち最大のものである。この意識は、事実をなにかになぞらえてみて始めて安心し、しかもそのため、そこに生れた「情感」のなかでしか、おのれを納得させることができない頼りなさの表現である。ここからとどまることをしらぬ安易な比喩がとめどなく発生するし、「みえ」や「サワリ」に触発されて、始めてノソノソうごきだす「型」の根拠地でもある。既成事実にはいつでも適応し、目前の利益のためには、いつでも理屈をすてる庶民の「ごりやく」主義も、ここにその根元をおいている。不貞くされや居なおりが、そのままでは決してきびしい憎悪にも、くいついたら放れぬしつこい執念にもなりえない理由がそこにあった。

したがって、われわれがもう一歩リアリズムを深化させるために歩を進めるには、不感症を強じんに支えるこの意識を、器用に、どちらか一方へ交通整理するのではなく、その平衡感覚がほんのすこしでも存立できぬように、一挙に破壊するなんらかの方法をさがしださねばならないのだ。そのためには、素朴な再現を拒否するために戦後映画がこれまでに手に入れた「観念」と「表現」を、もういちどわれわれの手でうちこわし、限界状況そのものをひきさくメタモルフォーゼの装置を、再びわれわれ自身の手で意識的にくくりつけねばならないのである。

ぼくは、松本俊夫の記録映画作家へのきびしい主体喪失の指摘も、この地点をもっと具体的におしすすめねば、すでに袋小路に入りこむ危険さえあると思う。おのれの正体をもうすこし強力にさぐる方法も考えろというわけだ。

たとえば、本誌十二月号に掲載された丸山章治の文章は、そのことを裏側から逆説的に明示している。微衷お汲取りおき下され候と隠微な居なおりに終始したこの文章は、明かに松本の批判の真意がのみこめていず、そのためものの見ごとに丸山章治論として成功したが、ぼくにナニワブシを連想させることによって松本批判の不足を再認識させた。いやナニワブシというより、むしろ現在の浪曲にちかい節回しかもしれない。

周知のように、浪曲は、おおまかにわけておよそ二つの顕著な部分から成り立っている。ひとつは語りの部分であり、他のひとつはサワリをこまかく描写する独特の節回しだ。しかもそのなかみは、ほとんどすべて語呂合わせやかけ言葉に頼っている。

丸山の文章は、サワリのほとんどが一身上の弁明からくるこまざました語呂あわせだ。しかも「戦争の責任はおれにはない」と居直ることによって、その語りはサワリと共にいっそう光茫を放つというわけである。

もっとも浪曲も「ちょぼくれと云ふもの己前の曲節とはかはりて文句をうたふことは少なく詞のみ多し、芝居咄しをするが如し」(「嬉遊笑覧」)と紹介されている頃は、それでも「歌ふ」部分が「語り」よりもはるかに多い。たとえば「稲穂小僧」は「一つ人にも怪しく思はれ、二つ両親なき子を拾ひ、三つ見そだて養ひあげて、四つよつぼせいじんしたらばかげまにうるきか、五ついけないつぼくりぼうづと、六つむせうに悪く言へども、七つなんでも月日がたつたら」という調子である。こういったいきいきした調子が、「ここで一文貰わねば家の鍋釜総休み」の、丸山章治とは全くちがった居直りをうたう乞食節に源流があるのは、いまさらことわるまでもない。

「エラブの海」潜水記 ■ 西尾善介（演出家・フリー）

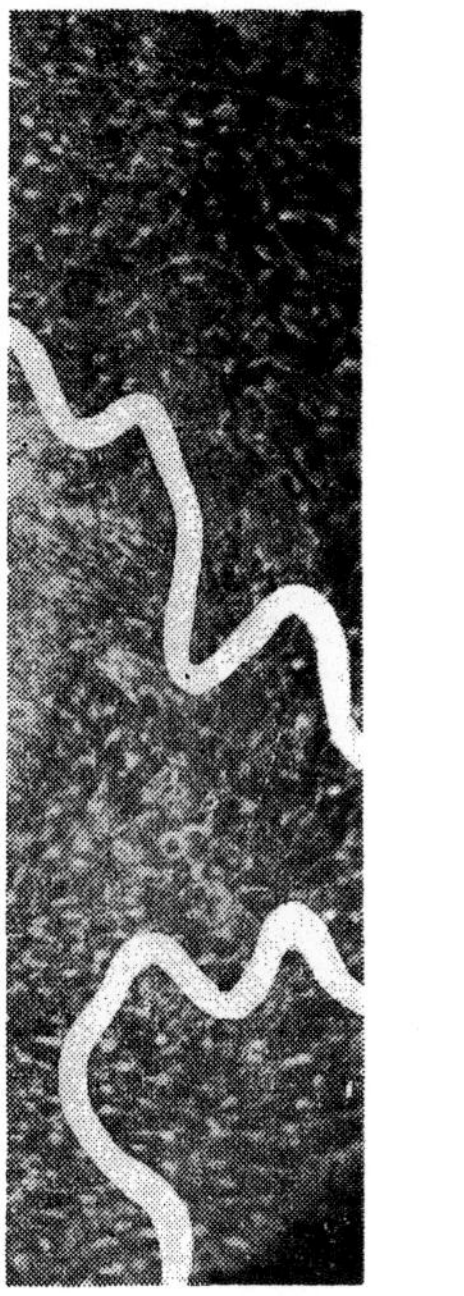

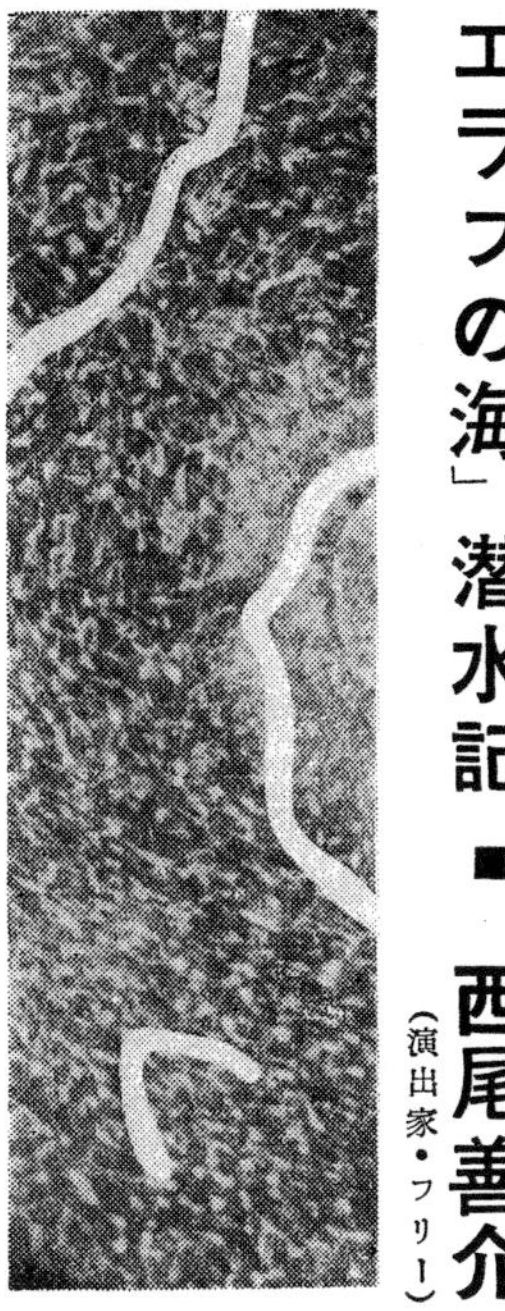

日本の南の果てといえば奄美大島群島です。その奄美大島群島の中でも端の端、ペン先でちょいと突いた位の孤島、そこに四人の親子が住んでいます。老父と二人の娘と子供が一人。子供には友達もないし、島をとりまく自然が友達であり生活です。一家は真珠の母貝では世界で一番大きな「マベ」という貝をとり真珠養殖をしています。この貝はここを北限として熱帯太平洋に多く分布している貝ですが日本ではこの附近にしかいないのです。

映画はその一家の話で単純素朴なものです。貝が日本では此の附近にしかないということは、どうでもよいのです。この単純な孤島が題材です。ああだこうだと七面倒な小むつかしい映画でありません。

広い空間にサッと淡彩で描いた画のようなものが作りたかっただけです。油っこい物をたらふくたべた後ではあっさりしたデザートが欲しくなります。栄養があるかないかというより気分のものです。

メルヘンドキュメンタリーという言葉があるかどうかは知りませんが、一口でいうとそんな映画を作るつもりでやりました。だから自分の実験でもあります。

海底といっても南熱帯諸島に比べますと、日本の海底は造型、鮮度、漁族に於て甚だ見劣りがしますし、珍大魚はあまり居りません。ですからもともとそういった海底の見世物をアテにしておりませんかわりに、フンドシ一本真裸の女が健康なムードを御披露するというわけです。とうとうエロまでおちたか……とおっしゃる向きはちょっとお待ち下さい。先ず映画を御覧下さいまして、水中の女体がどんなものであるか御一見をおすすめしても謹厳なる諸兄の顔を赤らめさすことは決してありますまい。十米、十五米も海底にもぐって貝を探してとる労働からきたえられた裸はそのものズバリ美しいものです。ボクサーの裸が美しいのと同じです。

エメラルドのような海と言いますが、日本の最南端のサンゴ礁島まで足を延ばすと、タヒチ島やサンタクルーズ群島とまではゆかなくとも、さすがに特異な環境、環境といっても海中のことですが、はるばるこんな遠い処までやって来た甲斐があった満足感は充分楽しませてくれます。日本近海は海水の透明度が浅く、つまり濁っているので映画の撮影には向きません。伊豆大島で三米、八丈島で五米、奄美大島附近で十米位の透明度が凡そ標準でないかと思います。勿論各地の海中の事情によってまた違ってくるでしょう。潮通しのよい処は海水の透明度はよく、よどんでいる処は悪いのは当り前です。また干潮時と満潮時で同じ処でも違うようです。満潮時はやはり汚れるようです。海の中は自分が生きて来た四十年間に、想像もしなかった程生物の豊富な処です。水圧と沈黙の青一色の生存の世界は、人間の世界ではないことを身をもって知らされます。アクアラーグで浮上零に自分の身体を調節すると引力のない宙の状態になって、足のヒレ一つで魚のように自由自在になるその楽しさは又格別です。とにかく人間の世界をちょっとおさらばして魚族の仲間入りしたわけで、ジッと自分を見ている奴がいると、こいつは俺をなんと思ってるんだろうと考えて吹き出したくなることがあります。自分より大きな魚はいない。みんな小さい奴ばかりがウヨウヨといる。魚は可愛いいし美しいし、愛嬌があります。コズキ合の喧嘩も至る処でやっている。強い奴は弱い奴を喰う生存の原則は水陸変りないようです。然し魚族はそれぞれどうしてこんな豊富なデザインと、美しい模様の肌を必要として創造されたのだろうと感心します。それは海藻やコケ、貝に至るまで言えます。俗に海しだといわれているものの中には、真赤なビロードや緑のビロード色で、鳥が羽根をひろげた様子と寸分違わない状態でフワリフワリとしている雰囲気は竜宮ですね。あまり美しいので、それを取って水上にあげると瞬間に変質してしまう。二、三十分もして天日で水分がかわいてしまうとバラバラに崩れて見る影もないものとなってしまうあたりはこの世のものとは思われません。最近はかなり水産関係の学者が資料集めに奄美諸島に来ている様子ですが、当地の水産試験所の話でも、まだ学名のない魚や生物が沢山あって、むしろ、その方が多いのではないかと言っています。とにかく潜るということが、たやすくないので、研究がやりづらいのでしょう。微生物に至っては未知と言った方が適切かも知れません。空では月の裏側まで行っているのに、海中はまだバチスカーフで四千五百米位までしかフォトグラフにならないのです。恐ろしいのは鬼ヒトデ（俗にアメリカウニ）といっている奴です。丁度フグが怒って針を突立てて、プーとふくらんだ時のような、色は小豆色で針の先が真赤な、見るからに醜悪そのものの形ですが、そのヒトデの針にさされようものなら身体がくさってゆくのです。その予防薬などというもの

は、まだ人間の世界にはないのでこれは全く恐ろしいシロモノですね。これをみるとゾーッとします。急に海の中が嫌になります。普通は丸くなっていますが、歩く時は手の掌を開いたようにモゾモゾと動きます。俗にアメリカウニと言っているのは、元来南方のもので日本にはいなかったのですが、戦争で米艦の舟底かどこかについて来た新入だそうです。こんな嫌な奴はまだいます。一米もある黒い細長いナマコみたいな奴です。その口の触毛にさわるとこれも猛毒でくさると言います。毒コケもあるし、珍らしいからといって、ウカウカと触れたものでありません。こんどの映画は海底の生物の学術映画でありませんので、いちいち撮っていません。ウニもいろんな種類があって、針が一尺位長いのが五、六十も群をなしてかたまっている様はグロテスクです。そのウニの針に一度人差指を刺され、針が爪までとおって折れてしまい、とることも出来ず、切開しなければダメかと思ったところ、漁師が放っとく方がいい、とけてしまうよというので、そのままにしておいたのですが、二週間もすると、跡かたもなく、無くなってしまいました。溶解したのかどうかさっぱり判りません。

さて仕事となるとアクアラングで海底散歩している時ほど楽なものではありませんでした。ロケ地点の決定も陸上のように一目でスタッフ全員判るほど便利でありません。とにかく潜ってみないと水上からはさっぱり判らないし、潜った者しかイメージは判らない。水中では話が出来ないから水上で十分打合せ徹底しておく手順の面倒さだけでも大へんなので、クランク前に一時間数十分の全巻のカット五百幾つかを画コンテにして印刷し全員が全巻を通じて熟知して始める方法をとりました。ロケ地点の海流の問題、干満の時移、透明度と浅深との露出の計算等、一日の人間の潜水時間のキャパシティ、潜水具の点検、スタッフのスタミナの配分等、それらの総合的な点から見通しを立てます。当り前のことですが、水中の場合そのどの一つがまちがってもそこに危険と失敗がともなうからです。一日大体潜水タンク満杯して、三回、一回三十分平均にして一時間半を限界としました。勿論たった一日だけなら四回も五回も入って可能ですが、普通体で四回以上使うと咽喉をいためてしまうことが多い。咽喉をいためると潜水できなくなります。水陸のロケ期間四ヵ月の長期になるとスタミナを計算しておかないと仕事がストップします。またアクアラングで潜水の時の降下上昇には原則があって、五米まで一気圧、十米で二気圧、二十米で三気圧となりますから、その水圧に応じて自分の体内の空気を倍、二倍、三倍と調節して降下しないと入って行けません。耳の鼓膜が破れ、肺が押しつぶされてしまいます。同時に上昇する時は逆に水圧に対して体内の空気を減らして行かないと死ぬことがあります。つまり二十米まで入っている時の肺の空気は水上の空気の三倍になっていますから、何かにあわてて、一気に上昇すると肺の空気が水上で三倍にふくらみ肺が破れ即死します。かなりの熟練者があわてた為に死んだ例が今までにあります。つまり潜水中突如フカに襲われたとか、何か恐怖に遭遇した時、びっくりして原則以上のスピードで上昇したりするからです。この事は人間の心理として非常にむつかしい業ですね。驚くと大抵の人はグッと息を呑む。これが盲点です。決して自分の吐く泡より先に上ってはいけないのです。減圧し乍ら上らないといけないのです。タンクの空気が無くなった場合も同じです。二十米も入る時は四キロ位の鉛のオモリをつけて入ります（でないと人体はアクアラングをつけていても水圧より軽くて浮きます）すぐオモリを外し、自身の肺の中に残っている空気を少しずつ吐いて静かに上昇しなくてはなりません。これには非常な沈着と冷静を必要とします。死ぬかも知れないという恐怖が人間をあわてさせるので、その時のいろんな状況で大丈夫出来るなどと確信はもてません。然し空気のなくなる前は呼吸が苦しくなりますから大抵未然に判るものです。また判らないと仕事になりません。こういうことがない為に潜水中は絶えず水上面に一隻の船とタンクの時間を計っているタイムウオッチマンが必要です。又危急の場合の予備タンクを用意し救護員の一名は水上に待機さしておくが安全です。アクアラングのマウスピースの故障、空気の漏れはないか？　そういった器具の完全な点検も大切ですぐ直接溺死につながる場合がないとはいえないからです。アクアラングの空気整備員が、空のタンクをまちがえて私に与えた為、知らない私は十米潜水しておかしいと気が付き、あわてたことが一度ありました。オイ殺人未遂だぞと笑ったことがあったのですが、もしその時二十米位まで潜水していたとしたら苦しんだのではないかと思います。水中撮影は一応水遊に熟練した者でないと危いし、また自由に活動して思うような撮影も出来ないだろうと思います。泳げない、水に馴れないといったことは、常に自信と沈着と冷静を保つことが、水圧と沈黙の世界ではむつかしいと思います。先ず三米入ると物凄い水圧のショックが耳を突いてきますから、耳抜きの出来ない人はそれ以上潜水することが出来ません。とにかく何処までも青く果てしない沈黙の世界に入っていると全く孤独におそわれます。二人で組んで入るのが原則となっていますが、一人ではとても水圧からくる圧迫と沈黙の孤独感に耐え得られないものです。そして未知であることは午前二時三時頃、まっくら闇の林の小道を歩く時の心細さに似ています。何回も入ってその海の中の地形や状態を知ってしまうと何んでもありませんが、初めて潜る海の中は緊張します。「エラブの海」はセミドキュメンタリーですが、演出と水中撮影と二役で私はひどく疲れました。現地の夏はひどく暑かった。しかし水中二十米も入ると足がガクガクする程寒く冷えこみます。冷えたり照らされたりこんなことも体にこたえるのでしょう。映画は早春東宝系上映でしょう。

カリガリからヒットラーまで ■1
ドイツ映画の心理的歴史

ジーグフリード・クラカウア
二木宏二・訳

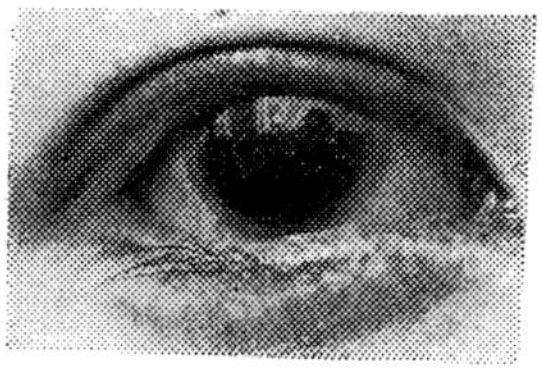

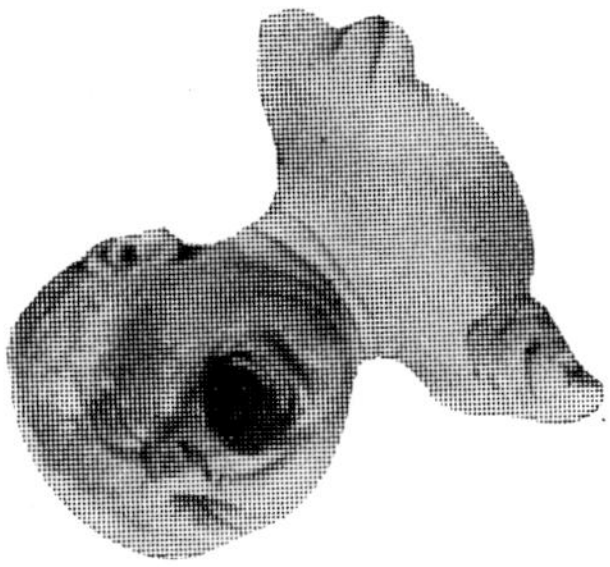

クラカウアの「カリガリからヒットラーまで」は「ドイツ映画の心理的歴史」という、副題がつけられているように、映画の独自な分析をとおして、ナチズムを成立させた、ドイツの社会心理があますところなく鋭く抉りだされており、すでに古典的な価値をもった名著として知られているものである。特に映画の具体的な表現構造を、それを支える意識構造および社会構造との有機的な対応において把握してゆく、その分析方法の鋭角性は、映画の本質を考えてゆく上で、私たちに多くの示唆を与えずにはおかないであろう。

同著は、全体が四章二十一節からなっているが、本誌では、社会心理研究所の二木宏二氏の御好意によって、そのうち特に興味ある部分を抄訳し、毎月連載してゆくことにした。なお、第二章第二節の「カリガリ」の部分は、すでに「映画批評」誌五九年一月号に、同氏訳により掲載されたので本誌では割愛するが、重要な部分でもあるので併読をおすすめする。（編集部）

序章・I

■I

一九二〇年以後ドイツ映画は、かつての交戦国にたいする連合国側のボイコット政策をうち破って、国外に進出しはじめ、その魅惑的な、不思議な出来ばえは、ニューヨーク、ロンドン、パリの観客たちに、強い衝撃をあたえた。なかでも戦後のあらゆる映画の原型ともいうべき＜カリガリ博士＞は激しい議論をまきおこした。一方でこの映画を「シネマトグラフィというメディアにおける創造的な精神の表現として最初の重要な試みである」とする批評家があると思えば他方「この映画は、食物の饐えたような匂いがして、灰を嚙んだようなあと味が残る」と批評するものもあるという状態だった。戦後のドイツ映画は、ドイツ魂の正体をあきらかにしようとして、かえって、それをいっそう不可解なものにしているといえよう。悪魔的な、不吉な、病的なというようなことばが、戦後のドイツ映画について語るばあいには、よく使われたのもゆえのないことではない。

時がたつにつれて、ドイツ映画のテーマや表現様式も変化した。しかし、あらゆる変化にもかかわらず、このセンセーショナルなスタートを切ったころの典型的ないくつかの特性は、そのままうけ継がれている。ながい凋落期のはじまりともみられる一九二四年以後の作品のなかにさえ、それがみうけられるのである。これらの特性の評価については、ヨーロッパでも、アメリカでも、まったく一致した意見がみられ、なかでも、＜カリガリ博士＞以来、視覚の全領域を思うままに支配するようになった。監督たちのすばらしい才能は、ひとびとの賞讃のまとになった。また印象的な装置をとり入れた大胆な感覚、アクションを適切な照明効果によって発展させてゆく技巧に感嘆しないものはなかった。映画愛好家たちは、ドイツ人の手で、はじめてカメラが完全に移動させられるようになり、それが生みだすすばらしい効果を非常に高く評価した。さらにまた、これらの映画のなかで果している組織の力の役割も、ほとんどあらゆる専門家に、共有の財産として認められた。この組織の力というのは、つまり、照明、装置、演技者などの完全な協力とともに、映画的な叙述の一貫性を裏づける集団の規律のことにほかならない。

このようなユニークな価値によって、ドイツ映画は、世界中に影響を与えたのである。とくにそれは、＜最後の人＞（一九二四）、＜ヴァリエテ＞（一九二五）などのような、スタジオやカメラのもっている力が十分に発揮されるようになってからの映

画のばあいに著しい。「ハリウッドに、もっとも深い感銘を与えたのは（まったく文字通り）ドイツのカメラ・ワークだったのである。」ハリウッドの映画界が、どんなにドイツ映画に傾倒していたかということは手あたりしだいに、あらゆるドイツの監督、俳優、技術者をやといいれたという、いかにもハリウッドらしいやり方によくあらわれている。フランスでも、ラインの向う岸のドイツ映画界の動きには、敏感な反応をしめした。さらにまた、ロシヤ映画の古典的な作品が、ドイツの照明技術から恩恵を受けていることも見逃せない。

　しかし、賞讃や模倣というものは、必ずしも、本質的な理解によるものとはかぎらない。ドイツ映画の特質を分析するために今まで沢山の書物が書かれている。そしてどの著作も、ドイツ映画の存在そのものに結びついているやっかいな問題を解明しようと努力している。ところが、どの文献も、本質的には美学的な立場からのものばかりで、映画を、ただそれだけで独立した構造のものとしてしかあつかっていない。たとえば、なぜ、ドイツで、はじめてカメラの移動が完成したのか、というような問題は、全然とりあげられていない。また、ドイツ映画の発展の過程もとらえられていない。ポール・ローサは、イギリスの映画雑誌「クローズ・アップ」の寄稿家たちとともに、はやくからドイツ映画の芸術的な価値を認めていた一人である。しかし、彼にしても、その記述は、年代記的な図式の枠を一歩もでていない。たとえば彼は次のように述べている。「第一次大戦の終りからアメリカのトーキーの到来までのドイツ映画を概観すると、だいたい三つの作品グループに分けることができる。第一は、演劇的な様式のコスチューム・プレイの時期、第二は、スタジオ技術を駆使した映画を生みだした、偉大なる中期ともいうべき時期、第三は、アメリカの映画感覚の模倣によってはじまった凋落期、である」ところが、ポール・ローサは、これらの三つのグループが、相互に交替していった理由については、説明しようとしない。つまり、それは、いつも表面的な解釈でしかないのである。そのため、彼はとんでもない、誤った考えに陥っていることがある。たいていの論者は、一九二四年以後の凋落を、有能な映画人の国外移住と、ドイツ映画産業にたいするアメリカの干渉の結果だと考えている。そうして、当時のドイツ映画を、「アメリカナイズ」された、あるいは「インタナショナライズ」された産物と規定するものが多い。しかし、実際には、「アメリカナイズ」されたといわれている映画こそ、その時代のドイツ人の生活の真実の表現であったといえるのである。一般に、一国の映画技術や物語の内容、またその国の映画全体の発展の過程は、ただその国の実際の心理的パターンとの関連のなかでしか、十分にとらえることができないといえるだろう。

■ II

一国の映画は、次の二つの理由によって、他の芸術媒体よりも、いっそう直接的に国民のメンタリティーを反映するものである。第一は、映画は、決して、一人の個人が作りだすものではないということである。ロシアの映画監督プドフキンは、映画製作の集団的な性格を強調して、それは、一種の工場システムによる生産であると述べている。「テクニカル・マネージャーは、各部門の責任者、及び作業員と協力しなければ、何もできない。しかし、各部門の責任者や作業員が、ただ、それぞれ自分の限られた役割を、機械的に遂行するだけだったら、その集団的な力による成果をあげることはできない。ティーム・ワークとは、たとえ、どんなつまらない作業でも、各々の作業を生きた仕事の一部として、仕事全体のなかに、有機的に結びつけることなのである」ドイツのすぐれた映画監督たちも、同じような見解をもって仕事している。筆者がフランスのジョワンヴィユ・スタディオで、G・W・パプストの演出する映画の撮影を見学したとき、とくに興味を惹かれたのは、パプストが、装置や照明効果などの細かい点について、技術者たちの意見に快よく従っていたことだった。そのとき彼は、こういう種類の助言は、非常に貴重なものだと思っていると、語っていた。どんな映画でも、映画を一本撮るばあいには、いろいろ異った関心や好みを包含しなければならない。そのばあい、ティーム・ワークが、素材を勝手気儘にとり扱うことをチェックする働きをする。そうして、それぞれの個人的な性癖が抑えられ、多くの人々の好みにあうような作品ができあがるのである。

　第二に、映画は、無名の大衆に話しかけ訴えかけるものである。だから、人気のある映画、すなわち、もっと正確にいえば、人気のある映画のモティーフとは、その時代の大衆の欲望を満足させるものだといってよい。ハリウッドの提供する映画は、大衆が本当に求めているものを与えていないというようなことがよくいわれる。この意見によると、ハリウッドの映画が、民衆にむかえられるのは、民衆の受動性と圧倒的な宣伝のためである、たいていのハリウッド映画は、民衆を愚弄し、誤った方向に導いているというのである。しかし、ハリウッド映画のもっている娯楽性の悪影響ということを、あまり大きくとりあげるべきではない。民衆のあやつり手といえども、それは、民衆のもっている個有の性質に依拠せざるをえないのである。ナチの作った映画は、純粋な宣伝映画だった。しかし、これらの映画でさえも、勝手には作りだせないような、国民性のいくつかの面を、忠実に反映していたのである。こういう事実は、他のいっそう競争の激しい社会の映画についても、そのままあてはまることである。ハリウッドといえども、民衆の側にある自発性を無視するわけにはゆかない。一般の人々の不満は、切符の売上の減少となって、はっきりあらわれてくるが、映画産業は、利潤にきわめて重大な関心をはらうものである。だから、映画も、できるだけ人心の変化に適合してゆかなければならな

くなるのである。たしかに、アメリカの観客の要求は、ハリウッドの期待どおりのものになっているといえる。しかし、長い目でみるならば、民衆の欲望こそ、ハリウッド映画の性格を決定しているのである。

■ III

映画が反映するのは、はっきりした信条というより、むしろ、心理的な傾向である。つまり、多い少ないの差があるにしても、人々の意識という次元の下に拡がっている深層のメンタリティー全体なのである。もちろん、大衆雑誌、放送、ベスト・セラー、広告、流行語、また、人々の文化生活の底に沈澱しているその他のいろいろなもの、などが人々の心のなかにゆきわたっている支配的な態度について知るのに役立つことはいうまでもない。しかし映画というメディアは、すべてのものを抱括しているという点で、他のメディアより、はるかにすぐれているのである。

　映画は、カメラのさまざまな動き、カッティング、その他の多くの特殊効果、などによって、目に見えるすべての世界をとらえることができる。そうして、これこそが映画本来の機能なのである。この働きこそ、エルヴィン、パノフスキイが、ある有名な講演のなかで、「空間の弾力化」と定義したものにほかならない。「映画館のなかでは……観客は、固定した席に坐っているだけだ。しかし、これは、ただ物理的な意味で固定しているというにすぎない。…美学的な立場からみれば、観客は、たえず動いているといえる。なぜなら、観客の皿は、つぎつぎに移動したり、方向を変えたりするカメラのレンズと一体になり、カメラと同じものをみているからである。また、観客のまえに写しだされる空間も、観客と同じように動くことができるのだ。つまりただある固体が空間のなかで動くだけでなくて、空間自体が、変化し、転換し、溶解し、そして再び結晶するという具合に動くのである……。」

　空間を征服するという過程で、劇映画と記録映画のどちらも、それぞれの写しだす世界のあらゆる部分をくまなくとらえる。すなわち、映画のなかには、巨大な民衆の動きから、人体や無生物の思いがけない形態、ほとんど目につかないような現象の無限の連続にいたるまで、あらゆるものがとらえられるのである。事実、映画の画面というものは、目立たない、ふつうは無視されているようなことがらを詳細に写しだす。たとえば、クローズ・アップは、映画の作りはじめられたころから、あらゆるほかの手法に先んじて用いられた。そうして、それ以後ずっと、その位置を保ってきているのである。エリッヒ・フォン・シュトロハイムは、彼と会見したある人に次のようなことを語っている。「映画の演出にとりかかると、私は、あらゆる細かい点まで完全なものにするために、あるときにはどのように顔の表情が変化するかを描くために、食事も忘れ、時としては寝るのも忘れて、昼夜の別なく働いたものです。……」ここでは微細なところまでえぐりだすという点で、映画のもって生れた使命を完全に果しているといえる。

　生活の内側にあるものは、生活の外部に表れたさまざまな要素やその集積のなかに現われるものである。そこに、映画では、それは、ほとんど気づかないような表面的な出来事のうえにあらわれる。そうして、物語の運びにかくことのできない役割を果しているのである。だから、それが現実の動きであろうと、単なる想像上の世界であろうと、目に見える世界として描きだすばあいには、映画は、かくされた心的過程をさぐるいと口をあたえてくれる。ホレイス・M・カレンは、無声映画時代について述べた論文のなかで、クローズアップのもっている啓示的な機能を次のように指摘している。「何気ない指先の動きから、手を開いたり握ったりすること、ハンカチを落すこと、明らかに用のなさそうなものをもて遊ぶこと、つまづいたり転んだりすること、またものを探したり、それが見つからなかったりする動作にいたるまで、すべて、こうした一寸した動作は、人間関係に働いている目に見えない力を、目に見えるかたちにあらわした一種の象形文字なのである……」。この「一種の象形文字」が、ストーリーの訴えるものに付け加わるので、映画は、とくに包括的なものだといえるのである。そうして、「人間関係に働いている目に見えない力」がストーリーと目にみえる形との両方にあらわれているならば、それは、その映画を生みだした国民の内面生活の特徴を物語っているものだといえる。

　民衆の欲望をとくにそそるような映画が、すばらしい切符の売れゆきを示すことは、当然のことと考えられる。しかし、一つの作品がヒットしたといっても、それは、共存しているいくつもの要求のうちの一つを満足させるだけで、その他の特定の要求まで満足させることのできるものではない。国会図書館に保存すべき映画の選択方法を論じた論文で、バーバラ・デミングは、この点を次のように強調している。「たとえ、もっとも評判のよい映画を……何本か選びだしたとしても、そのうちでいちばん評判のよいものだけを保存したならば、同じような夢をいくどもいくども保存することになってしまう。……そうして、それらの評判のよい映画のなかには、いちどもあらわれることはないが、沢山の安くてあまり評判のよくない映画には、くりかえしてあらわれるような夢は、全然、失われてしまうということになりかねない。」大切なのは、映画の統計的に測定できる人気なのではなくて、その画面や物語のモティーフの人気なのである。同じモティーフが、いつもくりかえされるのは、映画が、人々の内部にある衝動を外部に映し出しているからにほかならない。そうして、同じモティーフが、評判のよい映画にも、わるい映画にもあらわれ、また、超大作といわれるものでも、B級作品でもくりかえされるということになれば、それは、明らかに、一つの重要な兆候を示しているのである。ドイツ映画の歴史は、あらゆるレベルに浸滲したモティーフの歴史なのである。

わたしの声■映画「ヒロシマの声」をみて■西江孝之

（演出助手・フリー）

ヒロシマという言葉がすでにしてインターナショナルなのだ。

ひとは、ヒロシマという言葉を聞くと、現代の集約化されたひとつの傷痕をおもいだす。

ある者は、永遠の敗北につらなるかたちでヒロシマを聞き、ある者は無関心であり、そして、多くのある者たちは、希望につらなるかたちでヒロシマをうけとめる。

この、かなり重大な差異があるにしろ、ヒロシマという言葉は、一応生きることをのぞむ地上のすべての人間どもの胸にしみわたりはじめているのであって、行進するヒロシマの顔に諸国の顔がかさなり、それは増加し、いくつもの大河となって地球をおおいはじめているのが現状だ。

ヒロシマ。――わたしはヒロシマと言ってみる。ヒロシマ。

ヒロシマという語のもつ重量感は、「被爆」ということと「禁止運動」という、――「被爆」という悲惨な起点に発して「あたらしい世界へ！」というインターナショナルなひろがりをもつ歴史的な運動の力感によるものであって、フランス・ドキュメンタリスト、アラン・レネエの映画「ヒロシマ・わが恋」(「二十四時間の情事」)においてフランスのヌベール女は「イロシマ」と発音し、日本のヒロシマ男は「ヒロシマ」と発音するけれども、レネエはナショナルなイマージュの追求をとおしてまさしくインターナショナルなヒロシマのイマージュに迫ったのであり、このときレネエのなかにはこの歴史的な感動が図太くあったからこそ、二箇の裸体の奇妙な合体という中心的なイマージュが生きた口をひらいてわたしにはげしく語りかけてきたのであって、わたしのなかのヒロシマもまた、こうした歴史的な力動感にうらうちされているとともに、いまもなお原爆を叩きつけてやろうと狙っている悪いモノとの現在的な対決によって重量を増し、ヒロシマ市街の表情が変る以上にわたしのなかのヒロシマはその表情を変え、豊かになり、ある種の決意のスプリング・ボード的なイマージュとさえなっているのだ。

従って亀井文夫さんのドキュメンタルな作品によって、亀井さんの一九五九年のフィルムを通してわたしはわたしの中のヒロシマが再検討を迫られるものであるし、同時に、わたしは、わたしのもつ現在的な課題がたしかめられるであろうと、ひそかに考えたのだ。

そしてまた、ヒロシマ、一九五九年八月のヒロシマに集中した一切のもの、世界大会に結集した運動参加者のみならず世界中から注視したすべての目、あたらしい世界をきりひらく禁止を欲する目、原爆禁止だって？ふざけるねえ、という欲しない目、この集中的なヒロシマを足場として、亀井さんはそこにすっくと立って、亀井さんはその目前のヒロシマにいどみつつ、亀井さんのなかのヒロシマを破壊して、あらたに形象し、鋭い、強靱な、発見にみちた、ヒロシマの声をあげるのであろう、と考えるにいたったのだ。

この事によってこそいまだ運動に参加してこない人達、既に参加している広汎な人達に、報告し、作家として再組織し、闘争へ、共にたちあがってゆくのであるし、もう一方の側、帝国主義者の側、腐りはてた戦争挑発者どもに鋭く抗議をつきつけ、うちのめすべきかれらの願望を挫折させ、かれらの弱点、彼らの意向のばかげた、敗北する目標を世界のまえに明確にするのであろう、と考えたのだ。

まことに、いまこそ、亀井文夫さんによって「ヒロシマの声」が、垂直にあげられることは当をえたことである、と考えたのだ。

しかし、この作品を見はじめ見終ってのわたしの声は、――そのとき、そこに、亀井文夫はいいたか？　ということだ。

映画「ヒロシマの声」のなかで、ヒロシマにむけてひとびとは行進している。東京から、新潟から、与論島からひとびとは歩いている。歩いているけれども、わたしのなかを歩いてはこない。

ヒロシマでひとびとは討論している。核武装と海外派兵、安全保障条約改定の問題について討論している。たいせつな問題なので会場は叫びをあげているけれども、ナレーションがていねいにつつみこんでしまって、原水爆禁止協議会理事長の安井郁さんにスムースにナレーションのバトン・タッチをしてしまう。安井さんはなつかしい声をあげて「原水爆を禁止しましょう」と決意表明する。

――フィルムからうけるわたしの印象は口惜しくもむなしいのだ。なにかフィルム全体が微温的なのだ。ヒロシマに結集したエネルギーが伝わってこないのだ。

映画「ヒロシマの声」の制作過程で、ヒロシマの一少女、村川ヒデ子さんが白血病で死んだ。制作スタッフはレンズをとおしてこの死をとらえた。しかし映画のなかでもその少女は死んでいるのだ。わたしのなかでその少女がたちあがってこない。

亀井さんの作品「生きていてよかった」における日本のお母さんは、映画のなかでこそ被爆した娘

をつれて画面の奥に歩いて行ったが、作品をみることによってその母娘はわたしのなかにふかくはいってきたのであって、かの女たちはいまもなおわたしのなかで手をつないだまま魚をぶらさげて歩きつづけている。作品が緊張し、貫徹しているのだ。

今夏の平和行進は作年の平和行進と相似形だろうか？　平和行進そのものが静かなものなのであろうか？　行進そのものは根強い力量を内包して、静かなものであっただろう。この行進の内部は単色あるいは同系色でとらえうるもののみで埋っていたのだろうか？　それはそうではなかったはずだ。仕事や世代の相異ということだけではなしに、現在的なフォルム、行進にふくまれながら行進に痛烈に背反するさまざまな形象があったのではないか。ヒロシマ大会々場の床がいきなりいくつもの叫びを上たのではないかと思うのだ。この現実に、亀井さんは捨身できりこみ、とらえだす為に苦闘して新らしい主体的方法をやはりあみだすべきではなかっただろうか。

作品のどまんなかに、平和行進、世界大会をすえて製作するとき、わたしはやはり、平和行進、世界大会を支えている日本の深部にうごめき、ひしめき、出口をもとめている猛烈な力量のあらわれかたを行進、大会に目をむけるなかでとらえるようにしなければならないと思うし、このことはまた、日本の深部にうごめき、ひしめき、出口をもとめている猛烈な力量に目をむけるなかで行進、大会の把握がなされなければならないと思うのだ。唐突に妙なことをいうようだけれど、わたしは飛躍が欲しいのだ。

イギリス・ドキュメンタリスト、リンゼイ・アンダアソンの映画「オルダアマストンへの行進」(「生まれくる者のために」)においては、――異常なことがはじまっている――という、ダブル・イマージュを触発するすぐれたナレーションで導入し、ロジャー・ローリンソンがただ一人で「水爆反対」のプラカードを胸に歩きはじめ、六、七千人の平和行進と太ってゆくのを、行進内部の肉の声、肉の表情を狙いのはっきりしたキャメラ、あるいはインタヴュー方式でひきだし、なんだあんなもの、とポケッとみている大きな顔なんかでてくるのには感心したが、この作品においてもなおわたしは飛躍が欲しい気がしきりにした。

行進だけでとおす手腕をもつことはなかなか大変な、立派なことであるが、行進に密着し内部にはいりこみながらも、いきなりピョコン、と異ったイマージュにとびだすことはできぬものか。

ポーランド・ドキュメンタリスト、ウィェルニックの映画「同じ空の下で」をみたときも、戦争のイマージュにたいする平和のイマージュについてそう思ったのだ。技法においてきわめてすぐれたものをもっているこの作品においても、平和のイマージュは戦争のイマージュにぐいぐいおしあげられて、ミイラになって死んだ子供にたいして、いまは平和を享受しているワルシャワ市民、微笑む子供で、これはこれでいいけれども、どうも平和のイマージュというと、羊、鳩、花、子供、乳母車の赤ちゃんが手をふるたぐいで、スタティックなのだ。

もっと、なんか食べたり、労働したり、人を殴ったり、女の巨大なお尻とか、こんなもので、飛躍したいのだ。

ところが映画「ヒロシマの声」

ど肝を抜かれて笑ってしまう
科学映画

作品寸評・「火山の驚異」　吉見　泰

この作品を撮影したアルン・タジェフは、ブルュッセル大学地質学研究室の助手で、戦後、アフリカのコンゴに旅行して以来、火山の研究に一生を捧げようと決心、世界のどこかで火山が爆発すると、カメラ片手にかけつけて撮影、すでに多くの火山爆発記録映画を発表してきた捨身の学者だそうだ。「火山の驚異」はその彼が二ヵ年にわたってアジア、中南米、アフリカ、ヨーロッパ、十九の火山から火山への決死行の記録である。

各火山のもの凄い爆発の種々相、熔岩湖、溶岩流出の種々相など、まことに壮絶無比、火山学者、地質学者にとっては、その画面そのものが、得難い観察材料になるのだろうが、映画は必ずしも噴火の科学について描こうとするのでもなく、また地球のエネルギーや生命についての科学的表現を試みようとするのでもない。一種のもの凄い火山紀行映画になっている。

そして、こしらえごとではない、また、作り話ではない、大自然そのものの爆発の、エネルギーの壮絶に接するスリルの連続は爽快ですらある。それも、いかに壮絶無比と言っても、ただ爆発現象の連続なら、一時間たっぷりのこの長尺、飽きも来ようというものだが、どんな悪漢悪党もへきえきする大爆発の噴火口のそのへりまで、またある時は噴火口のその中まで、カメラ片手に、全くの無防備で、単身出ばって行き、わざわざ、噴きあげるルツボの中をのぞき込む、その彼の大胆不敵、命知らずの迫り方が画面にでるので、スリルは満点。とてもじゃないが、ど肝を抜かれて、笑ってしまう。彼にとっては、火山の性質を知り、近寄っても科学的に安全だという学問的自信と探究精神のしからしめる所なのでもあろうが、学問的自信を感じさせる前に、爆発の猛威はあまりに凄く、それに近づく勇気が、ただ大胆不敵な命知らずと見えて来るので ど胆を抜かれて笑ってしまう。したがって、彼が画面に出て来てくれないと、面白くない。そしてこれだけの危険をおかして学者としての彼の収かくは何であったか判らない。その辺が、科学映画としては、もう一つしんのない作品だが、われこそは命知らずで、コワイものなしと自負する方は一見に価する。（東和映画提供）

では、平和行進にレンズをくっけてしまう方向で全巻がつらぬかれているために、灯籠流しや、折鶴を燃やす画面が、行進や大会の画面と連関して相互に生きないのみならず、変エコな情緒をさらにかもしだすことになってしまって、映画「生きていてよかった」にみられるやさしい発声法が悪い方向で前面にでてしまうことになってしまったのだ。ここにはすぐれてシャープな亀井さんのモンタージュが、ぬるいフィルムの断片を前にしてやせて残っている。

わたしは本当に欲しかった。現在の階級斗争にレンズの焦点をあわせつつ、ヒロシマに結集したモノの内側にづかづかふみこんで、なんだこりゃあ、あれこんなものがあるぜ、また、みつかった、これだ、これだ、と、亀井文夫のヒロシマ発見、そのかたまりを、わたしはつきつけて欲しかったのだ。

わたしは強く確信している。なにをかくそう。わたしは、日本の底流に一貫してレンズをとおして立会ってきた詩人、亀井文夫さんを心から尊敬している者だ。わたしは亀井さんから奪いつづける、その一人だ。わたしは亀井さんの今度の作品「部落」の成功的完成を期待し、わたしの前にたちあわれるのを狙っているのだ。

現場通信

初めから帰路

加藤公彦
（カメラマン・岩波映画）

久里浜の岸壁を船が出る汽笛が鳴る。しかし長い仕事に出掛ける感じが少しも湧いて来ない。むしろこれから地球を一周して家に帰るのだと言う感じの方が強く、初めから帰路を出発した。

イタリア迄の三ヵ月は二十世紀のノイローゼなど何処吹く風と言った様な毎時十ノットの船足でのんびりと過したし、イタリアから東京迄の二日は如何にも現代の時間の上を流れている様な旅客機で呆気無く終ってしまった。

日魯漁業の企画で鮪漁業の記録映画が作られることになり、印度洋上でその大部分の記録撮影を行う予定であったのに加えて、開拓後新しい大西洋の漁場と欧米市場への水揚を撮影する為第二班の計画が出航数日前に決定した。六月十三日同社所属の第二十二黒潮丸五〇〇屯は私を船員の一人に加えて久里浜港を出航した。

太平洋横断の三十五日間は、飛び込んだら体が染るのではないかと思われる様な青い海と空と、太陽と月と星ばかりで毎日の変化と言えば月が満欠するだけ、途中ハワイ島と貨物船を望遠したのみで、充分太平洋の広さを味わってしまった。その上五日間は船酔が不愉快な鉢巻をしている様に付纒った。

パナマの陸地近くなってガラパゴス群島に向うのであろうか、海亀が果しなく続いてやって来るのには驚いた。七月十七日、パナマバルボア港に入港、十八日朝上陸して黒潮丸の運河航行を撮影する。パナマ共和国の中心ジャングル地域にはアメリカの領有する運河地帯があり、それにそって百二十粁も走れば大西洋側(カリブ海)のクリストバル・コロンの町に出る、クリストファ・コロンブスの名前が忍ばれるこの町でその昔の海上生活がどんなに不自由で不安なものであったかを想像し、五〇〇屯とは言え近代装備を持つ漁船の上では我身の不自由も我慢出来る様になった。

七月二十日季節風の強いカリブ海に出る。トリニダード島迄の一週間は風力四乃至五の向い風で、船は来る日も来る日も水平線に御辞儀をしていた。七月二十七日トリニダード島ポート・オブ・スペインに上陸、大西洋の西側の漁業基地を撮影する。島の黒人は社会的にもしっかりした仕事を持っていて、又『トラブルの少い島トリニダード』を自慢し、その上プライドも充分に持っており、パナマに比較してキリッとした気持の良さを感じた。岸壁では『次は有色人種の時代だ』など一席ブタレなどしたが……。地球上何処の国の領土に上陸するのにも必要な関門が沢山ある。例えば入国検疫税関の手続、まして上陸後撮影をしようと言うのだから撮影許可（イタリア等は必要）や、ジェントルマンの枠内での行動など、煩わしい事ばかりである。

大西洋上での一ヵ月間は凄じい鮪釣りの操業で明け暮れした。一日四・五時間の睡眠で一ヵ月も操業を続けるのであるから大変な仕事の連続であり、一年以上も出漁するのであるから南極観測より悪いかも知れない。又一匹五十キロ位の鮪を一日平均二百匹も獲る性能の日本漁船が、アフリカ西岸仏領ダカール沖のケープベルデ諸島附近に二・三十隻もいるのだから驚いてしまった。

洋上にて第二十五黒潮丸に転船して地中海を経てアドリア海沿岸の景色の良いユーゴスラビアに着いたのが九月五日、ヴェネティアン・アスペクトの町々は何処の家も申し合せた様に赤い瓦と、クリーム色の壁で地味の瘠せた石灰岩の上に乗っている。決して豊かな国ではないが男も女も明るい顔で働いていた。此処の国民程、損得ぬきで好意的な人間はあるまい、又勿論広告の必要性も余りない国柄だろうから、町にはおよそ看板の類はなく観光客にはユーゴーの自然を楽しませてくれる清潔さ、親切さがあり、キャメラマンにとっては大変有難いことであった。再びアドリア海を南下してイタリアのシチリア島に船はドックし、私は陸路ナポリへ先行し撮影機の通関手続を促進し黒潮丸を待った。九月二十二日船とも別れ、又東京よりのフィルムの補充もイタリア税関で難行していたので撮影は断念したが、イタリア人の私的な素晴しい協力が異国に於ける私の仕事に対する不安を吹き飛してくれ、後味の良いイタリアの印象を残して九月二十六日ローマより空路東京へ、長い帰路を終った。

謹賀新年

株式会社
東京フィルム
東京都中央区銀座西八の五
（日吉ビル四階）
TEL（57）二八〇一・四四九八

株式会社
桜映画社
PR映画・教育映画の製作
東京都中央区八重洲三ノ五
TEL（27）七六一一・七六一二番

三木映画社
代表者 三木茂
東京都中央区銀座東二ノ四
竹田ビル TEL（54）七四一三番

株式会社
日本映画新社
常務取締役 堀場伸世
東京都中央区銀座西八ー五
TEL（57）五六五一～五
六一九五一～六
分室（テレビ部）千代田区丸の内三ノ十二
帝劇別館内 TEL（28）八二三一ー二
支社局
大阪市北区中ノ島三ノ三朝日ビル 電（57）三五七六
名古屋市中区広小路一ノ六名宝内 〃（23）四〇〇八
福岡市東中洲二四五宝塚会館内 〃（3）二一六三
札幌市南一条西一丁目北宝ビル内 〃（2）二三七八
新潟県新津市新町 〃新津四九一

株式会社
新世界プロダクション
教育映画・テレビ映画の製作
東京都千代田区神田神保町一ノ三六
TEL（29）二五一三番

全国農村映画協会
東京都新宿区市ケ谷船河原町十一
TEL（30）三一五一～五番

株式会社
読売映画社
東京都中央区銀座東四ー三
電話（54）一七七八ー九番

株式会社
三井芸術プロダクション
代表取締役 安藤昇
東京都中央区日本橋室町二ノ一
三井本館五階五五五号室
電話（24）六七五五・三二六一ー五（内五）

株式会社
記録映画社
東京都渋谷区代々木二ノ十二
電話（37）一〇五三、八八〇二番

くらしを運ぶ
そうです。みなさまの日常生活に欠くことのできない衣食住のすべてを一年中休みなく、日本全国の隅々まで運んでいるのが日本通運です。どうぞ今年も大いにご利用のほどをお待ちいたします。
お近くの日通支店内に輸送相談所を開きました。ご利用下さい
通
日本通運

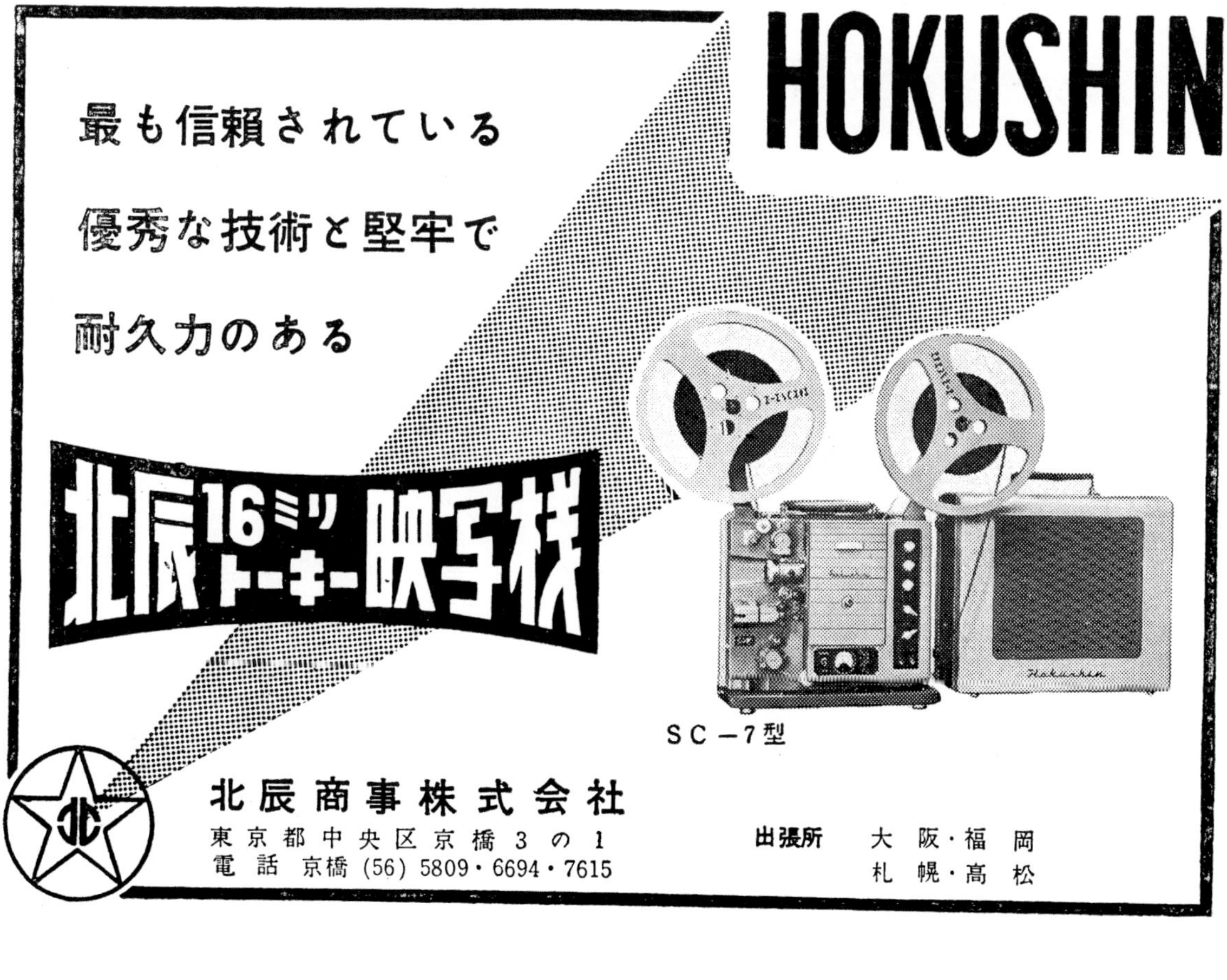

HOKUSHIN
最も信頼されている
優秀な技術と堅牢で
耐久力のある
北辰16ミリトーキー映写機
Hokushin
SC－7型
北辰商事株式会社
東京都中央区京橋3の1
電話 京橋(56) 5809・6694・7615
出張所 大阪・福岡
札幌・高松

教育映画作家協会編集

記録映画

THE DOCUMENTARY FILM

第三巻第二号
昭和三十三年九月五日第三種郵便物認可

「13階段への道」

2月号

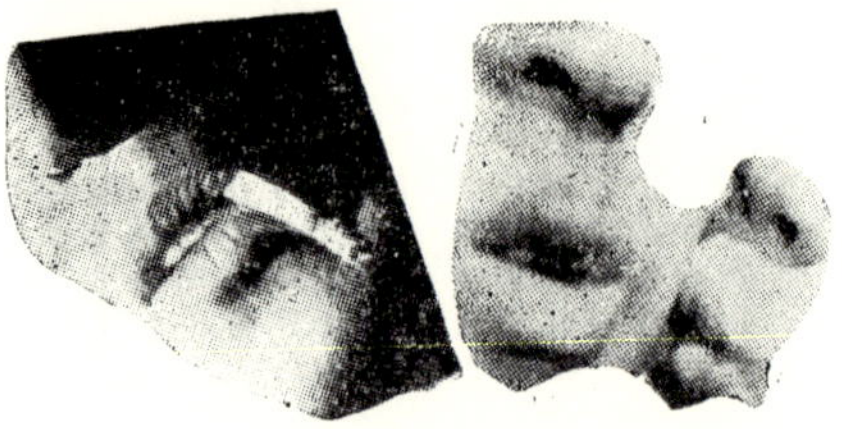

記録映画

1960　2月号

第3巻　第2号

時評

『黄金』の年の序曲

これは新聞記事の見出しでつくってみた日記である。

一九六〇年一月一日。『黄金』の六〇年の元旦をむかえる。岸首相、記者会見で『日米路線でいく』と語る。

一月四日。アルベール・カミュ、自動車事故にて死す。

一月七日。アイゼンハウアー大統領、一般教書を発表。『相互絶滅をさけるためソ連と真剣に話しあう』『自由のトリデは確保する。』

ソ連、十五日より数ヵ月にわたり、中部大平洋に大型ロケット発射実験を行うと発表。

一月十一日。「安保条約批判の会」総会。静かなるデモ。安保条約調印反対の抗議集会やデモつづく。

一月十四日。フルシチョフ首相、ソ連最高会議で兵力削減を発表。

一月十五日。安保条約反対の集会、デモ、全国的規模でつづく。

一月十六日。岸首相ら、羽田よりコッソリと安保条約調印のため出発。

民主社会党、綱領案を発表。階級政党を否定。

一月十七日。アメリカからの報道によれば「岸首相ノーベル平和賞候補におす」とのこと。

「記録映画」二月号原稿、印刷所にいれる。


黄金の年の序曲は以上のようであるが、教育映画界は黄金の年であろうか。T社G社などの大資本による教育映画製作、配給の進出などによる製作本数の増加。官制フィルム・ライブラリー組織ののびなやみと予算のワクの固定化に、市場をますますせまくしている。一部の教育映画配給業社においては機構整理などをおこなう話がでている。そうしたことは製作面では、内容的に、文部省の政策に追従、まるのみ、一方、労働強化、低賃銀による低経費製作となってあらわれている。そして、教育映画をつくっているほとんどの短篇映画プロダクションはPR映画をやっているが、PR映画の方も大手筋スポンサーと特定プロダクションとの関係の固定化、テレビの進出（宣伝面でも、まったく低い製作費の面でも）などによって、PR映画の獲得のために、各プロダクションはダンピング競争がさかんである。当然、そこでも映画をつくるものは朝から晩までキリキリまいの労働強化、きりつめにきりつめた費用ではやく作品をあげる。できる作品はいわずもがなである。

どうも黄金の年は、教育映画界ではメッキのキンらしい。

以上は体制側によりかかった教育映画製作状況であるが、一方、反体制側でも、はげしい体制側のイデオロギー攻勢に対して、二月上旬、『労働組合視聴覚研究全国集会』がひらかれる。大変、意義ぶかいことである。そこにはメッキのキンの年を打開していく一つの方途があると思う。われわれは同集会に注目と期待をもつとともに、大いに協力し、成果をあげたいものである。

表紙の写真

「ニュンベルクの戦犯」というサブタイトルのあるこの映画は、ナチのはげしい暴虐のあとを様々の物的証拠をもってあばく、長篇記録映画である。フォン・ポドマニツキー演出『13階段への道』より

もくじ

危険の報酬

中原佑介

雑誌「S・F」（早川書房）の創刊号にロバート・シェクレイの「危険の報酬」という短篇小説がある。「危険の報酬」と名づけられた、はなはだスリルにみちたテレビ・ショウをテーマにした、一種の未来小説である。テレビに「冒険ショウ」と銘うった、一般視聴者の参加するシリーズものの番組がつくられる。それは、こんなぐあいにはじめられるのである。

　まず、最初に希望のかなった出演者は、「転覆ショウ」というだしものに出演する。二十マイルの殺人的な自動車レースに参加するのである。「転覆」して死ねばそれまでであるが、運よく生きのこれば、テレビ局から賞金を獲得することができる。次に、「緊急ショウ」というのがある。要するに、目が覚めてみたら、高空を飛行する飛行機の操縦席にただひとり坐らされていたといったものだ。その次には、「闘牛ショウ」、次には、「海底冒険ショウ」と、いったぐあいに、次第に、危険率のたかいショウがあり、それら全部に運よく成功すれば、最後に莫大な賞金のかかっている、「危険の報酬」ショウという番組にでられるという仕組みである。この「危険の報酬」ショウというのは、かれを狙っている殺し屋の一味から、一週間の期限つきで、自分の体を守ることができるかどうかというかけのかかったショウだ。はじめに、舞台で、出演者である、参加希望の一般視聴者と、殺し屋の面々が紹介される。それから、ストップウオッチが押されると、かれらのスリリングな追いつ追われつのショウが開始されるというわけである。殺し屋が、どこにかくれていて、どこから狙っているかというのは全然わからない。しかも、逃げかくれする出演者の行動は、すべて、テレビ・カメラを通じて全国にネットされ放送されている。スポンサーは、視聴率があがるというわけで、はなはだ満足であるわけだし、みている人は、スリルにみちた場面の連続であるから、これまた面白くないはずがないわけだし、しかも、ドラマでなく、「まさにテレビのテレビ的であるゆえんである」中継ものだから、どこからみても、文字通り非のうちどころはないという次第だ。

　その、幸運だか不運だかわからない、出演者の運命がどうなったかは、いまのところ、必要ないことだから、不問に附しておこう。さて、問題は、この「危険の報酬」ショウは、ドキュメンタリーなりや否や、ということである。冗談もいいところだ。現実のおくふかくまで洞察することこそ、ドキュメンタリーの真ズイであることをもって任じているドキュメンタリストと、そういう商業プロの、非人道的なショウとを関連づけるのは、非常識もはなはだしい、という非難がおきるかもしれない。

　しかし、かんがえてみれば、商業プロだからというだけで、それが、ドキュメンタリーの精神に根本からもとるということは、かならずしもいえるとは限らない。その上、非人道的であるから許せないということを、ただ一般論として論議するのも、かならずしもあたらない。非人道的なものにたいしても、くもりのない眼でギョウ視するのが、ドキュメンタリストではないか、ということがいわれているからである。（この小説では、「任意自殺容認法」という法律が、パスして、任意自殺は合法的というプロットがたてられている）

　もうすこし、このシェクレイの小説につ

いて話を進めよう。まず、このショウの内容だが、その特徴は、あらかじめ、ストーリーなどを設定することができないというところにある。因果律ということからいえば殺し屋と狙われるものという初期条件だけを与えるだけで、そのごは、むろん、殺し屋にしても狙われるものにしても、時々刻々の状況に応じて因果的に進展してゆくわけだが、しかし、その間には、おもいもかけない場面、偶発的なできごとがみちている。つまり、事前に予測し得るものは、ほとんどないといっていいたぐいのものなのである。ここには、あらかじめ計算された、ストーリーの発展の起承転結はない。まったくのあなたまかせで、光景は進展する。各場面は、われわれのおもわくを裏切り、途方もないかたちで進行する。

さて、このあたりで、シェクレイ氏に退席してもらっていい。わたしにあたえられたのは、「キネマ旬報」(一〇五八号)に安部公房と共同署名でかいた「映画と文学」——つまり、映画に文学主義を！ という論文をめぐる反論をとりあげてほしいということだが、それは、ふたたび同誌にかいたので、ここではすこしほかのことに触れたい。

それは、こういうことである。わたしは昨年、「映画芸術」(一四四号)に、「映画の第四次元」という一文をかいた。要するに、「第四次元」という比喩をもちだして、最近のフランスの若い作家の仕事にみられる、ストーリーよりも個々のショットを重視する傾向にたいし、それこそ、ことばによって意味づけしている日常的な現実観をやぶって、あたらしい現実をきりひらいてみせるものだといったような解釈に、疑問を提出したものであった。なるほど、第二次大戦後にあらわれた、さまざまな状況が、既得の因果関係にしたがわないようにみえるのはほんとうである。したがって、そこから、あいかわらず、そういう事実を不問に付して、陳腐なストーリー中心主義の映画をつくることは、愚かしいといっていい。そういう傾向にたいして、ドキュメンタリーという方法が、より、現実に即そうとして、立ちあらわれてきているのも、周知のとおりである。

しかし、問題を急に一般化して、ストーリー中心主義にたいし、そのアンチ・テーゼとして、シーンとかショット自体のもつ意味を強調しすぎ、それこそ、現実のあたらしい断面をえぐりだしてみせるものだという議論は、いささか、ものごとを一般化し過ぎるというものだとおもうのだ。わたしが、「第四次元」などといったのは、同様、ショットを重視するようにみえても、たとえば、フランス映画のあるものは、因果律の崩壊にたいし、箇々の場面内での斉合によって、つじつまを合わせてゆこうとするものであるし、ポーランド映画のあるものは、逆によりちがった因果関係をつくりだすという意味をもっているのではないか。すくなくとも、わたしにはそのようにおもわれる、ということをのべたのであった。

「映像」というようなことだけについていえば、シェクレイの「危険な報酬」のショウだって、ストーリーの計算にたいする、アンチ・テーゼとしては、あなどるべからざる力をもっているのである。

「ドキュメンタリーというのは、われわれが時間に従って行動するばあい、いかに微弱にみえても、人間を含めた全空間そのものが変動しないわけにゆかないという状況に、能動的にたち向う方法のことではあるまいか」とわたしはかいた。そうであれば、それは、ストーリー中心主義の映画にたいするアンチ・テーゼであるばかりでなく、テーマをもったジン・テーゼでなければならないはずである。

スリルあり、偶然性あり、非ストーリー中心主義であり、また中継であることによって、文字どおり、事実の中実な「映像」であることにおいて、非のうちどころのない、「危険の報酬」に欠けているのは、テーマということである。さきにものべたように、殺し屋と、狙われているものは、初期条件ともいうべきものであって、その後の経過に関して、カメラは何の責任をもつ必要もない。

「映像」を重視するようにみえて、ここでは、「映像」はただの「映像」でしかないのである。テーマといえば、おおむね、ストーリーをただ、視覚化するというだけの狭い意味でのストーリー中心主義にうけとられ、他方、ドキュメンタリーということがいわれると、現実の「物」を赤裸々に描くという意味で議論が進行するのが通例である。

しかし、わたしは、現在のドキュメンタリーということをかんがえる場合、まず、重要なのは、テーマということであろうとおもう。日常性の否定、因果関係の崩壊ということが、能動的にとらえられるのは、箇々のショットとかシーンでなく、それらが綜体をなすテーマのなかにある。

映画を、ただ「映像」の問題に還元してしまうのは、演技さえうまければ、どんな芝居でもいいというのに、いくぶん似かよっている。ドキュメンタリーということも、ただ、むきだしの「物」をとらえる、「物」と「物」の対立、カットウを描くというだけでは、同様の議論になってしまうであろう。ドキュメンタリーの方法ということが、まず鮮明にあらわれなければならないのは、テーマということではあるまいか。

ということをいえば、「テーマ至上主義」という傾向に拍車をかけて、結局、あともどりになるという議論がでてくるかもしれない。しかし、ストーリーかショットかなどという対立概念は、せいぜい枝葉末節のことでしかない。蛇足を加えれば、「危険の報酬」の主人公は発狂してしまうのである。おそらく、かれは、むきだしの「物」ばかり、みつづけて、その間の意味を把えることができなかったせいにちがいない。

（筆者は美術評論家）

芸術的サド・マゾヒストの意識

もしくは創作の内的過程と芸術的効用性について

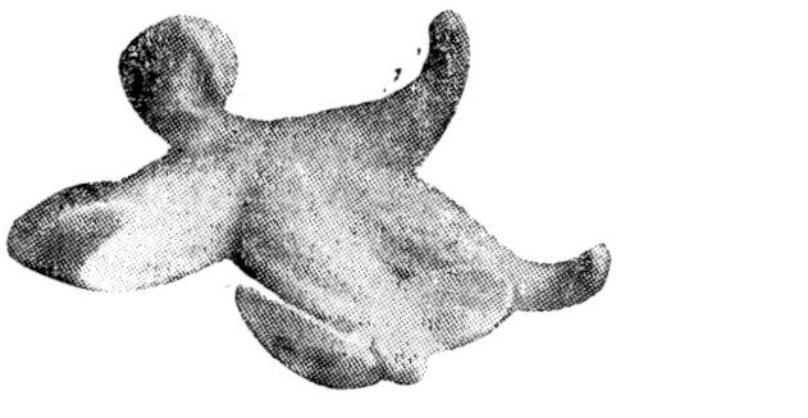

● 松本俊夫
（演出家・フリー）

ドデカフォニー（十二音音楽）のことを調べていて、ドデカという数の語源的な意味を知っておこうと、机の下かなんかにほこりまみれになってうずもれていた辞書をとりだして頁をめくっていたら、同じＤの項目でふとドキュメントという文字が眼にとびこんできた。そこで、はからずもこの言葉には歴史的にいって、「証拠」という意味と、「教訓」という意味の二通りの意味があったことをついでに知ったのであるが、そういえばこれまでのいわゆるドキュメンタリー映画には、事実へのフェティシズム（呪物崇拝）と啓蒙主義という二つの特徴的な傾向があり、前者は証拠ということと、後者は教訓ということと、素朴な段階でかなり直線的に対応していたのではなかったかと思われるのだ。その辞書によると、証拠という意味の方は実証主義の時代十九世紀中葉から、教訓という意味の方は啓蒙主義の時代十八世紀末期から生れており、現在ではどちらもとっくに廃語になっているわけだが、それにも拘らず、わがドキュメンタリー映画の大半は、政治的には資本主義の打倒と、芸術的には自然主義の破壊をもって始まったこの二十世紀の革命時代に、いまだに前世紀的な尾骶骨をぬくぬくと後生大事に温存し続けてきているのであるから、そのアナクロニズムは喜劇的に徹底しているというほかはない。

むろん私にとって、素朴実在論的な事実信仰は、最も現実的な証拠物件の非在ないし非日常という意味での非現実への物体化によって否定され、教師づらをしたもっともらしい啓蒙主義は、おのれの内部をたたきつけ、たたきかえされることによって、他をもおのれをも内発的に変革せずにはおかぬような芸術的プロパガンダによって否定されねばならないことは明かである。だが、はたしてそれは何を根拠とし、何を主体的な契機として可能となるのか。今日の作家を作家とする基本的な条件は、まさにその過程において、現実と映像の間を内面的にまさぐり往復する作家の意識の、物質化されたその軌跡の構造のうちに明かにされるにちがいないのだ。

■現在地点への批判の欠如

いまここに西独で作られた「十三階段への道」というドキュメンタリー映画がある。これはニュルンベルグの戦争裁判を記録したものであり、被告たちの自己弁護と偽瞞の陳述に対して、事実の記録という動かぬ証拠を対置させ、一九三三年から四五年までの十三年間にわたるナチス・ドイツの興隆と崩壊の歴史をたどりながら、ナチス指導者たちの犯した数々の残虐行為と侵略戦争の実態を暴露し、その責任を追求したものである。だが、その非人間的な戦争の生々しい記録と、そこに貫かれた烈しい戦争否定の思想にも拘らず、私には、かなり根本的な問題にかかわる三つの疑問を感じないわけにはゆかなかった。

その一つは、この映画は、一九三五年のナチス党大会においてうちたてられた民族保護法制定以来の「ドイツ民族の優越性」という神話の虚構を、現象的にはあますところなく抉り出すことができているとしても、あらゆるファシズムがそうであるように、ヒットラー・ファシズムもまた高度に発達した国家独占資本の帝国主義的本質にその政治的、思想的な根拠をおいていたという事実が、もののみごとに捨象されているということであった。

第二には、ここにはナチス指導者に対する戦争責任の手きびしい追求はあっても、その追求の主体である戦争被害者としてのドイツ人民の大半が、一面においてはかって侵略戦争に対する批判の眼を失い、むしろ積極的にこれを讃美し、ヨーロッパ各地に目を覆うような残虐行為を具体的におし進めた反人民的な加害者でもあった事実と対決し、これを自ら人民の側の戦争責任と階級主体の崩壊の問題として、冷酷に抉り出してゆく視点が完全に脱落しているということであった。熱狂的にハーケン・クロイツの旗に忠誠を誓い、塗りつぶされ拡げられてゆくドイツ領土図の上に興奮のまなこをそそいだかれらの意識と、敗戦によっていわば外側から価値転換の規準を与えられ、複雑な思いをこめて戦犯指導者たちの処刑を直視しなければならなかったかれらの意識と、そしていまこの映画を作ることによってそれら自らの体験をみつめ反芻しようとするかれらの意識との間に、はたしてどのような変貌が内在したのかという疑問が私の脳裏にこびりついたのである。

第三に、この映画は、急速に復活し、再び帝国主義化しつつある西ドイツ独占資本とその政府が、アメリカ帝国主義の世界政策に相対的に従属することによって自己の

野望を拡大しようとしている事実、しかもそれをおしすすめている政府要員や軍司令部、司法界などの中に、公然とかってのナチス指導者がおさまりかえっているという事実、そのような現在地点への批判を、およそ爪の垢ほどももち合わせていないということであった。それは当然第一第二の点からの結果であると同時に原因ともなっており、この映画の作り手の現在位置を如実に示すものにほかならないが、要するに、そのような今日を持たなければならなかった西独人民の戦後体験と戦後責任の問題にメスを入れる意識をぬきにして、なぜ戦争の問題にいまさらあのような懐古的な形でしかアプローチすることができなかったのかという疑問が、最も基本的なものとして、強く残らざるを得なかったのである。

　なるほど、一月四日のボン発のタス通信によれば、同日、西ドイツ各地で、一斉に街頭の壁や窓、電柱、舗道などに、ハーケン・クロイツのカギ十字章やユダヤ人排斥のアジテーションが書きつけられ、西ベルリンでは、右翼青年たちがナチスの歌をうたいながらタイマツ行進を行なったということが報道されている。とすれば、こういう公然としたナチズム復活の動きに対しては、この映画のように第二次大戦中のナチス・ファシズムの犯罪行為を生々しく想起させることによって痛烈な批判を加え警告を発することも、決して無意味なことではあるまい。だが、西独と類似した条件におかれている足元の日本のことを考えてもわかるように、新しいファシズムは、一方でこういう極右の暴力組織を利用してたくみに民衆の眼をそらし、自らは平和の名を口に唱えながら堂々と新しい侵略のプログラムを準備しているのである。したがって、もし現在の日本で、東条をはじめとしたA級戦犯の国際裁判をテーマに、かれらの犯した数々の犯罪を当時のフィルムによって証拠づけ、第二次大戦の悲劇を想起することによって戦争否定の理念をうかびあがらせようとする日本版「十三階段への道」を作ったとしても、それが、天皇ヒロヒトの戦犯的本質にふれず、故意に天皇を戦犯リストからはずして日本国の象徴としたアメリカ占領軍の占領政策の意図にふれず、戦争を惹起した原因が、高度に膨張した日本独占資本の、欧米独占資本からの市場争奪という必然的要求であったことにふれず、あるいはまた、現在の総理大臣岸信介が、戦中からの一貫した戦犯的ファシストであったことに、怒りをこめてふれないかぎり、それはいま新たに帝国主義化しつつある日本独占資本とその政府に対して、観客の意識を決定的に敵対させてゆくことはできないにちがいないのだ。

■政治の効用性と芸術の効用性

　そういう点からみると、同じドイツでも東独の方で作った「暗殺計画チュートンの剣」というドキュメンタリー映画の方が、まだしも現在地点への批判の方にフォーカスを合わせながら過去をとりあげているという点では、より一歩進んだ批評精神をもち合わせていたように思われる。第一、この映画の主人公は現在のNATO中欧地上軍最高司令官としておさまりかえっているハンス・シュパイデルである。そして映画は、そのシュパイデルが、かってナチスの高官として何を行なってきた人物であるかを、一九三四年からおよそ二〇年にわたるありとあらゆる犯罪的な証拠物件を、これでもかこれでもかと動員して、その戦犯的本質を完膚なきまでにあばき出し、そのような男を最高司令官としているNATOが何を意図するものであるかというところまで批判を掘り下げているのである。

　私はこういう執念深いサディスティックな闘い方が好きだ。したがって本来は優しくていい男であるにも拘らず、世の若き女性からはこわい人あたし嫌いと敬遠され、ズブズブのヒューマニストからは非情冷酷で先輩を尊敬しない無礼な男と白い眼でみられるのであるが、まあそんなことはどうでもいい。問題は、サディズムと執念は、およそ階級闘争と今日の作家の芸術意識にとって本質的なものだということなのだ。ところで執念といえば、池田弥三郎はその著書「日本の幽霊」の中で、幽霊を二種類に分類し、一方は自分の出没するテリトリーを自ら限定し、しかもそこに通りかかったものにはだれかまわず化けて出るという怠けものでアナーキーな幽霊と、他方で、はっきり特定の対象を設定して、その人物がどこに逃げかくれしようと、どこまでも執拗に追い続け、遂にはその人物を呪い殺してしまわずにはおかないという、すざまじくサディスティックな筋金入りの幽霊がいることを指摘している。池田氏も前者は真の幽霊ということはできず、むしろ妖怪として区別すべきだといっているが、私が興味をもつのも後者の執念の固りのような幽霊であり、その意味では、昨年の新東宝作品「東海道四谷怪談」なども、お岩を、封建的に疎外された人間の、抑圧者に対する執念深い呪縛的な復讐者として、その非現実への物体化にかなりの程度成功していたと感心しないわけにはいかなかった。もっとも今日の幽霊は、マルクスの「共産党宣言」をまつまでもなく、資本主義的に疎外された、歴史上最大でしかも最後の被抑圧者としてのプロレタリアートにほかならず、その存在は徹頭徹尾非人間化されているがゆえに、微塵の妥協もなく抑圧者ブルジョアジーを呪い続け、その絶滅をめざして徹底的にくいさがらずにはおかないという最高に執念深いものなのだ。このような二十世紀の幽霊の現状を、アクチュアルな非現実のイメージに発酵させ物体化させることが、今日的作家にとって極めて重要な課題であることは云うまでもない。

　それはさておき、「暗殺計画チュートンの剣」では、証拠概念は事実が一たん作り手の側のロジックによって積極的に再構成されるという手続きを経ているとはいえ、その再構成の過程が極めて合理主義的な論理的認識を主要な契機としているため、そこにちりばめられた数々の証拠物件は、あたかも裁判所に提出されたそれの様に、依然として対象的な現実世界の側にべったりと密着しており、したがってまた啓蒙主義をプロパガンダとして克服しようとするき

ざしはあっても、所詮認識のカテゴリーを超えた日常意識の破壊作用を内発させる芸術的プロパガンダとはなり得ていないのである。ここに政治と芸術の微妙ではあるが決定的に質を異にしてゆく分岐点があると思うのだ。

むろん映画はすべて芸術でなければならないなどという約束ごとは何一つあろうはずはなく、したがって政治や教育が、それらの一手段ないし一形態として映画というメディアをどう利用しようともそれ自身をとやかく非難するのはまさしくお門違いにちがいない。だが少くとも映画芸術の創造をとおして世界にかかわろうとするものが、いとも安易に芸術上の課題を政治上ないし教育上の課題に解消してしまおうとする没作家的な傾向に対しては、やはり作家の責任においてきびしく断罪しないわけにはゆかないのだ。明確にしておかねばならないことは、実生活の構造と芸術の構造はあくまでも別個のものであり、政治ないし教育の効用性と芸術の効用性はあくまでも異質のものであって、事実、芸術が政治や教育にすぐれた効用性をもちうることがあるとしても、それはあくまでも芸術の効用性をとおして、いわば結果として二次的にもたらされるものにほかならないということなのである。しかも私の考えからすれば、この芸術の効用性ということすら、作家の内部に燃焼し醗酵するイメージを現実とつき合わせながら屈折的に物体化してゆく創作の内的過程とくらべるならば、少くとも作家の主体的な課題としては従属的なものでしかありえないのだ。むろん効用性の目的意識と創作の内的過程を支配する創造意識とは、現実には不可分離の関係で相互に規定し合うものではあっても、両者の弁証法的な統一は、決定的に後者を主要な契機としない限り、芸術的効用性そのものも遂には通俗化し、次元の低下をまねくであろうことはまちがいないのだ。要するに芸術の効用性もまた、創造の内的燃焼過程とその物質的対象化の側面からみれば、やはり結果として二次的にもたらされるものでしかなく、それ自体決してスタティックに先取されているものではないのである。

こういうことを云うと、「作家として、いの一番に考えなければならないのは、〃何を云おうか〃ではなく、〃誰に見せるのか〃でなくてはならない。」などと愚にもつかぬことをあっけらかんとして云ってのける川本博康氏などのような大俗流大衆路線の信奉者たちは、またしても青筋を立てて憤慨したくなることであろうが、私に云わせれば、彼らはあたかも自らの主体を放棄して苦悶することのなくなったスレた淫売婦のようなものであり、はじめから作家などとは無縁の存在にすぎないのである。ボーボワールは「第二の性」の中で、「女は男に対して、他者ないし客体として生きることを要請されながら、本質的には主体としてとどまることを選択する存在にほかならない」という思想をくり返し述べているが、わが淫売婦的職人諸氏らも、たまにはこういうすぐれた女性解放論なども熟読含味して、他者への自己解体がいかに安直で非創造的な奴隷的存在であるかを、おのれの荒廃した内部にてらしてとっくりとみきわめるがいいのだ。

■体験の内面化とメタモルフォーズ

話はまたしても横道へそれたが、私たちにとって問題であったのは、「十三階段への道」や「暗殺計画チュートンの剣」などが、ドイツの戦争体験と戦争責任の問題を、ドイツ人作家が自らの手によって抉り出そうとした殆どはじめてといってもよい画期的なドキュメンタリー映画であったにも拘らず、それらが対象を把握し表現するに過程において、作家自身の内部世界でこれを燃焼し、醗酵させ、屈折する度合が意外にも稀薄であったということであり、したがってまたドキュメントということが、事実の直接性を証拠とした極めて認識論的な平板な記録という意味と、政治的効用性に直結した実生活的次元でのプロパガンダという意味でしか理解されていないということであった。しかし私のみるところでは、ドイツは早くも敗戦直後、戦争と戦後をどう内部の問題としてとらえるかという、強靱な主体意識に支えられたドキュメンタリー芸術を、すでに萌芽としては生んでいたのではないかと思うのだ。もっとも、それは映画においてではなく演劇においてであり、若くして死んだヴォルフガング・ボルヒェルトの、最初にして最後の戯曲、「戸口の外で」においてであった。

その芝居は、ベックマンという元伍長の復員者が、自分の家へ帰ってきてみると、女房のベッドに別な男が寝ているのをみて絶望し、エルベ河に投身自殺をするというところから始まっている。亡霊となったベックマンは、自分の帰る家が見出せぬまま故郷の戦後をさまよい歩くのである。彼は戦争中使っていたねずみ色のブリキ縁でできた防毒面用の眼鏡をかけたままの奇妙な格好をしているため、会う人ごとにそんな眼鏡なんかはやくはずして捨ててしまえと嫌がられるのだが、彼は決してそれをはずそうとはしないのである。そういえば最近話題となったワイダの映画「灰とダイヤモンド」の主人公マチェックも色眼鏡をかけており、「あなたはどうしていつも黒眼鏡をかけているの」というクリスチーナの質問に、「わが祖国にたいする報われぬ愛の記念さ」などと受け答えていたが、地下水道の記憶の刻みこまれたこのマチェックの色眼鏡のように、ベックマンの防毒面用の眼鏡もまた、彼の内部にとどめられた戦争の記憶そのものを意味していたことは云うまでもない。したがって、そのような眼鏡を戦後においてもかけ続けねばならなかったベックマンは、戦争中彼の命令で命を絶った数多くの部下たちの亡霊から日夜呪咀をあびせかけられ、かつて彼の連隊長だった男をたずねて、その殺人の責任を返しに行かなければならないのである。「……腐った綳帯と、血みどろの兵隊服を着た亡者たちが、共同墓地から立ち上るんです。そして海から浮び上って来るんです。草原から、道から、森から、出て来るんです。廃墟から、黒く凍った、緑色の腐った沼地から。草原から立ち上るんです。眼っかちになっ

た、歯のない、片腕のない、脚のない、内臓のズタズタに裂けた、頭骸骨のなくなった、両手のなくなった、孔だらけの、プンプン匂うめくらの亡者たちが、おそろしい人数を押し流して来るんです！　見渡しきれないほどの人数を、見渡しきれないほどの苦しみを！　見渡しきれないほどのおそろしい亡者の海が、墓場の岸を越えて歩いて来るんです。（中略）ベックマン、こういって叫ぶんです。ベックマン伍長。いつもベックマン伍長です。そして、その叫び声がだんだん大きくなるんです。」戦争の体験など悪夢だったくらいにけろりと忘れてしまって、小市民的な生活をいとも楽天的に復活させていた相手の元連隊長が、おのれの体験と責任をあたかもマゾヒストのように執拗に内面化してやまないこのようなベックマンに対して、まるで気違い扱いのように、いささかの困惑と恐怖と嘲笑をもって、その責任追求を拒絶したことは云うまでもあるまい。

　私はこの芝居をかつて俳優座劇場でみたとき、胸の底を抉られる思いがしたことを覚えている。登場人物はそれぞれ完全に断絶し合っているかのようにセリフはモノローグの交錯と化し、人物の性格とか劇的脈絡といった古典劇の約束ごとはすべてかなぐり捨てられ、舞台は完全に作者の内部世界の大たんな即物的表現となりきっていた。そして非在のイメージにまでメタモルフォーズを徹底させずにはおかない作家の内的な現実把握のきびしさは、サディスティックなまでに外部世界の非合理性をあばきだし、批判のメスをその奥深くつき刺すことを可能にしていたのである。むろんボルヒェルトの世界は、明かにカイザー、ピスカトール以来のドイツ表現主義演劇の影響なしには考えられないが、作者自ら「劇場は上演したがらない、観客は見たがらない、戯曲」と書きしるしたこの前衛的な作品が、一九四七年以来、ドイツはむろんのことヨーロッパ各地でラジオ・ドラマや舞台劇として次々と上演され、多大な反響を呼んだことを忘れてはなるまい。人々の生活体験の奥深くコミュニケーションが成立つ契機が、まさに人間相互の絶望的なまでの断絶意識とディス・コミュニケーションの凝視の果にみいだされ、現実の鋭角的な把握と表現が、サド・マゾヒスティックな下降と上昇の内的燃焼をプロセスとした非現実の即物的イメージによって具象化されていくという、その透徹した合理的な錯乱こそ、前衛的ドキュメンタリー芸術の精神と方法でなくてなんであろう。

■作家意識の解体を直視せよ

　しかし考えてみると私たちの土壌ほど、こういうドキュメンタリーの思想が根を降しにくいところもめずらしいかもしれない。かつて「段々畑の人々」や「九十九里浜の子供たち」で少しは骨のある現実把握の鋭さをみせていた豊田敬太氏なども、最近では資本の論理に魂を売り渡したのか、文部省選定だの特選だのという反動文教政策がつくり出した評価のありがたさに屈服し、昨年教育映画祭で最高賞をとった「ある主婦たちの記録」などみると、もはやドキュメンタルな要素が失われたなどというどころでなく、貧乏人よ、君たちはお互に協力し合い助け合い、少しずつ貯金をして生活を合理化すれば、すべては万事好転、亭主もお酒をひかえて家庭はニコニコ、生活は結構楽しくなるものであるぞよ、とばかり支配階級にとって都合のよい隣組思想を吹聴し、一時的部分的な改良に幻想を抱かせることによって矛盾の本質から民衆の眼をそらさせるという反動的な仕事を、およそ苦悶や格闘の跡もなく、全く無抵抗にチャラチャラと巧みにやってのけているのである。ここから戦争宣伝映画への距離はそう遠いものではない。もし反動体制の強化が弾圧をともなって一段と露骨におし進められるようなことがあるとすれば、豊田氏もまた一気にそこまで崩壊しないという保証は何もないのだ。転向はその時になってやってくるものでは決してない。すべての者にとってこういう作家意識の解体と主体の喪失過程こそ、日々行われている転向にほかならないのである。「敗戦と戦後の不在」と題した私の丸山章治氏に対する批判も、結局はそのような問題を戦後責任という観点から問題としたものであった。それに対して氏は、松本は若造のくせになまいきだ、昨日の友は今日の敵、おれの友達が誰も弁護をしないのはけしからん、などと、およそ没作家的な自己弁護と反論のための反論を行ったが、私はそういう封建意識と現実への甘ったれたかかわり方こそ、かつては絶対主義天皇制を下から支え、いま不毛の作家状況を内側から支えている思想であることを明かにしたまでのことである。もっともあいう浪花節に弱い人も協会にはやはりまだいるらしく、色々と抗議の葉書も舞いこんできた。「松本俊夫君よ、余り革命の旗手づらするな。お前一人で革命ができるわけではないぞ。お前は一体何をやってきたと云うのだ。少しは自個批判（原文のまま）してみたらどうだ。編集委員をかさに着て、人を傷つけるにも程がある。余り手前勝手なことを云いすぎる。機関誌はお前一人のものではないぞ。編集委員会の反省を促がす。」例えばこんな具合である。こういうゴロツキの脅迫状みたいな支離滅裂の文章をかいて「人を傷つけるにも程がある」などとしおらしいことを云っているのはお笑いだが、どうしてこういう人たちは、すぐ「そういうてめえは何をやってきたんだ」という居直り方をしたがるのであろうか。お望みなら私の思想と行動の歴史を御披露するのは一向かまわないが、だいたいある人がおのれの過去をどのように生きてきたかということは、すべてその人の現在の論文や作品の中に深く滲み込み、それらを内側から基本的に支えているものではないか。人が全身の重みと責任をかけて、おのれの内部を抉り出すようにして書き綴ったそれらの文章の中に、その人の認識と実践、あるいは思想の質を読みとれないくらい眼が曇っているのなら、そういう人は、それこそさっさと作家なんかやめてしまった方がいいのではないかと思うのである。

特集・記録映画「失業・炭鉱合理化との闘い」の今日的課題

脚本・京極高英
徳永端夫
演出・京極高英

作家の姿勢と根性

八幡省三（演出・フリー）

映画「失業」の演出者京極高英は、「記録映画」一月号で「失業」の後記を書いて、その中で次のように云っている。

「ハガキ一本でも意見を寄せてくる者は全く百何人の協会員の中の一握りに過ぎないとは悲しきかぎりである。もっとも、できあがってからあれこれ批判をこころみていた方が楽であり、言行不一致とはまさにこのこと」と。

私自身が、その「一握り」以外の一人であり、「言行不一致」の誹りをまぬがれないが、あえて「失業」について発言することにする。勿論、「批判」という程に立派なものではなく、天に唾するような、たわ言に過ぎないかも知れないが。

それは、京極が一番問題にしている作家の姿勢にも関わる事柄かと思われるからである。彼の言葉を、もう一度引用しよう。

「基本的な作家の姿勢はやはり、労働組合の運動から盛りあがってくる映画製作運動や、それを受けてたつ観客の組シキ運動の中から、我々作家が、いまいるところとは別の姿勢を発見し成長させなければ」ならず、「そして僕たちの創作方法の兵站基地はこの運動の中にこそ根ざしているのではなかろうか」

私たちの姿勢が、「いまいるところとは別」のところで「発見し成長させなければ」ならないことには、原則的には賛成である。しかし、その「創作方法の兵站基地」が、労働組合の運動から盛上ってくる「映画製作運動やそれを受けてたつ観客の組織運動の中から」なのだろうか。果してそうだろうか。（傍点は八幡）

まず私は、この疑問を提起して、映画「失業」を見つめてみたい。

九州の炭坑地帯を襲っている合理化政策の嵐、その中で、労働者と家族が、どんな悲惨な生活に突き落されているか、中小炭坑が、いかに人為的荒廃にさらされているか。

映画「失業」は、その現実を克明に描き出している。その一カット一カットが、観る者の心を揺ぶり、怒りや抗議の感情をかきたてずにはおかないであろう。それ丈けでも、この映画は、その功績を高く評価されなければならないだろう。

しかも尚、私は疑問を持つ。追いこまれた労働者や、荒廃した炭坑の場面が、一たび起ち上った労働者の闘争の場面に発展する時、私はその疑問を持つのだ。

ぎりぎりのところに追いこまれた労働者が、遂に起ち上るという以上、その起ち上りは、事前の積み重ねが、結集し、噴出し、高揚する必然的な姿で展開されなければならないだろう。現実の闘いはきっとそうに違いない。

日鉱二瀬の入坑闘争は、この映画のピークとして構成されている。にも拘らず、その闘いは、何か、せっぱつまった悲壮的な面だけが、浮上って感ぜられてしかたがない。それも大きな要素であり現実でもあろう。しかし、闘いの中に育くまれ、拡大されて行く労働者の確信の面はないのだろうか。別の角度からいえば、あれ丈けの闘いを組織し、準備した労働者のエネルギーは、何なのだろうか。それは、どこからもたらされたものだろうか。

労働者の闘う力を、デモや集会だけに依存する描写の方法、それから私たちは抜け出さなければならないと思う。勿論、デモや集会は労働者の最も重要な闘いの場である以上、それを除外していいとは毛頭考えない。

今の炭坑の闘争が、せっぱつまった状態で起ち上らざるを得ないという側面も否定しない。しかし、闘いに対する、もっと確信を持ち、一時的な勝敗だけでない見透しの上に起ち上る、労働者の力を示す側面け絶無なのだろうか。

映画「失業」の結びの、「われわれはたたかう。たたかいのつづく日のあるかぎり」という言葉が悲壮な響きではなしに、ずっしりと腹の底を打ち、将来を示す前進の足音として訴えるような側面はないのであろうか。

今朝（一月八日）の新聞は、三井三池の闘いが、会社側のロックアウトによって、激突はまぬがれないと報道している。その三井三池の労働者の中では、四年間に亘って、資本論の学習会が続いているという。その学習の成果が、直接的に闘いの場で、どのように発揮されるかはわからない。しかし

少くとも、闘いが、単なる自然発生的なものであったり、見透しを持たない場当り的な性格でないことは明らかであろう。

実は、デモや集会が、非常に無謀な、暴力的な仕業であるという印象を、一般化するためにマスコミは動員されている。しかしデモや集会が、それ丈けのものである限り、労働者を攻撃する勢力にとっては、余り恐ろしいことではあるまい。それよりも、三井三池の労働者のように、真実を追求し、真実に覚めることの方が、何層倍もの脅威であろう。

さて、この辺に、私は、作家の基本的な姿勢の問題と、そこから生れてくる創作方法の問題を感ずる。私が最初に提起した疑問を、ここで改めて考えたい。

それは、「創作方法の兵站基地」が、労働組合の運動から盛上ってくる「映画製作運動」や「観客の組織運動」の中から生れるという考え方は、何か少し違うのではなかろうか。

私たちの、記録映画を、正当なしかも前向きな位置にすえるための、私たち自身の運動が、労働組合をはじめ、あらゆる民主的な団体による運動から盛上ってくる「映画製作運動」や「観客の組織運動」と、固く結合しなければならず、それこそが唯一の途であることは間違いない。

しかし、「創作方法」を生み出す作家の姿勢とは、単に「映画製作運動」や「観客組シキ運動」だけから生れ、支えられるとは考えられない。では何か。私は考える。

例えば、三井三池の学習し闘う労働者のように、前向きの現実の把握と、社会的な視点を身につけそれを闘いに具現して行く、同じ線上に立つことではなかろうか。

映画「失業」の中に、私は、そのような労働者の姿、その努力を見出すことができなかった。それを発見し、追求するところに、作家の姿勢を支える源があり、「創作方法の兵站基地」があるのではなかろうか。

これらのことは、私自身、まだ明確にできずにいることなので、疑問として提起したが、最後にもう一度京極の言葉を引用したい。

「だが、炭坑合理化闘争、うん面白い、やってみたい！こんな根性が妙に体の中にあったことは運が悪いなんて義理にもいえたもんではない。そんな根性が、そのムチャクチャな条件や『安保』のその後の空気なんてことをスッ飛ばし、そこには自分の作品へ少しでも接近できる創作の衝動の方が大きかったともいえよう」

この京極の根性に、大きな敬意と拍手を送り、この根性こそが、不屈の作家の姿勢を約束する出発点であることを確信したいと思う。

浪花節的世界からの脱却・池田龍雄（画家）

もう大分前の新聞に載っていたことなので細部は忘れたが、或る有名な北九州出の小説家が、北九州のある町で友人と一パイやっている時、たまたま、女を買わないかとすすめられて、あきらかに失業炭鉱夫の妻と思われる素人くさい女性を紹介されたそうである。その時彼はすっかり当の相手が気の毒になって、何もせずにただ若干の札束を握らして、逃げるようにひき上げたらしい。

炭鉱地帯の惨状の一端を説明する一つのエピソードとして彼はその体験を語ったのだろうが、わたしはその時、彼のヒューマニズム——いささか浪花節くさい人情話に、何かイヤな感じ——憤りに近い不快な感じを味った。〝何という思い上り！彼は失業者をあわれんでいるのだ、そうでなければ、何で買いもしないものに金を払うなどという無責任な行為が出来よう〟〝何という卑怯さ！彼はものをまともに見ようとはしないのだ、見かけだけ人一倍勇み肌のくせに、ムキ出しになった現実の矛盾を眼の前にすると、すぐ同情というフィルターをかけて、己れの眼を守ろうとする〟〝何というごまかし！彼は売春婦になった鉱夫の妻と、売春婦になった百姓の娘とをどこでどう区別するのだろう。彼が特別に炭鉱の危機に関心をよせる理由のある人間だったら、むしろその鉱夫の妻と屈辱の一夜を共にしてみればよかったのだ、肉体という「もの」に化した人間の女の味けなさを己れの肉体でじっくり味ってみればよかったのだ、札束はその代償としてはじめて意味をなすのではなかろうか〟とそんなことを考えたのである。だが、もっと考えてみれば、彼のそのような人情話は、わたしの憤りに反して、世間では大いに拍手カッサイを受け、黒い羽根の売れゆきにも、少なからぬ影響を与えたかもしれない。彼の小説が広く読まれているところからみても、彼の意識はおそらく世間一般の意識の一面を代表しているのであろう。

しかし、それは決して前向きの意識ではない。ふき出ものが出たらそっと膏薬をはっておこうという精神だ。内部に深い病巣があるのを知ってか知らずにか、とにかく手術することを嫌って、困っている人があったら、お互に膏薬代を出し合ってなぐさめましょう、という赤い羽根・黒い羽根の精神だ。

記録映画「失業」は、そのような一般の保守的な意識を、どこで、どう突き破って呉れるのだろうか？わたしはひそかにその辺ところを期待しながら観た。

あらかじめ想像していた通り、スクリーンにくまなく炭鉱地帯の惨状が映し出される。もはや「家屋」とは名づけ難くなったボロボロの長屋・そのふすまも障子も天井もない殺風景な部屋にたった一

つだけぶら下っているジャンバー、ひっくり返ったまま二度と起き上りそうもないトロッコ、難破船のように崩れかかったひと気のない仕事場。etc. すべて何一つとしてまともなものはない。そこには不思議の国のアリスが見たものよりももっと奇妙なものたちがぞろぞろと登場する。つまり、そこで、はあらゆるものの日常的な意味がゴッソリはぎ取られているわけだ。それはちょっと眺めると廃墟のようである。廃墟ならばまだいい、廃墟は過去の記憶に過ぎないものだから――しかしここは廃墟ではない。廃墟のようになった現実だ。廃墟ならばそれはいつまでも眺めることが出来よう。廃墟は死んで動かないから――しかしこれは眺めることを許さない、生きて動いているものだ。

わたしは炭鉱の多い地方に生れ育ったので、炭鉱の様子を全く知らないわけではない。昔から、炭鉱はひどい職場だと聞かされていた。先年、その一つを見学して、切羽の奥まで這って入った時、あらためてその労働条件の悪さを確認し、このような無理がいつまで続くのかと疑問に思ったのだが、それがわずか数年の後にこれ程までに荒れ果てようとは予想出来なかった。一体なぜこうなったのか。廃山・失業・合理化・首切り・マスコミの教えることばによると、それはエネルギー革命のせいであるという。エネルギー源は次第に石油にとってかわられ、石炭は今や斜陽産業であるという。それならそれでいい。しかし、だからと云ってなぜこれ程急速に荒廃しなければならないのか。数千の労働者とその家族を亡霊のようにしてしまわなければならないのか。その裏に何か大きなカラクリがかくされているに違いない。

わたしはこの映画に対するもう一つの期待は、そのカラクリをあやつっている加害者の正体をあざやかにすかし彫りして見せてもらうことにあった。尤も、この期待も帰するところは前のものと同一の地点である。

だが、正直なところ、わたしはわたしのこれらの期待を充分満たせられたとは云えない。

なる程、そこには石炭産業の現状、失業合理化の実態が、さして大げさな身振りでなく、適確にえがかれており、炭鉱地帯を全面的におおっている暗いかげと、その谷間で生きる被害者たちのふるえるような怒りの声がしずかにとらえられている。例えば、ホッテントット族のように栄養失調の腹をふくらませた裸の子供がもたもた遊んでいる。例えば、「お化け屋敷」の小道具にでも使えそうな傘(それをしもまだ傘と呼ぶのなら)をさして変にひきつった恰好をして婆さんが歩いて来る。そしてそれらがほとんど、生きる欲望のギリギリのところを這いづっているかのように、のろのろとうごめいている。そこまではいい、その辺のところまではおそらく、先にのべた小説家の場合のような浪花節的人情の容易にとりつく余地はないだろう。わたしは「忘れられた人々」の非情なラストシーンをちらっと思い浮べながら、それらの不気味なパントマイムの幾つかを見た。しかし、どうもそのあとがいけなかったようだ。被害者を通して加害者を浮き彫りにするのではなく、加害者のアウトラインだけをせっかちに説明しただけで終ったのではなかったろうか。石炭産業の危機、合理化首切りのカラクリの説明なら何もわざわざ映画でしてもらわなくてもいいのである。映像は説明に使われるべきではなく、表現に用いられなければそれは死んでしまうのだ。若し、この映画の作家に炭鉱労働者――失業者――に就いての共感ではなく、彼等に対する同情が、少しでもあったとすれば、おそらくそのことがこの映画の後半を、よそよそしいものにしてしまった最大の原因であるに違いない。共感は実践者の眼を通して生れ、同情は単に眺める者の眼に宿る。特に最後のワッショイワッショイに至っては、あれは、大方の人がもっている野次馬根性を満足させる以外の何の効果もないのではなかろうか。よろこぶのは総評の一部の連中だけであって、多くの観客は、それも進歩的という折り紙つきの観客は、ただあそこでは、ほんの少し拍手を送りたくなるだけでおしまいであろう。少くとも、わたしは敢て拍手を送らない。闘いは、気勢を揚げることだけで簡単に勝つものではないからである。

この種の映画の役割りは、保守的と思われている人も、進歩的と思っている人も含めて、すべての善男善女の静止した意識に、グサリと一本、毒のある釘を打ち込むことにあるのだ、とわたしは考える。そうでなければ、売春婦になった鉱夫の妻はいつまでも気の毒がられていなければならないだろう。

自然主義リアリズムの限界――

谷川義雄

(演出家・フリー)

炭鉱労働者が馘首反対闘争に家族ぐるみでたちむかうという。この道しか他に生きるすべがない生命がけの闘いであるという。ここまでおいつめられた労働者の最後の闘いであることは、この馘首が失業につながり、失業は死に直面することだということが、この映画〃失業〃から切ないほどよくわかる。だが、日本の独占資本とその政府の政策――炭鉱合理化に反対するだけでは、はたして勝ち目があるのだろうかと不安感をもたずにはいられない。

日本の労働者が、どんなに馘首反対を絶叫しても、その組織をあげて団結しても、敵に対するにくしみが、どれほどかたくても、ただ勇ましいだけでは資本家の攻勢を粉砕することは不可能だとおもう。

総評の幹部がいうように、この

石炭産業を中心に大量の労働者の首切りは、あらゆる産業に波及するだろう。日本の独占資本とその政府は全産業の合理化によって彼らの経済的基礎を確立しようとしているからだということもわかる。しかし、反対闘争一本槍で闘うしか手はないと総評の幹部諸氏が考えるならそれは全組織の潰滅への道に通じることになるかも知れない。

たとえ革命以外に生存のすべはないと私たちが考えても、もはやルンペン化して全ての気力を失った人たちには、今日の米の方が最も身近かな問題である。政治プログラムにも耳もかさないだろう。

北九州の悲惨なヤマのルポを「婦人公論」34年12月号によせている火野葦平氏は、数年前から地獄の底に沈んでいた炭鉱失業者、炭鉱住宅の人たちの状況を知っていたが、今頃急に騒がれるのが不思議でたまらないと述べている。

この映画〃失業〃のなかでも、屋根も壁もボロボロ、スースーと風が通って鳴るので昔からハモニカ長屋と呼ばれていたのが、このごろでは、すこし強い風にあうと長屋全体が左右にゆれるので手風琴長屋というこの悲惨な現状がよくわかる。

しかも、家の中はまるで廃家のように家具一つなく、片隅にぼろきれのようなせんべいぶとんにくるまっているやせさらばえた老人が寝ている。

今まで炭鉱労働者は輝かしい闘いの記録をもっている。だが、この現状をみると、どういう成果があったのか、なにかむなしい疑問が残るだけである。

炭鉱労働者はもちろんのこと、組織労働者に多くの責任があるとおもうが、なかでも革新政党のえら方や組合の幹部がぬくぬくとこえふとって演説をぶっているという現実にやるかたなき腹だたしさを感じている。日本では内部からの革命はもはや不可能ではないかとさえ感じる。

この合理化反対闘争にどうして勝算があるのかどうしてもうなづけない。

こうすれば労働者が犠牲にならず、企業は健全にのびるという明日のビジョンが全くない。

無能な経営者よりはるかに経営能力のあるすぐれた労働者がいるはずだ。はちまきで気勢をはる人たちばかりでは、押しまくられるだけだ。

この映画〃失業〃はそうした弱点を反映している。

闘いを進めるために合理化の本質を、失業の実態を明らかにしても、それは闘いの武器とならず、から元気に終ってしまうのではないかと危惧するのは私だけだろうか。

資本家は石炭が儲かる時代には利益を他の近代産業につぎこみ、炭鉱の設備投資は全くかえりみなかったというが、手をこまねいていた労働者は今も首切反対を叫ぶのみ。

石炭産業が古い型の産業であるばかりでなく、生産手段の近代化に比較的資金の投入を行わなかった。

こうした、低い技術水準のままに、きわめて高い利潤率を確保できた炭鉱独占の、資本蓄積の方法や経営のあり方にも原因があるとおもう。

映画〃失業〃は、これらの点をもっと鋭くついてほしかった。

あるがままの現実に埋没し、それを受身でとらえるという従来の方法ではどんなに努力しても自然主義リアリズムの限界をのりこえることはできないのではないか。

見終って絶望だけが残るというような映画は、どんなにすぐれていても力にはならない、ということは今更いうまでもないことであるが、作品以前の作家の現実認識とともに、我々は自分たちの問題として真剣に考える必要があるのではないか、ということを私はこの映画から痛感した。

感動の中の二・三の疑問

菅家陳彦（演出家・フリー）

一年余り世間の風にあたらなかった私にとって「失業」をみたあとの感動はひとしおである。去年は記録映画の創作理論も華々しかったし、今年は具体的な作品を通しての相互批判ということも活発になろう。健康をとりもどした私にもいつ「失業」のような仕事が廻って来ないとも限らない。そんな意味で、私は私なりに「失業」について思いつくままを書きとめてみたいと思う。

まず、「失業――炭鉱合理化とのたたかい」この老大なテーマ。「黒い羽根」以来、中小炭鉱の悲惨なくらしはテレビやニュース映画を通して或る程度まで紹介されている。その一ツ一ツの画面を思い浮べてみれば、かなり印象的な場面もあったが、立場の不明確なこれらの報導はとうてい世間的な同情を買うという域を脱し切れるものではなかった。「失業」は、それらの曖昧な客観性をかなぐり捨てて、素直に問題の本質、何が彼等を失業の憂き目に追い込んでいるのか、にせまろうとしている。と云って、何も理ずめに説得しようとしているのではなく、京極氏は追いつめられた労働者のからだのなかでたえず吐け口を求めている爆発的なエネルギーを描くことによって、そのテーマを抽出しようとしている。すぐれた集約のしかたと云う他はない。

といって、これは容易に出来るわざではない。からだごと対象にぶちあたり、ぶち当りながら受けとめた感動を構成してゆく繰りかえしの後にはじめて達成することができる。「失業」ではその感動の受けとめ方がまことに適確である。

たとえば、炭住の廃屋にみる裸の子どもは、〈――生活が、母親すらのりこえて子どもたちに重くのしかかる――〉という解説と相まって、完全な人間関係の崩壊を表現しているし、風のなかにボタ山の石炭を拾うおばさんたちの姿は、大企業の機械化から押しだされた労働者の怒りをそのままに伝えてくる。また、暁の一番方から始まる就労闘争は入坑する者、見送る者、その家族たちが一体となって、重厚な感動にみちた場面を構成し、その余韻は人車が遠く坑内に消えてからも私の胸に熱く残っている。

「失業」ではこうした感動的な場面が、人間と機械、更に物言わぬ風物と音の見事な交錯によって示されており、その徹底したつみ重ねによって生活の荒廃からふきだす大衆行動とそれを阻む敵の姿をあきらかにしようとしている。

このように私は、この作品を充分感動的に受取ったわけであるが、なお二、三の疑問を残していることも事実である。

まず、この感動が私のなかに綜合されたとき強烈な主張になって来ないのはどうしたわけだろう。(このことは私自身もまた自分なりの創作方法を通して解決しなければならない当面の問題である。)

次に、炭鉱労働者の闘いを描きながら、「産業合理化」闘争の本質にせまり切れなかったと思われる点である。「産業合理化」闘争は、全産業の労働者が直面しているもっとも今日的な問題であるだけにこの作品は、その本質をもっと明解にすべきではなかったか。そしてこの問題は、私を含めて記録映画作家全体の課題である。

ともあれ、「失業」はそのテーマへのせまり方や、たえず客観との葛藤のなかで昂進してゆこうとするプロットの展開など、私には数多くの創作上の示唆を与えてくれた力作であることに間違いはない。

一般的状況と作家の主体

且原純夫
(詩人・評論家)

のっけから悪口をいえば、「失業」は出来の悪いいわゆるPR映画といった印象しかもたらさなかった。本誌「記録映画」の一月号に、演出家の京極高英の「失業」後記と題された弁明が載っけられているが、おそれ入る。困難な事情はいろいろあるだろうということは、なにも記録映画の世界だけのことではない。一旦ひきうけて製作してから弁明のできる記録映画の世界というのは、いまどき世にも珍しいというほかない。一下級サラリーマンの心得、京極高英の言葉を使えば「姿勢」にも劣るというべきで、「いわゆるPR映画」のできるゆえんというものであろうか。

この映画は失業と失業に反対する闘いの一般的状況が炭坑を素材にとりあげられている。観客はそこに失業がもたらした悲惨な状況を観るが、ぼくの推測によれば、ニュース映画の描写法に慣れた観客は狎れを呼び戻されるにとどまって、驚きもしないし、まして闘いへのエネルギーをかりたてられることもないだろう。戦争による破壊の中で成長期を育ってきたぼくなどには、悲惨一般として描き出された悲惨さには、もはやほとんど興味をひきおこされない不感症の部分があるせいかもしれないが、同様なことは、戦後の全人類的な危機感に狎れ未来のヴィジョンを失って安逸な生活を送ってきた人たちにも、形を変えて存在するだろうと思われる。一般的状況との断絶感から、逆にすべてを一般的状況に還元しようとする以外に未だ方法をみつけだせない無力な思考。多かれ少なかれ、リンゴの芯に巣喰う虫のように現代に生きる人間の内心深くに潜む虚無的な部分を抉りだし変えること、すべて発想はここから演繹され帰納されてこなければ、悲惨一般の説明描写の失敗は見るも明らかなことなのだ。もともと観客の喜びにしろ悲しみにしろフィルムに同一化させるには、感性に訴えかける方法が採られなければならないのに、観る側の感性を変える方法の創造よりは、悲惨さを弁明の精神とうらはらに存在する傍観者の眼で描写する。客観描写法で描き出されたフィルムがどのような意味を持つか明瞭なことである。極力オーバーな表現を抑制して理性的に冷静に失業の貧困の悲惨さを描き出すことが無意味なわけではない。だがそれにはその方法があるし、まず作家主体の的確な位置が要求されるだろう。京極高英は「基本的な作家の姿勢」をかえりみて言っているが、姿勢よりも位置、つまり党派性が問題を左右する。ここで語られているのは、貧困の悲惨な状況とそれに反対する闘いの二つに大別される。貧困の上に成り立っているのだと観客に思わせたいらしい大邸宅のなめるようなパンやそそりたつビルディングのショット、中小企業と大企業の落差、それをおしすすめているアメリカ資本などということが、画面で語られたりナレーションによって理解されたりする。しかし、大邸宅やビルディングという陳腐を通りこして低俗なショットのモンタージュなど、いまはもう観客の感性をゆりうごかすことはできはしない。劇場の椅子やあるいは町や村々の臨設会場の土間に入ってきて坐った観客が、なにごとかが変ったことを明瞭に識らされて戸口を出てゆくように啓示することが課題なのである。絶望的な貧困と狂った繁栄のこの十五年間に、すでに多くのことを知った観客たち。その観客たちを変えようとしない社会変革の武器としての映画など考えられるはずはなかろう。大きな炭坑の資本家たち、中小企業の犠牲の上に成り立ち機械による合理化政策をすすめ

る炭坑資本をアメリカ資本が後押ししているのだと、概念として観客の抱いているイメージをなぞったような画面をみせつけられ、抑揚のない説得をナレーションに頼って試みようとするのは、感性や理性に訴えかけ変えるよりも判断を与える。〈本当かな？〉〈いや本当だろう〉〈だから反対するのだ〉〈デモをするのだ〉といった粗雑な論理で構成されたフィルムは、観客に怠惰を与えるということに鋭い注意を向けられねばならない。論理の怠惰が行動の怠惰を導くのは既知の事実である。流行の言葉でいえば、日常性のヴェールを剥奪しない限りそれらの画面は観客に媚びるだけの話である。フィルムによる新しい発見、それが困難であれば説得的な説明画面がいるだろう。もっとも単純な手段としても、資料を駆使し図解を入れ、「ゲルニカ」でレエネが見せたような鋭いモンタージュで描くことはできるはずだったろう。肝心の炭坑がなぜこのようにどん底にまで落ちこんだのかという最初の疑問に、画面は積極的に答えていない。ちゃんと資本家が手をうたなかったのだというナレーションで証明するだけでは観客は、素朴な小さな疑問をどこまでも抱きつづけるにちがいないのだ。観客個々人の問題と直接つながる方法はなにか。たとえばかりに、失業の悲惨さを一般風景として描出することはかかせぬものだとしても、炭坑を馘になりあるいは離職した人たちが現在どのような生活を送っているか、一人あるいは一家のエピソードを記録することによって、観客に密接する事件として実感させることができただろうと思われる。なぜなら、飯場を歩いて土方をやっている元炭坑労働者がぼくの周囲にもいるからであるし、日々の新聞はもっと悲惨な例を知識としてぼくらに知らせてくれている。ぼくの席の隣りで「失業」を観たある友人は、賃金を支払わぬというのに退職を勧告された人たちを英雄的に送りだして後はどうするつもりなんだろうと、そこまで描かれずデモ風景に反転する画面に不満そうに呟いていた。ぼくはレッド・パージで職を奪われ、闘いの組織は壊滅し、頼りになるのは自分だけという状況に置かれたことがある。稼がねば飯が喰えぬのは当り前のことなのに職安は職を斡旋してくれず、苦しい惨めな日々を激しい肉体労働を転々とすることによって耐えたことがある。炭鉱労働者の闘いががっちりと組織的に組まれているとしても、ある個人の苦悩は潜んでいるはずであるしその苦悩を浮彫りにすることが不必要なわけではないことは、実感としてぼくにある。あたかもデモをすれば問題が解決するかのような無責任な画面、過剰に反覆されるデモは、もはや日常風景として観客に反映してくるのがわからぬ人たちではないと思われるのに、ここに見られるのは、公式的にいえば、組織と人間の問題を徹底的に考えてみようとしないものの眼がありありと感じられるのだ。真の闘いはその地点に根ざした組織でなければやがては敗北し裏切られるであろうことは歴史が明らかに教えていることであって、いまさら分裂後退敗北を繰り返してみなければならぬわけのものではない。町ぐるみ家族ぐるみの闘争だといっても、大局的判断のない闘いは、勝ちっこないのだ。しかもぼくらは勝たなければならない。炭労の闘いは長期闘争の構えであるはずだが、ここに見られるのは、短期決戦と錯角させるように絞られている。炭坑の町の商店の表戸が閉ざされていて、犬がのうのうと寝そべっている様子を写しだして、長期困難な闘いを表現していると思ったらあますぎるというものである。

　つまるところ、ここにはアクチュアルな視点による発見がない。とことんまで追求しようとする情熱がみられない。傍観者的感覚にまでおちこんでいるのだとすらいえるだろう。表現の目的性があいまいで、どのように構成し表現すれば、効果的に訴えかけられるかの新しい創造がないのだ。このような記録映画を見ると、手近かなところで、松本俊夫の「安保条約」を比較的に思いおこす。あの映画は意図としてよくわかり賛成するけれど、ひとりよがりの不満の多いフィルムだというのがぼくの大雑把な意見であったが、「失業」を見て、もしこれが日本の記録映画の水準作だとすれば、もっともっと「安保条約」は評価していいのではないかと思われた。舌足らずの観念的な臭みをまき散らしながらも、そこには、いうなればブレヒト的精神に貫かれた、異化作用をおこさせ認識を強制する、状況に肉薄するショットが見られた。

　もちろん、「失業」にすぐれたショットがないわけではない。たとえば氾濫するデモ風景のなかで感動させられたショットがある。退職勧告をされた人たちをも坑内に送りこんだ労働者たちおかみさんたちが、暁の構内をデモ行進しているところを遠景にして、人車を牽引するぎりぎりに緊張した鋼鉄のロープを近景にとらえた場面である。繰り返されたロープのショットもここにモンタージュされて、デモが命綱であることを見事に表現し得ていたといえるだろう。それでもデモを組むことだけでは問題は解決しない。ボタ山の頂上から転げ落ちる石塊。ここでモンタージュされなければならないのは、ボタのごとく転げ落とされようとする炭坑労働者ではなかろうか。そうであってこそ、転がり落ちるボタと風に吹かれて頼りなげな老婦の姿が意味を持つ。しかし、単に画面構成として美しくとらえられたかのようなボタ山のショットを見るとき、老婦の登場するショットにどれほどの発見と表現を与えようとしたか疑問になってくる。ラストシーンを見よう。あのボタ山のショットは、闘いを組織するに役立つより、闘いが組織されようとも、積み重ねられ転げ落とされるボタのごとき炭坑労働者の姿を暗示し、観客を諦観にまで導くおそれなしとしないだろう。退職勧告者には賃金を支払いませんと告げるアナウンスの非情なトーンと観客の胸に不気味に響いてくる無機音。問題はここからはじまるべきであったし、ボタ山に炭労の旗が樹てられたラスト・シーンからフィルムは廻転しなければならないだろう。

オキナワ・3

見たまま感じたまま

間宮則夫
（演出家・フリー）

③　台風と漁業とパインの島

八月二一日に、西表島から石垣に帰ってくる。一週間振りでみる市街はなつかしい。とにかくそこには活気があって人が生活しているのがよくわかる。到着した時依頼しておいた文化人の協力があてにならないので改めて市役所に行き撮影に協力方を依頼する。

石垣島は石垣市と大浜町の二つに区分されている。戦後米軍が占領してプラスになった面が三つあると島の人は語った。まずマラリヤが撲滅されたこと、一周道路が完通したこと、小中学校の校舎が全部鉄筋コンクリートでつくられ台風で倒壊する恐れがなくなったことなどである。これは波照間島、西表島の学校もすべてそうである。これは終戦後間もなく、沖縄教職員会の先生たちが内地に行って校舎も教材もない窮状を訴えたところ、多額のカンパが集ったのでそれをもって再建に乗り出そうとしたが、軍政府から「その金持って帰ることまかりならぬ」ときついお達しがあり代りに建てられたのがこの規格住宅みたいな校舎である。高校生たちは「こんなものうれしくねえな、戦争になれば校舎は兵舎にするし、道路は軍用道路になるものな」といっていた。私たちは今マクラム道路と呼ばれる（八重山地区の民政官マクラム中佐が突貫工事で完成させたという）その道路を北上している。島の東側を走るこの道路の両側は一面起伏の多い草原地帯である。窪地にわずかに水田がみられる。道ゆく農夫たちは皆馬車か馬に乗っている。一見大陸を思わせる風景である。こうした草原の中にぽつんぽつんと移民開拓部落が点在する。島の西側はこれとまったく対象的で山が海岸線まではり出し森林地帯が続いている。そしてそこにも開拓部隊が点在している。これらの部落は幾度もマラリアによる廃村の憂目にあいながらその都度新しい入植者たちの手によって新たに建設されたものである。西海岸にあるこれらの部落の一つ、野底部落は戸数一八八戸、人口九百名で一九五四年六月に入植。当時は森林と草原におおわれていて道路がなく入植者たちは海から上陸したとの話である。部落民は主としてパインアップル、甘蔗、落花生などの換金作物を栽培し、主食はいもである。わらぶきのたたみのないござ敷の四本柱だけで建っているような母屋にくらべて、金になる豚小舎だけがブロックづくりの豪勢さをほこっていた。

石垣島は一口にいって、台風と漁業とパインアップルの島だともいえる。

まずその台風について――この島は台風銀座と異名がある位頻繁に襲われる。そしてその都度被害を蒙むるのも内地と同じである。ただ少しちがうところは宿命的であるこの台風に対して島人は大変用心深く又手なれていることである。情報に従ってわら屋根に網をかけたり、丸太でささえたり、てっとり早くきちんと準備をととのえてゆく。だから白蟻が喰ったようなくさった土台の家でも案外こわれないで耐えてゆく。こうした細心の注意が生活の必然となって名物の家のまわりの石垣をうみ、美しい漆喰の屋根瓦となって私たちの眼を楽しませてくれるのであろう。それでも台風は思わぬところに被害を生んでゆく。塩害である。風速四、五〇米の暴風は雨の代りに潮をふきつけた。その時はしょっぱい雨だなと思っただけであったが、翌日陽がてってみて始めて驚ろいた。あれ程青々と茂っていた草木や作物が見渡す限り一面赤茶けてちりちりに枯れているのである。漁師達もその被害を受ける。少くとも前後四、五日は漁に出られない。かゆ腹をかかえて朝暗いうちから沖を見て一日くらさねばならないのだ。

その漁民について――島の漁業はクリ舟による一本釣が主である。資本力を持たない零細企業の彼等は沖に豊富な漁場をにらみながら、その日ぐらしに追われていく。「糸満漁夫」と同じ流れを汲む彼等の勇敢さも今ではあまり利にならない。

午前四時、まだ夜のあけきらぬうちに準備をととのえた彼等は各自の漁場を指して漕ぎ出してゆく。エンジンの音が闇のとばりの中に消えおちるまで女は浜で見送っている。

さえぎるものの何もない海上で容赦なく照りつける焦熱地獄と板子一枚へだてた水地獄とにはさまれ三〇〇米からの釣糸をたらして終日漁を行う。いくら水を飲んでもじりじり照りつける太陽で発汗作用はげしく小便も出ない。油代、餌代の一日の経費が四弗、一斤八仙（沖縄ではすべて斤計算であった）なので少くとも五〇斤以上の漁獲を得ねばならない。クリ舟で釣をしている男達も必死だが、夕方彼等の帰りを浜で待っている女たちも必死である。夕方の四時か五時頃ぼつぼつとクリ舟が帰って来始める頃皆浜へ出て亭主の舟を

待っている。

水揚げされた魚はその場で仲買人に渡されるものもあるが、大半はそのまま女たちが籠につめて市の中央にある市場へその日の夕食に間に合わせようと大いそぎで持って行く。男は生産部門を女は販売経営部門を夫々担当し、そしてここでも経営担当者は生産担当者よりも大きな権力を有している。従って家庭は大方女房天下である。私たちが一本釣撮影の為にクリ舟を借りようと交渉に行った部落の有力者の家でも「父ちゃん貸してやんなよ」のおかみさんの一言でオーケーとなり、きっちり一〇弗の借用料をとられた。

市場は午後三時頃開かれ、五時から六時にかけてそのにぎわいは最高潮に達する。魚屋、八百屋、肉屋、乾物屋、豆腐屋、売る者、買う者すべて女性である。そして彼女たちは持ってきたものの全部を売りつくすまで声をからして売り競うのである。

パインアップルはこれからの八重山の基幹産業だといわれている。パインは水はけのよい傾斜地栽培が有利という指導とブームにのっかって、今や凡ての山麓地帯はパイン畑と化している。生果で積出すのは少く、大半は島にある三つの大きな工場で罐詰にされ主として沖縄本島及び日本に送られる。七―八月のパインの最盛期に入ると、農民達は収穫に検査にいそがしい日を送るようになる。苗を移植してから三年目にようやく一箇なり、それから四年目、五年目に各一箇ずつなっておしまいになるパインは農民たちにとって高価な汗の結晶だ。集荷に来る工場の検査員が一箇ずつ検査する手元をみつめる気持は入学試験の発表を見守る子供たちの気持とまったく同じだと彼等はいっていた。一級品しか罐詰用に受付けられない。一寸したかき傷があってもはねられてしまう。しかも一度はねられたら自家用として処理するより仕方がないのである。併し最も農民たちを悩ませ失望させる問題は工場での罐詰製産能力が低く、最盛期に入り日を追って収穫量を増していくパインをさばききれずに滞貨の山を築き腐敗するままに放置しなければならないことである。こうした腐敗パインの山は全島の道端、海岸など至る所に見られ醗酵した甘酸っぱい臭いが強く鼻をついてくる。これが最盛期をすぎ収穫量が下降線をたどってくると今度は工場では製産を継続させていくために現金を手にして島中を車で飛び歩き、血まなこになって他の工場のお得意農家まで手をのばして買いあさっていく。そしてこの需給関係のアンバランスの波にほんろうされるのは農民たちだけであり、痛めつけられるのも農民たちだけなのである。

こうして私たちは二週間あまりを石垣島ですごし、九月六日に沖縄本島にむかった。

月ロケットや宇宙ロケットが完成された今日、米国はいよいよ焦りを感じてミサイル基地、ナイキ基地の建設に公然と拍車をかけている。そして自国の安全と利益の擁護の為には如何なる国際間の不信をも意に介さない。かつての平和郷伊佐浜部落は今終日トラクターがうなりをあげ建設がいそがれている。基地撮影の件で交渉に行った私に米国民政府のドナルド・R・ビニューマー視聴覚課長が「ジャーナリスト、芸術家大いに歓迎します。御案内しますから何処でも自由に撮って下さい。そして基地の建設が大変スムーズに平和のうちにおこなわれていることを誤解のないように日本の皆さんに伝えて下さい。」と柔和な顔で傲然といい放ったその言葉を今でも強くおぼえている。

現在、こうした情勢の中で一つの大きな問題――集成刑法完全撤廃――を目指して根強い運動がすすめられている。

（終）

教育映画作家協会第六回総会開かる

■60年活動方針と ■役員の改選

教育映画作家協会第六回定例総会は、昨年の暮、十二月二十七日に東京銀座の新聞会館で開催された。激化する支配階級の反動攻勢の中で、作家はどうたたかわねばならないかという問題が、広く今日的課題となっている時にもたれた今回の総会は、協会の今後の運動の方向を決するものとして重要な意義をもった。

昨年度の総括、特にサークル活動の問題と本誌の編集方針の問題に、はげしい議論が集中し、その中から今年度の方針として、政治と芸術の建設的プログラムに基づく理論探求を基本的方針として具体的活動目標を次の様に決定した。㈠、研究活動の推進。㈡、作家の生活権擁護の問題を積極的に進める。㈢、本誌編集方針を昨年度をふまえ更に飛躍的に発展させる。㈣、労働組合、アジア・アフリカ映画、教育団体等における作家の位置の確立と主体的参加。㈤、協会内部の広報活動の強化充実を計る。㈥、観客団体への主体的アプローチとその組織化の積極的推進

次に新しい役員を選出、名実共に発展への六十年をふみ出した。

〇運営委員長・岩堀喜久男
〇事務局長・富沢　幸男
〇運営委員・財政担当・杉原せつかんけまり、機関誌担当・松本俊夫・間宮則夫、事業担当・八幡省三・大沼鉄郎・藤原智子、研究会活動担当・矢部正男・荒井英郎・京極高英、広報活動担当・河野哲二・羽田澄子
〇会計監査・菅家陳彦・山口淳子
（各担当名一番目の氏名は常任）

今年度の編集委員は次の通り。

〇編集長・岩佐氏寿、編集委員・野田真吉・吉見泰・西本祥子・長野千秋・渡辺正己、これに機関誌担当の常任委員松本俊夫氏を加え本誌が運営される。

（総会スナップ）

ジューク・ボクッス

ケシカランことだが、若い作家に対して、しきりにオベンチャラ使っている古い作家が目につく。余命イクバクもなくなると、そうでもして点数をかせぎたい気持はわからんでもないが、どうかね。これもぐっとイカス作品が作れないからそんなことになるんじゃないかな。いってみりゃ作品のできねえ罪よ。自己批判もオベンチャラになっちゃおしまいだね。いうより作れ。それとも老いては子に従えというわけか。テヘッ、ナミダだねえ。

☆

一月十一日に作家協会も加盟している安保批判の会の「沈黙のデモ」という、文化人オトクイの上品なデモがござんして、協会からも多数参加しましたが、「映画」と書いたプラカードに従うわれわれを見て、通行人の曰く「こんなところに出てくる映画人なんて、どうせ下ッパなんだろうな」

ゴリッパ！

☆

作家協会が中心となってアジアアフリカ合作映画の話が進行しているのはオメデタイ限りである。「猛獣の出ないアフリカの映画を見たい」と、かつていっていた友人の希望が叶いそうだが、さて、たとえば日本のアジア・アフリカ連帯委員会のツラぁ眺めてみると、共産党から社会党、自民党までガン首をそろえているというシロモノで、こりゃどうだ、やっぱり猛獣映画になるんじゃなかろうか。これら猛獣たちのオリはいったいどこにあるんだろう、と考えてみたら、なあ皆様よ、今まで日本に人間の出てきた映画はありましたでしょうかね。ここらが記録映画作家の危険な曲り角だね。どっちへ行きましょ。（ちょっとまってちょうだい。アメリカさんに聞いてくる。）

☆

「物」と「意味」に分解しながら撮影してたらよ、その「物」がいつのまにかなくなってしまってよ、ちがう「物」があらわれてきたんでよ、そいつをまた分解していたらさ、日が暮れちまってよ、その日はオジャンというわけさ。

プロデューサーのオッサンがむさくるしい顔に涙流していうことにゃ（サノいうことにゃ）「たのむから、分解しないで、そのまま撮っとくれ」

☆

最近記録映画に若い女性のファンがふえました。若い独身の演出家にとって何とも笑いのとまらぬ話でケッコウですが、美しい貴女よ、若い演出家に恋するなかれ！物と意味とに分解されますぞ。気をつけた方がいい。もっとも、分解されたい方はどうぞ。

☆

これもちかごろの現象で、どうにもならないショットをモンタージュして、ある意味をもたそうとする作品があらわれている。アクチュアリティを発見するということからは一つの方法でしょうがね題して曰く『NGの記録』

☆

総評主催の労働者のためのある有意義なる全国集会が、この二月にもたれようとしている。名前は「労働組合視聴覚研究全国集会」ちょっとおききしますがね、いったい「視聴覚研究」とはどういう意味ザンショウ。視聴覚についてゴ研究アソバスというのは、総評さんもお目々やお耳が悪くなられたものとおみうけいたします。

☆

オブージェ原作、悲劇『記録映画』三幕。第一幕、ある幼稚園のお庭。男たちが黄色い声、モソモソ声、ペタペタ声で話している。「アカだ！」「アカだ！」「シロはいったい何だ！」暗転。余韻を楽しむかのように静かに幕。

第二幕。ある公園のベンチ。恋人同士の甘いささやき。

男「ねえアナタの主体は確立しましたか」

女「（悲しそうに首をふる）まだなのよ。（うつむく）」

男「きっと、アンガージュマンがたりないんだよ。」（ふたりはかたくだきあう。）

そのうしろを大きな風呂敷包みを背負った評論家先生が、外国語らしきものをパクパクつぶやきながら、せわしげに通る。

遠くで、オオカミのほえる声。

第三幕。舞台全体が冷たい金属質でまるく形どられている。その中で、金角大王と銀角大王のすさまじいチャンバラ。

そこへ殺人者登場。黒い花びらで全身をつつんでいる。

突如、失業の波がものすごい勢いでおしよせる。その中にさっきの評論家先生が、風呂敷包みにすがりながらブクブク浮いたり沈んだりしている。

幕がおりない。見物人は自発的にうしろの方から帰りはじめる。

☆

ある討論法「オレはいいけどね、しかし、そうじゃない奴もいるからね、やめた方がいいんじゃないか」「何だかよくわからんが若い奴がいうことだから賛成しよう」「仲々うまいこというな、しかし、あいつ、年よりだから反対しとこう」

☆

以上本誌バックナンバー御参照の上くりかえし熟読下さい。手元にない方は一部七十円でお申込み下さい。但し協会員は五百円也。

グウ太・おチ
ヨキ・パア吉

この欄の投稿を歓迎します。機知に富んだ内容で、グサリと読む者の胸につきささる様なものを、二百字程度。文体は当方一任のこと。　**編集部**

新作紹介

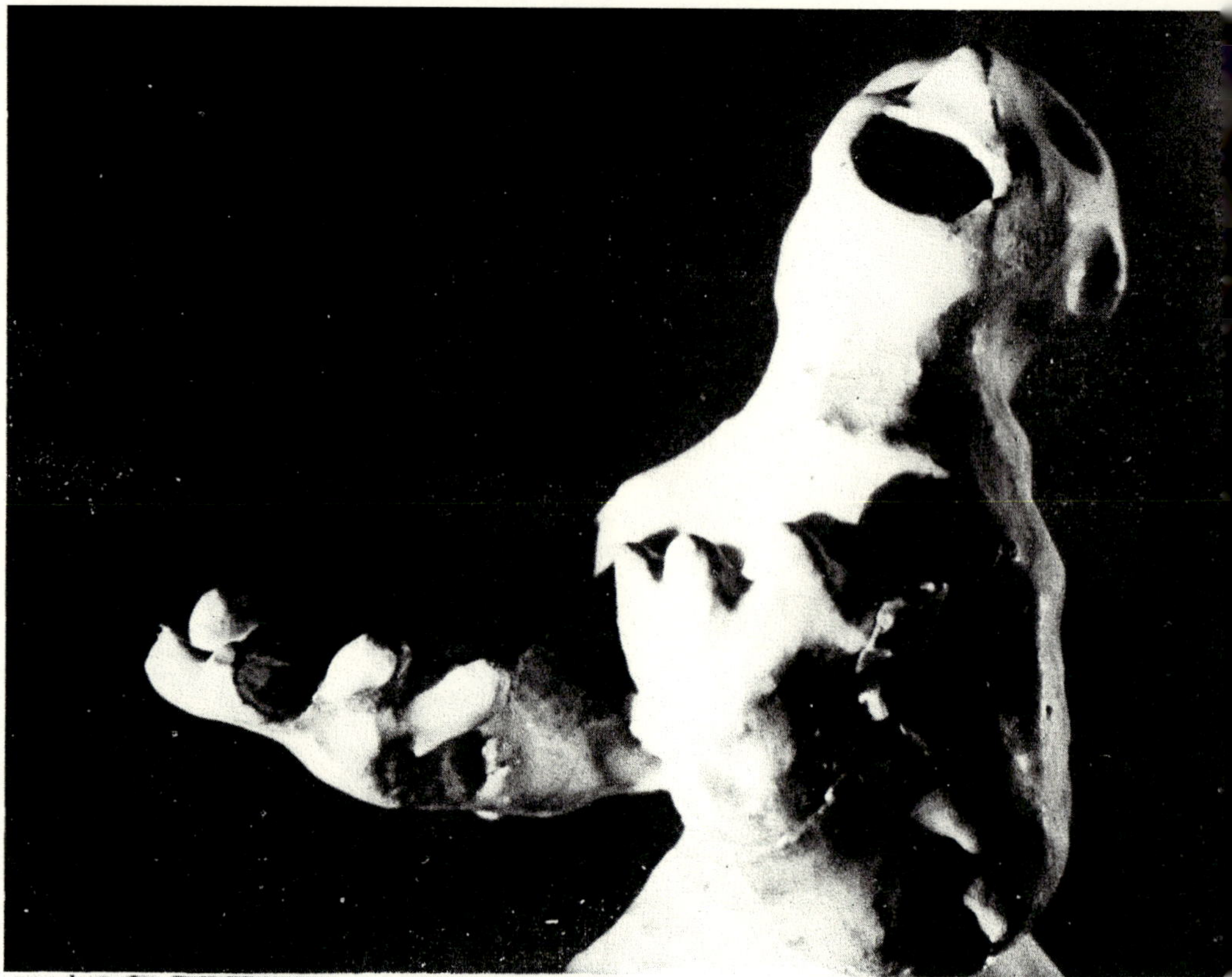

眼が欲しい

都映画社製作

光を求めつつ，強く，明るく，元気に生きる盲目の子どもたちの生活を，そのすばらしい工作品を通して描く劇映画。

原作・福来四郎
脚本・片岡薫
演出・森園忠
撮影・荒牧正

秘境ヒマラヤ

読売映画社製作

ヒマラヤの奥地・チベットとの国境に住むチベット人部落の宗教・生活・習慣・家族制度・農業など驚異的な実情を綴った長編記録映画。

撮影・大森栄
編集構成・中村正

渡り鳥の生活

■ 新世界プロ製作

渡り鳥の四つのグループの代表を捉えて、その生態を克明に描く。

脚本・周　はじめ
演出・小津淳三
撮影・小津淳三

たのしい合奏

モーション・タイムズ製作

リズム楽器から旋律楽器までたのしい合奏の実際を指導する

脚本
演出・八木　進
撮影　吉田美彦

越後平野の米作り(3)　秋のしごと

日経映画社製作

春・夏につづいて収穫時の労働の実際と冬への準備を描く教材映画。

脚本・室田　倬
演出・前田庸吉
撮影・柳　武夫

結婚の条件

■ 日経映画社製作

家を単位に営まれる農村の縁談を青年を中心に考えようとする。

脚本
演出・河野哲二
撮影・森　康

海の恋人たち ■

桜映画社製作

海の男の本当の姿
待ちわびる愛する
人への情熱を描く
脚本
演出・木村壮十二
撮影・木塚誠一

青空童子 ・

日大芸術学部映画学科製作

戦国の世に、戦乱の中に
助けあって生きる、農民
の子どもたちと若君。
原作・平松仙吉
脚本・丸山博
　　　出口富雄
演出・出口富雄
撮影・佐藤利明

脱走兵 ■

ポーランド国立
映画製作所作品

ナチへの抵抗と祖国愛を描く。
脚本は「地下水道」「暴力への
回答」のイエジー・ステファン
・スタウィニュスキー、演出は
炭坑記録映画作家ウィトルト・
レシェウィッチの劇映画第一作
撮影・セルギューシュ・スプル
ーディン。
（松竹セレクト国際映画配給）

ニュールンベルクの戦犯

13階段への道

西独コンチネント・フィルム作品
フエリックス・フオン・
ポドマニッキー演出

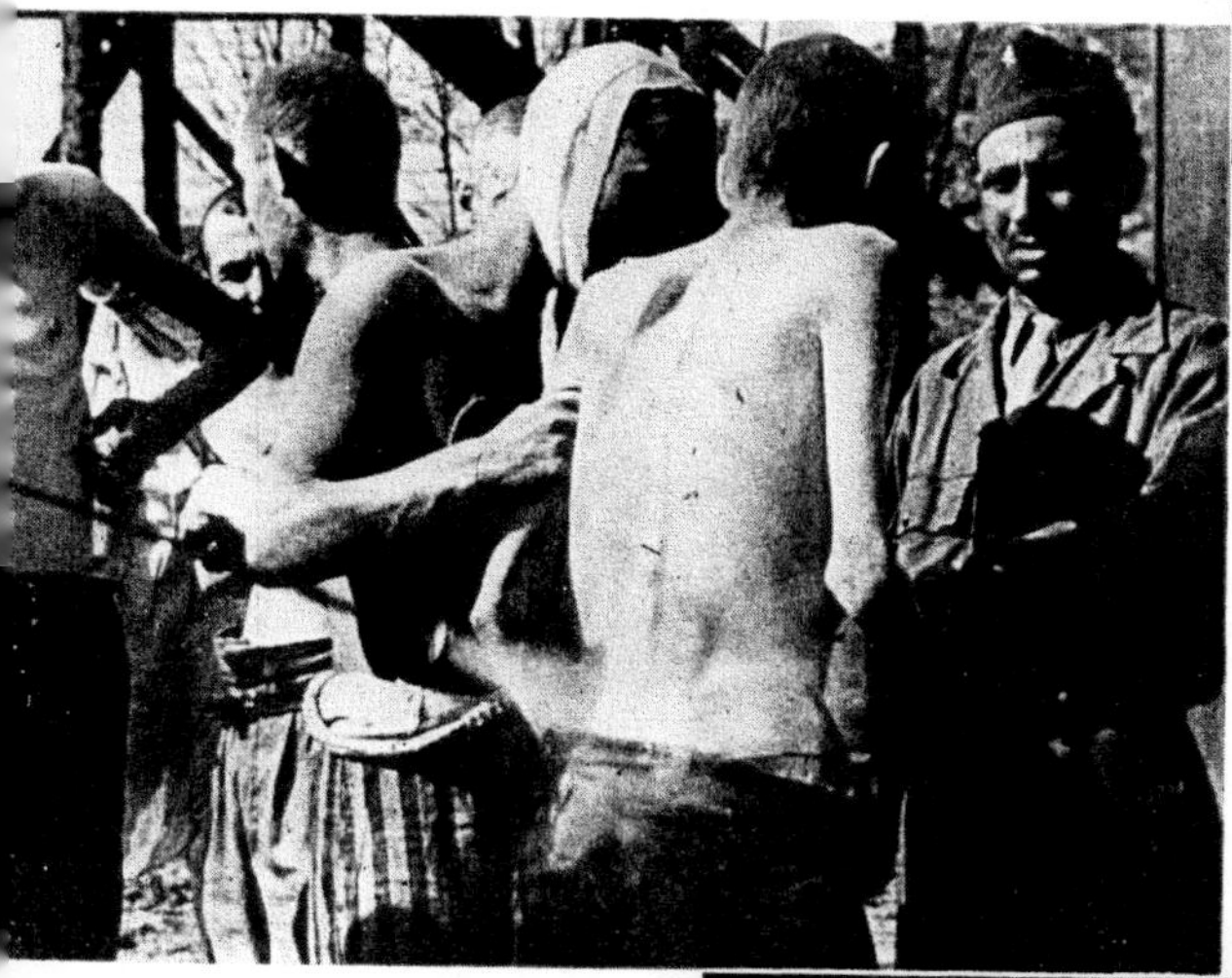

1945年ニュルンベルグでドイツA級戦犯の裁判が行なわれた。被告の陳述にあわせ，ナチ・ドイツ，第二次世界大戦の恐ろしい背景を具体的な証拠物件によって後づけて行く。

三映社フィルム株式会社提供

オリーブに生きる人々

伊・アルド・ゴディ
リオネット・ファッブリィ
・プロダクション作品（東和映画提供）

イタリアの南端，カラブリア州はオリーブの産地だ。
現場監督以外の働く者は少女をまじえた女だけ。
そのはげしくも痛々しい労働と，残酷な気候の中で
うちひしがれた人々の生活を描く記録映画。

1958年ベルリン映画祭
短篇グラン・プリ受賞作

演出
撮影 ・ リオネット・ファッブリイ
編集

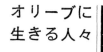

現実変革のヴィジョンを

第四回国民文化全国集会の報告

野田真吉
（演出家・フリー）

（一）

この二月中旬に、総評が中心となって、視聴覚教育、文化についての研究集会、「労働組合視聴覚研究全国集会」がひらかれる。

総評では「日鋼室蘭」をつくって以来、一昨年まで、記録映画製作がなされなかったが、警職法反対闘争を機に「悪法」をつくり、「日本の政治」「安保条約」「失業」をつくった。

それらはかずかずの闘争と体制側のマス・コミ攻勢などのなかで、文化闘争の重要性を再認識し、とくに視聴覚メディアによる労働組合の教育、組織活動の価値に着目し、積極的な活用にのりだしたことをしめしている。また、それはたんに、アジ・プロの武器や教材とするだけでなく、同時に労働者による文化創造運動として、幻燈や映画製作にも眼がむけられている。このことは、政治、経済闘争にのみ始終し、文化闘争（イデオロギー面での闘争）を全体として、副次的というよりも軽視していた、いままでのあり方にくらべれば大変、意義ぶかい前進であると思う。しかし問題は、そうした方針がどのような闘争の経験と批判、または現状の分析の上にだされたかということである。どのような闘争のプログラムとしてくみこまれているかということである。

また、政治のプログラムと芸術のプログラムは同じではない。この点について、どう考えられているか、ということも大切である。

そこで、右に関する私見を「第四回国民文化全国集会」に参加した感想をとおして、若干のべ、また参加報告にかえたいと思う。

僕は昨年の十月二十三、四、五日、大阪でひらかれた「国民文化全国集会」（主催、国民文化会議、関西国民文化会議連絡会）に参加した。参加したといっても第五分科会（「私たちの力、家庭の力、組織の力で、マス・コミとどうとりくむか」）の世話人の一人としての参加だったので、第五分科会以外の分科会をのぞくこともできなかった。しかし、会議々事録や世話人の宿舎で、話しあった内容で、だいたいの大きい動向はつかめた。以下は僕の参加したマス・コミ分科会をとおしてとらえた全体的な集会の動向についての感想である。

集会は事務局の発表によると参加人員約千五百名、延べ約五千名であった。参加人員は当初の予定をはるかにうわまわったという報告がなされ、関西に於るこの種の文化集会としてはもっとも盛会であったそうである。

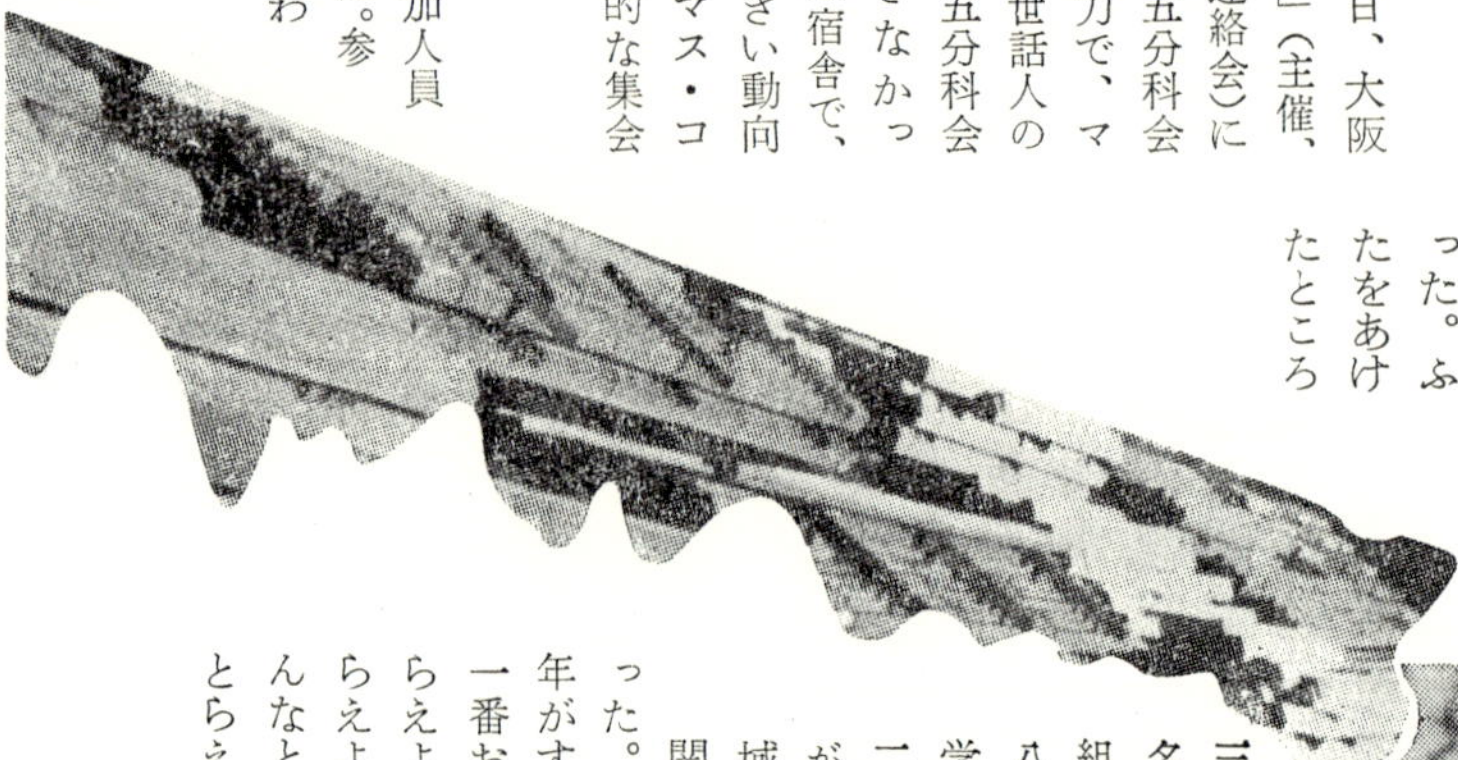

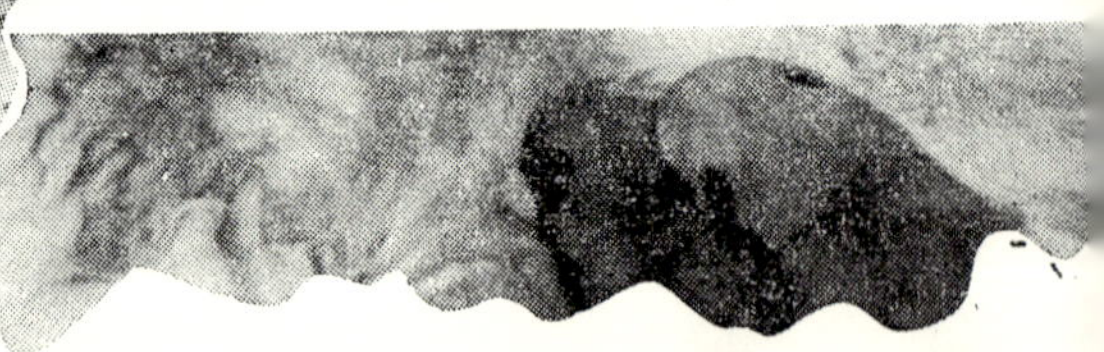

僕たちのマス・コミ分科会でも参加申込は約四十名であった。ふたをあけたところ三倍の約百二十名（四九の労組、二二の団体、八のサークル、学者専門人四二、女性一八名）が参加した。地域的には東北、関東がすくなかった。ことに農村青年がすくなかった。一番おおまかで、とらえようのない、とらえようとすればどんなところからでもとらえられる、しかも綜合的な観点を必要とする、マス・コミ対策問題にこれだけ結集できたことは文化問題にふかい関心をもっていることをしめしていると思う。針生一郎や武井昭夫などが世話人であった、第一分科会の「サークルの創造観賞活動をどうすすめるか」というグループは参加者が多くて二つに別れ、それでも多くてこまったといわれている。

（二）

なぜ、このように集まったのだろうか。どの分科会に参加者した人たちも、非常にたくさんな要求をもっているし、その結集の量、質において、大きいエネルギーがみられた。数年前の同じ集会にくらべて、格段のちがいであった。そうした一例をあげよう。

僕の意見として、今度の集会ですくなくとも、問題の提起をただしくうちだしていると思う。「サークルの創造活動をどうすすめるか」という第一分科会のAグループの総会報告を一つの例としよう。

『……現在のサークル活動にとって一番の困難はどういうことか、そういうことについて話合いがされました。その討議の中で、現在のサークル運動には、企

業別、地域別、ジャンル別に閉じこもりがちで、ひろい視野をもって、自己の運動を考えてゆく、未来への展望が不足しているのではないか、そういう狭いセクトや経験主義の枠を打破し、文化創造運動としての目標と展望を獲得するための努力が今一番必要とされているのではないか、ということが問題になりました。そうして、さらに、そういうことをやっていくために、まず、それぞれの企業内のいろいろの種類のサークル間で十分な交流やつながりをつくりだしていかなければならないし、さらに一つ一つの企業内にとどまらず、全国的なつながりと交流を組織していかなければならない。そういうことの中からサークル運動の全国的な統一をめざしつつ企業別、ジャンル別、それぞれのサークルの発展を考えねばならない……。それから創造の問題では、新らしい労働者像を造る努力の必要性なども出ましたが、なにを描くかと同時に、どう描くかという点に討議が集中しました。そこでは、創造の基本的な態度・方法として従来の自然主義的リアリズムでは、もう現実の姿はとらえ得ないのではないか。そういうことが労働組合などの非常に進歩的な書き手から提起されていました。また同時に、私たちが素朴な自然主義リアリズムをのりこえていこうとするとき、ただ単にアヴァンギャルド的手法に安易に移っていくだけではダメだ。問題はそういうことよりも、従来の古いリアリズムをもっと掘り下げていってそれを乗りこえる方法をみずから造りだすことが大切だ、新しい創造への姿勢を造り上げなければならないし、なにをいかに描くかが、たえず統一的に追及されねばならない……。

それから三つ目の問題として、サークルを停滞させる要因をめぐる討論がなされました。まず外部条件として、官側あるいは資本家側の直接的な攻撃――たとえばサークル活動をするものはアカである、とかいうような攻撃――のことも論じられましたが、そのなかで注目すべきなのは、官制コーラスとか、資本家側の催すコンクールとかいう体制側からの文化攻勢がめだってきたということです。討論のなかでは、組合員の文化享受の欲求や、創造活動のエネルギーが、これに吸収されていくというような現象も生じているといわれておるわけであります。……（これに対して、それらに反対し参加拒否という消極的抵抗でなく逆用するだけの態勢をとるべきである。）……すなわち、個々の活動家が、すぐれた作品活動を行うと同時に、そうしたコンクールで官側たちが押しだそうとするものへの批判を組織する批評運動の展開などという問題が提起されました。このほか、サークル活動を停滞させる障害として、とくにサークルの内部的要因として、サークルが文化創造運動としての明確な目標とそれを達成するための運動理論とをもたず、自然成長的な段階で、経験主義的な活動をしている弱さが問題となりました。大衆の自然発生的な文化享受の欲求、創造への参与のエネルギーは、たしかにサークル運動発生の窓口であるけれども、その段階にとどまっておったのでは、いつか停滞しなければならないし、また官側や資本家側の新しい文化攻勢もその弱点をついてきているのだということなどが話されました。……（最後にサークル運動における鑑賞活動と創造活動との関係の討論では――）……。

鑑賞団体は、その鑑賞活動という機能を大衆の批評運動として生かしてゆくこと自体が非常に重要な意義をもっているのであり、しかもその活動が創造の大衆的条件をつくりあげているゆえに、それ自体がひろい意味の創造活動であるということが強調されました。そうした観点からサークル運動において、創造活動と鑑賞（批評）活動というものは新しい国民文化創造の車の両輪であり、そのような考え方で創造活動と鑑賞活動を結びつけていかなければならないということが、一致した結論として確認されました。

（『国民文化』誌　第七号）

ながい引用になったが、この報告によって集会の内容が大略うかがえると思うからである。それに、作家とサークルとの関係を考える僕たちにとって多くの示唆をもっているからである。

しかし、この報告も、世話人によって問題を整理されたものであって、実際には経験を理論化して提出するのでなく、個別的な「壁」とか、「なやみ」「せまい経験での自慢話」などにおちいりがちで、それらを手がかりに大きい方向へと問題を発展させていけなかったようである。第五分科会でも同じであった。もちろん、時間的な制約と多様な要求をもった、たくさんの参加者が十分に討論しつくすことは困難なことであり、また、一度の話し合いで解決する問題でもない。むしろ、前の報告にみられるように、今後の問題点と問題整理の糸口をにぎったことが、この種の会合の成果とすべきだと思う。国民文化全国集会そのものが決議、実行の機関でない、まさに話し合いと申し合せの場としての性格しかもっていないのだから、それ以上の成果は現在のぞめないと思う。

だが、集会で採択されたアッピールや十六項目の努力目標（註記参照）には、その実行の段階において、必ず、たちむかわねばならない敵――攻撃の目標がうちだされてくるだろう方向をもっている。次の集会にはそのことは一層明確になるだろうし、明確にしなければならないと思う。そうすることに関して、中心的な母体ともいえる国民文化会議に対するとかくの批判は、今日の状況に即した、たたかいの方向がうちだされていないためではないだろうか。たたかいの方向をうちだすことは敵を――攻撃の目標をあきらかにすることだと思う。もちろん、反動文化に対して平和と自由と独立と民主主義をまもりそだてる国民文化という形でうちだされてはいる。だが、国民文化というものの内容は階級的な視点に

立ってただしく意義づけられ、あきらかにされてはいない。その原則性を、プラグマチズム的に国民文化というものをとらまえることで、おきかえられた形となっている。このことをあきらかにするためには、やはり国民文化会議の発足と、当時の政治情勢(五五年前後)との関係をのべねばならないが、あたえられた紙数もないので、省略する。ともかく、発足から今日まで、状況の変化と発展はめまぐるしいまでである。それにともなった運動方針が再検討されねばならない時期にきているのではないだろうか。階級的視点にたつという原則性をうちださねばならない時にきているのだと思う。

今日の物体化した状況は、たとえば、古典的な自由とか、解放とか、正義とかはなんの完結性も具象性ももっていない。空虚な抽象性しかもっていない。人間性も同じように解体されている。僕たちはそうしたものの解体された状況を、そして空疎化された実体を徹底的にあきらかにすることが(解体しうちこわすことが)今日の現実にかかわった階級的な視点にたった現実変革の文化運動の課題ではないだろうか。

ところでそれらの解体され、空疎外された、いわゆる『古典的な完結性』を手がかりとして、意味を転化し、活用して、状況突破の途をもとめようとすることは、プラグマチズム的な意味で敵の土俵に角力をとることではないだろうか。敵の土俵に角力をとるということは歴史的な段階では意義をもったことがあった。

だが、現在、僕たちのみる体制的なイデオロギー攻勢は平和共存という受身な体勢においこまれて、ますます、敵の土俵で角力をとろうという闘い方を逆におしすすめ、角力をとらせてやり、自からとることによって、反動的な下手人である自己をかくし、さらに、自己を下手人の告発者とみせかけようとしている。

日常的な例をとれば、僕たちは夕暮のひとときをテレビの前にすごしてみればわかる。つぎつぎと「正義の士」があらわれる。「正義」をたたえる歌につれて、正義のピストルと剣は邪悪をうちとる。つねに「正義」や「人間性」は栄光と涙にかがやく。頓馬天狗、ローレンジャー、少年ジェット、十二面相、といった面々がその日のノルマをすませて彼等をたたえる歌で退場する。なにも子供向けテレビ・ドラマにかぎったことはない。ラジオでも、映画でも人間性にあふれるメロドラマ、正義につらぬかれた裕次郎的活劇、西部劇にもみられる。こうしたイデオロギー攻勢は「正義」や「人間性」を大衆の意識のなかにムード化している。そのことと同じように、また、関連して、アメリカ帝国主義は帝国主義反対、植民地主義反対をとなえ、自由と解放をとき、正義の戦士として、ほうはいとおこっているアジア、アフリカの諸民族の独立闘争の前に、たちあらわれている。「正義」の経済、軍事ブロックをつくるために諸民族国家の対立と分裂を促進している。内部的にはブルジョワジーの権力掌握に援助をあたえ、革命的な政治運動の弾圧に力をかしている。「正義」を行使しているのである。わが国においても同様である。安保条約改訂、西尾一派の新党樹立など、など、国際的にも、国内的にもすべては反動的文化攻勢と一貫したなかでおこなわれている。

要するに、敵の土俵で角力をとるという受身な闘い方では今の闘いを勝ぬくことはできない。敵は必死に自分の土俵で場所をひらこうとしている。

僕たちはここで、とくにイデオロギー闘争の面で、敵を僕たちの土俵(主体的な視点、階級的な視点にたった土俵)において、うちまかさねばならない。それは芸術のプログラムの上からいえば前にいったように人間性や正義を、解体し、うちこわすことである。

敵を階級的視点にたった土俵にひきこみ、たたかうことである。そのような原則にのっとり、今日の状況に即した、たたかいの明確な目標をもたないところに、組織的結集はありえないし、その拡大、発展もない。

国民文化会議としては、今回の全国集会のなかにしめされた、増大した大衆的エネルギーをつかみ、同時に、そのエネルギーがまだ統一的でないにしても、正しい方向をもとめている点を、くまねばならないと思う。

いささか、国民文化会議の批判になったが、同会議に参加しているものの自己批判として、また同会議をさらに発展させねばならないと思っているものの意見としてきいてもらいたい。

安保条約改訂の強行を契機として、客観状勢はますます、階級的な敵対関係をはっきりさせていくだろうし、イデオロギー戦線も複雑となり、たたかいも困難になるであろう。しかし、国民文化全国集会でしめされたエネルギーはただしい方向づけによってその困難をとりのぞき、闘いをおしすすめるであろうと思う。国民文化会議も、それに即応した指導性をもたないと大衆の文化運動にたちおくれ、逆にブレーキの役割ともなるであろう。

（三）

最後に、同集会で、ことに、僕の参加したマス・コミ分科会の討論をきいていると、会の性格上にも関係するが、相当数の参加者は、文化運動の側面からよりも、政治運動の側面で問題をとらえようとする傾向がつよかった。

つまり、労働組合運動(または反体制的な政治運動)のゆきづまりを、文化運動のなかに、打開の方途をもとめようとする動きである。労組の教宣部関係の幹部の発言、とくに当時、はげしくたたかっていた労組などからの発言に、それはみうけられた。だが、第一分科会の武井昭夫も同じ感をいだいたといっていたので、全体にそんな傾向があったのだといえよう。もし、そうならば大きい問題がのこる。政治運動と文化運動は相関々係をもつけれども、おのおの独自なプログラムをもたねばならないし、一方が一方の代替物ではない。もし、政治運動のかわりに、文化運動をもってくるというような考えがあるとしたなら、武井の

いうように、今回の集会の意義がマイナスされる。政治運動においてもマイナスになる。

僕には同じような考えが、総評の製作した『安保条約』の場合にも感じとられた。安保条約の問題が大衆のなかに、なかなかはいっていかない。講演やパンフレットの代りとなる映画をつくりたいという意見があった。その前の『日本の政治』の時も国民文化会議映画部会で、政治と芸術のプログラムのちがいについて話しあった。総評はなにがなんでも選挙のスローガン映画をという形で、映画はつくられた。『安保条約』の場合に、また、その問題が作者側と総評側の間で論議がなされた。総評の意向はどこまでも、前にいったような要求であった。だが、なんとかおちついたのがあの映画であった。現在の労働組合運動のあちこちにでているゆきづまりを、僕は労組が社会民主主義の影響からぬけきれないでいるところにあると思う。それは五四年の選挙をたたかいとるためにつくられた『日本の政治』に安保条約反対という重要な政治的目標がズリおとされているところにも、うかがえる。

芸術は、どこまでも、講演やパンフレットの代用物でなく、また、解説版でもない。それは作家が、対象とのかかわりあいのなかで、対象を自己の内部でうけとめ、屈折し、通過させることで、変質《メタモルホーズ》された形象世界であり、対象の再現や複写ではない。一つの観念の絵説き、解説でもない。対象と対立する異った次元にくまれた形象世界である。それゆえに、形象世界は、僕たちの意識世界に一つの物質として存在し、作用する。作家の現実認識、あるいは意識は作品の形象過程のなかにふくまれ、形象のなかにとけこみ反映される。

そうした芸術の独自性は当然、享受者との関係において、例えば映画にあっては形象によって享受者の感覚と意識につきささり、彼の意識構造の暗部に照明をあて、その構造をうちこわし、構造の変革をうながすものでありうるが、直接的な政治講演やパンフレットの代用とはなりえない。

だから芸術のプログラムは現実的行動的な政治のプログラムとおのずとちがった、その独自性をおしすすめることで、同じ現実変革のヴィジョンをもった政治運動とふかくつながっていくと思う。

このような政治のプログラムと芸術のプログラムの独自性と統一性をとらえないところに、ゆきづまった政治運動の一つの突破口を、映画などの芸術、ひろくは文化運動にもとめようとする考えがひそむ原因の一つがあるのだと思う。この点を、僕は『安保条約』の製作委員会で感じていた。それを、また、国民文化全国集会でも感じた。

これは僕の危惧だろうか。――

この問題はたんに、労組運動、サークル運動に関することでなく、僕たち、作家の側にとっても、はっきりとしなければならない問題であると思う。全国集会に参加してそのことをつよく感じた。

《註》

第四回国民文化全国集会――努力目標

○企業別・地域別・ジャンル別のサークルの特徴を充分に発揮しながら、その閉鎖性と自然成長性をつき破り、労働者階級を中心とする新しい大衆芸術のイメージを明確にきずきあげよう。

○創造運動と鑑賞運動は、新しい文化創造における車の両輪である。官制サークル、資本家側の文化攻勢がおこっているとき、創造をめざす集団と鑑賞団体の両面にわたって批評活動を組織しよう。

○国民文化創造の運動を現実的なものにし、分野別、産業別、地域別の文化活動の交流をつよめ、ひろげるために新しい雑誌の創刊を実現しよう。そのために全国の文化活動力を結集しよう。

○地域の文化予算内容を見極め、その中から公民館活動、諸文化活動を進め、農民、市民、労働者の交流を深めていき、私たちの手で国民文化を築きあげるとともに、社会教育法の改正に力を結集しよう。

○炭労をはじめとする全労働者階級への資本の合理化攻勢が、国民の生活と文化を破壊するものであることを確認し、文化活動の分野でもこれとたたかっていこう。

○マス・コミ恐怖症を克服して、自分の力で考えることのできる人間と、新しい国民文化創造の条件をつくりだしていくために、各地域・各組合のなかに、マス・コミ対策の組織とセンターをつくりだそう。

○国民の安全と幸福をふみにじる安保改定に反対しよう。

○専門家も大衆も力をあわせて、安保体制の強化をはかる文化攻勢、思想攻撃、愚民政策をはねかえしていこう。

○教育の国家統制と教育内容の改悪に反対し、平和と民主主義、基本的人権を守る教育を国民の手でつくりだそう。

○労働者階級は、反動的な文化攻勢に対抗するはっきりした文化政策をもち、国民文化創造の積極的な担い手となろう。

○「人間の壁」の上映妨害にあらわれたような圧迫に対して、みんなで抗議し、映画「山宣」など民主的な映画製作に協力しよう。

○父母の教育要求を実現していくために、教育委員会の公選制を復活させよう。

○婦人の活動をひろげるために、家庭の民主化を確立しよう。

○豊かな生活、喜びのある生活にするためもっと生活に密着した文化活動をすすめよう。

○諸外国の文化団体、国民との文化交流をふかめ、国際間の平和と友好を増進するため、また他の友好親善団体との提携をふかめるうえからも、国民文化会議のなかに国際文化交流委員会を設けよう。

○基本的人権を守るために、また国際文化の交流をふかめるためにも、われわれは渡航と出入国の自由をめざして努力しよう。

（以上順不同）

記録映画を見る会 二月例会

回を重ねてきた池袋西武デパートリーディングルームの記録映画を見る会は、二月には、お母さんに見せたい教育映画の特集をいたします。毎土曜日の十二時三十分と十四時の二回上映です。多数御来場下さい。

六日、たくましき母親たち（桜映画社・金子精吾演出作品）チーズ物語（日映科学・丸山章治演出作品）

十三日、ネンネコおんぶ（日経映画・河野哲二演出作品）デザインの勉強（新世界プロ・小津淳三演出作品）

二〇日、百人の陽気な女房たち（桜映画社・青山通春演出作品）牛乳の神秘（日映科学・田中　良演出作品）

二七日、母と子の谷間（日映新社・松浦健郎演出作品）醤油（岩波映画・時枝俊江演出作品）

三〇日、（日）、十一時三〇分、二時三〇分四時の三回上映「若い人たちのためのPR映画特集」、美しくなるために（日米映画社）ウィスキーのふるさと（岩波映画製作所）　オランダ国際オート　レース（外国映画）

ただしスポーサーの都合によってフィルムの一部変更のある場合があります。なおこの映画会は入場は無料ですので、御自由にお越し下さい。

ルイス・ブニュエルの名作「忘れられた人々」上映

東京自主上映促進映画会として二月六日（土）午後五時三十分から、豊島公会堂でルイス・ブニュエルの名作「忘れられた人々」とヨリス・イヴェンスの長篇記録映画「世界の河は一つの歌をうたう」を上映することになりました。会費は六〇円で作家協会事務局に会員券が用意してあります。

また二月一日から五日まで、毎日午後五時三〇分から二回上映で「世界の河は一つの歌をうたう」を、虎の門共済会館で、会費六〇円で公開いたします。名作といわれながらあまり目に接する機会のなかった作品です。詳細は作家協会事務局（571）五四一八へお問い合わせ下さい。

労働組合視聴覚研究全国集会 伊東市で開催

総評と中立労組主催による「労働組合視聴覚研究全国集会」が、二月九日、十日の二日間伊東市で開催されます。

労働組合の教育・宣伝活動における視聴覚手段の有用性と、映画・幻灯などの視聴覚活動の正しい組織のために、特にマスコミ攻勢のはげしい今日的情勢の中で行なわれるこの集会は、新らしい発展への方向をめざすものとして注目されています。「労組の視聴覚活動と組合意識について」「労組の視聴覚活動の組織化について」「自主映画の製作運動について」の三つの分科会と全体会議からなるこの集会は、他に16ミリの操作技術講習や、戦前戦後の労働映画の上映、8ミリや幻灯のコンクール当選作の上映等々盛り沢山な内容をもっています。

参加希望者は申込み用紙に記入の上総評へ一月末日までにおくればよいが、詳細は総評教宣部(431)八一一五—九へ直接問い合わせて下さい。

カリガリからヒットラーまで ■ 2
ドイツ映画の心理的歴史

ジーグフリード・クラカウア, 二木宏二・訳

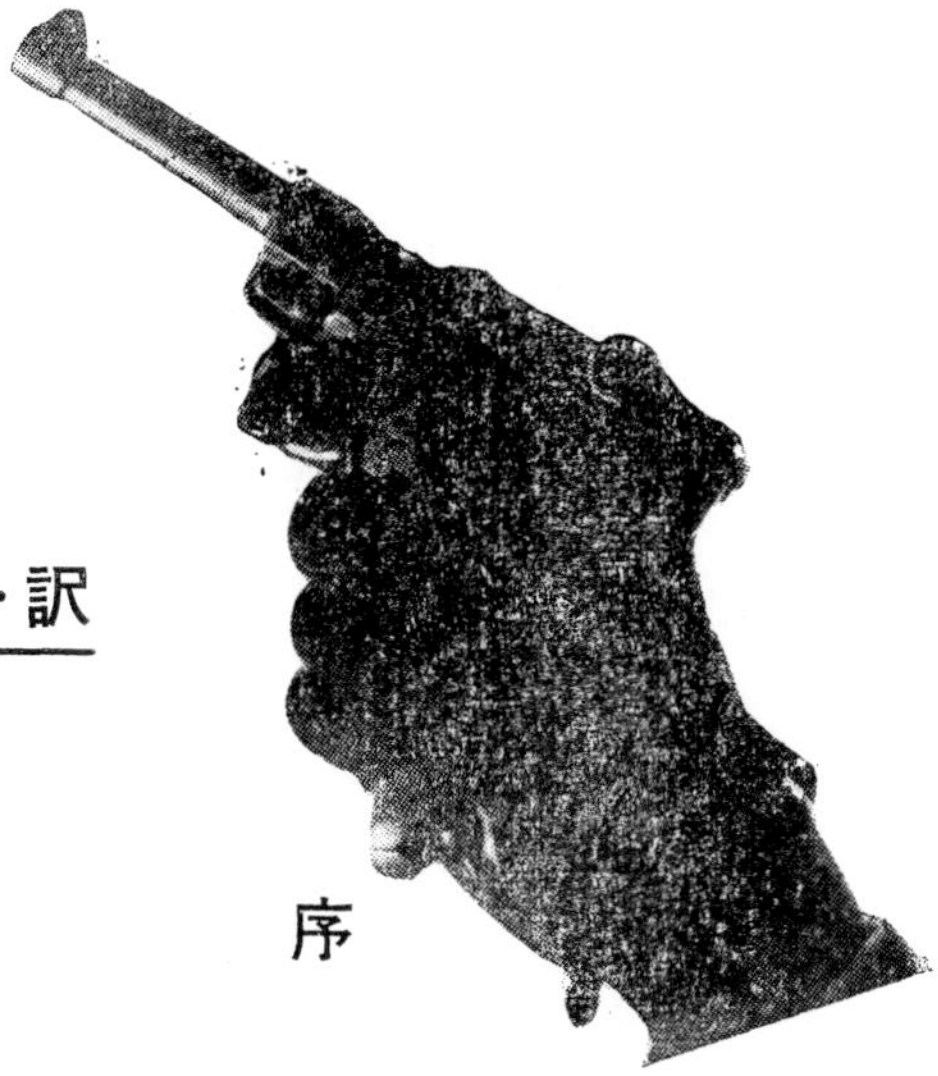

序章 II

■ IV

ある国民の特殊なメンタリティーについて述べることは、決して、一つの固定した国民性という概念について語ることではない。ここで問題にしようとしているのは、ある発展段階における国民のすべてに浸透していた総体的な気質、もしくは、傾向にかぎられている。第一次大戦の直後、一体、どんな恐怖と希望がドイツ人の間にひろがっていたのだろうか、というような問題のたてかたは、まったく正しい。なぜなら、これは、限られた範囲の問題についての疑問だからである。だから、それはまた、当時の映画を適当な方法で分析することによってしか、その答を見出すことはできない。いいかえれば、本書の課題は、歴史の上に特筆大書されるような一つの国民性の型をうちたてることにあるのではない。むしろ、ある特定の時代の民衆の心理的なパターンについて述べることなのである。大国の民衆の政治、経済、社会、文化の歴史については、すでに、十分な研究が進んでいる。しかし、私がここで目指しているのは、これらのよく知られている類型に、もう一つ人間心理の歴史をつけ加えることである。

ある種の映画のモティーフが国民の一部にしか関りを持っていないということは、よくあることである。しかし、これを警戒するの余りに、ある国民全体に影響をあたえるような傾向の存在する事実を見落してはならない。共同の遺産やいろいろな階層のあいだの相互関係は、国民生活全体の奥底に一様な影響を生みだすことは、ほとんど疑いないことである。ナチ以前のドイツでは、中間層の趣好があらゆる階層に浸滲していた。つまりそれは、一方では、左翼の側からの政治的な働きかけに拮抗し、また、他方空虚な上流階級の心をも満たしていたのである。これが、ドイツ映画が――中間層のメンタリティーにしっかりと根を下したドイツ映画が――全国的にうけた理由である。一九三〇年から三三年にかけて、ハンス・アルバートという俳優の主演する映画はブルジョアの夢を、そのまま典型的なかたちで表現していた。彼の出演は観客のうちの労働者にも喜んで迎えられたが、また、〈制服の処女〉にみられるように、彼の写真は、貴族的な家庭の子女にも崇拝されていたのである。

学問上の常識にしたがえば、国民性は、何かを動機づける原因ではなくて、むしろ動機づけられた結果――つまり、自然の環境、歴史的な経験、経済的、社会的な諸条件の結果である。そうして、また、すべて人間であるかぎり、同じような外界の要因がいつでも、同じような心理的反応をひきおこすことは、当然考えられる。一九二四年から一九二九年のあいだに、ドイツ全土にひろがった精神的な虚脱状態は、決してとくにドイツだけにみられる現象ではない。同じような環境のもとでは、他の国でも同じような虚脱状態が起きるということは、当然、予想されることである。また、事実、それは起った。しかし、民衆の心理な態度が外的な要因から独立したものではないとしても、しばしば行われているように、これらの態度を軽視してもかまわないということにはならない。結果は、いつなんどき、知らぬ間に自ら原因に転化するかもわからない。派生的な性質のものであるにもかかわらず、心理的な傾向というものは、しばしば、独立した動きを示そうとする。そうして、たえず変化する環境のままに自分も変化するかわりに、自ら歴史的な原動力に転化することがある。それは国民の形成されたころから受け継がれ、さまざまの変質をうけてきたもので、国民の歴史とともに発展するものである。だからこれらの性向はそのときの外部的な要因だけから簡単に推論できるものではない。それは、逆に、要因にたいする反応のしかたを規定する力の一つになるのである。たとえ時には、いろいろな生き方をしていても、われわれは、人間という存在であることには変りない。この人間の集団的な性向は、大きな政治的変革の場合に勢を得て、力を

発揮しはじめる。政治体制の崩壊は、心理的な体系の分解という結果をもたらす。そうして、それに続く混乱のなかで、内部の伝統的な態度は、いま明らかにしたようにそれが公然と認められようと認められまいと、かならず顕著なものになってくるのである。

■V

たいていの歴史家たちが、心理的な要因を無視しているということは、第一次大戦からヒットラーの完全な勝利に至るドイツ史——つまり、本書で取り扱う時代——についてわれわれの知識にはっきりした断絶が存在することからも明らかである。事件、環境へイデオロギーの面については、周到な研究がなされている。たとえば一九一九年十一月の「ドイツ」革命が、ドイツを変革することに失敗した、ということはよく知られている。当時、絶大力をもっていた社会民主党はただ革命勢力を骨抜きにするのに絶大な威力のあることを証明しただけで、軍隊、官僚、大地主、資産階級などを一掃するためには、まったく無力であった。それらの伝統的な旧勢力は、一九一九年以後には影のうすくなったワイマール共和国を、実際には、その後も、依然として支配し続けたのである。生れたばかりの共和国が、敗戦のもたらした政治的な痛手、また、支配的な地位にある企業家、金融業者たちの策謀によって、どんなにひどく迫害されたかということ、そうして、これらの企業家、金融業者こそインフレを手ばなしであおりたて旧中間層を窮乏化せしめた張本であるということは、今さらいうまでもないだろう。また、ドウズ・プランの五カ年——つまり、対外借款が、大企業の利益を保証していた祝福すべき時代——の後に襲ってきた全世界的な恐慌は、安定の幻想をうち破った。そうして、中間層の基盤とデモクラシーの残り滓までも破壊し去り、そのうえ、大量の失業者を生みだし、そのために完全な絶望状態がドイツ全土をおおった。ナチズムの精神はこのついに実質的な内容を持ちえなかった「体制」の崩壊のなかから育くまれたのである。

しかし、これらの経済的、社会的、政治的な要因だけでは、ヒットラー主義のすざまじい影響力と、その反対派の度しがたい無気力の十分な説明にならない。見落してならないのは、ドイツでは、すぐれた観察力の持ち主でさえ、最後の瞬間まで、ヒットラーの登場に真剣な考慮をはらおうとせず、彼が権力を握ったあとでさえ、その新しい体制を過渡的な出来事としかみていなかったことである。ヒットラーについてのこういう見解は、少くとも、うまく説明のつかないような、といって、平常な見方からでは割り出すことのできないような何物かが、国内状勢のなかに醸しだされていたことをしめしている。

社会民主主義者に固有な弱さ、コミュニストの無謀な行動、また、それにたいする大衆の奇妙な反応などの底にある心理なメカニズムについては、ワイマール共和国についての研究のうちの二、三のものが、わずかの手がかりを与えてくれるにすぎない。フランツ・ノイマンは、コミュニストの失敗を、ある部分で次のように説明している。「彼らがドイツ労働者のあいだに働いていた心理学的な要因と、社会学的なすう勢を正しく評価できなかった……」さらにまた、彼はドイツ議会の権力の限界について述べたもののなかで、次のような見解をつけ加えている。「デモクラシーは、それでもなお、生き延びたかもしれない。しかし、それはただ、もし民主的な価値体系が、社会のなかにしっかりと根を下していたならば、である……。」エリッヒ・フロムも、「ドイツ労働者の心理的な傾向が、彼らの政治的な主義主張を骨抜きにし、社会主義諸政党や労働組合の崩壊を捉進した」と、同じような主張をさらに詳しく展開している。

広汎な中間層の動きを決定したのは、強力な力による強制だったとも考えられる。一九三〇年に発表した論文で、私は、膨大な数の俸給生活者たちの「ホワイト・カラー」はまったく上べだけで、彼らは、実際には、経済的にも社会的にも、ほとんど労働者と同じか、あるいはそれよりも劣っていると指摘した。これらの中間層の下層に属する人たちは、もはやブルジョア的な安定への希みを絶たれてしまっているにもかかわらず、彼らの現在の境遇に相応しい主義や思想には、まったく目もくれなかったのである。そうして、現実にはまった基礎を失ってしまっている態度をもちつづけたのである。その結果、精神的には、絶望状態に陥り、その虚しさに固執して、心理的には、ますます頑迷さを加えていった。プチ・ブルジョァジーの行動は、とくに驚くべきものだった。小商店主、小企業家、職人層は憤懣が大きいあまりに、自らを調節することができなくなってしまったのである。彼らは、デモクラシーに味方することが、自分たちの実際の利益になることを理解せず、かえって、俸給生活者と同様に、ナチの公約に耳を傾けたのである。彼らがナチに屈伏したのは、事実に対決したかというよりは、固定観念に情緒的に支配された結果であった。

このように、経済的な変動、社会的な緊迫また政治的な隠謀などのような誰れの目にも明らかな歴史の背後には、ドイツ国民の内面的な性向を内容とする、秘められた歴史が流れている。ドイツ映画をとおして、これらの性向を明るみにだしてゆくことは、ヒットラー出現と、それ以後の情勢を理解するための手がかりとなるであろう。

■新刊書紹介

○「映画の理論」ベラ・バラージュ、佐々木基一・訳、講談社刊、価四二〇円、
○「誤解する権利」鶴見俊輔著、筑摩書房刊、価三五〇円
○「レンズから見る日本現代史」岩崎昶、羽仁進、佐藤忠男、粕三平、高倉光夫他共著、現代思潮社刊、価三〇〇円

ノナリオ

失業
・炭鉱合理化との闘い

註・(音)=音楽、(効)=効果、途中文章の部分は省略した部分で、一字おとしたのはコメンタリィである。

脚本・徳永瑞夫
京極高英
演出・京極高英

画面構成	コメンタリィ	(音)(効)
○タイトルバック (F・I) ○燃えるボタ山 ○無表情につづくボタ山の下に集るニコヨンの群 ○仕事にあぶれたニコヨンの群が行く。(O・L) ○五九年十月十日「仕事よこせ」の要求を掲げて県庁前につめかけたニコヨン達 ○苦悩と怒りをたたえたオバサンの顔のクローズアップ。団交の様子をじっと聞いている人々のフカン。	政府の経済白書は、景気は上昇している、という。しかし失業者、生活困窮者の数は、ますますふえてきた。 「仕事をよこせ」「生活保護を適用せよ」——福岡県庁に集ったこの数千の失業者——。 技術の革新、産業の合理化という輝かしい二十世紀のスローガン——それが人	—— ——(現実音)
○県庁の窓にとりつけられたスピーカー ○県庁労働部長室真剣に交渉をつづけるニコヨンの代表。その怒りの大写し。 ○民生部長室内。そのカンバン。窓からのぞいている男。じっと見ているオカミサンと老母。目。目。頼りなく答える県庁側。 ○労働部長室内。激しくつめよる自労委員長。数	間に幸福をもたらさない、という不思議なくいちがい。 こらえにこらえてきた苦しみは怒りに変る。 「今度市長さんに退職金として五百万円渡すという。これはもてる階級だ。もてる階級に五百万円渡すのに、俺達は食うや食わずで、中には自分の血を売って生活している者がざらにいるんだ。この問題	——
万の命がここにかかっている。交渉している群集のフカン。 ○庁舎の外で明日の糧をかけて聞いてる人々。若いオカミサン ほおかぶりをしているオジサン 男の子を抱いているオカミサン じっと聞いているオカミサン。同じく小学生をつれたオカミサン (O・L) ○家とは名ばかりの破れ果てた炭坑住宅。	をどう考えているんだ。」 「私は市長さんの退職金のことはわかりません」。 ほとんどが北九州の炭坑地帯から、夜道を徹して歩いて来た人々。 その失業の暗い谷間——。 (生活困窮を訴えるオカミサンの声)	——
壁にかけた坑内帽が冷たい。 ○希望なき人々。男の子を抱いたオカミサン。娘とおじいさんやせおとろえている。 ○壁にかけられた増産運動の表彰状……。その大写し。前の四人の親子。 ○何ひとつない家の中。ガランとした風が吹く。こわれたままのカマド、左へパン。使われることのなくなった		

作業衣が空しい
何一つない戸棚
○廃墟の様にボロボロな家の外側
おちた壁。板片
○足一杯のおできの女の子。それに薬をつけてやる母親。
手前にもうひとり女の子。無表情にカメラを見ている。

破れた屋根から光がもれてくる
○為すこともなくボンヤリしている栄養不良の男の子。
女の子と男の子カメラを見て立上って近づく。

犬とたわむれる裸の男の子。

大事そうに菓子をたべている女の子。
○何もない家の中梁からぶらさげられたブランコで遊ぶ子等。
そのそばで十五六歳の男の子が

住むこと、着ること、そんなことはもう、どうでも良い。ただ喰うだけの裸の生活——。

生活は、母親すらのりこえて、こどもたちに重くのしかかる。

べんとうがないから学校に行かない。お昼休みに友達の弁当をみるのがつらくて、それよりは

生活を耐え忍ぶかのように爪をかんでいる。

ブランコをしている子ら。

戸外で遊ぶ五、六人の子。共に元気がなく、仕方がないから遊んでいるといった感じだ。

カメラを見ながらメンコをしている男の子の顔が卑屈だ。

家の外、十四、五歳の男の子。

ボンヤリしているが、カメラを見てうつむく。

ウロウロと歩き廻るやせた犬。

貧しい荷物を背負って向うへ歩いて行く女の子髪の毛が長い。

今日を生きるだけでせい一ぱいの人々の無気力な姿と、荒廃した炭住の死んだ風景だ。
○県庁知事室。

休んだ方がいいという子どもたち——。

どこにぶっつけようもないいきどおり。ただ、はきだめのようにうごめく無気力——。

（全体にキャメラを見るということを子どもたちの訴えとして意識的に逆の効果として、構成した。）

○庁内をふみならすデモ。
怒りのかけ声。

廊下一ぱいのデモ。
○庁舎の前、力をふるい起して蛇行する失業者。
○知事室へ入って坐る知事の苦しい表情。
対する組合側のはりつめた顔。

組合員の肩ごしに話している知事の姿。

そのフカン。

右へパン。
○庁外。夜。人々は帰らない。知事の答えを待っている人々。
不安と希望の入りまじった表情
フカン
左へパン

全国で五百万の失業者、一千万を上廻るといわれる生活困窮者しかも益々ふえてゆく失業者。

わけても北海道常盤、九州の炭鉱地帯では、失業問題はきわめて鋭く深刻になってきた。

「この問題は次の臨時国会で国の問題として、とりあげてもらいたいと思っている。しかし国がやらなくてもどうしても私たちでやらねばならぬと思っている」（知事）

失業者はもっと具体的な答えを期待していた。

労働者の味方である社会党知事その顔にも深い苦悩がきざまれている。

○知事室。交渉が終り立ち上る人たち。疲れ果てて何がどう変ったのだろうか。
（F・O）

カメラはここで、中小炭坑の内部へ入って行く、背をかがめなければ入れないような低い坑道。危なかしい丸太のささえ棒。その中で黙々と掘りつづける坑夫の姿。トロッコへ入れられる石炭。掘るつるはし。暗いカンテラ。労働はつづく。

　貧しい選炭場には選炭婦の無表情な労働がある。水洗炭現場にもそれはある。若い女子労働者の手が痛々しい。

　ボタ山はこれら労働の集約だ。うす暗くそそり立つ。

　トロッコもない小炭坑。掘られた石炭はショイ籠に入れられる。低くせまく暗く深い坑道を、それは男たちの背で運ばれる。

　日本の石炭の四割はこうした小炭坑で生産されているのだ。大炭坑でさえアメリカの十五分の一に満たぬ労働者の賃金しかも石炭の値段は五割も高い。アメリカから押しつけられる安い石油に対抗するには、もっと安い石炭が必要だ。資本家は労働者の働きが悪く、賃金が高すぎるからだという。しかしこの余りにも安い労働力がある限り、資本家は新しい設備を、炭坑に入れる必要はなかった。だがそのため生産力は上らなくなり石炭の値段を高めねばならなくなったのだ。し

かも彼らはそのもうけを石炭以外の近代産業に注ぎ込み、更にもうける。そのかげで、炭坑労働者は見すてられていった。長い長い塀がつづく。高い門。庭樹のみどり。炭住何十軒、何百軒分の敷地。これを炭坑の暗く冷たく固い失業が支える。

○ポリスボックスそれに監視されているかのようなーー

○打ちひしがれた炭住の波。フカン、

○その家の前に立つ子ども。

○水くみのバケツパンアップしてかつぐ母。

○女の子が二人かけよる。

○金券を持って重い足を運びオカミサン達。右へパン。

○金券の大写し。

遠くまで水くみにいった母親を待つこども。とぼしい水。

ここの炭坑では賃金は半分しか支払われていない。しかもその半分の賃金のうち、現金で貰うのは更にその半分で、残りはこの炭坑だけに通用する金券で支払われる。

──（前からつづく）──

──（米をあける音を中心に現実音）

○金券をしっかりと持っているオカミサン達。ともかくこれが米になるのだ。左へパン。

○米の配給所。細かく米が計られている。その米がカンにあけられる。そしてやっとオカミサンの袋の中へ。パンして、見守るオカミサンの顔の大写し。

○米袋を大切にもってオカミサン二人が出てくる足りない苦渋はかくせない。

○米が袋に入れられる。

○それを見守るオカミさんの顔。

○順番を待っている老父の沈んだ顔。

○米を下げて出てくるオカミサンをカメラはつける。右へパンすると、同じようなオカミサンが二、三人。

○炭住の前。コンロに火が起される。一日で一番楽しかるべき時火を起しているオカミサンと子どもが二人。じっと火を見る。少ないけれどもないよりはいいだろうか。乗用車がその傍を砂塵と共に通過する。沈黙によどんだ空気がゆれる。

○家の中。作業衣をつける主人。苦しい労働へ出かけるのだ。弁当をつめているオカミサン。この米があとこれだけあればーー

○カメラを見ながら、何か食べている女の子の大写し。やはり食べている女の子が三人

金券で買う米は一家を支える主人の一日の弁当をつくるにせい一ぱいである。主婦やこどもたちには、米はもういくらも残らない。こども可愛さに弁当を節約すれば、坑内での労働は半日も続かず、たちまち賃金にひびいて、その日から一家中が飢えなければならない。それほど消耗のはげしい坑内の労働である

ひもじさだけがここにある。

○仕事に出かける主人。ザルとツルハシ。そして弁当。この子らにやりたいーー

○炭住の柱にボンヤリと立つ男の子。じっとカメラを見る。右へパン。くずれた炭住の前景。

○赤児の守りをしている男の子。共にひもじい。

○ボタ山。

○閉山。廃墟A。

○閉山。廃墟B。遠くにボタ山が見える。

○閉山。廃墟C。キャメラ左へ流れてーー

雲がとんでいる
草が茂っている
みわたすかぎりが
灰色の化石
かってここに何台ものトロッコから石炭がこぼれ、
レールのポイントがはずんでいた。

──（象徴音）

○こわれた事務所前、ランプ置場ガラクタのように置きわすれられたランプ。
○同じランプ置場のL・S。
○レールをはずしたあと。キャメラ左へ流れて
○坑口から出てくる坑夫二、三人
○あれはてた選炭場のあと。
○ころがっているトロッコ。鉄屑のようなトロッコの数々

かって、ここにわかものたちの労働がありよろこびがあった。

今　ここにみわたすかぎりが灰色の化石。

昭和三十一年、自民党岸内閣は労働者のはげしい抵抗にも拘らず、「石炭産業を安定させるために――」と称して、ついに「石炭鉱合理化法」を強行実行した四百におよぶ中小炭坑が次々につぶされたが、この「合理化」の進め方は、その日から仕事を失った離職者に対しては、全く何も考慮しないやり方であった

○県庁内、石炭産業企業整備事業団、交渉する組合側そのF・S
対する事業団、その大写し
室内のL・S、事業団の大写し
○ボタ山越しの炭住のフカン。
左へパン。

立入禁止のポスター。

閉山に関する報告会のポスター大写し。
○閉山した炭坑の全景。左へパン
○報告会に集っている人々。
深刻な表情で話しあっている人々。
その大写し。
拍手をする男達
集っている人達の全景。右パン
○ウイスキー片手に立ちのみしながらフラフラ歩いてくる坑夫。
○炭住内の相談会

「資本主義社会の現在の鉱業法では、資本家が事業をやめようがどうしようがそれは勝手だということになっています」

無責任に掘りつぶし、価値のなくなった小さな古い炭鉱は国民の税金で買いあげてやる。大手筋の優良炭坑にはもっと金を貸してやろうという、その合理化法。経営者には何とも笑いがとまらない有難い法律。だが退職金すら貰えず追い出された労働者はどうなるのか。

（ここから、切々として、ごまかされてクビにされたいきさつを語る労働者の声がつづく）

――（現実音）――　　　――（声）

聞いている男Bの大写し。
聞く男C・Dの大写し。
聞く男E・Fの大写し。
聞く男二人の大写し。
話している男のB・S
室内の全景
そのF・S
○報告会のあった家の外、話し終えて途方にくれて出てくる男たち。
○じっと考えている女児を背負ったオバサン。
○家の前で話している四・五人の男女。
そのオカミサンの大写し。
○破れた炭住。遠くにボタ山。
炭住――。
○炭住の夜の集会
そのF・S
そのB・S
そのL・S
みんな真剣だ。

右へパン。

じっと聞いているオカミサン。

入口に立っている男の子。

（O・L）
○職安の中
埋まるような失業者の群。
○失業保健課のカンバン。
保健金受取りをまっている男達の大写し。

窓口。金と手の大写し。

うけとっている男の顔の大写しがつづく。

書類を渡す職員と受けとる男。
○職安の中の全景
あふれる失業者
右へパン。
係員と話す男。
○職安のカンバンの見える道。
ぞくぞくと集まるニコヨンたち
○ニコヨン受付場に集う大勢の人
左へパン。

ニコヨン受付の

失業保健を貰える間はまだいい
そのわずかな保健金もやがては切れてしまう。
仕事を探そうにも、炭坑だけを頼りに生きて来た人々には、もう仕事は何も残されていない。
失業対策事業がある？　だがその失対にありつくことは東大に入るよりも難かしい。二十人に

――（現音実）――

窓口。
じっと見ている男の顔の大写し
○表で立っているあぶれた人達。
○仕事にあぶれ、帰って行くニコヨンの群。
その男の力なく歩く足の大写しその全景。
○廃業大安売の商店のカンバン。
○その店の全景。
○閉店した商店街淋しく死んでいる。
○土堤の上を力なく歩く娘O・L
○休業の店の前。ねそべっている犬の大写し。
○雨の降る街。冷たい風景だ。
ボロボロの番傘をさして雨の中を行く老女。
○大石油産業。立ち並ぶタンクをパンする。
○林立する煙突。
○小さな石炭船が

一人というすさまじい競走率。
しかもその仕事も、月のうち半分も働ければ良い方だ。

合理化のあおりをくって町の商店も次々につぶれて行った。

エネルギー革命日本の石油資本の半分以上を持っているアメリカの石油資本。

———（象徴音）
（象徴音がここまで続く）
———（雨の音）———

走る。
○そのそばにある炭車。
○石炭船をつなぐ老人。右へパン
○石炭船上でひとりでメンコ遊びをしている子ども。
○大きな汽船。
○からっぽになった石炭船のフカン。

莫大な世界銀行借カンに依存した電力資本、全産業は今アメリカの手におさめられようとしている。それと手を組んだ日本の大資本と政府の産業プラン。それが政府のいうエネルギー革命であり産業の合理化である。嵐は日本の全産業に吹きおよんできた。

大企業の炭坑。そこには疎外された労働がある。上下するエレベーター。くさりにつかまって現場へ運ばれる労働者たち。生命が保証されないというカッペの現場へ彼らは送り込まれる。深い地の底で丸太だけに支えられた労働——。
それでも掘りつづけられる石炭はベルト

———（現実音）

コンベアにのって炭車の中へ。労働者の生命をかけた汗の黒い塊をのせた鉄の行列。
　大炭坑は中小炭坑の犠牲の上に、大規模な機械の導入を伴って、日本産業をまかなう七千五百万トンの石炭の集中生産が行なわれている。今までよりはるかに多い石炭の需要をまかなうために——。エッペータからカッペ採炭。ベルトを流れて炭車へ。真黒なエネルギー源は鉄で運ばれる。機械の中で労働者だけが人間だ。

○エレベーターのワイヤーがまかれる。大写し。
○炭車がエレベーターで上る。
○大炭坑の全景。
○ベルトコンベアーの全景。
○クレーンは巨大の爪だ。
○別のクレーン。
○そそり立つボタ山。
○別のボタ山。右へパン。
○ボタ山をボタ捨てのトロッコが昇る。
トロッコの大写し。ボタが落さ

資本家の利益だけを考えて次々に据えつけられる大規模な新しい機械——。

———（トロッコからすてられるボタの音）

れる。くずれる
○ボタ拾いのオバサン。
○ボタ捨てのトロッコ。
○ボタ山の上のトロッコ。
○ボタ拾いのオバサンの顔大写し
○同じオジサン、パンダウンしてオバサンの姿。
○ボタを捨てるトロッコ。
○ころがり落ちるボタ。
○風にふかれているボタ拾いのオバサン（O・L）
○ビル街（O・L）
○炭住。

　利益独占をねらう資本家は飢えたコンドルだ。大量の首切りを実施する。いわゆる企業合理化が進められる。
南に北に、労働者はたたかう。労働歌が渦まき赤旗が鳴り拍手はとどろきデモは大地を裂く。労働者は訴える。労働者は考える。労働者は行動する。妻と一緒に。子どもと共に——

○燃えるボタ山。
○新聞記事。百二

独占資本はまず炭労をたたきつ

十名指名解雇

○告知板の大写し
「被解雇に告ぐ」会社の告知。

○立入禁止の告知板。

○掲示板の前に集っている女達。
そのB・S。
そのF・S。

○ボタ山の上に翻える炭労の旗。

○山と積まれた解雇通知の大写し
整理している組合員たち。

ぶし、分断することによって全労働者への攻撃を開始しようとしている。
その最初の突破口として、まず日鉄二瀬の労働者に向って攻撃が開始された。

退職勧告、続く指名解雇。会社側のこの一方的な首切りは承認できない。組合は最後まで家族ぐるみで闘かうことを決意した一方的な首切りは認めない。首を切られた仲間を守ってその職場を確保しよう入坑を拒む会社側のピケを突破して、あくまでも就労を確保しよう。闘かいは暁の一番方の入

○たて坑から上ってくる坑夫たち
かけてくる炭住の人たち。

○燃えるボタ山。
無気味だ。

○夜明け前の坑業所内。
デモるオカミサンたち。エプロンとハチマキの白が波うつ。
デモる坑夫達。

○坑業所前でぶつかり合う会社側と組合側。
その大写し
はげしいもみ合い。
ピケを破りかけ込む組合員達。

○室内。会社側をとりまく組合員四カット。

○構内。かけて行く組合員達。
笛を先頭に組合員のデモが近づく。

○室内。会社側との言い合いは続く。

坑から始まった（五九年十月十三日）

（現実音）（象徴音）

（突然現実音が中断され象徴音に変る）

○落盤事故防止の看板の下をデモる組合員。
かけてくる組合員たち。

○スピーカーが暁の空にひびく。

○かけ去って行く組合員たち、かけてくる組合員の一団。
オカミサンのデモ隊が近づく。
子どもを背負った母親達の一団

スピーカー「解雇者は就労しても賃金は支払いません」（しつように冷酷にくり返されていく）

操込場では職制の追及がはじまった。就労させろ。入坑票を渡せ。追及はつづく。見守る坑夫たち。解雇者退去を命じるスピーカーの声にも動じない炭坑労働者。パトカーがやって来た。

○オカミサンの力強いデモ。

○操込場。オカミサンの拍手に送られて入坑する坑夫たち。
拍手するオカミサンの左向きフカン。
入坑票を入れる坑夫たち。

肩をたたき、たたかれ送られて坑夫は入坑する
入坑票を入れる坑夫たち。
現場への階段を走って下りる。
満員の人車は進む。
拍手するオカミサン。
人車のワイヤーロープが廻る。
勝利の笑いをのせて人車は進む
入坑票を入れる坑夫たち。
拍手するオカミサン。
人車は走る。
廻るワイヤーロープ二カット。

○ワイヤー越しに勝利をデモるオカミサン。男も女も働く者のみの知る喜びが今ここにある。

誇り高き赤い組合旗は今日ここに集う。
全専売の、西日本鉄道の、自治労の、日教組の、福岡教組の、全電通の、あらゆる産業の、労働の汗とたたかいの血のにじんだ

数百の組合旗は今日ここに集う。

　失業反対、職よこせ、社会保障の拡大を闘いとろう。勤評反対。民主教育を守り、ＩＬＯ条約の即時批准を。首切合理化反対、安保改定を阻止しよう。

組合旗は今日ここに一つになる。労働者は今日ここに一つになる。蛇行デモの轟きは大地をゆるがし、連帯の怒りは大空をかける。その中に、未来を創る者の顔が紅む。たたかいを貫く者の顔が怒る。敗北を知らぬ者の顔が笑う。(五九年十月二十日・飯塚)

○燃えるボタ山。	——失業、首切り、
○雨の中をずぶぬれになった母と子が、カメラを見ながら歩いて行く。	——それが何をもたらすか。はたらくものだけが知っている
○炭住の中 ガランとした中に骨壺だけが白く、ある。その大写し。	はたらくものだけが何故これ以上たえしのぶ必要があろう。
○総決起大会の町を行くデモ。その三カットがモンタージュされる。その顔、顔、顔 怒りと決意にあふれる顔。	われわれはたたかう。たたかいのつづく日のあるかぎり。 —————— ——————(象徴音)
○炭車を押す坑夫の姿。 ○石炭満載の列車が走る。 ○工場地帯のフカン。 ○首切り反対のビラ。パンして。 ○デモ隊。日鉄二瀬の旗が行く。デモの大ロングフカン、左へパン。 ○燃えるボタ山。山にそってパンボタ山の頂上にポツンとひるがえっている炭労の旗。 ○タイトル、終。	—————— ——————(象徴音)

採録・編集部・佐々木

楽しいPRのために■
作品評「暮しと家具」

高倉光夫
(戦後映画研究会)

●

　本誌十二月号における松川八洲雄氏のPR映画についての論文を読んでも、要するにPRだからといって、なげてしまわないでやろうじゃないか、という心意気には全く同感ながら「現実をアクチュアルに捉え、創作としてレアリテを表現する芸術の方法」なるものをPR映画の中にもち込むということになると、そんなこと言って大丈夫かと心配せざるを得ない。スポンサーが狸なら作家は狐というわけで化かしあうことは基本的にあるべき姿だし、或る場合にはそれが全面的に成功してすじの通ったドキュメンタリー映画となることもあろう。しかし多くの具体的な商品の売り込みなどというスポンサーからの要求がある場合、この化かしあいの大相撲をどうやって取り組めばいいのか、「PR映画とは私有財産制の害をごまかすための手段である」というようなきまじめな、観客論のぬけ落ちた松川氏の考え方では勝利はおぼつかない。そういう狭き門を自分の手で作ってしまってから、人間主義的或いは自然科学主義的な一切の逃避を否定するところまでは景気がいいが、例えば同じスクラップをとらえるにしても「客体化した主体、つまりは労働の視感覚更にその感覚には結びつくが、スクラップとは直接的には全く結びつかない社会的意味」としてとらえることによってドキュメンタリストとしてのすじを通す段になると、このドキュメンタル狐はスポンサー狸によってたちまちしっぽをつかまれてしまうのがおちではあるまいかと思うのである。そこで僕が提案するのは〃楽しいPR映画〃というサーカス狐になれということである。PR映画で「人間」と「胃袋」との両方を選ぶプログラムを考えるようなオプティミズムをすてて、宣伝屋、戯作者の悪戦苦闘の歯ぎしりとうらはらの楽しさを研究してもらいたいということである。

　新しい家具材料デコラのPR映画「暮しと家具」(岡野薫子脚本、長野千秋演出)はその意味で従来の啓蒙主義的なPR映画とはだいぶ違っている。作家主体をおし出して或る部分ではドキュメンタリストとして四ツ相撲を組み、或る部分では楽しさの新しい意味を見つけようという苦心のあとがうかがえる。それは各所にねらいの不明と雑然さを残しながら、ユニィクな画面のテンポ、ストップモーション等の効果、音楽の使い方などの実験性となって現れていた。住居の様式が時代の推移とともに変って来たというコメントの出だしの構成は、その様式の変化を下部構造と切り離して見る危険をはらみ、所謂モダンリビングへの評価等の問題を残す形で従来の教材映画と同様のチンプさがあったが、日本の古い家というものを版画風の絵と油虫のクローズアップで簡潔に表現したことは一つの化かし方として認めることが出来よう。しかし見る者をそのあたりに

つまづかせてはおかないスピードで〃モダンな家具〃という主題に引きづり込んで行く好調なテンポが前半にはみなぎっている。何よりも所謂モダンリビングという、いわばプチブル的な場の中にほとんど人間を置かずに家具だけをストップモーションで出して行くテクニックが成功している。そしてデコラの上にタバコの火が落ちても、熱湯がかかってもしみがつかないという実験がうつる頃になって、この映画はなかなか楽しくなって来る。デコラの製造工程に移るところから色彩にして、透明な原料に原色の色素が投入される美しさもよい。又種々なもように仕上ったデコラの見本が沢山ならべられてくるくる廻るのも面白い。しかし後半になってテンポは落ち最後に近く、或るモダンリビングの台所で食事をしている家族がうつされるのにはへきえきした。前半における技法の主体はどこへ行ったのだ。前かけで手をふきながらサービスこれつとめる若奥様やあの太った子供のバストとデコラが何の関係があるというのだ。この映画には一人として人間が出て来ない方がどれだけよかったかわからない。楽しいPRどころではなくなってしまう。一体モダンリビングとは現在の日本においていかなるものなのだ。だいたいデコラなんてものはきたなくてせまい長家住いの我々にとって何なんだ……等々。むろんモダンリビングを描いてその欺瞞性をばくろし、そうすることによって現在の日本の都市計画、住宅計画等の全面的否定にまで発展しようというのなら、それこそ真のドキュメンタリストの仕事である。しかしPR映画「暮しと家具」はプチブルの幸福を描いたままで終ってしまった。そこでまずこんなリアリズムをすててプチブルの生活など出さずに、徹底的にモダンな家具或いはデコラの性能や用途に焦点をしぼって、そうすることによってスポンサー狸を化かしつつ、観客を獲得することを考えるべきではなかろうか。例えば人間を出すとしても手先だけに限定し、古い台所とその離れた食卓と、デコラを使った新しい台所での食事をコミカルに比較することによって、モダンリビングからその道具性だけを抽象化し、大きく言えば〃デコラこそが生活を変える〃という一つのファンタジイ、楽しいPR映画を提供する可能性を考えたいのである。

× × ×

現場通信

野鳥を追って

小津淳三
（演出家・フリー）

ニュースのカメラマンが、テーマを与えられて出かける。現場でブッツケ本番の撮影をやりながらテーマをまとめていく。

こんな仕事をしてみたくて、私は周はじめさんと鳥の撮影を考えた。鳥を撮影することがニュース的というのではないし、ブッツケ本番が、仕事の進め方として、特に上等だというわけでもない。それにもかかわらず、こうしたやり方に興味を感じるのは、一体どういうことなのだろう。

私は考えてみた。私たちの場合は、現場が脚本通りにいかないことがよくある。みんなが納得出来る立派な脚本をもらう。さて現場に出かける。ところがである。現場の状況は、脚本通りにいかない。こんなときの適応性を訓練して置くのも勉強のうちであろうと思った。

野鳥は、二度と同じことをして呉れない。だからどうしても、一発必中を心掛けねばならないし、どこまでもチャンスを待つしんぼうもなくてはならない。又めくらめっぽうに撮りまくったところで一本の筋を通すことは出来ない。

周さんの経験とうんちくで、野鳥の習性や行動に、一通りの筋を通すことが出来る。後は、これをたよりに、どこまで、野鳥の生態撮影という現場に適応出来るかが私の私をためしてみたかった点である。勿論、私は本職のカメラマンではないし、周さんも映画の人ではない。しかも相手は羽のある野放しの鳥である。親切な、まわりの人達は、大変好意のこもった危惧の念で私たちの冒険をみまもって呉れていたようである。それらの危惧をよそに、私たちは進歩した写真科学にたよりながら、しかし、いたって原始的な撮影を敢行した。　経済的に安定度の少ない、ちっぽけなプロダクションでは、まったく、ゲリラ的撮影のし方で、経費をかけずに効果を上げることも試みる必要があるのだ。もしも、私たちが満足するような機材を要求し、満足する日数や、スタッフを要求したら一ぺんでつぶれてしまうかも知れない。私たちがゲリラ的方法を、とったのは、一面プロダクションの経済的事情に妥協したことも事実だが、又、身軽な人的構成が、相手の性質上必要だったからでもある。

私たちの一行は三人。千葉県新浜の海岸へ出かけたのが十月一日。渡り鳥の季節にはややおくれているので撮影も急がなければならない。晴雨をえらぶよゆうもなく、国電元八幡駅からバス。行徳橋南詰でおりて徒歩約二キロ。長いまったく長く感じる江戸川堤をテクリ、一面にすすきの茂る河口の埋立地を過ぎると、やがて新浜海岸に出る。ややつかれて腰をおろした堤防の下には、黒々とした

干潟が、雨もよいの空を反映して広がっている。堤防の内側は、一面の湿地帯で、蓮句や、すすきの茂みや、沼が続き、遠く彼方には御猟場の森が長々と横たわって、陸の視界をさえぎっている。この森は、さぎのコロニーになっていて、いく種類かのさぎが群れとんでいる。このあたり一体が、私たちの撮影予定地なのである。干潟には、シギ、千鳥、さぎなどの渡り鳥が、近づいた渡りの準備に、えさを求めて群り、沖には、すでに北から渡って来た鴨の群が翼を休めている筈であった。

だが、今、干潟を前にした私には、ただ黒々とした泥と、ところどころに白く光る水たまりと、点々とえさをあさる白さぎの姿が目にうつるだけで、目的のシギや千鳥はみつけることが出来ない。シギや千鳥は、潮の干満にしたがって干潟を移動し、干潮時にはずっと遠く、潮の前線でえさをあさっているのであった。注意してみると前線にはたしかに動いている鳥らしきものがあり、沖にはのりしびとみまがう、鴨の一群が波の間に間に浮んでいる。私と周さんの二人は、泥のなかを潮の前線まで進むことにした。カメラをかついだ二人にとって泥の中の行進は楽ではなかった。進むにつれて泥はひざを埋め、行動の自由をうばった。近づくにつれて、鳥の姿がはっきりとする。私たちは無言になる。きん張が強まる。注意深い猟師のように、鳥の動きを判断しながらカメラを据える。だが、それが成功するかどうかは、ほんの一瞬の私たちの動きで決まってしまうのである。私たちに気付いた鳥たちは一せいに飛びたってしまう。私たちは深い泥のなかにとり残されて、体の自由を失い、これを追うことさえも出来ないのだ。そしてまた始めからやり直す。潮が満ちて来ると撮影はも少し楽になった。私たちは、もう、泥に足をとられることがないので、思うまま、シギや千鳥を追うことが出来る。シギや千鳥のなかには、えさをあさりながら、私たちが追う速さに合せて一定の間隔を保ちながら、うまく逃げていく奴もいた。そんな奴は、こちらがチャンスだと思った瞬間、ぱっととび立って反対の方向へ逃げてしまう奴だ。私たちはこの連中を追いつめることに専念した。

終日鳥を探し、近づき、そして逃げられるという、おっかけごっこを幾度となく幾日となく、泥の中で操り返して、晴雨の別なく実動十二日のロケを過した。しゃへい物のないだだっぴろい干潟では、ブラインドもほとんど利用価値がなかった。又、晴天が必ずしも、よい撮影条件とはならなかった。鳥たちは、空模様の変化が多いとき程、動きが多く私たちの眼前に姿を表わすことが多かった。撮影には、ボレックスに一五〇ミリのレンズを主に使用した。二五〇ミリは、経済上、三日間だけ使用。被写体に一番近づいたのは約五米。このとき半日がかりで追いつめたシギの水浴を撮り、一本足の仲間を守る千鳥の群を撮ることが出来た。

野鳥の撮影は、狩猟に似た快感がある。但し鳥を殺すことの絶対にない猟師である。

飼育した、シギとさぎも撮影したが、野鳥の品位とは比べものにならず、使用する気にはならなかった。

プロダクション・ニュース

（文中略号、16・35＝16ミリ・35ミリ、脚＝脚本、演＝演出、撮＝撮影、編＝編集、EK＝イーストマンカラー）

読売映画社

○完成「隣りにニセモノあり」白黒、ワイド、35、三巻、演―片岡均、撮―谷沢一義、「スポーツの祭典・国体東京大会記録」カラー、35、二巻、構成―井出王衛、撮―山下亘、「新聞輪転機」部分色、35、二巻、演―橘逸夫撮―日向清光、「赤い兎」カラー、35、三巻、演―蛭川伊勢夫撮―並川達夫、「秘境ヒマラヤ」カラー、35、十巻、撮―大森栄

○撮影中「東パキスタン」カラー35、三巻、脚・演―入江一彰、撮―日向清光・飯塚一十郎、「符号の世界」カラー、35、二巻脚・演―前同、撮―日向清光、「阿蘇」カラー、ワイド、35、二巻、脚・演―落合朝彦、撮―渡辺英容、「日本のエレクトロニックス」カラー、35、七巻、脚・演―入江一彰、撮―飯塚一十郎、「日本のトランジスター」カラー、35、二巻、演―杉島稔撮―前同、「X線フィルム自動現像装置」白黒、16、一巻、演―戸塚秋生、撮―前同、「うつる小児マヒ」カラー、35、二巻脚・演―広木正幹、撮―森野岩雄「私たちは守られている」白黒、35、二巻、演―戸塚秋生

新世界プロダクション

○完成「進路指導シリーズ2・大企業編・先輩からの手紙（仮題）」白黒、16、二巻、脚―熊谷光之、演―清水隆夫、撮―伊藤昌宏、「牛物観察シリーズ1・渡り鳥の生活」白黒、16、二巻、脚・演―周はじめ・小津淳三、編・撮―小津淳三

芸術映画プロダクション

○編集中「一九五九年全日本自動車ショー」カラー、二巻、演―上村洋、撮―増田年節・芳野光国・永山義徳・高野芳明

○完成「東南アジア走破四五〇〇粁」カラー、五巻、撮―桜井淑雄・立松通、編―上村洋

■編集後記

今月号は戦後の記録映画運動に参加した作家達の体験を通じて、新しい運動のヴィジョンをうちだす特集を予定したのですが、執筆を依頼した数名の作家が仕事の都合で原稿にならず、『失業』を中心とした特集となりました。

＊

来月号は社会教育映画のもっている諸問題を特集の予定です。

＊

「ジューク・ボックス」欄に読者諸氏の投稿をまちます。

なお、プロダクション・ニュースのあつまりがわるいのですが、御協力をねがいます。

＊

三月号には杣木恭介氏の「ドキュメンタリー力法」をのせます。かつて「新日本文学」誌にのせたものの続篇であり、発展であります。御期待下さい。（野）

発行所　教育映画作家協会　電話東京（71）一五四一八番

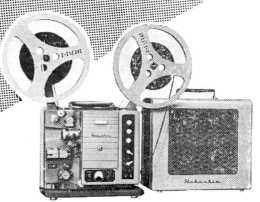

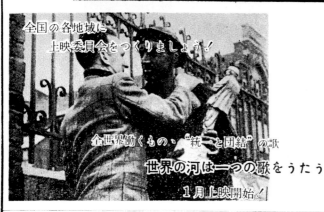

教育映画作家協会編集

記録映画

THE DOCUMENTARY FILM

昭和三十三年九月五日第三種郵便物認可

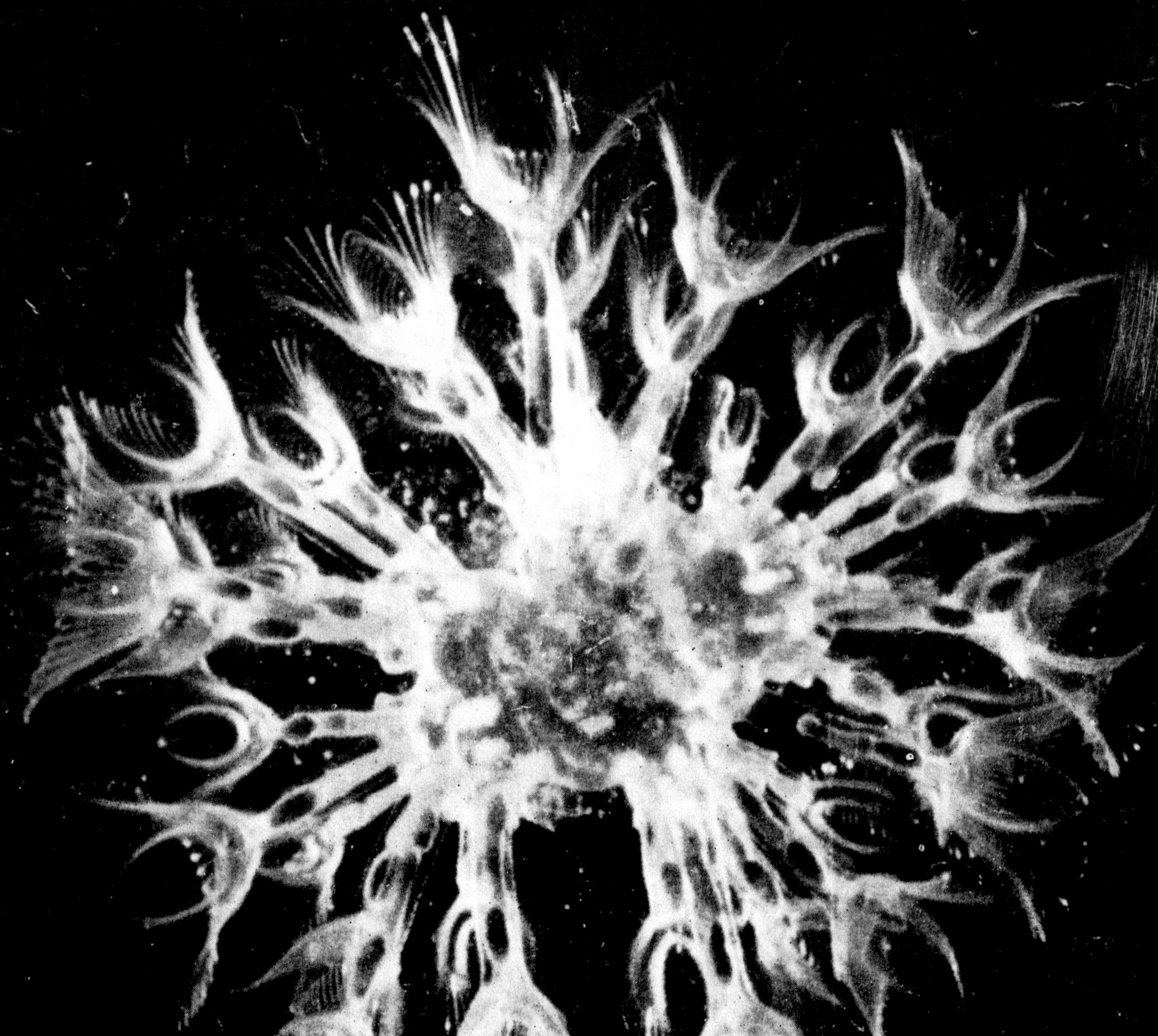

「沼辺の小さな生物」

3月号

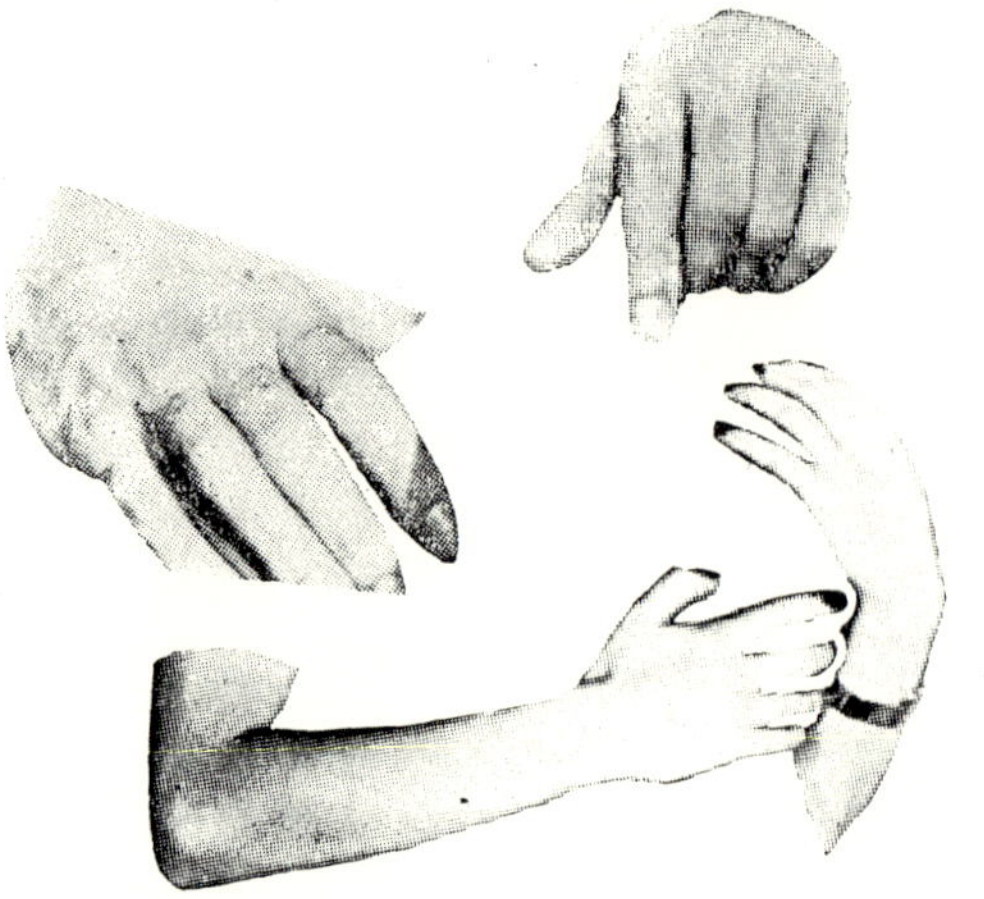

記録映画

1960　3月号
第3巻　第3号

時評

『労働組合視聴覚全国集会』の成果をふかめよう。

二月九、一〇日、伊東市で、総評主催の『労働組合視聴覚研究全国集会』（以下「労視研」と略）がひらかれた。労組、サークル、専門作家、技術者、製作配給業者など五百名にあまる参加者を結集して盛会であった。

参加者の数だけで集会の成功、不成功をきめるのは危険なことであるが、なにはともあれ、まず反体制側のこうした集会がもたれたことは画期的なことであり、その意義をたかく評価しなければならないと思う。

第一回のことなので、いろいろな経験や意見の交換、話しあいから、視聴覚メディアの反体制的な運動への活用と適用の自信をつかみ、同時に、当面している体制側のマス・コミによるイデオロギー攻勢の指向するものと、その構造がどのようなものであり、問題点はどこにあるか、ということを参加者がつかまえるなら成功といえよう。問題の意識的な把握は当然、つぎにいかにすればそれらの攻勢に、独自な方針によってたちむかえるかという方途をみちびきだすからである。

さらに、この集会に参加した者が、マス・コミの受け手であり、受け手側に立とうとする送り手、または立っている送り手でもあるという主体的な条件はマス・コミの基盤をわれわれがにぎっていることであり、そのことは「労視研集会」の成果を前進させ、発展さす可能性をもっているという確信にたつことである。つまり、体制側のマス・コミをうちやぶるものはわれわれであるという自覚のもとに、その可能性を現実性に変えていく、われわれの着実な努力のつみかさねこそが重要であると思う。参加者がこのことをおたがいに把握するならば集会の成功が確実にかちとれるだろう。その意味で統一的な今回の集会の成功に拍手をおくりたいと思う。この集会の成功に拍手をおくる意味はわれわれ映画作家にとって、たとえば、今月号で特集した社会教育映画の当面している諸問題――とくに官制（体制）側の一方的な、圧迫による作品内容の規格化、つまり体制的なイデオロギーの強要などに対するカベの打破と無縁でないからである。われわれ映画作家は、ことに社会教育映画や教材映画をつくるものは、国民大衆や学童たち、うけ手にたいして責任をもたねばならない。

そのために、われわれはあらゆる努力をもって、それらの映画を真に国民大衆の利益として役立つものにしようとしている。だが、製作の主導権をもった体制側のワクのしめつけのなかではわれわれ映画作家だけの力で、また、作家の善意や努力だけで、われわれの念願は達成しない。それはわれわれ自身が日々いやというほどしらされていることである。その反証として「労視研集会」がうけ手の側からおこったとみてよいと思う。そのようにみるならば、われわれの責任の大きいことを痛感しなければならないと同時に、われわれにとってそれは絶大な支援であることをしらねばならないと思う。

以上のことから、われわれ映画作家の目的と「労視研集会」の目的とは一致しているといえる。共同の目的を遂行するには受け手と手をむすぶということ以外になく、またわれわれの責任をただしくはたす途はない。われわれは「労視研集会」の成果をうけとめて、報告会や議事録の研究討論会をもって問題をふかめねばならないと思う。そして、明日の実作にむすびつけなければならないと思う。

表紙の写真

沼辺に住む小さな生物、コケムシの群体。一匹一匹をポリプ体と呼ぶ。吉田六郎脚本・演出・撮影作品「沼辺の小さな生物」（東映）の一シーン。

もくじ

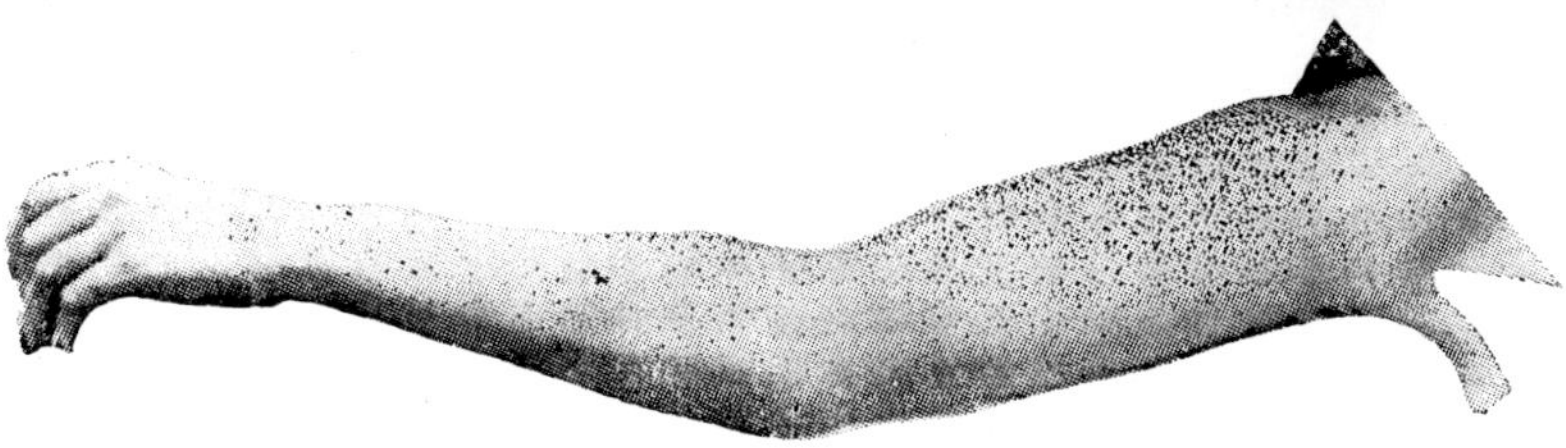

総合主義芸術論 ● ダンスからテレビまで ● 1

柾木恭介

――「物」と「意味」に分解しながら撮影してたらよ、その「物」がいつのまにかなくなってしまってよ、ちがう「物」があらわれてきたんでよ、そいつをまた分解してたらさ、日が暮れちまってよ、その日はオジャンというわけさ……――

本誌前号の「ジューク・ボックス」によるとこうしたプロデューサー泣せの監督氏がどうやら横行しているらしい。カメラの賃貸料とフィルムのフィート数を気にするプロデューサーの嘆きには大いに同情すべきものがある。日暮れて道遠し、ドキュメンタリーは一日にして成らず、というわけだ。ことのついでにつけ加えれば、日常性をハクダツし裸形の「物」をとりだすストリップダンスを思わせるようなテーゼについても、たしかカルネの「天井桟敷の人々」だったと思うが、小屋掛けの木戸番が「真理をごらんなせえ!!」と呼び込んでいるのにつられて入ってみると、入浴中の美女アルレッティの上半身が現われるという場面を、このプロデューサー氏は思い浮べているかもしれない。いっそのこと「ドキュメンタリー方法論」などはやめて「ドキュメンタリーとエロチシズム」にこの小論の題目を変えようかと思うが、協会には私などよりも適任者がキラ星の如く並んでいるので、やはり編集部から与えられたテーマでがまんしよう。もっとも、もう二年ほど前に、私自身が「もの」とか「意味」とか「日常性」とかいうことを書いたのだから、わがプロデューサー氏の嘆きにも一端の責任をもっているわけだ。そこでは次のように書いた。

――ドキュメンタリーをジャンルとして考えるのは根深い。それはシュールレアリズム運動が方法としてとらえられたのにくらべていちじるしい対照をなしている。シュールレアリズムは、現実を構成する単位をオブジェという概念としてとりだした。つまりオブジェという単位で文法を組立てることができたのである。それはちょうど、マルクスが、商品を資本主義社会の富の原基形態、細胞形態、つまり単位としてとりだすことによって資本主義経済の法則を発見したように、オブジェによってシュールレアリズムは現実を再構成し、その世界を作りあげることができたのである。いまはオブジェという単位概念を追求するのが目的ではないが、ただ、単位の発見ということが、現実の再構成にはかならず必要であるということだけに注目しよう――

――「もの」と「意味」という素粒子的単位に分解された「事実」は、だから新しい「事実」に転化する。ドキュメンタリーは「事実」を「もの」と「意味」に分析することで、新しい「事実」を発見し、「現実に導入」(ルフェーブル)する。この新しい「事実」を私は「記録」と呼ぶ――

――私たちの大脳半球には、外部からも内部からもたえず無数の刺激が到達しており、これらの刺激は、相会し、衝突し、相互作用をし、ついに系統づけられ、平衡をたもった動的なステレオタイプ(常同性)に仕上げられている。感情・情緒の発生は、こうした常同性に新しい刺激が加わり、その常同性が破壊され新しい常同性が確立して行く過程に求められる――

現在、読みなおしてみるとかなり不充分なところがある。たとえば本誌三四年六月号で石子順造氏が「死体解剖と生体解剖」のなかで「何よりも先ず『事実』をそのように運動として考えてみた後で、『もの』の運動性、『意味』の方向性などを問題にしてゆかないと一向に議論が具体的になって来ないと思います」と批判されているのは、私の不充分であった核心をついている。つまり、「運動」が物質の存在形式であるという弁証法的唯物論にたった石子氏が、「事実」を「もの」と「意味」とに分解するというような静的な図式を批判されるのは当然であるわけだ。したがってここでは「運動」ということを中心にドキュメンタリーの方法を再検討してみよう。

安部公房は『裁れる記録』で書いている。「オペラは歌が中心だが、ミュージカルスの中心は、単なる歌でも踊りでもなく、あえていうならばそれらをむすぶ〈前庭器性空間知覚〉とでもいうべき、より根元的な自己感覚や、関節部位やコルジ氏器官による姿勢ならびに運動感覚等なのである。ここでつくられる、線状加速度と角性加速度、あるいは位置や転位の知覚の組合わせが、リズムの理解となり、やがては歌や踊りという表現の母胎にもなるわけだが……」

歌や踊りだけでなく、演劇のアクショ

ン、文学の文体、映画における時間の空間化によるモンタージュのリズム、彫刻や建築のムーブマン（動感）などとよばれるものは、その根底において、「運動」のさまざまな総合であるリズムとして、現実のなかから抽象されたものにほかならない。したがって、「運動」が物質の存在形式であることとアナロジカルに言えば、芸術における形式は、現実から抽象されたリズムの多様さでもあるわけだ。岡田晋はその著書の題名を『壁画からテレビまで』としていわゆる「映像」の問題を展開しているが、私が「映像」に関心をもつのはたんに「映像」だけではないし、また、「映像」と「言語」を対置してその品定めをするような二元論の論理遊びでもない。「映像」と「第二信号系」のいわば「統一場理論」を根底にすえることで、全芸術の新しい展開を考えているわけだ。だから、私は岡田晋よりも以上に「映像論者」であるつもりだし、私が本を出すとすれば、『壁画からテレビまで』ではなくて、『ダンスからテレビまで』にしようかと思っている。余談はさておき、全芸術ジャンルにおけるこのようなリズムを現実から抽象することは、第二信号系のはたらきなくしては不可能であり、また、それなくしては、リズムを母胎にした表現も不可能であるのは、いうまでもない。つまり芸術は外部と内部の現実から刺激を受ける第二信号系のはたらきによって対象的に展開された世界である。ドキュメンタリーの方法とは、現実を「運動」に分析すると同時に、その「運動」から現実を総合することである。一見したところ無関係にみえるような、たとえば、ダンスと建築の間にも、第二信号系を媒介にした関連においてとらえる立場を、私は芸術上の総合主義と呼ぶ。

　話はもとに戻るが「日常性のハクダツ」ということも、したがって入浴美女に「真理」を見るというような、あるいはファウスト博士ではないが「この世を、その奥の奥で統べているもの、それが知りたい!!」というような現象と本質という観念論的観点から、日常性とか日常的意味をとらえるのではなくて、前にも書いたように、それは第二信号系のステレオタイプ（常同性）つまり、動的で平衡したステレオタイプとして考える。それの形式と破壊というダイナミクスこそ感情・情緒の発生にほかならない。したがって、日常性をハクダツするとか日常的意味を破壊するには、既成のステレオタイプにそれを壊すに足る刺激が加えられなければならない。既成のステレオタイプも現実から抽象して獲得したものであるから、新しいステレオタイプの形成をうながす刺激も、当然、現実からの抽象である。つまりドキュメントにほかならない。このドキュメントを、さきにも言ったようにダンスからテレビにまで、その普遍性においてとらえることができる。ここではドキュメント＝事実というような考えかたをいちいち批判する必要もないだろうが、ドキュメント＝「もの」とする、ちょうどシュールレアリズムの「オブジェ」のようなニュアンスでとらえられるのには、やはり反対しなければならない。むしろ「もの」ということをとりあげるのは、そうした「オブジェ」を止揚するためであり、「オブジエ」に新しい「意味」をつけ加えるためである。「意味」の安定性はステレオタイプの強さにあるのだから、「意味」もまたその根源においては「運動」の総合にほかならない。

　リズムの理解が、一方では歌やダンスという表現ジャンルに総合されるとともに、他方ではミュージカルスとしても総合される。ミュージカルスを歌とダンスを総合したものと考えるのは、まちがいではないにしてもやはり皮相な考えといわねばならない。つまり、人間がチンパンジーやオランウータンと同一の先祖から発生したものであっても、人間はチンパンジーやオランウータンなどを総合したものでないのと同じことだ。同じリズムの理解を、ある方向に総合すれば歌となり、他の方向に総合すればミュージカルスになるのである。同じように、映画を総合芸術というとき、文学・演劇・音楽・美術などの総合というのは不充分で、それら諸ジャンルの根底にまで一度達したうえで、そこから映画として総合されたものと考えるべきであろう。そこではたとえば「映像」と「リズム」は第二信号系をとおして結びつく。岡田晋によれば「映像」はフィルムやブラウン管の上に現われ動くものの形を指すというし（『文学』二月号）また佐々木基一によれば「……そこに映像が直接感知させる以上のものをも読みとる。黒白の画面からわたしは色彩を想像することもできるし、目で見る画面から思想や倫理や観念や感情さえ読みとることができる……」（『キネマ旬報』二四六号）というように、「映像」というものを結局、フィルムやブラウン管の上に現われる形と考えているらしい。このような「映像」についての考えかたでは、現代芸術の問題を解くことはできないと、自分でもいやになるほど、口を酸っぱくして批判してきたのに、岡田晋は前記の雑誌で、相変らず針生一郎の映像は「不在像」で、私のは「知覚像」で、「こうした混乱と誤解を避ける意味で、ぼくはこの際はっきりしておきたい」として、さきにあげたような「映像」の定義をしている。「混乱と誤解」などというほど高級なものではない。それ以前に必要な問題意識をまったく失っている夫子自身を批判しているのに気がつかないとは、よほどケタが狂っているらしい。

　それはさておき、総合主義芸術は、たしかに一方では、ジャンルの破壊つまりジャンルを形成している根源にまで分析することで新しく総合することから、ミュージカルスを生みだしたように、今後も現在では存在していないような形式を生みだすだろう。それと同時に、他方では既成のジャンルたとえば映画においても、総合主義映画が今日の映画から区別されるものとして生れるだろう。映画におけるドキュメンタリーの方法とは、総合主義映画にいたる方法である。

（筆者は評論家）

現実と戦後体験の二重像

長野千秋
（演出家・日映科学）

一般に人間の責任とは何か、という形で問題を提起することは私にはできない。
　私たちの前には、過ぎさったあの戦争の巨大な姿が、課題としてよこたわっている。私たちの生活と思想にとって、それはあたかも「そこにある」問題であり、回避することのできない問題である。眼をつぶれば見えなくなるかもしれないが、それによって対象は消えさることはない。責任の問題を考えるということは、それ自体が生活と思想に関する責任の意識を前提としている。
　戦後十五年、ようやく戦争の記憶は風化にさらされ、砂漠のようにひろがる大衆化と「繁栄」のなかで、あの巨大な「無限戦争」の体験は硬直した執念として凝結するか、愚直で牧歌じみた神話か何かのように、骨董的嗜好の対象となっているように思われる。何ものをも包みこむマス化の浸潤作用によって、もっとも本質的な体験の核心さえもが、活字や映像やメロディの波の中に埋没しようとしている。
　この状況は、いわゆる「戦争責任」の問題に、「戦後責任」の視角を加重する結果を生んでいる。（橋川文三）

　僕は、戦後の空白時代に「どん底」を見て、ルカになりたいと思ったことがありました。

　この、最底の生活をしている連中が住むドヤの中にはいりこんで、毎日々々同じような倦怠の生活を繰返し、過去の精神的肉体的遺産だけで生きているような人達の中で、フッと、この日常の生活意識を破って、今とは異なった自己の生き方が見えてくるような空気をまき散らして、「やつめ、古い汚ねえ銅貨へ、硫酸でもぶっかけたみてえに、この俺に迄作用しやがった」とサーチンに言わせて、消えていったルカ。

　このルカが、一体どんな生いたちをもち、いかに屈曲した体験を経ながら、このような自己を形成してきたか、その秘密を無性に知りたかったのです。

　戦後、自分の行動を規制する支柱がなくなって、一体、自分が何者か、いかに行動したら良いか、生きていく為の糸口すらつかめず形而上学的事物の混沌の中を彷徨しているときに、サーチンのいう如く「あの爺いは、いわば自分の内から生きているんだ……何を見るにも借物でねえ自分の眼で見るんだ。……」といわれたルカのように、いかなる場所でも、ずるくふてぶてしく他人をもまき込みながら自己を押し通して行動する人物がたまらない魅力でした。

　しかし、サーチンの言ったごとく「自分の内から生き、借物でねえ、自分の眼で見る」為には「古い汚い銅貨へ硫酸をふりかけた」だけで消えていったこのルカを否定して、僕の今ぶつかっているこの現実の中で、自己を形成していかなければなりません。

　その為には、自分の過去の意識或いは無意識の世界に対決して、私をここに迄いたらしめた内的生活にメスを入れると同時に、私の生きているこの現実を凝視し、そこから自分の生きる為の理由をみつけていかなければなりませんでした。それが僕の記録映画の社会に入った動機でした。

　「人間の歴史の中で、始めて原子爆弾投下のスウィッチを押した人間の疎外には、ボツシュでさえ覗き得なかった深淵があるにちがいない。」

　僕はかって、つまらない熔鉱炉の講義を聞きながら、「新らしい事物の前に」という脚本を読んでいました。それは、中国が新たに解放した製鉄工場（既に相当破壊されていた）を建設する迄の困難、矛盾克服の過程をえがいたものでした。この中で小学校しか出ていない主人公が、建設の過程で、たちまち技術を身につけ、実際と理論とを一致させた方法で、科学的な建設方式を生み出していくという構成で、今考えれば、まことに英雄主義的な匂いもするが、技術の発展がストレイトに大衆の生活水準を高めていく社会のあり方は、こんなにも人間に希望を与えるものかと思ったことがありました。

　ここで僕が問題にしたいのは、「職人気質」「技術者根性」です。古くから日本には、「……の鬼」と言われる科学者や技術者が沢山います。成果をあげる為には彼の全存在をかけます。その研究が社会の中でいかなる効用を果すようになるかは問題でありません。確かに、試験管を握り、オッシログラフを検討し顕微鏡をのぞく時、この研究に全存在をかけるのは当然です。そ

れこそ技術を発展させる根源だったのです。しかし、その結果がストレイトに私達の幸福に結びつくとは限らない政治機構の中では、この「技術者根性」は悪魔に魂を売る可能性を持っています。

実際、自然科学の進歩につながる技術の社会化は、社会機構の重要な要素です。技術の発展を消化しきれない社会機構は崩壊への危機をはらんでいます。現在原子力、オートメイションの発展は、「技術革新」の問題として世界的に論じられています。

日本の「技術革新」の特徴は中村静治氏によるとアメリカの「技術革新」の輸入再生版であり、それはたんに、新技術の過半がアメリカから導入された、ということによってではなく、朝鮮戦争ブームをテコとし、このブームがアメリカ軍の特需発注からもたらされたこと、アメリカを中心とする極東戦略の体制の整備、対社会主義戦争準備の一環としておこなわれたという点において、そういわれうるのです。

原爆を日本に投下させた技術の発展は、軍事技術としてますますその巨歩を進めています、一方、技術の進歩はますます高度な生活必需品をも生み出して、文化的水準を高めていきます。そして「技術の進歩は労働手段の私有と労働の社会的性格の矛盾をますますあらわし(武谷三男著・日本の科学と技術)」現在、平行線をたどる三池の闘争は、その性格を極端に露呈しているように思われます。

一体、科学・技術とはいかなる化物なのだろうか、その正体をつきとめたい。

その為に、僕は今迄の科学映画にみられる、自然や科学に対する素朴なる信頼感から抜け出して、ドキュメント対象として科学・技術に対決していく必要があると思います。

彼ら笑う

石川　逸子

「この子は手足が長すぎる」
子を食う母
朝に晩にばりばりと子の手足を食う母
血みどろの口と慈愛の瞳
「わたしはお前のためを思っている
いつもお前のためを思っている」
子は逃げる
短くなった手と足で子は逃げる
母の沼　どぶどろの臭い放つ　沼から逃れようと　もがく
「誰か来て　息子が逃げる
どうかあの子をつかまえて」
髪ふり乱し　わめく母
したたる涙
子は取り巻かれる
おとなしい隣人たちが子を囲み
次第にその輪をちぢめてゆく
「食べられたのはぼくです
流れたのはぼくの血だけなのです」
「悪いのはお前だ」「お前だ」
「ぼくの手足はぼくのものだ
ぼくはぼくの手足を守らねばならない」
「それでも悪いのはお前だ」「お前だ」

子はひとりぼっち　味方はない
大勢の手が彼をつかみ
またつなぐ　彼を　その母の足元近く
灰色のきつい鎖に
「ぼくはあなたを憎む」
「わたしはお前を思っている」
「ああいっそぼくはあなたを殺したい」
「わたしはお前を思っている」
うっとりと母はささやく
微笑みながら近附き
ぼりぼりと子の手足をしゃぶる
子は変ってゆく
朝に晩に手足を食われて子は変ってゆく
もう子は逃げようとしない

彼は静かに朝焼けをみつめ　じっと一日の終りを待つ
「わたしの息子　お前はやっといい子になった」
「彼は死んだのです　母さん」
「まあ　お前ったらふざけて」
上機嫌に笑う母
俯向く子
「ごらん　実にいい風景だ」
「ええ　心あたたまる………」
遠く語りあう隣人
誰も彼も笑っていた
死んだ　或いは死にかかった　子の魂はそっちのけに
笑っていた　実に楽しげに笑っていた

（「現代詩」六〇年一月号より）

この詩は、没主体的な人間をはぐくんでいく家族制度を、端的に象徴しており、没主体的な人間としてはぐくまれ、日本特有の重荷を背負って、この現実に対決していかなければならない世代の苦しみと、それを断絶して伸びていこうとする作家の苦悩が感じられます。

僕の人間関係、僕のセックス、僕の生活全てがこのいまわしい半封建社会の家族制度に結びついています。

僕は社会教育映画の中に、時々この詩にかかれているような「慈愛に満ちた瞳」を感じてぞっとすることがあります。いわゆる社会教育映画の中には何か甘いムードを持った仲よくやりましょうの助け合い運動が多い。それは、義理・人情の庶民意識を、戦後にうら返した形で移植されているのではないだろうか。そこには、天皇の名の下で死んでいった没主体的な人間を形成してきた庶民意識に、メスをいれることは殆んどありませんでした。

それは、戦後十五年経た今日、日常性というベールにおおわれ、庶民意識という名の下に温存されて、支配イデオロギーを支えていく温床になっていると思われます。

吉本隆明氏は「現代の発見」の中の「日本ファシストの原像」という論文の中で、「庶民的戦争体験」の問題にふれ、「ひき裂れて」という母親の戦争体験の記録から例を引いて、庶民社会のやりきれない「人間関係の矛盾」と、更に「無智の責任」を、「庶民のイデオロギー的戦争責任」と「庶民の異質のイデオロギーの葛藤の体験と責任の問題」の二つにわけて、「典型的な日本の庶民社会の人間関係と発想が、戦争という極限の状況で露呈している問題」を三つに集約しています。

そして、庶民と庶民社会の戦争体験からみちびくことのできる最大の教訓は、「こんどこそは心を入れかえて平和思想に没入しようと単純に考えるのではなく、庶民や庶民社会として自立するために、日常生活の意味を掘りさげようとかんがえることによって、戦争体験と責任の問題に対処することができるはず」であり、「日常的な精神体験と生活体験の意味が、庶民自身の手によって掘り下げられ、それをもとにして庶民社会が、イデオローグの社会にたいして自立性を獲得しなければならないという点に帰着する。」と述べています。

ここにあげられた分類の仕方は別の問題として、ここには、創作方法の上で、単に日常性を破壊して変革のエネルギーをとり出すということだけでは解決できない重要な問題を提起していると思われます。社会教育映画の壁を破る一つの道は、作家自身の中に庶民性を追求していくことが、不可欠の条件と思われます。

「いまは、人類が巨大な足どりで進んでいる時代である、かれらは工業・化学・技術の長足の進歩を示しているだけでなく、世界の広大な地域での政治体制の急速な変化を目にしている、かつておくれていた諸民族が植民地のくびきから脱け出し新らしい独立国家をもつくっている。……諸国民は平和を渇望している。自身の運命を心配することなく生活し、新戦争で自身の生命を失う恐れなく暮したいと望んでいる。諸国民は破滅的な戦争手段から解き放たれたいと望んでいる。」と国連でフルシチョフ氏は演説している。そして、「過去において人類社会がもっていたすべての破壊手段をすべて合わせるにしてもその威力は現在核兵器をもっている大国のそれに比べれば、全くとるに足らないものである。」とも述べています。

それにも拘らず、迫撃砲十三門、無反動砲四門、バズカー砲二門、機関銃二十八、小銃六〇〇という武器を持つといわれる近衛部隊なるものを、首都防衛のためとやらいうことで税金をはらい、何千億という金をかけて飛行機を買いこみ、国民の多数の反対を前に、新安保条約が調印される国があります。現実は全く絶望的です。

この底には、半封建社会の中ではぐくまれ、いまだに支配体制を温存する庶民意識がつながっており、更に原子とエレクトロニクスの時代に、前記のような防衛対策に莫大な防衛予算を提出するような「技術」に対する認識の低さこそがこの現実を支えているものといわなければなりません。

このような重層的な構造をもった現実に生きる作家は、戦争・戦後の体験をその為に生かし、綜合的に認識し、あらためて創作活動の中に溶解させていかなければならないと思います。それこそが、戦争戦後体験と責任の問題であり、作家が先ず出発点としなければならない作家主体の問題があるのではないかと思います。

協会会報三十一号で松本俊夫は「作家の主体ということ」で戦後なしくずしにされてきた戦争責任の問題を改めて取上げ「戦後のいわゆる民主主義文学が、これら作家のみじめな敗北と頽廃という事実の対決を回避して、全面的な自己批判をしなかったばかりか……実に安易極まりない態度に出発したというところにあった。従って民主主義文学運動そのものの荒廃と坐折の原因が、戦後の戦争責任という問題提起により、作家主体批判として追求されたことは極めて妥当であった。…」と述べています。

同感です。

僕にとって、戦後責任の問題は、戦前・戦中・戦後を通してはぐくまれてきた僕の内部世界をつきつめていくと同時に、この複雑な構造をもった現実を認識し、それを更に作家としての自己の内部にかかわらせていく中で、作品に溶解させていく創造の場を確立していく地点に帰着します。

その為には、この現実を冷酷に凝視し、断絶すると共に又無限に、近づいていくことが必要に思われます。それは武井昭夫氏が述べているように、恐らく「わたしたちにとって、物質化された人間の凝視とその冷厳な表現は、あく迄も解体された人間像の再構成への過程にすぎないからである。すなわち、わたしたちの目的は、疎外され物質化された人間の人間への復活にあるはず」だからです。

作家と読者を結ぶ●
記録・教育映画ガイド

記録映画を見る会 三月例会

●実験映画と社会教育映画特集
○とき　三月十一日(金)午後六時
○ところ　日比谷図書館地下ホール（都電内幸町、地下鉄霞が関駅下車一分、日比谷公園内）
○上映作品
①椅子の話（カナダ大使館提供）ノーマン・マクラレン演出。
②タンスと二人の男（ポーランド大使館提供）カンヌ映画祭受賞作品。
③家（ポーランド大使館提供）
休　憩（五分）
④お父さんは働いている（三木映画社製作・奥商会配給）西本祥子演出作品。三巻。中小企業のおやじさんたちをドキュメンタリータッチで描く社会教育映画
⑤失業・炭鉱合理化との闘い（総評企画）京極高英演出作品。四巻。失業の渦の中にたたきこまれた炭鉱のドキュメンタリー。
※他に特別試写として「沖縄」(日経映画社製作・大映配給）カラー四巻、間宮則夫演出作品、を上映の予定。
○上映後、西本祥子、京極高英(予定）の両記録映画作家を囲んで、上映された作品を中心に座談会を行ないます。
○会費三十円（本誌定期読者には招待券をお送りします。書店購読の方は当日本誌を御持参下さい）
○教育映画作家協会、中部映画友の会共催。

西武記録映画を見る会 三月例会

●実験映画特集
○ところ　池袋西武デパート八階リーディングルーム
○とき　各日十二時三十分、午後二時
○解説　大島辰雄氏（評論家）
五日（土）ファンタジー（カナダ大使館提供）マクラレン演出。
釘と靴下の対話（日本大学映画研究会提供）同研究会作品。
十二日（土）つぐみ（カナダ大使館提供）マクラレン演出。
東京1958（シネマ60作品）
十九日（土）数のリズム（カナダ大使館提供）マクラレン作品。
ホゼイ・トレス（草月プロ製作）勅使河原宏演出。
二六日（土）つかのまの組曲（カナダ大使館提供）マクラレン演出。
同じ空のもとで（ポーランド大使館提供）ドキュメンタリー。
●現代と実験映画特集
○とき　三月二十七日（日）十時三十分、十二時、一時三十分、三時、四時三十分の五回上映。
○ところ　西武デパート八階リーディングルーム。
○上映作品
①椅子の話
②隣人（①②ともカナダ大使館提供）マクラレン演出。
③Nの記録（日本大学映画研究会提供）同研究会作品。伊勢湾台風の惨劇へアプローチする。
④蝶々は飛ばない（チェッコ大使館提供演出）

京都記録映画を見る会 三月例会

●暮しにつながるもの特集
○とき　三月二十三日（水）五時三十分、七時三十分の二回上映
○ところ　祇園会館
○上映作品
①下水道（岩波映画製作、カラー三巻）岩佐氏寿演出。
②うわさはひろがる（科学映画社製作、二巻）岩堀喜久男演出。
③暮しと家具（日映科学製作。部分カラー二巻）長野千秋演出。
④町の政治（岩波映画製作、三巻）時枝俊枝演出。

安保条約反対と黒い羽根運動のために

●ミュージカルバラエティ「ざりがにの歌」
構成・依田義賢、演出・和田勉
音楽・林　光、詩・関根弘
出演・ペギー葉山（予定）ヨネヤマ・ママコ　俳優座、大阪放送合唱団、その他。
○会員券　百八十円
○主催、京都記録映画を見る会、他六団体
○とき　四月三日
○詳細はヤサカ会館内記録映画を見る会へお問い合せ下さい。

本誌創刊二周年記念 特別映画会予告

●忘れられた人々（八巻）ルイス・ブニュエル演出作品。
●二十四時間の情事（八巻）アラン・レネエ演出作品。
○二十世紀の映画革命と絶讃されたこの二作品を同時公開いたします。
○四月上旬（予定）
○虎の門共済会館（予定）
○詳細は本誌編集部までお問い合せ下さい。

近代美術館フィルムライブラリーの予定

●新版次郎物語。島耕二演出作品
○二月二六日→三月二七日までの毎水・日曜の午後二時から
●優秀教育映画会（水・日曜をのぞく毎日の午後二時から）
二月二六日→三月五日、雪の結晶ミクロの世界、野鳥の生態。
三月八日→十七日、六人姉妹、こねこのスタジオ。
三月十八日→二六日　ガン細胞、新しい製鉄所
○ところ　近代美術館（都電・地下鉄共京橋駅下車　交叉点）
○入場のさい、展覧会入場料として大人五〇円、学生三〇円展覧会を見る見ないにかかわらず御用意下さい。なお展覧会は「日本画の新世代展」開催中です。

自主上映春の映画会

○とき　四月八日（金）午後六時
○ところ　豊島公会堂(池袋東口)
○内容
赤い風船（仏・ラモリス）、双生児学級（羽仁進演出作品）、オランウータンの知恵（藤原智子演出作品）の中から一本。

朝鮮芸術映画・春香伝（カラー）

特集・社会教育映画

当面の諸問題

河野　哲二
（演出家・フリー）

社会教育映画というのは、青年や大人を対象としておこなわれる組織的な教育活動につかわれる映画のことです。従って、青年団や青年学級、婦人会や婦人のグループ組織、公民館映画会などで上映されることが多い映画です。

社会教育映画の製作が特にさかんになったのは、昭和三十年頃からです。フィルムライブラリーの全国設置運動が実をむすんできたからです。社会教育映画を自主製作しても、製作費の回収が困難であった事情は一変して、フィルムライブラリーが十六ミリプリントを買ってくれるため、自主製作が可能になったわけです。スポンサーにわずらわされるPR映画と違って、自主製作が可能な社会教育映画に作家もプロダクションも意欲をもやしはじめました。こんな気運の中で、昭和二十九年から教育映画祭がもたれるようになりました。社会教育映画について考える材料として、教育映画祭の社会教育映画部門で最高賞をとった作品をみていってみます。

二十九年度　月の輪古墳（三巻）
三十年度　ひとりの母の記録（四巻）
三十一年度　百人の陽気な女房たち（三巻）
三十二年度　おふくろのバス旅行（二巻）
三十三年度　切手のいらない手紙（三巻）
三十四年度　ある主婦たちの記録（三巻）

これら六本の作品について、製作のねらいをみてみます。

「月の輪古墳」は、岡山県の農村にある昔の豪族の古墳を、村人たちが、学校の先生や生徒、労働者、考古学者とともに発掘して、郷土の歴史や先祖のくらしを知る過程を、発掘運動の進展とともに記録した作品です。

「ひとりの母の記録」は、長野県の伊那谷における一養蚕農家の主婦にスポットをあて、農村の主婦にしわよせされている労働や生活の過重を記録的にえがくことによって農村の問題をうきぼりにしようとした作品です。

「百人の陽気な女房たち」は、都会における生活環境の問題をとりあげ、特に蚊と蝿の追放を主婦たちが協力してすすめていった工夫と努力を喜劇風なドラマでえがいた作品です。

「おふくろのバス旅行」は、農村の家庭に於て、家族がお互いに話しあいをしない現実をとらえて、特におやじとおふくろが話しあうようにするため、青年たちの工夫で、夫婦つれだって行くバス旅行を実行し、家中が話しあえる道をひらいた記録を物語風にえがいた作品です。

「切手のいらない手紙」は、都会の話ですが、親と子の意志がかよいあわない問題をとらえ、手紙で話しあうことによって、お互いの気持や考えを理解しあうようになる姿をドラマ風にえがいた作品です。

「ある主婦たちの記録」は、都会の内職をする貧しい主婦たちが、一家の貧しさを一家の問題としてとどめずに、主婦たちの共同内職の中で相談しあい、家計の合理化をはじめ家庭内のいろいろな問題を解決していく姿をドラマ風にえがいた作品です。

どの作品も、最高賞にふさわしい立派な製作のねらいをもっていますが、できあがった作品に問題がないわけではありません。

まず第一に気がつくことは、問題を社会的な立場や視野をもってみつめていく態度が次第にうすれてきていることです。

「月の輪古墳」は、集団発掘運動を通じて集団的に真実をみつめていこうとしています。知ることと知るための運動とが密着した形でとりあげられているところにこの作品の社会性が生れるのです。

「ひとりの母の記録」は、ただ一人の母を追求していますが、えがこうとしているのは単なる家の中の問題ではなく、主婦にしわよせされる問題をとおして、農村の構造的な問題をうかびあがらせようとしています。

「月の輪古墳」も「ひとりの母の記録」も、一つの事件なり一つの素材なりを、はっきりと社会とのつながりにおいてみつめていることがわかります。

「百人の陽気な女房たち」は、生活環境を素材としているために社会性をもってはいますが、前二作品にくらべると、ずっと社会性がよわまってきています。生活環境を悪くしている問題を追求することよりも、善意と努力で解決されていく方に重点がおかれ、しかも善意と努力とが、社会との関連のうえにうちたてられているのではなしに、現象としてのみえがかれているために社会性がうすれてきたのです。そして、この社会性がうすれる点を補うために、個人の善意と努力による環境改善にしないで、グループの女房たちの物語にして社会性をもたせようとしているのです。

「おふくろのバス旅行」は問題を家庭の中におしこめてしまっています。ここでも青年のグループ活動がバックにあって、おふくろたちをおやじごとバス旅行に送りだします。又、〝話しあい〟という社会生活

にとって大切なテーマをえらぶことによって社会性をもたせようとしています。しかし、家庭のワクを破った問題をうかびあがらせることに成功したとはいえません。

「切手のいらない手紙」は非常に上手に構成されていて、ホロリと涙をもよおすシーンさえありますが、社会性はずっとうすれてきています。なるほど手紙のやりとりで母と子の気持がかよいあうようになってよかったと思いますが、さてそれで問題が必ず解決されるのかと考えてみると安心してはいられません。母と子の意志がかよいあわない原因の設定の仕方が、小さな家庭の中から外へでないからです。家庭の問題をみつめる目が社会的な視野をもたないからです。この作品でも社会性をもたせようとして、職業や階層の違う母と子がでてきたり、ラストシーンで先生と親と子の話しあう会がでてきたりしていますが、問題の解決は内部だけにむかってすすめられ、家庭の外へはでられないでいます。

「ある主婦たちの記録」は、一人の主婦の問題を内職グループという集団の中へもちこんでいくことによって社会性をもたせようとしています。しかし、問題の解決のしかたがなんら必然性のない善意や工夫ですすめられてゆき、社会的視野は少しもありません。

社会教育映画が社会性をもつことは当然必要なことです。社会生活をいとなんでいる青年や大人にみせる映画ですから、社会生活と関係のない内容であったり、社会的視野をもたない作品であっては、社会教育としてのやくわりをはたすことができないからです。従って、六本の作品は、なんらかの形で社会性をもとうと工夫され努力されていますが、はじめ強くでていた社会性は、三十一年の「百人の陽気な女房たち」あたりから少しずつうすれはじめ、最近は全くうすれてしまっています。

では社会性がうすれた作品が、どうして社会教育映画として通用しているのでしょうか。それは、社会性のうすれた点を、社会性らしきもの、正しくは社会教育的徳目がうめあわせているからです。「環境改善」（百人の陽気の女房たち）、「話しあい」（おふくろのバス旅行）、「意志の疎通」（切手のいらない手紙）、「家計の合理化」（ある主婦たちの記録）がその徳目であり、それを実現していく方法として「グループ活動」がこれまた徳目としてもちだされているのです。社会性がうすれて教育徳目が強くでてきたことは、最近の社会教育映画の注目すべき傾向だと思います。

社会性が強くでていた「ひとりの母の記録」は、農村問題をえがいて暗い感じを与える作品でした。この作品に対して、農村の一面の真実をえぐりだしてはいるが、農村には暗い面ばかりでなくもっと明るい面がある。社会教育映画としてはその明るさをえがいた方がいいのではないかという意見が多くでました。「ひとりの母の記録」以後「九十九里浜の子供たち」「煤煙の街の子供たち」など、同じ傾向の作品がでましたが、このような問題の解決を社会に投げかける作品は次第に少くなっていき、教育徳目のでてくる作品が逆に多くなってきました。そのため、作品に暗さがなくなって明るさがでてきました。「おふくろのバス旅行」には未解決の問題といちまつの暗さがありますが、「百人の陽気な女房たち」「切手のいらない手紙」「ある主婦たちの記録」など、みな明るい結末がついています。しかしその明るさが「ある主婦たちの記録」では底なしの明るさで、全くメデタく幕がおります。教育徳目が裏付けのないままにでてくると、お話としてだけメデタシになってリアリティを失ってしまうことがわかります。「ひとりの母の記録」の場合は、日本の社会に未解決のまま残っているものがあまりに多い現実を反映して暗さがでてきたものですが、その暗さを克服しようとする人々の動きや努力は全国いたるところにあります。その姿をえがくことは明るさをえがくことであり、その明るさをえがいた作品を上映することは、人々に同じような明るさを求める勇気や指標を与えることになるわけですから、たいへんいいことです。しかし「ひとりの母の記録」以後の作品が、明るさをみつけるのに急なあまり、明るい現象にだけ目をうばわれてしまって、明るさの本質をよくみきわめずに作品をつくってしまったため、その明るさが具体性を失って抽象化された教育徳目として浮上ってくるという欠点をもったのです。こうした傾向は、民主教育を否定する文教政策の反動化や現実を無視しやすい新生活運動の影響かもしれません。この指摘が正しいかどうかはしばらくおくとしても、社会を正しくみつめて生きていく勇気を人々に与えることよりも、こうすればいいという教育徳目を画一的に押しつけることの無責任さを私たちは反省しなければならないと思います。

しっかりと社会をみつめていく作家の目

しっかりと問題を追求していく作家の目はどうして失われたのでしょうか。作家主体の喪失とか疎外状況とかいうことをちょっと忘れてもらって、ごくあたりまえに考えてみると「月の輪古墳」「ひとりの母の記録」は製作にかなり長い時間をかけて問題ととりくんでいます。特に「ひとりの母の記録」は一年近い調査をした結果、不要と思われる現象をつぎつぎと捨てさり、現象のヴェールのおくにひそんでいた本質をやっとつかまえて脚本をつくり、撮影に入っています。しかも調査は製作者側だけの力でおこなわれたのではなく、現地の人々と製作委員会をつくっておこなっています。「月の輪古墳」も製作委員会をつくっています。この二つの作品は、現実に問題をかかえて生活している人々が映画製作に参加し、製作者側と話しあい、討論しあい、なっとくした上で製作がすすめられているのです。製作委員会が、撮影の段どりをすすめるためだけの製作者側だけに都合のよい委員会なら、あってもなくても同じです。

ですから、製作委員会という形式や長い製作日数という形式が必ずしも必要なわけではなく、真実がどうしたらつかめるか、その方法を発見し、真実をつかむ努力をすることが必要なわけです。「百人の陽気な女房たち」以下の作品では、そうした努力があまりなされなかったのではないか、知識としてえられた〃よいお話〃を、〃しめた、これだ〃とホクソえんでストーリィにまとめて撮影にかかってしまったのだと思います。「おふくろのバス旅行」のシナリオライターは、のちに「プロダクションの予算のワクなんか考えずに現地（宮城県）へいって、シナリオをコンクリートにすべきだった」とのべていますが、この間の事情を物語っています。従って私たちは〃いいお話〃をつかまえたとき、ホクソ笑みつつも、もう一度、何故いいお話であるのか、何故こんないいお話ができてきたのか、そのソコにひそむ本質的な問題を現実の生活の場で探る努力を忘れないようにしたいと思います。作品がリアリティを獲得するためにはどうしても必要なことです。

「月の輪古墳」「ひとりの母の記録」は記録映画でした。「おふくろのバス旅行」は現地の人々が出演した記録映画ですが、ストーリィは物語的要素をもっています。「百人の陽気な女房たち」「切手のいらない手紙」「ある主婦たちの記録」は、俳優をつかった劇映画に近い作品です。従って、表現形式の点では、記録映画的な表現形式から劇映画的な表現形式に移っています。

社会をみつめる作家の目、問題を追求していく作家の目が、正しくて独特なものであれば、人々は知的興味とそれをとおしての感銘をもって作品をみます。それが作品のおもしろさです。そうした作家の目がうすれていったとき、作品におもしろさを与えるためにはどうしても物語や劇的な言動が必要となります。真実を探究するかわりに、登場人物の性格や言動の面白さ、かわったストーリィによる物語的面白さによって、作品をよくみせかけなければならなくなります。こうして、事件（怪我や病気）が必然性なしに作品の中に位置をしめます。もっとも社会教育映画にも娯楽性はあっていいことです。俳優の演技も、おもしろいセリフも物語のよさもあっていいことです。ただ私たちは、作品の中で真実に肉迫することをおこたってしまって、いいお話や教育徳目を、手前がってな小細工のきいたドラマというオブラートにつつんで与えたがる傾向が強いので、そのことを反省したいのです。つくる方はいい気持になってつくり、みる方はなんの気なしに笑ったり泣いたりしてみてしまったが、よくよく考えてみたらお互いにむなしさだけが残っていたということはよくあることです。

社会教育映画を劇映画にすることには、もう一つの問題があります。記録映画はニュース的に撮影する場合以外は長期間のロケを必要とするのがふつうです。それが劇映画の形式をとれば短期間のロケですませることができます。社会教育映画の多くがドラマである理由は、製作費をきりつめる為であることが多いようです。更に、もっと費用をきりつめるために、ドラマ風な記録映画にして現地の人々に出演してもらうこともあります。「おふくろのバス旅行」がその例です。製作費をきりつめるということが、真実を追求することを困難にしているならば重大な問題です。社会性がうすれてきたことがドラマ形式をとらせ、その為に製作費が節約でき、そのためにますます社会性がうすれていっているのだとしたら、そして教育徳目がリアリティもなしに幅を占めるとしたら、製作関係者全部が一度とっくりと考えてみてもいい問題だと思います。

製作費と関連して、社会教育映画は売値買値から考えても二巻ものがいいといわれています。しかし、六本の作品のうち、二巻ものは「おふくろのバス旅行」一本だけ、「ひとりの母の記録」は四巻、残りの四本は三巻です。実際に製作されているのは二巻ものが多く、ついで三巻ものですが、社会教育映画の場合、二巻では人々をなっとくさせるにたる深さと広さとがでてこないのではないかと思います。二巻の長さではきわめて単純なことしか語れません。社会生活にとって重要なテーマをもったいいお話があるとします。それを二巻で物語風にえがいたら、起承転結をつけるのにせいいっぱいで、何故いいお話なのか、どうしてそういういいお話ができあがったのかを説明する余裕もなく、いいお話ができあがった道すじだけを図式的にのべるだけでおわってしまいます。そうした作品はあまりに沢山ありすぎます。

製作費のきりつめや巻数の制限が作品の内容を無視してなされていることが多いため、作品を予想外に悪くしているのではないかと思われます。

こうして六本の作品に代表される社会教育映画の傾向をみていくと、社会性がうすれて教育徳目がうかび上り、類型的な作品が多くなったことがはっきりと指摘できます。作家の個性はうすれて、あらかじめ設定された型に教育徳目がはめこまれ、現実感のうすい作品となってみる人々に教訓を押しつけます。作家は教訓をできるだけおもしろくふんわりと押しつけるための職人にすぎません。あらかじめ設定された型は創作内容上の型であるばかりでなく、製作費のワクという経済上の型でもあります。この型にいれられた作家は内容上経済上、型にがんじがらめにされて作品をつくっているうちに、型になれてしまってあたりまえだと思うようになります。そこからいい作品が生れるはずがないので、型は次第に小さくなり、作家も型にしたがって小さくなります。社会教育映画において、私たちはこんな状態におかれているようです。

一度できてしまった型はなかなか破れるものではありません。私たちはそのことをよく知っているにもかかわらず、つくる作

品では登場人物に平気で型をこわさせ、いともかんたんに明るい結末をデッチあげさせています。矛盾したことです。矛盾を矛盾と感じない程私たちは型にならされてしまっているのでしょうか。それとも怠惰なのでしょうか。プロデューサーも作家も配給業者も社会教育行政にあたる者も、小さくちぢこまってきた社会教育映画が、どうしたら型を破って大きくふくれあがることができるか、勇気をふるいおこして考えるべき時期に到達していると思います。現状のままでは先細りしていくだけで作家は作品がつくれなくなり、製作会社も配給業者も経営が苦しくなるだけであり、社会教育活動は人々からそっぽをむかれて崩壊するだけです。

一番最初にもどって考えてみると、社会教育映画は青年や大人たちにみせる映画であり人々の社会生活に役だたせる役目をもちPR映画と違って、スポンサーにわずらわされることのない自主作品であることを考えると、私たちは責任の大きさを感ぜずにはいられません。作品の内容としてとりあげられる材料は、日本の現実の中で生産し生活している青年や大人達の問題です。そこには暗い話もあり明るい話もありますが、それらの人々が問題にぶちあたって生きていくエネルギーは私たちの胸をゆすぶります。そうした現実がある限り、後退をつづけている社会教育映画を前向きなものにかえていくことは可能であり、私たちにはその責任があるのです。

特集・社会教育映画

作家の思想性

羽田　澄子

（演出家・岩波映画）

編集部から原稿をたのまれた時、いわゆる社会教育映画なるものに興味をうしなってから久しくなることに気がついた。つまり、最近はいわゆる社会教育映画の仕事もしていないし、出来た映画もほとんど見ていないといった有様なので、あまり発言の権利はないかも知れない。

それでも、最近、社会教育映画の傑作といわれる「ある主婦たちの記録」を見た時には、いろいろなことを思いだした。そしてこの映画を見ながら、背すじの冷たくなる思いをどうすることもできなかった。

この時、一緒に「婦人会日記」という作品を見た。この二つを並べて、同じように批判することはできないとは思っている。「婦人会日記」の方が脚本も演出もずっとすぐれていて、人間がよく描けていたし、作者の視点も婦人会の中だけで、問題を片付けず、運動をさらにひろげることに注意をはらっているので、「ある主婦たちの記録」より、はるかに真実感のある作品になっていた。にもかかわらず、これら社会教育映画に共通なのは、どこかで嘘をつかれているような感じである。

多くの場合、作者は積極的な嘘はつかないけど、だまっていることで、観客に消極的な嘘をついているようである。どうも話がうますぎる。大抵の事が個人の善意で解決されてしまうのである。個人の善意で解決されたり、さらによくなったりすることが世の中には沢山あるから、その事自体は結構なことなのだけど、万事それで解決しそうな幻想を持たせることはやはり罪だと思う。本当は一人一人の善意などでは解決できない政治の貧困の壁が現実には立ちはだかっていて、それこそが今の社会の一番問題なのに……それにはタブーのようにふれないでいる。

そういうと作家は、自分は言いたいのだが、企画をたて、お金をだすどこそこが、それでは困るといったから、と言わなければならない苦しい立場にある。私も同じ経験を何度かしている。しかし、この譲歩が、いつか量から質に転化することを作家はもっと恐れなければいけないのではないだろうか。

私がはじめて文部省の社会教育映画なるものの仕事をしたのは一九五二年のことだった。テーマは「婦人会の活動で農村の封建的な生活に一筋の明りがさしこんだ」というものだった。その頃農村の貧しさと封建的な生活に非常に関心のあった私には、そのテーマが充分有意義なものに思われた。戦後の新教育に期待もしたし、文部省にまだ残っていた進歩的な個人々の力によって、もう少し何かできるだろうという幻想をもっていたわけである。撮影の対象に選んだのは、むかし、小作争議がさかんだったことで有名な村だった。婦人会の運動がこの村である程度にしろ成果をあげたのは今も村の保守勢力と張りあう力をもっていて、保守的な政治に批判精神旺盛なかつての争議の指導者がいることと、争議の頃の青年たちがすでに村の中堅になっているというバックがあるからだった。しかし、映画ではこのことが充分言えなかった。それはこの映画のテーマではなかった。文部省の企画では、当然のことながら、日本の社会の封建性は批判できても、資本主義社会の政治の矛盾は批判できないことを、その時、はじめてつくづくと感じさせられた。その後気をつけてみると、すべての映画のテーマが前の段階を描くことで終り、あとの問題には目をつぶっている。本当なら後

の問題つまり政治問題を追求し解決すれば、前の問題などおのずと解消してしまうのに、それが言えないのである。例えば、青年運動なら「オヤジから財布をとる」ことに成功しても、たちまちぶっつかるのは政府の農民政策である。日本ではいくらヒューマニストたちが声をからして、売春や失業、貧困、不良少年、社会保障について叫んでも、なに一つ解決できないのに、中国では、新しい社会の建設によって、ながい歴史をもっていた中国の後進性を徹底的に打破してしまっている。本当は政治を革新することができなければ、ささいな改革も完全な形では行われないし、発展し維持することが保障されないのは当然である。しかし、保守党の政府にしてみれば、社会教育映画によって、こんな方向に青年や婦人の運動がすすんでは一大事だから、封建性の批判までは、ともかく我慢するとしても、今の社会体制や政治に対する批判はくいとめなければならない。それが、いわゆる社会教育映画のテーマの限界でもあるわけである。ところが、誰でも政治の貧困のために生活がおびやかされていることは身をもって知っているので、それをはぐらかした社会教育映画でさらりと万事が解決されるのを見ると、どうしても嘘を感じてしまうのだと思う。

私が二度目に社会教育映画の仕事をしたのは一九五七年だった。婦人学級が題材だったが、情勢は前の時よりずっと不安になっていた。それでも地方には、進歩的な人たちが育ててきた婦人学級がいくつもあった。私が見たのは滋賀県の婦人学級だったが、いくつかの学級を見、県の中心の指導者に会って大いに心強く思った。この人たちが、こうやってグループの婦人と話をし、意識を変える仕事を地道につづければ、何年かあとには、必ず成果が上るだろうと、これも幻想をもったからだ。私はこの人たちの力になりたいと思って映画をつくった。ところがその年の年度変りに、信頼できる社会教育家は全部クビになってしまった。婦人学級の運動がすすみ、婦人たちが革新的な意見をもつことを保守党の政府が恐れたのは尤もなことだと思う。そしてこの学級を積極的に自分たちの地盤がために利用することにしたのは保守党としては賢明な策だったと思われる。この人事異動を目の前に見ていて私は、「もうおしまいだな」という感慨とともに文部省の社会教育に急速に関心を失ってしまった。婦人たちは保守党御推薦の指導者を中心にしていったら、どんな話し合いをするだろう。国会乱闘が話題になれば、「理由はどうであれ、国会で暴力をふるうのはよくない。」という天声人語的見解をもつようになるだろうし、全学連の運動も暴力だけが批判されて、ヒューマニズムにあふれた物分りのよい人間にさせられるにちがいない。婦人学級の性格を、かつての隣組精神にまでまげることだってできないことはないだろう。

そこで、貧しくてもなんでも、不平をいわず、みんなが善意にあふれて協力していれば、そこに安住の地があるみたいな「ある主婦たちの記録」的映画がつくられるのは当然と思う。

この映画を一緒に見ていた人が、ぼそぼそと「この写真、なんだか翼賛会映画みたいだな」とつぶやいた。

そして、私も本当にそうだと思って、背すじがつめたくなった。いつの間にここまで来たのかと思った。

文教政策が勤評だ道徳教育だと一層、反動的になり、戦後の民主化教育の行きすぎを是正しようとやっきになっている現在、彼らは積極的に今の社会に適応する生き方を押しつけるために社会教育映画を利用してきていると思う。つくり手の性格が変ってくれば、つくられる映画の性格も変る。どんな奴が、どんな社会教育をしようとしているかを見わけなければ、作家はおろかな間違いをおかすのではないだろうか。

作家協会の人なら誰だって、再軍備や防衛庁のP・Rの映画をつくったりしないと思う。「ある主婦たちの記録」の作家だって、勿論そう思っていられるに違いない。それでも、この点はいい事だ、あの話は悪くないなどとデテールの興味にすがりついているうちに、根本をおし流されていることを胆に銘ずべきではないだろうか。少しずつの妥協の結果が、やがては実質的に再軍備のP・Rをするのと同じところにまで落ちていかないと誰が保証できるだろう。

この映画を見た時、これが優秀な社会教育映画とされてきた情勢、そして、これを本当にいいと思っているのかも知れない作家の姿勢に何んともいえない恐ろしさを感じたのだった。はじめから無節操な人がつくったのなら、どんなものをつくったとしても大して驚ろきもしないけど、この映画をつくった人はそんな作家ではないはずである。かっての作品とは似て非なるこの作品では、思想の緩漫な崩壊作用を見せつけられたようで、人ごとではない恐ろしさを感じさせられた。

私にもこれから、いろいろな社会教育映画をつくる機会があると思うけど、その時には、誰が、どんな意図で社会教育しようとしているのかを、よく見きわめるつもりである。そして、それを見きわめて、過ちをおかさない程に、賢く、かつ強くありたいものと思っている。

この話は、いままでのいわゆる社会教育映画――つまり昨年の教育映画祭でよろこばれるような官製社会教育映画――についての気持である。しかし、防禦に終始していては、作家は次第に追いつめられて、ついには身動きもならなくなってしまう。最良の防禦は攻撃であるという意味からも、作家は攻撃に転じなければならない時期が来ているように思われる。総評が積極的に映画をつくりだしたのはその意味で素晴しい突破口になると思う。何んだかんだと言われながらも――私も何んだかんだと言っている方だが――「安保条約」や「失業」などがつくられたことは重要だし、こういう仕事は、もっともっと積極的にすすめら

れなければならない。

　願わくば、作家が、こういう作品にとりくんだ時に、P・Rぼけになっていて、自分の思想をさがさなければならないような失態は演じたくないものと思う。

特集・社会教育映画

横たわる『壁』

道林一郎
（演出家・フリー）

　記録映画二月号を読んでみる。最初のページ、時評をかねた巻頭言にこう書いてある。

　「……教育映画界は黄金の年であろうか。T社G社などの大資本による教育映画製作・配給の進出などによる製作本数の増加、官制フィルム・ライブラリー組織ののびなやみと予算のワクの固定化に、市場をますますせまくしている。……(中略)……そうしたことは製作面では、内容的に文部省の政策に追従、まるのみ。一方、労働強化、低賃銀による低経費製作となってあらわれている。」

　まさにその通りである。でっかい「壁」がまちがいなく目の前に立ちふさがっている。

　ところが、この「壁」の前半にあたる部分は、正直言ってわれわれ作家の立場からは、ちょっと手のくだしようのない問題である。だが、後半に述べられているところの問題は、こいつは、全く身近な問題だ。

　黄金の年といわれる一九六〇年も、われわれにはメッキのキンらしいと、駄ジャレにもならんことをうそぶいてはいられない。

　内容的に、文部省の政策に追従、まるのみの危険に、いちばん多くさらされ、また、その危険をおかそうとしているのが社会教育映画ではないか。これは、冒頭の時評言の前半と、実は深いつながりをもっている。製作本数の増加、官制フィルム・ライブラリー組織ののびなやみと予算のワクの固定化というのがそれだ。

　従来からも、そのことに変りはないのだが、例の「文部省選定」というレッテルがないと、どうしても商売にならないという事実、この事実が、右の原因によって、製作者間にますます、動かし難く固まってきている。

　PR映画とはちがい、社会教育映画は、いわば自主映画だ。製作費は、たとえ配給会社との契約によって或る程度ギャランティされるとはいえ、大なり小なりそのリスクを負わねばならない。仮りにもプリントの売れ行きがわるかったら、かけた製作費は還ってこない。困る。最大限譲歩しても、なんとか「選定」だけはとれるように……。

　かくて、製作者間、配給業者間では、はじめから、その「選定」をあたえる文部省の意向をおもんばかって企画を樹て、製作をすすめる。しかも、PR映画ではない、自主映画なんだといういいかたが、時として殺し文句的に、作家についてくることがある。そして結果は、出来るだけ早く、出来るだけ安く……いうとおりの労働強化と、低ギャランティが、われわれを待っている。

　とはいえ、製作者のなかにも、心ある製作者は、そこに大きな「壁」をみているだろう。われわれにとっても、それは大きな「壁」である。このような場合の「壁」——それは、どうして破ったらいいのだろう。そんな仕事には、手を出さなければいいのか……。

　現実問題として、そう簡単には考えられない。

　われわれ、作家自身の立場からこの問題をみるとき、ここにある「壁」は、いわば

われわれをとりまく外部的な「壁」であるようにみえる。

　ところが、われわれは、常に外部的な「壁」になやまされるだけではなしに、われわれ自身の内部からおこってくる諸々の「壁」につきあたり、苦悶する場合が多い。それは、時として高尚な観念の「壁」の場合もあるし、また単に、自分の技術的・手法的な「壁」の場合もあるだろう。

　この内部的な「壁」と、外部的な「壁」とは、常にかならずしも別個のものであるとは断定できない。なぜなら、現実問題として、そんな仕事には手を出さなければいいと、簡単に言い切ってしまえないことと関連して考えると、そうした外部的な「壁」に対応しなければならない、より一般的な現実を前にして、われわれは、その外部的な「壁」にどう対応するかという自身の姿勢を確かめるために、どうしても、常に内部的な「壁」とも相対さねばならないからである。


　こんどの作品は、こういう内容のものですか。はい、わかりました。

　こんどはこういうものですか。この前とはちがって、こうなんですね……。はい、わかりました。

　正真正銘、毒にもくすりにもならないPR映画（が、多い）とはちがって、少くとも社会教育映画の場合、このような態度で作品にかかる作家はいないと思う。もちろんこれでは、そこに作家は存在しない。したがって、内部的な「壁」など、一向に意識しない。少くとも、遠く意識のケン外にほおり出してしまっている。

　これでは、いかなる外部的な「壁」をも打ちやぶることはできない。八幡省三氏のいう、また、京極高英氏のいう「作家の姿勢と根性」の在りかたが、あらためて、深く思いやられるのである。


　かつて社会教育映画は、数々の名作を残してきている。「段々畑の人々」「九十九里の子供たち」「一人の母の記録」「米」そしてそれらは、そう遠い昔の話ではない。

　ますます反動化していく政治、それにつながる文教政策――その反動の渦にまきこまれて、われわれ作家の姿勢が崩れてきたのだろうか。最近、とみに社会教育映画は、面目を失ってきたように見える。

　さかんに問題になっている「ある主婦たちの記録」――私も、この映画はいけないと思う。これが社会教育映画部門の一位を占めることに、ある種のおそれを感じる。だが私は、そのことをもって、いま直ちに豊田氏という一作家をキメつけたくないと思う。この一作をもって、氏個人を責め立てるのは、易しいかもしれない。そして一作一作が作家自身を表明するものである限り、その裏にある事情を汲みとって、甘い同情をよせるのはあやまりですらある。

　だが、あえて私は、この際、裏にあったであろう事情を汲みとって同情をよせるのではなくて、どういう過程を経て「ある主婦たちの記録」ができたのか。脚本のできた段階から、その脚本の内容が、どう見通され、どう演出プランがねられたのか…。豊田氏を囲んでゆっくり話し合いの場が持たれたいと切望する。

　豊田氏をとりまいた外部的な「壁」が、きっと、そこに存在していたと思うからである。

　豊田氏自身の内部的な「壁」の問題とともに、それを打ち破っていくために、いま私が切望した話し合いの場は、きわめて大切であると思う。

特集・社会教育映画

自戒から明日へ

古川良範

（脚本家・フリー）


　戦争は日本に民主主義をもたらしました。しかし、この民主主義は私たちが闘いとったものではなく、与えられたものでした。

　与えられたものにしろ、またそれが如何に中途半端のものだったにしろないよりはましだ。吾々はこの敗戦がもたらしてくれた唯一の貴重な落し子を守り、育くまなければならない。たしかにそれはその通りです。しかし、与えられたものは所詮与えられたものに過ぎません。与えられたものが、闘いとったものと本質的に異なるものであること、それがいかにもろく、異質なものかに、ようやく日本人も気付きはじめてきたようです。

　そして、このことは戦後の社会教育映画についても言えるのではないでしょうか。

　戦後の日本の社会教育映画は、もちろんその発生の動機は種々雑多だったでしょうが、一口で言えば、日本の民主主義を伸ばし、育くむことにあったと言えましょう。

　そして、たしかに日本の社会教育映画はある時期までその役割を果してきました。いや果してきたように見えました。しかし、本当のところはどうだったのでしょう

か。

例えば、戦後の日本の社会教育映画でもっとも好んで採り上げられたテーマのひとつに婦人の地位の民主化の問題があります。たしかに日本の現在の婦人の地位はもっともっと民主化されなければなりません。しかし、婦人の地位が不動の民主化を確立するためにはそうした地位を自然に産み出す根本の地盤がまず確立されねばなりません。それは、封建的なしゅうとや亭主が改心したり、婦人たちがお互に手を握り合ったりすることだけからは決して産れてきません。いや、産れないばかりか、こうした問題の設定の仕方は、問題の本質をあいまいにし、見誤らせるという意味から、却ってマイナスな結果すら生みかねません。

そんなことはわかりきっている、ＡＢＣじゃないかと言えばそれまでですが、その分りきったことが守られなかったという点が大事なのです。

これが、生活改善などのテーマとなると問題は一層喜劇的な様相をおびてきます。

人間はバカでない限り、誰でもより合理的な改善された生活をのぞみます。生活が改善されないのは、改善の方法を知らないからでなく、肝心の改善できる基盤がないからです。ですからこの肝心の基盤さえ確立できれば、ほうっておいても、彼等は自分の手でやっていきます。必ずしも百人の陽気な女房や、たくましき主婦たちの出現は必要としません。由来、そういうものである人間に対して、生活改善の必要性を説き「教育」することは、これは恐るべき人間蔑視と言われても仕方のないのではないでしょうか。

言葉が出たついでに書きますが、私は「社会教育映画」という言葉が、ほんとうのことを言うと大きらいなのです。社会教育……なんていやな言葉でしょう。どこか不遜で鼻持ならぬひびきをこの言葉はもっていると思いませんか。

だいたい、われわれは——おっと失礼、少くとも私の場合には——人間を教育なんてできる柄じゃないんだ。

とは言いながら、実は私は「社会教育映画」が大好きなのです。私はいままで芝居や劇映画のシナリオを書いたり、ラジオやテレビを書いたりしてきたし、現にいまも少しづつは書いています。しかし、いま「社会教育映画」という言葉でよばれている種類のものの仕事をするときが、いちばん楽しいのです。性に合っているといえばそれまでだが、この種のものを書いているときにだけは、何か大事なものに触れうるという可能性をどこかに感じるからです。

極端な言い方だが、在来のいわゆる社会教育映画を否定するような映画。与えられた民主主義の旗振り（それすらいまでは非常に困難になってきているのだが）ではなく、ほんとうの民主主義を闘いとるために少しでも役に立つような映画——これからは少しでもそれに近づくような社会教育映画をつくりたいと念願しているのだが…。

ジューク・ボックス

百万狼のなかのひとり狼へ

ひとり狼を宣言した男がいる。賛成である。かれの主張の内容は悲愴にして一寸ピンボケなのだが、ひとり狼を宣言するくだりは、嘆き狼がかっているがわたしはとてもいいと思うのだ。まさしくその不信をこそ、トコトンつきつめて、その果てに自分の牙と毛なみをみつめ、雄々しい狼になって欲しいのだ。こたえられないね。わたしは皆、ひとり狼になるといいと思う。

皆、ひとり狼になって、ひとつ猛々しく吠えませんか。

☆

なんといっても現実は、一見、緑と黄金《キン》におおわれた豊沃な地帯にみえるけれども、その実どうしようもないサク漠たる砂漠なのであって、この現代を生きぬくにはひとり狼に徹する覚悟をもつに限るのだ。逞しく残酷な狼に徹する修業をつまないで、どうして自己否定的にみずからを解き放つ闘争に勝利することができようぞ。

☆

遠慮会釈なく、日常感覚にナメされた皮膚をひっぱがせ！

昔から、男はみんな狼よ、とよくいうが、その意味では実は、女もみんな狼よ、なのだ。

ところがわたしはここに厳粛に、百千万狼化の運動を提唱したいと思うのだ。お互いにナメされた皮膚の下の、ボロボロに刃のこぼれたキバを鋭く砥いで、噛みあい、格闘するなかからこそ、ホントの連帯と協同は生まれるであろう。ウジウジした、豚のなめあいからは何も生れない。不信と不信をかみあわせる果てに、荒涼たる砂漠が大きく姿をあらわしてこそ、なんとサバサバして気持がいいことだろう。

☆

猛烈な狼よ、生れろ！　こんなに生き甲斐のある世の中はない。狼のキバ、批判の短剣ひとふり、——各々かまえて、そこらにウジャウジャしている可愛いい豚や羊、ヤマタのオロチ、十人の現状維持「共存」イデオローグ、百人の改良主義者、千人の経験主義者、片っ端しから噛みつき斬りはらって、——力あまって自分を斬ったりなどして、そんなことはもう、覚悟の上で噛みつきあうのである。

男

作家が歩けば壁にあたる。

犬も歩けば棒にあたる。

——なるほど、ぶっかんない方がどうかしてる——思いっきり、ごっつん！　痛え！

女

あーら、そのこぶ、大きくて、とっても素敵。苦悩のシンボル、魅力だわ！

＝協力＝宇治拾遺物語御囃子連中

男と女

君そんな鳴物入りの御世辞云ってもダメ！　ねえ、わかったでしょう？　若き記録映画作家愛するは、ソガイとか、モノとかね。

あーら、そんなら私も、ソガイとか、モノになりたいわ。

君がなれるモノは、体温があるから落第。

まあ、失礼しちゃう。〃ソガイ〃されたモノは、すぐスクラム組めて、とてもナイーヴよ。

ああ、そのナイーヴさ、それ故に、我らは去年、大分失望させられたね。

へえー、失望!?　失望しっ放し？　あなた達、案外弱虫ね、もっと、ねばりがあると思った。ガッカリ！

御老人たち

どうです、一つ、ここでモノとモノとの結婚政策と来ては？

ああ、そりゃ結構。モノとモノとの平和共存ですね。(なにを——この似非平和論者奴！)

客

ややこしいお話。なんです？　このモノだのかんだのって云うのは？

ヤジ馬

クイズだってさ。適当に「物」と「者」を入れて考えろってよ。御苦労なこった。

編集部

但し、当協会は、賞金はございません。

☆

ガヤガヤ欄を見て、雑誌を買う事にしている私は、二月号のこの欄を読んで、担当者のかおが、あかいはなのピエロのイメージに重なり、この誌に対して日頃もっていた感情が、爆発的に高揚したのです。この素敵な欄に、投書する喜びを禁じ得ません。おおげさにいえば、先月のこの欄こそは、四〇年代のドキ・メンタリストが、二〇年代のアバン・ギャルドの幻影を媒介にしながら、ついに、実にうきうきしたタッチで、自らを解体しているのです。ウスノロのロバを蹴とばしそこねて、かえってロバに蹴とばされる、足のもつれたピエロの演出を生かして、四〇年代のドキュメンタリストは、自らのコンプレックスとアナクロニズムを、陽気に提示しているから、素敵なのです。これは、サド的なパラドックスの発想にも似ています。私は、この欄の担当者が、ますますいろこくはなをそめながら、ますます陽気に、はねまわってくれるように希望します。しかしチャップリンみたいな老いこみには、御注意下さい。お体大切に。

ムッシウ加害者・東京のお嬢さん・イントレ

今月号は全部投書によって構成しました。反批判もあらわれてきました。編集部の望むところです。ジューク・ボックスのよさはふと街頭で金を投げ込むと歌い出すところにあるのです。投書を待つや切です。誌上匿名勿論可です。様々な歌をうたいましょう。

新作紹介

沖縄

日経映画社

脚本・演出・間宮則夫
撮影・浅岡宮吉

八重山群島を中心に
基地の島沖縄の生活
の実情を描く。

横河電機

記録映画社

脚本・演出・上野耕三
撮影・高尾隆
金山富男

電気計測器の製作環境と、製作過程を興味深く紹介する。

三つの家計簿

日経映画社

脚本・演出・丸山章治
撮影・植松永吉

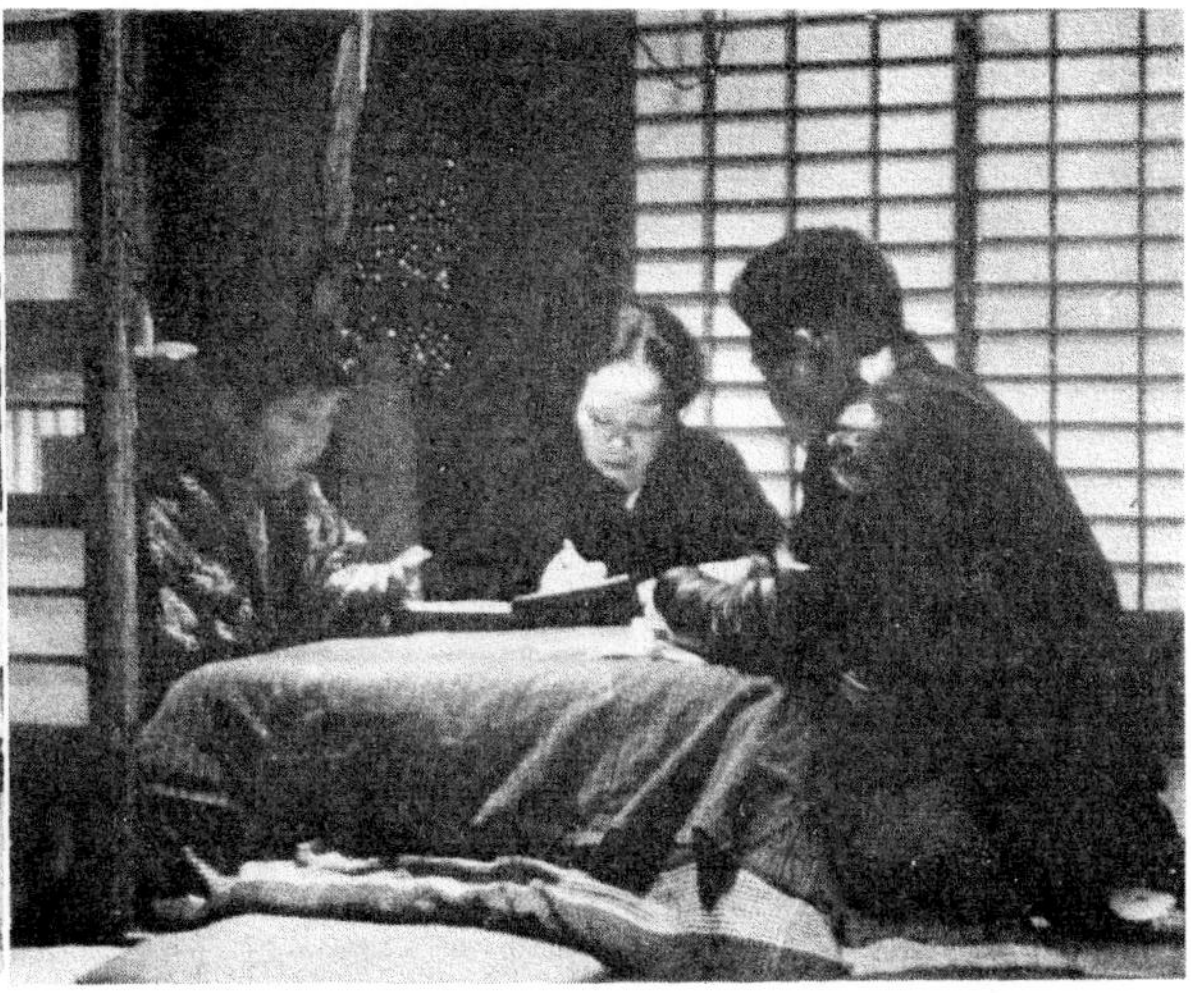

自由な方法で家計簿をつける三人の農家の主婦を通して計画的生活の意味を説く。

さよ達の願い

自然科学映画社

脚本・岩佐氏寿
厚木たか
演出・道林一郎
撮影・萱沼正義

生活合理化のためさまざまな障害や困難とたたかう漁業協同組合婦人部の働き。

いのちの詩《うた》

株式会社・電通

脚本・井手俊郎
演出・亀井文夫
撮影・菊地　周

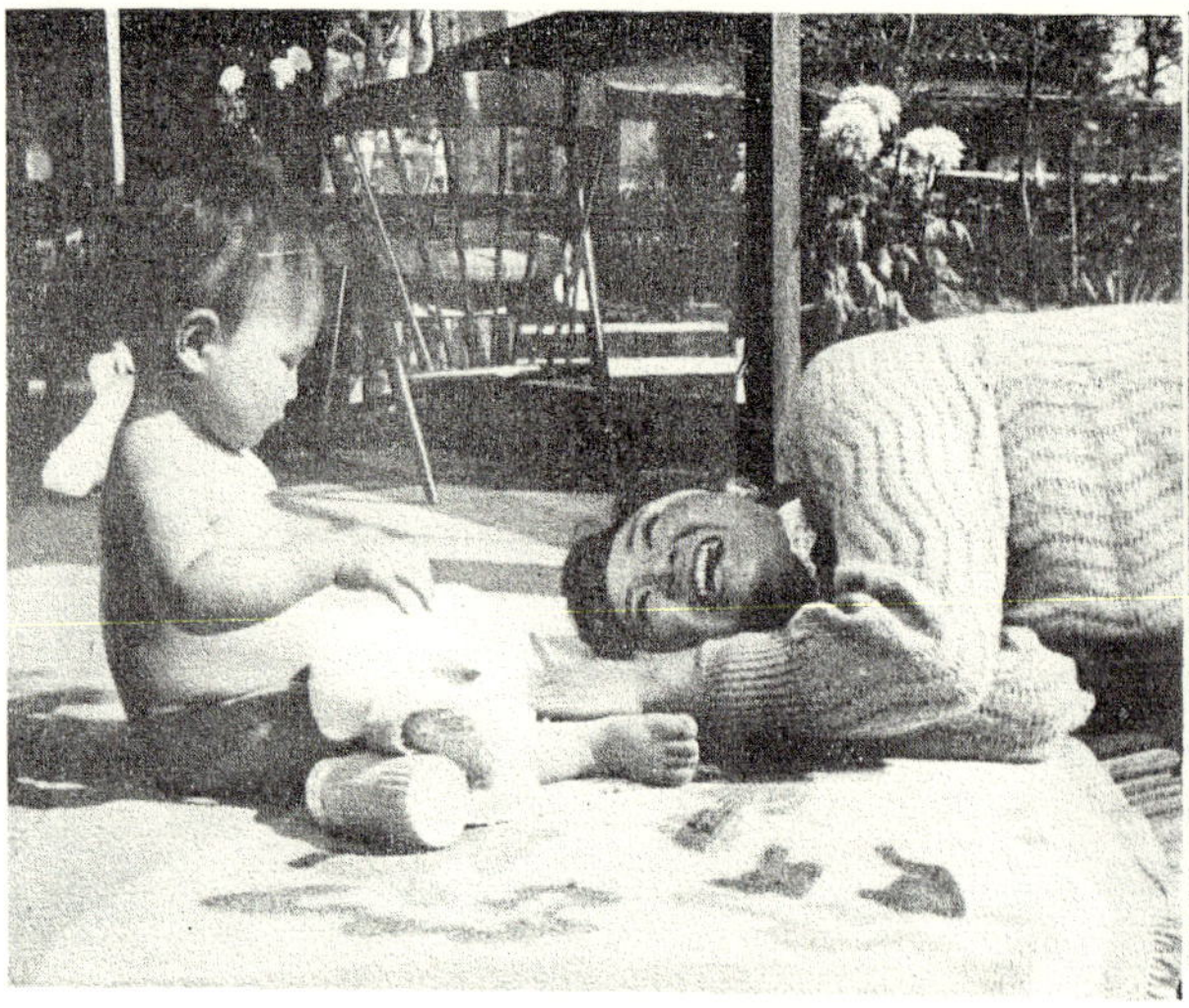

二組の恋人同士の成長を描きつつ人間の命の美しさ尊さを謳う。

ホゼイ・トレス

草月アートセンター

撮影
演出・勅使河原宏
編集・守随　房子

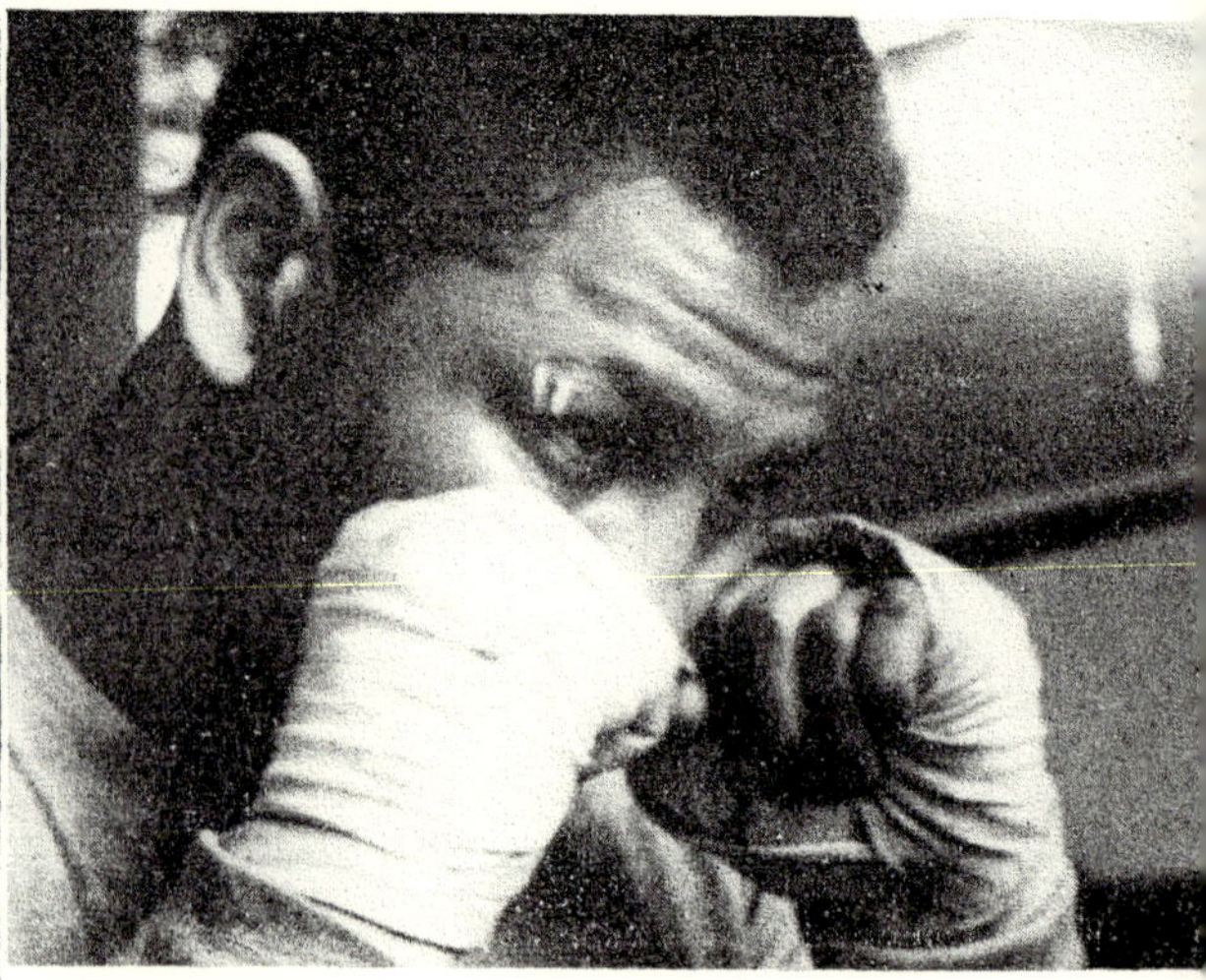

プエルトリコ人でミドル級ボクサーの生活の記録。立体的人間像を描こうとする。

大いなる旅路

東映株式会社

脚本・新藤　兼人
演出・関川　秀雄
撮影・中沢半次郎

国鉄に生きた一機関士の三十年の生活とその一家の人々の地味だがたくましい生活を感動的に描く劇映画

オランウータンの知恵

日本映画新社

脚本。藤原　智子
演出・山口　淳子
撮影・白井　茂
　　　坂崎　武彦

類人猿の知脳・感情・本能・習性を実験や人間との愛情を通して解明しようとする。

両　面　の　鏡

フランコ・ロンドン・フィルム
チエイ・インコム共同製作
脚本・アンドレ・カイヤット
　　　ジェラール・ウーリ
演出・アンドレ・カイヤット
撮影・クリスチアン・マトラ

整形外科手術による女性の
心理や性格の影響を平凡な
庶民の中に描く。
（イタリフィルム提供）

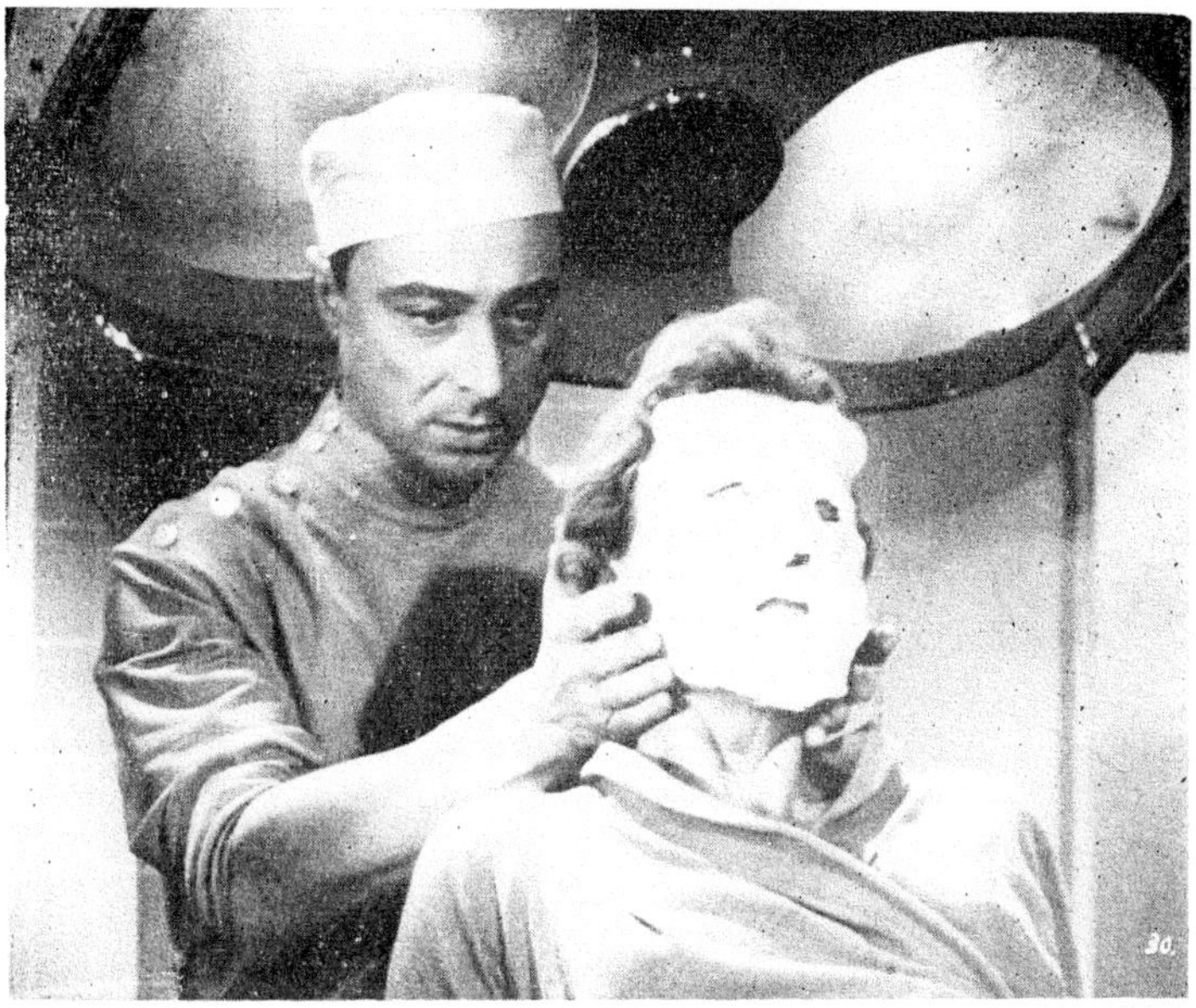

白　い　荒　野

ウオルト・ディズニー製作
脚本
演出・ジェイムズ・アルガー
撮影・ジェイムズ・R・サイモン
　　　他四名

北極圏の雪と氷の中に生きる
生物の流れを追いかける自然
の冒険シリーズ　（大映配給）

白　鳥　の　湖

ソ連中央記録映画撮影所
N·C·C 配給

脚本・ア・メッセレル
　　　ゼ・トゥルビェワ
演出・ゼ・トゥルビェワ
撮影・エム・シレンコ
　　　ア・ハフテン

世界的名声を誇るソ連
ボリショイバレー団の
記録映画。チャイコフ
スキーの全曲が総天然
色で展開する。

連載座談会・3

プロキノ運動の再検討

（プロキノ運動参加者）岩崎　昶・北川鉄夫
小森静男・古川良範・山田三吉
粕　三平（戦後映画研究会）
長野千秋・野田真吉（編集部）

●まえがき

プロキノの映画運動についての座談会を昨年の十一月号、十二月号に連載しました。今回はさらに前回の出席者以外で運動に参加された方々にでていただき当時の運動の状況をさらにふかめて話してもらいました。とくに年表をつけましたので参照してよんでいただきたいと思います。なお、読者の方で質問がありましたら編集部まで御投書下さい。

●プロキノの成立

野田　蔵原理論の出るまでの状況を、三一年ごろのところから一つ。

北川　山田君が具体的によく知ってるわけだ。

古川　トランク劇場だな。

山田　いや、あとだよ。

北川　プロキノ、プロキノと簡単にいってるけれども、プロキノという名前はもちろんあとでできてきたわけで、いわゆるナップ組織というものができてからできた名前だね。

山田　そうそう。

北川　最初は、ナップができる前に、ああいう当時のプロレタリア芸術活動が幾つかの団体に分かれてるわけですね。劇団なんかもその時分はプロレタリア劇場と…。

山田　それと前衛劇場が一緒になって。

北川　一番初めは劇場の映画班でその時分に佐々元十、……ここにいる山田三吉なんかがいたわけですね。

山田　つまり最初は芝居をやってたんだ。芝居は限られた観衆だ、将来は映画だというわけだ。三人でなんとかして映画班を作ろうというんで、できて間もなく左翼劇場になって、左翼劇場映画班になって、と同時にあのころ三十人くらいいた進歩的な映画批評家とかいろいろな連中、岸松雄だとか、なかで名前を出すと具合悪い人いるわけだな。それが左翼劇場映画班に入って来た。

北川　そういうふうな左翼劇場映画班から独立してナップの映画部になるころには、そこにいる人たちだけでなくて、ほかにも雑誌を持つ同人みたいな形で集ったグループが幾つかあったわけです。そういうものの中には、たしかプロレタリア映画連盟というような名前つけてたのがあると思うんです。雑誌もありました。亡くなった滝田出さんとか田中鉄之助だとか岸松雄、ああいう人もいたわけです。それが合同したような形で、左翼劇場の映画班が中心になってナップの映画部ができたんだと思うんです。この時分はまだナップの組織が連盟組織じゃなくて全体に文学部あるいは演劇部・美術部というようになってるわけです。それがある時期に協議会になるわけです。それぞれ各ジャンル別に同盟体になるわけですが、日本プロレタリア映画同盟とか、演劇同盟というふうになってくるわけです。そのころにはじめてプロキノという名前がつくわけですよ。それまでにできた映画というのは「野田争議」ぐらいじゃないか。

山田　メーデーがあるんだ。あれは残ってないの？　スタンダードで撮ったんだが。

小森　残ってないですね。

山田　あれは当時、同盟ニュースか、どこだったかにフィルムもらってとった。牧島君がよく知ってるんじゃないかな。「野田争議」については元ちゃん（佐々元十氏）が書いてる。

北川　そうそう。「野田争議」をどういうふうにして撮って、どういう仕事をしたかと「プロレタリア映画」の昭和三年三月号に佐々元十君が「野田争議の二日間」という名前で具体的に書いてます。

野田　このころの運動はどういう理論にささえられて動いてたわけですか。

（岩崎昶氏出席）

北川　ぼくら映画理論という場合に、組織論と芸術論と両方出てきてるわけですね。その時分のことは岩崎君来ましたし、よく知ってますが、ソ連のモンタージュ理論とか記録映画の問題ですね。記録というのか真実を写していこうという態度ですね。リアリズムで撮っていこうという態度で撮られてたと思うわけです。もちろん今考えられてるような厳密な意味の真実追求というのはそれほど明確でないと思いますけれども、そういう創造活動の理論ももちろんあるわけです。たとえば小型映画をわれわれの武器にしてというふうな考えかたですね。これは組織運動論みたいなものになると思うんですが、そういうようなものがまず問題として取り上げられてたわけですね。これはその当時の社会運動全体の要求してる条件、それから実際に映画が作られてる撮影所との関係とか、それを作っていくプロキノの主体の力といったようなものから佐々元十君の「戦旗」に出た論文なんかも非常に代表的な論文ですね。「玩具・撮影機・武器」とかいう三題噺みたいな題ですよ。

古川　あの当時の基本的な理論というのは、とにかく文学が主体だったから、プロレタリア文学運動の根本理論が演劇に適用され、映画に適用された。映画なんてのは理論的に非常に弱かったから、あとを追っかけていって映画的に翻案していくみたいなのが実態じゃなかったかと思いますね。

●プロキノの運動内容

粕　雑誌「新興映画」が出てたころの問題ですが、のちに「プロレタリア映画」の創刊号に松崎さんがだいぶ元気のいい論文を書かれてるんです。そこでは日本プロレタリア映画連盟が非常にたたかれています。「映画工場」と「映画解放」という、雑誌に依っていた人が、日本プロレタリア映画連盟を作ったらしいのですが、そのころの話をお聞きしたいんです。というのは、当時プロキノは映画従業員組合に対する働きかけをしていたらしいし、運動全体についてもう少し突っ込んでいえば、単に工場・農村に映画を持ち込むというだけでなく三つの活動をしたと思うんです。それはいわば観客運動、製作運動、映画労働者運動という三つの性格だったと思います。そこで、先ずその最初の萌芽のころ、プロキノ以前のもやもやしたころのことも伺いたいのですが。

岩崎　昶氏

粕　三平氏

北川　鉄夫氏

岩崎　そうだな。たしかに三つの活動していたわけだけれども、それは時期によって違うんで、ある時期にはその一つしかやってなかったり、ある時期には理論活動、啓蒙活動だけで終ったりして、いろいろな時期があるわけですね。だから長い時期でならしてみればたしかにその三つの活動をやってたということにはなるけれども、特に最初の時期は文化運動というものと、つまり芸術運動だな。それと映画産業の中での経済闘争とがまだ分化していなかった。分化していないというよりも実際に分化するだけの人がいなかったということになる。たとえば第一回のプロキノの委員長というのは今東光がしてたわけです。ぼくだの佐々元十、中島信だの、そういう人間がそれぞれの時期に中心になって働いてたわけだけども、同時に映従、映画従業員組合の委員長も今東光がやってるわけだな。映画のことがある程度わかって、そして芸術運動と労働組合の組織というようなものをやっていける人間というのがほかにいないわけだ。だから全部、今のところに、やってくれというふうに集っちまったわけだよ。そうすると今東光ものんきな男だから、よしやろうというようなことで両方かけもちやったわけだ。そうすると自然にぼくらもかけもちだよ。中島、佐々なんかはあまりやらなかったかも知れないけどぼくなんかは、なんとなくかけもちをやることになった。映従の方には当時鴻野茂助がそのころは杉一太というペンネームで書記長をやって、鴻野とぼくが大変仲がよかったんで、そんな関係でぼくも引っぱり出されて映従の仕事を、むしろ初期にはプロキノの仕事よりも映従の仕事の方が忙しい状態になった。浅草の映画館あたりであとからあとからとストライキが起るわけですよ。サボタージュやったり。そうすると全部それが映従に駆け込んでくるわけだ。そうすると今東光だの鴻野茂助だのぼくだの野口正章だの、忙しくなるわけだ。昭和の二、三年ごろだ。

山田　おれも結局映従に動員されて浅草の小屋に印刷物入れて歩いた。浅草は顔だった。(笑)

小森　その映従は、座館の方でしょう？

岩崎　同じなんだ。映画の組合は一つしかなかった。

小森　当時東京では撮影所は蒲田しかなかったわけですね。

岩崎　いや、考えてみると映画の組合も二つの組織があったな。もう一つ黒田寿男が委員長してた組織があったわけです。それとも今東光がやめてから黒田氏が委員長になったのかな。

野田　話を返すようですが、映画従業員組合の組織状況というものはどんなものだったのですか。そしてそれは「全協」の系統だったんですか？

岩崎　全協の中に一般俸給者組合があり、その中にまた……。

北川　サラリーマン・ユニオンです。今の若い方にはわかりにくいかも知れないが、生産、いわゆる金

属とかああいうものでなく、たとえば書店、丸善なんかそういうところの関係の人とか、ホワイトカラーのサラリーマンの中に包含されてるやつが俸給者組合です。この時分おそらく労働組合としてはもう全協になってたな。最初の時だね。

野田　全協の歴史を書いた本を読んでも、映画の方は細かく出てないですよ。

岩崎　その時の一般俸給者組合というものも今日の組合と違って、日常組織としての組合員というものはあまりいないんだよ。争議になると出て行って請負的に指導する、その時は組合員みたいになるけれども、争議が終ると離れちゃうわけだ。(笑)

遊撃隊みたいなもんだよ。そういうんだから組合員いくらというふうな組合の勢力というものはないんだね。

山田　本当のストライキになるというような時は全協から来てこっちがビラまいたりして、プロキノ映画なんかそっちのけだ。

野田　オルグというわけですね。

岩崎　そういうことですね。

●批評部――理論と批評活動について

長野　そのころ一九二九年十二月ごろ、批評部があって解体したということがありますが、そのあとで今東光が追放された。その辺の間でどういう内部的な事情とか理論というものがあって批評部の解体、それからそういうことにつながって今東光が追放されたという形が出てきたのか、その点を。

岩崎　さっきのことから続くんだろうと思いますけど、やはり映従とプロキノの人間がかけもちであって、浅草や、あとでトーキーの問題が起って武蔵野館や渋谷キネマが、映画館でトーキーに伴ない楽士弁士の失業問題というのに映従が非常に働かなきゃならなくなってきて、ぼくらもそこでビラまきをやったりいろいろやったわけですよ。その間に映従そのものの活動もいろいろ壁にぶつかるわけだけれども、それと同時に今度は芸術運動をやるのが元来の目的である団体がそういう組合運動を、しかも片手間みたいな形でやるというのは大変間違いだという当り前の話が、はっきり皆の間に浸み込んできて、そこで組合運動とは手を切って文化闘争に専心するということになっていくわけですよね。初期のプロキノの活動というのは、実際には製作はパテーベビイで若干の作品が撮られたということはあるけれども、これはむしろ非常に異常なできごとで、日常的な製作というものはとてもできないものだというふうに考えて、従って主として理論活動をやろうというようなことに大体集中していたわけだな。当時のジャーナリズムの全体の空気からいうと、やはりまだ左翼の人気がかなりあってプロレタリア芸術とかプロレタリア文化というようなものが、ブルジョア・ジャーナリズムの上にもかなり歓迎というとへんだけれども、活動の場を与えられて活動できた時代だったんですね。だからぼくだの佐々元十だのは、そういう一般のジャーナリズムの上でものが書ける状態だったから、主としてそういう新聞や雑誌の上で啓蒙宣伝を、あるいは理論活動ということをやることに自然と精力が解消されてしまうという状態が起ったわけなんですよ。その時批評部というのがあったわけかな。

小森静男氏

古川良範氏

山田三吉氏

北川　あったようですね。

長野　一九二九年の十二月に批評部が解体してるんですが。

岩崎　批評部があったということは、その前に製作部とか何部とかあったわけだろう。

北川　組織部とか教育部とかあったんだと思うんですよ。その中の一つですよ。

山田　プロレタリア映画連盟というのがあった、あの中に批評家がたくさんいた。

長野　プロレタリア映画連盟につながりがあるんですか。

北川　というんじゃなくて、岩崎、佐々という人はそれまでもずっと批評家でやってるわけだし、元来製作をするというふうなことがそうやれる状態でなかったから、理論活動やってましたね。

野田　あのころの雑誌をみると、闘いは批評でやれというようなエッセイがあったですね。

北川　「新興映画」というのが出た問題はそれでしょう。ナップになったかプロキノになったかは別として、その組織じゃないから機関誌じゃないわけですよ。それ自体の。他の映画雑誌の編集やってる人が「新興映画」に対して資金を出して。

岩崎　田葉一雄という人、この人がシンパだったんだ。金出しても損はない、経済的に今の情勢なら成り立つし、その人自身もシンパだったから、一つ金出すからやってみろというようなことで機関誌ではなくて独立した一つの商業雑誌として、ぼくと村山(知義)君が連名で責任編集という形で出してたんだ。

山田　非常に広く、映画連盟の連中も入ってたわけだな。

小森　その時期じゃないですか、批評家協会を作ったの。

岩崎　もうちょっとあとだな。おそらくぼくは、つまり自然にわれわれのその時の力関係、外的な条件、両方から考えて製作というものに突進するよりも目前に安易に舞台が与えられてる、ジャーナリズムの上での理論活動、これにどうしても傾いてたという点が批判されて、それを組織の上で表わすために、批評部なんてものはこの際部としてなくして、製作あるい

は組織の強化という、特におそらくそれが廃止されたということは製作及び上映という二つの部を強化するということに主力を注げということじゃなかったかと思いますけどね。

古川　というよりも、混沌としてるわけだよな。こういうことの中から次第に自主的に、作らなくちゃいかんという基本的な形が生れてきたんじゃないのかな。

岩崎　そうだろうな。

野田　映画の製作の特殊性ですね。ある程度の基盤ができないとできないというようなこともありましょう。

古川　はじめはブルジョワ映画の批評活動から始まって。

北川　プロレタリア映画の啓蒙といいますか、あるいは映画の社会性の強調とか。

岩崎　もう一つはこういうこともあるんだ。つまりアマチュア映画というもの。パテーベビイとか十六ミリというようなものがそのころようやく日本でも外国でもできてきたわけだ。パテーベビーはもうちょっと古くからあったけど、とにかく割合に安い予算での製作というようなものが、それ以前は完全に考えられなかった。われわれの仲間だけじゃなくて一般的に世間にも考えられなかったわけだ。それがそのころになって十六ミリによる製作というものが非常に盛んになって十六ミリのカメラもわりあいに手に入るようになり、フィルムも入るようになる。現像も大きなラボでは引き受けてやってくれるというふうに、技術的に設備が整ってきた。その頃ちょうどそういう時期にぶつかったんだ。外的な技術的な条件がその頃やっと整ったわけだ。

●プロキノ運動の周辺

粕　そのころ、たとえば松崎論文は武田忠哉、佐々木能理男、森岩雄、袋一平をまやかし者だとずいぶんやっつけています。この批評のやり方はずっとのちの大衆化の中身にも関係してくるし、プロキノが傾向映画をどう評価したかとも関連します。更に統一戦線の問題としても考えられるので、プロキノの内部の最初のころの対立とか、あるいは意見の食い違いとかそういったことをもう少し突っ込んでお話していただけませんか。

北川　その問題一般的に知っていただくためには、日本の戦前の共産党ですな、この時分非合法だから、どこにあったか知りませんがそういう政党組織、それから全協という労働組合、あるいは同種の農民組合、あるいはまたプロレタリア文化運動というものが全体としていわゆる左翼労働組合理論をもっていたわけですよ。ロゾフスキーあたりがいってるような赤色労働組合論というようなものがあって、そういう流れの中で、絶えず日和見主義ということで、私らもやっつけられたわけですよ。そういう意味のものとしてあったわけです。それがやがて最初に話の出たような大衆化運動への転換としてはっきりしてくるわけです。

古川　文学の場合でも、壺井さんのようなアナーキズムから来てる人と、コミュニズムから来てる人と合流してる。中島信さんはアナ的なあれでしょう？

岩崎　だけど、実際にはぼくの感じでは、中島君は別にアナーキズムの理論というようなものを持ってプロキノへ入ってきて、それが摩擦を起したということはないね。経歴はたしかにそうだが、しかし彼はプロキノの中では一番技術家だった。つまり写真技術・撮影技術・現像というような技術の点では一番明るい。技術的な指導者だった。われわれが彼に仰いだものは、そういう運動の指導理論というよりも技術的な指導ですね。だからプロキノの中ではさっき古川君がいったようなあれは、つまり文学の陣営におけるようなアナとボルの対立みたいなものはなかった。

古川　僕は後期に参加したからな。

粕　そうすると、当時撮影所の助監督とか従業員たちが雑誌に投書の形でいっぱい文句いってるわけですけれども、その人たちや要求はどういうように吸収されて行ったんですか？

北川　吸収される人もあるが、組織化はされてない。あの時分傾向映画なんかずいぶん出てるわけで、伊藤大輔の「忠治旅日記」ができたのが昭和二年です。マキノ正博の「浪人街」がその次の年の三年、四年がいわゆる傾向映画といわれてる内田吐夢の「生ける人形」伊藤大輔の「斬人斬馬剣」「傘張剱法」といったものが出てる。これは別にプロキノの影響でそういうふうになったということも若干あるでしょうけれども、同時にもっと広い意味の社会的な情勢の中で、映画の従業員の中でもそういうことがあるとか、いろいろな意味で左翼化してるわけですね。そういういろいろなものがあの雑誌に反映してるんです。

粕　理論の面でとか検閲なんかに反対する統一戦線みたいなものがそのころ、芽としてあったような気がするんです。雑誌読んでる範囲では広い線であるような気がするんですけれども、それは気分的なものだったんでしょうか。

岩崎　問題は幾つかあるわけだけれども、撮影所の中の労働者が非常に不平不満はあったわけです。月給は安いのを承知で、活動写真が大好きだといって入って来るのが多いけれども、ものの本読んだり時勢に動かされたりして考えはだいぶ固まってくるわけです。そういう人たちは何か求めてたわけですね。その時、とにかく活字になって、映画について進歩的な立場を明らかにした雑誌が出るということは、やはりとても力強い、そこに自分のはけ口を求めるという気持になるわけでしょうね。だからいろいろな投書が出たわけだけれども、その人たちは大体、ぼくはその人の名前とか書いた内容なんか知らないからなんともいえないけれども、大体は今話に出た傾向映画なんかに協力した人たちだと思うんですよ。だからそれは撮影所の中でのそういう運動としては非常に働いてたわけです。

粕　その人たちはプロキノに吸収されなかったんですか。

岩崎　京都が多かった。プロキノの京都のメンバーには何人かいたかな。

山田　いたさ。マキノ争議のあた

りは木村荘十二、三木茂、人丸京平、脚本家が多かったな、巽木草二郎、のちの原健一郎。

岩崎　京都には吸収されたわけですね。一時。

北川　ナップ組織に入ってますよ。

長野　そのころ「新興映画」が「プロキノ映画」に移って、「新興映画」のころはそういう企業内の声が出てたが「プロキノ映画」になってからほとんど見られなくなってきてるんですが。

北川　プロキノになったのが昭和四年だ。

岩崎　傾向映画がとどめを刺されるところだ。

北川　あとはもちろん流れみたいなものはありますよ。治安維持法改悪というのは昭和の四年だ。山宣が殺された年か。

野田　そうするとプロキノの昭和四年前というのは企業内の作家、技術者たちとの直接交流はあまりなかったわけですか。

岩崎　たとえば溝口健二、伊藤大輔なんかぼくらと仲がよくて、いろいろ話をしたりというような、進歩的な芸術家とプロキノ及びナップのメンバーとの個人的な交渉はずいぶんあった。

野田　そうした交流はあったわけですね。

北川　京都ですからね。

山田　そのころ、京都では五六十人おったですよ、外郭団体は。衣笠貞之助、役者とかカメラ、助監督。木村荘十二なんかいたころだから。

●映画批評家協議会のこと

粕　昭和四年にプロキノは批評部を解体して、実践第一主義に入ってるわけですが、そのあとであくる年の三〇年に例の森岩雄の委員長の映画批評家協議会が二月に作られていますが、このころの広い統一戦線というかそのころの問題を具体的に……。

長野　検閲官も含まれてる広い委員会という形がありますが。

北川　橘高広、田島太郎、ああいう人たちが……。

粕　二月に創立して六月には解散しているわけですね。

岩崎　あれはわれわれがとにかくいい出して作ったわけですよ。実際に中心になって働いたのは、ぼくだの岸松雄がいたかな、それから筈見君そういう若手の連中がとにかくこさえようじゃないかといってこさえて、池田寿夫が書記長になった。池田が一番、会ができ上ってから、組織の中心になって運営して行ったわけですが、大体その当時の全体の勢いなんだけれども、左翼の連中がいつでも組織の中心にすわって、実際に仕事するのは結局そういうやつだから自然にそうなるんだけれども、ある程度引き回しが起った。はじめ大変幅の広い組織が一応できたのは、やはり当時の社会情勢、傾向映画というものはそのままの形としては崩れてるかも知れないけれども、そういう進歩的なふんい気というものがまだ社会全体にあって、それから少し歪められた形でデフォルメされてくるかも知れないけれども、やはり傾向映画的なものも時には生れてくるような情勢だったわけですね。芝居の方ではまだまだ残ってたわけだ。そういう一般的な情勢の中で、いわゆる保守的な批評家・理論家というような人たちも、やはり共同戦線の中に加わるような基礎があったわけだね。それで非常に幅の広いものができた。

北川　ほとんど入ってたでしょうね。私らみたいな学生で金ボタンつけてたのもいたんですよ。

岩崎　盛大な発会式やったな。池田が議長になって、大先輩である森岩雄が会長か委員長になってできたわけですがね。やはりそれは作ること、運営のしかた、両方に非常に目的意識みたいなものがはっきりしていて、従って実際の運営には左翼の独断みたいな引き回してやっていったから、半年もしないうちにつぶれてしまうわけです。自然につぶれたというよりもむしろ反対側の人たちの意識的なボイコットというようなものがあってつぶれたわけだろうな。どっちかというと。これはプロキノだけの状態ではないけれども、当時の進歩的陣営の大きな黒星の一つだろうな。この失敗は。

●検閲とのたたかい

粕　検閲に対しては具体的な反対をその時やったわけですか。

岩崎　もちろん反対はしてるんだけれども、しかしわれわれの作品は一般に公開もするし、移動映写の場合でも、見物が二人以上の場合は当時の法律用語で「多衆の観覧に供する」ということになるわけだ。二人以上に見せると検閲を必要とするわけですよ。われわれははじめは検閲なしでやったりなんかしたんだけれども、そうするとすぐふんづかまって、今度は内務省のフィルム検閲規定違反というようなことで、フィルムを取り上げられたりなんかするんで、ばかばかしいし、われわれとしてはなるべく広い大衆に見てもらわなきゃならないんだということで、正式に検閲に持ち込む方針に変るわけです。

山田　あの時、出版物、映画ひっくるめて検閲に対する同盟があった。

北川　検閲制度改正期成同盟。

山田　それにも参加してたわけだ。一応闘争に。

●傾向映画について

小森　岩崎さんなんか、日活の京都の金曜会というやつ、ああいうものと傾向映画の関係は？

岩崎　あれはぼくのプロキノへ入る前だから入った時はつぶれてたよ。金曜会は東京の本社の中に出来て、いわば企画本部の役をした。それまで日活では京都が自主的に企画を立て製作してたわけだ。それを京都から東京に主権を回復しようという本社側の施政方針の一つの現われなんだよ。金曜会で京都を牽制しようということなんだ。

小森　組織的なつながりはなかったんですね。

岩崎　全部こっちで企画を立てて京都に実行させるというやりかただったんだ。プログラムをきめ本も監督も、要するに製作本部というのが金曜会だった。ところが京都にしてみればおもしろくない。天降りで東京からプランがくるのは。それの圧力が大変強くなって

金曜会自体ももう役割も果したんじゃないかということでやめたわけだ。

野田　京都の方が傾向映画が多かったのは、当時は京都に撮影所が多かったというわけですか。

岩崎　それはつまり北川なんかから別の補足があると思うけれども、一つのことをいえば大体傾向映画というものは、一番作りいいのは時代劇、現代ものでは現在のテーマで現在の生活扱ってると、テーマなり事件なりが非常にリアルに出てくるから、すぐ検閲官の眼に触れてしまって、眼をくぐることができないわけだ。ところが時代劇になれば昔の時代に仮託して現代を風刺するというようなことが可能なんだよね。もう一つは、何といっても製作の中心が京都にあった。「生ける人形」なんて現代劇だけれども京都で作ってるというようなこともあるけれども、しかし時代劇という形で傾向映画が一番多く作られたということが、かなり大きな原因になってるんじゃないかな。

野田　北川さん、同意見ですか？

北川　大体そう思います。もちろん戦後の時代劇と比べられるとあれですが、戦前のマキノとか日活の伊藤大輔さんなんかのああいう仕事というものが、今の東映なんかの時代劇と若干違います。マキノ省三がよくいってたことだが、時代劇の主人公は御用提灯を斬らないと大衆のかっさいを受けられないといってる。（笑）伝説みたいなものだがそういうものがあったと思う。股旅もの一つにしてもやくざというのは一種の農民の苦しさの中から出てきたようなもんですから。「斬人斬馬剣」なんか百姓一揆出てきますし、突きつめていけばそういうもの出てくるわけです。それと、さっき岩崎さんいったみたいなことですね。当時カモフラージュということば、ものすごく使ってますよ。そういう人たちが。

岩崎　それから、これもあると思うのは、当時の時代劇に阪妻プロというのがあって、「魔保露詩」「雄呂血」というような作品作った。傾向映画の中に入らないんだが、一種の反抗という形のニヒリズムだけれども、一つの反抗というものを非常に物理的な形で表わした映画なんだよな。やはりその流れが京都に行って傾向映画の一つの構成要素になってるんじゃないかと思いますけどね。

●製作上の苦心談失敗談

野田　ここいらで、また、プロキノの運動にかえって、当時、いろいろ多くの映画が悪条件にたちむかってできてますが、その苦心談を。

北川　最初の方の「山宣葬」なんてやつは、御承知のようにその時に行なわれた一つのカンパニアを撮ってるわけですからね。このカンパニアを撮るというのは、あとでは「プロキノ・ニュース」みたいになってくるわけですけれども、当時の状況からすれば撮影をしてると絶えずとっつかまえるという、これが最大のあれですな。（笑）そういう危険もありますし、ほかの、たとえば「隅田川」「田園小景」、「こども」これなんかそういうジャンルのものではないわけです。

古川　あれはラヴォラトリイで作った作品だ。

小森　フィルム・ライブラリーということをうるさくいってたね。

古川　ラヴォラトリーができたのはいつごろかな。場所は、――

岩崎　中根町十五番地だな。（笑）

北川　個人の家ですけれども。

岩崎　プロキノで借りて書記長兼技術部長として中島信が住んでた

北川　「隅田川」ができだしたころだね。

岩崎　その辺だ。ニュース持ってる人ないのかね。

北川　ガリ版のあれ（機関紙）があればすぐわかるんですが。

古川　昭和五年だよ、とにかく体制が整ったのは。第一回研究生募集という時おれが入ったんだから。だから五年が製作した作品も一番多いだろう。まだ合法時代なんだよ。

北川　たとえば「アジ太プロ吉」というのがあるでしょう。漫画ですよ。漫画の横械も設備も小規模ながら作ってるわけですよ。若林敏郎、須山計一が画を描いた。

小森　「戦旗」なんかに連載してたんでしょう。それからとったんでしょう。

岩崎　そうそう。

野田　アニメーションが若林さんですか。

古川　いや、その前にだれかいたんじゃないか。

岩崎　瀬尾君か。

北川　瀬尾光世だ。当時の漫画なんか、しろうとで作りかたがわからないんで、須山計一が一コマずつ作っていくのがわからないわけですよ。手伝ったもんだから覚えてるが、家がぺしゃっとつぶれてねずみが飛ぶところがある。いきなりねずみが上へ描いてあったんで、動かないわけですよ。（笑）技術的にはそういう状態ではあったわけですね。

●観客組織について、
――「キノ・リーグ」と「映画クラブ」――

長野　その当時キノ・リーグというのがあったんですが、そういうものと製作との関係は？

古川　つまり街頭活動だったんだよ。当時はまだ。

野田　「映画クラブ」というのはちょっとあとですか。

北川　あとですね。古川荘一郎（蔵原惟人）論文の関係ですね。

古川　このころまだ合法的に封切ったわけだ。合法的に観客動員してやれて、それが中心だったわけだ。一方では移動映写活動というものをやってたが……。

北川　私なんかも機械を動かすだけのことを覚えて、提げて行ったことがよくありますよ。

古川　大宅壮一が映写機買ってくれたの、そのころだ。

粕　プロキノ友の会もそのころですか。

北川　前後してでしょうね。

岩崎　ちょっとあとだ。キノ・リーグがなくなってから、代わるものとして二つに分かれたのかな。

（以下次号）

×　×　×

プロキノ運動年表

一九二七（昭二）年

●当時の日本プロレタリア芸術連盟臨時総会（三月）。運動の積極化を決議。雑誌「文戦」「文化批判」等の右派グループへの闘争強化。

●機関誌「プロレタリア芸術」創刊（七月）

○連盟所属プロレタリア劇場映画班発足（五月）

○（東京）「メーデー」（9.5㎜）「帝大ニュース」「ストライキ」「街頭」（16㎜）撮影（五月）

○シナリオ誌「映画工場」評論誌「映画解放」等のグループが映画班と別に発足（十一月）

●恐慌はじまる。

●山東出兵（五月）

●野田醤油争議始まる。

一九二八（昭三）年

●全日本無産者芸術連盟（ナップ）結成。プロ芸他数団体の合同による（三月）。機関誌「戦旗」創刊（五月）

○ナップ所属左翼劇場映画班「野田争議実況」（9.5㎜）撮影（一月—四月）

○ナップ映画部として独立（七月）

○「映画工場」「映画解放」両誌グループが合同しプロレタリア映画連盟を作り、主として理論活動の計画をたてる（六月）

○プロレタリア映画連盟、解体してナップ映画部へ吸収（十月）

●第一回普選（二月）

●三・一五弾圧

●張作霖爆殺（六月）

一九二九（昭四）年

●ナップ再組織、各ジャンルに別れる（二月）

●企業内で傾向映画さかん。

○プロレタリア映画同盟（プロキノ）結成（二月）。委員長・今東光。支部・東京・金沢・京都（準備会）

○「山宣告別式」「労働葬」9.5㎜で撮影（東京）。「山宣葬」16㎜撮影（京都）。（三月）

「第十回メーデー」16㎜撮影（東京）「金沢メーデー」9.5㎜（金沢）（共に五月）

他に「地下鉄工事」製作。

移動映写隊フィルモテークの計画。

○九月以降一時的停滞あり。準機関誌「新興映画」内部の統一戦線の矛盾でもあった。

○プロキノ批評部を解体（十二月）

実践第一主義に入る。

●四・一六弾圧。

●世界恐慌となる。

一九三〇（昭五）年

○第二回大会（三月）。委員長・岩崎昶、書記長・上村修吉。今東光等右翼分子の追放。

○「隅田川」「こども」「プロキノニュース・1」「田園小景」「煙突屋ペロー」（京都シンパの作品）製作開始、16㎜。（四月）

○「第十一回メーデー」（東京）「大阪メーデ」（京都）製作。（五月）

○第一回　プロレタリア映画の夕（東京・五月三十一日）読売講堂

上映作品「隅田川」「こども」「プロキノニュース・1」「第十一回メーデー」「煙突屋ペロー」

○第二回　プロレタリア映画の夕（東京・六月十三日）報知講堂、上映作品第一回に同じ。

○第一回　プロレタリア映画の夕（京都・六月）内容は東京と同。

○移動映写活動活発（六月—十二月）。京都他の支部との映画通信員網の計画。

○「イヌ」「工場労働生活」「共同耕作」を製作（六月）「共同耕作」は京成電車、野田争議団、落合消費組合、全農東京在連と製作

○夏、秋に講習会を開き、研究生を入れる。

○大阪公開圧殺さる（七月）。

大阪地方移動映写。

これらの活動を通じて大阪支部準備会結成。

○寺島その他工場地帯小公開（東京・七月）

○機関誌「プロレタリア映画」創刊。（七月）

○第一回講習会開催（東京・八月）開会と同時に解散を食う。参加者の殆どを研究生として吸収。

○左翼劇場「不在地主」上演に協力（東京・八月）。ダイヤグラム製作。

○東京工場確立（八月）。

「アスファルトの道」（岩崎昶）

「アジ太プロ吉消費組合の巻」（中島信・須山計一＝マンガ）

「俺達の広告」（中島信＝アニメーション）「港湾労働者」（上村修吉）「幸福」35㎜・未完（中島信）製作。

○第三回　プロレタリア映画の夕（東京・十一月）上野自治会館、

上映作品「共同耕作」「アスファルトの道」「俺達の広告」「アジ太プロ吉消費組合の巻」「港湾労働者」。

つづいて京都、名古屋、神戸、山形、新潟、富山、金沢、彦根高知で大小の公開。内容は東京第三回に同じ。

○プロキノ同盟員最高二〇〇名。後援組織としてプロキノ友の会（六月——）、プロキノ支持者としてキノ・リーグの提唱。

岡山、新潟、山形、名古屋に支部（準備会）結成。

○この年、理論面及び検閲に対する反対等のための統一戦線として映画批評家協会結成（二月）

森岩雄委員長。座談会、数回の幹事会、講演会等を行うが、プロキノがヘゲモニーをとりきれなくなって分裂、解散（六月）

●疑獄、売勲事件頻発。

●市電などの争議さかん。

●浜口首相狙撃（十一月）

一九三一（昭六）年

○第三回大会（四月）岩崎昶委員長、並木晋作書記長。映画・写真の基礎を工場、農村へ。プロレタリアートのカンパニアへの映画・写真による積極的参加。

○上期製作開始作品「幸福」（前期より継続）「プロキノニュース・5」「進め戦旗」（並木晋作）「奴隷戦争」（前同）「土地」（大森）「アジ太プロ吉失業の巻」「市電」「スポーツ」「第二俺達の広告」

○「第十二回メーデー」35㎜、16㎜の製作、「一九三一年メーデー」（京都）（大阪）（岡山）製作（五月）。

○第四回公開（東京・六月）。上映作品「プロキノニュース・5」「奴隷戦争」「土地」「第十二回メ

ーデー」「進め戦旗」検閲拒否さる。
京都、大阪、神戸、岡山、その他で公開。詳細不明。
神戸支部（準備会?）結成（六月）
○北海道「凶作地の農民」「プロキノニュース・6」「おいらの春」を製作。
○七月、八月へかけて岡山、広島（呉）、北九州（主として福岡）へ大小の移動映写。
埼玉、東京府下数か所移動小公開。
○第一回プロレタリア写真展（東京・七月）新宿紀伊国屋。
○機関誌「プロレタリア映画」停刊。新聞「映画クラブ」を創刊する（七月）。
○この頃から上映、製作共に困難となり、独自の公開は不可能となって、以後作品は左翼劇場、新築地の公演の際共同で上映公開される。
●三月事件
●満州事変始まる（九月）。

一九三二（昭七）年

●ナップはコップ（日本プロレタリア文化連盟）となる（一月）。
○「第十三回メーデー」（東京・五月）製作。
○第四会大会（五月）解散させられる。
○第二回プロレタリア写真展（五月）
○機関誌「プロキノ」として再刊（五月）。
○土浦地区巡回小公開（七月）。
「プロキノニュース・7・8」「世相読本」（セット使用）「延びゆく女性線」「三吉の空中旅行」（アニメーション）「全線」などを製作。（「三吉——」と「延びゆく——」は未完）。
○長野県下移動公開（十二月）
○「労農団結餅」（上野耕三）を製作（十二月）。
○運動後退期に入る。
○日本プロレタリア写真同盟独立（十一月）
●上海事変（一月）
●五・一五事件

一九三三（昭八）年

○プロキノ拡大中央委（一月）。
○第五回大会（一月）開会と同時解散。上村、中島、佐々、北川他の中央委罷免。並木書記長逮捕。（二月—八月）
○機関誌「プロレタリア映画」にもどし小冊子の形で1・2を出す。
○コップ拡中協へ参加（六月）
○「労農団結餅」（セット使用）製作停滞。
●国際連盟脱退（三月）。
●滝川事件（五月）。

一九三四（昭九）年

○第六回大会（個人の家でもたれる）。
以後不明。

注・○は直接プロキノ運動を示し、●は関係ある芸術運動、社会的事件をあらわしている。

この年表は岩崎太郎（並木晋作）氏と戦後映画研究会で製作された二つの年表を参照し、編集部佐々木が再構成したものです。新資料の発見、あるいはまちがいの訂正など今後も発表したいので御協力をお願いいたします。

現実・作家ドキュメンタリー

戦後記録映画をめぐって

■
西本祥子
（演出家・フリー）

昨年の暮、外国の教科書を中心にして、「誤解された日本」という展示会が、三越で催されていた。その時、ふと、私達、作家の中にも、これに似た、時代錯誤があるのではないかな……とヒヤリとさせられたものがある。

日本に住み、日本におこった諸問題を私達は作品に描きあげる。ところが、戦後、十五年を経た特に最近の作品は、事実の問題の底にあるものに目をふさぎ、現在性を失った作品があまりにも多すぎると思うからである。

外的な条件故だろうか。然し、外的な条件であればある程、その困難な現実に対処するだけのものを、私達が持ち合せていないからということができると思う。

ここ数年の、記録映画的手法を用いた社会教育映画には、共通の大きな欠陥をみることが出来るが、それは、骨の随まで泌みた、過去の秩序の美徳（日本的、ケンジョウの美徳――封建的家族制度につながるもの）に押し流されつつある、作家の姿である。

そこには問題の底にかかわり合っていこうとする闘いも、気魄すら見出せぬものが多すぎる。経験と、既成の作品の上にあぐらをかいている限り、芸術の前進はありえないと私は思う。

私は、一見するより遥かにみじめな現実と、その反面にある、人間の逞しい生命力と、その希いを問題の底からひき出そうとする地点において、そこに体当り作家をぶっつけることにおいて、はじめて、記録映画を創り出す生甲斐と、創造への成果をみることが出来るのだと思う。

外面的に、いかに事実を忠実に描いてみても、作家の内部が、過去の古さを捨て切れずにいる場にあって、決して、新しいものは生れてこないし、又、そうした次元に於ける作品は、永久に、いかに器用に描かれていたとしても……らしさの限界をふみ超えることは出来ないと思う。

何月号だったか、湯浅氏が「日鋼室蘭」を過大評価してはならない云々……とかかれていた。が、あの作品から受けとめられる感動、エネルギー、そして、作家の姿勢こそ、今日、我達の忘れてならない大事さではあるまいか。

日本人は小器用すぎる。器用さで、記録映画というジャンルの作品は、創られてはならない。執拗な現実の探究の中でこそ、自分自身も、又芸術も、新しい事実の発見をつかみ取っていくことが出来るのだと思う。

× × ×

昨年、総評との連携により作られた二本の作品はあとへまわし、「日鋼室蘭」以後、記録映画運動が、衰退の一途をたどって来たことをふりかえって、私なりに考えてみたい。

一九五三年～五年の間に「メーデー映画」「米」「朝鮮の子」等がある。

それらは、作家が、自己の内部を通して現実を創造していく過程を通っていない為に、作品はニュースの段階とあまり差のない線に留っている。然し、そこには、歴史の貴重な事実がきざまれ、政治にひきずりまわされていたとはいうものの、現在、今日の作家の無気力な沈滞し切った姿勢に比べれば、遥かに、私達に貴重な教えを残し、考えさせるものの数々がある。

何より、それらの作品が生々しさをはらんでいるだけに松本氏が、本紙上に口をすっぱくして書いている、作家の主体意識の確立――それは、作家として緊急な、絶体的条件でなければならないという提言。この提言を、非常に具体的な形で、考えさせ、学びとる必要性の大きさを、きびしく、しかも多角的に受けとめさせてくれる。政治にふりまわされていた――その作品、作家の全身の痛みのようなうずきを、私自身の痛みとして感じとらせるものがそれらの作品の中にある。

そして私達は、自身の中にある古い良識や善意さを、思い切ってかなぐり捨てねばならないこと。現在を未来につながるものの中で掴みとろうとする努力をおこたってはならないこと。それには絶えず自分自身が、現在立たされている地点を深く掘り下げては検討し、自分に対して、不断に問題を提起しつつ作品活動に携ること、それを失った時には、文部省的社会教育映画への逃避となるか或は戦後間もなく作られた記録映画製作協議会の作品の如く、不幸なエネルギーの発散にのみ、今後も終ることになるだろう。

記録映画芸術に於ける今日的な創作の条件は、事実をニュース的に捉えるのではなくその根元をあくなく掘り下げ、生きる誇りを失っている人達のおかれている状況に、作家の創造的エネルギーをぶち込み、網の目のようにめぐらされたそれらの問題の中で、のたうちまわってみる。先づ、その勇気。だがその時、作家の問題意識が確立されていない場合、作品はその前に屈伏しなければならないということを痛切に前記の作品は語ってくれるのである。

× × ×

「朝鮮の子」あたりになると、それまで政治にひきづりまわされていたことに対する作家の反省の姿勢が作品の中にみられ始める。その作家の悩みを、対象にぶちあてていった所に「日鋼室蘭」の、感銘を生み、いまだに生きた作品としての価値を保ちつづけている要因をみる。

× × ×

その反省の上に立って、作家は、何を、どうふんまえただろうか。

製作協議会最後の作品でもあり、文部省非選定映画として世間に騒がれた「月の輪古墳」は、そうした反省の集約でもあり、以後の作品と照らす時、ドキュメンタリー精神のみられる最後の作品だと思う。

だが、野田氏が「戦後記録映画運動についての一考察」の中で述べられているように、「月の輪古墳」が（教材映画・社会教育映画）にも使えるという成功の一面……その低姿勢が現在へ後退する大きな原因となっていることの事実。反省や、煩悶が前進への契機となり得なかったということは、つまり、作家が、逆行する社会に対決するだけの主体を確立する地点に、きびしく自己をかかわらせないで終ったから、と云えるのではあるまいか。

根本的な問題を、あいまいさに終らせたその日から、時代に逆行し、今日の誤れる社会風潮に迎合する、おていさいの社会教育映画への後退がはじまっているのだと思う。重い厚い、身動きのとれないような社会教育映画の壁を作っていったのは、外的条件のみでなく、外ならぬ作家自身でもあったのではあるまいか。

その間、わずかに、「生きていてよかった」「九十九里浜の子供達」「世界は恐怖する」等数本の、骨ある作品がみられるのみである。そのうち、原爆に取組んだ作品についてはかねがね述べてみたいと思っていたことがある。

× × ×

「生きていてよかった」この作品は、「二十四時間の情事」にある原爆が世界につながるものとして、意識をかきむしる感動や、胸に残す深い爪跡、そうした鋭い戦争体験への肉迫はみられない。

だが問題のねらいが、日本、そして、ひろしまという狭い視野に限定されている作品ではあるが、生きているとは名のみ、ケロイド故に、原爆症故に、すでに生存権を抛棄して、人の目をさけて暮す人たちに、生きる勇気と、その傷を背負ったことに対する問題意識を投げかけていった成果は重く評価される。

それは、作家の脈打つ如き叫びだったからだと思う。然し、その後、年々撮りつづけられている「ひろしま」の記録の映画は、現在、その運動が様々な歪みと弾圧をうける困難な事期に当面しつつあるにも拘らず、常に、問題点が広島から社会、政治のつながりの中に於ける今日的な現実の追求へ眼が拡げられていないことに私は大きな不満を持つ。それを除いて、いかに「ひろしま」を描いてみても、所詮、無駄なエネルギーの労費に終るのみだと私は思う。

それにひきかえ、イギリス記録映画「生れくるものの為に」は、原爆の問題を、すべての人間の、基本的権利と要求であるとして、そこから出発する。そして、行進に加る人の怒りの中から、今日の誤れる政治の姿をきゅうだんしていく。そして、政治への挑戦に、行進の問題を転化させるところ原爆禁止運動に対する作家の姿勢の深さを感ぜずにはいられない。作品から、ズッシリとした重さを感ずるのも作家自身が、記録映画作家であることの意義と自負を全身でうけとめている姿勢が明確に打出されているからであろう。彼等には私達より恵まれた製作条件があったのだろうか。いや、彼等は日々絶えず闘っているのだと思う。それが、この作品の感動を生む最大の原因――基盤となっていると考える。

引かえて、私達は低迷をつづけている。絶えず低姿勢、用心深くて憎まれないように、誤ちなきように。その誤ちとは何か、古い美徳に捉れている人達の評価する、良い作品であるとか、悪い作品であるという……そして生々しく問題に返り、問題を提起する所の記録映画は、社会教育映画にはならない……という、いとも奇妙な観念までが出来上っている。「おふくろのバス旅行」「ある主婦達の記録」はそうした代表作である。ムズムズと憤りがこみあげる。

芸術に規定される文法は、あり得ない筈である。もし作家が約束中に自己を規定づけていくならば、それはすでに創造の世界から遥かに引き離された次元に立っていることを意味する。権威に屈した時、創作の意味が失われることは、記録映画製作協議会当時の作品がすでに語りつくしている。学視連の作品だからこれ位で……ではすまされない一本一本が多くの人の眼にふれる大事な作品である。作家から一時も早く、この卑怯な根性を追出さぬ限り、日本の記録映画運動の前進は不可能とも云えよう。

それは、我々自身にいつかはねかえり、生命を奪いとられることに、いつなるかも知れぬことである。又、創作上の方法が非常にイージーで、手慣れた習慣、自然主義リアリズムから、いささかの進歩もないことも平板な教訓映画になりおわっている原因の一つだろう。

私は、内外の映画について思う時作家たるものすべて新しい時代の胎動の中で、それらの壁を理論と実践を通し積極的に究明していかねばならないことを痛切に感じる。

× × ×

冒頭、「時代錯誤」という言葉を使ったが、それについて、サルヴァドール・ダリはこう語っている。

――現象の、魅惑的な、巨大な無理解――

「一九〇〇年」様式の安易な文学的利用は、怖ろしいほど長く続きそうな傾向がある。それを正当化するために、一つの愛すべき方式が使われるが、それはいささかノスタルジックで、いささか喜劇的で、また妙に嫌悪を催す「一種の微笑」を惹きおこすのである。私は、分別臭い、機智に富んだ「笑え、道化師」のことをいっているのだが、それが「感傷的な透視法」の痛ましいメカニズムのおかげで、ひどく誇張した

距離から、比較的に近い時代を対比によって判断することが出来る。こんな風に時代錯誤、いいかえれば「狂的具体性（唯一の生きた不変性）」が、「置き換えられた束の間のもの」のエッセンスとして（われわれ特有の知的審美を考えに入れて）われわれに示される。いかにもちっぽけな、自尊心を欠いた「優超感」にもとづく一つの対度が、それであって、そこにはすべての人を幸福にし、また回顧的、芸術的な、いわば漬物にした現実を尊重したがる人たちに、型にはまった、行儀のよい顔面収縮で、未知の現象を評価させる「不潔で、危険な」ユーモアの要因を伴っている。こうした「防禦・抑圧」の、反射的な、当てにならない顔面収縮は、結果として、思いやりと理解ある微笑――確に欠くことの出来ない周知の涙（みせかけの、ありきたりな追想と一致する）で……云々。

× × ×

私は、なまぬるい、らしさを描くに留る現在の社会教育映画へ後退した記録映画をみつめる時、語源をオーヴァーに強調したこの言葉が、現在を再認識してみる必要性の意味深さを適確に語っていると思う。

素朴な自然主義リアリズムの上に安住しつづけている限り、私達は、歴史の中へ取り残されてしまうことだろう。

だが、非常に難かしい問題である。三十歳にみたない私の内部に宿している古さ、矛盾の大きさ、何よりも先づ、それに一歩一歩対決していかねば、問題も新しい記録芸術の創造へ展開させていくことは難かしい。不可欠のことながら、それだけに又、容易ならざることを感ずる。

外部条件としては、秩序に生活するその域から抜け出ようと試みれば、避けられないトラブル（けしからんトラブル）を生じ、それは又反逆であり、悪徳者とみなされる風潮がある。小さな条件ながら、その意識の底につながるものは、沈滞する作品活動と結び合うものではなかろうかと考えるのは、私の指摘ちがいだろうか。

× × ×

そうした困難な状況の中にあって、昨年度総評との提携により作られた松本俊夫の「安保条約」は数々の未熟さを持ちながらも、長年の沈滞から脱出しようとの激しい意図がみられたのは大きな喜びであった。じっとしてはいられない。私に奮起をうながした。そうした意味でも貴重な価値をもつといえよう。

勿論、彼の論文、その理念には遥か彼方にある作品（作家の意図する内容と、表現された形式の不統一という点）ではあった。だが、未熟さの中にも、前編では特に、キラリと光る作家の鋭い感性、問題への肉迫の姿勢がうかがえる。

ドキュメンタリストは、そうした所から現実社会の問題性、可能性を摑み取ってゆくことが出来得るし、新しい記録映画芸術の可能性も、生れるのだと考える。

所が作家の間で、その芸術の本質を忘れたかの如き「ケシカラン」との酷評が方々で聞かれるだが、その言葉は、裏をかえせば、真の創作への闘いから退ぞいた、作家の無気力さから出てくる言葉だと思う。記録映画製作協議会の反省が、真の反省として掘りおこされるとことんまでの追求がなされていなかったともいえるのではあるまいか。

新しい記録映画の前進をはばんでいるものは多い。観客には判らないだろう……というとまどい。ところが、すでに従来の教訓映画に対しては観衆は感動の片鱗も現さぬ人が多い。一度、トックリとそこに照明をあててみることも、壁を突破る大きな要素となりはしないだろうか。だが、それも、ねばり強く、働きかけていく努力こそが肝要である。

そうした多角的な視野と、運動の中からこそ、私は、異常に複雑な現代に対決していく眼が、養われ、築かれていくのだという風に考えている。自己のあくなき追求と検討と同時に、観衆へ働きかける運動も今日必要な問題ではあるまいか。

もし、作家に、現在の壁を突き破るためのたゆみない努力と意志に欠けるものがいささかでもあれば、記録映画の今日的存在は、今後、更に官製――文部省のえじきへと追込まれて、取りかえしのつかない事態に陥ることになるだろう。

「安保条約」は、教訓映画の壁を突き抜けた次元で、多くの観衆の、感覚に訴える強烈なイメージを感じとらせる成果がある。

その作家の姿勢と、広い視野に立った製作上の闘いが尊いと思う。

失敗の部分にこと寄せて、勇気ある創作への実験性（実験映画ではない）を消す行動に出てはならないと思う。

それは、創造につながる前進への実験であり、芸術に転化する根元となるのだから。私達もそうしたところに、足をふんまえねばならないと思う。

「米」『一人の母の記録」の作家、京極氏の「失業」の中にも、京極氏の過去の完成された作品から抜け出ようとする意欲をみる。

反面、問題への追求の甘さもみうけられる。だが、現実の日本の姿と、日本の記録映画の分野のはらんでいる矛盾に足をふんまえ、激しく立ち向おうとする、きびしい対象への迫り方を随所にみる。これは偶然ではない――と私は思う。

どうにもならぬ現代……と考えられているその時代を喰い止めるためのドキュメンタリストの役割りを、作家が内部にしっかりと喰いとめ、以前の作品の反省のきびしい地点に立たれた所から生れたのだと、考えてよいのではあるまいか。

結構づくめ、或はアカデミズムに流されつつある社会教育映画、記録映画の壁を打破ることこそ、今日の記録映画を前進させる課題である。

素朴さ、素直さによりかかって満足している所からは、社会を変革し、前進させる記録芸術運動の何ものも生れない。

私は戦後映画を模索すればする程、今日に課せられた問題のむづかしさをきびしく感ずる。然し、それをねばりづよく探究し、正しい記録映画の進むべき、論理と行動を、一日も早く確立して、フィルムの上に叩き出していくようになりたいと希う。

カリガリからヒットラーまで

■ドイツ映画の心理的歴史■第三回

ジーグフリード・クラカウア■二木宏二・訳

訳者注

序章で、自分の方法論的な立場を明らかにした後、第一章以下で、クラカウアーは、個々の作品を手がかりして、ドイツ映画の発展過程と、そこにあらわれたナチズムへの心理的な傾斜を具体的にあとづけてゆくわけであるが、紙数の関係で、第一章と第二章は省略することにした。参考までに第一章と第二章の内容を紹介しておこう。

クラカウアーは、ナチ政権成立までのドイツ映画の歴史を（一）、一八九五—一九一八年までの前史ともいうべき時代、（二）、大戦直後から一応戦後の混乱が治まり、同時にドイツ映画の凋落が始まる一九二四年までのドイツ映画の黄金時代、（三）、一九二四年—一九三〇年までの安定期、（四）、一九三〇—一九三三年までのヒットラー前期ともいうべき時代の四つに区分する。

（一）が丁度、第一章にあたる部分で、ここでは他の各国の映画の歩みと同じように、文学、演劇に依存しながら、そのなかから、次第に独自の表現方法を切り開いてゆく過程に光があてられる。そのかぎりでは、どの国の映画史をひもとくときと、あまり変りばえのしないという感もまぬがれないが、クラカウアーは、この時代の映画のなかから、すでに将来のドイツ映画の方向を決定づけるようないくつかの興味ある問題をさぐりだしてきている。たとえば、一九一三年頃からあらわれた探偵映画の流行にもかかわらず、それは英国名をもち、英国風の身なりをした英国人ばかりでドイツに国籍をもった一人の探偵も創造できなかったことに注目する。彼によれば、探偵は、非合理な力を理性によってうち破ってゆく文明の申し子であり、それは民主的な社会の産物である。ところが、ドイツ人は、自らの手でドイツ的な探偵像をつくりだすことができなかった。それはドイツ人が、かつて自ら民主的な政治体制を発展させることがなかったという事情とは無関係ではない。しかも、それが外国人として登場するのは、一方では、そうした体制、人間像にたいする強いあこがれが、民衆のなかにあったからにほかならないというのである。また彼は、もともと人間が作りだしたものであるにもかかわらず、かえって人間を抑圧するような存在、たとえば、〃ゴーレム〃のばあいのように、そうした絶対的な力をもった独裁者にたいして無抵抗なドイツ人の運命主義をあらわすような映画がすでにこの時代につくられていることに注目すべきことを指摘している。

（二）の時期が丁度第三章にあたる部分で、ここでは大戦直後の混乱のなかにあらわれた映画のいくつかの傾向とそれぞれの社会的な意味が追求される。その一つは、性映画の氾濫である。それは、際限もなく死と破滅に直面した人びとにとっては、その生活本能をもう一度たしかめてみる意味をもっていたかもしれない。しかし、ドイツ人が、大戦直後に経験しなければならなかった多難な状勢を考えれば、それは圧迫から解放された現象として説明するだけでは十分でない。彼は、むしろ、それは、戦後に昂揚した革命運動にまきこまれないとする逃避的傾向の反映であり、官能的な快楽への耽溺は深刻な心のなかの焦燥をまぎらわそうとする無意識的なこころみであったと結論づけている。また、もう一つのタイプとして、たとえばルビッチの「パッション」にみられるように、たとえフランス革命を舞台としても、革命という政治的、社会的な問題を、ただ愛慾の葛藤という心理的な問題にすりかえ、むしろ、革命を戯画化したような歴史映画をあげている。しかし、クラカウアーがとくに、この時期を代表するものとして注目しているのは「カリガリ博士」にみられるような傾向である。ここでは、現実の革命が、心のなかで革命を夢みることによって代償され、「カリガリ博士」はカリガリのような独裁者の勝利する現実と、それを肯定する外被のうちがわで、あきらかに発生しつつあった独裁主義的傾向に対する叛乱をあらわすシンボルとして機能していた。彼は、この現実の敗北による内面世界への逃避という傾向こそ、ドイツ映画の特異な表現領域の開拓に大きな役割を果たすと同時に、その凋落を準備したものにほかならなかったことを力説している。

この第二章は、本書全体のうちでもかなり重要な部分を占める章であり、本来なら、第二章は、省略すべきではなかったかもしれない。しかし一九二四—一九三〇年のドイツ国内の安定にも似た現在の「太平ムード」の支配するなかに生きているわれわれにとっては、第三章以下のほうが、より切実な問題にたいする手がかりを与えてくれそうなので、むしろ、第二章より、第三章

を優先することにしたのである。

なお、本書の全体については、拙稿「クラカウアーの映画理論」(映画評論、三十四年三月号)また「カリガリ博士」の部分については、拙訳「カリガリ―非合理性の誕生―」(映画批評三十四年一月号)を参照していただければ幸いである。

第三章　安定期
(一九二四年―一九二九年)

一、没落

マルク安定後の一九二四年に、ドイツは賠償支払を定めたドーズ案を受入れて連合国の金融体系に組入れられることになった。正常な生活は再び始まり、インフレーションもやがて遠い悪夢となったかの如く思われた。この安定期、もしくはドーズ案時代は一九二九年まで続き、この見せかけの繁栄は突如崩壊してしまった。この時期には、シュトレーゼマンの賢明な再建策が進められ、ロカルノ条約やドイツの国際連盟加盟等、着々とその成功がおさめられていた。国内においても万事可もなく不可もないという具合であった。たとえヒトラーの輩がでて、彼らがヴァイマール時代とよぶその「体制」の地下を掘りくずすことにいかにやっきになったとしても、彼らに耳を藉そうとするものは一人もいなかったのである。彼らがまったく忘れ去られてしまったということはそれが共和国の内部にある何かの力から来たというよりは、むしろ、その熱病的な活動によって失業者の減少を助けた外国からの借入金の豊富さによってもたらされたものであった。

公共団体にも、公共事業や個人の実業家にも等しく与えられたこの貸付金に助けられて、ドイツの実業家たちは着々と彼らの工場を近代化し拡張していった。安定期の終りには、ドイツはその国内の需要をはるかに上廻る能力をもった生産設備を動かしていた。この結果は、管理機能の非常な発展と結びついて起ったものであった。一九二四年から一九二八年にかけて、事務職員の数は五倍にふえ、一方労働者はわずか二倍になったにすぎなかった。白襟階級が一つの重要な社会的階層として発達してきたのである。それとともにも一つの変革が行なわれた。すなわち今の言葉でいう大企業の流れ作業(経営の合理化)である。流れ作業の方式は事務所の仕事場にももち込まれた。つまりこのことは多くの事務職員達がその仕事の苦しさにおいても、経済的な苦しさの上でも労働者と少しも変らない状態に立たされたことなのである。彼らは自らプロレタリヤの状態にあることを知りながら、しかもなお昔の中産階級の地歩を保とうと努力する。固い信念とか望みとかの点で労働者とくらべてみても、彼ら三五〇万の事務労働者たちは心理的にもっと不安定であり、それは中産階級そのものがよろめき始めたことによってなおさらだったのである。彼らは都会にあふれ、そしてどこにも安住の地はなかった。社会という仕組みの中での彼らの決定的な位置ということを考えてみると、多くのことがらが、彼らからの反映を受けているのである。映画においても彼らに対して注意を払わないわけにはいかないのである。

一九二四年以後、経済的なひっぱくはドイツ映画の発達に対して以前よりも一層直接的な影響を与えた。これはそれ以前の二、三の事柄をふり返ってみればわかるのである。インフレーション時代には映画企業も大した混乱なしにやって行くことができた。事実国内市場は製作費のたった一〇%を保障するにすぎなかったが、二つの事情がこのひどい状態を救っていた。まず、第一に、人々は、いずれ使ってしまう金を、何でもかでも手当り次第の楽しみに投じようと夢中になり、その結果、映画館は連日満員で、その数さえ増えるほどであった。第二に、映画の輸出はダンピングによって非常に盛んになり、それはとてつもなく割のいいものであった。たとえば、平時には殆ど何程でもなかったスイスの免許代が、このときには映画の平均製作費に殆ど匹敵するほどの価値をもっていた。このような好機に誘われて、多くの不愉快な闇屋たちが映画企業に入り込み、小さな銀行では進んで出来たての株式会社を後押しした。これらの会社の幹部にはかならず二、三の有名人が名を連ね、彼らはその肩書によって高給をとっていた。フリッツ・オリムスキーが彼のドイツ映画の経済学に関する論文で述べているように、当時映画企業の教養水準は同じような規模の他のいかなる企業よりも低かった。このことは芸術の環境に対する相対的独立ということの証明になるものであるが、この雑草の中にも「街」(The Street)や「大晦日の夜」(New Year's Eve)のような映画が咲いたのであった。

マルクが安定すると同時に、全輸出の突然の行詰りによって映画企業は激しい打撃をうけた。いわゆる安定恐慌である。一九二四、二五の両年に新興の株式会社は多く破産し、「有名人」たちは破滅した株主を尻目に引退っていった。しかし、誰よりも激しく打撃を受けたのは映画配給業者であった。切符の売上げは激減し、銀行からは法外な利子を要求されて、生き残った映画会社も全く転換の路を失った。しかし人が絶対絶命の崖頭に立つときこそ、神のみ手はさしのべられる。そしてこの場合、神はハリウッドだったのである。

ハリウッドの大企業家たちは、ドイツで金貨本位制がとりもどされた暁にはドイツ市場からすばらしい将来を期待できると見定めたのである。彼らは足を踏み入れようと決心した。そして、アメリカ映画の洪水がドイツを浸し始めた。この大規模な侵入にあたって、彼らは単にその映画の配給会社を作ったばかりでなく、大劇場を買いとり、さらに新しくいくつかの劇場を建てさえしたのである。この洪水をせき止めるためにドイツ政府は法令によって、外国映画の封切はドイツ映画が一本製作される毎に、一本の割でなければならないことを定めた。しかしこの法令は全く意外な結果を

招くこととなった。すなわちこれはあらゆる種類の「割当映画」(**Kontingentfilme**)を生むきっかけとなったのである。この「割当映画」の多くはついに封切られなかった。というのは、この映画の唯一の存在理由はそれをもっているものに外国映画を輸入する権利が与えられる「割当許可証」の獲得にあったからであった。映画業者の落ち合うカフェーでは、この許可証が恰も株式のように取引された。もちろん、アメリカの業者たちは、できるだけ多くの許可証を得ようとして一番真剣であった。それゆえ彼ら自身その割当映画をドイツ国内で製作し、またその上、多くのドイツの映画会社に融資したり、会社の買取りにまで手を延ばした。疑もなく、こうした侵略のやり方は不誠実なものではあったが、しかしこの国の国産映画企業を破滅的な危機からは救ったのである。

ウーファのばあいはこの縮図である。一九二五年、ウーファは悲劇的な苦境に立ち、パラマウント・アンド・ルー会社(**Metro-Goldwyn**)の介入がなかったら没落するところであった。このハリウッドの二つの会社はウーファに対し、莫大な貸付金の代償としてその数多くの映画館とともに、その割当許可証の処分をもこのアメリカの債権者に委せることを定めたいわゆる「パルファメット協定」に罰名することを強要したのである。これらの条項は、誰の目にも明らかなことだが、ウーファをより一層の苦境に追いこんだ。すなわちウーファはその新しい義務を遂行するばかりでなく、ドイツ銀行に対する古い借金をも清算しなければならなかった。かくて一九二七年ウーファは外からの圧力と内部での経営の不手際によって、ふたたび破滅にひんしたのである。そこで救いに立ったのがフーゲンベルクであった。——この保守反動のプロシャ人は彼の所有する新聞を通じて世論の大領域を支配していた。彼はこのドイツでの主要な映画会社を呑みこむことによって、彼の影響力をさらに拡げたいと考えたのである。直ちにパルファメット協定は改訂され、ウーファはフーゲンベルクの手中に解放されて宣伝の道具と化したのであった。しかし共和国が着実に建設されているかに見える間は、彼はこの道具を十分に利用もしなかったし、またウーファの全幹部が彼と同じ意見を持つことを期待もしなかった。つまり、彼はまた商売人でもあったのである。このことは、フーゲンベルクのウーファが民主主義の生活様式に同意していたということではない。単に彼は中立という仮面のもとにそれを妨害しようと欲していたのである。

この仮面をかぶった反動的な背後活動が時折、明るみ出されることがあった。一九二七年フォーブスが破産したとき、人々は、この重要な映画会社がさるローマンという将軍から融資を受け、そして支配されていたことを知ったのである。そして共和派や左翼の諸新聞は彼の金の出所が軍の秘密資金であることを暴露した。フォーブス事件は軍のスキャンダルに飛び火し、暫くの間はこの軍人たちの陰謀のくすぶりから大変なことが起りそうであった。しかしもちろん、それは起らなかった。ヒンデンブルクは当時国防大臣の告発を受けていた民主主義者ゲスラーを罷免し、その後任に将軍グレーナーを坐らせたのである。そしてすべては終ったのであった。

ドーズ案時代の開始によってドイツ映画の性格は一変した。今や生活は正常な姿を取り戻し、社会革命ももはやさし迫ってはいなかった。そして戦争直後の画面にみられたような空想的な人物や不自然なセットも「ノスフェラーツ」の吸血鬼のように霞の中へ消えていった。確かにスタジオでひねくり出したような作品は、一九二四年以後にも長く残ってはいた。しかし全体として安定期の映画は外の世界へと目を向けるようになり、幽霊から現実の人間へ、空想的な光景から自然の世界へと重点を移していった。それらは根本的にリアリスティックであった。

美的な基準の上でもまた変化が起った。戦後期の映画にくらべて安定期の映画は美術的に疑わしいものであった。「真のドイツ映画は死に絶えた」とポール・ローサは「ヴァリエテ」以後の作品について批評している。この没落はすべての観察者が一致して注目するところであった。問題はそれをどう説明するかである。

ある説明によれば、多くのすぐれたドイツ映画の芸術家や技師たちが二十年代の中頃から移住してしまったことにあるという。ハリウッドは他の諸国の天才たちを買い上げたと同じように、彼らを買い上げたのである。最初にその呼びかけに応じた人々の中には、ルービッチ、ポーラ・ネグリ、ハンス・クレリー、プホヴェッスキーがいる。一九二五、二六両年には有名な監督のE・A・デュポン、ルードヴィッヒ・ベルガー、ループ・ピック、ポール・レニ、ムルナウ、またファイトやニングスのような俳優をまじえたたくさんの人々がそれに加わった。エリッヒ・ポムマーもまたその誘惑に抗しきれなかった。ハリウッドがこの大仕掛な輸入によって単に自己の水準を高めようとするだけでなかったことは疑いない。主要な関心は当時全く危機にひんしていた競争者を締め出してしまうことにあったのである。この集団的な転出がドイツ映画の困難さをますます加えたことはたしかであったが、しかし、それはこの没落をひき起した原因ではなかった。それは次の事実によっても明かである。すなわち戦後期における何人かのすぐれた製作者たち——その中にはムルナウやラングがいる——がマルクの安定後つまらない作品の上に彼らの名人芸を浪費しているのである。ムルナウはそこでドイツを去ったが、ラングはこの国にふみとどまり、そして新しい天才たちもまた現われ始めた。没落は天才の欠乏によるものではなかった。むしろ多くの天才たちこそ、これから明かにさるべきある理由にもとづいてこの没落を作り出したのである。

次の説明は、当時ひろく認められたドイツ映画の「アメリカ化」という傾向のうち

にその原因を見出そうとする。この傾向は輸出の必要から生れたものである。ハリウッドは全世界を楽しませる秘密を発見したと考えられていたので、ドイツの映画製作者たちは、彼等が純粋なハリウッド的手法と信ずるものの模倣を夢みたのである。その結果は悲惨であった。しかしまた、安定期の傑出した映画監督 G・W・パブストは彼の「ジャンヌ・ネイの恋」(Die Liebe der Jeanne Ney) をアメリカンスタイルで作らなければならなかったにもかかわらずそれでも彼はそれを魅力的なものにすることはできたのである。没落の原因を流行のハリウッド的手法に従おうとする傾向に帰してしまうことはできないのである。たとえこの傾向が没落を速めたにちがいないとしても、それはその一つの兆候に過ぎなかったのである。

アメリカ化の企てはドイツの映画企業を国際的なものにしようとする努力と平行して進められていった。仏独及び米(英)独の連合がこの時期に結ばれた。これらの連合は、合同製作に専念し、概して浅薄なコスモポリタニズムに落ち込んでいった。その大部分は——ルノワールの「ナナ」(Nana) やファイターの「テレーズ・ラカン」(Therese Raquin) のような例外をも含めて——技術や設備の点で優秀なドイツの撮影所で、撮影されたものであった。ノイバーベルスベルク、シュタアケン、及びガイゼルガスタイクは各国の撮影隊が落ちあう場所として有名になった。ドイツの映画企業はまたその人員の中に多くの外国人を受け容れたので、ある観察者はドイツ映画の没落を、その「反民族主義」によってひき起されたものだと考えるようになった。一九四五年二月に死刑に処せられたフランスの親ナチ主義者、ロベール・ブラジラッシュはその「映画史」(Histoire du Cinéma) の中で「国籍の疑わしいならず者の群」をすべての間違いのもととして告発している。ルネ・ジャンヌという人にいたっては一層厳しい。彼はすべての「ドイツ的性格」を失ったドイツ映画の横行について「ユダヤ人とその加担者」を非難する。「ドイツ的性格」はもしも少数の居候どもに屈していたならば、全くすり切らされてしまったにちがいない。けれどもすべての議論には根拠がない、というのは人種的な差別を口にしながら、ブラジラッシュとその輩は、二、三の重大な事実を見逃しているからである、ユダヤ系オーストリヤ人のカール・マイエルがいなかったならば、ドイツ映画は決して本来の姿に立ち戻ることはできなかったろう。ヴィーン系ドイツ人のラングはいずれにしても純粋なアーリヤ人ではなかったが、ヒトラーでさえ感心するほどの本当にドイツ的な映画を作ったし、更に彼は鑑定家だったのである。またインフレ時代には「ならず者の群」が映画に関してことごとに世話を焼いたのだが、その時ドイツ映画は芸術的に没落するどころではなかった、ということも明らかである。

また一九二四年以後の没落を、安い「割当映画」をはんらんさせた法律のせいにすることもできない。これらの映画は多くの高価な超大作とも共通した性格をもっている、また、この時期の傑作の一つ、ルットマンの「ベルリン」(Berlin) はフォックス・ユーロープの割当映画として作られたものであった。

ハリー・A・ポタムキンがいうように「没落の真の原因はもっと内面的なものである。」内面生活のあり方が戦後期を通じてドイツ映画の偉大さをもたらしたのと同様に、その後の数年間におけるそのみじめさをも、もたらしたのである。心理的に適応しようとする絶望的な葛藤から、古い権威主義的な傾向を一般に強くするものが生れることは、戦後期の重要な諸作品が示している通りである。つまり、大衆は安定期に入った当時基本的には権威主義的な心の持主であった。しかしその時期の共和的な体制はこうした大衆の心理傾向を否定する民主主義の原理を頼りとしていたのである。はけ口を見出すことはできず、しかもそれを我慢しきれなくなって権威主義的傾向はかくて麻痺状態に陥ってしまったのである。これは必然的に集団心理のあらゆる面に影響を与えることとなった。共和体制の中に息づく代りに、大衆は生活に疲れてしまったのである。彼らは彼らの基本的な衝動を作り変えようとするよりも、むしろそれを中和しようとした。ドイツ映画の没落はこの広くゆきわたった内部的な麻痺状態の反映に他ならないのである。

プロダクション・ニュース（文中略号・EK＝イーストマンカラー 脚＝脚本 演＝演出 撮＝撮影 16・35＝16ミリ・35ミリ）

三井芸術プロダクション

○編集中「くろがねの響き」EK35、三巻、演―金子敏、撮―前田実、「鉄に生きる」EK、35三巻、演―橘祐典、撮―岡田三八雄

○撮影中「特殊鋼」EK、35、三巻、脚・演―柳沢寿夫、撮―佐藤昌道

○完成「天平美術」35、二巻、脚演―水木荘也、撮―岡田三八雄

桜映画社

○撮影中「日本の手工芸品」色、35、二巻、演―金子精吾、脚―金子精吾・大北浜夫、撮―山根重視

○完成「海の恋人たち」白黒、ワイド、六巻、演―木村荘十二、撮―木塚誠一

新理研映画

○準備中「放医研」「消防協会」「C・P・E」

○編集中「農地開発公団」色、35一巻、脚・演―斎藤、「気象庁」色、35、二巻、脚―古川、演―岸

○撮影中「インク工業会」色、35三巻、脚―竹内、演―秋元、「アイソトープ」色、35、三巻、「道路公団」色、35、ワイド、四巻脚・演―秋元、「山下埠頭」色、16、五巻、脚・演―田部、「電源ミホロ」色、35、五巻、脚・演―清水、「八郎潟干拓」色、35、一巻、脚・演―原本、「広島」色、35、三巻、脚・演―赤佐、「播磨造船LPG」色、16、二巻、脚・演―草間、「播磨造船所」色、16、二巻、脚・演―草間、「外務省」色、35、三巻、脚・演―秋元

○完成「北陸隧道」色、35、三巻脚―秋元、演―島内

日経映画社

○準備中「大阪繁昌記(仮題)」白黒、16、二巻、演―川本博康、撮―長瀬直道、「越後平野の米つくり・4冬のしごと」白黒、16、一巻、演―前田庸吉、撮―森康

○撮影中「精密機械をつくる人々(仮題)」色、35、三巻、演―間宮則夫、撮―浅岡宮吉、「新聞に出た娘(仮題)」色、三巻、35演―丸山章治、撮―植松永吉、

○完成「近代工業シリーズ・機械工業・自動車――1鉄の加工・2組み立て・3生産のしくみ」白黒、16、二巻、二巻、一巻、演―杉山正美、撮―長瀬直道

シュウ・タグチ・プロ

○撮影中「新三菱の製紙工業」色16、三巻、脚・演―柳沢寿男・河合武、撮―坂本力康、「外科手術」色、16、二巻、脚・演―渥美輝男、撮―津田五郎「日本の人形」色、16、二巻、脚―富永次郎、演―かんけまり、撮―坂本力康、「三菱神戸」EK、35、二巻、脚・演―小林太平、撮―津田五郎

○完成「新しい水力発電」EK、35、四巻、脚・演―渥美輝男、撮―前同、「新三菱の冷凍機械」EK、35、三巻、脚・演―小林太平、撮―前同

新潟映画社

○準備中「東北電力揚川ダム」EK、16、五巻、演―益子恒徳、撮―近藤保、「三菱金属十周年記念」EK、16、五巻、演―小黒昇一、撮―鈴木鉄夫、「市政ニュース」白黒、35、ワイド、一巻、演―相川信雄、撮―越野正次、「鹿島建設川俣ダム」EK、16、五巻、演―山田護、撮―斎藤充「ライオンズクラブ全国大会」EK、16、五巻、演―五十嵐一夫、撮―弓納待福夫

○撮影中「観光新潟」EK、16、四巻、演―相川信雄、撮―渡辺関晴、「中部山脈」EK、16、三巻、演―山田護、撮―近藤保「テレビ映画の出来るまで」EK、16、二巻、演―五十嵐一夫、撮―斎藤充

○完成「僕等の学校」白黒、16、三巻、演―益子恒徳、撮―鈴木鉄夫、「お母さんの願い」白黒16、六巻、演―相川信雄、撮―荒木稔

次号予告

●アヴァンギャルドとドキュメンタリー　長谷川竜生
●特集・モンタージュの再検討
○モンタージュは変ったか　神田貞三
○カメラ万年筆とモンタージュ　羽仁進
○モンタージュについて　樺島清一
○モンタージュの今日的課題　高島一男
○エイゼンシュテインのモンタージュ　山田和夫
●座談会・プロキノ運動の再検討第四回　岩崎昶他氏
○反「殺人の方法」論　渡辺正己
○PR映画論　大島正明
○作家主体論をめぐって　大沼鉄郎
●カリガリからヒットラーまで・第四回　クラカウア　二木宏二訳
●その他作品評・現場通信等
○アート写真頁・新作紹介

編集後記

※

今月号は最近とみに問題の多い社会教育映画の特集にしました。久しぶりに多くの原稿があつまり編部はうれしい悲鳴をあげました。

※

柾木氏の「綜合主義芸術論」は三回にわたって連載します。

四月号は『モンタージュの再検討』の特集とする予定です。近々封切られるフランス映画『勝手にしやがれ』(ゴダール作品)をみますと戦後の疎外された若者の姿を状況的にとらえ、方法的にはモンタージュが研究され、ドキュメンタリーの方法がとりいれられてなかなか興味ぶかいものがありました。映像主義(キャメラ万年筆主義)がフランスの新人たちの新しい旗印でないこともわかります。

ともあれ、否定するであろうが、しないであろうが、今日の時点でモンタージュの再検討は意義あるものと思います。(N)

第三巻 第三号 編集，
発行所 教育映画作家協会 電話東京(71)五四一八番

教育映画作家協会編集

記録映画

THE DOCUMENTARY FILM

第三巻第四号
昭和三十三年九月五日第三種郵便物認可

「白い崖」

4月号

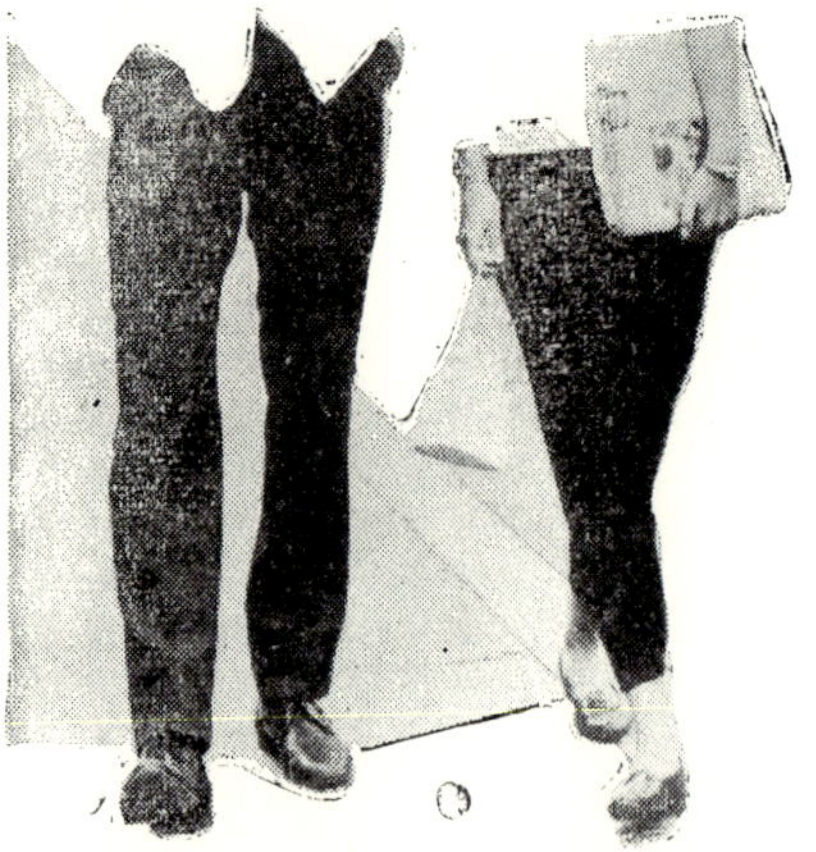

記録映画

1960　4月号
第3巻　第4号

時評

内濠もうづめられるか

日本の良識のごうごうたる非難と批判を受けながら、日本の政府は、なしくずしに軍隊を作りあげました。そしてつい最近には、その軍隊を都心に進駐させました。

教育行政の面でも国民の反対運動の目の前で、なしくずし的に、権力による統制体制を築きあげてきています。とうとう教科書の統制まで手をつけてきました。出版図書にまで統制の手をのばしています。思想統制の危険があると批判されながらも、各府県の社会教育課に流す官制の青少年向図書登録を強行したうえ、今度のその第2集では、民間から推選した図書は十四点しか採択されず、あとの一六六点はすべて官選によるという始末で、出版界との対立が激しくなっています。

教育映画の世界にも、同じような事態がまた新たに起ってきています。

というのは、通称見本市といって、各プロダクションの新作出品作品を各県に試写して持ちまわり、各県がいいと思うものを選ぶ便宜のための仕組みがありましたが、今度は各社の自由な出品に制限を加え、文部省選定のものだけに限ろうとしているのです。

そういう通告が文部省からあったとき、教育映画製作者連盟の中にも、もちろん反対の意見はあったと聞きますが、文部省が絶対強行するつもりなら反対してもしようがないのではないかというふんい気が支配的だったということです。

しかし、教配、共同映画、東京映画、東宝商事等々からできている教育映画配給社協議会では、このことを重視して、積極的な反対をひろく訴えようとしています。教配をはじめとして、そういうことを強行しようとする文部省の肚、政府の意図を本質的に問題にしなければならないとして、強い反対を表明しています。

われわれも全く同感です。

文部省がやりたければ、勝手にしやがれ、そんな馬鹿馬鹿しいことはボイコットしてやるという考えもいいでしょう。しかし自社の配給網を持っているところはそれでも立派に通用するかも知れませんが、そうでないプロダクションとは、歩調があわないでしょう。文部省がその意図を強行しようとするつけ目もそこにあり、その思うつぼにはまることになるでしょう。

事実、なににによらず、政府がなしくずしに、その権力統制のプログラムを強行してきたのは、みんなそうした民間の不統一につけこんでのことでした。

やはり教配など配給社協議会のいうように、政府の意図を本質的な問題としてとりあげ、その意図を見抜いてそれに対して統一して抵抗しなければならないと思います。

そうでなかったら、すべてがなしくずし的に強行され、万般にわたる権力による統制体制が強固に確立され、平和的な民主主義は全く破壊されてしまうでしょう。外濠がうめられ、内濠もうめられてしまっては、終りです。まだこれくらいはゆずっても……と思っているうちに、窒息してしまうのはわれわれです。

しかも、権力による統制体制を目指す新安保体制を、ごりがんにでも早く確立しようとしている政府の意図は、恥も外聞もなく、まるで非常識な答弁をくり返してまで、新安保条約を成立させようとしているアセリの中によく出ています。

内濠まで埋めにくるのを許してはいられません。

表紙の写真

今井正がはじめて取り組むスリラー映画「白い崖」(東映作品)の一シーン。写真は有馬稲子。

もくじ

構成体論

■フォルマーツイヤに関する私見

長谷川龍生
（詩人・評論家）

映画制作者と映画批評家との間には、どうしても埋めることのできない裂け目が存在している。それは資本主義市場の一部門を飾る映画産業としては、その商品のもつ基本的矛盾の第一義的なものとしてあげなければならない。もちろん批評家の希望するところは、その矛盾が、コンフリクトの域にまで高まり、抜きさしならぬ明確な問題を踏まえた上での新しい事実の誕生を待つものであろうが、それが制作者側のベースになる企業家の利益に反するようでは、批評の的もあながち有効なものではない。その批評家の意見は、意見自体として、客観的な位置に立ち、非常に秀れたものであっても、現代の映画制作の構成体を原則から踏みはずしている以上、アクチャルな命題をもった論旨でないことはいうまでもない。ことに制作者側において、制作と企業の明らかな背反が存在する場合、これら一連の内在的なものを離れて、真実のクリティクなど展開できるものではない。しかるに批評本来の目的というものは、そのような前提条件によって、いたずらに首かせ足かせされるものではなく、現実に表現された事実そのものに対して、批評家の客観的な観察力が、自由に、その分析と、印象の判断にみちびかれて、その意味の実証をあげることに尽きればいいのだ。あるいは反証をあげながら、事実そのものの成因とその過程および機能と効用を探るところに、批評の面白さが存在する。ところが、これらの批評家の論旨が、映画の構成体を軽視するところに偉大な机上の空論が生れるわけだ。この矛盾は構成体を温存せしめていくという裏はらの事実を生み落していく結果を招いている。すなわち映画批評家がおびただしく現われ、相互に机上の空論をにぎやかに闘わしていればいるほど、構成体は貧しいながらも、そのマンネリズムは維持できることになるのである。

ここで、ぼくは一つの暴論にちかい言葉を吐かねばならない、というのは、素晴しい記録映画が、現況で登場するには、現に存在しうごめいている記録映画そのもの、あるいはその周辺に右往左往している作家の人たちを、いっさい含めて、記録映画に撮ってしまわない限り、ほんとうに満足した気もちにはならないのではないかと思ったりする。こと此処に至れば、いっさいの目的にデスペレートたれ、しかるのちに積極的な自己暴露に徹底せよ、これが記録精神の、いや、ドキュメンタリィ手法の真髄とも言えるのではないか、と思ったりするのだ。

ところで、ぼくは、なにも、マルツィンケヴィチの構成体の基本矛盾と基本的経済法則のカテゴリーをふりかざしているのではない。単的にいえば、階級的制約をはずして、ものの性格を意味づけることは、それ自身の階級性を喪失して、無形の解説に等しいものをつくりあげることを言っているのである。昨今、映画批評というジャンルが、盛んになり、社会的にも重視されているものの、単なる主観的印象にすぎない無形の解説家の多いのには、ほとほと感嘆せざるをえない。また、それが、もっともらしい有形の論旨であっても、解説はあくまでも解説であってクリティクではないの

だということも改めて思い知らされる。

○

さて、先月号の柾木恭介の「総合主義芸術論」をよんで、いささか、このぼくは、たじろぎもし、いつまで経っても理論家のもつ安寧秩序癖の変らないのに少からず驚いた。ぼくは、なにも、柾木の「総合主義芸術論」に反対なのではない。かれの、ここ一、二年かかって積みかさねてきているドキュメンタリィ論には、まことに讃美を表するものであるし、ぼく自身の観念を大いに刺激している。しかし、現況の記録映画の構成体の上で、この論旨が、どれだけの滲透と説得性をもつかということに、甚だ心もとないものを感じるのである。こういう言い方は柾木恭介には失礼にあたるかもしれないが、あるいは又、記録映画を制作する現場の人々にも同じような気もちをおこさせるかもしれない、というのは、構成体の基本的矛盾が、どのような原則過程を経て、解体していくか、克服されていくかについて、さらに次に、どのような方法でもって新しい命題を生みだしていくかについての記録映画作家の切実な要求、その要求を、ほんとうに批評家たちは受け止めているか、どうかという、ぼくのささやかな疑念である。

いや、受け止めているとか、受けとめていないとかというようなことは、現在のところ余り問題でないかもしれない。なぜならば、そんな要求など作家の方で爪の垢ほども認識していないし、その貧しい構成体をさらけ出すことをいみ嫌っているのが現況であろうと思われる。これは言いかえれば、作家自体が立脚している構成体の基本的矛盾を、具体的な事実として認識していないからでもあり、あるいはその矛盾の中で、世すぎにも等しい一つの偏向運動を自ら策しているからでもある。すなわち、作家自体の生産力におけるレボリューションが、構成体を前進せしめていく破壊作用にならないという証拠でもある。

ぼくが、柾木芸術論をよんで、ドキュメンタリィの方法論が、記録映画の構成体の分子にまで及ばないのを非常に残念におもう。もちろん、ここでは方法と技術とは厳密に区別しなければならないが、しかし密接なる関係を無視しては元も子もなくするわけだ。

ぼくは、現段階における記録映画のクリティクは、そのような観点から再出発して、構成体の内部矛盾を明確にし、技術論の貧弱さをばくろし、その基盤に立って作品そのものの実体に、客観性のライトを当てることを大いにのぞむものである。柾木芸術論がテレビ批評にふれるのにも、日本のテレビ技術者の脳の悪さを徹底的に内部から実践論でもってくつがえしていかない以上、どうしようもない時期に到達している。そのコースをはずしたところで、いくら論義が重ねられても批評家のエネルギーの消耗に終始するばかりである。

長野千秋の「現実と戦後体験の二重像」には技術に対決する精神が強調されている。しかしまだ、自らの構成体における否定的媒体としての対決精神が問題にされていない。結論が出ているけれども、それに到達しようとする演出家の知的活動状況がげんみつ化していないところが大いに不満であった。すなわち、ぼくたちは、ぼくたちをふくむ構成体の矛盾の中で、解体していくぼくたちと、再組織されていくぼくたちを、精密にプログラム化する必要に迫られているわけである。

昨日、久しぶりに原水爆禁止（昨年度）の世界大会の記録映画を見たのであるが、大会、大会の連続で、そこにいつも出席している社会党代議士のクローズアップの馬鹿面にはあきれてしまった。都合よく人の集るところにしか出席しない緊張を欠いた一組織者の思想的な表情を、カメラがとらえたことに、ぼくは心から拍手を送った。このようにしてドキュメンタリィの要素はいつでも、ぼくたちの周囲にころがっている。しかし、それをりつぜんとする以上に構成体の中で料理していかなければならない。そうしなければ大衆には、それが逆に受けとられるからである。

ところで、ぼくは、もう、アバンギャルドとかドキュメンタリィという言辞を弄することがじつに苦々《にがにが》しくてしようがない。それは余りにも偉大なる空論が出揃ってしまって、社会的過程およびオルガニズムと構成体の関係が遠くはなれてしまったからだ。こと、ここに至れば、もう自らの低級な構成体をばくろする以外に手はない。その中における矛盾と衝突を粉飾なく正視することが唯一のチャンスであろう。

モンタージュ論は死なない

エイゼンシュテインの遺産について

山田和夫
（世界映画資料同人）

『映画において、モンタージュが「あらゆるもの」の上に君臨していた時代があった。時は移り、今やモンタージュは「何ものでも」ないといわれている。』とは、「モンタージュ一九三八年」（一九三九）のなかでセルゲイ・ミハイロヴィッチ・エイゼンシュテインの書いている有名な言葉である。その言葉のなかには、一九三五年のモスクワ映画創作会議を頂点とするモンタージュ論の不当な〝断罪〟にたいする、「戦艦ポチョムキン」の作家の冷静な抗議がふくまれていた。

それから二〇年たった今日、三四年ぶりに彼の「戦艦ポチョムキン」が上映されているさなかにあって、皮肉にも同じような不当な〝断罪〟がモンタージュ論に加えられている。「モンタージュ論の時代は終った」（岡田晋、「映画評論」一九五九年七月号）などという論文が大手をふって濶歩し、いわゆる「映像論」が日本の映画ジャーナリズムを横行している。彼らは「今日では〝モンタージュ〟がそれほど本質的なものとは思われない」というロッセリーニの言葉（「映画とテレビ」についてのルノワールとの対談）や、アストリュックなどの「カメラ万年筆説」を金科玉条とし、「田舎司祭の日記」「道」「女の一生」「影」「灰とダイヤモンド」などの映画が「ショットの連続による効果がほとんどなく、ショット自体」が「ぼくたちを打った要素」であるという。そして「現代の映画にとって、カメラ・アングルや、カメラ・ポジションや、ライティングは、フィルムをつなげることと同様に、重要ではないかと考える」（傍点は筆者）ともいっている。何んのことはない。泰山鳴動ねずみ一匹とはこのことである。彼らにとっては「フィルムをつなげる」ことがモンタージュなのである。「カメラ・アングルや、カメラ・ポジションや、ライティングは、フィルムをつなげることと同様に、重要ではないか」ということは、何も改めて「女の一生」や「道」のような「現代の映画」を引合いに出さなくても、「戦艦ポチョムキン」を一回見ればわかることである。つまり、筆者にいわせれば、自分勝手に「モンタージュ」という概念を設定して、それに攻撃を加えているようなもので、彼らの論議が一向に創作現場で反響をよばないのと同じように、彼らが何んといおうとも「モンタージュ」そのものの権威と地位そのものは、微動だにしないのは当然のことである。

ざんねんながら本稿の目的は、この種論議への批判でもなければ、不当に映画理論の市民権をハク奪されようとする「モンタージュ論」の権威を擁護することでもない。筆者にもとめられたのは、エイゼンシュテインのモンタージュ論についての文章である。しかし、たとえ無力なものではあっても、通り道のじゃま物は一応とりのけておいた方が話をすすめるのに好都合だから、一言したまでのことである。

モンタージュ論の誕生

映画史の初期に、映画は芸術でないという議論が横行したのは周知のとおりである。そういう議論の大きな論拠は、映画は写真である、写真はイリュージョンをもたない、つまり現実の複製である、だから芸術ではないということだった。ドイツのランゲ博士の映画＝非芸術論はその典型的なものであった。こういう議論にたいして、初期の映画人たちは、映画は写真である、しかしイリュージョンをもてる、つまり現実の複製にとどまらず、現実を再創造できる、だから映画は芸術であると答え、そのことを実践の上で証明した。映画の芸術論が何よりもまず、「モンタージュ論」として誕生した重要なモメントの一つは、この事情にあったと信じている。このことが、映画人の創作と理論の関心を、ショットの中身ではなくて、ショットとショットの相互関係に向けてしまった。その関心のあり方は、それぞれの国の社会的・歴史的な発展に規定されて、およそ三つに分れた。その第一はいうまでもなく、アメリカ映画におけるモンタージュの成立である。

二〇世紀の初め、アメリカはすでに最大の資本主義国の地位を占めつつあったし、映画は重要な資本主義産業の一つとして成立していた。商品としての映画の性質がアメリカ映画においてもっとも典型的な形で具象化したのは当然である。デイヴィッド・ワーク・グリフィスの「平行する事件」のモンタージュは、そういう映画の商品性、つまり映画資本の要求とピッタリ密着した形で登場した。〝最後の一瞬における救助〟を最頂点とする追っかけの構成は、映画を見るものをまるでベルト・コンヴェヤーにのせたように、〝クライマックスへ運んでいった。その存在様式は、エイゼンシュテインや今村太平の指摘するように、ベルト・コンヴェヤー式大量生産プロセスをそのまま反映していたし、その嵐のようなテ

ソポの発展には、そのころまで上昇の一途をたどっていたアメリカ資本主義のテンポが反映されていたといえる。

アメリカ資本主義とフランス資本主義のちがいが、そのまま第二のモンタージュ論、フランスのリズム・モンタージュ論を生んだ。フランスにおける十九世紀的な個人的芸術の伝統は、映画資本の相対的な弱さ（アメリカに比較しての）と結びついて、もっと小市民的な映画観を成立させた。ここでは、映画の商品性ではなく、小市民的な芸術観と結びついたモンタージュが生れ、リズム・モンタージュ論が成立した。テーマや内容を捨象したリズムの感覚的な美しさを追求するモンタージュが実践された。ショットの映像美に耽美的な関心を寄せた「フォトジェニイ」の主張も、同じような観点から成立したものである。

第三のモンタージュ論は、いうまでもなく社会主義の国ソビエトで生れ、発展した。ソビエトの映画人たちは、アメリカ映画の商品性からも、フランス映画の小市民的な芸術観からも自由であった。彼らは社会主義革命の嵐のようなたたかいのなかで、カメラを武器とすることを学んだ。カメラを武器とすることは、社会主義革命に映画が奉仕することであり、その物質的な土台は一九一九年八月二七日の映画産業国有化によってつくりあげられた。エイゼンシュテインのいうように、ソビエト映画は「二人や三人の人間のポケットのためではなく、一億五千万の人間の頭と心臓のためにある映画」として登場したのである。ソビエト映画のモンタージュ論が、アメリカやフランスのモンタージュ論をこえた革命的な思想モンタージュ論として成立したのは、そのためである。（ソビエト映画のモンタージュ論がアメリカ映画から何を学び、いかに自己を成立させていったかについては、拙稿によるパンフレット「戦艦ポチョムキン」——上映促進の会発行——を参照されたい）

エイゼンシュテインとモンタージュ

セルゲイ・エム・エイゼンシュテインがそのようなソビエト・モンタージュ論の最大のにない手であったことは、改めて述べるまでもない。しかし、ここで注目されるのは、一九二三年に彼がはじめて発表した論文「アトラクションのモンタージュ」をはじめ、一九二〇年代の論文の多くが、「何を」という主題と内容の問題にほとんどふれることなく、もっぱら「いかにして」という表現形式の追求に熱中していることである。これは「モンタージュ論」としては、やはりショットとショットの相互関係の意味づけ、理論づけに関心を集中させ、結果的にはショットの中身自体にはほとんど口をつぐむことになってあらわれた。私はその原因を次のように考えている。

エイゼンシュテインをはじめ、一九二〇年代のソビエト映画人にとっては、「何を」描くか？　という主題と内容の問題は自明の理であった。それは映画だけにとどまらず、すべての芸術分野においてそうだった。一方社会主義革命という巨大なあたらしい現実は、一切の既成の芸術伝統を無力化したように思えた。それにエイゼンシュテインやマヤコフスキイのような小市民出身の芸術家さえ、革命を〃自分の革命〃（マヤコフスキイの自伝より）として受けとっていた。革命を描くという大前提はすべての芸術家によって、ことあたらしく承認するまでもないことであったし、そのさい「社会主義革命という巨大なあたらしい現実」を「いかに」描くかという、革命的な表現形式の探求が最大の問題となったのである。

とくに映画にとっては、すべてをあたらしく創造するにひとしかった。というのは、文学にしろ、絵画にしろ、他の芸術ジャンルはすでに思想を表現し、伝達する手段としてりっぱに市民権をかくとくしていたが、映画はようやくチャップリンの身振りを通じて、わずかに自己の思想を物語りはじめていたにすぎなかったからである。そのチャップリンの芸術さえ、社会主義革命という巨大な現実を描き出すには非力であった。アメリカ的モンタージュも観客にスリルとサンペンスをあたえることはできる。フランス的モンタージュもリズムの美的快感を伝えることはできる。しかし、「一億五千万の人間の頭と心臓のために」社会主義の思想を伝え、彼らを革命と建設に立ちあがらせることはできない。

また、こういうファクタアもあった。ソビエト映画は革命と国内戦のまっただなかで、カメラが直接現実を記録するという記録実写として誕生した。記録映画における編集の重要性はいまさらいうまでもない。とくに未発達のカメラ機材や質的に低かったフィルム材料を使っての当時の記録映画は、編集による論理づけ、系統づけを今日以上に決定的なものとしたことは想像にかたくない。

私はこのようないくつかのファクタアから、ソビエト・モンタージュ論が「いかに描くか？」という表現形式の理論として生れ、そのさいショットの中身よりも、ショットとショットのつなぎ、つまり「編集」の論理学として成立したと考えている。

しかし、エイゼンシュテインはそのころ、すでに次のような重要な指摘を行っていた。エヌ・カウフマンの「日本映画」の序文として書かれた有名な論文「映画的原理と表意文字」（一九二九）で、映画の領域における二つの基本的な傾向の特徴をこういっている。

「ひとつは、ある事象をレンズの前で人為的に空間的に再構成するという、いまや死期の近づいている方法である。もう一つは、カメラによる〃摘出〃、カメラを手段とする構成、レンズの斧で現実の一断片を切りとる方法である。」（傍点は筆者。佐々木能理男訳「映画の弁証法」角川文庫版、四六頁。）

そして一九三四年に発表した「演劇から映画へ」では、映画の二つの特徴をこういっている。

「第一に、自然の写真の断片が記録される。第二に、これらの断片がいろいろな仕方で結合される。これがショットであり、モンタージュである。」

また同じ論文では、音楽や絵画などでは、自然からとられた断片が組合わされると、まるで最初からの有機的な統一体であるかのような外観を呈するが、映画の場合は断片の結合が眼に見える「映像の衝突」としてあらわれる。それは映画のショットが「完全な事実上の不可変性を得ようとする傾向」をもっており、「花崗岩より抵抗力がある」からだといっているが、これはのちに日本の今村太平がはじめて正確に規定した映画の写真的記録性という特質を、すでにエイゼンシュテインが意識にのぼせていたことを意味する。つまりエイゼンシュテインはサイレント時代のモンタージュ論で、とかく誤解されているように単にショットとショットの関係にのみ眼をうばわれていたのではなく、すでに映画の基本的な特質である写真的記録性を頭において物をいっていたことが、この二つの引用で分っていただけると思う。それが現実問題として、ショット間の関係の強調となって受けとられたような状況は、以上にのべた諸条件に根ざしていたものである。

「垂直のモンタージュ」の提唱

エイゼンシュテインは、一九二八年、まだ一本もトーキー映画をつくらないときにプドフキン、アレクサンドロフとともに、「トーキーに関する共同宣言」を発表して、トーキー映画においてもモンタージュがいぜん映画の原理であることを強調した。彼はこの「共同宣言」のなかで明らかにした、音の断片と画の断片の「対位法的用法」の理論を発展させ、初のトーキー映画「アレクサンドル・ニェフスキイ」(一九三八)の実践のなかから、「垂直のモンタージュ」(一九四一)という論文を発表した。

この論文のなかで、エイゼンシュテインは先ず、サイレント映画が到達したモンタージュ概念をこう規定している。

「展開されたテーマのいくつかの要素からひき出された断片A、同じ源からひき出された断片Bの並置。それはテーマとなっている事件がもっとも明晰な形で具象化されたイメージ(心像)を生み出すように、並置される。その並置によって観客は知覚と感情のなかに、テーマそのものの完全なイメージをよびおこすだろう。」

これはすでに「モンタージュ一九三八年」(一九三九)のなかでも、規定されていることだが、一九二〇年代の論文とちがって、ショット=断片とテーマとの関係をハッキリモンタージュの定義づけに打ち出していることが注目される。それは冒頭に引用した言葉にもあるような「モンタージュ論批判」の嵐がソビエト映画界を一過したことにも影響されているが、私自身はエイゼンシュテインがすでに「戦艦ポチョムキン」で実践したことを改めて文章の上に定着しているとしか思えず、ことさらエイゼンシュテインの修正とも考えていない。むしろ、彼の二〇年代の論文には「戦艦ポチョムキン」が実践的に解決し、克服しているような機械的な独断論が多分にうかがわれた。(作家における理論と実践の奇妙なズレ)

そして彼は、このようなサイレント映画のモンタージュ概念を発展させ、トーキー映画における「垂直のモンタージュ」を提唱した。「垂直のモンタージュ」とは彼らしいいい方だが、それはこういうことである。

つまり、サイレント映画は、A—B—C……というような画面の構成的な運動をモンタージュとして理論づけた。音楽は、A′—B′—C′……という音符相互の相関的運動の法則をつくりあげた。交響楽の総譜は、各楽器のパートの水平の運動から成り立つと同時に、同一時点における「垂直の」相関々係、つまり多声的な和音の効果をあらわしている。それと同じように、トーキー映画では、A—B—Cという画面の水平的な流れと、A′—B′—C′という音楽の水平的な流れがそれぞれ平行しながら、交響楽と同じような「垂直の」関係、つまりA—A′、B—B′、C—C′が同時に成立し、進行する。これが「垂直のモンタージュ」であり、トーキー映画における視聴覚的モンタージュの基本原型であるという。

彼はこの理論をプロコフィエフの協力をえて、「アレクサンドル・ニェフスキイ」で実践した。具体的な映像の動きを単純な見るものの視線の運動に還元し、それに音楽をあわせて作曲したり、映像内の対象の運動(たとえば騎兵の早がけ)に応じて、音楽のテンポとリズムをかえ、ヴォリュームやトーンに変化をあたえた。私たちはその成果の全貌に接することはできないが、マリイ・シートンがのこしてくれた抜萃集「エイゼンシュテイン研究フィルム」が、わずかに「ニェフスキイ」の部分を実さいに見せてくれる。この「垂直のモンタージュ」は、「イワン雷帝」の一部、二部でさらに、俳優のダイアローグと画面の映像との相応という、より複雑なモンタージュの実験にまで発展している。

創作プロセスの秘密の解明

しかし、この時期の「モンタージュ一九三八年」や「垂直のモンタージュ」のような論文が明らかにした重要な成果には、この〝垂直のモンタージュ〟のほかにモンタージュ論を芸術一般の創造プロセスの秘密をとく鍵にまで発展させたことがある。彼はダヴィンチの絵、プーシキンの詩などの他の芸術ジャンルの作品を分析して、映画の創造プロセスと共通した観念のモンタージュ操作があることを明らかにしたが、その分析の成果を自分の描いた絵のエピグラフとして、次のような言葉に要約している。

「作家は彼の心の眼に、彼のテーマの情緒的具象化であるイメージを見る。彼はそのイメージを二つまたは三つの部分的な表示に分解する。その分解は、その部分的な表示が並置または結合されたさい、観客の意識と感情のなかに、作者の想像力のなかをさまよったのと同じ、普遍化された最初のイメージをかきたてる

ように行われる。」（「映画監督の手記」より）

これは先にあげた「垂直のモンタージュ」のなかの規定とまったく一致するものだが、エイゼンシュテインは作家の内面的なイメージの流れが具象化され、客体化される方法論としてモンタージュ論を認識と表現の理論のレヴェルにまで引きあげた。これは、思想表現の手段として出発した彼のモンタージュ論の当然の帰結だが、そのことによって彼のモンタージュ論は映画の技術的発展によってその生命を失わない、基本的な映画理論の地位をかくとくしたと思う。彼にとっては、トーキーも、色彩も、立体も、大型画面も、すべて映画のモンタージュを深め、豊富化し、多面的なものとする、あたらしい武器となったのである。そのことは、彼が一九四六年に自選論文集の序文に予定して書きのこした次の一文でも明らかである。

「モンタージュは芸術家による周囲の諸事象の知覚を整理・定着することにすぎなかった。突如としてテレビジョンは、この全過程を知覚の瞬間に即刻前面にひきずり出し——二つの極を刺げき的なあり方で接合することになる。」（全文は「世界映画資料」第八号所載の拙訳参照）

つまり、彼はテレビのモンタージュについて最初の理論的な指摘をあたえた人物でもあった。そのことは、彼自身の理論の今日における有効性を実証するとともに、今日もなお「モンタージュ論」が有効であり、「モンタージュ論の時代」は終っていないことも意味している。いやそれどころではない。彼が書きのこした理論的遺産には、色彩モンタージュ論もあれば、立体映画のモンタージュ論もある。彼が一九三〇年に発表した「力学的正方形」という論文をよめば、今日の大型映画のモンタージュにたいする、するどい予言的示唆もある。そして彼のモンタージュ論の発展プロセス自体に、社会主義社会における映画芸術のあり方そのものを探ることも出来る。つまり、私にいわせれば、エイゼンシュテインのモンタージュ論こそ、くめどもつきない、すばらしい理論的遺産の宝庫である。「モンタージュ論の時代」は、ようやく前史がおわったばかりなのだ。

●特集・モンタージュの再検討

〝状況〟の下で寝ていられない

神田貞三（戦後映画研究会々員）

柾木恭介は「これは余談だが」と前置きして「最近の『状況』という言葉の流行にはきめて妥協的な匂いがたちこめている。実践的にも理論的にも直面している停滞状態を『状況』ということで気軽に流しているようだ」（「芸術における総合化」＝文学五九・一一）と言っている。カメラ万年筆論だとか映像論だとか、近頃にぎやかに言われているようで、そのはなやかなキャッチ・フレーズだけは先刻承知していたが、それはいったいどういうことなのかと思っていたら、本誌一月号で岩崎昶が「このごろの映画論と記録映画」という文章を書いているのを読んで、何となく解ったような気になった。つまりこの映像論に対してやや——いや相当にというべきか——批判的な文章からわたしが要領よく受けとったことは、映像論とその反対論との関係は要するに機械派あるいは形式派と人間派あるいは内容派との対立なのだ（またしても！）。しかし念のために、岡田晋・羽仁進・柾木恭介などがにぎやかに喋り散らしたあとを、いちいちたどってみたら、必ずしもそうでもないようである。むろんそういう側面もあるにはあるだろうが、それは岩崎昶が自分の領域に問題を引きつけ過ぎていて、そこからは永遠に交わらない二本の平行線が出発するだけである。これでは、柾木恭介が論敵に与えたヴァレリイ風な箴言——誤解する程度にしか理解しない——が、こんどは映像論者の手から岩崎昶めがけて投げかえされはしないか。で、問題の本筋はどこに在るかと言えば、余談だがとまえおきして柾木恭介がカッコでくくってしまったあたりに、それはあるのだ。

いわゆる状況論というものがどんなものであるか、わたしはしかと承知しているわけではないが、しかしたとえば、ひとびとが——というよりわたし自身が気易く〈状況〉という言葉をつかう時、何ごとも言わなかったと同様な心の平穏さがある。わたしはその言葉に悠々と身をまかしていることができる。それは、わたし以外の一切を表示するどのような言葉ともシノニムの関係をもつという、まことに便利重宝な代物であるが、しかし、いやその故にまた何物にも働きかけず何物をも規定しないというあいまい極まる代物でもある。しかし、真実はそのように意気地のない代物なのではないかも知れない。状況論というのはもっとシャンとしたものなのに相違なかろう、とわたしは推量する。

状況という言葉の響きには、人間がその下にもぐりこみ、手足を伸ばしてぬくぬくと寝そべっているといった屈服感・敗北感

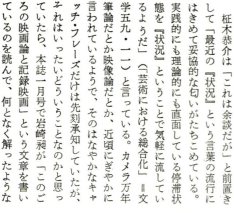

と同時に、自己の向かいあっている世界全体を一身に引き受けるといった勇ましさや悲壮さがないわけではない。しかしながら何れにしても現実に対する人間存在の劣勢はおおうべくもない。状況の意識は、現実の激動期――歴史の転回点に生れてきたように思う。後者の場合でさえも、現実の激しい動きが在来の秩序感によっては世界をきりとることを不可能にさせた、というところから生み出された意識だ。状況を主人公とするドラマ、と佐々木基一が言ったネオ・リアリズムの作品における状況がそれであった。それらの作品では、第二次世界大戦の終結をさかいにした圧倒的な現実の重さを、ロング・ショットという方法によって辛うじて支えたのである。そこでは、人間の存在はかすかな点景にまで転落する。やがて現実の激しい動揺の時期は過ぎ去るが、状況の優位は微動もしない。それが今日の状況である。この状況の意識は、ひとくちに言って、政治的機能の圧倒的増大・技術の飛躍的発展などが原因であるすさまじい人間疎外によってもたらされたものだ。ここでは、組織と人間といった図式化の操作を行うことで、人間は状況の下にぬくぬくと寝そべりはじめるのである。かつてネオ・リアリズムの作家が辛うじて受けとめたものを、人々はやすやすと受け入れている。

今日の状況論（の流行）の背景に、わたしはこれだけのことを想定する。このさいの状況ということばの背後にある意識の特徴は、第一に現実をスタティクなものとして受け入れる視点、第二に現実を均質化する視点、などをもつということである。もちろん、このふたつのものは全く別のものではない。いうまでもなく現実は、歴史的必然に従って、生起し運動するものと、停滞し消滅するものとの、二つの要素から成り立っている。そしてその中の運動する側面をつかみ出すこと、あるいはそのモメントを創り出すこと、が創造におけるもっとも主要な役割であることはあらためて述べるまでもないことである。ここに、創造の主体――作家と現実の正しい対応関係がある。今日の現実が、その二つの要素を複雑にいりまじらせていることは疑いないが、その故にそれらを明確に選り分けることを放棄する作家は、自ら創造の主体であることを放棄しているのである。ひとくちに言って、今日の状況論的発想は、現実に対する人々の停滞的な意識の様相を正直に反映している。

作家は――真の創造の主体は、運動の方向に沿って現実を把えるものであるが、いうまでもなく、それはかれの思想によってだ。思想が現実の変革し発展し得る部分に働きかける。そしてそれを媒介するものが、それぞれの表現媒体である。文学では言葉であり、映画では映像である。創造における言葉は、対象をなぞるのではない。突き刺さり、ひびいらせ、壊し、現実を動かすものである。作家は言葉――文体によって、対象のまったく新しい意味を創り出し、それを読者につきつける。映像によって映画作家が観客に果すべきものも、まったく同様である。映像は対象をなぞるのではなく、その新しい意味を創り出すのである。ただ一つのショットも、作家の思想を反映する。それを可能にさせるのは、カメラの基本的な機能であるフレーミングである。カメラは対象をきりとる。作家がカメラによって対象をえらびとって行く時、時間が形成される。それが映画的時間とよばれるものである。それは、撮影機が回転する実際の時間と、対象から対象へと追跡する、いわば作家の意識によって創り出された時間との複合として把えられねばならないものだ。この独特の時間を創り出す技術を、わたしたちはモンタージュと言っている。ごく一般的にいえば、モンタージュは対象と対象をどのように結びつけるかの技術である。したがって、それはどのようなジャンルの芸術にも存在する。映画では、ショットとショットを繋ぐことである。なぜそれを繋ぐか、あるいはなぜそれが可能かと言えば「ハサミや接着剤があるからではない」と柾木恭介は言っているが、対象から対象へという作家の意識のダイナミックス――思想があるからだ、とわたしは思う。

カメラが据えられたあとで、作家が何処かへ用足しに行ってしまったなどということがかりにあったとすれば、フイルムに刻みこまれたものは、単純な物理的時間に過ぎない。カメラの前に電信柱があり、犬や人間が通り過ぎて行ったとしても、それを創造の対象と呼ぶことはできないのである。対象化という操作には、映画についていえば、カメラの前の何がフィーグル（図柄）であり、何がグルント（地）であるか、という意識を欠くことはできない。そしてこのことは絵画ではもちろん、音楽についても言うことができるにちがいない。基調となる旋律があり、主調をなす旋律がある。フィーグルとグルントとの違和や調和を通して、作者の訴えが語られるのである。ところが、たとえばムード・ミュージックと呼ばれる音楽について考えてみると、対象化を支える二つの要素がそこではまったく捉えることができないほど混淆されてしまっていると思う。作者は音を対象として展開するのではなく、むしろその中に身を潜りこませる。そこにはより多くの音の流れる物理的時間があり、作家の意識によって創り出された時間はより少い。それはアイマイモコとした世界であり、その故にムードの名をもって呼ばれるのであろう。

この例は芸術の分野に限らない。現実の均質化をその特徴とする状況の意識は、ほかならぬこのフィーグル的なものとグルント的なものとのあいまい化である。状況論からムード・ミュージックまでをつらぬいて、今日の現実とひとびとの意識との間に横たわるものを、こうしてわたしたちはただ一つの視野の中におさめることができる。それは現実を変革し得るものとして把えることを阻み、変革し得る部分に向って働きかけることを阻み、現実の運動に沿って展開することをはばむものである。意識のムード化であり、思想の不在である。

ところで、心理学の知識によると、映像

はもともとアポロン的であり、これに対して音は感情的でディオニュソス的なものである（波多野完治「映画の心理学」）のだそうだが、トリュフォーの「大人は判ってくれない」などを見ると、この規定は成り立たないような気がする。この作品は全体として非常に感情的・感覚的であって、その意味ではむしろ音楽に近いといってよい。それはどこからきているかと言えば、映像からフィーグル的な要素がぬけおちているからだ。そのことは、長いながい移動撮影をつかった特徴的な個々のショットについては勿論、作品全体の構成の上からも言えるのである。この作品のストォリーといったら、家庭のあまりよくない一人の少年が、悪戯をしたり学校をサボったり盗みをしかけたりして、とうとう感化院に入れられてしまう、というだけの話である。それを作者は、いわば追憶的な筆致で、淡々と描いている。ドラマティックな組みたてやショッキングなショットのようなものはまったくないのである。個々のショットと全体的な構成を通じて、徹底的な無意味の支配しているのがこの作品である。極度に音楽的と感じられる理由がここにあるのだ。疲れていたということもあるが、わたしはこの映画の前で何度か快いまどろみに陥りかけたほどだ。同じヌーベル・ヴァーグでも「いとこ同志」の場合は、対称的な二つの性格のコンフリクトが、劇的な構成を保証していた。しかし、この作品の場合も映像の無意味さを色濃くただよわせているのである。そしてそれは結局のところ、この作品の全体的な組みたての上に示されている、典型的な状況的意識による世界の把握からきているのだ。

このような、フィーグル的な要素を脱落させた無意味な映像は、しかし必ずしもヌーベル・ヴァーグの発見ということはできない。たとえば、ノーマン・マクラレンのある種の作品など、その極端な例ではないかと思う。何れにしても、このような映像の発見は、映画の表現領域を一段と拡げたことを否定することはできない。しかし、映像論者たちが主張するように、このような映像のはたらき、つまりかれらの言葉で言えば「主体的・生理的状況」や「感情的要素」の表現のみが、映画の本来的なものである、とするわけにはいかない。

映像を大切にしなければならない、という考えには誰も反対することはできない。それは余りにも自明なことである。問題は、それがモンタージュ論の否定へと向って行く点にある。いや、実はその「映像を大切にする」という考えを支えている発想に、そもそも問題があるわけだ。同じように「映像を大切にする」と言っても、そこに到達するのに二つの道筋があると考えられる。一つは、真の創造における、作家の現実に対する能動的な姿勢から出発する道筋、もう一つは、現実に対する被害者的意識から引かれている道筋。後者が、映像論者のたどっている道であることはいうまでもない。たとえば、カワレロウィッチの「影」に対するかれらの解釈の中に、そのことはあらわに示されているようである。

「政治的な組織と個人と言うテーマに対して、公平な立場で正しい解答を与えることは今日誰も不可能だろう。いわんや、その最も苛烈な状況にまき込まれているポーランドの一映画監督にとっては」（岡田晋・羽仁進「新しい映画の論理」）——これがこの作品の解釈に当っての、映像論者の基本的態度である。「公平な立場で」というフレーズなどは大いに注意したい——なぜならそれこそ状況論に特有の現実の均質化にほかならない——が、何よりもこの解釈全体を貫いて明白なものは、政治的機能の増大の前に屈服する状況論者の姿勢だ。ひっきょう、映像論とは映画論における状況論の適用なのである。そこにあるものは、現実に対する被害者的な、さらに言えば、不可知論的な態度である。しかしながら、むしろこのような不可知論的な意識へのたたかいがなかったら「影」のような映画はできなかっただろう、とわたしは考える。

現実に対する被害者的、不可知論的意識から出発する「映像を大切にする」考えが、モンタージュ論否定へ向って行くのは、きわめて理に合っていると、わたしは思う。モンタージュとは、現実の時間に創造主体の内部の時間をかかわらせ新しい時間を創り出す技術であるが、この技術としてのモンタージュが創造の方法にまでたかめられるためには、現実の発展するモメントを摑みだし、それを対象化して展開する意識が必要なのだ。映像論には、それが欠けている。

いうまでもなく、技術としてのモンタージュは歴史的推移とともに発展すべきものであり、現に大きな変化を遂げたといわなければならない。たとえば、今日の複雑な現実に向けられた映画表現が、神の目をもって世界を秩序づけるといったモンタージュをもつことは、不可能である。この秩序づけの明晰な判断を意味する比喩のモンタージュのようなものは、今日ではナンセンスに過ぎない。比喩のモンタージュのようなものは、とうに克服されてしまったモンタージュ論の形式主義的偏向であるが、今日なお横行している——映像論者のいうところの「鋏がカメラに対して最も柔かく従おうとする」モンタージュ、あるいは『つなぎ目を見せない（つなぎ方）』も、謙遜の美徳を発揮することに最高の技術をかたむけたモンタージュ」もまた、もはや生き残るべきではない。それはなぜか。そこでは、モンタージュは作家が現実に働きかける武器——思想をかたる手段であり得ないからだ。現実にいかにはたらきかけるかを追求する創造方法としてのモンタージュ論は、死滅すべきではなく、正当に発展させられなければならない。状況論的意識をこえたところで、その方向は明瞭に見えてくるであろう。現実の変革し得る契機、それをふくむものに、作家の目は正しくするどく向けられねばならない。そのものの古い意味をつき崩し、こわし、新しい意味をつくり出す作家の意識のダイナミクスが、新しいモンタージュを生み出すことになろう。ほかならぬ、それはドキュメンタリーの問題でもある。

●特集・モンタージュの再検討

モンタージュについて　その覚え書

樺島清一
（演出家 日本視覚教材）

モンタージュについて、何か書けという注文なのだが、今、これを系統的に調べる余裕もないし、またこれを深く問題にするほどの関心もないし、また、最近は映画論壇は勿論、作品にすらうとくなっているので、余計その任ではない。思いつくままに筆をすすめることで、その責を果したい。

モンタージュが再検討されているという。そのこと自体、結構なことだ。モンタージュ理論が、映画の歴史のなかで、変容されながらも受けつがれて、価値ある実体になっている証拠でもあろう。

さて、モンタージュとは何か。すぐ出せる答案は、映画固有の方法論の一つだということだ。

モーターシュには、一つの定式がある。映画固有の方法論の新らたなる可能性の上にたって、その定式が再検討されていることになる。その定式とは何か。以下亀井文夫氏の語る所から説明させて頂く。（亀井文夫〝モンタージュについて〟「映画季刊」第一集所載一九四八年刊より要約）

この理論は、クレショフとその門下のプドフキン達が、アメリカのグリフィスの映画を研究した所から起った。グリフィスの映画的技法を理論づけたものである。映画組立の文法といえる。

事物を映画的に表現するには、分解、選択、組立が、一定の映画的法則（文法）の上に立っていなければならない。この一定の立場を、モンタージュ理論においた。即ち、いくつかの分析された現象の断片を組立てて、事象の本質をつくというやり方である（プドフキン）。これらのフィルム断片が、単純に表現している心像とは別に、組立てることによって全く別な感像が生れる。これは、二つの断片の単なる叙述的加え算ではなくて、二つのものの間におこる対立衝突相剋によって、発展させられた別の次元のものだというのである。（エイゼンシュテイン）

これらは、全て革命期の特長的な出来事であった。無声から有音、それから色彩へと映画技法が進むと、プドフキンは、対位法的音響処理ということをいいだし、エイゼンシュテインも更に非同時性を発展させて画面とは何ら直接に関係のない音をモンタージュして、新らしい次元のものを生もうといったふうに、モンタージュ理論をおし進めた。

このように、モンタージュ理論を、要約できると思う。詳細は亀井氏の前掲論文を参照されたい。

さて、モンタージュ理論の定式を、一応のみこんで貰った上で、私は、私なりに、モンタージュ理論の受け取り方を考えてみる。

モンタージュ理論を考える場合に、次のことがまず、頭にうかんでくる。

それは、前提として常に、映画のつくり手に、自主性があることが立前になるのではないかということだ。というのは、所謂個々の構成要素が、全て自分のものになってこそはじめて、モンタージュは、その力を十分に発揮できると思うからだ。だが、実際は、その立前を阻む力が、案外に多いことに気がつく。映画の商業性は、その最たるものだ。作家は、その他、もろもろの阻む力と闘わなければならず、その勝敗によって、それに見合う答えがでてくる。その闘いの中には、スタッフ全員を一定の映画的立場に結びつけ得られるかどうかといった卑近なこともある筈だ。また、社会構成体の映画に対する要求度とか、個々人の思考なり感情の対象化が、傾向として、進んでいるかどうかといった問題もある。そういった客観的条件を考えてくると、際限がない。だが指導者階級の進歩に対する方向性とかというふうに、広範囲の条件を考えてこそ、はじめて、モンタージュ理論は、現在正当に再評価されるような気がする。つまり、モンタージュ理論は、一定の歴史的性格を持ったものだということだ。というのは、モンタージュ理論を一つの技術論に解消することの危険を思うからである。モンタージュ理論を現在、作家が考える場合、このことを忘れるわけにはいかない。

フランスの〝新らしい波〟の人たちのつくる映画に、モンタージュ理論がどのように投影されているかどうかが、その次に頭にうかぶ。更にひろめて、モンタージュ理論の故郷、現在のアメリカ映画では、どうかという所まで、いってもよい。このこともモンタージュ理論の歴史的評価にとって、大切なことであろう。今は、それをしない。

ここで、〝新らしい波〟を持ちだしたのは、モンタージュ理論の現在時的受取りが、映画方法論の新らしい可能性の問題だという点では、〝新らしい波〟と同一の基盤にたつと思われるからである。しかも、面白いことに、〝新らしい波〟の運動には、「——テクニックの磊落さ、カメラの柔軟さでわれわれの心を惹きつけるアメリカ映画——」がお手本になっていることでも共通する。（〝挑戦する新人監督たち〟「芸術新

潮」一九五九年十一月号所載より）

アメリカ映画を評する言辞に、よく、映画的だが、内容がないということがある。つまり映画の技術的可能性の上に、映画的表現の花が開くということになる。〃新らしい波〃もモンタージュ理論も、この母体の上になりたっている。

「もしこれを（アメリカ映画編集の基本を2＋3＝5とする――筆者註）2×3＝？といった具合に、問題の提起と疑問を残して、観客自身の思考の中で解決させるような編集だったらどうだろう？観容の思考力を極度に動員しその結果、感情は高揚して、強い印象を与え得ることは、我々はモンタージュの原理から既に学んでいる。一定ワク内の現物よりは、無限の暗示の中にこそ、芸術の深さがあるのだ」（亀井文夫〃モンタージュについて〃前掲誌所載より）

このように見てくると、では何故、モンタージュ理論が、アメリカではなく、ソヴィエトで定形されたのか。私が歴史的性格を考えることの重要性をいうのも、この意味である。

一方〃新らしい波〃についてみると――「新らしい波の現象的特長として、行動のみを具体的なイメージとしてとらえ、偶然を偶然のまま放り出す非情な非心理主義」とする飯島正氏の説明が、ついで新らしい波を支える基盤に共通するものは、「製作の自由」であり、「――商業の危険が大きくなればなるほど、作家はマヒしてくる』「――政府の映画製作助成金制度が新らしい波を側面からバックアップする結果になったことだろう」と新らしい波の作家たちの見解が紹介されている（前掲誌〃挑戦する新人監督たち〃）。

映画的方法の可能性として、モンタージュ理論を考える場合に、その歴史的性格の一つをここに見たい気がするのである。アメリカ映画に見られる技術的可能性と〃新らしい波〃に見られる作家の製作の自由がうまく折り合う所に、一つの歴史的性格がある。この意味における映画的表現の一つの遺産が、ソヴィエトで理論づけられたモンタージュ理論といいたいのだが、どうだろう。

アメリカ映画が企業として要請する技術的可能性が、新らしい魅力をつくり、それが映画の方法論的可能性をひろげていく。芸術と興業という二律背反が、昔から今にいたるまでくりかえされ、方法論的可能性の理論づけがアメリカ映画でおくらされていると見るのだ。映画製作をおおう興業の黒い影が、今もなお、うすらぐことがない。日本の場合もまたしかりである。だから、モンタージュ理論が、定式として、技術論で終ってしまうと、映画的方法の可能性としては、余り意味がないことになる。技術論としての再検討を、危険視する理由だ。もっとも芸術には、応用できる定式などあり得ないことも明かだ。モンタージュ理論が生れた一九三〇年代即ち、第一次第二次五ヶ年計画をのり切ったソヴィエトの歴史的性格を十分に考慮にいれる必要があると思われる。

現在日本で、モンタージュ理論が再検討されているというのは、どういうことなのか、その意味で、その歴史的性格の解明と同時に、映画方法論の可能性として理論づけが必要である。モンタージュ理論の、今日的適用といった技術論では、発展がない。

「映画は資本と機械とで作家を金しばりにし、従順な召使にしてしまうのか、それとも高度の自由を与えて、『作家映画』の生れるのを見まもるべきなのか」「大会社の製作の質的低下は、日本だけの現象ではない。そして日本だけでないところに、私は実は大きな問題を発見するのである。」「結論から先にいうと、映画はいま新らしい『個性』を注入することによって活力を回復し、退化した機能をなんとかして若がえらせるほかはないのである。」「フランスの『ヌーベル・バーグ』（新らしい波）については、日本でも耳にタコができるほど聞かされている。ニューヨークを中心とする『フリー・シネマ』運動は、それほど知られていない。」「――作家の個性と自発的な創造力とを尊重し生かしていくほかに、いまの映画は活力をとりもどせない。」（岩崎　昶「映画時評」東朝紙一九六〇・二・一載より）

まさに、かかる観点にたって歴史的性格をふまえていくなかで、モンタージュ理論を含む映画的可能性の問題を理論づけていくことにこそ意味がでてくると思われる。

映画の感動が強い実物感の上にたっていることは、誰でも主張する所だ。それが興業資本に利用されて、スターの顔になったり、スペクタクルになったり、ミステリーになったりする。映画の技術的可能性が、その実物感を利用する興業資本の力をますます強めつつある。この段階では、映画がいわば、素材におしつぶされている恰好で、そこからでてくる感動には、芸術のそれとは異質のものだ。だが、こういった映画の即物性が、いろいろな形に利用されて、映画はマスメディアとしての価値を評価されている。実物感が作品を成立させる通行証になる度合が強ければ強いほど、作家と呼ばれる通行証の範囲が狭まれてくるといった関係がなりたつ。

芸術とは何かということを的確に表現した言葉はたくさんある。今、手もとにある一冊からそれを拾ってみよう。

「自分の作品を読む人間を、文章によって摑まへてねぢ伏せる、といふことが技術です。その力を持っている者だけが、どんな方法を使はうとも作家です。公式とは何の関係もありません。文章によって相手をねぢ伏せる、とは、文章それ自体ではなく、その人間の考へ方、ものの見方です。そのものの見方、考へ方が色彩や形を通して働くのが画家であり、音を通して働くのが音楽家です。この相手を抑へつける部分を持っているのが作家

なのであって、作家の創作とは、それをよりよく利かすような構造と材料の中で働くことなのです。創作家の執着とは、このやうな、人を納得させる言ひ分を持っていることと、それによって技巧的に人を納得させるという道程そのものにあるのです」（伊藤整、「芸術とは何のためにあるか」中央公論社版、より）

映画の表現は、ただそこに事実があるとか思想が展開されているとか、ストーリーが面白いとかという受取られ方ができるのでは、不十分である。それでは、映画以前に用意されたいわば素材が、フィルムベースの上に定着されて作品となっただけにすぎない。作家の実践として作品があることが必要になる。映画で考えるとか、映画で語るとかいう言葉も、この実践の意味である。この時、作家に特有な形式を要請する。モンタージュ理論とは、その時、作家にたどらせる技術の一つである。伊藤整氏の考え方にはこの間の関係が、的確にいい現わされていると思い引用させて頂いた。

前に見た亀井文夫氏の結論も、この意味で理解したい。これが、それぞれの作家に特有な文体ならぬ「画体」をつくる。これを岩崎昶氏の「個性」とおきかえても、「思想」とおきかえてもよいものと思われる。

モンタージュ理論の再検討は、だから、その歴史的性格の解明と同時に、映画的方法の可能性として考える場合に、何ということはなく、それは、思想性の回復ということになる。あれやこれやの技術論でなく、正に思想性の再検討が要求されているところにこそ現況の作家一人一人の問題がある。

そうでなければ、作中人物と共に生きる気持になったり、作家の思想を追体験する喜びをもつという芸術的感動は、いつまでたってもでてこない。そうして生の新らしい発見なり、世界を知る新らしい道筋なりがでてくる訳がない。

「観客に作者が形象を創造しながら歩いていったその同じ創造の道を通過せしめる」（エイゼンシュテイン）の言葉も、これと同じ意味であろう。

映画が技術の上に自己の存在を主張できるのは、モンタージュ理論を含む、映画的方法論の可能性が即ち、作家の実践となる場合である。その実践そのものが、作家の思想であろう。大変舌足らずで申し訳ないが、結論としては、モンタージュ理論を、単に技術論としてとやかくいうのは、余り意味がないのではないかということである。再検討されるというのは、そのモンタージュ理論の歴史的性格の解明と、常に映画方法論の可能性にかえろうとする映画作家のそれは、思想＝実践の問題だということである。沢山、引用させて頂いたそれぞれの著者にお礼申し上げます。

●特集・モンタージュの再検討

ワン・ショットとモンタージュ

羽仁　進（演出家　岩波映画）

モンタージュということについて、人々に再考をうながすような作品が、ここ数年来次々に発表されてきた。

その中でも「抵抗」（ロベール・ブレッソン監督）は、最も早いものの一つではなかったかと思う。

この映画における画面の欠除は、大変特徴的であった。

例えば、この映画の主人公は逮捕された抵抗運動者である。彼は、脱獄を志して、牢屋の鍵の破壊にかかる。ブレッソン監督は、執拗にその努力を撮るが、一度も監視しているドイツ兵の姿を写さない。もっとも、これは普通の映画でも、サスペンスを強調するために使われることがないわけではない。しかし、「抵抗」の場合は、カメラは一度も主人公の身辺から離れなかったのであり、必らずしもサスペンスを強調するために有利ではなかった。現に多くの人々が、ああも簡単に脱獄できるのかと疑ったのは、主として監視する側の描写が全くなかったことに起因していると考えてよさそうである。

さらに、この脱獄が或程度成功して、主人公は自分の室から逃げ出し、高い壁にたどりつく。ここでも、地面の上から壁をうつす、客観的な画面の欠如が目立った。この点は、当時の批評で、吉村公三郎監督がいちはやく指摘したところである。吉村監督は、この点から、「抵抗」を素人くさい映画だとして、あまり高く買っていない。

しかし、いくらブレッソンが撮影所の経験をもたず、自己流のやり方で映画を製作する人であるとしても、これくらいのことを知らないでおとしたとは思われない。

いや、ブレッソンはその奉ずる特異な思考法を損わずに映画に表わすために、わざとこれらの画面を欠けさせたのであろう。

ブレッソンが同じ宗教でも、福音を主潮とするプロテスタントではなくて、絶対者の前にあるものとして人間をとらえようとするカソリックの立場に近いことは、「田舎司祭の日記」等によっても、よくうかがわれる。

そうだとすれば、「抵抗」においても、作者がすべての描写を、行為する人間の側から行ったのは、立場上当然であろう。壁の高さを、飛下りる前に知るということ

は、ありえないことなのである。

ブレッソンとちがう意味で、物を一方の側からのみ描こうとする立場は、すでにロッセリーニはじめ、イタリアのネオ・レアリストの作品に現われていた。

ネオ・レアリスム運動の中心人物であったチェザーレ・ザヴァティニ等の意見には、その論理がうかがわれるが、最近ではロッセリーニが、モンタージュ否定論を語っている。——物がそこにあるのに、何故我々は分散した描写をよせあつめて語らねばならないのか。必要なのは、物をみつめることである。——というような意味の言葉を語っていた。

「戦火の彼方」にしても、「無防備都市」にしても、カメラは常に抵抗運動に加っている者の眼として、状態をとらえていた。

興味のあるのは、これら一連の作品の出現によって再考したとき、古典的なモンタージュが、ほとんど存在していないという現実が発見されたことであった。

モンタージュ否定的な作品の出現によって、かえってモンタージュそのものについての関心が高まったといってもよいようなのは一寸不思議である。

もちろん、現在の映画において、編集、あるいは編集を前提とした演出は、重要な部分をしめている。

とくに数年来は、カット数の多さが、一つの流行になっているほどだ。

しかし、一般には、これらの編集には、エイゼンシュタイン等の主張したような対立によって、第三の意味を生みだすといったモンタージュはあまり見あたらない。

たとえば、アクションつなぎ、という編集などは、最近までプロらしさの一つの見本のようであった。これが創造的な方法ではないことは、今日ようやく意識されてきているかもしれない。しかし、時間や場所の飛躍を、大写しカットなどによって転換しようとするモンタージュ等は、どちらかというと、新しいと思われがちである。

だが、よく考えてみると、この二つは「つなぎ目」をかくすつなぎ方という点では同じような性質をもっている。

別々の画面が衝突して、即ち異った意味のある断片が相剋して、第三の意味を生むのではなくて、あらかじめ設定してある意味のために、幾つかの断片が組合される。そして、個々の断片のもっている意味、あるいはその意味のなかで設定に反するものを殺すために、編集が利用されるというわけだ。

だから、モンタージュには、その本来もつべきであろう創造的な役割ではなくて、技術的な役割がふりあてられているのである。

こういう状態の中では、例えばジョシュア・ローガンの作品等が、モンタージュ効果で人目をひきつけたとしても、やむを得ないのである。

ローガンは、評判のよかった「ピクニック」でも、あまり評判のよくなかった「バス・ストップ」でも、とくにモンタージュのアトラクティヴな使い方に、迫力をみせた。

映画の専門家達は、画面を現実の時間や空間と完全に切断することに、どうしてもためらいを感ずる。しかし、ブロードウエイの演出家であったローガンにとって、イメージはすべて表現である、と考えるのが自然であった。

「ピクニック」におけるピクニックのシーンで、双子の赤ん坊から小川の流れにいたるあらゆるショットを、効果という流れのみにそって編集展開した手際や、その終ったあとのラヴ・シーンで、スロー・テンポから徐々に同じようなショットをつみ重ねて、恋におちいっていく二人の気持ちを表現したモンタージュ。さらに「バス・ストップ」で、ワイド・スクリーンにおける超大写しを勇敢に使用し、しかもそれを独特のアングルによるロング・ショットと截断的に組合せた手法は、とくにロデオの場面で、相当な効果を生んでいた。

特に注意したいのは、これらのシーンが、ストーリーの発展からというよりは、モンタージュ効果によって盛上っていることである。「バス・ストップ」の場合などは、映画全体としては失敗作で、全く散漫な構成であったにもかかわらず、ロデオの部分は興奮を感じさせた。

ワン・ショット論とモンタージュ、というのが編集部の出した題であるが、僕にはワン・ショット論という言葉はよくわからない。

この言葉をはじめて使ったのは、江藤文夫氏ではないかと思うが、氏がこれを「戦争と貞操」について使っているのは面白い。

「戦争と貞操」はカンヌ映画祭で入賞したが、その時の拍手は、この映画がモンタージュを復活したことに対して向けられたと伝えられた。

事実この映画には、短いショットの集積によってモンタージュ効果を狙った場面が少くない。

その中でも、女の主人公が貞操を奪われる空襲の夜の場面と、男の主人公が戦死する直前の回想場面では、最も強くこの手法がみられた。

もっとも、これらの場面が、果してモンタージュ効果を生じたか、どうかは保証しがたい。とくに、貞操を奪われる夜のモンタージュなどは、破けたガラス窓とか、ピアノとか道具立てはいやに揃っていたが、実際にはあまり良い印象をのこさない。かなり品の悪いわりに、切実に迫ってくるものがないのである。

こういう、物語の発展に必然性がとぼしかったり、作者が充分にそのイメージをつかんでいない時に、いわばごまかす道具立てとしてモンタージュが使われるのは、別にこの作品にかぎらず、しばしば使われるところである。これでは、二つの意味が衝突して第三の意味を生むどころか、辛うじて物語の要求する意味を、曲りなりにも通したというにとどまるであろう。

もう一つの戦死場面の方は、かなりほめている人もないわけではなく、事実カンヌの上映の際の拍手も、このシーンでもっと

も多かったといわれている。

しかし、このシーンにおける数多くの画面の編集も、存外大したものをもたらさなかったようである。白樺の梢を急速に移動する画面と、主人公の記憶を現わすいくつかのショットとは、外面的な動きによってつながっているものの、それ以上の意味ではつながりもせず、衝突もしていない。

これに反して、この映画で最も興味の深かった場面は、主人公が出征するシーンと、主人公の属していた部隊が凱旋する場景の二つであろうと思われる。

最初のシーンでは、出征する人々が集っている場所へ、女主人公がかけつけてくる。バスから飛下りた彼女は、戦車の通っている街路をつき抜けて走っていくが、人々はすでに行進している。彼女は夢中になって探すが男主人公はみつからず、兵士達の長い隊伍だけがその前を次々に通っていくのである。

あとの方のシーンでは、戦いに勝って帰ってくる兵士達をのせた臨時列車が、町の広場につく。町の人々はそこに集って、喜びが爆発している。テープが渦巻き、帰った人と待っていた人々とが、方々で抱合っている。その中を、花束をかかえた女主人公は、狂気のように、その恋人を探しもとめる。しかし、すでに彼は死んでしまっているのである。

この二つのシーンでは、非常に長いショットが使われていた。とくに、バスからかけ下りる女主人公をとらえた長い移動画面は、撮影技法としても、相当な話題をよんだようである。

しかし、その長いショットに迫力があったのは、その画面が同時に二つの力、即ち戦争に行こうとする集団の行進と、恋人を今一度我腕に抱こうとする女主人公の行動とを、とらえたからであろう。凱旋の場面でいえば、集団は戦勝に歓喜しているのに、女主人公は不安あるいは、（最後には）悲歎にしずんでいる。

ここには戦争と個人、という映画のテーマになる二つの相剋するものが衝突しているのである。

そしてこの衝突は、いずれの場合も女主人公のもっている小道具（最初の場合は食物、あとは花）を、集団に投げかける形で結びつけられる。

とくに後者の場合には、この行為は女主人公が、再び集団の中に帰っていくことを象徴していると考えてよいだろう。

これらの場景では、一ショットの中に、独特のモンタージュ効果がある程度生じていることは否めない。衝突や相剋によってテーマを発展させようとする努力を、作者は普通の意味のモンタージュを試みた場面よりも、これらの長いショットを主体にした部分で、より多く行っているのである。

パン・フォーカス以後の撮影手法、とくに移動撮影の進歩が、従来のワン・ショットに含まれていたものよりも、遥かにこみいったイメージ、複数のイメージをとらえうることはいうまでもない。

しかし、「戦争と貞操」におけるワン・ショット描写と、「抵抗」におけるモンタージュの欠如とは、決して同じではない。

とくにカメラの「眼」の設定、という考え方は、やはりカメラ・スティロにつながり、つまりイタリアン・レアリスムとそれをつごうとするフランスの人々の作風に、一番強く感じられる。

ブレッソンは全く立場は異りながら、混沌とした情念を常に問題にし、アラン・ポウを崇拝しているアストリュックのような作家の場合も、非モンタージュ的な描き方は、一つの必然性をもっている。

彼の「恋ざんげ」にしても、「女の一生」にしても、そこではすべてが、男の視線によって描かれている。そのために、カメラのイメージには、非常な豊富さが要求されているわけだ。従って彼の作品のショットには、単に複数の意味がとらえられているだけでなく、意味に分解できぬものをも描こうという意図がみられる。

いわゆるヌーヴェル・ヴァーグの作家達は、ブレッソンやアストリュックの場合ほど、特殊な意図をもっているとは考えがたい。もちろん、これらの人々も、映像のもっている独特な性格を利用して、混沌とした現実の状況を描こうとしているのであろう。

しかし、彼等の描こうとしているのは、あくまで現実の状況なのであり、その混沌さもアストリュックの場合のそれとは、違ったものである筈だ。

彼等が、モンタージュを否定するのも、いままでのモンタージュのおちいりやすい欠点——第三の意味が予め設定され、その効果のために衝突がおこなわれるという作法のおちいりやすい、非現実性を警戒している点では正しいと思われる。

しかし、この態度が、彼等の作品の強い主観性への自己弁護として用いられるとすれば、危険である。彼等はかりにカメラを「個人の眼」として設定したとしても、その個人をとりまく状況は客観的なものにはかわりはない。このへんがあいまいであるところに、ヌーヴェル・ヴァーグの作品の限界があるのだろう。

従って僕達にとっては、ワン・ショットのもつ強い現実性に注目しながら、しかしそれをより広い状況の中での対立として、新しいモンタージュによってとらえることが心要だと思われる。

読者への通信

●本誌御愛読ありがとうございます。誌面をますます充実させるために、今までの記事・エッセイでよかったもの、希望する記事・特集などをおしらせ下さい。誌面に具体的に反映させていきたいと思います。

●創刊以来二十一号を発行したことになりますが、最近本誌を長く保存しておくための合本ファイルを作ったらどうかという声があります。編集部でもそのことについて目下検討中でありますが、おおよその希望数を知りたいと思います。合本ファイル（十二冊綴りで約百円の見当）を希望される方はお手数でも御一報いただけませんか。

■作家と読者を結ぶ 記録・教育映画ガイド

●本誌創刊二周年記念映画会

世界の実験映画を見る会

○とき　四月十九日(火)午後六時
○ところ　共済会館ホール（都電・地下鉄虎の門駅下車三分）
○内容①東京一九五八／日本（予定）
②水玉の幻想／チェコ
③タンスと二人の男／ポーランド
④隣人／カナダ
⑤時計／イギリス
⑥水鏡／オランダ
⑦ゲルニカ／フランス
●二十四時間の情事／劇映画・アラン・レネ演出作品
○先月号で「忘れられた人々」と「二十四時間の情事」の二本上映として予告いたしました本誌二周年記念映画会は、「忘れられた人々」が貸し出し不可能のため前記のように「世界の実験映画を見る会」と変更いたしました。古い作品、新しい作品ともに高度の問題意識をもった作品をえらびました。
○会員制ですので詳細は本誌編集部までお問い合わせ下さい。多数御来場下さいますようお願いいたします。

西武記録映画を見る会　四月例会

●特集・日本をめぐる
○とき　毎土曜日、十二時半と二時の二回上映
○ところ　池袋・西武デパート　リーディング・ルーム（八階）
二日　〃日本の北部〃サッポロ物語（日映科学）東北の農村（日映新社）
九日　〃日本のまつり〃花まつり（岩波映画）日本のまつり・春・夏（東映）
十六日　〃日本風土記〃新風土記――北陸（岩波映画）最上川風土記（桜映画社）
二三日　〃日本の南部〃瀬戸内海（日映新社）花のジプシー（日映科学）
三〇日　〃東海地方〃伸びゆく中部日本（中日ニュース）東海道の今昔（日映科学）黒潮あらう地方（日映新社）

●人形劇映画特集
○とき　四月二四日(日)　十時三十分、十二時の二回上映
○ところ　西武デパート　リーディング・ルーム
○上映作品　ペンギン坊やルルとキキ（電通映画社）二等兵シュベーク、小さなボールちゃん（チェコ大使館提供）

映画サークル優秀映画会おしらせ

●世界の名画を見る夕べ
○とき　四月八日(金)午後六時
○ところ　豊島公会堂（池袋）
○内容　①世界最切の長編喜劇映画・チャップリンの百万長者　②春香伝（朝鮮映画）総天然色
○主催・城北映画サークル協議会　教育映画作家協会、後援・在日朝鮮人総連合会
○会員制ですので詳細は本誌編集部又は城北映画サークル協議会事務局（豊島区池袋一の四六二・(982)五九六五）お問い合わせ下さい。

春の産業文化映画祭

○とき　三月二一日(日)――四月十六日(土)　毎日正午開場、十二時半開映（日曜日を除く）
○ところ　東宝演芸場（東京宝塚劇場五階）
第二週三月二八日(月)―四月一日(月)　人工衛星のはなし、ダイヤルはつなぐ、私の手帖から、自動車の仕組、新しい型の電柱銀座ラプソディ、青い炎、ウィスキーのふるさと、新しい製鉄所
第三週四月四日(月)――四月九日(土)　Hope for Tomorrow 映画のできるまで、軽量形鋼の家板硝子、テーブル・マナー、新しい中経管工場、東洋の旅
第四週四月十一日(月)――四月十六日(土)　漫画映画のできるまで、海に築く製鉄所、新しい織物の科学、横河電機、九州、モダンシップビルディング、東京証券取引所、サッポロ物語
○主催、財団法人・日本証券投資協会

じゅーくぼっくす

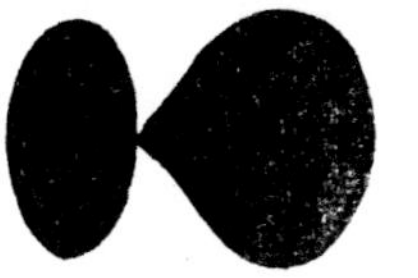

あるPR

○トルソ（ロダンのでも誰のでもよい）の下半部──何かよくわからないように、画面いっぱいに。「モノがあるべきところにないのを不毛という。カミュによれば沙漠──」

○砂丘のような曲線の物体──横臥した女の腰部、逆光線でその稜線だけを浮出させ、それから下は一面ふくらみを秘めた暗黒。「ドキュメンタリー論はさまざまな不定形でアルのだが……」

○カメラの筒先──ズームが真正面にのびて、大砲の砲口のようになる。「ドキュメンタリーそのものは物夫自体みたいにマサグルだけとあっては、作家の急所が不毛すなわちパイパン的恥部と想定するほかない。」

○麻雀の白牌──（急速に）原爆禿げの頭。「白々しい不毛地帯にうっそうと毛をはやせ。産めよ、ふやせよ、地に満てよ！」

○鳩の絵（ピカソ）──そこに「平和毛生薬」の文字。

現実変革のヴィジョン

「哲学者たちは世界をただ色々に解釈してきただけだ、世界を変化させることが問題であろうに。」（マルクス）つまり、やらなきゃモノにならぬということ。

純粋理性批判

プディングがあるかないかは食べてみればわかる──ということは、食べられるようなプディングがないことには話にならないということである。アンフォルメルみたいな絵にかいた餅ではね。

作家諸君にモノ申す──アンチ・デューリング的反教育映画論を草したり照魔鏡を磨くのも結構だが、まずプディングをつくれ。ただし、食べても下痢を起さないようなのを。

ある科学映画

記録映画細胞とスポンサー菌の格闘。まず前者を後者で培養する──記録性が中和されて教育性もしくはPR性に変質し、たちまちガン細胞を発生させる。どしどし冒されてゆく……新たな記録細胞が大食漢のように襲いかかり戦いを挑むが、次々とスポンサー菌のために食いつくされてしまう。

実践理性批判

たとえ机上の計算としても、三百万戸の農家が一ヵ月三十七円六十銭の基金を出せば、映写設備もふくめて、四千万円かけた作品が一ヵ月一本、一年十二本の製作・配給ができるという結果となる（山本薩夫談──『アカハタ』一月28日号）。

赤い羽根や黒い羽根よりはたしかにマシでしょう。なにしろ大したお返しがあるから。だが、こうした荷車の歌がどこまで人間の壁を突き破れるか、それが問題ですね。ともかく、スポンサーづくのにうき身をやつしているドキュメンタリストには耳よりな話。

「詩は実践的真理を目的とせねばならぬ」（ロオトレアモン）

伊東大会議

マスコミ対策か、マスタベ論議か。（マスタベはマスタベーションの略）

自主上映促進……

どこかに持余している古モノはありませんか、格安のサービス精神で一手にお引受けします。何てことはない、バタ屋かテキ屋みたい、だって？ まあ、そういいなさんな、あれも人の子、樽拾いさ。

新版・美女と野獣

狐（美女のすがた、弁天小僧演）と狸（商人姿の野獣、浜松屋演）との化かし合い──漫才調で掛引き的からみあいよろしくあってチョン、両者が抱きあい舌を出しながらホクソ笑むクローズアップで終る。テーマは永久平和論もしくは作家とスポンサーとの平和的共存だから、画面がそうしたダブル・イメージとなるよう細心の演出が必要だ。社会教育映画のワク内でつくること。

作家と悪魔

ペーター・シュレミールは自分の影を悪魔に売ってしまい、光から逃げまわるように彷徨の旅をつづけた。ああ、作家よ、まちがってもそのような身売りをするなかれ。買主が自衛隊であろうと、独占資本の大企業であろうと、悪魔の手に変りはない。こっちは狐のつもりでも、相手の金タマは末広がりの八畳敷さ──どころじゃないかもしれない、のだ！

劇映画・久米仙助喪失事件

久米仙助は間男の現場を押えられそうになり窮余、壁にはりついて、その中に姿を消し、かくて「壁遁の術」を体得する。その後、さんざんこの忍術を活用するのだが、とどのつまりは警官たちに追いつめられ、壁の中に消失したままピストルをうちこまれて、姿なき悲鳴とともに絶命する。文字通り絶対絶命の主休喪失のアクション・ドラマ。原作アナトール・フランス（『オノレ・シュブラック氏の喪失』）、製作・教育映画作家協会、同製作委員会翻案・演出。

シラノ・七色映画

ハリウッドの俳優協会がテレビに映画が放映された場合の出演料を要求して、ストライキをぶったというニュースが半月ほど前につたわりました。リッパじゃありませんか。あたしたちよりゃオトナだね。アメリカは攻撃するためだけにあるんじゃございません。見ならいたいもんじゃね。 **ドンQ**

新作紹介

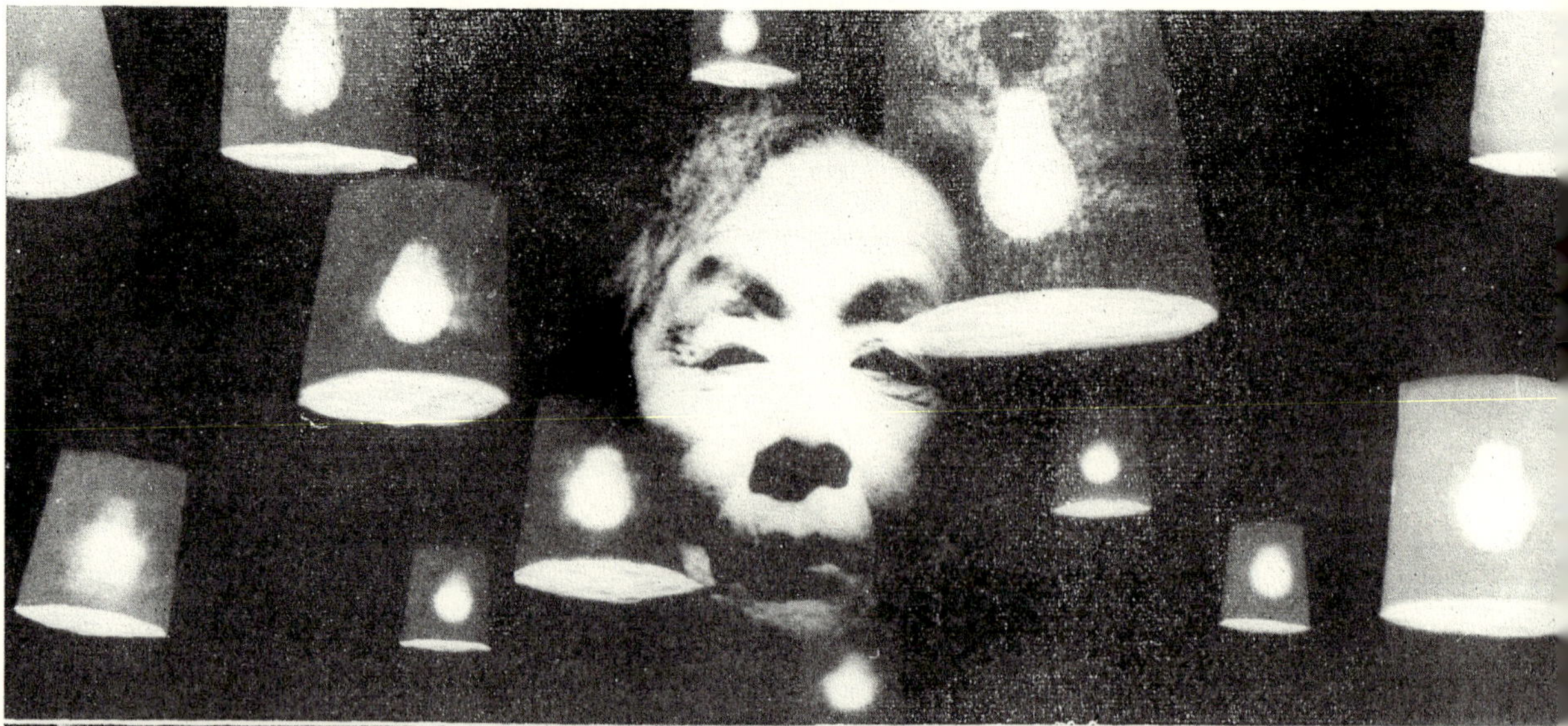

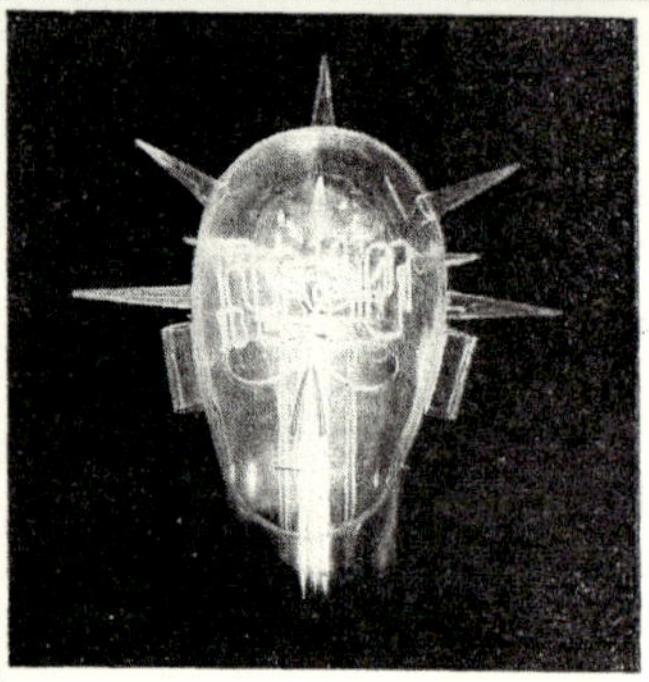

白い長い線の記録

日本映画新社

脚本・演出・松本　俊夫

撮影・関口　敏雄、坂崎　武彦

特殊撮影を駆使して，電力事情の歴史を前衛的な手法で描く。解説・セリフはなく，ＰＲ映画の新しい表現を試みた実験映画。

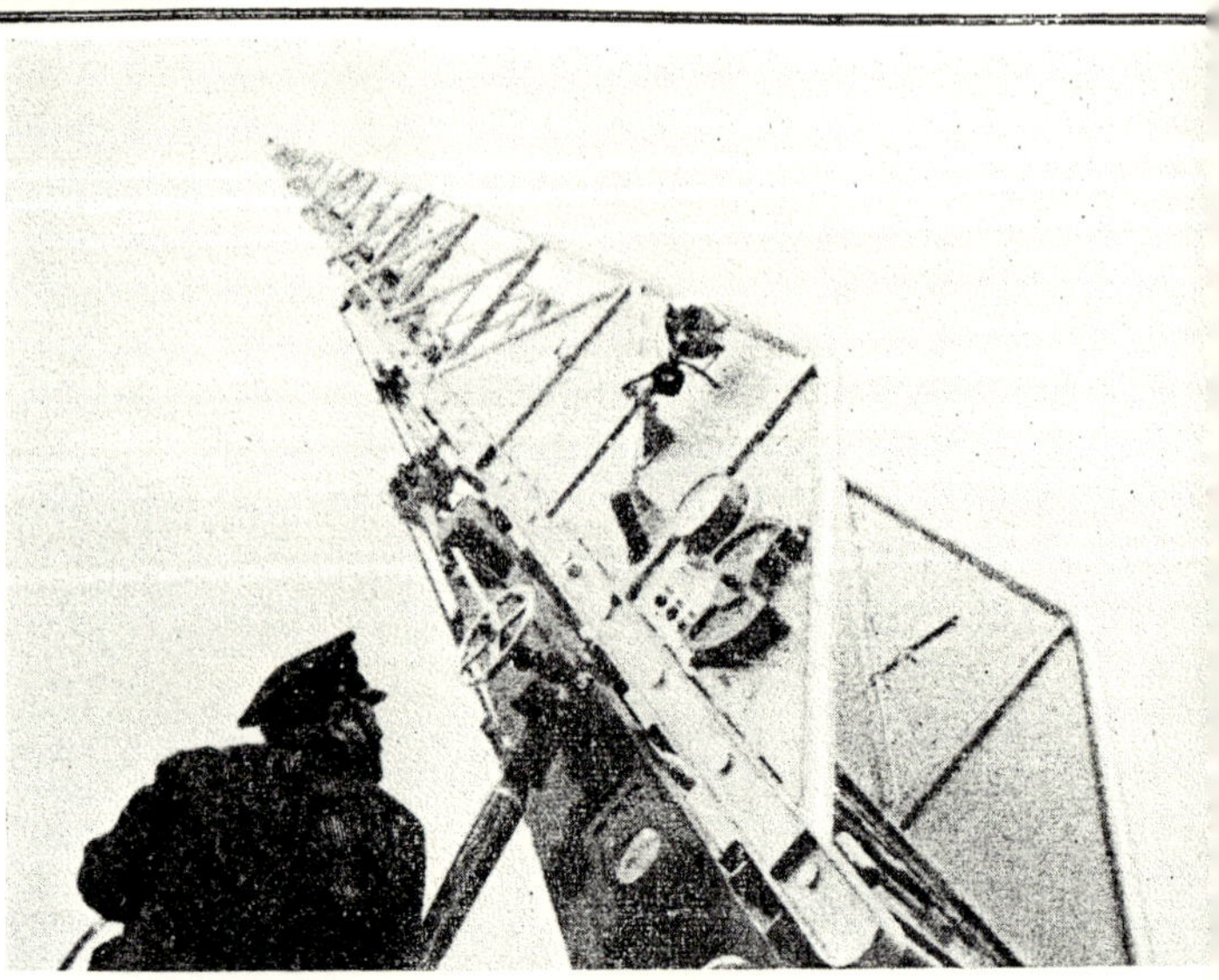

液体のはたらき

●油圧機器のいろいろ

三木映画社

脚本・演出・高島　一男

撮影・上村　竜一

近来著しく発展を見せた、油圧機器（例えばダンプカー）のいろいろについて紹介する。

いなかねずみとまちねずみ

■ 学研映画部

演出・脚本・渡辺　和彦
撮影・寺山　威
アニメーター・千原伶子
　　　　　　　寺司香智子
作画・清水ふみ子
　　　清水　耕蔵

イソップ物語を貼紙、ちぎり紙の中に現代感覚で再現しようとする。

息子の日記

東映教育映画部

脚本・吉川　良範
演出・豊田　敬太
撮影・福井　久彦

高校生の息子を持つある母親の悩みと行動を中心に思春期の少年少女に対する認識と親の態度を描く子供のしつけシリーズ。

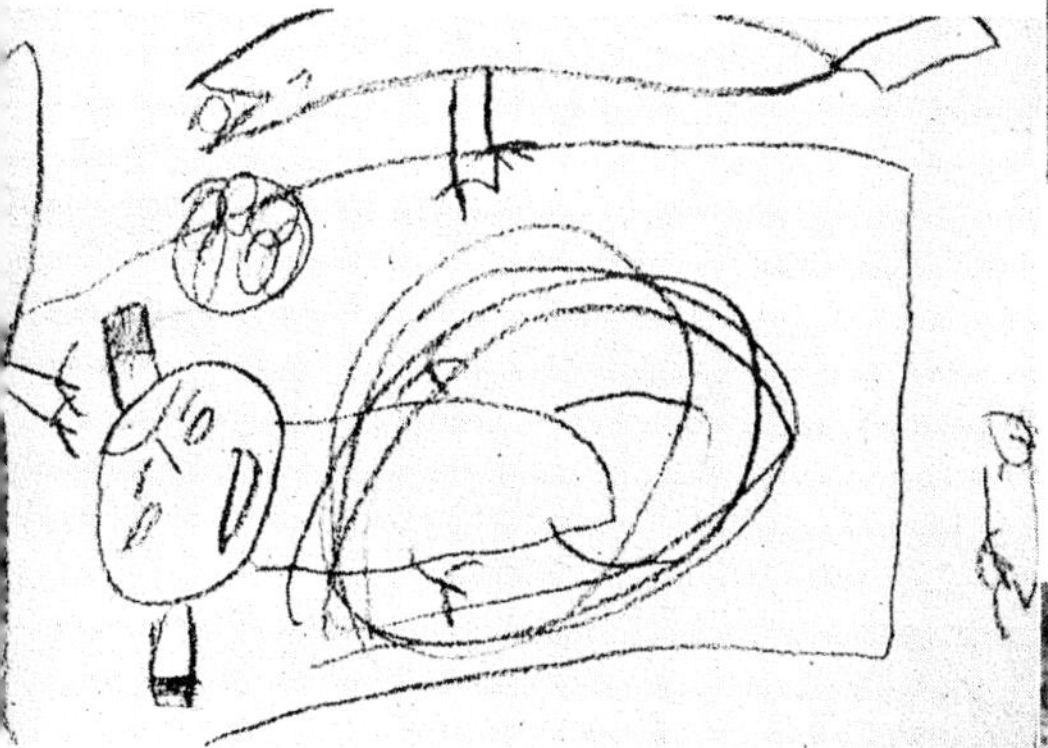

描きつづけた三歳の生涯

■ 文化映画研究所

構成・河野　哲二　　撮影・臼井　光

酒本勝市氏の原作によりながらわずか三歳でこの世を去った徹という子の絵を中心に幼い心の動きを発見する。

稲の「密植」

●中国式密植実験の記録

芸術映画社

構成・田中　徹
撮影・武井　大

反収やっと二石という三重県のある山村。それゆえに中国式株寄せ密植の実験にかけられた大きな期待。映画はその過程を克明にとらえる。

ランプおじいさん ■

日写映画社

脚本・中川順夫
演出・斎村和彦
撮影・田地野万三

童話作家新美南吉の原作で、ともしびの移り変りと電気の発展を一人の少年の成長を通して描く児童劇映画。

たのしい手芸

■ 文化映画研究所
新東映画社

脚本・演出・韮沢 正
撮影・岡田三八雄

布をつかった人形その他のぬいぐるみの作り方をわかりやすく説明する。

明日を耕す

記録映画社

脚本・厚木たか
演出・道林一郎
撮影・瀬川浩

最近兼業農家がふえてきたが、これは主婦の農事研究会の活動の実際を通して今日から明日への農村のあり方を描く。

竹

ポーランド国立記録映画撮影所・ヴェトナム文化部映画局

撮影・W・フオルベルト
編集・W・カズミエルチャック

はげしい抵抗と独立のたたかいを勝ち抜いたヴェトナム民主共和国の歴史と現実を，ヴェトナムの兄弟・父母ともいわれる竹を中心に描く。

蝶々はここに ■住まない

チェコスロバキア映画

ナチ占領下の収容所に放り込まれていた子どもたちの描き残した数々の絵を綴ったこの映画は満たされなかった夢を今日に伝えている。

春　香　伝 ■ 朝鮮民主主義人民共和国 国立芸術映画撮影所

脚本・金　承久
演出・尹　竜奎
撮影・呉　雄卓

二百年前に小説本として流行したこの物語は代官の息子と雛妓の恋を中心に、正義と貞潔を守りぬく強靭な力に貫かれている。総天然色映画。

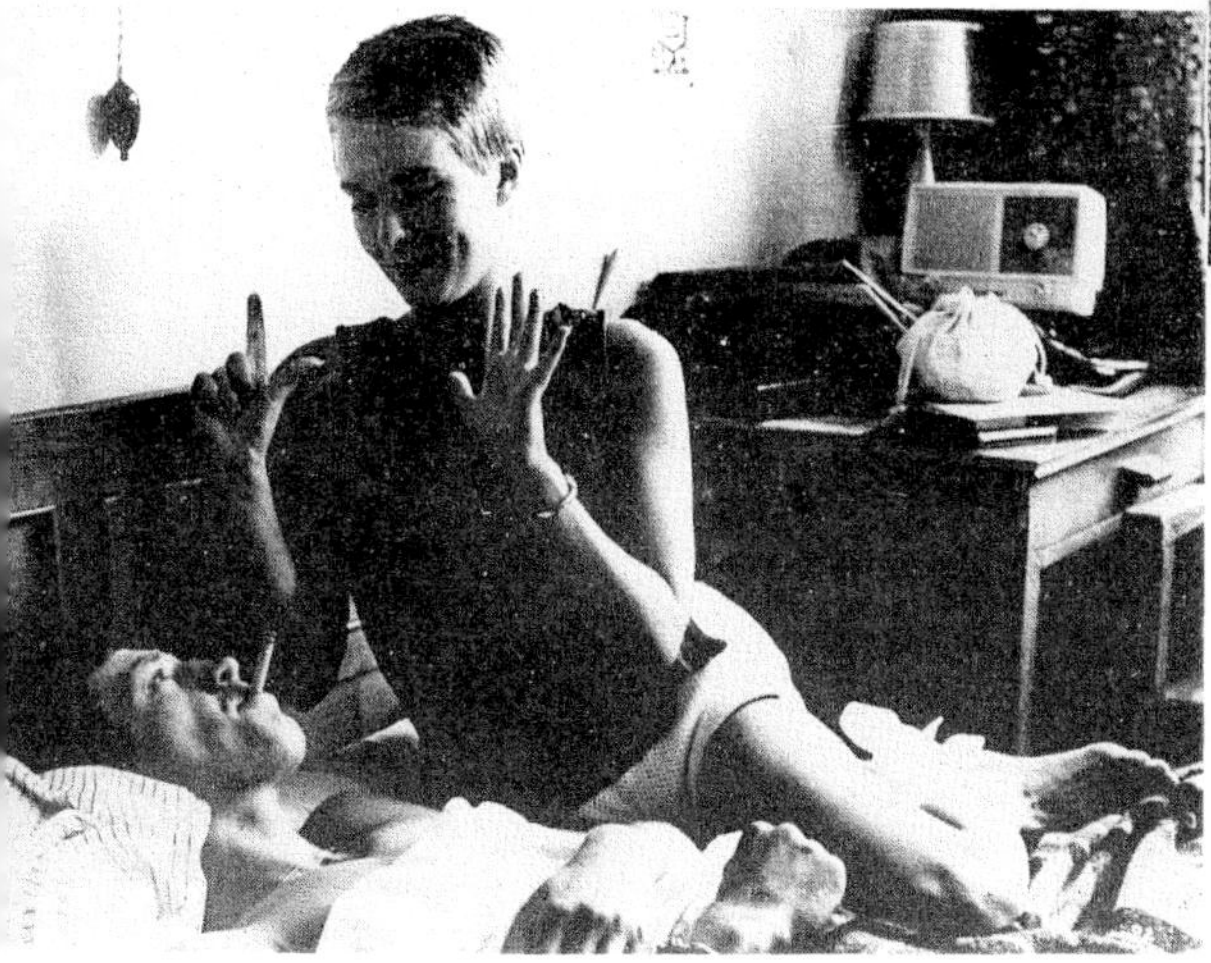

勝手にしやがれ ■ 新外映提供

脚本・フランソワ・トリュフォ
監督・クロード・シャブロール
演出・ジャン・リュック・ゴダール
撮影・ラウール・クタール

自動車泥棒常習犯の青年とアメリカの留学女子学生を主人公に、現代のひき裂かれた人間関係を、ドキュメンタリーの方法で追求、かくしカメラでとらえたパリの空しさと共にはげしく内部につきささる。

白い崖 ■ 東映株式会社

脚本・菊島　隆三
演出・今井　正
撮影・中尾駿一郎

現代の潮流を背景にそこに息吹く青年の限りない野望を描いた今井正初のスリラー映画。

秘　密 ■ 東映株式会社

脚本・家城巳代治
内藤　保彦
演出・家城巳代治
撮影・飯村　雅彦

人の金を盗んだ貧しい臨時工とその目撃者の少女をめぐって、心の動きの中に、現代青年の純愛と歪められた現実を描く。

プロキノ運動の再検討　連載座談会・4

プロキノ運動家
岩崎　昶／北川鉄夫
小森静男／古川良範／山田三吉
戦後映画研究会
粕　三平
編集部
長野千秋／野田真吉

●作品についてあれこれ

粕　東京の交通婦人労働組合、バスの車掌さんの座談会が「プロレタリア映画」にのってるの読んだんですが、「こども」をみて、一日中朝からあんな事ばかりやって遊んでるように思われるわねという批判が出てるんですが、どういう内容ですか。

北川　要するにドキュメンタリーで、長屋で子どもが遊んでたり、その時分の文学にしても演劇にしても共通したものがあると思うんですが、一種のロマンチックな希望的なものがあるでしょう。現実にはそういうものでなくても、たとえば万歳をやったり。

岩崎　公園で、滑り台で滑ったり遊んでいるところから始まるわけです。要するにプロレタリアの子どものたくましさみたいなものを出そうとしたわけです。

小森　デモごっことか。

北川　プロレタリアの子ども万歳というような式のことやったり。もちろん作ってやってるわけですね。非常に短かい中にたくさんそういうものも出てきますから、そういうことをさしてるんじゃないですかね。

粕　昭和五年の「戦旗」にのってる投書によりますと「こども」で棒きれをふって出てくるシーンで観客の中から「われわれも武器を持たなくちゃいけない」と野次がかかった。そこでわれわれも検閲ですぐちょん切られたり上映禁止されるような映画だけを作らないで全然意味がわからなくても、ほんの少しでも比喩的な要素を持った映画を作って、会場にアジる人を配置すべきであるといってるんです。

北川　つまり、あとの方は現実にはそういうことがなくても、そういうふうな子どもに対する希望を形象化してるわけですよ。それにデモをやったり万歳やったりしてる形のものがあるわけです。

粕　メーデーの映画は別として、そのころ一番作品としてまとまってるのは何ですか?

北川　「隅田川」というのは森山啓の詩をもとにして、記録映画ですね。いわば「セーヌの詩」みたいな。それほどうまくないだけの話で。(笑)

●プロキノの映画理論

野田　昭和五年ごろにはソビエトの映画理論、エイゼンシュテインの理論などが入ってるわけですから

北川　ぼくは一つ、たとえば批評家協会の問題でも、客観として感じることは、日本の映画の理論そのものの全体の歴史の関連もあると思うんですが、その時分、ようやく映画理論というようなものが体系化されてくるような形が出てくるわけです。その中で特に今おっしゃったモンタージュ理論とかあるいはその時分の記録関係のドキュメンタリズム、ああいう理論が入ってきたり、そういうものによってだんだん映画理論が出てくるわけです。その中でモンタージュ理論が出てくるまでに左翼の映画理論は構造的にきちんとしてきてるわけです。当時、岩崎昶がそれこそ先頭に立ってやってたような理論的な活動が優位的だと思う。そういう影響がかなりありますし、われわれの方で批評家協会のヘゲモニーがとれたということも、そういう面にあると思いますが、もちろんそういう面ばかりじ

ゃないが、しかしあの当時の映画理論なんかごらんになると、意外な方がいろいろそれについて書いてます。

野田　創作の面でプロキノの作品の中に、そうした理論はどのように反映していましたか、またいなかったかですか。

岩崎　いや反映してたよ。つまりモンタージュ理論というものの輸入と、プロキノあたりの活動の開始とが時期的にも同じだったわけだね。それから、それを紹介した人間というのもダブってた。結局ぼくが最初にやり出して、紹介して、あと佐々木能理男君がやり出した状態だったし、だからまた実際の作品としても「ポチョムキン」はもちろん来なかったが「トルクシブ」は一番われわれにいろいろ刺激を与え、インスピレーションを与えたというものだろうな。

古川　「全線」は。

岩崎　ちょっとあとだな。

北川　「春」とか「大地」ね。

岩崎　そういう意味ではやはりわれわれのはサイレント映画なんだから、もちろんわれわれの様式の基本になったものは、ソビエトのモンタージュ理論ですよ。

野田　そのころの伊藤大輔なんか影響されていたんでしょう。いわゆる俗流化された意味で。

岩崎　もっと古いのがある。つまりフランスのモンタージュで日本へはじめて来た作品としては「キーン」。これがモンタージュ理論の先駆者になったものだ。

北川　アベルガンスの「鉄路の白薔薇」。

岩崎　マルセル・レルビエの非常に早いテンポのモンタージュ。それで一つのクライマックスをこさえようというやつがあった。伊藤大輔はそれを見て感激して「血煙高田馬場」というやつでまずやった。

●プロキノの作品について

粕　「プロレタリア映画の夕」というのは、どういう人たちがどれくらい集ったんですか。

岩崎　ずいぶん来たね。

北川　労働者が多いですよ。かなり。

岩崎　特に交通労働者、ナップと東交との関係はとてもあった。東交との動員はすぐつくわけです。

山田　「市電のスト」は持って歩くと大変受けた。「隅田川」「こども」はだめなんだ。

岩崎　労働者には、巡回なんか行くとそうだな。

北川　読売講堂の第一回の公開の時、最後に「メーデー」やったら会場がものすごいんだ。どんどん足踏みしてメーデーの歌歌い出す、警官がおるでしょう、もう一ぺん写せといってもめて、出た連中が銀座までデモやったんですから。日本ではじめてでしょうな、ああいうふうなものを自分で見たのは。だからすっかり興奮したんでしょう。こういうふんい気というものは当時の左翼劇場なんかの芝居のふんい気と共通してますね

小森　プロキノの作品には検閲の通ってないやつがあるんですよ。それを移動映写の場合なんか映写したんだけれども、それはいつごろ作ったんだろう。たとえば「進め！戦旗」なんての。

古川　だいぶあとだ。あれは非合法なんだよ。

北川　これはもうぼろぼろに切られてますがね。

粕　どういう内容ですか。

古川　「戦旗」のP・R映画ですよ。(笑)

岩崎　昭和六年だな。

古川　「戦旗」編集会から若干金が来たんだよ。(笑)

北川　だんだん技術的にも進んでるわけですよ。

古川　ぼくは今しみじみ感ずるが当時は日本にニュース映画も何もない時代です。そういう時、幼稚だけれども漫画、ドキュメンタリー、ニュース、「奴隷戦争」なんて漫画とドキュメントとミックスしたものそういうあらゆるジャンルをつくったんだからな。

岩崎　当時、ニュース映画といえば、大地震や大火があったとかなんとかいう時だけ、新聞社が特報みたいな形で撮ってきて、映画館じゃなくて小学校の校庭などの野天で白い幕張って映写したわけです。愛読者へのサービスなんだな。それが唯一のニュースに似通ったものです。

長野　「奴隷戦争」の内容は？

岩崎　日本帝国主義の中国侵略というものを扱ってる。非常にどぎついものですよ。(笑)

山田　支那から手を引け！という。

岩崎　だから、向うは大変怒るわけだけれども、内容的には非常にはっきりしたものだった。

野田　反戦映画があまりないなと思ったら、うらに隠されてるわけですね。

山田　あれを持って金沢、舞鶴、富山、敦賀ずっと歩いた。石はぶっつけられたし国賊だと追っかけられた。

粕　いっぱい来ましたか。

山田　来ましたよ。全農の組織ですから。

古川　あれは須山だよ。ネコちゃん(岡秀雄)も書いた。

小森　北川が脚本だよ。

古川　晋作(並木)が撮影したかなんかしたんだよ。

長野　いつごろですか。

山田　昭和六年、満州事変勃発だから。

●プロキノの映画製作の歩み

粕　プロキノには反動的実写映画の逆利用というスローガンがありますけれども。

岩崎　実際にはプリントがなかなか手に入らないというようなことでできなかったんじゃないかな。

古川　当時、フィルモテークといってあらゆるニュースを撮っておいて、やろうとしたんだ。

北川　シュープという女の監督がやってたわけだね。

粕　そうすると実写映画の方法に対する具体的なメドはどうですか。つまり小型映画で出発して、おれ達のものをおれ達で作ろうという形で具体的に出てきた実写映画の創作方法、あるいは中身に関する理論の萌芽がありましたか。

北川　さっき岩崎さんいったようにソ連の一連のドキュメンタリズムの理論がある。それなんかの影響です。

野田　「トルクシプ」にいく前にアギトカとかそのあたりの……。

北川　それは日本での紹介という

のは同じ時期ですよ。日本での紹介のされかたはキノ・アイについて死んだ杉本良吉が紹介して雑誌にのせてますけれども、モンタージュ理論なんかが訳されたのが先ですよ。

粕　では、一応プロキノ・ニュースがキノ・プラウダに当るわけですか。

岩崎　われわれがこれやってたころは、作品は全部記録映画でしょう。最後に、劇映画作ろうじゃないかという試みはされたけれどもだから特に「記録映画」の理論というふうには考えなかったわけだな。

長野　そうすると後期に「世相読本」「労農団結餅」作られたころセットを使ってやったというが、理論的にそういう面で変っていったのか、どういう事情で？

岩崎　やはり記録映画だけじゃどうしても出ないものがたくさんある、不自由じゃないかというんで、一つ劇映画的な領域も開拓しようじゃないかということになり、ある程度そういう力もできてきたということなんだ。

北川　そうですね。

古川　これ（年表・前号参照）見てると流れがわかるんだ。最初はメーデーの写真とストライキの写真から出発してる。

北川　その次に今皆さんがお撮りになってる程度の演技をさせてるわけです。「こども」なんか。

古川　「アスファルト」（岩崎）「こども」「港湾労働者」（上村）なんてのが、いわゆるドキュメンタリーの計画的にやろうとした最初のものだ。

●理論闘争

粕　大体このころ、佐々元十氏が「プロレタリア映画」に実写映画の階級性という論文を書いています。ここではソビエトのいわゆる記録映画、あるいは実写映画というかそういうものの作られかたと日本の反動的な宣伝教化映画の作りかたの違いを、もっぱらソビエトの場合は文化解放、労働者の権利擁護、日本の場合は階級支配と帝国主義戦争の擁護といった具合いに、外的に規定して、作品の構造を含めての全体的な違いは残念ながら何ひとつ指摘していません。で、ここらでなんとかそれに対する反駁とか、理論とか発展させる動きがなかったでしょうか。「映画を奪還せよ」を具体化するなにかが……。

岩崎　なかったね。そういうものは。

北川　個人的にはそういうこと考えたかも知れないが、運動の流れの中ではそれほどはっきりしたものはないと思いますね。

粕　佐々は、反動的なテーマの実写映画が具体的に映画館の中で上映されて、しかもそれが真実だと錯覚させる点、だからわれわれも実写をフルに利用しなくちゃいけないといってるのですが、もうちょっとのところで新しい理論が出そうだったみたいな気はするんですが。

北川　粕さんおっしゃる意味はわかるんですが、今たとえばドキュメンタリズムという問題、非常に大きな問題になって出てきてるんだが、そういうところまでの深まりは世の中全体としてもないし、われわれの中でもそこまでいってない。すべてが、イデオロギッシュですよ。これは映画だけでなくてすべての運動の面でそういうことがあります。

岩崎　イデオロギー闘争という点で徹底してたんだ。

北川　松崎啓治の岩崎昶批判というようなものも、イデオロギー的な面で間違いはあったよ。その当時の考えとしてはいろいろなものがあった。だから岩崎・松崎論争というものがかりにドキュメンタリズムについてどうこうというふうなことではないんだ。

粕　そのころ岸松雄も階級的実写映画というのを盛んにいってるわけですけれども。

北川　イデオロギッシュという意味で、第一にテーマ、帝国主義戦争反対とか、自分で「奴隷戦争」の脚本書いたからわかりますが、当時のいわゆる日本の進歩的な運動の、中国問題に対するテーゼの解説ですよ、あれは。

●劇映画と記録映画　プロキノの芸術観

粕　意地悪い質問ですが、たとえば芸術イコール劇映画みたいな考えかたはなかったですか。実写映画はまだ芸術になってないみたいな考えが尾を引いて。

北川　そういうことはないですな。

岩崎　それはないな。要するに芸術団体があって、しかも当時ほとんど記録映画ばかりとってるだけなんだからそれはないですね。

古川　大きくいえば政治に従属してた。

北川　そうそう、あの時分のいろいろなこと、たとえば移動映写に行ったら弁士をやるとか、レコードをその時分ドイツから持って来たやつをかけるということは、全体がアジプロしてたというやつです。

山田　組織では、映画やるというんで二、三百人どころか二、三千人集ってくる、それを利用するわけです、組織に。

粕　だけど岸松雄や佐々にしても実写映画が劇映画に対して出てくる地盤を一応は問題にしている。そして反動的な実写映画に「ブルジョア的理論家」たちが、新しい表現形式として色眼使ってることをつよく批判して、革命的実写映画を生みだそうといってるんです。だからもうちょっと出そうな……。

北川　おっしゃることは、当時の問題とはやや違うと思うんです。たとえば先ほど出たニュース映画の問題と同じように、ニュース映画はぼくらそれほどしょっちゅう出してたわけじゃないが、作ってたわけです。ふつうの意味での、野田さんがお作りになってるような意味の記録映画といいますか、のちの文化映画ですね。一般的な意味では戦争中に盛んだったわけです。それまでのやつはほとんど内務省とか拓務省の請負で「海の生命線」というふうなものです。それは芸術的自覚を持って作ってる。いわゆるブルジョア的イデオロギーというのはほとんどないですね。

粕　そうかもしれませんが、たとえば香野雄吉が、「真実らしく見せるのではなくて真実を見せるのが実写映画である」といってる

のに対して、岸松雄がその真実は何に奉仕するのかとたたいていますね。

北川　イデオロギーの問題ですよ

粕　ところがこのころプロキノには、作れ、そしてすぐ見せろ、おれたちは映画を奪還しなければいけないという声以外に、労働者自身の生活感情を直接つかまなくちゃいけないという意見が出てきてるわけですよ。たとえば一方に「未組織的な労働者とか農民は、反動的実写映画に毒されてる」という意見が出てるわけです。プロキノの側からいえば、それをおれ達の革命的実写映画で奪還せよといわれてるわけですが、反動的な教化映画に毒されてる労働者が、なぜ劇映画よりもむしろ実写映画を見るか、大低の場合、実写映画は映画館じゃなくて内務省の宣伝でタダで見せるからという条件もあるでしょうが、そろそろ大衆化とつながるような問題が、現実的にも出てきてるような気がするんですが。

北川　それはわかりますが、実態としては、ちょうどあの時分満洲事変前後でしょう。いろいろな意味でのドキュメンタリー、記録映画的な実写映画的なものが、内務省的なやつ、あるいは拓務省的なやつというふうなものができたり特に戦争をひっかけたようなものが向う側でできて、それが内務省の関係で回ったり毎日映画連盟という毎日新聞の関係の組織があったりして回ってるわけですよ。そういうものに毒されてるかどうかは別として、実写映画の面ではそういうものを毎日見せられるという意味の程度では、それほど、深い意味でのお考えになってる意味での内在的にはあったかも知れんと思いますが。

●反動映画に対する闘争

粕　そうしますと、たとえば巡回で見せるという運動が盛んになってきてるんですが、見せるだけでなく見た人たちの感想を運動の一環として総括する動きは？

古川　それが組織活動ですよ。今おっしゃるその論文、どういう論文か知らないが、当時のニュース映画に対してわれわれのニュースという問題じゃなく、われわれがやろうとしてるのは敵の映画全体に対する戦いのいとぐちだというように考えてた。特にニュース映画に対するわれわれのニュース映画の戦いであるという問題の立てかたではなかった。

北川　それと、観客がこういう場合こう受けた、こうだったというものを取り入れるという意味ではわりあいに終始一貫してると思います。われわれの方でも検討会やってますから、こう撮った方が具体的であるとか、観念的であるというようなことは、いろいろやってます。それは芸術的な考えかたであるわけですけれども。

粕　なるほど。ところで岩崎さんがそれと関連して、われわれは「一定の映画の現実における大衆性を経験的に統計的に測定することから先ず第一歩をふみださねばならぬ」と提案されてる。それに対して、佐々元十氏が批判しています。佐々さんは、プロキノの真の観客、対象である観客は「大鉱山、大経営の労働者と農民」であるそれ以外にはないといわれてる。そのなかの大衆、つまり「小市民、学生、下給俸給者」は、「革命的プロレタリアのイデオロギーを『影響させるためにこそ必要である』というように批判されているわけです。岩崎さんは、おそらくそれに対して反批判をしてないんじゃないかと思いますが。

岩崎　してないね。（笑）

北川　それはやはり当時のいわゆる政治活動の方針です。

古川　それを反映してるんだ。そういう論争を残ってる文献で重大視すると、ディスカッションなのにけんかばかりしているようにとれる。理論的な対立はあったけれども一つの流れはあった。

岩崎　活字という固定したもので残ってる。それをまた固定したまま受けとると違ってくる。ある時期にはこういうものが出たけれどもそれが動いてたえず変っているという点で違ってくる点がある。

野田　非常に包容力があったわけですね。対立意見を戦かわせるくらいのデモクラシーがあった。

古川　論争はしてたね。

北川　岩崎昶なんかブルジョア雑誌に一番たくさん書いてるから批判の対象になりますよ。私らはいわゆる政治的活動にわりあい従属した範囲の中で仕事してる形が多いからそういうことになる。

●上映組織活動

粕　特徴的には、たとえば第一回第二回のプロレタリア映画の夕とか、巡回映画の総括として……。

古川　当時の組織は労働者のために、まず公演活動というのがある。これは封切だよ。築地小劇場あたりを舞台にしてこの本公演があり、それを地方支部というのがあって、二番館三番館式に地方へ持っていく。それから一方には移動公演というのがあって、組織農民のための組織と、地区単位職場別の移動公演というように組織を分けていました。これ（年表）を見るとわかりますけどプロキノ第五回公開でしょう。別にソビエト映画の夕を主催してやったり。これが関西地方プロキノ公開でしょう。京都、神戸、岡山、高知、名古屋というふうに持って行ったわけです。それからプロ・フォト展覧会。

北川　写真家同盟の展覧会。

古川　次第に街頭的なものから労働者のヘゲモニーというように変っていったわけです。

●プロキノ解消前後

野田　ではこの辺で、三一年、昭和六年の蔵原テーゼからあとのプロキノの運動の動きのお話を聞きたいことと、それから、解消の状態になる四〇年ころ、いろいろな形で皆さんが抵抗線を求めつつ後退というか、潜降というか、その過程をちょっと話していただくと次の座談会に発展さしていけると思いますので。

長野　三〇年ごろ岩崎さんが委員長になっておられたわけですね。

北川　大体岩崎昶ですね。

長野　三三年に中央委員の上村さん、北川さんが常任委員を罷免されるわけは――。

岩崎　罷免されたのか。（笑）

古川　コップ時代だな。壊滅の非

合法時代に追い込まれたころだ。

北川　大会のあとになりますね。プロキノ解散声明が九年だから、おそらくそれはぼくなんかつかまって京都の警察に引っぱられて出て来なかったから、けしからんというんでやられた。右翼日和見主義てなことで、そういうことになったのだと思います。

小森　罷免の通知もいってないぐらいだ、きっと。(笑)

古川　上野（耕三）とぼくと小森あたりが牙城を守ってたころだ。

小森　ほとんど非合法だったし。

長野　それからすぐ並木さんが書記長で逮捕されたんですね。

古川　とにかくこれでいくと三三年ごろは半非合法状態になってくる。

長野　第五回大会は解散させられたわけですか。

古川　築地小劇場で総検挙食った時じゃないか。

小森　その前だろう。

岩崎　ほとんど大会は持てなかったね。形式的に築地小劇場とか新宿の紀伊国屋でやったことがあったが、これは最初にぼくが出て一言開会のあいさつすると解散ですよ。(笑)はじめからそう予定して、たとえば実質的な大会はどこでやるときめてある。二段構えになってこれは個人の家でやるわけです。もっと前からだな、その状態は。

長野　第四回大会、昭和四年から解散されるというようなことで。

古川　七年の大会が築地でやって総検挙食った時だ。春だよ。

小森　実質的なやつを藤森成吉氏の家でやった。

長野　本も「プロキノ」に改題されてるわけですね、七年に。

北川　「プロレタリア映画」からね。

長野　改題した理由は？

岩崎　前から正式な機関誌ではあったわけだな。

北川　それはその当時の性格じゃないですか。つまり機関誌というものの性質なんですがね。おそらくこういう雑誌はぼくら大衆的なあれとして見てたんじゃないかと思うんですよ。いわゆるニュースがあるでしょう。ガリ版で切ったものが絶えず出されてる。それがむしろ機関誌的な役割りを果していて、こっちは対外的にずっと出されてる。それをこいつでむしろ総合したようなはっきりした形になったんじゃないかと思います。

古川　そうだよ。ばく然とした、「プロレタリア映画」というものを、理論機関誌として「プロキノ」にしたんだよ。いわゆる「前衛」だよ。そして、いっしょに出した「映画クラブ」これが「アカハタ」だよ、大衆のための。その奥にガリ版の秘密的な何かがあったわけだ。

野田　非合法的に追こまれ立てこもられた御苦心談を。

古川　話としてはおもしろいな。小森の卒業した学校を冬休みの時借りてさ。

小森　そこで総会やったわけですな。第五回でしょう。一月です。

岩崎　寒くてぶるぶるふるえてしょうがなかったこと覚えてる。

小森　その前のが築地でやって解散して、藤森氏の池袋の家でやりました。それも奥まった一室で。

野田　製作活動はそのころ、全然停止状態でしたか。

古川　いや、「団結餅」を上野が撮りおれが「全線」撮ったんだよ。このころになってくると半非合法で。

岩崎　八年にはもうあまりできてない。

小森　三一年のテーゼからの組織活動の動きから見ないと「団結餅」とか「全線」というものができた理由がわからないな。

古川　組織自身も次第に、街頭的だったものが形だけは地区ができ藤本真澄なんてのが城南地区の学生の慶応映画サークルのキャップだったわけだから。

山田　おれが満州行ったのが七、八年だ。

北川　三ちゃん行ったのは八年ぐらいだろう。

山田　十月につかまって二月まで入ってたんだ。

北川　おれたちが大体つかまって入ったのはいつだい？(笑)八年の後半だね。ぼくなんか罷免されちゃったでしょう。つまり敗北をして……。

小森　ぼくが九年の早々だもの。

古川　君の家でやったのは八年？

小森　やはり分散したんだよ。藤森成吉氏のところと、渡り歩いた。

山田　小森の家は非常に使ったな

小森　あとの方ではね。九年に皆行ったんだから。(笑)九年はもうなかったんだ。

長野　直接の原因は？　七年ごろから解散あるいは逮捕という形が出てくるわけですが、具体的に表面に現われた原因みたいなものは？

山田　向う側だね。(笑)

古川　社会情勢ですよ。弾圧ですよ。

北川　一つはコップができるころから、非常に政治的な基本、党組織なり同盟組織が文化団体の内部に確立されてくるわけですよ。コップがたくさんつかまるというのは、そういう人たちがたくさん出てきたわけです。

古川　小林多喜二が殺されたのは八年だろう。

北川　そういうことのひっかかりでつかまったんですよ。われわれはその中のフラクションですからそういうものとしてつかまった。しかしその時はもう非合法ですから、連絡も十分なしでいた状態ですよ。

山田　党自身が大森ギャング事件とか……。

北川　一連の変なことがあってね。宮本顕治のリンチ事件というのがありますよ。あのころちょうどその事件でリンチされたと称する大泉と一緒に入ってましたよ。ごつい栃錦みたいな男で。

古川　大泉兼蔵は九年だよ。リンチ事件は八年か。

野田　PCLができたころですか

岩崎　荘十ちゃん（木村荘十二）と松崎と一緒に「川向うの青春」作った。

古川　八年の春だ。

岩崎　荘十ちゃんはもちろん別の名前使ってプロキノのメンバーに入ってたんですよ。

古川　八年の春ごろできた。大村（英之助）さんもいたですよ。松崎君と荘十ちゃんで、おれと上野といって徹夜でしたんだ。こういうものを作るのが正しいかどうか

について ね。

小森 結局何人か派遣したわけですよ。代田(能登)と篠ちゃんと。

小森 向うに行ったら月給くれるもんだから帰って来なくて弱った(笑)

北川 あれがPCLの前身だね。

小森 はじめはラボ(現像所)で出発した会社ですよ。あのころから製作始めたわけですよね。

古川 「川向うの青春」がきっかけになったんだよ。

野田 そうすると十年あたりから全然連絡が絶えてくるわけですか

古川 ばらばらになって、九年には最後に残って牙城守ってたやつが全部放り込まれて、壊滅したわけです。十一年ごろわれわれ未決から出て来てから集って、村山知義、岩崎昶あたりを頭に「映画創造」という雑誌を始めた。

北川 久板栄二郎とか、山本薩夫の名前も出てますよ。今井正はプロキノ後期に来てます。

古川 雑誌は、何号までいったかな?

北川 だいぶでたよ。ぼくのところに全部揃ってる。京都には二組か三組揃ってる。

野田 「映画創造」のころの基本的理論、運動方針というようなものは?

古川 これはつまり転向者だ。転向誓って出てきたんだから、もうカムフラージュだよ。

北川 その時代になってくるといわゆる芸術理論が多いです。大ざっぱにいうとリアリズム論とか映画史の研究とか。

岩崎 運動理論というものはなくなった。そういうことになるね。

北川 だから彼(古川)なんかも映画史みたいなもの書いたりリアリズム論みたいなもの書いたり。

古川 小森が脚本書いたり。

長野 芸術映画社へのつながりは?

古川 ないですね。分散的にいろいろな人が入ることははいったが。松崎君、厚木君……。

北川 これは組織のつながりとしてはないですよ。

小森 十一年ごろかな?

岩崎 大村が出てきてからだから

古川 組織的な関係は何もない。われわれが「映画創造」やったころと相前後してできたとは思うが。

長野 当時、主流としては二つになるんですか。

古川 あと戦争中は芸術映画社(GES)というのは結果的には戦争のお先棒かついだと思う、ある意味で。ところが「ゲス」は当時の「プロキノ」とか、「プロット」とかそういうものの転向者というか、組織がつぶれたあとの失業救済みたいになったわけだ。プロキノから行ったんじゃ晋作、厚木たか、プロット関係では若山一夫、本田延三郎、それから左翼劇場関係のやつが多いよ。

野田 大体映画関係ではPCLと芸術映画社に吸収されたというか上村君なんかは。

北川 上村君は横浜へ帰りましたよ。

古川 われわれのシンパになって、ぼくら未決にいるころ名前を隠して絶えず差し入れしてくれた。

北川 だからぼくら、プロキノにいた人間というような意味での流れみたいなもので、PCLにも一部人間は行ったし、GESも行ってますけれども、運動の流れのところから生れてきたという感じもつながりもないですよ。

小森 しかしぼくは京都行ってから一つ会を作ったよ。プーの会、しらみの会というの。進歩的な脚本屋とか評論家とか通信屋とか集ったね。その中から武田昌夫なんか最後にひっぱられたわけだ。

北川 シンパ組織みたいになったんだ。

古川 岩崎さんはそのうちつかまっちゃったし。

岩崎 コップがつぶれてあと残った団体は唯研(唯物論研究会)だけだから、そこに皆集ったわけですよ。ぼくもそっちへ行ってそっちでつかまって。中国との戦争始まった時だ。十二年だな。

古川 「映画創造」が最後じゃないかな。岩崎さんが最後的に残ってたのつぶされて。

岩崎 ぼくそれまで転向誓わないでいたんだけれども最後に誓わされたわけだよな。(笑) 唯研でやられるんだ。

●今日の運動へ橋わたしする

野田 時間もありませんが、なんか一つ最後に、プロキノ運動全体をお考えになって今後継承したりすることについて御注意などいただきたいんですが。

小森 昔はとても人間を大事にした。ちょっと出て来なければひっぱり出すとか、何日も通ってひっぱってくるとか、できる範囲の仕事やってもらって、ずいぶん大事にしましたね。今はあまり大事にしないようだけども。(笑)

北川 今いろいろ、映画の方でもそうですし、たとえば労働組合なんかの文化運動という面における映画の問題、そういうものの非常に萌芽的な意味での諸問題が私たちの仕事の中でやはり出ているんじゃないか。粕さんなんか御質問になると、たとえば芸術問題などうだということになりますけれども、そういうふうなものは仕事の中で、実際には若干でもやってみたり、さきほど古川さんがいったる記録映画の問題とかニュースを作る仕事とか、観客組織の問題とかそういうものについてはそれなりに私たちのやったことが、何か今顧みられる面も持ってるんじゃないかというふうに、自分たちは思ってるわけです。もちろんそれは今のいわゆる民衆の勢力というものの力関係もずいぶん違いますから、そういうものは規模や考え方や、そういう点においてはるかに大きなものになってきてると思いますけどね。私たちは何かつながりを感じているわけです。

野田 ともかく、ぼくたちも今後プロキノの研究をずっとやっていきたいと思ってます。そのためにみなさんの体験をきかせていただき、また歴史を教えてもらい、ことに見られない映画なんてものになってくるとぼくたちではなんともしようがないんです。遺産を正しく批判的にうけつぎ、今日の、また明日の革命的な映画運動のヴィジョンをうちたてるという意味で今後もよろしくお願いします。第二回の座談会をこれでとじたいと思います。ありがとうございました。

スポンサー教育序説

PR映画論／大島正明

（演出助手 東京シネマ）

キツネ、タヌキ、ムクイヌ、オオカミ。えらい騒ぎだ。もっとも人間を相手にしていると、わからないと言われたり、誤解されたり、言葉じりをとらえられたりする。だからこうした動物をもちだして話をしようとするのだろうが、かつぎだされたこれらの動物たちは腕を組んで考えこんでいるだろう。一体おれは動物なのか、人間なのか、と。

人間がキツネやタヌキなんかになるのはたやすいことだ。だが、そうした話ばかりでキツネやタヌキから人間になるという話がないのはおかしい。どうも片手落ちだ。化けそこねてはいけない。キツネになったのはいいが人間にかえる術をおぼえておかなかったというのではどうしようもない。

「PR映画のワクの中で」作家はどこへ行くのか、という議論ばかりでまことにお淋しい。作家の側からのスポンサー教育論が書かれるべきなのだ。その意味で、昨年の本誌七月号に日本通運の柳田守氏が寄せられたものを読んで私は氏に敬服もし、頼もしくも感じた。利己的な宣伝映画が、PR映画と厚顔にも名乗って作られていることの多い現在、こうした意欲的なスポンサーが一人でも多くなることが必要なのだ。ただ、木の株にウサギがぶつかるのを待っている男を、柳田氏は悪女のヒステリーと呼ばれたのは正確ではないと思う。ヒステリーならウサギを追っかけまわして、くたくたになり自分の頭を木の株にぶっつけて参ってしまうのだが、私はもう少し頭がいい。入る太陽、登る月、まばたく星をつぶさに観察し、その動きに耳をすまし、匂いをかぎ、ウサギの出没とそうした自然の条件との関係を刻明に記録しつづけるであろう。それでもまだウサギがぶつかってこなかったら、なにがウサギには強敵であり、その数がどれだけあり、そうしたものと私が、どうしたら手をにぎり合えるかを考え、ウサギを木の株にあてるように努力をするだろう。それでもまだ……。木の株は大木になり涼しい木かげができるだろうから、やすらかに昼寝をすることにする。

スポンサーに対する意見がないでもない。本誌に石本統吉氏が書いておられるし、PR映画年鑑の末尾附録にもある。その中で阿部慎一氏は言っておられる。

「興味深くあきさせず楽しく見られ、その背後に自分の意図がかくされている奥床しさのあるもの――これが一番望ましいPR映画の形である」

肩書が大切にされるので、名刺がわりに社長の顔などをだしたがるスポンサーを「奥床しい」スポンサーに変えることから始めようではないか。PRというまことに「奥床しい」また近代的企業家として欠くことのできないこの精神的資質を一日でも早く持つように教えようではないか。名前の連呼しか知らないヘボ代議士候補者の態度は、少なくともPR運動に目覚め、映画という手段でそれを実行しようとする企業家のとるべき態度ではないのだ。スポンサーは――

まず第一にPR映画と広告映画を峻別することを知るべきである。このことはPR映画を製作しようと意図したならばスポンサーは企業意識を捨てることが要求されるということを意味する。自社の利益ということではなしに公共の利益というところに身を置かねばならない。PR映画の理想的な型としては、全くその企業と関係ないような、しかし公共の利益になるような対象を映画化していくことであるが、だからといって自己の企業の生産工程、生産品などを対象にしてはPR映画ではないといっているのではない。ただこの場合、社会的にこの企業がどういう地位をしめ、どういう役割を果しているのかというやはり、ここでも公共の立場に立って見るという原則は、くずしてはならないのである。

第二に、スポンサーは略筋の説明だけで競争入札をするといった態度をあらためなければならない。自己の製品に対する厳格な配慮と同じように映画製作会社に対する充分な調査、製作スタッフに対する完全な信頼、彼らがたてた実行プランに対する謙虚な態度。予算の多い少ないということだけで入札をきめるようなことに絶対にすべきではない。わずかなことで、それまできずいてきた自社の社会的名声を地に落すことになるのだから。

第三に、見る人の心をゆさぶり、その人の生活を一変させる力をもつ映画という芸術に対して徹底して謙虚でなければならない。製作スタッフに余計な、物知り顔な差し出口はしてはならない。スタッフに全面的に協力することは必要だが、本当のPR映画を作っていくという関係では上下の関係ではないのだから。PR運動、そのものが対等な関係、石本統吉氏のいう「民主的」な関係なのだ。南博氏の言葉をかりれば「説得が人間関係の水平化にともなって変更してくるとき」に新しく生れた宣伝形式がPRなのだ。拒否権を持った「事前協議」である。したがって製作過程でも民主的な関係が保たれないかぎりPR映画は生れないのだ、ということを理解しなければならない。

第四に、撮影中の協力はいうまでもないが脚本家、演出家などが事前におこなうロケ・ハンにもキャメラがまわっていないのだからといってありきたりの協力でおわることがないようにしなければならない。事前の調査が充分に、長い期間をかけてやられるかどうかによってその作品の成功、不

成功が半ば以上きまってしまうのである。したがって予算・期間の決定にも充分な配慮が必要であろう。

シェル石油の高名な例をとるまでもなくわが国でも「東北のまつり」を企画した東北電力のようなPRの真の意義を自覚し実行したスポンサーもでてきている。こうした努力を作家の側からも積極的に展開していかねばならない。

PRという言葉は、それほど新しいものではない。くどくどとその歴史を語る紙数はないが、PR運動が、それを進めて行くのに映画に眼をつけ、PR映画という言葉が、はっきりと登場してくるのは、わが国では戦後であり、特に一九五〇年頃からさかんである。こんなことを書きだしたのは松川八洲雄氏が彼自身のドキュメンタリー方法論でPR映画を計ってみて、所詮はPRの壁にぶつからざるをえず、そこで逃げちゃいけないとばかり眼をすえてみたら「このPRの矛盾こそ創作の契機」とするところに「ドキュメンタリーの妙味」があるのだといっていることに疑いをもち、それが資本と労働との近視と遠視との違いで物が変って見えるということらしいのでその乙な味も歯にあたったからである。少し先ばしるが、もちろんそういうこともあるだろう。しかしその時には当然PR映画を見せる運動を「プログラム」にのせられなければ、あまりにひとりよがりではないかと思うのだが。PR映画の歴史をみてその内容を明確にとらえることが出来るのなら、天下の名刀ドキュメンタリー方法論を気軽るに物差しがわりにするよりも、どこを切れば致命的なのかを考えるべきだろう。

スターリンだけではなく「イギリスの経済学者コーリン・クラークも一九五四―五五年頃には世界は恐慌に襲われるであろうと予見したし『資本家自身もこのことを感じていた』。そこで大恐慌―革命、とくに『資本主義の弱い環』たとえば日本のような資本主義国の革命を、きたるべき大恐慌のなかで想定し、期待した人々もけっしてすくなくなかった。ところが、この予想は大幅にはずれた。」（中村静治、技術革新と現代）

たしかに景気の後退はあったが、資本主義の生産は上昇し拡大し恐慌はその姿をひそめた。オートメーション、高分子化学、電子技術、そして原子力。新しい産業革命の到来がほがらかに告げられたのである。「資本主義革命」、それっとばかりPR運動はわが国でも五〇年には大々的に展開された。PR――それは新しい資本主義「人民資本主義」という新語を発明して「技術革新」を中心に意気あがる国家独占資本がオーバー・ザ・レインボーとばかり歩む歌声となった。

「変貌したアメリカ資本主義」の飛躍的な生産の発展に密着して、自己の肥大をはかる日本の国家独占資本は「安保改定」で身をかため生産性向上運動を旗印に一方では労働者階級に高圧的な姿勢をとっている。その片方では「消費者こそ王様である」と顔を逆なでするような態度に出ている。「消費者―王様」の世界がPRの世界なのである。したがってPR映画も「生産性向上運動」を思想的政治的背景にしている。

くたばれ！PR映画といいたいところだが、PR映画が、このような思想的政治的対決の場である以上、そういえるのは松川氏のように単純な図式を持ってプログラムプログラムと叫んでいる人たちだけであろう。いや松川氏はくたばれとはいっておれないことはよく承知しているし、いろいろな事情があってはっきりいえないということもあるだろう。しかし「私有財産と公共」「独占資本と大衆」とは天下も泰平なことである。だから「絶対矛盾」をさし当りくぐりぬけようなどと考えるのだろうが。これはまあいい。筋肉の鍛錬によって縄抜けをする人間もいることだ。PR映画は―

「いずれは独占資本につながって私有財産がどこから生まれ、私有財産制がいかに人間生活の発展にとって主要な障害となっているか、という事をゴマ化すための手段だから……」

松川氏が言わなくても、これではPR映画の方でくたばってしまいたくなるだろう。今、ここで毛沢東の「中国社会各階級の分析」をもちだすこともないだろう。ただ毛沢東が支配階級も一時的に安定している時期・分裂している時期、その中にさまざまな矛盾を持ちゆれ動いていることをはっきりと区別する必要を重視していることを指摘しておこう。

独占資本が中心になって積極的に展開している、PR運動、そのなかでのPR映画の製作に参加している産業は非常に広い。ほとんど全産業にわたっている。独占、非独占、各種の団体、多彩なメンバーである。そしてそれぞれの間の競争ははげしい矛盾をともない日本の産業構造をゆさぶっている。もしPR映画が、その「生産性向上運動」という政治的な役割だけであるならば、このような幅広い力は結集できないであろう。これは独占資本のPR運動が、たがいに矛盾した二つの面相を持っているように、PR映画も石本統吉氏が指摘したように「民主的な自己紹介」という一面があるからである。したがってPR映画を十っぱひとからげに扱うのは全く誤りであり、そうした態度からは東北電力の企画作品にみられる積極的な意義は正しく評価できない。

しかも独占資本のわが世の春の歌――「技術革新」も蒸気機関が第一次産業革命を招来したような決定的な意味を持つまでにはなっていない。それどころではない――せんだっての夕張炭鉱ガス爆発調査に出かけた通産省の鉱山保安局長は「三井、三菱、北炭などの大手筋の炭鉱でこういう事故がつぎつぎおこるのはどうも燃料革命にともなう極度の合理化のなかに何かひそんでいるように思う」と言っている。日本の国家独占資本の技術革新―資本主義革命が、何をもたらしているか明白である。同時に独占資本の中には東西貿易に色目を使っているものもある。右をむき左をむきかれらのいそがしいこと。だからといって「張子の虎」だと力きむことはないが。

PR映画がもつ基本的な性格をふまえて、PR映画を製作するそれぞれの産業（団体）が日本の産業（政治）構造の中でどういう位置を占め、それ自身がどういう要求を持っているのかをまず知る必要があるだろう。しかもかれらの位置要求は独占資本を軸に常に移動し変化している。われわれの前にあるのは壁だけではない。ここにスポンサー教育の積極的な意味がある。

このように言葉で片づけてしまうことは簡単だが、PR映画の中で「作家として存在することは錯覚」であるように思われる事例はあまりにも多い。最初から飯を食うためだと割り切っている作家の作品は別としても。この事実が、私の考え方に対する手きびしい反論のようにも見える。しかし多いということは必ずしもそうした事実の正しい表現ではないと思う。私自身多くを知らないし、分析も大言壮語するほど深くはない。だが今、考えてきたような立場でもう少し苦闘したい。またPR映画の内容は、まったく多種多様である。したがってさまざまな方法が存在しうるし、次々に手法的にも脱皮していくことが要請される。いうまでもないだろうが、これは手品師ではあるまいし新手ばかりをさがすことではない。歴史が浅いということはいい訳にはならないが、まだまだPR映画についての蓄積は少ない。おかれている現状の情緒的認識も捨てたものではないが、嘆くのだけはやめて作家的財産の蓄積を考えたい。

「自然科学的真実の追求といった形で、視野をあえて微視的に限定する事によって身をかわす」（松川）「かつて『月の輪古墳』や『米』の構成や解説で活躍していた作家が、今は『ミクロの世界』という広告映画で、アグラをかいてしまっている」（岩堀）と科学映画にたいする風当りが強いが、科学映画が逃げられる世界だといまだに思っている昔ながらのお目出たい話である。たしかに真理そのものが目的であって、その効用性が二義的なものである科学に作家が入りこむ時、安心してしまう誘惑は多い。だがそれは「総評映画」といわれるものの中で対決しなければならない問題と、作家としてはなんらかわることのないものなのだ。ということは「身をかわす」とか「アグラをかいて」いるという野次ではおさまらないわれわれ自身にむけられた問題であるということだ。野次はいかに核心をついているとしても野次でしかない。そしてこの二人のPR映画についての考え方がわずかな差はあるにしても同じようなものであることは、残念なことだ。

PR映画の創作方法、というのが編集部からのテーマだったのだが、そんな妙なものがあるのかないのか——いまさらオチをつけるにはおよばないだろう。涼しい昼寝から眼をさまし、大木になった木の根ッ子を掘りだしウサギはやめてオーバー・ザ・レインボー氏が落ちる穴を掘っていくことにする。もちろん、少しでも大きくするために穴の中に自分の体を入れて。

汎犯人的殺人事件／記録映画論／渡辺正己

（演出家 東京シネマ）

1

何をかくそう、この私は、はたと思いいたり、目下、探偵小説を、仕入れて、名探偵の推理のたてかたについて、研究中であります。そうすると、世の中には、すぐれた探偵もいるもので、シャーロック・ホームズなどという名探偵は、犯行現場にのこった、タバコの吸いがらと、一本の髪の毛と、靴跡の土とから、ただそれだけの証拠から、アパートの一室におこった殺人事件を、二十四時間のうちに解決してしまったので、私は、すっかり感心してしまいました。けれども、実のところ、私が感心したのは、日常生活の行われていた一室に、じっと眼をこらして、その部屋に住んでいた被害者の生活を推理しながら、しかも、その中で、私などがうかつにも見落してしまいそうな、ディティルの変化を把え出したことが、まずありますが、更に、その小さな、三つの証拠をもとにして、一挙に、港湾事務所に連絡して、ある船員を捕えるに至って、この超人的な推理に、私は、あいた口のふさがらないくらい、感動してしまったのであります。だいたい、私の日ごろ考えているところでは、いくら日常生活の中の矛盾を把え出して来ても、姿をくらました殺人鬼の正体など、あばき出せるはずはないのであって、せいぜい、殺人は壁にかこまれたこの場所で行われて、被害者は、いまは死体になっているこの部屋の住人に違いないということが判明するくらいのことなのです。私の日頃、考えているところというのは、実は、生活綴方的な発想では、今日的な状況に対処することができない、ということであります。それというのは、4月号の社会教育映画の特集で、執筆された方々が、異口同音に、社会教育映画の質的な低下をディティルにおよんで証拠をあげて論じながら、社会教育映画をとりかこんでいる壁について、いっておられますが、これが、私には、雪がコンコン降る、というあの山元村の中学生の生活綴方を、一歩も出ていない現実対処の仕方のように思われるからです。だいたい、生活綴方というのは、小学生や中学生に、それを書くことを通じて、生活を客観視させ、それによって、生活の認識を与えることを、意図しているに違いありません。山元村の中学生は、たしかに、生活綴方を続けることを通じて、山元村に共通な貧乏を認識したでありましょうし、多くの日本の農村の

中学生たちは、この綴方集を読むことを通じて、共通の貧乏について、考えるきっかけを得たに違いありません。その意味で、生活綴方が果した役割を、私は、全然否定するものではありませんが、結局、それは、それ以上のものではないのです。社会教育映画を調べあげていった結果、これが、厚い壁の中で、すでに圧死して、冷えかかっていることを発見して、これは大変な状況であります、という報告があれば、たとえば私なども、それを聞いて、ああ、やはり、同じような状況が、そっちにもあるのだなあと思い、さては、これは、連続殺人のケースとして取りあつかった方が、よいのではないか、などと考えてみても、一向に、この殺人鬼の手口から推して、かえってこれにワナをかけるような、きっかけのつかめないのは、私が、シャーロック・ホームズのようなあまねく世に知られた不世出の名探偵ではないばかりでなく、やはり証拠のあつめ方にも、問題があるようにも思えるわけです。それが、生活綴方的発想の限界であります。壁にとじこめられて、何者かの、到来をまっているスリルに満ちた状況は、しかし使い古された設定であります。いまさら、手をこまねいて絶望のポーズなどしてみても、始まりそうにもありません。しかし、だからといって、この壁をうちやぶる、強力なエネルギーを労働階級を中心にした大きな民族統一戦線を組織する中で結集して、これに対処しよう、などという考えにも、簡単には賛成できないのであります。いずれ、自分の力で解決のゆかないところを、人の力をかりて、打ち破ろうなどという、虫のよい考えがあるかぎり、先敗するにきまっているからです。戦前のプロキノの解体の原因、戦後の製作協議会の解消の原因、証拠不充分なまま今日に到っている現状からしてみれば、そんなところに希望をつなぐよりも、いっそのこと、徹底的に絶望してしまって、自分の墓穴をほりながら、殺人鬼の手口をつぶさに見とどけて、そいつを壁にきざみこんでおくなどというのはどうでしょう。しかし、そうはいっても、徹底的に絶望することは、そう簡単なことではありません。一作ごとにたち向う現実の中から、希望をつないでいる一切の要素に対決し、それを打ちこわし、克服してゆく中で、やがて、絶望の第四のタイプを創造してゆくことになるのでしょう。これこそが、壁に対処する方法だといったら、えらく深刻な、冗談のようですが、実は、自己の内部の空白を、革命の幻影で代償していることよりも、この徹底した絶望の方が、はるかに現実的なのではないでしょうか。雪がコンコン降る。人間はその下で生活しているのです。家計は大変、苦しいです。けれども、まだ改良の余地がのこっているのではないでしょうか。この種の、生活綴方的な方法は、即物描写として、比較的容易に、映画の中に組み込まれるに違いありませんが、これのうらがえしから、革命の希望が生まれるものではありません。たとえば、壁の中で、死刑の宣告をうけた人間は、ついには、覚悟し、小唄の一つも残して、刑場に引かれてゆくものであり、観客は、実は、その愴絶な小唄を期待して、矢来の外に群がっているのです。

2

けれども、世の中は、あるいは西江孝之のいうように、そんなにあまくはないのであって、いまや、連続殺人などというものではなくて、まさに大量殺人の季節なのでありましょうか。おそいかかる独占ブルジョアジーの組織された大量殺人の方法に対置した、革命的なドキュメンタリー方法をさがし当てようというのが、12月号の西江の殺人の方法のテーマであります。西江は、独占ブルジョアジーの高度に組織されたイデオロギー攻撃に対して、広汎なプロレタリアート・イデオロギー運動が注目せられ、その中で階級的に主体的であるドキュメンタリストが、革命的ドキュメントを創造してゆくという方法を、提唱しているのですが、これが、またとてつもなく原則的で、探偵小説の最後の頁だけを読んでいるような、妙なものであります。たいがいの探偵小説で、殺人鬼は、探偵に正体をあばかれて、あえない結末をとげるもので、問題になるべきなのは、探偵が、どのような仕方で、殺人鬼を追いつめていったかということであります。パイプを愛するメグレ警部などは、殺人鬼に学び、その手口を納得して、かえって、殺人鬼にワナをかけたりしたこともあるくらいの、実にすぐれた研究的な態度の持ち主であり、私などは、メグレ警部の方法に啓発され、殺人鬼につけねらわれる可能性のある人間のすべてが、このメグレ的な態度を習得することによって、遂には、大量殺人の組織が、かえって殺人鬼の正体をあばきたてるように使われねばならないというふうにも考えているわけです。ですから、探偵小説の最後の頁を知っているからといって、いきなり、殺人鬼の巣喰う拠城におしよせて、捕えようとしても、証拠がないじゃないかなどと居なおられて、犬などけしかけられて追いはらわれて、仕方なく門柱に小便でも引っかけて退散するのが落ちであります。西江の論旨は、どうやら、せっかちに、国民映画運動を、主体的ドキュメンタリーという奇妙な名に於て復活させようとしているようにも思われますが、その点では、この雑誌は、きわめて重要な役割を果しつつあるのであって、たとえば、プロキノの解体が、果して当時の政治的圧迫だけによってきたされたものであるのかどうか、製作協議会の解消が、経済的な壁だけで、立往生したものであるのかどうか、という点検が行われつつあることにおいて、すでに、新しいプログラムを持った、探偵小説がはじまっているのであります。しかし、これは早川ミステリーのように、一晩で殺人鬼を逮捕するようなわけにいかないからといって、決して、お天気待ちでやたら笑いをふりまいているわけでもないようであります。労働者がふみ殺された。まさに、そんな時に、ストーリー主義の奴隷になり下っていることは、これは、私も決して、当を得たことだとは思わないのであって、ここ

らあたりを、具体的な手がかりに、推理は進んでゆくでしょう。

3

三〇年代のイギリスドキュメントの政治的な主張は、改良資本主義であり、その記録映画は、その主張の教育的目的によってつくられました。この点からして、今日の日本の社会教育映画の方法的な限界に共通しています。その中でかれらは特に、その政治的な主張をわかりやすくする為に、日常生活の中にカメラを持ち込むことをすすめています。日常生活の中に起る矛盾に立ち会うことによって、観客の共感をかちえながら、ある場合にはストーリーなどもおりこんで、世の中のこんな所をこんなふうに改善すれば、まだまだよくなるのだということを認識させようとしたものであって、演出的にも生活綴方的な表現が、大いに生かされたはずであります。もちろん、二〇年代のシュールレアリズムとアブストラクトの遺産、そしてソビエトのプロパガンダの方法もこの中には吸収されているので、我々が今日、社会教育映画を観て感じるような、しらじらしさよりも、表現的にはかなりすぐれているものであったことは想像されますが、いずれにせよ、充分に歴史的な価値を持ちながら、積極的な否定的な対象となりうるものです。そして、決定的にこの方法に対決しない限り、新しいドキュメンタリー方法は生れないことは明らかです。そして、これを否定する媒介は、二〇年代のシュールレアリズムの方法であり、その結果は、ソヴエト的プロパガンダ映画の高次に於ける復活であるはずです。

4

エルキュール・ポアロ探偵にいわせると、どんなクラブにも、必らず一人は、手のつけられない奴がいるそうです。何か、おもしろい探偵小説は、ないかねえと聞いたところ、或る友人が、それは、きみ、ドストエフスキーの、罪と罰だよ。これにつきる、などと、鼻白んだことをいうのです。もっとも、かれの説によると、物質的な証拠を並べたてる、大道の古道具屋みたいな探偵小説に、ドストエフスキーは、イーポックをもたらしたというのです。犯罪心理学を導入して、かれは、ついに、人間の内部世界に物質的な世界が、どうゆがんで投射しているかを、みごとにえがいて見せたんだそうであります。二〇年代のシュールレアリズムの映画を、プチブルインテリゲンツアの現実に対する逃避的傾向だという人があります。もちろんそれは当を得た批評でありましょう。けれどもそれだけでは、シュールレアリズムの映画に於ける遺産をくみとることは出来ません。外部世界の現実に対して、かれらは、内部世界が現実的に存在することを発見して、それを、シュールレアリズムの方法で、映画化しようと試みたわけです。しかもそれは、今日、我々の周囲の、わかりにくいものであったろうという臆測をしりめに、生活綴方的方法などよりも、もっと、直接的に、観客にコミュニケイトしていたのです。例えば、ブニュエルの、黄金時代を見終って、観客は夜の街を革命歌をうたいながらデモった、という記録が残っています。言葉や、動かしがたい証拠をつきつけて、観客に納得をせまるやり方ではなく、観客の中にある既成の秩序を、混乱させ、かれらの内部に巣喰う、欲望のかたまりに直接はたらきかけて、それをゆりさまし、行動に導いてゆくような方法が、可能なのです。そしてその方法の手がかりが、とりもなおさず、自分自身の中に、点検もされずに埋まっているとしたら、それは、もったいない話です。壁が現実なら、壁の前にたたずんでいるどうしようもない私も現実であり、そしてその二つを投射した、内部世界が、ドラマチックな伸縮を続けていることも、現実なのです。しかも、内部世界は、外部世界を正確に反映するようなものではなく、躍動する生命活動があるから、魅力なのです。存在が意識を規定する、という方程式ではもれてしまう、人間の生命のディテイルに、照明をあてることによって、立体的に、現実をとらえることも出来るのでしょう。

5

今ここに青春のピカソを分析したユングのエッセイがあります。それによると、青の時代のピカソは、自分の内部に沈潜していって、そこに生命と死とのドラマティックな葛藤をとらえ出したのだといっています。そしてこの、生と死との葛藤が、極限に達したとき、ピカソは生を選んだのです。ユングは、ピカソが共産党に入党するような事件を起すことを予言していました。これに註釈をつけると、ピカソの内部世界のドラマが、実は、外部の現実の階級闘争に結びついたとき、かれの内部世界をえがく方法が、外部世界に向けられたということも出来そうです。私はそういう一連の方程式を考えていました。例えば、精神分析の手口をかりていうと、何かしたいことがあるにもかかわらず、それが出来ないような壁がはりめぐらされていた場合に、それが習慣化して、やがて、欲求停止という現象が起りかねないというような推理です。しかし、この推理では、はたとゆきづまってしまいます。そんな時、名探偵は、加害者と被害者の関係を逆にして、推理をたてなおしたりするものです。壁と空白の関係も、逆にしてみるとどうでしょう。実は内部世界が空白だから、外部の壁が問題として残っているのではないでしょうか。これはあるいは、逆説かも知れませんが、これを推し進めると、絶望を手がかりにしながら、一切の希望をつなぐものに対決し、これを克服してゆくという、自分を否定的な媒介にしながら、外部の壁に立ち向うことが、可能になってくるのです。おあけ！壁で恥がかくせるものか！あけないと扉をたたきこわすよ！これは、ベルナルダ・アルバの家の幕切れです。閉ざされた壁の中には、娘の死体が、ころがっていました。そして、観客は、物質的な証拠からではあげることの出来ない、この殺人の犯人を見破り、はげしいいきどおりにかられるくるしみになっているのです。

カリガリからヒットラーまで／ドイツ映画の心理的歴史／第四回■

ジークフリード・クラカウア

二木宏二・訳

第三章　安定期(2)

（一九二四年—一九二九年）

■二、凍りついた地面(1)

安定期の映画は三つのグループに分けられる。第一は麻痺状態が存在していることを単に証拠だてるだけのもの、第二のグループは、人々の麻痺した心理傾向や考え方などに光を当てるもの、第三はその麻痺した群集心理の、内部的な動きをあばき出してみせるもの、である。

第一のグループに属する無数の映画が、総作品の一部分を占めている。それらは、割当映画であろうと否とを問わず、共和体制の脆弱な平和をかき乱しうるような何ものかを推しすすめるというようなことはなかった。かといってまた、この体制にはっきりと組するのでもなかった。これらの映画にとっては、体制などということは関心の対象ではなかったし、またかりにそれらが資本主義の機構とか金持のやり方とかを正当化しようとしたところで、それは上っ面の、生ぬるいやり方でやったにちがいない。この種の無関心こそこれらの映画の主要な特徴なのである。これらは、問題点をごく周到にぼかしている二、三の例外を除けば、物事の本質には一切触れようとしていない。そうした深みに迷い込むような企てからは離れて、これらの映画は、中立を保持しながら、もっぱら娯楽の配給に与っているという様子である。それらは地中の根からはすっかり切り離されてしまったようにみえる。　感情の 地面は凍りついている。

明らかに当時のアメリカ映画とフランス映画の大部分は一つの同類の系統に属していた。しかし、ロカルノ条約が成立した時代に、加盟各国の間で、それぞれの国の状態がお互に接近するということは自然であった。しかし戦後期のドイツ映画の独特の性格と、その突然の没落とは独特な発展の兆しだったのであるから、ドイツ映画と他の国の映画との類似をあまり過大視してはいけないのである。つまり、ドイツのばあいには、それは基本的な衝動の麻痺ということから生まれた表面的な類似にすぎなかったのである。表皮の下ではこれらの衝動が生きつづけていた。こうした特殊な事情があったから、多くのドイツ映画は、この国際的自己満足の時代でもその独自の性格をもちつづけていたのである。

第一のグループの映画について論ずる前に、この議論にはあまり関係はないが、しかしその記録に関する一連のことがらをもっとも手短かに述べておく必要はあるだろう。一九二四年頃になって性映画や冒険旅行の映画に対する終戦直後の人気が再びもり返したことは、マルク安定の後に大部分の人々が、終戦直後と同じ欲望を再び経験したことを示している。同時に、とんまな兵隊やがむしゃらな中尉など、兵営生活のユーモアを盛り込んだ一群の兵隊映画がスクリーンを横切った。時代遅れの戦前の小説や劇から取材された、それらの映画は平時に返ったという一般のドイツ人の気持を反映していた。彼らけ、正規の軍隊やどこにいってもみられるけなやかな軍服姿と切りはなされた〝平時〟を考えてみることは出来なかった。映画のこれらの型は、単なる流行にすぎず時代を特徴づけるにはあまりに短命ではあったが、またそれ以外の型は同じ意味で、その永久的な性質のために時代を特徴づけることは出来なかった。神秘映画といわれるものは決して滅びないもので、時代の変遷にともなって、かつては長つづきのする戦慄をどうして生みだすかを発見したループ・ピックのような監督をさえひきつけるようになった。ベルリンの場末の喜劇は、その土地っ子の気のよさとからりとした機智で特色があるが、これも安定期を通じその後までも長く栄えたものであった。一定の民俗ものとして、それらは世の出来事の流れにさらされることなく成長していった。

社会の麻痺状態をあらわした、このグループの映画は多く社会の現実を無視していた。これらの映画の中の喜劇は、喜劇におきまりの組立てで出来ているという理由で喜劇として通っていた。フレッドはリジイを愛しているが、結婚する気はない。リジイは彼の嫉妬をかき立てようとして、ダンス相手商売のチャーリイに公然と結婚を約

束させる。チャーリイの方ではダンサーのキティに熱をあげ、キティはまた浮気なフレッドにくどかれる。とどのつまりは正しい二人同志の二組の結婚で大団円ということになる。このどたばた騒ぎは「愛の急行列車」(Blitzzug der Liebe, 1925) という名で上映されたものだが、大体喜劇とはこんなものだという見本である。彼らはどこにも住んでいはしないし、本当の人生ももってはいない。これがフランスの大道喜劇で再演されたときには、骨組はそのままで中味は消失していた。

　内容は変えられ結果は、喜劇と同様、生れながら死んでいるような劇に過ぎなかった。生気をふき込むために、絵のような周囲が再生された。たとえば、サーカスがだしに使われた。しかし、騎手のはなれ業は決してサーカス映画に生命を与えるものではなかった。おそらく、その生き生きした感情を内容にしたマックス・ライマンの「闘技場」(Manege, 1927) を除けば、それらは道化役や、娘や、恋人などの紋切型をいつもきまりきった調子で取り扱うだけであった。その同じきまった調子はデュポンの「ヴァリエテ」で有名になった音楽家という道具立てにも見られた。デュポンは自分でも「赤い風船」(Moulin Rouge, 1928) の中で競走自動車のガムシャラな運転やパリでの記録撮影によって生気づけと功を奏そうと試みた。ロシア人の境遇というのもまた人気があった。「郷愁」(Heimwek. 1927) では、ロシア人の亡命者たちがパリの大宿に集り、ピアノで故国の民謡を郷愁にみちて聴き入っている場面があった。これは、ありふれたやり方を踏襲した、はやりの感傷の見せ場であった。これら、すべての劇映画も喜劇ものも機械的に製造されたものであった。

　それらに表われた逃避的な傾向はこの年代に亘って、よほど強いものであったらしい。大多数の映画はその徹底的な逃避主義を身上としていた。そのよく用いられた方法は、ある実在の町とか景色とかを、人々のあらゆる憧れをみたすような空想的な場所に変えてしまう方法であった。ドイツの流行歌はハイデルベルクやライン河を、恋と生のよろこびにひたる若者たちの永遠の楽園として、讃美している。これらの歌も映画に作られたが、ただ精神をよみがえらせる飲物という点では異っていた。「陽気な葡萄園」(Oer bröhliche Weinberg, 1927) はツックマイエルの同名の戯曲から作られたものだが、これは酒のみと好色漢のよせ集めで一つの記録蒐集である。光の街パリも、映画ではネオンと軽はずみな冒険の街としてあらわれる。パリ映画に出てくるある婦人は、気の変りやすい夫が逃げそうになると、すぐに変装してムーラン・ルージュに行き、そこで改めてその逃亡者を誘惑する。これらの映画はルネ・クレールの画面に流れる上品な詩と何一つ共通なものをもっていない。むしろ、それは戦前、観光客の群をのせて、観楽地から観楽地へと運び廻った、あの豪華バス「夜のパリ」号に近かったのである。

　楽園中の楽園はウィーンであった。すでに廃たれてしまったウィーンのオペレッタが人々に、無味乾燥な共和的世界からハプスブルク王朝の昔へと逃避する機会を与えるものでありさえすれば、それは映画の画面に引きずりこまれた。過去をロマンティックに描くという好みに合せて、ルードヴィヒ・ベルガーがオスカー・シュトラウスのオペレッタを映画化した「夢のワルツ」(Ein Walzer traum, 1925) は、アメリカでヒットした数少ないドイツ映画の一つであった。この典型的なオペレッタ映画は、ルービッチまがいの冗談をもって宮廷生活を諷刺したばかりでなく、それ以来映画によく顔を出す、あの魅惑的なウィーンを作り上げたのである。そこに出てくるものといえば優雅な大公、そのやわらかな嬌態、奇妙な装飾、十九世紀流の質素な部屋、郊外の野外レストランで飲んだり歌ったりする人々、ヨハン・シュトラウス、シューベルトそして、神々しい老齢の皇帝であった。このなつかしいユートピアの映像は、何時までも二十世紀のウィーンのみじめさを覆いかくしていた。それとともに、フリデリクスものにはたいていこれらのウィーンの混合物の中に当然現われたに違いない軍人たちのエピソードが入っていた。彼等は呑気な音楽好きの連中だったが、彼等をその恩着せ顔の慈善で描いたのは、そんな女々しい敵どもは弱虫に違いないということの暗示であった。

　逃避の欲求は、また、ドキュメンタリー映画という一つの形を作り出した――すなわちドイツで Kulturfilme と呼ばれたものである。他の国では誰もこの種の映画にそれほどの注意を払わなかった、一九二四年頃から、ウーファでは、主に経済的な理由から熱心にこれを作った。安定恐慌期の特別な困難さは、長たらしい娯楽映画の一時的減退として尾を引いた。そこで、生き残った映画会社では、ウーファをはじめとしてみな短篇ものの製作を進めることが得策であると考え、それが盛んになるとともに、必然的に記録映画はその重要さを増したのである。おそらく、それには、また内省の時代の後をうけて、外界への好奇心の増長されたことに負うところもあっただろう。

　当時のウーファの台本によると文化映画《クルツール・フィルム》は次のような内容のものであった。――「動いている心臓……興奮した神経の束……幽霊のような無気味な音を発する蛇、虹色に輝く甲虫……滴虫……さかりのついた鹿、のろのろ逃げだす蛙……東洋のお祭……拝火教徒とチベットの修道院、生きている諸仏……すばらしい橋……偉大な船、鉄道、水道……機械……巨大な山々、魅するような夕映えに輝く氷河……メキシコの野生の水牛の群……駕籠の前を足ばやに行く支那人、提灯に照らされて、扇を使い茶をする日本の婦人……ネバ河の眺め……オーテーユのレース……時代の混乱……」そしてこれに付けられた説明書は「世界は美しい。文化映画はその鏡である」ということばで結ばれている。

(以下次号)

作家と労働組合／労視研大会の感想断片／八幡省三（演出家／フリー）

二月九日、十日の二日間、伊東市で、第一回労働組合視聴覚研究全国集会（略称、労視研）が開催された。

参加者は三軒の旅館に分宿した。その一軒の女あるじの話が、参加者の間に伝わって、あちこちで話題になったようだ。

話というのはこうだ。

「視聴覚研究っていうのは、組合の盲や唖の人たちの集りかしらと思っていました」というのだ。

女あるじは、その接待に不安を感じながら、その日を待ったかも知れない。

「視聴覚」を、映画、ラジオ、テレビなどと置きかえて説明されて、何だそんなことかと簡単に理解したことだろう。

しかしもし「盲や唖の集りじゃないが、盲や唖にされないための集りだ」と説明したら、女あるじはどんな顔をしたことだろう。

事実この集りは「盲や唖にされないため」のものであった。「盲や唖にされないため」という以上「盲や唖にしようとする」ものがある筈である。その正体を極めることも、集会の課題の一つだ。

総評山中教宣部長は基調報告で「盲や唖をつくる謀略」を暴露したが、その中の一節

「視聴覚手段重視の重きは、川崎製鉄所がその宣伝費年間予算一億二千万円の中、約三分の一を支出して〝新しい製鉄所〟を製作し、これを国外における宣伝に使うばかりでなく、国内の労働者教育や公民館活動に活用している一事を見ても明らかである……」

と指摘、〝新しい製鉄所〟を槍玉にあげている。

この映画のスタッフは、「盲や唖をつくるもの」に加担したことになる。

今日記録映画作家の多くは、PR映画にがんじがらめになっている。そして多くの作家が、そこから抜け出すことを望んで悩んでいる。だが悩んでいることを強調しても、「盲や唖をつくる謀略」の味方だという批判は逃れられない。

最近文部省は、非選定教育映画の、フィルムライブラリーからの締出しを指示した。文部省の干渉と統制が、教科書選定問題から教育映画にまで及んできたのだ。こうして私達記録映画作家は、ますます強く逆行のマスコミの網の目に組み入れられようとしている。

山中教宣部長の報告はつづく。

「マスコミの内容を規制し、これによって労働者、農民とその家族及び全国民が、政府と独占資本のいう通りにものを考えるように、いいかえれば、深くものごとを考えないような人間をつくりあげることを目的としている。このためマスコミの内容に対する政府と独占資本による露骨な干渉が行われ、同時に内容規制を強行する上で強い反対者となるマスコミ産業内部の労働者に対する圧迫が強められている」

と述べているが、私達記録映画作家には、多かれ少かれ自らに思い当ることではなかろうか。

一方では逆行のマスコミへの奉仕を強いられているもの、他の一方では、そのマスコミによって盲や唖にされようとしているもの、これは共に被害者といえよう。唯一の途は、被害者同士が話し合い共通の場に立つ以外にはない。

労視研はそのような場であった。今迄は、相互理解の機会は閉されていた。外的条件からも、主体的にも。

総評映画の製作は相互理解の一つのステップであった。そのような情勢が労視研を実現する力ともなったといえよう。

しかし事はまだ端緒だ。その過程での矛盾や一時的な混乱も予想してかからなければならない。共通の場に立ち、ねばり強い相互理解の努力を続けることが、矛盾も混乱も解決してゆくだろう。

動力車労組は、自主製作映画〝白い機関車〟製作の中で専門家との協力の経験について次のように報告している。

「専門家と提携して製作する映画は、とても通常予算内で処理出来る金額ではやり得ない。

もう一つは、映画人のもつ芸術性と、労働組合の思想性か、しばしば一致せず、そこに芸術性か思想性かの一方が、なんらかの形で押しやられることがあるのだ」

このことについても意見が交換されたが、完全な結論に達したとはいえない。二日位の討論で結論のでる程簡単な問題でもない。

しかしこのような問題について労働組合が真剣に考え研究することに、明日の労働運動の姿を見るような気がする。そして私達の創作方法追求のモメントをも感ずるのだ。

このように、いろいろな経験、さまざまな主張が、全国から持ち寄られたことも今迄にないことだ。ばらばらだったものが、統一した共通の日標を見出そうとする努力は、必ず明日の実りを約束することだろう。

始めての集会のため、不備や技術的な欠陥もあっただろう。しかし更に成長した姿で開催される第二回の労視研全国集会に、今から私は大きな期待を寄せている。

その日まで、この人々は全国のいろいろな場所で、今度の成果を生かして活動するだろうと考えながら、参会者に混って私は伊東駅のホームに立っていた。

その時、私は、ハッと目をみはった。映画教育協会のT氏の姿を見かけたのだ。面談程度のT氏に対して、普段私は、何か違う世界の人のような先入観があった。

「ああ、あの人も来ている！」

労視研参加の最後の締めくくりにふさわしい感動であった。

追記

労視研に提出された「資料」は良き参考文献と思います。作家協会事務所でも取ついでいますから是非御一読をおすすめします。

越後平野の農村／荻島部落

前田庸言（演出家 日経映画）

新潟県の長岡市と三条市との中ほどに荻島部落があります。私たちはこの部落で撮影をすすめてきました。

越後平野の耕地が一般的にそうであるように、この部落でも耕地整理のされた10アールから20アール単位の田が、従横に走る用水路とハンの木に囲まれています。用水は長岡市の南西、信濃川からとり入れて三条市附近まで、約一万ヘクタールの広大な土地をうるおしています。

用水と同じく、排水の問題は特にこの地方の農作業にとっては古くから重要な位置を占めていたようです。かつて、農民の生産を阻害し苛酷な労働を強いていた泥深い田は、今ではもうみることはできないようです。網の目に拡った排水路と大規模な設備をもつ排水機場の機能が充分に生かされ、湿田は乾田化されて、労働しやすく生産高の多い耕地となっているようです。

このような自然条件の改良とともに、ここ数年来、農作業のほとんどが機械化されています。耕耘機は勿論のこと、脱穀から籾すりまでの仕事が連続した機械で行われ、また縄や、むしろ作りの設備は、まるで小工場の中をみるような普及のしかたです。

従って藁工品による収入の増加と、近年の豊作とを考えると当然農民所得は向上していると思われます。しかし、耕耘機など農機具の購入や、テレビ、ミシンなど生活面での出費のふくらみから収支のバランスがとれているとは考えられません。特に支出の面では、直接生産に関係するとは思われない品目の購入が、誰々の家でも買ったから、というような対面上の問題から購入される場合が多いようです。

このような保守的な面からの無駄な経営のし方が、今日でも相変らず農村経済を苦しいものにしていると考えられます。またこの部落では風水害を受けることがほとんど無いようで、農家の積立て金はほとんどされていないのだそうです。

この無計画さと、限られた耕地での米収とが毎年のように悪循環をくり返しているようです。その中からぬけ出すために、農民たちは自然条件の改良や農業技術の改良に工夫をこらしています。苗代のやり方、病虫害の共同防除、水の管理などたいへん熱心です。

しかし、収入の増加をただ米収だけに求めるのではもう先がみえているようです。残された方向は、当然家畜や藁工品の生産でしかありません。（この地方では蔬菜用の畑地は自家消費をまかなう位のものです。）これとて、現状よりもっと大規模なやり方に切りかえなくては、解決策としてはそう大きな役割りを果すことはできません。現在この部落では賃金労働者として近隣の工場や役場に出かけるか、やはり収入の多い米作に従事するか、何れかの方法で所得をあげることに汲々としているようです。

政府の農業政策は相変らず奨励金で農民を現状の中におしやろうとする方法でしかなく、根本的な解決策とはいえません。農民たちはこのワクにはめられた生活の中で、ただもがき苦しむだけです。

そのような問題をみきわめる動きもなく、農村問題の深奥にある矛盾が表面的になるのを待っているように思われます。

私たちの「越後平野」の仕事では、それらの重要な問題がとり上げられませんでした。作業計画のたて方や稲作技術の研究、副業や農機具を購入する工夫、共同作業への移行など、農家経営の合理化をいくら描いてみても、所詮は安易な問題解決の方法でしかありません。人間の善意や生活の工夫などを中心にした社会教育映画の方向は、私の中からも追放しなければならない大きな問題です。

■教育映画作家協会研究会ニュース

今年になって着々と内容充実をはかってきている社会教育映画研究会は二月の「農村の結婚問題」研究にひきつづいて、三月は「短篇映画はどうして観客の眼に入るか」という問題をテーマに、教育映画配給社の鈴木・岡田の両氏、共同映画社の荒木氏等配給関係の人々を交えて研究した。「スランプ・仕事の調子」（中村麟子作品）「らくがき黒板」（新藤兼人作品）「お父さんは働いている」（西本祥子作品）の上映につづいて、観客組織の問題、配給社の註文と作家の立場等切実な問題について話し合いがかわされた。

また記録映画研究会では、二月は「ポーランド実験計画」について研究会を持ち、関根弘・針生一郎・佐藤忠男・池田竜雄らの諸氏を交えて討論したが、三月はそれにつづいて「エイゼンシュテイン研究」をテーマに開いた。「エイゼンシュテイン研究フィルム」「タイム・イン・ザ・サン（メキシコ万才）」の上映の後研究討論会を持ったが、モンタージュの再検討を特集した本誌との関係もあって、討論は白熱した。なお両研究会は今後も継続持されるはずである。

■会員の仕事

間宮則夫氏は日経映画社で「沖縄」カラー四巻を完成した。八重山群島を中心に戦後最初に沖縄本島の基地を撮した記録映画である。

西尾善介氏は日映新社作品「エラブの海」ワイドカラー六巻を完成した。奄美大島を舞台に世界最初の水中カラーワイド撮影で、メルヘンドキュメンタリーと氏は呼んでいる。

上野耕三氏は記録映画社で「刈干切唄」を完成。四巻、九州高千穂地方の山村民の生活記録である。

道林一郎氏は「さよ達の願い」四巻を自然科学映画社で完成。脚本は**厚木たか・岩佐氏寿**の両氏で漁業協同組合婦人部の活動を描いている。又**厚木たか**氏脚本の「明日を耕す」三巻を記録映画社で完成した。

田中徹氏は**古川良範**氏の脚本で「村の休日」二巻を東映教育映画部で完成。農休日のある村の話。

豊田敬太氏は同じく**古川良範**氏の脚本で「息子の日記」を完成。東映教育映画部作品、四巻。思春期の子どもたちへの理解を訴える。

小野春夫氏はモーションタイムズ社作品「魚のとりかた・漁網編」二巻の脚本を曽志崎信二と担当した。演出は曽志崎氏で、魚の習性や種類による漁網の違い、使用法を描いている。

丸山章治氏は「三つの家計簿」二巻を日経映画社で完成。農家の主婦たちの家計簿運動の記録。

韮沢正氏は共同映画社で「たのしい手芸・人形編」二巻部分カラーを完成した。人形の作り方をわかりやすく解く。

藤原智子氏と**山口淳子**氏は日映新社作品「オランウータンの知恵」四巻を完成。オランウータンの生態を興味深く追求している。

野田真吉氏は「現代詩」の映画時評欄を今年一月号から担当している。

羽仁進氏は「勝手にしやがれ」について「映画評論」「中央公論」に書き、「キネマ旬報」の座談会に出席した。

加藤松三郎氏は「キネマ旬報」の短篇映画評を継続担当している。

岩佐氏寿氏は東映作品「世界地理シリーズのうちアフリカ・中南米編」撮影のため十日羽田から出発した。帰国は八月の予定。

西本祥子氏は、中小企業のおやじさんの姿を描いた社会教育映画「お父さんは働いている」三巻を、**野田真吉**氏の脚本により、三木映画社で完成した。

水木荘也氏は三井芸術プロダクション作品「天平美術」二巻を完成天平時代の数々の美術品をよみがえらせてくれる。

高島一男氏は三木映画社で「液体のはたらき・油圧機器のいろいろ」を完成。二巻。ダンプカーなど思いがけないところに働いている油圧機器のいろいろを紹介する。

島内利男氏は記録映画「北陸トンネル・第一部」を新理研映画で完成した。カラー三巻、北陸トンネルの建設記録である。

岸光男氏は古川良範氏の脚本で「美しいネオンと実りのかげに」カラー二巻を完成。新理研映画作品

松本俊夫氏は日映新社作品「白い長い線の記録」カラーワイド二巻を完成。電気の歴史を前衛的手法で描いた。

京極高英氏は中国対外文化協会の招きにより、戦後はじめての日中合作映画製作のため、中国へ渡ることになった。

■次号予告

特集・映画と教育

座談会・教育映画について、加納竜一、荒井英郎、西本祥子、岩堀喜久男、石田修、

労働組合教宣活動における映画のあり方　吉見　泰

マンガ論　**佐野美津男**

映画における教育性　**稲葉三千男**

私の記録映画論　**大島　渚**

作家主体と方法　大沼　鉄郎

綜合主義芸術論・2　**柾木　恭介**

ヨリス・イヴェンス会見記（中国の記録映画論から）　**久松公・訳**

アフリカ通信　岩佐　氏寿

ドイツ科学映画論（予定）

カリガリからヒットラーまで・5　**クラカウア、二木宏二・訳**

編集後記■

☆今月から「プロダクション・ニュース」の欄を「会員の仕事」ということに改めました。これによって作家の作品活動の動静を一般の読者諸氏にも知っていただこうというわけです。

☆プロキノについての座談会は本号をもって一応おわります。さらに企画を改めて、次にはその歴史的な評価をテーマとして研究を発展させて行きたいと思ってます。

☆来月号は『映画と教育』特集を企画しました。学校教材映画や社会教育映画のいまの動向に、いろいろ批判がでているとき、日本での教育の問題と関連させて今後の方向を正しくさぐってみたいと思ったのです。

☆岩佐氏寿君がアフリカから南米へ渡り、京極高英君が中国へ出ようとしています。協会にも国際色が出てきました。春です。

〈吉見泰〉

二大巨匠週間

巨匠今井正が鋭い感覚で描く社会ドラマ!!

製作・大川博
原作
脚本・菊島隆三
監督・今井正

東映現代劇攻勢第2弾!

白《しろ》い崖《がけ》

有馬稲子
佐久間良子
中原ひとみ
木村功
藤間紫
神田隆
花沢徳衛
加藤嘉
山形勲
小沢栄太郎
進藤英太郎

東映

名匠家城巳代治が捉えた現代の素顔!!

東映現代劇攻勢第3弾!

秘密《ひみつ》

原作・早乙女勝元
脚本・家城巳代治
〃・内藤保彦
監督・家城巳代治

江原真二郎
佐久間良子
南廣
大村文武
小林裕子
曽根晴美
春丘典子
山田五十鈴

北辰16ミリトーキー映写機

業界で皆な
みとめている!

SC-7型

世界で初めての完全プリント
配線16ミリ映写機

カタログ進呈（誌名記入）

北辰商事株式会社
本社　東京都中央区京橋3の1番地（第一相互館）
電話　京橋（561）5809・6694・7615
出張所　大阪・福岡・高松・札幌

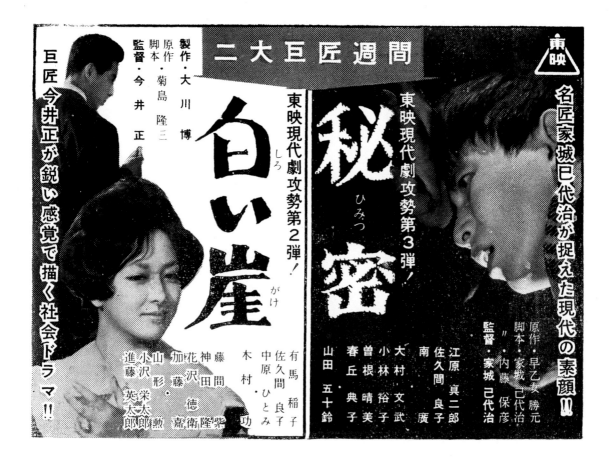